Le
Grand Livre
des
contes populaires
de France

Présenté par
Claude Seignolle

Le Grand Livre des contes populaires de France

réunis par Marie-Charlotte Delmas

ÉDITIONS FRANCE LOISIRS

Édition du Club France Loisirs,
avec l'autorisation des Éditions Omnibus

Éditions France Loisirs,
123, boulevard de Grenelle, Paris
www.franceloisirs.com

ISBN : 2-7441-9470-0

Sommaire

Normandie
VICTOR BRUNET

Picardie
ÉMILE-HENRI CARNOY

Gascogne
JUSTIN CÉNAC-MONCAUT

Pays basque
JEAN-FRANÇOIS CERQUAND

Roussillon
HORACE CHAUVET

Lorraine - Champagne
EMMANUEL COSQUIN

Flandre
CHARLES DEULIN

Normandie
JEAN FLEURY

Languedoc
LOUIS LAMBERT

Bretagne
ERNEST DU LAURENS DE LA BARRE

Bretagne
ANATOLE LE BRAZ

Bretagne
FRANÇOIS-MARIE LUZEL

Champagne - Lorraine
ALBERT MEYRAC

Nivernais
ACHILLE MILLIEN

Provence
FRÉDÉRIC MISTRAL

Bretagne
ADOLPHE ORAIN

Corse
FRÉDÉRIC ORTOLI

Poitou
LÉON PINEAU

Provence
JOSEPH ROUMANILLE

Berry
GEORGE SAND

Bretagne
PAUL SÉBILLOT

Guyenne
CLAUDE SEIGNOLLE

Bretagne
ÉMILE SOUVESTRE

Languedoc
GUSTAVE THÉROND

Pays basque
WENTWORTH WEBSTER

Mon enfance, au début du siècle dernier, fut à l'écoute d'un riche printemps de contes et de légendes populaires. Les oreilles d'alors n'avaient pas beaucoup de radio à entendre et les yeux, pas de télévision à regarder. On écoutait dans le ravissement des anciens dire les récits de peur et de joie, et on regardait leur visage mimiquer leurs paroles magiques, bien souvent usées à force de répétition. Moi, j'avais la quasi-exclusivité du savoir transmis de ma grand-mère périgourdine, née sous le troisième Napoléon, amie du Juif errant qu'elle avait rencontré, et ça, je n'en ai jamais douté ; du Diable, ça s'entendait nettement, et des loups-garous qui couraient encore les esprits craintifs ou restés en taillis de sa forêt Barade. Elle m'a donné des frayeurs ou des rires inoubliables par de simples phrases qu'elle colorait de frissons ou de malice. Quel magnifique cadeau ! Sa façon à elle était de me faire descendre dans son puits de mémoire, à même le contact des ingrédients séculaires qu'elle y cachait et dont elle se servait pour mitonner ses contes d'une maîtresse langue adroite, claire ou sourde, afin de faire naître l'émotion. Contes qu'elle tendait également aux oreilles de ses autres petits-enfants, mes cousins. Certains d'entre eux ne l'écoutaient plus tant elle les avait dits et redits. Moi, j'en redemandais dix, vingt, cent fois pour un même Jean de l'Ours, usé jusqu'à la plus petite syllabe, sans me rendre compte que cette nourriture imaginaire était un tremplin magique vers le désir d'en entendre ailleurs. J'étais déjà en besoin irrésistible de collecter d'autres témoignages sortis d'autres bouches. Ah ! la bonne graine de curieux qui me poussait vers la quête de légendes, mœurs et façons d'être de nos provinces, vivant encore à « l'ancienne », que j'explorai pendant un demi-siècle !

Certains collecteurs « écrivains » régionaux ont préservé l'esprit des campagnes présent dans ces contes, transmis et déformés, ou enrichis, de mémoires en mémoires, par la longue chaîne des raconteurs populaires qui sont la force vive et traditionnelle des folklores. Ils les ont pénétrés, développés selon la sensibilité de leur plume de conteurs scribants et sauvés du gouffre d'oubli en les publiant, hélas ! dans de discrètes revues locales à faible tirage, aujourd'hui dispersés et oubliés. Ils sont nombreux, ces érudits, instituteurs de campagne, écrivains locaux ou simples passionnés d'un passé révolu qu'ils ont refait palpiter. Ils sont les oreilles attentives de leur bourgade ou de leur canton. De ceux-là, j'ai rapporté de bon cœur, dans mon anthologie de *Contes, récits et légendes des province de France* (Omnibus), un large choix de textes issus de thèmes traditionnels et brodés d'une façon dite, en tout bien tout honneur, « régionaliste », qui en éclaire largement le paysage ; décors souvent nécessaires et complément du « racontage » verbal.

Mais il y a, avant tout, et surtout, les grands collecteurs du XIXe et du début du XXe siècle. Patients « Homères » des provinces qui ont consacré savamment une vie à sauvegarder, tels que dits, le savoir et l'esprit des conteurs transmetteurs de cette littérature orale, avec sa force et dans une forme séculaire : Jean-François Bladé, Louis Lambert, Anatole Le Braz, François-Marie Luzel, Adolphe Orain, Paul Sébillot, et tant d'autres dont le nom figure ici, dans ce Mémorial de papier-livre. Tous allèrent de village en village, de ferme en ferme, écouter et noter patiemment les vieilles histoires qui charmaient des auditoires peu exigeants, mais très attentifs et participants. Ils nous ont offert d'entendre cette musique d'intonation de mots, plus ou moins bien modulée, et vieille comme le monde. Et, tels les contes de rois qui nourrissaient les manants par la seule évocation de leurs richesses, donné à rêver à l'impossible-possible des aventures féeriques.

Au temps des grands collecteurs premiers, peu courante était la publication de recueils de contes populaires. Ils n'étaient pas à la mode, comme de nos jours, où les éditeurs, grands ou modestes, les impriment et réimpriment, répandant d'abondance pour un grand public en crise de nostalgie du passé. Jadis, l'éditeur Maisonneuve et de rares autres se sont risqués à publier ces ouvrages, tirés à quelques centaines d'exemplaires, très lents à se vendre. Ainsi, par exemple, aujourd'hui, ceux de la *Collection de littérature de toutes les nations*, « fleuron » du genre, sont quasi introuvables. Devenus presque mythiques, à l'égal de leur contenu, ces précieux livres de petit format sur papier chiffon, et reliés de toile rouge ou bleue, tiennent du bijou rustique des plus recherchés. En posséder quelques-uns fait belle parure à la mémoire populaire et Marie-Charlotte Delmas, attentive écouteuse, s'en est parée à merveille au profit du lecteur. Elle a vécu avec eux la joie des découvertes et rien n'aurait pu la retenir d'offrir ici son choix de connaisseuse avisée. Collecteuse de collecteurs, elle est bien leur petite-fille attentive, fidèle et respectueuse de leurs écrits, que l'on me permettra de qualifier de *sacrés*, tant eux-mêmes ont respecté la mystérieuse divinité qui a généré ces histoires façonnées par les siècles et qui sont la mémoire de l'enfance et de l'humanité rurale.

Claude SEIGNOLLE
Mai 2006

GUYENNE

Félix Arnaudin

Compère Louison et la Mère du Vent

Il y avait une fois un homme, appelé Louison, et une femme, appelée Marioulic, qui étaient mariés ensemble. Ils étaient vieux et sans enfants ; pauvres, cela ne se demande pas : tout ce qu'ils possédaient, avec leur maisonnette, c'était un petit jardin, devant leur porte, et dans ce jardin quelques beaux arbres qui leur donnaient des fruits à la saison, de quoi faire un peu d'argent, pour vivre, tant bien que mal.

Par un sombre soir de pluie, il vint à faire un coup de vent si fort qu'on n'en avait jamais vu de semblable. Il rompit et déracina les arbres de ces pauvres gens, sans en épargner un, de sorte que quand Louison vit ce désastre, le matin, il eut un grand chagrin ; il dit à Marioulic :

— Maintenant, nous sommes ruinés ! Il faut que je m'en aille trouver la Mère du Vent, peut-être qu'elle me donnera quelque chose pour nous réparer ce dommage.

Et il prit un gros morceau de pain au bout de son bâton, et il partit, sans perdre de temps. Et de cheminer, de cheminer, toujours en avant : à force de cheminer, il arrive à l'endroit où demeurait la Mère du Vent.

— Adieu, Mère du Vent.

— Adieu, compère Louison. Qu'est-ce donc qui t'amène ici ?

— Mère du Vent, j'ai à me plaindre de ton fils. La nuit passée, il a déraciné et rompu tous les arbres de mon jardin, qui étaient chargés de fruits ; il ne m'en a pas laissé un ! et c'était tout ce que j'avais pour vivre. Maintenant, me voilà à la besace, et je viens te trouver pour voir si tu ne me donnerais pas quelque chose pour me réparer ce dommage.

— Puisque c'est ainsi, mon ami, dit la Mère du Vent, tu n'as pas mal fait de venir. Je n'ai rien à te donner qu'une serviette, mais cette serviette, le tisserand n'en fait point de pareilles, elle te dispensera de travailler tout le reste de ta vie. Sache la conserver seulement.

Puis la vieille alla à son coffre, y prit une serviette et la présenta à Louison en disant :

— Quand tu auras envie de manger ou de boire, tu n'auras qu'à l'étendre devant toi, n'importe où tu te trouveras, en prononçant ces mots : « Par la vertu de cette serviette, que rien ne manque sur ma table », et tu seras servi à l'instant même.

Louison prit la serviette, remercia fort la Mère du Vent, et repartit, content comme un roi.

Il marcha et marcha. Quand il fut à moitié chemin, comme il commençait à avoir faim et soif, il déplia sa serviette, l'étendit devant lui par terre et dit :

— Par la vertu de cette serviette, que rien ne manque sur ma table.

Et à l'instant voilà la serviette couverte de pain, de vin, de mets, de quoi rassasier dix personnes.

— Bon ! pensa Louison, la Mère du Vent ne t'a pas trompé. Désormais, je crois, nous allons pouvoir laisser le pain sec aux autres et faire bombance sans qu'il nous en coûte guère.

Et il s'assit là sur l'herbe et se servit à son gré. Il mangea comme deux, but comme quatre, et quand il fut bien repu, il plia sa serviette et se remit en chemin, en chantant à pleine tête.

Comme il arrivait au bourg, les gens de l'auberge étaient sur le pas de la porte ; ils l'appelèrent de loin et lui demandèrent :

— N'entres-tu pas un peu, compère Louison ? Eh bien, es-tu content de ton voyage ? Que t'a donc donné la Mère du Vent ?

— Eh ! dit-il, elle m'a donné une serviette.

— Tout cela ? dit la maîtresse de l'auberge, en éclatant de rire.

— Oui, tout cela, dit le bonhomme, en entrant, et tu serais bien trop heureuse d'en avoir une semblable : de ta vie il ne te faudrait plus acheter ni pain, ni vin, ni rien autre chose pour recevoir ton monde.

— Bah ! dit la femme. Montre, montre cela, père Louison.

Louison, tout fier, tire sa serviette de sa poche, l'étend là sur la table et dit :

— Par la vertu de cette serviette, que rien ne manque sur ma table.

Et aussitôt voilà du pain, du vin, des mets, de quoi rassasier dix personnes.

L'hôte et l'hôtesse s'émerveillaient ; ils n'en revenaient pas de surprise. Louison les invita généreusement à prendre leur part de tout ce qu'il y avait là et se remit lui-même à manger et à boire. Mais à force de boire, tout en causant, il finit, la fatigue aidant, par s'endormir la tête sur la table. Que fait bien vite la maîtresse de l'auberge ? Elle s'empare de sa serviette, court la cacher au fond de l'armoire et en étend une toute pareille à la même place. De sorte que quand Louison se réveilla, un moment après, il prit cette serviette, la mit dans sa poche et s'en alla en sifflant, sans se douter de rien. A la fin, il arriva à la maison.

— Te voilà, pauvre homme ? dit Marioulic. Il s'en va temps que tu reviennes ! As-tu trouvé la Mère du Vent ? T'a-t-elle donné quelque chose ?

— Ah ! femme, répondit Louison, à présent nous sommes assez riches ! Désormais, je pense, nous mangerons notre pain saucé ; il ne nous faudra plus tant peiner et suer pour gagner notre vie. Regarde.

En même temps il étendit sa serviette devant lui sur la table et dit :

— Par la vertu de cette serviette, que rien ne manque sur ma table.

Mais la serviette demeura nue, et voilà mon Louison bien confus. Et Marioulic de rire.

— C'était, ma foi, bien la peine, dit-elle, de passer trois jours entiers à battre les chemins pour rapporter un chiffon qui ne vaut pas vingt sous de bonne monnaie ! Faut-il que tu sois bête, pauvre homme !

Louison n'était pas content. Il se grattait la tête, qui ne lui démangeait guère, et ne savait que répondre. Il pensa qu'il n'avait rien de mieux et de plus court à faire que de retourner chez la Mère du Vent, et sitôt qu'il fit jour, le lendemain, il prit sa serviette et partit de nouveau, par le même chemin. Il alla en avant, en avant, en avant : à force de marcher, il arriva au bout.

— Quoi ! dit la vieille, quand il entra, tu es encore là, compère Louison ?

— Comme tu vois, Mère du Vent. Je suis revenu ici pour que tu me donnes quelque chose à la place de cette serviette. Que diable veux-tu que j'en fasse ? Elle s'est trouvée sans vertu sitôt que j'ai été rendu à la maison !

— Je crois bien, répondit la vieille, qu'il y en a un peu plus que tu n'en dis, mais enfin, pour cette fois, je n'y regarderai pas de trop près. Maintenant, je vais te donner un canard comme tu n'en as pas vu souvent ; tu n'auras qu'à dire : « Canard, fais de l'argent », ou : « Canard, fais de l'or », et il t'en fournira chaque fois, de l'un et de l'autre, tant que tu en voudras. Prends garde seulement de te le laisser voler, souviens-toi de ce que je te dis. Et ne retourne plus ici.

Puis la Mère du Vent alla à sa volière et revint avec un canard qu'elle remit à Louison. Celui-ci la remercia, lui fit ses adieux et repartit tout content.

Arrivé à moitié chemin, il fut curieux de voir si son canard lui obéirait et ce qu'il savait faire ; il le posa à terre et lui mit son béret sous la queue en disant :

— Canard, fais de l'argent.

Le canard lui fit un gros tas de pièces d'argent.

— Canard, fais de l'or.

Le canard lui fit un gros tas de pièces d'or.

— Bon ! pensa Louison, en se frottant les mains, pour le coup j'ai ma fortune faite. J'ai fini d'acheter le pain à la livre.

Et il remplit ses poches de cet or et de cet argent, reprit son canard et se remit en chemin.

Quand il arriva au bourg, l'aubergiste et sa femme étaient sur le pas de la porte, ils ne manquèrent pas de l'appeler de loin, comme la première fois, et de l'engager à entrer, en lui demandant ce que lui avait donné de nouveau la Mère du Vent.

— Oh ! dit-il, maintenant, c'est mieux encore. Elle m'a donné un canard qui me fait de l'or et de l'argent tant que j'en veux ; je n'ai qu'à commander.

— Bah ! dirent-ils, tu veux rire, sans doute ? Voyons, voyons cela.

Louison ne se fit point prier : l'homme, Dieu merci ! buvait volontiers un coup ; et il n'était pas fâché, non plus, de montrer ce qu'il pouvait faire avec son canard. Il entre donc et pose le canard sur la table, en disant bien haut :

— Canard, fais de l'argent.

Et aussitôt les pièces d'argent de rouler de tous côtés sur la table.

— Canard, fais de l'or.

Et les pièces d'or d'arriver aussi par le même chemin.

L'hôte et l'hôtesse ouvraient de grands yeux et bayaient comme beaux geais, sans savoir que dire. Louison, fier comme un homme, ramasse son or et son argent, s'assied sur l'escabelle et se fait apporter une pinte. Après celle-là, une autre ; après celle-là, une autre ; si bien qu'à la fin il s'assoupit encore au bout de la table, comme il avait fait l'autre fois. La maîtresse de l'auberge n'attendait que cela. Elle eut bientôt fait de s'emparer de ce canard, de le cacher avec la serviette, et d'en remettre un autre tout pareil à la même place. Pour Louison, quand il eut assez dormi, il se réveilla, prit le canard qui était devant lui et s'en alla en chantonnant. Quand il fut à la maison :

— Te voilà, pauvre homme ? dit Marioulic. Et que rapportes-tu donc de beau ? La Mère du Vent, cette fois, t'aura bien donné la valeur de quarante sous ?

Et Louison de répondre, en faisant résonner ses poches et en retirant ses mains pleines d'écus et de louis d'or :

— Regarde un peu si tout ceci vaut plus de quarante sous.

— Bon Dieu ! D'où as-tu tiré tout cela ? demanda la femme, tout ébahie.

— J'en aurai maintenant tant que j'en voudrai, et sans beaucoup de peine, dit Louison en se rengorgeant. C'est ce canard que voici qui m'en donne ; je n'ai qu'à commander.

Et il posa le canard au milieu de la table et dit :

— Canard, fais de l'argent.

Rien. Le canard n'avait pas seulement l'air d'entendre.

— Canard, fais de l'or.

Cette fois le canard lui fit un grand plat d'ordure.

Et Marioulic de recommencer à rire, et de se moquer de lui de plus belle.

— Eh oui ! de vrai, il te sert de propre argent ! Ah ! la bonne farce encore ! Tu vois bien enfin que tu perds l'esprit, pauvre homme !

Louison, tout honteux, baissait la tête sans rien répondre : qu'est-ce qu'il aurait pu dire ? Il pensa en lui-même :

— La Mère du Vent s'amuse bien du pauvre monde ! C'est égal, il faut que tu retournes encore une autre fois chez elle. Tu n'en seras jamais que pour ton voyage !

Le lendemain donc, à la pointe du jour, il refit ses apprêts, prit le canard sous son bras, et remit le chemin sous ses pieds. Il marcha, marcha, tant et tant qu'il arriva. Quand elle le revit là, la Mère du Vent commença à se mettre en colère.

— C'est encore toi, compère Louison ? Que reviens-tu demander ? Ne t'ai-je pas dit de ne plus reparaître devant moi ?

— Je le sais, Mère du Vent, mais que fallait-il faire ? Le canard a valu autant que la serviette, il a gardé sa vertu tout juste jusqu'au seuil de ma porte. Ce que tu me donnes ne me sert qu'à me faire moquer de moi ; je m'en lasse, à la fin !

— Ecoute, mon garçon, dit la Mère du Vent, tu aimes un peu trop à boire, voilà tout ce qu'il y a. Tu ne me parles point d'une auberge où tu t'endors à table chaque fois que tu t'en reviens d'ici : eh bien, la serviette et le canard que je t'ai donnés, on te les a changés là. Maintenant, voici une béquille ; c'est tout ce que tu auras de plus. Ce n'est pas grand-chose, si tu veux, mais tu n'en trouveras pas tous les jours une pareille, elle sait fort bien travailler, comme tu vas voir.

Alors la Mère du Vent prit une béquille qui était là dans un coin derrière l'armoire, et elle dit :

— Béquille, à ton jeu.

Et voilà cette béquille qui s'élance sur Louison et qui se met à frapper et cogner sur son dos, sur ses épaules, partout, tant et si fort qu'il n'en voyait plus que brumes. Il criait comme un brûlé :

— Là, là ! Tu vas me faire tuer ! Rappelle ce bâton.

La Mère du Vent riait sous cape, sans rien répondre. Au bout d'un moment, voyant que le bâton lui avait bientôt raisonnablement travaillé les côtes, elle cria :

— Béquille, viens ici.

Et la béquille s'en revint à son côté.

— Tiens, dit alors la vieille, en la présentant à Louison, à présent tu peux la prendre, peut-être qu'elle te servira. Il te fallait une correction, pour te donner un peu de tête.

Louison grognait ; il n'était pas content du tout et ne se pressait pas de prendre cette diable de béquille qui arrangeait les gens de la sorte. Mais, ayant un peu réfléchi, il se ravisa, il dit qu'il l'acceptait et remercia même beaucoup la Mère du Vent. Et il s'en alla ensuite, en se frottant le dos.

Quand il fut à l'endroit où il s'était arrêté les autres

fois, l'envie lui prit d'éprouver à son tour le savoir-faire de sa béquille, et il dit :

— Béquille, à ton jeu.

Et aussitôt le bâton de s'élancer à travers les arbres, frappant, cognant, à droite et à gauche, comme un fou : les cimes des branches volaient en l'air de tous côtés !

— Bon ! pensa Louison, la Mère du Vent avait raison, je crois bien que ceci pourra me servir à quelque chose, et avant peu.

Et il fit revenir la béquille auprès de lui et se remit en chemin, sans perdre de temps. Comme il arrivait au bourg, les gens de l'auberge, qui le guettaient, l'appelèrent, d'aussi loin qu'ils le virent, pour savoir quel présent lui avait fait de nouveau la Mère du Vent.

— Heu ! répondit-il, elle m'a donné ce mauvais bâton que j'ai là ; je ne sais pas ce qu'elle veut que j'en fasse ! Si, de vrai, il me servira à châtier les méchantes gens et les voleurs, s'il s'en trouve sur mon chemin, car il frappe tout seul, je n'ai qu'à commander. Aussi bien, si vous voulez voir... Béquille, à ton jeu, dit-il alors.

Et la béquille de sauter aux épaules de ces gens-là, frappant et cognant comme une sourde, et pif ! et paf ! sur l'un et sur l'autre, sans leur donner de trêve : le dos leur en fumait ! Et eux de crier, et de demander pardon et grâce. Louison n'écoutait rien ; les coups allaient toujours. Au bout d'un moment, quand le bâton se fut bien diverti à leurs dépens, les voyant bientôt à bout de force :

— Misérables ! dit-il, ma serviette et mon canard sont ici, vous me les avez volés ! Rendez-les-moi, et bien vite, ou je vous fais assommer tous deux là sur la place.

— Nous te rendrons tout ! nous te rendrons tout ! crièrent-ils, à moitié morts l'un et l'autre, délivre-nous.

— Béquille, viens ici, dit Louison.

Et quand ils lui eurent tout rendu, ce qui fut fait sans tarder, il leur tourna le dos, sans leur dire merci, et reprit le chemin de la maison.

— Eh bien ! pauvre homme, n'es-tu pas las de courir ? lui demanda Marioulic, aussitôt qu'il parut sur le pas de la porte. Que rapportes-tu donc de ce nouveau voyage ? C'est à ce coup, pour sûr, que nous allons voir le plus curieux.

— Ça se pourrait bien. Regarde, dit Louison, en lui montrant la béquille.

— Quoi ! ce bout de bâton ? dit la femme, en recommençant à rire.

— Ecoute, Marioulic, ce n'est pas grand-chose, c'est vrai, mais cela pourrait bien servir, tout de même, plus souvent que tu ne penses. Veux-tu voir un peu ?... Béquille, à ton jeu.

Et voilà le bâton en danse, frappant, cognant, sur le dos de Marioulic, d'un bout, de l'autre, tant et si fort que la vieille courait de tous côtés en criant comme une folle.

— Eh bien ! qu'est-ce que tu en dis ? lui demanda Louison, au bout d'un moment, en rappelant la béquille.

Marioulic, tout ahurie et noire de colère, se mit aussitôt à le charger d'injures ; mais sans rien lui répondre, il tira la serviette de sa poche et l'étendit sur la table, en disant :

— Par la vertu de cette serviette, que rien ne manque sur ma table.

Et voilà du pain, du vin, des mets, plus qu'il n'en aurait fallu pour rassasier dix personnes.

Qui était étonnée ? c'était Marioulic. Elle se radoucit à l'instant et ne se fit pas prier pour se mettre à table avec Louison ; jamais de sa vie elle n'avait fait un festin de la sorte. Quand ils eurent tous deux bien bu et bien mangé, Louison se leva, alla chercher son canard, et le mit sur la nappe, en disant :

— Canard, fais de l'argent... Canard, fais de l'or.

Et voilà de l'argent, et voilà de l'or : jamais Marioulic n'en avait tant vu à la fois.

— Ma foi, mon homme, dit-elle alors, il faut convenir, après tout, que tu n'es pas plus bête qu'un autre. Maintenant, grâce à toi, voilà notre pain gagné ; nous pourrons laisser tomber la pluie et nous moquer du mal vêtu.

Et elle prit le canard et la serviette et alla les enfermer

à double tour dans l'armoire. Quant à la béquille, Louison la garda pour lui tout seul, pour s'en servir quand il en aurait besoin.

Alors, à force de tirer de l'or et de l'argent de leur canard, Louison et Marioulic étaient devenus très riches, très riches, en fort peu de temps, et ils s'étaient fait bâtir un château si grand et si beau qu'on n'en avait jamais vu un semblable. Comme on les avait connus jusque-là très pauvres, les gens étaient fort étonnés, et il ne manqua pas de jaloux pour jaser et répandre toute sorte de méchants bruits sur leur compte. Si bien qu'un beau matin voilà le juge et les archers qui tombent chez eux tout d'un coup, sans dire bonjour, leur ordonnant d'expliquer à l'instant même d'où leur était venu l'argent qu'il leur avait fallu pour faire bâtir un pareil château.

— S'il n'y a que ça, je vous contenterai sans peine, dit Louison.

Et, sachant au juste comment ces oiseaux-là se prennent, il les invita à dîner avec lui, leur promettant de leur dire ensuite ce qu'ils voulaient connaître, puisqu'ils y tenaient tant. Quand ils furent pour se mettre à table, le juge et les archers, ne sentant aucune odeur de cuisine et ne voyant rien de servi ni d'apprêté nulle part, crurent qu'on s'était moqué d'eux, et ils commençaient à faire la moue et à regarder de travers ; mais alors Louison s'avance, déplie sa serviette et l'étend devant eux en disant :

— Par la vertu de cette serviette, que rien ne manque sur ma table.

Et aussitôt voilà du pain, du vin, des mets, de quoi rassasier dix personnes, tout ce qu'on pouvait demander de meilleur. Et ces gens-là de s'extasier, ouvrant des yeux grands comme le poing, ce qui ne les empêcha pas de se mettre tout de suite à manger et à boire, et de prendre leur bonne part de tout ce qu'il y avait là. Quand ils furent bien repus, Louison se leva, alla à l'armoire chercher son canard, et le posa sur la nappe, en disant :

— Canard, fais de l'argent... Canard, fais de l'or.

Et les pièces d'or et les pièces d'argent de résonner de tous côtés sur la table.

— Maintenant, dit Louison, vous en savez autant que moi. Voilà d'où j'ai tiré ce qu'il m'a fallu pour faire bâtir mon château. Je n'y ai pas eu beaucoup de peine, comme vous voyez.

Qu'avait à dire le juge ? Rien, et il ne dit rien non plus. Ils vantèrent fort le canard, lui et ses gens, et se remirent à boire, pour tenir tête à Louison. Bientôt, à force de verser et de boire, le bonhomme finit par s'assoupir sur le bout de la table, comme il faisait à l'ordinaire. Voyant cela, le juge et les archers se dirent entre eux, à voix basse :

— Notre homme dort ! Si nous emportions son canard et sa serviette ?

Mais, comme ils s'apprêtaient à partir, après avoir tout caché sous leurs manteaux, Louison s'éveilla. Il comprit d'un coup d'œil tout ce qui se passait ; il dit au juge, sans faire semblant de rien :

— Monsieur le juge, vous n'avez pas tout vu ; attendez, que je vous montre le plus curieux.

— Hâte-toi alors, dit l'autre, c'est assez tenu table ; il nous faut partir.

— Ce ne sera pas bien long, dit Louison... Béquille, à ton jeu.

Et il gagne aussitôt la porte, et les enferme là. Et voilà le bâton à l'œuvre, tapant de-ci, cognant de-là, sur l'un, sur l'autre, partout, sans repos ni trêve : les coups leur décollaient la peau ! Et eux d'appeler à l'aide, et de braire comme des ânes !

— Compère Louison ! compère Louison ! criait le juge, voici ton canard et ta serviette, délivre-nous !

Quand il vit, à la fin, que les garnements avaient à peu près leur compte, Louison ouvre la porte, reprend son canard et sa serviette, puis il dit :

— Béquille, frappe plus fort.

Et, pendant qu'ils délogeaient au plus vite, le bâton de courir après eux, et de travailler de plus belle, frappant comme un sourd et faisant voler leurs chapeaux en l'air de tous côtés : c'était un plaisir !

Et le juge et les archers s'en retournèrent donc chez eux, tout honteux et la tête basse, en jurant bien que jamais l'envie ne leur reprendrait de venir chercher noise à compère Louison.

Moi je mis le pied sur une taupinière,
Je m'en revins à Labouheyre.

Le Joueur de fifre

Il y avait une fois un garçon qui était habile en beaucoup de choses. Il était, surtout, fort bon *sonneur* : il n'avait pas son pareil pour faire résonner le fifre ; et comme il allait souvent faire danser, tantôt d'un côté, tantôt de l'autre, pour gagner quelques sous, on ne l'appelait guère autrement que le Joueur de fifre. Un jour qu'il revenait d'une assemblée, en passant sur le bord de la rivière il aperçut à ses pieds un gros brochet étendu sur le sable, la bouche ouverte, et qui semblait déjà à moitié mort.

— Adieu, Joueur de fifre, dit le poisson.

— Adieu, brochet, dit l'autre.

— Voudrais-tu me rendre un service ?

— Pourquoi pas, si je le peux ?

— Tout à l'heure, en sautant, je suis tombé hors de la rivière, et je vais périr ici, tu le vois, si tu ne viens à mon aide. Remets-moi dans l'eau, je t'en prie ; si jamais, à ton tour, tu te trouves dans l'embarras, je ferai, moi aussi, tout ce que je pourrai pour toi.

— Hé ! que veux-tu pouvoir jamais faire pour moi ! dit en riant le jeune homme.

— On ne sait pas ! dit le brochet.

Le Joueur de fifre ramassa le poisson, le remit dans la rivière, puis il reprit son chemin, et s'éloigna en sifflant. Un peu plus loin, il entendit encore une autre voix près de lui :

— Adieu, Joueur de fifre.

Le garçon regarda à ses pieds, à l'endroit d'où venait la voix. Il finit par apercevoir sur le sable une fourmi blessée : elle semblait n'en pouvoir plus, à peine se traînait-elle.

— Adieu, fourmi, dit-il.

— Je voudrais te demander un service.

— Dis toujours, je verrai ce que je pourrai faire.

— Je me suis blessée, je ne peux plus marcher ; je vais mourir ici si tu n'as compassion de moi. Je t'en prie, porte-moi à la fourmilière. Si tu te trouves un jour avoir aussi besoin d'aide, je me souviendrai de ce que tu auras fait pour moi.

— Que veux-tu que je puisse jamais attendre de toi, pauvre bestiole !

— Sait-on, de vrai ! dit la fourmi.

Le Joueur de fifre la ramassa, comme il avait fait du poisson, et alla la porter à la fourmilière, à quelques pas de là, puis il se remit à marcher, sans y penser davantage. Un peu plus loin, une abeille se trouva aussi sur son chemin.

— Adieu, Joueur de fifre.

— Adieu, abeille.

— Est-ce que tu voudrais me rendre un service ?

— Pourquoi pas, s'il y a moyen ?

— Je viens de me déchirer une aile, je ne peux plus voler ; de grâce, porte-moi au rucher, ne m'abandonne pas ici ; peut-être qu'un jour ou l'autre je te revaudrai cela.

— Eh ! pauvrette, quand tu le voudrais, que pourrais-tu jamais faire pour personne ?

— Qui sait ? répondit l'abeille.

Le Joueur de fifre se baissa, la ramassa avec grand soin, et la porta au rucher, qui se trouvait là tout près. Puis il reprit son chemin et arriva à la maison.

Ce garçon était si adroit, si adroit, et il réussissait toujours si bien dans ses affaires que certains disaient qu'il y avait du plus ou du moins là-dessous et qu'il devait être un peu magicien, pour sûr. Et comment donc autrement ? Il venait à bout de tout ce qu'il lui prenait fantaisie de faire ! Voilà ce qu'on disait. Si bien que le roi finit par avoir vent de tout cela, et un jour il lui fit savoir qu'il eût à venir le trouver chez lui, tout de suite, pour certaine affaire, et qu'il n'y manquât point.

Cet ordre étonna fort le Joueur de fifre ; il avait grand-peur que ce ne fût rien de bon, mais que faire quand le roi parle, si ce n'est obéir ? Il partit donc, sans tarder, et quand il fut arrivé au château du roi, celui-ci lui dit :

— On m'a assuré que tu avais un très grand pouvoir, et que tu venais à bout de tout ce que tu te mettais dans l'idée de faire ; à présent, je veux savoir ce qui en est. Tu vois cette clef ? C'est celle de mon trésor. Je vais la jeter dans la rivière, et il faut que dans une heure tu me l'aies rapportée ici. Si tu ne me l'as pas rapportée dans une heure, je te fais pendre.

En disant cela, le roi se lève, s'approche de la fenêtre et jette la clef droit au milieu de l'Adour, qui passait près de là.

— Je suis perdu, pensa le Joueur de fifre ; maintenant, personne au monde ne retrouverait cette clef.

Et il s'en alla, tout triste et la tête basse, et se mit à se promener, le long de la rivière, sans savoir que faire. Il avait beau songer et se creuser la cervelle, le pauvre garçon ne voyait aucun moyen de conserver sa vie. Comme il marchait, il aperçut tout d'un coup un gros brochet qui fendait l'eau en s'avançant vers lui, et quand il fut près du bord ce brochet se mit à dire :

— Qu'as-tu donc aujourd'hui, Joueur de fifre ? Tu n'es pas gai, ce me semble.

— Que veux-tu que j'aie ? répondit l'autre, on ne peut pas non plus toujours rire.

— Tu es si soucieux, ce n'est pas pour rien. Je veux savoir ce qui te tourmente.

— Si tu y tiens tant, je peux bien te le dire, cela n'y fera ni plus ni moins. Le roi m'a fait appeler ; il a jeté la clef de son trésor au milieu de l'Adour, et il m'a dit que si dans une heure je ne lui avais pas rapporté cette clef, il me ferait pendre. Puis-je me réjouir ?

— S'il n'y a que cela, dit le brochet, ne te fais plus de

mauvais sang, je peux te tirer d'affaire. Te souviens-tu quand tu me trouvas à moitié mort sur le bord de la rivière et que je te priai de me remettre dans l'eau ? Tu le fis, et tu me sauvas la vie. Moi, aujourd'hui, j'en vais faire autant pour toi.

Cela dit, le brochet se retourne et plonge au fond de l'eau, et au bout d'un moment il reparaît et arrive près du bord, portant la clef dans sa bouche.

Voilà le garçon content ! Tout l'or de la terre ne lui aurait pas donné plus de joie. Il prend cette clef, en remerciant bien le poisson, et court la présenter au roi, sans perdre de temps.

— C'est très bien, lui répondit le roi, il n'y a rien à dire ; je vois que tu n'es pas un sot : mais tu n'as pas fini encore. Maintenant je vais faire éparpiller un sac de millet dans le bois, au milieu des broussailles, et si dans une heure tu n'as pas ramassé tout ce millet, sans qu'il y ait seulement un grain à dire, il n'y a que la potence pour toi.

Puis le roi appela son valet et lui donna l'ordre de prendre un sac de millet au grenier et d'aller éparpiller ce millet dans le bois, au plus épais du fourré, ce qui fut fait sans tarder.

Voilà donc le Joueur de fifre bien chagriné encore.

— Le roi veut ma mort, pensait-il, cette fois je ne m'en tirerai pas. Qui viendrait à bout de cette tâche ?

Cependant, il se dirigea vers le bois et s'assit tristement, la tête dans ses mains, tout désolé de son malheur. Comme il était là à réfléchir, les yeux fixés vers la terre, il aperçut une fourmi arrêtée devant lui et qui semblait le regarder, et cette fourmi se mit à dire :

— Te voilà bien sombre, Joueur de fifre ! Pourrais-je savoir ce qui se passe ?

— Que veux-tu qu'il se passe ? dit le garçon. Et d'ailleurs, quand j'aurais quelque peine, que me servirait de te la dire ?

— Plus que tu ne crois, peut-être. Conte-moi ce qu'il y a seulement.

— Puisque tu y tiens, je vais te l'apprendre. Le roi a fait éparpiller un sac de millet parmi les broussailles du bois, en me disant que si dans une heure je n'avais pas ramassé tout ce millet, autant qu'il y en a, jusqu'au dernier grain, il me ferait pendre. Je vois bien que j'ai fini de vivre.

— C'est tout ? répondit la fourmi. Eh bien, mon ami, laisse là ta tristesse, je peux te tirer d'embarras. Te souviens-tu qu'un jour j'eus besoin de ton aide ? J'étais blessée, je ne pouvais plus marcher, tu me portas à la fourmilière. Sans toi je serais morte, je ne l'ai pas oublié, et à mon tour, maintenant, je te sauverai la vie.

Ayant dit cela, elle disparut de devant lui, et quand elle revint, au bout d'un moment, elle avait derrière elle toute la fourmilière, qui se répandit aussitôt de tous côtés dans le bois et se mit à ramasser le millet ; de sorte que le garçon n'eut qu'à se croiser les bras et à regarder faire, en moins de rien tout était ramassé sans qu'il y eût seulement un grain à dire. Et quand le roi vint pour voir, il fut de nouveau bien surpris de trouver tout fait comme il l'avait ordonné. Il dit au Joueur de fifre :

— C'est bien, mon garçon, c'est même fort bien ; tu as le diable entre les deux yeux, ce n'est pas à faux qu'on te vante ; seulement tu n'en es pas quitte encore. Maintenant, voici, j'ai trois filles, toutes les trois très belles, et si ressemblantes que c'est à peine si je peux les distinguer moi-même, et l'une d'elles est amoureuse de toi. Demain, j'irai les conduire à la sainte table, et quand elles seront dans l'église il faudra que tu saches me dire, devant tout le monde, quelle est celle qui t'aime. Si tu devines elle sera ta femme, tu l'épouseras ; si tu te trompes, tu seras pendu.

Le pauvre Joueur de fifre se trouva encore aussi embarrassé que jamais. Epouser la fille du roi, bon, ce n'était pas cela qui pouvait lui faire peine, mais jamais, ni de près, ni de loin, il n'avait vu aucune de ces trois jeunes filles : comment reconnaîtrait-il celle qui l'aimait ? Il s'en retournait donc tristement, pensant bien que tout était fini pour lui à ce coup, lorsqu'une abeille vola dans le chemin à sa rencontre et lui demanda ce qui lui était arrivé de fâcheux, qu'il faisait si piteuse mine.

— Je n'ai pas trop de quoi m'égayer non plus ! répondit le garçon.

Et il lui conta tout de suite son affaire, ajoutant qu'il se voyait bien perdu, que rien, maintenant, ne pouvait lui venir en aide.

— C'est ce qui te trompe, dit l'abeille. Te souviens-tu qu'un jour tu me trouvas sur ton chemin comme je venais de me briser une aile, et que tu allas me porter à la ruche ? Tu me sauvas la vie ; aussi, à présent, je te rendrai le même service. Demain matin, quand le roi entrera dans l'église, avec ses trois filles, je serai là ; tu me verras voler autour de la tête de l'une d'elles, et je ferai si bien qu'elle finira par prendre son mouchoir et l'agiter pour me chasser. Regarde, ne te trompe pas, c'est celle-là que tu devras désigner au roi.

Ainsi dit l'abeille. Le Joueur de fifre voulut la remercier, mais quand il ouvrit la bouche elle avait déjà disparu. Il reprit donc son chemin, et s'en revint content et joyeux à la maison.

Le lendemain matin, quand on sonna la messe, le roi arriva et entra dans l'église, avec ses trois filles, toutes trois ressemblantes, toutes trois bien faites, belles comme beaux miroirs. Le Joueur de fifre, tout émerveillé, suivait à quelques pas.

— Jamais, pensait-il, aucune de ces belles demoiselles ne deviendra ta femme !

Mais quand elles se furent assises, il ne tarda pas à apercevoir l'abeille, qui arrivait à l'heure dite : elle vola droit vers l'une d'elles et se mit à bourdonner autour de ses cheveux et de son visage, se rapprochant toujours, jusqu'à toucher ses paupières, tant qu'à la fin la fille du roi tira son mouchoir et se mit à l'agiter pour la chasser de devant elle. Alors le garçon se leva bien vite et il dit au roi :

— C'est celle qui chasse une abeille de ses cheveux avec son mouchoir, qui tient à moi.

A peine avait-il achevé que l'abeille s'envola, avec un bruit joyeux, et elle disparut. En même temps, le roi prit la parole :

— C'est vrai, dit-il, c'est bien celle-là, et puisque tu as deviné, elle est à toi, tu l'épouseras.

Et le Joueur de fifre se vit donc ainsi au bout de toutes ces peines, et, qui mieux est, il épousa la fille du roi qui était amoureuse de lui.

Moi je mis le pied sur une taupinière,
Je m'en revins à Labouheyre.

Grain-de-Mil

Il y avait une fois un homme et une femme qui étaient mariés ensemble. Cet homme et cette femme commençaient à devenir vieux et ils n'avaient pas encore d'enfant, ce qui leur donnait beaucoup et beaucoup de peine ; et la femme ne faisait que prier Dieu, et prier Dieu, afin qu'il leur en accordât un, par grâce. Un jour, en priant Dieu, elle dit :

— Quel bonheur pour moi, si j'avais un enfant ! Quand, de vrai, il ne serait pas plus gros qu'un grain de mil, je me trouverais encore assez heureuse.

Et alors le bon Dieu parla à cette femme :

— Tu auras un enfant, puisque tu le désires tant, mais il naîtra tel que tu l'as demandé, et il ne deviendra pas plus grand.

Et quelque temps après, cette femme se connut enceinte, et quand elle fut à son terme, elle mit au monde un enfant, mais il était si petit, si petit, qu'on l'aurait pris pour un grain de mil. Ils n'en eurent pas moins une grande joie, elle et son mari ; ils le soignèrent tous deux aussi bien qu'ils purent, et à cause qu'il était si petit, ils le nommèrent Grain-de-Mil.

Grain-de-Mil ne devint pas plus grand qu'il s'était trouvé en naissant, mais il était si gai et si content d'être au monde que c'était un plaisir de le voir. Il était, de plus, très adroit, et savait si bien s'y prendre qu'il venait à bout de tout ce que ses parents lui disaient de faire. Un jour que sa mère avait beaucoup d'ouvrage à la maison, elle l'envoya tout seul mener les bœufs au pré et elle lui dit :

— Tu veilleras bien à ce qu'ils restent à l'herbe et n'entrent point dans le jardin. S'il vient à pleuvoir, tu t'abriteras sous une feuille de chou. Et retire-toi de bonne heure, ne t'anuite pas.

Voilà donc Grain-de-Mil parti pour la prairie, à la queue des bœufs, hardi comme un homme. Quand il y fut, il survint tout d'un coup une grosse averse, et il courut s'abriter sous une feuille de chou, dans le jardin, comme le lui avait dit sa mère. Mais la pluie ne cessait pas ; à force d'attendre, il finit par s'endormir sur place, si bien que, tout en paissant, les bœufs s'approchèrent, et l'un d'eux mangea la feuille de chou et avala l'enfant en même temps.

Quand le soir arriva, les bœufs s'en retournèrent, mais Grain-de-Mil ne reparaissait pas, et voilà sa mère tout en peine. Elle part aussitôt, pour aller voir au pré, appelant à grands cris tout le long du chemin :

— Hau ! Grain-de-Mil, hau ! Hau ! Grain-de-Mil, hau !

Mais rien ne répondait, rien ne répondait, ni du pré ni d'ailleurs, et la femme était de plus en plus inquiète. Elle revint vers la maison, ne cessant d'appeler :

— Hau ! Grain-de-Mil, hau ! Hau ! Grain-de-Mil, hau !

Et comme elle arrivait, Grain-de-Mil cria :

— Mère, je suis ici ! mère, je suis ici, dans le ventre du Chauvet !

La pauvre femme, entendant cela, pensa tomber évanouie. Elle commença à pleurer et à se désoler et courut dire à son homme ce qui était arrivé.

— Ah ! quel malheur ! quel malheur ! Le Chauvet a avalé notre Grain-de-Mil ! Il est dans son ventre, il m'a répondu !

— Est-il possible ! dit l'homme. Mon Dieu ! qu'allons-nous faire ?

— Tuons le bœuf, dit la femme, nous le retrouverons.

Ils tuèrent donc le bœuf, et ils l'éventrèrent, sur la litière[1], devant l'étable ; puis ils se mirent à visiter les

1. *Lou paillas*, lit de bruyère et de paille étendu à l'entrée des étables et souvent même à l'entrée des habitations.

entrailles. Ils cherchèrent et cherchèrent, avec grand soin, appelant toujours Grain-de-Mil, mais il ne répondit plus, et ils eurent beau chercher et se creuser les yeux, il leur fallut enlever la viande du bœuf sans avoir pu retrouver l'enfant. Ils laissèrent les boyaux là sur le fumier et jetèrent aussi le foie blanc[1], parce qu'il était un peu gâté.

Qu'était donc devenu Grain-de-Mil ? Il se trouvait justement dans le foie blanc. De la bouche du bœuf il était allé tomber là, mais son père et sa mère, ne regardant pas à cet endroit, y avaient heurté si fort, en arrachant les entrailles, que le pauvret était demeuré à moitié mort et sans parole. Voilà ce qui était arrivé.

Comme il était là, évanoui dans le foie, à l'entrée de la nuit il vint à passer une vieille.

— Oh ! le beau foie ! dit-elle. On ne l'a pas voulu, autant vaut que j'en profite.

Et elle ramassa le foie et le mit dans un panier qu'elle portait sur le pli du bras.

La vieille arriva alors à un four qu'il y avait plus loin sur le bord du chemin. On venait d'en retirer du pain, la bouche était encore toute chaude ; comme il faisait très froid, elle posa son panier à terre et s'approcha pour réchauffer ses mains. Sur ces entrefaites Grain-de-Mil était revenu à lui ; voyant là cette vieille toute courbée vers la bouche du four, il se met à dire :

— Couvre-toi, vilaine, je te vois.

Et la vieille de se retourner, toute surprise, écarquillant les yeux : il ne paraissait personne ! Saisie de frayeur, elle ramasse son panier, et se sauve au plus vite, le long du chemin, sans regarder derrière elle !

Au bout d'un moment :

— Trotte, trotte, trotte, vieille, la nuit t'attrape, reprit Grain-de-Mil.

---

1. C'est la traduction littérale du patois, *lou hitje blan*, le poumon, ainsi appelé par opposition à *hitje neugue*, foie noir, nom du foie proprement dit.

— Le bon Dieu me pardonne ! dit la femme, ne serait-ce pas ce foie qui parle ?

Et de courir, de toutes ses forces, soufflant comme un blaireau ! Un peu plus loin :

— Trotte, trotte, trotte, vieille, la nuit t'attrape, dit de nouveau Grain-de-Mil.

— Foie, je te jette !

— Trotte, trotte, trotte, vieille, la nuit t'attrape.

— Sorcier de foie, va-t'en au diable ! dit la vieille.

Et elle le tira du panier et le jeta loin d'elle. Et Grain-de-Mil de crier :

— Vieille, ramasse-moi ! vieille, ramasse-moi ! Ha ha ha ha !

Et la vieille d'ôter ses sabots, et de fuir comme une folle, du côté du logis, plus morte que vive, tant elle avait de frayeur !

Alors, la nuit était venue, Grain-de-Mil ne pouvait plus songer à retourner à la maison. Il ne se chagrinait point pour si peu, et il s'arrangea dans son foie, tant bien que mal, pour attendre le jour. Mais comme il allait s'endormir, le loup vint à passer ; il sentit le foie et l'avala, tout en une bouchée, et voilà Grain-de-Mil enfermé dans son ventre.

Le loup alla en avant, en avant, en avant : le matin il trouva un troupeau de brebis.

— Bonne soit l'heure ! dit-il, je vais mettre une brebis avec le foie.

Il courut vers le troupeau. Mais Grain-de-Mil cria du fond de son ventre :

— Gare ! berger, gare ! le loup est après tes brebis !

Et le berger arriva, en huant le loup, et le loup s'en retourna tout court, par où il était venu, bien surpris et l'oreille basse.

Il chemina et chemina : il trouva un troupeau de chèvres.

— C'est égal, dit-il, les chèvres paieront pour les brebis.

Et il s'élança de ce côté. Mais Grain-de-Mil de crier :

— Gare ! chevrier, gare ! le loup est après tes chèvres !

Et le chevrier d'accourir. Il mit un gros chien aux trousses du loup, si bien qu'il n'eut qu'à regarder d'où il était venu et à détaler au plus vite, sans demander son reste.

Il alla en avant, en avant. Le renard se trouva sur son chemin : il lui demanda ce qui lui était arrivé et pourquoi il faisait si triste mine.

— Je suis ensorcelé ! dit le loup. Je ne sais quoi diable m'est entré dans le ventre, je ne peux plus m'approcher d'un troupeau sans que cela crie et fasse rage pour avertir le gardeur. Je ne sais plus que faire !

— Pour sûr, dit le renard, c'est quelque marmot que tu auras avalé tout vivant, sans t'en apercevoir. Rends-le, ou tu mourras de faim.

Le loup se mit en œuvre : il s'agita, fit ses efforts, mais il peinait sans arriver à rien, et il repartit furieux, jurant qu'il se rassasierait, que cela criât ou fît le diable. A la fin, il trouva un troupeau de vaches.

— J'aurai une vache ! dit-il ; sûrement j'en étranglerai une.

Et il courut vers elles. Mais Grain-de-Mil :

— Gare ! vacher, gare ! le loup est après tes vaches !

Et le vacher d'arriver. Le loup, affamé, s'avançait malgré tout ; mais les vaches s'étaient mises en rond, acculées les unes aux autres, et le reçurent à grands coups de cornes ; il pensa être éventré et recula de nouveau, en grognant comme un chien maigre. Il dit alors :

— Qui donc es-tu, démon ? La nuit est revenue, et je suis à jeun encore ! Dois-je périr de faim ?

— Tu auras la paix, dit Grain-de-Mil, même je t'enseignerai un endroit où tu pourras manger et faire bombance tout à ton aise ; mais promets-moi de me rendre sitôt arrivé là.

— Je te le promets, dit le loup.

— Retourne du côté où tu as trouvé le foie ; il y a, tout

auprès, une borde[1] sur un bout de lande ; maintenant les brebis sont dedans ; pour entrer, tu creuseras un trou par-dessous la porte. Mais rends-moi d'abord sur la litière, avant de toucher aux brebis.

Le loup partit grand train, du côté de la borde. Quand il y fut, il gratta sous la porte jusqu'à ce qu'il eut fait un trou. Sitôt entré, il sauta à la gorge d'une brebis.

— Et moi ? cria Grain-de-Mil. Rends-moi, ou je fais encore du tapage.

— Chut ! Attends ! dit le loup.

Et il fit tant, cette fois, à force de peine, qu'il en vint enfin à bout.

— M'y voilà ! dit Grain-de-Mil.

Et le loup se jeta sur les brebis. Il en étrangla une partie, emporta ce qu'il put, et s'en alla où il voulut. Et personne depuis ne m'a donné de ses nouvelles.

Pour Grain-de-Mil, il avait gagné l'un des coins de la borde et s'était arrangé de son mieux dans la litière, pour passer la nuit. Comme il allait s'assoupir, il entendit ouvrir la porte, et ayant regardé, il vit deux hommes entrer dans la borde et s'approcher des brebis, et l'un de ces hommes se mit à dire :

— Ho ! ho ! il y a du carnage ! C'est le loup qui est venu ici !

— Cela tombe au mieux, dit l'autre, nous n'avons qu'à en emporter deux des mortes.

Ces deux hommes étaient des gens du voisinage qui devaient battre leur blé le lendemain ; mais ils n'avaient pas de quoi se procurer la brebis[2], et ils étaient venus là, de nuit, tous deux ensemble, pour en voler chacun une. Comme ils se baissaient vers les brebis mortes, les touchant le long du dos, l'une après l'autre, pour choisir les plus grasses :

1. Bergerie à toit de brande ou de paille. Le nom de parc est réservé aux bergeries couvertes en tuiles.

2. C'est l'usage, dans la Lande, de tuer une brebis à l'occasion du battage.

— Bon ! dit l'un, j'en tiens une ici qui aura, ma foi, de la graisse aux rognons.

— Or j'en ai une autre qui n'est pas mal non plus, dit le second.

— Bah ! cria Grain-de-Mil ; gageons que c'est moi qui ai la plus belle.

— Qui est là ? demandèrent les deux hommes, tout surpris.

Mais rien ne répondait plus, si bien que la peur les prit, et ils s'enfuirent comme si le diable eût été à leur poursuite, laissant les brebis à leur place.

Après cela, Grain-de-Mil se mit à dormir, et il ne lui arriva plus rien de la nuit. Il était si fatigué qu'il ne s'éveilla que le lendemain matin, quand le berger vint à la borde pour faire sortir son troupeau. En voyant ce carnage, le pauvre homme commença à se désoler et à faire du vacarme, chargeant d'injures ce malfaiteur de loup. Il jurait, rageait, faisait les sept temps !

— Tu me casses la tête, dit Grain-de-Mil dans son coin. Tu ne dois pas tant te plaindre ; si je ne m'étais trouvé ici cette nuit, il y en a quelques-unes dont tu n'aurais eu ni la chair ni la peau.

Le berger ouvrait de grands yeux.

— C'est peut-être le diable ! pensa-t-il en lui-même.

Et ayant fait sortir ses brebis, il traîna les mortes dehors, à la hâte, en tremblant de peur, et s'en alla les écorcher loin de la borde.

Grain-de-Mil, cependant, était las de tant d'aventures ; il aurait bien voulu, à la fin, retourner à la maison. Comme il réfléchissait là-dessus, deux femmes vinrent à la borde pour faire la litière. Il pensa qu'elles le tireraient peut-être d'embarras ; mais un grand malheur manqua de lui arriver encore : l'une de ces femmes s'en alla poser sa première râtelée de bruyère juste à l'endroit où il se trouvait, et avant que le pauvret, tout étourdi, eût pu se reconnaître ni dire un mot, du dos de son râteau elle donna un bon coup sur la place, si près de lui qu'il eut peur tout de bon et jeta un grand cri :

— Aïe ! aïe ! tu as failli me tuer ! Regarde donc où tu frappes.

Et les femmes de décamper, bien vite, tout épeurées, abandonnant là leurs râteaux.

— N'ayez pas peur, n'ayez pas peur, leur cria-t-il, je ne vous ferai point de mal ; venez plutôt me tirer d'ici.

— Qui est donc là ? dirent-elles, en revenant sur leurs pas, nous ne voyons personne.

— Ici, ici, sous la bruyère, je ne peux pas m'en démêler.

Elles se mirent toutes deux à enlever de la bruyère, cherchant et fouillant du côté où elles entendaient parler. Tant qu'à la fin elles l'aperçurent.

— Qui donc es-tu, petite miette ? lui demandèrent-elles, tout émerveillées.

Grain-de-Mil dit :

— Je suis le fils d'un tel, de tel endroit. Je m'égarai hier soir en revenant de la lande, et j'ai passé la nuit dans cette borde. Je ne sais pas où je suis ; vous me rendriez service si vous vouliez me montrer mon chemin.

— Avec plaisir, dirent les femmes.

Et elles le prirent, et allèrent le porter sur son chemin, sans oublier de lui dire où il devait détourner pour prendre le plus court. Grain-de-Mil leur fit ses remerciements, et se mit en route, tout hardi. Il marcha et marcha. A force de remuer les jambes, il se sentit un peu fatigué, et il s'étendit près d'une brande, au bord du chemin, pour souffler un moment.

A peine était-il là que trois voleurs arrivèrent et s'arrêtèrent justement au pied de cette brande, pour se partager une somme d'argent qu'ils venaient de voler dans le voisinage. Ils se mirent à compter l'argent, et quand tout fut compté, l'un d'eux dit aux autres :

— Toi, tu as là tant, toi tant, il reste tant pour moi.

— Et ma part, hé ! dit Grain-de-Mil, du fond d'un trou où il s'était caché.

Et les voleurs de se lever, tous les trois, bien vite, en regardant autour d'eux. N'apercevant personne, la peur les prit si fort qu'ils se sauvèrent chacun de son côté, laissant tout leur argent sur la place.

Grain-de-Mil ramassa cet argent et se remit en chemin, joyeusement. A la fin, il arriva à la maison.

Quand ils le virent là, son père et sa mère, qui le croyaient mort et qui l'avaient tant pleuré, pensèrent tomber de surprise et de joie. Ils ne savaient où le mettre !

— Où étais-tu donc passé ? disaient-ils ; nous t'avons tant cherché !

Grain-de-Mil leur raconta d'un bout à l'autre ce qui lui était arrivé, et comment il s'était tiré de tout, et il finit en faisant sonner son argent dans ses poches. Ces pauvres gens n'en pouvaient revenir.

Pour lui, il se remit sans tarder à l'ouvrage, tout comme avant, ne regardant point à sa peine pour soulager ses parents, si bien qu'ils finirent par n'avoir plus que bien peu de chose à faire pour leur part. Et ils devinrent très vieux, très vieux, et vécurent très heureux avec leur Grain-de-Mil.

Moi je mis le pied sur une taupinière,
Je m'en revins à Labouheyre.

Le galant sot et le marieur

Il y avait une fois un jeune homme qui voulait se marier. Il recherchait des jeunes filles, mais aucune ne voulait de lui, car il était un peu sot et aussi fort goulu. Enfin, il en trouva une à qui il convenait assez. Et ils se mirent d'accord pour passer fiançailles, régler la question de la dot de la jeune fille et parler du bien du galant.

Le garçon alla trouver un de ses amis :

— Ecoute, lui dit-il, il va falloir que tu me serves aujourd'hui de marieur. Je vais passer fiançailles chez une fille, mais j'ai peur que son père ne veuille pas de moi, car je ne suis pas assez riche. Alors, quand je viendrai à parler de mon bien, tu m'en donneras toujours le double. Si je dis une paire de vaches, tu diras : « Deux paires de vaches, vous avez ! » Et toujours ainsi.

— Bien, je le ferai, lui répondit l'autre.

— J'ai aussi une autre chose à te demander : tu sais que je suis gros mangeur et que, quand je commence, je ne sais pas m'arrêter. Je ne voudrais pas passer pour gourmand dans cette maison. Aussi, à table, quand tu verras que j'ai assez mangé, tu me pousseras du pied. Ainsi, je m'arrêterai.

— Je le ferai aussi, dit l'autre.

Chez la jeune fille, on invita à souper le jeune homme et le marieur.

Mais, on n'avait pas encore fini de manger la soupe qu'un chien vint à passer sous la table et frôla de sa queue la jambe du garçon... Aussitôt, le nigaud posa sa cuiller et cessa de manger.

— Mais, qu'avez-vous, garçon ? Pourquoi ne mangez-vous plus ? lui demandèrent ses hôtes, tout surpris.

— Oh ! j'ai assez mangé, dit-il. J'ai pris ce qu'il me fallait.

Et il ne voulut pas avaler une bouchée de plus. Il mourait de faim, mais il laissa passer tous les plats sans y toucher.

Le journalier

Il y avait une fois un roi qui se promenait le long d'un champ. Un pauvre journalier était en train de bêcher dans ce champ.

— Adieu, l'homme, dit le roi.

L'autre releva la tête :

— Bonjour, monsieur, dit-il, sans reconnaître le roi.

— Et que fais-tu là ?

— Eh ! comme vous le voyez, je pioche la terre, répondit l'autre. Le métier de piocheur est dur, et il faut attraper de bonnes suées pour gagner sa vie…

— Mais, dit le roi, combien gagnes-tu par jour à piocher la terre ?

— Mon Dieu ! monsieur, dit l'autre, je suis journalier et je travaille la terre des autres. Ce que je gagne varie selon les jours : une fois vingt sous, une autre fois quinze. Mais, certains jours, je ne puis travailler, car l'on ne me donne pas d'ouvrage, et je ne gagne rien.

— Et, de cette façon, tu parviens à vivre ?

— Oh ! quant à vivre, je vis, dit l'autre. Et même, je fais mieux. Il me faut vivre, faire vivre, payer mes dettes, placer de l'argent à intérêt, et encore j'en ai à jeter.

— Oh ! Oh ! Te moques-tu de moi ? s'écria le roi.

— Sûrement pas, monsieur. Dieu me garde d'une telle pensée !

— Eh bien, mon ami, dit le roi, je voudrais savoir comment tu t'arranges pour vivre, faire vivre, payer des dettes et placer de l'argent avec quinze sous par jour…

— Oh ! monsieur, ce sera bientôt fait, dit le journalier. L'un dans l'autre, chaque jour apporte son pain. Et je vis.

— Bien ! dit le roi. Mais tu fais vivre également ?

— Certes ! Ma femme est malade ; elle ne peut pas travailler. Je la fais vivre, elle aussi.

— Et les dettes, si tu en contractes, comment trouves-tu le moyen de les payer ?

— Les dettes ? Mon père et ma mère sont vieux, et ne peuvent plus travailler. Eux aussi, je les fais vivre. Mais quand j'étais jeune et que je n'avais pas la force de travailler, c'est eux qui me faisaient vivre. Ainsi je paie mes dettes.

— C'est fort bien, dit le roi. Mais dis-moi ce que tu entends par placer de l'argent à intérêt.

— Bon ! J'ai un fils qui est encore au berceau. Il ne travaille pas encore, et cependant je le fais vivre. Mais lorsque je serai vieux, que je ne pourrai plus travailler, c'est lui qui me fera vivre, ainsi que je fais pour mes père et mère. Cela, c'est placer de l'argent à intérêt.

— Et l'argent qui reste pour le jeter, qu'est-ce donc ?

— Monsieur, dit le travailleur de terre, j'ai aussi une fille. Elle est encore jeune et petite, elle ne travaille pas. Mais, quand elle sera grande et de force à travailler, elle fera comme les autres : elle trouvera un parti et elle s'en ira. Et moi, je n'en aurai rien. Ce sera pour moi de l'argent jeté.

Le coq

Une fois, un coq, en grattant sur un fumier, trouva une bourse remplie de deniers. Il se mit tout de suite à compter ces derniers, et quand il eut tout compté, il remit l'argent dans la bourse et se la pendit autour du cou : il y avait juste cent écus. Au bout d'un moment, il vient à passer un *monsieur*.

— Adieu, coq.

— Adieu, *monsieur*.

— Hé ! que portes-tu là dans cette bourse ?

— Cent écus en deniers que je viens de trouver.

— Bah ! laisse-moi compter, pour voir.

— Je veux bien, dit le coq.

Et il ôta la bourse de son cou, et le *monsieur* se mit à compter les deniers. Et de compter, et de compter. Pendant qu'il comptait, le coq s'endort.

Que fait alors le *monsieur* ? il laisse le coq endormi là et s'éloigne à grands pas, en emportant la bourse. Mais le coq se réveilla bientôt après ; il se mit à sa poursuite en criant de toutes ses forces :

— Coquerico ! *monsieur*, rends-moi mes cent écus !

Mais plus il criait, plus le *monsieur* se hâtait : il s'en alla sans retourner la tête et disparut au fond du chemin.

Le coq se met à aller en avant, en avant, en avant : il rencontre un nid de guêpes.

— Adieu, commère guêpe, dit-il à l'une d'elles qui était devant le trou.

— Adieu, compère coq.

— Veux-tu venir avec moi ?

— Et où vas-tu ?

— Enfourne, enfourne-toi dans mon ventre, tu le sauras.

Et la guêpe et toutes celles du nid s'enfournent dans son ventre.

Il se remet à aller en avant, en avant, en avant : il rencontre une lagune.

— Adieu, commère lagune.

— Adieu, compère coq.

— Veux-tu venir avec moi ?

— Et où vas-tu ?

— Enfourne, enfourne-toi dans mon ventre, tu le sauras.

Et la lagune s'enfourne dans son ventre.

Il se remet à aller en avant, en avant, en avant : il rencontre le loup.

— Adieu, compère loup.

— Adieu, compère coq.

— Veux-tu venir avec moi ?

— Et où vas-tu ?

— Enfourne, enfourne-toi dans mon ventre, tu le sauras.

Et le loup s'enfourne dans son ventre.

Il se remet à aller en avant, en avant, en avant : il rencontre le renard.

— Adieu, compère renard.

— Adieu, compère coq.

— Veux-tu venir avec moi ?

— Et où vas-tu ?

— Enfourne, enfourne-toi dans mon ventre, tu le sauras.

Et le renard s'enfourne dans son ventre.

Il alla encore en avant, en avant, en avant : à la fin il arrive à la maison où demeurait le *monsieur*. Il monte aussitôt sur la barre du séchoir et se remet à chanter :

— Coquerico ! *monsieur*, rends-moi mes cent écus !

Les gens de la maison étaient tout étonnés.

— Mais d'où vient donc ce coq, se demandaient-ils entre eux, et pourquoi chante-t-il de la sorte ?

Quand le soir arriva, le *monsieur* appela la servante :

— Fille, va-t'en prendre ce coq, et enferme-le-moi dans la volière, avec les canards. – Les canards le tueront, pensait-il ; demain je n'entendrai plus ce tapage.

La servante part. Elle va prendre le coq, qui s'était endormi sur la barre, et l'enferme dans la volière, avec les canards. A peine était-il là que les canards se jettent tous sur lui, le mordant, lui arrachant les plumes, d'un côté, de l'autre, partout à la fois. Mais lui :

— Compère renard ! compère renard ! sors vite de mon ventre, les canards sont après moi.

Le renard sort de son ventre ; il se jette sur les canards, il les étrangle tous, les uns après les autres. Quand il fut bien repu, il s'en retourna où il était.

Le lendemain, de bonne heure, la fille arrive à la volière pour lâcher les canards : elle pensa tomber quand elle vit ce carnage ! Elle s'en retourne tout court et va, tout effarée, dire la chose au maître. En même temps le coq s'échappe et revient se percher sur la barre du séchoir.

— Coquerico ! *monsieur*, rends-moi mes cent écus !

Et tout le long du jour ce fut le même refrain. Les gens de la maison n'en revenaient pas et ne savaient qu'en dire. Quand il fut bientôt nuit :

— Fille, dit le maître, retourne prendre ce coq et enferme-le-moi dans l'étable, avec la vache. – Avec la vache, pensait-il, tu ne t'en tireras pas ; cette fois ce ne sera pas long.

La servante part ; elle va prendre le coq et l'enferme dans l'étable, avec la vache. A peine était-il là que la vache commence à s'approcher de lui, en reniflant, et le menaçant de ses cornes.

— Compère loup ! compère loup ! dit-il, sors vite de mon ventre, la vache veut m'encorner.

Le loup sort de son ventre ; il saute sur la vache, l'égorge aussitôt sur la place. Quand il se fut rassasié, il s'en retourna là d'où il était venu.

Le lendemain, au point du jour, la servante s'en va à

l'étable pour traire la vache : elle la trouve morte, à moitié dévorée, étendue sur la litière. Pendant qu'elle restait là à regarder, la bouche ouverte, tant elle était surprise, le coq s'échappe et revient se percher sur la barre du séchoir :

— Coquerico ! *monsieur*, rends-moi mes cent écus !

Quand il sut ce qui était arrivé, le maître ne se sentait plus de colère !

— J'en viendrai à bout ! dit-il. Ce soir, tu allumeras le four, tu le chaufferas bien, tu jetteras ce coq dedans. Je veux qu'il cuise tout vif.

Le soir venu, la servante apporte le bois au four, y allume un grand feu, le chauffe bien : elle va prendre le coq et l'enferme là tout vivant.

— Lagune ! lagune ! dit le coq, sors vite de mon ventre, le feu du four me brûle.

La lagune sort vite de son ventre, se répand dans le four, le refroidit à l'instant. Quand il fut refroidi, elle s'en retourna où elle était.

Le lendemain matin, croyant le coq brûlé, la servante s'était mise à son ouvrage, sans se presser de revenir au four. Quand il fut grand jour, comme il ne voyait rien venir, le coq s'ennuya d'attendre, il recommença à chanter :

— Coquerico ! *monsieur*, rends-moi mes cent écus !

Et la fille d'accourir, en toute hâte. Elle ouvre la porte, et trouve le coq sans aucun mal, tout guilleret au milieu du four. Elle revient, tout en émoi, avertir encore le maître.

— C'est donc le diable qui l'envoie ! dit-il. Retourne prendre ce coq et apporte-le-moi ici, je veux lui tordre le cou.

Et elle de repartir, et de courir chercher le coq.

— Commères guêpes ! commères guêpes ! dit celui-ci, sortez vite de mon ventre, le *monsieur* veut me tordre le cou.

Et les guêpes sortirent en foule de son ventre et se jetèrent sur le *monsieur*, piquant de-ci, mordant de-là, aux yeux, aux mains, partout, si bien qu'il lâcha le coq au plus vite et se mit à trépigner et se tordre en courant de tous côtés et jurant comme un juif. Et le coq, à quelques pas, de crier plus fort que jamais :

— Coquerico ! *monsieur,* rends-moi mes cent écus !

Tant qu'à la fin le *monsieur* n'y put plus tenir ; il courut chercher la bourse du coq et la lui jeta à la tête en disant :

— Tiens, fils du diable ! délivre-moi, voilà tes cent écus !

Et alors les guêpes le laissèrent en paix, et le coq reprit sa bourse et s'en retourna par où il était venu, en chantant comme un homme[1].

Moi je mis le pied sur une taupinière,
Je m'en revins à Labouheyre.

---

1. Résolument, gaillardement.

Le renard et le loup

1

Un jour le renard était couché dans la bruyère, à côté d'un chemin. Une troupe de bouviers passèrent en devisant, et l'un d'eux disait :

— C'est égal, si les fromages que nous portons là sont bons, nous n'aurons pas fait une mauvaise affaire ; nous ne les avons pas payés cher.

— Vraiment ? pensa le renard. Et ne pourrais-je pas en avoir aussi ma part ? Je vais essayer.

Et il prit sa course, sans être vu, et gagnant les devants, il alla s'étendre en travers du chemin, loin des bouviers, comme s'il était mort, et il attendit. Quand ceux-ci arrivèrent :

— Bonne rencontre ! dit l'un d'eux ; voici maître renard !

— Comment diable, dit un autre, s'en est-il venu crever là ?

Ils lui donnèrent quelques coups de sabot, le tournèrent d'un côté, de l'autre : il ne remuait ni pieds ni tête.

— Il est bien mort, reprit le premier ; autant vaut l'emporter, nous ferons toujours courir la peau [1].

Et il le prit par une jambe et le jeta sur une charrette.

Le renard riait en lui-même. C'était là qu'il voulait être. Il ressuscita, sans perdre de temps, et mordit d'abord aux fromages. Mais il se méfiait ! Ayant donné à la hâte quelques bons coups de dents, il en prit un dans

---

1. *Faire courir la peau*, aller de porte en porte recueillir de menus dons, principalement du lard et des œufs, en montrant la peau empaillée d'un animal nuisible dont on a fait la capture.

sa bouche, sauta de la charrette et s'esquiva au plus vite. Il s'en alla sur l'enfourchure d'un chêne, pour le manger à son aise.

Mais le loup passa, ayant grand'faim ; il sentit de loin le fromage. Il vit le renard sur l'arbre et lui en demanda un morceau.

— Ecoute s'il pleut ! c'est trop bon ! Mais là où je l'ai pris il y en a encore à prendre.

— Où faut-il aller ? dit le loup.

— Pas bien loin, dit le renard : ces bouviers qui s'en vont là-bas en ont chacun un grand panier sur leur charrette. Gagne les devants, va t'étendre sur leur chemin, et fais bien le mort. C'est tout ce que j'ai eu à faire. Lorsqu'ils te verront là, ils te ramasseront, ils te jetteront sur une charrette, tu n'auras qu'à manger.

Le loup partit grand train, tout réjoui d'avance. Le renard riait.

— Moi j'ai réussi, pensait-il, mais c'est hasard si les bouviers s'y laissent reprendre. Tu trouveras le diable à découdre, tout à l'heure.

Arrivé au chemin, loin des bouviers, le loup s'étendit tout de son long, en travers de l'ornière, faisant le mort de son mieux. Justement les bouviers venaient de s'apercevoir de la disparition du renard et du bon tour qu'il leur avait joué. Ils arrivaient furieux ! L'un d'eux dit tout d'un coup :

— Chut ! voyez donc ! Le loup ! Gageons, ma foi, qu'il voudrait faire comme le renard !

Et chacun de saisir un gros bâton de charrette et de courir sur lui. Et les coups de pleuvoir sur la peau du pauvre loup : ses côtes en fumaient ! Trouvant bientôt la chanson longue, il se remit sur ses pieds, sans demander son reste, et se sauva au plus vite, par où il était venu. Le renard lui demanda comment il avait trouvé les fromages.

— Hé ! dit le loup, au lieu de me ramasser, ces bouviers du diable sont tombés sur moi à grands coups de bâton ; ils m'ont bien étrillé ! Je n'ai eu qu'à décamper, et il était temps. Il fait beau te croire !

Il grognait ; il n'était pas content. Sa peau lui cuisait ! Mais le renard partit aussitôt lui-même, pariant qu'il y retournerait, et qu'il rapporterait encore un fromage. Les bouviers, tout aises d'avoir si bien arrangé le loup, bavardaient comme quatorze, en avant des bœufs, sans se méfier de rien. Le renard s'approche par-derrière, saute sur une charrette et s'échappe avec un autre fromage. Il l'apporta au loup, qui l'avala en une bouchée et le trouva fort bon. Il en aurait voulu davantage !

— Un étron de milan[1], dit l'autre. Le jeu se gâterait ! Gagnons d'un autre côté.

Et ils se mirent à cheminer, en devisant, à travers la lande. Ils arrivèrent au bord d'une lagune. La lune brillait au ciel toute ronde et se mirait au milieu de l'eau. Le renard dit au loup :

— Tout te vient à souhait. Tu en voulais un autre, le voilà tout servi.

— Qu'est-ce donc ? dit le loup.

— Ne vois-tu pas là ce beau fromage ? Je te donne ma part, tu peux te rassasier.

Le loup sauta dans la lagune, prêt à happer le morceau ; mais en marchant au milieu de l'eau il l'agitait autour de lui, rien n'y paraissait plus, et il retourna au bord, tout embarrassé, sans avoir trouvé le fromage. Aussitôt hors de l'eau, il le revit au même endroit.

— Que faire ? dit-il au renard.

— Bois toute l'eau, dit l'autre, tu le trouveras au fond.

Le loup le crut. Il se mit à boire et boire. Mais bientôt, à force de boire, l'eau ne tenait plus dans son ventre, il la rejetait par-derrière à mesure qu'il l'avalait. Le renard dit :

— Hé ! que fais-tu ? Si tu rends par un bout ce qui

1. Se dit familièrement à qui demande plus qu'on ne veut ou qu'on ne peut donner.

entre par l'autre, jamais tu n'achèveras. Je vais chercher une bonde.

Il courut à une *sègue*[1] près de là, fit une grosse cheville de pin, puis revint vers le loup et lui planta cette cheville au bon endroit. Et le loup se remit à boire.

Mais à la fin un nuage vint à passer sur le ciel, et la lune se trouva cachée tout d'un coup.

— Compère renard ! le fromage n'est plus là !

— Glouton ! dit l'autre, tu l'as avalé sans t'en apercevoir. Ta faim doit t'avoir passé, je pense ?

Ils se remirent en chemin. Mais bientôt le renard, repu comme une tique, dit qu'il se sentait las, qu'il voulait faire un somme, et il s'étendit au pied d'un ajonc, le ventre au soleil, tout à son aise. Le loup se coucha près de lui, mais son eau lui pesait, le sommeil ne lui venait pas. A la fin de fortes tranchées lui prirent. Il jetait de grands cris.

— Cours un peu, dit le renard, ça te passera peut-être.

Le loup partit au galop : il fit un grand tour sur la bruyère en courant à perdre haleine ; mais il n'en était ni mieux ni pis, et il retourna vers le renard, le priant de le soulager, de manière ou d'autre, il n'y pouvait plus tenir ! Il y avait plus loin sur la lande une troupe de bergers qui faisaient brûler de la bruyère[2] : ils se trouvaient alors de l'autre côté du feu et ne paraissaient plus, mais le renard les avait vus un peu avant, il dit au loup :

— Tout tombe bien. Tu vois là-bas ce grand feu ? si tu peux sauter par-dessus ce feu neuf fois, aller et venir, sans t'arrêter ni prendre haleine, ça te réchauffera, ça te mettra en sueur, tu verras tout ton mal disparaître à l'instant même[3].

---

1. Forêt de pins.

2. C'est dans la Lande un vieil usage qui a pour but de renouveler l'herbe des pâturages.

3. Autrefois, la veille de la Saint-Jean, dans les villages de la Lande, après que le feu traditionnel allumé le soir sur la place du bourg avait été béni par le prêtre, les assistants – et au premier rang les jeunes gens des deux sexes – faisaient passer à neuf reprises

Le loup courut de ce côté. Mais le feu était très large, il sauta sans défiance et tomba dedans tout en plein : il pensa cuire tout vif ! Il gagna le bord au plus vite et se trouva alors au milieu des bergers, qui voyant là un loup coururent tous sur lui, en jetant de grands cris, et lui assénèrent quelques bons coups de *daill*[1] à travers les côtes. Il en réchappa à grand'peine !

Il revint se plaindre au renard, qui dit qu'il n'en pouvait mais, qu'on ne pouvait pas tout savoir : qui aurait deviné qu'il y avait du monde là, de l'autre côté du feu ?

Et de cheminer. Le renard avait entendu au loin les coups d'une *batterie*, il menait le loup tout droit de ce côté. Quand ils y furent, les batteurs étaient allés goûter, après avoir fait la paillée ; il n'y avait plus personne sur l'aire. La paille était chaude ! Le soleil dardait ! Le renard dit :

— Cette fois, voici notre affaire. Couche-toi là, sous cette paille ; le soleil donne bien dessus, tu seras bien au chaud, avant une heure ton mal s'en sera allé de lui-même. Mais s'il vient du monde par ici, fais bien le mort ; quoi que tu entendes, ne bouge plus de là que tu ne te sentes guéri tout à fait.

Disant cela, il fit étendre le loup au milieu de l'aire, le couvrit bien de paille et le cacha avec soin[2]. Puis il alla se mettre au guet aux environs.

---

par-dessus la flamme, en se les renvoyant des uns aux autres, des guirlandes (*groudes*, ou *caboudes*) formées de serpolet, de fenouil, de romarin et d'autres plantes aromatiques – le tout à grand renfort de rires et de démonstrations de joie. Ces plantes ainsi consacrées étaient soigneusement conservées pour servir à des fumigations dans les cas de mal de dents, de douleurs, etc. Cet usage subsiste encore en partie dans quelques localités.

1. Outil fermé d'une lame de fer rectangulaire à un ou à deux tranchants, portant à plat, et à manche légèrement courbe, qui sert à couper la bruyère.

2. Aux aires, dans quelques villages, au lieu d'être retournées sur place, la première rangée de la paillée (*le trouche*, posé en sens inverse des autres) et la rangée suivante sont portées du bord sur celles du milieu pour être battues à nouveau, et on donne le nom de

Bientôt après, quand ils eurent goûté, les batteurs retournèrent à l'aire et reprirent leurs fléaux. Arrivés à l'endroit où était caché le loup :

— Hé ! voici, dirent-ils, une rangée bien épaisse ! Hardi ! allons-y ferme !

Et de redoubler leurs coups. Et de frapper et refrapper, de toute leur force, sur la panse du loup. Tant qu'à la fin ils firent sauter au loin sa cheville, et l'eau s'échappa de son ventre, inondant toute l'aire. Les batteurs, étonnés, s'arrêtent. Au même instant, le loup sort de dessous la paille, tout disloqué, et prend la fuite en toute hâte. Et voilà des cris :

— Au loup ! au loup ! au loup !

Et tous de se mettre à sa poursuite, les femmes comme les hommes, jusqu'aux cuisinières mêmes, qui étaient en train d'ôter la cruchade du feu et qui laissèrent leur chaudron plein à terre pour accourir au bruit.

C'était ce qu'attendait le renard : il s'approche aussitôt, se glisse dans la cuisine, et apercevant là la cruchade il met l'anse du chaudron sur son cou et détale au plus vite, du côté où il ne se trouvait personne. Mais peu après les femmes revinrent ; elles virent le voleur qui s'enfuyait sur la lande. Et de crier de plus belle :

— Au renard ! au renard ! au renard !

Et le renard de rire ! Et de fuir, avec son chaudron. Elles n'en virent que brumes ! Il ne tarda pas à voir reparaître le loup ; il lui demanda s'il ne s'était pas bien trouvé sous la paille, qu'il en était sorti sitôt, et ce qui s'était passé.

— Ah ! dit le loup, il est venu une bande d'hommes qui étaient tous idiots et fous, ils m'ont tant battu, tant battu que j'en avais les côtes tout aplaties. Ils m'ont guéri, de vrai, mais j'en ai vu de dures !

— Nous allons souper à leurs dépens, dit le renard.

---

loup, lequel semblerait pouvoir tirer son origine du présent conte, à l'élévation que forme la paille à cet endroit.

Et il lui montra la cruchade[1] et lui dit comment il s'en était emparé pendant que les gens de l'aire étaient à sa poursuite. Tout fut vite avalé ! Y en eût-il eu davantage ! Un peu consolé à la fin, le loup se léchait les lèvres. Il dit qu'il était repu, bien à son aise, qu'il reposerait bien un peu, et ils s'étendirent tous deux côte à côte sur la bruyère.

Mais bientôt le renard se sentit une grande soif. Pendant que le loup dormait, il se lève sans bruit, et s'achemine vers un quartier qui était plus loin sur la lande : apercevant un trou dans le mur d'une maison, il y entre et se trouve dans une chambre où ceux du logis tenaient leur vin. Il ne manqua pas d'y goûter ; il but quelques bons coups, à même la barrique, sans perdre de temps. Quand il eut bu à sa soif, il revint réveiller le loup.

— D'où viens-tu ? dit celui-ci ; tu pues le vin !

— C'est que j'en ai bu, parbleu !

— Où cela ? J'étrangle de soif ! j'y veux aller aussi.

— Siffle, milan[2] ! tu t'enivrerais ; puis tu voudrais chanter, faire du tapage ! Tu nous y ferais prendre.

— Je ne chanterai pas ! dit le loup, je ne chanterai pas ! Mène-m'y seulement.

— Allons-y donc, dit l'autre, mais pas de sottises ; tu t'en repentirais.

Et la nuit étant venue, ils partent, tous deux ensemble, et arrivent à la maison. Le renard passa d'abord dans le trou, mais quand le loup voulut entrer après lui, il était trop gros, il n'en venait pas à bout. Le renard dit :

— Ote une pierre ou deux ; pas plus, on s'en apercevrait : que tu puisses passer tout juste.

---

1. Souvent, au lieu du chaudron de cruchade, c'est le pot où cuit la soupe que le renard emporte, et le narrateur ne manque pas d'en détailler complaisamment le contenu – un gros morceau de jambon, deux belles poules farcies, une poitrine de brebis : on trouvait de tout et autre chose encore dans une soupe landaise du bon vieux temps.

2. *Siffle, milan, tu auras de la charogne*, ou, par abréviation, *siffle milan*, locution familière pour exprimer un refus.

Le loup poussa, tira ; il arracha quelques pierres et entra à son tour, avec assez de peine. Les voilà alors tous deux à faire ribote. Le loup trouvait le vin bien bon ! Il ne cessait pas de boire. Jamais il ne s'était vu à pareille fête ! Si bien qu'à la fin il était ivre à tordre, il commença à dire :

— Je me sens tout gai ! Si nous chantions un peu, compère ?

Le renard, tout en buvant, s'approchait de temps en temps du trou, pour voir si son ventre y passait encore à l'aise.

— Chut ! dit-il, attends que les gens dorment. Encore un petit coup, pendant que nous y sommes.

Ils burent de nouveau, mais quand il eut bu, le loup n'y tenait plus, il se mit à chanter, sans plus attendre, criant et hurlant comme un fou, faisant un tel vacarme que la batterie de cuisine en tremblait à l'autre bout de la maison. Entendant cela, le renard s'éclipse sans rien dire. En même temps, les gens de la maison se réveillent, ils accourent tout ébahis. Voyant là ce compère, jambe deçà, jambe delà sur la barrique, ils sautent aux bâtons, aux fourches, et tombent sur lui de tous côtés. Le loup ne chantait plus ! Il gagna le trou au plus vite, mais il avait trop rempli sa panse, il ne pouvait plus passer ; il manqua d'être mis en pièces. A force de peine il se vit enfin dehors, et il s'en alla, en trébuchant, laissant la moitié de son cuir sur la place.

2

Le lendemain le renard vint à passer près d'un rucher, et il aperçut là un homme qui recueillait du miel. Il guetta cet homme, pour savoir où il portait son miel, et fit tant, de bric et de broc, qu'il lui en vola deux grands pots. Il cacha l'un de ces pots sous terre, dans la lande, et porta l'autre dans son terrier. Puis il revint trouver le loup.

— Ho ! cette fois, compère, tu t'es mal tiré du jeu ! Te voilà joli garçon ! Mais aussi tu as chanté ! tu en as passé ton envie ! Quand je te le disais !

— J'ai chanté, hélas ! dit le loup, et il m'en a bien cuit ! C'est bien comme on dit, au pauvre la fièvre ! Je ne sais comment tu fais, toi, tu te sauves toujours de tout, tandis que moi, rien ne me tourne à bien, je suis toujours où est le malheur. Il me sert d'avoir de bonnes côtes !

— Qui en peut mais ? dit l'autre, tu fais tout de travers. Au fait, nous pourrions nous arranger mieux. Toujours voler, j'en suis las ; il faut faire une fin. Si tu veux, maintenant, nous défricherons un peu de terre, nous y ferons venir du blé, nous le battrons ensemble, et nous vivrons ainsi, tête à tête, à notre bel aise, sans besoin du voisin. Nous n'aurons plus au moins à souffrir tant d'affronts.

— Ça me va, dit le loup. D'ailleurs je suis encroûté de misère, je ne peux que changer pour mieux ! Mais en attendant que nous battions notre blé, il faudra manger, pourtant.

— J'y ai songé aussi, dit le renard. Ce matin, pendant que tu dormais, j'ai guetté un *abeilleur* qui recueillait son miel, je lui en ai volé un pot ; je l'ai caché ici près. En l'épargnant, nous en aurons pour quelques jours ; mais garde-toi d'y toucher que nous ne soyons là tous deux, ne va pas me jouer un tour.

Et ils se mirent en chemin, vers le fond de la lande, en quête d'un morceau de bonne terre, et quand ils eurent choisi leur terre ils se firent une petite maisonnette et tout, et portèrent là le pot de miel que le renard avait enterré sous la bruyère. Et quand tout fut fait, ils sortirent, avec les outils, pour s'en aller fouir.

Et de fouir, et de fouir. Au bout d'un moment :

— Chut ! dit le renard, on m'appelle pour être parrain.

— Je n'entends rien ! dit le loup. Mais si l'on t'appelle, va voir ; il faut faire honneur à ce monde.

Le renard part. Il prend un grand détour, s'en va à la maisonnette, et fait un bon régal aux dépens du pot de miel. A son retour, le loup voulut savoir comment s'appelait son filleul :

— Il s'appelle Commençon, dit le renard. Un joli nom, pas vrai ?

— S'il te plaît, dit le loup, autant vaut celui-là qu'un autre.

Et ils se remirent à fouir.

Et de fouir, et de fouir. Au bout d'un peu de temps :

— Chut ! dit le renard, on m'appelle encore pour être parrain.

— Bah ! dit le loup. C'est singulier comme j'ai l'oreille dure ! Vas-y, parbleu ; il faut que quelqu'un le soit !

Le renard part. Il s'en va revoir le pot de miel, en lape une autre partie, et s'en revient, le ventre plein. Le loup travaillait comme un fendeur de souches. Il lui demanda le nom de son deuxième filleul.

— Il s'appelle A-moitié [1], dit le renard.

— Quels diables de noms ! dit le loup ; je n'en ai jamais entendu de semblables. C'est égal, tu te gorges à ces baptêmes, toi, tandis que moi, ici, je m'éreinte et je crève de faim ! Il me tarde que la nuit vienne.

Et ils recommencèrent à fouir.

Mais le renard en eut bien vite assez. Il s'arrêta quelques instants après, en prêtant l'oreille.

— Chut ! on m'appelle de nouveau pour être parrain.

— Encore ? dit le loup. Ils n'en finiront donc plus ! Combien de filleuls auras-tu, tout à l'heure ?

— Je les vois bien venir ! dit le renard ; maintenant qu'ils m'ont senti dans mon bien, c'est à qui me choiera. Pour un peu, je n'y retournerais plus !

— Retournes-y au diable, dit le loup ; à bien songer, tu auras là des soutiens si tu viens à en avoir besoin un

1. Plus littéralement, *Moitiéron*.

jour. Si j'allais avec toi, ce coup-ci, pour voir un peu la fête ?

— Sans qu'on t'y prie, comme le chien Labry[1] ? Est-ce que tu rêves ? Reste, reste là, ça ne se fait pas ainsi, compère.

Et le renard repartit seul, et revint à la maison. Il acheva de manger ce qu'il y avait dans le pot. Quand il fut de retour :

— Celui-ci, dit-il, s'appelle Finisson.

— Un joli nom aussi, dit le loup ; il ne va pas mal avec les autres.

Et le soir approchant, ils cessèrent de fouir, ils rassemblèrent leurs outils et retournèrent au logis. Le loup criait toujours la faim ; à peine entré, il dit qu'il voulait souper, et alla dans le coin chercher le pot. Mais il le trouva vide ! Il resta ébahi.

— Compère renard ! il n'y a plus de miel dans le pot !

Le renard faisait l'étonné.

— C'est par ma foi vrai ! Le tour est bien joué ! Regarde-moi : n'est-ce pas toi qui es venu faire le coup pendant que j'étais à mes affaires ? Tu peux avouer.

— Je n'ai pas bougé de la terre ! cria le loup. Il n'y a que toi, finaud ! Tant de baptêmes, tant de baptêmes ! je m'en méfiais presque.

Et voilà du bruit. D'un mot à l'autre, ils se brouillent. Le loup voulait se battre ! Le renard dit :

— Faisons mieux, allons nous coucher, et celui qui trouvera sa queue mouillée demain matin en se levant sera le gourmand et le menteur. Cela nous tirera de dispute.

Le loup grognait comme un méchant pauvre ; il regrettait son souper. Il se résigna à la fin et dit qu'il

---

1. *Qu'i ba chét d'émbit, coum lou can Labrit* – ou *coum lou tchébit* (petit chien), – se dit en proverbe de celui qui s'invite de lui-même quelque part. – *Labrit*, nom de chien, très usité dans la Lande, sans doute du nom spécifique français *labry*.

fallait faire l'épreuve, qu'on connaîtrait le trompeur, et ils se couchèrent tous deux et se mirent à dormir.

Mais pendant la nuit le renard eut besoin de pisser. Entendant le loup ronfler, il se leva sans bruit, s'approcha de sa couche et répandit une large mare à l'entour de sa queue. Si bien que le loup, quand il s'éveilla le matin, se trouva tout mouillé : il resta la bouche ouverte, tout abasourdi, ne sachant que dire. Il essaya de se justifier de nouveau, jurant qu'il n'avait pas touché au miel, mais la preuve était là, le renard ne voulut rien entendre, force lui fut de se taire et ce fut lui le voleur.

3

Au bout de quelque temps, l'hiver arriva. Il faisait très froid, il gelait fort. Le renard vit une troupe de bûcherons qui fendaient du bois dans une *sègue* et il les guetta pour savoir où ils cachaient leurs haches, le soir, quand ils se retiraient. Un matin il se leva de bonne heure, il dit au loup :

— Quel froid il fait, compère ! Si nous allions fendre un peu de bois ?

— Ce ne serait pas mal fait, dit l'autre.

Et ils partent, tous deux ensemble, pour aller fendre un peu de bois.

Arrivés à la *sègue*, à l'endroit où étaient cachées les haches, ils en prirent chacun une et entamèrent un morceau de bois qui était là tout prêt à fendre. Le loup, étant le plus fort, le faisait bâiller de son bout plus que le renard du sien. Il se rengorgeait !

— Oui, dit le renard, mais tout se referme dès que tu retires la hache.

— Comment donc faire ? dit le loup.

— Donne un bon coup, puis mets ton pied dans la fente, elle restera ouverte ; moi j'ôterai la hache.

Le loup frappa un grand coup et enfonça son pied dans la fente : le renard enleva la hache, et voilà le pauvre niais pris dans le cœur du bois comme à un piège. Et de crier :

— Tire-moi d'ici ! tire-moi d'ici ! tu me fais estropier !

— Patience ! dit le renard, les bûcherons vont venir, ils t'en tireront, tout à l'heure.

Et il le planta là, et s'éloigna en riant, sans l'écouter davantage. Il alla se mettre au guet dans un buisson un peu plus loin.

Quand les bûcherons arrivèrent, au bout d'un moment, ils furent d'abord bien étonnés de trouver un loup à cette place ; mais voyant qu'il était pris, ils saisirent leurs haches et coururent tous sur lui. Et les coups de pleuvoir sur le malheureux loup. Si bien que dans sa hâte l'un d'eux lui coupa le pied qui était retenu dans la fente, et le loup s'échappa, tout meurtri, clopin-clopant, mais bien heureux encore de s'en trouver quitte de la sorte.

Il se mit aussitôt à la poursuite du renard. L'autre le vit venir, il tira vers son terrier au plus vite : comme il s'enfonçait dans le trou, le loup arrive et l'attrape par une patte de derrière.

— Ah ! vaurien ! coquin ! C'est ma mort que tu voulais ? Va, je ne te ferai pas grâce.

— Quoi ! dit le roué, tu penses me tenir, peut-être ? Tire, tire, cousin, la racine du tauzin.

Le loup crut qu'il s'était mépris : il lâcha le pied du renard et s'accrocha à une racine qui était là tout auprès, et le renard se glissa dans le trou en éclatant de rire. Le loup était penaud !

Mais il réfléchit qu'il l'attraperait peut-être d'une autre manière ; il fit un gros tas de branches et de feuilles de pin à l'entrée du terrier et alluma un grand feu, afin de l'étouffer là. Cette fois le renard n'était plus à son aise ;

la fumée remplissait le trou, il suffoquait et n'osait plus sortir. Il dit :

— Grand merci, compère ; je grelottais de froid dans ce trou, grâce à toi je me réchauffe un peu. J'ai ici un autre pot de miel que je tenais en réserve, je peux me moquer de toi !

Et le loup de se mettre à éteindre son feu, et à éparpiller les tisons autour de lui, au plus vite : en un instant la place se retrouva nette. Il jurait comme un juif ! Le renard dit :

— Je te montrerai que je vaux mieux que toi : si tu veux, nous ferons la paix, tout sera oublié, et nous vivrons ensemble, en bons amis, tout comme avant. Approche, que je te donne un peu de miel.

— Je n'en ai que faire ! dit le loup. Si le diable ne t'emporte, mon tour viendra, je t'attraperai un jour ou l'autre.

Et il s'en alla, furieux, en lui faisant mille menaces.

Mais bientôt la faim le prit. Par malheur la lande était couverte de neige, aucun troupeau ne sortait ; il courut tout le jour sans trouver à manger : ne sachant que devenir, force lui fut encore de recourir au renard, et il revint vers lui, le lendemain, lui demandant un peu de miel, par grâce, pour apaiser sa faim : jamais il n'oublierait ce service. Tant qu'à la fin le renard lui en fit passer un peu par la bouche du terrier ; mais il recula aussitôt.

— Car, dit-il, tu n'as que méchanceté ; si je sortais, tu serais encore capable de te mettre à ma poursuite.

— Dieu m'en garde ! dit le loup, tu es trop serviable ! Si tous étaient comme toi, on ferait peut-être un monde[1] !

— Bon ! dit le renard. Puisque tu parles si bien, chaque matin, tant que durera cette neige, je te donnerai un peu de miel, tu n'auras qu'à venir. Je veux t'aider à vivre.

1. C'est-à-dire : le monde, la vie serait supportable.

Et ils firent la paix, et redevinrent amis, et le loup s'en alla, tout joyeux de se savoir hors de misère.

Le lendemain matin, le renard alla attendre le loup sur son chemin, près d'une grande lagune profonde qui était glacée d'un bord à l'autre. Il l'aperçut bientôt qui arrivait à toutes jambes. Que fait-il à l'instant ? Il s'approche de la lagune, et s'avançant sur la glace, bien doucement, il s'en va faire, au beau milieu, un gros tas de fiente tout fumant. Il cria au loup, en revenant au bord :

— Hé ! ce froid te tient bien éveillé, compère !

— Il ne fait pas trop bon rester sur place ! dit le loup.

— Oh ! moi, pas si sot ! J'ai fait du feu, je me suis bien chauffé.

— Où cela ? dit le loup.

— Là-bas, dit le renard, en lui montrant la fiente, qui fumait encore un peu au milieu de la lagune ; mais il va s'éteindre, tu peux te dépêcher si tu en veux ta part.

Et le loup de courir de ce côté, en toute hâte. Près du bord, la glace était épaisse, elle résista ; mais comme il approchait du milieu, elle se rompit sous ses pieds brusquement, et voilà mon pauvre loup au fond de l'eau.

Et à ce coup, ma foi, il resta là.

Et le renard s'en retourna à ses affaires.

Moi je mis le pied sur une taupinière,
Je m'en revins à Labouheyre.

Le bon Dieu et le diable

Une fois, le bon Dieu et le diable avaient défriché un morceau de terre pour le cultiver en commun. Dans ce morceau de terre le bon Dieu sema d'abord des raves. Les raves poussèrent et vinrent à bien, et quand elles furent bonnes à arracher, le bon Dieu dit au diable :

— Il s'en va temps de ramasser notre récolte. Pour n'avoir pas de dispute, autant vaudrait, je crois, partager par avance : l'un pourrait prendre ce qui est sous la terre et l'autre ce qui est dessus. Pour moi, je te laisserai choisir.

— Ça me va, répondit le diable. Je prends ce qui est dessus.

Et il se mit à faucher ses feuilles de rave, et il les emporta chez lui, abandonnant toutes les têtes au bon Dieu.

Bien. Quand ce fut le temps, ils préparèrent de nouveau la terre, et le bon Dieu la mit en blé. Le blé poussa et vint à bien, et quand il fut mûr, le bon Dieu dit au diable :

— Ce que nous avons semé est bon à récolter. Si tu veux, nous ferons comme nous avons déjà fait, l'un aura ce qui est sous la terre et l'autre ce qui est dessus.

— Fort bien, dit le diable. Seulement, ce que j'eus pour moi l'autre fois ne me servit à rien qui vaille, tu ne m'attraperas plus : je veux ce qui est sous la terre.

— A ton gré, dit le bon Dieu. Alors je vais prendre ce qui est dessus.

Et il coupa le blé, et l'engerba. Quand il eut fait, le diable commença à arracher les racines ; mais voyant ce qu'il amenait, il se fâcha comme un homme, il se mit à dire :

— Vois donc ! tu m'as trompé encore ! Je suis las de tout ceci, j'abandonne la terre. Je ne veux plus être de moitié avec toi.

— Je ne t'ai pas trompé du tout, dit le bon Dieu, c'est toi qui as choisi. Tu te crois bien fin, et tu n'es qu'un nigaud, voilà tout ce qu'il y a. Si tu veux, d'ailleurs, nous pouvons savoir au juste lequel de nous deux est le plus habile : nous allons nous mettre à bâtir chacun un moulin à vent, et ce sera à qui construira le plus grand et le plus beau et à qui aura terminé dans le moins de temps.

— Va pour un moulin, dit le diable. Pour le coup, nous allons bien voir.

Et il se prend à bâtir, sans perdre un moment. Il se hâte, se hâte : le bon Dieu était encore à mettre la main à l'œuvre que lui avait bientôt achevé son moulin, un moulin à vent tout en pierre, si grand et si beau que jamais on n'avait vu le pareil. Et il commençait à se vanter, et à faire le glorieux, pensant bien qu'il avait enfin beau jeu cette fois.

Mais voilà que le bon Dieu fit tourner le temps au froid ; de grandes gelées survinrent tout d'un coup, si bien que le diable, un matin, trouva son mortier tout glacé et dut cesser de bâtir comme il allait poser les dernières pierres. Alors le bon Dieu se mit au travail ; au lieu de pierres, il prit de grands blocs de glace, les porta sur une hauteur au milieu de la lande, et dressa là, en un tour de main, un beau moulin à vent, tout en glace. Puis il ordonna au vent de bise de souffler et de chasser les nuages, et voilà le soleil qui commence à darder sur le moulin de glace, et le moulin de reluire, de reluire, au milieu de la plaine, comme un grand miroir : c'était la plus belle et jolie chose qui se fût jamais vue.

Alors le bon Dieu s'en va trouver le diable, pour lui demander si son moulin était achevé.

— Hé ! dit le diable, il le serait depuis longtemps sans ces maudites gelées qui sont venues tout à point pour durcir mon mortier et m'empêcher de bâtir. Mais, tu vois, il y manque à peine deux ou trois pierres.

— Eh bien, mon garçon, tu as perdu, dit le bon Dieu, le mien est prêt à moudre.

— Le tien ? Où donc est-il ? Je n'ai encore rien aperçu nulle part.

— Tu n'as pas bien regardé. Vois-tu là-bas au loin ce petit point qui reluit aux rayons du soleil ? C'est mon moulin.

— Ça, un moulin ? Ça n'y ressemble guère ! Je ne m'en rapporte pas, il faut aller voir.

— Allons-y, dit le bon Dieu.

Et ils vont donc, tous deux ensemble, pour voir le moulin. Quand ils y furent, le diable ouvrait de grands yeux. Le bon Dieu lui fit visiter tout, de long en large et du haut en bas, et, en lui montrant ceci et cela, il disait :

— Qu'est-ce que tu en penses ? Je crois qu'il n'y manque rien ! Puis, mon moulin, au moins, on l'aperçoit de loin, tandis que le tien, vois donc, il n'en paraît plus rien.

Le diable restait là à regarder, la bouche ouverte, sans savoir que dire.

— Qu'as-tu, reprit le bon Dieu, que tu ne réponds rien ? Mon moulin, par hasard, te ferait-il envie ? S'il te plaît tant, nous troquerons, je me contenterai du tien ; car, pour moi, j'en aurai un pareil quand il me fera plaisir.

Le diable ne se le fit pas redire ; il pensa qu'à ce coup le bon Dieu faisait une sottise. Il répondit :

— Eh bien, voilà qui est dit, je garde celui-ci et je te laisse l'autre.

Et le marché fut donc fait, et le diable se trouva maître du beau moulin de glace.

Bon. D'abord, tout alla bien. Un jour, deux jours se passent ; le diable n'en revenait pas d'avoir fait une si bonne affaire, il ne bougeait plus de son moulin. Mais voilà qu'alors le vent vint à tourner de nouveau ; le temps se radoucit tout d'un coup, le moulin de glace se mit à fondre, et, en fondant, il commença à craquer et à se déjoindre. Et le diable de courir, d'un côté et de l'autre, tout affairé, suant sang et eau pour retenir les morceaux ensemble ; mais plus il y touchait, plus il y faisait de brèches, si bien qu'à la fin tout se démantibula à la fois, et patatras ! voilà le beau moulin de glace par terre. Après quoi tous les morceaux s'en allèrent en eau, et rien ne lui resta que la place toute nue.

Le diable se trouva donc attrapé cette autre fois encore, et le bon Dieu eut un bon moulin de pierre pour moudre son blé.

Croisi-croisé,
Mon conte achevé.

Les fées de la dune de Boumbét

Il y avait une fois un berger de Taoulade qui logeait ses moutons dans une *borde*, à Boumbét où se trouve la Grande-Lande. La borde de Boumbét n'existe plus aujourd'hui : elle était située au nord des tertres, près d'une sorte de pelouse.

Ce berger était un garçon un peu fier, et qui savait même un peu lire.

— Tu ne veux pas fréquenter ceux qui te valent, ni leur parler, lui disaient les autres bergers, mais pourtant tu auras toujours autant de tiques !

Mais il laissait dire et n'en faisait qu'à sa tête.

Vous savez que l'on contait, autrefois, qu'on entendait du bruit sous la dune de Boumbét. Et le berger, tout en surveillant son troupeau, en avait plus d'une fois fait l'expérience ; parfois on entendait *gri-gri-gri*, comme si l'on avait remué de la vaisselle ; d'autres fois il entendait comme de grands éclats de rire, ou comme le bruit de pas de gens qui se seraient promenés sur l'alios : *plim-plam, plim-plam*... Et il pensait souvent, avec un peu de crainte pourtant : « Je voudrais bien voir le nid de ces bourdons-là... » On était bientôt au milieu de l'été ; on lâchait les moutons pendant la nuit.

Un soir, le berger arriva à la borde, et une fois le troupeau dehors, il alla s'asseoir au sommet de la dune. Là, il tira un livre de son sac et commença à lire. Et il lisait, et il lisait toujours... Par moments, il jetait un coup d'œil aux astres.

Au bout d'un moment, vers minuit, la dune s'ouvrit par le milieu juste devant lui. Et il entendit une voix de femme qui disait : « Petite, va voir ce qui se passe sur la dune. » Une petite fille monta.

— Mère, dit-elle, je vois un berger assis sur une touffe de bruyère.

— Dis-lui de descendre ici, reprit la voix, et qu'il n'ait pas peur que son troupeau s'en trouve mal.

La fillette remonta.

— Pâtre, dit-elle, il faut que vous veniez chez nous. Et n'ayez pas d'inquiétudes pour vos bêtes.

« On ne meurt qu'une fois, songea-t-il, et je veux voir cela ! »

Et il descendit. Aussitôt qu'il fut entré, la dune se referma derrière lui. Trr ! tout ceci l'intriguait fort, et il regardait souvent vers le haut.

— Suivez-moi, dit la fillette, personne ne vous fera de mal.

Le berger arriva dans la salle d'un logis si beau qu'il n'avait jamais vu le pareil ; ici c'étaient des miroirs, là de la vaisselle et des vases, de beaux meubles d'un côté, des meubles encore plus beaux de l'autre : l'homme en était ébloui. Tout était net, tout brillait comme l'eau claire au soleil.

Dans un miroir, le garçon vit une lande profonde, où des bergers erraient, montés sur leurs échasses, derrière les troupeaux ; il voyait tout ceci comme s'il avait été sur terre.

Puis il aperçut un groupe de femmes qui riaient en face de lui, si belles et gracieuses que c'était un plaisir de les voir. Il y en avait une, toute jeune, qui portait sur ses cheveux une couronne tressée de bruyère et d'ajoncs fleuris.

— Pâtre, dit-elle, assieds-toi. Tu as ici ce qu'il faut pour te restaurer et te reposer. Ne te soucie pas de tes brebis : elles n'ont pas besoin de toi pour se garder.

Et les fécs lui servirent une splendide collation, avec une profusion de mets exquis auxquels il n'avait jamais goûté.

« Oh ! pensa-t-il, si jamais je me suis bien rassasié dans ma vie, ce sera cette fois-ci... »

Quand il eut bien mangé, les fées le conduisirent à un lit si beau qu'il n'osait pas s'y coucher.

« Ce n'est plus le grabat de la borde, se dit-il, et je n'y ramasserai pas de tiques ! »

Et il s'endormit. Quand il s'éveilla, il se remit à lire, et à lire encore dans son livre, jusqu'à ce qu'il eût fait rouvrir la dune. Et il s'en alla.

Son troupeau était à l'endroit où il l'avait laissé, bien rassasié et au complet.

Et, pardi ! à partir du jour où il connut ce chemin, il prit vite l'habitude d'y passer. Il y avait là-dedans une fée toute jeune, et jolie, jolie comme un miroir. Si bien qu'ils se prirent d'amitié l'un pour l'autre. Dès lors, les autres bergers ne le revirent plus guère à la surface de la lande. « Où te caches-tu donc ? lui disaient-ils. Nous te perdons pendant des jours entiers ! » Mais ils pouvaient parler : ils en étaient pour leurs frais. Il gardait encore un peu ses moutons, mieux vêtu que tous les autres, et les poches pleines d'argent. Et son troupeau prospérait plus qu'aucun autre : jamais ses brebis ne se mêlaient à d'autres, qu'il fût présent ou non ; si elles rencontraient d'autres troupeaux, elles se détournaient d'elles-mêmes, ou bien elles les traversaient sans faire de mélange. Tout ceci donnait fort à jaser ; il y eut deux bergers, plus perspicaces que les autres, qui voulurent savoir ce qu'il en était, et qui l'épièrent. Un soir, ils le virent se glisser vers la dune de Boumbét ; il avait beau se baisser, se dissimuler entre les buissons, les autres le suivaient de loin, d'une borde à l'autre ; ils arrivèrent juste à temps pour le voir s'engouffrer dans la dune. C'en était assez pour que le lendemain, avant le lever du soleil, bergers, chevriers et vachers poussassent les hauts cris de Cantegrit à Labouheyre.

Mais quand le berger voulut revenir au logis des fées, la dune ne bougea pas plus qu'une souche ; elle resta comme elle était auparavant et telle qu'elle est toujours demeurée, un tertre sablonneux, parsemé de bruyère et de serpolet, avec un chemin tout blanc. Et lui, il eut beau lire et marmonner des imprécations, et verser toutes les larmes qu'il voulut, il n'y rentra plus jamais. Pauvre il avait été, et pauvre il redevint. Malgré tout, il ne voulut jamais quitter cette *garde* [1], pour si misérable qu'il y fût. Ainsi passa sa vie le berger de Boumbét, loin des hommes et de tous, sans jamais se marier ; il ne fréquentait personne, n'avait d'autre lit ni d'autre foyer que ceux de la maisonnette de la borde. On le voyait la nuit, au clair de lune, disait-on, errer sur le monticule et frapper le sol de son bâton d'échassier, comme qui veut se faire ouvrir une porte.

1. En gascon : *ouarde*, lieu où l'on garde les troupeaux.

GASCOGNE

Jean-François Bladé

Les trois pommes d'orange

Il y avait, une fois, un roi et une reine qui avaient une fille, belle comme le jour, et sage comme une sainte. A dix-huit ans, cette fille tomba si malade, si malade, que le roi manda le plus savant de tous les médecins de Montpellier.

— Médecin, voici mille louis d'or. Tu en auras le double, quand ma fille sera guérie.

— Roi, votre fille guérira. Mais son remède n'est pas ici. Il est à l'étranger, loin, bien loin, dans le pays des pommes d'orange. Dans ce pays, il y a un beau jardin, où jamais il ne neige ni ne glace. Dans ce beau jardin il y a un pommier d'orange, tout blanc de fleurs, où sept cents rossignolets sauvages chantent, nuit et jour. Sur ce pommier d'orange, il y a neuf pommes rousses comme l'or. Roi, mandez un jeune garçon qui en cueille, et qui en rapporte trois. Quand votre fille aura mangé la première, elle se lèvera de son lit. Quand votre fille aura mangé la deuxième, elle sera plus belle et mieux portante que jamais. Quand votre fille aura mangé la troisième, elle dira : « Je n'aurai ni paix ni repos, que je ne sois mariée au garçon qui m'a rapporté les trois pommes d'orange. »

Alors, le roi commanda de tambouriner trois fois par jour dans tous le pays :

— Ran plan plan, ran plan plan, ran plan plan. La fille du roi est bien malade. Pour la guérir, il faut qu'elle mange trois pommes d'orange. Mais les trois pommes d'orange sont en pays étranger. Au garçon qui les rapportera le roi promet sa fille en mariage.

En ce temps-là, vivaient, dans leur maisonnette, une

pauvre veuve et ses trois garçons. Les deux aînés étaient fainéants, ivrognes, joueurs. Enfin, ils ne valaient pas la corde pour les pendre. Mais le dernier faisait service à tout le monde. Il était sage, laborieux, avisé, fort et hardi comme pas un.

— Mère, dit l'aîné, vous avez entendu ce que le tambour de ville a crié. Donnez-moi un panier. Je pars pour le pays des pommes d'orange. A mon retour, j'épouserai la fille du roi.

L'aîné partit. Pendant sept semaines, il marcha de l'aube à minuit. Enfin, il arriva dans le pays des pommes d'orange. Dans ce pays, il y a un beau jardin, où jamais il ne neige ni ne glace. Dans ce beau jardin, il y a un pommier d'orange tout blanc de fleurs, où sept cents rossignolets chantent, où sept cents rossignolets sauvages chantent nuit et jour. Sur ce pommier d'orange, il y avait neuf pommes rousses comme l'or.

L'aîné cueillit trois pommes d'orange, rousses comme l'or, les mit dans son panier, et repartit. Sur la fin de son voyage, il se reposa sous un grand arbre, près d'une claire fontaine. Au bord de la claire fontaine était assise une femme, noire comme l'âtre, et vieille comme un chemin.

— Mon ami, que portes-tu dans ton panier ?

— Vieille, je porte trois crapauds.

— Trois crapauds, soit.

Avant le coucher du soleil, l'aîné arrivait au château du roi.

— Roi, voici les trois pommes d'orange. Maintenant, donnez-moi votre fille en mariage.

Vite, le roi ouvrit le panier.

— Insolent, ce sont trois crapauds. Bourreau, prends ce rien qui vaille, et va le pendre.

Le bourreau obéit.

Le lendemain, le cadet dit à sa mère :

— Mère, vous savez ce qu'a crié le tambour de ville. Donnez-moi un panier. Je pars pour le pays des pommes d'orange. A mon retour, j'épouserai la fille du roi.

Le cadet partit. Pendant sept semaines, il marcha de l'aube à minuit. Enfin, il arriva dans le pays des pommes d'orange. Dans ce pays, il y a un beau jardin, où jamais il ne neige ni ne glace. Dans ce beau jardin il y a un pommier d'orange tout blanc de fleurs, où sept cents rossignolets chantent, où sept cents rossignolets sauvages chantent nuit et jour. Sur ce pommier d'orange, il y avait six pommes rousses comme l'or.

Le cadet cueillit trois pommes d'orange, rousses comme l'or, les mit dans son panier, et repartit. Sur la fin de son voyage, il se reposa sous un grand arbre, près d'une claire fontaine. Au bord de la claire fontaine était assise une femme, noire comme l'âtre, et vieille comme un chemin.

— Mon ami, que portes-tu dans ton panier ?

— Trois serpents.

— Trois serpents, soit.

Avant le coucher du soleil, le cadet arrivait au château du roi.

— Roi, voici les trois pommes d'orange. Maintenant, donnez-moi votre fille en mariage.

Vite, le roi ouvrit le panier.

— Insolent, ce sont trois serpents. Bourreau, prends ce rien qui vaille, et va le pendre.

Le bourreau obéit.

Le lendemain, le plus jeune des trois garçons dit à sa mère :

— Mère, vous savez ce qu'a crié le tambour de ville. Donnez-moi un panier. Je pars pour le pays des pommes d'orange. A mon retour, vous aurez un peu d'argent.

Le plus jeune des trois garçons partit. Pendant sept semaines, il marcha de l'aube à minuit. Enfin, il arriva dans le pays des pommes d'orange. Dans ce pays, il y a un beau jardin, où jamais il ne neige ni ne glace. Dans ce beau jardin, il y a un pommier d'orange tout blanc de fleurs, où sept cents rossignolets chantent, où sept cents rossignolets sauvages chantent nuit et jour. Sur ce pommier d'orange, il y avait trois pommes rousses comme l'or.

Le garçon cueillit les trois pommes rousses comme l'or, les mit dans son panier, et repartit. Sur la fin de son voyage, il se reposa sous un grand arbre, près d'une claire fontaine. Au bord de la claire fontaine était assise une femme, noire comme l'âtre, et vieille comme un chemin.

— Mon ami, que portes-tu dans ton panier.

— Brave femme, je porte trois pommes d'orange.

— Trois pommes d'orange, soit. Mon ami, remplis ma cruche à la claire fontaine.

— Avec plaisir, brave femme.

— Merci, mon ami. Dis-moi. Que veux-tu faire de ces trois pommes d'orange ?

— Brave femme, je veux les porter au roi, pour guérir sa fille. Le roi l'a promise en mariage à celui qui lui ferait ce présent. Mais je suis trop pauvre pour épouser la princesse. Peut-être le roi me donnera-t-il un peu d'argent pour ma vieille mère, qui ne peut plus travailler.

— Mon ami, tu épouseras la fille du roi. Mais tu n'es pas au bout de tes épreuves. Ecoute. Le roi te commandera d'abord de chasser toutes les mouches du pays. Tiens, prends ce fouet. Rien qu'à l'entendre claquer, toutes les mouches partiront à sept lieues à la ronde, pour ne revenir jamais, jamais. Ensuite, le roi te commandera de garder, toute une semaine, trois cents lièvres dans la campagne, et de les ramener chaque soir à l'étable, au coucher du soleil. Tiens, prends ce sifflet d'argent. Tu n'auras qu'à siffler. Aussitôt, les trois cents lièvres accourront de tous côtés, et te suivront comme des chiens. Alors, le roi te demandera un de ces lièvres. Donne-le-lui, mais sous condition. Tiens. Voici un anneau d'or. Dis au roi : Choisissez votre lièvre. En paiement, je demande à passer cet anneau d'or au doigt de votre fille. Sitôt passé, l'anneau d'or fera corps avec la chair, et serrera le doigt si fort, si fort, que la fille du roi criera : « Père, je meurs, si vous ne me mariez pas au garçon qui m'a rapporté les trois pommes d'orange. »

— Brave femme, vous serez obéie.

Le garçon salua la vieille femme, et partit. Avant le coucher du soleil, il arrivait au château du roi.

— Bonsoir, roi. Voici les trois pommes d'orange.

Vite, le roi ouvrit le panier.

— Merci, mon ami. Ce sont bien trois pommes d'orange.

Aussitôt, sa fille mangea la première, et elle se leva de son lit. Elle mangea la deuxième, et elle se leva, plus belle et mieux portante que jamais. Elle mangea la troisième, et dit :

— Je n'aurai ni paix ni repos que je ne sois mariée au garçon qui m'a rapporté les trois pommes d'orange.

Le roi regarda le garçon de travers.

— Garçon, tu n'épouseras ma fille que si tu chasses toutes les mouches du pays.

— Roi, vous serez obéi.

Le garçon empoigna son fouet. Rien qu'à l'entendre claquer, les mouches partaient à sept lieues à la ronde, pour ne revenir jamais, jamais. Au coucher du soleil, il n'en restait pas une dans le pays.

— Roi, j'ai fait ce que vous m'aviez commandé.

Le roi regarda le garçon de travers.

— Garçon, tu n'épouseras ma fille que si tu gardes, toute une semaine, trois cents lièvres dans la campagne, et si tu les ramènes, chaque soir, à l'étable, au coucher du soleil.

— Roi, vous serez obéi.

Le garçon prit son sifflet d'argent, et s'en alla garder, toute une semaine, trois cents lièvres dans la campagne. Chaque soir, au coucher du soleil, il sifflait. Aussitôt les trois cents lièvres accouraient de tous côtés, et le suivaient comme des chiens jusqu'à l'étable.

— Roi, j'ai fait ce que vous m'aviez commandé.

Le roi regarda le garçon de travers.

— Garçon, donne-moi un de tes lièvres.

— Roi, choisissez votre lièvre. En paiement, je demande à passer cet anneau d'or au doigt de votre fille.

— Garçon, fais ce que tu voudras.

Le garçon passa l'anneau d'or au doigt de la fille du roi. Sitôt passé, l'anneau d'or fit corps avec la chair, et serra le doigt si fort, si fort, que la fille du roi cria :

— Père, je meurs, si vous ne me mariez pas au garçon qui m'a rapporté les trois pommes d'orange.

— Ma fille, tu l'épouseras demain.

Aussitôt, l'anneau d'or ne serra plus, et la fille du roi se tint tranquille.

La noce se fit le lendemain, et les mariés vécurent longtemps heureux.

L'Homme de toutes couleurs

Il y avait, une fois, un vieux bûcheron qui était veuf, et qui demeurait, avec ses sept fils, dans une cabane, au milieu d'un grand bois.

Un jour, le vieux bûcheron appela ses sept fils et leur dit :

— Garçons, j'ai sué jusqu'à présent pour vous gagner du pain. Maintenant que vous êtes grands, allez travailler pour vivre. Moi, j'ai encore assez de force pour ne pas aller à l'aumône. Quand je n'en pourrai plus, je prendrai une besace, et je m'en irai quêter mon pain de porte en porte, comme faisait autrefois Notre-Seigneur Jésus-Christ.

— Père, nous sommes prêts à partir. Quand nous aurons de l'argent, nous vous en apporterons, et vous n'irez pas à l'aumône.

— Partez donc, et que le Bon Dieu vous garde. Mais avant, je veux faire un présent à chacun de vous.

Alors, le vieux bûcheron ouvrit son coffre, où se trouvaient un vêtement rapiécé de toutes couleurs, et une bourse contenant six pistoles. Il donna une pistole à chacun, en commençant par l'aîné des fils, de sorte qu'il n'y eut rien pour le plus jeune.

Ceux qui avaient reçu chacun leur pistole saluèrent leur père, et partirent. Alors, le vieux bûcheron dit au jeune homme qui attendait :

— Garçon, prends ce vêtement rapiécé, et ne sois pas jaloux de tes frères. Tu seras l'Homme de toutes couleurs.

Ce qui fut dit fut fait. L'Homme de toutes couleurs salua son père, et partit.

Au coucher du soleil, il arriva sur la lisière d'un grand bois, et s'assit au pied d'un chêne, pour y passer la nuit. L'Homme de toutes couleurs commençait à s'endormir, quand il entendit des cris et du bruit dans les branches. C'était une grive qui se désolait, auprès de son nid, parce qu'un serpent montait pour manger ses petits. Aussitôt, l'Homme de toutes couleurs prit son bâton, et coupa le serpent en deux.

Ce serpent était de l'espèce de ceux qui gardent l'or caché sous terre. Il avait dans le ventre douze doubles louis d'or, et autant de quadruples espagnoles.

— Bon ! dit l'Homme de toutes couleurs, les doubles louis d'or seront pour moi, et les quadruples espagnoles pour mon père.

Il se recoucha sous le chêne, dormit toute la nuit, et repartit au lever du soleil. Après trois heures de marche, il s'arrêta dans une auberge bâtie au bord de la route. Quand il eut mangé la soupe et bu bouteille, il paya la bourgeoise, et lui demanda son chemin.

— Homme de toutes couleurs, si tu vas tout droit devant toi, dans trois jours tu seras à Paris. Si tu prends à droite, à midi juste, tu entreras dans le Pays de la Faim et de la Soif, et tu iras je ne sais où.

L'Homme de toutes couleurs prit à droite. A midi juste, il arriva dans le Pays de la Faim et de la Soif. Là, il n'y a ni rivière, ni ruisseau, ni puits, ni fontaine. La terre y est sèche comme le pavé d'un four. Les hommes, les animaux, grands et petits, les herbes et les arbres, tout y meurt, cuit et rôti par le soleil.

Pendant trois jours et trois nuits, l'Homme de toutes couleurs marcha, sans manger ni boire. Alors, il trouva, couché par terre, un mort, qui tenait encore dans sa main droite une barre de fer forgé, du poids de neuf quintaux. L'Homme de toutes couleurs enterra le mort, pria Dieu pour lui, prit la barre de fer forgé du poids de neuf quintaux, et se remit en marche jusqu'au lendemain matin.

Au lever du soleil, il était sorti du Pays de la Faim et

de la Soif. Mais il avait devant lui une montagne droite comme un mur, qui montait à plus de cent toises. Au pied de cette montagne, il aperçut une maison, dont les portes et les fenêtres étaient toutes grandes ouvertes. C'était la maison du Corps sans âme, qui était sorti pour aller faire sa ronde.

L'Homme de toutes couleurs entra. Il prit une miche de pain sur la planche, descendit à la cave pour y tirer du vin, et se mit à manger et à boire. Cela fait, il monta au lit, avec la barre de fer forgé, du poids de neuf quintaux, à la portée de sa main, et s'endormit jusqu'à minuit. Alors, il fut réveillé par un grand tapage. C'était le Corps sans âme, qui revenait de faire sa ronde.

— Ho ! ho ! ho ! Qui donc s'est rendu maître chez moi ? Attends, voleur, attends. Je vais te faire passer le goût du pain.

Mais l'Homme de toutes couleurs avait déjà sauté à bas du lit, et empoigné la barre de fer forgé du poids de neuf quintaux. Alors, il y eut un grand combat, qui dura trois heures d'horloge. Enfin, le Corps sans âme fut porté par terre, d'un grand coup de barre sur la tête.

— Homme de toutes couleurs, ne me fais pas souffrir davantage. Jamais tu ne pourras me tuer. Il est dit que je ne dois mourir qu'à la fin du monde, pour ne pas ressusciter. Ne me fais pas souffrir davantage, et je ferai tout ce que tu me commanderas.

— Eh bien, Corps sans âme, montre-moi par où l'on gravit la montagne. Mais marche droit, ou gare à la barre de fer forgé du poids de neuf quintaux.

Alors, le Corps sans âme montra la bonne route à l'Homme de toutes couleurs, qui grimpa comme une chèvre, à travers les roches hautes et noires. Tout à coup, il aperçut un loup grand comme un taureau, qui arrivait vers lui au grand galop, et la gueule ouverte.

Que fit alors l'Homme de toutes couleurs ? Il brandit sa barre de fer forgé du poids de neuf quintaux, et, de toute sa force, il en déchargea un grand coup sur la tête de l'animal, qui tomba blessé à mort.

— Homme de toutes couleurs, dit le loup, tu n'es pas le premier qui ait traversé, sans mourir, le Pays de la Faim et de la Soif, et qui ait fait la loi au Corps sans âme. De ceux qui sont arrivés jusqu'ici, j'en ai mangé beaucoup. Mais il y en a qui sont passés, et qui sont dans un endroit où tu arriveras bientôt. Maintenant, puisque je meurs de ta main, mange ma chair et bois mon sang ; car tu as besoin de courage, et tu n'as pas fini de souffrir.

L'Homme de toutes couleurs attendit que le loup fût mort. Alors, il mangea sa chair et but son sang, et se sentit aussitôt pris d'une grande force. Une heure après, il était en haut de la montagne, qui plongeait droit, à plus de cent toises de profondeur, sur une rivière large d'une demi-lieue. L'eau de cette rivière faisait un bruit terrible, et s'échappait aussi vite que le vent. De l'autre côté de l'eau, on voyait un pays si plaisant, si plaisant, que l'on aurait dit le paradis du Bon Dieu.

Sur le haut de la montagne, l'Homme de toutes couleurs trouva force gens, qui avaient dépensé tout leur courage pour arriver jusque-là.

Il y en avait qui pleuraient, en s'agenouillant, les mains jointes, et qui criaient :

— Mon Dieu ! mon Dieu ! Faites que nous passions.

Alors, l'Homme de toutes couleurs pensa :

— Le Bon Dieu n'assiste pas ceux qui lui laissent tout à faire. Ces gens-là ne passeront pas.

Il y en avait qui tenaient toujours conseil, sans jamais se décider, et qui disaient :

— Le tout est de bien partir. Ne nous pressons pas. Nous avons le temps.

Alors, l'Homme de toutes couleurs pensa :

— En voici qui parleront, sans jamais rien faire, jusqu'au jour du jugement. Il y a temps pour parler, et temps pour faire. Qui ne hasarde rien n'a rien. Ces gens-là ne passeront pas.

Il y en avait qui disaient aux autres :

— Plongeons tous à la fois. Aidons-nous les uns les autres. Nageons ensemble, tous ensemble.

Alors, l'Homme de toutes couleurs pensa :

— A ce contrat, il y a tout à donner et rien à prendre. Ces gens-là ne passeront pas.

Il y en eut aussi deux ou trois, qui sautèrent en gens hardis. Mais au lieu de tirer tout droit devant eux, ils se retournaient vers ceux qui regardaient du haut de la montagne, et qui criaient :

— A droite ! A gauche ! Pas comme ça. Vous êtes perdus.

Ces gens-là ne passèrent pas, et l'eau les couvrit pour toujours.

Alors, l'Homme de toutes couleurs pensa : « Maintenant, je sais ce que je dois faire. »

Il se cacha derrière un rocher, roula ses habits qu'il attacha sur son dos, fit le signe de la croix, et dit :

— Hardi ! mon ami.

Guiraude,
La galette chaude,
Le piché *plein,*
Saute d'un plain [1].

Il sauta, sans peur ni crainte. Quand il fut revenu sur l'eau, il tira tout droit devant lui, nageant fort et ferme, comme un poisson, sans regarder derrière lui, sans écouter les cris des gens de la montagne. Une heure après, il s'habillait sur l'autre bord de la rivière.

Alors, l'Homme de toutes couleurs salua honnêtement les gens qui étaient de l'autre côté de l'eau. Mais ceux-ci se courroucèrent de voir qu'il était passé. Ils lui montraient le poing, et ils l'accablaient d'insultes. Mais lui ne faisait qu'en rire. Il se remit en chemin. Quand il eut

---

1. Formulette usitée parmi les enfants de l'Armagnac, et de la Lomagne, quand ils prennent la course, pour sauter à pieds joints. Le *piché* est une mesure locale, contenant environ deux litres.

Guiraudo,
La coco caudo,
Lou pichè plen,
Sauto d'un plen.

marché pendant une heure, il rencontra un Nain barbu, qui n'avait pas deux empans de haut.

— Homme de toutes couleurs, il faut me suivre.

— Avec plaisir, Nain.

Tous deux marchèrent côte à côte, jusqu'à un grand trou noir, qui s'enfonçait bien loin sous terre. Ils descendirent longtemps, longtemps dans ce trou. Mais le Nain, qui marchait derrière, arrangeait les choses de manière qu'après nul homme ne pût repasser par là, soit pour descendre, soit pour monter.

Enfin, l'Homme de toutes couleurs et le Nain arrivèrent en bas, et virent une petite lumière. Aussitôt, ils marchèrent de ce côté. Pendant qu'ils marchaient, la lumière devenait toujours plus grande. Enfin, ils se trouvèrent sur le pas d'une grande porte, qui s'ouvrait sur un beau pays, où il y avait un grand château, et cent métairies à l'entour.

— Homme de toutes couleurs, je te donne ce grand château et ces cent métairies à l'entour. Désormais, tâche de vivre content sous terre, car tu ne verras plus ni homme ni femme.

Le Nain partit, et l'Homme de toutes couleurs s'en alla frapper à la porte du grand château. Aussitôt, une Main vint ouvrir la porte. Une autre Main le conduisit dans une grande salle où le couvert était mis, et le repas fut servi par une douzaine de Mains. Mais il n'y avait ni homme ni femme. Après dîner, l'Homme de toutes couleurs visita le grand château de la cave au grenier. Partout il vit d'autres Mains, qui travaillaient à la cuisine, qui prenaient soin des chambres, et autres choses pareilles. Dans la cour, il y avait une grande cage de fer, où était enfermé un aigle, attaché par la patte avec une chaîne. Des Mains lui apportaient deux fois par jour de la viande crue. Trois juments étaient à l'écurie, l'une blanche comme la neige, l'autre noire comme un corbeau, la dernière rouge comme le sang. Ces trois bêtes étaient aussi servies par des Mains, qui les étrillaient, leur faisaient la litière, et ne les laissaient manquer ni de foin, ni de paille, ni d'avoine. Mais il n'y avait ni homme ni femme.

L'Homme de toutes couleurs vécut ainsi bien longtemps dans le grand château, toujours seul, et bien las d'une vie pareille. Pour passer son temps, il descendait matin et soir à l'écurie ; et quand il avait soigné les trois juments, il allait porter de la chair crue à l'aigle enfermé dans la cage de fer. Ces quatres bêtes prirent tellement leur maître en amitié, qu'elles ne voulurent plus être servies par les Mains.

Un jour, l'aigle se mit à parler :

— Homme de toutes couleurs, tu t'ennuies, toujours seul dans ce grand château. Penses-tu que je me divertisse, moi, toujours enchaîné par la patte, et enfermé dans cette cage de fer ? Délivre-moi. Je m'envolerai sur la terre, par le trou d'où tu es descendu. Chaque jour, je viendrai te donner des nouvelles de là-haut.

L'Homme de toutes couleurs délivra l'aigle prisonnier, et lui dit :

— Aigle, va dans mon pays chercher des nouvelles de mon père. Dis-lui que je suis prisonnier sous terre, et qu'il ne me reverra jamais, jamais.

L'aigle partit, et rentra le même soir.

— Homme de toutes couleurs, j'ai vu ton père. Il est bien vieux, et ne peut plus travailler. Trois de tes frères l'assistent autant qu'ils le peuvent. Mais ils ne gagnent pas assez pour le nourrir à rien faire. Aussi, le pauvre ancien prenait-il souvent la besace, et s'en allait-il quêter sa pauvre vie de porte en porte, comme faisait autrefois Notre-Seigneur Jésus-Christ. Maintenant, j'ai mis bon ordre à tout, et cela n'arrivera plus. Je sais où me fournir, et ton père aura chaque jour sa provende.

— Merci, aigle.

Depuis ce jour, l'Homme de toutes couleurs et l'aigle furent grands amis. Chaque matin, l'aigle partait pour ses affaires, et chaque soir il rapportait des nouvelles d'en haut. Un soir, il dit à son ami :

— Homme de toutes couleurs, il se passe là-haut une

chose qui mérite qu'on en parle. Il y a un roi qui a quatre filles, belles comme le jour. Un Nain lui a volé les trois aînées, et les a cachées je ne sais où. Mais la dernière est demeurée avec son père. Maintenant, écoute l'avis que le roi a fait tambouriner ce matin, dans toutes les paroisses de son pays : « Ran plan plan, ran plan plan. Tous les hommes hardis et bons cavaliers sont prévenus, de la part du roi, que pendant le mois prochain il y aura, dans la ville de Babylone, trois grandes courses de chevaux, une chaque dimanche. Celui qui gagnera trois fois la victoire épousera la fille du roi le dimanche après. »

Alors, l'Homme de toutes couleurs devint triste. Nuit et jour, il songeait à ce que l'aigle lui avait dit. Un matin, la jument rouge comme le sang s'aperçut que son maître pleurait.

— Homme de toutes couleurs, je sais pourquoi tu pleures ; mais je puis te tirer de peine. Avec moi, tu gagneras la première course, car je sais un chemin particulier pour aller sous terre. Mais je n'y puis passer qu'une fois, aller et retour ; et il faut que tu me jures de revenir avec moi.

— Jument rouge comme le sang, je te le jure par mon âme.

— Eh bien ! partons.

La jument rouge comme le sang partit plus vite que le vent, et elle arriva, une heure après, dans la ville de Babylone. C'était un dimanche soir. Les vêpres étaient finies, les courses commençaient, et il ne manquait pas de cavaliers pour disputer la victoire. Mais la jument rouge comme le sang volait toujours plus vite que le vent ; et elle était arrivée que les autres bêtes n'avaient pas fait encore cent pas. Alors, le peuple cria :

— Vive l'Homme de toutes couleurs !

Mais la jument rouge comme le sang repartit plus vite que jamais. Une heure après, l'Homme de toutes couleurs était rentré sous terre, dans son grand château.

L'Homme de toutes couleurs redevint bien triste. Nuit et jour, il songeait à ce que l'aigle lui avait dit. Le dimanche après, la jument noire comme un corbeau s'aperçut que son maître pleurait.

— Homme de toutes couleurs, je sais pourquoi tu pleures ; mais je puis te tirer de peine. Avec moi, tu gagneras la deuxième course, car je sais un chemin particulier pour aller sous terre. Mais je n'y puis passer qu'une fois, aller et retour ; et il faut que tu me jures de revenir ici avec moi.

— Jument noire comme un corbeau, je te le jure par mon âme.

— Eh bien ! partons.

La jument noire comme un corbeau partit plus vite que le vent. Pourtant, elle n'arriva que deux heures après dans la ville de Babylone. C'était le dimanche soir, et les vêpres étaient chantées. Les courses avaient commencé depuis une heure, et il ne manquait pas de cavaliers pour disputer la victoire. Mais la jument noire comme un corbeau partit plus vite encore que la jument rouge comme le sang ; et elle était arrivée que les autres étaient encore à moitié chemin. Alors, le peuple cria :

— Vive l'Homme de toutes couleurs !

Mais la jument noire comme un corbeau repartit plus vite que jamais. Une heure après, l'Homme de toutes couleurs était rentré sous terre, dans son grand château.

L'Homme de toutes couleurs redevint bien triste. Nuit et jour, il songeait à ce que l'aigle lui avait dit. Le dimanche suivant, la jument blanche comme la neige s'aperçut que son maître pleurait.

— Homme de toutes couleurs, je sais pourquoi tu pleures, et je pourrais te tirer de peine. Avec moi, tu gagnerais la troisième course, car je sais un chemin particulier pour aller sous terre ; et j'y puis passer une fois, aller et retour.

— Eh bien ! tire-moi de peine.

— Je ne veux pas.

— Je t'en prie.

L'Homme de toutes couleurs pria tant et tant la

jument blanche comme la neige, qu'elle finit par répondre :

— Eh bien ! jure-moi de revenir ici avec moi.

— Jument blanche comme la neige, je te le jure par mon âme.

La jument blanche comme la neige partit plus vite que le vent. Pourtant elle n'arriva que trois heures après, et en boitant, dans la ville de Babylone. C'était le dimanche soir, et vêpres étaient chantées. Les courses étaient presque finies, et il ne manquait pas de cavaliers pour disputer la victoire. La jument blanche comme la neige partit au petit pas, et en boitant. Alors, le peuple cria :

— C'est dommage. L'Homme de toutes couleurs n'arrivera pas.

Et l'Homme de toutes couleurs se désespérait, et criait :

— Marche donc, jument blanche comme neige.

— Je ne puis pas, je suis boiteuse.

Et l'Homme de toutes couleurs se désespérait toujours, car trois cavaliers n'avaient que cent pas à faire pour gagner la victoire. Alors, la jument blanche comme la neige hennit, et partit si vite, si vite, qu'on ne pouvait la suivre de l'œil. Le temps de dire *Amen*, et elle était arrivée avant toutes les autres bêtes. Alors, le peuple cria :

— Vive l'Homme de toutes couleurs !

Mais la jument blanche comme la neige repartit plus vite que jamais. Une heure après, l'Homme de toutes couleurs était rentré sous terre dans son grand château.

L'Homme de toutes couleurs redevint bien triste. Nuit et jour il songeait à ce que l'aigle lui avait dit. Le dimanche après, l'aigle s'aperçut que son maître pleurait.

— Homme de toutes couleurs, je sais pourquoi tu pleures, et je voudrais te tirer de peine. Par malheur, les chemins où les trois juments ont passé sont maintenant fermés pour toujours. Il ne reste que le trou par où tu es descendu avec le Nain. Tu vas monter à cheval sur mon dos, et je t'emporterai en volant. Mais ce n'est pas là un petit travail. Pour aller jusqu'au bout, j'aurai besoin d'être bien nourri durant le voyage. Emporte force viande crue, pour me panser en chemin.

L'Homme de toutes couleurs alla chercher force viande crue, et monta sur le dos de l'aigle, qui prit sa volée.

— Hardi, mon aigle !

Et l'aigle volait droit et fort. A tout moment il criait :

— De la viande crue ! De la viande crue !

Et l'Homme de toutes couleurs le pansait, en criant toujours :

— Hardi, mon aigle !

Cent toises au-dessous de terre, la pâture vint à manquer.

— De la viande crue ! De la viande crue !

Alors, l'Homme de toutes couleurs tira son couteau, coupa un morceau de sa cuisse, pansa l'aigle, et lui fit boire son sang tout chaud. Cinq minutes après, tous deux arrivaient dans la ville de Babylone.

Il était huit heures du matin. Tout le monde avait ses habits des dimanches. Dans toutes les églises, les cloches sonnaient à grande volée, pour le mariage de la fille du roi.

— Homme de toutes couleurs, dit le roi de Babylone, tu n'auras ma fille que lorsque tu m'auras rendu ses trois sœurs.

Alors, l'aigle dit :

— Attendez-moi là.

L'aigle prit sa volée, et revint, une heure après, apportant par les cheveux le Nain barbu qui n'avait pas deux empans de haut. Le Nain frappa la terre du talon. Aussitôt parurent les trois juments : l'une blanche comme la neige, l'autre noire comme un corbeau, la troisième rouge comme le sang. Ces trois juments étaient les trois filles aînées du roi de Babylone, que le Nain avait changées en bêtes, pour les mieux cacher. Sur-le-champ elles reprirent leur première forme.

— Homme de toutes couleurs, dit le roi de Babylone, je n'ai plus rien à te refuser.

Alors, le mariage se fit. Jamais on n'a vu, jamais on ne verra le pareil. L'Homme de toutes couleurs envoya chercher son père. Il fit aussi venir ses trois frères, qui avaient assisté le pauvre homme, et chacun d'eux épousa une princesse. A la fin de la noce, qui dura tout un mois, l'aigle dit :

— Homme de toutes couleurs, voilà longtemps que je te sers. Pourtant, tu ne m'as pas encore payé.

— Aigle, demande ce que tu voudras.

— Homme de toutes couleurs, donne-moi, pour bâtir mon nid, la plus haute tour de Babylone. Donne-moi aussi le Nain barbu, qui n'a pas deux empans de haut.

— Aigle, c'est juste. Prends ce qu'il te faut.

Alors, l'aigle emporta le Nain barbu, qui n'avait pas deux empans de haut, sur la plus haute tour de Babylone. Là, il lui creva les yeux, et le rongea jusqu'aux os.

Le Bâtard

Il y avait, autrefois, à Sainte-Radegonde, un enfant qu'on appelait le Bâtard, parce qu'il n'avait jamais connu ni son père ni sa mère. Cet enfant gagnait sa pauvre vie à garder les brebis, dans le bois de Réjaumont.

Un jour d'été, le Bâtard gardait au bois, comme de coutume. Il était midi. Le soleil rayonnait, et l'enfant dormait un moment, couché au pied d'un vieux chêne. Tout à coup, il entendit des cris terribles, et se réveilla. C'était un grand aigle qui venait du côté de la Montagne, et qui volait aussi vite que le vent. Le grand aigle vint se jucher à la cime du vieux chêne.

— Bâtard, Bâtard, le bien nommé, écoute, écoute. Ta mère est morte, et tu ne la verras jamais, jamais. Elle est morte, après avoir longtemps pleuré son péché. Maintenant, elle est avec le Bon Dieu. Ton père est le roi de France, et la preuve de ce que je te dis est écrite dans ta bouche. Si, avant le moment manqué, tu viens à montrer ta langue à tout autre qu'à ton père, qui doit la voir le premier, le fils du roi de France et sa mère le sauront, et ils te feront mourir. Quand il sera temps de faire ta première communion, attends de trouver un prêtre mort, qui te confessera, qui te donnera l'hostie, et qui ne pourra dire à personne ce qu'il aura vu et entendu. Si tu fais ce que je te commande, tu seras roi après ton père. Mais tu n'es pas à la fin de tes épreuves, et rien ne te sera donné que tu ne l'aies cent fois gagné.

Alors, le grand aigle repartit, en criant, du côté de la Montagne, et il ne revint jamais, jamais.

Depuis ce moment, le Bâtard songea nuit et jour à ce qu'il avait vu et entendu. Jamais le curé de la paroisse ne put le décider à faire sa première communion. Pourtant le Bâtard était bien vu de tout le monde, car il était dévôt comme un prêtre, fort comme une paire de bœufs, et toujours prêt à faire service à chacun.

Quand le Bâtard eut vingt ans sonnés, il partit, un dimanche matin, pour entendre la grand-messe à l'église de La Sauvetat. A cette messe se trouvait une demoiselle de quinze ans, belle comme le jour, et honnête comme l'or. C'était la fille d'un noble, qui demeurait au château de Sérillac. Aussitôt, le Bâtard tomba amoureux fou de la demoiselle ; et, le soir, il ne la quitta pas des yeux, pendant toutes les vêpres. Comme elle sortait de l'église, avec ses parents, le Bâtard regarda partout s'il n'y avait pas quelque galant, pour le tuer comme un chien. Par bonheur, il n'y en avait aucun. Alors, le Bâtard pensa :

— Il faut que cette demoiselle soit ta femme. Autrement, tu es capable de faire de grands malheurs.

Cela pensé, il attendit que le noble et les siens fussent rentrés à Sérillac, et vint frapper à la porte du château.

— Bonsoir, noble.

— Bonsoir, Bâtard. Qu'es-tu venu faire ici ?

— Noble, je veux te parler à part.

Les gens du château sortirent de la chambre, et les laissèrent tous deux seuls.

— Noble, il faut que ta demoiselle soit ma femme. Autrement, je suis capable de faire de grands malheurs.

— Bâtard, tu auras ma fille à deux conditions. Prouve-moi que tu es noble. Prouve-moi que tu es riche. Je n'ai rien à compter à ma fille, et je ne veux pas marier la faim et la soif.

— Noble, je suis d'un sang plus grand que le tien ; et je te l'aurais vite prouvé, s'il ne m'était commandé de me taire. Riche, je vais travailler à le devenir. En attendant, dis aux galants de s'écarter de ta fille. Autrement, je suis capable de faire de grands malheurs.

Le Bâtard salua le noble, et sortit. Comme il traversait un petit bois, devant le château, il rencontra la demoiselle.

— Bonsoir, demoiselle.

— Bonsoir, Bâtard. J'étais derrière la porte de la chambre, quand tu es venu me demander en mariage. Bâtard, je ne veux pas d'autre homme que toi. Va t'engager au service du roi de France, et gagnes-y vite assez de bien pour nous faire vivre tous deux avec nos enfants. Si tu reviens, compte sur moi comme sur toi. Si tu meurs, je me rendrai religieuse dans un couvent, et je prierai Dieu pour ton âme, jusqu'à ce qu'on me porte au cimetière.

Le Bâtard salua la demoiselle, et partit. Tout en filant son chemin, il pensait :

— Voilà une brave demoiselle. Si j'en fais ma femme, je ne serai pas à plaindre.

Aussitôt, il alla s'engager au service du roi de France, et partit en pays étranger, pour combattre les ennemis. Au bout de trois ans, le général lui dit, devant tous ses camarades :

— Bâtard, il n'y a pas, dans toute l'armée, un soldat fort et hardi comme toi. Je te fais capitaine.

— Merci, général. Mais il me faut encore autre chose.

— Parle, Bâtard.

— Général, je meurs de peine, en pensant à ma maîtresse, que j'ai laissée depuis trois ans au pays. Donnez-moi cent jours de congé, pour aller la voir.

— Bâtard, pars, et reviens au temps promis.

Le Bâtard salua le général, et revint en France. En arrivant dans une ville, il aperçut force gens faisant le rond, autour d'un homme qui battait le tambour.

— Ran plan plan ran plan plan ran plan plan. Vous êtes prévenus tous, de la part du roi de France, qu'il vient de perdre son fils, et que tout le peuple doit prendre le deuil. Pourtant, le roi de France a encore un bâtard, qui s'en est allé on ne sait où. Ce bâtard ne sera reconnu pour héritier de son père que lorsqu'il aura tranché le vent en deux, et prouvé qu'il est de sang royal.

— Bon ! pensa le Bâtard. Le grand aigle ne m'a pas menti.

Aussitôt, il se remit en route, marchant nuit et jour, pour revoir plus tôt la demoiselle. Enfin, le soir de la Toussaint, il arriva tout proche de son pays. Par malheur, il faisait déjà noir, et d'épaisses brumes couvraient toute la campagne. Le Bâtard perdit son chemin, et il le chercha longtemps, longtemps, sans jamais rencontrer ni une maison ni un homme. A minuit, il arriva devant la porte d'un cimetière perdu dans les champs, avec une église au milieu. C'était l'église de La Roumiouac, qui appartenait aux Maltais[1].

— Bon ! pensa le Bâtard. Voici du moins un abri.

Il entra sans peur ni crainte. L'autel était préparé, et les cierges allumés, comme pour dire la messe. Pourtant, il n'y avait personne dans l'église. Enfin, une pierre du pavé se leva. Un vieux prêtre mort sortit de terre, avec l'aube et la chasuble, et s'avança jusqu'au pied de l'autel.

— Y a-t-il ici quelqu'un pour me servir la messe ?

— Il y a moi, dit le Bâtard.

— Mon ami, il y a bien longtemps que je t'attendais. Quand j'étais vivant, une veuve me donna l'argent de cent messes, à l'intention de son pauvre mari. J'en avais une encore à dire, quand je suis mort. Voilà pourquoi Notre-Seigneur m'a condamné à n'entrer en paradis que lorsque je serais quitte. Depuis trois cents ans, je me lève chaque nuit, et j'appelle un clerc. Enfin, il en est venu un, et bientôt je serai tiré du purgatoire. Mon ami, confesse-toi, et sers-moi la messe. Ainsi, tu gagneras la communion.

Le Bâtard s'agenouilla, se confessa, et servit la messe. Au moment de lui donner la communion, le vieux prêtre mort regarda la langue de son clerc, et se troubla. Pourtant, il continua jusqu'au dernier évangile. Cela fait, il dit au Bâtard :

— Mon ami, tu as une fleur de lys d'or marquée sur ta langue. C'est la preuve que tu es du sang des rois de France. Le jour viendra, sans tarder, où tu seras roi toi-

1. Cette église appartenait, en effet, à l'ordre de Malte.

même ; mais tu n'es pas au bout de tes épreuves. Adieu. Tu trouveras, cachée derrière cet autel, une vieille épée de chevalier maltais, qui n'a pas sa pareille pour tuer les ennemis. Moi, je m'en vais en paradis, et j'y prierai le Bon Dieu de te payer le service que tu m'as fait.

Le vieux prêtre mort rentra sous terre, la pierre retomba, les cierges s'éteignirent, et le Bâtard demeura seul dans l'église, jusqu'à la pointe de l'aube. Alors, il prit, derrière l'autel, la vieille épée de chevalier maltais, et s'en alla frapper à la porte du château de Sérillac.

— Bonjour, noble.

— Bonjour, Bâtard.

— Noble, j'arrive de la guerre, et je suis capitaine. Maintenant me voilà riche. Bientôt tu auras la preuve que je suis d'un sang plus grand que le tien ; mais à présent, il m'est commandé de me taire. Garde-moi toujours ta fille, et dis aux galants de s'écarter d'elle. Autrement, je suis capable de faire de grands malheurs.

— Bâtard, je ferai mon possible pour te contenter.

Le Bâtard salua le noble et sortit. Comme il traversait un petit bois, devant le château, il rencontra la demoiselle.

— Bonjour, demoiselle.

— Bonjour, Bâtard. J'étais derrière la porte de la chambre, quand tu es venu parler à mon père, et je ne veux pas d'autre homme que toi. Retourne-t'en au service du roi de France. Tu as maintenant assez de bien pour nous faire vivre tous deux avec nos enfants. En attendant que tu prouves que tu es noble, j'attendrai tant que le Bon Dieu voudra. Si tu reviens, compte sur moi comme sur toi. Si tu meurs, je me rendrai religieuse dans un couvent, et je prierai Dieu pour ton âme, jusqu'à ce qu'on me porte au cimetière.

Le Bâtard salua la demoiselle, et partit. Tout en filant son chemin, il pensait :

— Voilà une brave demoiselle. Si j'en fais ma femme, je ne serai pas à plaindre.

Après sept jours de voyage, le Bâtard arriva, vers le coucher du soleil, devant la porte d'un grand château.

— Mon ami, dit-il à un passant, quel est le maître de ce château. Mon cheval est essoufflé. Je veux demander ici le logement pour la nuit.

— Gardez-vous-en bien, monsieur. Ce château est mal habité. Jusqu'à présent, tous ceux qui y sont entrés n'en sont jamais revenus.

— Merci, mon ami. Je n'ai peur de personne, et je veux prendre ici le logement pour la nuit.

— Que le Bon Dieu vous garde, monsieur.

Le Bâtard entra sans peur ni crainte, et fouilla tout le château, depuis la cave jusqu'au grenier, sans trouver ni maîtres ni valets. Pourtant un grand feu brûlait dans la cheminée de la grand'salle. La table était mise, et le pain, le vin et la viande n'y manquaient pas.

Le Bâtard s'attabla donc, et but et mangea jusqu'à ce qu'il fût repu. Alors, il s'alla coucher dans un bon lit, en prenant garde de laisser brûler la lumière, et de poser à son côté la vieille épée de chevalier maltais qu'il avait trouvée, la nuit de la Toussaint, derrière l'autel de l'église de La Roumiouac.

Le dernier coup de minuit sonné, le Bâtard regarda dans la chambre. Elle était pleine de petites créatures, qui étaient venues on ne sait comment, et qui demeuraient en repos, sans même remuer les lèvres ni les yeux. Tout à coup, il se fit un grand bruit dans la cheminée.

— Bâtard, tomberons-nous, ou ne tomberons-nous pas ?

— Tombez, si vous voulez. Ne tombez pas, si cela vous plaît. Je m'en fous comme de vous. Tâchez seulement de me laisser dormir en paix.

Le Bâtard n'avait pas fini de parler, que cinq jambes gauches tombèrent de la cheminée dans la chambre. Les cinq jambes gauches dansaient en chantant :

— Dansons lc lundi. Dansons le lundi [1].

1. Dans le conte gascon, le chant des fantômes et celui du Bâtard sont toujours en français.

Alors, cinq jambes droites tombèrent de la cheminée dans la chambre. Les cinq jambes droites et les cinq jambes gauches dansaient en chantant :

— Dansons le lundi. Dansons le lundi. Dansons le mardi. Dansons le mardi.

Alors, cinq bras gauches tombèrent de la cheminée dans la chambre. Les cinq jambes gauches, les cinq jambes droites et les cinq bras gauches dansaient en chantant :

— Dansons le lundi. Dansons le lundi. Dansons le mardi. Dansons le mardi. Dansons le mercredi. Dansons le mercredi.

Alors, cinq bras droits tombèrent de la cheminée dans la chambre. Les cinq jambes gauches, les cinq jambes droites, les cinq bras gauches et les cinq bras droits dansaient en chantant :

— Dansons le lundi. Dansons le lundi. Dansons le mardi. Dansons le mardi. Dansons le mercredi. Dansons le mercredi.

Alors, cinq corps avec leurs têtes tombèrent de la cheminée dans la chambre. Aussitôt les jambes et les bras s'ajustèrent d'eux-mêmes à ces corps, et formèrent cinq hommes qui dansaient en chantant :

— Dansons le lundi. Dansons le lundi. Dansons le mardi. Dansons le mardi. Dansons le mercredi. Dansons le mercredi. Dansons le jeudi. Dansons le jeudi. Dansons le vendredi. Dansons le vendredi.

Pendant que ces cinq hommes dansaient, les petites créatures qui remplissaient la chambre, et qui étaient venues on ne sait comment, se tenaient en repos, sans même remuer les lèvres ni les yeux. Le Bâtard crevait de rire, et regardait les cinq hommes qui dansaient en chantant :

— Dansons le vendredi. Dansons le vendredi.

Et toujours ils dansaient et chantaient ainsi, sans pouvoir nommer les deux autres jours de la semaine. A la fin, le Bâtard impatienté sauta du lit, et se mit à danser en chantant :

— Dansons le samedi. Dansons le samedi. Dansons le dimanche. Dansons le dimanche.

Alors, les petites créatures qui remplissaient la chambre, et qui étaient venues on ne sait comment, se fondirent en brumes, et le Bâtard ne vit plus que les cinq hommes, qui ne dansaient et ne chantaient plus.

— Bâtard, tu connais les sept jours de la semaine. Les cinq premiers sont pour les Corps sans âmes comme nous. Le samedi est pour les juifs, et le dimanche pour les chrétiens. Reste avec nous. Tu seras le maître ici. Tout le peuple des Corps sans âmes t'obéira.

— Non. J'ai des affaires qui pressent, et je ne veux pas être roi du peuple des Corps sans âmes. Faites-vous baptiser. Le baptême vous fera chrétiens. Alors, vous fêterez le dimanche, et non pas le vendredi, qui est un jour de malheur. En attendant, faites de ce château un hôpital, pour les pauvres et les passants.

— Bâtard, nous t'obéirons en tout, et ceux que nous commandons feront comme nous. Pour te payer tes bons conseils, nous allons t'enseigner les finesses de ceux qui ont le pouvoir de se changer en toutes sortes de choses.

— Avec plaisir, mes amis.

Alors, les cinq hommes enseignèrent au Bâtard les finesses de ceux qui ont le pouvoir de se changer en toutes sortes de choses, et lui souhaitèrent bonne nuit. Cela fait, le Bâtard s'endormit jusqu'au matin, et se remit en route au soleil levant. Le soir du centième jour, il avait rejoint, en pays étranger, l'armée du roi de France qui combattait les ennemis.

Le Bâtard alla trouver son général.

— Bonsoir, général.

— Bonsoir, Bâtard. Tu es garçon de parole, et tu fais bien de revenir. Depuis que tu es parti, les ennemis ont pris à leur service un homme qui a le pouvoir de se changer en toutes sortes de choses sept fois par nuit. Par ce moyen, il me tue force soldats. Si cela continue, toute mon armée y passera. Te sens-tu capable de me débarrasser de ce rien qui vaille ?

— J'essaierai, général.

Le même soir, le Bâtard prit sa vieille épée de chevalier maltais, et s'en alla tout seul faire sentinelle dans un grand bois. Jusqu'à minuit, il ne vit ni n'entendit rien. Le dernier coup de minuit sonné, le Bâtard vit venir à lui l'homme qui avait le pouvoir de se changer en toutes sortes de choses sept fois par nuit. Aussitôt, l'homme se changea en chien.

Mais le Bâtard se méfiait, et il attendit sans peur ni crainte. Alors, l'homme se changea en hibou.

Mais le Bâtard se méfiait, et il attendit sans peur ni crainte. Alors, l'homme se changea en ver luisant.

Mais le Bâtard se méfiait, et il attendit sans peur ni crainte. Alors, l'homme se changea en feuille sèche.

Mais le Bâtard se méfiait, et il attendit sans peur ni crainte. Alors, l'homme se changea en brumes.

Mais le Bâtard se méfiait, et il attendit sans peur ni crainte. Alors, l'homme se changea en bruit de cloche qui sonne l'agonie.

Mais le Bâtard se méfiait, et il attendit sans peur ni crainte. Alors, l'homme pensa qu'il n'avait plus, pour cette nuit-là, qu'une seule fois à changer de forme, et il attendit longtemps, avant de prendre son parti. Enfin, il se changea en vent, et s'élança sur la sentinelle.

Mais le Bâtard se méfiait, et il attendit sans peur ni crainte. D'un seul coup de sa vieille épée de chevalier maltais, il trancha le vent en deux, et l'homme tomba par terre en deux morceaux.

— Bon ! pensa le Bâtard. Le grand aigle ne m'avait pas menti. Maintenant, je puis me présenter devant mon père, le roi de France.

Alors, il alla trouver le général.

— Bonjour, général. J'ai fait passer le goût du pain à l'homme qui avait le pouvoir de se changer en toutes sortes de choses sept fois par nuit.

— Merci, Bâtard. Maintenant, la guerre sera bientôt

finie, et nous pourrons tous retourner au pays. Dis-moi, Bâtard, en quoi l'homme s'était-il changé, quand tu lui as fait passer le goût du pain ?

— Général, il s'était changé en vent, et je l'ai tranché en deux.

— Tu as tranché le vent en deux ! Vite, montre-moi ta langue.

— Général, vous ne verrez pas ma langue. Pour cela, je ne vous dois pas obéissance.

— C'est vrai. Jure-moi du moins que tu as fait ta première communion, et que ta langue a été vue par le prêtre qui t'a donné l'hostie consacrée.

— Général, je vous le jure par mon âme.

— C'est bien. Attends-moi ici, jusqu'à ce que je revienne.

Le général sortit, et revint un moment après.

— Bâtard, tu vas monter à cheval. Voici une lettre pour le roi de France, et tu la lui donneras toi-même. Si tu l'ouvres pour la lire, il t'arrivera de grands malheurs.

— Général, vous serez obéi.

— Bon voyage, Bâtard.

Le Bâtard prit la lettre, et sauta sur son cheval. Sept jours après il était devant le roi de France.

— Bonjour, roi de France. Voici une lettre de mon général, qui commande votre armée en pays étranger.

Le roi de France prit la lettre, et la lut d'un bout à l'autre. Alors, il devint pâle comme la mort.

— Bâtard, ton général me mande que tu as tranché en deux un homme qui avait le pouvoir de se changer en toutes sortes de choses sept fois par nuit, et qui s'était changé en vent.

— Roi de France, mon général vous a mandé la vérité.

— Vite, Bâtard, tire la langue.

Le Bâtard tira la langue, et montra la fleur de lys d'or.

— Tu es mon fils ! Tu es mon fils ! Il y a bien longtemps que je t'attendais. Je suis content d'être le père d'un homme fort et hardi comme toi. Vite, dis-moi ce que tu veux, en paiement du service que tu m'as fait.

— Roi de France, j'ai promis mariage à une demoiselle belle comme le jour et honnête comme l'or. C'est la fille d'un noble du château de Sérillac. Si vous ne me la donnez pas pour femme, vous serez cause d'un grand malheur. Je m'en irai loin, bien loin, en pays étranger, me rendre moine dans un couvent, et je ne reviendrai jamais, jamais.

— Bâtard, je ne veux pas que tu te rendes moine. Ici, tout le monde a besoin de toi. Je suis trop vieux pour rester ici plus longtemps. C'est toi dorénavant qui commanderas à ma place. Je te donne un mois pour aller épouser ta maîtresse et l'amener ici. Pars, et ne manque pas de revenir au temps marqué.

— Merci, roi de France.

Le Bâtard partit aussitôt, pour épouser la demoiselle, et il revint avec elle au temps marqué. Le roi de France fut bien aise de les voir tous deux. Il commanda de grandes fêtes dans tout le pays, et fit faire force aumônes. Le Bâtard devint roi à la place de son père, et il vécut longtemps avec sa femme, craint et aimé de tout le monde.

Le Roi des Corbeaux

Il y avait, une fois, un homme qui était vert comme l'herbe, et qui n'avait qu'un œil, au beau milieu du front. Cet Homme Vert demeurait au bord du bois du Ramier[1], dans une vieille maison. Avec lui vivaient ses trois filles : l'aînée belle comme le jour, la cadette plus belle que l'aînée ; la dernière, qui n'avait que dix ans, plus belle que les deux autres.

Un soir d'hiver, l'Homme Vert était à sa fenêtre. La nuit venait, et la brume montait de la rivière du Gers. Tout à coup, il se fit un grand bruit d'ailes. Un oiseau, grand comme un taureau, et noir comme l'âtre, vint se jucher au bord de la fenêtre.

— Couac ! couac ! couac ! Je suis le Roi des Corbeaux.

— Roi des Corbeaux, que me veux-tu ?

— Couac ! couac ! couac ! Homme Vert, je veux une de tes trois filles en mariage.

— Roi des Corbeaux, attends-moi là.

L'Homme Vert s'en alla dans la chambre de ses trois filles.

— Mes filles, écoutez. Le Roi des Corbeaux est venu. Il veut une de vous trois en mariage.

— Père, dit l'aînée, je me suis fiancée, il y a bientôt un an, avec le fils du roi d'Espagne, qui était venu acheter des mules, à Lectoure, le jour de la foire de la Saint-Martin[2]. Hier, mon galant m'a fait dire, par un pèlerin

---

1. Forêt entre Lectoure et Fleurance (Gers), aujourd'hui défrichée dans sa majeure partie.

2. Le 11 novembre. Il se tient, ce jour-là, à Lectoure, une grande foire de mules, fréquentée par les Espagnols de la Navarre, de l'Aragon, et de la Catalogne.

de Saint-Jacques[1], qu'il viendrait bientôt me chercher, pour me mener dans son pays. Vous voyez bien, père, que je ne peux pas épouser le Roi des Corbeaux.

— Père, dit la cadette, je me suis fiancée, il y a bientôt un an, avec le fils du Roi des Iles de la mer. Hier, mon galant m'a fait dire, par un matelot de Bordeaux, qu'il viendrait bientôt me chercher, pour me mener dans son pays. Vous voyez bien, père, que je ne peux pas épouser le Roi des Corbeaux.

Alors, l'Homme Vert regarda sa dernière fille. En la voyant toute jeunette, il prit pitié d'elle, et pensa :

— Si je marie cet enfant au Roi des Corbeaux, je suis damné pour toujours, comme ceux qui meurent sans confession.

Donc, l'Homme Vert ne demanda rien à sa dernière fille, et revint trouver le Roi des Corbeaux, toujours juché sur le bord de la fenêtre.

— Roi des Corbeaux, aucune de mes filles ne veut de toi.

Alors, le Roi des Corbeaux entra dans une terrible colère. D'un grand coup de bec, il creva l'œil que l'Homme Vert avait au beau milieu du front. Puis, il s'envola dans la brume.

L'Homme Vert se mit à crier, comme un possédé du Diable. A ces cris, ses trois filles accoururent.

— Père, qu'avez-vous ? Qui vous a crevé l'œil ?

— C'est le Roi des Corbeaux. Toutes trois, vous l'avez refusé en mariage.

— Père, dit la dernière fille, je ne suis pas née pour vous démentir. Pourtant, je n'ai pas refusé le Roi des Corbeaux en mariage.

---

1. En gascon *Sent-Jacaire*, pèlerin de Saint-Jacques-de-Compostelle. On nomme ainsi les marchands, chaque jour plus rares, vêtus d'une houppelande semée de coquilles, et porteurs d'un bourdon, qui courent les foires, en vendant des objets de piété. Ils disent venir de Saint-Jacques-de-Compostelle ; mais ils sont généralement béarnais.

— C'est bien. Mène-moi vers mon lit. Que nul n'entre dans ma chambre, si je n'appelle.

La troisième fille fit comme son père avait commandé.

Le lendemain soir, l'Homme Vert appela sa troisième fille et lui dit :

– Mène-moi dans la chambre où j'étais hier, quand le Roi des Corbeaux m'a crevé l'œil. Ouvre la fenêtre, et laisse-moi seul.

La troisième fille fit comme son père avait commandé. Alors, l'Homme Vert se mit à la fenêtre. La nuit venait, et la brume montait de la rivière du Gers. Tout à coup, il se fit un grand bruit d'ailes. Un oiseau, grand comme un taureau, et noir comme l'âtre, vint se jucher au bord de la fenêtre.

— Couac ! couac ! couac ! Je suis le Roi des Corbeaux.

— Roi des Corbeaux, que me veux-tu ?

— Couac ! couac ! couac ! Homme Vert, je veux une de tes trois filles en mariage.

— Roi des Corbeaux, tu auras ma troisième fille.

Alors, le Roi des Corbeaux rendit la vue à l'Homme Vert, et cria :

— Couac ! couac ! couac ! Dis à ma fiancée d'être prête demain matin, au point du jour, avec sa robe blanche et sa couronne nuptiale.

Le lendemain, au point du jour, le ciel était noir de Corbeaux, qui étaient venus de nuit. Devant la maison de l'Homme Vert, ils préparaient un autel, pour dire la messe du mariage. Au pied de l'autel se tenait le Roi des Corbeaux, caché sous un grand linceul blanc comme neige. Quand tout fut prêt, et quand les cierges furent allumés, un prêtre, venu on ne sait d'où, arriva tout habillé, avec son clerc, pour dire la messe du mariage. La messe finie, le prêtre et son clerc s'en allèrent comme ils étaient venus. Le Roi des Corbeaux demeurait toujours caché sous le grand linceul blanc comme neige.

— Couac ! couac ! couac ! Emmenez ma femme chez son père.

On emmena la femme chez son père. Alors, le Roi des

Corbeaux sortit de sous le grand linceul blanc comme neige.

— Couac ! couac ! couac ! Homme Vert, garde ta fille jusqu'à midi. A cette heure, mes Corbeaux ont ordre de l'emporter dans mon pays.

Et il s'envola vers le nord.

A midi, la femme était sur le seuil de la maison.

— Adieu, mon père. Adieu, mes sœurs. Je quitte ma terre et ma maison. Je vais en pays étranger. Je ne reviendrai jamais, jamais.

Alors, les Corbeaux prirent leur reine, et l'emportèrent, à travers les airs, dans le pays du froid, dans le pays de la glace, où il n'y a ni arbres ni verdure. Avant le coucher du soleil, ils avaient fait trois mille lieues. La reine était rendue devant la porte maîtresse de son château.

— Merci, Corbeaux. Je n'oublierai pas le service que vous m'avez fait. Maintenant, allez souper et dormir. Certes, vous l'avez bien gagné.

Les Corbeaux partirent, et la reine rentra dans son château. Il était sept fois plus grand que l'église de Saint-Gervais de Lectoure. Partout brûlaient des lumières. Les cheminées flambaient, comme des fours de tuiliers. Pourtant, la reine ne vit personne.

Tout en se promenant de chambre en chambre, elle arriva dans une grande salle, où il y avait une table, chargée de plats et de vins de toute espèce. Un seul couvert était mis. La reine s'assit. Mais elle n'avait pas le cœur à boire et à manger, car elle pensait toujours aux siens et à son pays. Une heure après, la reine s'alla coucher dans un lit, fermé de rideaux d'or et d'argent, et attendit, sans dormir, en laissant brûler la lumière.

Sur le premier coup de minuit, il se fit un grand bruit d'ailes. C'était le Roi des Corbeaux, qui rentrait pour se coucher. Il s'arrêta derrière la porte de la chambre, où sa femme était couchée.

— Couac ! couac ! couac ! Femme, souffle la lumière.

La reine souffla la lumière, et le Roi des Corbeaux entra dans l'obscurité.

— Couac ! couac ! couac ! Femme, écoute. Ici, nous ne parlons pas pour ne rien dire. Autrefois, j'étais roi sur les hommes. Maintenant, je suis le Roi des Corbeaux. Un méchant gueux, qui a grand pouvoir, nous a changés en bêtes, moi et mon peuple. Mais il est dit que notre épreuve finira. Pour cela, tu peux beaucoup. Je compte que tu feras ton devoir. Toutes les nuits, comme ce soir, je viendrai dormir à ton côté. Mais tu n'as encore que dix ans. Tu ne seras vraiment ma femme qu'après sept ans passés. Jusque-là, garde-toi bien d'essayer de me voir jamais. Sinon, il arriverait de grands malheurs à moi, à toi, et à mon peuple.

— Roi des Corbeaux, vous serez obéi.

Alors, la reine entendit le Roi des Corbeaux, qui se dépouillait de ses ailes et de son plumage. Cela fait, il vint se coucher dans le lit. La reine eut peur. Elle avança la main, et sentit le froid d'une épée nue, que son mari avait mise entre lui et elle.

Le lendemain matin, avant le jour, le Roi des Corbeaux se leva dans l'obscurité, retira l'épée nue du lit, revêtit ses ailes et son plumage, et partit sans dire où il s'en allait.

Dorénavant, il en fut de même matin et soir. Pourtant, la reine craignait et aimait le Roi des Corbeaux, parce qu'elle savait qu'il était fort et hardi.

La pauvrette s'ennuyait à vivre ainsi, sans parler jamais à personne. Pour se divertir un peu, elle partait souvent, de grand matin, avec un panier plein de vivres. Elle courait la campagne, à travers la neige et la glace, jusqu'à l'entrée de la nuit. Jamais elle ne rencontrait âme qui vive.

Un matin, tout en se promenant ainsi, loin du château, la reine aperçut une montagne haute et sans neige.

Voilà la reine partie. Après sept heures de montée, elle arriva devant une pauvre cabane, tout à côté d'un lavoir. Au bord du lavoir travaillait une lavandière, ridée comme un vieux cuir, et vieille comme un chemin. La lavandière chantait, en tordant un linge noir comme la suie :

Fée, fée,
Ta lessive
N'est pas encore achevée.
La vierge
Mariée,
N'est pas encore arrivée.
Fée, fée [1].

— Bonjour, lavandière, dit la reine. Je vais vous aider à laver votre linge noir comme la suie.

— Avec plaisir, pauvrette.

La reine n'eut pas plus tôt plongé le linge dans l'eau, qu'il devint blanc comme lait. Alors, la vieille lavandière se mit à chanter :

Fée, fée,
Ta lessive
Est achevée.
La vierge
Mariée,
Est arrivée.
Fée, fée [2].

---

1. Ces lignes riment uniformément en gascon :
Hado, hado,
Ta bugado
Es pas encoèro acabado.
La mainado
Maridado,
Es pas encoèro arribado.
Hado, hado.

2. En gascon :
Hado, hado,
Ta bugado
Et acabado.
La mainado
Maridado,
Es arribado.
Hado, hado.

Puis, la lavandière dit à la reine :

— Pauvrette, il y a bien longtemps que je t'attendais. Mes épreuves sont finies, et c'est toi qui en es cause. Toi, pauvrette, tu n'as pas achevé de souffrir. Ton mari t'a donné de bons conseils. Mais les conseils ne servent à rien, et ce qui doit arriver ne manque jamais. Maintenant passe ton chemin, et ne retourne ici que dans un jour de grand besoin.

La reine revint au château, reprendre sa vie de chaque jour et de chaque nuit. Il y avait tout juste sept ans, moins un jour, que le Roi des Corbeaux l'avait épousée devant la maison de l'Homme Vert, au bord du bois du Ramier. Alors, la reine pensa :

— Le temps de mon épreuve va finir. Un jour de plus, un jour de moins, ce n'est rien. Cette nuit, je saurai comment est fait le Roi des Corbeaux.

Le soir venu, la reine alluma une lumière dans sa chambre, et la cacha si bien, qu'il y faisait noir comme dans un four. Cela fait, elle se coucha et attendit. Sur le premier coup de minuit, il se fit un grand bruit d'ailes. C'était le Roi des Corbeaux qui rentrait pour se coucher. La reine l'entendit qui se dépouillait, comme de coutume, de ses ailes et de son plumage. Cela fait, il se mit au lit, plaça l'épée nue entre lui et sa femme, et s'endormit.

Alors, la reine alla chercher la lumière qu'elle avait cachée, et regarda son mari. C'était un homme beau comme le jour.

— Mon Dieu, comme mon mari est beau !

La reine se rapprocha du lit, avec sa lumière, pour mieux voir, et laissa tomber un peu de cire bouillante sur son mari. Le Roi des Corbeaux se réveilla.

— Femme, dit-il, tu es cause de grands malheurs, pour moi, pour toi, et pour mon peuple. Demain, notre épreuve était finie. J'allais être véritablement ton mari, sous la forme où tu me vois. Maintenant, je vais être séparé du monde. Le méchant gueux qui me tient en son pouvoir fera de moi ce qu'il voudra. Mais ce qui est fait est fait, et le regret ne sert de rien. Je te pardonne le mal que tu m'as fait. Sors de ce château, où il va se passer des choses que tu ne dois pas voir. Pars, et que le Bon Dieu t'accompagne partout où tu t'en iras.

La reine sortit en pleurant. Alors, le méchant gueux qui tenait le Roi des Corbeaux en son pouvoir entra dans la chambre, enchaîna son ennemi avec une chaîne de fer du poids de sept quintaux, et l'emporta, à travers les nuages, sur la cime d'une haute montagne, dans une île de la mer. Là, il enfonça le bout de la chaîne dans le roc, et le consolida, avec du plomb et du soufre, mieux que n'eût fait le meilleur maître serrurier. Cela fait, il siffla. Aussitôt, accoururent deux loups, grands comme des taureaux, l'un noir comme suie, l'autre blanc comme neige. Le loup blanc veillait le jour, et dormait la nuit. Le loup noir veillait la nuit, et dormait le jour.

— Loups, gardez bien le Roi des Corbeaux.

— Maître, vous serez obéi.

Le méchant gueux partit, et le Roi des Corbeaux demeura seul, avec les deux loups, enchaîné, sur la cime d'une haute montagne, dans une île de la mer.

Pendant que cela se passait, la reine était sortie du château. Elle marchait, marchait, toujours tout droit devant elle, et pleurait toutes les larmes de ses yeux. A force de marcher, elle arriva, toujours pleurant, à la cime de la montagne haute et sans neige, où étaient le lavoir et la pauvre cabane de la vieille lavandière.

— Pauvrette, dit la vieille lavandière, te voilà malheureuse, comme je te l'avais dit. Mais les conseils ne servent de rien, et ce qui doit arriver ne manque jamais. Tu m'as fait service autrefois, et bien t'en prend aujourd'hui. Tiens. Voici une paire de souliers de fer, pour aller à la recherche de ton mari, prisonnier, à la cime d'une haute montagne, dans une île de la mer. Voici une besace, où le pain ne manquera pas, pour tant que tu manges. Voici une gourde, où le vin ne manquera pas, pour tant que tu boives. Voici un couteau, pour te défendre, pour couper l'herbe bleue, l'herbe qui chante nuit et jour, l'herbe qui brise le fer. Quand tes souliers seront rompus, tu seras près de délivrer le Roi des Corbeaux.

— Merci, lavandière.

La reine partit.

Trois jours après, elle arriva dans le pays où il ne fait ni nuit ni lune, et où le soleil rayonne toujours. Là, elle marcha tout un an. Quand elle avait faim et soif, le pain et le vin ne manquaient pas dans la besace et dans la gourde. Quand elle avait envie de dormir, elle se couchait par terre, et sommeillait. Au bout d'un an, elle trouva l'herbe bleue de la tête à la racine, l'herbe bleue comme la fleur du lin.

Aussitôt, la reine tira son couteau d'or.

— Reine, dit l'herbe bleue, ne me coupe pas, avec ton couteau d'or. Je suis l'herbe bleue. Mais je ne suis pas l'herbe qui chante nuit et jour, l'herbe qui brise le fer.

La reine ferma son couteau d'or, et repartit.

Trois jours après, elle arriva dans le pays où il ne fait ni jour ni nuit, et où la lune éclaire toujours. Là, elle marcha tout un an. Quand elle avait faim et soif, le pain et le vin ne manquaient pas dans la besace et dans la gourde. Quand elle avait envie de dormir, elle se couchait par terre, et sommeillait. Au bout d'un an, elle trouva l'herbe bleue de la tête à la racine, l'herbe bleue comme la fleur du lin.

L'herbe bleue chantait :

— Je suis l'herbe bleue, l'herbe qui chante nuit et jour. Je suis l'herbe bleue, l'herbe qui chante nuit et jour.

Aussitôt, la reine tira son couteau d'or.

— Reine, dit l'herbe bleue, l'herbe qui chante nuit et jour, ne me coupe pas, avec ton couteau d'or. Je suis l'herbe bleue, l'herbe qui chante nuit et jour. Mais je ne suis pas l'herbe qui brise le fer.

La reine referma son couteau d'or, et repartit.

Trois jours après, elle arriva dans le pays où il n'y a ni soleil ni lune, et où il fait nuit toujours. Là, elle marcha tout un an. Quand elle avait faim et soif, le pain et le vin ne manquaient pas dans la besace et dans la gourde. Quand elle avait envie de dormir, elle se couchait par terre, et sommeillait. Au bout d'un an, elle entendit chanter dans la nuit :

— Je suis l'herbe bleue, l'herbe qui chante nuit et jour, l'herbe qui brise le fer. Je suis l'herbe bleue, l'herbe qui chante nuit et jour, l'herbe qui brise le fer.

Aussitôt, la reine tira son couteau d'or, et marcha, dans la nuit, vers l'endroit d'où venait la chanson. Tout à coup, ses souliers de fer se rompirent. Elle avait marché sur l'herbe bleue, l'herbe qui chante nuit et jour, l'herbe qui brise le fer.

Avec son couteau d'or, la reine coupa l'herbe, qui chantait toujours :

— Je suis l'herbe bleue, l'herbe qui chante nuit et jour, l'herbe qui brise le fer.

La reine referma son couteau d'or.

Elle repartit, dans la nuit, marchant pieds nus parmi les épines. Elle marcha longtemps, longtemps. Enfin, la nuit finit, et le soleil se leva.

La reine était au bord de la mer grande, tout proche d'un petit bateau.

La reine monta dans le petit bateau, et partit sur la mer grande. Pendant sept jours et sept nuits, elle ne vit que ciel et eau. Le matin du huitième jour, elle arriva dans une île, et vit le Roi des Corbeaux, enchaîné sur la cime d'une haute montagne.

Dès qu'il aperçut la reine, le grand loup blanc s'élança, la gueule ouverte.

Aussitôt, la reine tira son couteau d'or, et brandit l'herbe qui chantait toujours :

— Je suis l'herbe bleue, l'herbe qui chante nuit et jour, l'herbe qui brise le fer. Je suis l'herbe bleue, l'herbe qui chante nuit et jour, l'herbe qui brise le fer.

A cette chanson, le grand loup blanc se coucha, et s'endormit.

Alors, la reine saigna, avec son couteau d'or, le grand loup blanc et le grand loup noir. Cela fait, elle toucha la chaîne du poids de sept quintaux, qui attachait le Roi des Corbeaux, avec l'herbe qui chantait toujours :

— Je suis l'herbe bleue, l'herbe qui chante nuit et jour, l'herbe qui brise le fer. Je suis l'herbe bleue, l'herbe qui chante nuit et jour, l'herbe qui brise le fer.

Alors, l'herbe se flétrit en un moment, et ne chanta plus. Mais le Roi des Corbeaux se leva, droit et hardi comme un César.

— Couac ! couac ! couac ! Merci, femme.

Cela fait, il cria vers les quatre vents du ciel :

— Couac ! couac ! couac !

Et, tandis qu'il criait ainsi, des volées de Corbeaux arrivaient des quatre vents du ciel. Aussitôt, ils reprenaient la forme de l'homme. Quand tous furent là, le Roi dit :

— Braves gens, mes peines et les vôtres sont finies. Regardez là-bas, là-bas. C'est un roi de mes amis qui vient nous chercher, avec sept mille navires. Dans un mois, nous serons tous au pays.

Le Bécut

Il y avait, une fois, une pauvre veuve, qui vivait dans sa maisonnette, avec ses deux enfants, un garçon et une fille. Le garçon marchait sur ses treize ans. Il était déjà fort, hardi, avisé comme pas un. La fille n'avait pas encore dix ans. Elle était jolie comme un cœur, et sage comme une sainte.

Au bout de sept ans passés, le garçon dit à sa mère :

— Mère, de l'aube à la nuit, moi, vous, ma sœur, nous nous tuons à travailler, pour gagner tout juste de quoi manger du pain. Je veux aller chercher fortune. Mère, je veux aller au pays des Bécuts [1], ramasser des cornes d'or, des cornes de bœufs et de moutons.

— Non, mon ami. Je ne le veux pas. Les Bécuts demeurent loin, bien loin, du côté du soleil couchant. Ils demeurent dans un pays sauvage et noir, dans un pays de hautes montagnes, où les gaves tombent de trois mille pieds. Là, il n'y a ni prêtres, ni églises, ni cimetières. Les Bécuts sont des géants grands de sept toises. Ces géants n'ont qu'un œil, juste au beau milieu du front. Tout le long du jour, ils gardent leurs bœufs et leurs moutons aux cornes d'or, et ramènent ce bétail dans les cavernes, le soir, au coucher du soleil. Quand ils attrapent un chrétien, ils le font cuire vivant, sur le gril, et l'avalent d'une bouchée. Non, mon ami, tu n'iras pas chercher fortune. Tu n'iras pas chercher des cornes d'or, des cornes de bœufs et de moutons, dans le pays des Bécuts.

---

1. En gascon, *Bécut* signifie « pourvu d'un bec », par extension un ogre.

— Mère, excusez-moi. Cette fois, vous ne serez pas la maîtresse.

Alors, la jeune fille parla.

— Mère, vous le voyez, mon frère est un têtu. Puisqu'il n'écoute pas la raison, je veux partir avec lui. Comptez sur moi pour le garder de tout malheur.

Par force, la pauvre mère dit oui.

— Tiens, ma fille, prends cette petite croix d'argent, et ne t'en sépare ni jour ni nuit. Elle vous portera bonheur. Partez donc, pauvres enfants. Partez, à la grâce du Bon Dieu et de la Sainte Vierge Marie.

Le frère et la sœur saluèrent leur mère, et partirent, le bâton à la main, la besace sur le dos.

Pendant sept mois, ils marchèrent, de l'aube à la nuit, du côté du soleil couchant, vivant d'aumônes, et dormant dans les étables par charité.

Enfin, ils arrivèrent dans un pays sauvage et noir, dans un pays de hautes montagnes, où les gaves tombent de trois mille pieds. Là, il n'y a ni prêtres, ni églises, ni cimetières. Là, vivent les Bécuts, des géants hauts de sept toises. Ces géants n'ont qu'un œil, juste au beau milieu du front. Tout le long du jour, ils gardent leurs bœufs et leurs moutons aux cornes d'or, et ramènent ce bétail dans les cavernes, le soir, au coucher du soleil. Quant à faire bonne chère, la viande ne leur manque pas. Pour dîner, ils tuent un bœuf, pour souper, un mouton. Mais ils ne font aucun cas des cornes d'or, et les jettent. Quand ils attrapent un chrétien, ils le font cuire, tout vif, sur le gril, et l'avalent d'une bouchée.

Chaque jour, du lever au coucher du soleil, le frère et la sœur cherchèrent des cornes d'or dans les montagnes, se cachant comme ils pouvaient, sous les buissons, parmi les rochers, pour n'être pas vus des Bécuts. Au bout de sept jours, leurs besaces étaient pleines. Assis tous deux, au bord d'un gave, ils comptaient.

— Une, deux, trois, quatre... nonante-huit, nonante-neuf, cent cornes d'or. Et maintenant, nous sommes assez riches. Demain, nous retournerons chez notre mère.

En ce moment, le soleil baissait. Un Bécut passa, chassant devant lui ses bœufs et ses moutons aux cornes d'or.

— Le Bécut ! le Bécut ! Sainte Vierge, ayez pitié de nous.

Ils jetèrent leurs besaces, et partirent au grand galop.

Mais le Bécut avait tout vu. Il les prit, les jeta dans son grand sac, et repartit jusqu'à sa caverne, fermée d'une pierre plate du poids de cent quintaux.

D'un coup d'épaule, le Bécut écarta la pierre, compta son bétail, le poussa dans la caverne, et referma l'entrée.

Cela fait, il secoua son grand sac à terre.

— Petits chrétiens, soupez avec moi.

— Avec plaisir, Bécut.

Le Bécut jeta une demi-canne[1] de bûches dans l'âtre, alluma le feu, saigna un mouton, l'écorcha, jeta la peau et les deux cornes d'or dans un coin, et embrocha sa viande.

— Petits chrétiens, tournez la broche.

— Bécut, tu seras obéi.

Tandis qu'ils tournaient la broche, le Bécut posait sur la table un quintal de pain, et sept grandes cruches de vin.

— Petits chrétiens, asseyez-vous là. Ne vous laissez manquer de rien, et contez-moi des choses de votre pays.

Le garçon savait force beaux contes. Il parla jusqu'à la fin du souper.

— Petit chrétien, je suis content de toi. Maintenant, à ton tour, petite chrétienne.

La jeune fille savait force belles prières, en l'honneur du Bon Dieu, de la Sainte Vierge et des saints. Mais, au premier mot, le Bécut devint tout bleu de colère.

— Ah ! carogne. Tu pries Dieu. Attends, attends.

Aussitôt, le Bécut saisit la jeune fille, la dépouilla de

1. Mesure locale. En Gascogne, la canne varie selon les localités. En général, elle équivaut à peu près à 3,20 stères.

ses habits, la coucha sur un gril, et la fit cuire toute vive à petit feu.

— Petit chrétien, que dis-tu de cette grillade ? Tout à l'heure, je t'en donnerai ta part.

— Non, Bécut. Les chrétiens ne se mangent pas entre eux.

— Petit chrétien, regarde. Voilà ce que je ferai de toi demain, quand tu m'auras dit tous tes beaux contes.

Le garçon était blanc de colère ; mais il ne pouvait rien contre le Bécut. Il regardait sa sœur griller toute vive à petit feu. La pauvrette serrait dans sa main droite la petite croix d'argent, dont sa mère lui avait commandé de ne se séparer ni nuit ni jour.

— Mon Dieu, criait-elle, ayez pitié de moi ! Sainte Vierge, à mon secours !

— Ah ! carogne. Tu pries Dieu, même en grillant toute vive. Attends, attends.

D'une bouchée, le Bécut l'avala toute vive. Puis, il se coucha par terre, le long de l'âtre.

— Petit chrétien, conte-moi des choses de ton pays.

Le garçon parla jusqu'à minuit. De temps en temps, le Bécut l'interrompait.

— Petit chrétien, attise le feu. J'ai froid.

Une heure après minuit, le Bécut, plein de viande et de vin, ronflait comme un orage. Alors, le garçon pensa :

— Et maintenant, nous allons rire.

Doucement, bien doucement, il s'approcha de l'âtre, empoigna un tison rouge et pointu, et le planta, de toute sa force, dans l'œil du Bécut.

— Han !

Le Bécut était aveugle. Dans la caverne, il courait comme un possédé du Diable, criant à se faire entendre de cent lieues :

— Mille Dieux ! Milliard de Dieux. Je suis aveugle ! Je suis aveugle !

Le garçon riait, caché sous la litière, parmi les bœufs et les moutons aux cornes d'or.

Aux cris du Bécut, ses frères se réveillèrent dans leurs cavernes.

— Ha ! ha ! ha ! Qu'est ceci ? Qu'est donc tout ceci ?

Et les Bécuts accouraient, dans la nuit noire, de toutes les montagnes, avec des lanternes grosses comme des tonneaux, avec des bâtons hauts comme des peupliers.

— Ha ! ha ! ha ! Qu'est ceci ? Qu'est donc tout ceci ?

D'un coup d'épaule, ils écartèrent la pierre de cent quintaux qui fermait l'entrée de la caverne, où l'autre criait toujours :

— Mille Dieux ! Milliard de Dieux ! Je suis aveugle ! Je suis aveugle !

— Frère, qui t'a mis en cet état ?

— Frères, c'est un petit chrétien. Cherchez-le partout, dans la caverne. Cherchez, que je l'avale tout vif. Mille Dieux ! Milliard de Dieux ! Je suis aveugle ! Je suis aveugle !

Les Bécuts cherchaient partout, sans rien trouver, tandis que le garçon riait, caché sous la litière, parmi les bœufs et les moutons aux cornes d'or.

— Cherchez, frères. Cherchez bien.

A la fin, les Bécuts se lassèrent.

— Adieu, frère. Tâche de dormir. Nous reviendrons demain.

Les Bécuts refermèrent la caverne, et partirent. Alors, le garçon tenta de renverser, d'un coup d'épaule, la pierre de cent quintaux qui fermait l'entrée de la caverne.

— Mère de Dieu. Ce travail passe ma force.

Le Bécut écoutait.

— Je t'entends, petit chrétien. Je t'entends, canaille. Patience ! Tout aveugle que je sois, tu ne m'échapperas pas.

Pendant trois jours et trois nuits, le garçon, le Bécut, et son bétail demeurèrent dans la caverne, sans manger ni boire. A la fin, les bœufs et les moutons aux cornes d'or criaient de soif et de faim.

— Attendez, pauvres bêtes. Je vais vous ouvrir la

caverne. Mais toi, petit chrétien, c'est autre chose. Patience, canaille. Tout aveugle que je sois, tu ne m'échapperas pas.

Pendant que le Bécut cherchait, à tâtons, l'entrée de la caverne, le garçon s'ajustait les cornes d'or et la peau du mouton saigné depuis trois jours.

Enfin, la pierre de cent quintaux tomba.

— Doucement, pauvres bêtes. Doucement, criait le Bécut. Vous, bœufs, passez les premiers. Un par un.

Il s'assit dehors, sur le seuil de la caverne. Les bœufs passèrent les premiers, un par un, tandis que le maître tâtait leurs cornes de leurs têtes, et le pelage de leur dos. Il comptait :

— Un, deux, trois, quatre... Maintenant, à vous, moutons. Passez un à un.

Après les bœufs, les moutons passèrent un à un, tandis que le maître tâtait les cornes de leur tête, et la laine de leur dos. Il comptait :

— Un, deux, trois, quatre...

Parmi les moutons, le garçon attendait à quatre pattes. Son tour venu, il arriva sans peur ni crainte.

Mais le Bécut se méfiait. En tâtant la laine du dos, il comprit que la peau s'ajustait mal.

— Ah ! petit chrétien. Ah ! canaille. Attends, attends !

Mais le garçon décampa plus vite que le vent. Le Bécut criait à se faire entendre de cent lieues :

— Malheur ! Le petit chrétien m'échappe. Au secours, frères ! Au secours !

Mais les frères ne vinrent pas. Alors, le Bécut se coucha de tout son long en dehors de la caverne. Caché tout près, au bord d'un gave, le garçon écoutait et regardait.

Depuis trois jours et trois nuits, le Bécut souffrait d'une grande envie de vomir. Dans son estomac, la jeune fille avalée vivait encore, par la vertu de la petite croix d'argent, dont sa mère lui avait commandé de ne se séparer ni jour ni nuit.

Enfin, le Bécut eut un hoquet terrible, et vomit tout

ce qu'il avait dans le corps. Parmi les vomissures, la jeune fille nue gisait, encore vivante.

Doucement, bien doucement, le garçon emporta sa sœur, la baigna dans le gave, et la couvrit avec la peau de mouton.

— Hardi ! ma sœur. Au galop !

Une heure après, ils avaient retrouvé leurs besaces pleines de cornes d'or. Sept jours plus tard, ils étaient hors du pays des Bécuts. Ils étaient dans une ville, grande et belle comme Toulouse.

Le garçon entra dans la boutique d'un orfèvre.

— Bonjour, orfèvre. Veux-tu m'acheter cette corne d'or ?

— Oui, mon ami. Je t'en donne mille pistoles.

Avec les mille pistoles, le garçon se choisit de beaux habits, et fit vêtir sa sœur en demoiselle. Il acheta un cheval superbe, avec la bride et la selle. Sur le devant de sa monture, il chargea les deux besaces pleines de cornes d'or.

— Vite, ma sœur, saute en croupe.

La jeune fille obéit, et le cheval partit au grand galop.

Sept mois après, ils arrivaient à la maisonnette de leur mère.

Le garçon vida son sac à terre.

— Bonjour, mère. Voici nonante-neuf cornes d'or, nonante-neuf cornes de bœufs et de moutons, ramassées au pays des Bécuts. Nous sommes riches. Vivons heureux.

La gardeuse de dindons

Il y avait, une fois, un roi qui aimait beaucoup le sel. Ce roi était veuf, et avait trois filles à marier. Il avait aussi un valet, avisé comme il n'y en a guère.

Un jour que ce valet était occupé à pétrir, dans le fournil, le roi vint le trouver, et lui dit :

— Valet, tu es un homme de sens. Je veux te consulter sur une affaire fort secrète.

— Maître, je n'aime pas les secrets. Si vous devez parler de votre affaire à un autre qu'à moi, ne m'en dites pas un mot. Vous croiriez que je vous ai trahi, et vous me chasseriez de chez vous.

— Valet, je n'en parlerai qu'à toi.

— Alors, j'écoute.

— Valet, j'ai trois filles à marier. Je suis vieux, et je ne veux plus être roi. Quand tu auras fini de pétrir, va me quérir le notaire. Je veux me réduire à une pension, et partager mon bien entre mes trois filles.

— Maître, à votre place je ne ferais pas cela.

— Pourquoi, valet ?

— Maître, celui qui n'a plus rien est bien vite méprisé. A votre place, je garderais ma terre, et je doterais mes filles raisonnablement, le jour de leur mariage.

— Valet, mes filles m'aiment. Je ne crains rien.

— Maître, mettez-les à l'épreuve, avant de vous décider.

Le roi monta dans sa chambre, et commanda qu'on y fît venir ses trois filles.

— M'aimes-tu ? dit-il à l'aînée.

— Père, je vous aime plus que tout au monde.

— Bien. Et toi, ma cadette, m'aimes-tu ?

— Père, je vous aime plus que tout au monde.

— Bien. Et toi, ma dernière, m'aimes-tu ?

— Père, je vous aime autant que vous aimez le sel.

— Méchante langue ! Tu insultes ton père. Rentre dans ta chambre, et attends-y que j'aie décidé ce qu'il faut faire de toi.

La fille dernière rentra dans sa chambre. Alors, ses deux sœurs dirent à leur père :

— Notre sœur vous a insulté. Elle mérite la mort.

— Mes filles elle mourra. Mais vous autres, vous m'aimez, et vous ne tarderez pas à recevoir votre récompense. Attendez-moi ici.

Le roi redescendit au fournil, où le valet pétrissait toujours, et lui conta ce qui venait de se passer.

— Maintenant, valet, l'épreuve est faite. Va me quérir le notaire, pour qu'il partage ma terre entre mes deux filles aînées, et le bourreau pour qu'il fasse mourir ma dernière.

— Maître, les paroles sont des femelles ; mais les actes sont des mâles. Votre épreuve n'est pas bonne. A votre place, je jugerais mes filles sur ce qu'elles feront, et non pas sur ce qu'elles ont dit.

— Tais-toi, valet. Tu ne sais pas ce que tu dis. Tais-toi, ou je t'assomme de coups de bâton.

Quand le valet vit le roi brandir son bâton, il fit semblant de changer d'avis.

— Eh bien, maître, j'ai tort. Vous parlez comme un livre. Faites à votre volonté. Je vais aller quérir le notaire, et je veux servir moi-même de bourreau à votre dernière fille. Je la mènerai dans un bois, je la tuerai, et je vous rapporterai sa langue.

— Tu vois bien, valet, que tu es de mon avis. Va-t'en d'abord quérir le notaire.

Donc le valet alla quérir le notaire. Le roi maria ses deux filles aînées sur-le-champ, et donna la moitié de sa terre à chacune d'elles.

— Notaire, dit-il, je me réserve, pendant toute ma vie, d'aller vivre six mois chez ma fille aînée, et six mois chez la seconde. Ne manque pas de marquer cela sur ton papier.

Mais le notaire était une grande canaille, qui fut condamné, la même année, aux galères pour le restant de sa vie. Il avait reçu secrètement de l'argent des deux filles aînées, et il ne marqua pas sur son papier ce que le roi s'était réservé.

— Maître, dit le valet, Dieu veuille que ce qui est fait soit bien fait. Maintenant, je vais mener votre dernière fille dans un bois, pour lui faire passer le goût du pain, et vous rapporter sa langue.

— Pars, valet. Quand tu seras revenu, je te récompenserai.

Le valet alla chercher une chaîne, et la passa au cou de la pauvre fille. Cela fait, il prit son sabre, et siffla sa chienne.

— Allons, insolente ! Allons, malheureuse ! Tu n'as pas longtemps à vivre. Recommande ton âme au Bon Dieu, à la Sainte Vierge Marie et aux saints.

Ainsi cria le valet, tant qu'il fut à même d'être entendu par le roi. Mais dans le bois, ce fut autre chose.

— Demoiselle, n'ayez pas peur. J'ai fait tout ceci pour vous sauver du bourreau. Vos chemises et vos plus belles hardes sont dans ma besace. J'y ai mis aussi des habits de paysanne que vous allez revêtir tout de suite. Avant de me louer comme valet chez votre père, j'ai servi dans le château d'un autre roi. Sa femme ne me refusera pas de vous prendre, comme gardeuse de dindons. Là, vous serez bien cachée.

En effet, le valet amena la fille du roi dans ce château. La reine la prit à son service, comme gardeuse de dindons, et lui donna son logement dans une chambrette, sous un escalier. Cela fait, le valet revint chez son maître. En traversant le bois, il tira son sabre, tua sa chienne, et lui arracha la langue.

— Maître, j'ai tué votre fille, et je vous rapporte sa langue.

— Valet, je suis content de toi. Voilà cent louis d'or pour ta peine.

— Cent louis d'or, maître ! Ce n'est pas assez pour un pareil travail.

— Eh bien, valet, en voilà cent autres.

— Et vous, mesdames, ne me donnerez-vous rien, pour avoir tué votre sœur, et pour vous avoir rapporté sa langue ?

— Valet, nous te donnerons chacune autant que notre père.

— Merci, maître. Merci, mesdames.

Le lendemain, les deux filles aînées appelèrent chacune son mari, et s'en allèrent trouver le roi.

— Père, vous n'êtes plus ici chez vous. La partie droite de ce château appartient à votre fille aînée, et la gauche à la cadette. Allez-vous-en.

— Méchantes filles, vous me payez mal tout le bien que je vous ai fait. M'en aller, je ne veux pas. Le papier du notaire me donne droit, pendant toute ma vie, d'aller vivre six mois chez ma fille aînée, et six mois chez la cadette.

— Parle papier. Tais-toi langue[1]. Le notaire n'a pas marqué cela sur son papier.

— Le notaire est aussi canaille que vous.

— Allons, leste ! Dehors, ou gare les chiens.

Le pauvre roi sortit du château. Sur le pas de la porte, il rencontra le valet.

— Où allez-vous, maître ?

— Je m'en vais à la volonté de Dieu. Ce château n'est plus le mien. Mes filles et mes gendres m'en ont chassé. Valet, pourquoi m'as-tu si mal conseillé, quand je voulais partager ma terre entre mes filles ?

— Maître, je vous ai dit : « Eprouvez-les. » Vous avez cru aux paroles qui sont des femelles, tandis que les actes sont des mâles, et vous avez agi à votre tête. Mais ce qui est fait est fait, et le regret ne sert de rien.

---

1. Proverbe gascon, usité quand on invoque des actes écrits.

Attendez-moi là. Je reviens. Nous allons partir ensemble. Je veux toujours être votre valet.

— Valet, reste ici, pour ton bien. Je n'ai plus de quoi te payer, ni de quoi te nourrir.

— Maître je vous servirai pour rien, et j'ai de quoi vivre pour nous deux.

— Valet, comme tu voudras.

Le valet entra dans le château, et revint un moment après, avec une besace pleine sur le dos.

— Allons, partons.

Au bout de sept jours de voyage, ils arrivèrent dans un pays, où ils trouvèrent en vente une petite métairie, avec une maison de maître. Le valet l'acheta, et la paya comptant avec l'argent volé, et avec les louis d'or qu'il avait reçus pour sa peine, quand on croyait qu'il avait fait mourir la dernière fille du roi.

— Maître, cette petite métairie est la vôtre. Buvez, mangez, chassez, promenez-vous, tandis que je travaillerai les champs et les vignes.

— Merci, valet. Il y a force maîtres qui ne te valent pas.

Pendant que tout cela se passait, la dernière fille, que son père croyait morte, demeurait toujours, comme gardeuse de dindons, dans le château du roi où le valet l'avait placée. Ce roi avait un fils si fort, si hardi, si beau garçon, que toutes les filles du pays en tombaient amoureuses. La gardeuse de dindons fit comme les autres ; mais il ne la regardait même pas.

— Malappris, pensait-elle souvent, je te forcerai bien à me regarder.

Le temps du carnaval arriva. Chaque soir, après souper, le fils du roi s'habillait de neuf, et montait à cheval, pour s'en aller danser, jusqu'au lendemain matin, dans les châteaux du voisinage. Que fit la gardeuse de dindons ? Pendant la veillée, elle se dit malade, et fit semblant d'aller se coucher. Mais elle descendit secrètement à l'écurie, sella et brida un cheval, et lui donna double picotin d'avoine. Ensuite, elle remonta dans sa chambre, ouvrit la besace où étaient les hardes qu'elle avait rapportées de chez son père. Cela fait, elle se peigna, avec un peigne d'or, se chaussa de bas blancs, et de petits souliers rouges en maroquin de Flandre, mit une belle robe couleur du ciel, redescendit à l'écurie, sauta sur son cheval, et partit au galop pour le château où le fils du roi s'en était allé danser.

Quand elle entra dans le bal, les joueurs de vielle et de violon cessèrent de jouer, les danseurs de danser, et tous les invités disaient :

— Quelle est cette belle demoiselle ?

Enfin, les joueurs de vielle et de violon recommencèrent leur musique, et le fils du roi prit la jeune fille par la main, pour la mener à la danse. Mais, au premier coup de minuit, elle laissa son danseur en plan, sauta sur son cheval, et repartit au galop.

Le lendemain, elle s'en alla garder les dindons, comme de coutume, et le fils du roi, qui la rencontra, en allant à la chasse, pensa :

— C'est étonnant comme cette jeune paysanne ressemble à la belle demoiselle que j'ai vue au bal, la nuit passée.

Le soir même, après souper, il s'habilla de neuf, monta à cheval, et partit encore pour le bal. Que fit alors la gardeuse de dindons ? Pendant la veillée, elle se dit malade, et fit semblant d'aller se coucher. Mais elle descendit secrètement à l'écurie, sella et brida un cheval, et lui donna double picotin d'avoine. Ensuite, elle remonta dans sa chambre, et ouvrit la besace où étaient les hardes qu'elle avait rapportées de chez son père. Cela fait, elle se peigna, avec un peigne d'or, se chaussa de bas blancs, et de petits souliers en maroquin de Flandre, mit une robe couleur de la lune, redescendit à l'écurie, sauta sur son cheval, et partit au galop pour le château où le fils du roi était allé danser.

Quand elle entra dans le bal, les joueurs de vielle et de violon cessèrent de jouer, les danseurs de danser, et tous les invités disaient :

— Quelle est cette belle demoiselle ?

Enfin, les joueurs de vielle et de violon recommencèrent leur musique, et le fils du roi prit la jeune fille par la main, pour la mener à la danse. Mais, au premier coup de minuit, elle laissa son danseur en plan, sauta sur son cheval et repartit au galop. Le lendemain, elle s'en alla garder les dindons, comme de coutume ; et le fils du roi qui la rencontra, en allant à la chasse, pensa :

— C'est étonnant comme cette jeune paysanne ressemble à la belle demoiselle que j'ai vue au bal la nuit passée.

Le soir même, après souper il s'habilla de neuf, monta à cheval, et partit encore pour le bal. Que fit alors la gardeuse de dindons ? Pendant la veillée, elle se dit malade, et fit semblant d'aller se coucher. Mais elle descendit secrètement à l'écurie, sella et brida un cheval, et lui donna double picotin d'avoine. Ensuite, elle remonta dans sa chambre, et ouvrit la besace où étaient les hardes qu'elle avait rapportées de chez son père. Cela fait, elle se peigna avec un peigne d'or, se chaussa de bas blancs, et de petits souliers rouges en maroquin de Flandre, mit une robe couleur du soleil, redescendit à l'écurie, sauta sur son cheval, et partit au galop pour le château où le fils du roi s'en était allé danser.

Quand elle entra dans le bal, les joueurs de vielle et de violon cessèrent de jouer, les danseurs de danser, et tous les invités disaient :

— Quelle est cette belle demoiselle ?

Enfin, les joueurs de vielle et de violon recommencèrent leur musique, et le fils du roi prit la jeune fille par la main pour la mener à la danse. Mais, au premier coup de minuit, elle laissa son danseur en plan, sauta sur son cheval, et repartit au galop. En s'échappant, elle perdit, dans le bal, son petit soulier rouge du pied droit.

Depuis le premier jour où la jeune fille avait paru dans le bal, le fils du roi en était devenu si amoureux, si amoureux, qu'il en avait perdu le boire et le manger. Il ramassa le petit soulier rouge, et le fit essayer aux demoiselles du bal. Mais toutes avaient le pied trop grand pour le chausser. Alors, il mit le petit soulier rouge dans sa poche, et s'en revint au château de son père.

— Père, je suis tombé amoureux d'une jeune fille qui a perdu ce petit soulier rouge dans le bal. Si vous ne me la donnez pas en mariage, vous serez cause d'un grand malheur. Je m'en irai loin, bien loin, me rendre moine, dans un pays d'où je ne reviendrai jamais, jamais.

— Mon fils, je ne veux pas que tu te rendes moine. Dis-moi où cette jeune fille demeure, et nous monterons tous deux à cheval, pour aller la demander en mariage à son père.

— Père, je ne sais pas où elle demeure.

— Eh bien, va me chercher le tambour de la commune.

Le jeune homme obéit.

— Tambour, voici cent pistoles. Va-t'en crier partout que la demoiselle qui pourra chausser ce petit soulier rouge sera la femme de mon fils.

Le tambour partit, et cria partout, comme il en avait reçu l'ordre. Pendant trois jours, le château du roi fut plein de demoiselles, qui venaient pour essayer le petit soulier rouge. Mais aucune ne pouvait le chausser. La gardeuse de dindons les regardait faire, et riait de tout son cœur.

— A ton tour, gardeuse de dindons, dit le fils du roi.

— Vous n'y pensez pas, monsieur. Je ne suis qu'une pauvre petite paysanne. Comment voulez-vous que je fasse ce que n'ont pu faire toutes ces belles demoiselles ?

— Allons ! Allons ! criaient les demoiselles. Faites approcher cette insolente qui se moquait de nous tout à l'heure. Si elle ne peut chausser le petit soulier rouge, qu'elle soit fouettée jusqu'au sang.

La gardeuse de dindons s'approcha, en faisant semblant d'avoir peur et de pleurer. Du premier coup, elle chaussa le petit soulier rouge.

— Et maintenant, dit-elle, attendez-moi tous.

Elle alla s'enfermer dans sa chambrette, et revint, un moment après, chaussée de rouge des deux pieds, vêtue de sa robe couleur du soleil.

— Mie, dit le roi, il faut que tu épouses mon fils.

— Roi, je l'épouserai quand il aura le consentement de mon père. En attendant, je veux toujours garder vos dindons.

Alors, le roi et son fils se trouvèrent bien embarrassés.

Pendant que tout cela se passait, l'autre roi, chassé par ses deux filles, demeurait toujours, avec son valet, dans sa petite métairie. Vingt fois par jour, il disait :

— Mes deux filles aînées sont des carognes, et mes gendres de mauvais sujets. Si j'avais ma dernière enfant, elle me tiendrait compagnie, tout en me filant des chemises, et en rapiéçant mes habits. Valet, pourquoi l'as-tu tuée ? Pourquoi m'as-tu rapporté sa langue ?

— Maître, c'est vous qui me l'avez commandé.

— Alors, valet, j'ai eu tort de te le commander. Toi, tu as eu tort de m'obéir.

— Excusez, maître. Je n'ai pas eu tort, parce que je ne vous ai pas obéi. Votre dernière fille n'est pas morte. Je l'ai placée dans le château d'un autre roi, comme gardeuse de dindons. Ce que vous avez pris pour sa langue était la langue de ma chienne.

— Tant mieux, valet. Nous allons partir sur-le-champ, pour chercher la pauvrette, et la ramener ici.

Ils partirent tous deux sur-le-champ, et sept jours après ils arrivèrent au château du roi.

— Bonjour, roi.

— Bonjour mes amis. Qu'y a-t-il pour votre service ?

— Roi, j'ai été roi moi-même, et j'avais un château aussi beau que le tien. Mes deux filles aînées m'ont chassé, et ma dernière est chez toi, comme gardeuse de dindons. Il faut que tu me la rendes.

— Mon ami, je ne peux pas. Mon fils est tombé amoureux de ta fille, au point qu'il en a perdu le boire et le manger. Je te la demande en mariage pour lui.

— Roi, fais venir ma fille, pour qu'elle parle librement. Je ne veux pas la marier par force.

On alla chercher la gardeuse de dindons.

— Bonjour père, et la compagnie.

— Bonjour, ma fille. Parle librement. Veux-tu épouser ce jeune homme.

Le jeune homme était blanc comme farine, et tremblait comme une queue de vache.

— Ma fille, parle librement.

— Père, j'épouserai ce jeune homme préférablement à tout autre. Mais je veux auparavant que son père et lui vous aident à reprendre le château d'où vous ont chassé mes sœurs aînées.

Alors, le roi et son fils firent assembler aussitôt tous les hommes du pays, et les armèrent de sabres et de fusils. Tout ce monde se mit en chemin pendant la nuit, et se rendit maître du château des deux sœurs aînées, qui ne s'attendaient à rien. Ces deux carognes furent pendues avec leurs maris, et leurs corps ne furent pas portés en terre sainte. On les abandonna dans un champ, et les chiens, les corbeaux et les pies les rongèrent jusqu'aux os.

Voilà ce qui fut fait. Alors, le roi dit au père de la gardeuse de dindons :

— Mon ami, reprends ton château, et redeviens roi comme au temps passé. Maintenant, il faut songer à la noce de mon fils et de ta fille.

Jamais les gens du pays ne virent une si belle noce. Cent foudres de vin vieux furent mis en perce. On tua je ne sais combien de veaux et de moutons. Pendant trois jours et trois nuits, cent femmes furent occupées, nuit et jour, à plumer les dindons, les chapons et les canards. Mangeait et buvait qui voulait. Le valet, tout habillé de neuf, et luisant comme un calice, se tenait debout, derrière la chaise de la mariée, et ne la laissait manquer de rien.

— Valet, lui dit son maître, c'est la dernière fois que tu sers à table. Je veux te marier aujourd'hui même.

— Maître, vous êtes bien honnête.

— Valet, nous ne manquons pas ici de jolies filles. Choisis celle que tu voudras.

Le valet choisit une fille jolie comme le jour, et sage comme une image.

— Maître, voici ma femme.

— Valet, je veux l'embrasser. Maintenant, mettez-vous tous deux à table avec nous, et ne vous laissez manquer de rien. Le curé vous mariera demain matin. Je veux être ton parrain. Ma fille sera ta marraine.

Le Bon Dieu et saint Pierre

Un jour, le Bon Dieu dit à saint Pierre :

— Saint Pierre, je suis las de vivre toujours en paradis. Pour me divertir, je veux faire un voyage sur la terre. C'est toi qui seras mon valet. Descends vite à l'écurie. Choisis deux bons chevaux, et mets-leur la bride et la selle.

— Bon Dieu, vous serez obéi.

Saint Pierre descendit à l'écurie, choisit deux bons chevaux, et leur mit la bride et la selle.

Une heure après, tous deux étaient sur la terre. Alors, le Bon Dieu dit à son valet :

— Saint Pierre, as-tu emporté de l'argent ?

— Non, Bon Dieu. Et vous ?

— Moi non plus.

— Bon Dieu, retournons en paradis. Sans argent, on ne va pas loin sur la terre.

Le Bon Dieu se mit à rire, et poursuivit son chemin. Mais saint Pierre n'était pas content, surtout quand il entendait dire par les pauvres qui recevaient l'aumône des passants : Que le Bon Dieu vous paie !

— Allons, pensait le pauvre saint Pierre, mon maître m'a mis dans de jolis draps. Que le Bon Dieu vous paie ! Que le Bon Dieu vous paie ! Voilà ce que j'entends dire tous les cent pas. Le Bon Dieu n'a pas un sou dans sa poche. Je vais quitter son service. Qu'il s'arrange comme il pourra.

Le Bon Dieu riait toujours.

— Saint Pierre, je sais ce que tu penses. Tu veux quitter mon service. Ne te gêne pas, mon ami.

— Bon Dieu, vous avez deviné juste. Bon voyage. Moi, je retourne en paradis.

Alors, le Bon Dieu monta sur une aubépine fleurie, et la secoua de toute sa force. Les fleurs tombaient comme grêle. En tombant, elles se changeaient en beaux écus neufs. Saint Pierre les ramassa jusqu'au dernier.

— Bon Dieu, dit-il, vous ne serez pas embarrassé pour payer vos dettes. Je retourne à votre service.

— Saint Pierre, comme tu voudras. Mais tu as manqué de confiance en moi. Pour te punir, je te condamne à marcher à pied. Descends de cheval, et donne ta bête au premier pauvre qui passera.

Saint Pierre obéit. Mais il n'était pas content. Au bout de sept lieues, le maître prit pitié du valet.

— Saint Pierre, tu n'en peux plus. Je veux te venir en aide. Récite seulement un *Pater,* sans rien penser qu'à ta prière, et je te donne un cheval pareil à celui que je t'ai pris.

— *Pater noster, qui es in caelis, sanctificetur...* Dites-moi, Bon Dieu, ce cheval sera-t-il aussi sellé et bridé comme l'autre ?

— Marche à pied, saint Pierre. Tu n'as pas gagné ton cheval.

Saint Pierre obéit. Mais il n'était pas content. Au bout de sept lieues, le maître prit pitié du valet, et il lui rendit un cheval pareil à celui qu'il lui avait pris.

Tout en cheminant, ils rencontrèrent une charrette de foin versée. A genoux sur la route, le bouvier pleurait et criait :

— Mon Dieu ! Ayez pitié de moi. Relevez ma charrette. Ayez pitié de moi.

— Bon Dieu, dit saint Pierre, n'aurez-vous pas pitié de ce pauvre homme ?

— Non, saint Pierre. Marchons. Celui qui ne s'aide pas ne mérite pas d'être aidé.

Un peu plus loin, ils rencontrèrent une autre charrette de foin versée. Le bouvier faisait son possible pour la remettre sur ses roues, et criait :

— A l'ouvrage, foutre ! Ha ! Mascaret. Ha ! Mulet. Hô ! Hardi [1], mille Dieux !

— Bon Dieu, passons vite. Ce bouvier jure comme un païen. Il ne mérite aucune pitié.

— Tais-toi, saint Pierre. Celui qui s'aide mérite d'être aidé.

Le Bon Dieu mit pied à terre, et tira le bouvier d'embarras. Puis, il se remit en route avec son valet.

Un peu plus loin, ils trouvèrent un autre bouvier, qui menait aussi une charrette de foin.

— Bonjour, bouvier. Où vas-tu ?

— Passez votre chemin. Je vais où il me plaît.

Aussitôt la charrette versa. Le bouvier faisait bien ce qu'il pouvait pour la remettre sur ses roues. Mais ce travail passait les forces d'un homme seul. Alors, le Bon Dieu prit pitié de lui.

— Attends, bouvier. Nous allons t'aider. Saint Pierre, à l'ouvrage !

En un moment, la charrette était sur ses roues.

— Allons dit le bouvier, on a bien raison de dire : Un peu d'aide fait grand bien.

— Insolent ! Voilà comment tu reconnais ce que nous avons fait pour toi. Tiens.

D'un coup d'épaule, le Bon Dieu renversa la charrette, et repartit avec saint Pierre, laissant le bouvier se tirer d'affaire tout seul.

1. Noms de bœufs en Gascogne.

Jean le Paresseux

Il y avait, une fois, un maître fort avare, et fort glorieux, qui prit un jour à son service un métayer si fainéant, si fainéant, qu'on l'appelait Jean le Paresseux. Quelque temps après, le maître voulut aller voir ce qui se passait à la métairie. Il monta donc à cheval, arriva jusqu'à la porte du chauffoir[1], et trouva Jean le Paresseux couché en travers du foyer.

— Bonjour, maître.

— Bonjour, Jean le Paresseux. Es-tu seul à la métairie ?

— Non, maître. J'y vois la moitié de deux bêtes à quatre pieds.

— Insolent ! Et que fais-tu là, couché comme un chien, quand tu devrais être à travailler ?

— Maître, je fais cuire ceux qui vont et qui s'en reviennent.

— Que veux-tu dire, bête ? Où est ton frère ?

— Maître, mon frère est allé à une chasse où il jette tout le gibier qu'il prend, et emporte celui qu'il ne peut atteindre.

— Tu es en train de dire des sottises. Où est ta mère ?

— Maître, ce matin, ma mère tranchait la tête à ceux qui se portaient bien, pour guérir les malades. Maintenant, elle donne des coups de bâton aux affamés, et fait manger ceux qui n'ont pas faim.

— Que dis-tu là, tête de porc ? Est-ce là tout ce que ta mère a fait aujourd'hui ?

---

1. En gascon *lou cauhadé,* pièce principale des habitations rustiques.

— Non, maître. Elle s'est aussi levée avant le jour, pour faire cuire le pain que nous avons mangé la semaine passée.

— Ah ! l'animal ! Je n'en tirerai rien. Où est ton père ?

— Maître, mon père est à la vigne, et il y fait le bien et le mal.

— Eh bien ! puisqu'il est à la vigne, je vais l'y trouver. Je lui conterai toutes tes mauvaises réponses.

Le maître s'en alla donc à la vigne, et trouva le père de Jean le Paresseux, qui taillait les sarments.

— Il faut dire, mon ami, que ton fils est un grand imbécile, un grand insolent. Tout à l'heure, je n'en ai tiré que de mauvaises réponses.

— Oh ! maître, je ne l'en aurais pas cru capable. Et que vous a-t-il dit ?

— Je lui ai demandé s'il était seul à la métairie. Il m'a répondu : « J'y vois la moitié d'une bête à quatre pieds. »

— Maître, il a dit la vérité. Vous n'avez que deux jambes ; et votre cheval avançait les deux pieds de devant dans le chauffoir. Vous faisiez donc, ensemble, la moitié d'une bête à quatre pieds.

— Cela se peut. Mais quand je lui ai demandé ce qu'il faisait, il m'a répondu : « Je fais cuire ceux qui vont et qui s'en retournent. »

— Maître, il a dit encore la vérité. Mon fils faisait cuire des haricots. Les haricots montent et descendent dans la marmite. Ils vont, et s'en reviennent.

— Mais quand je lui ai demandé : « Où est ton frère ? » il m'a répondu : « Mon frère est allé à une chasse où il jette tout le gibier qu'il prend, et emporte celui qu'il ne peut atteindre. »

— Maître, il a dit encore la vérité. Son frère se peignait, et jetait les poux qu'il avait pris. Pourtant, il a été forcé d'emporter sur sa tête ceux qui ont échappé au peigne.

— Mais quand je lui ai demandé : « Où est ta mère ? » il m'a répondu : « Ce matin, ma mère tranchait la tête à ceux qui se portaient bien, pour guérir les malades.

Maintenant, elle donne des coups de bâton aux affamés, et fait manger par force ceux qui n'ont pas faim. »

— Maître, il a dit encore la vérité. Sa mère a tué, ce matin, deux poulets, pour faire du bouillon à un malade. Ensuite, elle a chassé, avec un bâton, les poules qui venaient manger le millet, pendant qu'elle gorgeait les oies.

— Mais il m'a dit aussi : « Ma mère s'est levée avant le jour, pour faire cuire le pain que nous avons mangé la semaine passée. »

— Maître, il a dit encore la vérité. Ma femme a fait au four, avant l'aube, pour rendre aux voisins le pain qu'il nous ont prêté la semaine dernière.

— Mais quand je lui ai demandé : « Où est ton père ? » il m'a répondu : « Il est à la vigne, et il y fait le bien et le mal. »

— Maître, il a dit encore la vérité. Je suis venu tailler la vigne. Je fais le bien quand je taille bien, et le mal quand je taille mal.

— C'est égal. Jean le Paresseux est un insolent. Je vous chasse tous de la métairie, s'il ne fait pas trois choses que je vais lui commander. D'abord, il mangera plus de bouillie de maïs que le plus grand mangeur du pays. Ensuite, il jettera, avec sa fronde, une pierre plus loin que ne le ferait l'homme le plus habile. Enfin, il tirera du sang d'un chêne.

— Eh bien ! maître, mon fils tâchera de vous contenter.

Le père s'en alla trouver Jean le Paresseux, et lui conta ce qui en était.

— Soyez tranquille, père. Je ferai tout ce qui m'est commandé.

Le maître manda donc le plus grand mangeur du pays ; et il fit remplir bien également deux grandes terrines de bouillie de maïs, avec une cuiller dans chacune. Mais, pendant que le grand mangeur se bourrait tant qu'il pouvait, Jean le Paresseux jetait adroitement la bouillie de maïs sous la table, de façon qu'il accula son compagnon.

— Et maintenant, dit le maître, tu vas jeter, avec ta fronde, une pierre plus loin que ne le ferait l'homme le plus habile.

Le maître manda donc un tireur de fronde fort habile, qui jeta sa pierre presque à perte de vue. Mais Jean le Paresseux avait mis un pigeon dans sa fronde. Quand il lança son coup, le pigeon vola plus loin que les yeux ne purent le suivre.

— Et maintenant, dit le maître, tu vas tirer du sang d'un chêne.

Jean le Paresseux fit semblant de ramasser une pierre, pour la jeter contre un chêne. Mais il avait dans sa poche un œuf couvi ; et il le jeta contre l'arbre, de façon qu'on aurait cru que le sang était sorti sur le coup.

— Maître, dit alors Jean le Paresseux, j'ai fait ce que vous m'avez commandé. Pourtant j'abandonne la métairie, car j'ai pris un autre métier.

En effet, Jean le Paresseux partit avec les siens. Quelques jours après, son maître le rencontra vêtu comme un prince.

— Quel métier fais-tu donc à présent, Jean le Paresseux, pour être si bien vêtu ?

— Maître, je me suis mis marchand de choses qui ne coûtent rien.

— Que veux-tu dire ?

— Je veux dire que je me suis mis voleur. Ce que je vends ne me coûte rien. Votre cheval vaut cinquante pistoles. Dans trois jours, je vous l'aurai volé, et je vous le rendrai pour vingt-cinq.

— Nous verrons cela, Jean le Paresseux. Je vais faire bonne garde dans l'écurie, avec mon fusil et mon épée ; et je te promets que, si je t'y prends, je te tuerai comme un chien.

Le maître prit donc son fusil et son épée, et s'en alla guetter à l'écurie. Mais au bout de deux jours, il finit par s'endormir. Alors, Jean le Paresseux entra doucement, doucement, amena le cheval sellé et bridé, et le rendit au maître le lendemain, pour vingt-cinq pistoles.

La Petite Oie

Il y avait, une fois, une petite oie, qui se bâtit un beau château avec des *crottettes* et des bûchettes.

Le beau château fini, le Loup vint frapper à la porte.

— Pan ! pan !

— Qui est là ?

— Ami. Ouvre, Petite Oie.

Mais la Petite Oie avait reconnu le Loup à la voix.

— Loup, je n'ouvre pas. Tu me mangerais.

— Petite Oie, je ne te mangerai pas. Ouvre, ou j'enfonce la porte.

— Loup, la porte est solide. Je ne l'ouvrirai que si tu m'enseignes où je ferai bonne chère.

— Petite Oie, suis-moi là-bas, là-bas, jusqu'à ce ruisseau. Je te montrerai un poirier, chargé de belles poires mûres.

Mais la Petite Oie n'ouvrit pas la porte. Du toit de son beau château, elle s'envola sur le poirier, et se rassasia de belles poires mûres.

Tout en bas, le Loup faisait le câlin.

— Descends, Petite Oie, descends.

— Tout à l'heure, Loup. Tout à l'heure. En attendant, régale-toi de ces belles poires mûres.

En effet, la Petite Oie jeta quelques poires dans le ruisseau. Le Loup voulut aller les prendre ; mais il pensa se noyer.

La Petite Oie, rassasiée, s'envola dans son château.

Quelques jours après, le Loup revint frapper à la porte.

— Pan ! pan !

— Qui est là ?

— Ami. Ouvre, Petite Oie.

Mais la Petite Oie avait reconnu le Loup à la voix.

— Loup, je n'ouvre pas. Tu me mangerais.

— Petite Oie, je ne te mangerai pas. Ouvre, ou j'enfonce la porte.

— Loup, la porte est solide. Je ne l'ouvrirai que si tu m'enseignes où je ferai bonne chère.

— Petite Oie, suis-moi là-bas, là-bas, tout près de ce bois. Je te montrerai un pommier, chargé de belles pommes mûres.

Mais la Petite Oie n'ouvrit pas la porte. Du toit de son beau château, elle s'envola sur le pommier, et se rassasia de belles pommes mûres.

Tout en bas, le Loup faisait le câlin.

— Descends, Petite Oie, descends.

— Tout à l'heure, Loup. Tout à l'heure. En attendant, attrape cette belle pomme mûre.

Le Loup leva la tête. Alors, la Petite Oie lui chia dans les yeux, dont il souffrit mort et passion toute une semaine.

Un mois plus tard, la Petite Oie partit, en volant, pour la foire, suivie d'un poulet de ses amis.

A la foire, la Petite Oie acheta un âne. Elle marchanda deux grands chaudrons, un pour elle, l'autre pour son ami le Poulet. Mais l'argent lui manqua pour payer.

Le soir même de la foire, tous deux soupaient à l'auberge, attablés avec un grand fantôme, qui avait trouvé une masse d'or rouge.

— Poulet, dit le fantôme, ne pourrais-tu pas m'indiquer un chaudronnier, à qui je pourrai vendre cette masse de cuivre ?

— Fantôme, je sais l'homme qu'il te faut. Mais il est tard. Allons nous coucher. Compte sur moi pour te réveiller de bon matin, et pour te mener chez le chaudronnier.

Tous trois allèrent se coucher. Mais, sur le conseil de la Petite Oie, le Poulet se garda bien de réveiller le fantôme. Tandis que celui-ci ronflait encore, la Petite Oie et son ami le Poulet chargeaient la masse d'or rouge sur leur âne, et partaient pour la boutique du chaudronnier.

— Bonjour, chaudronnier. Combien veux-tu nous donner de grands chaudrons, pour cette masse d'or rouge ?

— Mes amis, je vous en donne trois.

— Chaudronnier, nous n'en voulons que deux.

La Petite Oie et son ami le Poulet chargèrent donc les deux chaudrons sur leur âne, l'un à droite, l'autre à gauche, et partirent au galop.

Le soir même, ils étaient rentrés au château.

— Poulet, mon ami, étrennons nos deux grands chaudrons. Faisons des *armotes* [1].

Tandis que les armotes cuisaient, le Loup revint frapper à la porte.

— Pan ! pan !

— Qui est là ?

— Ami. Ouvre, Petite Oie.

Mais la Petite Oie avait reconnu le Loup à la voix. Pourtant, elle ouvrit la porte, sans peur ni crainte.

— Entre, Loup. Veux-tu manger des armotes ? En voici deux grands chaudrons. Mange. Elles sont refroidies à point.

Sans se méfier de rien, le Loup sauta dans l'un des grands chaudrons pleins d'armotes bouillantes.

— Aïe ! aïe ! aïe !

Que firent alors la Petite Oie et son ami le Poulet ? Ils renversèrent l'autre grand chaudron sur celui où avait sauté le Loup, et partirent, laissant ainsi la male bête cuire à l'étouffée.

A minuit, il pleuvait à déluge. La Petite Oie et son ami le Poulet ne savaient où s'abriter. Ils frappèrent à la porte de Porc Pingou.

— Pan ! pan !

— Qui est là ?

1. Bouillie de maïs, dont nos paysans gascons se nourrissent volontiers durant l'hiver.

— Ami. Ouvre, Porc Pingou.
— Passez votre chemin. Je n'ouvre pas.
— Ecoute, Porc Pingou, gare à ta porte.

Tant je tournerai[1],
Tant je tournoierai,
Je foutrai un coup de cul, et je te l'abattrai.

— Passez votre chemin. Je n'ouvre pas.
— Ouvre, Porc Pingou, ou gare à ta porte.

Tant je tournerai,
Tant je tournoierai,
Je foutrai un coup de cul, et je te l'abattrai.

— Passez votre chemin. Je n'ouvre pas.

Alors, la Petite Oie donna un grand coup de cul contre la porte.

Mais la porte était solide, et garnie en dehors de longues pointes de fer. Aussi, la Petite Oie perdit-elle toute envie de recommencer.

— Ami Poulet, retournons à mon château. Maintenant, le Loup doit être tout à fait cuit à l'étouffée.

---

1. Cela rime en gascon :
Tant tournejerèi,
Tant biroulerèi,
Fouterèi un cop de cul, e te l'amourrerèi.

Le Lévrier et la Merlesse

Il fut un temps où les bêtes parlaient. En ce temps-là, vivait, au Brana, un métayer nommé Bertrand. Ce Bertrand avait un lévrier, qui dit un soir à son maître :

— Maître, je veux aller demain à la foire de Lamontjoie.

— Lévrier, n'y va pas. Tu y attraperais quelque coup de bâton.

— Maître, j'y attraperai plutôt quelques os, sous les tables des auberges.

— Lévrier, fais donc à ta volonté.

Le lendemain matin, le Lévrier partit de bonne heure. Près de Garcin, il aperçut un nid de merle dans un buisson.

— Lévrier, dit la Merlesse, ne mange pas mes petits.

— Merlesse, j'en ai pourtant bien envie.

— Lévrier, si tu ne les manges pas, je t'accompagne à la foire de Lamontjoie. Là, je me charge de te faire boire et manger pour rien, tant que tu voudras.

— Merlesse, c'est convenu. Partons.

En face du château d'Escalup, le Lévrier et la Merlesse aperçurent une marchande de gâteaux d'Astaffort, portant sur sa tête, à la foire, une corbeille de tortillons. Aussitôt, la Merlesse partit, en volant bas et court, comme font les oiseaux blessés.

Que fit alors la marchande ? Elle posa sa corbeille, pour courir après la Merlesse. Le Lévrier profita vite, vite de l'occasion, et bâfra les tortillons jusqu'au dernier.

Quand la marchande revint, il n'était plus temps. Toute confuse, la pauvre femme ramassa sa corbeille vide, et reprit le chemin d'Astaffort. Mais le Lévrier avait trop mangé sans boire.

— Merlesse, dit-il, je crève de soif.

En ce moment, un bouvier arrivait tout proche des communs du château d'Empelle, conduisant une charrette chargée d'une barrique de vin blanc. Aussitôt, la Merlesse s'envola sur le fosset.

Que fit alors le bouvier ? Il lança un grand coup d'aiguillon à la Merlesse. Mais la rusée commère se gara de tout mal, et partit, en volant bas et court, comme font les oiseaux blessés.

Le bouvier courut après, sans prendre garde que son coup d'aiguillon avait enlevé le fosset. Le Lévrier profita vite, vite de l'occasion, et avala le vin blanc à la régalade, jusqu'à la dernière goutte.

Quand le bouvier revint, il n'était plus temps. Tout confus, le pauvre homme repartit, avec sa barrique vide. Mais le Lévrier était ivre comme une soupe.

— Merlesse, j'ai la bouche sèche. Où trouverai-je à boire un peu d'eau ?

— Lévrier, voici le puits des communs du château d'Empelle[1]. Je vais te tenir fort et ferme par la queue, tandis que tu boiras tout ton soûl, pendu la tête en bas.

— Merlesse, c'est dit. Quand je crierai : « Happe ! » ne manque pas de me relever.

— Lévrier, compte sur moi.

Le Lévrier se hasarda donc dans le puits, pendu la tête en bas. Quand il eut bu de l'eau tout son soûl, il cria :

— Happe[2] !

— La queue m'échappe.

Pour répondre, la Merlesse était bien forcée d'ouvrir le bec. C'est pourquoi le Lévrier tomba dans le puits, et s'y noya.

---

1. Ce puits a plus de vingt mètres de profondeur.
2. En gascon :
   — *Happo !*
   — *La cûo m'escapo.*

Les Sept Belles Demoiselles

Au temps où Napoléon faisait bataille contre tous les rois de la terre, il y avait, au Frandat, un jeune homme qui attendait le moment de tirer au sort. Ses parents étaient tristes, bien tristes, et souvent ils lui disaient :

— Pauvre ami, si tu vas à la guerre, nous avons fini de te voir. Tu seras tué comme les autres.

Le jeune homme ne répondait pas ; mais nuit et jour il songeait à son affaire. Un soir, il siffla son chien, prit son fusil, ses munitions, et une besace pleine de vivres.

— Pauvres parents, dit-il, c'est demain qu'on tire au sort à Lectoure. Je ne veux pas aller à la guerre. C'est dit, je me fais déserteur. Pour longtemps, vous avez fini de me voir. Je vais me cacher je ne sais où. Pauvres parents, ne pleurez pas. Si je puis, je vous manderai de mes nouvelles. Adieu, pauvres parents. Bon courage, et bon espoir. Ne pleurez pas. Après la pluie, le soleil.

Le déserteur siffla son chien, et partit dans la nuit noire.

Pendant sept ans passés, il mena triste vie, traqué par les gendarmes et les garnisaires. Hiver comme été, le pauvre garçon demeurait caché, tout le long du jour, au plus fourré des grands bois, son fusil chargé sous la main, et ne sommeillant que d'un œil, tandis que le chien faisait bonne garde.

Ce chien était un bon et brave animal, toujours muet comme un poisson, et flairant l'ennemi d'une lieue, pour décamper aussitôt par les bons chemins. La nuit, il marchait à cent pas en avant, quand son maître changeait de pays, quand il quêtait, en passant, sur le seuil des métairies, quelque morceau de pain pour l'amour de Dieu.

Ainsi, pendant sept ans passés, vécut le pauvre déserteur. Plus d'une fois, de braves gens lui avaient dit :

— Mon ami, Napoléon est à terre, le roi commande en France. C'est fini. Retourne chez tes parents.

Le déserteur répondait, en hochant la tête :

— Je me méfie. Napoléon reviendra.

Il disait vrai. Napoléon revint, et commanda d'armer les hommes mariés et les jeunes gens, pour faire encore bataille contre tous les rois de la terre.

Vraiment, c'était un triste temps. Dans les villes et les campagnes, on ne voyait plus que des vieux, des infirmes, des femmes et des enfants.

Une nuit de la Saint-Jean[1], le temps était superbe, et la lune montait dans le ciel criblé d'étoiles.

Tout le long du ruisseau de l'Esquère, le déserteur cheminait à travers les prés. Il cheminait avec son chien, dressant l'oreille, faisant courir l'œil vers les roches boisées qui dominent le vallon, sur la droite et la route de Saint-Clar.

Enfin, le jeune homme s'arrêta près d'un grand lavoir bordé de vieux saules creux, et regarda les étoiles. Minuit n'était pas loin. Encore une fois, le déserteur dressa l'oreille et fit courir l'œil. Puis, il se blottit dans le plus gros des saules creux, son fusil chargé sous la main, pour ne sommeiller que d'un œil, tandis que le chien faisait bonne garde. Tout à coup, un petit cri monta du fond du grand lavoir.

— Hi ! hi ! Hi ! hi !

Le déserteur arma son fusil, et regarda son chien. La pauvre bête dormait.

— Hi ! hi ! Hi ! hi !

— Mère de Dieu ! Les gendarmes et les garnisaires sont là. Attention ! Je n'ai qu'un coup à tirer. Puis, au galop, et gare à mon bon couteau.

1. Le 24 juin.

Maintenant, sept petits cris montaient du lavoir. Le chien dormait toujours.

— Hi ! hi ! Hi ! hi !

— Mère de Dieu ! Les gendarmes et les garnisaires sont là. Attention ! Je n'ai qu'un coup à tirer. Puis, au galop, et gare à mon bon couteau.

— Hi ! hi ! Hi ! hi !

Le chien dormait toujours.

— Mère de Dieu ! Les gendarmes et les garnisaires sont là. Attention ! Je n'ai qu'un coup à tirer. Puis, au galop, et gare à mon bon couteau.

Mais ce n'étaient pas les gendarmes et les garnisaires. C'étaient les Sept Belles Demoiselles, qui savent tout ce qui se fait, et tout ce qui se fera. C'étaient les Sept Belles Demoiselles, qui, toute l'année, vivent cachées au fond de l'eau, pour n'en sortir que la nuit de la Saint-Jean, et danser dans les prés, depuis minuit jusqu'à la pointe de l'aube.

— Hi ! hi ! Hi ! hi !

Vêtues de robes d'or et d'argent, les Sept Belles Demoiselles sortirent du grand lavoir, et se mirent à danser une ronde autour du vieux saule creux où le déserteur s'était blotti.

Les Sept Belles Demoiselles chantaient, en dansant :

— Hi ! hi ! Hi ! hi ! Nous sommes les Sept Belles Demoiselles, qui savent tout ce qui se fait, et tout ce qui se fera. Hi ! hi ! Hi ! hi ! Il se passe ailleurs force choses, que les gens de ce pays sauront bientôt. Hi ! hi ! Hi ! hi ! Napoléon a fini de faire bataille contre tous les rois de la terre. Hi ! hi ! Hi ! hi ! Les ennemis de Napoléon l'ont emmené prisonnier, dans une île de la mer, dans l'île de Sainte-Hélène. Hi ! hi ! Hi ! hi ! La paix est faite. A Paris, le roi de France est retourné dans son Louvre. Hi ! hi ! Hi ! hi !

Ainsi les Sept Belles Demoiselles chantèrent, en dansant leur ronde, toute la nuit, depuis minuit jusqu'à la pointe de l'aube. Alors, elles plongèrent au fond du grand lavoir, pour vivre toute une autre année, cachées sous l'eau, et n'en sortir qu'à la prochaine nuit de la Saint-Jean.

Le déserteur avait tout vu, tout entendu. Il sortit du vieux saule creux, passa son fusil en bandoulière, siffla son chien, et retourna tranquillement chez les siens.

— Bonjour, chers parents. J'ai fini de souffrir. Cette nuit, en dansant, les Sept Belles Demoiselles ont chanté force choses que les gens du pays sauront bientôt. Napoléon a fini de faire bataille contre tous les rois de la terre. Les ennemis de Napoléon l'ont emmené prisonnier, dans une île de la mer, dans l'île de Sainte-Hélène. La paix est faite. A Paris, le roi de France est retourné dans son Louvre.

On ne tarda pas à savoir que les Sept Belles Demoiselles avaient chanté vrai. Désormais, le déserteur n'avait plus à craindre les gendarmes et les garnisaires. Il demeura chez ses parents, se maria, et vécut longtemps heureux.

Le Roi des Hommes cornus

Il y a des Hommes cornus, avec une queue et des jambes velues, comme les boucs. Le reste du corps est pareil à celui des chrétiens. Pourtant, les Hommes cornus sont des bêtes. Ils vivront jusqu'à la fin du monde ; mais ils ne ressusciteront pas pour être jugés.

Quand j'étais petit (il y a trop longtemps de cela), j'ai plus d'une fois entendu parler des Hommes cornus ; mais je n'en ai jamais vu. La vérité avant tout. Maintenant, on ne dit plus rien de ces méchantes bêtes. Elles ont quitté le pays, pour s'en aller vivre ailleurs. Cela ne me donne pas envie de pleurer.

Les Hommes cornus demeuraient sous terre, parmi les rochers. Il y en avait à Cardès, à la Peyrolière, à Aurignac, mais pas tant que du côté de Saint-Clar, dans les vallons de l'Esquère et de l'Auroue.

Les Hommes cornus ne sortaient que la nuit, pour voler de quoi vivre dans les champs. Ils emportaient aussi les plus jolies filles, car il n'y a pas de Femmes cornues.

Le roi de ce méchant monde demeurait dans les rochers du Milord. Un soir, au coucher du soleil, il aperçut deux femmes sur le chemin : l'une vieille, l'autre jeune et belle comme le jour. C'étaient la femme et la fille du marquis de l'Isle-Bouzon, qui revenaient de Lectoure à leur château.

Aussitôt, le Roi des Hommes cornus tomba sur la pauvre enfant, et l'enleva comme une plume. Il l'emporta sous terre, dans les rochers du Milord, et la marquise rentra tout en larmes au château.

— Marquise, dit le marquis de l'Isle-Bouzon, où est notre fille ?

— Marquis, le Roi des Hommes cornus nous l'a volée.

Aussitôt le marquis de l'Isle-Bouzon fit sonner la cloche, comme pour le feu. Tous les hommes de la paroisse accoururent avec des fusils, des fourches et des faux. Pendant six nuits et six jours, ils cherchèrent sans rien trouver. Le matin du septième jour, un jeune homme, suivi de trois dogues, grands et forts comme des taureaux, vint frapper de bonne heure à la porte du château.

— Bonjour, marquis, bonjour, marquise de l'Isle-Bouzon. On dit que le Roi des Hommes cornus vous a volé votre fille, et l'a emportée sous terre, dans les rochers du Milord.

— Mon ami, c'est la vérité.

— Eh bien, il y a longtemps que je suis amoureux de votre fille. Si je vous la rends, jurez-moi, par vos âmes, de me la donner en mariage.

— Nous te le jurons par nos âmes.

Le jeune homme salua le marquis et la marquise de l'Isle-Bouzon, siffla ses trois dogues et partit. Pendant un grand mois, on n'entendit plus parler de lui ; mais il ne perdait pas son temps. Nuit et jour il courait le pays avec ses bêtes, à la recherche du Roi des Hommes cornus. Enfin, il finit par le rencontrer, à minuit, dans les rochers du Milord.

— Jeune homme, où vas-tu, si tard ?

— Roi des Hommes cornus, mêle-toi de tes affaires. Je vais où il me plaît. Ce n'est pas à toi que je demanderai la permission de voyager.

— Jeune homme, tu as là trois dogues superbes. Il me les faut.

— Roi des Hommes cornus, si tu les veux pour rien, gare à toi. Si tu veux les payer chacun cent pistoles, le marché sera bientôt fait.

— Jeune homme, amène ici tes dogues demain, à minuit. Je te compterai ton argent.

— Roi des Hommes cornus, je ne pourrai pas venir ici demain à minuit. Mais j'enverrai mon frère à ma place.

Le jeune homme siffla ses dogues et partit. Au soleil levant, il frappait à la porte de la maison de son frère.

— Bonjour, frère. Je viens te demander un grand service.

— Frère, je n'ai rien à te refuser.

— Frère, je suis amoureux de la fille du marquis de l'Isle-Bouzon, que le Roi des Hommes cornus tient enfermée sous terre, dans les rochers du Milord. Si je la délivre, cette demoiselle sera ma femme. Ce soir, tu sauras ce que je veux faire. Maintenant, je veux manger, boire, et puis dormir jusqu'au coucher du soleil.

Le jeune homme fit comme il avait dit. A l'entrée de la nuit, il se réveilla, appela son frère, et siffla ses dogues.

— Frère, aide-moi à tuer et à écorcher la plus belle de ces bêtes.

En un moment le dogue était tué et écorché. Le jeune homme jeta la peau sur ses épaules.

— Maintenant, frère, il faut partir.

Sans rien dire, tous deux cheminèrent, avec les deux dogues, jusqu'à onze heures de la nuit. Arrivés dans un petit bois, le jeune homme se mit dans la peau du dogue écorché, et tomba à quatre pattes, tout pareil aux deux autres bêtes.

— Ecoute, frère. Là-haut, nous allons trouver le Roi des Hommes cornus. Tu lui diras : « Voici les trois dogues de mon frère. Où sont les trois cents pistoles ? » L'argent compté, tu reviendras seul dans ta maison. Pour le reste du travail, je n'ai pas besoin de toi.

— Frère, tu seras obéi.

A minuit juste, ils arrivaient dans les rochers du Milord.

— Roi des Hommes cornus, voici les trois dogues de mon frère. Où sont les trois cents pistoles ?

L'argent compté, le frère revint seul dans sa maison. Alors, le Roi des Hommes cornus amena ses trois dogues sous terre, dans la grotte où vivait enfermée la fille du marquis de l'Isle-Bouzon. Sur la table, deux couverts étaient mis, avec du pain blanc comme la neige, du vin vieux, et des viandes de toutes espèce.

— Demoiselle, voici trois dogues, qui me coûtent cher, et qui m'aideront à te garder, jusqu'à ce que tu sois ma femme.

— Méchante bête, tu n'es pas de la race des chrétiens. Je suis en ton pouvoir. Mais je ne t'épouserai jamais, jamais.

— Demoiselle, soupons ensemble.

— Méchante bête, je n'ai ni faim ni soif. Soupe seule, si tu veux.

Pendant le souper, le jeune homme se coucha sous la table, arracha sa peau de dogue, et prit aux jambes le Roi des Hommes cornus.

— Hardi ! mes chiens ! Css ! css ! Mordez-le. Hardi !

La bataille dura plus de trois heures d'horloge. Enfin, le Roi des Hommes cornus tomba. Alors, le jeune homme lui enchaîna les pieds et les mains avec des chaînes de fer. Cela fait, il salua la fille du marquis de l'Isle-Bouzon et dit :

— Demoiselle, il faut rentrer au château de vos parents. Et toi, Roi des Hommes cornus, je n'ai pas le pouvoir de te tuer. Mais tu resteras enchaîné dans cette grotte, et tu y souffriras la faim et la soif jusqu'au Jugement dernier.

Le jeune homme et la demoiselle sortirent de la grotte, avec les deux dogues. Au soleil levant, la jeune fille était reconduite chez ses parents.

— Bonjour, marquis, bonjour, marquise de l'Isle-Bouzon. Voici votre fille. Maintenant, songez à ce que vous m'avez juré par vos âmes.

— Mon ami, nous t'avons juré par nos âmes que si tu nous rendais notre fille, nous te la donnerions en mariage. Nous ferons la noce quand tu voudras.

— Demoiselle, me voulez-vous pour mari ?

— Oui, jeune homme. Je ne veux que toi, parce que

tu es fort et hardi, parce que tu m'as délivrée du Roi des Hommes cornus.

— Eh bien ! Mandez le curé, ce matin même, pour la messe du mariage. En attendant, je vais à mes affaires.

Le jeune homme salua le marquis et la marquise de l'Isle-Bouzon, et repartit pour les rochers du Milord. Là, il boucha, avec de grandes pierres, l'entrée de la grotte, où le Roi des Hommes cornus enchaîné souffre et souffrira la faim et la soif, jusqu'au Jugement dernier. Cela fait, il revint au château de sa maîtresse. Le curé les maria le matin même, et ils vécurent longtemps heureux.

NORMANDIE

Victor Brunet

Le bouillon de la poule

La paroisse de Maisoncelles-la-Jourdan, près de Vire, était desservie avant la grande Révolution, non par un prêtre régulier, mais par un moine blanc du prieuré du Plessis-Grimoult. Il portait le titre de Prieur et percevait les dîmes sur les terres concédées à l'établissement. Il n'était, dès lors, pas bien riche, d'autant plus qu'il rendait d'une main ce qu'il recevait de l'autre ; ses paroissiens riches, qui savaient cela, lui faisaient par-ci par-là quelques dons de chapons bien dodus.

Un beau jour vint un paysan de la Lande-Vaumont apporter, pour remerciement d'un service rendu, une belle poule au Prieur de Maisoncelles. Celui-ci, qui ne voulait pas rester en arrière, traita de son mieux le paysan, lui faisant servir une bonne soupe, un peu de viande et un excellent verre de vin vieux, bref la monnaie de la poule.

De retour à son village, le brave paysan vanta chaleureusement devant ses voisins l'excellent accueil dont il avait été l'objet : ceux-ci, qui allaient souvent plaider au bailliage de Tinchebray, se promirent de passer sans poule par le Prieuré.

Cela ne se fit point attendre.

Huit jours après, l'un d'eux se présente au Prieuré et demande le maître de céans.

— Que désirez-vous ? interpelle le Prieur. Je ne vous connais point !

— Monsieur le Prieur, riposte le paysan, je suis le frère de l'homme de la Lande-Vaumont qui vous a apporté une poule. Je reviens de Tinchebray, et mon frère m'a dit tant de bien de vous que j'ai désiré vous voir en passant.

— Entrez, mon ami, dit le Prieur.

Et il enjoignit à dame Gothon, la cuisinière, de servir une soupe et un verre de vin au visiteur.

Celui-ci, de retour au village, ne manqua point de se congratuler avec ses parents et amis de la bonne réception du Prieur.

La semaine suivante, un autre villageois arrivait au Prieuré :

— Bien le bonjour, Monsieur le Prieur !

— Que Dieu vous bénisse, mon ami ! Que désirez-vous ?

— Je suis, Monsieur le Prieur, le cousin du frère de celui qui vous a apporté une poule. En revenant de Tinchebray, j'ai désiré vous souhaiter le bonjour, afin de passer quelques instants avec vous.

Le Prieur fit encore donner une soupe et un verre de vin à ce plaideur qui tenait du mendiant et le renvoya sans l'engager à revenir. Cela se comprend, du reste.

Hélas ! les visites ne se terminèrent pas ainsi. La plupart des habitants de la Lande-Vaumont plaidèrent au bailliage de Tinchebray, et une trentaine d'indigènes de cette localité avaient déjà rendu visite au Prieur de Maisoncelles-la-Jourdan, mangé la soupe et bu le vin à cause de la poule. Encore quelques semaines et tous les habitants de la Lande-Vaumont, qui étaient peut-être au nombre de soixante-quinze, auraient tous joui de la même faveur. C'était une véritable calamité, aussi le bon Prieur résolut-il de mettre fin à ces visites.

Un lundi se présente un nouvel indigène :

— Monsieur le Prieur, comment vous portez-vous ?

— Très bien, mon ami, et vous ?

— Parfaitement, Monsieur le Prieur.

— Que désirez-vous ?

— Je suis le parent éloigné de celui qui vous a apporté une poule, il y a quatre mois.

— Très bien, mon ami, entrez. A quel degré êtes-vous parent ?

— Je n'en sais trop rien, Monsieur le Prieur. Je suis un cousin issu de germain du petit cousin du neveu du beau-frère du frère de celui qui vous donna la poule.

— Bien, mon ami. Vous venez sans doute aussi de Tinchebray, entrez et vous ferez la collation.

Et dame Gothon, qui avait le mot, arriva quelques instants après avec une écuelle recouverte d'une assiette. L'indigène, une cuiller en main, aspirait d'avance un arôme qui lui paraissait être celui d'un succulent bouillon gras, ses mâchoires claquaient déjà, il allait grandement faire honneur au goûter de M. le Prieur de Maisoncelles-la-Jour.

Il enleva rapidement l'assiette et découvrit le bouillon dans lequel il plongea sa cuiller. La porter à sa bouche et en vider le contenu fut l'affaire d'un instant. Mais il se leva et s'essuya la bouche en faisant une laide grimace. Il y avait de quoi, en effet. Dame Gothon, la cuisinière, lui avait servi un bol d'eau chaude où trempait un peu de pain.

Le bon Landois ne savait ce que signifiait cette aventure, lorsque le Prieur s'approcha et lui dit :

— Mon ami, ce bouillon est très maigre ; il est cousin issu de germain du petit cousin du neveu du beau-frère du frère du bouillon de la poule. Il ne tiendra, à l'avenir, qu'aux habitants de la Lande-Vaumont de le boire meilleur : ce sera d'apporter avec eux une poule pour le confectionner !

Les habitants de la Lande-Vaumont continuèrent d'aller à Tinchebray plaider au baillage, mais ils se gardèrent de retourner au Prieuré de Maisoncelles-la-Jourdan.

Tout !

De braves et honnêtes gens habitaient de par le monde, ne désirant pas le bien d'autrui, mais travaillant et, prenant de la peine, aimés et estimés de leur entourage ; d'autres, des usuriers, vivaient absolument retirés, ne sortant de leur gîte que pour pressurer des débiteurs insolvables. Ces usuriers étaient détestés et honnis ; mais, comme ils tenaient la plupart des gens sous la domination, ils n'entendaient pas ou feignaient de ne pas entendre les murmures, voire les malédictions de leurs victimes.

On trouvait partout de ces honnêtes gens ; et certes le plus connu et aussi le plus en réprobation était l'usurier de Campagnolles.

En effet, on ne comptait plus les riches fermiers dont il avait causé la ruine par ses poursuites rigoureuses, les gens de plus humble condition qui, de par sa faute, en étaient réduits à traîner le bâton du mendiant dans les communes voisines ; nombre de gens, qui avaient encore de beaux biens au soleil, étaient déjà désignés comme devant être aujourd'hui ou demain ses victimes.

Il était fort riche, ce vieillard cupide ; toute sa vie, toutes ses aspirations se résumaient en un seul mot : l'argent. Il n'avait vécu et grandi que pour cela, il se levait même la nuit pour s'assurer de la présence de ses pistoles, les compter et les recompter sans cesse.

Un matin, cependant, il s'ennuya et comprit que son or ne pouvait lui tenir lieu de tout : que les années s'accumulaient sur sa tête, amenant avec elles les infirmités, et qu'il ne pourrait plus rester seul. L'usurier résolut donc de prendre femme, quoiqu'il fût déjà mûr pour la tombe.

Peu lui importait la jeunesse ; peu lui importait la beauté ; peu lui importait l'intelligence à cet homme ; ce qu'il voulait, c'était une femme riche et mangeant peu.

La première condition était facile à réaliser, la seconde l'était moins.

Notre avare ouvrit son cœur – si tant est qu'un avare puisse posséder ce trésor – à un sien ami ou à un soi-disant tel.

L'ami, dont plusieurs parents avaient été ruinés par les agissements de l'usurier, pensa de suite à lui jouer un bon tour.

Il connaissait de réputation à Coulonces une jeune fille dont les parents cachaient depuis longtemps au plus profond de leur paillasse leurs écus dans le long bas de laine noire. Il la désigna à l'avare, qui obtint sa main.

Le jour des noces, l'avare fut satisfait : sa femme vécut sans manger. Quel trésor ajouté au sien ! Il n'en dansa pas de joie et aussi de peur d'user ses chaussures, qui servaient déjà depuis plusieurs années.

Tout alla bien pendant quelques jours. Trop peu rusé pour s'apercevoir de ce qui se passait, l'avare ignorait que sa femme se rattrapait en cachette et se nourrissait d'une manière très confortable. Aussi ne tarissait-il pas en éloges sur le compte de sa discrète moitié.

Mais le bonheur passe vite, en ce monde ; l'avare l'apprit à ses dépens.

Un jour, en effet, il constata que le contenu d'un plat énorme avait disparu : il soupçonna tous ses voisins, ne pouvant songer à sa femme. Celle-ci, toutefois, ne voulant point laisser accuser des innocents, lui avoua qu'elle avait tout mangé.

L'avare n'en pouvait croire ses oreilles. Tout ! répétait-il. Tout ! Il entra alors dans une épouvantable colère, tremblant, mû comme une feuille éventée, ne pouvant que répéter : Tout ! tout ! Sa femme, le voyant dans cet état, appela des voisins qui accoururent ; ils furent tellement effrayés de l'état de l'avare qu'ils crurent devoir conseiller à sa femme de faire venir le tabellion. Celui de Campagnolles, averti en toute hâte, se hâta de venir.

Il n'eut pas de peine à constater la gravité de l'état du malade. L'avare, agité par des mouvements convulsifs, les yeux menaçants, la face violacée, répétait sans cesse, en désignant du doigt sa femme :

— Tout ! tout !

— Que veut-il dire ? demanda le tabellion.

— Monsieur le Tabellion, pensez-vous que mon mari soit en danger ?

— Assurément, madame ; il ne passera pas la journée. Aussi serait-il bon de connaître ses dernières volontés. Il vous désigne constamment en disant : Tout ! Cela veut dire certainement qu'il désire vous léguer l'universalité de sa fortune !

— Hélas ! monsieur le Tabellion, sa fortune m'importe peu ; je désirerais qu'il vécût encore de longues années. Un pauvre homme si bon ; il m'a toujours dit que, s'il lui arrivait malheur, il voulait tout me léguer ! Le pauvre chéri ; malgré son mal, il pense à moi !

— C'est évidemment cela qu'il veut dire, interrompit le notaire. Nous n'avons pas de temps à perdre pour rédiger le testament.

L'usurier était à toute extrémité : sa voix s'affaiblissait de plus en plus.

— Tout pour votre femme ? interrogea le notaire.

Le moribond fit un signe affirmatif, répétant bien bas :

— Tout ! tout !

Le testament fut dressé ; l'usurier mourut le jour même, et sa veuve héritière de sa fortune épousa, l'année suivante, l'ami qui lui avait conseillé le premier mariage.

Trop d'ambition !

Il y avait une fois du côté de Campagnolles, des gens qui étaient si malheureux qu'ils manquaient de tout : de pain aussi bien que de pâte. Ils avaient aussi une kyrielle d'enfants, ce qui ne les avançait pas dans leurs affaires. Le mari, n'y tenant plus, dit un jour à sa femme :

— Ecoute, je m'en vais du côté de Vire. Si je fais une bonne rencontre, ce sera heureux pour nous, si j'en fais une mauvaise, je ne reviendrai pas !

Il prit son bâton et disparut dans le chemin.

A peine avait-il parcouru quelques centaines de mètres, qu'il rencontra un beau Monsieur, à l'air tout à fait vénérable, qui lui demanda où il allait.

— Hélas ! mon bon Monsieur, je vais tout droit devant moi, on dit qu'il y a de bonnes gens à Vire, je vais leur demander de nous secourir !

— Mon ami, répliqua le vieillard, inutile d'aller jusqu'à Vire. Je suis le bon Dieu et je puis tout. Retourne donc chez toi, tu trouveras du pain en abondance dans la huche.

Le pauvre ne pensa seulement pas à remercier Dieu ; il fit ce que font tous les humains, il ne pensa qu'à son nouvel avoir et retourna précipitamment au logis.

Lorsqu'il entra, sa femme et ses enfants mangeaient du pain aussi blanc que la manne d'autrefois, et le mari fit à son tour grand honneur à ce mets divin.

Chaque jour, la huche se remplissait de pain, et pendant une semaine toute la famille mangea son saoul.

Le pauvre homme n'en eût pas souhaité davantage : ce que le bon Dieu envoyait chaque matin lui paraissait être le comble de la félicité terrestre ; malheureusement, sa femme était trop ambitieuse.

Dès le dimanche, elle dit à son mari :

— Mon vieux, nous avons du pain blanc à notre gré, M. de Campagnolles n'en a pas de meilleur sur sa table, mais il nous manque quelque chose pour boire. Ça ne coûtera pas bien au bon Dieu, qui est si riche, de nous en fournir. Retourne donc voir si tu ne le rencontreras pas !

Le pauvre hère donna raison à sa femme, reprit son bâton et enfila le chemin de Coulonces. Il rencontra le bon Dieu à la même place.

— Tu vas donc encore en voyage, mon brave ?

— Ah ! mon Dieu, vous qui êtes si bon, car je casserais le cou à ceux qui me diraient que vous ne nous avez pas fait bien du bien depuis que j'ai eu la chance de vous rencontrer ; nous avons du pain excellent, mais si on avait un peu de vin avec...

— Rentre chez toi, tu y trouveras du vin !

Le pauvre homme revint donc chez lui, bénissant Dieu de son mieux ; il trouva sa femme et ses enfants qui buvaient du vin à qui mieux mieux, comme s'ils n'eussent fait que cela toute leur vie. Le mari fit comme eux, et ils se trouvèrent tous en goguette pour la première fois de leur vie.

Cependant la femme s'ennuya bien vite de ce régime succulent.

— Toujours du pain, toujours du vin ! répétait-elle sans cesse. Tu aurais bien dû demander aussi au bon Dieu de nous donner de la viande.

— Tu as une bonne idée, ma femme, je partirai demain demander de la viande.

Et, en effet, le pauvre bonhomme se mit en route le lendemain et retrouva le bon Dieu au même endroit.

— Bonjour, mon Dieu, j'ai bien des remerciements à vous adresser ; nous vivons bien maintenant, seulement si nous avions quelques bouchées de viande...

— Accordé, mon ami !

Je vous laisse à penser le bon festin que firent ces braves gens pendant une semaine. Ils avaient beau manger et boire, leur garde-manger se renouvelait, comme la monnaie du Juif errant. Et comme ils avaient le cœur excellent, ils invitèrent leurs amis et connaissances à faire bombance chez eux et je vous assure que nul ne manqua à l'appel.

— Le bon Dieu est tout à fait bon pour nous, disait parfois la femme, nous avons tout ce qu'il nous faut. Il ne nous manque qu'un petit peu d'argent quand nous désirons acheter quelque chose. M'est avis que tu aurais bien pu demander au bon Dieu, pendant que tu le tenais, un ou deux sacs de louis ; ça ne lui coûte pas cher, à lui. Il est peut-être encore temps. Vas-y donc demain !

Le brave pauvre repartit donc un matin et rencontra bientôt le bon Dieu, qui lui dit :

— Mon brave homme, tu as une figure de chanoine, tu es gros et gras : je suis persuadé que tu es enfin satisfait !

— Parbleu, il faudrait être bien difficile pour ne pas être content. Il n'y a qu'un point qui nous chatouille, c'est que nous n'avons pas d'argent pour acheter des habits et des effets, on en a toujours besoin !

Le bon Dieu, pensant en finir avec ce quémandeur, lui dit :

— Je vais te contenter : retourne chez toi. Il y aura pain, vin, viande et argent !

En effet, à partir de ce jour, il n'y eut plus rien à souhaiter dans cette maison ; tout y était en abondance. Ils avaient de l'argent en quantité ; ils en prêtaient aux nécessiteux et vivaient comme de gros seigneurs.

Mais l'appétit vient en mangeant, dit un vieux proverbe. Le nouveau riche se serait parfaitement contenté de ce qui lui avait été donné ; quant à la femme, elle désirait toujours plus qu'elle n'avait. C'est pourquoi, après deux ou trois ans de bonheur sur cette terre, qui était pour eux la terre de cocagne, elle eut un nouveau désir.

— Tu devrais bien demander au bon Dieu de te donner sa puissance ; il n'en a pas besoin, et nous, nous pourrions faire tout ce que nous voudrions !

Voilà donc le pauvre homme en route pour retrouver le bon Dieu ; il y allait la bouche enfarinée et ne doutait pas du résultat de son voyage. Il aperçut le distributeur des biens de ce monde qui lui demanda s'il était enfin satisfait.

— Il ne nous manque plus qu'une chose. C'est votre puissance !

— Ma puissance, va chez toi, tu l'y trouveras !

— Pour combien de temps me la donnez-vous ?

— Tu l'auras jusqu'à ce que les feuilles du houx tombent !

Et le bon Dieu disparut.

Le bonhomme prit ses jambes à son cou et rentra au galop chez lui. Sa femme, ses enfants et ses parents l'attendaient avec grand espoir. Mais, dès qu'il eut passé le seuil de sa porte, les feuilles du houx tombèrent, arrachées par des mains invisibles ; le pain, le vin, la viande et les richesses accumulées disparurent, et toute la famille se retrouva pauvre comme devant.

Ils durent peu après reprendre le bâton et la besace du mendiant, puis ils moururent les uns après les autres, dans une profonde misère.

Leur masure tomba en ruine, et toutes les mesures prises pour la relever furent inutiles. Il y a une cinquantaine d'années, un maçon voulut être plus fort que ses devanciers ; à peine la maison fut-elle debout qu'elle s'écroula, l'ensevelissant sous ses débris. Depuis lors, aucune tentative de reconstruction n'a eu lieu.

La croix de la Jeannière

Il y a longtemps de cela, la croix de la Jeannière, plantée sur le chemin de Saint-Manvieu à Virène, était hantée.

Et ce n'étaient pas seulement des enfants, des jeunes gens qui le disaient ; les vieillards racontaient aussi ce qu'ils avaient vu.

Et la vision était bien étrange : chaque nuit, de onze heures à quatre heures, les passants attardés voyaient, à genoux devant cette croix, priant et lisant dans un gros livre, un prêtre à eux inconnu, vêtu d'une ample soutane, d'un surplis et d'un camail, à la lueur brillante de deux cierges.

Depuis combien de temps était-il là ? Pourquoi s'y trouvait-il ainsi régulièrement ? Nul ne le savait et nul ne l'a jamais su.

Les vieillards prétendaient bien que c'était un ancien curé habitué, pendant qu'il vivait sur terre, à expédier lestement son bréviaire, et dont l'âme était condamnée à revenir réciter autant de fois les prières liturgiques qu'il les avait mal dites ; d'autres affirmaient que c'était un prêtre d'une paroisse voisine qui venait là accomplir une pénitence.

Toujours est-il que les gens faisaient très souvent de très longs détours la nuit, afin de ne point passer près de la croix de la Jeannière.

Seul un jeune étudiant en théologie du grand séminaire de Bayeux ne croyait point aux apparitions du prêtre revenant, prétendant que les témoins avaient été victimes d'une illusion et, malgré les preuves à lui offertes, il avait toujours nié la possibilité du fait, refusant également de se rendre la nuit à la croix de la Jeannière pour vérifier la présence du prêtre.

Le scepticisme de ce jeune théologien fut cause de sa perte.

En effet, ayant appris que ses parents devaient revenir assez tard de Vire, il résolut de servir lui-même de prêtre fantôme à la croix hantée, afin de se gausser ensuite de la crédulité de ses compatriotes.

Après la veillée des domestiques, l'étudiant fit semblant de se retirer dans sa chambre et, s'étant muni de chandeliers, de cierges, d'un surplis et d'un camail, il se rendit à la croix de la Jeannière. Là, il disposa les cierges, puis, après les avoir allumés, il passa son surplis et son camail, se mit à genoux devant la croix, attendant le passage de ses parents.

Il ouït bientôt le bruit de la voiture qui arrivait rapidement, puis il entendit pousser plusieurs cris d'effroi. La voiture était près de lui.

Alors, une voix s'éleva, celle de sa mère : Voilà le prêtre !

Aussitôt après, la voix du père reprit : En voilà deux !

L'étudiant, surpris, regarda. Auprès de lui, à sa droite, était un prêtre, à l'aspect vénérable, agenouillé, priant dévotement et quatre cierges allumés se trouvaient sur le piédestal de la croix.

Le faux revenant jeta un cri d'effroi, se leva précipitamment et courut après la voiture qui emportait ses parents. Mais ceux-ci, impressionnés par le spectacle inattendu des deux prêtres, s'éloignaient de toute la vitesse du cheval qu'ils cinglaient vivement. L'étudiant en théologie précipita sa course sans succès ; il tomba bientôt, haletant, épuisé sur le chemin.

Des journaliers, qui se rendaient le lendemain matin à leur travail, le trouvèrent ; lorsqu'ils voulurent le relever, il était mort.

Les lavandières

Avant la grande Révolution, les habitants du village du Pontallière, à Estry, étaient singulièrement effrayés.

En effet, depuis plusieurs années, pendant les longues nuits de l'avent et du carême, plusieurs lavandières inconnues au pays se tenaient au lavoir communal, battant du linge, le mettant à sécher sur les haies et disparaissaient le matin au premier chant du coq.

Et l'on disait dans le pays que ces laveuses inconnues faisaient la nuit une singulière besogne. C'étaient, au dire de certains vieillards, des démons femelles qui blanchissaient au clair de la lune le suaire des morts ; suivant d'autres, des mères dénaturées, qui revenaient de l'autre monde pour tordre ainsi, non pas du linge, mais les membres des enfants tués par elles pendant qu'elles habitaient sur cette terre ; c'étaient aussi des mères coupables d'avoir laissé mourir sans baptême leurs enfants, condamnées à venir accomplir une pénitence mystérieuse tant que la colère divine ne serait pas vaincue.

Et Dieu ne se laissait pas attendrir, car nombreuses étaient les lavandières de nuit, et longues aussi étaient leurs années de pénitence.

Les habitants écoutaient chaque nuit le bruit précipité des battoirs des laveuses, et parfois aussi un chant terrible :

Tords la guenille tords
Le suaire
Des épouses des morts !

Rares étaient les gens qui osaient passer près du lavoir où travaillaient ces étranges démons.

En effet, les cheveux se dressaient sur la tête des piétons attardés lorsqu'ils entendaient les chants lugubres des hôtes du lavoir :

Tords toujours ! L'ossuaire
A mis de la poussière
A nos robes de deuil.
Or, Satan veut ses filles
Proprettes et gentilles,
Aux planches du cercueil.

Leur effroi redoublait, et c'était de toute leur vitesse qu'ils fuyaient, les pauvres passants, lorsque la voix stridente des lavandières reprenait :

Tords ! la fontaine est claire,
Et coule, solitaire.
Sur le luisant caillou.
Tords ! allons ! tords plus vite
La nuit marche et nous quitte.
Tords ! nous tordrons ton cou !

Et les lavandières, se tenant par la main, exécutaient autour de la mare les rondes les plus fantastiques et les plus désordonnées.

Ce terrible spectacle dura longtemps. Des esprits forts avaient bien essayé d'y mettre une fin, mais sans succès. En effet, les démons leur avaient tendu le linge maudit, en chantant :

Tords la guenille, tords
Le suaire
Des épouses des morts !

Et les vivants avaient saisi et commençaient à tordre ; mais les laveuses ont une façon de s'y prendre qui allonge singulièrement la besogne. A mesure que les chrétiens s'épuisaient à tordre en un sens quelconque, les laveuses détordaient avec une merveilleuse promptitude, et sans se lasser le moins du monde. Les vivants suaient sang et eau, mais en vain, puis bientôt ils tombaient épuisés, leurs yeux éblouis se fermaient et leur gosier exhalait un dernier souffle. Et, le lendemain, les premiers passants trouvaient leurs corps inanimés. Les habitants ne songèrent plus alors à aller déranger les lavandières.

Mais, un soir de Noël, plusieurs habitants du Pontallière s'étant attardés au bourg d'Estry à vider chopine regagnaient leur logis, lorsqu'ils virent les laveuses à la mare. Ils s'approchèrent de ces femmes et leur demandèrent ce qu'elles faisaient là. Mais les lavandières continuaient leur besogne habituelle chantant un refrain monotone :

Si chrétien ne vient nous sauver,
Jusqu'au jugement faut laver,
Au clair de lune, au bruit du vent,
Sous la neige, le linceul blanc.

Les ivrognes ne les voyant pas danser en rond s'approchèrent des laveuses, les saisirent et les précipitèrent dans le lavoir.

Alors, ils furent témoins d'une terrible chose. Les eaux calmes de la mare parurent agitées par une tempête des plus violentes, se mirent en ébullition et s'élevèrent à une hauteur considérable. Les paysans effrayés s'enfuirent à toute vitesse.

Le lendemain, la mare présentait son aspect ordinaire ; les habitants la vidèrent pour y trouver les corps des lavandières, mais celles-ci étaient rentrées pour toujours dans leur tombe, car on ne les revit plus au lavoir du Pontallière.

Les âmes du purgatoire

C'était il y a bien longtemps.

La pauvre Mathurine, alors âgée de 25 ans, venait de perdre sa mère, et elle se trouvait d'autant plus sans ressources que, n'ayant jusqu'alors exercé aucune profession, elle vivait au jour le jour, soignant sa mère, et partageant avec celle-ci, qui était grabataire, les maigres aumônes que quelques riches lui faisaient au nom du bon Dieu.

Après avoir bien pleuré, elle résolut de se rendre à la ville la plus proche et de s'y placer comme servante ; elle vint donc à Vire, où elle se présenta dans diverses maisons qu'on lui avait indiquées ; mais partout elle fut éconduite.

Bien désolée, Mathurine errait dans les rues, lorsqu'elle se trouva, au matin, auprès de la chapelle Sainte-Anne. Elle y entra et demanda à Dieu d'avoir pitié d'elle. Elle s'aperçut à ce moment qu'un sacristain disposait l'autel comme si quelque prêtre dût y dire la messe.

Mathurine, mue par une force invincible, se dirigea vers la sacristie où elle trouva un prêtre. Elle lui raconta sa triste situation ; et lui offrant les quelques sous qui lui restaient, elle le pria de dire une messe à l'intention de l'âme qui devait sortir la première du purgatoire pour aller au paradis jouir de la vue de Dieu.

Le prêtre ayant consenti, Mathurine assista à cette messe, puis elle s'éloigna, confiante dans la Providence.

Elle avait à peine parcouru quelques mètres, lorsqu'elle vit venir à elle un jeune homme dont la figure et la tenue décelaient une nature d'élite. Il lui demanda d'un ton très affectueux si elle ne cherchait pas une place de servante. Mathurine répondit affirmativement.

— Alors, lui dit son interlocuteur, rendez-vous de suite rue des Cordeliers, au n° 187 ; la veuve qui habite cet hôtel sera enchantée de vous prendre à son service !

Mathurine s'empressa de suivre le conseil qui lui était donné. Arrivée à la maison désignée, Mathurine sonna, et une vieille dame à l'air vénérable, vêtue de noir, vint lui ouvrir.

Mathurine exposa le but de sa visite. Mais à la grande surprise de la pauvre fille, la dame la regarda d'un air tellement stupéfait que Mathurine se crut l'objet d'une mystification. Cependant, elle renouvela sa demande.

La veuve fit cependant entrer Mathurine et lui demanda qui l'avait envoyée.

Mathurine décrivit, aussi bien qu'elle le put, la physionomie de celui de qui elle tenait son renseignement ; mais la veuve secoua la tête en murmurant :

— Cela est bien étrange ! Il y a une heure à peine que j'ai remercié ma servante et lui ai donné son congé. Or, elle est montée à sa chambre, où elle s'est enfermée ; elle n'a, par conséquent, communiqué avec âme qui vive ; moi, de mon côté, je n'ai parlé à qui que ce soit de cette détermination. Comment donc un étranger peut-il être si bien renseigné sur mes faits et gestes ?... Quoi qu'il en soit, vous me plaisez et je vous prends à mon service !

Mathurine remercia chaleureusement et suivit sa nouvelle maîtresse qui lui indiqua en quoi consistait le service. En traversant un salon, Mathurine aperçut un portrait et s'écria :

— Madame, voici la figure du monsieur qui m'a dit de venir chez vous !

La veuve se retourna et pâlit, puis elle dit à Mathurine :

— Vous vous trompez, ma pauvre fille ! Celui dont ce portrait rappelle le souvenir n'est plus ; il a été tué en duel il y a deux ans ; c'était mon fils ! J'ai bien prié pour le repos de son âme !...

— Madame, je vous affirme que c'est bien là le portrait du monsieur que j'ai vu ! Je sortais de l'église où j'avais dépensé ma dernière livre à faire dire une messe pour l'âme qui devait sortir la première du purgatoire et aller en paradis. C'est à quelques pas de la chapelle Sainte-Anne que j'ai rencontré le monsieur qui m'a envoyée ici !

— Au fait, dit la dame, il y a dans tout ceci quelque chose de bien étrange ! Nul dans la ville ne sait que j'ai renvoyé ma servante, et vous venez de la part d'un homme qui ressemble, d'après vous, à mon cher fils ! D'un autre côté, dès que je vous ai vue, j'ai éprouvé pour vous une profonde sympathie. Si je ne m'abuse, il résulterait de tout cela que, par vos prières, les portes du Ciel auraient été ouvertes à mon pauvre enfant. Je ne puis donc que vous bénir du bien que vous lui avez fait et vous accepter, non comme une servante, mais comme une amie !

C'est ainsi que Mathurine fut récompensée dans ce monde de ses prières pour les âmes du purgatoire. La vieille dame mourut en lui léguant sa fortune. Mathurine vécut dans la pratique de toutes les vertus, faisant généreusement l'aumône, n'oubliant point de prier et de faire prier pour les âmes des défunts si souvent négligées des vivants, et lorsqu'elle mourut, les nombreuses âmes du purgatoire, à qui elle avait procuré prématurément la vue de Dieu, lui ouvrirent toutes grandes les portes du paradis.

PICARDIE

Émile-Henri Carnoy

Les trois frères et le géant

Une bonne femme avait trois enfants, tous garçons ; le premier nommé Jean, le deuxième Jeannot et le troisième Jeannois. Ces trois enfants passaient pour les plus malins du canton et la bonne femme en était heureuse, comme bien vous pensez. Un beau jour, elle se rendit au bois avec eux pour y ramasser du bois mort et en faire des fagots pour l'hiver qui s'approchait. Les enfants eurent bientôt assez de rechercher des morceaux de bois sec et, préférant cueillir des mûres, des noisettes et des cornouilles, ils quittèrent leur mère et s'enfoncèrent dans le taillis, si loin et si loin qu'ils n'entendirent pas les cris et les appels de la bonne femme, qui bientôt les crut retournés au village et rentra à la maison.

Le soir arriva bientôt, et Jean, Jeannot et Jeannois s'aperçurent avec terreur qu'ils étaient perdus dans le bois.

— Que faire ? dit Jean.

— Que faire ! reprit Jeannot.

— Que faire ? ajouta Jeannois.

Ils n'en savaient trop rien, et ils commençaient à entendre les hurlements des renards et des loups dans l'épaisseur de la forêt. A la fin, Jean l'aîné eut une inspiration. Il grimpa au haut d'un grand chêne qui poussait près de là et se tourna dans toutes les directions pour observer le voisinage. Il découvrit une lumière qui brillait dans le lointain et en ayant bien observé la direction, il descendit du chêne et marcha avec ses frères dans le sens de la lumière.

Arrivés hors du bois, ils virent un palais devant eux et ils allèrent frapper à la porte.

— Pan ! Pan !

— Qui est là à cette heure ?

— Nous sommes trois petits enfants égarés dans la forêt et nous désirerions passer la nuit dans ce beau palais. Voulez-vous nous y donner l'hospitalité ?

Une jeune femme entrebâilla la porte.

— Vous ne savez donc pas que c'est ici le palais du Géant à la Barbe d'Or ? Il est sorti en ce moment et il ne tardera pas à rentrer. Si vous m'en croyez, hâtez-vous de vous enfuir, car il pourrait vous tuer et vous manger, comme il l'a fait à bien des personnes.

— Mais, madame, nous ne savons où aller par cette nuit noire. Cachez-nous bien quelque part et demain, à la pointe du jour, nous partirons sans que le Géant se doute de rien.

La femme se laissa attendrir et fit entrer les enfants dans le château. Elle les fit descendre à la cave et leur donna de bons gâteaux à manger. Puis entendant dans le lointain le pas du Géant, elle recommanda aux petits égarés de se bien cacher derrière un gros tonneau et remonta comme si de rien n'était.

Le Géant à la Barbe d'Or avait fait une longue course et se mourait de soif. Il descendit à la cave pour se rafraîchir, malgré sa femme qui l'engageait à aller se coucher.

— On sent ici la viande fraîche, grommela le Géant en arrivant près du tonneau derrière lequel se tenaient blottis les enfants.

Comme il avait grand-soif, il enleva la bonde, souleva le tonneau comme une paille et but à même. En déposant la grande pièce de vin sur le sol, il blessa le petit Jeannois qui ne put s'empêcher de pousser un cri.

— Ah ! ah ! s'écria le Géant à la Barbe d'Or, je le disais bien que je sentais la viande fraîche ! C'est bon, c'est bon ! Je vais vous remonter et vous tuer ; j'aurai un excellent déjeuner pour demain.

Il prit les trois malheureux garçons par une main et les remonta dans sa cuisine.

Mais la femme, qui avait entendu ce que venait de dire

le Géant, s'était hâtée de cacher son grand couteau et son mari eut beau chercher, il ne put parvenir à le trouver.

— C'est bien ! c'est bien ! Vous ne perdrez rien pour attendre ! Femme, mets ces trois enfants dans la chambre de mes filles et donne-leur un lit. Je les tuerai demain. La chair sera plus fraîche.

La femme obéit en tremblant et tout le monde se coucha.

— Nous sommes dans une bien mauvaise position, pensa Jeannot.

Et il descendit du lit pour voir quelles étaient les filles du Géant qui dormaient dans le lit voisin.

La lune s'était levée, et Jeannot s'aperçut que les jeunes filles portaient une couronne d'or sur la tête et que, comme eux, elles étaient trois.

« Si le Géant se levait et venait nous tordre le cou pendant la nuit, pensa Jeannot. Ce serait bien possible, tout de même ! Je vais enlever les trois couronnes et les placer sur ma tête et sur celle de mes frères. Le Géant pourra s'y tromper. »

Il fit comme il venait de penser et se recoucha. Il était temps. Le Géant à la Barbe d'Or avait bu trop de vin et se trouvait fort mal dans son lit. Pour tuer le temps, il se résolut à se lever et à aller tuer les trois petits garçons que le hasard lui avait envoyés.

Il vint au lit où ces derniers faisaient semblant de dormir et prit la tête de Jean.

« Imbécile, se dit-il, j'allais tuer mes filles. Je me suis trompé de lit. »

Et il alla à l'autre lit et tordit le cou à ses propres enfants.

Puis, satisfait de son ouvrage, il alla se recoucher.

Jean, Jeannot et Jeannois s'habillèrent à la hâte et s'échappèrent par une fenêtre.

Jugez de la stupéfaction et de la colère du Géant s'apercevant le lendemain, à son réveil, de ce qu'il avait fait pendant la nuit. Il en devint plus méchant que par le passé et se mit à voyager par tout le pays, tuant les voyageurs, massacrant les paysans, et bravant les armées que le roi envoyait contre lui.

Quant à Jean, à Jeannot et à Jeannois, ne sachant de quel côté se diriger, ils prirent enfin une grande route qui, au bout de deux jours de marche, les conduisit à la capitale du royaume. Ils demandèrent à parler au roi et lui racontèrent leurs aventures dans le palais du Géant à la Barbe d'Or. Le roi voulut les avoir pour pages à partir de ce jour.

J'ai dit que le Géant, rendu furieux par la mort de ses enfants, s'était mis à ravager tout le royaume. Cela dura pendant deux ou trois ans. Bien des chevaliers étaient partis pour le combattre et aucun d'eux n'était revenu. Aussi le roi tremblait dans son palais, craignant que quelque jour il ne prît fantaisie à cet homme redoutable de venir l'attaquer dans sa ville.

Un jour, Jean, l'aîné des trois pages, vint trouver le roi et lui demanda la main de sa fille aînée, avec le titre de chevalier. Le roi refusa d'abord, puis, en réfléchissant, il dit au page :

— Je consens tout de même à t'accorder ce que tu désires, à la condition que tu t'en montreras digne. Tu n'as pas oublié ce fameux Géant à la Barbe d'Or, qui manqua de vous tuer tous, tes frères et toi. Eh bien ! rapporte-moi sa barbe d'or, et je te jure de te nommer chevalier et de te donner ma fille en mariage.

Jean accepta. Le roi voulut lui donner des armes comme celles des chevaliers, mais il refusa. Il prit la route que ses frères et lui avaient suivie autrefois et il se rendit au château du Géant. C'était en plein jour, et le page sonna du cor.

— Que veux-tu ? demanda le Géant à la Barbe d'Or.

— Je veux me mesurer avec toi demain matin. J'ai battu tous les géants que j'ai pu rencontrer jusqu'ici et je veux te battre comme les autres.

— Tu es bien jeune, beau page ; mais qu'importe. Entre dans mon château et demain nous nous battrons.

Jean ne se fit pas prier et entra dans le palais du Géant à la Barbe d'Or, qui voulut le faire dîner avec lui. Le page accepta, et pendant que le Géant avait le dos tourné, il lui versa une liqueur ayant la propriété d'endormir pour plusieurs jours.

— A ta santé !

— A ta santé !

Et le page et le Géant vidèrent leur verre d'un seul trait. Au même instant, ce dernier tomba sous la table et se mit à ronfler si fort que tout le château en tremblait. Sans perdre de temps, le jeune homme prit des ciseaux qu'il avait apportés et coupa la barbe d'or du Géant. Puis il quitta le palais et retourna à la capitale où il arriva deux jours après.

Le roi fut bien étonné ; il avait promis sa fille au page et il la lui accorda, lui disant qu'il le nommerait chevalier plus tard. A quelque temps de là, Jeannot vint, lui aussi, trouver le roi.

— Monsieur le roi, dit-il, j'aime votre fille Marie et je crois qu'elle m'aime. Voulez-vous me nommer chevalier et m'accorder sa main ?

— Mais tu n'as rien fait, à ma connaissance, pour mériter cet honneur.

— Je suis prêt à m'en montrer digne. Commandez, et je vous obéirai.

Le roi réfléchit, et enfin :

— C'est bien. Tu auras ce que tu me demandes quand tu m'auras apporté le sabre du Géant que tu connais bien.

Jeannot accepta et partit pour le château du Géant, n'emportant ni armes ni bouclier.

Il y arriva au bout de deux jours et sonna du cor.

— Ah ! ah ! s'écria le Géant, encore un qui veut me voler ! C'est bon, je vais y mettre ordre.

— Je ne viens pas pour cela ; on m'a dit seulement que vous pouviez boire plus de vin que personne au monde, et je suis venu pour me mesurer avec vous.

— Est-ce bien vrai ?

— Tout ce qu'il y a de plus vrai ! Mais je crois fort que je vous battrai. Je puis boire cinquante pièces de vin sans en être incommodé.

— Nous verrons ; nous verrons. Entre au château, je suis prêt à lutter avec toi. Mais qui commencera le premier ?

— A vous l'honneur !

— Entendu !

Jeannot descendit à la cave du Géant, et celui-ci, voulant boire du plus qu'il pouvait, avala tant et tant de vin que bientôt il chancela et tomba ivre mort. Jeannot lui prit son sabre et le reporta au roi plus étonné encore que lorsque Jean était revenu avec la barbe d'or.

Jeannot épousa la princesse Marie, mais le roi ne le nomma pas de suite chevalier.

Il ne restait plus que Jeannois.

— Monsieur le roi, vint-il dire un jour au roi, j'aime votre fille cadette ; elle m'aime aussi et je viens vous demander sa main et le titre de chevalier.

— Tout cela est fort bien. Mais il faut le mériter.

— Commandez, et je ferai ce que vous ordonnerez.

Le roi réfléchit encore, et enfin :

— Tes frères ont pris la barbe et le sabre du Géant. Pourrais-tu me l'apporter au palais dans une cage de fer ?

— Je vais essayer, monsieur le roi ; adieu !

Jeannois fit faire une grande voiture de fer et se rendit au château du Géant. Là, il sonna du cor.

— Que veux-tu ? ver de terre ! poussière du néant !

— Laissez-moi entrer dans votre château et je vous le dirai.

— Ah ! tu es de ces pages qui m'ont volé ma barbe d'or et mon sabre. Je vois ce que tu veux et je vais te tuer.

— Un instant, s'il vous plaît. Ne vous emportez pas. Je viens justement vous chercher pour reprendre ce qu'on vous a volé. Les deux pages sont seuls dans un château lointain, et j'ai amené ma voiture pour nous y transporter plus vite.

Le Géant se laissa encore duper et monta dans la voiture de fer où il se trouva enfermé. Et vite Jeannois revint à la Cour. Le roi fut tout heureux, comme de juste, d'être débarrassé du brigand, qui fut brûlé dans un immense bûcher élevé sur la grande place de la ville. Jeannois épousa la princesse qu'il aimait et le roi nomma les trois frères chevaliers de son royaume. Pendant les fêtes qui furent données, la mère de Jean, de Jeannot et de Jeannois arriva à la ville toujours à la recherche de ses enfants. Jugez de son bonheur et de celui de ses fils.

Courtillon-Courtillette

Dans une grande forêt, vivait il y a longtemps un pauvre bûcheron. Tout allait bien le temps que les paysans des alentours venaient le trouver pour l'abattage de leurs arbres, mais en hiver, c'était une autre histoire. Il fallait se contenter de ramasser le bois mort dans les taillis, d'en faire des fagots et de les aller vendre presque pour rien dans les villages voisins.

A ce compte, il arrivait souvent, par trop souvent même, que le pauvre bûcheron se trouvait sans pain pour lui-même et pour sa famille, composée de sa femme, de deux garçons de douze ou treize ans, d'une fille nommée Marie, et aussi – car le bûcheron la comptait dans sa famille – d'une chienne appelée *Courtillon-Courtillette, Suivon-Suivette,* un nom bien long qui lui avait été donné par une vieille sorcière des environs. Et, chose à remarquer, depuis le passage de la vieille par la hutte du paysan, la chienne parlait comme vous et moi et se mêlait souvent de la conversation.

Un hiver que la neige avait couvert pendant six semaines les arbres de la forêt, le bûcheron se vit sans pain à la hutte. Après avoir vainement imploré la charité des gens du village voisin, il vit qu'il lui fallait mourir de faim avec ses pauvres enfants.

Un soir que les enfants étaient couchés et que Courtillon-Courtillette, Suivon-Suivette dormait près de la cheminée, le bûcheron dit à sa femme :

— Ma pauvre Catherine, nous sommes sans pain depuis ce matin et je n'ai aucun espoir d'en trouver pendant longtemps. Nos pauvres enfants vont mourir de faim sous nos yeux et je n'ai pas le courage de les voir ainsi souffrir. J'ai réfléchi toute la journée à cela et voici ce que je compte faire : demain, dès le matin, nous emmènerons les deux garçons et la fille dans la forêt sous prétexte de chercher du bois mort, et lorsque nous les aurons conduits loin, bien loin, nous les y laisserons. Ils y mourront certainement, mais au moins nous n'aurons pas le chagrin de les voir mourir de faim. Est-ce convenu ?

— C'est bien triste, cela, Pierre. Mais que faire ? C'est le seul parti que nous ayons à prendre.

— Alors c'est convenu. A demain matin et allons nous coucher.

Pierre et Catherine se couchèrent. Mais Courtillon-Courtillette, Suivon-Suivette n'avait pas perdu un mot de la conversation.

Dès que le bûcheron et sa femme furent endormis, elle alla doucement au lit où dormaient les enfants, les réveilla et leur raconta ce qu'elle venait d'entendre.

Les pauvres petits étaient tout en pleurs.

— Taisez-vous et ne réveillez pas vos parents ou tout serait perdu. Voici ce qu'il faut faire. Il reste encore une pleine pochée de pois secs dans l'armoire. L'un de vous les prendra sans être vu, puis il en laissera tomber demain quelques-uns de temps en temps par la forêt. De la sorte, nous retrouverons facilement notre chemin.

Les enfants promirent de faire ce que venait de dire la bonne chienne et se rendormirent.

Le lendemain matin le bûcheron les réveilla.

— Allons, mes enfants, il ne reste plus de fagots à la maison et nous allons ramasser le bois mort dans les taillis.

Les enfants se levèrent et suivirent leur père et leur mère dans la forêt, en ayant soin de laisser tomber de place en place quelques pois secs pour jalonner leur chemin. Puis vers le soir, Pierre et Catherine s'éloignèrent des enfants et les laissèrent bien loin de la maison. Les petits garçons et la petite fille se mirent à pleurer.

— Ce n'est rien, leur dit la bonne chienne, nous

n'avons qu'à passer la nuit dans le bois. Demain matin, je me fais fort de retrouver la hutte de vos parents. Couchez-vous sur la mousse et je veillerai sur vous.

Les enfants se couchèrent sur la mousse et Courtillon-Courtillette, Suivon-Suivette fit si bonne garde que ni loups ni renards n'osèrent s'approcher des petits dormeurs.

Le matin venu, ils se réveillèrent et remercièrent comme il faut leur fidèle gardien.

— Maintenant, dit Courtillon-Courtillette, suivez-moi et ne vous égarez pas.

Et la chienne n'eut pas de peine à retrouver sa route jusqu'à la maison du bûcheron, où l'on arriva vers midi. C'était le moment du dîner. Un paysan qui devait quelque argent à Pierre était venu l'apporter, et Catherine en avait profité pour faire une bonne soupe.

— Nos pauvres enfants ! disait-elle en pleurant. S'ils étaient ici, ils se régaleraient bien à manger cette bonne soupe.

— Oh oui ! Nos pauvres enfants. Et cette pauvre Courtillon-Courtillette, Suivon-Suivette qui les a accompagnés ! Nous avons eu une bien mauvaise idée de les aller perdre dans la forêt. Sans doute les loups les auront mangés !

Et le paysan pleurait aussi.

— Pan, pan ! Maman, papa ! Nous voici revenus du bois. Nous avons bien faim.

C'étaient les petits garçons, la petite fille et Courtillon-Courtillette qui rentraient à la maison.

Vous jugez de la joie de Pierre et de Catherine.

Malheureusement l'argent ne dura pas longtemps. L'hiver continua plus terrible encore et Pierre se résolut à perdre à nouveau ses enfants. Mais la bonne chienne entendit encore le complot et prévint ses petits amis.

Quand le lendemain arriva, le bûcheron, sa femme, les enfants et la chienne repartirent ramasser le bois mort.

L'aîné des petits garçons laissait tomber de temps en temps un peu de fromage blanc, la seule chose qu'il eût trouvée à la maison. Le soir venu, l'homme et la femme avaient disparu et les enfants dormirent à la belle étoile gardés par Courtillon-Courtillette.

La pluie était tombée toute la nuit et le lendemain Courtillon-Courtillette, Suivon-Suivette ne put retrouver le chemin de la hutte, l'eau ayant lavé le fromage blanc répandu la veille.

— Qu'allons-nous faire ? Qu'allons-nous devenir ? disaient les pauvres petits en pleurant.

— Cherchons à sortir de la forêt, dit la chienne.

Les enfants essayèrent. A tout instant, ils se croyaient à la lisière du bois, et ils ne faisaient que s'enfoncer davantage. Le soir arriva et l'on était perdu comme le matin.

— Nous ne pouvons rester tout le temps dans la forêt, dit la chienne. Jean, monte donc sur ce grand sapin, le plus haut qu'il te sera possible, et vois s'il n'y a pas de lumière dans les environs.

Jean grimpa et ne vit rien.

— A ton tour, Pierrot ! dit Courtillon-Courtillette.

Et Pierrot ne vit rien non plus.

— Allons, à toi, Marie !

La petite fille grimpa tant et si bien qu'elle arriva à la dernière branche du sapin.

— Que vois-tu ? cria la chienne.

— Je vois à droite une grande mare gelée.

— Et à gauche ?

— Un étang glacé.

— Et par-devant ?

— Un grand château tout brillant.

— C'est bien ; descends, Marie.

La petite fille descendit. Courtillon se mit par-devant et, suivie des enfants, partit dans la direction du château. Au bout d'une heure, ils y arrivèrent.

— Pan, pan !

— Qui est là ? dit une vieille femme qui vint ouvrir.

— Nous sommes trois petits enfants perdus dans la

forêt et nous venons vous demander l'hospitalité pour la nuit.

— Vous ne savez donc pas que c'est ici le château du Diable et qu'il dévore les voyageurs qu'il trouve ici la nuit ?

— Que nous importe ! Nous avons froid et faim !

— Alors entrez.

La vieille femme ne voulait pas rentrer la chienne, mais la petite Marie la supplia tant qu'elle finit par accorder.

Les enfants mangèrent avec beaucoup de plaisir de l'excellent repas que leur servit le femme du Diable, puis ils allèrent se coucher dans un lit que leur indiqua la vieille, après s'être mis au cou un collier de paille qu'on leur avait donné pour cela. Courtillon-Courtillette, Suivon-Suivette se cacha sous le lit.

Dans la même chambre étaient couchées les trois filles du Diable qui portaient au cou de beaux colliers d'or.

Le Diable ne tarda pas à rentrer.

— Je sens ici la viande fraîche, dit-il à sa femme.

— Mais non, c'est la chatte qui a fait ses petits.

— Tu me trompes. Je sens la viande de chrétiens.

Et il se mit à chercher par toute la maison. Il trouva les petits, qui firent semblant de dormir.

— C'est bon ! C'est bon ! Je vais chauffer mon four et je les ferai rôtir cette nuit. J'aurai un excellent déjeuner pour demain.

La vieille alla se coucher et le Diable alluma son four.

Courtillon-Courtillette n'avait pas perdu de temps. Elle avait dit aux enfants d'enlever leurs colliers de paille, de les placer au cou des filles du Diable et de les remplacer par ceux de ces dernières. Ce qui fut fait.

Le Diable, son four chauffé à point, revint à la chambre des enfants et alla à leur lit. Il prit la petite Marie par le cou et fut tout étonné de sentir un collier d'or.

— Décidément, je suis fou ! grommela-t-il. J'allais faire cuire mes filles. Je me suis trompé de lit.

Et il alla à celui de ses filles. Il toucha les colliers de paille, prit ses enfants sous son aisselle et les emporta pour les faire rôtir.

— Mais nous sommes tes petites filles ! disaient celles-ci en pleurant.

— Taisez-vous donc ! Taisez-vous donc ! Voulez-vous me faire prendre des vessies pour des lanternes ?

Et il les mit au four, puis il alla se coucher.

Courtillon l'entendant ronfler fit lever les enfants et leur dit de prendre dans le château ce qu'ils trouveraient de plus précieux. Les enfants ne se firent pas prier.

— Maintenant, attention. Je vais m'allonger et vous allez tous trois monter sur mon dos. Faites en sorte de ne pas vous laisser choir. Nous ne serons pas longtemps à quitter le château de ce mauvais Diable.

La petite fille monta la première, puis les deux garçons, et Courtillon-Courtillette s'élança par une fenêtre ouverte et prit sa course à travers champs.

Ils étaient partis depuis longtemps et le matin était venu.

Le Diable, à son réveil, avait été pour embrasser ses filles et s'était aperçu de son malheur.

Il jura comme un Templier et se promit de se venger des deux garçons et de la petite fille. Il sella une truie rapide comme le vent et se mit à la recherche des enfants. Il ne tarda pas à les apercevoir dans le lointain.

— Cette fois, je les tiens ! Ils vont me le payer ! hurla le Diable.

Mais Courtillon-Courtillette, Suivon-Suivette avait vu le Diable en se retournant. Sans perdre un instant, elle dit :

— Que ces enfants soient changés en laveuses et que je devienne une grande rivière.

Et voilà la grande rivière qui court par la prairie et les trois laveuses sur le bord.

Le Diable arrivait.

— N'avez-vous pas vu passer Courtillon-Courtillette, Suivon-Suivette portant trois enfants sur son dos ?

— Attends, attends ! mauvais Diable ! Nous allons t'en donner de te moquer de nous !

Le Diable retourna pour prendre une autre route. Puis la chienne, la petite fille et les deux garçons repartirent de plus belle.

Le méchant Diable ne trouvant pas ceux qu'il poursuivait finit par se dire qu'ils avaient bien pu se changer en rivière et en laveuses et il dirigea sa truie de ce côté.

— Ah ! ah ! Je les revois ! je les tiens ! dit-il bientôt.

Mais quand il arriva il ne trouva qu'un grand champ de luzerne, des moutons, un chien et un berger.

— Avez-vous vu passer, berger, Courtillon-Courtillette et trois petits enfants ?

— Courtignon-Courtignette ? Tu te moques de moi, je crois. Attends, vilain Diable ! gare à ma houlette !

— Je vais aller par ce chemin à droite. Ils l'auront pris sans doute, se dit le Diable.

Dès qu'il fut éloigné, la chienne reprit les enfants sur son dos et repartit. Mais bientôt :

— Cette fois encore le Diable revient sur sa truie. Que je devienne pré, que Jeannot et Pierrot se changent en vaches et que Marie soit la vachère.

A cet instant, le Diable, plus furieux que jamais, revenait.

— N'avez-vous point vu, bonne femme, Courtillon-Courtillette, Suivon-Suivette, passer avec une fille et deux garçons ?

— Ah ! méchant Diable ! Et pourquoi donc ?

— Pour les tuer. Les as-tu vus ?

— Mais oui ! mais oui ! Ils viennent de traverser la rivière.

— Merci, merci !

Et le Diable courut à la rivière. Sa truie nc voulut point passer.

— Attends alors, je passerai autrement.

Et ayant aperçu une grande pièce de toile que des paysans avaient mise à blanchir près de là, il la jeta sur la rivière et voulut passer sur ce point. La toile se déchira et le Diable se noya.

— Maintenant, dit la bonne chienne, retournons à la maison de nos parents.

Et elle eut bientôt fait de les y ramener. Le bûcheron et sa femme allaient mourir de faim. Ils montèrent sur le dos de Courtillon-Courtillette et allèrent prendre possession du château du Diable. La femme de ce dernier avait disparu.

Longtemps on parla du bonheur et de la richesse de la famille de Pierre le Bûcheron.

Les trois hommes à la barbe rousse

Il y a longtemps, bien longtemps, vivait un pauvre paysan qui n'avait pour toute richesse que ses bras, un vieux baudet rétif qu'il avait surnommé *Pâti* (celui qui souffre), une mauvaise chaumière toute délabrée et ses trois fils. L'aîné était un grand gars de vingt-deux ans, il se nommait Jean ; le deuxième, un peu moins âgé, s'appelait Antoine ; enfin, le cadet, à peine âgé de seize ans, se nommait Pierrot, à ce qu'il me souvient... un bien laid nom, il faut le dire. Ces trois enfants aidaient leur père à labourer, à semer, à biner, à récolter, et ils vivaient en bonne intelligence. Comme un beau jour ils étaient tous trois à travailler dans les champs, ils virent passer une vieille femme qui leur dit :

— Hé, les amis ! Pourquoi n'allez-vous pas au loin chercher fortune, au lieu de rester ici à travailler comme des bœufs et à mourir presque de faim ? Croyez-moi, mes amis, allez-vous-en. Prenez chacun votre bissac et marchez toujours droit vers le soleil levant. Avant trois mois, je vous garantis que vous arriverez dans le royaume des Gobelins.

— Tout ceci, c'est bon, la mère ; mais que ferons-nous là-bas, dans le royaume des Gobelins ?

— Ce que vous y ferez ? Mais vous y épouserez de jolies femmes, les filles du roi des Gobelins, et vous serez riches, tellement riches que vous ne pourrez plus compter vos trésors.

La vieille sorcière s'éloigna laissant les trois frères irrésolus sur ce qu'ils devaient faire. On discuta longtemps. Enfin Pierrot, plus vif et plus emporté que ses deux frères, entraîna ces derniers dans l'idée de faire un voyage d'aventures dans le pays des Gobelins.

Les voilà bientôt en marche, emportant avec eux la bénédiction de leur père, qui ne s'était décidé qu'à regret à les laisser partir, un bissac bien peu garni et... cinq liards chacun. Ils marchèrent longtemps, bien longtemps, en se dirigeant vers le royaume des Gobelins. Ils passaient la nuit dans les maisons abandonnées sur le bord de la route, dans les fermes, partout où l'on voulait leur donner l'hospitalité.

Comme ils traversaient un jour un grand bois, ils rencontrèrent un homme qui cueillait les fleurs des arbres et récoltait toutes sortes d'herbes et de plantes. Ils le saluèrent en passant.

— Bonjour, bonjour, monsieur le médecin !

L'homme se retourna et leur dit :

— Eh quoi ! mes amis ; vous avez salué un si pauvre homme que moi, car je ne suis pas un médecin, comme vous l'avez pensé. Voilà cinq cents ans pour le moins que je suis ici, et de toutes les personnes qui m'ont vu depuis ce temps, vous êtes les seules qui ayez montré quelque respect pour moi. Je veux vous récompenser en vous donnant un bon conseil. Si vous rencontrez les trois frères à la barbe rousse, passez votre chemin sans leur parler, sans même leur donner le bonjour, et surtout n'acceptez pas les offres qu'ils pourraient vous faire. J'ai dit... Bonjour mes amis, et que le bon Dieu vous garde !

Après avoir quitté cet homme, les trois frères continuèrent leur chemin.

Vers la fin du jour, ils sortirent du bois et se virent en présence de trois géants dont la barbe rousse brillait comme le soleil de juin. Pierrot ne put s'empêcher de leur souhaiter le bonjour et de leur demander où ils se rendaient ainsi.

— Nous allons à notre château situé tout près d'ici. Nous y serons tout à l'heure. Si vous voulez nous suivre pour un an et un jour, nous vous donnerons cent écus à chacun.

— Que nous faudra-t-il faire ? demanda Pierrot.

— Peu de chose. Vous n'aurez qu'à répéter les mots que nous aurons soin de vous indiquer.

Celui qui paraissait le chef des hommes à la barbe rousse avait ainsi parlé. Cent écus, cent écus chacun... ce n'était pas à dédaigner... on ne trouve pas cent écus dans le pas d'un cheval, comme on dit ici !... C'est ce que pensèrent nos trois jeunes paysans, qui acceptèrent les offres des géants à la barbe rousse, oubliant déjà les conseils de l'homme de la forêt.

Les hommes à la barbe rousse placèrent les trois compagnons sur leurs chevaux et partirent rapides comme l'éclair. Après un court espace de temps, ils virent paraître à leurs yeux un château magnifique, dépassant en beauté tout ce qu'ils avaient pu voir jusqu'alors.

A peine arrivés à ce château, les trois frères furent placés au haut de trois grandes tours. L'un des hommes à la barbe rousse vint trouver Jean et lui donna l'ordre de répéter continuellement, de manière à être entendu des passants, des chats, des oiseaux même, ces simples mots :

— Nous sommes trois frères.

Antoine eut l'ordre de dire, sans interruption, de façon que les passants, les chiens et les insectes l'entendissent et le comprissent :

— Pour de l'argent ! Pour de l'argent !

Le troisième des géants à la barbe rousse vint sur la tour où se trouvait Pierrot et lui dit :

— Ecoute avec attention ce que je vais te dire, ver de terre, poussière du néant !... Depuis le lever du soleil jusqu'à son coucher, tu répéteras, de façon à être compris des passants et des plantes même, cette simple phrase : « Faites-nous justice. »

Pendant un an et un jour, les trois frères ne firent que dire les phrases qu'on leur avait enseignées. C'était difficile de se faire entendre, non seulement des passants, mais encore des chats, des chiens et des plantes ; aussi criaient-ils sans repos, au risque de se démonter la mâchoire. De sorte qu'ils ne savaient et ne pouvaient dire autre chose que ces trois phrases : — Nous sommes trois frères ; — Pour de l'argent ! — Faites-nous justice !

Ils avaient complètement oublié leur propre langage.

Le temps pour lequel ils s'étaient engagés étant écoulé, ils reçurent la visite d'un des trois hommes à la barbe rousse, qui leur remit trois cents écus tout neufs, et les renvoya en disant :

— Un magnifique cavalier ne tardera pas à arriver ici. Je ne veux point qu'il vous voie dans notre château. Partez. Ne révélez à personne l'endroit où se trouve notre demeure, sinon, je vous le jure par l'ombre de mes moustaches, je vous tuerai tous trois comme des chiens !... Vous devez m'avoir compris, sans doute ? Allez !

Les trois paysans ne se le firent pas dire deux fois et se hâtèrent de sortir de cette maison, de ce château des géants où ils se trouvaient depuis plus d'un an. Ils reprirent le chemin qu'autrefois ils avaient suivi et ils se virent bientôt au milieu de la forêt.

Au détour d'un chemin, ils trouvèrent un cavalier assassiné sur la route teinte de son sang.

Les hommes à la barbe rousse l'avaient tué.

C'était ce cavalier magnifique dont on avait parlé aux jeunes gens.

Ces derniers lui donnèrent des soins inutiles : il était bien mort.

En ce moment arrivaient les gens de la maréchaussée. Ils arrêtèrent les trois frères, croyant avoir affaire aux auteurs du crime. Jean, Antoine et Pierrot furent emmenés à la ville voisine. Le juge les fit venir devant lui et les interrogea.

S'adressant à Jean, il lui dit :

— Qui êtes-vous ?

— Nous sommes trois frères, répondit Jean, qui ne savait plus dire que ces quatre mots.

Le juge continua :

— Pourquoi avez-vous assassiné cet homme ?

Jean se tut et pour cause !... Il fit signe à Antoine de répondre pour lui.

— Pour son argent ! se hâta de dire ce dernier.

Le juge était tout étonné de voir l'aplomb avec lequel ces trois jeunes gens disaient la vérité. Il le fut bien davantage quand Pierrot, se levant, ajouta d'une voix forte qui fit trembler la salle :

— Faites-nous justice !

Le doute n'était plus permis. Le juge condamna les trois jeunes gens à être pendus le lendemain.

Ce jour-là, une foule énorme était rassemblée autour d'une potence dressée sur la grande place de la ville. Les trois hommes à la barbe rousse s'étaient décidés à quitter leur château pour venir assister à l'exécution. On ne s'inquiéta pas de la présence de ces géants, attendu que dans ce temps-là il y en avait bien plus que de nos jours.

Au moment où la corde et le bourreau allaient lancer les pauvres jeunes gens dans l'éternité, un homme se précipita au travers de la foule et raconta aux juges tout ce qu'il savait des trois frères. Puis il désigna les trois hommes à la barbe rousse comme les auteurs de l'assassinat commis sur la personne du cavalier.

Les géants se trouvaient encore là. Le peuple se rua sur eux. Ils ne purent s'enfuir, car ils avaient négligé d'amener leurs chevaux rapides. Ils furent pris et pendus à la potence dressée pour Jean, Antoine et Pierrot. Ces derniers reprirent le chemin du pays natal et revinrent heureux rapporter leur argent à leur père. Auparavant ils avaient retrouvé la parole en buvant d'une certaine liqueur donnée par l'herboriste, celui-là même qui avait dévoilé le crime des hommes à la barbe rousse.

Et puis... C'est tout !... Le coq chanta : il était jour.

La biche blanche

Un jeune prince partit un jour pour la chasse. Une trentaine des plus grands seigneurs de la cour le précédaient. Lorsqu'on fut dans la forêt, on se dispersa de côté et d'autre selon son caprice et sa fantaisie. Le prince ayant aperçu un cerf magnifique s'élança sur ses traces. Il courut presque toute la journée, toujours devancé par l'animal qui semblait ne point se lasser de la poursuite à laquelle il donnait lieu. Enfin le cheval du prince tomba mort et le cerf disparut dans le lointain. Le prince s'arrêta dans une clairière, tira quelques provisions de sa gibecière, et se mit à manger avec un appétit aiguisé par la longue course qu'il venait de faire. Puis le jeune homme se reposa sur le gazon. Il fut tout étonné de voir dans un fourré quelque chose de blanc qui s'avançait vers lui. Le prince ne bougea pas et reconnut une biche blanche.

« Quel joli animal ! se dit-il ; je donnerais beaucoup pour l'avoir. Comme ma mère serait contente si je la lui rapportais ! »

En disant ces mots, il prit de petits morceaux de pain et les jeta à la biche blanche, qui les mangea sans se montrer effrayée. Le prince continua ce manège et voulut amener l'animal à ses pieds en lui jetant du pain près de lui. Mais la biche n'approcha pas. « Puisqu'elle ne veut point approcher, je vais la tuer. Cela me sera facile, elle est si près de moi ! »

Le prince prit son fusil, ajusta la bête, tira, et... ne vit plus rien : la biche blanche avait disparu.

Après avoir erré à l'aventure pour trouver un chemin qui le conduisit hors de la forêt, le jeune homme s'aperçut qu'il était perdu. Le soir était venu. Il fallait trouver une cabane, ou se résoudre à passer la nuit à la belle étoile. Le prince grimpa sur un arbre élevé et regarda autour de lui. Une petite lumière brillait au loin à travers les branches. Il prit son mouchoir blanc dans lequel il avait lié une pierre, et le jeta du côté de la maison. Ensuite il descendit de l'arbre et marcha dans la direction de son mouchoir. Il ne tarda pas à arriver devant une riche habitation.

« Pan ! pan ! — Qui est là ? — C'est le fils du roi qui vous demande l'hospitalité.

— Entrez ; vous serez le bienvenu. »

Une grande et belle femme vint ouvrir au prince. Elle lui servit à manger, lui montra sa chambre et le fit coucher. Le lendemain matin, il lui raconta ses aventures dans la forêt sans omettre sa rencontre avec la biche blanche.

« Ah ! vous avez vu la biche blanche ? lui dit la femme.

— Oui ; et je donnerais mille écus pour la rapporter à la reine, ma mère.

— Eh bien ! cette biche m'appartient. Elle n'est ni à vendre ni à donner, mais elle est à gagner.

— Que me faudrait-il faire ? Je suis prêt à tout entreprendre pour l'obtenir.

— Alors, suivez-moi ; je vais vous montrer la tâche que vous avez à remplir. »

La fée (car c'en était une) conduisit le prince dans une grande forêt, et, lui donnant une scie, une pioche et une hache, lui dit :

« Vous allez, à l'aide de ces instruments, couper, lier, mettre en bûches et en fagots le bois que vous avez devant les yeux. Ensuite vous défricherez le terrain, qui devra pour ce soir être rempli de plantes rares et de fleurs précieuses. Je veux aussi qu'on puisse voir une mouche voler d'un bout à l'autre du jardin. Si vous n'avez point terminé au coucher du soleil, j'enverrai des dragons vous dévorer. »

La fée s'éloigna. Le prince se mit aussitôt au travail.

Aux premiers coups ses outils se brisèrent : ils étaient en carton. Le jeune homme se mit à pleurer. « Hélas ! disait-il, que ne suis-je resté au château de mon père ; je ne serais point exposé à être dévoré par les dragons ! Maintenant ma perte est certaine ! » Tout en se lamentant ainsi, il vit venir à lui une belle demoiselle qui lui apportait à manger. Elle était envoyée par la fée, dont elle était fille.

« Mon beau prince, qu'avez-vous à pleurer ainsi ? Ne pourrait-on pas vous consoler ? »

Le jeune homme lui dit quelle tâche il devait remplir pour le soir.

« N'est-ce que cela ? Il y a vraiment de quoi pleurer ! ah ! ah ! mangez : je vous tirerai d'affaire. »

La fille de la fée prit une baguette et dit :

« Par la vertu de ma petite baguette, je commande que ce bois soit coupé et lié, et qu'à la place s'élève un jardin magnifique entouré d'une grille et rempli de fleurs. »

Elle avait à peine terminé que tout se trouva fait. Puis elle retourna au château. Le soir venu, la fée vint trouver le prince et fut tout étonnée de voir un beau jardin à la place de la forêt.

« C'est bien, dit-elle ; mais la biche blanche n'est pas encore gagnée. Je vous ferai subir demain une nouvelle épreuve. »

Le lendemain, elle conduisit le fils du roi devant un grand étang, lui remit trois seaux, et lui dit :

« Ce soir, cette eau devra être vidée et jetée par-dessus la montagne. A la place vous construirez un château plus beau que celui du roi votre père. Sinon, vous serez dévoré par les dragons. »

La fée partie, le prince voulut enlever un seau d'eau. Le seau creva et l'eau retomba dans l'étang. Il essaya les deux autres seaux sans plus de succès : ils étaient en papier. Le jeune homme s'assit sur le bord de l'étang et se mit à pleurer. La deuxième fille de la fée lui apporta à manger et résolut de le tirer encore d'embarras. Prenant sa baguette magique, elle dit :

« Par ma baguette, j'ordonne que cet étang soit desséché à l'instant, et qu'à la place on aperçoive un palais magnifique. »

L'eau du lac se vida aussitôt et un château la remplaça. Il était éclairé par trois cent soixante-cinq fenêtres, formées chacune de deux vitres ; douze portes donnaient accès dans son intérieur.

« Ne dites point cela à ma mère. Elle est si méchante qu'elle me tuerait », lui dit la jeune fille en s'éloignant.

La fée ne voulut point encore donner la biche blanche au jeune prince.

Elle voulut lui imposer le lendemain une épreuve définitive. A cet effet, le prince eut pour mission d'aller porter un fruit à un des dragons enfermés dans une tour. S'il revenait sain et sauf, il aurait à choisir entre les trois filles de la fée. La biche blanche y serait. S'il la prenait, il l'aurait pour épouse ; s'il choisissait mal, il serait dévoré. Le prince dut accepter.

En allant porter à manger au dragon, il rencontra une des filles de la fée qui lui dit :

« Au-dessous de la porte de la tour, vous verrez un trou. Jetez-y le fruit et sauvez-vous. Je suis la biche blanche. Je me ferai reconnaître de vous en avançant mon pied droit devant ma jambe gauche. Adieu ! »

Le prince se conforma aux instructions qu'il venait de recevoir et revint au château. La fée fit placer ses trois filles devant lui et lui dit de choisir. Après les avoir examinées quelque temps, le prince désigna la biche blanche. La fée fut contrainte de la lui donner.

Le soir venu, le prince alla se coucher avec la jeune fée.

« Je crains ma mère, lui dit-elle ; je vais aller écouter ce qu'elle dit à mes sœurs. Elle est si cruelle qu'elle peut venir nous égorger d'un moment à l'autre. »

Elle rentra quelques instants après et annonça au prince que sa mère allait venir les étrangler. « Prends les bottes de sept lieues qui sont sous le lit, et suis-moi. Si tu vois venir quelqu'un derrière nous, avertis-moi. »

Ils partirent tous deux en grande hâte. La fée arriva bientôt pour les tuer : le lit était vide. Elle appela une de ses filles et lui remit des bottes de quatorze lieues pour aller à la recherche des fugitifs. Elle lui recommanda aussi de les toucher si elle les apercevait, ce qui les rendrait immobiles jusqu'à son arrivée.

La jeune fille partit. Elle traversait en un saut les plus hautes montagnes et les villes les plus grandes.

Le prince ne tarda pas à l'apercevoir.

« Voici ta sœur, dit-il à sa femme ; nous allons être ramenés au château.

— Par la vertu de ma baguette, je commande que tu sois changé en chapelle et moi en curé. »

La jeune fille passa presque aussitôt sans faire attention à la chapelle. Ne trouvant aucune trace des fugitifs, elle revint trouver sa mère.

« Eh bien ! tu n'as rien vu ?

— Non, si ce n'est une chapelle et un sonneur.

— Et tu n'as point vu que c'étaient le prince et ta sœur ! »

De colère elle précipita sa fille dans la rivière. Puis elle envoya sa deuxième fille avec des bottes de vingt lieues. Le prince vit venir la jeune fille et en avertit la biche blanche, qui s'écria :

« Par ma baguette, je commande que tu te changes en prunes et moi en prunier. »

Sa sœur passa et repassa devant le prunier sans se douter de rien.

« As-tu rejoint ta sœur ? lui dit la fée à son retour.

— Non ; je n'ai vu sur mon chemin qu'un prunier chargé de beaux fruits rouges.

— Et tu n'as pas vu que c'étaient le prince et la biche blanche ! Tu vas périr comme ta sœur. »

La fée précipita sa dernière fille dans la rivière et partit avec des bottes de trente lieues.

« Voici ma mère, s'écria la biche blanche. Je commande que tu te changes en poisson et moi en rivière. »

La fée arriva aussitôt et ne fut point dupe du stratagème. Elle voulut toucher avec sa baguette le poisson et le ruisseau. L'eau se retira, et la méchante femme s'enfonça dans la boue et y mourut.

Le fils du roi partit seul pour le château de son père, laissant la biche blanche retourner à sa maison, d'où elle devait bientôt revenir. Elle avait recommandé au prince de ne point se laisser embrasser par ses parents, sinon il oublierait complètement et ses aventures et sa femme.

Il n'oublia point cette recommandation et ne voulut point permettre à ses parents de l'embrasser. Il se coucha. Sa mère s'approcha doucement du lit de son fils et l'embrassa. En se levant le lendemain, le prince reçut la visite de son père, qui lui demanda pourquoi il était resté si longtemps absent du palais. Le jeune homme soutint qu'il revenait de la chasse et qu'il n'y était resté qu'une journée. On crut qu'il plaisantait.

Quelque temps après, le prince alla se promener avec deux jeunes seigneurs de ses amis. Ils entrèrent dans un des douze moulins du roi et y virent une belle demoiselle qui y était comme servante. Tous trois prétendirent la posséder. Ils convinrent de venir la trouver chacun leur tour pendant trois nuits.

Un des seigneurs arriva le soir et s'introduisit en secret dans le moulin. Il allait entrer dans le lit auprès de la servante, quand elle lui commanda de couvrir les tisons du foyer afin d'avoir du feu pour le lendemain. Le jeune homme prit la pelle et les pincettes et se mit au travail. Le feu continua toujours à brûler malgré ses efforts. Trois heures sonnèrent à l'horloge : il n'avait point encore réussi. De colère, il jeta les pincettes sur le pavé et fit un tel bruit que le meunier se leva et le mit en fuite.

Le lendemain, l'autre seigneur vint trouver la demoiselle. Elle lui donna à vider dans la cour un vase plein d'eau. Il eut beau verser, le vase resta toujours plein. Il n'avait point terminé à deux heures du matin. Prenant le vase malencontreux, il le jeta sur une pierre et le brisa. La meunière se leva et chassa encore le seigneur.

C'était au tour du prince. Il arriva au moulin et alla trouver la servante, qui lui dit :

« Vous ne coucherez avec moi qu'après avoir changé de chemise. En voici une ; mettez-la. »

Le fils du roi ôta sa chemise et voulut la remplacer par celle qu'on lui donnait. Il ne put y parvenir ; il en avait à peine une demi-aune sur le corps qu'elle se retirait d'une telle façon que le prince découragé déchira la chemise et la jeta par la fenêtre. Le bruit attira le meunier, qui chassa le jeune homme à coups de fouet. Le fils du roi ne se vanta de rien, comme on doit le penser.

Un autre jour, il entra chez un cordonnier pour y acheter des souliers. La fille de celui-ci était belle ; elle plut au prince, qui voulut l'épouser. Ses parents cherchèrent en vain à l'en détourner. Le mariage fut convenu. Les noces devaient durer trois jours. On y invita les douze meuniers du roi avec leur famille. La biche blanche, déguisée en servante, y fut appelée. Elle parut tout à coup avec une robe couverte de pierres précieuses. La cordonnière lui témoigna le désir de posséder la robe.

« Je vous la donnerai, lui répondit la meunière, si vous voulez me laisser passer la nuit avec le prince. »

Cela déplaisait fort à la cordonnière. Mais la robe était si belle ! Elle accepta et fit coucher la biche blanche dans le lit du jeune roi. Elle ordonna aux valets de mêler de l'opium au vin du prince, de sorte qu'il s'endormit en se couchant. La biche blanche voulut le réveiller. Il continua à dormir de plus en plus fort.

« Ah ! beau prince, s'écria-t-elle, si tu savais que je suis celle qui te tira des mains de ma méchante mère, tu repousserais bientôt la vilaine cordonnière que tu dois épouser dans deux jours ! Mais on t'a endormi. »

La biche blanche fut obligée de se lever de grand matin. Elle sortit du palais pour rentrer bientôt après avec une robe encore plus belle que la première. Elle la céda à sa rivale aux mêmes conditions que l'autre. On endormit encore le prince. Il ne put entendre ce que lui dit la biche blanche. Un des valets avait tout écouté. Il raconta tout au jeune homme à son réveil. Celui-ci se promit de ne pas boire de vin de toute la journée.

Le soir la meunière se présenta avec une robe toute blanche qu'elle offrit encore à la cordonnière. Celle-ci n'en voulait point. La fille de la fée fit éteindre tous les flambeaux et l'on vit une robe de feu qui éblouissait les yeux par sa lumière. La cordonnière prit l'habit et fit entrer la biche blanche dans le cabinet du prince. Le jeune homme se coucha bientôt après et écouta ce que disait la jeune fille. Il la reconnut et lui jura de l'épouser.

Le roi son père fut bien étonné lorsqu'il vit son fils lui amener une belle princesse et lui dire :

« Sire, voici une jeune fille qui m'a sauvé la vie dans la forêt où j'avais été chasser. Elle m'avait recommandé de ne point me laisser embrasser par personne à ma rentrée. On l'a fait sans doute, car je ne me rappelais plus rien. Elle se nomme la biche blanche ; je veux l'épouser à l'instant.

— Mais la cordonnière ?

— On lui donnera cent écus et on la mettra à la porte. »

Les noces durèrent trois jours encore. J'y assistai. J'eus le malheur de laisser tomber un plat ; on me donna un coup de pied dans le derrière pour m'envoyer vous raconter ce conte.

Le loup échaudé et le bûcheron

Un soir d'hiver, une bonne femme, nommée Catherine, était occupée à préparer, avec son mari, bûcheron dans le bois voisin, la soupe à l'oseille dont ils allaient faire leur souper. Le bûcheron mettait le bois dans le foyer, soufflait, attisait et aussi gourmandait sa femme tout en jetant de temps en temps un regard de convoitise sur la grande marmite dans laquelle Catherine faisait la soupe à l'oseille. Le bois ne voulait pas brûler, comme le disait le paysan ; bientôt la chambre fut pleine de fumée et il fut nécessaire d'ouvrir la porte pour s'en débarrasser. Un gros loup, qui rôdait, cherchant son souper dans les environs, voyant la porte ouverte et sentant la bonne odeur de soupe à l'oseille, entra doucement dans la maison et alla s'installer, sur le train de derrière, dans le coin de cheminée resté libre.

Le paysan, tout occupé de gourmander sa femme et de faire bouillir la marmite, ne s'aperçut pas au premier abord de l'arrivée de l'intrus auquel il tournait le dos. Quant à Catherine, elle ne l'avait pas vu davantage : toute son attention était en ce moment portée sur sa soupe à l'oseille, qu'elle avait toutes les peines du monde à *touiller* assez vite pour l'empêcher de se brûler.

Le loup, toujours assis sur son train de derrière, les pattes de devant immobiles et bien droites, la tête allongée pour respirer le succulent parfum de la soupe à l'oseille, surveillait attentivement la marmite bouillante.

— Est-elle cuite, enfin, ta soupe à l'oseille ?

— A peu près ; mais je ne sais si elle est assez salée.

— Attends, je vais te le dire, répondit le paysan, tout

enchanté de goûter à l'avance de la bonne soupe que sa femme venait de faire.

Et il plongea sa cuiller dans la soupe bouillante ; il l'enfonça trop et se brûla le doigt.

— Aïe ! s'écria-t-il en lâchant la cuiller et en retirant son doigt brûlé.

— Houm ! fit le loup en allongeant le museau pour saisir le doigt du bûcheron.

— Ha ! ya ! ya ! cria la femme en apercevant le loup.

Il y eut un moment de silence.

— Que faire ? pensait Catherine.

— Que faire ? se disait le bûcheron.

— Que mangerai-je ? La femme, l'homme ou la bonne soupe à l'oseille ? se disait, tout perplexe, maître loup.

Les trois personnages étaient tout aussi embarrassés les uns que les autres ; maître loup surtout était là comme une âme en peine, regardant tour à tour le paysan, Catherine et la soupe sans pouvoir se décider pour l'un ou pour l'autre.

Tout à coup le bûcheron eut une idée lumineuse.

— Catherine, s'écria-t-il, jette-lui une bonne cuillerée de soupe à la tête !

Catherine, sans se le faire dire deux fois, obéit à son mari ; seulement elle n'emplit pas complètement sa cuiller, par crainte de perdre trop de la bonne soupe à l'oseille ; mais ce qu'elle jeta était suffisant, et le loup, tout aveuglé par la soupe bouillante, s'enfuit dans le bois sans demander son reste, laissant Catherine et son mari fort heureux d'en sortir à si bon compte.

Un an après environ, le bûcheron abattait un arbre dans la forêt quand il vit venir à lui un vieux loup, suivi d'une quinzaine d'autres pour le moins. Le chef de la bande avait la tête dépourvue de poils.

— Pour le coup, se dit le paysan, je suis perdu ! Ma peau ne vaut pas une épingle de bois ! Voilà le vieux loup que ma femme a si bien échaudé l'an dernier à pareille époque. Je puis faire mon *mea culpa* et songer à ne plus revoir ma femme Catherine. Je vais néanmoins essayer de grimper au haut de cet arbre ; si j'y puis arriver, je pourrai me croire en sûreté et attendre le matin.

Et le paysan saisit une branche, puis une deuxième et une troisième, et puis une autre, s'aida des pieds, des jambes, monta, monta jusqu'au sommet de l'arbre.

Pendant ce temps, les loups étaient arrivés au pied de l'arbre et s'étaient mis à hurler à qui mieux mieux en voyant leur proie leur échapper.

Ils prirent le parti de se coucher au pied de l'arbre et d'attendre. Une heure se passa, puis deux, puis trois, quatre et cinq, et les loups étaient toujours là au pied de l'arbre, et le bûcheron était toujours installé à la cime, quelque peu ennuyé de la position incommode dans laquelle il se trouvait, mais ne s'en inquiétant pas trop pour le moment.

A la fin, n'y tenant plus, le vieux loup, chef de la bande, leva doucement sa tête pelée, fit un signe de patte, imité par tous ses compagnons, et se mit à aboyer, à hurler sur tous les tons pendant un quart d'heure. C'était un discours à la manière des loups.

A la grande terreur de l'homme, le vieux loup s'approcha de l'arbre, se leva sur les pattes de derrière, s'appuya de celles de devant contre le tronc de l'arbre, fit un signe de la queue et un gros loup des plus forts de la bande sauta sur ses épaules, puis un troisième, un quatrième... Enfin tous y passèrent, et le dernier, d'épaule en épaule, se trouva presque à hauteur du bûcheron.

Cette fois, celui-ci jugea sa position tout à fait critique ; mais, se rappelant la soupe à l'oseille et le tour joué l'année d'avant au vieux loup, il s'écria du plus fort qu'il put :

— Catherine, jette-lui donc à la tête une bonne cuillerée de soupe à l'oseille !

Le vieux loup, épouvanté, s'enfuit précipitamment, laissant tomber ses camarades, qui, tout terrifiés, s'échappèrent de tous les côtés, les jambes moulues ou les côtes brisées.

Le bûcheron put rentrer sauf à la maison.

Comment un idiot devint curé

Un pauvre scieur de long n'avait qu'un fils. Malheureusement cet enfant était loin d'avoir toute sa raison. C'était un innocent, comme on disait dans le pays, et beaucoup même ajoutaient que le fils du scieur de long était aux trois quarts et demi idiot, s'il ne l'était pas tout à fait. Il brisait tout à la maison, perdait l'argent qu'on lui donnait pour aller en commissions, faisait tout de travers, enfin rendait son père, le pauvre scieur de long, malheureux à l'excès.

Après avoir patienté bien longtemps, le paysan, n'y tenant plus, se résolut à chasser l'idiot de sa maison. La femme essaya bien un peu de se mettre en travers de ce projet, mais le scieur de long ne démordait pas d'une idée une fois qu'il se l'était fourrée dans la tête, et les prières de sa femme furent inutiles. Il appela son fils et lui dit qu'il ne pouvait le garder plus longtemps à la maison.

— Que veux-tu avant de partir ?

— Une soutane et un chapeau de curé, répondit l'idiot.

— Que veux-tu faire d'une soutane et d'un chapeau de curé ?

— Va, mon père, achète-moi ce que je te demande. Quoique idiot, je saurai me tirer d'affaire. Va toujours.

Le scieur de long acheta la soutane, le rabat et le chapeau de curé, les donna à son fils, prit celui-ci par les épaules et le mit à la porte.

L'idiot, à peine arrivé dans un chemin creux, se déshabilla, laissa là ses habits et se vêtit de ceux que son père lui avait achetés. Puis il prit le chemin de la ville. Vous allez me demander ce qu'il allait faire à la ville en tel accoutrement. C'est bien simple, ou du moins l'idiot le trouvait ainsi ; depuis longtemps il enviait le bonheur des curés qui mangent de bonnes choses et boivent d'excellent vin sans avoir la peine de le gagner en travaillant, et il allait trouver l'évêque pour lui demander de lui donner une cure dans un village.

Mais il y avait une grosse difficulté : les curés connaissent le latin et notre paysan était totalement ignorant sur cette matière ; assurément l'évêque n'accepterait pas un curé aussi peu instruit. Il fallait remédier à cela.

Dans une prairie, une femme faisait paître sa vache ; le jeune homme vint trouver la femme pour lui demander le chemin le plus court pour aller à la ville. La paysanne le lui indiqua ; et comme l'idiot était resté derrière la vache à examiner l'animal, la femme lui dit :

— *Bé à ti c'al ruch !* (prends soin qu'elle ne rue !)

« Bon, voilà mon affaire, se dit le paysan ; *béati* c'est du latin et le reste aussi : cela fera bien dans un sermon. *Béuticalruch ! Béuticalruch !* Ça ira ! »

Et ce disant, il continua sa route en répétant sur tous les tons *Béuticalruch !*

Il y avait déjà plusieurs heures qu'il marchait, lorsqu'il arriva dans une *coraillère*. En voyant les nids de corbeaux qui couvraient de bas en haut les branches des arbres, il s'écria :

— *Oh ! nids hauts, nids bas !*

Et se reprenant :

— Encore une nouvelle phrase de latin : *Béati calruch, o nio niba !* Si je continue ainsi, je serai bientôt plus savant que monsieur le curé.

La chaleur ce jour-là était assez forte et le paysan ne tarda pas à avoir soif. Voyant de belles mûres à la lisière d'un bois, il se mit à en cueillir et à en manger pour se rafraîchir. Bientôt aussi il se piqua les doigts aux buissons.

— *Ronc ! ah ! ronc ! o déhiré mi !* (Ronce, ah ! ronce ! a déchiré moi !) s'écria-t-il en se sentant piqué.

Ronc a ronc o déhiré mi ! Mais c'est du latin ; je commence à en savoir assez. Si mon père était là, il serait bien étonné d'avoir un fils si savant. Allons toujours vers la ville, à ça près.

Il allait entrer dans la ville, quand il vit un âne qui traversait un pont.

— *Ane à pont ! âne à pont !* cria joyeux le jeune idiot. Mais non, *anapontis* plutôt ; oui, *anapontis !*... J'ai assez de latin. Répétons ce que nous savons : *Béuti calruch, o nio niba ! ronc a ronc o déhiré mi, anapontis !*

Et il entra tout fier par la porte de la ville. Là, il demanda la maison de l'évêque ; on la lui indiqua et l'idiot s'y dirigea.

La servante de l'évêque, voyant venir un abbé vêtu d'une belle soutane neuve, alla au-devant de notre homme et l'introduisit auprès de son maître.

— Que veux-tu, mon fils ? demanda ce dernier.

— Je veux être curé, monseigneur !

— Curé ! Mais as-tu l'âge ?

— Monseigneur, je suis de l'âge de notre baudet ; j'ai dix-neuf ans, je vais sur dix-huit.

Il voulait dire le contraire, mais il était si simple !

— Sur dix-huit ! Tu es un farceur, à ce que je vois. Sais-tu le latin ?

— Parbleu ! Tenez, jugez-en : *Béuti calruch, o nio niba ! ronc a ronc o déhiré mi, anapontis !*

— C'est suffisant ! tu es très instruit ; je te nomme curé-doyen et plus tard je te prédis un évêché pour le moins. Va.

— Merci bien, monseigneur, que le bon Dieu vous bénisse.

Et le nouveau doyen s'en alla prendre possession de sa cure pendant que l'évêque répétait :

— *Béuti calruch, o nio niba ! ronc a ronc o déhiré mi, anapontis !* En voilà un bien plus fort que moi. Il faudra que je le propose au pape pour en faire un cardinal, pour le moins.

Gribouille

Tout jeune encore, Gribouille se montrait tel qu'il devait être plus tard.

Un jour, il entassa tout ce qu'il put de tables, de bancs, de chaises pour... saisir la lune qu'il apercevait à travers les vitres de la fenêtre.

La mère de Gribouille lui commanda un matin de mener la vache aux champs.

— Que fera-t-elle aux champs ? demanda-t-il.

— Elle mangera les touffes d'herbe.

— Ah bien !

Et Gribouille partit avec la vache. Mais en passant devant l'église, il aperçut une belle touffe d'herbe qui poussait entre les tuiles du clocher.

— Bon, ce n'est pas la peine d'aller aux champs. Voici de l'herbe, c'est tout ce qu'il me faut ; je n'ai qu'à faire monter ma vache sur le clocher.

Il retourna à la maison ; sa mère était absente et il prit une longue et forte corde qu'il revint enrouler au cou de la vache ; puis il monta dans le clocher, fit un tour de sa corde autour de la flèche, laissa pendre le *comme* (le câble) et descendit. Revenu près de sa bête, il se mit en devoir de la hisser au sommet de l'église, tant et si bien qu'il y réussit. Le pauvre animal beuglait à réveiller des sourds. Sans en tenir compte, Gribouille assura la corde et courut chercher sa mère chez une voisine pour lui faire part de son idée ingénieuse.

La femme se hâta de descendre la vache : il était trop

tard, la pauvre bête était morte, et Gribouille fut battu comme vous le pensez bien.

Un autre jour, la mère de Gribouille cassa sa marmite. Elle envoya son fils au marché voisin pour en acheter une autre. Gribouille partit, acheta la marmite et reprit le chemin du village. La marmite était assez lourde, et bientôt Gribouille se trouva fatigué.

— Cette marmite a trois pieds, songea-t-il ; je n'en ai que deux ; je suis bien bête de la porter et de me fatiguer ainsi, elle peut bien marcher toute seule, je vais la déposer ici, elle arrivera à la maison avant moi.

Et il revint sans la marmite.

Gribouille revenait un soir de la foire de la Saint-Jean, à Amiens, quand, passant à Vadencourt, le long de l'Hallue, il fut surpris par une pluie légère. Gribouille avait ses beaux habits de fête et il craignait fort de les endommager.

— Si je laisse ainsi pleuvoir sur moi, se dit-il, je rentrerai mouillé à la maison ; ma mère me grondera, me battra peut-être même. Et puis ma belle blouse sera gâtée ; il vaut mieux que je me jette à la rivière. Etant dans l'eau, je serai sûr qu'il ne pleuvra pas sur mes habits.

Et ce disant, Gribouille se jeta dans l'Hallue. Si le meunier de Vadencourt n'était pas passé par là en ce moment, il est certain que Gribouille aurait péri. Le meunier se jeta dans la rivière et parvint à en retirer le malin Gribouille. C'est de là, dit-on, que vient le proverbe si connu : « Il est malin comme Gribouille ; il se jette dans l'eau de peur d'être *frais* ! »

Gribouille rencontrant un jour le couconier (marchand de volailles), lui demanda ce qu'il faisait des plumes des poules qu'il tuait pour les porter à la ville. Le couconier connaissait Gribouille ; aussi il lui répondit fort sérieusement :

— Ce que j'en fais ? Parbleu ! je les revends très cher

pour les planter dans les jardins. Ne sais-tu pas qu'une plume bien cultivée peut donner en six mois une grosse poule de quatre livres ?

— Ah ! vraiment ! Alors vendez-moi pour cent francs de plumes, les plus belles, cela s'entend.

Le couconier riait sous cape ; il emmena Gribouille à sa maison et lui choisit cent belles plumes de coq qu'il lui donna moyennant cent francs.

Gribouille n'eut rien de plus pressé que d'aller planter les plumes dans un carré du jardin ; il fit une petite motte de terre autour de chaque plume et attendit.

Au bout de huit jours, Gribouille alla au jardin voir où en était la croissance de ses poules. Il avait plu ; la terre s'était détrempée et les plumes semblaient sortir davantage du sol.

Gribouille, tout joyeux, alla quérir tous les habitants du village pour leur faire admirer son carré de poules.

Le couconier repassant un mois après dans le village entra chez Gribouille et le trouva tout consterné.

— Qu'y a-t-il de neuf, Gribouille ? Les poulets grossissent-ils comme tu le désirerais ?

— Oh ! monsieur le couconier ; ne m'en parlez pas : il m'est arrivé un grand malheur. Le vent a emporté mes poules !

— Nous aurions dû y songer, pauvre Gribouille. Ce n'est point des poules qu'il t'aurait fallu cultiver. Le vent vient et les emporte. Plante des harengs saurs, c'est plus sûr ; en quelques mois tu auras le centuple de ce que tu auras semé ! Crois-moi. J'ai un panier de harengs à la maison, je puis te les vendre.

— Combien ?

— Le même prix que les plumes, cent francs.

— C'est convenu, monsieur le couconier.

Le malin marchand apporta les harengs saurs, Gribouille les enterra dans une planche de son jardin et fut encore dupé.

Gribouille voulut un jour se marier. Il demanda à sa mère ce qu'il lui fallait faire pour trouver une femme qui voulût bien l'accepter pour mari.

— C'est bien simple, lui dit sa mère ; tu n'as qu'à *aller voir* les demoiselles.

— Je n'aurais pas cru, ma mère, que ce fût si facile. Je ne serai pas longtemps à me marier ; alors.

Et Gribouille s'en alla de maison en maison voir les demoiselles. En arrivant, il allait tout droit à la jeune fille de la maison et, sans parler, lui prenait le menton et la regardait dans tous les sens. Les jeunes filles riaient d'abord de cette singulière façon de faire la cour ; mais, voyant que Gribouille continuait ce jeu, elles se fâchaient tout rouge et mettaient ce simple d'esprit à la porte, à grands coups de balai.

Le soir venu, Gribouille rentra à la maison.

— Eh bien ! lui dit sa mère, as-tu été voir les demoiselles ?

— Certainement, ma mère, certainement. Même que j'en ai reçu de grands coups de balai. S'il faut faire ce métier-là longtemps, je n'en suis plus ; je préfère ne jamais me marier.

— Qu'as-tu donc fait pour qu'on t'ait frappé à coups de balai ?

— Ce que vous m'avez dit. En arrivant dans chaque maison, je prenais la jeune fille par le menton, je lui tournais la tête en tous sens pour mieux voir et...

— Malheureux, ce n'est pas étonnant qu'on t'ait chassé à grands coups de balai. A-t-on jamais vu un nigaud comme toi ! Ce n'est pas ainsi qu'on fait la cour aux jeunes filles. Il faut leur faire des yeux de brebis, autrement dit leur lancer des coups d'œil, et non les retourner dans tous les sens comme le fait le marchand aux vaches qu'il achète à la foire.

— Des coups d'œil, dis-tu ? Et tu crois...

— Bien sûr. Si je me suis mariée avec ton père, c'est qu'il a commencé par me lancer des coups d'œil lorsqu'il me rencontrait avec mes amies.

Gribouille sortit de la maison et courut aussitôt à la bergerie arracher les yeux de tous les moutons ; il les mit dans ses poches et retourna chez les jeunes filles.

— Tiens, Gribouille, te voilà ! Tu ne viens plus nous tourner la tête en tous sens et nous regarder dans le blanc des yeux ?

— Oh ! non. J'ai arraché les yeux de tous mes moutons.

— Et pour quoi faire ?

— Pour vous lancer des coups d'œil, parbleu !

Et ce disant, Gribouille jetait les yeux de brebis à la tête des jeunes filles qui criaient au secours, appelaient leur père ou leurs frères et faisaient rosser d'importance le pauvre amoureux.

Enfin, il n'est pas de mésaventures que Gribouille ne se soit attirées par sa niaiserie, et l'expression malin comme Gribouille est devenue un terme de mépris qui s'applique aux pauvres d'esprit, aux garçons sans idées, dont on trouve encore assez souvent des échantillons à la campagne.

Comment Kiot-Jean épousa Jacqueline

Kiot-Jean aimait Jacqueline, la fille d'un fermier du village voisin. Kiot-Jean était donc bien heureux, allez-vous dire ? Mais non, il n'était pas heureux, et voici pourquoi : Jacqueline était riche et Kiot-Jean était pauvre.

Un jour pourtant, Kiot-Jean prit son courage à deux mains, mit ses meilleurs habits et se rendit au village de sa belle demander au fermier la main de sa fille. Comme il aurait dû s'y attendre, s'il avait un peu plus réfléchi avant de partir, Kiot-Jean vit sa demande repoussée ; le fermier ne fit ni une ni deux, le prit par les épaules, le fit tourner sur les talons et lui fit descendre le perron plus vite qu'il ne l'avait monté.

Jugez de la consternation du pauvre amoureux. Il faut avouer avec lui qu'il était bien à plaindre : être aimé de la plus jolie fille du canton et se voir mettre à la porte de la maison par un papa qui ne vaut pas le petit doigt de sa fille, ce n'est pas amusant ! Et, surtout, qu'allaient dire les jeunes gens du village en apprenant de quelle façon ridicule le malheureux Kiot-Jean avait été éconduit ? Que diraient les jeunes filles toutes jalouses de Jacqueline ? Certes, il n'oserait se présenter, à l'avenir, à la moindre fête, danse, branle ou cotillon.

Kiot-Jean se disait tout ceci en revenant bien monneux[1].

Bientôt il n'y tint plus et il se mit à pleurer... comme un veau !...

— Hi ! hi ! hi ! hi ! faisait-il le long du chemin...

J'ai dit qu'il pleurait comme un veau et je le répète, car, s'il avait pleuré autrement, le berger qui était à deux cents

1. Honteux.

mètres de là pour le moins n'aurait certainement pu l'entendre, et pourtant ce dernier, qui ronflait paisiblement dans sa petite cabane en plein champ, fut réveillé en sursaut et se leva pour voir de quoi il s'agissait. Il aperçut Kiot-Jean.

« Eh bien ! eh bien ! Qu'est-il donc arrivé à Kiot-Jean ? Je ne l'ai jamais vu si triste ! C'est un brave garçon, je vais essayer de le consoler et de lui être utile. »

Et le berger s'approcha de Kiot-Jean et lui frappa sur l'épaule.

— Eh quoi ! Qui te fait pleurer ainsi ?

— Hi ! hi ! hi !...

— Assez de hi, hi !... Pourquoi pleures-tu ainsi ?

— Hi ! hi ! hi !... J'allais demander la main de la fille du fermier Thomas, mais, par malheur... hi ! hi ! hi !...

— On t'a refusé, je vois, pour ta pauvreté.

— Hi ! hi ! hi !... Oui.

— C'est bien, mon garçon ; il ne faut pas te désoler ainsi. Reprends courage. Voici de quoi vaincre la résistance de ton futur beau-père. Prends ce petit paquet de poudre rouge et fais comme je vais te dire.

Le berger donna le petit sac de poudre à Kiot-Jean et lui donna ses instructions.

Kiot-Jean retourna au village, bourra sa pipe et entra chez le fermier Thomas. Jacqueline était seule dans la cuisine.

— Je viens pour allumer ma pipe ; tu me le permets, Jacqueline ?

— Si je te le permets !... Pourquoi pas ?... Comment penses-tu faire pour notre mariage, Kiot-Jean ?

— Ce n'est guère cela qui m'inquiète !... Ne t'en inquiète pas davantage. Avant peu, Jacqueline, j'aurai le consentement de ta famille.

— Comment ?

— Cela ne fait rien. Tu le sauras plus tard... J'allume ma pipe et je pars.

Kiot-Jean s'approcha de la cheminée, alluma sa pipe, jeta une pincée de poudre dans le feu et quitta Jacqueline. Celle-ci, étant sortie au jardin pour un moment, trouva à son retour le feu aux trois quarts éteint. Elle voulut le rallumer en soufflant sur les charbons avec la bouche, mais elle se mit à faire : put, put, put... à n'en pas finir. Tout étonnée, elle alla trouver sa mère.

— Maman, maman, put, put, put, je ne sais, put, put, ce que j'ai, put, put, mais, put, depuis un moment, put, je ne fais plus, put, put, que put, put, put !

La fermière, étonnée, se fit raconter tant bien que mal par sa fille comment cela lui était arrivé.

— Ce n'est sûrement pas le feu qui te fait faire put, put, put ainsi. C'est autre chose certainement. Tu vas bien voir que pareil accident ne m'arrivera pas en soufflant le feu.

La mère vint à la cheminée et, voulant parler, vit qu'elle faisait put, put comme sa fille. Vous jugez bien comme la fermière était ennuyée ; aussi, n'osant conter sa mésaventure à son mari, elle lui fit signe, quand il revint des champs, de rallumer le feu, quasi éteint.

Mais il lui arriva le même tour qu'à sa femme et à sa fille Jacqueline, et personne ne parla plus sans accompagnement obligé de put, put, put à n'en pas finir.

— Il faut croire, put, put, dit Thomas, que, put, put, put, le diable, put, est venu, put, put, se loger, put, dans notre foyer. Je vais de ce pas, put, put, aller, put, trouver M. le curé pour, put, put, le prier de venir ici chasser le démon.

Et ici le fermier, essoufflé d'avoir tant parlé, plaça de suite quinze ou vingt put, put à la suite les uns des autres.

Il alla trouver le curé, qui ne se souciait pas trop de déloger le diable d'une cheminée où il avait élu domicile. Il vint, tout en maugréant, avec un enfant de chœur portant le goupillon et l'eau bénite. On arriva à la maison du fermier et, après un bon coup de cidre, le curé se mit en devoir de dire les oraisons requises. Tout alla fort bien jusqu'au moment où le curé en arriva à souffler dans la cheminée en disant au démon de se retirer. La poudre opérant alors :

— *Do*... put, put, put, put, *minus*, put, put, put... *us*, *us*, put, put, *vobis*..., put, put, put, *vobis*... *vobiscum*... put, put...

— *Et cum*, put, put, *spiritu*, put, put, put, *spiritu*, put, *tuo*, put, put, put !... ajoutèrent Thomas, sa femme et Jacqueline.

Le curé, voyant qu'il n'y avait point moyen de faire cesser le sortilège, prit congé du fermier, non sans avoir bu quelques nouveaux verres de cidre, sans doute pour faire cesser les put, put.

Le curé reprit le chemin de son village.

Sur la route il rencontra le berger.

— Bonjour, monsieur le curé ; vous semblez bien triste, aujourd'hui, si je ne me trompe.

— N'en parle pas, put, put, put, put... depuis une heure, put, put, put, je suis dans les griffes du diable, qui, put, put, put, put, me fait dire put, put, put à tout instant.

— Voyons, monsieur le curé, il y aurait un moyen de vous guérir. Je connais la cause de tout cela et je sais que le fermier Thomas, sa femme et leur fille Jacqueline sont affligés du même mal. A moi seul je ne puis vous être utile ; mais avec l'aide de Kiot-Jean, de votre village, je me fais fort de vous débarrasser, et en même temps la famille Thomas, de l'incommodité que vous éprouvez.

— Oh ! alors, que faut-il faire ? put, put, put. Je suis prêt à tout ; ma vie, put, put, put, put, n'est plus tenable ; il me, put, put, put, serait impossible, put, put, de faire le moindre sermon.

— Nous vous demanderons peu de chose. Que Kiot-Jean épouse Jacqueline et nous vous guérirons.

— S'il n'y a que ça, put, put, put, j'en réponds, put, put. Je retourne décider Thomas, put, put, put, put...

Le curé fit comme il avait dit et décida Thomas à donner sa fille en mariage à Kiot-Jean. Dès ce moment le vieux berger fit cesser le sort et tout le monde fut guéri. Huit jours après Kiot-Jean épousait sa chère Jacqueline, et le curé et le berger assistaient à la noce... Mais je ne puis finir mon conte... le coq chanta ; il était jour.

Kiou-Cou et Kiou-Coclet

Kiou-Cou et Kiou-Coclet [1], s'ennuyant un jour au logis, prirent le parti d'aller au bois se promener. Aussitôt dit que fait ; Kiou-Cou prit sa canne de jonc toute neuve, Kiou-Coclet son panier et, bras dessus, bras dessous, tout joyeux, ils allèrent au bois. C'était en ce moment la saison des noisettes, des mûres et des cornouilles, et chacun sait que cous et coclets sont fort friands de toutes ces bonnes choses. Kiou-Cou, pour faire une surprise à son fils Kiou-Coclet, ne lui avait rien dit de tout cela. Bientôt ils arrivèrent au bois et Kiou-Coclet fut fort étonné d'y voir tant de noisettes et de cornouilles.

— Surtout, dit Kiou-Cou à son fils, prends bien garde aux noisettes ; s'il t'arrivait d'en avaler une écale, tu pourrais mourir.

— Sois sans crainte, papa, j'aurai bien soin de ne les manger qu'après les avoir soigneusement épluchées.

Et Kiou-Coclet se mit en devoir de cueillir des noisettes et de les croquer pendant que son père allait lui chercher de belles cornouilles bien blettes qu'il avait aperçues sur un cornouiller voisin.

Tout à coup Kiou-Cou entendit Kiou-Coclet pousser des cris étouffés dans le buisson où il l'avait laissé.

— Ah ! mon Dieu, mon Dieu ! Qu'est-il arrivé à Kiou-Coclet ? Un renard l'emporte peut-être dans son terrier, mon Dieu ! J'y cours...

Et, ce disant, Kiou-Cou courut au secours de son fils,

---

1. *Petit coq,* diminutif de Kiou-Cou.

qu'il vit se mourant d'une écale de noisette dans le gosier.

— Un... un... peu... d'eau, ou je... je... meurs ! criait le pauvre petit Coclet.

— A l'instant, à l'instant, je reviens ; je vais demander de l'eau à la rivière.

Et Kiou-Cou alla trouver la fontaine.

— Fontaine, fontaine, donne-moi de ton eau, ou Kiou-Coclet va mourir d'une écale de noisette dans le gosier.

— Va dire au bœuf de ne plus venir boire de mon eau et je te donnerai l'eau que tu me demandes, dit la rivière.

Kiou-Cou alla, tout aussi vite que le lui permettaient ses petites jambes, parler au bœuf.

— Bœuf, bœuf, ne bois plus l'eau de la fontaine, pour que celle-ci donne de l'eau à Kiou-Coclet, qui se meurt d'une écale dans le gosier.

— Donne-moi de l'herbe bien fraîche et je ne boirai plus l'eau de la fontaine, lui répondit le bœuf.

Et Kiou-Cou alla trouver la prairie.

— Prairie, prairie, donne-moi de ton herbe la plus fraîche, que je la donne au bœuf, sinon la fontaine ne me donnera pas de son eau pour sauver Kiou-Coclet, qui se meurt d'une écale de noisette dans le gosier.

— Je ne demande pas mieux que de te donner de mon gazon, lui répondit la prairie, mais en échange donne-moi du beau soleil.

Kiou-Cou parla au soleil.

— Soleil, soleil, l'herbe demande de ta chaleur pour me donner de son gazon et sauver ainsi Kiou-Coclet, mon fils, qui se meurt d'une écale de noisette dans le gosier.

— Délivre-moi du gros nuage noir qui me cache et je donnerai ma chaleur à la prairie, lui répondit le soleil.

Kiou-Cou, désespéré, se tourna vers le gros nuage et lui dit :

— Oh ! nuage, nuage, ne voile pas le soleil, pour qu'il puisse donner de la chaleur à la prairie et sauver ainsi

Kiou-Coclet, mon fils, qui se meurt d'une écale de noisette dans le gosier.

— Dis au vent de nous chasser bien loin et nous cesserons d'obscurcir le soleil, lui dit le gros nuage noir.

— Mon Dieu, mon Dieu ! Kiou-Coclet va mourir !... Oh ! vent, vent, chasse donc le nuage, pour que celui-ci ne voile plus le soleil.

— Dis à la montagne de me laisser passer et je me hâterai de chasser le gros nuage noir.

Kiou-Cou courut à la montagne.

— Allons, allons, méchante montagne, laisse passer le vent si tu ne veux que mon fils Kiou-Coclet meure d'une écale de noisette dans le gosier.

La montagne réfléchit un instant et répondit à Kiou-Cou :

— Eh bien, obtiens du rat qu'il ne me perce plus et je laisserai passer le vent, fût-ce même l'ouragan.

Kiou-Cou alla bien vite trouver le rat dans son trou.

— Petit rat, petit rat, promets de ne plus percer la montagne, sinon Kiou-Coclet, mon fils, mourra d'une écale de noisette dans le gosier.

— Demande au chat du voisin de ne plus me poursuivre et je te ferai la promesse que tu me demandes.

Kiou-Cou se mit en quête du chat et il eut peu de peine à le trouver, car il était près de là, guettant le rat pour le prendre.

— Mon bon petit chat, je t'en prie, fais la paix avec le rat, pour que Kiou-Coclet, mon fils, ne meure pas d'une écale de noisette dans le gosier !

Le chat réfléchit un instant et lui répondit :

— Je veux bien ne pas manger le rat, mais me donneras-tu beaucoup de lait en échange ? Va demander du bon lait à la vache qui est au vert dans la prairie voisine.

La vache, s'entendant nommer, se retourna et demanda :

— Que me veux-tu, Kiou-Cou ?

— Un peu de ton lait pour le donner au chat. Sinon

mon fils Kiou-Coclet mourra d'une écale de noisette dans le gosier.

— Je te donnerai de mon lait si le boucher veut bien te promettre de me laisser passer ici tranquillement le reste de mes jours.

Bien vite, bien vite, Kiou-Cou alla au village voisin ; le boucher était fort malade et n'allait pas tarder à trépasser.

— Que veux-tu, Kiou-Cou ? demanda-t-il.

— Kiou-Coclet a avalé une écale de noisette qui lui est restée dans le gosier et dont il mourra si tu ne me promets de laisser la vache jusqu'à sa mort dans la prairie où tu l'as conduite.

— Va trouver le bon Dieu et demande-lui ma guérison ; tu auras la grâce de la vache.

— Mais je ne sais où trouver le bon Dieu.

— Si dans un instant je suis guéri, c'est que le bon Dieu veut que je laisse tranquillement la vache jusqu'à ce qu'elle meure de mort naturelle.

Le boucher avait à peine dit ces mots qu'il se trouvait complètement guéri. Il accorda la grâce de la vache.

Kiou-Cou alla trouver la vache, la vache donna son lait, le lait fut bu par le chat, le chat ne guetta plus le rat, le rat ne perça plus la montagne, la montagne laissa passer l'ouragan, l'ouragan chassa le gros nuage noir, le nuage noir dévoila le soleil, le soleil réchauffa l'herbe de la prairie, l'herbe fut mangée par le bœuf, qui ne but plus l'eau de la fontaine ; enfin, la fontaine donna de son eau à Kiou-Cou, qui, bien joyeux, s'en alla au bois retrouver son fils Kiou-Coclet. Mais quand il arriva le pauvre Kiou-Coclet était mort de son écale de noisette dans le gosier.

Kiou-Cou se mit à pleurer et à pousser de longs cris de désespoir. Ces cris furent entendus par une bonne fée, passant par hasard de ce côté. Elle s'approcha du buisson et vit Kiou-Cou pleurant auprès de Kiou-Coclet, étendu mort sur le gazon. La fée eut pitié de la douleur du pauvre coq, tira l'écale du gosier de Kiou-Coclet et le rappela à la vie.

Je vous laisse à penser avec quelle joie Kiou-Cou ramena à la maison son fils Kiou-Coclet, après avoir remercié comme il faut la bonne fée qui lui avait rendu son fils.

Le diable et la jeune fermière

C'était il y a bien longtemps, du temps du grand-père du grand-père de mon grand-père, pour le moins ; on était au jour de la fête du village ; on devait danser le cotillon et le branle sur la grande place, à l'ombre des grands tilleuls et des marronniers, et toutes les jeunes filles des environs à plus de trois lieues à la ronde s'y étaient donné rendez-vous pour cette réunion. Depuis un mois, les jeunes gens ne songeaient qu'à la fête, et c'était même le seul sujet de conversation depuis longtemps.

La fille du plus riche fermier de la commune devait ouvrir la danse avec le jeune seigneur du château voisin, et c'était un honneur que chaque fille lui enviait en secret. Malheureusement, ce riche fermier était un vieil avare qui cherchait par tous les moyens possibles d'augmenter son avoir si considérable déjà. Trouvant qu'il y avait encore bien de l'ouvrage aux champs, il ordonna à sa fille d'aller dans la plaine épandre quelques gros tas de fumier que les domestiques y avaient conduits la veille.

— Mais, papa, tu n'y songes pas ! Aujourd'hui, au moment de la fête, m'occuper d'un pareil travail ! Vraiment, c'est pour plaisanter que tu me dis ceci.

— Je ne plaisante pas, je parle fort sérieusement.

— Mais, enfin, tu sais bien que j'ai promis d'ouvrir la danse sur la grande place avec monsieur le marquis. Ce jeune homme si...

— Encore une fois, je parle sérieusement. J'entends que cet ouvrage soit terminé avant que tu n'ailles au bal. C'est compris ?

Et ce disant, le vieil avare laissa sa fille, qui se mit à pleurer à chaudes larmes.

Vraiment, c'était bien la peine de songer si longtemps à cette belle fête et à ce bal pour lequel j'ai acheté de si belles robes sur mes économies ! Aller aux champs, par un pareil jour, pendant que mes compagnes seront à danser sous les tilleuls et que le jeune marquis sera à se demander pourquoi je ne serai pas là pour danser le branle !... Et puis, épandre des tas de fumier, la singulière besogne ! Mon Dieu, mon Dieu, que je suis malheureuse ! pensait la jeune paysanne.

Mais le mieux, puisque le fermier le voulait ainsi, était encore de se hâter d'aller aux champs accomplir ce maudit ouvrage. C'est ce qu'elle comprit sans doute, et ce qu'elle s'empressa d'exécuter.

A peine arrivée au lieu indiqué, elle s'aperçut que même en s'appliquant beaucoup au travail, il y aurait encore de l'ouvrage de reste pour le lendemain matin. Que faire ? Que faire ? Aucun moyen de sortir de ce mauvais pas... à moins pourtant que le diable ne vînt l'aider en personne, ce qui était peu probable.

Il est à présumer que la jeune fille fit cette dernière réflexion à haute voix, car elle n'avait pas plus tôt achevé, qu'elle se trouva en présence d'un petit homme vêtu de vert, portant une queue et des cornes de bouc : le diable en personne, comme on pouvait le voir à son œil noir sans prunelle et à ses grands pieds fourchus.

— Eh bien ! la belle, que me veux-tu ? Tu viens de dire que seul je pouvais t'aider, et je suis venu. Quoi qu'on en dise, je suis fort bon garçon et j'aime à tirer d'affaire les gens en peine. Qu'as-tu à pleurer ?

— J'ai, répondit la jeune fille, qui d'abord effrayée n'avait pas tardé à se rassurer, j'ai que c'est la fête du village aujourd'hui, que je devais commencer la danse avec le fils du seigneur et que mon père m'a envoyée ici épandre ce maudit fumier.

— Alors, il te faudrait...

— Epandre ces tas de fumier en quelques minutes,

pour que, le travail fait, il me soit possible d'arriver au village à temps pour le bal.

— N'est-ce que cela ? Ce ne sera pas bien long. Mais... que me donneras-tu en échange ? Rien pour rien, voilà ma devise.

— Que voulez-vous que je vous donne ?

— La première chose que tu lieras demain en te levant.

— Vous me demandez bien peu de chose. Aussi, est-ce convenu.

— Alors, signe de ton sang sur ce parchemin.

Le diable égratigna légèrement le bras de la jeune fille, en tira une goutte de sang et fit signer le parchemin jaune sur lequel le démon inscrit ses pactes infernaux.

Dès que le nom de la paysanne eut été inscrit sur la feuille, le diable s'écria :

— Holà ! Holà ! lutins, génies de l'air et génies des eaux ! *fioles, herminettes, goblins, houppeux, minons, rouliers !* arrivez vite et épandez par tout le champ ces tas de fumier. Hâtez-vous, surtout !

Des milliers de lutins et de génies, de toutes formes et de toutes espèces, envahirent le champ, et en quelques minutes eurent terminé la tâche que le diable venait de leur assigner. Sur un signe de ce dernier, ils disparurent, l'ouvrage accompli. Puis le petit homme vert s'en alla à son tour, en disant à la jeune fille :

— A demain matin, ma belle. Point de paresse et ne me fais pas attendre !

La jeune paysanne retourna joyeuse à la ferme.

Le père fut bien surpris de la voir revenir si vite.

— Comment, tu rentres déjà ? Tu ne veux donc pas m'obéir ? Retourne au champ, fais le travail que je t'ai indiqué, sinon...

— Mais, mon père, ce travail est terminé ; je me suis hâtée, voilà tout. Du reste, tu peux voir d'ici si j'ai fini ma tâche.

Le champ était situé sur la colline et s'apercevait de la

ferme. Le paysan regarda et vit que sa fille lui disait la vérité.

— Réellement, il faut que tu te sois hâtée pour avoir fini si vite ! Tu peux t'habiller et aller danser le cotillon : je ne te retiens plus.

Mais la femme du fermier, ne comprenant rien à ce qui venait de se passer, prit sa fille à l'écart et en obtint l'aveu du marché conclu avec le démon vert.

— Ah ! ma fille, qu'as-tu fait ? Ne vois-tu pas que tu t'es livrée au diable, et que demain à ton réveil, c'est toi-même qu'il viendra chercher pour t'emmener dans son enfer ? Tu as vendu ton corps et ton âme.

— Comment cela, mère ?

— La première chose que tu lieras à ton réveil ce sera toi-même, puisque pour t'habiller, il te faudra lacer ton corset. Tu es perdue, malheureuse. Il me faut aller de suite trouver monsieur le curé et lui demander conseil. Mais, en attendant, va à l'église prier le bon Dieu, car je ne sais trop ce qui nous arrivera.

La jeune fille fort effrayée fit comme sa mère venait de lui dire, tandis que celle-ci allait trouver le curé et lui raconter ce qui était arrivé.

— Oh ! si ce n'est que cela, il n'y a rien à craindre pour votre fille. Au contraire, je suis fort heureux de cela. Ce me sera une excellente occasion de jouer un bon tour au diable. Voici ce qu'il vous faut faire. Votre fille se couchera ce soir comme à l'ordinaire ; rien ne l'empêche même d'aller danser sous les tilleuls de la place avec ses compagnes. Vous placerez une botte de paille déliée près du lit, et, au réveil de votre enfant, vous lui donnerez la paille à lier. Ce sera ce que le diable pourra emporter. Du reste, je serai là avec de l'eau bénite au cas où le démon voudrait se venger d'une façon ou d'une autre du tour qu'on lui aura joué.

La fermière, rentrée chez elle, se mit en devoir de préparer la botte de paille pour le lendemain matin et raconta à son mari ce qui se passait. Celui-ci s'arrachait les cheveux de désespoir, s'accusant tout haut d'avoir vendu sa fille à Satan, et se promettant bien de se corriger de son avarice.

La jeune fille, rassurée par sa mère, alla danser tout l'après-midi, et le soir venu revint et se coucha comme d'habitude. Mais elle ne put dormir de toute la nuit.

Au lever du soleil, le curé arriva à la ferme et se cacha derrière une grande armoire, après avoir mis à sa portée le bénitier et le goupillon. Puis la jeune fille prit la botte de paille, la lia et s'habilla. Le petit homme vert de la veille ne tarda pas à s'introduire par la cheminée dans la chambre de la jeune fermière.

— Eh bien ! je viens chercher ce que tu m'as promis, la belle. Qu'as-tu lié en premier lieu en te levant ?

— Ce que j'ai lié ? Qu'aurais-je lié ?

Le diable se tint prêt à saisir la jeune fille.

— Ce que j'ai lié ? Ah bien, le voici.

Et la jeune fermière montra au diable étonné la botte de paille qu'elle venait de lier.

— Ah ! maudite. C'est ainsi que tu veux me tromper ; tu vas me le payer.

Et ce disant, il allait frapper la jeune fille, quand le curé sortit de sa cachette, le goupillon à la main, et se mit à asperger d'eau bénite le pauvre diable, qui poussait des cris épouvantables.

— Ah ! monsieur Satan, vous vous jouez ainsi de vos promesses. C'est bien ! Criez un peu ; allons, dansez, trémoussez-vous ! Donnez-nous du plaisir à cœur joie ! Fort bien, continuez ! Ah ! ah ! bien !

— Oh ! grâce ! grâce ! jamais je ne reviendrai ; jamais, je vous le promets ; je vous le jure ; je laisserai cette jeune fille en paix... Mais, de grâce, cessez de m'inonder d'eau bénite !

Le curé laissa enfin messire Satan se retirer avec sa botte de paille. On ne le revit jamais.

La jeune fille se maria quelque temps après et vécut fort heureuse. Quant à son père, il tint sa promesse et se débarrassa de l'avarice, le seul vice qu'il eût, à la vérité.

Le bonhomme Misère et son chien Pauvreté

Au carrefour de deux chemins restait, il y a longtemps, bien longtemps, un pauvre forgeron qui vivait tant bien que mal, un jour suivant l'autre, des quelques sous qu'il gagnait à ferrer les chevaux, les mulets et les ânes des voyageurs qui passaient devant sa porte. Il était si malheureux qu'on l'avait nommé bonhomme Misère. Son chien, qui partageait sa mauvaise fortune, avait été appelé Pauvreté. Misère et Pauvreté vivaient bons amis, comme il sied à des malheureux, et si l'on ne pouvait voir Misère sans que Pauvreté suivît, de même quand Pauvreté passait on pouvait se dire : Misère suit.

Pauvreté et Misère en étaient donc là quand un beau jour le bon Dieu et saint Pierre vinrent frapper de bon matin à leur porte. Pauvreté aboya, Misère se réveilla et ouvrit en grommelant aux voyageurs si matineux.

— Bonhomme Misère, dit saint Pierre, mon maître que tu vois désire que tu lui ferres son âne. En auras-tu pour longtemps ?

— Vous venez bien matin, notre maître, mais qu'importe. Vous m'avez l'air de pauvres diables, bonnes gens au fond, et je suis tout à votre service. J'aurai bientôt fait.

Le bonhomme Misère alluma son charbon, souffla le feu et ferra l'âne en une petite demi-heure.

— Voilà qui est fait, notre maître.

— C'est bien, dit le bon Dieu. Combien te dois-je ?

— Je vous ai dit que vous me paraissiez être de pauvres diables – sauf votre respect, notre maître ! – et je ne vous demanderai rien.

— Rien, c'est trop peu.

— Non, allez. Je ne veux accepter que votre bénédiction.

— En ce cas, je veux te récompenser d'une autre façon. Je suis le bon Dieu et mon domestique n'est autre que saint Pierre. Je veux accomplir trois de tes souhaits. Choisis.

Le bonhomme Misère se gratta l'oreille, puis les cheveux, cherchant bien ce qu'il devait demander au bon Dieu.

— Demande d'abord le paradis ! lui souffla saint Pierre.

— Laisse donc ! laisse donc !... Voyons, je demande que... tout ce qui s'assoira dans mon fauteuil ne puisse en sortir sans ma permission.

— Voici qui n'est pas difficile. Accordé. Voyons ton deuxième souhait.

— Demande donc le paradis ! murmura saint Pierre.

Le bonhomme Misère se gratta encore l'oreille, puis les cheveux.

— Mon deuxième souhait est celui-ci : je désire que celui ou ceux qui monteront sur mon noyer ne puissent en descendre sans ma permission.

— C'est bien simple encore. Accordé. A ton dernier souhait.

— Imbécile, n'oublie pas le paradis ! s'écria le saint, portier du paradis.

Mais, sans s'en inquiéter, le forgeron continua :

— Pour mon dernier souhait, je demande que tout ce qui entrera dans ma bourse ne puisse en sortir sans ma permission.

— Décidément il te faut peu de chose pour te contenter. Je t'accorde tout cela. Fais-en bon usage et au revoir.

— Au revoir, au revoir, monsieur le bon Dieu !

— Triple idiot, tu t'en repentiras ! ajouta saint Pierre en aparté.

Le bon Dieu remonta sur son âne, le saint prit le baudet par la bride et ils s'éloignèrent.

Depuis ce jour, ce fut comme un fait exprès, il ne

passa plus que de loin en loin un voyageur par le carrefour, et bientôt le bonhomme Misère se vit à la veille de mourir de faim avec son compagnon Pauvreté, à qui il ne restait plus que les os et la peau.

Le diable eut vent de ce qui se passait et vint un jour frapper à la porte du bonhomme Misère.

— Que veux-tu ? lui demanda ce dernier.

— Bonhomme Misère, je sais que tu n'as pas mangé depuis trois jours et qu'un peu d'argent dans ton escarcelle ne te nuirait pas trop. Je viens t'offrir dix mille écus, à une condition, toutefois...

— Que je te donnerai mon âme ?

— Juste ! Que tu me donneras ton âme dans dix ans, si à cette époque il est impossible pour toi de me rembourser.

— C'est convenu, c'est convenu. Où est l'argent ?

— Le voici. Mais tu jures ?

— Je jure ! dit Misère, qui avait son idée.

Le diable, tout heureux, tira dix mille écus de sa poche et les donna au bonhomme Misère.

— Ah ! ah ! hi ! hi ! faisait le diable en s'éloignant.

— Ah ! ah ! hi ! hi ! faisait le bonhomme Misère.

Pendant dix ans ce dernier mena une joyeuse vie, mangeant bien, buvant beaucoup, régalant ses amis, enfin fréquentant plus le cabaret que l'église. Jamais son chien Pauvreté n'avait fait meilleure chère.

Les dix ans venaient de s'écouler quand le diable revint au carrefour des deux routes pour emmener Misère en enfer. Au grand étonnement du démon, le forgeron était tout joyeux et dansait toutes sortes de pas tout autour de la forge, suivi par Pauvreté, qui aboyait comme un enragé.

— Morbleu ! Misère, tu me sembles bien joyeux !

— Et pourquoi pas ?

— Mais tu as donc dix mille écus à me rendre ?

— Dix mille écus ! Vous rêvez, notre maître ! J'en ai cent à peine. Mais si vous venez pour me chercher, je suis tout disposé à vous suivre au fin fond de l'enfer, s'il le faut. Asseyez-vous un instant dans ce fauteuil et je suis à votre disposition.

Le diable s'assit dans le fauteuil. Et au bout d'un moment :

— Notre maître, venez-vous ? je suis prêt ! dit le forgeron.

Le diable essaya de se lever, mais en vain. Ses efforts furent inutiles.

Sans se presser, le bonhomme Misère prit une grosse barre de fer et se mit à en assener des coups vigoureux sur la tête, sur les épaules, sur le dos du pauvre diable, qui hurlait, jurait et sacrait à faire trembler la maison. A la fin, voyant qu'il ne pouvait sortir de ce maudit fauteuil, le démon pria le forgeron de le laisser aller.

— Me fais-tu remise de ma dette ? Romps-tu le marché ?

— Oui, oui ! mais laisse-moi, je t'en prie !

— Jure-le !

— Je le jure !

— Alors, je te permets de t'en aller.

Le diable, meurtri, s'enfuit par la cheminée de la forge en poussant des gémissements épouvantables.

Un an après, le diable sut que le bonhomme Misère était sans argent. Il vint le retrouver, se promettant bien, à l'échéance, de ne plus s'asseoir sur le fauteuil, et lui donna vingt mille écus aux mêmes conditions que la première fois.

Le bonhomme Misère recommença ses parties de plaisir comme par le passé et, les dix ans écoulés, vit revenir le diable et dix de ses diablotins.

— Eh bien ! Misère, nous partons, cette fois ?

— Oh ! oui ! Qu'y faire ? Je suis tout prêt, partons. Ah ! mais j'oubliais ; j'ai là de bonnes noix sur cet arbre et je serais fort aise de les emporter en enfer.

— Qu'à cela ne tienne, dit le démon. Je vais te les cueillir avec mes diablotins. Ce sera plus vite fait.

Et en un instant le diable et ses compagnons furent sur l'arbre.

Les noix cueillies, les diables voulurent descendre, mais ce leur fut impossible. Le bonhomme Misère courut à sa forge et en revint avec une longue barre de fer pointue. Il piqua le diable et les diablotins tant et si bien que tous poussaient des cris à réveiller des morts.

— Grâce ! grâce ! hurlaient-ils.

Et Misère continuait à les piquer à la ronde.

— Grâce ! grâce ! dit enfin le diable. Je te remets ta dette et je te laisserai en repos. Mais permets-nous de retourner en enfer.

— Tu me le jures ?

— Je te le jure !

Et le forgeron laissa partir le diable et ses compagnons.

Un an était à peine écoulé que le démon revenait proposer trente mille écus au bonhomme Misère, toujours sous les mêmes conditions, Misère prit les trente mille écus, aussi heureux que le diable, qui, cette fois, croyait le tenir.

Au bout des dix ans, ce dernier revint à la maison du bonhomme Misère. Celui-ci l'attendait en fumant sa pipe sur le seuil de la porte. Il se mit à rire en voyant venir le démon.

— Bonjour, Misère. Qu'as-tu donc à rire de la sorte ? Et qu'est-ce que cette bourse que tu tiens à la main ?

— Bonjour, Satan. Je riais en songeant à un vieux radoteur qui, tout à l'heure, me disait que vous pouviez vous faire petit, petit, jusqu'à entrer dans cette bourse.

— C'est donc si difficile ? Ouvre ta bourse et vois.

Et le diable devint tout petit. Le forgeron le prit et l'enferma dans la bourse.

— Eh bien ! vois-tu, dit le diable, que je peux devenir, à ma volonté, si petit qu'il me plaît ?

— C'est fort bien. Mais peux-tu sortir de ma bourse ?

Le diable essaya, mais inutilement. Il s'aperçut qu'encore une fois il était la dupe du forgeron.

— Maintenant, à nous deux, maître Satan. Je veux encore te donner une bonne leçon.

Et, plaçant la bourse sur son enclume, il se mit à frapper dru comme grêle de grands coups de marteau sur le pauvre diable, qui criait et hurlait, comme bien vous le pensez.

— Grâce ! grâce ! et jamais je ne reviendrai. Je te le jure ! Je suis tout en bouillie ! Laisse-moi, laisse-moi !

Le bonhomme Misère, fatigué de frapper sur la bourse, permit au diable de sortir et ne le revit plus le reste de sa vie.

Il était bien vieux lorsqu'il mourut. Son chien Pauvreté mourut le même jour, et voilà Misère et Pauvreté, l'un suivant l'autre, qui prennent la route du paradis.

Ils arrivèrent devant un beau palais, et jugeant que c'était là le paradis, Misère frappa.

— Qui est là ? dit une voix à l'intérieur.

La porte s'entrebâilla, laissant passer la tête de saint Pierre.

— Ah ! c'est toi, Misère ! Va voir plus loin. Tu n'as pas demandé le paradis quand je te l'ai conseillé ; tant pis pour toi !

Misère eut beau prier, supplier, la porte se referma.

— Viens, Pauvreté ; allons voir si nous serons plus heureux dans cette grande maison en brique que j'aperçois là-bas.

Pauvreté prit les devants et Misère suivit.

On arriva à la porte du purgatoire.

— Pan, pan, pan, pan !

Un ange ouvrit la porte.

— Qui es-tu ?

— Je suis le bonhomme Misère et je voudrais une place ici.

— As-tu été voir au paradis ?

— J'en reviens, mais saint Pierre n'a pas voulu me recevoir.

— Attends, alors. Je vais voir si ton nom est sur mon grand livre.

L'ange feuilleta, feuilleta et finit par ne rien trouver.

— Mon pauvre Misère, il te reste à demander une place dans l'enfer. C'est la première route à gauche.

La porte se referma et, piteusement, Misère alla frapper à la porte de l'enfer.

Le diable vint ouvrir. Mais dès qu'il eut reconnu le bonhomme Misère :

— Ah ! c'est toi encore. Tu peux repartir par où tu es venu. Tu serais capable de me jouer encore de tes tours, et je n'y tiens pas du tout. Bon voyage !

Chassé du paradis, du purgatoire et de l'enfer, le bonhomme Misère revint sur terre, où il vit toujours.

Beaucoup l'ont rencontré, suivi de son chien Pauvreté, et beaucoup le rencontreront encore.

Les lutins et les deux bossus

Deux bossus travaillaient comme valets de ferme chez un cultivateur des environs d'Acheux. L'un d'eux fut un jour chargé par son maître d'aller à Albert porter une assez forte somme d'argent au propriétaire de la ferme, qui demeurait dans cette petite ville. Notre bossu plaça l'argent dans un sac et partit pour Albert, où il ne tarda pas à arriver. On le retint à souper et, comme les bossus ont été fort gais de tout temps, on le pria de chanter quelques chansons en buvant une tasse de *flippe*[1]. Le bossu ne se fit pas prier et se mit à chanter. Les tasses de flippe se succédèrent et les chansons aussi, et ce ne fut que vers minuit que le joyeux bossu songea à se retirer pour regagner la ferme. L'heure était bien tardive et le petit homme n'était pas bien hardi ; il prit cependant son courage à deux mains et dit adieu à ses nouveaux amis.

Tant qu'il fut dans les rues d'Albert, tout alla fort bien ; mais une fois dans la campagne la peur lui vint. Qu'avait-il à craindre, au fait ? Il faisait un clair de lune splendide, on n'entendait aucun bruit et les voleurs avaient certainement affaire avec d'autres personnes qu'un pauvre petit bossu sans le sou, retournant au logis. Le bossu se disait tout cela et cependant il n'en était pas plus rassuré.

Pour se donner un peu de courage, le petit bossu entonna d'une voix peu assurée la complainte de *Geneviève de Brabant*. Sa peur se dissipa complètement. Attribuant ce résultat à sa chanson, le petit homme la

1. *Flippe*, boisson faite de cidre, d'eau-de-vie et de sucre que l'on fait chauffer.

termina et, arrivé au dernier couplet, il commença *Malbrough* de sa voix la plus forte. Puis ce fut le tour de *Damon et Henriette*, du *Juif errant*, du *Roi Dagobert et de saint Eloi*, enfin de tout ce qu'il connaissait de chansons et de complaintes. Il put ainsi arriver à l'entrée du bois de Mailly, dans lequel il s'engagea résolument en chantant à tue-tête :

Tout le long du bois
J'embrassai Nanette,
Tout le long du bois
J'l'embrassai trois fois !

Tout à coup il lui sembla entendre de petits appels dans les buissons bordant la route ; il se retourna et vit sortir du taillis une multitude de petits êtres tous plus jolis les uns que les autres et vêtus de charmants petits habits qui leur allaient à ravir.

Tiens ! qu'est-ce donc que cela ? se dit-il ; que me veulent ces tout petits hommes ? Ce sont des lutins, des goblins, sans doute. Si j'en juge par leur mine, ils ne doivent pas être bien méchants ; ils sont trop gentils pour me vouloir aucun mal. Continuons notre chemin et reprenons notre chanson ; je veux montrer aux goblins qu'un bossu peut être aussi courageux que le premier venu.

Et, les deux mains dans les poches de son pantalon, le petit bossu continua sa route en reprenant son refrain :

Tout le long du bois
J'embrassai Nanette,
Tout le long du bois
J'l'embrassai trois fois !

Plusieurs centaines de lutins étaient sortis des buissons et s'étaient mis à suivre le petit bossu dont le chant paraissait les émerveiller.

On arriva ainsi hors du bois de Mailly. Le bossu regarda en arrière et vit les goblins le suivant toujours, mais paraissant se concerter pour quelque chose. L'homme écouta attentivement et voici ce qu'il entendit :

— Oui, on pourrait le lui demander.

— Oui, oui. Qu'on le lui demande ! N'est-ce pas votre avis à tous ?

— Si, si. Mais voudrait-il ? Il chante fort bien et il n'a pas l'air de craindre nos tours de la nuit, c'est certain. Mais danser quelques rondes avec nous et dire notre chanson, ce n'est pas la même chose. S'il allait retrancher un de ces maudits jours de la semaine pour se donner le plaisir de se moquer de nous ! Ce serait terrible : mille ans, mille longues années à passer encore ici !... Qu'importe ! Proposons-lui de danser avec nous, si vous le voulez bien, mes amis.

— C'est cela ! c'est cela ! répétèrent les goblins.

Le bossu vit bien de quoi il s'agissait, mais il ne comprit rien à ces « maudits jours de la semaine » et à ces « mille ans » dont le lutin avait parlé dans son discours à ses amis.

Un beau petit goblin vêtu d'une veste et d'un pantalon de velours violet, et coiffé d'un chapeau à longues plumes de paon, s'approcha du bossu, le salua profondément – ce qui charma le chanteur au plus haut degré – et il lui dit :

— Mon ami, comme nous passions tout à l'heure, errant de-ci de-là par le bois de Mailly, à la recherche de quelque aventure, nous avons entendu tes belles chansons qui nous ont tellement ravis que nous t'avons suivi pour t'écouter. Tu nous parais un fort gai compagnon et mes amis seraient, comme moi, fort enchantés, si tu consentais à finir la nuit dans notre société. Ici près est une grande prairie, l'herbe y est bien verte et toute tapissée de fleurs ; la lune est dans son plein ; nous danserons quelques heures avec toi. Tu n'auras pas à regretter de nous avoir rencontrés, je te l'assure. Es-tu des nôtres, ami ?

— Parbleu ! répondit le petit bossu. Comment ne serais-je pas des vôtres ? Vous ne me connaissez pas encore, sinon vous sauriez que partout où l'on chante et où l'on danse, vous pouvez être assurés de trouver Maître Thomas le Bossu, autrement dit, votre serviteur.

Et Thomas le Bossu accompagna ce dernier mot de sa plus belle révérence.

Pendant toute cette conversation, les lutins s'étaient approchés du bossu jusqu'à l'entourer. Thomas n'était qu'un tout petit bossu, mais il vit avec une évidente satisfaction que le plus grand des goblins lui arrivait à peine au-dessus des genoux.

A peine il eut donné son consentement à la proposition que le chef des lutins venait de lui faire d'une façon si aimable que Thomas se vit prendre les mains par deux des petits êtres, et entraîner vers la prairie voisine.

Le chef se plaça au milieu du pré sur un trône de circonstance fait d'une borne abandonnée, et des musiciens se mirent aux quatre coins du champ après s'être fait des « pipettes » de quelques brins d'herbe.

Le chef donna le signal de la ronde et la danse commença.

Jamais le petit bossu ne s'était senti le pied si léger que cette nuit ; il faisait des pas de toute sorte et des sauts qui émerveillaient ses compagnons.

Les petits yeux des lutins brillaient de plaisir ; on voyait qu'ils ne s'étaient jamais vus à pareille fête. On dansa ainsi assez longtemps. A la fin, le roi des goblins fit un signe et la ronde cessa d'un seul coup. Le chef se leva de son trône et vint inviter le petit bossu à déjeuner avec ses sujets et avec lui-même sur le tapis que leur offrait la prairie. Moitié pour ne pas désobliger les goblins et moitié pour assister au repas de ces êtres bizarres, Thomas accepta l'offre du chef. En un instant, des mets de toute sorte, venus on ne sait d'où, couvrirent l'herbe humide du pré ; les vins les plus exquis et le cidre le plus délicieux remplirent des verres taillés dans le diamant le plus pur, et les lutins se mirent à cette table improvisée en se rapprochant le plus qu'ils pouvaient du bossu pour ne pas perdre une seule de ses paroles.

Mais là encore l'admiration des goblins pour Thomas

le Bossu redoubla quand ils le virent manger l'un après l'autre, et sans se presser, une cinquantaine de plats différents qu'il arrosait de toutes les bouteilles qui se trouvaient à sa portée, et qu'il buvait à même le goulot, ayant trouvé que les verres des lutins étaient d'une capacité dérisoire pour un être humain. Le bruit de cette merveille arriva de proche en proche jusqu'aux rangs les plus éloignés des lutins ; ceux-ci, poussés par la curiosité, laissèrent là leur repas pour aller voir manger le petit Bossu.

Lorsque Thomas eut achevé son repas, l'envie de danser le reprit ; il se releva et s'adressant aux lutins :

— Eh bien ! leur dit-il, ne dansons-nous plus ? On m'a dit que bien souvent il vous arrivait d'accompagner vos rondes de chansons. Pourquoi ne le ferions-nous pas maintenant, mes amis ?

— Il a raison, Thomas ; il a raison. Chantons et dansons !

— Chantons et dansons ! répétèrent à l'envi les petits êtres en quittant leur festin.

Thomas le Bossu prit la main de deux goblins, et la ronde reprit de plus belle :

Lundi, mardi,
Mercredi, jeudi,
Vendredi, samedi,
Et c'est fini !

chantaient les petits hommes en dansant et se trémoussant. Thomas écouta fort attentivement et ne tarda pas à retenir et l'air et les paroles de la chanson des lutins. Quand il en fut arrivé à ce point, il la chanta avec ses amis.

« Mais, diable ! se dit-il tout à coup ; il me semble fort que la semaine des lutins est bien courte. Notre semaine, telle qu'on la compte à Acheux, est bien plus longue. Comptons pour voir : lundi, un ; mardi, deux ; mercredi, trois ; jeudi, quatre ; vendredi, cinq ; samedi, six !... Il leur manque un jour, mais quel est-il ? Ce n'est pas lundi, puisqu'ils disent dans leur chanson :

Lundi, mardi,
Mercredi, jeudi...

Ce n'est pas mardi, ni mercredi, ni jeudi, ni vendredi, ni samedi !... Ah ! j'y suis enfin : c'est dimanche. Pour des lutins et des goblins, ils ne sont pas bien savants !... Ce serait pitié si un dimanche on leur demandait quel jour on se trouve ! Je veux leur apprendre cela, ils le méritent bien. » Et il chanta :

Lundi, mardi,
Mercredi, jeudi,
Vendredi, samedi,
Dimanche, et puis
C'est bien fini.

Tous les lutins s'étaient arrêtés et battaient joyeusement des mains en poussant de grands cris de joie. Le chef s'approcha de Thomas le Bossu :

— En ajoutant le dimanche aux noms des six autres jours de la semaine, lui dit-il, tu nous as délivrés de tous les malheurs et de tous les supplices que nous endurions depuis des milliers d'années, depuis la création des hommes et des lutins. Le Seigneur avait ordonné à l'homme de travailler les six premiers jours de la semaine et de se reposer le septième jour, le dimanche. Pareille recommandation nous fut faite. Tout alla bien pendant quelque temps. Mais un jour que les lutins s'étaient réunis pour une grande chasse, le bon Dieu voulut nous éprouver. Il plaça devant nous un cerf merveilleux qui durant trois jours entiers soutint notre poursuite. Nous ne l'atteignîmes que le dimanche, et sans respect pour la défense que le Seigneur nous avait faite et que nous avions du reste oubliée dans l'ardeur de la chasse, nous tuâmes la pauvre bête. Pour nous punir de notre désobéissance, nous fûmes chassés du Paradis et condamnés à errer sur terre jusqu'à ce qu'un mortel nous rappelât le nom du jour inobservé autrefois par nous. Bien des fois, les vivants se sont mêlés à nos rondes, mais aucun jusqu'à présent n'avait pu achever notre refrain. Tu viens de le faire et nous t'en remercions. Dès ce moment, on ne nous verra plus errer sur cette terre ; notre course est finie et nous allons bientôt retourner au Paradis. Mais nos autres compagnons dispersés ailleurs ne seront pas si heureux ; leur supplice durera longtemps encore !... Mais avant de nous quitter pour toujours, dis-nous ce que tu désires des goblins.

— Ce que je désire ?... Ah ! peu de chose pour vous et beaucoup pour moi : débarrassez-moi de cette bosse qui me rend si ridicule, et je serai le plus heureux des hommes.

Les lutins apportèrent une petite scie et se mirent en devoir d'enlever la bosse de Thomas. Celui-ci ne ressentait aucune souffrance de cette opération qui aurait dû être bien douloureuse.

Bientôt ce fut terminé. Les lutins enlevèrent la bosse et la déposèrent sur le gazon après l'avoir soigneusement placée dans une grande boîte d'argent. Jugez de la joie qu'éprouvait Thomas à se voir débarrassé de sa bosse.

— Ce n'est pas tout, lui dit le chef des goblins, chacun de mes lutins va t'offrir un cadeau ; c'est bien le moins que nous puissions faire pour notre sauveur.

Et chacun des petits êtres apporta son cadeau à Thomas ; ce furent de beaux habits tout neufs, de jolis chapeaux à plumes de paon, de petits sacs remplis de pièces d'or et d'argent, et mille autres choses agréables qui comblaient et au-delà tous les vœux du petit bossu de tout à l'heure. Thomas se confondait en remerciements auprès des petits hommes qui, de leur côté, l'assuraient de toute leur reconnaissance.

On dansa une dernière ronde et les goblins quittèrent Thomas pour aller en Paradis.

Thomas tout joyeux reprit son chemin et ne tarda pas à rentrer à la ferme avec les cadeaux des lutins.

L'autre bossu en le voyant ne pouvait en croire ses yeux. Il interrogea Thomas, qui lui raconta les événements de la nuit.

« Oh ! c'est si facile, pensa l'autre bossu, nommé Pierre. Eh bien ! je me ferai débarrasser de ma bosse. J'irai ce soir à Albert et moi aussi je reviendrai la nuit. »

Vers le soir, Pierre le Bossu prit un bâton et s'en alla à Albert chez un de ses amis qui le retint assez tard. C'était du reste ce que désirait le paysan. Comme Thomas, il n'était guère rassuré à s'aventurer ainsi seul la nuit par la campagne. A chaque buisson d'épines ou de ronces qui se trouvait sur le talus bordant la route, il croyait trouver embusqué quelque brigand ou quelque voleur qui lui ferait un mauvais parti ; le moindre bruit le faisait frissonner et s'arrêter tout court. Il essaya de chanter : sa peur ne fit que s'accroître ; à tout instant, il lui semblait entendre des voix qui, dans le lointain, répondaient à la sienne, des voix de bandits, bien entendu, et ses cheveux se dressaient sur sa tête. Et pourtant il lui fallait chanter s'il voulait attirer l'attention des lutins... Pierre le Bossu continua donc à chanter d'une voix peu assurée, et en s'interrompant cent fois pour le moins, la chanson la plus gaie qu'il avait pu trouver parmi celles à lui connues, la *Chanson des hussards* qui se font servir dans une hôtellerie,

Deux poulets rôtis
Trois pigeons en graisse,

et ce, sans bourse délier. Quand il eut fini, il la recommença, pour la redire un peu plus tard à nouveau. Il arriva ainsi à la sortie du bois de Mailly sans avoir rencontré âme qui vive.

Mais depuis une heure, et sans qu'il s'en doutât, une troupe de goblins, aussi laids que ceux de la veille étaient beaux, le suivaient en écoutant la *Chanson des hussards*.

Notre bossu la répétait pour la septième fois au moins ; aussi les petits hommes n'y tenant plus partirent d'un éclat de rire formidable qu'on eût pu entendre à une lieue de là. Pierre le Bossu se retourna tout effrayé, mais voyant que les rieurs étaient des lutins, le courage lui revint et il attendit ces derniers assez bravement.

Sans dire une parole, celui qui paraissait être le chef des goblins s'approcha du bossu, le prit par la main et l'entraîna dans la prairie. Puis il s'assit sur la borne : des lutins se placèrent aux quatre coins du champ, commencèrent l'air d'une ronde, et la danse commença. Les petits êtres dansaient à cœur joie, entraînant dans leur course folle le pauvre bossu qui bientôt se trouva tout essoufflé et déclara qu'il n'en pouvait plus.

— C'est bien, alors ; nous allons déjeuner ici et nous t'inviterons à prendre part à notre festin, si le cœur t'en dit.

Et le chef des lutins fit servir un repas tel que celui de la veille ; puis on fit le cercle autour de Pierre le Bossu, et chacun fit honneur aux mets aussi abondants que délicieux qui se trouvaient servis sur l'herbe. Malheureusement, le petit bossu avait trop bien soupé à Albert ; il ne put se tirer du festin avec honneur et le vin capiteux des goblins ne tarda pas, en lui dérangeant la cervelle, à lui brouiller complètement les idées. Bientôt le roi des lutins se leva :

— Mon ami, nous avons fort bien dansé tout à l'heure ; il nous faut maintenant faire quelques rondes en nous accompagnant du chant des goblins. Nous comptons sur toi, Pierre le Bossu.

— Comment donc ? Mais, parbleu ! je suis des vôtres, à la vie à la mort ! Je suis prêt à danser, à chanter, à faire tout ce qu'il vous plaira de me commander.

Tout heureux du bon vouloir du petit bossu, les goblins se prirent par la main, formèrent un grand cercle et, entraînant Pierre avec eux, se livrèrent à une ronde inconnue des hommes. A chaque tour, les lutins s'arrêtaient et chantaient :

Dimanche, lundi,
Mardi, mercredi,
Jeudi, vendredi,
Semaine finie.

« Décidément, se dit le bossu, ces lutins ont une

singulière façon de compter les jours de la semaine. Il manque bien des jours à leur calendrier. Mais il me faudrait trouver les jours qu'ils oublient. Cherchons bien. »

Et Pierre chercha ; mais il eut beau se mettre l'esprit à la torture pour trouver les jours manquants, il ne put y parvenir.

« Peut-être, se dit-il, qu'en chantant avec eux, les autres jours me reviendront à l'esprit. »

Et il se mit à chanter :

Dimanche, lundi,
Vendredi, jeudi.
Semaine finie.
Mardi, jeudi,
Dimanche, mercredi.

Troublé par le vin et la danse, il entremêlait les noms des jours de la semaine dans le plus grand désordre.

Les petits êtres poussèrent des cris de rage et voulurent faire un mauvais parti au pauvre bossu.

Leur chef les contint, fit cesser la ronde et dit à Pierre le Bossu :

— Lors de la lutte des bons et des mauvais anges, il arriva que certains lutins ne voulurent prendre parti ni pour les uns ni pour les autres ; et pendant que la guerre était fort ardente dans le ciel, ils continuèrent tranquillement leur genre de vie, courant de tous côtés à la recherche d'aventures ou bien chassant les cerfs ou les autres animaux des forêts. Mais quand le démon eut été vaincu par les bons anges, le Seigneur nous condamna à errer sur la terre jusqu'à ce qu'un être humain vînt nous délivrer en terminant notre refrain des jours de la semaine, car nous sommes de ces lutins. Chaque année, à pareil jour, nous épions les voyageurs des environs et nous les invitons à danser et à chanter avec nous. Personne n'a pu encore finir notre refrain, tandis qu'une autre troupe de goblins, nos frères, a été sauvée hier par un petit bossu qui passait sur cette route. Quant à toi, tu as tellement mêlé les jours de la semaine dans ta chanson que nous ne pourrons en retrouver la place de mille ans d'ici pour le moins. Tu recevras la juste punition des malheurs que tu nous attires. D'abord nous allons te faire un cadeau qui va bien nous divertir.

Le chef des lutins fit un signe et deux goblins apportèrent une belle boîte d'argent ciselé qu'ils déposèrent aux pieds du roi.

« Si c'est ainsi qu'ils pensent me punir, se dit Pierre, les petits hommes se trompent fort ; je les remercie beaucoup de m'offrir un pareil bijou. »

Mais sa joie fut de courte durée, car le lutin, se baissant, ouvrit la boîte et en tira... la bosse enlevée à Thomas ! Le pauvre bossu voulut s'enfuir, mais deux goblins le saisirent, le lièrent en un tour de main et le couchèrent sur le sol après l'avoir déshabillé. Les petits êtres ne se sentaient plus de joie : ils battaient des mains, sautaient et trépignaient d'aise pendant que leur chef plaçait la bosse de Thomas sur la poitrine de Pierre ; cela fait, on détacha le pauvre bossu à demi mort de terreur et de honte. Il est certain qu'auparavant ni après, on ne vit jamais un bossu plus difforme que Pierre à la suite de cette scène.

— Ce n'est pas tout, l'ami, lui dit le goblin, tu vas danser avec nous jusqu'au lever du soleil ; nous voulons qu'on te voie rentrer à la ferme emportant tes deux bosses. Allons, recommençons la ronde !

Et deux des lutins les plus agiles saisirent le bossu par la main et l'entraînèrent dans une ronde vertigineuse. Les lutins faisaient cette fois des sauts de soixante pieds, et Pierre, entraîné par ses compagnons, devait répéter ces mêmes prodiges. Bientôt cette course folle lui devint un supplice intolérable. Il demanda grâce aux goblins : il cria, il pleura, il s'emporta, il implora ; mais les petits êtres n'en sautaient que plus fort et plus haut et la danse continuait plus furieuse que jamais.

Cela dura jusqu'au lever du soleil. Dès que l'astre se montra sur le point de paraître, les lutins s'arrêtèrent, se consultèrent un instant et disparurent en riant et en chantant dans le bois de Mailly.

Le pauvre Pierre était resté étendu sans mouvement sur l'herbe de la prairie.

Ce ne fut que quelques heures après que des paysans à sa recherche le trouvèrent à demi mort dans la prairie, dont l'herbe était toute foulée par les pas des lutins.

Des soins lui furent prodigués et quelques mois plus tard il put reprendre son travail à la ferme. Inutile de dire que jamais depuis ce temps il ne s'avisa de se promener la nuit sur la route d'Albert pour se mêler aux rondes des goblins. Il en avait assez de ses deux bosses. On ne le connut plus à Acheux et aux environs que sous le nom de Pierre Dossu-Bossu[1].

Quant à son compagnon, grâce aux présents des lutins, il vécut fort heureux avec la fille du fermier, qui s'était prise à l'aimer quand elle l'avait vu débarrassé de sa bosse.

1. *Dossu-Bossu*, qui a deux bosses, l'une au dos, et l'autre sur la poitrine.

GASCOGNE

Justin Cénac-Moncaut

Le roi des pâturages

1

Il était autrefois un roi et une reine tout jeunes, tout gentils, et si recherchés en leurs vêtements et mobiliers, qu'ils ne mangeaient que dans de la vaisselle d'argent, ne marchaient que sur des nattes, ou sur le frais gazon en la saison des fleurs. La reine, blanche comme le lis, le roi, frais et coloré comme une rose, auraient craint de devenir aussi noirs que des Maures, s'ils s'étaient exposés au soleil, ou s'ils avaient touché quelque chose sans avoir des mitaines. Ces petits princes de la mignardise, qui criaient *aie* lorsque leurs draps de lit faisaient un pli, et *ach* quand la soupe était plus chaude que de coutume, comptaient déjà six ans de mariage, et ne voyaient jamais venir d'enfant.

La jeune reine, un peu mécontente de cela, parce qu'elle n'avait pas une jolie petite poupée à élever dans le duvet et à couvrir de dentelle, avait déjà fait plusieurs pèlerinages dans l'intention d'être mère, lorsqu'il lui prit fantaisie d'aller, toute seule, dans le grand bois qui entourait le château. Arrivée au bout de l'allée la plus douce à parcourir, à cause de la mousse verte qui couvrait la terre, elle se sentit très fatiguée de cette course extraordinaire, et se coucha sous un lit de fougère, protégé contre le soleil par le feuillage épais d'un hêtre. Pendant le repos arriva le sommeil, et pendant le sommeil, elle rêvait au fils qu'elle n'avait pas et qu'elle demandait à toutes les puissances du ciel et de la terre.

— Mon Dieu ! disait-elle, au milieu du songe, faites que cet enfant vienne bientôt calmer mes ennuis, dissiper ma solitude.

Aussitôt une voix répondit dans le feuillage :

— Tu l'auras, reine Herminette, tu l'auras !

— Il serait possible, s'écria la reine tout endormie. Oh ! faites qu'il soit blanc comme le jasmin, et léger comme un papillon, doux au toucher comme le satin, petit et mignon comme un chardonneret.

— Hi ! hi ! fit dans le feuillage une petite voix qui semblait se moquer de la reine.

— Ho ! ho ! ajouta la voix grave et tout aussi peu respectueuse d'une troisième *kade*[1], qui ne se laissa pas apercevoir.

La reine s'éveilla sur ces hi, hi, et ces ho, ho ; et fort satisfaite de son rêve, elle rentra au palais, en hâtant le pas pour la première fois de sa vie, assure l'histoire ; elle annonça à son mari l'arrivée de l'enfant qu'ils désiraient.

Le roi battit des mains et rit de toutes ses forces : puis, voulant faire partager son contentement à tout le monde, il fit danser ses ministres et les dames de la cour devant son trône.

2

Neuf mois après, la reine était en mal d'enfant, ce qui commença de la peiner un peu, parce qu'elle n'avait jamais supporté la souffrance, et qu'elle n'avait pas songé à cela ; bref, l'enfant parut, et le roi s'empressa de regarder s'il était blanc comme le jasmin, léger et délicat comme un papillon, doux au toucher comme le satin, petit et mignon comme un chardonneret.

Hélas ! quel désenchantement ! le petit gaillard était gros et rouge, les cheveux noirs qui couronnaient son

1. Fée.

front faisaient présager un brun robuste ; il avait la bouche large pour bien manger, la main grande pour bien empoigner, la jambe forte pour bien courir.

Le roi Blondin fit un peu la grimace à la vue de ce produit, qui répondait si peu à la distinction délicate de ce qu'il attendait ; puis, se souvenant que la reine avait eu le premier songe de grossesse dans un bois, il sentit son visage s'allonger et de singuliers soupçons lui troubler la cervelle. Pendant un mois, il ne rêva que de charbonniers audacieux et de bergers téméraires.

L'homme parvient à la longue à se consoler de tout : le roi Blondin songea que l'enfant s'arrangerait en prenant de l'âge, que sa jambe deviendrait petite, sa bouche étroite, sa peau fine et blanche, sa chevelure blonde et lisse. Cet espoir fut complètement partagé par la reine Herminette. Afin d'arriver à ce point, la nourrice eut ordre de le laver à tout instant avec fine savonnette et onctueuse pommade, de couper ses ongles, de bien serrer ses pieds et ses mains, pour ne plus leur permettre de grandir.

Mais baste ! les petites fées invisibles, qui avaient crié hi ! hi ! et ho ! ho ! dans la forêt, prirent plaisir à déranger ces calculs. L'enfant grandit, sa main et son pied grossirent en proportion, sa chevelure devint dure et raide, sa peau brune, sa physionomie mutine, comme celle d'un vrai diable au corps... A six mois, il se levait sur son berceau, et poussait des cris rauques... A douze il mordait sa nourrice, quand il ne trouvait pas assez de lait, et donnait un soufflet à son père, s'il se permettait de l'embrasser en faisant la moue. Arrivé à dix ou douze ans, il se montra si turbulent et si taquin, il remuait si dru la canne de son père, cassait, déchirait si bien la quenouille et la robe de sa nourrice, la vaisselle et les nappes du palais, que le roi finit par entrer en fureur. Il jura tout haut que cet être grossier ne pouvait être son fils ; la reine partagea ses soupçons, déclara que ce petit tapageur ne pouvait être son ouvrage, qu'on avait dû le lui changer à la nourrice. Reine et roi déclarèrent qu'un tel monstre était indigne de porter leur nom, d'habiter le palais ; et, par un beau décret royal, on l'envoya garder les pourceaux sur la montagne.

Gentillas ne se le fit pas dire deux fois... *Gentil* était le nom qu'on lui avait donné dès sa naissance ; *as* était l'augmentatif de mauvais augure qu'on y avait ajouté, quand on l'avait vu si grossier et si laid... Il s'élança tout pieds nus dans la cour du château, prit le gros bâton noueux du porcher, le sarrau d'un valet de labour, et courut en soufflant gaiement dans la corne mener les pourceaux dans les hauts pâturages.

Les gens du palais oublièrent vite l'exilé : on est si pressé de rompre avec les mauvaises connaissances, qui peuvent nuire aux gens de bonne compagnie... Gentillas le leur rendit bien ; il oublia tout aussitôt le palais et ses tapis, les courtisans désœuvrés et leurs habits cousus d'or... Les sabots aux pieds, la cape sur l'épaule, le bâton ferré à la main, la corne à la ceinture, il prenait plaisir à respirer le brouillard du matin, à grimper sur les arbres, et chantait de là comme un oiseau du haut d'un buisson. Les éclats de sa gaieté heureuse remplissaient la montagne ; on ne parla bientôt, dans le pâturage, que du prince Gentillas, agile à la course, fort à la lutte, adroit à la chasse, et fort habile dans les soins des troupeaux.

3

Heureux d'être débarrassés d'un être indigne, que la reine et le roi ne pouvaient prendre pour leur fils, ceux-ci recommencèrent leurs prières au ciel, leurs supplications aux fées, afin d'avoir un enfant qui répondît à tous leurs souhaits, un enfant blanc comme le jasmin, léger comme un papillon, doux au toucher comme le satin, délicat et mignon comme un chardonneret.

Le ciel les écouta tout de bon cette fois. Aucune fée maligne ne se permit de hi ! hi ! ou de ho ! ho ! ricaneur. La reine Herminette eut un fils exactement taillé sur le modèle du petit chef-d'œuvre qu'elle voyait en rêve. On l'appela *le prince merveilleux*... Jamais poupée plus gentille que ce prodige de blancheur et de délicatesse ; ses mains et ses pieds étaient petits à faire plaisir aux gens qui aiment les nains ; sa tête n'était pas plus grosse qu'une pomme.

Il grandit un peu, toutefois, et finit par atteindre, à dix-huit ans, la taille d'un enfant de huit. Sa voix resta flûtée : on eût dit d'un oiseau ; sa barbe resta blonde, rare et soyeuse. Mais aussi, que de soins et de prévoyance ! Défense absolue de marcher, crainte de se durcir la peau des pieds et de se fatiguer les jambes : même défense de rien toucher avec les mains, afin de ne les point noircir. Après une telle réussite en leurs désirs, comment ne pas chercher à perpétuer une race aussi remarquable ?

Un roi du voisinage venait d'être détrôné : il laissait une reine veuve et trois filles sans douaire et sans dot ; mais la beauté reste souvent fidèle à l'infortune. Ces trois filles étaient fort jolies, et capables d'aider puissamment le prince à perpétuer la race des merveilleux.

La reine Herminette et le roi Blondin choisissent la plus belle, qui se trouvait être l'aînée... Sans consulter les goûts de la pauvrette, on la conduit à l'autel, on place sa main dans celle du jeune prince, et le prêtre les unit, *in nomine Domini*...

L'époux était enchanté ! lui qui n'avait fait qu'habiller des pantins, poursuivre des papillons, caresser des oiseaux dans leur cage, il allait avoir une grande poupée vêtue de soie, et qui lui parlerait ; une tourterelle qui viendrait à lui, au lieu de fuir dans les bois... Dieu ! qu'il allait être un heureux prince ! les fêtes du mariage furent superbes et très bruyantes. Tant de gens se figurent que le bonheur accourt au tapage qu'ils font. Le soir venu, on conduit les époux dans la chambre nuptiale, au son du fifre et du tambourin.

La musique cesse, le palais rentre dans un calme solennel... Au milieu de la nuit, la reine Herminette, qui couchait non loin de son fils, se sent réveillée par ces cris :

— Mère, la princesse Doucette pleure.

— Eh bien ! répond la reine, console-la, mon fils.

Le prince s'assied sur le lit, et, remuant ses doigts devant ses lèvres, il produit le bruit de *brrrrum brrrrum*, que les nourrices font aux petits enfants au berceau, pour les distraire de la colique ou du mal aux dents.

A cette étrange consolation, la pauvre Doucette se met à pleurer si fort que la reine entend ses sanglots à travers la cloison.

— Mère, dit le prince ; Doucette pleure encore davantage.

— Console-la, mon fils ! c'est à toi qu'il appartient de la consoler.

Le prince se lève, prend une guimbarde dans sa pochette et se met à jouer devant la princesse un petit fron fron, sur l'air de la complainte de Geneviève de Brabant.

La princesse, irritée de ce dernier témoignage d'inaptitude, se tourne vers la ruelle et fait semblant de dormir. Le prince, croyant l'avoir tout à fait consolée, se met à dormir sérieusement du meilleur somme. Ainsi se passa la nuit de noces.

Le lendemain, quand le prince se réveilla, il ne trouva plus Doucette près de lui ; elle avait quitté tout doucettement la chambre nuptiale à la faveur de l'obscurité et du sommeil profond de son mari. (Il arrive toujours malheur à ceux qui dorment trop fort en ces circonstances...) Elle s'était enfoncée dans les forêts, où l'attendaient d'autres aventures.

Quant au prince, très désolé d'avoir perdu sa femme, il pria sa mère de lui en choisir une seconde, ce que la reine s'empressa de faire, pour ne point laisser périr la race des merveilleux. Elle fit choix de la sœur de Doucette, belle et jolie personne, sans dot, mais fort éprise du titre de princesse, et prête à accepter un petit chien pour mari, si le petit chien devait la mettre un jour sur le trône. Elle prit donc la place de sa sœur, avec une joie à nulle autre pareille ; mais, au retour de l'église, elle embrassa le prince avec tant de force, pour lui témoigner son contentement, que le pauvre petit époux mourut étouffé dans ses bras.

A cet affreux accident, le palais se remplit de lamentations et de larmes : on avait perdu le plus gentil des princes, la plus accomplie des petites créatures. Les médecins essayèrent d'adoucir les regrets de la reine et du roi, en leur assurant que le feu prince était trop délicat pour se marier, trop bon pour gouverner ses sujets, trop gentil enfin pour pouvoir vivre. Ces considérations les consolèrent assez peu. Ce qui les consola bien moins encore, ce fut l'invasion du roi Gorgu, leur voisin, qui détrôna le roi Blondin et la reine Herminette, et réunit leur royaume à ses Etats. Cette conquête ne lui coûta pas beaucoup de peine. Le roi Blondin ne s'était jamais procuré d'armée, afin de ne pas avoir la fatigue du commandement, et il était trop timoré pour oser faire résistance à celui qui se présentait le sabre hors du fourreau.

4

Que faire ? Que devenir après la défaite ?... Suivis de quelques serviteurs fidèles, qui portaient des provisions de bouche et des manteaux pour les préserver de la faim et du froid, les souverains détrônés s'aventurèrent dans la forêt, espérant trouver un hospice, un monastère, où l'on voudrait bien donner l'hospitalité au roi Blondin et à la reine Herminette.

La nuit approchait et l'on n'avait pas découvert un asile. Tout à coup, on entend la corne d'un porcher... Un affreux concert de grognements trouble les échos de la montagne. La reine et le roi ont peur... Néanmoins, sur l'avis des serviteurs, qui ne voulaient pas coucher à la belle étoile, par le temps de brouillard qui se préparait, on se rapprocha du point où le bruit redoublait, dans l'espoir de trouver la maison d'un porcher, qui pourrait servir de gîte... On avance ; le chemin est horrible : fondrières par-ci, cascades bruyantes par-là, rochers prêts à crouler et cavernes avides de vous engloutir ! On marche encore, et toujours des rochers et des bois ; pas un point de terre cultivée, pas un champ, pas une langue de prairie.

— Que les bergers de ce pays doivent être malheureux et tristes ! dit la reine... Ceci bien sûr est le lieu de châtiment où Dieu précipite les coupables condamnés au purgatoire. Le bruit qui s'est fait entendre n'est pas le grognement des pourceaux, mais le gémissement des infortunés qui brûlent dans les flammes.

Ils arrivèrent, tant bien que mal, près d'une vaste grange, faite de terre et de gazon ; des pourceaux nombreux s'y précipitaient pêle-mêle ; le porcher et la porchère venaient à la suite.

— Juste Dieu ! s'écrie le roi, se peut-il qu'un homme habite dans une masure semblable ! Quel crime doit-il avoir commis, pour être condamné à vivre dans une espèce de caverne, où l'on ne doit que gémir et pleurer.

A peine avait-il ainsi parlé, qu'il entendit de grands éclats de rire ; puis des voix joyeuses et fraîches entonnèrent une chanson d'amour :

Nous avons gravi la montagne et traversé les noirs sapins ! mes agneaux ont eu peur de l'aigle.

Tes pourceaux ont eu peur de l'ours, mais j'ai vu l'ours sans le craindre, parce que tu étais près de moi.

Nous avons traversé la neige, j'ai vu le soleil de bien près, la neige ne m'a point paru blanche, habitué que je suis à te voir ; le soleil ne m'a pas ébloui, habitué que je suis aux flammes de tes yeux.

La reine et le roi croyaient rêver : ils marchent plus résolument vers la cabane, et arrivent près du porcher et de sa femme.

— Qui êtes-vous ? demande la reine Herminette, ô vous qui trouvez la force de chanter dans cet horrible séjour.

— Je suis le roi des pâturages, le maître de ces trois cents pourceaux.

— Homme grossier, qui vivez dans cette compagnie hideuse, qui vous donne le courage de supporter une vie si misérable ?

— Ma vie n'est point misérable, car mon bras manie vigoureusement le bâton et la hache : je sais combattre l'ours et le loup, et protéger mon troupeau. Mon pied solide, ma jambe robuste gravissent la montagne au trot, et la descendent à la course... Quand je chante ou crie, ma voix ébranle la forêt entière. Ah ne me plaignez pas ! On me nomme le roi des pâturages, et j'y règne véritablement ; car j'y suis aimé des bons et redouté des méchants.

— Et vous, malheureuse femme, qui paraissez gentille et bonne, reprit le roi Blondin ; quel lien vous attache à cet affreux séjour, quel esclavage vous enchaîne à cet homme à demi sauvage ?

— Le plus solide de tous : l'amour ; le plus charmant qui soit au monde : le bonheur partagé ! L'amour embellit le désert le plus sombre de l'image de l'objet aimé ; il impose aux glaces et aux orages la chaude température de la vie aimante... Mariée jadis à un principicule qui n'avait à m'offrir pour joie terrestre que celle d'un oiseau mis en cage, auquel on enseigne un air à siffler, je pris la fuite loin de cette poupée musicienne.

— Qu'entends-je ? hélas ! s'écria la reine Herminette, qui reconnut la voix de la princesse Doucette.

Celle-ci poursuivit :

— Seule, abandonnée sur la terre, je m'enfonçai dans cette forêt... A la place des bêtes féroces que je redoutais, je rencontrai un homme qui m'offrait un bras fort pour m'appuyer dans ma route, un cœur ardent et bon pour m'aimer, un courage qui se faisait respecter et craindre ; il n'était point beau de visage, et n'avait rien de la gentillesse efféminée qu'on admire à la ville ; mais la vaillance est la plus précieuse qualité de l'homme, et je le chéris comme il me chérit.

— Le porcher avait fui comme elle les palais où n'habitent plus les hommes véritables, reprit le roi des pâturages ; on n'y voit que des images d'autel, chamarrées de soie, qui ne savent ni se faire redouter ni se défendre. Je quittai ce séjour efféminé, pour respirer l'air de la montagne et mener l'existence agitée du berger chasseur. Ne me plaignez donc pas, j'échangeai la royauté conventionnelle de là-bas contre la royauté réelle d'ici-haut.

— Est-il possible ! s'écria le roi Blondin... N'est-ce pas le prince Gentillas que je vois ; n'est-ce pas mon fils que je retrouve ?

— Oui, c'est votre fils méconnu, votre fils chassé d'auprès de vous.

Le malheur a de grands privilèges, il change rapidement les idées : il fait aimer ce qu'on détestait, mépriser ce qu'on avait estimé... La reine et le roi, loin de leur palais, privés de leurs Etats, sans appui, trouvèrent la force d'embrasser ce gros visage barbu, de prendre dans leurs bras ce porcher robuste et grossièrement habillé, qui savait manier la hache, le bâton, et se faire craindre dans la montagne : ils lui racontèrent la mort du joli petit prince Merveilleux, l'invasion du roi Gorgu, leur ennemi, et la perte de leur royaume.

Gentillas entra dans une grande indignation et sonna

de la trompe. A cet appel, tous les bergers du pâturage accoururent : il leur fit connaître les malheurs de son père, se mit à leur tête, et conduisit cette armée, petite mais vaillante, à la conquête du royaume. Il défit et tua, dès la première bataille, le méchant roi Gorgu, et rétablit son père et sa mère sur le trône. Ils voulaient retenir auprès d'eux ce généreux libérateur ; lui les remercia de leur bonté tardive, et regagna les pâturages avec la princesse Doucette.

— Je reviens dans la montagne, dit-il au roi Blondin ; mais, au premier signal de détresse, je volerai à votre secours.

— O mon fils, que pourrions-nous faire pour reconnaître un si grand bienfait ?

— Ne plus tant estimer les gentillesses efféminées, qui ne servent à rien, les petites singeries délicates, qui ne sont pas plus utiles. Rappelez-vous que Dieu est grand parce que Dieu est fort, et que rien n'égale l'homme qui met au service de son amitié généreuse un bras robuste et une âme sans crainte ; celui-là possède la puissance et le bonheur durable ; il a l'amour d'une femme aimée et l'estime respectueuse de tous les hommes... Régnez en paix sur le trône que je vous ai rendu, mon père. Quand vous ne serez plus, le roi des pâturages descendra vers le palais, et les héritiers du roi Gorgu se garderont bien de lui chercher querelle.

Il regagna la montagne, et Doucette continua d'être heureuse dans la solitude ; car elle était aimée de celui qu'on redoutait.

Le coffret de la princesse

Ma grand-mère me disait souvent : « Vous gagnerez toujours quelque chose à paraître plus fin que vous n'êtes, plus fin que les autres ne sont ; et si tant de finesse vous trouble un peu la conscience, elle arrangera du moins vos petits intérêts. » Tant et tant elle me le répéta, que je finis par comprendre le sens du vieux conte que l'on va lire.

Il y avait une fois un roi de Gascogne qui n'avait qu'une fille, mais une fille si belle, qu'elle ne pouvait se mirer à une fontaine sans transformer l'eau en cristal d'argent. Un jour qu'elle se rendait à une fête avec son père, couverte de ses vêtements les plus beaux, elle aperçut, à son grand effroi, sur la bordure dorée de son corsage, un insecte inconnu dans les palais, et dont la vue lui fit pousser un cri d'épouvante... Cet insecte, ne vous scandalisez pas, ô vous qui m'écoutez, n'était autre qu'une punaise !... Le premier sentiment de répulsion apaisé, la princesse se prit d'un bel accès de curiosité pour cet animal extraordinaire ; malgré les observations du roi, elle l'enferma soigneusement dans un coffret d'ivoire, et le mit à l'engrais avec les soins les plus attentifs.

La punaise, traitée d'une façon si peu commune, goûta fort cette façon de vivre, et répondit si bien aux attentions de sa maîtresse, qu'en peu de jours elle doubla de volume ; elle finit par acquérir un si haut degré d'embonpoint, qu'à la fin de l'année elle remplissait le coffret tout entier, et terminait cette carrière grossissante en mourant d'un gras fondu...

La princesse, inconsolable, ne veut pas se séparer de

cette dépouille mortelle ; sur l'avis de son père, elle emploie sa peau à faire recouvrir son coffret d'ivoire, afin de l'avoir constamment sous les yeux ; et, pour donner à cette relique un rôle plus important, il est décidé que le roi n'accordera la main de sa fille qu'au gentilhomme habile qui devinera à quel animal cette peau tannée peut appartenir.

Cette condition, publiée à son de trompe dans le royaume tout entier, fit accourir une foule de beaux et riches chevaliers, fort désireux de trouver le nom de la bête extraordinaire ; mais la plupart usèrent inutilement leurs bésicles à étudier la peau soumise à leur examen. Ils furent obligés de se retirer comme ils étaient venus, et de renoncer à la main de la belle princesse...

Un dernier prétendant part enfin de ses domaines, et se dirige vers le palais. Il provoquait la surprise générale sur son passage, car il marchait seul, accompagné de cinq chevaux sellés et bridés.

Le chevalier Montgausy allait tenter fortune ; il n'était pas seul à faire ce métier-là, fort en honneur dans le pays de Gascogne ; après avoir fait quelques lieues sans rencontre notable, il aperçut un individu, assis sur le bord du chemin, à l'ombre d'un chêne, et qui semblait attendre quelque chose. Aussitôt qu'il aperçut Montgausy, il parut se dire : Ah bon ! en voici un !... Il se couche à plat ventre sur le gazon, et met son oreille contre le sol, de manière à écouter le bruit qui se fait au centre de la terre.

Nous gagnons toujours quelque chose à paraître plus fin que nos pareils, me disait ma grand-mère, et ma grand-mère avait raison.

— Que fais-tu là, compère ? demande le cavalier aux cinq montures.

— J'écoute ce que disent les gens de l'autre monde.

— Les gens de l'autre monde ! mon garçon, et tu peux entendre quelque chose à ces grandes distances ?

— Certainement, monseigneur ! je suis même assez satisfait du résultat.

— Tu dois avoir l'oreille bonne, compère !... Veux-tu m'accompagner dans mon voyage ?... Monte sur un de ces chevaux qui attendent leur écuyer ; peut-être pourras-tu me seconder dans mon entreprise ?

L'homme aux fines oreilles ne se le fait pas répéter ; il s'élance sur un cheval, et le jeune seigneur poursuit sa route moins solitaire.

C'était le jour aux aventures ; plus d'un flâneur en quête de bonnes rencontres était à la chasse des passants. Au bout de quelques pas, le chevalier Montgausy aperçoit un braconnier, nonchalamment couché près de son chien endormi ; il bâillait vers le ciel, et semblait faire la chasse à tout autre chose qu'aux bécasses... A la vue du chevalier Montgausy, de ses chevaux, de son valet, il se dresse sur ses pieds, et se mettant à l'affût derrière une haie, il vise du côté du nord, et tire un premier coup...

— A toi, *Patou*, dit-il à son chien ; le chien part à la quête du gibier... le chasseur ajuste du côté du sud et tire encore...

Puis, se tournant vers le couchant, il lâche un autre coup, prenant à peine le temps de recharger son arme... A quoi donc tirait-il ? Le chevalier Montgausy ne voyait pas l'ombre d'un lièvre ou d'une caille.

— Que faites-vous là, mon ami ? lui demande le gentilhomme...

— Je tire aux oiseaux qui voltigent au sommet des collines, monseigneur !

— Au sommet des collines... vous perdez la tête, mon pauvre homme ; vous ne distingueriez pas un bœuf à cette distance.

— C'est que j'ai bonne vue, monsieur ! et, mettant en joue de nouveau, il tire et siffle son chien, afin qu'il aille chercher la pièce frappée par la charge meurtrière.

— Vous allez voir, monsieur !... le roitelet est tombé dans le fourré qui couronne le bout du puy ; mon *Patou* va le rapporter à l'instant...

— Vos yeux sont donc meilleurs que ceux du milan et de l'épervier.

— C'est là ma supériorité sur les autres chasseurs... Eux sont obligés d'attendre l'approche du gibier ; moi j'aperçois toujours quelque tête, dans le rayon de deux à trois lieues. Et bien m'en prend, monseigneur, je n'ai d'autre chose à manger que le produit de ma chasse.

J'ai ouï dire à ma grand-mère qu'on gagnait toujours quelque chose à paraître plus fin qu'on ne l'est.

Le chevalier Montgausy regarde le chasseur avec admiration et surprise.

— Ne voudriez-vous pas m'accompagner dans mon voyage ? lui dit-il ; vos services pourraient m'être utiles. Montez sur un de ces chevaux, vous aurez autre chose à manger que des lapins.

Le bon tireur n'en demandait pas davantage ; il s'élance à cheval, et chemine à côté de *Jean-Fine-Oreille*.

Ils n'avaient pas fait cinquante pas lorsque, traversant une bruyère, ils rencontrèrent un jeune paysan assis sur un tertre et occupé à raccommoder sa veste en lambeaux. A la vue de la belle compagnie qui traversait la bruyère, il ne désespéra pas de pouvoir se procurer gratis un pourpoint un peu moins piteux que celui qu'il radoubait. Il quitte son travail, se met à garnir ses poches de cailloux, place un fagot de bois sur son cou, et se lance à travers les bruyères.

— Holà ! hé !... qui te fait courir ainsi, les poches remplies de pierres et les épaules chargées de bois ? lui crie le chevalier Montgausy.

— Silence, attendez un instant, je cours après le lièvre, monseigneur.

— C'est ainsi que tu fais la chasse au quadrupède le plus fin coureur du monde ?

— Je n'en ai pris que trois ce matin ; mais il est encore de bonne heure, j'espère compléter la douzaine avant la nuit.

— Et tu fais tes préparatifs de chien-lévrier en te chargeant de pierres et de fagots ?

— C'est par prudence, monseigneur ! je suis tellement emporté dans ma course, que je serais toujours au-devant du lièvre, et ne pourrais jamais lui mettre la main dessus, si je ne modérais ma rapidité, en me donnant le surpoids que vous voyez.

— Peste ! l'ami, quelle paire de jambes à ton service !... Monte sur ce troisième cheval ; je pourrai mettre à l'épreuve tes merveilleuses dispositions. Si je réussis, tu n'auras pas à te plaindre de ma reconnaissance.

— Ah ! monseigneur, aussitôt que j'aurai raccommodé mon pourpoint, je serai tout à votre service.

— Laisse là ta guenille, tu ne manqueras pas de bons habits neufs et galonnés dans le château du chevalier Montgausy.

Le fin coureur se hâte d'endosser un excellent justaucorps vert, que le gentilhomme tire de sa valise ; il monte sur un beau cheval, en compagnie de *Jean-Fine-Oreille*, de *Bernard-Bon-Œil*, et nos hommes continuent leur marche.

Au moment où les voyageurs traversaient un bois à haute futaie, ils rencontrèrent un flâneur aux larges épaules, qui portait une besace, et paraissait mendier. A la vue de la noble chevauchée, le quidam réfléchit : tendre la main, c'était courir la chance de recevoir deux liards et tout au plus un sol... Il prit une autre résolution. Jetant le bâton et la besace, il grimpe sur un chêne à la façon d'un chat... Ne vous ai-je pas déjà dit qu'on gagnait toujours quelque chose à jouer la finesse ?

— Que fais-tu là, mon compère ? demande le chevalier.

— Je monte sur cet arbre, afin de le ployer jusqu'à terre et de le tordre comme une branche de saussaie. Puis je mettrai toute la forêt en fagot. Ce chêne tordu me servira à lier les autres.

— Il serait possible...

— Vous allez voir, monseigneur.

— Je n'ai pas le temps d'attendre, et préfère t'en croire sur parole... Peut-être trouverai-je l'occasion d'employer utilement tes muscles et tes bras *dans mon entreprise*... ami *Samson-Taureau*, monte sur ce quatrième cheval ; si tu as la complaisance de me suivre, nous serons satisfaits l'un de l'autre...

Le bûcheron se garda bien de refuser... Les cinq chevaux avaient chacun leur cavalier ; la compagnie atteignit le palais du roi de Gascogne, et le gentilhomme obtint bientôt la faveur d'examiner la fameuse peau du coffret d'ivoire ; mais le secours de *Jean-Fine-Oreille* et de *Bernard-Bon-Œil* ne lui donna pas assez de perspicacité pour désigner l'animal qui avait produit cette étrange couverture. Le soir même de son arrivée, le roi le priait de regagner la porte, et la princesse, qui ne le trouvait pas trop vilain garçon, passait la nuit suivante à soupirer.

Au moment où le chevalier allait franchir la funeste frontière, *Jean-Fine-Oreille* pousse un *chut !* d'espérance, et fait arrêter la compagnie.

— Monseigneur, nous tenons la victoire !... J'ai entendu le roi dire à sa fille :

« Sont-ils bêtes ! ces étrangers-là... Cinq hommes, qui se croient les plus fameux de la Gascogne, ne savent pas deviner que la couverture de ton coffret est la peau d'une punaise engraissée !... »

— Il serait possible ! répartit Montgausy ; revenons en arrière : la belle princesse est à moi !

Un instant après, ils rentraient tous au palais, *Jean-Fine-Oreille* justifiait son surnom à bon marché, il avait écouté aux portes.

— Sire, dit le gentilhomme au roi, je viens chercher la main de la belle princesse.

— De quel droit ? demande le roi de Gascogne.

— Du droit que me donne ma découverte. Le coffret de votre fille a pour couverture la peau d'une punaise engraissée.

Le roi resta stupéfait, mais il ne s'avoua pas entièrement vaincu.

— Tu as raison, mon gentilhomme ! la main de ma

fille est à toi, pourvu qu'il soit prouvé que des liens de parenté ne rendent pas ce mariage impossible...

Le monarque avait eu ses raisons pour faire dépendre le mariage de la découverte d'une énigme qu'il croyait insoluble. La jeune princesse possédait la moitié du royaume, du chef de feu sa mère ; le père, non moins avare qu'orgueilleux, faisait tous ses efforts pour ne pas entamer ses domaines, par une constitution dotale.

Dans ce projet, aussi peu louable qu'un grand nombre de ceux qui se combinent chez les monarques, le roi de Gascogne avait saisi avec avidité l'idée de soumettre ses prétendus gendres à une épreuve qu'il estimait redoutable. Retranché derrière sa peau d'insecte tannée, il croyait avoir placé ses provinces à l'abri de toute atteinte, et la main de sa fille hors de portée, à l'égard de tous les prétendants.

Le gouverneur du royaume, autre tête grise, tout aussi intéressé que le sire son maître à ne pas diminuer les revenus des administrateurs, avait poussé plus loin ses précautions. Dans la crainte que le gentilhomme aux cinq chevaux ne découvrît la provenance de la peau du coffret, il avait préparé deux empêchements à son mariage avec la princesse pour raison de parenté... Aussitôt que le mystère eut été découvert, et la main de la princesse conquise, il s'empressa de faire connaître la cause qui s'opposait à la célébration des noces.

— Nous demanderons la dispense à Rome, répondit le chevalier.

— Nous la demanderons, ajouta le monarque, d'un air bonhomme et sincère, car il n'osait pas donner ouvertement un refus.

Aussitôt il charge le gouverneur d'écrire une lettre au pape ; mais, loin de renfermer une demande de dispense, cette lettre priait le Saint-Père de refuser tout consentement... Le chevalier comprit la ruse, grâce au secours de *Jean-Fine-Oreille,* qui conservait la bonne habitude d'écouter aux portes. Il voulut envoyer un commissaire particulier à notre Saint-Père, et ce fut

Simon-Lévrier qu'il chargea de ce message important. Il avait affaire à forte partie ; le roi avait déjà mis en route un pigeon des plus fins coureurs. Qu'importe ! le gentilhomme fait poster *Bernard-Bon-Œil* sur son passage. Dès que le pigeon est en vue, un coup de fronde le renverse mort, sans faire de bruit, et *Simon-Lévrier* arrive seul dans la ville de Rome. Le pape, ne recevant qu'une demande, accorde la dispense sans difficulté. *Simon-Lévrier* la rapporte à son maître, et le vieux roi, faisant un peu la grimace, est obligé de s'avouer vaincu.

Le croirait-on ! l'avarice et l'orgueil tentèrent un dernier effort, afin de ne pas céder la moitié du royaume.

— La main de ma fille t'appartient, dit le roi au gentilhomme vainqueur ; mais ne pourrais-je la racheter à prix comptant ?... Combien d'argent exigerais-tu, pour renoncer à tes droits sur elle ?

— Tout celui que cet homme-là pourra porter ! et le gentilhomme désignait *Samson-Taureau*, le tordeur d'arbres...

Le roi se croit sauvé... la charge d'un seul individu... trois milliers d'écus tout au plus. Il en danse de joie avec le gouverneur. Pendant qu'il va chercher l'argent, *Samson-Taureau* se rend dans la forêt voisine, et, muni d'une très longue corde, il s'amuse à la passer autour d'une centaine de gros arbres, comme s'il eût voulu les mettre en fagots... Le roi revient avec son ministre.

— Que fait là cet homme ? demande-t-il au chevalier...

— Il va couper tous ces arbres, pour se chauffer ce soir ; il les lie par avance, afin de n'avoir qu'à les mettre sur ses épaules, pour les porter ici, dès qu'ils seront abattus.

Le ministre regarde le roi, le roi regarde son ministre... Ce jeu de géant les stupéfie... Quelle somme ne faudrait-il pas pour former une bourse proportionnée à la force de cet être extraordinaire !...

— Par saint Crésus ! dit le ministre avec épouvante, arrêtons-nous, mon roi ; cet homme serait capable d'emporter l'arche de Noé : il ne laisserait pas une once d'or dans votre royaume ! Hâtez-vous d'accorder la main de votre fille ; son rachat vous coûterait tous vos domaines ; il ne vous resterait plus de quoi vous nourrir honorablement avec votre favori.

Le roi de Gascogne se rendit aux bonnes raisons du gouverneur ; il donna sa fille au gentilhomme avec la moitié de ses Etats, et les quatre serviteurs du jeune époux devinrent ses premiers conseillers, ce qui fit qu'aucun royaume des environs ne fut aussi bien administré que celui-là... Quel est celui qui peut se vanter, en effet, d'avoir un ministre qui entend tout comme *Jean-Fine-Oreille*, un autre qui voit tout et vise toujours juste comme *Bernard-Bon-Œil* ? Il serait plus facile d'en trouver d'aussi forts que *Samson-Taureau*, et d'aussi bons coureurs que *Simon-Lévrier*, quand il s'agit d'emporter l'argent des taillables et de se soustraire aux réclamations de ceux qu'ils ont dépouillés... On assure qu'ils ne se réunissaient jamais en conseil sans répéter comme mes grands-parents : « Dites-vous toujours plus fins que vous n'êtes, plus fins qu'homme du monde n'a jamais été ; on finira par en croire quelque chose, et vous deviendrez des personnages très importants. »

Le maréchal-ferrant de Barbaste

1

Il y avait une fois un roi et une reine à qui le ciel n'avait donné pour enfant qu'une fille assez délicate, qui perdit sa mère étant encore au berceau.

— Quel malheur, disait le roi, d'être réduit à n'avoir qu'une fille !

— Quel bonheur ! pensaient les sujets, qui ne sont pas toujours de l'avis de ceux qui les gouvernent.

— Et pourquoi dites-vous quel bonheur ?

— Nous aurons moins de princes à nourrir...

— Tant pis ! reprenait le roi, car vous n'en serez pas plus heureux. Ma fille est venue au monde avec une maladie qui la met dans l'impossibilité de dérider son front ; aussi lui a-t-on donné le nom de Longue-Mine.

— Vous avez raison, tant pis ! disaient les sujets.

— Pourquoi tant pis ?

— Ce défaut de gaieté l'empêchera de songer à se divertir, et nous serons obligés de céder à la tristesse pour lui plaire !

— Tant mieux ! mes amis, ajoutait le roi.

— Pourquoi tant mieux ?

— Vous dépenserez moins d'argent à payer des violons et des cabaretiers ; il restera plus de monnaie dans vos bourses.

— Tant mieux ! disaient les pères de famille, que les écus ont le privilège de réjouir.

— Pourquoi tant mieux ?

— Nous pourrons établir nos enfants avec plus d'avantages.

Le roi reprenait.

— Bravo ! j'aurai plus de tailles à percevoir sur les actes de mariage et sur les testaments.

Au milieu de ce conflit de tant pis et de tant mieux, les prétendants ne manquaient pas à la princesse ; car elle était jolie comme un écu, blonde comme un louis d'or, et bonne comme la pluie d'été, quand les plantes sont fatiguées du soleil qui les brûle... Mais le roi son père ne pouvait consentir à célébrer un mariage comme on fait un enterrement. Il vivait dans un siècle moins taciturne que le nôtre, et professait ce grand principe de nos aïeux : *Contentement passe richesse*... Convaincu par une longue expérience que la gaieté fortifie le tempérament, et guérit la majeure partie des indispositions, il voulut que sa fille se portât bien, et déclara qu'elle n'irait à l'autel qu'après avoir appris à rire. Pour trouver plus de chance de réussite, il offrit sa main au jeune homme qui dériderait son front ténébreux.

Ce n'était pas le seul malheur qui s'appesantît sur le palais du roi de France, car cette histoire se passait dans le royaume de Paris. Le roi possédait un superbe cheval, dont il aurait fort désiré faire sa monture habituelle ; mais il n'avait jamais voulu se laisser ferrer, tant le bruit de l'enclume et du marteau lui donnait de frayeur et d'agacement nerveux. Aussi l'ordonnance royale qui offrait la main de Longue-Mine au jeune homme assez heureux pour la faire rire promettait le cheval capricieux à celui qui parviendrait à le ferrer.

Un Gascon, simple maréchal-ferrant près du moulin de Barbaste, mais beau garçon, entreprenant et découplé, forma la résolution de gagner la princesse et le cheval. Il prit sa ceinture de cuir aux grandes poches, la munit de clous, de fers et d'un marteau ; puis il partit pour Paris, n'ayant d'autre avant-garde que son nez, et d'autre suite que ses guêtres... Chemin faisant, il rencontre un grillon noir.

— Où vas-tu de ce pas, maréchal-ferrant de Barbaste ? lui dit le petit insecte d'un air curieux et railleur.

— Le roi de France offre sa fille et son cheval à celui

qui fera rire l'une et ferrera l'autre ; je vais essayer de gagner ces deux objets.

— Tu n'es pas modéré dans tes ambitions, compère !... Si tu veux me conduire avec toi, peut-être ne te serai-je pas inutile.

— Toi, pauvre insecte au cri discordant !

— Moi, pauvre insecte ! noir comme une taupe.

— La singularité de ta proposition a le privilège de me séduire. Puissé-je faire rire la princesse comme tu me fais rire moi-même !...

Le maréchal, prenant le grillon, le plaça dans sa poche de cuir.

Au bout de quelques pas, il entre dans une auberge ; et comme il s'asseyait sur un lit, il entend une petite voix dire, en lui grattant le coude.

— Où vas-tu de ce pas, maréchal-ferrant de Barbaste ?

— Le roi de France offre sa fille et son cheval à celui qui fera rire l'une et ferrera l'autre ; je vais essayer de gagner ces deux objets.

— L'entreprise est difficile... Si tu veux m'emmener avec toi, je pourrai peut-être contribuer au succès.

Le maréchal accepte pour la singularité du fait : et lorsqu'il offre à la voix criarde de prendre place dans sa poche, à côté du grillon, il est fort surpris d'y voir entrer une puce.

Le maréchal continue sa route... En passant à Tonneins, près de la fabrique de tabac, il rencontre un gros rat, qui lui demande, comme avaient demandé le grillon et la puce :

— Où vas-tu, maréchal-ferrant de Barbaste ?...

Le Gascon lui répond encore.

— Le roi de France offre sa fille et son cheval à celui qui fera rire l'une et ferrera l'autre ; je vais tâcher de remplir ces deux conditions.

— Tu pourrais réussir, avec ta bonne mine et ton accoutrement, à dérider la princesse, répond la bestiole ; mais s'il t'arrive quelque traverse, tu serais bien aise, peut-être, de mettre à l'épreuve les ressources de compère rat.

— Voudrais-tu m'accompagner, comme le grillon et la puce ? Cache-toi dans ma poche de cuir, et faisons voyage de compagnie.

2

Quelques jours après, le maréchal-ferrant entrait dans Paris et se présentait au palais, demandant à gagner la main de la princesse Longue-Mine, et le cheval indompté du roi... Ce dernier (c'est du roi que nous voulons parler) accepte l'offre du jouteur, et conduit le Gascon dans l'appartement de la princesse... La jeune fille avait vu dans sa vie de belles figures, bien niaises, placées dans de beaux habits ; elle avait contemplé de magnifiques seigneurs, aussi dorés que les palais qu'ils habitaient ; mais elle n'avait jamais aperçu de maréchal-ferrant portant la barbe inculte, la figure et les mains noires, la ceinture à poche de cuir, en manière d'écharpe, ayant un grillon pour hausse-col, une puce pour aiguillette, et un rat pour plumet au chapeau. Longue-Mine, saisie tout à coup d'un accès de rire irrésistible, éclate aux yeux ébahis de son père. Oh ! prodige inattendu, la princesse s'était déridée. On publia l'événement à son de trompe. Il ne fut bruit dans le royaume que du succès obtenu par un maréchal-ferrant, sur le caractère taciturne de Longue-Mine.

Le monarque est obligé de dire au voyageur :

— Tu n'es qu'un maréchal-ferrant, mon compère ; mais tu es un Gascon de bonne race gasconne, et ma fille sera ta femme, conformément à mes engagements.

Le maréchal fait le signe de la croix vers le ciel, et adresse ses actions de grâces au monarque.

— Maintenant que j'ai fait rire la belle princesse, poursuivit-il, faites-moi voir le cheval ; je tâcherai de le ferrer et de monter dessus avec ma fiancée : je ne puis la conduire à pied jusqu'à l'église, comme une paysanne de Nérac.

On introduit le Gascon à l'écurie. A la vue de son attirail de maréchal-ferrant, le cheval hennit, lance des ruades et se cabre. Le Gascon commence à craindre pour la réussite de son entreprise ; mais le grillon saute dans l'oreille du mutin, et fait un tel bruit de *cri-cri* près de sa cervelle, que le pauvre animal devient sourd et baisse la tête comme un agneau saisi de la tourniole. Au même instant, le rat se jette sous ses narines, et exhale une forte odeur de tabac (le pauvre hère n'avait pas mangé d'autre plante depuis sa naissance)... le cheval achève de s'assoupir. Le maréchal profite de son immobilité, lève ses pieds, applique les fers, enfonce les clous, et l'animal, jusqu'alors indompté, devient plus obéissant que le bidet d'un vicaire.

Sire le roi tint parole pour le cheval, comme il en avait tenu pour la princesse. Le lendemain, le maréchal gascon entrait dans la cour du palais, monté sur son palefroi ; il allait chercher sa fiancée, et la conduisait à la plus belle église de Paris, afin de recevoir la bénédiction nuptiale. Cependant, malgré la beauté de son costume d'or et d'argent, il portait toujours en croupe le grillon, le rat et la puce, ne sachant pas ce qui pouvait arriver, et pensant qu'il aurait peut-être besoin de leurs petits services... Les fiançailles sont célébrées : le festin est magnifique ; les courtisans sourient bien sous cape du singulier mari qu'on a donné à la dauphine ; mais la dauphine rit à cœur joie de ne plus être fille, et le Gascon rit, plus que tous ensemble, d'être le gendre du roi et d'habiter le plus beau palais de Paris.

Toutes les heures de la journée ne se ressemblent pas ! Bientôt une triste pensée traverse l'esprit du Gascon :

— Me voilà l'époux d'une jolie personne, se dit-il en se frottant la barbe, le prince d'une très puissante princesse... Tout va à merveille jusque-là, certainement ; mais je suis bien petit garçon pour jouer un si grand rôle ! Si ma femme allait trouver qu'elle me fait trop d'honneur, et qu'elle voulût amoindrir la dose de cet honneur-là !... Si elle s'apercevait que je suis aussi gueux que mon rat, par exemple, et qu'il lui prît fantaisie de prendre un mari moins indigne de sa position ?... Diable ! diable ! voilà qui mettrait ma fortune présente singulièrement à l'envers...

Le Gascon passa la nuit à rêver aux accidents les plus lugubres : tantôt les limaçons faisaient des processions sous ses pas, tantôt les chiens dévoraient ses mollets ; plus de dix fois il crut tomber du haut d'un clocher sur le parquet de sa chambre.

— Il faut que je sorte de cet embarras, pensa-t-il en se réveillant ; cherchons à combler une partie de la distance qui sépare nos deux bourses : procurons-nous une dot moins indigne de celle de la princesse, que le grillon, le rat et la puce, seule fortune apportée de mes domaines de Gascogne ; alors je pourrai faire claquer mon fouet aussi haut que maint autre seigneur !...

3

Pendant que le Gascon réfléchit à sa situation, il entend frapper à sa porte, et voit apparaître le prince Bel-Accueil, ancien prétendant à la main de la princesse ; il était furieux de la déconfiture infligée à ses espérances.

— Serais-tu homme à vouloir gagner un boisseau

d'écus d'or, maréchal-ferrant de Barbaste ? lui demanda-t-il fort sérieusement.

— Votre proposition répond précisément au rêve que je faisais tout à l'heure ; c'est vous dire que je suis disposé à vous écouter.

— Eh bien ! ce boisseau d'écus d'or, je viens te l'offrir, si tu me promets... et le prince, se penchant à l'oreille du maréchal, formula certaine proposition qui le fit sourire d'un côté et grimacer de l'autre.

Toutefois, comme la chose était facile, peu fatigante, et que le bruit de l'or tintait harmonieusement à son oreille, le maréchal saisit la main du prince et lui répondit :

— Ça sera comme vous le dites, monseigneur ! ça sera comme vous le dites.

Des fiançailles on passe au mariage. Le jour des noces s'écoule. Minuit arrive, les époux sont conduits à la chambre nuptiale ; les donzelles font la toilette nocturne de la mariée, et portent le bouillon aux jeunes époux[1]. Resté seul, le Gascon, au lieu de tourner ses regards vers le lit, se met à se promener dans la pièce à grands pas et à chanter la complainte de saint Alexis :

Le soir après souper,
Faut s'aller reposer.

La jeune femme, qui n'avait nulle envie de chanter le second couplet, gémit en silence, et retombe dans les accès de tristesse dont il avait été si difficile de la guérir ; le Gascon la laisse gémir et sangloter sans miséricorde ; il se contente de lui demander combien d'écus d'or contiennent dans un boisseau. La princesse Longue-Mine ne juge pas à propos de lui répondre, et le maréchal laisse venir le jour sans songer à la tristesse dont il était chargé de la délivrer.

Le soleil paraît ; l'époux se lève et quitte la chambre ;

1. Les anciens usages rendaient obligatoire l'acceptation d'un bouillon, que les garçons de noce portaient au jeune couple.

sire le roi vient faire visite à la jeune épouse... O surprise ! elle est retombée dans la mélancolie des jours précédents.

— Eh bien ! ma fille, que penses-tu de ton mari ?

— De fort lamentables choses, mon père !... Diriez-vous qu'il a passé la nuit à se promener et à me demander combien d'écus d'or contiennent dans un boisseau !

— Est-ce bien la vérité, ma fille ? s'écrie le roi d'un ton courroucé.

— Je parle aussi vrai que si j'étais interrogée par Jésus-Christ lui-même.

— Patientons deux jours encore, ma chère enfant ! Mais si, les nuits suivantes, il répétait l'affront de la première, je saurais bien punir l'irrévérence, en faisant casser le mariage, pour te donner un époux plus digne de toi : le prince Bel-Accueil, par exemple !

Le maréchal gascon avait été visiter le prince, afin de lui rendre compte de sa conduite ; celui-ci, enchanté du mécontentement de Longue-Mine, n'avait pas fait la moindre difficulté de lui donner son boisseau d'écus d'or... Bien plus ! il lui en avait offert deux autres s'il voulait passer les deux nuits suivantes à se promener dans la chambre et sur les terrasses du château. Il était persuadé que, le mariage rompu à la suite de cet outrage conjugal, la princesse deviendrait sa femme.

Le lendemain, sire le roi vient rendre visite à sa fille ; il la questionne ; même réponse que la veille. Le Gascon a passé la nuit à compter les étoiles, et à lui demander combien deux boisseaux peuvent contenir d'écus d'or. Le jour suivant, même question du roi, même réponse de Longue-Mine. La seule modification que le maréchal apporte dans ses demandes, c'est qu'au lieu d'un ou deux boisseaux, il s'agit maintenant de trois.

Le roi de France se rend auprès du Gascon ; il est rouge comme un coq en colère ; il lui déclare que le mariage de sa fille est rompu. Puis, voulant rendre la vengeance plus éclatante, il conduit le prince Bel-Accueil auprès de sa fille, en lui disant :

— Voici, chère princesse Longue-Mine, le mari que je charge de réparer l'indigne conduite du maréchal-ferrant.

Le lendemain, un nouveau mariage est célébré à la chapelle, et, la nuit venue, les époux rentrent dans leurs appartements.

4

Le maréchal-ferrant possédait les trois boisseaux d'or ; il songeait à reprendre sa femme. Il ouvre son grand conseil ; le rat, le grillon et la puce accourent ; il leur fait part de ses projets, et fonde, leur dit-il, sur leur intervention, ses plus sérieuses espérances. Les bestioles l'écoutent avec attention, et se rendent à leur poste.

Quelques heures après, que se passait-il au palais ?... Dès que les époux sont couchés, la puce pénètre entre les draps, et commence ses évolutions sur les jambes du prince Bel-Accueil. Attaqué par cet ennemi invisible, ce dernier se gratte, frappe du pied, se tourne, se retourne, et saute enfin hors du lit, continuant sous l'aiguillon de l'insecte les promenades intempestives que le Gascon avait exécutées sous l'impulsion de l'intérêt... La princesse, désolée, commence à croire que la sorcellerie se mêle de ses affaires. Elle appelle son tendre époux ; le tendre époux s'assied au pied du lit, et considère la princesse avec des regards d'une ardeur inquiétante. La puce, fatiguée, ne le picotait plus ; mais le rat de Tonneins, placé en réserve, saute sur l'épaule du prince, et place sa queue encore remplie de tabac sous ses narines. Le prince, saisi d'un éternuement inexplicable, s'élance de nouveau sur le plancher, et passe le reste de la nuit à frapper du pied pour combattre la puce, à plonger sa tête dans l'eau froide afin d'apaiser l'éternuement... Que faisait le Gascon pendant tous ces débats ?... Retiré dans la modeste chambrette de son auberge, il comptait ses trois boisseaux d'écus, et s'endormait au bruit de leur tintement agréable.

Sire le roi, qui couchait dans l'appartement situé au-dessous de celui de sa fille, comprit, aux détonations et au bruit de pas qui se faisaient au-dessus de sa tête, que les ébats de la chambre nuptiale n'avaient pas changé de caractère... Le jour venu, il vole chez Longue-Mine ; même réponse que sous le règne du Gascon : nouvelle menace de la venger de l'outrage, si l'inconduite persiste... Le lendemain, même attaque combinée de la puce et du rat, même promenade éternuante du jeune prince : désespoir de la princesse, fureur du roi, renvoi honteux de Bel-Accueil, et cassation du mariage.

La rentrée du Gascon fut triomphale : il reparut avec de si magnifiques habits, un si bel équipage à six chevaux, achetés avec l'argent de Bel-Accueil, que la princesse retrouva le sourire qui ne devait plus quitter son beau visage. Une troisième noce est célébrée, et cette fois le Gascon, encouragé par les trois boisseaux d'or, grâce auxquels il se trouvait le plus riche seigneur de la cour, s'occupa très sérieusement d'empêcher la princesse de se mettre en colère ou de mourir d'ennui. Sa conduite fut à ce point exemplaire, que Dieu l'en récompensa. Au bout de quelques mois, l'arrivée d'un petit prince, frais comme le jour et gracieux comme l'aurore du matin, venait prouver au roi que les Gascons sont gens à réussir dans tout ce qu'ils entreprennent.

Pensez-vous, d'après ce trait, que beaucoup de Français soient plus habiles qu'eux ? et serez-vous surpris qu'Henri IV, le meunier de Barbaste, soit devenu roi de France, comme le maréchal-ferrant était devenu le mari de la princesse Longue-Mine ? Serez-vous étonné qu'il ait mis la bride et le mors aux Espagnols et aux huguenots, comme le maréchal-ferrant de Barbaste avait ferré et dompté le cheval rétif d'un vieux roi !...

Le sac de La Ramée

1

Pour qui sent la démangeaison de mal faire, il n'est pas faveur ou douce promesse qui le puisse ramener au sentier de faire bien... Si Dieu lui-même ne s'en mêle, les plus grands saints y perdront leur peine et leur latin.

Un jeune colporteur de Montrejeau parcourait depuis trois ans le monde, avec son grand sac de marchandises sur l'épaule... Là voyageaient, entassés, les paquets de fil et les sandales, les clous de sabot et les mouchoirs, les bonnets de coton et les almanachs. Le commerce aurait eu d'assez beaux résultats, si le cabaret n'avait dévoré les bénéfices, en faisant plus d'une brèche au capital... Alors, on essayait de rétablir la balance : on introduisait un peu de filoselle dans la soie, quelques pièces de coton à travers la flanelle ; on allégeait le poids des autres objets et l'on relevait l'équilibre des profits aux dépens de celui de la conscience.

Cependant La Ramée n'était pas un méchant homme ; plus étourdi que pervers, il portait secours à tous les charretiers dans l'embarras, à tous les marchands de brebis empêtrés dans des bourbiers, qu'il rencontrait sur les routes ; il ne refusait jamais l'aumône aux pauvres, quand il se trouvait en fonds, et saluait respectueusement tous les prêtres qui se montraient sur son passage.

Au milieu de ce combat du mal et du bien, son patron céleste résolut de lui être secourable et d'arracher à Satan la partie à moitié gâtée qu'il commençait à mettre sous sa griffe. Un jour que La Ramée traversait la forêt de Saramon, il rencontre sur le sentier désert un petit vieillard estropié, qui se permet de lui demander humblement la charité *au nom de Dieu*.

— Voilà un sou, mon ami, dit le colporteur, en mettant la main dans sa poche.

Mais cette visite à son gousset lui révéla une situation fâcheuse : il n'avait plus que deux sous, et il devait payer sa couchée à Saramon... N'importe ! sou promis, sou donné... Il remet l'aumône au pauvre, qui solde sa reconnaissance en bénédictions.

Au bout de trente pas, une petite vieille, qu'on aurait prise pour la femme du mendiant, paraît sur le sentier, sans que La Ramée pût remarquer le buisson d'où elle était sortie. Elle demanda la charité *au nom de la Sainte Vierge*, d'un ton si suppliant, que La Ramée fit un nouvel emprunt à sa bourse, et lui remit son dernier sou, en lui disant :

— J'ai donné au serviteur de Dieu, je donne à la servante de la Vierge ; priez le ciel qu'un enfant ne vienne pas me demander quelque chose au nom du petit Jésus, j'aurais le mal au cœur de lui refuser.

La vieille disparut avec une si grande rapidité, que La Ramée se demanda si elle avait été ravie au ciel ou abîmée sous terre ; au même instant il crut entendre de petits grillons murmurer dans les herbes : « Bien, bien, très bien. »

La Ramée, fort surpris de cette musique forestière, se retournait de droite et de gauche pour découvrir les petits musiciens invisibles, lorsque, regardant je ne sais trop de quel côté, il se trouva devant un *homme*, qu'il prit tout d'abord pour un *Monsieur* : il portait des souliers propres, des vêtements sans accrocs ni pièces disparates. Il tenait un bâton mais pas de besace, et s'il n'avait pas de perruque sur la tête, il avait en revanche une barbe énorme au menton.

— Passe pour celui-ci, pensa La Ramée, je n'aurai pas de nouvelle aumône à faire.

Il s'était contenté de penser ; toutefois l'inconnu l'entendit.

— Non, tu n'auras pas d'aumône à me donner, lui dit-il. Tu as été assez charitable aujourd'hui ; aussi vais-je te rendre les deux sous qui te sont utiles pour payer ton lit à Saramon. C'était moi qui étais le petit vieillard, moi qui étais la petite vieille.

La Ramée recula de trois pas !

— Ne sois pas surpris de ces métamorphoses : je m'appelle saint Pierre, j'habite le paradis, et je suis ton patron... J'ai voulu venir en aide à mon protégé, quoiqu'il néglige depuis longtemps de m'adresser les prières d'usage ; mais tu es meilleur au fond que tu ne le parais à la surface... Laisse là, je te prie, ton sac de marchandises, où le fil est de mauvaise qualité, la laine de rebut, où les autres articles sont peu orthodoxes... Jette aux buissons tous ces objets de trafic, qui te poussent à réaliser des bénéfices peu licites.

— Oh ! bon saint Pierre ! Si je quitte mon sac, qui m'assurera le pain de chaque jour ?... Quelque pauvre que je sois, la vie me paraît douce, et je ne suis pas disposé à combattre la faim en mendiant... Je ne trouverai pas toujours un La Ramée sur mon chemin.

— Fais un souhait... Me voici prêt à le satisfaire.

— L'habitude est une seconde nature, dit le proverbe : l'homme ressemble fort au cheval de moulin, qui tourne constamment dans le même cercle, et se trouve dépaysé quand il s'écarte du sentier battu. Si vous me séparez de mon vieux sac, mon fidèle compagnon de plaisir et de peine, le meilleur souhait que je puisse former, c'est que vous m'en donniez un autre au plus tôt.

— Tu l'auras, La Ramée ; et j'attacherai à ce nouveau camarade du colporteur une bénédiction précieuse... Le voilà, il est en cuir et solide... Il ne renferme pas de marchandises, mais la propriété précieuse d'attirer à lui tous les objets auxquels tu diras : *Chose que je désire avoir, entre dans le sac de La Ramée*.

A ces mots, un bon sac de cuir tombe aux pieds du colporteur ébahi ; il regarde, il était vide ; il veut remercier son bienfaiteur ; saint Pierre avait disparu...

2

La Ramée place le sac sur ses épaules, et, leste comme un voyageur qui ne porte d'autre fardeau que celui de ses espérances, il fait tourner son gourdin, et se dirige vers Saramon.

En passant devant l'auberge d'Azimon, où il avait coutume de prendre gîte, il regarde par la fenêtre de la cuisine, et voit un magnifique chapon, qui tournait à la broche, et prenait sous le feu rayonnant la plus appétissante couleur de rôti. Un appétit dévorant se développe soudain dans l'estomac de La Ramée : il songeait à commander un bon repas, regrettant d'avoir à attendre sa cuisson pendant deux heures, car le poulet qu'on lui destinait chantait encore dans la basse-cour probablement, et la contemplation de la volaille cuite changeait son appétit en faim canine :

— *Oh ! beau chapon rôti, qui tournes à la broche,* dit-il, avec l'accent de la convoitise, *que n'est-tu déjà dans mon sac ?*

Aussitôt le chapon quitte la cheminée, et continuant à tourner comme une toupie, vient tomber dans le sac du colporteur ; celui-ci ne peut plus douter de la faveur spéciale de saint Pierre. Il referme son buffet, quitte l'auberge et traverse la ville :

« C'est mal, La Ramée, c'est mal », croyait-il entendre derrière les portes et sur les gouttières ; mais il se dit que les hirondelles étaient des bavardes sans raison ; à tout prendre, *une fois n'est pas coutume*, et puis, le chapon était si beau... Il poursuit son chemin... En passant devant un boulanger, il voit des pains ronds et dorés étalés à la devanture.

— *Joli pain tendre, qui m'êtes utile pour assaisonner mon poulet*, dit-il, sans hésitation cette fois, car le succès de sa première invocation l'avait enhardi ; *quittez votre planchette et entrez dans le sac de La Ramée.*

Aussitôt le pain se met à tourner comme une boule, et vient tout seul se réunir au poulet fumant.

Au bout de trente pas, La Ramée longe le cabaret de Casasus. Deux bouteilles placées sur la table invitaient les passants à venir boire.

— *Jolies bouteilles au ventre plein, qui semblez me faire les yeux doux*, dit-il, *entrez dans le sac de La Ramée.*

Les bouteilles se dandinent, se becquettent et viennent en valsant se réunir au pain rond et à la volaille rousse. Le colporteur croit bien entendre un petit lézard scandalisé, et un grillon criard murmurer dans les fentes de la muraille : « C'est mal, La Ramée, c'est très mal » ; le larron se console en répétant : « *Une fois n'est pas coutume* », et, sortant de la ville, il va s'établir sous les grands arbres d'une prairie voisine... Il pose son dîner sur l'herbe et le mange du meilleur appétit, sans oublier de boire à la santé du premier propriétaire d'un sac qui arrange si bien ses affaires.

Le repas fut excellent. Quand la nappe verte fut débarrassée de tous ses mets, le gastronome s'étendit dessus, et trouva, dans un sommeil tranquille, les douceurs d'une digestion délectable. Il faisait chaud : le soleil tombait d'aplomb sur les chênes, et dessinait leur ombre noire, bien tranchée, sur le tapis luisant de la prairie ; les grillons criaient à la porte de leur trou ; les cigales chantaient au sommet des herbes, les grands bœufs broutaient ou ruminaient accroupis sur leurs fortes jambes pliées sous eux, les taureaux beuglaient à faire retentir la colline, et La Ramée dormait toujours ; le tonnerre ne l'aurait pas réveillé. Mais voilà qu'une bergère fredonne une chanson : aussitôt il se trouve debout, les yeux ouverts... Il avait l'oreille fine à l'endroit de cette musique.

— Peste ! s'écrie-t-il. Et regardant du côté d'où vient

le bruit, il aperçoit la gentille Marianne de Boulauc, la fille du gros Simon, le bordier du couvent ; il la connaissait depuis qu'elle était petite, et chaque mois il n'oubliait guère de lui porter sa provision de fil et d'aiguilles.

— Tiens ! Mariannette !

— Tiens ! La Ramée !

— C'est vous qui m'avez réveillé avec cette jolie chanson de

Licoutin licoutin.
Mouliniez tremblez,
Retournez mamour.

— C'était vous qui dormiez d'un si bon somme tout à l'heure.

— Et qui mangeais d'un appétit meilleur quelques instants auparavant... Que n'étiez-vous là ! j'aurais gentiment partagé ma volaille et mon pain avec la jolie *pastoure* de Boulauc.

Là-dessus on parle des vaches et des foins, du dernier marché de Saramon, et du prix des robes de cotonnade ; de la fraîcheur de la jeune fille, et du grand vieux sac du colporteur qu'on n'aperçoit plus... Pendant cette conversation, on laisse le soleil s'éloigner, s'abaisser, sans y prendre garde. Le colporteur ne détache pas ses regards du front, des joues, des bras nus et brunis, des pieds nus et bistrés de la jeune fille. Mariannette partage les siens entre ses vaches et La Ramée, mais je crois bien qu'à celui-ci revient la part la plus grosse dans le partage.

— Mariannette, dit brusquement La Ramée, vous êtes jolie à croquer aujourd'hui. Voulez-vous... et il s'arrête un instant.

— Quoi donc, *monsieur* La Ramée ?...

— Etre ma femme.

— Dieu Seigneur, la *soubaye* [1] est sortie du pré et mange le maïs, s'écrie la bergère !...

1. Nom donné aux vaches blanc et noir.

Elle prend sa course vers la vache dissipée, laissant le colporteur seul, faire la moue et se gratter la tête.

Mariannette revient lentement, un peu rouge, à force d'avoir couru, sans doute, et faisant mille détours ; elle ne regardait plus La Ramée ; comment en aurait-elle eu le loisir ? Elle était si occupée à creuser la terre du bout de sa quenouille.

— Je vous disais donc, Mariannette, que vous étiez jolie à croquer, et que vous feriez bien de vouloir être ma femme... Par saint Pierre ! touchez là, je renonce à vagabonder dans le pays.

La Ramée marchait trop vite... On ne fait pas ainsi le lévrier en amour, même dans les prairies. C'est chasse au chien d'arrêt plutôt qu'au chien courant... Mariannette ne tendit pas la main à celle qu'on lui tendait : elle était trop occupée à faire des trous dans le gazon.

— C'est un joli métier que le colportage, dit-elle, en jetant son discours dans la traverse : toujours changer de place, voir des chemins nouveaux, des maisons et des églises nouvelles.

— Plût à saint Pierre que le père Simon considérât la chose au même point de vue ! Voulez-vous que j'aille l'interroger là-dessus ?

— Dieu Jésus ! la *mascarine* dans la luzerne !

Et la jeune fille, n'osant regarder fixement de ce joli côté du mariage, quitte La Ramée et tombe à la course sur la vache maraudeuse dont elle bâtonne brutalement l'épine dorsale et les côtes bien saillantes.

— Tous ces coups de bâton ne prouvent rien, pensa La Ramée ; qui ne dit pas non dit oui... Je vais trouver le père...

Pendant que Mariannette ramenait la *mascarine* dans le troupeau, La Ramée se dirigea vers un champ voisin, où il voyait, à travers une lisière d'arbres, le vieux Simon aiguillonner ses grands bœufs, et tenir ferme sa charrue.

Simon était un paysan aux crins gris et hérissés, au nez aquilin, aux dents longues, au menton avancé. Tout était long et formait griffes et bec dans ce vieux laboureur, opiniâtre et tenace. Il portait une veste déchirée, des pantalons couleur de boue ; mais il avait la bourse bien garnie d'écus, et achetait chaque année un petit champ dans le voisinage de sa métairie... Mariannette était la troisième de ses filles, ce qui ne devait pas l'empêcher d'avoir une dot d'un certain poids.

Au premier mot de mariage prononcé par La Ramée, le vieux paysan arrête ses bœufs et regarde le colporteur... Un homme qui n'avait d'autre propriété que les grands chemins de tout le monde, aspirer à la fille d'un propriétaire solidement assis sur une quinzaine de journaux de bonnes terres et d'excellents prés !... Simon partit d'un éclat de rire strident et sinistre.

La Ramée voulut faire des observations sur la malséance de cet accueil.

— Ne te plains pas de mon rire, répondit Simon, c'est mon seul remède contre la démangeaison qui me prend d'aplatir les épaules de qui me chagrine.

La Ramée fait une nouvelle tentative ; Simon prend sa houlette par le petit bout, et exécute un geste très inquiétant. L'autre, qui n'aimait pas à perdre son temps et à gagner des coups, bat en retraite, sans souhaiter le bonjour à celui qui n'apprécie pas l'honneur de l'avoir pour gendre, et revient à la prairie... Mariannette y avait ramené ses vaches incorrigibles ; le colporteur ne lui dit mot : il aima mieux agir ; il prit son sac et l'ouvrit.

— *Belle Mariannette, fille de l'avare Simon*, dit-il, *entre dans le sac de La Ramée*.

La jeune fille, saisie par un tourbillon, s'élève et retombe dans le sac, la tête la première, et s'y pelotonne afin d'y contenir. La Ramée referme le sac, jette le précieux fardeau sur son épaule, et l'emporte.

Evidemment, saint Pierre ne fut pas satisfait ; il eut, bien sûr, quelque regret d'avoir donné au colporteur *un rapetout*[1], dont il ne faisait pas très bon usage ; mais la fille n'en était pas moins prise au piège et enlevée.

1. Nom de l'épervier ; filet.

Maître Simon furieux envoya le ravisseur à tous les diables ; il épuisait dix fois par jour le vocabulaire des formules énergiques qu'on appelle des jurons, mais le tour était fait, et La Ramée continuait à dire en manière de justification :

— *Une fois n'est pas coutume*. Je l'ai prise, père Simon, donnez-la-moi ; je n'aurai pas besoin d'en voler une autre...

Le cas était grave, le malheureux propriétaire fut obligé de céder sa fille et ses champs à un coureur de grand chemin.

3

La Ramée fit un assez long usage de son sac... Le mal et le bien s'y mêlèrent plus d'une fois. Pourquoi saint Pierre ne pouvait-il le lui reprendre ?... Mais, hélas ! il n'est si belle et si solide position dans le monde, que certains accidents imprévus ne puissent l'ébranler... La Ramée traversait un jour la Gimone sur une passerelle, au-dessus du réservoir d'un moulin : l'eau, claire et transparente comme un verre, permettait de suivre toutes les évolutions des poissons, qui se promenaient et se rendaient visite à la surface.

— *Beaux poissons, qui ne regardez pas celui qui vous regarde, entrez dans le sac de La Ramée*.

Les poissons, enlevés de leur domaine par cette parole irrésistible, montent vers lui. La Ramée veut se baisser pour leur éviter la moitié du chemin : il glisse et disparaît au fond de la rivière. Mais il ne lâcha pas son sac... Il resta si longtemps au fond de l'eau, qu'il ne revint au-dessus que mort et gonflé d'un liquide qu'il n'avait jamais aimé. Le meunier, voyant ce corps, l'attire vers la rive ; il appelle ses voisins : on le porte au cimetière dans la partie non bénite, réservée aux gens qui sont partis sans faire signer leur congé par le prêtre ; on fait un trou, on l'enterre, mais il tenait toujours son sac...

Le lendemain, après la cérémonie des funérailles, La Ramée se présente à la porte du paradis... Toc, toc.

— Qui est là ? dit saint Pierre.

— C'est La Ramée, qui vient vous remercier de la faveur que vous lui accordâtes, il y a six ans.

— Homme audacieux ! répond le saint, de sa plus grosse voix, oses-tu bien venir ici, après avoir compromis mon caractère, en chargeant d'iniquités le sac que je t'avais remis.

— Vous voulez parler du chapon rôti de Saramon !... Hélas ! il avait une odeur si appétissante.

— Eloigne-toi, méchant. C'est à peine si le feu du purgatoire est assez grand pour te purifier de tes iniquités.

— Vous voulez parler de Mariannette... Elle était si jolie, et le père Simon si peu disposé à me la bailler volontairement.

Il eut beau donner ses moyens de défense : saint Pierre ferma la porte, et La Ramée dut s'éloigner du paradis.

Il va frapper au purgatoire : l'ange surveillant le reçoit plus rudement que ne l'avait reçu le portier des élus... Pan, pan.

— Qui est là ?

— C'est La Ramée, que saint Pierre n'a pas voulu recevoir en paradis, et qu'il renvoie dans le purgatoire, pour y faire pénitence de ses peccadilles.

— La Ramée, Pierre La Ramée ! Ce larron audacieux, qui a fait servir les bienfaits du ciel à voler le bien d'autrui, et à perdre son âme. Eloigne-toi de ce lieu d'espérance, homme mal famé ; l'enfer est à peine assez profond pour te punir de tes abominations.

Le colporteur jugea superflu de donner de nouvelles explications sur le chapon dérobé, et la jeune fille prise dans le filet ; il se contenta de se gratter la tête et de chercher une idée. Puis, ayant l'air de reprendre courage, il retourne vers son patron. Toc... toc...

— Qui est là ?

— C'est le pauvre La Ramée... Il vient vous faire un dernier adieu, avant de se diriger vers l'enfer, où tout le monde le renvoie.

Saint Pierre ouvre la porte, prêt à renouveler son sermon...

— C'est donc bien résolu : vous me refusez le plaisir de voir les belles choses qui embellissent le palais du bon Dieu ?... demande l'infortuné.

— Je te le refuse.

— Reprenez donc votre sac, puisqu'il ne saurait plus me servir à rien.

Et le colporteur le jette par-dessus l'épaule de saint Pierre... Quand le sac fut dans le paradis :

— *Maintenant, La Ramée, mon ami*, cria le colporteur d'une voix forte, *entre toi-même dans ton sac*.

La besace s'ouvre toute seule ; un pouvoir *surnaturel* y lance le colporteur, qui se trouve chez les bienheureux, malgré la défense de saint Pierre.

Qui resta stupéfait : ce fut le saint. Il veut saisir le larron et le mettre à la porte ; mais le Dieu de miséricorde intervient :

— Pourquoi faire un malheureux, et chasser celui qui désire être avec nous ? Puisqu'il y est, qu'il y reste. Le repentir qu'il aurait dû éprouver avant lui arrivera peut-être après.

Saint Pierre fut toujours bon apôtre.

— Soit fait selon votre volonté, Seigneur Jésus... Mais je reprends mon sac, et ne le prête plus à personne... Le Gascon est malin, même envers ses bienfaiteurs ; sachons à qui nous donnons le moyen de faire le bien, de peur qu'il ne l'emploie à faire le mal ; car, en fin de compte, nous serions les dupes. Ces garnements sont toujours plus fins que nous...

Chourra de Marseillan

1

Il nous est difficile d'être avares et cruels pour les autres, sans que les conséquences de notre lésinerie ne retombent tôt ou tard sur nous-mêmes ; nous finissons par reconnaître alors la rigueur des maux que nous avons fait supporter à autrui.

La commune de Marseillan possédait autrefois un homme et une femme doués d'une avarice si grande, que leur réputation s'était étendue à plus de dix lieues à la ronde.

Ils seraient volontiers restés seuls dans leur maison, sans domestiques et sans chiens, s'ils avaient été capables de travailler eux-mêmes leurs terres ; mais, placés dans l'impossibilité d'exécuter tous les travaux agricoles, ils s'étaient résolus à louer un valet qu'ils payaient le moins possible et nourrissaient le plus mal qu'ils pouvaient. Afin d'économiser davantage sur l'article fort important de la nourriture, le père Chourra et sa femme avaient pris la coutume de faire leurs repas en cachette, pendant que le domestique était aux champs. Quand le pauvre diable revenait manger la soupe, ils se trouvaient en mesure de lui faire de beaux discours sur la sobriété et sur la misère du temps ; ils ne lui donnaient que du mistras[1] et du pain assez dur pour qu'il dût mettre un temps considérable à le mâcher et qu'ils fussent en droit de lui dire : Bernard, voilà demi-heure que tu es à table ; il est temps de revenir à la charrue... Le pauvre Bernard, doué d'un caractère fort pacifique,

1. Gâteau de farine de maïs.

n'osait pas faire d'observation ; toutefois, après quelques mois de ce régime affaiblissant, il résolut de prendre congé afin de ne pas mourir à la peine, et se retira dans sa famille.

— Que tu es sot ! lui dit son frère Mathieu ; loin de pâtir comme tu l'as fait, et de battre en retraite sans mot dire en perdant une partie de tes gages, je serais resté au poste, afin de donner à ce méchant Chourra de Marseillan une leçon qui l'aurait peut-être guéri d'une partie de son avarice... Laisse-moi faire : je vais te remplacer chez lui et chercher à te venger des mauvais repas que tu as faits dans leur bicoque.

Mathieu va chez le propriétaire.

— Mon frère Bernard est malade, dit-il, et comme les travaux sont pressés à ce moment de l'année, je viens à sa place faire tout ce que vous voudrez me commander.

— Voilà le trait d'un brave garçon ! répondit le père Chourra en lui frappant cavalièrement sur l'épaule : Dieu t'en récompensera quelque jour, et tu peux compter sur notre reconnaissance. Va prendre les bœufs à l'étable et laboure la pièce de l'enclos ; je voudrais l'ensemencer la semaine prochaine.

Mathieu va *joindre*[1] les bœufs ; il les conduit au champ, laboure une partie de la pièce, et rentre à l'heure du souper avec l'appétit d'une journée de travail bien remplie... A peine est-il assis devant la table, armé du morceau de pain qu'il vient de s'octroyer, que la femme Chourra retire le reste sans mot dire et le met sous clef, comme elle avait l'habitude de le faire du temps du pacifique Bernard.

— Est-ce que vous n'avez pas de soupe aujourd'hui, maîtresse ? demande Mathieu en dirigeant ses regards vers l'armoire.

— De la soupe, mon ami ? la graisse est trop chère pour qu'il soit permis de faire cette dépense tous les

1. *Jugné*, atteler.

jours ; le maître et moi n'en mangeons guère que le dimanche.

— Il me semblait avoir vu le pot sur la crémaillère ce matin ?

— Il est vrai, Chourra se sentait malade, j'ai voulu lui procurer ce régal confortant ; mais à peine avais-je tourné le dos, que le chien est entré, et d'un coup de patte a renversé le pot dans la cendre.

— C'est bien fâcheux, maîtresse ; d'autant plus fâcheux qu'on m'avait assuré que vous vous étiez mise à l'abri de ces accidents en ne tenant jamais de chien au logis.

— C'était celui du voisin...

— Il est encore plus triste de nourrir aussi cher des chiens qui sont à d'autres... ; mais n'entendez-vous pas du bruit dans cette armoire ? Je suis sûr qu'il s'est logé là-dedans, et qu'il achève de manger votre pain, après avoir gâté votre soupe...

Aussitôt Mathieu s'élance vers la serrure dans un beau mouvement d'économie domestique, tourne vivement la clef, ouvre la porte avant que la maîtresse ait le temps de s'écrier :

— Que fais-tu là, Mathieu ?

Et le valet se trouve en présence d'une magnifique soupière de *garbure* (soupe aux choux).

— Tiens ! dit-il en jouant la surprise, le chien de Simon a oublié de manger la garbure après l'avoir renversée dans la cendre. Puisqu'il en reste encore, je vais achever sa besogne.

Et plaçant la soupière sur la table, il se met à la manger du bout des doigts avec l'appétit le plus décidé [1]...

— C'est assez, mon ami ; laisses-en pour ton maître ! avait beau dire la ménagère, désolée de perdre ainsi son potage de réserve...

— C'est le chien de Simon qui me l'a laissée, répli-

1. L'usage de la cuiller est très récent en Gascogne ; au commencement de ce siècle, il était à peu près inconnu chez nos laboureurs.

quait Mathieu ; je veux le remercier de sa politesse et ne pas en laisser une bouchée... Savez-vous qu'elle est excellente ; maîtresse !... il paraît que la cendre est d'un très bon assaisonnement dans votre maison.

Et le valet poursuivit ses exploits gloutons en retenant le plat d'une main et mangeant la soupe de l'autre.

Pendant le cours de ce repas copieux, la femme Chourra se tordait les pouces. Le père Chourra, survenant sur ses entrefaites, demeura muet de terreur en voyant son dîner s'enfoncer dans la gorge de son valet...

— Qu'est-ce que cela ? dit l'avare ; un seul homme mange aujourd'hui le dîner qui devait nous servir demain...

— J'ai besoin de travailler, maître, et ventre creux n'a guère de cœur à l'ouvrage ; laissez-le-moi remplir dans vos intérêts ; les semailles s'en trouveront bien.

— Il faut manger pour vivre sans doute, mais il n'y a que les gens de rien et les voleurs qui songent à dévorer comme des loups.

— Je suis donc un homme de bien peu de chose, maître ? car j'espérais grignoter encore du pain après avoir mangé les choux.

— Du pain après la soupe, misérable ! tu voudrais donc nous ruiner : est-ce qu'il reste une miette de pain dans la maison ?... Penses-tu que nous soyons assez riches pour faire des provisions de chanoine ?

— S'il ne reste rien dans la maison, vous allez vous mettre au lit sans souper.

— Ne t'afflige pas sur mon compte ; après le déjeuner de ce matin, je puis attendre patiemment jusqu'à demain ; je n'ai pas la coutume de faire plus d'un repas. La continence et la sobriété sont les premières vertus de ce monde, et tu dois savoir qu'il n'est pas de privations auxquelles un estomac honnête ne sache se soumettre.

— Si tels sont vos principes, vous n'aurez pas à souffrir du souper que j'ai fait à votre préjudice, et j'irai me coucher sans remords.

2

Mathieu souriait sous cape de la punition infligée à l'avare ; mais il ne la jugeait pas suffisante et voulait la pousser plus loin. Le moment de prendre du repos étant venu, la femme et le mari entrent dans l'alcôve que les maîtres de la maison ont l'habitude d'occuper entre la porte et la cheminée, afin d'avoir l'œil sur tout ce qui se fait chez eux ; Mathieu se rend à son lit de l'écurie pour surveiller ses bœufs au râtelier.

A peine Chourra l'a-t-il vu s'éloigner, qu'il se relève en criant à sa femme :

— Je meurs de faim ! donne-moi du pain de réserve. Ah ! le gourmand de valet ! ah ! le scélérat de domestique ! manger la soupe que nous gardions pour nous...

Mathieu, qui les surveille par le trou de la serrure, rentre incontinent, prétend qu'il a plu sur son lit, et dit qu'il vient passer la nuit dans la cuisine, sur le coffre à pain, afin d'attendre le jour sur une couche moins humide que celle de l'écurie.

C'est en vain que Chourra lui fait observer la dureté d'un pareil gîte ; Mathieu répond qu'il est prudent de s'habituer aux planches, afin de ne pas se sentir trop mal à l'aise dans la bière qui doit nous porter à notre dernier gîte ; il s'étend sur le bahut et cherche une position à pouvoir sommeiller. Les deux époux étaient désespérés.

Que faire ! impossible de prendre le pain de réserve, sans dénoncer au domestique la richesse des provisions et se mettre en contradiction flagrante avec tout ce qu'on vient de dire sur la pénurie des subsistances, sur l'abstinence des maîtres du logis... Mathieu, couché sur le coffre, fait bientôt semblant de ronfler ; alors Chourra, étendu près de sa femme, de s'écrier, en portant les mains sur son estomac :

— Je meurs de faim ! Méniquette ; puisqu'il m'est impossible d'avoir du pain, prends de la farine de maïs, mets de l'eau sur le feu et fais un peu d'armotes.

Méniquette se lève, morte de faim elle-même, et compte bien prendre sa part de la bouillie... Mais à peine a-t-elle mis le chaudron à chauffer, à peine l'eau paraît-elle assez chaude pour recevoir convenablement la farine, que Mathieu se lève et demande ce qu'on veut faire d'un chaudron d'eau chaude à cette heure de la nuit ?... Méniquette déguise habilement la vérité, et répond :

— Dors, mon ami, je fais chauffer de l'eau pour mettre le linge à tremper : demain est mon jour de lessive.

— Puisque vous faites la lessive, mon devoir est de vous aider, maîtresse, répond le rusé valet. La première chose à faire pour rendre le blanchissage de bonne nature, c'est de mettre de la cendre dans votre eau. Voilà de la cendre ! maîtresse, voilà de la cendre, et prenant la pelle à feu, il en jette cinq ou six pelletées dans le chaudron.

— Encore ma bouillie perdue ! murmure le pauvre mari derrière les rideaux de son alcôve. Ah ! le misérable ! il a juré de me faire mourir de faim cette nuit !... j'étais bien plus heureux avec son frère ! combien je regrette que sa maladie l'ait contraint de nous quitter...

Mathieu, enchanté d'avoir troublé l'eau destinée à la bouillie, se recouche sur le coffre. Dès que Chourra le croit rendormi, il appelle Méniquette à voix basse.

— J'ai beau me serrer le ventre, dit-il d'une voix exténuée, je commence à ressentir des défaillances épouvantables... Puisque l'eau chaude ne peut plus servir à faire des armotes, mets la farine de maïs en pâte et fais-moi cuire au plus vite un gâteau sous la cendre ; je serais mort au point du jour, si je ne trouvais à manger dans peu d'instants.

L'active Méniquette, pleurant son eau chaude *cendrée*, prépare un peu de pâte de maïs dans le blutoir, et dépose ce gâteau dans le foyer, en prenant toutes les précautions imaginables pour ne pas réveiller le domestique. Mais celui-ci s'élance brusquement de sa couchette et vient s'asseoir près de l'âtre, prétendant que le souvenir d'une certaine affaire de famille ne lui permet pas de fermer l'œil.

3

Méniquette et Chourra commencent à trembler pour leur pâte de maïs ; ils espèrent cependant que Mathieu ne la remarquera pas sous la cendre et qu'il finira par retourner à son coffre, après avoir pris l'air du feu ; mais le compère a bon œil et ne manque pas de persévérance et de finesse.

— Je vais vous raconter mon histoire, et vous demander vos conseils, dit-il.

— Pourquoi n'irais-tu pas d'abord voir les bœufs à l'étable ?

— Laissez-moi vous dire deux mots sur mon affaire ; j'irai ensuite donner le fourrage à mes bêtes.

« Dieu soit loué de ce départ ! Si le récit n'est pas long, pensa Chourra, je vais pouvoir manger mon gâteau de maïs tout à l'aise. »

— Ma mère a eu la mauvaise pensée de se marier trois fois, dit Mathieu, et chaque mari lui a donné deux garçons et une fille, ce qui fait un total de trois filles et de six garçons, attendu que le bon Dieu nous a trouvés trop mauvais pour nous prendre et le diable trop bons pour nous enlever, nous restons donc oubliés sur la terre. Or, ma mère étant morte il y a deux ans, il s'agit de procéder au partage et de composer neuf lots aussi équitables que faire se pourra… A ces fins, M. le notaire commence le partage par le midi, et forme ses neuf parts égales, en allant du sud au nord.

Mathieu, prenant la sarbacane de roseau avec laquelle on soufflait au feu, veut indiquer sur la cendre l'opération divisoire de M. le notaire.

— Que fais-tu, malheureux ? s'écrie le vieux Chourra en sautant hors du lit…

Mais le valet avait déjà creusé neuf raies profondes dans la cendre et mis la farine de maïs en marmelade.

— Je fais le partage du notaire ; le géomètre vient de son côté, et commence les lots du couchant au levant, ce qui forme des carreaux de jardin en sens inverse…

Mathieu, répétant l'opération, achève de mêler la cendre avec la farine, au point de ne pas la rendre acceptable à des pourceaux.

— Qu'en dites-vous, mon cher Chourra ? poursuit-il avec le plus grand calme ; êtes-vous pour l'arpenteur ou pour le notaire ? Maintenant que vous connaissez la question, préparez votre réponse ; je vais me recoucher un instant, avant d'aller donner le foin aux bœufs, car je m'aperçois qu'il n'est pas deux heures du matin.

— Je suis mort ! je suis assassiné ! murmura le maître à l'oreille de sa femme ; privé du pain sur lequel il dort, de la bouillie dont il a troublé l'eau, du gâteau de maïs dont il a mis la pâte en perdition, il ne me reste plus qu'à me rendre au champ de raves afin de manger quelques racines crues, et remplir mon estomac de quelque chose qui ne soit pas du vent.

Chourra se glisse aussitôt hors de la cuisine, et se dirige vers le carreau de navets. Mais Mathieu, loin de se rendre à l'étable, suit son maître à la piste, et, dès qu'il le voit occupé à prendre des racines, il court vers lui en criant au voleur ! et accompagne cet acte de haute surveillance domestique d'une volée de coups de gaule…

— Aïe ! aïe ! aïe ! doucement, je suis Chourra ! ne

reconnais-tu pas ton maître ? s'écrie le propriétaire du ton le plus lamentable.

— Mon maître dort avec sa femme ; il n'y a que les voleurs qui courent ainsi la nuit, répond Mathieu en continuant sa bastonnade.

— Aie pitié de moi ! la faim m'a forcé de venir arracher quelques raves.

— Mon maître est trop sobre et trop économe pour s'abandonner à cet appétit vorace ; « il n'y a que les gens de rien qui songent toujours à manger »...

Et la bastonnade va son train.

— Je n'avais pas suffisamment soupé hier soir ; je sentais dans mon estomac des défaillances épouvantables.

— Chourra de Marseillan n'a jamais rien pris hors de ses repas ; il possède « un de ces estomacs honnêtes qui savent se plier à toutes sortes de privations ».

Le malheureux Chourra, puni par les principes qu'il venait de proclamer si haut lui-même, allait expirer sous les coups de Mathieu, lorsque Méniquette, attirée par ses cris, arrive, une chandelle de résine à la main, et ne permet plus au domestique de méconnaître le maître qu'il flagelle. Jetant sa latte à trente pas, Mathieu présente ses très humbles excuses ; Chourra, frottant ses épaules endolories, rentre dans son logis, bien décidé à ne plus attendre que son domestique soit couché pour manger en cachette, et se promettant de ne plus vanter des principes d'abstinence et d'économie que son estomac n'est pas en mesure de mettre en pratique.

A la suite de cette leçon, Mathieu se hâta de quitter une maison dont il avait si fort maltraité le propriétaire. Son frère reprit sa place de valet de charrue, et ses maîtres, corrigés par la rude leçon de Mathieu, ne donnèrent plus à leur valet l'occasion de se plaindre de leur avarice.

Le lion pendu

1

Vous le verrez toujours, de bien faire mal survient.

On raconte qu'un voyageur, passant un jour dans une forêt, aperçut un lion pendu par la patte à la plus haute branche d'un arbre.

— Ah ! par miséricorde, retire-moi d'ici, lui dit la bête féroce, du ton le plus suppliant et le plus humble. En montant sur cet arbre, pour manger cette couvée de pies qui désolait le voisinage, ma patte s'est prise dans cette branche fendue, je suis tombé la tête en bas, et me voilà pendu depuis vingt-quatre heures, sans espoir de me délivrer moi-même.

— Je comprends ta détresse, repartit le voyageur ; mais si je te détache, n'auras-tu pas fantaisie de me dévorer, afin de réparer tes forces, affaiblies par une longue diète ?

— Je te jure, par ma lionne et mes petits, que je ne te causerai jamais aucun dommage ; je respecterai ta personne et tes troupeaux, comme s'ils étaient composés de petits lionceaux de ma race.

Le voyageur, rassuré par ces promesses solennelles, monte sur l'arbre, dégage le lion, qui se hâte de descendre de sa potence. Le roi des animaux, ainsi délivré, témoigne à son libérateur sa plus vive reconnaissance, et lui propose de l'accompagner jusqu'au fond de la vallée. A peine arrivé à moitié chemin, le lion s'arrête un instant, passe sa large langue sur ses lèvres, et considère le voyageur de son regard le plus affamé.

— J'ai bien faim cependant, s'écrie-t-il d'une voix peu

rassurante, je m'accommoderais assez d'un homme comme toi pour mon dîner.

— Pas de plaisanteries sinistres, reprit le voyageur ; tu m'as solennellement promis de respecter ma personne ; sans cet engagement, je t'aurais laissé mourir dans la position d'un pendu.

— Sans doute, répondit le lion, en passant encore sa langue sur ses lèvres ; mais je ne puis disconvenir que ma faim est très pressante. Maintenant que je n'ai plus à craindre de périr sur une potence, il y aurait folie à me laisser mourir d'inanition. Si quelque autre proie ne vient bientôt soulager mon appétit, je finirai par retirer ma parole imprudente : je te croquerai aussi doucement que possible ; je commencerai par la tête ou par les pieds, à ton choix ; mais tu n'en passeras pas moins entre mes gencives.

— On a bien raison de le dire : *De bien faire mal survient*, reprend le voyageur d'un ton lamentable. Une semblable action serait le comble de l'infamie, tu dois le reconnaître ; elle ferait douter de l'existence de la générosité ici-bas. Soumettons le cas à des arbitres. Il n'est pas d'être vivant, j'en suis certain, qui ne considère ton ingratitude comme un forfait. Veux-tu consulter la chienne qui rôde autour de ce fourré à la recherche de quelque animal mort ?

— Je le veux bien, répondit le lion.

Et tous les deux s'acheminèrent vers une chienne, vieille et maigre, qui se traînait péniblement le long du sentier...

— Ecoute notre affaire et juge-nous, dit le voyageur à la pauvre bête exténuée... Le lion était pendu à cet arbre par la patte ; il allait infailliblement périr de douleur et de faim, lorsqu'il m'a supplié de venir à son secours ; je l'ai délivré, et voilà qu'il voudrait me dévorer pour récompense... N'ai-je pas dit la vérité, lion ?...

— Je n'en disconviens pas, camarade. Si le hasard ne t'avait conduit près de moi, j'aurais assurément passé de fort mauvais quarts d'heure.

— Eh bien ! décide la question, intéressante chienne, toi que l'âge et le malheur paraissent avoir dotée de la sagesse impartiale et clairvoyante ; trouves-tu qu'il soit juste qu'après avoir été sauvé par moi, le lion se nourrisse de ma chair ?...

— Vous ne pouviez plus mal vous adresser pour faire juger votre affaire, répondit la chienne en broutant quelques bouts de ronces : après avoir rendu les plus fidèles et les plus longs services au chasseur Martinon, que j'avais la faiblesse d'aimer, de suivre à la course quand il courait à cheval, de lécher quand il se reposait accablé de fatigue, je me vois jetée hors de chez lui. Maintenant que je suis vieille et pesante, il m'abandonne à la misère et me condamne à chercher une nourriture misérable dans les sentiers déserts ; tant est vrai le proverbe : *De bien faire mal survient !*... Je ne suis donc pas à même, vous le voyez, de juger avec impartialité une question d'ingratitude. Adressez-vous à d'autres, mes amis : la méchanceté des êtres vivants ne me touche plus...

Cela dit, la chienne continua péniblement sa route, laissant l'homme tremblant devant la gueule du lion, qui commençait à limer ses incisives.

— Voilà, je dois en convenir, une bien méchante chienne, s'écria le voyageur, et je la tiens pour très digne du sort qu'elle subit !... Mais la question reste la même ; je vais la soumettre à quelque animal moins indifférent... Consultons cette jument d'un certain âge, qui broute l'herbe dans cette clairière de là-bas ; la lenteur de sa démarche prévient favorablement en faveur de son expérience.

— Va pour la jument ! répondit le lion, qui se fit un grand mérite de ce nouvel acte de complaisance ; et il se dirigea vers la bête.

— Nous allons te soumettre une question fort importante, et te prier de la décider, dit le voyageur à la monture. Voici le fait : le lion allait périr sur un arbre, attaché par la patte comme un pendu. Je passais par là ;

il appelle au secours, je le détache et le remets sur ses pieds... Sais-tu quelle est la récompense qu'il réserve à ce trait de vertu ?... Il veut faire servir ma chair à son premier repas !... Demande-lui si mon récit n'est pas véritable ?...

— Assurément, dit le lion ; mais il n'est pas moins certain que j'éprouve un appétit d'enfer, et je n'ai pas l'habitude de retarder aussi longtemps mon dîner.

— Vous vous adressez bien mal pour faire trancher une question d'ingratitude, répondit la vieille jument, comme avait fait la chienne maigre ; depuis que mon maître, un jeune gentilhomme que j'avais longuement et fidèlement servi, m'a jetée hors de ses écuries, après avoir mis en question s'il ne me ferait pas abattre pour avoir mon cuir, je n'ai plus de temps à donner aux affaires des autres ; c'est à peine si je puis trouver sur les bords desséchés des chemins une nourriture qui m'empêche de mourir exténuée. Adressez-vous à gens plus heureux et plus oisifs. Persuadée de plus en plus que *de bien faire mal arrive,* je n'ai rien à voir dans vos discussions...

Sur cette réponse catégorique, la jument leur tourna le dos, et continua de brouter l'herbe rare et menue.

2

Le voyageur voyait glisser tous les arbitres sous sa main, et commençait à craindre que le lion affamé ne perdît complètement patience. A cet instant critique et décisif, il aperçut le museau d'un renard dans un buisson. La bête au nez pointu paraissait écouter attentivement la conversation et chercher le motif de cette querelle.

— Te voilà, compère renard, lui dit l'homme, avec un salut respectueux que l'animal mange-poule n'a pas coutume de recevoir de l'animal porte-fusil ; si le lion voulait t'accepter pour arbitre, je te soumettrais certaine affaire qui nous divise fort d'opinion à ce moment.

— J'y adhère volontiers, répondit le roi des animaux.

Le voyageur renouvela l'exposition du fait.

— Tout cela me paraît délicat, répondit le renard, en passant ses deux pattes sur son museau ; comme je ne voudrais pas engager ma conscience, je désirerais connaître avec exactitude le véritable état de la question... Sur quel arbre le lion occupait-il la position fâcheuse d'un pendu ?

— Sur le gros chêne de la mare.

— Faites-le-moi voir de plus près, s'il vous plaît ; je désirerais connaître les lieux avant de prononcer le jugement.

Les parties litigieuses le conduisent à deux pas de l'arbre et lui montrent la branche fatale.

— C'est fort bien ! Mais comment le lion a-t-il engagé sa patte dans cette branche ?... Montez un peu là-haut, seigneur lion ; il me sera plus facile de saisir.

Le lion s'exécute et grimpe sur l'arbre.

— Encore un peu de complaisance ! remettez votre patte dans la branche fendue. S'il vous plaît.

Le lion se rend encore à la prière du renard.

— Et vous dites qu'en cet état vous êtes tombé la tête en bas, sans pouvoir vous détacher ?... Je ne puis comprendre comment la chose a pu se faire.

— Rien de plus simple, dit le lion : j'étais pris par la patte comme ceci – et il se penche ; je tombe de cette façon – et il se laisse aller.

— Et puis, dit le renard, tu ne sais plus t'en détacher ?

— Que veux-tu que je fasse ?

— Que tu y restes, mon compère !... Garde cette position de pendu, puisque tu es si digne de l'occuper : je n'en demande pas davantage pour connaître ton affaire et te condamner à périr sur la potence.

Là-dessus, maître renard s'éloigne avec le voyageur, laissant le lion rugissant de fureur, envoyer l'homme et la bête à tous les diables...

— Ah ! mon cher, mon bien-aimé renard ! renard le plus honnête homme qu'il y ait à cent lieues à la ronde, que puis-je te donner pour récompense ? s'écrie l'homme, prêt à se prosterner dans un premier transport de reconnaissance.

— Absolument rien, mon cher homme ; je suis suffisamment payé par le bonheur de m'être fait un ami de celui qui n'avait eu d'autre désir, jusqu'ici, que de me loger quelque balle dans le ventre.

— Si ta générosité se contente de si peu de chose, la mienne voudrait remplir un peu mieux ses devoirs à ton endroit.

— Puisque tu es affamé de reconnaissance, répond le renard, apporte-moi deux poulardes ; je célébrerai ma fête avec la renarde, et te considérerai comme le plus généreux des mortels.

— Tu les auras demain. Où te trouverai-je, mon bien aimable libérateur ?

— Ici même, cher ami.

— J'y serai au lever de l'aurore.

— Ce n'est pas moi qui me retarderai.

La nuit s'écoule, le lion achève de mourir en rugissant, le renard dort du sommeil paisible d'un bon juge qui a sauvé l'innocent ; mais l'homme ne dort pas aussi bien, et pour cause... Il passe la nuit à préparer ses cadeaux du lendemain ; il les place soigneusement dans un sac, et se rend dans la forêt à l'heure indiquée... Le renard, tout aussi matinal, ne tarde pas à paraître. On se salue, on se donne la bénédiction ; peu s'en faut qu'on ne s'embrasse.

— Voici les poulardes, dit l'homme ; sois prêt à les saisir : elles sont vigoureuses, et pourraient t'échapper.

Le renard se met en position de jeter une patte sur chacune ; l'homme soulève le sac, et le tourne l'ouverture en bas. Mais qu'en sort-il ?... Deux chiens courants qui poussent des aboiements sinistres... Le renard prend la course et gagne les taillis à toutes jambes, en répétant le proverbe de la vieille chienne et de la jument maigre :

Vous le verrez toujours, de bien faire mal survient.

O lion ingrat ! ô homme plus ingrat encore ! n'aurais-je pas fait acte de prudence et de justice en te laissant dévorer par un animal moins méchant que toi ? Heureusement, le Dieu des faibles vint à son secours en ouvrant un terrier sur son passage ; il s'y blottit et les chiens ne purent l'atteindre... Le renard était sauvé, le lion était mort... L'homme, que devint-il ?... (Il y a cinquante ans de cela.) Demandez aux habitants de l'autre monde... Demandez surtout au Dieu juste qui juge les méchants au dernier ressort ; vous verrez qu'il n'applique pas chez lui le proverbe de chez nous, et qu'il ne dit pas aux méchants : Venez, amis de mon père, venez dans le séjour des délices éternelles, car de mal faire bien survient.

La défroque de la grand-mère

1

« Enfants, les morts ne sont pas aussi morts que l'on pense : ils nous regardent de là-haut et reviennent quelquefois sur la terre, parmi ceux qu'ils ont aimés, pour les bénir s'ils sont honnêtes, pour les punir s'ils sont méchants. »

La mère Mative comptait soixante-dix ans. Les tribulations d'une existence bien remplie avaient gravé sur son visage ces rides profondes qui ne sont pas les témoignages d'une vie facile et heureuse. C'était cependant une belle nature, possédant, au suprême degré, les deux grandes vertus chrétiennes, la force et la foi, force de corps et force d'âme. Son regard était ferme et un peu hautain, sa démarche assurée, comme ceux des chrétiens honnêtes, qui n'ont ici-bas d'autre crainte que celle de Dieu. Mariée très jeune, à Miquel Brancas, puis mère de huit enfants, elle les avait tous reçus avec joie, et tous aussi perdus successivement avec résignation. Cette résignation déguisait mal la profonde amertume de son âme ; car ils n'étaient pas morts en hommes craignant Dieu, mais presque tous en malheureux abandonnés de lui, et soumis à la possession des mauvais anges.

Mative avait été riche en son jeune âge ; elle avait habité une vaste maison, où l'on faisait aller sept belles paires de labourage, une maison abondamment munie de vin à la cave, de blé au grenier, de troupeaux dans les étables. Mais toutes ces prospérités avaient depuis longtemps disparu devant le gaspillage qu'entraînent les vices. Ses fils et ses filles n'étaient morts qu'après avoir dévoré les trois quarts du patrimoine commun, souillé même l'honneur de la famille... L'infortunée Mative survivait seule au milieu de ces ruines, comme une colonne de ces anciennes églises que les huguenots détruisirent il y a des siècles, et que personne n'a relevées depuis.

Elle n'était pas entièrement seule cependant, son fils aîné lui avait laissé trois rejetons, deux garçons et une fille, Laurent, Mathieu et Méniquette, trois enfants réfugiés auprès d'elle, dans sa maison à moitié démolie ; trois enfants qu'elle avait élevés et préservés jusqu'à ce jour de la funeste conséquence des exemples et des passions paternels... Mais hélas ! peut-être portaient-ils dans leur cœur un germe qui ne tarderait pas à se développer.

Laurent avait dix-neuf ans, Mathieu dix-huit, Méniquette seize. Leur respect et leur soumission envers la grand-mère seraient-ils de longue durée ? Mative pouvait le mettre en doute. Mathieu répondait quelquefois avec brusquerie, brutalité ; Laurent manquait à la prière du soir et trouvait la messe du dimanche bien longue ; Méniquette, enfin, tournait fréquemment la tête pendant l'office, pour rencontrer des yeux qui n'étaient pas ceux du prêtre célébrant... Toutes ces circonstances inspirèrent à Mative des appréhensions douloureuses, et l'infortunée, s'accrochant à la vie, suppliait le bon Dieu de la laisser encore plusieurs années sur cette terre, non qu'elle en regrettât les joies passagères, toujours si rares pour elle, mais dans l'espoir qu'elle pourrait soutenir ses petits-fils de ses conseils, les protéger de cette ombre de la vieillesse, que les enfants craignent alors qu'ils ne la respectent plus ; devant laquelle les plus méchants tremblent, tout en formant en secret l'horrible vœu que cette ombre disparaisse bientôt.

Ce moment fatal arriva. Malgré les ferventes supplications de Mative, la mort, sourde à nos prières, la laissa crier et l'emporta, par une noire soirée d'hiver, dans le logis où nous devons tous descendre.

On éprouva de profonds regrets dans le village, on se rendit en foule aux obsèques, et pendant bien des jours on répéta dans les veillées l'oraison funèbre de la respectable Mative. Trois cœurs seuls restèrent insensibles à sa perte. Laurent, Méniquette et Mathieu se sentaient délivrés d'une surveillance qu'ils traitaient de tyrannie ; ils jetaient les débris de leur frein avec éclat et respiraient à pleins poumons l'air indépendant, l'air licencieux qu'avait respiré leur père.

On partagea en trois portions égales la succession de la grand-mère ; non point les champs, les deux vaches et la maison ; ces objets devaient rester indivis ; la communauté devenait le régime des trois personnes qui se sentaient unies par la sympathie des goûts et la similitude des instincts ; mais les meubles vermoulus, l'argent, cinq à six cents écus peut-être, le linge... les hardes même, oui, les hardes... ils firent trois lots de deux jupons, deux robes, quelques chemises, des mouchoirs d'indienne, et, sans mauvaise pensée, il faut le reconnaître, sans profanation, car ils suivaient la loi ordinaire, la loi rigoureuse des pauvres : la nécessité ; ils tirèrent au sort les dépouilles de la grand-mère, comme les soldats avaient tiré sur le Calvaire la robe de Jésus crucifié.

Le hasard se montra judicieux et équitable, Méniquette eut les jupons et les robes, Laurent les fichus et les chemises, Mathieu les mouchoirs et le capulet. Grâce à cette distribution, les enfants n'étaient pas obligés de vendre leurs lots ; chacun pouvait employer personnellement les hardes qui lui étaient échues et porter sur lui des objets qui lui rappelleraient la grand-mère. Mative ne disparaissait pas tout entière, elle laissait quelque chose d'elle-même ici-bas.

Aussitôt Mathieu se taille une veste dans le capulet, Laurent se fait des cravates et des gilets avec les fichus, Méniquette endosse le jupon le plus neuf, la robe la plus fraîche.

2

C'était jour de marché dans la ville de Simorre. Les oisifs de la nature des trois Brancas se montrent friands de ces assemblées hebdomadaires, et ne manquent guère de consacrer aux cabarets et aux causeries de grands chemins deux ou trois journées chaque huitaine. Les Brancas quittent donc leur maisonnette et se dirigent vers la ville, ne portant rien à vendre au marché, mais ayant dans la bourse quelques pièces d'argent destinées à rester au cabaret ou chez les marchands de fichus et de dentelles.

— Ah ! vous voilà, Laurent et Mathieu ! ne tardèrent pas à dire deux marchands de bestiaux en rejoignant les Brancas, il y a du vin excellent chez le père Michau, irons-nous y boire deux pintes ? Nous avons fait bonne foire à Castelnau, nous pouvons offrir aux amis à se rafraîchir sur les bénéfices.

Laurent et Mathieu se gardent bien de refuser. Les deux marchands, le long fouet roulé autour du corps, la veste de velours sur le dos, les guêtres de cuir aux jambes, prennent les jeunes gens par-dessous le bras et les entraînent vers la ville. Laurent et Mathieu se laissent faire sans se préoccuper de leur sœur ; ils l'abandonnent sur le sentier, sans même la laisser *à la garde de Dieu* ; car le gai compère Jean Bruniquel venait à leur suite et hâtait le pas de son baudet afin de la rejoindre. Jean Bruniquel était un gros et robuste garçon meunier du village ; il avait le nez rouge, les pommettes animées, portait la tête haute, le béret sur l'oreille et faisait vigoureusement claquer son fouet.

— Eh ! bonjour, la belle Méniquette.

— Bonjour, Bruniquel.

— Qu'avez-vous donc fait de vos souliers, que vous

allez ainsi qu'une mendiante, toute pieds nus dans la poussière chaude et le gravier dur ?

— Je les tiens dans mon panier, pour ne point les user et salir, Bruniquel ; ils seront frais et luisants quand je les mettrai, avant d'entrer dans la ville.

— Allons donc, ménagère économe, n'usez point vos jolis pieds mignons pour conserver vos chaussures. Tous les cordonniers sont-ils morts ? Les corroyeurs n'ont-ils plus de cuir à vendre ? Jolie fille à frais minois manque-t-elle jamais de crédit ou d'argent ?... Après cela, si vous tenez à faire voir votre cheville aux passants, je vous offrirai l'occasion de l'exposer aux yeux avec plus d'avantage... Montez sur mon mulet, je serai très flatté de vous recevoir en croupe... vos souliers et votre peau n'en seront que mieux ménagés.

— Oh ! Bruniquel, pouvez-vous me proposer une semblable aventure ?

— N'y monteriez-vous pas si vous étiez jeune mariée ?... Vous savez que le meunier a le privilège de transporter toute jeune femme au logis de son époux, à l'issue de la messe de mariage... Vous m'accorderez avant la noce ce que d'autres m'accordent après... Montez sur le mulet, morbleu... Le voilà dans le fossé ; le tertre vous servira d'étrier. Allons, Méniquette, nous ferons une belle entrée à Simorre, allez, et on causera de nos fiançailles dans le marché.

Méniquette hésitait, cherchait des explications, des excuses.

— Allons donc, fillette, dit un vieux chiffonnier, arrivant sur ces entrefaites, monte en croupe avec le meunier. Ta mère ne refusait pas cette façon commode de courir les grands chemins à ton âge.

— Vous croyez, père Simon ?

— Je la portai moi-même, plus de vingt fois.

— Nous irons nous rafraîchir chez le père Michau, ajouta Bruniquel.

Michau ! le cabaret où se rendaient ses frères !... Méniquette n'hésite plus ; elle saute légèrement sur l'*aubarde* sans étriers, s'accroche de la main droite à la veste du meunier ; celui-ci agite ses jambes, frappe la bête du talon et la fait partir au trot.

A peine avait-elle fait dix pas, que Méniquette baisse ses regards sur ses genoux, et reconnaît un objet qui lui fait battre le cœur, et colore son visage de la rougeur de la honte. Eh ! quoi, la robe de sa grand-mère Mative, la sévère et sainte femme, froissée par le pantalon et la blouse farineuse d'un garçon mal famé, qui la conduit au cabaret !... Le remords est comme l'orage au mois de mai, il se forme vite et éclate promptement ; un nuage passe devant les yeux de Méniquette ; elle se laisse glisser à bas de la monture... Bruniquel s'en étonne et en demande la cause... Elle prétexte un soubresaut du mulet qui lui a fait perdre l'équilibre, et refuse de remonter sur une bête dont elle ne peut supporter le trot. Bruniquel la plaisante, menace de l'enlever de force... Elle prend la fuite et au lieu d'aller à la ville, elle rentre chez elle, troublée, inquiète et le visage baigné de larmes.

— Bonne Mative, disait-elle, pardonnez-moi d'avoir voulu porter votre robe dans un lieu où elle n'était jamais entrée.

Les deux frères étaient déjà dans le cabaret Michau, attablés avec les maquignons autour d'une table boiteuse, sous la tonnelle mystérieuse d'un jardin, en face de bouteilles provocatrices.

3

Marchands de tous pays ne sont guère généreux sans calcul, toute dépense est pour eux un placement lucratif. Quand ils offrent quelque chose, soyez sûrs qu'ils espèrent en retirer quelque bénéfice ; rien n'est cher comme les objets qu'ils offrent gratis ou à prix réduit.

Les deux commerçants voyageurs, très connus dans le pays pour des qualités qui n'étaient pas la délicatesse, avaient formé le projet d'acheter quatre belles paires de bœufs, qu'ils savaient devoir être conduites au champ de foire. Leur valeur réelle était grande ; il fallait trouver le moyen d'obliger les vendeurs à baisser le prix... Ils confient leur tactique à Mathieu et à Laurent, dont ils connaissent la conscience élastique... Les deux Brancas devaient se trouver sur le *foirail,* par hasard. Les marchands, aux prises avec les propriétaires du bétail, interpelleraient Laurent comme jeune vétérinaire nouvellement établi dans la contrée, et obtiendraient de lui l'assurance que le premier bœuf avait une onglée sous le pied droit, qui lui enlevait 60 francs de valeur ; que le second avait une tache à l'œil, 50 francs à déduire ; le troisième un commencement d'inflammation du poumon, 80 francs... Les autres bêtes paraissaient saines, et sans vices rédhibitoires ; mais Mathieu, pris en témoignage à son tour, assurerait les avoir connues il y avait trois ans, chez le précédent propriétaire, et se rappeler que l'un était *tumassé* (dangereux, fondant sur les bouviers), et un autre frappé du mal caduc... encore 150 francs de déchet... Le complot est arrêté dans tous ses articles, un tiers des bénéfices doit être remis aux deux Brancas... On se rend sur le champ de foire par des chemins divers, afin de prévenir tout soupçon de complicité.

Au coin d'une rue, Laurent rencontre un marchand étalagiste.

— Tiens, lui dit celui-ci, tu portes pour cravate le dernier mouchoir jaune que je vendis à la pauvre Mative, une brave et sainte femme, celle-là, qui m'aurait vite rendu mon argent, si je lui avais donné deux francs pour un gros sou.

— Le mouchoir de Mative !... Laurent porte la main aux deux bouts qui flottent sur sa poitrine, et se sent aussitôt serré à la gorge. Il peut à peine parler... il veut le desserrer, le nœud se renforce... C'est Mative, la sévère grand-mère, qui semble saisir son petit-fils et l'arrêter avant le vol. Laurent, le cou toujours serré, la respiration difficile, se détourne dans une rue opposée au champ de foire, quitte la ville, poursuivi par le souvenir de Mative, et rentre dans sa maison où Méniquette pleurait encore.

Mathieu, plus persévérant, arrive au *foirail*, les maquignons achètent les plus belles paires de bœufs, le prix est arrêté. Vient le moment d'examiner les défauts, de jouer la petite comédie répétée au cabaret. On cherche Laurent, on demande Laurent ; pas de Laurent dans le champ de foire... Privés d'un complice, les marchands se tournent vers l'autre, ils interpellent Mathieu Brancas sur les vices cachés d'animaux qu'il a connus chez le propriétaire précédent... Au moment où le jeune homme va faire son mensonge lucratif, il sent un voisin prendre un pan de sa veste dans les mains et en examiner attentivement l'étoffe.

— Que regardes-tu ? lui demande Mathieu.

— Il me semblait reconnaître le vieux capulet brun de ta grand-mère... Bonne et prudente femme celle-là, qui se serait fait conscience d'enlever quelques plumes à ses oies avant de les conduire au marché [1].

Mathieu se trouble au souvenir de l'honnête et respectée Mative, sa marraine et sa grand-mère. Cette veste, qui couvrit sous forme de capulet pendant plusieurs années la pieuse femme qui ne commit jamais le mensonge et la fraude, le serre, l'étreint, l'étouffe... Quand les maquignons renouvellent leur demande, il répond d'une voix entrecoupée, haletante.

— Je ne connais pas ces bœufs-là : je ne les ai jamais vus avant ce jour...

— Comment tu ne les as jamais vus ?

1. Les ménagères avares plument jusqu'à deux ou trois fois le cou de ces pauvres bêtes toutes vivantes pour vendre cette plume fine et légère qui forme le duvet.

— Jamais, jamais, ajoute-t-il, et se glissant dans la foule, il quitte Simorre, rentre dans son village et va rejoindre son frère et sa sœur.

4

Pendant plusieurs jours il y eut grande tristesse et grand abattement chez les Brancas. Agités par deux pensées contraires, le souvenir de Mative et les sollicitations de leurs mauvais instincts, ils erraient autour de leur maison, n'osant saluer les passants et se mêler aux gens du voisinage. Décidés à se soustraire à cette fausse situation, ils prennent une résolution énergique, quittent les vêtements qui leur rappelaient Mative et les pendent au clou d'un soliveau dans un recoin obscur du galetas... Ils ne les avaient plus constamment sous leurs yeux ; cependant ils étaient dans la maison ; leur présence entretenait le souvenir, et ce souvenir les obsédait... Laurent et Mathieu avaient plus d'une fois regretté la bonne aubaine de cinquante écus perdue à la foire de Simorre pour de sottes inquiétudes de conscience. Méniquette soupirait au souvenir du joyeux et robuste meunier qui la portait si gentiment en croupe, et lui avait parlé de mariage... un peu vaguement, il est vrai, comme il en avait parlé à bien d'autres, disait-on... Mais enfin le mot avait été prononcé... et le cas échéant, elle se sentait femme à le mieux retenir que de pauvres sottes qui... Mais pourquoi raisonner en présence d'un si bel homme, d'un si superbe homme... Le moyen de résister au désir de le revoir quand on l'avait vu ! Ah ! s'il se rencontrait de nouveau sur son chemin et s'il offrait de la porter en croupe ; elle était bien résolue à ne plus sauter à terre, quels que fussent les soubresauts du baudet.

Tous les esprits étaient fort agités dans la maison Brancas... Une nuit, Mathieu ne pouvait dormir ; il pensait aux pies qui dévoraient leur maïs au champ. Si leurs ravages continuaient, les propriétaires n'y retrouveraient pas la semence au moment de la récolte. Un si beau champ, le plus beau du pays, des tiges plus hautes que la tête ; deux ou trois gros épis à chaque tige !... Il continue à réfléchir au moyen d'éloigner les oiseaux... Une idée le saisit tout à coup ; elle le prend encore à la gorge, mais il se raidit, raffermit son horrible courage et se décide... Il faut un épouvantail dans le champ. Eh bien, il fera un épouvantail... A cela deux avantages ; il sauvera le maïs en effrayant les oiseaux, il débarrassera la maison des *haillons* qui l'encombrent !...

Il se lève au milieu de la nuit, le pas chancelant, la respiration gênée. La lune était claire, mais il faisait froid, une fraîcheur d'automne ; il monte au galetas, prend toutes les vieilles hardes de Mative, accrochées au clou du soliveau, en fait un paquet qu'il roule avec trois osiers, il le met sur ses épaules et se dirige vers le champ.

Il ne marchait pas, il volait comme emporté par une puissance infernale. Il traverse une vigne, arrache un piquet, l'enfonce dans le paquet de hardes comme un manche dans un balai de bruyère, et va planter l'épouvantail au milieu du champ. Détournant la tête après ce crime, il court, mais la terreur le gagne, il n'ose pas rentrer dans la maison. Il fuit vers un bois comme Caïn et s'y enfonce... Le jour arrive, il court toujours... La faim le saisit et le pousse dans une maison ; point de maîtres ; ils étaient tous au travail. Il ouvre l'armoire, prend un morceau de pain et se sauve en le mangeant... Bientôt il sent froid, un froid âcre intérieur qu'il n'a jamais éprouvé ; il aperçoit au bord du chemin la veste d'un cantonnier plantée sur un jalon... Le cantonnier prenait son repas sur le rebord du fossé et tournait le dos. Mathieu dérobe la veste, la met sur ses épaules et reprend sa course... Il avait encore plus froid... et cependant ce n'était plus le capulet de sa grand-mère qu'il avait sur ses épaules. Il passe devant une grande habitation ; n'osant y entrer pour se réchauffer, il prend une poignée de foin dans une meule, la met contre une haie, entasse des brins de bois et d'herbages et allume du feu en faisant jaillir des étincelles de deux cailloux. La flamme pétille, il chauffe ses mains, mais la flamme gagne la haie, et court vite de broussaille en broussaille... Ce commencement d'incendie l'effraye, il se sauve... Le feu passe de la haie à la meule de foin, de la meule de foin à la maison ; tout brûle, et l'incendie, loin de le réchauffer, augmente le froid qui lui court dans les os. Il fuit plus vite... Les paysans vont peut-être courir après l'incendiaire, et il n'a rien pour se défendre ; il coupe une grosse tige de houx, s'en fait un bâton bien noueux, terrible... Dès ce moment, Mathieu le vagabond va de village en village, débarrassé de la présence des hardes de sa grand-mère, mais toujours obsédé par ce froid âcre qui parcourt ses os...

5

Méniquette et Laurent attendirent en vain, et pendant plusieurs jours, le retour de leur frère. Ils ne le virent pas revenir... Le hasard les conduisit au galetas... Comment se faisait-il que les hardes de leur grand-mère ne fussent plus attachées au clou de la poutrelle ?... Mathieu les avait vendues au chiffonnier sans doute... Après un mouvement de regret, ils n'eurent pas le courage de garder rancune au vendeur ; ils allaient être libres, délivrés de tout souvenir. Un mur d'oubli s'élevait entre eux et les morts.

Laurent prit son bâton et se rendit à Puymaurin, patrie des marchands de bœufs ; il voulait savoir s'il ne pourrait pas réparer, dans un prochain marché, la sottise qu'il avait commise à Simorre... Il est si doux à certaines gens de gagner gros sans bêcher péniblement la terre, et attendre pendant huit mois la récolte arrosée de sueurs ! Ses complices allaient justement à la foire de Masseube ; ils le font rafraîchir et l'emmènent avec eux.

On pourrait causer d'affaires dans le trajet ; le chemin qu'ils devaient suivre passait justement près de la maison Brancas ; Laurent leur offrit de leur donner bon souper et bon gîte pour la nuit. Les marchands acceptèrent.

Pendant ce temps, Méniquette formait son plan aussi, et en commençait l'exécution à l'heure même... Elle prenait un peu de linge, qui n'avait nul besoin d'être lavé, et se rendait près du moulin, sous prétexte de le passer à l'eau claire.

Au bruit de son maillet, frappant sur la *banque* [1], Bruniquel met la tête à la fenêtre ; le cœur de la jeune fille se prend aussitôt à battre.

— Vous voilà, belle Méniquette, aux pieds toujours blancs et nus ?

— Je viens laver du linge, Bruniquel, et comme le ruisseau de la fontaine est à sec...

— Monteriez-vous en croupe aujourd'hui, si je vous offrais place sur mon *aubarde* ?

— Je tâcherais de m'habituer aux soubresauts de votre mulet, Bruniquel.

Le meunier allait faire la tournée de ses pratiques... La nuit approchait et ne l'effrayait pas ; les meuniers sont comme les chats et les loups : le soleil leur est moins agréable que la lune. Bruniquel selle son baudet, le conduit près du courant, prend à bras-le-corps la jeune fille, qui se laisse faire en riant ; il la met sur l'*aubarde* et monte à son tour... Puis jambes par-ci, jambes par-là, et faisant mouliner son fouet sur les deux bêtes, il se dirige du côté de la maison Brancas.

Le chemin passait justement entre la vigne et le champ de maïs ; il était creux et bordé de grandes haies

1. Banc incliné et à deux pieds.

vives... Pendant que Méniquette et le meunier arrivaient par le couchant, Laurent et les maquignons s'approchaient du côté opposé. De part et d'autre, la conversation était animée, mais peu bruyante, et de la nature de celles qu'on ne crie pas tout haut, au sortir de la messe, le dimanche.

— C'est donc convenu ? disaient les maquignons à Laurent Brancas en résumant la discussion ; demain matin tu nous précéderas au marché, disant partout que les moutons sont en grande baisse ; qu'ils ont diminué de trente sous à Castelnau, de quarante à Auch ; que du côté de Gimont une maladie terrible oblige tous les propriétaires à vendre... Ton dire ne sera pas suspect, tu n'es pas marchand de moutons, toi ! Nous arrivons sur ces entrefaites : tout le monde se hâte de vendre ; personne n'ose acheter ; nous prenons cinq à six cents bêtes ; nous gagnons deux francs sur chacune... Cent pistoles de bénéfice net.

— Et vous me donnerez ?... demanda Laurent.

Les maquignons n'eurent pas le temps de répondre à cette marque d'adhésion intéressée. Une étrange scène vint déranger leur complot et leur enlever leur complice. Voici ce qui se passait à l'autre angle du chemin... Depuis quelques instants, le vent soufflait avec force ; il faisait jouer les tiges de la haie, entrechoquer les jambes de maïs, et sifflait dans les feuilles et les branches... La nuit approchait, le crépuscule laissait encore apercevoir les objets à dix ou trente pas ; mais il leur donnait des formes et des couleurs singulières.

— Demain, n'est-ce pas, disait Bruniquel à celle qu'il portait en croupe, à la même heure, je repasserai et tu seras ici ?...

Méniquette ne disait pas oui ; mais comment dire non à un si bel homme ? S'il ne parlait pas de mariage aujourd'hui, peut-être se proposait-il d'en parler au rendez-vous qu'il demandait.

— Que voulez-vous, Méniquette ? faut que la jeunesse soit la jeunesse ! C'est là mon catéchisme à moi. Laissons les tisons aux vieillards et les sermons à M. le curé... Demain, n'est-ce pas ?

— Demain, Bruniquel.

— Mais quel vent siffle donc à travers ces haies, Méniquette ? Il est plaintif comme celui qui traverse la clôture d'un cimetière !

Bruniquel regarde du côté du maïs, et Méniquette y regarde aussi.

Dieu de bonté, quelle vision terrible ! Les jupons, la robe, le mouchoir, le corsage de la mère Mative dansent au vent... mieux encore, ses bras sont tendus, ils s'agitent et semblent maudire !... Ce ne sont plus ses habits immobiles au clou du soliveau ; c'est quasi Mative elle-même, qui se dresse sur la terre et revient pour surveiller ses enfants !

— Bruniquel, Bruniquel ! s'écrie Méniquette épouvantée en se cachant le visage, je ne serai pas demain sur le sentier que vous devez suivre, je n'y serai pas après-demain, je n'y serai jamais !...

Et la malheureuse, égarée, la tête perdue, prend la course et tombe, à l'autre coude du chemin, dans le groupe des maquignons qui entraînent son frère.

— Qu'est-ce donc, Méniquette ? demande Laurent, qui venait de prononcer le fatal engagement de complicité.

— Mative, notre grand-mère Mative ! balbutie Méniquette... elle se promène là, dans le maïs.

Laurent regarde ; le froid le prend au cœur et le glace ! C'était bien la robe, le jupon, le corsage de la sainte grand-mère, en effet, qui s'agitaient dans les hautes tiges ; les bras allaient, venaient, à une grande hauteur... On eût dit un fantôme de grande taille, descendu des nuages...

— Dieu vengeur ! s'écrie Laurent, comme avait crié Méniquette... et prenant la fuite, il n'ose rentrer chez lui, et se sauve au hasard.

Méniquette le suit ; ils se retournent au haut d'un monticule ; la grand-mère Mative s'agitait toujours derrière la haie et semblait les poursuivre de ses bras maudissants. Ils reprennent la course ; ils vont bien loin, bien loin du pays, courant comme le Juif errant, que poursuit l'éternel *marche, marche,* du bon Dieu...

Le soir du deuxième jour, Laurent et Méniquette tombèrent de lassitude devant la porte d'une église. Le curé, qui se rendait à l'autel pour dire l'Angélus du soir, releva les deux pauvres voyageurs exténués ; il les interrogea. Méniquette lui répondit :

— Aux repenties, s'il vous plaît ! faites-moi recevoir aux repenties, afin que le souvenir de ma grand-mère, qui me poursuit, ne me rencontre plus sur la mauvaise route.

La réponse de Laurent ne fut pas moins explicite.

— Si je savais lire, je vous prierais de m'ouvrir les portes d'un séminaire ; privé de toute éducation, je vous demande la faveur de vous servir comme domestique, afin de ne plus quitter le presbytère.

Le prêtre écouta leurs suppliques ; tous les deux trouvèrent le repos dans les lieux qu'ils avaient désignés, et ils ne cherchèrent plus à perdre le souvenir de leur grand-mère.

Un mois après, le vagabond Mathieu rentrait à Brancas ; il venait aider son frère et sa sœur à faire la récolte du maïs qu'il avait si énergiquement préservé du maraudage des oiseaux malfaisants. Il venait surtout se chauffer au vieux foyer maternel ; car celui des auberges du chemin n'avait jamais pu combattre le refroidissement qu'il avait contracté le soir d'automne où il avait planté l'épouvantail sacrilège... Mais il trouva la maison vide, et les voisins ne surent point lui donner des nouvelles de Méniquette et de Laurent. Le meunier seul dit qu'ils avaient disparu tous les deux, poursuivis, emportés peut-être, par la grand-mère, qui était revenue un soir au crépuscule accomplir cette belle besogne. Mathieu regarda vers le champ de maïs. Le sombre mannequin se dressait toujours au-dessus des épis, et faisait aller les bras au vent : l'épouvante augmenta ses frissons. Il rentra précipitamment chez lui, entassa des faix de sarments dans l'âtre, et alluma un grand feu ; feu si grand, qu'il prit à la cheminée, de la cheminée au premier étage, du premier étage à la maison entière : les voisins accoururent et lui crièrent en vain : « Mathieu Brancas, le feu est au logis, sortez vite ou vous allez brûler comme un tison de l'autre monde ! » Mathieu, sourd à leurs cris, continua de se chauffer tranquillement, murmurant toujours : « J'ai froid, j'ai froid ! » Il tournait devant la cheminée comme un mouton qu'on met à rôtir, et grelottait au milieu des flammes. Bientôt les planchers s'écroulèrent, il disparut sous les charbons et les décombres, et l'on entendait encore une voix étouffée murmurer : « J'ai froid, j'ai froid ! »

Le lendemain, l'épouvantail dansait encore au vent dans le maïs, en face de la maison en cendres. Les gens du village ne cessent de répéter depuis lors :

— Enfants, les morts ne sont pas aussi morts que l'on pense ; ils savent regarder les vivants de là-haut, et reviennent quelquefois sur la terre, parmi ceux qu'ils ont aimés, pour les bénir, s'ils sont honnêtes ; pour les punir, s'ils sont méchants.

PAYS BASQUE

Jean-François Cerquand

Le gentilhomme et le valet avisé

Deux pauvres gens, mari et femme, avaient deux fils dont l'aîné, d'esprit peu délié, alla un jour offrir ses services à un gentilhomme campagnard. « Je t'accepte pour valet, dit le gentilhomme, à une condition : si tes services ne m'agréent point, tu consentiras à te laisser enlever du dos assez de ta peau pour me faire une paire de bottes, après quoi tu t'en retourneras chez toi ; si ton travail me donne toute satisfaction, je te promets une bonne somme d'argent. »

« Tope », dit le valet, et le marché fut conclu.

Pour première épreuve, le gentilhomme ordonna à son valet de se rendre à la forêt et d'en ramener une charretée de bois telle que chaque bûche fût tordue dans toute sa longueur, sans partie droite aucune.

Le valet s'en alla à la forêt, en examina tous les arbres l'un après l'autre, du pied à la cime, et ne trouva pas de quoi faire une seule bûche tordue dans toute sa longueur.

Pour deuxième épreuve, le gentilhomme donna à son valet une miche de pain et une bouteille de vin bouchée. Il devait manger le pain sans commencer par un bout et boire le vin sans déboucher la bouteille.

Le valet regarda bien son pain, par-dessus et par-dessous, sans trouver moyen de le manger en ne commençant pas par un bout ; il retourna bien la bouteille, sans trouver moyen de la vider en ne la débouchant pas. Et il jeûna toute la journée.

Pour troisième épreuve, le gentilhomme ordonna à son valet de faire entrer ses bœufs dans un pré clos sans ouvrir la barrière ni démolir la clôture.

Le valet fit le tour du pré et trouva partout barrière

fermée et bonne clôture. Il ne put y faire entrer les bœufs.

Pour quatrième épreuve, le gentilhomme ordonna à son valet de préparer, entre le matin et le soir, assez de terre pour y semer une charretée de froment.

« Décidément, dit le valet après réflexion, je ne pourrai jamais satisfaire mon maître ; gare à ma peau ! » En effet, le gentilhomme, se tenant aux conditions du marché, lui enleva assez de la peau du dos pour s'en faire une paire de bottes, puis le renvoya chez ses parents. Le pauvre garçon raconta ce qui lui était arrivé.

Le jeune frère, qui était plus avisé, après avoir attentivement écouté ce récit, résolut de tirer vengeance du cruel gentilhomme et alla aussitôt lui offrir ses services, sans dire qui il était.

Le gentilhomme lui ordonna comme à son aîné, pour première épreuve, d'aller chercher à la forêt une charretée de bois tordu dans toute la longueur.

Le valet se rendit incontinent à la vigne de son maître, en arracha les ceps, les chargea sur la charrette et conduisit le tout à son maître.

Le gentilhomme lui ordonna, pour deuxième épreuve, de lui ramener de la forêt une charretée de bois bien droit dans toute sa longueur.

Le valet se rendit au verger nouvellement planté, et comme les jeunes plants de pommier[1] sont tous bien droits, il coupa tous ceux qu'il trouva, les chargea sur sa charrette et conduisit le tout à son maître.

Le gentilhomme lui ordonna, pour troisième épreuve, de déjeuner d'une miche de pain sans commencer par un bout, et de boire du vin d'une bouteille bouchée sans toucher au bouchon.

Le valet rompit le pain de façon à pouvoir rajuster les croûtes et se régala de la mie ; il perça le fond de la bouteille et avala tout le vin sans toucher au bouchon.

---

1. Le cidre était autrefois une boisson très répandue dans le Pays basque.

Le gentilhomme ordonna à son valet, pour quatrième épreuve, de faire entrer les bœufs dans un pré clos, sans ouvrir la barrière ni briser la clôture.

Le valet prit une hache bien aiguisée, coupa les bœufs en quartiers et les jeta dans le pré par-dessus le mur.

Le gentilhomme ordonna à son valet, pour cinquième épreuve, de préparer en un jour assez de terre pour y semer une charretée de froment.

Le valet ouvrit avec sa charrue un seul sillon, et en un instant y jeta tout entière la charretée de froment. Après cette belle besogne, il rentra chez son maître, convaincu qu'il s'était bien acquitté des cinq épreuves et que le maître, content ou non, ne pourrait lui adresser aucun reproche.

« Décidément, dit le maître à son tour, je n'aurai pas satisfaction de ce garçon. »

Il tint donc conseil avec Madame, après quoi il envoya son valet au bois du Tartare avec sept pourceaux à engraisser avec du gland. Or, le Tartare était un énorme géant qui tuait et mangeait tous ceux qu'il rencontrait dans son bois. C'était là une terrible épreuve.

Le valet se mit en route avec ses sept pourceaux. Il rencontra une femme qui portait au marché des perdrix toutes vivantes et qui lui demanda où il allait. « Je vais, dit le jeune homme, au bois du Tartare. — N'y allez pas, dit la femme effrayée, il vous mangera assurément. — Je ne le craindrais pas si vous me donniez une de vos perdrix. » La femme lui donna une perdrix.

Le valet continua son chemin. Bientôt il rencontra une autre femme qui portait au marché des pelotons de fil et qui lui demanda où il allait. « Je vais, dit-il, au bois du Tartare. — Ah ! dit la femme, ne faites point la folie de mettre jamais le pied dans le bois du Tartare ; il mange tous les chrétiens.

— Je ne le craindrais pas, si vous me donniez un de vos pelotons. » La femme lui donna un peloton.

Le valet continua son chemin. Il rencontra une troisième femme qui portait au marché des fromages et qui lui demanda, comme les autres, où il allait. « Au bois du Tartare, fit le valet. — N'y allez pas, dit la femme, dans votre intérêt. — Si vous me donnez un de vos fromages, il ne me mangera pas. » La femme lui donna un fromage bien volontiers.

Affermissant son courage, le valet arriva enfin au bois, sans autre arme pour se défendre contre le Tartare que le fromage, le peloton de fil et la perdrix. Le Tartare sentit aussitôt l'odeur du chrétien et vint droit à lui. Ce jour-là, il était de bonne humeur. « Luttons ensemble, dit-il au jeune homme. Si tu parviens à déraciner un arbre de cette taille, je te promets de ne te manger point. » Alors le Tartare embrassa un grand chêne, et d'une secousse l'arracha avec ses racines.

Le jeune homme, sans paraître étonné, prit son peloton de fil et alla le déroulant autour du bosquet. « Que comptes-tu faire avec ce fil ? dit le Tartare. — Tu t'imagines peut-être, répondit le jeune homme, que je vais prendre la peine de déraciner un à un tous ces arbres. Non pas. Je m'en vais les arracher tous ensemble d'un seul coup. — Laisse, laisse mon bois, dit le Tartare ; c'est mon seul bien. Voyons un autre jeu. Parions que je lance une pierre plus loin que toi. » Là-dessus, le Tartare empoigne une roche qui se trouvait là et la jette à une distance énorme.

A son tour le valet tire adroitement la perdrix de sa poche et la lance en l'air. La perdrix s'envola et n'eut garde de retomber.

« Tu as encore gagné, dit le Tartare, mais je te défie de faire ce que je vais faire. » Là-dessus, le Tartare prit une pierre et la serra si fort qu'il la brisa en deux.

Le valet tira de sa poche le fromage et l'écrasa.

« Tu as encore gagné, dit le Tartare ; mais voyons un dernier jeu. » En même temps il prend une barre de fer et la lance au loin.

Le valet n'aurait pas seulement pu soulever la barre ; mais il avisa sous les arbres la cabane du Tartare, et dit : « Je m'en vais écraser cette cabane là-bas avec la barre de fer. — Non, non ; je t'en prie, reprend aussitôt le Tartare ; ma pauvre mère est dans la cabane, et je ne veux pas que tu l'écrases. J'aime mieux te donner gagné. J'avoue que tu es plus fort que moi. Viens-t'en souper. » Tous les deux entrèrent donc dans la maison, soupèrent fort bien et allèrent se coucher.

Mais le jeune homme n'était pas tranquille et craignait quelque tour du Tartare. Il ne dormait pas. Enfin, il se leva et examina bien tous les recoins de la chambre. Sous le lit étaient entassées des têtes de chrétiens. Il en prit une, la mit sur l'oreiller et se cacha lui-même sous le lit.

Au milieu de la nuit, voilà le Tartare qui arrive à pas de loup, armé d'un grand sabre. Il prend son temps et assène un grand coup sur la tête qu'il aperçoit, puis, bien convaincu qu'il a coupé le cou de son hôte, il retourne se coucher. En passant dans la cuisine, il ordonna à sa mère de faire rougir au feu la grande broche.

Alors le jeune homme sortit de dessous le lit, alla prendre la broche des mains de la vieille femme, se glissa dans la chambre du Tartare et enfonça la broche dans l'œil unique qu'il portait au milieu du front, comme ses pareils.

Voilà le Tartare aveuglé, et qui se réveille en rugissant.

Le jeune homme ne resta pas à l'attendre. Il prend la fuite, et trouvant sur son passage une toison et la panse d'une brebis, il s'en saisit en courant. Le Tartare courait aussi et le poursuivait, quoique aveugle. Il l'atteignit d'un bond. Le jeune homme se met à quatre pattes, le dos couvert de la toison. Le Tartare le tâta, le prit pour une brebis et passa outre.

Le jeune homme s'enfuit d'un autre côté. Comme il passait à côté de gens qui fauchaient de la fougère, il se débarrassa de la panse de brebis et se dirigea rapidement vers le bois. Le Tartare arriva bientôt et demanda aux faucheurs s'ils n'avaient pas vu passer quelque chrétien. — Oui, dirent les faucheurs, et même, pour courir plus vite, il s'est débarrassé de son ventre. » Le Tartare, pour être plus leste, jette aussi son ventre. Mais il courait moins vite ; et quand il arriva au bois, où était le chrétien, il avait perdu ses forces. « Je suis vaincu, dit-il au jeune homme, va en paix avec tes pourceaux. » Le jeune homme ne se le fit pas dire deux fois et emmena avec ses pourceaux beaucoup de ceux du Tartare, qui n'y voyait plus.

Il s'en alla tout droit au marché où il vendit tous ses pourceaux, dont il se réserva soigneusement les queues, puis retourna chez son maître le gentilhomme. Près du château était un bourbier ; il y planta les queues, puis cria de toutes ses forces : « Monsieur, monsieur ! au secours ! Les pourceaux sont embourbés. »

A ces cris d'une voix qu'il reconnaissait bien, le maître accourt bien surpris ; car il avait espéré que le Tartare mangerait le valet et qu'il en serait débarrassé. Il vit le bout des queues sortant du marais et crut que les pourceaux y étaient encore attachés : « Va vite, dit-il au jeune homme, va chercher à la maison une pioche et une pelle, afin que nous retirions ces pourceaux. »

Le valet courut à la maison : « Madame, dit-il, je viens vous demander, de la part de monsieur, deux pots pleins d'or. » La maîtresse, étonnée, s'écria : « Quoi ! Le maître vous a bien dit deux pots ? — Sans doute, sans doute, il nous les faut tous les deux. Ecoutez bien ce que le maître va dire. » Alors, se tenant sur le seuil, il cria de loin au gentilhomme : « Monsieur, avez-vous besoin d'un seul ou des deux ? — Des deux, des deux », répondit le maître, qui entendait la pioche et la pelle.

La maîtresse abusée donna les deux pots d'or. Le valet prit aussi la pioche et la pelle et courut vers le bourbier. Le gentilhomme y était, essayant de retirer ses pourceaux par la queue. Mais au moment où il réunissait toutes ses forces, la queue céda et il tomba à la renverse. Le domestique, sans perdre un moment, lui donna sur la tête deux vigoureux coups de pioche et s'enfuit chez ses parents avec les deux pots d'or, ayant vengé son frère et fait fortune.

Et depuis il ne manqua plus de rien, non plus que les siens.

Hamalau

Il y avait une fois un jeune garçon si robuste et d'un tel appétit qu'on lui avait donné le nom d'Hamalau (Quatorze). Il était la désolation de ses parents, qui ne pouvaient venir à bout de le rassasier, en sorte qu'un beau matin, n'ayant plus rien à partager avec lui, ils le mirent dehors, le laissant aller gagner sa vie à la grâce de Dieu.

Hamalau s'en alla donc tout droit devant lui. Quand le grand air et la marche lui eurent bien creusé l'estomac, il s'arrêta devant la maison d'un laboureur et frappa bruyamment à la porte. La maîtresse de la maison se montra à la fenêtre : « Qui est là ? » dit-elle. « C'est Hamalau (Quatorze). » La bonne dame regarde à droite et à gauche et ne voit qu'une seule personne : « Comment dites-vous ? Qui êtes-vous ? — Hamalau. » La dame descend et ouvre, et Hamalau entre sans façon. Elle lui demande ce qu'il veut. « Je viens savoir si vous avez besoin d'un serviteur, et vous offrir au besoin mes bras. — Sans doute, sans doute ; nous avons besoin d'ouvriers en ce temps de moisson, et demain il nous faut couper le blé du grand champ, qui est à point. C'est une grosse besogne et qui demanderait un jour de travail à quatorze ouvriers. — Quatorze ouvriers ? c'est justement mon affaire. Ne cherchez pas davantage, je me charge tout seul de couper tout votre blé dans la journée de demain ; pourvu que vous me prépariez le déjeuner des quatorze. »

Quoiqu'un peu surprise, la maîtresse, pensant qu'il y avait encore économie pour elle, retint Hamalau comme ouvrier, sans attendre le retour de son mari.

Le lendemain, Hamalau prend une faux et se rend au champ. La maîtresse, ainsi qu'il était convenu, prépara un déjeuner pour quatorze personnes, et le porta dès sept heures à Hamalau. Elle le trouve couché tranquillement sur l'herbe, la faux à côté de lui. D'ouvrage, point. Elle lui dit avec un peu d'aigreur : « Est-ce ainsi que vous travaillez ? Et vous imaginez-vous que je vous ai engagé pour ne rien faire ? Voilà un déjeuner bien gagné, sur ma foi. Mais écoutez bien. Si avant midi vous n'avez pas fait une part raisonnable de la besogne, nous nous parlerons, vous et moi. — Là ! là ! ne vous fâchez pas ; mettez seulement ici le déjeuner. Après cela, nous parlerons tant que vous voudrez. »

Ayant ainsi dit, Hamalau mange le déjeuner des quatorze et recommande à la maîtresse d'apporter à midi bien précis le dîner de quatorze. La dame murmure un peu et s'en va.

Hamalau s'étend de nouveau sur l'herbe et dort jusqu'à onze heures. Alors, il prend sa faux et la fait fonctionner vigoureusement jusqu'à midi. A midi, la moitié du blé était en javelles sur le champ.

La dame arrive à l'heure juste avec le dîner et jette un coup d'œil de satisfaction sur l'ouvrage terminé. Hamalau mange les quatorze parts, recommande à la maîtresse d'apporter à cinq heures un goûter pour quatorze et s'étend sur l'herbe.

La dame arriva à l'heure juste avec le goûter. Elle trouve Hamalau couché et la besogne au même point qu'à midi. Elle se met de nouveau en colère. « Pensez-vous que nous puissions vous nourrir ainsi pour rien ? La nuit va bientôt arriver ; comment espérez-vous en avoir fini avec ce champ ? — Ce sera fini à l'heure dite ; n'ayez pas peur. Donnez-moi seulement le goûter, car je meurs de faim. » Il mange comme quatorze et se recouche sans faire attention aux doléances de la femme, qui se retire en courroux. A sept heures, il se met à l'œuvre ; et à huit heures tout le blé était coupé.

Hamalau va réclamer son souper à la maîtresse. Elle

le donna de bon cœur, le travail étant terminé suivant les conventions.

Sur ces entrefaites arriva le maître à qui sa femme raconta des merveilles de la vaillance et de l'appétit d'Hamalau. Dès le lendemain, le maître et le valet vont couper de la fougère ; le soir, grâce à Hamalau, toute la fougeraie était rasée. Et ainsi de suite les autres jours. Hamalau suffisait à tous les travaux de la maison ; il labourait, semait, récoltait, nettoyait. Mais il mangeait aussi comme quatorze, et ses maîtres, par avarice, résolurent de se débarrasser de lui, ne pouvant lui donner son congé. En effet, à toutes les sommations de déguerpir, il répondait résolument : « Je me trouve bien chez vous ; vous me plaisez tous les deux et je ne veux pas vous abandonner. »

Il y avait, bien loin de la ferme, une forêt hantée par les loups et les ours. Les maîtres dirent à Hamalau : « Tenez ; vous allez atteler les vaches au chariot et vous irez chercher à la forêt une charretée de bois. » Hamalau attacha les vaches à un arbre, se coucha à son aise sur l'herbe et s'endormit aussitôt. A son réveil il n'aperçoit plus qu'une vache. « Bien sûr, dit-il, ce sont les ours qui l'ont mangée. » Il se met en chasse aussitôt et trouve un ours endormi. Il le prend par l'oreille et l'amène à côté du chariot ; il l'attelle, bon gré, mal gré, charge de bois sa voiture et revient à la maison. A la vue de l'attelage, les gens s'effraient. Ils le prient de donner la liberté au féroce animal : « Non pas, non pas, dit Hamalau. Pourquoi a-t-il mangé notre vache ? Je veux le dresser à faire sa besogne. »

Le lendemain il retourne à la forêt avec le chariot attelé de l'ours et de la vache. Comme la veille il attache les bêtes à un arbre, se couche à son aise sur l'herbe et s'endort. A son réveil, il ne trouve plus la vache ; les ours l'avaient mangée. Il se met encore en chasse et ramène un ours par l'oreille. Il l'attelle à côté de l'autre et charge le chariot de toute une forêt. Jugez un peu le tapage que faisaient les deux animaux. Ils remplissaient les champs de leurs hurlements sauvages, et on aurait dit, tant il y avait de bois sur le chariot, qu'ils portaient leur charge en l'air. Ils arrivèrent ainsi à la maison, au grand effroi des maîtres : « Quel homme ! se disaient-ils ; il ne craint rien ; il se sert des ours comme de petits oiseaux. Quelque jour, s'il lui en prend envie, il se défera de nous. »

Dans un coin de la forêt vivait un Tartare fort riche, qui possédait les plus belles vaches du pays. Il haïssait les chrétiens et mangeait tous ceux qu'il trouvait. Les maîtres, comptant là-dessus, dirent à Hamalau. « Les ours que vous nous avez amenés peuvent bien conduire notre chariot ; mais cependant nous avons besoin de vaches laitières. Vous irez donc chez le Tartare et vous lui en achèterez une belle paire. » Hamalau ne fait point d'objections et s'en va acheter les vaches. Le Tartare lui dit : « Je te donnerai la plus belle paire de vaches, à ton choix, et tu garderas ton argent. Seulement il faut que tu me gagnes une partie de barres : les vaches sont l'enjeu. » En parlant ainsi, le Tartare se croyait bien sûr de gagner ; car les hommes les plus forts étaient pour lui comme des mouches. Hamalau accepta le pari et, quoique le Tartare eût lancé fort loin sa barre de fer, il lança la sienne plus loin encore.

Qui fut bien surpris et bien contrarié ? Ce fut le Tartare, qui perdait sa plus belle paire de vaches et était obligé de reconnaître qu'il avait rencontré son maître. Dans l'espoir de prendre sa revanche, il lui proposa une partie de lutte. Hamalau y consentit. Ils s'empoignent tous les deux et bientôt tombent par terre, le Tartare dessous, Hamalau dessus. Le Tartare le pria bien humblement de lui laisser la vie, s'avouant vaincu et incapable de jamais lutter contre lui. Hamalau l'épargna et revint à la maison avec une paire de vaches magnifiques. « Ha ! ha ! vous vouliez de belles vaches, dit-il à ses maîtres, que dites-vous de celles-là ? Regardez-les bien. » Mais les maîtres avaient plus de terreur que de joie de voir qu'il avait battu le Tartare. Cependant ils dissimulèrent. « En vérité, je crois, dit l'homme, que rien sur terre, ni animaux, ni hommes, ne peut te résister. Mais ne craindrais-tu pas le diable, par hasard, car j'ai justement une commission à te donner pour lui ? — Donnez, donnez votre commission. Je me charge de la porter au diable, si vieux et si malin qu'il soit. Je ne le redoute pas. »

Pour se rendre chez le diable, Hamalau se fit faire par le forgeron une paire de souliers en fer, des tenailles solides et une barre, le tout en fer. Ainsi chaussé et armé, il va frapper à la porte du diable. Un jeune garçon l'entrouvre et lui dit : « Fuyez au plus vite, car si le vieux diable arrive, il vous enfermera ici comme nous, qui sommes venus ici trompés et ne pouvons plus sortir. » Au même moment, le vieux diable arrive et, voyant Hamalau, il s'écrie : « Ah ! tu es là, Hamalau ! J'ai souvent entendu parler de toi et je désirais depuis longtemps faire ta connaissance. Tu feras la mienne aussi, mon bon ami ; car, puisque je te tiens, il faut que je te montre qui je suis. Tu ne feras plus parler le monde. » Là-dessus, le diable se jette sur Hamalau. Mais Hamalau l'attendait. De ses tenailles il saisit le nez du diable et l'empêche de faire un mouvement ; de sa barre de fer il lui casse les jambes. Ayant ainsi vaincu le diable, Hamalau s'en retourne paisiblement à la maison.

Les maîtres comprirent qu'il était inutile de lui imposer de nouvelles épreuves, puisqu'il était sorti des plus difficiles. Ils n'avaient point d'enfants ; ils l'adoptèrent pour fils et pour héritier, et tous ensemble vécurent heureux.

L'épousée à la recherche de son mari

Un père avait trois filles, plus jolies l'une que l'autre.

Un jour qu'il était allé à la chasse, il entendit un terrible bruit dans la forêt et vit venir à lui un Heren-Sugué d'aspect effrayant qui renversait un arbre de chaque mouvement de sa queue. Ce Heren-Sugué s'arrêta devant le chasseur et, d'une voix qui ressemblait au mugissement de cent bœufs, lui dit : « Si tu ne me donnes pour femme une de tes trois jolies filles, je ne ferai de toi qu'une bouchée. » Le pauvre homme épouvanté trouva à peine la force de répondre : « Monseigneur, je vous promets de vous donner une de mes filles en mariage » ; puis il s'enfuit à la maison.

Là il s'agissait de tenir sa promesse. Mais au premier mot qu'il hasarda sur le gendre qu'il voulait, l'aînée des filles dit d'un ton sec : « Arrivera qui pourra ; j'aime mieux être mangée que de devenir la femme d'un monstre. — Et moi, ajouta la cadette, je pense comme ma sœur et ne veux, à aucun prix, d'un Heren-Sugué pour mari. »

Le pauvre homme demeura tout interloqué. Que faire ? Pouvait-il raisonnablement forcer ces deux charmantes créatures, ses propres filles, à accepter un mariage si extravagant ? Il n'osait même pas interroger la plus jeune.

Mais la plus jeune de ses filles, prévenant sa demande et le caressant, lui dit : « Mon père, ne vous attristez point. Plutôt que de vous laisser manger par le Heren-Sugué, j'irai vers lui et je deviendrai sa femme. »

Elle n'en dit pas plus et, se laissant conduire par son père, elle alla au Heren-Sugué, qui la reçut avec un grognement de plaisir et se mit aussitôt en route vers sa demeure. Elle le suivait avec angoisse.

Ils arrivèrent à la brune. Et la demeure du Heren-Sugué était un beau château, où une table bien servie les attendait ; et le Heren-Sugué, du coucher au lever du soleil, devenait un bel adolescent. Quand le jour arrivait, il sortait du château sous sa forme effrayante de dragon et restait dehors jusqu'au soir, pour ne pas être vu de sa femme. Et vous pensez bien que la nouvelle épousée, qui avait craint tout autre chose, se trouva satisfaite de sa position et qu'elle ne tarda pas à raffoler de son mari.

Cependant, au bout de quelque temps, il lui prit envie de revoir sa famille. Son mari lui dit : « Je vous laisserai aller puisque vous le désirez, mais vous me jurerez que vous ne dévoilerez à personne rien de ce qui se passe ici et dont vous avez été témoin. » Elle jura bien volontiers et se rendit à la maison de son père.

A peine arrivée elle eut à répondre à mille questions. Son mari était-il aimable ? Quelle langue parlait-il ? Et sa demeure ? Etait-ce une caverne ? A quoi passait-elle son temps ? Se plaisait-elle bien dans sa position ?

Oui. Certainement elle se plaisait dans sa position. Son mari avait pour elle toutes les prévenances : il ne lui refusait rien de ce qui lui passait par la tête. La maison qu'elle habitait ne ressemblait en rien à une caverne et il y avait dedans toutes sortes de belles choses. En somme, elle était la plus heureuse des femmes et avait rencontré le meilleur des maris.

« Vous avez beau dire, ma sœur, fit l'aînée, vous n'en êtes pas moins la femme d'un horrible Heren-Sugué, et je ne voudrais, pour rien au monde, être à votre place.
— Le ciel nous préserve des dragons », ajouta la cadette.

Elles en dirent tant que la jeune épousée, poussée à bout par leurs sarcasmes, oublia sa promesse : « Qu'appelez-vous femme d'un dragon ? dit-elle, sachez que mon mari n'est pas plus dragon que vous, et qu'il est plus beau garçon que ne seront jamais vos maris, si jamais vous en trouvez. » Elle n'eut pas plus tôt prononcé ces mots qu'elle se sentit un coup au cœur. Elle vit qu'elle avait désobéi, et le remords la saisit. Elle hâta donc ses adieux à son père et à ses sœurs et revint au château.

Son mari l'attendait : « Avez-vous, lui demanda-t-il, été fidèle à la promesse que vous m'avez faite de ne point dévoiler mon secret à vos sœurs et à vos autres parents ? » Elle essaya de dire qu'elle avait été fidèle ; mais elle vit bien qu'il savait tout ce qui s'était passé. « Malheureuse, lui dit-il en courroux, oserez-vous m'assurer de votre foi quand mes souffrances vous donnent un démenti ? Elles devaient se terminer aujourd'hui ; le temps de mes épreuves était accompli, et voilà que, grâce à vous, je vais errer sept ans encore. Et vous, qui m'aimez, vous me chercherez en vain par le monde et vous ne me trouverez pas. Vos souliers, fussent-ils de fer, s'useraient à cette vaine recherche. »

Il partit après ces mots. Mais il laissa à sa femme une quenouille d'or, un fuseau d'or et un dévidoir d'or.

La jeune femme prit la quenouille d'or, le fuseau d'or et le dévidoir d'or et partit aussi pour suivre son mari. Pendant sept longues années elle marcha sans apprendre rien de lui.

Un soir, épuisée de fatigue, elle arriva chez le frère du Soleil. Elle pria la dame de la maison de lui permettre de se reposer chez elle pendant cette seule nuit. La dame lui répondit : « De bon cœur je vous recevrais, ma chère, mais je crains que vous n'eussiez à le regretter ensuite. Tout à l'heure va rentrer mon mari, après avoir passé la journée à forger des tonnerres et s'il découvre qu'un chrétien s'est caché chez lui, il vous mangera. »

La pauvre abandonnée n'en était pas à craindre d'être mangée. Il était nuit ; elle ne pouvait, fatiguée comme elle était, continuer sa route. Il devait se trouver dans la maison quelque coin où elle pût se reposer et prendre des forces. Elle parla si bien que la dame en eut pitié.

Le frère du Soleil ne tarda pas à rentrer. Il s'en allait

flairant çà et là et disait à sa femme : « Quelle odeur est-ce qu'il y a chez nous, que je ne sentais pas hier ? On dirait l'odeur de chrétien. — Homme, il n'y a point de chrétien ici ; vous vous trompez. Tout à l'heure il a passé devant notre porte un troupeau de moutons appartenant à des chrétiens. C'est là l'odeur que vous sentez. » La femme détourna de cette façon les soupçons de son mari et le lendemain, avant le jour, elle fit sortir secrètement la voyageuse.

Le même soir elle arriva chez le Soleil. Une vieille, toute noire et brûlée, vint lui ouvrir. C'était la mère du Soleil. La jeune femme lui demanda un gîte pour cette seule nuit. « Oui, oui, de bien bon cœur, dit la vieille, je vous donnerai un gîte ; car notre maison est grande ; mais mon fils rentrera bientôt, et il vous brûlera. »

L'abandonnée n'en était pas à craindre d'être brûlée. Cependant, par précaution, elle se laissa enfermer dans une antique armoire, assez spacieuse pour qu'elle s'y reposât à l'aise.

Le Soleil arriva tard.

La vieille lui demanda où il avait été retenu. Le Soleil lui dit : « Mon frère manquait de feu à sa forge et j'ai fait rougir ses fers pendant qu'il forgeait les tonnerres. Eveillez-moi de bon matin demain, je vous prie. Il y aura une belle noce à la ville prochaine et je veux éclairer la fête. »

Du fond de son armoire, la jeune femme comprit qu'il s'agissait de son mari. Les sept ans d'épreuve s'étaient écoulés sans nouvel encombre et le Heren-Sugué, redevenu un beau prince, allait prendre une autre femme. Elle écouta avec attention ce que disaient le Soleil et sa mère et, confiante dans son bon droit et son affection, elle arrêta la conduite qu'elle devait tenir.

Elle se mit en route avant le Soleil, marcha sans s'arrêter et arriva après trois jours à la ville. Une fois là, elle alla tout droit offrir ses services de fileuse dans la maison de son mari. Le nouveau ménage avait besoin de linge et on l'accueillit.

Enfermée dans sa chambre, elle travailla de tout son cœur avec le fuseau d'or, la quenouille d'or et le dévidoir d'or. Et il arriva que la maîtresse de la maison entra un jour dans cette chambre et vit les riches instruments dont se servait la pauvre fileuse.

« Qui a jamais entendu parler, dit-elle, d'une quenouille et d'un fuseau d'or pour filer du chanvre ?

— C'est chez nous la méthode, madame.

— Et de qui tenez-vous ces jolies choses, madame ?

— De ma mère. Est-ce que ce dévidoir vous plaît, madame, et le fuseau et la quenouille ?

— Etes-vous disposée à vous en défaire ?

— Ils ne conviennent guère à une pauvre servante, et je puis filer tout aussi bien avec une quenouille de bois, un fuseau de bois et un dévidoir de bois.

— Et quel prix en voulez-vous ?

— Je vous les donnerai en pur don, pourvu que vous m'accordiez de voir notre maître en particulier, une minute.

— Vous n'êtes pas bien exigeante, ma petite, et je vous permets de voir mon mari autant qu'il vous plaira, en échange de votre attirail, et même je vous donnerai, par-dessus le marché, une quenouille de bois, un fuseau de bois et un dévidoir de bois. »

Ainsi, après sept longues années, elle reparut devant celui qu'elle aimait et qui l'avait oubliée. Mais il la reconnut.

Il convia à dîner pour le lendemain ses amis et les notables des environs, et à la fin du repas leur posa cette question : « Un homme s'est marié il y a sept ans. Il a été obligé de quitter sa femme. Puis croyant, après sept ans, qu'elle était morte, il s'est remarié. Et maintenant il a deux femmes, car il a retrouvé la première. A votre avis, que doit-il faire et quelle femme est-il tenu de garder ? »

D'une commune voix, tous les convives déclarèrent que les droits de la première femme étaient seuls légitimes, et ceux de l'autre nuls.

Alors l'époux : « Je suis, dit-il, l'homme dont je viens de parler. Voici ma première femme, cette fileuse, que j'avais perdue et que j'ai retrouvée. Sur votre avis, je la reprends avec moi, et je rendrai à ses parents celle que je viens d'épouser. »

La trahison punie

S'il y a jamais eu deux amis inséparables, c'étaient Goyenetche et Etchegoyen, nés le même jour dans deux maisons voisines d'aspect également misérable. Leur amitié datait du moment où ils eurent la liberté de se rouler dans la poussière, sur la porte du logis paternel. Dès lors on les vit user leurs culottes sur les mêmes bancs à l'école et au catéchisme, mener leurs chèvres le long des mêmes haies et grandir jusqu'au moment où ils furent appelés par la conscription. Ils eurent la même chance de tirer un mauvais numéro et allèrent ensemble rejoindre le régiment.

Le temps du service accompli et leur congé dans la poche, les deux amis, impatients de revoir le pays, passèrent la revue de leurs bourses. Et ce fut bientôt fait. Il y avait si peu que c'était comme s'il n'y eût rien eu du tout. Goyenetche et Etchegoyen tinrent donc conseil, et comme la misère est mauvaise conseillère, ils convinrent que celui des deux que le sort désignerait serait aveuglé, que l'autre lui servirait de guide et qu'ils s'en retourneraient ainsi, en demandant la charité aux passants. Le sort désigna Goyenetche, qui se soumit sans murmurer, et voilà Goyenetche qui s'en va par les chemins du côté du pays en répétant d'une voix lamentable : « Faites l'aumône au pauvre aveugle pour l'amour de Dieu », pendant qu'Etchegoyen le conduisait par la main.

Les premiers jours se passèrent sans profit ; ils furent plus heureux dans la première ville qu'ils eurent à traverser, qui était riche et populeuse. Ils reçurent des victuailles, des sous, même quelques pièces blanches. Ils reçurent n'est pas le mot, Etchegoyen le clairvoyant recevait ce qu'on donnait pour Goyenetche, et il eut à la fin du jour une jolie petite somme.

Quand il fut question de dîner, Etchegoyen le clairvoyant se chargea de faire les parts ; et il eut soin de mettre dans la sienne ce qu'il y avait de meilleur, laissant le reste à l'ami Goyenetche. L'ami se plaignit, car il avait senti l'odeur de la viande.

Etchegoyen n'y fit aucune attention. Une mauvaise pensée lui venait à la vue de l'argent : « Je serais riche s'il ne me fallait pas partager la caisse avec mon camarade. » Et bientôt après il se dit : « Goyenetche n'y voit pas ; rien n'est plus facile que de me débarrasser de lui et alors tout l'argent m'appartiendra. »

Le chemin que les deux amis suivirent le soir même traversait une grande forêt. Etchegoyen conduisit Goyenetche dans un fourré et l'y abandonna.

Quand le pauvre aveugle fut bien certain qu'il était seul, il éprouva d'abord un grand embarras. Mais c'était un garçon résolu qui n'avait pas perdu son temps au régiment. « Ce que j'ai de mieux à faire pour le quart d'heure, se dit-il, c'est de trouver un abri contre les bêtes sauvages qui rôdent pendant la nuit. Demain apportera assez tôt sa peine. » Là-dessus Goyenetche s'en va à tâtons jusqu'à ce qu'il trouve un arbre à sa mesure. Il y grimpe et se place aussi commodément qu'il peut pour y passer la nuit, sur un fourchon. Mais il ne pouvait dormir et songeait à sa triste position.

Tout à coup, tout près de lui, il entend un cri. Deux cris répondent au premier, l'un à sa droite, l'autre à sa gauche, comme s'il s'agissait d'un signal. Au pied de l'arbre même où il s'était réfugié se réunissaient un singe, un loup et un ours.

« Que savez-vous de nouveau ? » se demandaient-ils l'un à l'autre. Le singe répondit le premier :

« Je sais un grand secret, dont nul, hormis nous, ne doit être instruit. L'arbre qui nous abrite contient un remède souverain contre la cécité. Un aveugle qui se frotterait les yeux avec le liber placé sous son écorce recouvrerait aussitôt la vue.

— J'ai aussi un secret à vous confier, dit l'ours à son tour. Depuis longtemps la sécheresse désole le canton. Eh bien ! La pluie ne tarderait pas à tomber si l'on coupait le noyer qui a poussé dans le cimetière et elle durerait assez pour assurer une bonne récolte cette année. »

Le loup dit enfin : « J'ai aussi un secret à vous confier. La fille du roi d'Italie est alitée depuis deux ans, sans que personne ait trouvé le remède pour la guérir. Elle guérirait cependant si l'on retirait de sa couche un immonde crapaud qui s'y cache et qu'on le brûlât vif. »

Après s'être ainsi communiqué leurs secrets, le singe, l'ours et le loup jurèrent de ne les révéler à personne et se donnèrent rendez-vous au même lieu, à pareil jour de l'année suivante. Puis chacun d'eux s'en alla où il voulut.

L'aveugle n'avait pas perdu un mot de leur conversation. Il se hâta d'enlever un morceau de l'écorce, en détacha le liber et s'en frotta les yeux. Aussitôt il recouvra la vue. Il descendit de l'arbre plus facilement qu'il n'y était monté, retrouva son chemin sans peine et alla trouver les notables du canton :

« Je sais, leur dit-il, un secret pour mettre fin à la sécheresse dont souffrent vos champs. Je suis disposé à vous le livrer. La pluie tombera tout de suite et durera tout le temps qu'il faut pour vous assurer une bonne récolte cette année. Pour mon paiement, vous me donnerez une voiture attelée de deux bons chevaux et ma charge d'argent. »

Les notables mirent en délibération la proposition de Goyenetche. Sans doute la condition était dure ; mais qu'était-ce que quelques milliers d'écus à côté de la récolte de tout le pays ? Il fut donc résolu que l'offre serait acceptée et le prix payé à Goyenetche après qu'il aurait tenu sa promesse.

Goyenetche coupa le noyer et la pluie tomba abondamment. Quand il y en eut assez, elle cessa.

On lui donna, sans rechigner, la voiture attelée de deux chevaux et autant d'argent qu'il en put porter.

Il acheta un habit de médecin, mit l'argent dans le coffre de la voiture, s'assit sur le siège et prit la route d'Italie. Il allait à petites journées, mais à la fin il arriva au palais du roi. Il allait entrer sans façon dans la cour lorsque les gardes l'arrêtèrent en lui demandant qui il était et ce qu'il venait faire.

« Je suis le docteur Goyenetche. J'ai entendu dire que la fille du roi est malade et je viens la guérir. »

Les gardes allèrent avertir le roi d'Italie qu'il y avait un médecin à la porte du palais, qui venait pour guérir la princesse. Le roi fit entrer le médecin chez lui et le conduisit dans la chambre de la malade. Puis il dit à Goyenetche : « Docteur, si vous parvenez à guérir ma fille, je vous donnerai autant d'argent que vous voudrez et je ferai de vous mon gendre. »

Goyenetche suivit de point en point les prescriptions du loup. Il fit transporter la malade dans une autre chambre, ouvrit la paillasse du lit. Il trouva dans la paillasse l'immonde crapaud et l'alla jeter dans le feu de la cuisine. Et quand le crapaud fut brûlé, la princesse se trouva guérie, toute prête à se marier.

Les grands dîners et les grandes fêtes terminés, les deux époux pensèrent qu'il serait bien agréable de faire un tour de France, l'un à côté de l'autre. Alors ils montèrent dans la voiture du docteur et reprirent en sens inverse la route qu'avait déjà parcourue Goyenetche. En passant par la ville où il avait été naguère réduit à mendier son pain, qu'est-ce qu'aperçut le docteur à la portière, maigre, hâve et déguenillé et demandant la charité, pour l'amour de Dieu ? Etchegoyen lui-même, le traître, à qui l'argent mal gagné n'avait pas profité.

Etchegoyen reconnut aussi Goyenetche et resta confondu en voyant son camarade à côté d'une belle dame, et des laquais galonnés derrière la voiture. Mais Etchegoyen était sans vergogne et il s'enhardit jusqu'à aborder Goyenetche et à lui demander comment il se faisait qu'il le retrouvât ainsi riche, à ce qu'il paraissait, et clairvoyant après qu'il l'avait laissé misérable et aveugle.

Goyenetche lui raconta simplement ce qui lui était arrivé, comment il avait surpris les secrets du singe, de l'ours et du loup ; puis il ajouta : « Tu peux espérer encore semblable fortune. C'est aujourd'hui l'anniversaire du jour où les trois animaux se sont donné rendez-vous. Va et cache-toi bien dans l'arbre que tu sais. Ils viendront au milieu de la nuit et tu ne peux manquer d'entendre, comme j'ai fait, quelque secret dont tu pourras tirer profit. »

Etchegoyen, résolu à tout pour sortir de misère, courut aussitôt au bois, et se cacha sous le feuillage de l'arbre.

Les seigneurs de la forêt y arrivèrent à minuit, comme l'année précédente. Mais au lieu de s'aborder en se faisant des compliments, ils paraissaient fort irrités l'un contre l'autre.

« Lequel de nous, disaient-ils, a dévoilé nos secrets ? Car le pays a été sauvé de la sécheresse et la fille du roi d'Italie guérie de son mal ? — Ce n'est pas moi, hurlait le loup. — Ni moi, glapissait le singe. — Ni moi, grognait l'ours. — Mais si aucun de nous n'est coupable, conclurent-ils, il faut que quelque traître ait surpris ce que nous avons dit. Pour éviter le même accident, examinons bien les cachettes autour d'ici. »

Chacun d'eux explora, soit les roches, soit les buissons. Enfin le singe regarda en haut, et aperçut Etchegoyen, tapi sous le feuillage.

« Voici celui qui nous a trahis, s'écria le singe ; il ne nous trahira pas deux fois. »

En deux minutes le singe eut grimpé à l'arbre et précipité Etchegoyen. Le misérable n'était pas arrivé en bas que l'ours et le loup l'avaient mis en morceaux.

L'aventurier, les animaux secourables et le dragon

Il y avait une fois un jeune homme qui, depuis plusieurs semaines, manquait de travail. Un matin il ouvrit sa bourse et n'y trouva plus que six liards. Six liards ne sont pas pour aller loin. C'est ce que pensa le jeune homme. Machinalement il ouvrit aussi son couteau et alla vers la huche pour se tailler son déjeuner. Mais il n'y avait pas un seul morceau de pain dans la huche. Il referma son couteau et le mit dans sa poche ; il referma sa bourse et la mit dans sa poche. Il réunit quelques hardes dans sa musette et pendit la musette à son cou.

« Adieu à la vieille maison ! dit le jeune homme en ouvrant sa porte, puisque la fortune n'y veut pas venir, allons dehors chercher la fortune. »

Il allait d'un pas léger, ayant l'estomac vide ; et il avait laissé plus d'une lieue derrière lui quand il fut arrêté par un cheval mort, étendu dans toute la longueur de la route. A côté se tenaient, discutant vivement, un aigle, un corbeau, une fourmi. Il s'agissait d'entamer la bête et d'en faire les parts, et ce n'était pas facile vu la différence des appétits. Le garçon s'approcha et offrit ses services aux trois animaux : « Volontiers, dirent-ils, tu as l'air d'un honnête garçon et nous nous en rapporterons à toi. » Il tira son couteau de sa poche et dépeça la bête à leur commune satisfaction.

L'aigle lui dit : « Nous sommes tes obligés et nous te revaudrons le service que tu nous as rendu. Si jamais tu as besoin de ce bec et de ces serres, appelle-moi et je viendrai aussitôt à ton aide. »

Le corbeau lui dit : « Je n'ai ni le bec ni les serres de

l'aigle, mais regarde un peu ces ailes. Tu pourras en disposer pour te transporter où tu voudras, et quelque part que tu sois je viendrai à ton appel. »

La fourmi dit à son tour : « S'il arrive jamais que tu aies besoin d'éviter des coups, songe à la fourmi, et tu verras que tu n'as pas obligé une ingrate. »

Le jeune homme remercia de tout son cœur les animaux secourables et, sans être tenté de partager leur déjeuner, continua son chemin.

Le chemin suivait le cours d'un ruisseau ; une truite trop joyeuse avait sauté du ruisseau sur la rive et elle se débattait dans l'herbe épaisse pour regagner le courant. Le jeune homme en eut pitié, quoiqu'il n'eût pas déjeuné ; il prit la truite et la rejeta dans l'eau. La truite fit un plongeon, puis, revenant sur l'eau, elle dit au jeune homme : « Je dois la vie à ton bon cœur, mais tu verras quelque jour que tu n'as pas obligé une ingrate. Ne crains pas de m'appeler à l'occasion. Tous les poissons qui habitent les ruisseaux, les rivières et la vaste mer sont, à cause de moi, tout à ton service. »

Le jeune homme remercia la truite et continua sa route. A la fin il arriva dans la capitale du royaume et alla s'offrir à l'intendant du roi qui, voyant sa bonne mine, l'agréa pour domestique.

A quelque temps de là on apprit que, de l'autre côté de la mer, s'était montré un Eren-Sugué anthropophage qui portait la terreur dans tout le pays. Le roi fit publier à son de trompe qu'il donnerait sa fille au brave qui tuerait le Eren-Sugué.

La fille du roi était fort belle, mais fort dédaigneuse. Telle qu'elle était, le jeune homme la trouvait à son gré, et il résolut d'aller combattre le Eren-Sugué. Pour cela il n'eut pas de peine à obtenir un congé de l'intendant.

Quand il arriva au bord de la mer, il ne vit ni barque ni batelier. « Que n'ai-je, se dit-il, les ailes dont le corbeau m'a promis le secours ! Cela vaudrait mieux qu'un bateau. Mais le corbeau a sans doute oublié sa promesse. »

Non. Le corbeau n'avait pas oublié. Il était là, et même il était venu si vite qu'il n'avait pas achevé son dîner. Il demanda au jeune homme un kilogramme de viande dont il avait besoin pour soutenir ses forces pendant le trajet. La viande mangée, il fit asseoir le jeune homme sur son dos, à califourchon, et s'éleva dans les airs. Cela alla bien d'abord. Mais quand il fut arrivé à égale distance des deux rivages, le vol du corbeau s'alourdit : « Hâte-toi de me donner à manger, cria-t-il à son cavalier, sinon je vais te laisser tomber au milieu de la mer. »

Le jeune homme pria le corbeau de patienter un peu, tira son couteau de sa poche et se coupa un bon morceau de la cuisse qu'il plaça dans le bec du corbeau. Le corbeau n'en fit qu'une bouchée. Raffermi par cette succulente nourriture, il atteignit l'autre rive et déposa son cavalier, non loin de la demeure du Eren-Sugué.

Le Eren-Sugué arriva aussitôt en grande furie et une terrible bataille s'engagea. Le jeune homme était brave et alerte ; il parvint à éviter les morsures de la bête et à trancher trois de ses sept têtes. Mais il se sentit à bout de forces. Alors il songea à la promesse de l'aigle et l'appela à son secours. Et la bataille changea bientôt de face. L'aigle, avec son bec et ses serres, occupa si bien le Eren-Sugué que le jeune homme, en moins de rien, trancha les quatre têtes qui restaient, en sorte que la bête tomba morte.

« Je t'avais bien dit que je te revaudrais le service que tu m'as rendu », dit l'aigle en s'envolant.

Le jeune homme envoya un « merci » à l'aigle, coupa les ailes du Eren-Sugué et en fit un paquet ; puis il fit un autre paquet des sept têtes et reprit le chemin du rivage.

Le corbeau l'y attendait, après avoir dîné amplement. Le jeune homme ne monta sur son dos cependant qu'avec une bonne provision de viande fraîche, pour parer aux accidents. Mais il n'en eut pas besoin. Le corbeau traversa la mer sans que son vol puissant se ralentît et déposa doucement son cavalier sur le rivage opposé.

« Je t'avais bien dit que tu pouvais compter sur moi », dit le corbeau en reprenant son vol.

« Grand merci, corbeau », dit le jeune homme en jetant sur son épaule les paquets où étaient serrées les ailes et les têtes du Eren-Sugué.

Or les gens de la côte avaient vu arriver le corbeau et son cavalier au-dessus des flots et le bruit se répandit au loin que le Eren-Sugué n'était plus et que le vainqueur revenait pour épouser la fille du roi. C'était une heureuse nouvelle.

Deux jeunes vauriens furent des premiers à en être informés. Ils se concertèrent pour ravir au jeune homme la récompense qu'il avait méritée. Ils l'attendirent à quelque distance de la ville dans un chemin creux, loin de toute habitation. Comme il n'était pas sur ses gardes, ils n'eurent pas de peine à lui ravir le paquet où étaient enfermées les ailes du Eren-Sugué. Ils auraient peut-être réussi à le tuer quand, bien à propos, il songea à la fourmi : « Ah ! petite fourmi, si tu ne ne m'as pas oublié, voici l'occasion de tenir ta promesse. »

Il n'eut pas plus tôt dit ces mots qu'il disparut aux yeux des deux vauriens. Il était devenu lui-même une fourmi, bien en sûreté derrière un brin d'herbe. Il eut le temps de rire de la déconvenue de ses meurtriers. Ceux-ci cependant, quoique ne comprenant rien à ce qui était arrivé, jugèrent qu'ils n'avaient pas une minute à perdre s'ils voulaient obtenir le prix de leur scélératesse. Ils se rendirent en toute hâte au palais, montrèrent au roi les ailes du Eren-Sugué et racontèrent au long les prétendus exploits par lesquels ils s'en étaient rendus maîtres.

Pendant que cela se passait, le jeune homme avait repris sa première forme.

« Je t'avais bien dit que tu n'obligeais pas une ingrate », lui dit la fourmi.

« Petite fourmi, répondit le jeune homme, grand merci. De même que l'aigle et le corbeau, tu as mille fois payé ta dette. »

Le jeune homme continua son chemin et fut bientôt en présence du roi, qui complimentait encore les jeunes vauriens. A son tour il montra les sept têtes du Eren-Sugué et raconta le guet-apens, dont il avait failli être victime. Ce fut une autre affaire. Ils n'eurent pas même l'audace de nier et le roi les fit pendre sans autre forme de procès. Puis le roi déclara que le vainqueur du Eren-Sugué deviendrait son gendre le lendemain.

Mais la fière princesse n'entendait pas qu'on disposât de sa main sans la consulter, et surtout en faveur d'un homme de rien, qui était tout à l'heure un des domestiques de son père. Le roi eut beau lui dire que cet homme de rien avait délivré le pays de la méchante bête qui menaçait la vie de ses sujets et la sienne même ; et qu'il méritait d'être aussi bien accueilli au moins que les grands de sa cour qui s'étaient cachés pendant la bataille ; elle secouait la tête et continuait à refuser. Tout à coup, comme la discussion avait lieu au bord de la mer, elle tira de son doigt un de ses anneaux et le jeta aussi loin qu'elle put, au milieu des flots. « Mon père, dit-elle, quand cet homme me rapportera mon anneau, je l'accepterai pour époux. Sinon, n'espérez pas que je l'accepte jamais. »

Le pauvre roi s'en alla, furieux d'avoir une fille si rebelle.

Laissé seul sur la rive, le jeune homme pensa à la truite. « Belle truite, si vous n'avez pas oublié votre promesse, voici le moment de montrer que vous n'êtes pas une ingrate. »

Au même moment, la truite montra sa tête hors de l'eau : « Sois tranquille, bon jeune homme, tu verras tout à l'heure que tu n'as pas obligé une ingrate. Tout mon peuple est à la recherche de l'anneau. »

Elle parlait encore lorsqu'un vieux poisson, dont les écailles brillaient comme de l'or, apporta l'anneau dans sa bouche.

Une fois en possession de l'anneau, le jeune homme retourna au palais et le mit au doigt de la princesse.

La princesse ouvrit de grands yeux, regarda l'anneau, puis le jeune homme, et sa fierté tomba tout d'un coup. Et prenant le bras du vainqueur du Eren-Sugué, elle alla avertir son père qu'elle était soumise maintenant à sa volonté.

L’épouse avisée

Il y avait une fois un riche seigneur qui n’avait pu se décider encore à se marier quoiqu’il approchât de la cinquantaine. Comme c’était un homme d’humeur affable, et qui ne dédaignait pas de s’entretenir avec les paysans, il arriva qu’un de ses fermiers s’enhardit un jour à lui demander pour quel motif il restait célibataire. Le seigneur lui répondit : « C’est que je vois qu’après quelques mois de mariage le mari se fatigue d’une femme qui ne sait point lui rendre sa maison agréable. Mais si je rencontrais une fille qui eût beaucoup d’esprit, je l’épouserais sans hésitation. — La fille du savetier de la paroisse, reprit le paysan, passe pour la personne la plus spirituelle du monde, et je la connais bien ; mais peut-être ne voudriez-vous pas d’elle, quelque esprit qu’elle ait, à cause de sa condition. — Esprit passe naissance, répondit le seigneur, et j’en aurai le cœur net. »

Sur cela, le seigneur se fit indiquer la demeure du savetier et sur-le-champ se rendit chez lui.

« Mon voisin, lui dit-il, on m’a assuré que votre fille est toute pleine d’esprit, et j’estime tant l’esprit que je suis résolu à devenir votre gendre à condition que votre fille se présentera à la porte du château ni de jour ni de nuit, ni habillée ni dépouillée, ni à pied ni à cheval. »

La fille du savetier revint, bientôt après, de la forêt où elle était allée ramasser du bois mort. Son père lui dit : « Le seigneur de chez nous est venu tantôt à la maison. Il a entendu parler de ton rare esprit, et voulant sans doute en faire l’épreuve, il demande que tu te présentes à la porte du château ni de jour ni de nuit, ni habillée ni dépouillée, ni à pied ni à cheval. J’avoue que ces conditions impossibles me troublent singulièrement. — N'est-ce que cela ? dit la fille du savetier ; restez en paix, je saurai vous tirer d'embarras. Mais vous me donnerez une de nos chèvres, et la peau de la seconde dont j'aurai besoin. »

Le savetier fit ce que sa fille lui avait demandé : il lui donna la plus belle de ses chèvres ainsi que la peau de la seconde qu'il avait écorchée. La fille se revêtit de cette peau, enfourcha la chèvre, et se présenta à la porte du château au moment où l'horloge sonnait minuit. On l'introduisit auprès du seigneur, qui fut obligé d'avouer qu'elle avait rempli toutes les conditions imposées : « En conséquence, ajouta-t-il, je suis prêt à vous épouser pourvu que vous me fassiez le serment de n'user jamais de votre esprit pour conseiller personne. »

Le mariage se fit aussitôt et la fille du savetier quitta l'échoppe de son père pour les riches appartements du château. Son mari était plein d'attention pour elle et ne se fatiguait jamais de la compagnie de sa femme. Cette félicité fut pourtant troublée.

Le châtelain et la châtelaine, par un beau jour d'été, regardaient par la fenêtre les ouvriers occupés chacun à sa besogne. Un laboureur conduisait la charrue dans un champ ; sur la lisière, un berger faisait paître son troupeau. Il arriva qu'au même moment, une brebis alla mettre bas dans la charrette du laboureur. De là, une querelle très vive entre les deux hommes : « L'agneau m'appartient, disait le laboureur ; c'est le fruit de ma charrette. — Pas du tout, répondait le berger, l'agneau ne peut être que le fruit de la brebis ; mais remettons-nous-en au jugement de notre seigneur. » Or, le laboureur apportait souvent à l'office du château, tantôt du beurre, tantôt des œufs frais, tandis que le berger, n'ayant rien, n'apportait rien. Le seigneur jugea donc que l'agneau était le fruit de la charrette et l'adjugea au laboureur. La châtelaine ne dit rien, mais resta indignée d'un jugement si manifestement inique.

A quelque temps de là, elle rencontra le berger et lui

dit : « Qu'est devenu votre agneau, ce fruit d'une charrette ? — Ah ! ma dame, sauf le respect dû à mon maître, son jugement a failli ce jour-là et il m'a fait tort. — Le tout peut se réparer si vous suivez mes conseils. Ecoutez bien. Monseigneur assiste tous les jours à la messe. Demain matin, guettez le moment où il entrera dans l'église et entrez-y derrière lui, muni d'un filet de pêcheur. Vous tendrez le filet, comme une nasse, tout au travers du chœur, ainsi qu'on fait dans les rivières, et aux questions qui vous seront adressées vous répondrez ceci et cela. »

Le berger suivit de point en point les instructions de la châtelaine et, le lendemain matin, entra à l'église derrière son seigneur, un filet sur le dos. Il en accroche un bout à la gauche du chœur et l'autre bout à la droite, avec beaucoup de gravité : « Qu'est-ce que cette extravagance, s'écria aussitôt le seigneur en colère, et à quel propos tends-tu ce filet, imbécile ? — Mon seigneur, comme le temps me paraît propice, je viens essayer de prendre quelques poissons. — Prendre des poissons dans une église ! Et qui a jamais entendu dire qu'on prît des poissons en terre ferme ? — Et qui a jamais entendu dire qu'un agneau naquît d'une charrette ? L'un n'est pas plus extraordinaire que l'autre. »

Le seigneur resta confondu, mais se promit bien d'avoir une revanche. Il prit à part le berger et le pressa si fort de questions, qu'il finit par savoir qu'il n'avait agi que sur les conseils de la châtelaine. Plein de courroux, il se rendit dans sa chambre : « Madame, lui dit-il, lorsque je vous ai prise pour femme, vous avez juré que jamais vous ne feriez part à personne de votre esprit en donnant des conseils. Ce serment a été oublié, et comme il était la condition de notre mariage, le mariage est rompu en même temps. Allez retrouver le savetier votre père, et demeurez désormais avec lui. Toutefois, pour que vous puissiez continuer à vivre décemment, je vous permets d'emporter avec vous ce qui vous conviendra de meubles, de vaisselle et d'argent, pourvu que quatre hommes puissent se charger du tout. Pour éviter tout esclandre, vous partirez cette nuit. »

La châtelaine ne répondit rien, ne parut pas trop s'affliger, mais penser plutôt au choix qu'elle avait à faire dans le mobilier du château. Dès que la nuit fut venue, elle manda quatre hommes robustes, leur servit un bon dîner et les pressa de bien boire et de bien manger, parce qu'ils auraient une lourde charge à emporter. Ensuite elle les mena dans la chambre où son mari s'était déjà retiré et dormait. Les quatre hommes, suivant ses instructions, se placèrent aux quatre coins du lit et l'enlevèrent si doucement que le seigneur ne se réveilla pas. Ils sortirent de la chambre, puis du château, et alors le froid de l'air extérieur le saisit. Il s'éveille, il s'étonne, il demande qui est là, où il est. Là dame n'avait pas quitté son chevet : « Mon bon seigneur, lui dit-elle, vous m'avez autorisée à prendre dans votre mobilier ce qui me conviendrait le mieux et qui pourrait être porté par quatre hommes. Voici les quatre hommes chargés du lit où vous êtes, parce que je n'ai rien trouvé au château qui me fût plus cher que vous-même ; et maintenant vous m'appartenez avec ce lit, en vertu de la parole que vous m'avez donnée. — Vous avez raison encore une fois, ma bonne femme ; je suis à vous et vous êtes à moi. Retournons au château ; vous donnerez à l'avenir tous les conseils qu'il vous plaira, et à qui vous voudrez. »

Mari et femme

On dit – vrai ou faux – qu'un jour un homme cheminant, besace au dos, makhila [1] à la main, entra dans une maison écartée.

La maîtresse de maison filait au coin du feu. L'homme la pria de lui permettre d'allumer sa pipe. — Avec mille plaisirs, repartit la femme. La conversation étant engagée, la maîtresse de maison lui dit : — D'où venez-vous, homme ?

— De l'autre monde, répondit-il.

La femme, naguère veuve, s'était remariée. — Ah ! s'écria-t-elle, pourriez-vous, par fortune, me donner des nouvelles de notre Pierre, mon mari ? L'homme : — Oui, certainement ; il n'est pas mal, mais il a besoin d'habits, et de sous aussi ; et ne peut à son envie boire un coup de vin ou fumer sa pipe. — Pauvre homme ! auriez-vous l'obligeance de lui porter de ma part un petit paquet, et quelques sous ? — De bon cœur, dit l'homme.

Sur ce, la bonne femme fit un petit paquet de chemises et d'habits, dans une serviette blanche ; elle y joint quelques écus de cinq francs. L'homme enfile le paquet

---

1. Le makhila (baculus) est le bâton basque. C'est une branche de néflier d'une grande élasticité, dont le bout le plus gros est plombé et muni d'une virole de cuivre de 10 centimètres ornée de dessins, qui paraissent traditionnels. Le bout le plus petit est la poignée, couverte d'entrelacs de cuir. Un cordon y est toujours attaché. Quelquefois la poignée se dévisse et laisse voir un poinçon ou dard. Le makhila est construit, comme on voit, au rebours de nos cannes, exactement comme une petite massue. C'est une arme très maniable dont les coups sont extrêmement dangereux.

au bout de son makhila et part en disant : — Avant qu'il soit longtemps, ceci sera à lui.

Le second mari, qui était dehors, rentra à la maison aussitôt après le départ du filou. Sa femme lui dit : — Vous ne savez pas ? je viens d'apprendre des nouvelles de Pierre, mon mari. — Que dis-tu, femme ? as-tu perdu la tête ? — Bien sûr, dit la femme, un homme venu de l'autre monde a passé par ici et m'a donné de telles nouvelles. Moi je l'ai chargé de tel paquet, avec quelques sous.

L'homme en colère s'écrie : « Diantre soit de la sotte femelle ! » Il va aussitôt à l'écurie, saute sur sa jument et court par des chemins de traverse après le voleur.

Le voyageur aperçut de loin qu'un cavalier le suivait à la piste. Sans savoir ce que c'est, il a peur. Vite il cache non loin du chemin son petit paquet et s'assied en homme fatigué au bord de la route.

Le cavalier, arrivé près de lui, dit : — Avez-vous vu, homme, quelqu'un passer par ici, avec un paquet blanc sur le dos ? — Oui, à l'instant il vient de passer. — Et de quel côté est-il allé ? — Il a quitté le grand chemin et a pris par ce ravin. — Voulez-vous me garder une minute ma jument ? — Avec plaisir.

Il met sa jument entre les mains du voleur, et s'enfonce à la hâte dans la forêt. Le revenant prend son paquet, enfourche la jument et s'échappe au grand galop. Notre pauvre tondu, ayant couru à pied, par-ci, par-là, écrasé de fatigue, revient au lieu où il avait laissé sa jument. Mais il n'y trouve ni homme ni bête. Lors il se gratte la tête en disant : — Le coquin ! Il ne t'a pas mal dupé, toi aussi !

Et le cœur gros il regagne sa maison. Du plus loin que sa femme l'aperçut, elle s'écria : — Eh bien, homme, qu'avez-vous fait ? – Pour qu'il arrivât plus vite en l'autre monde, je lui ai aussi donné ma jument.

Le prince et le moine

Le roi Pierre visitait un jour un couvent de Sarragosse. L'abbé, qui lui en faisait les honneurs, était un homme bon, bien membré, haut en couleur. Tout en admirant la noble architecture du cloître, les précieux tableaux de la chapelle, les richesses de la sacristie, le roi ne pouvait s'empêcher de jeter un œil d'envie sur la puissante charpente de l'abbé. Tout à coup il lui dit :

« Comment se fait-il, mon révérend, que menant pénitence ainsi que veut la règle, vous ayez une si riche santé, tandis que moi, le Roi, dont la table coûte si cher, je reste maigre et débile, comme vous voyez ?

— Sire, répondit l'abbé, c'est que rien ne trouble mon appétit : ni l'ambition, ni la crainte, ni la jalousie, ni, comme j'espère, aucune mauvaise passion. Et il est dit qu'à ceux qui ne demandent point les biens du monde, ces biens sont donnés par surcroît.

— Oui, et il est dit aussi qu'en un corps bien portant se loge un esprit en bon état. J'en veux faire sur vous l'expérience. Ecoutez bien les trois questions que je vais vous faire. Je vous accorde un an pour y répondre ; mais si, l'année écoulée, vous n'avez pas trouvé la réponse, aussi vrai que l'on m'appelle le Justicier, je vous mettrai en un endroit où vous ne mangerez que du pain et ne boirez que de l'eau jusqu'à votre mort. Premièrement, combien mettrait de temps à faire le tour de la terre un écuyer monté sur le meilleur de mes chevaux ? Deuxièmement, combien je vaux au juste, moi, le Roi ? Troisièmement, quelle sera ma pensée dans un an, pensée dont vous me devrez démontrer la fausseté ? »

Le roi parti, le gros abbé se trouva dans un cruel

embarras. Il s'en allait de tous côtés, rapetassant les trois questions du roi, toutes plus ridicules l'une que l'autre, et sans solution possible. Il en perdait l'appétit ; il en perdait le sommeil. Sa belle santé disparaissait. Deux mois ne s'étaient pas encore écoulés qu'il n'était plus que l'ombre de lui-même. Et il n'avait pas encore trouvé la solution d'une seule question.

Le frère porcher, qui l'aimait beaucoup, s'enhardit un jour à lui demander ce qui le tenait en peine et apprit les menaces du roi. Il en rit de tout son cœur : « Quoi ! dit-il, voilà ce qui trouble votre Révérence, et lui fait perdre l'appétit et le sommeil ! Pour qui nous prend donc notre redouté souverain, qu'il nous pose des devinettes dont se moquerait le moins futé de nos enfants de chœur ? Çà, père abbé, calmez votre effroi. Quand le moment sera venu, vous me prêterez votre croix et votre anneau et je consens à devenir sonneur de cloches si je ne montre son béjaune à Sa Majesté. »

Le roi arriva le jour fixé. Il fut bien surpris d'être reçu par un vieillard maigre, courbé, pâle, bien différent du joyeux moine qui avait excité son envie, et il lui dit : « Père abbé, j'ai réussi à donner à votre esprit assez d'occupation, à ce que je vois, pour que vous ayez négligé les soins de votre santé. En vérité, je ne vous reconnais plus.

— Ah ! Sire, j'ai appris que la colère des rois est terrible, et j'ai bien travaillé et peiné à résoudre ces trois questions.

— Mais, au moins, père abbé, en êtes-vous venu à bout ? Car je tiendrai ma parole.

— J'espère que le roi trouvera mes réponses congruentes.

— C'est, dit le roi, ce que nous allons voir. Répondez d'abord à la première question, pour procéder par ordre.

— Sire, si un écuyer, monté sur le meilleur de vos chevaux, veut bien se jucher sur le soleil, il lui faudra vingt-quatre heures, ni plus ni moins, pour faire le tour de la terre. Et il n'aura pas besoin de courir pour cela.

— Passe pour la première réponse, quoiqu'il y ait bien quelque chose à redire. Mais voyons la deuxième.

— Sire, notre Sauveur, qui est le roi des rois, fut vendu par Judas trente pièces d'argent. Votre Majesté pense-t-elle qu'il suffise de vingt-neuf pièces et demie pour la payer ce qu'elle vaut ?

— Je ne serais pas chrétien si je n'admettais pas la réponse. Mais la troisième question, père abbé, c'est là que je vous attends. Quelle est ma pensée actuelle, qui est une pensée erronée ?

— Votre pensée actuelle, sire, est que vous parlez à l'abbé du couvent. Cette pensée est erronée, je ne suis qu'un humble porcher.

— Bien trouvé, moine, pour un gardeur de pourceaux. Aussi y a-t-il plus d'un porte-mitre dont la place serait mieux en bas du chœur. Et que diriez-vous, mon révérend, si je vous tirais d'où vous êtes et que je vous fisse asseoir parmi les princes de l'Eglise ?

— Je refuserais tout net, sire. Je suis entendu en mon affaire, et vous seriez ravi de voir comme mes bêtes sont en bon point, et nos jambons fumés, délicats. Il n'est pas sûr que je me tirasse aussi bien d'une besogne plus relevée. Je dis relevée, pour parler comme le monde. Celui qui pèse et mesure, à la fin, les rois et les porchers, est le vrai justicier. Et puis, sire, laissez-nous notre abbé. Il est indulgent pour nos faiblesses ; il entretient parmi nous l'esprit de concorde. Entre mille, vous savez bien que vous en trouveriez à peine un pour le remplacer.

— C'est pourtant vrai, dit le roi. Que chacun de nous fasse donc sa besogne du mieux qu'il pourra. C'est là le point. »

Les mésaventures du loup

Un loup rencontra trois ânes en un bois : « Salut, mes amis, dit le loup, je célèbre aujourd'hui ma fête et vous arrivez juste à point pour me fournir de la viande fraîche. » Le plus vieux des ânes répondit : « Maître, vous pouvez faire à votre volonté, car nous sommes les plus faibles. Cependant nous osons vous demander une grâce. Nous nous rendions de ce pas à l'église pour y entendre la messe dont nous avons été privés depuis plusieurs semaines. Permettez-nous d'y assister. La messe finie, nous serons à votre disposition. » Le loup voulut bien accorder cette faveur aux trois ânes et les accompagna jusqu'à la porte de l'église. Une fois entrés, les trois ânes lui fermèrent la porte au nez.

Après un assez long temps, le loup, ne voyant pas sortir les ânes, s'impatiente et s'écrie : « Que cette messe est longue ! Est-ce que c'est aujourd'hui le jour des Rameaux ? » Derrière la porte les ânes répondirent : « Non ; ce n'est pas le jour des Rameaux, mais le jour des dupes. Dieu soit loué ; tu ne tremperas pas aujourd'hui ton museau dans notre sang. »

Le loup eut beau leur prodiguer les injures et les menaces ; il lui fallut repartir à jeun.

Dans une prairie voisine paissait une jument avec son poulain. Le loup leur adressa son compliment : « Salut, mes amis. Je vous trouve à propos pour célébrer ma fête. » La jument répondit : « Monsieur, vous êtes le plus fort, et pouvez faire à votre fantaisie. Mais auparavant vous seriez bien bon de m'ôter du pied une épine qui me fait boiter. » Le loup, toujours complaisant, s'approcha pour tirer l'épine. La jument tenait le pied levé et, quand elle vit le loup à bonne portée, d'un seul coup elle envoya le loup rouler à dix pas, mal en point.

Puis la jument et le poulain firent un temps de galop.

Le loup eut peine à retrouver ses esprits. Son estomac vide le rappela bientôt tout à fait à lui et il continua son chemin clopin-clopant. Près d'un puits, dans une mare, se vautraient joyeusement une truie et ses neuf petits cochons de lait. Une chair si tendre ravit le loup d'aise et il débita son compliment :

« Salut, mes amis ! Je vous trouve à propos pour célébrer ma fête. — Seigneur ! répondit la truie, nous sommes tout à vous, puisque nous ne pouvons faire autrement. Mais voyez comme ces petits mal élevés se sont salis dans la boue. Pour qu'ils vous puissent être servis décemment, il faut les nettoyer de la queue au groin, et je vous prie de m'y aider, afin d'aller plus vite. »

Le loup comprit que le nettoyage était tout à son avantage et mit un grand empressement à débarbouiller un des petits cochons. La truie, le voyant bien occupé se glisse derrière lui et d'un coup de son groin l'envoie, la tête la première, au fond du puits.

Puis la truie et les neufs petits cochons s'échappèrent en grognant.

Le loup barbota longtemps avant de pouvoir sortir du puits et continua sa chasse, avec terrible appétit.

Auprès de l'église il rencontra des chèvres et leur fit encore son compliment : « Salut, mes amies ! Je vous trouve à propos pour célébrer ma fête ; car j'ai bien faim et n'ai pas eu de chance aujourd'hui. — Sire, dirent les chèvres, nous sommes vos très humbles servantes, et disposées à vous être agréables. Laissez-nous seulement achever l'acte de dévotion que nous avons commencé. La paroisse est privée d'un chantre depuis quelque temps, et nous sommes chargées du chœur pour la fête de ce jour, qui est celle de votre saint patron. Nous prierons bien pour la conservation de votre appétit. »

Touché de si bons sentiments, le loup permit aux

chèvres d'entrer dans l'église et même, pour fortifier le chœur chevrotant, se mit à hurler de la belle façon.

Ainsi avisés de la présence du loup, les chiens du village accoururent par bandes de tous côtés et en un instant mirent en pièces le sire.

Le loup, le renard et les chèvres

Par un beau jour de printemps, sept chèvres paissaient sur la montagne lorsqu'un loup affamé arriva au milieu du troupeau. Sans aucun préambule le loup dit aux chèvres qu'il va les manger. Voilà les chèvres qui se regardent l'une l'autre et se mettent à pleurer de concert : « Donnez-nous au moins, dit l'une d'elles, un jour de répit pour nous préparer à la mort. » Le loup y consentit, à condition que, si elles n'étaient pas exactes le lendemain, au moins elles feraient comparaître à leur place leurs cabris. Les chèvres jurèrent sur l'honneur et revinrent vers la maison très affligées.

Un renard les rencontra et leur demanda la cause de leur mélancolie.

Les chèvres lui répondirent : « Tiens ! nous avons été surprises par le loup qui voulait nous manger tout de suite. Puis il nous a épargnées à condition que nous lui amènerions nos cabris qu'il trouve sans doute plus tendres que les biques. Et nous nous affligeons en pensant que demain le loup mangera nos pauvres petits. »

« Si vous voulez venir ici demain de bonne heure, leur dit le renard, je trouverai un tour à jouer au loup. »

Les chèvres ne manquèrent pas au rendez-vous. Le renard les attendait, ayant préparé son tour. Il arrache une motte de gazon desséchée et la place entre les cornes de la première chèvre ; il passe à la deuxième chèvre qu'il habille de même et ainsi de suite jusqu'à la septième chèvre, à laquelle il ne mit rien du tout. Puis il leur donna ses instructions, et leur fit répéter leur rôle.

Les chèvres se rangent en ligne de bataille, les six premières portant la motte de gazon entre leurs cornes. Derrière elles se tient la septième chèvre sans coiffure.

Le loup arrive, méfiant : « Qu'est-ce que vous avez mis là entre vos cornes ? hé ! les chèvres ! — Des têtes de loup. — Et celle qui est là, derrière, pourquoi n'en a-t-elle pas ! — Attends un peu, elle va y mettre la tienne. »

Le loup n'en demanda pas davantage. Pris d'une terreur subite, il s'enfuit, la queue entre les jambes. Et les biques et les cabris furent sauvés pour cette fois.

La châtelaine qui a vendu son âme

Une mère vivait avec sa fille unique ; la fille était belle comme une étoile, et aussi paresseuse que belle. Un jour la mère, n'ayant pu obtenir qu'elle lavât du linge avec elle, la battit si fort que la belle fille se mit à pleurer, assise sur la pierre du lavoir.

En ce moment vint à passer le seigneur du château, qui dit à la mère : — Qu'avez-vous donc fait à cette belle enfant pour qu'elle pleure ainsi ? — Monseigneur, elle voudrait laver avec moi, mais je n'y consens pas. Elle est trop belle pour un travail si rude et pénible. — Sait-elle coudre ? dit le seigneur. — Si elle sait coudre ? dit la mère, elle est capable de faire sept chemises d'homme en un jour.

Le seigneur, épris de la beauté de la jeune fille, et ébloui par l'éloge qu'on en faisait, demanda qu'elle fût conduite au château, promettant de l'épouser si une seule fois elle cousait sept chemises en un jour. Ainsi un matin il l'enferma dans une chambre, et lui remit la toile nécessaire. Les sept chemises devaient être faites avant le coucher du soleil. Toute sa vie la jeune fille avait été si paresseuse qu'elle ne savait même pas enfiler une aiguille. L'heure du coucher du soleil approchait ; elle n'avait pas encore commencé son ouvrage ; elle ne savait que faire et restait triste et pensive.

Tout à coup une vieille femme parut à la croisée et lui dit : — Que fais-tu là, et pourquoi es-tu si triste ? — J'ai, répondit la jeune fille, sept chemises à coudre aujourd'hui avant le coucher du soleil, et ne sais comment m'y prendre. Je ne sais pas même enfiler mon aiguille. — Si tu veux, répondit la vieille, qui était sorcière, me promettre de te rappeler mon nom dans un an, ou que tu me donneras ta personne pour en disposer à mon gré, je fais ton ouvrage en un instant. — Quel est votre nom ? — *Maria Kirikitoun ; hire icenaznehar orhaituco eztun,* c'est-à-dire : Maria Kirikitoun ; nul ne se rappellera mon nom. — Je vous promets ce que vous me demandez.

Ainsi la jeune fille, à l'heure fixe, présenta les sept chemises admirablement faites, et le seigneur dut tenir sa parole. Mais comme elle était fort ignorante en toutes choses, il la plaça dans un couvent, et après l'y avoir tenue quelque temps, il l'épousa. Elle vécut d'abord avec son mari, entourée de plaisirs ; mais la fin de l'année approchant, elle ne put s'empêcher de songer au nom de la sorcière qu'elle avait oublié, et à la promesse qu'elle avait faite, et elle restait plongée dans la tristesse. L'année allait expirer, le dernier jour était proche. Le seigneur, pour distraire sa femme et la réjouir, réunissait tous les jours ses amis, et donnait dans son château les fêtes les plus brillantes.

Enfin, le dernier jour, une vieille mendiante se présenta à la porte du château et demanda à une suivante le motif de ces fêtes et de ces réjouissances. Celle-ci répondit que la jeune châtelaine dépérissait de tristesse, et que, pour la distraire et réjouir, le seigneur donnait ces fêtes ; qu'en outre il promettait une somme d'argent à qui ferait sourire sa femme. La mendiante reprit : « Si la châtelaine voyait ce que j'ai vu aujourd'hui, sûrement elle rirait. » Aussitôt on fit entrer la mendiante dans le château, et, devant la châtelaine, on lui demanda ce qu'elle avait vu. J'ai vu dans un ruisseau une vieille sautant d'une berge à l'autre et criant :

« *Hééépa ! Maria Kirikitoun,*
Ene icenaz nehar orhoituco eztun.
Herri huntaco andreric ederrena gaur enetaco gun. »

C'est-à-dire : Heéépa ! Maria Kirikitoun ! Personne ne retiendra mon nom. La plus belle dame du village sera cette nuit ma possession.

La jeune châtelaine, en entendant prononcer le nom

qu'elle avait oublié, se hâta de l'écrire et récompensa la vieille mendiante, heureuse de pouvoir répondre à la sorcière, qui ne manqua pas de venir le soir même réclamer l'exécution de la promesse.

Pensez comme elle fut reçue.

Le diable dupé

Il y avait une fois un pauvre homme, nommé Manech, qui avait je ne sais combien d'enfants. Par surcroît, Cattalin, sa femme, était maladive et faible ; en sorte que le pauvre Manech avait beau travailler nuit et jour, il ne parvenait pas à suffire à tous ses besoins, et il voyait avec angoisse les enfants avec des habits rapiécés, ne mangeant jamais à leur appétit.

Que faire pour sortir d'embarras ? Il y songeait sans cesse.

Il lui revint que, dans son enfance, il avait entendu dire que les sorciers et les sorcières s'assemblaient au mont Orhy. « Je ferais peut-être bien, se dit le pauvre Manech, d'aller à l'Akhelarre [1], pour voir si quelque sorcier me tirera de misère. »

A force d'y penser, il se convainquit qu'il n'avait pas d'autre parti à prendre. Il dit donc un jour à sa femme qu'il allait voir un riche parent à la frontière d'Espagne, et il se dirigea vers l'Akhelarre, un samedi soir. Il arriva à onze heures et demie à la lisière du bois, monta sur un hêtre et attendit.

A minuit précis, voilà qu'une grande rumeur surgit de tous les points de l'horizon, et Manech aperçut, à la clarté de la lune, les troupes de sorciers et de sorcières arrivant à l'Akhelarre et la dernière une vieille boiteuse à cheval sur un manche à balai.

On commença par raconter les méchants tours que chacun avait faits depuis la dernière assemblée. Les

---

1. Le champ du bouc : Akher, bouc ; Larre, terre en pâturage. C'est le lieu du sabbat.

orateurs montaient successivement sur une pierre d'où ils dominaient la foule. Ensuite tous les assistants formèrent une ronde en chantant :

« Saute ! saute ; allons ! Mariette,
Vieille au logis, aux champs jeunette. »

Le chef, assis sur la pierre, fit un signe et la ronde s'arrêta. Il annonça la prochaine réunion au samedi et congédia l'assistance.

Quand ils eurent disparu, Manech se laissa glisser à terre, s'approcha de la pierre où siégeait le président des sorciers, lui dit du mieux qu'il put sa misère, et qu'il était venu dans l'espoir d'y obtenir quelque soulagement.

L'autre lui répondit : « Oui, j'ai le pouvoir de t'aider ; et je t'aiderai moyennant une seule condition. Regarde ce petit sac. L'or qu'il renferme s'y retrouvera toujours en même quantité, quoique tu en tires pour tes besoins actuels. Il te fournira une dot pour tes enfants et une rente assurée pour ta veuve, quand le moment sera venu. J'ai aussi le pouvoir de guérir ta femme. Tout à l'heure en t'en retournant, tu passeras auprès d'une caverne. Quelque bruit que tu entendes et quoi que tu voies, ne crains pas d'approcher et cueille quelques poignées de l'herbe qui croît sur ses bords. Tu les feras bouillir trois matins consécutifs, tu en donneras à boire une tasse à ta femme avant qu'elle ait rien mangé et le quatrième jour son mal aura disparu. Ainsi, ayant l'argent et la santé, vous pourrez manger à votre aise, vous promener où il vous plaira et prendre toutes les distractions. En retour, ton âme m'appartiendra après vingt années. »

Manech lui dit : « Qui êtes-vous ? Je voudrais savoir au moins à qui j'ai affaire. »

« Je suis Belzébuth, le roi des sorciers, un des sept diables les plus grands dans les enfers. Tu sauras que chez nous tout le monde est riche et que nous passons notre temps mieux qu'on ne dit sur la terre. »

Là-dessus Manech réfléchit un peu : livrer son âme au maudit, c'était bien dur ; mais il se remit sous les yeux sa femme impotente, ses enfants amaigris et la misère sans remède. Il prit d'un coup sa résolution et tendit la main pour recevoir le sac d'or.

A l'instant même le diable prit la forme d'un bouc et s'élança, en faisant des bonds prodigieux, vers le pic d'Orhy.

Tout ce qu'avait annoncé le diable se réalisa. Cattalin guérit, et Manech ne vit plus chez lui ni maladie, ni manque de rien. Et les vingt années s'écoulèrent.

Alors Manech se rappela le traité qu'il avait conclu ; il devint soucieux et préoccupé. Cattalin s'en aperçut aussitôt et voulut en savoir la cause. « Ce n'est rien », répondait d'abord Manech ; mais le secret l'étouffait et après quelques jours il dit à sa femme :

« Tu sais que, voilà bientôt vingt ans, je t'ai dit qu'un riche parent m'avait donné un petit sac d'or et des herbes pour te guérir. Je t'ai dit aussi qu'il m'envoyait depuis assez d'argent pour subvenir à tous mes besoins. Eh bien ! il n'y a rien tel que la vérité. C'est le diable qui m'a donné le sac et les herbes et qui depuis vingt ans nous donne l'argent. J'ai fait un pacte avec lui, et le moment approche où je devrai lui remettre mon âme. C'est pour cela que je ne suis pas gai. »

« Ah ! c'était ça, dit la femme ; ne t'inquiète point, pauvre Manech ; je trouverai quelque moyen pour duper le diable. »

Au jour et à l'heure dits le diable arriva : « Maître, je viens chercher ton âme. »

La femme se leva et dit : « C'est toi, Belzébuth ? Sache que si Manech est le maître, moi je suis la maîtresse de cette maison ! Je prétends qu'il n'a pu faire de pacte avec toi sans mon consentement, car il est attaché à moi et moi à lui par les liens du mariage et j'ai sur lui des droits donnés par Jaungoikoa, le Seigneur d'en haut. »

Le diable lui répondit : « Qui t'a guérie toi-même, si ce n'est moi ? Et depuis vingt ans quel est l'or qui t'a fait vivre dans l'abondance, si ce n'est le mien ? Tu as donc profité du pacte aussi bien que lui, et tu n'as rien à réclamer. »

« Pour ça, c'est vrai ; et je ne puis t'empêcher de prendre l'âme de Manech, puisqu'elle est le prix d'un engagement réciproque. Mais au moins tu ne nieras pas que j'ai le droit de réclamer un répit pour qu'il puisse dire ses prières avec moi, comme nous avons accoutumé ; et comme il faut que la besogne de la maison se fasse, tu me remplaceras pendant ce temps. Voici deux toisons de mouton nouvellement tondues, l'une blanche et l'autre noire. Prends-les et lave-les soigneusement à notre ruisseau. Quand elles seront devenues de même couleur, tu viendras réclamer l'âme de Manech ; il sera prêt. »

Le diable prit les toisons et descendit au ruisseau, croyant avoir fait dans une minute. Mais plus il lavait, plus la toison blanche blanchissait, et plus la toison noire noircissait. Il y allait de tout cœur, à tour de bras, sans résultat. Enfin, épuisé de fatigue et tout en colère, il prit les toisons et les alla jeter aux pieds de la femme en disant : « Cattalin, garde tes toisons et l'âme de ton homme. Depuis que je lave ces toisons pour t'obliger, j'aurais eu le temps de séduire pour l'enfer plus de cent mille âmes. »

A partir de ce jour, Manech ni Cattalin ne furent plus inquiétés par le diable, et Dieu pardonna à Manech à cause de son amour pour les siens.

ROUSSILLON

Horace Chauvet

Espiguette

Il était une fois un berger qui avait sept filles, et c'était beaucoup pour un pauvre homme. Toutes trouvèrent à se placer dans les fermes, sauf la plus petite, parce qu'elle était trop jeune. Mais un jour, sa gentillesse séduisit la reine, qui la prit à son service ; et puis elle portait un nom si harmonieux : Espiguette ! La reine n'eut pas à s'en repentir car Espiguette se fit remarquer par ses qualités de bonne petite ménagère. Trop de qualités à vrai dire, puisqu'elles excitèrent les jalousies de toutes les chambrières.

Maudites soubrettes ! Savez-vous ce qu'elles imaginèrent ? Elles allèrent raconter à la reine qu'Espiguette se flattait de blanchir, ravauder et repasser tout le linge de la lessive en moins d'une heure. La Cendrillon eut beau protester, on la mit en demeure d'exécuter l'ouvrage toute seule. Mais, comme elle pleurait à chaudes larmes dans sa chambrette, un jeune homme apparut qui la consola et lui remit un petit bâton :

— Prends cette branche de micocoulier, lui dit-il, et grâce à elle tu feras des miracles dans ce palais.

Quel bonheur ! Espiguette se hâta vers la buanderie, donna des ordres à la baguette tout simplement et aussitôt se vit entourée de lavandières, couturières et repasseuses qui mirent la lessive au net en un clin d'œil. Cet exploit était bien de nature à faire cesser toute cabale ; mais les méchants ne désarment pas si vite !

On savait au palais que le fils de la reine, enlevé jadis par une fée, était enfermé dans un château mystérieux. On attribua des propos étranges à Espiguette ; on prétendit qu'elle s'était vantée de délivrer elle-même le prince disparu. La reine était perplexe ; mais elle était mère avant tout et la pauvre enfant fut mise en demeure une nouvelle fois d'en arriver aux actes.

Elle retrouva fort heureusement son consolateur, celui de la branche de micocoulier, qui lui dit :

— Sèche tes larmes, Espiguette, et suis bien mes conseils. Tu demanderas d'abord un bel attelage et, dans le carrosse, tu déposeras un mouton blanc, une ruche d'abeilles, un balai neuf et un sac plein de laine. Ainsi munie, tu prendras la route au gré de tes coursiers. Aie confiance en moi...

La reine combla tous les désirs d'Espiguette, qui partit sur son carrosse au hasard des routes. La petite aventurière était émue ; elle le fut plus encore lorsqu'elle vit surgir, à l'orée d'un bois, une troupe de loups affamés. Mais n'avait-elle pas une proie à leur offrir ? Elle leur jeta le mouton blanc en pâture et passa.

Plus loin, son carrosse fut entouré d'une nuée d'abeilles qui se préparaient à harceler gens et chevaux. Elle déposa la ruche sur le bord du chemin et les abeilles s'y logèrent, lui laissant le champ libre.

A un certain carrefour, une sorcière l'arrêta pour lui réclamer un balai neuf, pour chevaucher dans l'espace à sa guise, le soir du sabbat. La vieille femme eut son balai neuf ; elle en fut tellement heureuse qu'elle voulut être utile à son tour :

— Je sais, dit-elle, que tu cherches le fils de la reine. Je t'aiderai. Il est prisonnier dans le château planté là-haut sur ce pic. Tu ne peux y entrer qu'au moyen d'une clé d'or ; la voici. Tu n'auras qu'à dire : « Petite clé d'or, aide-moi donc à sauver le prince qui dort. » Et la porte s'ouvrira...

Le carrosse grimpa la côte, comme s'il avait des ailes.

Grâce à la clé d'or, pénétrer dans le domaine de la fée, traverser les allées du parc qui était peuplé d'oiseaux étranges, parcourir les salles du château où brillaient l'or et les pierreries, tout s'accomplit sans obstacle. Enfin, Espiguette se trouva devant un lit de cristal, dans une chambre rose : c'était le terme de son voyage. Sur le lit, dormaient le prince et la fée ; ils rêvaient en souriant.

Mais des clochettes d'argent suspendues à des fils d'or formaient une frange autour des dormeurs, de sorte qu'on ne pouvait passer la main sans faire tinter les clochettes et réveiller les gardiens.

Espiguette comprit alors pourquoi on l'avait munie d'un paquet de laine. Grâce à cette précaution, elle empêcha les clochettes de tinter et put les écarter sans bruit. Elle prit alors le prince à bras-le-corps et le déposa dans son carrosse.

A bride abattue, elle refit le chemin de la sorcière, des abeilles et des loups pour retourner auprès de la reine et lui rendre son fils.

Ainsi se révéla l'odieuse malveillance des chambrières ; elles furent punies sévèrement. Et le prince épousa la douce Espiguette.

Les jours de la vieille

Il était une fois une vieille femme, si vieille qu'elle ignorait elle-même son âge, et que la Mort semblait l'avoir oubliée. Elle avait porté sur ses épaules tant et tant de fagots de bois à travers la montagne, qu'elle s'était voûtée ; le temps avait creusé de profonds sillons sur ses joues bronzées et flasques.

Elle conduisait elle-même au pâturage son troupeau de brebis (deux cents têtes environ, y compris les petits agneaux). On la voyait passer lentement, appuyée sur son bâton noueux, le regard vague et pensif, obstinément fixé sur la terre : et les gamins moqueurs et irrespectueux imitaient sa démarche pénible.

Elle supportait encore assez bien les intempéries : on s'étonnait même de la voir résister au vent qui fouettait son corps osseux et faisait perler des larmes aux coins de ses yeux. Elle avait dû posséder une vigueur peu commune, la pauvre vieille !

En hiver cependant elle était obligée de rester au coin du feu, et son troupeau sortait rarement. Le nez surmonté de lunettes rouillées, elle tricotait, non point pour se rendre utile à ses enfants, puisqu'elle n'en avait pas, mais par simple habitude du travail.

Et la bonne vieille pensait à ses tendres brebis, à leurs agneaux si mignons, qu'elle aimait tant et qui constituaient son seul bonheur, sa seule fortune. Son horizon avait pour terme la bergerie.

Ah ! que les pauvres petites bêtes devaient souffrir de froid, malgré leur duvet de laine ! Le vent mugissait au dehors, ébranlait les vitres de la masure, faisait grincer la porte sur ses gonds et tressaillir les toiles d'araignées qui tapissaient la bergerie.

Blotties les unes contre les autres, les pauvres brebis répondaient par de timides et plaintifs bêlements aux beuglements de l'orage : « Quand donc arrivera le printemps ? pensait la vieille. Quand pourrai-je conduire mon troupeau dans la campagne verdoyante ? »

Décembre et janvier neigeux passèrent lentement comme vieillards à barbe blanche. Février et mars parurent plus lents encore. La pauvre femme comptait les jours sur les arbres de la route et la route lui paraissait sans fin.

Tricote bonne vieille, avril viendra à son heure.

Un matin pourtant, l'hirondelle joyeuse vint battre son aile contre les vitres de la masure, et la vieille salua d'un sourire l'avant-coureur du printemps ; les arbres se couvrirent bientôt de feuilles. Avril arrivait donc à pas de géant : dans un jour il serait là. *Abril gentil !*

La vieille femme se redressa soudain et brandit son aiguille à tricoter : ne pouvant maîtriser sa colère longtemps contenue, elle apostropha violemment le mois de Mars qui l'avait fait tant languir et tant souffrir :

Mars, marsel,
Som salvat cent ovelles,
Amb cent anyells.
Mars, marsot,
Besa mé lou coul
Que'l cap no'n pols...

(Mars, j'ai sauvé cent brebis et cent agneaux. Mars, embrasse-moi le cul, car tu ne peux atteindre mon visage.)

Mars vexé de propos si offensants résolut de tirer de l'insolente une éclatante vengeance. Il s'adressa à son jeune frère, avant d'expirer, et lui dit :

Abril gentil !
Deixe-me'n un

Deixe-me'n dos
Deixe-me'n tres
Y oun que'm reste faran quatre
Que'ls anyells de la vella
Farem pernabatre !

(Avril gentil, prête-moi un jour, prête-m'en deux, prête-m'en trois, j'en aurai quatre avec celui qui me reste ; nous ferons ainsi périr les agneaux de la vieille.)

Avril complaisant accéda au désir de Mars et les deux frères ligués contre la vieille femme provoquèrent des orages subits, des vents froids et humides, des changements soudains de température, qui décimèrent le troupeau maudit. Une seule brebis se sauva : elle était si galeuse et si pelée que la vieille la cacha, l'abrita sous ses jupons...

Tricote donc encore, bonne vieille, puisque tu n'as plus ton troupeau ! Mais la pauvre bergère ne put supporter un tel désastre : elle s'endormit un jour, pour ne plus se réveiller, après avoir perdu la seule brebis qui lui restait...

Depuis cette époque, disent les paysans, les orages, qui semblent dissipés vers la fin de mars, reviennent avec plus de violence pendant les derniers jours de ce mois et pendant les premiers jours du mois d'avril.

Ces journées de mauvais temps, époque de transition entre l'hiver et le printemps, sont appelées, conformément à la légende : *los dias de la vella* ou *los dias manllabats* (les jours de la vieille ou les jours empruntés).

La barque enchantée

Il était une fois à Canet un pêcheur fort comme un chêne, bon comme le pain, qui avait nom Vicens, mais que ses camarades connaissaient mieux sous le surnom d'*en Vicens lo Roure* ; il était d'ailleurs très fier de cette épithète que lui valait sa carrure herculéenne.

Or, un jour, Vicens, pieds nus, la culotte retroussée jusqu'aux cuisses, les reins serrés dans une large ceinture de flanelle rouge, se disposait à pousser sa barque dans la mer pour aller au large, lorsqu'il s'aperçut que la coque était mouillée. Il pensa qu'un camarade s'était servi de l'embarcation sans l'avertir, mais il constata que tout était à sa place : cordages, rames et gouvernail.

Le lendemain matin la coque était de nouveau mouillée, alors que la barque avait été la veille complètement atterrie. Vicens interrogea quelques marins, qui affirmèrent n'avoir jamais touché son embarcation, puis il alla trouver le bailli, qui lui conseilla de se cacher pendant la nuit et de rester aux aguets.

Le soir même, Vicens se blottit derrière un amas de gros filets, attendant les événements avec patience, écoutant le bruit des vagues et confiant à sa pipe le soin de chasser l'ennui.

L'horloge de l'église résonna bientôt et le marin compta les heures sur ses doigts : ... dix, onze, douze ; brusquement il aperçut des lumières vacillantes dans la nuit noire, comme des feux follets qui s'approchaient de lui ; le cou tendu, les yeux écarquillés, il finit par distinguer une bande de femmes portant des lanternes qui couraient sur le rivage en gambadant et prenaient place dans sa barque. Il était sur le point de quitter sa cachette pour chasser ces femmes de mauvais augure, lorsque l'une d'elles, debout près du gouvernail, éleva la voix. Vicens se cacha de nouveau et entendit très distinctement les paroles suivantes :

Vara[1] *per un, vara per dos, vara per tres, vara per cuatra, vara per cinch, vara per sis, vara per set.*

Et la barque glissa sur le sable et disparut à l'horizon, comme s'évanouit la fumée...

Le pêcheur ne revenait pas de son étonnement. Cette vision étrange, la disparition de sa barque déconcertaient sa raison. Il alla se coucher, ayant hâte d'arriver au jour.

Le lendemain matin, il trouva sa barque encore mouillée, mais il savait à quoi s'en tenir. Il alla trouver le bailli pour la seconde fois, et lui demanda conseil : le bailli lui recommanda de se cacher dans l'embarcation pour reconnaître les sept *bruixas* – car ce ne pouvaient être que des *bruixas* – qui faisaient le voyage nocturne.

A la nuit tombante, Vicens se cacha dans la cale de sa barque sous des algues marines et attendit patiemment. Comme la veille, les sept femmes arrivèrent à minuit, toujours munies de lanternes, s'installèrent dans la barque après avoir folâtré, puis, l'une d'elles, la *badessa*, dit sur un ton de commandement :

— *Vara per un, vara per dos, vara per tres, vara per cuatra, vara per cinch, vara per sis, vara per set !*

Mais la barque ne remua pas plus que les blocs de pierre contre lesquels venait se briser la vague.

— *Companyas*, dit la même femme, *n'hi ha una, assi, qu'es à punt de parir.*

(Camarades, une de nous est sur le point d'accoucher[2].)

Ses camarades protestèrent :

— *Som pas jo*, dit l'une.

— *Ni jo.*

1. *Vara* signifie : Au large !
2. Les sorcières ne peuvent jamais avoir d'enfants.

— *Ni jo.*

La *badessa* répéta alors, en la modifiant, la formule consacrée :

— *Vara per un, vara per dos, vara per tres, vara per cuatra, vara per cinch, vara per sis, vara per set..., vara per vuyt !*

Et la barque disparut aussitôt, rapide comme l'éclair ; elle vogua loin, bien loin, et atterrit dans un pays que Vicens ne connaissait pas. Les sept femmes débarquèrent, firent une ronde effrénée, puis s'éloignèrent du côté d'un village dont on apercevait les premières maisons. Pendant ce temps Vicens descendait lui aussi sur le rivage et aperçut des plantes qu'il n'avait jamais vues ; il cueillit une feuille de palmier et regagna son poste d'observation dans le fond de la barque.

Les *bruixas* arrivèrent bientôt, riant de leurs méfaits, mirent voile au vent et l'équipage se retrouva sur la plage roussillonnaise, quelques instants après, comme par enchantement.

Le lendemain Vicens alla chez le bailli et lui expliqua les détails de son voyage, montrant la feuille de palmier comme pièce à conviction.

— Quelles sont donc les sept sorcières ? dit le bailli.

— Je les connais, répondit Vicens, et veux vous les désigner à l'église, au moment où elles prendront de l'eau bénite.

Le dimanche suivant, comme il était convenu, le bailli et *Vicens lo Roure* étaient postés à l'entrée de l'église, près du bénitier, assistant au défilé des fidèles.

Chaque fois qu'une des sorcières passait, Vicens disait tout bas à son compagnon :

— *Osca, senyor baille.*

C'était le mot d'ordre convenu.

Six sorcières étaient déjà connues et la dernière tardait à venir, lorsque passa la femme du bailli en personne.

Le marin répéta d'une voix grave le mot révélateur :

— *Osca, senyor baille.*

Le bailli ne put cacher son étonnement ; la seule personne qui passât était bien sa femme pourtant, et il interpella le pêcheur.

— *Com diuhes, Vicens ?*

Et du même ton solennel, Vicens répéta :

— *Osca, senyor baille.*

Le magistrat ne pouvait en croire ses oreilles.

Rentré chez lui, il interrogea sa femme et reçut son aveu ; il apprit aussi qu'elle était la *badessa* de cette bande de *bruixas* qui jetaient l'alarme dans la contrée.

Mais les sept sorcières ayant été trahies de ce fait ne se réunirent plus et cessèrent leurs méfaits.

Quant au bailli, il promit à *Vicens lo Roure* une barque neuve, à condition qu'il ne parlerait jamais des événements dont il avait été témoin, et qu'il ne trahirait pas sa femme.

Mais la discrétion n'était pas la principale qualité du pêcheur, car les gens du pays connurent tous le lendemain sa curieuse aventure.

Le secret du chasseur

Un chasseur du Vallespir se reposait à l'ombre d'un chêne, lorsqu'il aperçut un gros serpent dans le feuillage. Son premier mouvement fut pour fuir, mais il reprit courage. Tandis qu'il épaulait son fusil, il constata que le serpent parlait :

— Ne tire pas, chasseur. Ecoute-moi !

— Je n'ai aucune raison de t'épargner, répondit l'homme surpris. Tu es une bête malfaisante.

— C'est possible, mais tu ne seras pas fâché de m'avoir entendu. Te serait-il agréable de comprendre le langage mystérieux de tous les animaux ?

— Bien sûr ! Ce serait amusant.

— Eh bien ! si tu me laisses la vie sauve, tu auras ce rare privilège. Seul d'entre tous les hommes, tu pourras savoir comment s'expliquent entre eux les oiseaux dans les nids et les bêtes dans les buissons. Mais il faudra garder jalousement ton secret ; toute indiscrétion te vaudrait la mort.

— Soit. J'accepte. Je saurai me taire.

Et le chasseur, perplexe, s'éloigna. Dans un taillis, il aperçut deux lapins en posture de commères et s'approcha tout doucement pour surprendre leur bavardage :

— Figure-toi, disait le plus gros, que j'étais en train de fouir, l'autre jour, les parois de notre clapier, pour l'élargir, lorsqu'au milieu des cailloux qui dégringolaient je vis tomber des étoiles.

— Des étoiles ? Tu dois te tromper, remarqua l'autre lapin ; c'étaient tout simplement des racines de bruyère. Tu avais la berlue.

— Les racines ne brillent pas, petit nigaud !

— C'étaient alors des débris de verre.

— Non, non. J'ai vu de petites étoiles, comme celles qui brillent au ciel ; j'en étais ébloui. Mais ce n'est pas tout ! Continuant mon travail de sape, j'ai découvert un coffret en bois tout vermoulu. Tu sais combien je suis tenace. A force de farfouiller, j'ai fait jaillir d'autres étoiles. J'en ai touché une ; elle ne brûlait pas, elle était ronde et brillante.

L'explorateur voulut alors produire la pièce à conviction ; il se glissa dans son trou et ressortit aussitôt portant dans sa bouche une pièce d'or.

Quelle trouvaille ! Le chasseur ouvrait des yeux émerveillés ; un trésor était certainement caché dans le clapier. Il eut tôt fait de chasser les lapins – ne pensant même pas à les tuer – et de déterrer la fameuse cassette pleine de louis et de doubles d'or. Il était devenu riche.

Grâce au serpent, il possédait donc un pouvoir merveilleux et il laissait son fusil à la maison pour aller chaque jour dans la campagne, écoutant ce que dit le moineau quand il va béqueter la figue, percevant les mots d'amour que se confient les tendres pigeons. Sur une branche haute de peuplier, la chouette criait tout haut ses rêves fantastiques : il la comprenait. Et il entendait l'épervier qui lançait, en passant, de grossiers jurons, pire qu'un charretier. Tous les piou-piou, tous les glou-glou, tous les couac-couac, il en connaissait le sens.

Il découvrit un monde nouveau. Ce qui le chagrinait le plus, c'était justement d'être seul à jouir de ce privilège, et de ne pas pouvoir échanger ses impressions avec d'autres hommes qui pénétreraient avec lui les secrets de la nature.

Un jour, il lisait près de sa fenêtre, lorsqu'un merle vint se poser tout près de lui et lui tint ce langage :

— Chasseur, tu te crois heureux, tu es riche, tu as acheté un beau domaine. Malheureusement ta femme est méchante et laide : un laideron, un laideron, un laideron !

— Je la trouve pourtant à mon goût, répondit l'autre. Elle est bonne ménagère et ça me suffit.

— Soit. Mais un visage gracieux n'est pas à dédaigner. Avec son nez en pied de marmite, comment ta femme a-t-elle pu te plaire ?...

Cette comparaison amusa tellement le chasseur qu'il éclata de rire en regardant son épouse :

— Pourquoi ris-tu sans motif ? demanda celle-ci.

— C'est mon livre qui me fait rire.

— Non. Tu te moques de moi. Je veux en connaître la raison !...

Et ils se querellèrent. L'homme ne pouvait donner d'explication sincère sans livrer un secret dont il savait que la révélation lui serait fatale ; il en était averti. Mais sa femme insistait pour qu'il se justifiât et, pour avoir la paix, il allait tout avouer lorsque, dans la basse-cour voisine, il entendit la voix familière du coq qui l'interpellait :

— Cocorico-o-o ! Quiquiriqui-i-i ! Chasseur, garde-toi bien de parler, dit-il. Et, si tu veux m'en croire, sois le maître chez toi ! A mon appel guttural les poules se rassemblent autour de ma crête rouge ; je suis le maître absolu dans mon harem. Toi, chasseur, tu n'as qu'une seule femme et tu ne sais même pas la faire obéir. Quelle honte ! L'homme, pourtant, se flatte d'être le roi des animaux...

— Tu as bien raison, répondit le chasseur. La leçon me servira. Désormais, c'est moi qui commanderai à la maison...

Et comme sa femme le pressait toujours d'expliquer ses prétendues moqueries, il le prit de haut, tempêta, menaça et tant fit de bruit qu'elle finit par se calmer sans qu'il fût obligé de révéler les impertinences du merle et le don merveilleux qu'il tenait du serpent.

Désormais, il fut le maître au logis.

Cocorico-o-o ! Quiquiriqui-i-i !

Le songe du pastoureau

Un jeune pastoureau, Ramon, aimait une plantureuse bergère ; chaque matin il quittait Sahorre à la tête de son troupeau, escorté par un chien vigilant, et se dirigeait vers les pacages du Canigou.

Il s'endormait souvent au pied d'un arbre, tout en pensant à sa fiancée, abandonnant en toute confiance ses moutons à la garde de son dogue.

Or, un jour qu'il était plongé dans une douce somnolence, vint à passer une belle jeune fille tout habillée de blanc qui s'arrêta devant lui pour le contempler ; la divine vision disparut lorsque Ramon se réveilla, aux aboiements de son chien.

Le berger passa la main sur ses yeux comme pour chasser un cauchemar affreux et ressaisir ses vagues pensées. Tout d'un coup il se souvint avoir rêvé qu'un gouffre plein de glace le séparait de Véronique, sa bien-aimée, et qu'il tombait lui-même au fond d'un précipice pour avoir voulu se rapprocher d'elle. Le froid et les cris de Véronique, pensa-t-il, l'avaient réveillé en sursaut...

Ce songe passa comme passent les nuages sombres sur un ciel clair et serein ; Ramon, ne lui attribuant aucune importance, ne le confia d'ailleurs à personne.

Le dimanche suivant les sons aigus, nasillards et traînants du *flaviol* et de la *prima* rassemblèrent jeunes gens et jeunes filles sur la place publique de Sahorre. Les *balls* succédèrent aux *contrapas* et les couples sautaient, voltigeaient, papillonnaient, se plaisant à ce manège naïf qui fait du *ball* une sorte de dépit amoureux, une pastorale mimée.

Ramon et Véronique, les deux fiancés, se plaisaient

particulièrement à ce jeu d'amour qui donnait à la danse un caractère aussi original que naïf, et, au milieu des rires joyeux, tendrement enlacés, ils se juraient une fidélité éternelle.

Brusquement surgit au milieu des danseurs une brune Espagnole, d'une rare beauté, qui exécuta une danse lascive et gracieuse, comme au pays des guitares et des castagnettes. Un cercle d'admirateurs se forma autour d'elle, et l'inconnue aux cheveux d'ébène charma ses nombreux spectateurs. Ramon lui-même était presque séduit.

Mais, après la danse, les couples se dispersèrent et Ramon songeait à rentrer au logis, lorsque la séduisante Espagnole apparut à son côté.

Elle fit tant et si bien, la divine charmeuse, que le pauvre berger, éperdument amoureux, consentit à la suivre n'importe où, malgré tout.

Et tous deux s'acheminèrent vers les cimes neigeuses du Canigou.

Après avoir marché toute la nuit, le couple s'arrêta dans une grotte pour prendre quelque repos. Mais Ramon, s'arrachant soudain aux caresses de sa compagne, reprit le sentiment de la réalité : devant ses yeux passa la vision du passé, l'image de celle qu'il avait lâchement abandonnée à Sahorre.

Il crut entendre résonner à ses oreilles les rires moqueurs des jeunes filles du village, les sanglots de ses parents et les plaintes de sa fiancée.

L'Espagnole redoubla ses cajoleries, essaya de lui faire oublier ses premières amours.

— Je suis fée, avoua-t-elle, je te vis un jour endormi auprès d'un arbre et je t'aimai. Dès lors, je n'eus d'autre pensée et d'autre but que de te plaire et de te posséder. Sous le déguisement d'une Espagnole, j'ai réussi à t'arracher à ta fiancée. Si tu m'aimes, reste auprès de moi et tu seras le plus heureux des hommes. Demande ce que tu voudras et tes désirs seront exaucés.

— Je veux revoir ma fiancée et mon village, répondit

Ramon. Je préfère la douce voix de ma mie, je préfère le bêlement plaintif de mes moutons à toutes les richesses que tu pourrais m'offrir.

En vain la fée s'efforça de reprendre le cœur de l'inconstant amoureux. Pour montrer sa puissance surnaturelle, elle toucha du pied un perce-neige qui prit soudain la forme d'un œillet et l'offrit à Ramon. Le berger, dédaigneux, refusa cette fleur et s'éloigna rapidement vers Sahorre.

— Eh bien, puisque tu me repousses, sois maudit, s'écria la fée désespérée.

Et tout aussitôt, Ramon fut transformé en une statue de neige que le vent démolit et dispersa dans les vallons.

Ainsi finit, glacé, cet amant trop ardent.

LORRAINE-CHAMPAGNE

Emmanuel Cosquin

Le petit berger

Il était une fois un roi et une reine qui n'avaient qu'une fille ; c'était une enfant gâtée, à qui l'on passait tous ses caprices. Se promenant un jour dans les champs avec le roi et la reine, elle vit un troupeau de moutons et voulut avoir un agneau. Ses parents s'adressèrent à la bergère ; celle-ci leur dit que les moutons ne lui appartenaient pas et les renvoya au fermier, qui n'était pas loin ; finalement, la princesse eut son agneau. Elle voulut ensuite le mener aux champs elle-même. Cette nouvelle fantaisie contraria fort ses parents ; ils regrettèrent de lui avoir acheté l'agneau. « Il fait bien chaud dans les champs, dirent-ils à leur fille ; tu te gâteras le teint. D'ailleurs, il n'est pas convenable pour une princesse de garder les moutons. »

Au bout de quelque temps, l'agneau devint brebis et mis bas un petit agneau ; l'année suivante il en vint d'autres, si bien que la princesse finit par avoir un troupeau. Elle en était toute joyeuse et disait à sa mère qu'elle vendrait la laine de ses moutons. « Nous n'avons pas besoin de cela », répondait la reine.

Il fallait un berger au troupeau. Le roi, étant sorti pour en chercher un, fit la rencontre d'un jeune garçon qui avait l'air très doux et très gentil. « Où vas-tu, mon ami ? lui demanda le roi. — Je cherche un maître. — Veux-tu venir chez moi ? je suis le roi. — Cela dépend des gages que vous me donnerez. »

Le roi lui fit une offre dont il fut content, et le jeune garçon le suivit.

« Maintenant, dit le roi à sa fille, tu n'as plus besoin d'aller aux champs. » La princesse répondit : « J'irai conduire mon troupeau le matin, et, le soir, j'irai le rechercher. — C'est au mieux, dit le roi ; le matin il fait frais aux champs, et aussi le soir ; ainsi le soleil ne te gâtera pas le teint. »

Tous les jours le roi donnait au petit berger de la viande et une bouteille de vin. La princesse, un matin, conduisit le petit berger dans une belle plaine, près d'un petit bois. « Gardez-vous bien d'entrer dans ce bois, lui dit-elle ; il y a là trois géants. — Je n'y entrerai pas, ma princesse », répondit-il.

Mais elle ne fut pas plus tôt partie qu'il entra dans le bois ; il avait tiré de sa poche un petit couteau de deux sous à sifflet, et sifflait joyeusement. Tout à coup, il vit venir un géant tout vêtu d'acier qui lui cria : « Que viens-tu faire ici, drôle ? — Je me promène en gardant les moutons du roi. » Le géant tourna autour de lui. « Qu'as-tu donc sur le dos ? lui demanda-t-il. — C'est une gibecière, répondit le berger ; j'ai dedans du pain, de la viande et du vin. En veux-tu ? »

Le géant accepta. Après avoir mangé toutes les provisions du berger, il prit la bouteille et la vida d'un trait. Il n'eut pas plus tôt bu qu'il se laissa aller à terre et s'endormit : les géants ne sont pas habitués à boire du vin. Aussitôt le petit berger lui enfonça son couteau dans la gorge. Ensuite il fit le tour du bois et trouva une maison toute d'acier ; il y entra : dans l'écurie était un cheval d'acier ; dans les chambres, chaises, tables, cuillers, fourchettes, tout était d'acier. C'était la maison du géant.

Le soir, quand la princesse arriva, le petit berger était revenu dans la prairie. Elle lui demanda : « Etes-vous entré dans le bois ? — Non, ma princesse. — Tant mieux ; j'étais en peine de vous. — Ah ! dit-il, ma princesse, qu'il faisait chaud aujourd'hui ! J'ai eu bien soif. — Si vous n'avez pas eu assez d'une bouteille, dit la princesse, demain vous en aurez deux : une de mon père, comme à l'ordinaire, et une que je vous donnerai ; mais n'en dites rien à mon père. »

Le lendemain, la princesse le conduisit encore dans la

plaine et lui défendit d'aller dans le petit bois ; mais, comme la veille, dès qu'il l'eut perdue de vue, il y entra en sifflant dans son sifflet. Cette fois, il rencontra un géant tout vêtu d'argent, qui lui dit : « Que viens-tu faire ici, drôle ? — Je me promène, répondit le berger. Quoique tu sois plus gros et plus grand que moi, tu ne me fais pas peur. » Le géant tourna autour de lui et lui demanda : « Qu'as-tu donc sur le dos ? — C'est une gibecière ; il y a dedans du pain, de la viande et du vin. As-tu faim ? — Oui, je mangerais bien un morceau. »

Le berger lui donna son dîner, puis il lui présenta une de ses bouteilles, que le géant vida d'un trait. L'autre bouteille y passa également, et le géant s'endormit. Alors le berger lui enfonça son couteau dans la gorge. Il fit ensuite le tour du bois et vit une maison toute d'argent : dans l'écurie était un cheval d'argent ; dans les chambres, chaises, tables, assiettes, cuillers, fourchettes, tout était d'argent. C'était la maison du géant.

En arrivant le soir, la princesse dit au berger : « Etes-vous entré dans le petit bois ? — Non, ma princesse. — Vous avez bien fait. — Ah ! dit-il, ma princesse, qu'il a fait chaud aujourd'hui ! — Demain, dit-elle, je vous donnerai deux bouteilles ; avec celle que mon père vous donnera, cela fera trois bouteilles. Mais surtout, n'en dites rien. »

La princesse conduisit, le jour suivant, le petit berger dans la même plaine et lui défendit d'entrer dans le bois ; mais, aussitôt qu'elle eut le dos tourné, il y entra en sifflant dans son sifflet. Il eut à peine fait quelques pas qu'il se trouva en face d'un géant tout vêtu d'or. « Que viens-tu faire ici, drôle ? — Je me promène. »

Le géant tourna autour de lui. « Qu'as-tu donc sur le dos ? — C'est une gibecière : il y a dedans du pain, de la viande et du vin. As-tu faim ? — Oui, j'ai faim. — Eh bien ! mange. »

Quand le géant eut mangé, le berger lui donna une bouteille, qu'il vida d'un trait. « En veux-tu une autre ? lui demanda le berger. — Oui. — En veux-tu une troisième ?

— Oui. — En veux-tu une quatrième ? — Mais tu en as donc un tonneau ? — Oh ! bien, dit le berger, qui n'en avait plus, je la garde pour quand tu auras encore soif. »

Le géant une fois endormi, le petit berger lui enfonça son couteau dans la gorge, puis il fit le tour du bois et vit une maison toute d'or : dans l'écurie était un cheval d'or ; dans les chambres, chaises, tables, assiettes, cuillers, fourchettes, tout était d'or. C'était la maison du géant.

Cependant le roi, qui voulait marier sa fille, fit préparer trois pots de fleurs : plusieurs seigneurs devaient combattre à qui gagnerait ces pots de fleurs et épouserait la princesse. Celle-ci dit au petit berger : « Venez demain, à neuf heures, et tâchez de gagner le prix. »

Le petit berger promit de venir. Le lendemain, en effet, il s'habilla tout d'acier, de sorte que personne ne le reconnut. « Ah ! le beau seigneur ! disait le roi, je voudrais bien qu'il eût ma fille. »

Mais la princesse pleurait, ne voyant pas venir son berger. Après avoir combattu longtemps, le berger gagna un pot de fleurs, ce dont le roi fut enchanté.

Le soir, quand la princesse vit le berger, elle lui dit tout affligée : « Pourquoi n'êtes-vous pas venu ? — La chaleur m'avait rendu malade. — Ah ! dit la princesse, vous n'êtes pas bien ici ; vous dépérissez. »

Durant les trois jours qu'il avait rencontré les géants, il n'avait ni bu ni mangé. « Je tâcherai d'y aller demain, » répondit-il.

Le lendemain, il s'habilla tout d'argent. « Voilà, dit le roi, un superbe chevalier ! Il est encore plus beau que celui d'hier. »

Ce fut encore le berger qui gagna le deuxième pot de fleurs, à la grande satisfaction du roi.

Le soir, la princesse fit des reproches au berger. « Ah ! ma princesse, dit-il, que voulez-vous que je fasse au milieu de ces grands seigneurs ? Je n'oserai jamais y aller. — Je vous prêterai les habits de mon père, dit la princesse. — Vous êtes bien bonne, ma princesse, mais je n'en ai pas besoin ; j'irai demain. — Eh bien, dit-elle, on vous attendra. »

Le jour suivant, il s'habilla tout d'or et se présenta à neuf heures au château. « Ah ! le beau jeune homme ! dit le roi, je voudrais bien qu'il eût ma fille. — Mon père, dit la princesse, si l'on attendait jusqu'à neuf heures et demie ? »

A neuf heures et demie, ne voyant toujours pas venir le berger, elle dit : « Mon père, attendons jusqu'à dix heures. »

Dix heures sonnèrent ; elle demanda un nouveau délai. « Nous attendrons jusqu'à onze heures, dit le roi, mais pas plus tard ; je ne suis pas cause si ton berger ne veut pas venir. »

A onze heures précises, le combat commença ; il dura longtemps, et ce fut encore le petit berger qui gagna le dernier pot de fleurs.

Le soir venu, la princesse se rendit auprès de lui tout éplorée et lui dit : « C'est vous que je voulais épouser, et mon père va me donner à un autre. — Oh ! dit le berger, si je ne suis pas venu, c'est que j'ai encore été un peu malade. »

Le lendemain, pourtant, il pria la princesse de le suivre dans le petit bois, et il lui montra les trois pots de fleurs qu'il avait mis dans la maison d'acier. « C'est moi, dit-il, qui les ai gagnés, et, de plus, j'ai vaincu les trois géants : voici la maison du premier. »

Il lui fit voir aussi la maison d'argent et la maison d'or, en lui disant : « Tout cela m'appartient. — Hélas ! dit la princesse, maintenant vous êtes trop riche pour moi ! »

Mais le petit berger se présenta avec elle devant le roi. Celui-ci, ayant appris que c'était lui qui avait gagné les trois pots de fleurs, consentit avec joie à lui donner sa fille en mariage, et les noces se firent le jour même.

La princesse d'Angleterre

Il était une fois une princesse, fille du roi d'Angleterre. Le prince de France ayant envoyé des ambassadeurs pour demander sa main, elle répondit qu'il n'était pas digne de dénouer les cordons de ses souliers.

Le prince alors se rendit en Angleterre sans se faire connaître, et s'annonça au palais comme un habile perruquier venant de Paris. La princesse voulut le voir, et le prétendu perruquier sut si bien s'y prendre que bientôt elle l'épousa en secret. Quand le roi apprit ce qui s'était passé, il entra dans une grande colère et les mit tous les deux à la porte du palais.

Le perruquier emmena sa femme à Paris et descendit avec elle dans une méchante auberge. « Hélas ! pensait la princesse, faut-il avoir refusé le roi de France et se voir la femme d'un perruquier ! »

Un jour, son mari lui dit : « Ma femme, vous irez demain vendre de l'eau-de-vie sur la place. »

Elle obéit et alla s'installer sur la place avec ses cruches. Bientôt arrivèrent des soldats, qui lui demandèrent à boire ; ils lui donnèrent cinq sous, burent toute l'eau-de-vie, puis cassèrent les cruches et les verres. La pauvre princesse n'osait rentrer à la maison ; elle ne se doutait guère que c'était le prince de France, son mari, qui avait envoyé tous ces soldats. Elle se tenait donc debout près de la porte ; son mari lui dit : « Ma femme, pourquoi n'entrez-vous pas ? — Je n'ose, répondit la princesse. — Combien avez-vous gagné aujourd'hui ? — J'ai gagné cinq sous. — C'est déjà beau pour vous, ma femme. Moi, j'ai gagné trois louis à faire des perruques chez le roi. — Allons, dit la princesse, nos affaires vont donc bien aller ! Nous paierons l'aubergiste et nous irons ailleurs. »

Le jour suivant, le perruquier dit à sa femme : « Vous irez vous mettre sur le grand pont pour y décrotter les souliers des passants. »

La princesse s'y rendit. Elle y était à peine que le roi son beau-père, passant par là, se fit décrotter les souliers et lui donna un louis. La reine vint ensuite et lui donna trois louis ; puis tous les seigneurs de la cour vinrent l'un après l'autre, et, à la fin de la journée, elle avait gagné soixante louis. Le soir venu, elle s'en retourna à l'auberge ; mais, arrivée à la porte, elle s'arrêta. « Eh bien ! ma femme, lui dit son mari, vous n'entrez pas ? — Je n'ose. — Combien avez-vous gagné aujourd'hui, ma femme ? — J'ai gagné soixante louis. — Et moi, ma femme, j'en ai gagné trente à faire des barbes chez le roi. — Allons, dit la princesse, nos affaires vont donc bien aller ! Nous paierons l'aubergiste et nous irons ailleurs. »

Une autre fois, le perruquier l'envoya vendre de la faïence sur la place. Elle était à peine installée quand survinrent des soldats qui brisèrent toute sa marchandise : c'était le prince de France qui leur en avait donné l'ordre. La pauvre femme vint raconter son malheur à son mari et lui demanda si l'on ne pourrait pas faire punir ces gens-là. « J'en parlerai au roi, dit-il, mais que voulez-vous qu'on leur fasse ? — Hélas ! pensait la princesse, faut-il avoir refusé le roi de France et se voir la femme d'un perruquier ! — Moi, reprit le mari, j'ai gagné douze louis aujourd'hui. — Ah ! tant mieux, dit la princesse, nos affaires vont donc bien aller ! Nous paierons l'aubergiste et nous irons ailleurs. »

Le perruquier dit un jour à sa femme : « Le roi va donner un grand festin : comme je suis bien vu au palais, je demanderai qu'on vous emploie à servir à table. Je vous ferai faire des poches de cuir pour y mettre les restes qu'on vous donnera. »

Il lui fit faire en effet des poches de cuir ; mais ces

poches étaient attachées par des cordons si faibles que la moindre chose devait les rompre.

La princesse alla donc servir à table. Au commencement du repas, elle ne trouva rien à mettre dans ses poches : de chaque plat il ne revenait guère qu'un peu de sauce ; plus tard, elle put y mettre quelques bons morceaux. Mais, comme elle portait une pile d'assiettes, elle glissa et se laissa choir ; les cordons cassèrent, et le contenu des poches se répandit sur le plancher : la pauvre princesse ne savait que devenir.

Alors le roi son beau-père s'approcha d'elle et lui dit : « Ma fille, ne soyez pas si honteuse. Ce n'est pas un perruquier que vous avez épousé ; c'est mon fils, le prince de France. — Ah ! mon père, dit le prince, vous n'auriez pas dû le lui apprendre encore. Elle a dit que je n'étais pas digne de dénouer les cordons de ses souliers. Eh bien ! mademoiselle, vous les avez dénoués à bien d'autres. »

De ce moment il n'y avait plus qu'à se réjouir, et l'on fit des noces magnifiques.

Bénédicité

Il était une fois des pauvres gens qui n'avaient qu'un fils, nommé Bénédicité ; le jeune garçon avait déjà dix-huit ans, et jamais il n'était sorti de son lit. Son père lui dit un jour : « Lève-toi, Bénédicité ; il est temps enfin que tu travailles. »

Bénédicité se leva donc et alla s'offrir comme domestique à un fermier des environs, auquel il demanda pour salaire sa charge de blé au bout de l'année ; du reste, il entendait ne pas se lever avant cinq heures et manger à son appétit. Le fermier accepta ces conditions.

Le lendemain, tous les gens de la ferme devaient se lever à deux heures du matin pour aller chercher des chênes dans la forêt. Le maître appela Bénédicité à la même heure que les autres ; mais il fit la sourde oreille et ne se leva qu'à l'heure convenue, pas une minute plus tôt. La fermière lui dit alors de venir manger la soupe, et lui en servit une bonne écuelle. « Oh ! dit Bénédicité, voilà tout ce qu'on me donne de soupe ? Il m'en faut une chaudronnée et quatre miches de pain. »

La fermière se récria, mais son mari avait promis au domestique qu'il mangerait à sa faim ; elle fut bien obligée de lui donner ce qu'il demandait.

Quand Bénédicité eut mangé, le fermier lui dit de prendre dans l'écurie les cinq meilleurs chevaux et de les atteler à un grand chariot pour aller au bois retrouver les autres domestiques. Bénédicité partit avec les chevaux les moins bons. Arrivé au bois, il ne se donna pas la peine d'aller jusqu'à l'endroit où étaient les autres domestiques ; il prit quatre chênes et les mit sur son chariot, puis il voulut retourner à la ferme ; mais les chevaux ne pouvaient seulement ébranler le chariot. « Ah ! rosses, dit Bénédicité, vous ne voulez pas marcher ! »

Et il mit encore un chêne sur le chariot, puis encore un autre, et fouetta l'attelage ; mais il eut beau faire et beau crier, les pauvres bêtes n'en avancèrent pas davantage. Alors Bénédicité détela les cinq chevaux, les mit sur le chariot par-dessus le bois et ramena le tout à la ferme. Les autres domestiques, qui étaient partis bien avant lui, s'étaient trouvés arrêtés par une grosse pierre, et Bénédicité fut de retour avant eux.

Le fermier commença à s'effrayer d'avoir chez lui un gaillard d'une telle force ; il l'envoya couper un bois qui avait bien dix journaux[1], lui disant que, si tout n'était pas terminé pour le soir, il le mettrait à la porte. Bénédicité se rendit au bois et s'étendit au pied d'un arbre. A midi, quand la servante vint lui apporter sa chaudronnée de soupe, il était toujours couché par terre. « Comment, Bénédicité, lui dit-elle, vous n'avez pas encore travaillé ? — Mêle-toi de ta cuisine », répondit Bénédicité.

A l'heure du goûter, la servante vit qu'il n'avait encore rien fait. Avant le soir, tout le bois était coupé et Bénédicité était de retour à la maison. Le maître ne pouvait revenir de son étonnement.

Le lendemain, il dit au jeune homme d'aller passer la nuit dans un moulin qui était hanté par des esprits et d'où jamais personne n'était revenu. Bénédicité entra le soir dans ce moulin et s'installa dans la cuisine. Au milieu de la nuit, il entendit un grand bruit de chaînes : c'était un diable qui descendait par la cheminée. « Que viens-tu faire ici ? » lui dit Bénédicité.

Et, sans attendre la réponse, il le tua. Le lendemain matin, il était de retour à la ferme.

Le maître, ne sachant comment se débarrasser de lui, le chargea d'aller porter une lettre à son fils, qui était capitaine en garnison à Besançon. Il y avait trente lieues

1. Mesure locale.

à faire. Bénédicité prit un cheval et le porta sur ses épaules pendant quinze lieues, puis il se fit porter par le cheval le reste du chemin. Arrivé à Besançon, il remit au capitaine la lettre du fermier, laquelle recommandait de faire bon accueil au messager, de lui donner à manger tant qu'il en demanderait, et, à la première occasion, de le tuer.

Un jour que le jeune garçon se promenait, le capitaine fit tirer sur lui à balles ; Bénédicité se secoua et continua son chemin. « Eh bien ! Bénédicité, lui dit le capitaine, comment vous trouvez-vous ici ? — Oh ! répondit l'autre, il y a des mouches dans votre pays, mais elles ne sont pas bien méchantes. »

Le capitaine fit tirer le canon sur lui, mais les boulets ne firent pas plus d'effet que les balles. Enfin, de guerre lasse, il le renvoya chez le fermier.

Celui-ci dit alors à Bénédicité de curer un puits profond de cinq cents pieds, qui était comblé depuis cinq cents ans. Bénédicité eut bientôt fait la besogne. Pendant qu'il était encore dans le puits, on jeta dedans, pour l'écraser, une meule de moulin qui pesait bien mille livres : la meule, ayant un trou au milieu, lui tomba sur les épaules et lui fit une sorte de collier ; du reste, il n'eut pas le moindre mal. On jeta ensuite dans le puits une cloche de vingt mille livres, qui tomba de telle façon que Bénédicité s'en trouva coiffé. Tout le monde le croyait mort, quand tout à coup on le vit sortir du puits. Il ôta la cloche de dessus sa tête avec une seule main. « Voilà mon bonnet de nuit, dit-il, prenez garde de me le salir. »

Puis il ôta la meule en disant : « C'est mon écharpe ; il faut me la garder pour dimanche... Maintenant, maître, mon année est-elle finie ? — Oui, répondit le fermier. — Eh bien ! donnez-moi ma charge de blé. »

On lui en apporta deux sacs. « Qu'est-ce que cela ? dit-il ; j'en porterai bien d'autres. »

On apporta encore huit sacs. « Bah ! c'est seulement pour mon petit doigt. »

On en apporta trente-deux. « Allons, dit-il, en voilà pour deux doigts. »

Son maître alors lui déclara qu'il lui en donnerait cent, mais pas davantage. Bénédicité s'en contenta ; il chargea le blé sur ses épaules et s'en retourna chez ses parents.

Léopold

Il était une fois un homme et une femme, mariés depuis dix ans et qui n'avaient jamais eu d'enfants ; ils auraient bien désiré en avoir.

Un jour que l'homme se rendait dans un village voisin, il vit venir à lui une vieille femme. « Ce doit être une fée, pensa-t-il. Si elle me parle, je lui répondrai poliment. »

« Où vas-tu ? lui dit la fée. — Je vais au village voisin, ma bonne dame. — Tu voudrais bien avoir des enfants, n'est-ce pas ? — Oh ! oui, ma bonne dame. — Eh bien ! tu vois des chiens là-bas ; tâche de te faire mordre, et tu auras un fils. »

L'homme s'approcha des chiens, et l'un d'eux le mordit à la main. De retour à la maison, il raconta son aventure à sa femme. Au bout de neuf mois, ils eurent un fils, qu'on appela Léopold.

Plus l'enfant grandissait, plus il devenait méchant : ses parents pensaient que c'était parce que le père avait été mordu par le chien. A l'école, il ne voulait rien apprendre ; ayant pris un jour le sabre de son père, il le montra au maître d'école et lui dit qu'à la moindre observation, il le lui passerait au travers du corps. Le maître se plaignit au père : « Votre fils est un garnement, lui dit-il, je n'en peux venir à bout. »

Finalement le père déclara à Léopold qu'il ne le garderait pas plus longtemps à la maison ; il le conduisit un bout de chemin, puis ils se séparèrent.

Etant arrivé dans un village, Léopold vit tout le monde en pleurs. « Qu'ont-ils donc à pleurer, ces imbéciles ? » dit-il.

On lui répondit qu'une princesse allait être dévorée par une bête à sept têtes.

« Ce n'est que cela ? dit Léopold ; voilà une belle affaire ! »

Les gens se disaient : « N'est-ce pas là ce mauvais sujet de Léopold ? »

Il continua son chemin et rencontra une vieille femme :

« Où vas-tu, mon ami ? lui dit-elle. — Ces imbéciles qui pleurent là-bas viennent de me parler d'une bête à sept têtes. Je n'ai pas encore vu de bête à sept têtes ; j'ai presque envie de l'aller combattre. — Va, mon garçon », reprit la vieille.

Les gens qui avaient entendu la conversation se disaient l'un à l'autre : « Comme il a parlé honnêtement à cette femme ! Il est pourtant bien méchant ! »

Léopold se rendit au bois et y trouva la princesse, qui chantait. « Vous ne faites pas comme les gens du village, lui dit-il, vous chantez, et les autres pleurent. — Autant vaut chanter que pleurer, répondit-elle. Mais éloignez-vous bien vite, si vous ne voulez pas que la bête vous mange. — Oh ! je n'ai pas peur ; je serais même curieux de voir une bête à sept têtes. » Un instant après, on entendit au loin dans le bois la bête qui brisait tous les arbres sur son passage. Dès qu'elle aperçut la princesse, elle se mit à crier : « Ho ! ho ! te voilà avec un amoureux ! » Léopold ne lui laissa pas le temps d'approcher ; il courut à sa rencontre le sabre à la main, et lui coupa trois têtes. « Remettons la partie à demain, dit la bête ; je ne mourrai pas encore de ce coup-ci. » La princesse dit alors à Léopold : « J'ai sept anneaux pour les sept têtes de la bête : en voici trois, avec la moitié de mon mouchoir. »

Le lendemain, Léopold revint avec un autre habit. « Que faites-vous ici ? dit-il à la princesse. Est-ce que vous êtes la fille d'un bûcheron ? Vos parents sont sans doute dans le bois. » Elle lui répondit sans le reconnaître : « Je suis une princesse, et je dois être dévorée par une bête à sept têtes. — Jamais je n'ai vu de ces bêtes-là, dit Léopold ; comment donc est-ce fait ? Je voudrais bien en voir une. — Mon Dieu ! dit la princesse, c'est une grosse bête..., qui a sept têtes. On lui en a déjà coupé trois. Mais éloignez-vous ; j'ai peur que vous ne soyez dévoré. — Non, j'attendrai. »

La bête ne tarda pas à arriver. Léopold lui abattit encore trois têtes. « A demain, dit la bête, je ne mourrai pas encore de ce coup-ci. » La princesse donna trois anneaux à Léopold, comme la veille, et lui fit mille remerciements.

Le jour suivant, le jeune garçon se mit au menton une grande barbe blanche pour se donner l'air d'un vieillard, prit un bâton et vint trouver la princesse. « Que faites-vous ici ? lui demanda-t-il. — J'attends la bête à sept têtes qui doit me dévorer. Ne restez pas ici ; vous avez peut-être une femme et des enfants à nourrir. — J'ai un enfant ; mais à cela près ! » En arrivant, la bête se mit à crier : « Ho ! qu'est-ce que cela ? un vieillard ! je l'aurai bientôt mangé. »

Léopold tira son sabre et lui abattit la dernière tête. La princesse lui donna son septième anneau et l'autre moitié de son mouchoir ; après quoi Léopold s'en retourna chez son père.

Le roi fit publier à son de caisse que ceux qui avaient délivré la princesse n'avaient qu'à se présenter et qu'elle épouserait l'un d'eux. Beaucoup de gens se présentèrent au château, les uns avec des têtes de bœuf, les autres avec des têtes de veau ; mais on ne s'y laissait pas prendre. Léopold, lui, ne se pressait pas. Son père lui disait : « N'as-tu pas entendu parler de la princesse qui a été délivrée de la bête à sept têtes ? » Il répondait : « Cela ne nous regarde pas. » A la fin pourtant, il se rendit au château ; la princesse reconnut ses anneaux et son mouchoir, et le roi la donna en mariage à Léopold. On fit les noces, et moi, je suis revenu.

Le pois de Rome

Il était une fois un homme et sa femme. La femme prenait soin du jardin ; elle le bêchait au printemps et y semait des légumes. Pendant plusieurs années, le mari trouva tout bien ; mais voilà qu'un beau jour il se mit en tête que sa femme n'entendait rien au jardinage. « C'est moi, lui dit-il, qui m'occuperai cette année du jardin. »

Semant un jour des pois de Rome[1], il en remarqua un qui était plus gros que les autres ; il le mit à la plus belle place, au milieu du carré. Tous les matins il allait voir son pois de Rome, et le pois de Rome grandissait, grandissait, comme jamais on n'avait vu pois de Rome grandir. L'homme dit à sa femme : « Je vais aller chercher une rame pour ramer mon pois de Rome. — Une rame ! dit-elle, quand tu prendrais le plus haut chêne de la forêt, il ne serait jamais assez grand. »

Cependant le pois de Rome, à force de grandir, finit par monter jusqu'au paradis. L'homme dit alors : « J'ai envie de ne plus travailler ; je m'en vais grimper à mon pois de Rome et aller trouver le bon Dieu. — Y penses-tu ? » lui dit sa femme.

Mais il n'en voulut pas démordre ; il grimpa pendant trois jours et arriva au paradis : une feuille du pois de Rome servait de porte. Après avoir traversé une grande cour, puis une longue suite de chambres, dont les feuilles du pois de Rome formaient les cloisons, il se trouva devant le bon Dieu et lui dit : « Je voudrais bien ne plus être obligé de travailler. Ayez pitié de moi et donnez-moi quelque chose. — Tiens, dit le bon Dieu, voici

1. On appelle ainsi, à Montiers, les haricots.

une serviette dans laquelle tu trouveras de quoi boire et manger. Prends-la et redescends par où tu es monté. »

L'homme fit mille remerciements, redescendit et rentra au logis. « Ma femme, dit-il, le bon Dieu m'a donné de quoi boire et manger. » D'abord elle ne voulut pas le croire ; mais quand elle vit la serviette et tout ce qui était dedans, c'est alors qu'elle ouvrit de grands yeux.

Au bout de quelque temps, quand il n'y eut plus rien dans la serviette, l'homme se dit : « Il faut que je remonte à mon pois de Rome. »

Il fut encore trois jours pour arriver au paradis. La feuille qui fermait l'entrée s'écarta pour le laisser passer. « Que veux-tu, mon ami ? lui demanda le bon Dieu. — Nous n'avons plus rien à manger », répondit l'homme. Le bon Dieu lui donna une autre serviette encore mieux fournie que la première, et l'homme redescendit par le même chemin.

Les provisions durèrent plus longtemps cette fois ; mais pourtant on en vit la fin. L'homme dit alors : « C'est bien fatigant de toujours monter à mon pois de Rome ! — Oui, répondit la femme, plus fatigant que de travailler. — Je vais, dit l'homme, demander au bon Dieu de me donner de quoi vivre le restant de mes jours. »

Il se mit donc encore à grimper, et arriva au bout de trois jours à l'entrée du paradis. Les larges feuilles du pois de Rome s'écartèrent pour le laisser passer. « Que veux-tu, mon ami ? lui demanda le bon Dieu. — Je voudrais bien, dit l'homme, ne plus être obligé de travailler. Donnez-moi, je vous prie, de quoi vivre le restant de mes jours. J'ai trop de mal à grimper à mon pois de Rome ; je suis bien malheureux. — Tu vas être content, lui dit le bon Dieu. Tiens, voici un âne qui fait de l'or. Mais ni toi, ni ta femme, n'en dites rien à personne, et vivez comme on doit vivre, sans trop dépenser ; car vous feriez parler de vous. »

L'homme redescendit bien joyeux avec son âne et dit à sa femme en rentrant chez lui : « Voici un âne qui fait de l'or. — Es-tu fou ? lui dit-elle. — Non, je ne le suis pas ; tu vas voir. Mais surtout n'en parle à personne. » Il prit le drap du lit, l'étendit sous l'âne, et en quelques instants, le drap se trouva couvert de pièces d'or. La femme acheta du linge, des habits propres et de beaux meubles.

A quelque temps de là, elle reçut la visite de sa belle-sœur. « Oh ! dit celle-ci en entrant, que tout est beau chez vous depuis que je ne suis venue ! Vous faites donc bien vos affaires ? — Tu ne vois pas encore tout », dit l'autre, et elle lui montra son armoire remplie de linge, sa bourse bien garnie de pièces d'or. « D'où peut vous venir cette fortune ? demanda la belle-sœur. — Je vais te le dire, mais garde-toi d'en parler à personne. Mon mari est monté au pois de Rome qui va jusqu'au paradis, et le bon Dieu lui a donné un âne qui fait de l'or. »

Elle la conduisit à l'écurie et lui fit voir l'âne ; c'était un âne gris tacheté de noir. De retour chez elle, la belle-sœur s'empressa de rapporter à son mari ce qu'elle venait d'apprendre. Celui-ci, s'étant procuré un âne du même poil que celui de son beau-frère, vint pendant la nuit prendre l'âne aux écus d'or, et laissa l'autre à sa place. On ne s'aperçut de rien.

Quelque temps après, l'homme au pois de Rome, n'ayant plus d'argent, eut recours à son âne ; mais ce fut peine inutile. Il dut encore grimper au paradis. « Que demandes-tu ? lui dit le bon Dieu. Ne t'ai-je pas donné tout ce qu'il te fallait ? — Ah ! répondit l'homme, l'âne ne veut plus faire d'or maintenant. — Mon ami, dit le bon Dieu, ta femme n'a pas gardé le secret, et l'âne est chez ton beau-frère, qui te l'a volé. Mais je veux bien venir encore à ton aide. Tiens, voici un bâton. Va chez ton beau-frère ; s'il fait difficulté de te rendre l'âne, tu n'auras qu'à dire : Roule, bâton ! »

L'homme prit le bâton, et, à peine descendu, courut chez le beau-frère, qui était avec sa femme. « Je viens voir, leur dit-il, si vous voulez me rendre mon âne. — Ton âne ? A quoi nous servirait un âne ? Nous avons nos chevaux. (C'étaient des laboureurs.) D'ailleurs, tu n'as pas le droit d'aller dans nos écuries. — Eh bien ! roule, bâton ! » Aussitôt le bâton se mit à les rosser de la bonne manière. « Ah ! criaient-ils, rappelle ton bâton. » L'homme rappela son bâton et leur dit : « Vous allez me rendre mon âne. — Nous ne savons ce que tu veux dire. — Eh bien ! roule, bâton ! » Et le bâton frappa de plus belle. « Rappelle ton bâton, dit la femme, et nous te rendrons ton âne. »

Le bâton rappelé, l'homme reprit son âne et le ramena à la maison. Depuis lors, il ne manqua plus de rien et vécut heureux avec sa femme.

La pomme d'or

Il était une fois une reine et sa belle-sœur, qui avaient chacune une fille. Celle de la reine était belle, l'autre ne l'était pas.

Quand la fille de la reine fut déjà grandelette, elle dit un jour à sa tante : « Me mènerez-vous bientôt voir le roi mon frère ? — Quand vous voudrez », répondit la tante.

Au moment du départ, la reine, qui était fée, mit dans la manche de sa fille une petite pomme d'or, afin que, si l'enfant venait à courir quelque danger, elle pût en être aussitôt avertie. La tante prit un âne avec des paniers, mit sa nièce dans l'un des paniers et sa fille dans l'autre, et les voilà parties.

Quand elles furent un peu loin, la fille de la reine demanda à descendre pour boire à une fontaine. Tandis qu'elle se baissait, la pomme d'or glissa de sa manche et tomba dans l'eau. La petite fille voulut la retirer avec un bâton, mais elle ne put y parvenir. « Allons, dit la tante, dépêche-toi ! Crois-tu que je vais t'attendre ? »

Au même instant, la pomme d'or se mit à dire : « Ah ! j'entends, j'entends ! — Comment, ma mie, ma belle enfant, dit la tante, votre mère vous entend de si loin ? Venez que je vous fasse remonter sur l'âne. »

Au bout deux lieues, la petite fille demanda encore à descendre pour boire. Sa tante la fit descendre de fort mauvaise grâce. « Dépêche-toi ! lui dit-elle. Me crois-tu faite pour t'attendre toujours ? — Ah ! j'entends, j'entends ! dit la pomme d'or. — Comment ! dit la tante, votre mère vous entend de si loin ! Venez, ma belle enfant, que je vous fasse remonter sur l'âne. »

Un peu plus loin, la petite fille demanda encore à descendre, car elle avait grand-soif. « Tu ne feras donc que t'arrêter tout le long du chemin ? » lui dit la tante, d'un ton de mauvaise humeur. Au même instant, la pomme dit tout doucement : « Ah ! j'entends, j'entends ! — Elle n'entendra plus longtemps », pensa la tante.

Lorsqu'on fut près d'arriver chez le roi, elle dit à la petite fille : « Si tu dis que tu es la sœur du roi, je te tue. »

Le roi vint à leur rencontre : « Bonjour, ma tante. — Bonjour, mon neveu. » Il ne cessait de regarder la plus belle des deux enfants. « Voici deux belles petites filles, dit-il. Laquelle est ma sœur ? — C'est celle-ci, dit la tante en montrant sa fille. — Et cette enfant-là ? — C'est ma fille, répondit-elle, Il faudra la faire travailler. — Oh ! dit le roi, quelle besogne donner à une enfant ? — Si vous n'avez point d'ouvrage à lui donner, je m'en retourne demain. — Eh bien ! elle pourra garder les dindons. »

Le soir, la tante ne donna rien à manger à la pauvre enfant et la fit coucher à l'écurie sur un peu de paille. Le lendemain, elle lui donna un morceau de pain, sec comme allumette, fait d'orge et d'avoine, où elle avait mis du poison. Voilà la petite fille partie avec les dindons ; elle arrive dans un champ.

« Venez, mes petits dindons, venez manger le pain que l'on m'a donné pour mon déjeuner. Voilà déjà un jour que je suis arrivée chez le roi mon frère, et je n'ai ni bu ni mangé. »

Les dindons ne mangeaient pas le pain : ils sentaient bien qu'il y avait du poison. A la fin de la journée, l'enfant revient bien crottée, bien mouillée et alla se coucher à l'écurie auprès de l'âne.

La tante, l'ayant vue, dit au roi qu'il fallait tuer cet âne. « Vous voulez que l'on tue cette pauvre bête qui vient de nos parents ! — Si vous ne le faites pas, je ne resterai pas ici plus longtemps. » Le roi fit donc tuer l'âne, et l'on cloua la tête à la porte de la grange.

Cependant, la petite fille était partie aux champs avec

les dindons ; sa tante lui avait donné un morceau de pain comme la veille ; elle était bien triste et mourait de faim.

« Venez, mes petits dindons, venez manger le pain que l'on m'a donné pour mon déjeuner. Voilà déjà deux jours que je suis arrivée chez le roi mon frère, et je n'ai ni bu ni mangé. »

Le lendemain, sa tante lui donna encore un morceau de pain d'orge et d'avoine, où il y avait de la paille et du poison, et elle retourna aux champs avec les dindons. Le roi s'était caché derrière un arbre pour écouter ce qu'elle dirait.

« Venez, mes petits dindons, venez manger le pain que l'on m'a donné pour mon déjeuner. Voilà déjà trois jours que je suis arrivée chez le roi mon frère, et je n'ai ni bu ni mangé. Ah ! si le roi mon frère savait comme je suis traitée ! »

« Venez, ma mie, s'écria le roi, je suis votre frère. » Il la prit dans ses bras et la ramena au château. Puis il commanda à six hommes de dresser un grand tas de fagots et y fit brûler sa tante. La fille de celle-ci devint femme de chambre de la jeune princesse, et ils vécurent tous heureux.

Le loup blanc

Il était une fois un homme qui avait trois filles. Un jour, il leur dit qu'il allait faire un voyage. « Que me rapporteras-tu ? demanda l'aînée. — Ce que tu voudras. — Eh bien ! rapporte-moi une belle robe. — Et toi, que veux-tu ? dit le père à la cadette. — Je voudrais aussi une robe. — Et toi, mon enfant ? dit-il à la plus jeune, celle des trois qu'il aimait le mieux. — Je ne désire rien, répondit-elle. — Comment, rien ? — Non, mon père. — Je dois rapporter quelque chose à tes sœurs, je ne veux pas que tu sois la seule qui n'ait rien. — Eh bien ! je voudrais avoir la rose qui parle. — La rose qui parle ? s'écria le père, où pourrai-je la trouver ? — Oui, mon père, c'est cette rose que je veux ; ne reviens pas sans l'avoir. »

Le père se mit en route. Il n'eut pas de peine à se procurer de belles robes pour ses filles aînées ; mais, partout où il s'informa de la rose qui parle, on lui dit qu'il voulait rire, et qu'il n'y avait au monde rien de semblable. « Pourtant, disait le père, si cette rose n'existait pas, comment ma fille me l'aurait-elle demandée ? »

Enfin il arriva un jour devant un beau château, d'où sortait un murmure de voix ; il prêta l'oreille et entendit qu'on parlait et qu'on chantait. Après avoir fait plusieurs fois le tour du château sans en trouver l'entrée, il finit par découvrir une porte et entra dans une cour au milieu de laquelle était un rosier couvert de roses : c'étaient ces roses qu'il avait entendues parler et chanter. « Enfin, s'écria-t-il, j'ai donc trouvé la rose qui parle ! » Et il s'empressa de cueillir une des roses.

Aussitôt un loup blanc s'élança sur lui en criant : « Qui

t'a permis d'entrer dans mon château et de cueillir mes roses ? Tu seras puni de mort : tous ceux qui pénètrent ici doivent mourir. — Laissez-moi partir, dit le pauvre homme ; je vais vous rendre la rose qui parle. — Non, non, répondit le loup blanc, tu mourras. — Hélas ! dit l'homme, que je suis malheureux ! Ma fille me demande de lui rapporter la rose qui parle, et, quand enfin je l'ai trouvée, il faut mourir ! — Ecoute, reprit le loup blanc, je te fais grâce, et, de plus, je te permets de garder la rose, mais à une condition : c'est que tu m'amèneras la première personne que tu rencontreras en rentrant chez toi. » Le pauvre homme le promit et reprit le chemin de son pays. La première personne qu'il vit en rentrant chez lui, ce fut sa plus jeune fille.

« Ah ! ma fille, dit-il, quel triste voyage ! — Est-ce que vous n'avez pas trouvé la rose qui parle ? lui demanda-t-elle. — Je l'ai trouvée, mais pour mon malheur. C'est dans le château d'un loup blanc que je l'ai cueillie. Il faut que je meure. — Non, dit-elle, je ne veux pas que vous mouriez. Je mourrai plutôt pour vous. » Elle le lui répéta tant de fois qu'enfin il lui dit : « Eh bien ! ma fille, apprends ce que je voulais te cacher. J'ai promis au loup blanc de lui amener la première personne que je rencontrerais en rentrant dans ma maison. C'est à cette condition qu'il m'a laissé la vie. — Mon père, dit-elle, je suis prête à partir. »

Le père la conduisit donc au château. Après plusieurs jours de marche, ils y arrivèrent sur le soir, et le loup blanc ne tarda pas à paraître. L'homme lui dit : « Voici la personne que j'ai rencontrée la première en rentrant chez moi. C'est ma fille, celle qui avait demandé la rose qui parle. — Je ne vous ferai point de mal, dit le loup blanc ; mais il faut que vous ne disiez à personne rien de ce que vous aurez vu ou entendu. Ce château appartient à des fées ; nous tous qui l'habitons, nous sommes *féés* [1] ; moi je suis condamné à être loup blanc pendant

1. *Féés*, c'est-à-dire enchantés.

tout le jour. Si vous gardez le secret, vous vous en trouverez bien. »

La jeune fille et son père entrèrent dans une chambre où un bon repas était servi ; ils se mirent à table, et bientôt, la nuit étant venue, ils virent entrer un beau seigneur : c'était le même qui s'était montré d'abord sous la forme du loup blanc. « Vous voyez, leur dit-il, ce qui est écrit sur la table : *Ici on ne parle pas*. » Ils promirent tous les deux encore une fois de ne rien dire. La jeune fille s'était retirée depuis quelque temps dans sa chambre, lorsqu'elle vit entrer le beau seigneur. Elle fut bien effrayée et poussa de grands cris. Il la rassura et lui dit que, si elle suivait ses recommandations, il l'épouserait, qu'elle serait reine et que le château lui appartiendrait. Le lendemain, il reprit la forme de loup blanc, et la pauvre enfant pleurait en entendant ses hurlements.

Après avoir encore passé la nuit suivante au château, le père s'en retourna chez lui. La jeune fille resta au château et ne tarda pas à s'y plaire : elle y trouvait tout ce qu'elle pouvait désirer ; elle entendait tous les jours des concerts de musique ; rien n'était oublié pour la divertir.

Cependant sa mère et ses sœurs étaient dans une grande inquiétude. Elles se disaient : « Où est notre pauvre enfant ? Où est notre sœur ? » Le père, à son retour, ne voulut d'abord rien dire de ce qui s'était passé ; à la fin pourtant il céda à leurs instances et leur apprit où il avait laissé sa fille. L'une des deux aînées se rendit auprès de sa sœur et lui demanda ce qui lui était arrivé. La jeune fille résista longtemps ; mais sa sœur la pressa tant qu'elle lui révéla son secret.

Aussitôt on entendit des hurlements affreux. La jeune fille se leva épouvantée. A peine était-elle sortie, que le loup blanc vint tomber mort à ses pieds. Elle comprit alors sa faute ; mais il était trop tard, et elle fut malheureuse tout le reste de sa vie.

Firosette

Il était une fois un jeune homme, appelé Firosette, qui aimait une jeune fille nommée Julie. La mère de Firosette, qui était fée, ne voulait pas qu'il épousât Julie ; elle voulait le marier avec une vieille cambine, qui cambinait, cambinait[1].

Un jour, la fée dit à Julie : « Julie, je m'en vais à la messe. Pendant ce temps, tu videras le puits avec ce crible. »

Voilà la pauvre fille bien désolée ; elle se mit à puiser ; mais toute l'eau s'écoulait au travers du crible. Tout à coup, Firosette se trouva auprès d'elle. « Julie, lui dit-il, que faites-vous ici ? — Votre mère m'a commandé de vider le puits avec ce crible. » Firosette donna un coup de baguette sur la margelle du puits, et le puits fut vidé.

Quand la fée revint : « Ah ! Julie, dit-elle, mon Firosette t'a aidée ! — Oh ! non, madame, je ne l'ai pas même vu ; je me soucie bien de votre Firosette et de votre Firosettan ! » Elle ne voulait pas laisser voir qu'elle l'aimait.

Une autre fois, la fée dit à Julie : « Va-t'en porter cette lettre à ma sœur, qui demeure à Effincourt ; elle te récompensera. »

Chemin faisant, Julie rencontra Firosette, qui lui dit : « Julie, où allez-vous ? — Je vais porter une lettre à votre tante, qui demeure à Effincourt. — Ecoutez ce que je vais vous dire, reprit Firosette. En entrant chez ma tante, vous trouverez le balai les verges en haut ; vous le remettrez comme il doit être. Ma tante vous présentera une boîte de rubans et vous dira de prendre le plus beau

1. *Cambine*, boiteuse.

pour vous en faire une ceinture. Prenez-le, mais gardez-vous bien de vous en parer. Quand vous serez dans les champs, vous le mettrez autour d'un buisson, et vous verrez ce qui arrivera. »

En entrant chez la fée, la jeune fille lui dit : « Madame, voici une lettre que madame votre sœur vous envoie. » La sœur de la fée lut la lettre, puis elle dit à Julie : « Voyons, ma fille, que pourrais-je bien vous donner pour votre peine ? Tenez, voici une boîte de rubans : prenez le plus beau et faites-vous-en une ceinture ; vous verrez comme vous serez belle. » Julie prit le ruban et s'en retourna. Lorsqu'elle fut à Gerbaux, elle mit le ruban autour d'un buisson ; aussitôt le buisson s'enflamma.

Quand elle fut de retour, la fée lui dit : « Ah ! Julie, mon Firosette t'a conseillée ! — Oh ! non, madame, je ne l'ai pas même vu ; je me soucie bien de votre Firosette et de votre Firosettan ! » Elle ne voulait pas laisser voir qu'elle l'aimait.

Un soir, on fit coucher la vieille cambine au chevet d'un lit, et Julie à l'autre bout, avec des chandelles entre les dix doigts de ses pieds. Au milieu de la nuit, la fée qui était dans la chambre d'en haut se mit à crier : « Mon Firosette, dois-je féer ? — Non, non, ma mère, encore un moment. » Puis il dit à la vieille : « N'allez-vous pas prendre la place de cette pauvre fille ? »

La fée cria une deuxième fois : « Mon Firosette, dois-je féer ? — Non, ma mère, encore un moment. » Et il dit encore à la vieille : « N'allez-vous pas prendre la place de cette pauvre fille ? »

La fée cria une troisième fois : « Mon Firosette, dois-je féer ? » Et Firosette dit une troisième fois à la vieille : « N'allez-vous pas prendre la place de cette pauvre fille ? »

La vieille fut bien obligée de céder et de mettre les chandelles entre les dix doigts de ses pieds. Aussitôt Firosette cria : « Oui, oui, ma mère, féez vite. — Je veux, dit alors la fée, que celle qui a les chandelles entre les dix doigts de ses pieds soit changée en cane, pour que je la mange à mon déjeuner. » Au même instant, la vieille se trouva changée en cane, sauta en bas du lit et se mit à marcher tout autour de la chambre : can can can can.

Lorsque la fée vit qu'elle s'était trompée, elle entra dans une si grande colère qu'elle tomba morte.

La Belle aux cheveux d'or

Il était une fois des gens qui avaient autant d'enfants qu'il y a de trous dans un tamis. Il leur vint encore un petit garçon. Comme personne dans le village ne voulait être parrain, le père s'en alla sur la grande route pour tâcher d'en trouver un. A quelques pas de chez lui, il rencontra un homme qui lui demanda où il allait. C'était le bon Dieu. « Je cherche un parrain pour mon enfant, répondit-il. — Si tu veux, dit l'homme, je serai le parrain. Je reviendrai dans sept ans et je prendrai l'enfant avec moi. » Le père accepta la proposition, et l'homme donna tout l'argent qu'il fallait pour le baptême ; puis, la cérémonie faite, il se remit en route.

Le petit garçon grandit, et ses parents l'aimaient encore mieux que leurs autres enfants. Aussi, quand au bout des sept ans le parrain vint pour prendre son filleul, ils ne voulaient pas s'en séparer. « Il n'y a pas encore sept ans, disait le père. — Si fait, dit le parrain, il y a sept ans. » Et il prit l'enfant, qu'il emporta sur son dos.

Chemin faisant, l'enfant vit par terre une belle plume. « Hé ! ma mule, hé ! ma mule ! dit-il, laisse-moi ramasser cette plume[1] ! — Non, dit le parrain. Si tu la

---

1. Bien que le récit ne le dise pas expressément, le parrain, que nous venons de voir emporter l'enfant sur son dos, a pris la forme d'une mule. La jeune fille dont nous tenons ce conte interprétait dans un sens figuré ces mots : « Hé ! ma mule, hé ! ma mule ! » Il est évident qu'il faut les prendre à la lettre. Dans la plupart des contes de ce type, le héros est aidé dans ses entreprises par un cheval merveilleux, et nous ajouterons que, dans un de ces contes recueillis en Basse-Bretagne, la Sainte Vierge est envoyée par Dieu au jeune homme sous la forme d'une jument blanche.

ramasses, elle te fera bien du mal. » Mais le petit garçon ne voulut rien entendre, et force fut au parrain de lui laisser ramasser la plume. Ils continuèrent leur route et arrivèrent chez un roi. Ce roi avait de belles écuries et de laides écuries ; il avait de beaux chevaux et de laids chevaux. L'enfant passa sa plume sur les laides écuries du roi, et elles devinrent aussi belles que les belles écuries du roi ; puis il la passa sur les laids chevaux du roi, et ils devinrent aussi beaux que les beaux chevaux du roi. Le roi prit l'enfant en amitié et le garda près de lui.

Les serviteurs du palais devinrent bientôt jaloux de l'affection que le roi témoignait au jeune garçon. Ils allèrent un jour dire à leur maître que le jeune garçon s'était vanté d'aller chercher l'oiseau de la plume. Le roi le fit appeler. « Mon ami, on m'a dit que tu t'es vanté d'aller chercher l'oiseau de la plume. — Non, sire, je ne m'en suis pas vanté. — Que tu t'en sois vanté ou non, mon ami, si je ne l'ai pas demain pour les neuf heures du matin, tu seras pendu. »

Le jeune garçon sortit bien triste. « Hé ! ma mule, hé ! ma mule ! — Elle te fera bien du mal, cette plume ! dit le parrain. Je t'avais bien dit de ne pas la ramasser. Allons, viens avec moi dans les champs, et le premier oiseau que nous trouverons dans une roie[1], ce sera l'oiseau de la plume. » Ils s'en allèrent donc dans les champs, et le premier oiseau qu'ils trouvèrent dans une roie, ce fut l'oiseau de la plume.

Le jeune garçon s'empressa de porter l'oiseau au roi ; mais, au bout de deux ou trois jours, l'oiseau mourut. Alors les serviteurs dirent au roi que le jeune garçon s'était vanté de ressusciter l'oiseau. Le roi le fit appeler. « Mon ami, on m'a dit que tu t'es vanté de ressusciter l'oiseau. — Non, sire, je ne m'en suis pas vanté. — Que tu t'en sois vanté ou non, mon ami, si l'oiseau n'est pas ressuscité demain pour les neuf heures du matin, tu seras pendu. »

---

1. *Roie, raie :* sillon tracé par la charrue entre deux champs.

« Hé ! ma mule, hé ! ma mule ! — Elle te fera bien du mal, cette plume ! Je t'avais bien dit de ne pas la ramasser. Allons, coupe-moi la tête. Tu y trouveras de l'eau, que tu donneras à boire à l'oiseau, et aussitôt il reviendra à la vie. Puis tu me rajusteras la tête sur les épaules et il n'y paraîtra plus. » Le jeune garçon fit ce que son parrain lui conseillait, et, dès qu'il eut versé l'eau dans le bec de l'oiseau, celui-ci fut ressuscité. Puis il remit la tête sur les épaules du parrain et il n'y parut plus.

Les serviteurs, de plus en plus jaloux, dirent au roi que le jeune garçon s'était vanté d'aller chercher la Belle aux cheveux d'or, qui demeurait de l'autre côté de la mer. Le roi fit venir le jeune garçon. « Mon ami, on m'a dit que tu t'es vanté d'aller chercher la Belle aux cheveux d'or, qui demeure de l'autre côté de la mer. — Non, sire, je ne m'en suis pas vanté. Je n'ai jamais entendu parler de la Belle aux cheveux d'or, et je ne sais pas même où est la mer. — Que tu t'en sois vanté ou non, mon ami, si la Belle aux cheveux d'or n'est pas ici demain pour les neuf heures du matin, tu seras pendu. »

« Hé ! ma mule, hé ! ma mule ! — Elle te fera bien du mal, cette plume ! Je t'avais bien dit de ne pas la ramasser. Allons, viens avec moi. Nous emporterons un tambour, et, quand nous aurons passé la mer, nous battrons la caisse dans le premier village où nous entrerons, et la première jeune fille qui se montrera, ce sera la Belle aux cheveux d'or. Je la rapporterai sur mon dos. » Ils traversèrent donc la mer. Dans le premier village où ils entrèrent ils battirent la caisse, et la première jeune fille qui se montra, ce fut la Belle aux cheveux d'or. Ils la prirent avec eux et se remirent en route pour revenir chez le roi. Quand ils furent sur la mer, la jeune fille jeta son anneau et sa clef dedans.

Dès que le roi vit la Belle aux cheveux d'or, il voulut l'épouser ; mais elle déclara qu'elle ne voulait pas se marier si son père et sa mère n'étaient de la noce. Les serviteurs dirent alors au roi que le jeune garçon s'était vanté d'aller chercher les parents de la Belle aux cheveux d'or. Le roi fit appeler le jeune garçon. « Mon ami, on m'a dit que tu t'es vanté d'aller chercher le père et la mère de la Belle aux cheveux d'or. — Non, sire, je ne m'en suis pas vanté. — Que tu t'en sois vanté ou non, mon ami s'ils ne sont pas ici demain pour les neuf heures du matin, tu seras pendu. »

« Hé ! ma mule, hé ! ma mule ! — Elle te fera bien du mal, cette plume ! Je t'avais bien dit de ne pas la ramasser. Allons, viens avec moi. Nous emporterons encore un tambour ; et, quand nous aurons passé la mer, nous battrons la caisse dans le premier village où nous entrerons, et le premier et la première qui se montreront seront les parents de la Belle aux cheveux d'or. » Ils traversèrent donc la mer. Dans le premier village où ils entrèrent, ils battirent la caisse, et le premier et la première qui se montrèrent, ce furent les parents de la Belle aux cheveux d'or.

Quand ses parents furent arrivés, la Belle aux cheveux d'or dit qu'elle avait laissé tomber son anneau et sa clef dans la mer, et qu'elle voulait les ravoir avant de se marier. Les serviteurs dirent au roi que le jeune garçon s'était vanté de retirer du fond de la mer l'anneau et la clef de la Belle aux cheveux d'or. Le roi le fit appeler. « Mon ami, on m'a dit que tu t'es vanté de retirer du fond de la mer l'anneau et la clef de la Belle aux cheveux d'or. — Non, sire, je ne m'en suis pas vanté. — Que tu t'en sois vanté ou non, mon ami, si tu ne les as pas rapportés ici demain pour les neuf heures du matin, tu seras pendu. »

« Hé ! ma mule, hé ! ma mule ! — Elle te fera bien du mal, cette plume ! Je t'avais bien dit de ne pas la ramasser. Allons, viens avec moi sur le bord de la mer. Le premier pêcheur que nous verrons, nous lui demanderons son poisson, et, quand on ouvrira le poisson, on trouvera dedans l'anneau et la clef. » Tout arriva comme le parrain l'avait dit.

Alors la Belle aux cheveux d'or déclara qu'elle ne voulait pas se marier avant que le jeune garçon ne fût pendu. Le roi dit à celui-ci : « Tu m'as rendu bien des services ; je suis désolé de te faire du mal ; mais il faut qu'aujourd'hui tu sois pendu. »

Le jeune garçon sortit en pleurant. « Hé ! ma mule, hé ! ma mule ! — Elle te fait bien du mal, cette plume ! Je t'avais bien dit de ne pas la ramasser. Ecoute : quand tu seras sur l'échafaud, au pied de la potence, il y aura sur la place quantité de curieux. Demande au roi une prise de tabac : il ne te la refusera pas. Puis jette le tabac sur les assistants, et tous tomberont morts. »

Etant donc au pied de la potence, le jeune garçon demanda au roi une prise de tabac. « Volontiers, mon ami, dit le roi ; tu m'as rendu bien des services ; je ne puis te refuser ce que tu me demandes. » Alors le jeune garçon jeta le tabac sur les gens qui se trouvaient là, à l'exception de la Belle aux cheveux d'or, et tous tombèrent morts. Puis il descendit de l'échafaud et se maria avec la Belle aux cheveux d'or.

Moi, j'étais à la cuisine avec un beau tablier blanc ; mais j'ai laissé tout brûler, et l'on m'a mise à la porte.

La baguette merveilleuse

Il était une fois un homme et une femme qui ne possédaient rien au monde. Ils s'en allèrent dans un pays lointain. Le mari obtint un terrain pour y bâtir, et, sans s'inquiéter comment il pourrait payer les ouvriers, il fit commencer les travaux pour la construction d'une belle maison. Quand la maison fut près d'être terminée, il comprit son imprudence : les maçons et les charpentiers devaient réclamer leur paiement dans trois jours ; il ne savait plus que devenir. Il sortit désespéré.

Comme il marchait dans la campagne, il rencontra le démon, qui lui demanda pourquoi il était si triste. « Hélas ! dit l'homme, j'ai fait bâtir une maison ; c'est dans trois jours que je dois la payer, et je n'ai pas un sou. — Je puis te tirer d'affaire, dit le démon. Si tu promets de me donner dans vingt ans ce que ta femme porte, je te donne deux millions. » Le pauvre homme signa l'engagement et reçut les deux millions. Quelque temps après, sa femme accouchait d'un garçon : on le baptisa en grande cérémonie, et, comme il avait un gros B sur la gorge, on décida qu'il s'appellerait Bénédicité.

Le petit garçon fut élevé avec tout le soin possible ; on lui donna un précepteur quand il fut en âge d'étudier ; mais, depuis sa naissance, son père était toujours triste et chagrin. Bénédicité s'en étonnait.

Un jour (il avait alors plus de dix-neuf ans) il dit à son précepteur : « D'où vient donc que mon père est toujours chagrin ? — Si vous voulez le savoir, répondit le précepteur, priez votre père de venir se promener avec vous dans le bois, et, une fois là, demandez-lui la cause de sa tristesse. S'il refuse de vous la dire, menacez-le de lui brûler la cervelle et de vous la brûler ensuite. »

Le jeune homme suivit ce conseil. Il mit deux pistolets dans ses poches et alla prier son père de venir au bois avec lui faire un tour de promenade. Lorsqu'ils furent entrés dans le bois : « Mon père, dit Bénédicité, je vous ai toujours vu triste. Je vous supplie de m'en dire la cause. » Le père refusant de répondre malgré toutes ses prières, Bénédicité prit ses pistolets. « Malheureux ! s'écria le père, que veux-tu faire ? — Vous brûler la cervelle et me la brûler ensuite si vous refusez de me confier vos peines. — Eh bien ! lui dit le père, avant ta naissance je t'ai promis au démon. Le délai expire dans trois jours. — N'est-ce que cela ? dit Bénédicité. Je n'ai pas peur du diable. Demain j'irai moi-même le trouver. » En l'entendant parler ainsi, le père se sentit le cœur un peu soulagé.

Le lendemain donc, Bénédicité se mit en route. Lorsqu'il se fut avancé dans la forêt loin comme d'ici à Brauvilliers, il entendit la voix d'un ange qui l'appelait : « Bénédicité ! Bénédicité ! — Est-ce moi que vous appelez ? — Oui, dit l'ange. Tiens, voici une baguette au moyen de laquelle tu pourras faire tout ce que tu voudras. »

Bénédicité prit la baguette, se remit en chemin et, après une longue marche, il arriva chez le démon. Celui-ci, le voyant entrer, lui dit : « Ah ! te voilà, mon garçon ! J'étais en train de cirer mes bottes pour t'aller chercher. — C'est peine inutile, répondit l'autre, puisque me voilà. Mais j'ai faim ; donne-moi à manger. »

On lui apporta du rôti et toutes sortes de bonnes choses. Quand il eut bien mangé, il dit au démon : « Que vas-tu me donner à faire ? Je n'aime pas à rester les bras croisés. — Tu iras couper du bois, lui dit le démon. Sais-tu comment on s'y prend ? — Certainement. C'est le premier métier que mon père m'a appris. » Le démon le conduisit dans une grande forêt. « Commence par ce bout-ci, lui dit-il. Tu me feras de la charbonnette et du gros bois. »

Une fois le démon parti, Bénédicité arracha une racine et donna dessus un coup de baguette ; aussitôt voilà toute la forêt par terre. Puis il prit un charbon allumé, le frappa de sa baguette, et voilà tout le bois en charbon. Après quoi il reprit le chemin de la maison, où il fut presque aussi tôt que le démon. « J'ai fini, lui dit-il. — Quoi ? tout est fait ? — Oui ; mais j'ai faim. Donne-moi à manger. — Tu manges trop ; tu veux me ruiner. — Si tu n'es pas content, donne-moi la signature de mon père, et je m'en irai. »

Le diable voulut voir comment le jeune homme avait travaillé. Arrivé à l'endroit où était son bois, il fut bien en colère. « Comment ! cria-t-il, voilà tout mon bois par terre ! Que vais-je faire maintenant ? — Tu n'es pas content ? dit Bénédicité. Rends-moi la signature de mon père, et je m'en irai. Sinon, donne-moi de l'ouvrage. — J'ai deux étangs, dit le diable ; dans l'un, il y a du poisson ; dans l'autre, il n'y a que de la boue. Tu mettras ce dernier à sec ; pour l'autre, tu le laisseras comme il est. »

Lorsque Bénédicité fut près des étangs, il donna un coup de baguette sur celui où il voyait des poissons. Aussitôt l'étang se trouva vidé et les poissons transportés dans l'étang boueux, où ils ne tardèrent pas à pâmer. Quand le démon vit tout ce bel ouvrage, il dit à Bénédicité : « Mais, malheureux, ce n'était pas cet étang-là que je t'avais ordonné de vider. — Tu n'es pas content ? répondit Bénédicité. Rends-moi la signature de mon père, et je te débarrasserai de ma présence. En attendant, j'ai faim, donne-moi à manger. — Tu veux me ruiner ! Nous ne devions cuire que samedi prochain, et voilà qu'il faut cuire aujourd'hui. Sais-tu cuire ? — Oui, je sais tout faire. »

Bénédicité chauffa le four, puis se mit à pétrir. Pendant qu'il travaillait à la pâte, cinq ou six petits diablotins vinrent gambader autour de lui. « Bénédicité, fais-moi un gâteau à l'huile. — Bénédicité, fais-moi un gâteau au saindoux. — Bénédicité, voici des œufs pour me faire une galette. — Vous m'ennuyez tous », dit Bénédicité. Il en empoigna cinq et les jeta dans le four. Le sixième, qui était le plus petit, s'échappa et alla dire à son père comment Bénédicité avait traité ses frères. Le démon accourut en criant : « Bénédicité ! Bénédicité ! à quoi penses-tu ? Tu ne nous fais que du mal ! — Tu n'es pas content ? dit le jeune homme. Rends-moi la signature de mon père et je m'en irai. — Tiens, la voilà. Va-t'en. »

Le jeune homme ne se le fit pas dire deux fois. Il arriva le soir dans un village où il demanda un gîte pour la nuit. Il y avait dans ce village un vieux château où personne n'osait entrer, parce qu'il était, à ce qu'on racontait, hanté par des revenants. Bénédicité s'offrit à y passer la nuit, mais après avoir eu soin de faire dresser par un notaire un acte par lequel les maîtres du château le lui cédaient en don et pur don, sans aucune réserve. Cela fait, il se rendit au château. Il alluma un grand feu dans la cuisine et s'assit au coin de la cheminée. Vers onze heures ou minuit, douze diables entrèrent dans la cuisine et se mirent à jouer et à sauter. Bénédicité prit sa baguette et en tua onze. Il reconnut le douzième pour celui auquel il avait été vendu par son père. « Je ne te fais rien à toi, lui dit le jeune homme, parce que j'ai logé dans ta maison. Mais qu'es-tu venu faire ici ? » Le diable répondit : « Nous gardons ici depuis cinquante ans un trésor qui, au bout de cent ans, doit nous appartenir. C'est dans ce trésor que j'ai pris l'argent que j'ai donné à ton père. »

Bénédicité se fit conduire dans la cave où était le trésor. Il y avait un tonneau d'or et un tonneau d'argent enfouis dans la terre. Le jeune homme, d'un coup de baguette, les fit sortir aussitôt. Puis il ordonna au démon de les charger sur son dos et de les remonter hors de la cave. Le démon eut beau dire qu'il n'était pas assez fort, il fut obligé d'obéir, et, quand il fut arrivé en haut avec les tonneaux, Bénédicité le tua comme les autres d'un coup de baguette. Il revint ensuite chez ses parents avec le trésor, et il épousa une jeune fille encore plus riche que lui.

Moi, j'ai fait la cuisine. J'ai laissé tout brûler et on m'a mis à la porte avec un coup de pied dans le derrière.

Les clochettes d'or

Il était une fois un roi et une reine qui avaient une fille nommée Florine. La reine tomba malade, et, sentant sa fin approcher, elle recommanda sur toutes choses à Florine de prendre grand soin d'un petit agneau blanc qu'elle avait et de ne s'en défaire pour rien au monde : autrement il lui arriverait malheur. Bientôt après, elle mourut.

Le roi ne tarda pas à se remarier avec une reine qui avait une fille appelée Truitonne. La nouvelle reine ne pouvait souffrir sa belle-fille ; elle l'envoyait aux champs garder les moutons, et ne lui donnait pour toute la journée qu'un méchant morceau de pain noir, dur comme de la pierre.

Tous les matins donc, Florine prenait le morceau de pain et partait avec le troupeau ; mais, quand personne ne pouvait plus la voir, elle appelait le petit agneau blanc, le frappait avec une baguette sur l'oreille droite, et aussitôt paraissait une table bien servie. Après avoir mangé, elle frappait l'agneau sur l'oreille gauche, et tout disparaissait. Sa belle-mère s'étonnait fort de la voir grasse et bien portante. « Où peut-elle trouver à manger ? disait-elle à sa fille. — J'irai avec elle, dit un jour celle-ci, et je verrai ce qu'elle fait. »

Quand elles furent toutes les deux dans les champs, Truitonne dit à Florine : « Voudrais-tu me chercher mes poux ? — Volontiers », répondit Florine. Truitonne mit sa tête sur les genoux de sa sœur et ne tarda pas à s'endormir. Aussitôt Florine frappa sur l'oreille droite de l'agneau : une table bien servie se dressa près d'elle, et quand elle n'eut plus faim, elle frappa l'agneau sur l'oreille gauche, et tout disparut.

Le soir venu, la reine dit à sa fille : « Eh bien ! l'as-tu vue manger ? — Non, je ne l'ai pas vue. — N'aurais-tu pas dormi, par hasard ? — Oui, ma mère. — Ah ! que tu es sotte ! Il faut que j'y aille moi-même demain. — Non, ma mère, j'y retournerai ; j'aurai soin de ne pas dormir. »

Le jour suivant, elle demanda encore à Florine de lui chercher ses poux, et fit semblant de dormir. Alors Florine, croyant n'être pas vue, frappa sur l'oreille droite de l'agneau ; elle mangea des mets qui se trouvaient sur la table, et, quand elle fut rassasiée, elle fit tout disparaître.

De retour au château, Truitonne dit à sa mère : « Je l'ai vue se régaler : elle a frappé sur l'oreille droite du petit agneau blanc, et aussitôt il s'est trouvé devant elle une table couverte de toutes sortes de bonnes choses. »

La reine feignit d'être malade et dit au roi qu'elle mourrait, si elle ne mangeait du petit agneau blanc. Le roi ne voulait pas d'abord faire tuer l'agneau, car il savait combien Florine y tenait ; à la fin pourtant il fut obligé de céder. L'agneau dit alors à la jeune fille : « Ma pauvre Florine, puisque votre belle-mère veut à toute force me manger, laissez-la faire ; mais ramassez mes os et mettez-les sur le poirier : les branches se garniront de jolies clochettes d'or qui carillonneront sans cesse ; si elles viennent à se taire, ce sera signe de malheur. » Tout arriva comme l'agneau l'avait prédit.

Un jour, pendant que Florine était aux champs, un roi vint à passer près du château. Voyant les clochettes d'or, il dit qu'il épouserait celle qui pourrait lui en cueillir une. Truitonne voulut essayer ; sa mère la poussait pour l'aider à monter sur le poirier, mais plus elle montait, plus l'arbre s'élevait, de sorte qu'elle ne put même pas atteindre les branches. « N'avez-vous pas une autre fille ? demanda le roi. — Nous en avons bien une autre ; répondit la belle-mère ; mais elle n'est pas bonne qu'à garder les moutons. » Le roi voulut néanmoins la voir, et attendit qu'elle fût de retour des champs. Quand elle revint avec le troupeau, elle s'approcha de l'arbre et lui dit : « Mon petit poirier, abaissez-vous pour moi, que je cueille vos clochettes. » Elle en cueillit plein son tablier, et les donna au roi. Celui-ci l'emmena dans son château, et l'épousa.

Quelque temps après, Florine tomba malade. Son mari, qui était obligé à ce moment de partir pour la guerre, pria la belle-mère de Florine de prendre soin d'elle pendant son absence. A peine fut-il parti, que la belle-mère jeta Florine dans la rivière et mit Truitonne à sa place. Aussitôt les clochettes d'or cessèrent de carillonner. Le roi ne les entendant plus (on les entendait à deux cents lieues à la ronde) se souvint que sa femme lui avait dit que c'était un signe de malheur, et reprit en toute hâte le chemin du château. En passant près d'une rivière, il aperçut une main qui sortait de l'eau ; il la saisit et retira Florine, qui n'était pas encore tout à fait morte. Il la ramena au château, fit pendre Truitonne et sa mère, et le vieux roi vint demeurer avec eux.

L'homme de fer

Il était une fois un vieux soldat, nommé La Ramée, qui était toujours ivre et chiquait du matin au soir. Son colonel lui ayant un jour fait des remontrances, il tira son sabre, lui en donna un coup au travers du visage et le tua. Un instant après, le capitaine et le caporal arrivèrent pour conduire La Ramée à la salle de police, lui disant que le lendemain il passerait en conseil de guerre. « Caporal, dit La Ramée, j'ai oublié mon sac sur la table de ma chambre ; cela ne m'arrive pourtant jamais : vous savez que mes effets sont toujours en ordre. Me permettez-vous de l'aller chercher ? — Va, si tu veux », répondit le caporal. La Ramée prit son sac, qui était rempli de pain, et le jeta dans la rue ; puis il sauta lui-même par la fenêtre, ramassa le sac et s'enfuit. Pour se mettre en sûreté, il passa en Angleterre.

Un soir qu'il traversait un bois, il vit une misérable masure. Comme il mourait de faim, il y entra et trouva une vieille femme occupée à teiller du chanvre. Il lui demanda si elle pouvait lui donner un morceau à manger et un gîte pour la nuit. La vieille lui servit une fricassée de pommes de terre et lui montra dans un coin un tas de chènevottes sur lequel il pourrait coucher, faute de lit.

Le lendemain matin, La Ramée allait se remettre en route, lorsque la vieille lui dit : « Je sais une chose qui peut faire ma fortune et la tienne. Dans un certain endroit se trouve un château, dont je te dirai le chemin ; rends-toi à ce château, entres-y hardiment. Dans la première chambre, il y a de l'or et de l'argent sur une table ; dans la deuxième, des lions ; dans la troisième, des serpents ; dans la quatrième, des dragons ; dans la cinquième, des ours ; dans la sixième, trois léopards. Tu traverseras toutes ces chambres rapidement et sans t'effrayer. Entré dans la septième chambre, tu verras un homme de fer, assis sur une enclume de bronze, et, derrière cet homme de fer, une chandelle allumée : marche droit à la chandelle, souffle-la et mets-la dans ta poche. Il te faudra ensuite passer dans une cour où se trouve un corps de garde ; les soldats te regarderont, mais toi, ne tourne pas les yeux de leur côté, tiens-les toujours fixés à terre. Et surtout aie bien soin de faire ce que je te dis : sinon il t'arrivera malheur. »

La Ramée prit le chemin que lui indiqua la vieille, et ne tarda pas à arriver au château. Dans la première chambre, il vit sur une table un monceau d'or et d'argent ; dans la deuxième, des lions ; dans la troisième, des serpents ; dans la quatrième, des dragons ; dans la cinquième, des ours ; dans la sixième, trois léopards ; dans la septième enfin, un homme de fer assis sur une enclume de bronze et, derrière cet homme de fer, une chandelle allumée. La Ramée marcha droit à la chandelle, la souffla et la mit dans sa poche. Puis il traversa, en tenant les yeux fixés à terre, une grande cour où se trouvait un corps de garde. Quand il fut hors du château, il s'avisa d'allumer sa chandelle ; aussitôt l'homme de fer, qui était serviteur de la chandelle, parut devant lui et lui dit : « Maître, que voulez-vous ? — Donne-moi de l'argent, répondit La Ramée, il y a assez longtemps que je désire faire fortune. » L'homme de fer lui donna de l'argent plein son sac et disparut.

Alors La Ramée se mit en route pour se rendre à la capitale du royaume. Chemin faisant, il vit tout à coup devant lui la vieille sorcière, qui lui réclama la chandelle. Il dit d'abord qu'il l'avait perdue, ensuite il lui présenta une chandelle ordinaire. « Ce n'est pas celle-là que je veux, dit-elle, donne-moi vite celle que je t'ai envoyé chercher. » La Ramée, voyant qu'elle le menaçait, se jeta sur elle et la tua.

Arrivé à la capitale, il se logea à l'hôtel des princes, où il payait cinquante francs par jour. Comme il ne se refusait rien, au bout de quelque temps son sac se trouva vide, et il devait la dépense de deux ou trois journées ; la maîtresse de l'hôtel ne cessait de lui réclamer son argent et de le quereller. La Ramée était dans le plus grand embarras.

Après avoir une dernière fois fouillé dans son sac sans avoir pu en tirer un liard, il mit la main dans sa poche, espérant y trouver quelques pièces de monnaie ; il en retira la chandelle. « Imbécile que je suis ! s'écria-t-il, comment ai-je pu ne pas songer à ma chandelle ? » Il s'empressa de l'allumer, et aussitôt l'homme de fer se présenta devant lui. « Maître, que désirez-vous ? — Comment ! cria La Ramée, coquin, brigand, tu me laisses ici sans le sou ! — Maître, je n'en savais rien ; je ne puis le savoir que par le moyen de la chandelle. — Eh bien ! donne-moi de l'argent. » L'homme de fer lui en donna plus encore que la première fois. Pendant que La Ramée était occupé à compter ses écus et à les empiler sur la table, la servante regarda par le trou de la serrure, et courut dire à sa maîtresse que c'était un homme riche et qu'il ne fallait pas le traiter comme un va-nu-pieds. Aussi, quand il vint payer, l'hôtesse lui fit-elle belle mine.

Deux ou trois jours après, La Ramée alluma encore sa chandelle : l'homme de fer parut. « Maître, que désirez-vous ? — Je désire que la princesse, fille du roi d'Angleterre, soit cette nuit dans ma chambre. » La chose se fit comme il le souhaitait : à la nuit, la princesse se trouva dans la chambre de l'hôtel. La Ramée lui parla de mariage, mais elle ne voulut pas seulement l'écouter. Elle dut passer la nuit dans un coin de la chambre, et, le matin, La Ramée ordonna au serviteur de la chandelle de la ramener au château.

La princesse avait coutume d'aller tous les matins embrasser son père. Le roi fut bien étonné de ne pas la voir venir ce jour-là. Sept heures sonnèrent, puis huit heures, et elle ne paraissait toujours pas. Enfin elle arriva. « Ah ! dit-elle, mon père, quelle triste nuit j'ai passée ! » Et elle raconta au roi ce qui lui était arrivé. Le roi, craignant encore pareille aventure, alla trouver une fée et lui demanda conseil. « Nous avons affaire à plus fort que moi, dit la fée, je ne vois qu'un seul moyen : donnez à la princesse un sac de son, et dites-lui de laisser tomber le son dans la maison où elle aura été transportée. On pourra ainsi reconnaître cette maison. »

Cependant, La Ramée avait changé d'hôtel. Un jour, il alluma la chandelle et dit à l'homme de fer : « Je désire que la princesse vienne cette nuit dans ma chambre. — Maître, dit l'homme de fer, nous sommes trahis. Mais je ferai ce que vous m'ordonnez. » Après s'être acquitté de sa commission, il prit tout le son qui se trouvait chez les boulangers et le répandit dans toutes les maisons, de sorte que, le lendemain, on ne put savoir où la princesse avait passé la nuit.

La fée conseilla alors au roi de donner à sa fille une vessie remplie de sang ; la princesse devait percer cette vessie dans la maison où elle serait transportée.

La Ramée ordonna encore au serviteur de la chandelle de lui amener la princesse. « Maître, dit l'homme de fer, nous sommes trahis ; mais je ferai ce que vous me commandez. » Il pénétra dans les écuries du roi, tua tous les chevaux de guerre et tous les bœufs, et en répandit le sang partout. Le matin, toutes les rues, toutes les maisons étaient inondées de sang, si bien que le roi ne put rien découvrir. Il alla de nouveau consulter la fée. « Vous devriez, lui dit-elle, mettre des gardes près de la princesse. »

Le soir venu, La Ramée alluma la chandelle. « Maître, dit l'homme de fer, nous sommes trahis ; il y a des gardes auprès de la princesse. Je ne puis rien contre eux. » La Ramée voulut y aller lui-même. Les gardes le saisirent, l'enchaînèrent et le jetèrent dans un cachot sombre et humide.

Il était à pleurer et à se lamenter près de la fenêtre grillée de sa prison, lorsqu'il vit passer dans la rue un vieux soldat français, son ancien camarade. Il l'appela. « Eh ! dit le soldat, n'es-tu pas La Ramée ? — Oui, c'est moi. Tu me rendrais un grand service en m'allant chercher dans mon hôtel mon briquet, mon tabac et ma chandelle, que tu trouveras sous mon oreiller. » Le vieux soldat en demanda la permission au sergent de garde, et se présenta à l'hôtel de la part de La Ramée. « C'est ce coquin qui vous envoie ? dit l'hôtelier. Prenez ses nippes, et que je n'en entende plus parler. »

Quand La Ramée eut ce qu'il avait demandé, il battit le briquet et alluma sa chandelle. Aussitôt l'homme de fer parut, et les chaînes de La Ramée tombèrent. « Misérable, cria La Ramée, peux-tu bien me laisser dans ce cachot ! — Maître, dit l'homme de fer, je n'en savais rien. Je ne puis le savoir que par le moyen de la chandelle. — Eh bien ! tire-moi d'ici. »

L'homme de fer fit sortir La Ramée de son cachot, et lui donna de l'or et de l'argent, tant qu'il en voulut ; puis La Ramée se fit transporter sur une haute montagne près de la capitale, et ordonna à l'homme de fer d'y établir une batterie de deux cents pièces de canon ; après quoi, il envoya déclarer la guerre au roi d'Angleterre.

Le roi fit marcher cent hommes contre lui. La Ramée avait pour armée cinq hommes de fer. Le combat ne fut pas long ; tous les gens du roi furent tués, sauf un tambour, qui courut porter la nouvelle. Alors La Ramée somma le roi de se rendre, mais celui-ci répondit qu'il ne le craignait pas et envoya contre lui quatre cents hommes, qui furent encore tués.

Sur ces entrefaites, La Ramée vit passer un aveugle et sa femme ; cet aveugle avait un violon, dont il jouait d'une manière pitoyable. « Bonhomme ! lui dit La Ramée, tu as un bien beau violon ! — Ne riez pas de mon violon, répondit l'aveugle, c'est un violon qui a pouvoir sur les vivants et sur les morts. — Vends-le-moi, dit La Ramée. — Je ne le puis, dit l'aveugle, c'est mon gagne-pain. — Si l'on t'en donnait dix mille francs, consentirais-tu à t'en défaire ? — Bien volontiers. »

La Ramée lui compta dix mille francs et prit le violon. Il envoya ensuite un parlementaire dire au roi de lui amener sa fille et de la lui donner en mariage, sinon que la guerre continuerait. « Il a pour soldats, dit le parlementaire, des hommes hauts de dix pieds, armés de sabres longs de huit pieds. » Le roi chargea le parlementaire de répondre qu'il viendrait s'entendre avec La Ramée. En effet, il arriva bientôt avec sa fille.

« Je vous donne deux heures pour réfléchir, dit La Ramée. Si vous ne consentez pas à ce que je vous demande, je bombarderai votre château et votre ville. » Le roi réfléchit pendant quelque temps. « Je serais disposé à faire la paix, dit-il enfin, mais voilà bien des braves gens de tués. — Sire, dit La Ramée, rien n'est plus facile que de les ressusciter. » Il prit son violon, et, au premier coup d'archet, les soldats qui étaient étendus par terre commencèrent à remuer, les uns cherchant leurs bras, d'autres leurs jambes, d'autres leur tête.

A cette vue, le roi se déclara satisfait et consentit au mariage. Comme il commençait à se faire vieux, il prit sa retraite et La Ramée devint roi d'Angleterre à sa place. Il fallut bien alors que le roi de France lui pardonnât sa désertion et ses autres méfaits.

Les trois frères

Il était une fois trois cordonniers : c'étaient trois frères, fils d'une pauvre veuve. Voyant qu'ils ne gagnaient pas assez pour vivre et pour nourrir leur mère, ils s'engagèrent tous les trois et donnèrent leur argent à leur mère, afin qu'elle vécût plus à l'aise. L'aîné s'appelait Plume-Patte, le deuxième Plume-en-Patte et le troisième Bagnolet.

Quand ils furent au régiment, le colonel dit un jour à Plume-Patte d'aller monter la garde à minuit dans une tour où il revenait des esprits : tous ceux qui y étaient allés monter la garde depuis dix ans y avaient été retrouvés morts. Quand Plume-Patte fut dans la tour, il entendit un bruit de chaînes qu'on traînait ; d'abord il eut peur, mais il se remit presque aussitôt et cria : « Qui vive ? » Personne ne répondit. « Si tu ne réponds pas, je te brûle la cervelle. — Ah ! tu as du bonheur de bien faire ton service ! dit l'homme qui traînait les chaînes ; sans cela il t'arriverait ce qui est arrivé aux autres. Tiens, voici une bourse : plus tu prendras d'argent dedans, plus il y en aura. — Mets-la au pied de ma guérite, dit Plume-Patte ; je la prendrai quand j'aurai fini ma faction. » Sa faction terminée, il ramassa la bourse.

Le soldat qui tous les jours depuis dix ans venait à la tour voir ce qui s'était passé et qui n'avait jamais retrouvé personne en vie arriva le matin pour savoir ce que Plume-Patte était devenu ; il fut fort surpris de le trouver vivant. « Tu n'as rien vu ? lui demanda-t-il. — Non, je n'ai rien vu. » Ses frères lui demandèrent aussi : « Tu n'as rien vu ? — Non, je n'ai rien vu. » A son tour, le colonel lui dit : « Tu n'as rien vu ? — Non, mon colonel, je n'ai rien vu. » Il ne parla de la bourse à personne.

Le lendemain, à minuit, Plume-en-Patte fut envoyé dans la tour. Il entendit un bruit épouvantable de chaînes ; il fut d'abord effrayé, mais presque aussitôt il cria : « Qui vive ? » Personne ne répondit. « Si tu ne réponds pas, je te brûle la cervelle. — Ah ! tu as du bonheur de bien faire ton service ! dit l'homme qui traînait les chaînes ; sans cela il t'arriverait ce qui est arrivé aux autres. Tiens, voici une giberne : quand tu voudras, tu en feras sortir autant d'hommes qu'il y en a dans tout l'univers. » Il la tint ouverte pendant une demi-heure, et il en sortit quatre mille hommes. « Mets-la au pied de ma guérite, dit Plume-en-Patte ; je la prendrai quand j'aurai fini ma faction. » Sa faction terminée, il ramassa la giberne.

Le matin, le soldat vint voir si Plume-en-Patte était mort. « Tu n'as rien vu ? lui dit-il, bien étonné de le trouver vivant. — Non, je n'ai rien vu. — Tu n'as rien vu ? dirent ses frères. — Non, je n'ai rien vu. » Le colonel lui demanda aussi : « Tu n'as rien vu ? — Non, mon colonel, je n'ai rien vu. » Il ne parla point de sa giberne ; seulement il dit à son frère Bagnolet : « Tu tâcheras de bien faire ton service, quand tu iras dans la tour. »

Lorsqu'il s'agit le lendemain de monter la garde à la tour, le sort tomba sur un jeune homme riche ; il était bien triste et bien désolé, car il craignait d'y périr. Bagnolet lui dit : « Si tu veux me donner deux mille francs, j'irai monter la garde à ta place. » Le jeune homme accepta la proposition ; il remit les deux mille francs entre les mains du colonel et fit un écrit par lequel il s'engageait, si Bagnolet ne revenait pas, à donner l'argent à ses frères. Quand Bagnolet fut dans la tour, il entendit un bruit épouvantable de chaînes ; d'abord il eut peur, mais il cria presque aussitôt : « Qui vive ? » Personne ne répondit. « Si tu ne réponds pas, je te brûle la cervelle. — Ah ! tu as du bonheur de bien faire ton service ! dit l'homme qui traînait les chaînes, sans cela il t'arriverait ce qui est arrivé aux autres. Tiens, voici un manteau : quand tu le mettras, tu seras invisible. Voici encore un sabre : par le moyen de ce sabre, tu auras tout ce que tu désireras et tu seras transporté où tu voudras. — Mets-les au pied de ma guérite, dit Bagnolet ; je les prendrai quand j'aurai fini ma faction. »

Sa faction terminée, il mit le manteau et tira le sabre. « Mon maître, lui dit le sabre, qu'y a-t-il pour votre service ? — Je voudrais une table chargée des meilleurs mets, un beau couvert et un beau fauteuil. — Mon maître, retournez-vous, vous êtes servi. » Bagnolet se mit à table et mangea de bon appétit, puis il ôta son manteau. Le soldat, qui était venu plusieurs fois sans le voir, à cause du manteau, lui dit alors : « Où donc étiez-vous ? je suis venu plus de vingt fois sans vous trouver. Vous n'avez rien vu dans la tour ? — Non, je n'ai rien vu. — Tu n'as rien vu ? demandèrent ses frères. — Non, je n'ai rien vu. » Le colonel lui demanda aussi : « Tu n'as rien vu ? — Non, mon colonel, je n'ai rien vu. » Il ne parla pas du sabre ni du manteau.

Bagnolet engagea ses frères à venir au bois avec lui, et leur dit qu'il leur donnerait à dîner. Arrivés au bois, ses frères ne virent rien de préparé. Bagnolet tira tout doucement son sabre et lui dit : « Je voudrais une table chargée des meilleurs mets, trois beaux couverts et trois beaux fauteuils, les plus beaux qu'on puisse voir. — Mon maître, retournez-vous, vous êtes servi. » Les trois frères se racontèrent alors leurs aventures : Plume-Patte dit qu'il avait une bourse toujours remplie d'argent ; Plume-en-Patte ouvrit sa giberne, et il en sortit un grand nombre d'hommes, qui se rangèrent sur deux lignes ; il fit un signe, et les hommes rentrèrent dans la giberne. Bagnolet montra à ses frères son manteau qui le rendait invisible, et leur apprit tout ce qu'il pouvait faire avec son sabre.

Bagnolet savait que le roi d'Angleterre avait trois filles à marier. Le repas fini, il tira son sabre. « Mon maître, qu'y a-t-il pour votre service ? — Je voudrais être transporté avec mes frères dans le château du roi d'Angleterre. — Retournez-vous, vous y êtes. »

Les trois frères se présentèrent aussitôt devant le roi et lui demandèrent ses filles en mariage. Le roi leur dit : « Je ne donne pas mes filles à des capitaines : il faut être maréchal. Entrez à mon service pour cinq ou six mois. — Vous ne savez donc pas, dirent les trois frères, que nous avons des dons ? — Moi, dit Plume-Patte, j'ai une bourse : plus on prend d'argent dedans, plus il y en a. — Moi, j'ai une giberne, dit Plume-en-Patte ; j'en peux faire sortir autant d'hommes qu'il y en a dans tout l'univers, et, si je voulais, je vous ferais périr vous et toute votre cour. » Le roi fut bien en colère en entendant ces paroles. « Et moi, ajouta Bagnolet, j'ai un manteau qui me rend invisible. » Il ne parla pas du sabre. « Revenez demain à dix heures du matin, dit le roi, je vais demander à mes filles si elles veulent se marier. » Là-dessus les jeunes gens se retirèrent.

Le roi fit part aux princesses de la demande des trois frères et leur dit : « Quand ils viendront, vous les prierez de vous montrer leurs dons, et, dès qu'ils vous les auront remis, vous donnerez un coup de sifflet. Aussitôt il viendra deux hommes qui les enchaîneront et les jetteront en prison. »

Le lendemain, Plume-Patte arriva le premier. « Mais, mon ami, lui dit le roi, dépêchez-vous donc. Voilà au moins une heure que ma fille aînée vous attend. » Plume-Patte alla saluer la princesse. Après avoir causé quelque temps avec lui, la princesse lui dit : « Vous seriez bien aimable, si vous me montriez votre bourse. — Volontiers, ma princesse. » Aussitôt qu'elle eut la bourse, elle donna un coup de sifflet : deux hommes entrèrent, saisirent le pauvre garçon et le jetèrent dans un cachot pour l'y laisser mourir de faim.

Bientôt après, Plume-en-Patte arriva. « Dépêchez-vous donc, lui dit le roi, ma fille cadette vous a attendu plus de deux heures en se promenant dans le jardin. Maintenant elle est dans sa chambre. » Plume-en-Patte alla saluer la princesse qui lui parla d'abord de choses et d'autres et lui dit enfin : « Voudriez-vous me montrer votre giberne ? — Volontiers, ma princesse. » Une fois qu'elle eut la giberne entre les mains, elle donna un coup de sifflet : les deux hommes entrèrent, saisirent Plume-en-Patte, et le jetèrent en prison avec son frère.

Quand Bagnolet se présenta, le roi lui dit : « Dépêchez-vous de monter dans la chambre de ma plus jeune fille ; voilà bien longtemps qu'elle vous attend. » Bagnolet salua gracieusement la princesse et lui parla avec politesse ; ils causèrent très longtemps, car Bagnolet parlait mieux que ses frères. Enfin la princesse lui dit : « J'ai entendu dire que vous aviez un manteau qui rend invisible ; voudriez-vous me le montrer ? — Volontiers, ma princesse. » Elle saisit le manteau et donna un coup de sifflet : les deux hommes vinrent enchaîner Bagnolet et le mirent en prison avec ses frères, pour l'y laisser mourir de faim.

Ils étaient tous les trois bien tristes, quand Bagnolet se souvint qu'il avait encore son sabre ; il le tira. « Mon maître, qu'y a-t-il pour votre service ? — Je désire que tu nous apportes une table chargée des meilleurs mets, trois beaux couverts et trois beaux fauteuils, et que tu changes notre prison en un beau palais. » Tout cela se fit à l'instant, et ils avaient de plus beaux salons que le roi.

Le roi, étant venu voir ce qu'ils faisaient, les trouva à table ; il fut dans une grande colère et les fit mettre dans une autre prison. Bagnolet tira son sabre. « Mon maître, qu'y a-t-il pour votre service ? — Je voudrais, s'il était possible, être transporté avec mes frères à vingt lieues de la ville. — Retournez-vous, vous y êtes. »

Il y avait par là un château où personne n'habitait parce qu'il y revenait des esprits ; les trois frères s'y établirent. Bagnolet dit au sabre : « Peux-tu faire venir la princesse qui a pris la bourse ? — Mon maître, elle sera ici à minuit avec la bourse. » Quand la princesse fut arrivée, ils lui reprirent la bourse, la maltraitèrent, lui cassèrent les reins et la renvoyèrent. Le roi entra dans une colère effroyable ; il aurait bien voulu savoir où étaient les trois frères.

Bagnolet tira encore son sabre et lui dit : « Je désire, s'il est possible, que tu nous amènes la princesse qui a pris la giberne. — Mon maître, elle sera ici à minuit avec la giberne. » Quand elle arriva, ils lui reprirent la giberne, la maltraitèrent, lui cassèrent les reins et la renvoyèrent. Le roi, encore plus furieux, dit à sa plus jeune fille : « Je pense, ma fille, que tu vas avoir le même sort que tes sœurs ; mais il faudra marquer de noir la porte de la maison où l'on te conduira. »

Le lendemain, Bagnolet dit au sabre : « Je désire que tu fasses venir la princesse qui a pris le manteau. — Mon maître, elle sera ici à minuit avec le manteau. Son père lui a recommandé de marquer de noir la porte de la maison où on la conduirait ; mais j'irai marquer toutes les maisons du quartier, et l'on ne pourra rien reconnaître. » A minuit, la princesse se trouva au château ; les trois frères lui reprirent le manteau, la maltraitèrent encore plus que les autres, parce qu'elle était la plus méchante, lui cassèrent les reins et la renvoyèrent chez son père, qui ne se sentit plus de fureur. Puis ils dépêchèrent au roi un ambassadeur pour lui déclarer la guerre.

Le roi fit marcher contre eux une grande armée. Les trois frères étaient seuls de leur côté. « C'est vous qui êtes le plus âgé, dirent-ils au roi, rangez vos hommes le premier. » Ensuite Plume-en-Patte ouvrit sa giberne et en fit sortir un grand nombre d'hommes armés. Les soldats d'Angleterre eurent beau tirer ; les hommes de Plume-en-Patte étaient ainsi faits qu'ils ne pouvaient être tués. Le roi d'Angleterre perdit toute son armée et s'enfuit. Les trois frères allèrent piller son château, puis ils allumèrent un grand feu et y jetèrent la reine et ses trois filles.

Ils retournèrent ensuite en France, mais ils furent arrêtés comme déserteurs et on les mit en prison. Bagnolet tira son sabre. « Mon maître, qu'y a-t-il pour votre service ? — Je voudrais, s'il était possible, être transporté avec mes frères à la cour du roi de France. — Retournez-vous, vous y êtes. » Le roi de France n'avait qu'une fille ; ils la demandèrent en mariage. « Je ne donne pas ma fille à des capitaines, leur dit le roi ; mais dans deux ou trois mois chacun de vous peut être maréchal, et celui qui se sera le plus distingué aura ma fille. » Les trois frères lui dirent alors qu'ils avaient des dons, et lui parlèrent de la bourse, de la giberne, du sabre et du manteau. Au bout de deux mois, Plume-en-Patte, celui qui avait la giberne, devint maréchal et épousa la princesse ; ses frères se marièrent le même jour. Le roi d'Angleterre se trouvait aux noces ; il se dit que les mariés ressemblaient fort aux trois frères qui lui avaient fait tant de mal, mais il ne les reconnut point.

Moi, j'étais de faction à la porte de la princesse, comptant les clous pour passer le temps. Je m'y suis ennuyé, et je suis revenu.

La bique et ses petits

Il était une fois une bique qui avait huit biquets. Elle leur dit un jour : « Nous n'avons plus ni pain, ni farine ; il faut que j'aille au moulin faire moudre mon grain. Faites bonne garde, car le loup viendra peut-être pour vous manger. — Oui, oui, répondirent les enfants, nous tiendrons la porte bien close. — A mon retour, dit la bique, je vous montrerai ma patte blanche, afin que vous reconnaissiez que c'est moi. »

Le loup, qui écoutait à la porte, courut tremper sa patte dans de la chaux, puis il revint auprès de la cabane et dit : « Ouvrez-moi la porte, mes petits bouquignons, ouvrez-moi la porte. — Ce n'est pas maman, dirent les enfants, c'est le loup. » Et, comme le loup demandait toujours à entrer, ils lui dirent : « Montrez-nous patte blanche. » Le loup montra sa patte blanche et la porte s'ouvrit. A la vue du loup, les pauvres petits se cachèrent comme ils purent ; mais il en attrapa deux et les mangea. Le loup parti, les enfants qui restaient refermèrent la porte.

Bientôt après, la bique revint. « Ouvrez-moi la porte, mes petits bouquignons, ouvrez-moi la porte. — Montrez-nous d'abord patte blanche. » La mère montra sa patte, et les enfants lui ouvrirent. « Eh bien ! leur dit-elle, avez-vous ouvert la porte au loup ? — Oui, répondirent-ils, et il a mangé Pierrot et Claudot. »

La bique aurait bien voulu ne plus laisser les enfants seuls au logis, mais il lui fallait retourner au moulin pour y prendre sa farine. « Surtout, leur dit-elle, gardez-vous bien d'ouvrir au loup. »

Le loup, qui rôdait aux environs, s'enveloppa la patte

d'une coiffe blanche, et dit : « Ouvrez-moi la porte, mes petits bouquignons, ouvrez-moi la porte. — Montrez-nous patte blanche. » Le loup montra sa patte : on ouvrit ; alors il sauta sur les biquets et en mangea trois.

La bique, à son retour, fut bien désolée, et, comme elle était obligée de sortir une troisième fois, elle fit mille recommandations à ses enfants. Mais le loup leur montra encore patte blanche, les biquets ouvrirent, et il les mangea jusqu'au dernier.

Quand la bique revint, plus de biquets ! La voisine accourut à ses cris et chercha à la consoler. « Restez un peu avec moi, lui dit la bique. J'ai de la farine, je vais mettre du lait plein le chaudron, et nous ferons des gaillées[1]. »

Tandis qu'elles étaient ainsi occupées, elles entendirent le loup qui criait du dehors : « Ouvrez, commère la bique. — Non, compère le loup. Vous avez mangé mes enfants. — Ouvrez, commère la bique. — Non, non, compère le loup. — Eh bien, je monte sur le toit et je descends par la cheminée. »

Pendant que le loup grimpait, la bique se hâta de jeter une brassée de menu bois sous le chaudron et d'attiser le feu. Le loup, s'étant engagé dans la cheminée, tomba dans le chaudron, et fut si bien échaudé qu'il en mourut.

---

1. Mets du pays, fait de pâte cuite dans du lait.

La petite souris

Un jour, la petite souris était allée moissonner avec sa mère. Celle-ci lui dit de retourner à la maison pour tremper la soupe. Pendant que la petite souris y était occupée, elle tomba dans le pot et s'y noya. Voilà sa mère bien désolée ; elle se met à pleurer.

La crémaillère lui dit : « Grande souris, pourquoi pleures-tu ? — La petite souris est morte : voilà pourquoi je pleure. — Eh bien ! dit la crémaillère, je m'en vais grincer des dents. »

Le balai dit à la crémaillère : « Pourquoi donc grinces-tu des dents ? — La petite souris est morte, la grande la pleure : voilà pourquoi je grince des dents. — Eh bien ! dit le balai, je m'en vais me démancher. »

La porte dit au balai : « Pourquoi donc te démanches-tu ? — La petite souris est morte, la grande la pleure, la crémaillère grince des dents : voilà pourquoi je me démanche. — Eh bien ! dit la porte, je m'en vais me démonter. »

Le fumier dit à la porte : « Pourquoi donc te démontes-tu ? — La petite souris est morte, la grande la pleure, la crémaillère grince des dents, le balai se démanche : voilà pourquoi je me démonte. — Eh bien ! dit le fumier, je m'en vais m'étendre. »

La voiture dit au fumier : « Pourquoi t'étends-tu donc ? — La petite souris est morte, la grande la pleure, la crémaillère grince des dents, le balai se démanche, la porte se démonte : voilà pourquoi je m'étends. — Eh bien ! dit la voiture, je m'en vais reculer jusqu'au bois. »

Les feuilles dirent à la voiture : « Pourquoi donc recules-tu jusqu'au bois ? — La petite souris est morte, la grande la pleure, la crémaillère grince des dents, le balai se démanche, la porte se démonte, le fumier s'étend : voilà pourquoi je recule jusqu'au bois. — Eh bien, dirent les feuilles, nous allons tomber. »

Le charme dit aux feuilles : « Pourquoi tombez-vous donc ? — La petite souris est morte, la grande la pleure, la crémaillère grince des dents, le balai se démanche, la porte se démonte, le fumier s'étend, la voiture recule jusqu'au bois : voilà pourquoi nous tombons. — Eh bien ! dit le charme, je m'en vais me fendre. »

Les petits oiseaux dirent au charme : « Pourquoi te fends-tu donc ? — La petite souris est morte, la grande la pleure, la crémaillère grince des dents, le balai se démanche, la porte se démonte, la voiture recule jusqu'au bois, les feuilles tombent : voilà pourquoi je me fends. — Eh bien ! dirent les oiseaux, nous allons nous noyer dans la fontaine. »

Et ils se noyèrent tous dans la fontaine.

FLANDRE

Charles Deulin

Le poirier de Misère

1

Au temps jadis, il y avait au village de Vicq, sur les bords de l'Escaut, une bonne femme nommée Misère, qui allait quêter son pain de porte en porte et qui paraissait aussi vieille que le péché originel.

En ce temps-là, le village de Vicq ne valait guère mieux qu'un hameau : il croupissait auprès d'un marécage, et on n'y voyait que quelques maigres censes couvertes en joncs.

Misère habitait à l'écart une pauvre cassine en pisé, où elle n'avait pour toute société qu'un chien qui s'appelait Faro, et pour tout bien qu'un bâton et une besace que trop souvent elle rapportait aux trois quarts vide.

La vérité est de dire cependant qu'elle possédait encore dans un petit closeau, derrière sa hutte, un arbre, un seul. Cet arbre était un poirier si beau qu'on ne vit jamais rien de tel depuis le fameux pommier du paradis terrestre.

L'unique plaisir que Misère goûtât en ce monde était de manger des fruits de son jardin, c'est-à-dire de son poirier ; malheureusement la garçonale du village venait marauder dans son courtil.

Tous les jours que Dieu fait, Misère allait quêter avec Faro ; mais à l'automne Faro restait à la maison pour garder les poires, et c'était un crève-cœur pour tous les deux, car la pauvre femme et le pauvre chien s'aimaient de grande amitié.

2

Or, il vint un hiver où, deux mois durant, il gela à pierres fendre. Il chut ensuite tant de neige que les loups quittèrent les bois et entrèrent dans les maisons. Ce fut une terrible désolation dans le pays, et Misère et Faro en souffrirent plus que les autres.

Un soir que le vent hurbêlait et que la neige tourbillonnait, les malheureux se réchauffaient l'un contre l'autre près de l'âtre éteint, quand on frappa à la porte.

Chaque fois que quelqu'un s'approchait de la chaumine, Faro aboyait avec colère, croyant que c'étaient les petits maraudeurs. Ce soir-là, au contraire, il se mit à japper doucement et à remuer la queue en signe de joie.

« Pour l'amour de Dieu ! fit une voix plaintive, ouvrez à un pauvre homme qui meurt de froid et de faim.

— Haussez le loquet ! cria Misère. Il ne sera pas dit que, par un temps pareil, j'aurai laissé dehors une créature du bon Dieu. »

L'étranger entra ; il paraissait encore plus vieux et plus misérable que Misère, et n'avait pour se vêtir qu'un sarrau bleu en haillons.

« Asseyez-vous, mon brave homme, dit Misère. Vous êtes bien mal tombé, mais j'ai encore de quoi vous réchauffer. »

Elle mit au feu sa dernière bûche et donna au vieillard trois morceaux de pain et une poire qui lui restaient. Bientôt le feu flamba et le vieillard mangea de grand appétit : or, pendant qu'il mangeait, Faro lui léchait les pieds.

Quand son hôte eut fini, Misère l'enveloppa dans sa vieille couverture de futaine, et le força de se coucher sur sa paillasse, tandis qu'elle-même s'arrangeait pour dormir la tête appuyée sur son escabeau.

Le lendemain, Misère s'éveilla la première :

« Je n'ai plus rien, se dit-elle, et mon hôte va jeûner. Voyons s'il n'y a pas moyen d'aller quêter dans le village. »

Elle mit le nez à la porte : la neige avait cessé de choir et il faisait un clair soleil de printemps. Elle se retourna pour prendre son bâton et vit l'étranger debout et prêt à partir.

« Quoi ! vous partez déjà ? dit-elle.

— Ma mission est remplie, répondit l'inconnu, et il faut que j'aille en rendre compte à mon maître. Je ne suis point ce que je parais : je suis saint Wanon, patron de la paroisse de Condé, et j'ai été envoyé par Dieu le Père pour voir comment mes fidèles pratiquent la charité, qui est la première des vertus chrétiennes. J'ai frappé à l'huis du bourgmestre et des bourgeois de Condé, j'ai frappé à l'huis du seigneur et des censiers de Vicq ; le bourgmestre et les bourgeois de Condé, le seigneur et les censiers de Vicq m'ont laissé grelotter à leur porte. Toi seule as eu pitié de mon malheur, et tu étais aussi malheureuse que moi. Dieu va te le rendre : fais un vœu, il s'accomplira. »

Misère se signa et tomba à genoux :

« Grand saint Wanon, dit-elle, je ne m'étonne plus que Faro vous ait léché les pieds, mais ce n'est point par intérêt que je fais la charité. D'ailleurs, je n'ai besoin de rien.

— Tu es trop dénuée de toutes choses, dit saint Wanon, pour n'avoir point de désirs. Parle, que veux-tu ? »

Misère se taisait :

« Veux-tu une belle cense avec du blé plein le grenier, du bois plein le bûcher et du pain plein la huche ? Veux-tu des trésors, veux-tu des honneurs ? Veux-tu être duchesse, veux-tu être reine de France ? »

Misère secoua la tête.

« Un saint qui se respecte ne doit pas être en reste avec une pauvresse, reprit saint Wanon d'un air piqué. Parle, ou je croirai que tu me refuses par orgueil.

— Puisque vous l'exigez, grand saint Wanon, répondit Misère, j'obéirai. J'ai là, dans mon jardin, un poirier qui me donne de fort belles poires ; par malheur, les jeunes gars du village viennent me les voler, et je suis forcée de laisser le pauvre Faro à la maison pour monter la garde. Faites que quiconque grimpera sur mon poirier n'en puisse descendre sans ma permission.

— Amen ! » dit saint Wanon en souriant de sa naïveté, et après lui avoir donné sa bénédiction, il se remit en route.

3

La bénédiction de saint Wanon porta bonheur à Misère, et dès lors elle ne rentra plus jamais la mallette vide à la maison. Le printemps succéda à l'hiver, l'été au printemps et l'automne à l'été. Les garçonnets, voyant Misère sortir avec Faro, grimpèrent sur le poirier et remplirent leurs poches ; mais au moment de descendre, ils furent bien attrapés. Misère, au retour, les trouva perchés sur l'arbre, les y laissa longtemps et lâcha Faro à leurs trousses quand elle voulut bien les délivrer. Ils n'osèrent plus y revenir, les Vicquelots eux-mêmes évitèrent de passer près de l'arbre ensorcelé, et Misère et Faro vécurent aussi heureux qu'on peut l'être en ce monde.

Vers la fin de l'automne, Misère se réchauffait un jour au soleil dans son jardin, quand elle entendit une voix qui criait : « Misère ! Misère ! Misère ! » Cette voix était si lamentable que la bonne femme se prit à trembler de tous ses membres, et que Faro hurla comme s'il y avait eu un trépassé dans la maison.

Elle se retourna et vit un homme long, maigre, jaune et vieux, vieux comme un patriarche. Cet homme portait une faux aussi longue qu'une perche à houblon. Misère reconnut la Mort.

« Que voulez-vous, l'homme de Dieu, dit-elle d'une voix altérée, et que venez-vous faire avec cette faux ?

— Je viens faire ma besogne. Allons, ma bonne Misère, ton heure a sonné : il faut me suivre.

— Déjà !

— Déjà ? Mais tu devrais me remercier, toi qui es si pauvre, si vieille et si caduque.

— Pas si pauvre ni si vieille que vous le croyez, notre maître. J'ai du pain dans la huche et du bois au bûcher ; je n'aurai que quatre-vingt-quinze ans vienne la Chandeleur ; et, quant à être caduque, je suis aussi droite que vous sur mes jambes, soit dit sans affront.

— Va ! tu seras bien mieux en paradis.

— On sait ce qu'on perd, on ne sait pas ce qu'on gagne au change, dit philosophiquement Misère. D'ailleurs, cela ferait trop de peine à Faro.

— Faro te suivra. Voyons, décide-toi. »

Misère soupira.

« Accordez-moi du moins quelques minutes, que je m'attife un peu : je ne voudrais point faire honte aux gens de là-bas. »

La Mort y consentit.

Misère mit sa belle robe d'indienne à fleurs qu'elle avait depuis plus de trente ans, son blanc bonnet et son vieux mantelet de drap de Silésie, tout usé, mais sans trou ni tache, qu'elle ne revêtait qu'aux fêtes carillonnées.

Tout en s'habillant, elle jeta un dernier coup d'œil sur sa chaumière et avisa le poirier. Une idée singulière lui passa par la tête, et elle ne put s'empêcher de sourire.

« Pendant que je m'apprête, voudriez-vous me rendre un service, l'homme de Dieu ? dit-elle à la Mort. Ce serait de monter sur mon poirier et de me cueillir les trois poires qui restent. Je les mangerai en route.

— Soit ! » dit la Mort, et il monta sur le poirier.

Il cueillit les trois poires et voulut descendre, mais, à sa grande surprise, il ne put en venir à bout.

« Hé ! Misère ! cria-t-il, aide-moi donc à descendre. Je crois que ce maudit poirier est ensorcelé. »

Misère vint sur le pas de la porte, la Mort faisait des efforts surhumains avec ses longs bras et ses longues jambes, mais au fur et à mesure qu'il se détachait de l'arbre, l'arbre, comme s'il eût été vivant, le reprenait et l'embrassait avec ses branches. C'était un spectacle si bouffon que Misère partit d'un grand éclat de rire.

« Ma foi ! dit-elle, je ne suis point pressée d'aller en paradis. Tu es bien là, mon bonhomme. Restes-y. Le genre humain va me devoir une belle chandelle. »

Et Misère ferma sa porte, et laissa la Mort perché sur son poirier.

4

Au bout d'un mois, comme la Mort ne faisait plus son service, on fut tout étonné de voir qu'il n'y avait eu aucun décès à Vicq, à Fresnes et à Condé. L'étonnement redoubla à la fin du mois suivant, surtout quand on apprit qu'il en était de même à Valenciennes, à Douai, à Lille et dans toute la Flandre.

On n'avait jamais ouï parler de pareille chose, et, lorsque vint la nouvelle année, on connut par l'almanach qu'il en était arrivé autant en France, en Belgique, en Hollande, ainsi que chez les Autrichiens, les Suédois et les Russiens.

L'année passa, et il fut établi que depuis quinze mois il n'y avait point eu dans le monde entier un seul cas de mort. Tous les malades avaient guéri sans que les médecins sussent comment ni pourquoi : ce qui ne les avait point empêchés de se faire honneur de toutes les cures.

Cette année s'écoula comme la précédente, sans décès, et, quand vint la Saint-Sylvestre, d'un bout de la terre à l'autre les hommes s'embrassèrent et se félicitèrent d'être devenus immortels.

On fit des réjouissances publiques, et il y eut en Flandre une fête comme on n'en avait point vu depuis que le monde est monde.

Les bons Flamands n'ayant plus peur de mourir d'indigestion, ni de goutte, ni d'apoplexie, burent et mangèrent tout leur soûl. On calcula qu'en trois jours chaque homme avait mangé une boisselée de grain, sans compter la viande et les légumes, et bu un brassin de bière, sans compter le genièvre et le brandevin.

J'avoue pour ma part que j'ai peine à le croire, mais toujours est-il que jamais le monde ne fut si heureux, et personne ne soupçonnait Misère d'être la cause de cette félicité universelle : Misère ne s'en vantait point, par modestie.

Tout alla bien durant dix, vingt, trente ans ; mais, au bout de trente ans, il ne fut point rare de voir des vieillards de cent dix et cent vingt ans, ce qui est d'ordinaire l'âge de la dernière décrépitude. Or ceux-ci, accablés d'infirmités, la mémoire usée, aveugles et sourds, privés de goût, de tact et d'odorat, devenus insensibles à toute jouissance, commençaient à trouver que l'immortalité n'est point un si grand bienfait qu'on le croyait d'abord.

On les voyait se traîner au soleil, courbés sur leurs bâtons, le front chenu, le chef branlant, les yeux éteints, toussant, crachant, décharnés, rabougris, ratatinés, semblables à d'énormes limaces. Les femmes étaient encore plus horribles que les hommes.

Les vieillards les plus débiles restaient dans leurs lits, et il n'y avait point de maison où l'on ne trouvât cinq ou six lits où geignaient les aïeuls, au grand ennui de leurs arrière-petits-fils et fils de leurs arrière-petits-fils.

On fut même obligé de les rassembler dans d'immenses hospices où chaque nouvelle génération était occupée à soigner les précédentes, qui ne pouvaient guérir de la vie.

En outre, comme il ne se faisait plus de testaments, il n'y avait plus d'héritages, et les générations nouvelles ne possédaient rien en propre : tous les biens appartenaient de droit aux bisaïeuls et aux trisaïeuls, qui ne pouvaient en jouir.

Sous des rois invalides, les gouvernements s'affaiblirent, les lois se relâchèrent ; et bientôt les immortels, certains de ne point aller en enfer, s'abandonnèrent à tous les crimes ; ils pillaient, volaient, violaient, incendiaient, mais, hélas ! ils ne pouvaient assassiner.

Dans chaque royaume le cri de : « Vive le roi ! » devint un cri séditieux et fut défendu sous les peines les plus sévères, à l'exception de la peine de mort.

Ce n'est point tout : comme les animaux ne mouraient pas plus que les hommes, bientôt la terre regorgea tellement d'habitants, qu'elle ne put les nourrir ; il vint une horrible famine, et les hommes, errant demi-nus par les campagnes, faute d'un toit pour abriter leur tête, souffrirent cruellement de la faim, sans pouvoir en mourir.

Si Misère avait connu cet effroyable désastre, elle n'eût point voulu le prolonger, même au prix de la vie ; mais habitués de longue date aux privations et aux infirmités, elle et Faro en pâtissaient moins que les autres : puis ils étaient devenus quasi sourds et aveugles, et Misère ne se rendait pas bien compte de ce qui se passait autour d'elle.

Alors les hommes mirent autant d'ardeur à chercher le trépas qu'ils en avaient mis jadis à le fuir. On eut recours aux poisons les plus subtils et aux engins les plus meurtriers ; mais engins et poisons ne firent qu'endommager le corps sans le détruire.

On décréta des guerres formidables : d'un commun accord, pour se rendre le service de s'anéantir mutuellement, les nations se ruèrent les unes sur les autres ; mais on se fit un mal affreux sans parvenir à tuer un seul homme.

On rassembla un congrès de la mort : les médecins y vinrent des cinq parties du monde ; il en vint de blancs, de jaunes, de noirs, de cuivrés, et ils cherchèrent tous ensemble un remède contre la vie, sans pouvoir le trouver.

On proposa dix millions de francs de récompense pour quiconque le découvrirait : tous les docteurs écrivirent des brochures sur la vie, comme ils en avaient écrit sur le choléra, et ils ne guérirent pas plus cette maladie que l'autre.

C'était une calamité plus épouvantable que le Déluge, car elle sévissait plus longuement et on ne prévoyait point qu'elle dût avoir une fin.

5

Or, à cette époque, il y avait à Condé un médecin fort savant, qui parlait presque toujours en latin et qu'on appelait le docteur *De Profundis*. C'était un très honnête homme qui avait expédié beaucoup de monde au bon temps, et qui était désolé de ne pouvoir plus guérir personne.

Un soir qu'il revenait de dîner chez le mayeur de Vicq, comme il avait trop bu d'un coup, il s'égara dans le marais. Le hasard le conduisit près du jardin de Misère et il entendit une voix plaintive qui disait : « Oh ! qui me délivrera et qui délivrera la terre de l'immortalité, cent fois pire que la peste ! »

Le savant docteur leva les yeux et sa joie n'eut d'égale que sa surprise : il avait reconnu la Mort.

« Comment ! c'est vous, mon vieil ami, lui dit-il, *quid agis in hac pyro* perché ?

— Rien du tout, docteur *De Profundis*, et c'est ce qui m'afflige, répondit la Mort ; donnez-moi donc la main que je descende. »

Le bon docteur lui tendit la main, et la Mort fit un tel effort pour se détacher de l'arbre, qu'il enleva le docteur de terre. Le poirier saisit aussitôt celui-ci et l'enlaça de ses branches. *De Profundis* eut beau se débattre, il dut tenir compagnie à la Mort.

On fut fort étonné de ne point le voir le lendemain et le surlendemain. Comme il ne donnait pas signe de vie, on le fit afficher et mettre dans la *Gazette*, mais ce fut peine perdue.

De Profundis était le premier homme qui eût disparu de Condé depuis de longues années. Avait-il donc trouvé le secret de mourir, et lui, jadis si généreux, se l'était-il réservé pour lui seul ?

Tous les Condéens sortirent de la ville pour se mettre à sa recherche : ils fouillèrent si bien la campagne en tous sens qu'ils arrivèrent au jardin de Misère. A leur approche, le docteur agita son mouchoir en signe de détresse.

« Par ici ! leur cria-t-il, par ici, mes amis : la voici, voici la Mort ! Je l'avais bien dit dans ma brochure qu'on le retrouverait dans le marais de Vicq, le vrai berceau du choléra. Je le tiens enfin, mais *non possumus descendere* de ce maudit poirier.

— Vive la Mort ! » firent en chœur les Condéens, et ils s'approchèrent sans défiance.

Les premiers arrivés tendirent la main à la Mort et au docteur, mais, ainsi que le docteur, ils furent enlevés de terre et saisis par les branches de l'arbre.

Bientôt le poirier fut tout couvert d'hommes. Chose extraordinaire ! il grandissait au fur et à mesure qu'il agrippait les gens. Ceux qui vinrent ensuite prirent les autres par les pieds, d'autres se suspendirent à ceux-ci, et tous ensemble formèrent les anneaux de plusieurs chaînes d'hommes qui s'étendaient à la distance d'une portée de crosse. Mais c'est en vain que les derniers, restés à terre, saquaient à perdre leur haleine, ils ne pouvaient arracher leurs amis du maudit arbre.

L'idée leur vint alors d'abattre le poirier : ils allèrent quérir des haches et commencèrent à le frapper à tour de bras ; hélas ! on ne voyait seulement pas la marque des coups.

Ils se regardaient fort penauds, et ne sachant plus à quel saint se vouer, quand Misère vint au bruit et en demanda la cause. On lui expliqua ce qui se passait depuis si longtemps, et elle comprit le mal qu'elle avait fait sans le vouloir.

« Moi seule puis délivrer la Mort, dit-elle, et j'y consens, mais à une condition, c'est que la Mort ne viendra nous chercher, Faro et moi, que quand je l'aurai appelé trois fois.

— Tope ! dit la Mort, j'obtiendrai de saint Wanon qu'il arrange l'affaire avec le bon Dieu.

— Descendez, je vous le permets ! » cria Misère ; et la Mort, le docteur et les autres tombèrent du poirier comme des poires trop mûres.

La Mort se mit à sa besogne sans désemparer, et expédia les plus pressés ; mais chacun voulait passer le premier. Le brave homme vit qu'il aurait trop à faire. Il leva pour l'aider une armée de médecins et en nomma général en chef le docteur *De Profundis*.

Quelques jours suffirent à la Mort et au docteur pour débarrasser la terre de l'excès des vivants, et tout rentra dans l'ordre. Tous les hommes âgés de plus de cent ans eurent droit de mourir et moururent, à l'exception de Misère, qui se tint coite, et qui depuis n'a point encore appelé trois fois la Mort.

Voilà pourquoi, dit-on, Misère est toujours dans le monde.

Culotte-Verte le vainqueur du Lumeçon

1

Au temps jadis, il y avait, à Condé-sur-l'Escaut, un garçonnet de quatorze ou quinze ans, lequel était bien le plus fieffé polisson qui de ses pieds déchaux eût jamais usé les pavés de la ville. Il habitait la rue Neuve : or, chacun sait que la rue Neuve est la rue la plus pauvre de Condé, et celle par conséquent où l'on voit le plus de brigands, comme on dit chez nous.

Sa mère était marchande de tablettes de mélasse ; son frère aîné, apprenti cordier : lui n'était rien du tout, estimant le travail chose ennuyeuse et indigne d'un personnage de sa qualité.

Son parrain lui avait donné comme nom Gilles, mais d'habitude les gens de Condé l'appelaient Culotte-Verte, parce qu'il allait presque toujours vêtu d'une chemise et d'un vieux pantalon de velours vert, attaché par une simple ficelle. Pour lui, il s'était baptisé de son chef l'Homme-sans-peur, car il ne craignait ni vent, ni orage, ni Dieu, ni diable, ni valets de ville.

Fort comme un taureau et hardi comme un coq, il méprisait les gens faibles et timides, particulièrement les femmes. Les femmes lui semblaient être d'une espèce inférieure : « Je ne me marierai, disait-il souvent, que le jour où j'aurai eu peur » ; ce qui, dans sa pensée, revenait à dire : « Je ne me marierai jamais. »

En attendant, il passait sa vie à faire enrager son prochain. C'était toujours lui qui, à la ducasse, bousculait les tourniquets des marchands de pain d'épice ; c'était lui qui, à la Saint-Nicolas, vous cassait les oreilles à corner le sabbat ; lui qui, à la messe de minuit, cousait entre eux les messieurs et les dames dont les chaises étaient trop rapprochées ; c'était encore lui qui, aux Saints-Innocents, menait le soir, dans les maisons, une troupe de blancs pèlerins, dérober les jambons et les tartes ; c'était lui enfin qui, aux Rois, jetait des tessons de pots et de bouteilles dans les volets des gens qui criaient : Roi boit !

A la Saint-Jean, c'était Culotte-Verte qui, avec ses vauriens, frappait à grands coups de bâton, sur le seuil des portes, en chantant la vieille chanson :

C'est la quête au bois !
Jolie dame, donnez-moi
Un petit morceau de bois
Pour allumer mon feu là-bas.
Saint-Jean est chu dans le puits,
Saint-Pierre l'a rattrapé :
Un petit morceau de bois pour le réchauffer !

Grâce à Culotte-Verte, la rue Neuve avait toujours le plus beau feu : car l'Homme-sans-peur, à la tête de sa bande, enlevait le bois des autres quartiers, et en faisait un feu tel que les gens de Fresnes et de Macou accouraient en toute hâte, croyant que Condé était en flammes.

Tous les dimanches et les lundis, il passait sa soirée chez la mère Boucaud, à jouer aux cartes pour des crêpes, qu'on appelle chez nous des aliettes : il buvait sa canette de petite bière, fumait sa pipe et donnait de grands coups de poing sur la table, comme un homme.

Les autres jours de la semaine, Culotte-Verte s'amusait à pendre les chats aux sonnettes, à casser les réverbères, à décrocher les enseignes, et, l'hiver, à sabouler les passants à coups de boulets de neige. Bref, il faisait la terreur des honnêtes bourgeois, la joie des petits polissons et le désespoir de sa mère, bonne femme et craignant Dieu.

« Si Gilles ne s'amende, disait-elle quelquefois à son fils aîné, tu verras que le garnement finira comme une taupe, entre ciel et terre.

— Mère, j'ai souvent ouï dire à M. le curé que la crainte est le commencement de la sagesse, répondit un jour le frère de Culotte-Verte. Si Gilles avait peur une bonne fois, peut-être qu'il changerait de vie. Or, je sais un sûr moyen de lui faire peur. Envoyez-le ce soir quérir une cruche d'eau à la fontaine Saint-Calixte ; je me charge du reste. »

2

La fontaine Saint-Calixte coule à une lieue de Condé, et son eau avait alors la propriété de couper les fièvres qui, à l'automne, à cause des marais, régnaient fort dans le pays.

Le soir, quand Gilles rentra pour se coucher, sa mère lui dit :

« Gilles, va donc me quérir une cruche d'eau à la fontaine Saint-Calixte. J'ai senti cette nuit la mort me passer dans le dos, et je crains de reprendre les fièvres. »

Gilles partit. La piésente qui mène à la fontaine court le long du cimetière. La nuit était si noire qu'on n'y voyait goutte et on n'entendait rien qu'une feuille qui, de temps à autre, tombait des longs peupliers. L'Homme-sans-peur s'avançait tranquillement, en sifflant l'air de la *Codaqui*, quand tout à coup la lune risqua un œil et lui montra, à dix pas devant lui, un grand fantôme blanc.

« Tiens ! se dit Gilles, un échappé du jardin de Laguernade ! »

Laguernade était le fossoyeur de Condé.

« Je ne suis pas fâché de la rencontre ; je pourrai dire que j'ai vu un revenant. »

Il continua son chemin, mais comme le fantôme ne se pressait point de lui livrer passage :

« Dis donc, l'ami, cria-t-il, si tu voulais te ranger un peu ? »

Le fantôme ne bougea point.

« Range-toi, ou je te casse les reins ! »

Le fantôme resta immobile.

Culotte-Verte s'élança et lui asséna sur la tête un si furieux coup de cruche que la cruche se brisa en mille morceaux. Le revenant chut tout de son long en poussant un cri.

« Tiens ! c'était un homme, se dit Gilles. Je l'ai tué. Tant pis pour lui ! Cela lui apprendra à vivre. »

Il réfléchit pourtant tout de suite qu'en récompense d'un si beau coup on pourrait bien l'instruire, lui aussi, de la même façon. Il ne craignait point les valets de ville, mais il n'avait aucun goût pour la société des gendarmes, surtout quand les gendarmes vont à cheval, et qu'on marche à pied, entre eux, avec les menottes. Il prit donc le parti de ne point retourner à Condé, et franchit lestement la frontière, qui n'est qu'à une heure de là.

Par bonheur, c'était un lundi, et Culotte-Verte possédait une vingtaine de patards, qu'il avait gagnés en jouant aux cartes chez la mère Boucaud. Avec ses vingt patards, il se mit, à l'exemple des Belges, à faire du commerce. Nécessité aidant, il eut bientôt de quoi acheter un baudet et exercer le métier de compénaire, ou, si vous l'aimez mieux, de colporteur.

Il allait par les villages, criant : « Marchand de blanc sable ! » ou bien : « A cerises pour du vieux fer ! » Et les petits gars lui donnaient toutes les vieilles ferrailles de la maison en échange d'une livre de cerises.

Il voyagea ainsi trois ans : il aurait pu amasser de quoi, mais il ne savait se guérir de jouer. Cette maudite passion faisait qu'il logeait souvent le diable dans sa bourse, et lui-même, avec son baudet, à l'auberge de la belle étoile.

Un soir, il arriva dans un village des Pays-Bas. Il demanda à loger dans plusieurs auberges, mais comme il ne lui restait pas un rouge double, on lui répondit partout qu'on n'avait point de place.

« A ce prix-là, vous n'en trouverez qu'au château des Sonneurs, lui dit quelqu'un ; mais qui oserait passer la nuit au château des Sonneurs ?

— Moi !

— Vous ne savez donc pas qu'il revient dans la chambre rouge ? C'est pour cela que le château est abandonné.

— Oh ! les revenants ! moi, je n'ai mie peur des revenants. Je n'ai peur de rien, et le jour où j'aurai eu peur, je me marierai. Donnez-moi seulement un bon bâton. »

Le château des Sonneurs avait une telle réputation dans le pays, qu'on fut fort étonné qu'un homme osât s'y aventurer. On racontait que toutes les fois qu'il devait y avoir une apparition, aussitôt que minuit avait sonné à l'horloge du village, des esprits y répétaient les douze coups sur une cloche invisible.

On alla quérir un bâton de bois d'aubépine ; mais Gilles le cassa comme une allumette.

« Ce bâton n'est mie assez solide, » dit-il.

On lui en apporta un en bois de chêne. Il le brisa comme l'autre.

« Attendez, fit le forgeron, je vas lui en donner un qu'il ne cassera point. »

Il forgea une barre de fer grosse comme le petit doigt. Gilles la prit et la brisa. Il en forgea une grosse comme le pouce. Ratch ! elle eut le même sort. Enfin, il en fit une qui était grosse comme le poignet d'un enfant de trois ans.

« Je m'en contenterai, dit Culotte-Verte, bien qu'il l'eût fait ployer sur son genou. Si les revenants ne sont point sages, voilà qui va les mettre à la raison. Maintenant, ce n'est pas tout. Quand on dérange les gens, c'est bien le moins qu'on les régale.

« Donnez-moi du bois, du charbon, de la chandelle, un pot de bière et des verres, de la levure, de la farine, du sel, du lait, de la cassonade, du beurre et des œufs, une payelle, une marmite, une louche, des assiettes, une table et deux chaises. Nous sommes en carnaval, je vas leur faire des ratons. »

Chez nous, les ratons sont une espèce de crêpes meilleures que les aliettes.

On apporta à Gilles tout ce qu'il demandait.

« N'oubliez point, ajouta-t-il, un jeu de cartes et une carotte de tabac. Je ne connais rien de bon, après le souper, comme une bonne pipe et une partie de mariage. »

Culotte-Verte chargea son baudet de ses provisions, après quoi il partit pour le château des Sonneurs. Le château était caché dans la forêt, à vingt minutes du village.

C'était un vieux manoir avec quatre tourelles et des murs de trois aunes d'épaisseur, en tout pareil à celui qu'on voit sur la place Verte de Condé.

Les portes étaient grandes ouvertes, car personne n'osait en approcher, pas même les voleurs ; et d'ailleurs il n'y avait rien à prendre.

Arrivé sous la voûte, Culotte-Verte battit le briquet, alluma sa chandelle, son baudet le mena à l'écurie, et se mit bravement à la recherche de la chambre rouge. Il n'eut point de peine à la reconnaître. C'était une grande salle aux lambris tapissés de toiles d'araignée ou, pour mieux dire, d'arnitoiles.

Gilles commença par faire du feu dans la vaste cheminée, non pas un petit feu de veuve, mais un beau feu clair et riant pour égayer la chambre.

Ensuite il cassa ses œufs, les fouetta, ajouta la farine, le sel et la levure, y versa le lait et mêla le tout.

Pendant que la pâte levait, il alluma sa pipe, but un verre de bière et se tira les cartes.

Quand il crut qu'elle était à point, il mit du beurre dans la poêle, ou comme nous disons, dans la payelle, et, sitôt que le beurre eut chanté, il y versa une cuillerée de pâte.

Au moment de faire sauter le raton, il entendit sonner minuit au clocher du village.

« Bon ! pensa Culotte-Verte, le premier qui arrivera aura l'étrenne de la payelle. »

Il attendit une minute, mais rien : la cloche invisible resta muette.

« C'est vexant, fit l'Homme-sans-peur. Un raton qui a si bonne mine ! Tant pis ! j'en aurai meilleure part. »

Il achevait à peine ces mots, qu'il ouït une voix effrayante, semblable à celle d'un homme qui parlerait dans une citerne. Cette voix paraissait venir du haut de la cheminée.

« Cherrai-je ? cherrai-je point ? disait la voix.

— Attends que j'aie resaqué la payelle ! répondit Gilles. Là, chais hardiment ! » Et il tendit ses mains sous la cheminée.

Il chut une jambe.

Culotte-Verte l'attrapa au vol et la jeta dans un coin, où elle resta debout ; puis il remit sa poêle sur le feu.

« Cherrai-je ? cherrai-je point ?

— Attends !... Bien !... chais hardiment ! »

Il chut une seconde jambe que Gilles envoya dans le coin, comme la première, et qui, comme la première, se tint droite sur son pied.

« Cherrai-je ? cherrai-je point ?

— Chais toujours, va, pendant que tu y es ! »

Il chut un bras, puis un autre.

« Et de quatre ! dit Culotte-Verte. J'aurai bientôt de quoi faire un jeu de quilles.

— Cherrai-je ? cherrai-je point ?

— Juste ! voici la quille du mitan. » C'était le buste d'un homme que Gilles lança au milieu du jeu et qui s'y tint debout, comme les jambes et les bras.

« Il ne manque plus que la boule.

— Cherrai-je ? cherrai-je point ?

— Et voici la boule ! fit Gilles en recevant la tête. Je parie que j'en abats trois d'un coup ! »

Il prit la boule par le trou, je veux dire par la bouche ; soudain les dents se serrèrent et le mordirent cruellement.

« Tu me fais mal, fieu, dit Culotte-Verte, mais tu ne me fais pas peur ! »

D'un coup de poing appliqué sur le nez il dégagea ses doigts et, reprenant la tête par les cheveux, il la rua dans le jeu. Aussitôt les membres se rejoignirent et l'homme se dressa.

« Tu as une singulière façon de te présenter dans le monde, dit Culotte-Verte ; mais n'importe, je t'invite. »

Il saupoudra le raton de cassonade et en fit deux parts.

« Merci, je n'ai pas faim, répondit l'homme.

— Ah ! Eh bien, bois un coup alors. On doit avoir le gosier sec à voyager ainsi en détail.

— Je n'ai pas soif.

— Ah ! Tiens ! moi, c'est tout le contraire ; j'ai toujours faim et soif. A votre santé, l'homme de Dieu ! »

Et Gilles avala un verre de bière et commença de manger sa part.

« Suis-moi ! lui dit tout à coup le revenant.

— Où ça ?

— Dans les souterrains du château.

— Merci, fieu ; je n'ai point envie de m'enrhumer. »

Culotte-Verte alluma sa pipe.

« Tu vas me suivre ! » reprit le fantôme.

Et il étendit vers lui son long bras décharné.

« Minute ! » fit Gilles.

Il saisit sa verge de fer et en donna un coup sur le bras. Il lui sembla qu'il avait frappé dans le vide, et pourtant l'esprit retira son bras avec un cri de douleur.

« Tu es le premier qui m'ait résisté. C'est toi qui vas me racheter.

— Si je veux !

— Fais les conditions.

— Jouons d'abord une partie de mariage. Je me suis vanté que je jouerais aux cartes avec toi, je n'en veux point avoir le démenti.

— Si je gagne, me suivras-tu ?

— Soit ! »

L'Homme-sans-peur donna huit cartes à son adversaire, en garda autant et retourna trèfle. Il jeta un coup d'œil sur son jeu et n'en fut point mécontent : il avait quatre atouts majeurs.

« Je ne te crains pas », dit-il.

Et il déclara le beau mariage.

« Ce beau mariage, le voici. »

Et le fantôme montra le mariage de pique.

« Mais la retourne est de trèfle ! »

Le revenant sourit et lui indiqua la retourne du doigt. Gilles, stupéfait, ne put s'expliquer comment le trèfle s'était changé en pique.

« J'ai vu bleu », dit-il.

Il jeta les cartes et ajouta :

« Je suis prêt à te suivre.

— Prends la chandelle et marche devant.

— Marche devant toi-même, répliqua Culotte-Verte ; je ne suis mie ton domestique. »

Il était brave, mais fin, et savait qu'il ne faut jamais tourner le dos à un fantôme : il pourrait vous tordre le cou.

Le revenant prit la chandelle et se mit en route suivi de l'Homme-sans-peur.

Ils descendirent dans les souterrains du château, et, après avoir marché quelque temps, ils arrivèrent devant une pierre grande comme une pierre sépulcrale.

« Lève la pierre, dit le revenant.

— Lève-la toi-même. »

Le revenant obéit ; et Gilles vit trois larges pots remplis de louis d'or.

« Voilà, dit le fantôme, la cause de mes tourments. J'ai dérobé jadis cet or au comte de Hainaut, et mon âme est condamnée à hanter ce château jusqu'à ce qu'elle ait restitué. Porte-lui donc ces deux pots, garde le troisième pour toi, et puisses-tu n'en point mésuser ! »

Culotte-Verte se gratta l'oreille comme quelqu'un qui réfléchit. Il pensait au faux revenant qu'il avait expédié dans l'autre monde.

« Pouvez-vous me dire, demanda-t-il, ce qu'on fait en enfer à ceux qui ont un meurtre sur la conscience ?

— S'ils ne l'ont point payé de leur vie, ils sont condamnés à errer durant toute l'éternité avec leur tête sous le bras.

— Diable !... ce n'est pas commode... Ont-ils un moyen de se racheter de leur vivant ?

— Oui, un seul.

— Et c'est ?...

— De sauver quelqu'un d'une mort inévitable.

— Merci, notre maître, dit Gilles ; vous êtes un brave homme et je ferai votre commission. Remontons là-haut... »

Mais soudain : « Coriococo ! » Chanteclair annonça le point du jour et le fantôme disparut.

Gilles se trouva seul en face de ses trois pots d'or. Il les prit, remonta vers le château, tira son baudet de l'écurie et partit immédiatement pour la ville de Mons, où le puissant comte de Hainaut tenait sa cour.

3

Il y arriva huit jours après, et descendit à l'auberge du Grand Saint-Druon.

La ville tout entière était dans la consternation. On ne rencontrait par les rues que des gens qui pleuraient et se lamentaient. Culotte-Verte demanda la cause d'une pareille douleur.

On lui apprit qu'à une lieue et demie de là, dans les marais de Wasmes, il y avait un lumeçon, autrement dit un dragon, qui désolait le pays. Tous les ans il fallait livrer une jeune fille au monstre pour apaiser sa colère.

Cette année, le sort avait désigné la belle Ida, la fille du comte de Hainaut. Le comte avait fait publier à son de trompe qu'il la donnerait en mariage à celui qui tuerait le lumeçon ; mais personne n'avait osé se présenter, et la victime était déjà à Wasmes, où le matin même on l'avait conduite processionnellement. C'est pourquoi les gens pleuraient et se lamentaient.

« Bon ! voilà mon affaire, se dit Gilles : je tuerai le

monstre et je sauverai la demoiselle ; cela fait que, dans l'autre monde, je ne porterai point ma tête sous le bras.

— Et vous épouserez la jolie fille ?

— Oh ! pour ça non ! Je m'appelle l'Homme-sans-peur, je me moque bien des jolies filles, et je ne me marierai que quand j'aurai eu peur. »

Les gens haussèrent les épaules, mais il n'y prit garde, et partit en brandissant sa verge de fer.

Culotte-Verte arriva à Wasmes à la brune. Il n'y trouva personne : tout le monde avait fui à une lieue à la ronde, tant la terreur était grande. Guidé par d'affreux rugissements, il alla droit à la tanière du lumeçon. Le lumeçon s'apprêtait justement à dévorer la jeune fille.

« Viens donc un peu ici, fieu ! » lui dit l'Homme-sans-peur.

Le monstre lâcha sa proie et s'avança à l'entrée de la tanière ; il avait une tête de cheval, une langue de serpent, des dents de crocodile, des ailes de vautour et une queue de requin.

Il s'élança sur Gilles, mais Gilles, d'un coup de sa verge, lui abattit une aile. « Attends ! je vas te découper, grande volaille ! » lui cria-t-il. D'un second coup il lui abattit l'autre aile, puis la queue, et finalement lui trancha la tête.

Cela fait, il emmena la demoiselle.

« Ne pleurez point, belle Ida, lui dit-il, je vais vous reconduire chez votre père.

— Et vous m'épouserez, en récompense.

— Est-ce que j'ai eu peur ?

— Non.

— Eh bien ! je m'appelle l'Homme-sans-peur, et je ne me marierai que quand j'aurai eu peur. C'est un vœu que j'ai fait. »

La belle Ida ne répondit point, mais elle pensa tout bas que c'était un singulier vœu, car Gilles était beau garçon, bien qu'assez mal culotté.

Ils marchaient sans rien dire, chacun d'un côté de la chaussée, comme les amoureux de Fresnes, lorsqu'ils vont servir Notre-Dame de Bon-Secours. Tout à coup, en arrivant à Jemmapes, Gilles entendit une voix qui criait : « Tiens ! c'est Culotte-Verte ! »

Il se retourna et reconnut Mimile Bicanne. Mimile Bicanne était, après Culotte-Verte, le plus fameux brigand de Condé, et, quand on jouait aux voleurs, c'était toujours Gilles qui était le chef, et Mimile son lieutenant.

« Quel plaisir de te retrouver ! je te croyais mort ! Viens donc boire une canette », dit Mimile Bicanne.

Quand on sort de tuer un monstre, on a bien gagné de boire un coup ; d'ailleurs personne ne peut se vanter d'avoir jamais vu deux Flamands se rencontrer sans vider une canette, et puis Mimile et Culotte-Verte étaient une si belle paire d'amis !

Culotte-Verte pourtant hésitait. Si la belle Ida avait été une simple paysanne, il lui aurait offert, à la bonne franquette, de se rafraîchir avec eux, mais le moyen de mener au cabaret la fille du comte de Hainaut !

La belle Ida le tira d'embarras.

« Suivez votre ami, lui dit-elle. Je retournerai bien seule : le chemin n'est point difficile à tenir.

— C'est toujours tout droit, et, en sortant de Jemmapes, vous prendrez à gauche, répondit Gilles, qui, en ce moment, la trouvait charmante. Vous prierez le bonjour de ma part à monsieur votre père ; dites-lui que j'irai bientôt le voir : j'ai une commission pour lui. »

Et il suivit Mimile Bicanne.

Mimile Bicanne apprit à Culotte-Verte que, depuis son départ, Condé était fin triste. On ne pendait plus de chats aux sonnettes, on ne décrochait plus d'enseignes, on ne cassait plus de réverbères, on n'entendait plus parler de loups-garous, et les bourgeois dormaient sur leurs deux oreilles. Bref, c'était une désolation.

« On n'a point trouvé un mort, il y a trois ans, dans la présente, près du jardin de Laguernade ?

— On a retrouvé ton frère que tu avais à moitié assommé. C'est lui qui était le revenant.

— Comment ! mon frère ?

— Oui, mais il est guéri à cette heure.

— J'en remercie Dieu ! » dit l'Homme-sans-peur.

Puis, après réflexion :

« Ce n'était mie la peine de sauver la fille... Bah ! n'importe ! il peut arriver qu'on ait le désagrément de tuer un homme. »

En devisant ainsi, Culotte-Verte et Mimile Bicanne burent une trentaine de canettes, et Culotte-Verte festonnait un peu quand, vers dix heures, il rentra au Grand Saint-Druon.

4

« Quelle commission peut-il bien avoir pour mon père ? » disait la belle Ida.

Tout en tournant et retournant cette pensée dans sa tête, la pauvre fille prit un chemin pour l'autre et s'égara ; elle s'aperçut de son erreur lorsqu'elle se trouva devant une vingtaine de fours à coke. Elle entendit les pas d'un homme et s'arrêta. C'était un carbonnier, ou, si vous le préférez, un mineur qui revenait de son travail.

« Que faites-vous là, la belle ? lui dit-il.

— Je cherche la route de Mons, mon brave homme. Je vais chez mon père, le comte de Hainaut, et, si vous voulez bien m'y conduire, vous aurez une bonne récompense.

— Qui donc vous a sauvée du lumeçon ?

— Un inconnu qui ne veut pas m'épouser.

— Où est-il ?

— Il m'a quittée à l'entrée de Jemmapes.

— Ce serait vraiment dommage de ne point épouser une si jolie fille », fit le carbonnier en manière de réflexion.

Le carbonnier avait l'âme aussi noire que sa figure. Le diable, son compère, lui souffla une pensée infernale.

« Vous voyez bien ces fours à coke ? dit-il à la belle Ida.

— Oui.

— Eh bien ! vous allez me jurer, sur votre salut éternel, de dire à votre père que je suis votre sauveur, sinon je vous y fais rôtir toute vive ! »

Et il lui posa sa large main sur l'épaule.

La pauvre enfant eut peur, et jura tout ce que voulut le méchant carbonnier.

Le comte de Hainaut fut enchanté de voir sa fille saine et sauve, et fit fête à son prétendu sauveur, bien que celui-ci ne payât guère de mine et lui parût un piètre parti pour sa demoiselle.

Quelques jours après, il réunit toute sa cour pour le repas des fiançailles, et le festin fut tel que les Montois n'en avaient jamais vu de semblable : on avait tué cinq bœufs, dix porcs, vingt moutons et mis en perce cent tonnes de bière et cinq tonneaux de brandevin ; on but même du vin pour de bon, bien qu'on ne vendange pas dans le pays. Comme la salle à manger du château n'était pas assez vaste pour contenir les convives on dressa la table dans la cour d'honneur.

Tout le monde se réjouissait, excepté la belle Ida, qui était pâle et dolente. Elle n'osait révéler la cause de son chagrin, de peur de brûler un jour en enfer, où le feu est, dit-on, dix-sept fois plus ardent que dans les fours à coke.

Au dessert, on vint annoncer au comte qu'un jeune étranger demandait à lui parler.

« Qu'il entre ! » dit le comte.

Et Culotte-Verte parut, tout habillé de velours vert, mais cette fois de velours de soie brodé d'argent. Avec sa toque, son pourpoint et le petit manteau qu'il portait fièrement sur l'épaule, il avait la plus charmante mine qu'on pût voir. Il tenait de chaque main un pot de louis d'or.

« Sire comte, dit-il en s'inclinant, je viens de la part de défunt le maître du château des Sonneurs vous restituer ces deux pots de louis d'or.

— Soyez le bienvenu, messire », répondit le comte, et il fit ajouter un couvert.

La belle Ida tourna alors les yeux vers l'inconnu et poussa un petit cri de surprise et peut-être de joie. Ce cri attira l'attention de Culotte-Verte, qui répondit par un salut.

Le carbonnier avait tout remarqué.

« Que vous veut ce perroquet ? dit-il tout haut à la belle Ida, car il était aussi bourru et insolent qu'un haleur.

— Ce perroquet veut le plumer comme une oie ! » répondit Culotte-Verte, et il jeta son assiette à la tête du carbonnier.

Le carbonnier fit mine de sauter par-dessus la table pour tomber à bras raccourci sur Gilles, mais on le retint ; il dut se borner à l'accabler d'injures.

« Apprenez, sire comte, dit alors Culotte-Verte, que ce n'est point ce beau merle qui a sauvé votre demoiselle.

— Qui est-ce ? dit le comte.

— Vous le saurez plus tard.

— Tu mens, vilain mâle d'agache ! hurla le carbonnier.

— Le champ clos en décidera, ajouta le comte.

— Tout de suite ! » dit Gilles, et il jeta loin de lui sa toque et son manteau.

5

Les deux champions se préparèrent au combat, qui eut lieu dans la cour même. Le carbonnier y parut tout armé de fer, casque, haubert, cuirasse, brassards et cuissards, sur un cheval pareillement harnaché de fer. Il est vrai de dire que le cavalier se tenait assez mal en selle.

Culotte-Verte crut inutile de monter à cheval et n'envoya même point quérir sa bonne verge.

Il se contenta de retrousser ses manches pour ne pas gâter son pourpoint brodé d'argent.

Le carbonnier s'élança sur lui visière baissée et lance en avant. Gilles fit un saut de côté, le saisit par un pied, le souleva au-dessus du cheval qui continua sa course, le laissa retomber dans ses bras et le tordit comme une servante tord sa wassingue, après avoir essuyé le carreau de la maison ; puis il le jeta dans un coin, où le traître alla rouler avec un bruit de vieille ferraille.

« Il est mort, dit le comte, donc il avait tort.

— Et je ne porterai point ma tête sous le bras dans l'autre monde, ajouta Culotte-Verte, car c'est moi qui ai sauvé votre fille d'une mort inévitable.

— C'est donc toi qui l'épouseras ?

— Est-ce que j'ai eu peur ?

— Non.

— Eh bien ! je m'appelle l'Homme-sans-peur et je ne me marierai que quand j'aurai eu peur. C'est un vœu que j'ai fait, demandez à votre demoiselle. »

La belle Ida ne répondit point, car elle s'était évanouie, comme de raison.

« Quand on sauve une fille, on l'épouse ; c'est l'usage, dit le comte vexé ; tu épouseras la mienne, ou nous verrons !

— Je ne l'épouserai point !

— Epouse-la, ou je te tue ! et il sauta sur ses pistolets.

— Faites-moi peur, je l'épouserai », riposta Culotte-Verte sans sourciller.

Le comte réfléchit que tuer les gens n'était pas un bon moyen de les forcer à se marier.

« Bon ! je tiens mon affaire », pensa-t-il.

Et il dit deux mots à l'oreille d'un capitaine, qui sortit sur-le-champ.

Puis, s'adressant à Gilles :

« Tu feras à ta guise.

— Eh bien ! vous êtes un brave homme », répondit Culotte-Verte.

Il se leva, le verre en main ; tout le monde l'imita.

« Et je bois, ajouta-t-il, à la santé de l'il... »

A ces mots... boouum !... une horrible détonation se fit entendre ; on eût dit que le château s'écroulait : tout le monde sauta en l'air.

« ... lustre compagnie ! » continua Culotte-Verte.

Et il vida son verre d'un trait.

« Dites donc à vos canonniers de se taire quand je parle, ajouta-t-il en posant son verre.

— Le drôle n'a point eu peur de mes vingt canons. Comment faire ? » murmura le comte.

Le bruit de la batterie avait tiré la belle Ida de son évanouissement : on lui expliqua de quoi il s'agissait.

« Attendez ! » fit-elle tout bas.

Elle sortit un instant et revint suivie de deux écuyers tranchants qui portaient l'un une tarte aux prunes large comme une roue de charrette et l'autre un superbe pâté.

« Je vais découper la tarte ; pendant ce temps-là, ouvrez le pâté, messire », dit-elle à Culotte-Verte.

Culotte-Verte, en homme bien élevé, prit un couteau, se baissa sur le pâté, et se mit en devoir d'enlever la croûte. Soudain quelque chose en sortit, qui sauta au nez du découpeur.

C'était le canari de la belle Ida.

Gilles, qui ne s'attendait à rien moins, fit un léger mouvement d'effroi.

« Il a eu peur ! cria en chœur toute l'assistance, il épousera la belle Ida.

— Je l'épouserai, messieurs, dit Culotte-Verte, car c'est une fille d'esprit, et je m'aperçois qu'une fille d'esprit est plus forte qu'un homme sans peur. »

6

Le comte le nomma sur-le-champ chevalier de Saint-Georges, en souvenir de sa victoire sur le lumeçon, et, huit jours après, le nouveau chevalier épousa la belle Ida à Sainte-Waudru.

Il y eut même un festin encore plus beau que le précédent. La mère et le frère de Culotte-Verte y assistèrent, ainsi que Mimile Bicanne et la mère Boucaud ; mais on n'y mangea point d'aliettes.

Au dessert, Antoine Clesse, le chansonnier montois, entonna une chanson, que Roland Delattre accompagna sur le théorbe : et il vint un fameux astrologue de Bernissart, lequel prédit que les jeunes époux vivraient longtemps heureux et qu'ils auraient beaucoup d'enfants.

Chose remarquable, s'ils vécurent heureux, cela tint surtout à ce que la femme de l'Homme-sans-peur mena toujours son mari par le bout du nez.

C'est en mémoire de ces curieux événements que tous les ans a lieu, à la ducasse de Mons, un magnifique tournoi qu'on appelle le Lumeçon. Un faiseur de briquettes de charbon de terre, armé de pied en cap, y représente le chevalier de Saint-Georges ; il tue d'un coup de pistolet un affreux monstre d'osier, et le soir tous les cabarets de Mons chantent à pleins verres la gloire de Culotte-Verte.

La chandelle des Rois

1

Au temps jadis, du côté de Douai, près du village de Lécluse, sur la colline où se voit l'énorme bloc de grès que les gens du pays appellent la *Pierre du Diable*, vivait un gros fermier nommé Antone Wilbaux, qui tenait à cense la moitié des terres d'alentour.

Une année que la récolte avait été magnifique, il advint que la veille du jour où l'on devait la rentrer, le feu prit dans la grange du censier, la plus belle qu'il y eût à sept lieues à la ronde.

Elle fut entièrement brûlée avec les seigles et les foins qu'elle contenait.

La ferme d'Antone étant isolée, il ne pouvait recourir aux granges de ses voisins. Il se voyait forcé de laisser sa récolte couchée sur les champs, car, en ce temps-là, on n'avait point encore inventé de mettre les épis en moyettes.

Or, le véritable Matthieu Lænsberg avait prédit pour cette époque une pleine semaine de pluie.

Dans cette extrémité, Wilbaux eut l'idée d'aller, le soir même, consulter un sien frère qui demeurait à Hendecourt, à environ deux lieues de là.

Arrivé à l'endroit où le chemin coupe la grand-route d'Arras, il vit tout d'un coup devant lui un homme vêtu d'un manteau brun, l'épée au côté et le chapeau orné d'une plume rouge.

« Où vas-tu, compère ? dit l'inconnu.

— Que vous importe ! répondit le censier, qui n'était point en humeur de causer.

— Il t'importe, à toi, que je le sache, car moi seul puis te sauver de la ruine. »

Wilbaux se trouvait fort en retard dans ses payements et il s'agissait, en effet, pour lui d'une ruine complète. Il s'aperçut que l'étranger n'avait point de blanc dans les yeux.

Les deux globes en étaient si complètement noirs, qu'ils semblaient avoir été taillés dans une gaillette de houille : à cette marque il reconnut Belzébuth.

« Et comment me sauverez-vous ? demanda-t-il.

— En rétablissant ta grange.

— Avec tout ce qu'elle contenait ?

— Avec tout son contenu.

— Mais quand ?

— Cette nuit même. »

Antone hésita quelques secondes, puis, prenant son parti :

« J'accepte, dit-il.

— En ce cas, mon compère, signe ceci. »

Et Belzébuth présenta au fermier une plume et un morceau de parchemin vierge, couvert de figures cabalistiques.

« Que signifient ces caractères ? demanda Wilbaux.

— Ils signifient que tu seras à moi, corps et âme, dans cinquante ans, si, au chant du coq, j'ai remis ta grange en son premier état. »

Antone se piqua le doigt et signa d'une goutte de son sang. L'Esprit malin disparut.

De retour chez lui, le fermier ne voulut ni souper, ni se coucher. Il ne dit pas un mot à sa femme, et ne fit que sortir, rentrer et ressortir durant toute la nuit.

Inquiète de ce manège, celle-ci finit par suivre son mari, et, du seuil de la porte, elle vit un spectacle étrange.

Une foule de petites créatures au visage couleur de feu, aux doigts crochus, aux pieds de bouc, travaillaient en silence à rebâtir la grange.

« Qu'est-ce que cela ? Seigneur Jésus ! dit en tremblant la censière.

— Cela, ma pauvre Françoise, répondit Antone, c'est notre salut en ce monde et ma perte éternelle dans l'autre ! »

Et il lui avoua tout.

Françoise était une femme sensée et craignant Dieu : elle rentra sur-le-champ dans sa chambre, se jeta à genoux, et demanda au ciel avec ferveur un moyen de sauver son mari.

Elle se releva la figure rayonnante, saisit la boîte au brûlin, battit le briquet et enflamma le vieux linge à demi consumé.

Elle prit ensuite une de ces longues allumettes de chanvre soufré qu'on appelle chez nous des buhottes, puis la grosse chandelle de cire bariolée que le chandelier lui avait donnée le jour des Rois.

Munie de ces objets, elle traversa la cour et s'en fut au poulailler.

La grange était presque reconstruite. Les couvreurs atteignaient le faîte.

Tout à coup une vive lumière inonde le poulailler, et Chanteclair, croyant voir paraître le jour, crie à plein gosier : « Coriococo ! »

Aussitôt les diables de décamper en se culbutant, comme une volée d'oisillons surpris par le faucheur. C'est en vain que Belzébuth, qui posait les dernières tuiles, voulut retenir ses hommes. De rage il lança au loin la coupette du pignon et s'enfuit en blasphémant.

Le lendemain, chose étrange ! au lieu d'un simple grès, on trouva dans le champ voisin une énorme pierre, longue d'environ trente pieds, large de six, épaisse de deux, et qui avait pénétré dans le sol à une toise et demie de profondeur.

La ferme de Wilbaux n'existe plus depuis longtemps, mais la pierre du diable est toujours à la même place, et, sur la face qui regarde le *Hamel*, on remarque trois petites rigoles qui sont, dit-on, la trace des griffes de Belzébuth.

Antone rentra sa récolte et essaya d'achever sa grange, mais vainement. Les tuiles tombaient durant la nuit, et le trou restait toujours béant.

Cependant, les jours pluvieux qu'avait prédits *le Double Liégeois* arrivèrent à point nommé. L'eau du ciel, entrant dans la grange comme l'âne au moulin, pourrit la récolte, et le censier se trouva encore plus réus, je veux dire encore plus embarrassé qu'auparavant.

2

Une nuit qu'il pleuvait à verse, Wilbaux, sans en rien dire à sa femme, retourna à la place où il avait rencontré Belzébuth ; mais bien qu'il fît un temps de tous les diables, le nôtre ne s'y promenait point.

Antone résolut alors de l'obliger à paraître, et, pour cela, il eut recours à la toute-puissante cabale de la Noire Glaine, selon qu'elle est enseignée dans *le Véritable Dragon rouge, ou l'Art de commander aux esprits célestes, terrestres et infernaux*.

Il alla, à onze heures du soir, chercher une jeune glaine – comme qui dirait une poulette – noire et qui n'avait jamais pondu ; il eut soin de la prendre par le cou, sans la faire crier ; il se rendit ensuite à l'endroit où les deux routes se croisent.

Là, à minuit sonnant, il traça un rond avec une baguette de cyprès, se mit au milieu, et fendit la bête en deux, en répétant par trois fois : « *Eloïm ! Essaïm !* »

Une flamme sortit de terre et Belzébuth parut.

« Que me veux-tu ? dit-il.

— Je veux faire un pacte avec toi.

— Ah ! ah ! mon gaillard. Tu croyais donc que le diable était homme à se laisser berner par un lourdaud de paysan.

— Ce n'est pas moi, c'est ma femme...

— Suffit. Que désires-tu ?

— Que tu me permettes d'achever ton œuvre.

— J'y consens à une condition, c'est que tu m'abandonneras l'enfant que ta femme va te donner.

— Non... pas l'âme de mon enfant... la mienne !

— La tienne ! je ne suis mie en peine de l'avoir. C'est la fille qu'il me faut. D'ailleurs elle n'y perdra rien. J'en ferai une princesse. »

Wilbaux résista longtemps, mais effrayé par l'idée de se voir, ainsi que sa femme, réduit à mendier son pain, il finit par consentir.

« Va terminer ta grange, lui dit Belzébuth, et dans trois mois, songe à tenir ta parole. »

3

Trois mois après, par un soir de novembre, Antone fumait sa pipe à la lueur du feu. Les pommes de terre chantaient sur le gril, et Françoise fredonnait *Dodo, ninette,* à une ravissante petite fille qui riait aux anges dans son berceau.

Au-dehors, la neige tourbillonnait et le vent hurbêlait. Tout à coup une voix plaintive s'éleva derrière la porte.

« Bonnes gens, ouvrez au pauvre pèlerin.

— N'ouvre point ! cria Antone qui tressaillit à cette voix.

— Oh ! pourquoi ? Il fait si mauvais dehors ! »

Et Françoise alluma la chandelle des Rois, qui se trouvait sur la cheminée, puis alla ouvrir, en disant :

« Entrez, l'homme de Dieu. »

Alors parut sur le seuil un homme vêtu d'un froc de laine semé de coquillages, coiffé d'un chapeau à larges bords, l'escarcelle au côté, la besace au dos, la gourde à l'épaule et le bourdon à la main.

L'étranger portait le pieux costume des pèlerins, mais, loin de paraître humble et contrit, il promenait par la chambre un regard dur et insolent. Ses yeux, semblables à deux boules de jais, lançaient des flammes.

« Arrière, Satan ! lui cria Wilbaux, en s'élançant à sa rencontre.

— Ah ! l'honnête homme ! ricana Belzébuth, car c'était lui. Est-ce donc ainsi que tu tiens ta promesse ?

— Que voulez-vous ? demanda Françoise, qui commençait à trembler.

— Je veux cette enfant qui m'appartient.

— Ma fille !... »

Et la mère s'élança vers le berceau.

« Censier, dit Belzébuth, commande à ta femme de rester coite, sinon... »

Antone garda le silence, et Françoise, les yeux étincelants, se tint devant sa fille, comme une lionne protégeant son lionceau.

« Est-il vrai, demanda le maudit, que tu as promis de me donner ta fille si je te laissais achever la grange ?

— C'est vrai, répondit Wilbaux d'une voix étouffée.

— Mais je n'ai rien promis, moi ! dit Françoise, et l'enfant est à la mère comme au père.

— L'homme est le maître, répliqua Belzébuth. Dépêchons, je suis pressé. »

Et il fit un pas en avant.

Françoise vit que toute résistance était inutile.

« Oh ! par pitié ! s'écria-t-elle en joignant les mains, laissez-moi mon enfant !

— Non.

— Rien que jusqu'à demain.

— Non.

— Inspire-moi, Seigneur ! » dit tout bas la pauvre mère.

Puis, avisant la chandelle des Rois, elle reprit, frappée d'une idée subite :

« Donnez-moi, du moins, le temps de l'embrasser une dernière fois... seulement jusqu'à ce que cette chandelle soit entièrement consumée !...

— Soit ! » fit Belzébuth, qui, n'étant pas bien sûr de son droit, jugeait prudent de transiger.

Il prit une chaise, s'assit auprès du feu et se mit à bourrer sa pipe.

Soudain Françoise éteignit la chandelle, l'enferma dans le dressoir et en retira la clef.

De colère, Belzébuth cassa sa pipe et se leva en disant :

« Femme, je t'apprendrai à vouloir ruser avec le diable ! C'est ta fille qui, malgré toi, achèvera de brûler cette chandelle.

— Je saurai bien la détruire avant qu'on l'allume, répondit Françoise enhardie.

— Ne t'en avise point, répliqua Belzébuth. Ta fille mourrait sur l'heure ! »

Et il disparut, ne doutant point qu'après avoir séduit Eve, il n'eût facilement raison d'une de ses arrière-petites-filles.

4

Le lendemain on baptisa l'enfant et on lui donna le nom de Gillette. Gillette grandit sans qu'on eût, durant plusieurs années, aucune nouvelle de Belzébuth.

Elle était fort jolie, mais capricieuse comme une biquette et aussi étourdie que le premier coup de matines – un vrai passe-diable, ainsi que l'appelaient les gens de Lécluse.

Vers l'âge de sept ans, il lui arriva une aventure extraordinaire. Comme elle allait toujours courant, sautant et furetant, elle avait quelquefois vu, cachée au fond du dressoir, sous des piles de serviettes, une sorte de boîte oblongue.

Gillette n'avait point manqué de demander ce qu'elle contenait : chaque fois il lui avait été répondu que cela ne regardait point les enfants. Sa curiosité n'en était que plus éveillée.

Un jour qu'on la laissa seule à la maison, elle trouva une petite clef. Elle courut tout de suite au dressoir, ouvrit la boîte, y vit un étui d'érable, et dans l'étui une grosse chandelle des Rois.

Cette chandelle devait être là depuis longtemps, car la cire en était toute jaune. Gillette l'alluma. Soudain parut un personnage vêtu d'un manteau écarlate, avec une plume couleur de feu à son chapeau.

« Maman ! cria l'enfant épouvantée.

— N'aie point peur. Je suis ton ami, lui dit l'étranger en adoucissant sa voix. Que veux-tu que ton bon ami te donne ? Veux-tu des joujoux ?

— Oui, des joujoux ! » fit Gillette un peu rassurée.

Aussitôt l'inconnu tira de dessous son manteau des poupées de Nuremberg, des chalets suisses, des ballons, des cerceaux. Il y en avait tant que la chambre en était toute pleine.

« Oh ! les beaux joujoux ! s'écria Gillette en battant des mains.

— Quand tu en voudras d'autres, reprit l'homme au manteau rouge, tu n'auras qu'à allumer cette chandelle. » Et il disparut.

Gillette se mit à jouer avec ses poupées, et cependant la cire brûlait et se consumait.

Tout à coup sa mère rentra. Elle jeta un cri, courut à la lumière et l'éteignit.

« Malheureuse enfant ! qui t'a conseillé d'allumer cette chandelle ?

— Personne. »

Et Gillette raconta tout à sa mère.

« Celui que tu appelles ton bon ami, lui dit Françoise, est l'être qui te veut le plus de mal. Il ne cherche qu'à t'emmener en enfer, pour que tu y brûles éternellement avec lui. »

Elle prit tous les jouets et les jeta au feu, malgré les pleurs de Gillette. Ensuite elle cacha si bien la chandelle que l'enfant eut beau chercher elle ne put jamais la découvrir.

Dix ans après Wilbaux mourut, et l'année suivante, sa femme alla le rejoindre au cimetière.

Quand Françoise sentit approcher sa dernière heure, elle pria qu'on la laissât seule avec Gillette, et, d'une voix grave et solennelle, elle lui révéla le fatal secret.

« Désormais, ma pauvre fille, ajouta-t-elle, tu vas être seule maîtresse de ta destinée. De quelque désir que tu en sois poussée, jure-moi de ne jamais allumer la chandelle maudite. »

Et Gillette pleura bien fort et jura d'obéir. Sa mère lui remit la petite clef et expira.

Son oncle d'Hendecourt vint demeurer avec elle et gouverna la ferme.

Lorsque sa douleur fut un peu calmée, elle songea à la chandelle des Rois : bientôt ce souvenir l'obséda. Non pas qu'elle voulût l'allumer, elle était seulement curieuse de la revoir.

Elle se rappelait dans tous ses détails la scène qui avait eu lieu dix ans auparavant : l'apparition de l'homme à la plume rouge et la chambre pleine de joujoux.

Un soir, en tremblant comme la feuille, elle prit la boîte, en tira l'étui, l'ouvrit et le referma sur-le-champ. Elle avait cru voir le diable en personne.

Le lendemain, elle recommença et s'enhardit : elle osa regarder la vieille cire jaune, qui lui sembla encore bien longue. Un tiers seulement en était usé.

A partir de ce moment, toutes les fois qu'elle était seule, elle tirait la chandelle de l'étui.

Enfin, n'y pouvant résister plus longtemps, elle l'alluma.

Belzébuth parut.

« Que voulez-vous, ma belle enfant ? lui dit-il.

— Rien. Va-t'en ! »

Elle souffla la chandelle et le diable disparut.

La pauvre mère pleura dans le ciel.

La ducasse de Lécluse arriva, et Gillette, son deuil étant fini, alla au bal. Elle était, sans contredit, la plus jolie de toutes les danseuses ; mais la fille du mayeur avait une toilette fort riche, et il ne fut bruit dans tout le village que de la belle robe de la demoiselle du mayeur. Gillette en fut jalouse.

Le dimanche suivant – le dimanche du raccroc – la trouva debout avant l'aurore. Elle n'avait pu fermer l'œil de la nuit. Sa résolution était prise : elle alluma la chandelle des Rois.

« Que souhaitez-vous, gentille demoiselle ? dit Belzébuth se montrant aussitôt.

— Une robe plus belle que...

— Je comprends. La voici.

— Bien. Va-t'en ! »

Elle éteignit la lumière et l'Esprit malin obéit.

C'est à peine si la cire avait brûlé une seconde, et Gillette calcula qu'elle pourrait ainsi durer longtemps.

Sa robe était magnifique et lui seyait à ravir : elle fit l'admiration du bal et celle qui la portait fut parfaitement heureuse ; mais, en se déshabillant, elle sentit qu'une goutte d'eau lui avait tombé sur la main. C'était une larme de sa mère !

5

Un jour que Gillette jouait au volant devant la porte de la ferme, le fils du roi des Pays-Bas vint à passer avec sa suite.

Elle le trouva si beau et si bien fait, qu'elle fut prise d'un désir subit et irrésistible de l'avoir pour époux : elle courut à sa chandelle et l'alluma.

Belzébuth parut.

« Je veux le prince des Pays-Bas pour époux, dit Gillette.

— Vous l'aurez, ma belle princesse, fit Belzébuth en se frottant les mains. Mettez-vous à votre rouet : on attrape les merles en pipant et les maris en filant. »

Gillette éteignit la lumière et se mit à son rouet. Tout en filant elle chanta :

Cours, mon fuseau, vers la coudrette,
Va me quérir mon fiancé !

Chose merveilleuse, le fuseau sauta soudain des mains de la fileuse et s'élança hors de la maison. Gillette le suivit des yeux, toute surprise. Il cabriolait à travers champs et laissait derrière lui un long fil d'or.

Lorsque la jeune fille l'eut perdu de vue, elle prit sa navette et commença de tisser en chantant :

Sur son chemin, ô ma navette,
Qu'un beau tapis lui soit tissé !

Aussitôt la navette de s'élancer à son tour et de tisser, à partir du seuil, un superbe tapis aux plus riches couleurs.

Gillette prit alors son aiguille et chanta :

Il vient, il vient, mon aiguillette,
Que tout ici soit tapissé.

L'aiguille s'échappa à son tour et courut par la chambre, habillant les chaises de velours grenat, la table d'un tapis rouge et les murs de tentures de damas.

Le dernier point était à peine piqué, que Gillette vit par la fenêtre les plumes blanches du chapeau du prince. Il passa sur le tapis, entra dans la chambre, alla droit à la jeune fille et lui dit :

« Voulez-vous être ma femme ?

— Je le veux bien », répondit Gillette en baissant les yeux.

Elle fit un paquet de ses hardes les plus belles, y cacha l'étui qui contenait la chandelle des Rois, dit adieu à son oncle, et monta en croupe sur le cheval du prince qui l'emmena dans son palais.

Le monarque l'accueillit comme sa bru, et, quelques jours après, la noce eut lieu en grande pompe.

Quand la mère de Gillette vit de là-haut que sa fille était devenue princesse, elle fut prise d'une tristesse profonde. Voici pourquoi :

Le jour de sa mort, en arrivant au ciel, Françoise avait rencontré, à la porte du paradis, la reine des Pays-Bas, qui était, comme elle, une femme selon le cœur de Dieu.

Saint Pierre parut avec ses clefs, et, après avoir regardé par le guichet, il ouvrit la porte, fit entrer la reine et dit à la fermière d'attendre quelques instants.

Aussitôt celle-ci ouït un grand bruit de cloches, puis le son des harpes et le chant des séraphins. Elle regarda par le guichet entrebâillé et vit un superbe cortège venir au-devant de la reine.

La cérémonie faite, saint Pierre ouvrit à Françoise. Elle se figurait que la musique allait recommencer : il n'en fut rien.

Deux anges seulement se présentèrent et l'accueillirent cordialement, mais sans chanter. Françoise fut si étonnée que, malgré sa modestie, elle ne put s'empêcher de dire à saint Pierre :

« Saint Pierre, pourquoi donc la musique ne va-t-elle

point pour moi aussi bien que pour la reine ? J'avais toujours ouï dire qu'au paradis on était tous égaux.

— On l'est aussi, répliqua saint Pierre, et vous ne serez pas moins bien traitée que la reine ; mais, voyez-vous, mon enfant, des gens comme vous, il en entre ici tous les jours, tandis que des grands de la terre il n'en vient mie un tous les cent ans. »

Voilà pourquoi la pauvre mère était si triste. Dans sa désolation, elle alla trouver Dieu le Père et lui dit :

« Dieu le Père, alors que ma fille n'était qu'une simple paysanne, la malheureuse enfant n'a que trop cédé, hélas ! aux tentations du malin : aujourd'hui que la voilà princesse, la lutte devient tout à fait impossible. Par les sept douleurs de la Vierge, mère de ton Fils, accorde-moi, Dieu le Père, d'aller à son secours !

— Va, pauvre mère, défendre ton enfant, répondit Dieu le Père. Mais, pour que l'ange des ténèbres ne crie point à l'injustice, tu reparaîtras parmi les humains sous une autre forme. Ta fille ne te reconnaîtra point, et jamais, quoi qu'il arrive, tu ne lui révéleras que tu es sa mère. »

6

Françoise, alors, se trouva tout à coup sur la terre, au bord d'une claire fontaine, en un lieu sauvage et inhabité.

Elle se vit dans l'eau de la fontaine et ne se reconnut point.

Elle était admirablement belle et semblait rajeunie de quinze ans ; mais cette métamorphose ne la toucha en rien : elle ne songeait qu'à sa fille.

Elle voulut se mettre en route sur-le-champ pour la

rejoindre ; malheureusement elle ne savait de quel côté diriger ses pas.

La nuit vint : une brillante figure parut dans le ciel et la regarda avec ses grands yeux curieux. Françoise se souvint de la vieille chanson que, le soir, étant petite, elle chantait à la lune :

Et elle dit :

Belle, belle, où allez-vous ?

« O toi qui vois tout, les champs et les bois, le sommet de la montagne et le fond de la vallée, Belle, indique-moi la route des Pays-Bas.

— Je le veux bien, répondit la Belle, mais il faut que tu me chantes les chansons dormoires dont tu as bercé l'enfance de ta fille.

— Je chanterai tout ce que tu voudras, mais ne me retarde point, je t'en conjure.

— Chante ! » dit la lune.

Et la pauvre mère se mit à chanter. Après la troisième chanson :

« Est-ce assez ? demanda-t-elle.

— Encore ! » répondit l'astre.

Et l'infortunée se remit à chanter en pleurant.

Quand elle eut dit trois autres chansons :

« Est-ce assez ? demanda-t-elle de nouveau.

— Non ! » répondit l'astre impitoyable.

Et l'infortunée recommença de chanter en sanglotant et en se tordant les mains.

L'astre eut enfin pitié et lui dit :

« Suis-moi, et, quand tu ne me verras plus, va toujours tout droit. »

Et Françoise marcha nuit et jour.

Elle entra bientôt dans une contrée âpre et désolée où régnait l'hiver. Elle traversa une sombre forêt de sapins et arriva à un carrefour. La pauvre femme ne savait quelle route prendre.

« Oh ! qui m'indiquera la route des Pays-Bas ? dit-elle tout haut avec angoisse.

— Réchauffe-moi sur ton cœur, et je te l'indiquerai », répondit près d'elle un buisson épineux dont les branches étaient couvertes d'une couche de neige glacée.

Et la mère serra le buisson sur son cœur pour le réchauffer. Les épines perçaient sa chair, et son sang coulait à grosses gouttes.

Alors, ô merveille ! le buisson reverdit, et, à travers les feuilles, apparurent de jolies fleurs blanches. Tant est forte la chaleur qui vient du cœur d'une mère !

Et le buisson, pour sa peine, lui indiqua le chemin des Pays-Bas.

Elle parvint au bord de la mer, et, comme il n'y avait ni vaisseaux ni barques, et qu'il fallait qu'elle rejoignît son enfant, elle se coucha sur le rivage, pour épuiser la mer en la buvant.

« Tu n'en viendras jamais à bout, lui dit l'Océan ; mais j'adore les perles, et je n'en connais point de plus précieuses que des larmes d'une mère. Si tu veux me donner tous les pleurs de tes yeux, je te porterai jusqu'au royaume des Pays-Bas. »

La malheureuse femme n'avait que trop envie de pleurer, en songeant qu'elle n'arriverait jamais à temps.

Elle s'assit sur le rivage, et ses larmes coulèrent silencieusement dans les flots, où elles se changèrent en perles du plus grand prix.

Elle pleura tant que ses yeux s'éteignirent et qu'elle devint aveugle. Alors l'Océan la souleva comme si elle eût été dans une barque et la porta au rivage opposé, dans le royaume des Pays-Bas.

La pauvre aveugle s'en fut à tâtons par la campagne – bien triste, mais non désespérée.

« Où allez-vous ainsi seule et sans y voir ? lui dit une vieille femme.

— Je vais chez la princesse des Pays-Bas, répondit Françoise.

— Quelle princesse ?

— La princesse Gillette.

— Vous voulez dire la reine : le roi est trépassé depuis trois jours, et son fils lui a succédé sur le trône.

— Seigneur ! Seigneur ! fais que j'arrive bientôt, murmura Françoise, car le danger croît d'heure en heure. »

Puis, s'adressant à la vieille :

« Conduisez-moi chez la reine, je vous en prie.

— Et que me donnerez-vous pour la peine ?

— Hélas ! il ne me reste rien à donner ; mais, si vous le désirez, j'irai pour vous, pieds nus, en pèlerinage à Notre-Dame de Bon-Secours.

— Non. Donnez-moi plutôt votre longue chevelure noire. Je vous céderai à la place la mienne, qui est blanche.

— N'est-ce que cela ? Prenez ! prenez ! » dit la mère.

Elle changea ses beaux cheveux contre ceux de la vieille, et celle-ci la conduisit à la porte du palais.

Les deux femmes étaient à peine arrivées qu'elles entendirent le roulement d'un carrosse.

« Voici la reine ! dit Françoise à sa compagne.

— Comment le savez-vous, si vous n'y voyez point ?

— Je le sens là ! » répondit-elle en mettant la main sur son cœur. Puis elle murmura : « Vierge Marie, mère de Dieu, fais que je la voie ! »

Et sa prière était si ardente, que ses prunelles éteintes brillèrent tout à coup d'un éclat extraordinaire.

Elle avait recouvré la vue.

Elle faillit s'élancer vers la reine en criant : « Ma fille ! » Mais elle se contint.

Cependant Gillette descendit de carrosse avec le roi. Elle était bien changée, et, à la voir si maigre et si pâle, sa mère ne put retenir ses larmes.

En apercevant ces deux femmes, dont l'une était vieille et avait le front orné de magnifiques cheveux noirs, tandis que l'autre, jeune et belle, avait les cheveux tout blancs, la reine demanda ce qu'elles voulaient.

La vieille, alors, raconta ce qui venait de se passer.

Pendant son récit, de grosses larmes coulaient le long des joues de Françoise.

« Puisque vous aimez tant à me voir, vous plaît-il d'entrer à mon service, ma bonne femme ? lui dit Gillette.

— Oh ! oui, madame, répondit Françoise.

— Eh bien, revenez demain, on trouvera à vous occuper. »

Françoise revint le lendemain, et, comme ses habits, usés par le voyage, n'étaient plus que des haillons, on l'engagea en qualité de laveuse de vaisselle.

7

Gillette était reine, et elle n'était point heureuse. Son époux lui avait d'abord témoigné beaucoup d'amour, mais il s'était marié sous l'impression d'un charme, et, par l'influence de Belzébuth, le charme perdait chaque jour de sa vertu.

La chandelle aussi se raccourcissait petit à petit.

Quand la reine souffrait trop de la froideur de son époux, elle appelait Belzébuth à son aide. Il avait soin maintenant de se faire attendre, afin que la cire se consumât plus vite.

Un jour, que la chandelle brûlait en vain depuis plus d'une minute, le roi survint tout à coup.

Gillette la souffla, mais le prince, qui soupçonnait quelque mystère, la pressa tellement de questions, qu'elle laissa échapper le fatal secret.

Il voulut naturellement s'en servir à son profit. L'ambition s'alluma dans son cœur, et il désira d'être le plus puissant monarque de l'univers.

Il entreprit contre ses voisins des guerres injustes, et contraignit sa femme de demander la victoire à Belzébuth.

La chandelle maudite était aux trois quarts usée

quand Gillette, minée par le chagrin, tomba gravement malade.

Dans les cuisines du palais, Françoise n'ignorait rien de ce qui se passait : la malheureuse mère était folle de douleur.

« Oh ! si on me permettait de soigner la reine, répétait-elle sans cesse, je jure que je la sauverais !

Cependant la malade eut une crise si violente qu'on crut qu'elle n'en reviendrait point. Tout le monde pleurait, car la reine était aimée, et durant une heure, le palais fut dans le plus grand désordre.

Françoise en profita pour se glisser dans la chambre de Gillette. Elle se pencha sur elle et lui dit doucement à l'oreille :

« Oh ! reviens, reviens, pauvre enfant ! »

A ces mots, Gillette se ranima. Une légère rougeur colora son visage ; elle ouvrit les paupières et sourit à cette jeune femme en cheveux blancs dont la voix lui rappelait celle de sa mère.

Gillette était sauvée. Dès lors Françoise ne quitta plus la reine, qui l'aima bientôt au point de lui révéler le terrible secret de la chandelle des Rois.

« Confiez-la-moi, lui dit-elle. Je vous promets que, moi vivante, personne ne l'allumera. »

Mais le prince l'avait mise sous clef. Il ne parlait plus, du reste, d'y avoir recours, et c'est pourquoi Gillette se rétablissait à vue d'œil.

8

Par malheur, il arriva que tous les souverains de l'Europe se liguèrent contre lui, vainquirent ses troupes en plusieurs rencontres et s'avancèrent à marches forcées pour mettre le siège devant la ville capitale du royaume.

Dans un péril aussi pressant, le prince s'enferma avec sa femme, et, malgré ses supplications, la força d'allumer la chandelle maudite.

Françoise était aux aguets : elle cherchait un moyen de pénétrer dans la chambre. L'idée lui vint de mettre le feu aux rideaux de la pièce voisine ; elle sortit ensuite en criant : « Au feu ! au feu ! »

Le roi accourut. Françoise se précipita dans la chambre, saisit la chandelle, l'éteignit, s'enfuit hors du palais et gagna la forêt.

On s'aperçut bientôt de la ruse, et le prince, furieux, envoya ses gens d'armes qui battirent le bois et traquèrent la fugitive comme une bête fauve. On la découvrit dans une caverne où elle s'était blottie.

Elle se laissa prendre sans résistance ; mais, quand on lui demanda ce qu'était devenue la chandelle des Rois, elle refusa de répondre. On la fouilla inutilement, et c'est en vain qu'on chercha par toute la forêt.

On lui fit son procès, et elle fut condamnée comme sorcière à être brûlée vive. Gillette essaya d'intercéder pour son amie : loin de se rendre à ses prières, son mari voulut qu'elle assistât en personne à l'exécution.

Cependant, le bruit s'était répandu qu'on allait brûler une sorcière. Le peuple se porta en foule hors de la ville, à l'endroit où était dressé le bûcher, et la malheureuse y monta au milieu des cris de rage et des imprécations.

On y mit le feu.

Quelques-uns assurent qu'on vit alors une blanche figure quitter le bûcher et s'élever dans les airs en semant des fleurs sur les bourreaux ; mais la vérité est que soudain le ciel, où le soleil brillait sans nuage, se fondit en eau, comme s'il pleurait sur l'innocente victime.

L'eau éteignit le bûcher, et il fut impossible de le rallumer.

— Il faut la lapider ! cria le peuple.

— Faites ! dit le roi.

Et lui-même jeta la première pierre.

Il exigea que la reine suivît son exemple. Gillette s'y refusa. Le roi, outré de colère, lui saisit le poignet, et, de son gant de fer, le lui serra avec violence.

La présence de sa fille fortifiait l'âme de Françoise. Debout sur le bûcher, le visage rayonnant, elle la regardait avec une tendresse ineffable.

Tout à coup elle vit qu'on lui mettait une pierre dans la main. La pauvre mère sentit son cœur se briser.

« Oh ! non ! Pas cela ! Seigneur ! » s'écria-t-elle avec un geste de douleur suprême.

Gillette aperçut ce mouvement, et, bien que le prince lui broyât la main de son gantelet, elle laissa tomber la pierre.

Une heure après, le corps de Françoise avait disparu sous un énorme monceau de pierres, et la foule s'écoulait silencieuse.

Rentré au palais, le roi fit apporter les vêtements de paysanne sous lesquels Gillette était venue à la Cour, et lui dit :

« Remettez ces habits et retournez dans votre village : je vous répudie. »

Gillette partit le soir même. Elle avait tant souffert sur le trône qu'elle en descendait sans regrets.

Avant de prendre la route de Lécluse, elle voulut faire une pieuse visite au monceau de pierres. Arrivée là, elle désira revoir son amie, et elle enleva les pierres une à une.

Quand apparut le pauvre corps tout meurtri, elle se pencha dessus en pleurant, le serra dans ses bras et le couvrit de baisers.

Tout à coup, ô bonheur ! le cadavre sembla se ranimer : la mère revenait à la vie sous les caresses de son enfant.

Françoise ouvrit les yeux : elle se trouvait guérie comme par enchantement.

« Fuyons vite ! dit Gillette.

— Suis-moi d'abord ! » répondit Françoise.

Et elle la conduisit dans la forêt. Elle creusa au pied d'un arbre et déterra la chandelle des Rois.

« Maintenant que tu n'es plus reine, sauras-tu la garder intacte ? dit Françoise.

— Oh ! oui. Je le jure ! »

La mère alors pressa sa fille une dernière fois sur son cœur et disparut.

9

Gillette retourna au village de Lécluse. C'est en vain que Belzébuth mit tout en œuvre pour la tenter ; elle resta insensible aux plus grandes séductions et n'alluma plus jamais la chandelle des Rois.

Elle vécut ainsi dix ans, après quoi Dieu la rappela à lui.

Elle fut atteinte d'une singulière maladie. Elle s'éteignait lentement, comme une lampe.

Son oncle appela les premiers médecins du pays. Ils ne purent rien comprendre à son mal.

Cependant on apprit qu'il venait d'arriver à Lille un docteur étranger qui opérait des miracles. L'oncle de Gillette courut le chercher et le ramena le soir même.

Le docteur avait, comme tous ses confrères, une longue robe et une vaste perruque, mais on remarquait sous ses lunettes d'or que ses yeux étaient aussi noirs que le noir mantelet des corneilles. Il s'approcha de la malade.

« Elle est bien bas ! dit-il. Je ne saurais la guérir si on ne me laisse seul avec elle. »

On s'empressa de le satisfaire.

Il prit une petite clef pendue au cou de Gillette, ouvrit

une armoire, y trouva une cassette, en tira un étui, et de l'étui un bout de chandelle, la chandelle des Rois.

Il mit ensuite une buhotte allumée dans la main de la malade et lui ordonna de l'approcher de la chandelle. Gillette obéit les yeux fermés et sans avoir conscience de ce qu'elle faisait.

Une dernière pensée vacillait dans sa tête comme une faible lueur : le désir de vivre.

Par la vertu de la chandelle ce désir se réalisa.

Elle ouvrit les yeux, vit à son chevet la figure haineuse de Belzébuth et les referma sur-le-champ. Elle les rouvrit et les promena avec terreur de Belzébuth à la chandelle.

Belzébuth ricanait et la chandelle se consumait.

Gillette voulut parler, sa langue était glacée ; et pourtant, elle sentait ses forces lui revenir. Enfin, ce cri sortit du fond de ses entrailles :

« Ma mère !

— Tais-toi ! » fit Belzébuth.

Et de sa main il lui ferma la bouche.

Mais Gillette se dressa sur son séant, écarta la main du démon, et s'écria une deuxième fois :

« Ma mère !

— Te tairas-tu, misérable ! hurla l'Esprit malin.

— A moi, ma mère ! » cria Gillette, et cette fois si fort, que tout le monde accourut.

La chandelle, près de s'éteindre, jetait de plus vives clartés.

Soudain on entendit trois coups violents frappés à la porte du rez-de-chaussée.

« N'ouvrez point ! » cria le médecin.

Mais la porte s'ouvrit.

Quelqu'un monta rapidement l'escalier, puis trois nouveaux coups furent frappés à la porte de la chambre.

« Par la mort ! n'ouvrez point ! » cria encore le docteur.

Mais la porte s'ouvrit.

Alors entra, pâle et vêtue de blanc, une femme jeune

et merveilleusement belle sous sa chevelure argentée. Elle se dirigea droit vers le lit de Gillette et lui dit :

« Veux-tu venir au ciel auprès de ta mère ?

— Oh ! oui ! » dit Gillette.

Et elle expira.

Comme la chandelle brûlait encore et que Gillette était en état de grâce, le dernier vœu de la morte s'accomplit.

La femme pâle se pencha sur elle, la prit dans ses bras et ouvrit la fenêtre, sans que Belzébuth cherchât à s'y opposer.

« Oh ! la femme ! dit-il en se tordant les mains, la femme maudite, qui m'a vaincu encore une fois ! »

Françoise se retourna :

« Non point la femme !... répondit-elle, la mère ! »

La chandelle des Rois s'éteignit, entièrement consumée, et la mère et la fille montèrent radieuses vers les étoiles.

NORMANDIE

Jean Fleury

Le pays des Margriettes[1]

Il y avait une fois un roi et une reine qui n'avaient pas d'enfants, mais qui tenaient beaucoup à en avoir. A la fin il leur en vint un. On célébra le baptême avec une grande solennité. Toutes les fées du voisinage y furent invitées, mais l'une d'elles, qu'on avait oubliée, se vengea en donnant à l'enfant un visage de singe. Toutefois, cette difformité ne devait durer que jusqu'à son mariage et quinze jours après.

Le roi et la reine étaient au désespoir ; on attendait avec impatience le moment où on pourrait le marier. Ce moment arriva enfin... Enfin, pour les parents, car le prince n'y mettait pas d'empressement, sachant que sa figure de singe n'était guère propre à le faire aimer.

Ses parents, qui tenaient beaucoup à le voir changer de figure, lui remirent une pomme d'orange.

— Tu la donneras à celle des filles du pays qui te conviendra le mieux.

Puis le roi fit battre par le tambour de ville que toutes les filles à marier eussent à se présenter devant le palais, pour que le prince pût se choisir une épouse entre elles.

Les jeunes filles n'étaient pas trop contentes, les riches surtout, à l'idée d'avoir pour mari un homme à tête de singe, comme était le fils du roi. Mais il n'y avait rien à faire. Il fallait obéir. Elles arrivèrent donc toutes dans la cour du palais. Le prince les passa en revue ; celles devant lesquelles il avait passé sans leur donner la pomme d'orange, se sauvèrent bien vite, heureuses d'être débarrassées. Le prince, qui lisait ce sentiment sur

1. Marguerites.

les visages, refusa de choisir entre elles et les congédia toutes.

Cela ne faisait l'affaire ni du roi ni de la reine, puisque ainsi leur fils courait le risque de rester singe toute sa vie. Comme ils lui faisaient des remontrances, deux militaires amenèrent une jeune fille, une pâtoure, fort mal habillée, qui n'avait pas osé désobéir au roi en ne se montrant pas, mais s'était dissimulée derrière un arbre pour n'être pas aperçue. On la dénonçait comme s'étant soustraite à l'ordre qui avait été donné à toutes les filles du pays.

Le prince la regarda ; il n'y avait dans ses yeux ni dégoût ni dédain. Il y avait de la modestie et de la sympathie. Son regard semblait dire : Je ne suis pas digne que le prince me choisisse, mais je le plains et je me sens toute disposée à l'aimer. Le prince lui donna la pomme d'orange.

Il fallut la décrasser d'abord. On lui fit prendre un bain, on lui donna une belle robe de princesse, des colliers, des chaînes d'or. Ses compagnes ne l'auraient pas reconnue ; mais elle avait toujours ce doux et bon regard qui avait séduit le prince au premier abord. Il accepte avec joie cette charmante épouse. On fait une noce solennelle, une belle noce. Il n'y avait personne qui ne se mît aux portes pour la voir passer.

La jeune femme aurait été la plus heureuse des femmes, n'eût été le visage de son mari ; il était empressé, attentif du reste, elle sentait qu'elle l'aimait beaucoup, mais elle l'eût aimé encore bien davantage sans sa figure de singe.

Quand il était couché la nuit auprès d'elle dans l'obscurité, il lui semblait qu'il n'avait plus cette affreuse figure. Une nuit, elle n'y tint plus, elle résolut de s'en assurer. Elle se lève tout doucement, nu-pieds, va chercher une bougie, et sûre que son mari dort, elle le regarde.

C'était le plus beau prince du monde. Elle n'aurait jamais osé rêver tant de beauté et de grâce dans un mari.

Dans sa joie elle fait un mouvement ; une goutte brûlante de bougie tombe sur la figure du prince, il se réveille.

— Malheureuse ! lui dit-il, je n'avais plus que quinze jours de pénitence à faire et j'aurais toujours été tel que tu me vois. Ta curiosité nous fait bien du mal à tous deux. Maintenant il faut absolument que je parte.

— Il faut que tu partes ? Où vas-tu donc ?

— Dans le pays des Margriettes. Adieu.

— Et tu ne m'emmènes pas ?

— Non, tu ne peux pas me suivre.

Il partit donc, mais sa jeune femme ne pouvait plus vivre sans lui, et un beau jour elle se mit en route pour aller le rejoindre au pays des Margriettes.

Mais elle ne savait pas de quel côté était ce pays. Elle rencontre une vieille petite bonne femme toute courbée et appuyée sur son bâton.

— Ma bonne dame, ne pourriez-vous pas me dire où se trouve le pays des Margriettes ?

— Ma pauvre petite, ce doit être loin, bien loin, car je n'en ai jamais entendu parler. Mais, tenez, voilà trois noisettes ; quand vous aurez besoin de quelque chose, cassez-les, cela pourra vous servir.

La jeune femme remercie la vieille et poursuit son chemin. Après avoir marché bien longtemps encore, elle rencontre une autre vieille.

— Pourriez-vous m'enseigner le pays des Margriettes, ma bonne dame ?

— Ma chère petite, je ne connais pas ce pays-là. Il faut qu'il soit bien loin, bien loin, car je n'en ai jamais entendu parler. Mais prenez ces trois noix-là. Cela pourra vous servir, seulement ne les cassez qu'en cas de besoin.

La jeune femme remercia la vieille et continua son chemin. Mais il y avait bien longtemps qu'elle marchait. A un certain moment, elle se sentit lasse et s'assit sur le bord d'une haie. Une bonne femme qui passait par là lui dit :

— Vous avez l'air bien fatiguée. Vous venez de loin, sans doute ?

— Oh oui ! de bien loin. Je voudrais aller au pays des Margriettes. Ne pourriez-vous pas m'indiquer le chemin ?

— Non, lui répondit la vieille. Je ne sais pas ce que c'est que le pays où vous voulez aller. Mais prenez toujours ces trois marrons. Cela pourra vous servir.

Ces trois vieilles étaient les fées protectrices de la jeune femme ; seulement elle n'en savait rien.

Elle remercia la vieille, et voulut reprendre son chemin à travers la forêt, mais elle était si fatiguée, si fatiguée, qu'elle ne savait plus mettre un pied l'un devant l'autre. Le soir, elle aperçoit une chaumière où il y avait du feu. Elle se dirige de ce côté. Une vieille femme était assise devant la porte.

— Je n'en puis plus de fatigue. Ne pourriez-vous pas me permettre de me reposer chez vous et d'y coucher ?

— Certainement, ma brave femme. Entrez, et reposez-vous.

On lui sert une bonne soupe, on lui donne un bon lit.

— Dormez bien et reposez-vous, lui dit la vieille. Vous reprendrez votre route demain matin.

La pauvre jeune femme tombait de sommeil, elle s'endormit tout de suite. Le lendemain on lui demanda où elle allait.

— Au pays des Margriettes. Savez-vous où c'est ?

— Non, mais mon cochon le sait. Il y va souvent, et revient chargé de toutes sortes de choses précieuses. Seulement il part tout seul le matin, tantôt à une heure, tantôt à une autre, et l'on ne peut savoir d'avance à quel moment précis il fera le voyage.

— Eh bien ! mettez-moi à coucher avec votre cochon. Quand il bougera, je m'éveillerai et je le suivrai.

On lui dit que cela n'est pas raisonnable. On l'engage à se coucher dans un bon lit, la vieille l'éveillera le lendemain. La jeune voyageuse s'obstine. Il faut céder à la fin. On lui fait un lit avec de la paille fraîche ; elle se couche sans se déshabiller et s'endort, mais d'un œil seulement. Dans le haut de la nuit, elle entend le cochon qui s'éveille, se secoue et s'en va en faisant : tron ! tron !

La jeune femme sort avec lui ; elle le suit, et de bon matin, ils arrivent devant un magnifique château où « tout plein » de gens allaient et venaient, comme s'il s'y passait quelque chose d'extraordinaire. Elle aperçoit une petite pâtoure et engage la conversation avec elle.

— Ma petite, ne pourriez-vous me dire ce que c'est que ce château et ce qu'on y va faire ?

— Madame, c'est le château des Margriettes ; et la demoiselle va se marier avec un jeune et beau prince qui est arrivé ici il n'y a pas longtemps.

— Si c'était mon mari ? pense-t-elle. Veux-tu changer d'habits avec moi, ma petite ?

— Oh ! Madame, ne vous moquez pas de moi.

— Je ne me moque pas, je parle sérieusement. Veux-tu troquer tes habits contre les miens ?

— Une princesse comme vous !

— J'ai été pâtoure avant d'être princesse. Changeons d'habits, te dis-je. Crains-tu de perdre au change ?

La paysanne, toute confuse, se déshabille. La jeune dame se revêt du costume de la bergère, en lui laissant le sien, puis elle va se présenter au château, et demande si l'on n'a pas besoin d'une servante.

— Nous avons assez de serviteurs, lui répond-on.

Elle insiste. Pendant cette discussion, la demoiselle passe et ordonne que l'on retienne la petite pâtoure.

— Mais elle dit qu'elle n'a encore servi nulle part ! Elle ne saura rien faire.

— Elle saura toujours bien tourner la broche.

La voilà admise dans la cuisine en qualité de tournebroche. Elle va et vient dans le château. Les apprêts de la noce se poursuivent. Elle a reconnu son mari. Mais comment s'approcher de lui ? Comment se faire reconnaître ?

Elle se souvient alors des présents qui lui ont été faits par les vieilles. Elle pèle ses trois châtaignes. Elles se transforment en un beau rouet tout en or, diamants et pierreries. L'une devient le corps du rouet, la deuxième la quenouille, la troisième, la tête avec la broche, le fuseau et tout ce qui s'ensuit.

La princesse voit ce rouet et l'admire.

— Qui a apporté cela ? dit-elle.

— Moi, dit la tourneuse de broche.

— Veux-tu me le vendre ?

— Je ne le vends pas, il faut le gagner.

— Que veux-tu qu'on fasse pour le céder ?

— Je veux coucher avec le prince cette nuit même à la place de la mariée.

Vous jugez comme on se récrie ! La jeune femme n'en démord pas. On se consulte, on voudrait bien ne pas laisser échapper ce rouet. Mais la mariée ne veut pas consentir à laisser son mari coucher avec cette fille de cuisine.

— Tu as tort, lui dit sa mère. Nous ferons prendre au prince de l'*endormillon*. Il s'endormira aussitôt qu'il sera couché et le rouet nous restera.

— Eh bien soit ! dit-on à la fille de cuisine. Donne-nous ton rouet et tu coucheras avec le prince.

Pendant le souper, on fait prendre au prince un breuvage soporifique ; aussitôt qu'il est au lit, il s'endort. La jeune femme fait du bruit, chante, crie, elle le pousse, elle le pince ; rien n'y fait, il dort jusqu'au jour. Seulement ceux qui couchaient tout près de là se plaignent du tapage qu'on a fait dans la chambre du prince et demandent en grâce qu'une autre fois on les laisse dormir.

La jeune femme dépitée, mais non découragée, se retire dans le petit réduit qu'on lui a assigné ; et là elle casse ses trois noisettes. Il en sort un superbe *trô* [1] tout en or et en pierreries. La première noisette fournit le

1. Le *trô* ou *trouil* est une sorte de dévidoir vertical qui sert à mettre en écheveau le fil roulé sur des fuseaux. Le dévidoir dont il est question plus loin sert à mettre en peloton le fil qu'on a mis en écheveau au moyen du trô.

pied ; la deuxième, les quatre bras ; la troisième, la manivelle pour le faire tourner. On parle de ce superbe trô à la dame du château. Elle vient le voir.

— Qui a apporté cela ? demande la dame.

— Moi, madame, répond l'aide de cuisine.

— Veux-tu me le vendre ?

— Je ne le vends pas, il faut le gagner.

— Que faut-il faire pour le gagner ?

— Me permettre de coucher encore aujourd'hui avec le prince.

On lui objecte que c'est extravagant, que c'est indécent ; rien ne la fait rougir ni reculer. La mariée déclare qu'elle se repent d'avoir consenti une première fois, elle ne consentira pas une seconde.

Sa mère parvient à la calmer. On fera prendre cette fois encore de l'endormillon au prince, la jeune femme tâchera de l'éveiller comme l'autre nuit, et ne réussira pas davantage, et le trô sera gagné.

La princesse cède encore cette fois, et cette nuit se passe en effet comme la première. Le prince dort d'un sommeil de plomb, et la jeune femme essaie en vain de le réveiller en pleurant, en criant, en faisant tout le bruit possible.

Les domestiques, que cela empêche de dormir, sont fort mécontents. Ils se plaignent au chef de cuisine, qui se charge de faire entendre leurs doléances.

Il va en effet trouver le prince.

— Prince, lui dit-il, il se passe quelque chose de bien extraordinaire la nuit dans votre chambre. Ce n'est pas votre femme qui couche avec vous, mais sa petite aide de cuisine, et elle fait toutes les nuits un bruit à empêcher tout le monde de dormir.

— En effet, pense le prince. Je me sens tellement lourd tous les soirs, quand je me mets au lit, qu'il doit y avoir quelque malice là-dessous. Certainement on me fait prendre de l'endormillon. Mais si l'on m'en apporte la prochaine fois, je ne dirai rien, je le jetterai à la ruelle du lit, je ferai semblant de dormir, et je verrai ce qui arrivera.

La jeune femme voulut faire une troisième tentative. Il lui restait les trois grosses noix, elle les cassa, et elle vit apparaître devant elle un superbe dévidoir, plus riche encore et plus beau que le rouet et le trô. La première forma le pied ; la deuxième, les quatre bras ; et la troisième, les quatre fillettes. Le rouet et le trô n'étaient rien auprès du dévidoir.

La dame en fut émerveillée, et proposa de nouveau à la petite tourne-broche de le lui vendre.

— Je ne le vends ni pour or ni pour argent.

— Que veux-tu donc ?

— Coucher une troisième fois avec le prince.

— Tu y as déjà couché deux fois, et tu n'en es pas plus avancée.

— Je veux essayer une troisième.

Après avoir longtemps hésité, la mère et la fille consentirent encore une fois, la dernière se promettant bien d'user de l'endormillon comme les deux premières nuits.

A peine le prince était-il au lit qu'on lui apporta la liqueur soporifique comme un bon cordial. Il ne dit rien, et fit semblant de l'avaler, mais il la jeta à la ruelle et ferma les yeux comme s'il dormait.

Sa femme, l'ancienne, vint alors se placer à côté de lui. Dès les premiers mots qu'elle prononça, il la reconnut. Jusqu'alors il ne l'avait pas regardée sous ses vêtements d'aide de cuisine.

— Comment, ma femme chérie, c'est toi qui viens me retrouver ici ! Comment as-tu fait pour me découvrir ?

Elle lui raconta tout ce qui s'était passé et comment elle était parvenue à trouver le pays des Margriettes.

Le prince fut aussi enchanté de ce témoignage d'amour que de la beauté de la jeune femme, qu'il trouvait fort supérieure à celle de la fille du château. Il s'était marié avec elle par complaisance, et ne s'était jamais donné la peine ni de connaître ses sentiments, ni même de la bien regarder. C'était presque une révélation pour lui. Il ne voulut plus dès lors entendre parler de son nouveau mariage. Mais comment se libérer ?

— Ne dis rien, dit-il à sa femme, je tâcherai d'arranger tout.

Le lendemain, quand tout le monde fut rassemblé, parents de la fiancée, invités à la noce et autres, le prince leur dit :

— Messieurs et mesdames, il m'arrive aujourd'hui une drôle d'aventure. J'avais fait faire dans le temps une clé pour mon secrétaire, puis je l'avais perdue. Comme je ne pouvais pas rester sans ouvrir mon secrétaire, j'avais fait faire une nouvelle clé. Mais voilà que je viens de retrouver la vieille, au moment où je ne me suis pas encore servi de l'autre. Laquelle vaut-il mieux garder, de la vieille ou de la neuve ? La vieille, n'est-ce pas ? dont j'ai fait usage et que je connais bien ? N'êtes-vous pas de cet avis-là ?

— Certainement, répondit-on, il vaut beaucoup mieux garder la vieille, celle dont on avait l'habitude de se servir et qui convient le mieux à la serrure.

— Je suivrai votre conseil. Ma vieille clé que j'avais perdue, la voilà, dit-il, en montrant la jeune aide de cuisine. Je l'ai retrouvée, et je la reprends, selon le conseil que vous m'avez donné.

La fille sans mains

Une dame avait une fille si belle, que les passants, quand ils l'apercevaient, s'arrêtaient tout court pour la regarder. Mais la mère avait elle-même des prétentions à la beauté et elle était jalouse de sa fille. Elle lui défendit de se montrer jamais en public ; cependant on l'apercevait quelquefois, on parlait toujours de sa beauté ; elle résolut de la faire disparaître tout à fait. Elle fit venir deux individus auxquels elle croyait pouvoir se fier et elle leur dit :

— Je vous promets beaucoup d'argent et le secret, si vous faites ce que je vous dirai. L'argent, le voilà tout prêt. Il sera à vous quand vous aurez accompli mes ordres. Acceptez-vous ?

La somme était considérable. Ceux à qui elle s'adressait étaient pauvres ; ils acceptèrent.

— Vous jurez de faire tout ce que je vous dirai ?

— Nous le jurons.

— Vous emmènerez ma fille ; vous la conduirez dans une forêt loin d'ici et là vous la tuerez. Pour preuve que vous aurez accompli mes ordres, vous m'apporterez, non pas seulement son cœur, car vous pourriez me tromper, mais aussi ses deux mains.

Les hommes se récrièrent.

— Vous avez promis, leur dit-elle, vous ne pouvez plus vous dédire. De plus, vous savez la récompense qui vous est réservée. Je vous attends dans huit jours.

Les voilà donc partis avec la jeune fille. On lui dit qu'il s'agissait de faire un petit voyage dans l'intérêt de sa santé. Elle fut bien un peu étonnée du choix de ses deux compagnons de voyage, mais le plaisir de voir du nouveau lui fit oublier cette circonstance. Elle les suivit donc sans inquiétude.

Quant à eux, ils ne laissaient pas d'être troublés. La jeune fille s'était toujours montrée bonne pour eux ; elle leur avait rendu divers petits services ; il était bien pénible d'avoir à lui ôter la vie.

On chevauche, on chevauche dans les bois. On arrive enfin à un endroit bien désert. Les hommes s'arrêtent et font connaître à la jeune fille l'ordre de sa mère.

— Est-ce que vous aurez la cruauté de me tuer ? leur demanda-t-elle.

— Nous n'en avons pas le courage ; mais comment faire ? Nous avons juré de rapporter à votre mère votre cœur et vos mains. Le cœur, ce ne serait rien ; celui des bêtes ressemble à celui des hommes ; mais vos mains, nous ne pouvons tromper votre mère là-dessus.

— Eh bien ! coupez-moi les mains et laissez-moi la vie.

On tue un chien, on lui enlève le cœur ; cela suffira. Quant aux mains, il faut bien se résoudre à les lui couper.

On se procure d'abord de cette herbe qui arrête le sang ; puis, l'opération faite, on bande les deux plaies avec la chemise de la jeune fille ; on emporte les mains et on abandonne la malheureuse victime dans le bois, après lui avoir fait promettre de ne jamais revenir dans le pays de sa mère.

La voilà donc toute seule dans la forêt. Comment se nourrir sans mains pour ramasser les objets, pour les porter à sa bouche ? Elle se nourrit de fruits, qu'elle mordille comme elle peut ; mais les fruits sauvages ne sont guère nourrissants. Elle entre dans le jardin d'un château et là elle mordille les fruits qu'elle peut atteindre, mais n'ose se montrer à personne.

On remarque ces fruits mordillés. Presque tous ceux d'un poirier y ont déjà passé. On se demande qui a pu faire cela ; un oiseau peut-être, mais encore quel oiseau ?

On fait le guet. Aucun gros oiseau ne se montre ; mais on aperçoit une jeune fille qui, ne se croyant pas observée, grimpe dans les arbres fruitiers. On la suit des yeux pour voir ce qu'elle fera. On la surprend mordillant les fruits.

— Que faites-vous là, mademoiselle ?

— Plaignez-moi, répond-elle en montrant ses deux bras privés de mains, plaignez-moi et pardonnez-moi.

Celui qui l'avait surprise était le fils de la maîtresse du château. La mutilation qu'on avait fait subir à la jeune fille n'avait pas altéré sa beauté, la souffrance lui avait même donné quelque chose de plus séduisant.

— Venez avec moi, lui dit-il, et il l'introduisit secrètement dans la maison.

Il la conduisit dans une petite chambre et l'engagea à se coucher ; puis il alla trouver sa mère.

— Eh bien ! tu as été à la chasse, lui dit-elle ; as-tu attrapé des oiseaux ?

— Oui, j'en ai attrapé un, et un très beau. Faites mettre un couvert de plus ; mon oiseau dînera à table.

Il fit ce qu'il avait dit ; il amena la jeune fille à ses parents. Grand fut l'étonnement quand on la vit sans mains.

On lui demanda la cause de cette mutilation.

Elle répondit de manière à ne compromettre personne : elle ne se croyait pas encore assez loin pour que sa mère ne pût apprendre de ses nouvelles ; elle savait que dans ce cas ceux qui l'avaient épargnée seraient traités sans pitié, et elle supplia ceux qui l'interrogeaient de lui permettre de rester cachée.

Mais cela ne faisait pas l'affaire du jeune homme, qui s'était épris d'elle et désirait l'épouser. Sa mère combattit cette idée ; elle ne voulait pas d'une belle-fille sans mains, d'une bru qui lui donnerait peut-être des petits-enfants sans mains comme elle ! Le fils insista, et il insista tellement que sa mère lui dit :

— Epouse-la si tu veux, mais c'est bien contre mon gré.

Le mariage fut célébré ; les époux furent heureux, très heureux, mais ce bonheur ne dura pas longtemps. Bientôt après le mari fut obligé de partir pour la guerre. Ce fut avec de vifs regrets qu'il se sépara de son épouse, et il recommanda qu'on lui envoyât souvent de ses nouvelles.

Quelques mois après un serviteur vint lui apprendre que sa femme lui avait donné deux beaux garçons ; mais il l'engagea à revenir au plus tôt, parce que sa famille était mécontente qu'il eût épousé une femme sans mains.

Revenir, il ne le pouvait pas ; mais il écrivit à sa femme une lettre des plus aimables et une autre à sa mère, où il lui recommandait d'avoir bien soin de sa femme bien-aimée.

Mais, loin d'en avoir soin, on cherchait à s'en débarrasser. On écrivit au jeune marié que sa femme avait accouchée de deux monstres. On s'empara des lettres qu'il avait écrites à sa femme et on en substitua d'autres dans lesquelles on lui faisait prononcer des accusations abominables contre elle et dire qu'il fallait qu'elle fût bien coupable, puisque Dieu, au lieu d'enfants, lui avait envoyé deux monstres. On finit par persuader la jeune femme, à force de le lui répéter, qu'après ces lettres il serait imprudent à elle d'attendre le retour de son mari, qui serait capable de la tuer, et que le meilleur pour elle c'était de s'en aller.

Elle se laisse persuader ; on lui donne quelque argent ; elle s'habille en paysanne et la voilà partie avec ses deux enfants dans un bissac, l'un en avant, l'autre en arrière ; mais sa mutilation la rendait maladroite ; en se penchant pour puiser de l'eau dans une fontaine, elle y laissa tomber un de ses enfants. Comment le retirer, puisqu'elle n'avait pas de mains ?

Elle adressa à Dieu une courte mais fervente prière, puis elle enfonça ses deux bras, ses deux moignons, dans la fontaine pour tâcher de rattraper l'enfant. Elle le rattrapa, en effet, et, en lui ôtant ses habits mouillés, elle s'aperçut que ses deux mains avaient repoussé ; Dieu avait entendu la prière de son amour maternel et lui avait rendu les membres qu'elle avait perdus.

Elle put dès lors travailler de ses mains et gagner la vie de ses deux enfants. Elle vécut ainsi douze longues années.

Quand son mari revint de la guerre, sa première parole fut pour elle.

Sa mère fut tellement furieuse de voir que, malgré tout ce qu'on lui avait dit contre sa femme, il l'aimait encore, qu'elle faillit se jeter sur lui pour le battre.

Il la laissa dire et demanda qu'on lui rendît sa femme. Le fait est que personne ne savait ce qu'elle était devenue. Il pensa qu'elle ne devait pas être morte cependant, et il se mit en voyage, décidé à la retrouver en quelque endroit qu'elle se fût retirée.

Il s'adressait à tout le monde pour avoir des renseignements. Il rencontra un jour un petit garçon, éveillé et intelligent, qui l'intéressa ; il lui demanda quelle était sa maman. L'enfant répond que sa maman a été longtemps sans mains ; qu'il a un frère du même âge que lui et, apercevant son frère, il l'appelle.

— Viens, lui dit-il, voici quelqu'un qui s'intéresse à nous et à notre mère.

Le second enfant était aussi aimable et aussi intelligent que le premier. Le voyageur les interroge sur leur vie passée. Tous les renseignements coïncident, il ne doute pas qu'il ait retrouvé sa famille.

— Et votre mère, mes enfants, où est-elle ? Allez me la chercher bien vite.

La mère, qui était à un étage supérieur, s'empresse de descendre. Il la reconnaît tout de suite, malgré ses douze années de séparation. On s'explique, on s'embrasse, on retourne au pays, on se réinstalle au château. Réconciliation générale.

Pas pour tous, cependant. La méchante mère, qui avait froidement ordonné de mettre sa fille à mort, fut enfermée dans un souterrain et dévorée par les bêtes.

Jacques le voleur

Une femme avait un fils qu'elle avait fort mal élevé. C'était un fainéant et qui ne voulait rien faire.

Quand il fut en âge de choisir un état, sa mère lui demanda ce qu'il voulait être.

— Je veux être voleur.

— Bon Dieu ! bonne Vierge ! mais ce n'est pas là une profession ! Je ne te permettrai jamais d'être un voleur.

— Eh bien ! allez consulter la bonne Vierge. Si elle dit comme moi, il faudra bien que vous consentiez.

— Soit, j'irai, dit-elle, et pas plus tard que tout de suite.

En la voyant se rendre à l'église, Jacques prend les devants par un chemin de traverse et va se cacher derrière l'autel.

La bonne femme arrive à l'église au moment où il y était déjà, et, après avoir fait ses prières devant l'autel de la Vierge :

— Bonne Vierge, dit-elle, bonne Mère, indiquez-moi, je vous prie, ce que mon Jacques doit être.

— Voleur, répondit une voix qui venait de l'autel.

— Voleur ! dit la brave femme étonnée. Mais vous n'y pensez pas, bonne Vierge, c'est un péché de voler ! Dites-moi là, franchement et sans vouloir tromper une pauvre femme comme moi, ce que mon Jacques doit devenir.

— Voleur, répéta le garçon, toujours caché.

La pauvre femme se retira consternée. Aussitôt qu'elle fut sortie de l'église, Jacques sortit aussi de sa cachette, il prit à travers champs, et sa mère, en arrivant, le trouva à la maison.

— Eh bien ! moumère[1], qu'est-ce que la bonne Vierge vous a dit ?

— Que tu dois être un fripon.

— Vous voyez donc bien qu'il faut que je sois un fripon, puisque la bonne Vierge vous l'a dit ; je pars demain.

Au bout de huit jours, il revient avec un sac, qu'il avait bien de la peine à porter.

— Qu'est-ce que c'est que ce sac ?

— C'est une charge d'or que j'apporte.

— Comment t'es-tu procuré cet or ?

— Vous saurez ça plus tard, moumère ; comme il n'y a pas chez nous de mesure pour le mesurer, il faut aller en emprunter une aux voisins.

La mère y va. Jacques mesure son trésor, tout seul, sans laisser approcher sa mère. Il a soin de mettre de la glu au fond de la mesure, et quand on la leur rend après l'avoir secouée, les voisins trouvent au fond une pièce d'or oubliée.

Les voisins ne peuvent revenir de leur étonnement de voir que Jacques s'est enrichi assez vite pour mesurer ainsi l'or et faire fi d'une pièce d'or au point de l'oublier au fond de la mesure. Le récit de cette habileté se répand rapidement. Le seigneur du village, qui en a entendu parler, fait venir Jacques.

— Tu as la réputation d'être un habile voleur ? lui dit-il.

— Dame ! je commence. Ça ira mieux plus tard.

— Eh bien ! je veux te mettre à l'épreuve. On conduira demain une de mes vaches à la foire pour la vendre. J'avertirai ceux qui la mèneront. Si malgré cela tu réussis à la voler, je te la donne.

— Merci, monseigneur, la vache est à moi, je vous en réponds.

On confie la vache à deux conducteurs, après les avoir avertis qu'on tâchera de les voler.

1. Ma mère.

— Un bon averti en vaut deux, dit le proverbe, répondit un des conducteurs ; nous serons sur nos gardes.

L'un attache une corde aux cornes de la vache et se met devant, l'autre prend en main la queue de la bête et se met derrière. Il était difficile même d'approcher de l'animal.

Jacques ne s'en approcha pas. Les conducteurs avaient à traverser un bois. Jacques alla se pendre à l'un des arbres. Les conducteurs le regardèrent et ne le dépendirent pas. Ce fut lui qui se dépendit quand ils furent passés ; puis il courut bien vite à travers le bois, gagna le chemin par où devaient passer les conducteurs de la vache et, un peu plus loin, ils trouvèrent un autre pendu. C'était encore Jacques.

— C'est donc la *cache ès pendus* (le sentier aux pendus) par ici ? Qu'est-ce que cela veut dire ? dit un des paysans.

— Ce qu'il y a de plus curieux, dit l'autre, c'est que le second est tout à fait semblable au premier : même taille, mêmes vêtements. Est-ce que nous aurions marché sur male herbe et serions revenus au même endroit sans nous en apercevoir ?

— Ça ne se peut pas ; l'autre pendu était là-bas derrière nous.

— C'est drôle tout de même. Allons donc voir si l'autre est toujours à sa place.

Ils attachent soigneusement la vache à un arbre et s'en vont tout doucement voir, sans pourtant la perdre de vue. Plus de pendu ! Pendant qu'ils cherchent à reconnaître l'endroit, Jacques, qui les observe, se dépend rapidement, coupe la corde qui attache la vache et se sauve avec.

Quand les conducteurs revinrent, après s'être assurés que le premier pendu n'était plus à sa place, ils s'aperçurent que le second avait disparu également. Mais la vache avait aussi disparu.

Le lendemain, Jacques va trouver le seigneur.

— La vache est à moi ? lui demande-t-il.

— Sans doute, puisque tu as été assez subtil pour me la voler. Mais je gage que tu ne me voleras pas ma jument. Je t'avertis qu'elle sera bien gardée.

— Vous me la donnerez si je vous la vole ?

— Certainement. Mais je suis sûr que tu ne me la voleras pas.

— Nous verrons.

La jument est remise à la garde de trois hommes. Le premier monte dessus, le deuxième tient la crinière, le troisième tient la queue. Celui qui est en selle est armé d'un fusil chargé.

Un individu, habillé en mendiant, l'air souffreteux, s'approche du trio.

— Qu'est-ce que vous faites là, braves gens ?

— Nous gardons cette jument depuis ce matin. Il paraît qu'on doit venir nous la voler, mais nous n'avons encore vu venir personne.

— Il doit vous ennuyer là ?

— Dame ! ce n'est guère amusant. Si encore nous avions à boire !

— J'irai bien vous chercher du cidre au cabaret, leur dit le curieux, si vous voulez me donner de l'argent.

— Ce n'est pas de refus, brave homme.

On lui donne de l'argent et, quelque temps après, il revient du cabaret avec une provision de cidre. Il y avait mêlé des drogues assoupissantes, mais dans un des pots seulement. Ils lui offrirent de trinquer avec eux. Il accepta en se versant du cidre qui n'était pas drogué, puis il fit semblant de s'éloigner. Les gardiens achevèrent de vider les deux pots et ne tardèrent pas à s'endormir profondément.

Jacques revient alors. La terre était molle. Il enfonce des piquets en terre en s'arrangeant de manière à leur faire soulever et soutenir la selle avec le cavalier ; il coupe alors la bride du cheval, dégage la queue et fait filer la bête, qu'il met en sûreté.

Quand les gardiens se réveillèrent, ils furent bien étonnés, l'un de tenir la bride sans cheval, l'autre une poignée de crins, le troisième de se sentir perché en l'air sur la selle, tandis que la jument était partie.

Le lendemain, Jacques alla trouver le seigneur.

— J'ai la jument, lui dit-il.

— Le tour est bien joué ; mais tu me piques au jeu. On cuit du pain demain ; je parie que tu ne le voleras pas dans le four.

— J'essaierai.

Le pain est enfourné, six hommes le gardent : deux à la porte de la boulangerie, deux à la gueule du four et deux plus loin pour empêcher toute surprise.

L'heure venue de retirer le pain, on détoupe le four ; tout est intact, personne n'a quitté son poste, et pourtant le four est vide.

Jacques était parvenu à faire un trou au fond du four, et il en avait retiré par là tous les pains l'un après l'autre.

Le seigneur fut obligé de le complimenter, mais il ne renonça pas à la lutte.

— Voilà trois fois que tu m'affines, lui dit-il, mais tu ne m'affineras pas une quatrième. Je te défie de prendre les draps du lit où je serai couché avec ma femme.

— J'essaierai, dit Jacques.

La nuit suivante, le seigneur se couche dans son lit, sa femme avec lui, et tous deux se croient bien sûrs qu'on ne parviendra pas à les dépouiller des draps dans lesquels ils sont enveloppés.

Dans le gros de la nuit, ils sont éveillés par un bruit à leur fenêtre. Ils se dressent sur leur lit et aperçoivent un homme en casquette qui a l'air de faire des efforts pour entrer.

« C'est notre homme », se dit le seigneur. Il s'arme d'un bâton, ouvre la fenêtre et frappe à tour de bras sur l'individu en casquette. Celui-ci tombe sans pousser un cri et, une fois à terre, reste complètement immobile.

La nuit n'était pas tout à fait sombre ; il faisait clair d'étoiles et l'on voyait suffisamment pour distinguer les choses.

Le seigneur s'effraie.

« L'aurais-je tué ? pense-t-il. Cela me ferait une mauvaise affaire. Je n'aurais pas dû frapper si fort. »

Il descend pour voir ce qui en est. Un moment après il remonte. L'individu était bien mort ; il l'a jeté au hasard, dans un creux de fossé ; il a mis des branches par-dessus. Demain on achèvera de le faire disparaître. Seulement, tout ce travail lui a donné terriblement soif.

Sa femme, qui était restée au lit à l'attendre, lui dit qu'il y a du vin et des confitures à un endroit qu'elle lui indique. Le seigneur cherche à l'endroit indiqué et ne trouve rien. Sa femme, impatientée, se lève pour lui donner ce dont il a besoin.

Quand ils revinrent tous deux à leur lit, les draps avaient disparu.

Le prétendu voleur qui s'était présenté à la fenêtre était un bonhomme fabriqué par Jacques et tenu au bout d'un bâton. Pendant que le seigneur courait après, Jacques montait tout doucement jusqu'à la chambre à coucher. Comme on n'avait pas allumé de chandelle, il lui était facile de se dissimuler, et, dès que la dame eut quitté le lit, il sauta sur les draps et disparut en les emportant.

— C'est supérieurement joué, lui dit le seigneur le lendemain ; mais je finirai par mettre tes subtilités à bout. Voyons, j'ai demain du monde à dîner, une société de chasseurs ; je te défie d'enlever tout ce qui sera sur la table, pain, viande, vin et tout.

— J'essaierai, dit Jacques.

Le lendemain, la table est servie, les convives sont rangés alentour. Jacques ne s'est pas encore montré. Tout à coup on entend un grand bruit dans le parc. Les chiens aboient, les domestiques crient. C'est toute une compagnie de lièvres qui détalent. Personne n'y tient plus, tout le monde veut voir. Jacques, qui a lâché les lièvres et les chiens, est aux aguets à l'entrée de la salle. Pendant que tout le monde se presse aux fenêtres, il prend subitement la nappe par les quatre coins et s'enfuit avec tout ce qu'il trouve dedans. Quand les convives veulent se remettre à table, plus de dîner.

— Eh bien ! demanda Jacques, le lendemain, au seigneur, ai-je gagné, oui ou non ?

— Tu es un habile fripon, certainement ; j'ai à te proposer encore un tour, plus difficile que tous les autres, et, cette fois, tu en seras pour tes frais.

— Dites toujours, monseigneur.

— Je te défie de voler tout l'argent de mon frère, le curé. Il tient singulièrement à son argent, mon frère, je t'en avertis. La tâche sera rude.

— J'aurai plus de mérite si je réussis.

Jacques se revêt secrètement d'un costume d'ange, puis il se glisse dans l'église à un moment où il n'y a encore personne et se cache derrière l'autel. Le curé arrive. Le custos aussi. On allume les cierges ; le curé est en habits sacerdotaux. Jacques profite d'un moment où l'église est encore vide pour s'avancer vers le curé.

— Monsieur le curé, lui dit-il, Dieu vous appelle à lui et il m'envoie vous chercher. Mais il veut que vous emportiez ce que vous avez de plus cher au monde, votre argent.

Le curé avait caché son argent dans l'église même, dans une cachette qu'il était seul à connaître. Il va le chercher et le remet entre les mains de Jacques, transformé en ange.

— Ce n'est pas tout, lui dit l'ange. Il y a encore un sac que vous avez confié à votre custos, prenez-le aussi.

Le curé se fait apporter le sac.

— Maintenant, suivez-moi, reprit l'ange.

Il le fait monter dans le clocher. En bas, l'escalier est assez commode, mais à mesure que l'on monte il devient plus étroit et même dangereux. Le prêtre hésite.

— Il faut bien souffrir pour aller en paradis, lui disait l'ange.

On arrive à un endroit où nichaient des pigeons appartenant au curé. La servante était venue y ranger quelque chose.

— Tiens ! te voilà, Marotte ! lui dit le prêtre. Où penses-tu être maintenant ?

— Dans le colombier.

— Tu te trompes, Marotte ; nous sommes en paradis.

Marotte n'en veut rien croire. Le curé essaie de lui prouver qu'elle se trompe. Pendant qu'ils se disputent, l'ange s'esquive et l'argent s'esquive avec lui.

Jacques se dépouille de ses ailes, court chez le seigneur et lui montre les sacs.

— Conviendrez-vous, cette fois, que je suis un habile voleur ? lui demande-t-il.

— Si habile, lui dit le seigneur, que je t'engage à quitter le pays ; sans cela, je serais obligé de te faire pendre, et j'en aurais regret.

Jacques ne se le fit pas dire deux fois ; il quitta le pays et, depuis lors, il circule par le monde.

Merlicoquet

Merlicoquet est allé glaner. Il a ramassé trois épis ; puis il s'en va frapper à une porte.

— Qui est-ce qui est là ?

— Le bonhomme Merlicoquet.

— Entrez. Qu'est-ce que vous voulez, l'ami ?

— Mettez-moi ces trois épis sur l'ais [1], je vous en prie. Je viendrai vous les redemander.

On prend les épis. Quelque temps après, Merlicoquet revient.

— Mes épis, s'il vous plaît.

— Vos épis ? la poule les a mangés.

— Rendez-moi mes épis ou donnez-moi la poule.

— Il n'y a plus d'épis ; prenez la poule.

Merlicoquet prend la poule et s'en va frapper à une autre maison.

— Qui est-ce qui est là ?

— Le bonhomme Merlicoquet.

— Entrez. Qu'est-ce qu'il vous faut ?

— Voilà une poule qui me gêne, ne pourriez-vous pas me la garder ? Je reviendrai la prendre.

— Mettez-la dans la cour avec les autres.

Il la laisse et s'en va. Quelques jours après il revient.

— Ma poule, s'il vous plaît.

— Votre poule ? la jument a marché dessus.

— Je vous ai confié ma poule, vous devez me la rendre. Donnez-moi ma poule... ou la jument.

— On ne peut pas vous fournir votre poule, prenez la jument.

1. Planche sur laquelle on pose la provision de pain.

Il emmène la jument et s'en va frapper à une autre porte.

— Qui est-ce qui est là ?

— Le bonhomme Merlicoquet.

— Entrez. Qu'est-ce qu'il y a pour votre service ?

— Ne pourriez-vous pas me garder ma jument pour deux jours ?

— Si ça vous fait plaisir. Mettez-la avec les autres.

Merlicoquet la laisse et revient au bout de quelques jours.

— Ma jument, s'il vous plaît.

— Votre jument ? La petite l'a noyée en la menant à l'abreuvoir.

— Ça ne fait pas mon compte, ça. Rendez-moi ma jument ou donnez-moi la petite.

— On ne peut pas vous fournir votre jument, prenez la petite.

Merlicoquet met la petite dans son bissac. Il la charge sur son dos et arrive chez la marraine de la petite fille.

— Voudriez-vous me garder mon bissac pour un petit moment ?

— Volontiers. Mettez-le là.

Merlicoquet dépose son bissac et sort. La marraine faisait en ce moment de la bouillie pour son petit enfant. La bouillie faite, elle dit, comme c'est l'habitude :

— Qui veut lécher la palette ?

— Moi, ma marraine, dit une petite voix.

— Toi, ma fillette ? Où que tu es ?

— Dans le bissac à Merlicoquet.

La marraine retire bien vite la petite fille du bissac et, pour que Merlicoquet ne s'aperçoive pas de la disparition, elle met à sa place un chat, un chien et une tasse de lait.

Merlicoquet revient et recharge son bissac. Comme le poids est à peu près le même, il nc s'aperçoit de rien. Mais quand le bissac est sur son dos, il lui semble qu'on s'agite et qu'on se bat à l'intérieur. En effet, le chat voulait boire le lait, le chien mordait le chat et le lait coulait dans le dos de Merlicoquet.

— Marotte, vous pissez : s'écrie Merlicoquet. Je vais vous fouetter.

Et il déposa son bissac pour couper une petite branche dans la haie afin de fouetter la petite fille, qu'il croit toujours dans son bissac. Le bissac s'ouvre, le chat fait un bond, le chien court après et Merlicoquet ouvre de grands yeux pour tâcher de deviner comment ce prodige a pu s'opérer.

Le pauvre et le riche

Il y avait une fois un riche qui donnait depuis longtemps du travail à un pauvre.

— Il faut que je te récompense de quelque chose, dit un jour le riche ; dis-moi ce que tu voudrais avoir.

— Eh bien ! mon bon monsieur, si vous vouliez m'acheter une vaquette (une petite vache), cela m'arrangerait très bien.

La vache fut achetée et donnée au pauvre. Trois jours après le riche va visiter ses clos. Il trouve le garçon du pauvre qui y faisait paître sa vache. Ne le voilà pas content.

— Si j'ai donné une vache à ton père, lui dit-il, ce n'est pas pour que tu la fasses paître dans mes clos. Retire-toi et n'y reviens plus.

Huit jours après, le riche retrouve encore la vache dans son clos, toujours gardée par le même petit garçon.

— Cette fois, lui dit-il, je ne te ferai point de grâce. J'irai demain tuer ton père pour le punir de cette insolence.

Le lendemain il alla, en effet, chez le pauvre, décidé à le tuer. Mais le pauvre était rusé ; il avait tué son cochon, puis il avait barbouillé sa femme de sang et l'avait fait coucher dans son lit.

Le riche, en entrant chez le pauvre, voit le sang répandu, le lit souillé de sang et la femme couchée dedans et immobile.

— Tiens ! lui dit-il, tu as tué ta femme ?

— Oui ; elle était si méchante que j'ai voulu la punir. Je l'ai tuée pour trois jours ; elle ressuscitera le quatrième.

— Elle ressuscitera ? Ah bien ! je vais tuer la mienne pour trois jours aussi ; ça lui apprendra à me faire enrager.

Il n'en fait ni une ni deux, il rentre chez lui et tue sa femme.

Trois jours après, il revient chez le pauvre.

— Tu m'as dit que tu avais tué ta femme pour trois jours, et je vois qu'en effet elle est ressuscitée. J'ai tué la mienne pour trois jours aussi et elle ne ressuscite pas.

— C'est que vous ne vous y êtes pas bien pris. Qu'avez-vous fait pour la ressusciter ?

— Rien. J'ai tâché de la réveiller, et elle ne bouge pas.

— Ce n'est pas comme cela qu'il fallait faire. Pour moi, j'ai une corne tout exprès pour ça. J'ai soufflé avec au cul de ma femme. Elle se porte à merveille, comme vous voyez, et elle est corrigée.

— Combien veux-tu me vendre ta corne ?

— Cent écus.

— Les voici ; donne-la-moi.

Le pauvre donne la corne. Le richard retourne chez lui et fait l'opération indiquée. La bonne femme continue à ne pas bouger.

Désappointé, il retourne chez le pauvre et le trouve frappant à coups de fouet sur une marmite, qui bout à gros bouillons.

— Qu'est-ce que tu fais là ?

— Vous voyez, je fais bouillir ma marmite.

— A coups de fouet ?

— Oui. Quand on est pauvre, on économise autant qu'on peut.

— Et ta marmite bout comme ça sans feu, sans bois ?

— Vous voyez.

— Et tu prends pour cela le premier fouet venu ?

— Ah ! mais non. Il n'y a que le fouet que vous voyez qui ait cette vertu.

— Combien veux-tu me le vendre, ton fouet ?

— Il n'est pas à vendre. Cependant, si vous y tenez, je

veux bien m'en défaire pour vous. Donnez-moi cent écus et je vous le cède.

— Les voilà. Donne-moi ton fouet.

Le riche s'applaudissait de son marché, qui allait lui permettre de faire de notables économies. Arrivé chez lui, il appelle ses domestiques et leur remet le fouet en guise de bois pour faire bouillir la marmite.

Les domestiques fouettent, fouettent, la marmite ne bout pas.

Le riche retourne chez le pauvre.

— Ton fouet n'est bon à rien, lui dit-il. On a beau fouetter, fouetter la marmite, elle ne veut pas bouillir.

— De quelle main a-t-on frappé ? demande le pauvre.

— On a frappé de la main gauche.

— Cela ne m'étonne pas que vous n'ayez pas réussi. Il fallait frapper de la main droite, sans quoi le fouet n'opère pas.

Le riche retourne chez lui, appelle de nouveau ses domestiques et leur donne ses instructions. Ils frappent de la main droite à tour de bras. La marmite ne bout pas davantage.

Le riche est furieux contre le pauvre, qui s'est moqué de lui et lui a extorqué son argent ; il veut le tuer. Il ordonne à ses domestiques d'aller le chercher et de l'enfermer dans la bergerie pour le noyer le lendemain.

Les domestiques obéissent, et quand le berger revient le soir, il trouve le pauvre homme enfermé dans la bergerie.

— Tiens ! qu'est-ce que tu fais là ? lui dit le berger.

— Le riche m'a fait mettre ici. Il prétend que je dois être enfermé avec les moutons, parce que je ne sais pas mieux prier le bon Dieu que ces bêtes-là.

— Moi, je sais très bien prier ; je prierai pour tous, pour mes bêtes et pour toi ; va-t'en.

Le pauvre s'en alla, mais pas tout seul. Pendant que le berger priait, il détourna tous les moutons. Il y avait une foire le lendemain, il alla les vendre et les vendit fort cher : trois francs le poil ! Avec l'argent qu'il en retira, il fit bâtir un beau château. Un jour que le riche était allé se promener de ce côté, il demanda pour qui on élevait ce beau château, à qui appartenait cette belle propriété.

— A moi, monseigneur, dit le pauvre.

— Qui aurait jamais cru que tu deviendrais si riche ?

— Rappelez-vous ce que vous avez ordonné à vos domestiques de me faire.

— J'avais ordonné de te jeter à l'eau.

— Je suis allé où vous aviez ordonné de m'envoyer, et je suis devenu riche.

— Vraiment ? Je voudrais bien aller au même endroit.

— Il ne tient qu'à vous, monseigneur ; mettez-vous dans ce sac.

Le riche se mit dans le sac, on jeta le sac à l'eau et, depuis lors, on n'a jamais revu le riche.

Le chien

C'était en hiver, le soir. Un certain nombre de voisins et de voisines étaient venus faire la veillée chez Jean des Domaines. Dans la vaste cheminée, un feu de fougères et d'ajoncs brûlait en pétillant et en répandant une fumée qui ne s'envolait pas toute par son conduit naturel. Sur le feu un vaste chaudron chauffait, plein de pommes de terre que l'on faisait cuire pour les « vêtus de soie » (c'est ainsi qu'on appelle les cochons, quand on veut parler avec respect). A l'un des angles de la cheminée le maître de la maison fabriquait un *bingot*, sorte de corbeille composée de boudins de paille, liés de tiges de ronces fendues et flexibles. A l'autre angle, son vieux père, que son âge dispensait du travail, un bonnet de laine rouge et bleue sur la tête, regardait, et se taisait le plus souvent, mais sortait quelquefois de son silence pour lancer un mot piquant qui faisait éclater le rire sans qu'il perdît lui-même son sérieux. A côté de lui, le plus jeune fils raccommodait son fouet. La dame du logis, debout, allait et venait, donnant des ordres en disposant dans des terrines le lait rapporté de la traite du soir, enlevant la crème qui s'était formée sur le lait déjà reposé, que l'on accumulait dans une *chiraine* en attendant qu'il y en eût suffisamment pour faire du beurre, tandis que le lait écrémé était versé dans un chaudron pour la nourriture des veaux. Les veilleurs et veilleuses étaient groupés autour d'une lampe de fer de forme antique, fixée par une pointe dans un *bégaoud*, grand bâton orné d'un pied et percé de trous dans lesquels on enfonçait, à la hauteur voulue, le manche pointu de la lampe. Les femmes cousaient, les jeunes gens teillaient du chanvre ou dépouillaient des joncs de leur écorce afin d'en tirer la moelle pour faire des mèches. Une servante, agenouillée ou plutôt assise sur ses talons au milieu de l'âtre, entretenait le feu. De temps en temps un gobelet plein de cidre circulait à la ronde. On chantait, on causait, on contait des histoires qui faisaient rire ou qui faisaient peur. Le vent soufflait bruyamment dans la cheminée. On entendait la pluie tomber, lourde et régulière, au-dehors, et l'on se sentait heureux d'être à l'abri.

Un homme entra en refermant brusquement la porte comme quelqu'un qui se dépêche.

— Bonsoir, bonnes gens ! Il fait meilleur ici que dehors, allez !

— Ah ! c'est vous, Jacques Léveillé, venez ici vous sécher.

Tout en s'approchant du feu, il secouait son chapeau, que la pluie avait fortement maltraité.

— Dites donc, Jacques, dit un petit garçon, quand votre chapeau fera des petits j'en retiens un.

— Venez, brave homme, lui dit Jean des Domaines ; chauffez-vous, il y a un peu de fumée, mais on n'en meurt pas.

— Mieux vaut chaude fumée que froid vent. Le fait est qu'il pleut à ne pas mettre un chien dehors.

— A propos de chien, qu'est donc devenu Nerchibot ? Il n'est pas là ce soir.

— Non, il a peut-être eu peur de la pluie.

— Qu'est-ce que c'est que ce chien ? D'où vous vient-il ?

— Je n'en sais rien ; il s'est *arruelé* comme ça chez nous.

— Il y a peut-être dans la maison un trésor qu'il est chargé de garder.

— Je ne crois pas. Il y a longtemps que la maison existe, on n'y a jamais rien vu.

— C'est cent ans après l'enfouissement du trésor que le goublin se montre, dit une voix.

— Nerchibot, d'ailleurs, n'a pas l'allure d'un goublin.

Il est triste comme un chien qui a perdu son maître, un boustolier de la Saint-Nazé, peut-être, à qui il sera arrivé malheur ou qui l'aura oublié. Il entra ici un soir, efflanqué, affamé. On lui donna des pommes de terre destinées aux cochons, il se jeta dessus. On eût dit qu'il n'avait pas mangé depuis huit jours. Et depuis lors il revient tous les soirs, il mange et s'en retourne, mais parfois il vous regarde avec des yeux quasi humains.

En ce moment un chien aboya à la porte, on lui ouvrit. D'un bond il s'élança au milieu de la salle, il était tout dégouttant d'eau. Après s'être un peu secoué, il se dirigea vers Jean des Domaines en remuant la queue, puis il se coucha dans l'âtre.

Il avait l'air d'être chez lui. Tout en se chauffant, il regardait les veilleurs comme pour les reconnaître.

— Drôle de bête tout de même ! dit Jacques Léveillé. Si j'étais de vous, je l'éprouverais pour voir si c'est un vrai chien.

— L'éprouver ? Comment ?

— Défunte ma mère m'a raconté ce qui lui arriva une fois en *puchant* la lessive. C'était à Flamanville. Il y avait sur le feu une grande timbale remplie d'eau bouillante. Tout à coup un bruit se fait dans la cheminée, puis il en tombe une *trivelaine* de chats gris, noirs, rouges et blancs.

— Elle eut bien peur ?

— Pas trop. Qu'est-ce que ces chats pouvaient lui faire ? Ils paraissaient gelés.

Chauffez-vous, minets, leur dit-elle.

Les chats ne se firent pas prier ; ils s'installèrent près du feu, au bord des cendres, et se mirent à ronronner de satisfaction.

Ma mère attendait ce qui allait arriver. Comme vous, Franchinot, elle pensait à un trésor, et cela lui aurait fait bien plaisir, à la pauvre vieille ! Mais Bonnin Mongardon, qui puchait avec elle, eut l'idée d'éprouver si c'était de vrais chats, des goublins ou des sorciers. Elle leur jeta de l'eau bouillante sur le dos, les chats se sauvèrent en soufflant et elle ne les revit plus.

— Il n'y a rien là de drôle.

— Non, mais ce qu'il y avait de drôle, c'est que le lendemain il y avait plusieurs gens du village qui n'osaient se montrer parce qu'ils avaient été brûlés. Ils s'étaient changés en chats pour faire une farce à ma mère, mais c'est eux qui avaient été attrapés. Il y a des herbes qui, lorsqu'on en mange, peuvent vous tourner en toutes sortes de bêtes. Moi qui vous parle, j'ai connu à Flamanville un homme qui se mettait en mouton et allait se promener comme ça sur les falaises.

Tous les yeux se tournèrent vers le chien avec une certaine inquiétude. Il semblait écouter, mais il ne bougea pas.

— Ici, à Gréville, au hameau Fleury, dit un jeune garçon, il y avait un gros chien noir qui venait aussi se chauffer au coin du feu. Un domestique imagina de faire rougir la pierre sur laquelle le chien s'asseyait tous les soirs. Il se brûla. En voyant entrer le domestique qui lui avait fait ce tour, il le reconnut, il se jeta sur lui et voulait le faire sauter par la fenêtre. Le domestique appela au secours, plusieurs personnes accoururent, le chien se sauva et depuis on ne le revit plus. Mais on est bien sûr que c'était quelqu'un du voisinage qui s'était changé en chien pour voir ce que les gens diraient.

On raconta encore plusieurs histoires de ce genre. Les uns y croyaient, les autres s'en moquaient. Quelqu'un fit remarquer que la pluie avait cessé et qu'il était déjà tard. Chacun avait fini la tâche qu'il s'était imposée. On se retira. La maîtresse de la maison et les servantes allèrent en haut préparer les lits, et Jean des Domaines resta seul avec le chien.

Celui-ci, après avoir mangé les pommes de terre qu'on lui avait données, s'était installé dans un coin de l'âtre et ne paraissait pas disposé à sortir.

— Est-ce que tu vas coucher là ? lui dit Jean des Domaines.

Le chien le regarda, étendit les pattes en avant comme pour indiquer qu'il voulait s'établir là à demeure.

— Veux-tu bien t'en aller ? lui dit Jean des Domaines d'un ton de menace.

Le chien le regarda d'un air suppliant et s'arrangea encore mieux pour dormir à son aise.

Jean des Domaines, impatienté, lui donna un coup de pied.

— Je te ferai bien partir.

— Ah ! mon père, lui dit le chien d'une voix humaine, si vous saviez en quel état je suis réduit, vous auriez pitié de moi.

Jean des Domaines recula abasourdi.

— Un chien qui parle ! qu'est-ce que cela veut dire, mon Dieu ?

— Cela veut dire, mon père, qu'au séminaire où vous m'avez envoyé pour étudier et où vous me croyez toujours, j'ai lu dans un livre que j'ai trouvé ouvert chez le supérieur, un jour qu'il était absent, et je me suis senti tout à coup devenir chien. J'ai erré pendant quelque temps, puis un beau jour je me suis dit qu'il valait mieux revenir chez vous, mon père, et me voilà.

Jean des Domaines avait bien entendu raconter des histoires de ce genre. On lui avait bien dit que tous les prêtres ont un livre mystérieux, le grimoire, qui produit des effets fort étranges quand on le lit. On lui avait bien dit que le curé de Jobourg, pour avoir lu un pareil livre, était resté trois jours en enfer, mais comme au retour il n'avait pu en dire que ce que tout le monde en disait, Jean ne croyait pas à ces métamorphoses, il ne croyait pas à ce voyage. Et voilà maintenant que ce chien lui parlait et prétendait être son fils !

— Mais si ce que tu dis là est vrai, que faire pour te rendre la forme humaine ?

— Ce n'est pas très difficile, mon père. Il faut défaire ce que j'ai fait, *délire* ce que j'ai lu, c'est-à-dire le lire à rebours. C'est ce qu'on a fait pour rappeler le curé de Jobourg.

— Mais où est le livre que tu as lu ?

— A Sottevast, chez le supérieur du séminaire.

— Mais il faudrait retrouver la page ?

— J'ai laissé le livre ouvert.

— Mais si on lisait un autre passage que celui que tu as lu, n'arriverait-il pas malheur ?

— Oui, le lecteur pourrait aussi être changé en bête ou aller en enfer. Mais il faut se mettre à deux. Si l'un des deux voit son camarade disparaître, il *délit* le passage et l'autre revient ou reprend sa forme.

— Malheureux enfant ! Reste ici. On te nourrira. Ne dis rien à ta mère. J'irai à Sottevast et je tâcherai d'arranger tout cela. Dors en attendant.

Le lendemain, Jean des Domaines prit un prétexte et s'en alla à Sottevast. On retrouva le livre et la page, et son fils reprit la forme humaine. Mais il se promit bien de ne plus lire au hasard les livres inconnus qui se trouvaient sous sa main.

LANGUEDOC

Louis Lambert

Les trois oranges

Il était une fois un roi qui était malade ; aucun médecin ne l'avait pu guérir. Il s'en allait en déclinant, devenait sec comme une bûche ; il avait perdu l'appétit, était plein de fantaisies, et, lorsqu'il avait ce qu'il désirait, il ne pouvait pas avaler.

Un forgeron, qui faisait le savant, alla trouver le roi et lui dit que, pour le guérir, il lui fallait manger trois oranges qui se trouvaient sous la patte de l'Ogre.

— Je donnerais la moitié de mon royaume, se disait le roi, à celui qui irait me chercher les trois oranges.

Ce roi avait trois fils : l'aîné avait vingt ans ; le cadet, dix-sept ans ; le plus jeune, quatorze ans.

— Moi, j'y veux aller, dit l'aîné.

— Eh bien, vas-y, mon fils.

Le garçon fit ses provisions pour un long voyage et partit fier et content.

— A mon retour, se disait-il, j'aurai la moitié du royaume de mon père, en attendant l'autre moitié après sa mort.

Il s'en alla loin, loin, loin...

Défaillant de faim et de fatigue, il s'assit auprès d'une fontaine, sortit ses provisions et se mit à manger.

Voilà qu'arrive un homme âgé, en haillons, avec une longue barbe blanche.

— Bonjour, jeune homme, lui dit-il en le saluant, j'ai bien faim ; ne pourriez-vous pas me donner un morceau à manger ?

— Non, pauvre homme, les vivres que je porte sont pour faire un long voyage ; je ne sais pas si j'en aurai assez pour moi.

Quand il eut mangé, il se leva et se remit en chemin.

Il chemina encore pendant trois jours.

Il se perdit dans les montagnes.

A la fin, il revint au château de son père, en lui disant qu'il était impossible de trouver l'Ogre.

— Que deviendrai-je ? Que ferai-je ? se disait le roi.

— J'y veux aller, dit le second fils.

— Eh bien, vas-y, mon fils.

Il partit, trouva aussi l'homme âgé, se perdit dans la montagne et revint sans les oranges.

— Que deviendrai-je ? Que ferai-je ? se disait le roi.

— J'y veux aller, dit le plus jeune fils, je suis sûr de réussir ; mes frères ne s'y sont pas bien pris.

— Eh bien, vas-y, mon fils. Mais, cependant, je te trouve bien jeune.

— Ne vous chagrinez pas, je saurai me tirer d'affaire.

Il part, s'en va loin, loin, loin...

Lorsqu'il arrive à la fontaine, il trouve, comme ses frères, l'homme âgé qui lui demande à manger.

— Tenez, brave homme, asseyez-vous là, mangez ; quand il y en a pour un, il y en a pour deux.

Lorsqu'ils eurent bien mangé et bien bu : — Où allez-vous, bon jeune homme, dans ce pays perdu ?

— Je vais chercher les trois oranges qui sont sous la patte de l'Ogre.

— Il vous faut donc aller derrière cette montagne ; là vous trouverez une ferme entourée d'arbres ; il y a une femme qui vous enseignera le chemin ; dans ce moment-ci, elle pétrit.

— Merci, je ferai ainsi que vous me le dites.

Le jeune garçon s'achemine dans la montagne et arrive à la ferme. Il y trouve la femme, qui avait achevé de pétrir et balayait le four avec ses mamelles.

— Eh ! que faites-vous, bonne femme ? Vous vous ferez mal, vous vous brûlerez. Tenez, voici ma cravate ; mettez-la au bout d'un bâton, et avec cela balayez le four.

— Vous avez raison, jeune homme ; je vous remercie

bien de votre bonté. Mais dites-moi ce que vous venez faire dans ce pays perdu ?

— Je viens chercher les trois oranges qui sont sous la patte de l'Ogre.

— Cela est bien dangereux ; mais vous avez été si bon pour moi que je veux vous renseigner : vous partirez à minuit et arriverez à quatre heures du matin à la caverne de l'Ogre ; il sera encore endormi. Vous le trouverez couché sur un lit de feuilles sèches. Il a une épine à la plante du pied droit, et les trois oranges sont dans une poche sous la peau de la plante du pied gauche. Voilà une fiole ; vous verserez trois gouttes de ce qu'elle contient dans la bouche de l'Ogre, cela le fera dormir plus profondément. Ensuite, avec une main, vous gratterez tout autour de l'épine, pendant que de l'autre vous prendrez les trois oranges. Aussitôt vous fuirez rapidement. S'il se réveille, vous poserez sur le sol, de loin en loin, un de ces petits miroirs de dix écus.

Le jeune garçon partit à minuit et arriva à quatre heures à la caverne de l'Ogre.

Il entra ; mais il fut épouvanté, ses cheveux se dressèrent en entendant retentir les ronflements de l'Ogre.

Il avança doucement ; l'Ogre avait la bouche ouverte ; il y versa trois gouttes du contenu de la fiole. Aussitôt l'Ogre ronfla plus fort.

Alors, de la main gauche il lui gratta le pied, et de la main droite il tira les oranges. Mais la poche était étroite, il eut beaucoup de peine à les en sortir. Quand il eut tiré la dernière, il se sauva au grand galop.

Il n'avait pas fait cent enjambées que l'Ogre se réveilla, vit que les oranges avaient disparu ; il sortit de sa caverne en criant, ou jurant ; vit le jeune garçon qui fuyait et se mit à le poursuivre.

Le pauvret s'en aperçut, et, tout en escaladant la montagne, il posa un petit miroir de-ci, de-là.

Cet Ogre, qui était un badaud, se croyait joli ; il se regardait dans chaque miroir ; le jeune garçon en profita pour fuir à grands pas, si bien qu'il arriva bientôt derrière la montagne, et l'Ogre ne sut plus où il était passé.

Il y avait huit jours que le jeune garçon manquait.

Le roi se désolait, s'accusait de la mort de son fils : « Si je n'avais pas été si barbare, je ne l'aurais pas laissé aller chercher les trois oranges. Je serai la cause de sa mort. »

Pendant que le roi se désolait, le jeune homme arriva.

— Père ! cria-t-il du plus loin qu'il le vit, je vous apporte les trois oranges.

Vous pensez si le roi fut content, et la reine aussi ; mais il n'en fut pas de même de ses frères, qui en étaient jaloux.

Au lieu de lui donner la moitié du royaume, le roi le donna tout entier à son jeune fils, qui se maria avec la fille d'un autre roi, jolie comme une étoile.

Cric, cric,
Mon conte est fini ;
Cric, crac,
Mon conte est achevé.

Le filleul de la mort

Il était une fois un homme pauvre, pauvre comme un rat d'église, avec cinq enfants qu'il avait beaucoup de peine à nourrir, quand sa femme accoucha d'un nouveau garçon.

— Comment l'appellerons-nous, celui-ci ? dit le mari à sa femme.

— Il faudra l'appeler Jean-de-Trop.

Pourtant elle se reprit et dit :

— Si son parrain veut lui donner un autre nom, nous le lui donnerons. Va voir tes parents, annonce-leur l'arrivée du nouveau venu et choisis-en un pour parrain.

Le mari va visiter tous ses parents ; tous l'un après l'autre lui répondirent :

— Cela va bien, nous te félicitons.

Mais il se disait en lui-même : Merci de vos félicitations, je me serais bien passé de la naissance de ce garçon.

Et quand il leur offrit de le tenir sur les fonts, tous lui répondirent qu'ils n'avaient pas le temps ou bien qu'ils étaient malades ; aucun ne voulut être parrain.

Les parentes qu'il invita à être marraine lui répondirent la même chose.

Il s'en va chez ses amis, ils étaient rares parce qu'il était pauvre ; ils lui firent la même réponse.

Autant, lui répondirent les voisins et les voisines.

Le mari revint à la maison en pleurant, raconta à sa femme ce qui lui était arrivé, et la femme aussi se mit à pleurer.

Pendant qu'ils se désolaient vint un homme âgé avec

une longue barbe, vêtu d'habits tout rapiécés, qui leur demanda l'aumône.

— Nous n'avons pas trop de pain, dit la femme, mais c'est égal, nous nous priverons un peu : je n'ai jamais renvoyé aucun pauvre sans lui donner quelque chose. Homme ! coupe-lui un morceau de pain et qu'il vienne se chauffer s'il a froid.

Le pauvre vieux prend le pain, s'assied auprès du feu et, comme ils pleuraient encore, il leur demanda ce qui les chagrinait.

— Ma femme vient d'accoucher, répondit le mari ; j'ai cherché partout, je n'ai trouvé personne qui voulût être parrain et marraine de cette pauvre créature qui vient de naître.

— Que cela ne vous inquiète pas, lui dit le pauvre vieux, si vous voulez, je serai son parrain.

— Merci, dit la femme, merci brave homme, nous le voulons bien, mais qui aurons-nous pour marraine ?

— Que cela ne vous inquiète pas, j'en trouverai une. Quand voulez-vous baptiser ?

— Demain ; il nous faut économiser quelque chose pour la fête.

— Ne vous mettez pas en peine de rien, je me charge de tout.

Ce pauvre était Notre-Seigneur.

Le lendemain matin arrivaient à chaque instant des ânesses chargées de pain, de vin, de viande, de volaille. Quand les parents, les amis, les voisins virent arriver autant de provisions, ils allèrent voir l'accouchée et son mari, dans l'espérance de donner un coup de dent. L'accouchée et son mari, qui n'étaient pas méchants et que ces victuailles avaient mis de bonne humeur, les invitèrent tous au baptême.

Sur la table, on étendit une nappe blanche, de grosses bouteilles pleines de vin vieux, du pain blanc comme la neige, des crèmes, des fruits de toutes sortes, des fouaces couvraient la nappe ; près du feu, il y avait une grande marmite pour la soupe, une tourte grande comme un crible à passer la farine, un dindon et deux chapons à la broche que tournait le plus grand des quatre enfants en écarquillant les narines.

Jamais un fils de roi n'avait eu un tel baptême !

Parents, amis, voisins flairaient de toutes leurs forces le bon fumet qu'exhalait la cuisine.

Quand la cloche sonna, arriva une voiture attelée de quatre chevaux ; elle s'arrêta devant la porte et il en sortit le vieux pauvre, vêtu comme un seigneur, la barbe bien peignée ; il aurait paru n'avoir pas plus de vingt ans sans sa barbe blanche.

Quand il fut descendu, il se retourna vers le carrosse en disant :

— Sortez, madame la marraine, c'est le moment.

Aussitôt, descend un squelette qui avait les os plus blancs que la neige : c'était la Mort.

A cette vue, tous les mangeurs qui s'étaient invités s'enfuirent de tous côtés ; il ne resta personne dans la maison que la mère, le père et les enfants.

— N'ayez pas peur, dit la Mort en entrant, je suis votre amie ; tous les membres de votre famille vivront deux cents ans sans être jamais malades, et j'apprendrai un secret à mon filleul qui le rendra l'homme le plus riche de la terre.

La Mort se couvrit d'un manteau et d'un voile épais, et ils partirent pour aller baptiser l'enfant.

Quand ils revinrent de l'église, Notre-Seigneur dit :

— Moi et la Mort n'avons pas besoin de manger ; nous partons. Vous, mettez-vous à table et régalez-vous à votre aise.

Le mari, la femme et les enfants mangèrent, burent, et il resta des vivres pour huit jours.

Depuis, leurs affaires allèrent en prospérant ; rien ne manquait plus dans la maison. Jean-de-Trop alla à l'école ; et, quand il sut bien lire, écrire et compter, sa marraine vint le voir et lui dit :

— Jean, tu as dix-huit ans, il est temps de prendre un métier.

— Je n'ai pas encore pensé à cela, marraine ; je ne me donnais point de souci en voyant l'abondance qui règne aujourd'hui dans notre maison ; mais je ferai comme vous le désirez.

— Il faut te faire médecin.

— Vous vous moquez de moi ! Le médecin qui vient dans notre village sait le latin et bien d'autres choses que j'ignore ; comment voulez-vous que je fasse ?

— Tu n'as besoin de rien savoir, je vais te faire médecin sur l'heure. Quand tu iras chez un malade, si tu me vois à la tête du lit, tu diras aux parents qu'ils peuvent appeler le notaire et le prêtre. Si tu me vois au pied du lit, tu leur porteras une fiole d'eau de réglisse, tu leur diras d'en mettre trois gouttes dans un verre d'eau, et le malade guérira. Personne que toi ne me verra.

— Comment voulez-vous, marraine, que je guérisse les malades avec de l'eau de réglisse ?

— Nigaud, tu ne les guériras pas : quand je serai au chevet du lit, le malade mourra ; quand je serai au pied du lit, il vivra. Allons, il faut commencer ton nouveau métier ; quand le médecin viendra dans ce village, tu feras semblant d'aller voir les malades, et quand il sera parti tu diras aux parents : « Il est perdu », ou bien : « Il ne risque rien avec ma fiole. »

Jean-de-Trop fit ainsi que lui avait dit sa marraine. En premier lieu, le voyant si jeune et sachant qu'il n'avait pas étudié la médecine, les gens ne voulaient pas le croire. Pourtant quelques-uns se hasardèrent à l'écouter, et jamais Jean-de-Trop ne se trompa.

Cela se sut à la ville voisine, de celle-là à une autre, de l'autre partout jusqu'à Paris.

Tous les gens riches de la France, lorsqu'ils avaient des malades, envoyaient chercher Jean-de-Trop, et jamais Jean ne se trompait.

Voilà que la fille du roi tombe malade ; tous les médecins de Paris la déclaraient perdue. Le cuisinier du roi, qui était du village de Jean-de-Trop, conta au roi son savoir-faire, en lui assurant que si la princesse pouvait guérir, Jean la guérirait.

Le roi envoya chercher Jean avec sa voiture. Quand il fut arrivé, il demanda où était la fille du roi. On le conduisit à la chambre de la princesse. En entrant il vit sa marraine au pied du lit.

Il prit alors le père à l'écart et lui dit :

— Que me donnerez-vous si je guéris votre fille ?

— Je te donnerai une charrette pleine d'argent.

— Cela n'est pas assez.

— Je te donnerai une de mes provinces, celle qui te conviendra le mieux.

— Cela n'est pas assez.

— Je te donnerai la moitié de ma couronne.

— Cela n'est pas assez.

— Enfin que veux-tu que je te donne ?

— Il faut que vous me donniez votre fille en mariage.

— Je te la donnerai, pourvu qu'elle t'accepte pour mari.

La princesse était une belle fille de dix-neuf ans et Jean-de-Trop en avait vingt-deux ; c'était un beau garçon, de belle mine ; il plut à la princesse, qui dit :

— Qu'il me guérisse d'abord, ensuite je l'épouserai.

Dans quinze jours, avec sa réglisse, Jean eut guéri la princesse. Ils s'épousèrent, on fit fête tout un mois.

Les jeunes époux s'aimaient on ne peut plus ; mais cependant Jean avait un grand chagrin en pensant qu'il se séparerait trop tôt de sa femme, car il devait vivre deux cents ans, ainsi que le lui avait promis la Mort.

Sa marraine venait le voir de temps en temps. Il lui dit un jour :

— Marraine, vous qui m'aimez tant, vous devriez bien donner autant de vie à ma femme qu'à moi-même.

— Cela n'est pas possible.

Jean recommençait à faire sa demande, et toujours la Mort lui répondait :

— Cela n'est pas possible.

— C'est bien, n'en parlons plus ; mais je vois que vous n'avez pas autant de puissance que ce que vous dites.

Jean avait une petite calebasse où il mettait de l'eau-de-vie quand il allait en voyage.

— Tenez, marraine, je suis bien sûr que vous ne pourriez pas entrer dans cette petite gourde.

— Enfant que tu es, rien n'est plus facile pour moi, mais je ne veux pas m'amuser à cela.

— Parce que vous ne pouvez pas.

— Tu vas voir, dit la Mort.

Elle se fait petite, petite, petite comme un grillon, et entre dans la gourde. Aussitôt Jean l'y enferme avec le bouchon bien serré.

— Jean ! crie la Mort, ouvre-moi !

— Non marraine, je vous aime bien, vous avez fait mon bonheur, mais j'aime aussi beaucoup ma femme ; je ne vous laisserai pas sortir, jusqu'à ce que vous ayez accordé autant de vie à ma femme qu'à moi-même.

Pendant huit jours la Mort demeura enfermée dans la petite gourde ; pendant huit jours sur la terre personne ne mourut. Le diable était étonné de ne voir arriver aucun damné. Notre-Seigneur riait en voyant cela, sachant bien qu'il ne perdait rien pour attendre ; il aimait beaucoup Jean, qui était un homme bon et religieux.

Enfin, après le huitième jour d'ennui, voyant que son œuvre était en retard, la Mort accorda à la femme de son filleul une vie aussi longue qu'à lui-même.

Cric, cric,	Cric, cric,
Mon conte est fini,	Mon conte est fini,
Cric, crac,	Cric, crac,
Mon conte est acabat.	Mon conte est achevé.

Le garçon

Un jour, un garçon de la Sérane, qui était marié depuis peu, dit à sa femme, de bon matin, en la quittant au lit : « Je m'en vais faire une affaire chez Martin de la Suque ; n'en dis rien, parce que je ne tiens pas à ce que tout le monde connaisse mes affaires. »

Il se met en chemin et se dirige vers la maison de Martin, le jardinier : « Bonjour, Monsieur Martin, lui dit le garçon, on m'a dit que vous aviez un poulain à vendre, et, comme j'en ai besoin d'un, vous me feriez bien plaisir de me le donner : je sais que vous les tenez de bonne qualité, à cause que vous savez bien soigner les œufs de votre jument. Vous n'en êtes pas à votre coup d'essai, car j'ai vu les poulains que vous avez vendus à Guillaume, mon voisin, et à Pierre, le métayer de la Suque. »

Le jardinier comprit qu'il avait affaire avec un niais, et lui dit : « Je suis bien fâché de ne pouvoir te vendre un poulain ; je n'en ai plus ; mais cela ne fait rien, je peux te vendre des œufs de jument.

— Comment voulez-vous, Monsieur Martin, que je puisse faire éclore ces œufs ? Si j'étais habile comme vous, je pourrais m'en charger.

— Il n'y a rien à faire, je te donnerai un œuf prêt à éclore : en arrivant à ta maison, le poulain naîtra ; mais fais attention de ne pas le laisser tomber en route, parce qu'il se briserait et le poulain partirait.

— Soyez tranquille, Monsieur Martin, j'y ferai attention. »

Marché conclu ; le jardinier le conduisit au fond de son jardin, lui choisit la plus belle citrouille qu'il y avait, l'enveloppa dans un sac, la lui mit sur l'épaule, se fit payer deux pièces d'or et le renvoya.

Le garçon, content comme un bossu, prend le chemin de sa maison, fier d'avoir fait un aussi bon marché.

Il comptait, recomptait et disait : « Si le poulain que tu portes dans cet œuf pouvait être une jument, ta fortune serait faite : un œuf par jour qu'elle te fît, cela ferait trois cent soixante-cinq par an. Et puis ta jeune femme serait contente d'avoir un mari industrieux ; tu ferais bientôt concurrence à Monsieur Martin. »

Il se frottait les mains de joie. Tout en se parlant à lui-même, il ne faisait pas attention où il passait ; au moment où il se trouvait à la cime du monticule de la Suque, la citrouille tomba de dessus son épaule, roula sur la pente de la colline, s'ouvrit et se brisa en mille morceaux. En roulant elle heurta un lièvre au gîte, qui dormait ; le lièvre partit et arpenta tout le bois de la Suque.

Notre garçon crut que c'était le poulain échappé de l'œuf qui s'était crevé.

Il s'en va tout mécontent chez le jardinier et lui dit : « Monsieur Martin, malheur m'est arrivé ! J'ai laissé tomber l'œuf de jument ; il s'est crevé et un beau poulain s'en est échappé. Si vous aviez vu comme il courait en tendant les oreilles !... Comme ils doivent être de bonne race, vos poulains !... Mais ce n'est pas tout, il faut que vous me donniez un autre œuf, en vous payant, bien entendu. »

Le jardinier lui dit : « Je n'en ai pas à point comme celui que je t'avais donné, mais cela ne fait rien ; tu n'auras qu'à le couver [pendant] un ou deux jours, cela suffira. »

Il lui donne une autre citrouille, en lui disant : « Fais bien attention à ce que je vais te dire : prends cet œuf, porte-le à ta maison, et, jusqu'à ce que le poulain soit éclos, n'adresse la parole à personne ; quoi qu'on te dise, ne réponds pas, sans cela l'œuf serait gâté. »

Le garçon part, arrive bientôt à sa maison, monte

droit à sa chambre, met la citrouille dans le lit, s'y met dessus, se couvre bien et couve.

Sa femme vient au bout d'un moment et lui dit : « Que fais-tu, mon Janot ; tu es malade ?... »

Mais le garçon ne dit pas mot.

« T'est-il arrivé quelque chose ?... Dis-le-moi... »

Pas mot.

Sa femme appela les voisins, les amis de son mari. Tout le monde arriva, lui parla ; mais lui, pas mot.

Alors un de ses meilleurs amis dit : « Moi, je le ferai bien parler. »

Il s'approche de la jeune femme, qui était dans la chambre, lui fait les yeux doux et ensuite quelques baisers.

Le garçon sortait les yeux hors de la tête ; il finit par n'y plus tenir et dit : « Pierre, tu es bien heureux que je couve, autrement je te lèverais bien de là. »

Il eut parlé, l'œuf de jument ne valut rien, mais sa femme sut qu'elle avait épousé un homme stupide.

Cric, cric,
Mon conte est fini.

Georges

Il était une fois un travailleur de terre qui alla se louer. Son maître lui garnit son sac et alla l'accompagner à une vigne de cinq journées de travail.

Quand le maître fut parti, Georges ouvrit le sac, goûta le pain et le vin, et dit :

Pain d'orge !
Couche-toi, Georges ;
Vin mélangé [d'eau] !
Dors, mon garçon.

Aussitôt il alla s'allonger sous un figuier planté au milieu de la vigne.

Le soir, quand il rentra chez le maître pour souper, celui-ci lui dit :

— Eh bien ! Georges, où en es-tu de la vigne ?

— Maître, j'en suis au figuier.

— Vraiment ! Tu as bien travaillé.

— Comme ça, maître.

Le lendemain, Georges retourne tout seul à la vigne, goûte le pain et le vin, et dit :

Pain d'orge !
Couche-toi, Georges ;
Vin mélangé !
Dors, mon garçon. »

Et, de nouveau, il alla s'allonger sous le figuier.

Au souper, le maître lui demande encore :

— Eh bien ! Georges, où en es-tu aujourd'hui ?

— Maître, j'en suis au figuier.

— Tu n'as guère travaillé.

— Comme hier, maître.

Le maître, ne comprenant rien à cette réponse, voulut l'épier.

A l'aube, il partit pour la vigne, se cacha derrière une haie.

Georges arriva, goûta le pain et le vin, et dit :

Pain d'orge !
Couche-toi, Georges ;
Vin mélangé !
Dors, mon garçon.

Aussitôt il alla s'allonger sous le figuier.

Le maître comprit alors.

Le lendemain, il mit dans le sac de bon pain, de bon vin ; et, lorsque Georges eut tout goûté, il dit :

Pain de blé !
Travaille, garçon ;
Bon vin pur !
Travaille ferme.

Alors il prend sa pioche et se met à piocher comme un enragé.

Au souper, le maître lui demande où il en est de la vigne.

— Oh ! maître, je n'en suis plus au figuier.

Dans quatre jours, la vigne fut piochée.

Le bon maître fait le bon serviteur.

Le charbonnier

Il était une fois un charbonnier qui depuis vingt ans faisait du charbon dans la forêt noire. A ce métier, il ne gagnait guère ; il mangeait du pain de maïs et du milhas.

Ce charbonnier était marié ; il avait trois enfants, avec son père et sa mère.

Un jour, le roi alla, avec les seigneurs de sa cour, à la chasse dans la forêt. Il allait si vite à la poursuite d'un sanglier, qu'il perdit les autres chasseurs et arriva devant la cabane du charbonnier.

Il était deux heures de l'après-midi ; les vivres étaient restés entre les mains des autres chasseurs.

Le roi avait faim ; il demanda au charbonnier s'il avait du pain.

Le charbonnier lui dit : « J'ai du pain de maïs dans un sac et du milhas que nous ferons rôtir ; mais sans doute vous ne pourrez pas manger cela.

— Quand midi passe, tout pain est bon. »

Tout en déjeunant, il lui demande depuis combien de temps il faisait du charbon dans la forêt.

« Il y a vingt ans, et je ne me repose que la nuit de Noël, celle que nous appelons la nuit de bombance.

— Et combien gagnes-tu par jour ?

— Vingt sous.

— Comment les dépenses-tu, ces vingt sous ?

— Cinq que je mange chaque jour, cinq que je paye chaque jour, cinq que je prête chaque jour, cinq que je ne sais où diable ils passent.

— Mon ami, je n'ai pas d'argent sur moi, voici ma tabatière en or ; demain tu me la rapporteras, parce que je ne suis pas assez savant pour répondre à ta question ; tu me donneras l'explication de ce que tu viens de dire. »

Le roi entend sonner le cor de chasse et va droit aux chasseurs, qui lui disent qu'ils avaient tué un sanglier, l'avaient cherché de tous côtés et étaient bien mortifiés de ne l'avoir point trouvé.

« Vous devez avoir bien faim ? disent-ils au roi.

— Non, j'ai rencontré ce charbonnier qui m'a donné du pain et de la bouillie de maïs, j'ai le ventre comme un tonneau. Maintenant je n'ai pas le temps de vous raconter ce qu'il m'a dit ; mais demain nous le ferons venir, il nous donnera l'explication de ce que je n'ai pu comprendre. »

Le lendemain, il envoie chercher le charbonnier pour dîner avec lui.

Le charbonnier portait la tabatière ; le roi lui demande l'explication des vingt sous dépensés chaque jour.

Le charbonnier lui dit : « Cinq que je mange chaque jour, cinq que je paye chaque jour, cinq que je prête chaque jour, cinq que je ne sais où diable ils passent. »

Le roi ni personne de la cour ne devina.

Le charbonnier alors leur dit : « Cinq sous que je mange chaque jour avec ma famille ; cinq sous que je paye chaque jour à mon père et à ma mère, qui m'ont nourri quand j'étais enfant ; cinq sous que je prête chaque jour à mes enfants qui ne peuvent pas travailler, et qui me les rendront quand ils seront grands, et les cinq sous qui passent je ne sais où diable, c'est pour payer la taille.

— Mon ami, je te remercie bien de m'avoir donné [à manger] quand j'avais faim ; en récompense, je te donne mille écus et tu ne payeras plus la taille. »

Le charbonnier remercia le roi et s'en retourna à sa cabane.

Les trois petits cochonnets

Trois petits cochonnets couraient le long de l'eau et trouvaient de bonne herbe tendre pour vivre, mais, comme ils avaient peur du loup, ils se mirent à bâtir une petite maison.

Quand elle fut finie, Paul Grand, l'aîné, dit aux autres de regarder par-dehors si la maison était solide, et lui regarderait dedans.

Les autres firent le tour et, quand ils revinrent, la porte était fermée.

— Ouvre-nous, Paul Grand !

— Non, non, le loup entrerait et me mangerait ; allez bâtir une autre maison.

Les pauvres cochonnets, ayant bien peur, se mirent à bâtir une autre maison. Quand elle fut achevée, Paul Moyen dit à Paul Petit : – Regarde dehors, moi je regarderai dedans si la maison est bien solide.

Paul Petit alla regarder dehors et, quand il revint, il trouva la porte fermée.

— Ouvre-moi, Paul Moyen, ouvre-moi !

— Non, non, le loup entrerait et me mangerait.

Paul Petit, lorsqu'il se vit tout seul, était bien ennuyé, il avait peur du loup ; il se mit à courir, il arriva près d'un gros rocher et y trouva une jolie petite maisonnette ; il n'eut qu'à y faire la porte. Puis il y entra et se trouva bien à l'abri du loup.

Tout d'un coup, Paul Grand entendit une grosse voix qui disait : – Ouvre-moi, Paul Grand !

Celui-ci reconnut que c'était la voix du loup.

— Je ne t'ouvre pas, car tu me mangerais.

— Tant je gratterai, tant je forcerai, que j'écraserai ta maisonnette.

Le loup lui écrasa sa maisonnette et le mangea, puis il alla à Paul Moyen.

Paul Moyen avait entendu crier son frère, il avait bien peur, mais le loup ne l'épargna pas plus que l'autre ; puis il vint à Paul Petit.

— Ouvre-moi, Paul Petit !

Paul Petit ne voulut pas lui ouvrir.

— Ni plus, ni moins, je t'aurai comme les autres !

Le loup se mit à gratter, à forcer, jusqu'à ce qu'une pierre lui tombât sur les reins et le tuât.

Paul Petit le mangea et vécut longtemps dans sa maisonnette.

A qui fait du bien, mal arrive

Une fois, il y avait un homme qui allait travailler à son champ ; il passait sous un gros rocher, quand il entendit une grosse voix qui l'appelait. Il leva la tête et vit un gros lion entravé dans une fente du rocher dont il ne pouvait plus sortir.

— Viens me sortir d'ici, dit-il à l'homme.

— Je m'en garderai bien, qu'après tu me mangerais.

— N'aie pas peur, au contraire, je te défendrai contre les ennemis.

L'homme prend une corde et, en bien peinant, débarrasse le lion, puis tous deux continuent leur chemin.

Au bout d'un peu de temps, le lion, qui n'avait rien mangé depuis trois jours, dit à son compagnon :

— Tu connais bien le proverbe qui dit : *A qui fait du bien, mal arrive* ?... Je vais te manger.

— Ce n'est pas ce que tu m'avais promis.

— Je ne dis pas non, mais la faim excuse tout.

Alors l'homme lui dit :

— Prenons pour juge ce cheval qui mange de l'herbe.

— Soit, allons voir ce qu'il dit.

Ils vont trouver le cheval ; l'homme lui conte l'affaire et lui demande ce qu'il en pense.

Le cheval répond en branlant la tête :

— Je pense que le lion a raison, parce que tant que j'ai pu travailler, mon maître m'a bien nourri, mais maintenant que je ne peux plus rien faire, il m'a mis à la porte de son étable et, pour ne pas crever de faim, je viens chercher ma vie parmi ces tas de pierres.

Quand le cheval eut parlé, l'homme, qui tremblait et non sans raison, dit au lion :

— Il est vieux, sa cervelle ne va plus, tu vois bien qu'il ne sait pas ce qu'il dit ?... Allons trouver ce chien, là-bas, qui ronge un os.

— Allons-y.

Ils vont trouver le chien ; l'homme lui conte l'affaire et lui demande ce qu'il en pense.

Le chien leur dit :

— Le lion a raison : tant que j'ai bien pu suivre le troupeau, pour le défendre des loups, j'ai été bien nourri. Maintenant que je suis vieux, mon maître me chasse et ne me donne plus rien, il me fait crever de faim en récompense de mes services.

L'homme, toujours plus effrayé, lève la tête et voit un renard qui ne passait pas loin d'eux ; alors il dit au lion :

— Ce chien est un sot, il ne comprend pas ce qu'il dit ; allons trouver ce renard qui est là-haut.

— Je te l'accorde, mais ce qu'il dira nous le ferons, et nous n'écouterons plus personne.

Il appelle le renard qui, plus il courait, plus la peur le gagnait ; à la fin, quand il vit que, ni plus, ni moins, le lion l'attraperait, il s'arrêta et les attendit en tremblant.

Les deux compères lui disent de n'avoir pas peur, qu'ils ne lui veulent pas faire de mal, ils veulent seulement lui demander de juger leur affaire.

Le renard s'asseoit pour les écouter et, quand l'homme eut parlé, le renard leur dit :

— Pour bien juger votre affaire, j'aurais besoin de voir comment cela s'est passé.

Ils allèrent au rocher et le lion alla se mettre à l'endroit où il était quand l'homme l'avait délivré.

Lorsqu'il y fut, le renard lui dit :

— C'est comme cela que tu étais quand l'homme t'a sorti ?

— Pas encore bien.

— Il t'y faut bien mettre comme tu étais, et puis, l'homme viendra te sortir.

— Maintenant j'y suis.

— Bien ?...

— Oui.

— Tu ne peux pas sortir ?...

— Non.

— Eh bien, si c'est ainsi que tu étais, restes-y !

L'homme, bien content, dit au renard :

— Je te remercie bien, sans toi le lion m'aurait mangé. Pour ta récompense, je t'apporterai demain matin une poule bien grasse ; tu viendras là-bas, à l'endroit où nous t'avons trouvé avec le lion.

Le lendemain matin, le renard trouva l'homme, qui portait un sac sur son dos.

Le renard se léchait les babines.

L'homme pose le sac et dit au renard de l'ouvrir ; le renard, qui ne se méfiait pas, ouvre le sac : un gros chien en sort, saute sur le renard et le tue.

Quel était le plus ingrat de tous ?...

BRETAGNE

Ernest Du Laurens de La Barre

Les aventures de Monsieur Tam-Kik

Voilà donc que Monsieur *Tam-Kik* demanda son compte à son bonhomme de père, qui avait bientôt soixante-douze ans, et ne pouvait le nourrir à rien faire. Tam-Kik, depuis trois semaines au moins, voulait partir pour voir le beau pays de Bretagne, chercher des aventures et ramasser quelques sous pour le vieux ; mais chaque fois que Tam-Kik parlait de départ, le vieux Job secouait tristement la tête, regardait de l'autre côté et passait sa manche sur ses yeux ; finalement, comme il y a une fin à tout, Tam donna quittance *de rien* à son père et tuteur, et sortit de la hutte sans regarder derrière lui.

Tam-Kik avait été surnommé *Tam-Kik* par les petits garçons des villages voisins, parce qu'il allait par-ci par-là aux portes des métairies demander un petit morceau à manger, en disant :

Morceau de viande ou de pain,
Toujours charité fait du bien.

Faut vous dire que dans la pauvre maison de Job, Tammik n'avait jamais senti l'odeur du lard, ni frais ni salé, car le pauvre vieux journalier, n'ayant ni sou ni rentes, vivait principalement de la charité des seigneurs de Lothéa. Au surplus, quand il avait son *écuellée* de soupe de pain noir, Job ne désirait rien de personne ; plus raisonnable en cela que bien des gens qui se font maigrir, en vérité, à force de vouloir s'engraisser avec le bien du prochain ; plus raisonnable aussi que Monsieur Tammik, son digne fils, qui disait, en regardant ses maigres jambes, qu'un peu de lard le dimanche ne lui ferait pas de mal aux dents. C'était, du reste, le seul défaut, la seule ambition de Monsieur Tam, et encore doit-on l'excuser, puisqu'il désirait ces douceurs pour son vieux père plus que pour lui.

Par ailleurs, Tammik était un garçon parfait, sauf la beauté qui lui faisait un peu défaut ; car je crois qu'il était louche et presque bossu. N'importe, il avait bien d'autres qualités préférables dans le cœur : il était bon pour les bêtes et les gens, charitable quand il avait trop, chose rare en vérité, et pieux toujours, en souvenir de sa bonne femme de mère, qu'il avait vue mourir trois jours avant sa première communion. Ah ! qu'il parlait avec enthousiasme de ce beau jour de sa première communion, et il y avait de quoi, en vérité ! Figurez-vous Tam-Tortik vêtu d'un bel habit de drap vert avec des boutons de cuivre, ayant appartenu au garde-chasse de Lothéa. Il y en a qui disent que l'habit était un peu ample pour Tam : bagatelle ! Tam n'en était que plus à l'aise pour chanter ses cantiques ; et un beau cierge de douze sous pour le moins, et un chapeau neuf !... Ah ! le beau jour, Jésus, Jésus-Maria !

Tammik partit donc, et s'il n'emporta point d'argent ni de sabots neufs, il eut pour passeport la bénédiction de son vieux père. Ça devait lui porter bonheur, car, vous le savez, le bon Dieu conduit toujours les bons fils par la main.

Or, le même jour, dans la meilleure métairie du voisinage, pareille chose à peu près se passait : un beau garçon de dix-huit à vingt ans, Jalm Thurio, fils de veuve riche et comme il faut, avait demandé résolument et pour tout de bon ses comptes à sa mère, voulant aller, disait-il, par le monde à la recherche d'une fortune plus grande, et surtout s'affranchir de la surveillance maternelle.

La veuve, sa mère, était pourtant une digne femme, pleine de vertu, de religion et de crainte de Dieu ; mais ses conseils n'avaient servi qu'à hâter le départ de son fils, en lui causant du dépit.

Alors, Thurio, monté sur un bon double bidet de

Cornouaille, partit au grand trot, par le grand chemin, pour se rendre à la grande ville de Quimper. On était en hiver, il neigeait, il glaçait à fendre pierre. Du côté de Clohars, Jalm rencontra sur son chemin un pauvre *klasker bara* (chercheur de pain), tout vieux, tout transi, qui disait d'une voix enrouée :

— *Riou braz am euz* (j'ai grand froid), mon gentilhomme, un coin de votre manteau pour l'amour de Dieu.

— *Riou, riou*, répondit Jalm en éclatant de rire, Riou, c'est le tailleur de Lothéa. Faut lui commander un pourpoint, l'ami, au lieu de t'enrhumer ici à crier *riou* à tous les passants.

Le pauvre reprit :

— Pour un petit coin de votre manteau, je vous donnerai cette petite cage et la petite mouche bleue qui est dedans ; voyez, voyez, mon doux gentilhomme.

— Imbécile ! dit l'autre, en le repoussant rudement avec le manche de son fouet, mon manteau pour une mouche ? Tu es un innocent ; allons, range-toi, ou sinon...

Et il leva le bras pour frapper le mendiant.

Heureusement que le cheval, comme s'il eût été effrayé tout à coup, s'élança au galop dans le bois voisin, où Thurio, sous les branches des arbres, reçut plus d'une bosse à la tête.

Pour revenir à Tam-Kik, voilà que, par une route différente, il arrive, sur le soir, au même endroit.

— *Riou braz am euz*, lui dit d'une voix triste le pauvre marchand de mouches.

— Vous avez froid, mon pauvre ami, répondit Tam, vous paraissez malade.

Et sans ajouter une parole, il se dépouilla de sa vieille veste percée et la mit sur les épaules presque nues du mendiant.

— Où vas-tu donc, Tam-Kik ? reprit celui-ci.

— Quoi, vous savez mon nom, c'est-à-dire mon surnom de *klasker bara* ?

— Je sais tout cela et d'autres choses encore ; je sais

aussi que le bonhomme Job t'a donné sa bénédiction avant ton départ, et pour te récompenser...

— Ah ! ne parlez pas du bonhomme, ou mon pauvre cœur va tourner là-dedans, et me faudra regagner le logis sans y rapporter un liard.

— Console-toi, Tammik, les anges sont avec toi ; tu m'as donné ta veste ; je te donne en retour cette petite cage où il y a une mouche bleue.

Tam prit la cage et la *kélien glaz*, la considéra avec une admiration d'enfant ; et quand il se retourna pour dire *trugarez* (merci) au vieillard, sa place était vide, et personne n'allait sur le chemin.

— Voilà qui est drôle, se dit le voyageur ; c'est égal, je vais garder le présent du pauvre, ça doit me porter bonne chance.

La nuit ne tarda pas à venir là-dessus ; et voilà que, malgré le clair de la lune, notre Tammik s'égara par les landes et les bois, avant d'avoir rencontré aucune maison. Enfin, après avoir bien marché, bien couru, vers le milieu de la nuit, il arriva à l'entrée d'un bois sombre, qui était gardé par un *Rounfl*, c'est-à-dire un ogre, mangeur d'hommes et autres *lôned* (bêtes). Tam crut bien reconnaître ce passage hanté, si redouté aux environs, mais comme il n'était point peureux et qu'il aimait les aventures, il résolut de s'y engager. Au surplus, il était trop tard pour reculer, car les deux domestiques du Rounfl, autrement dit deux gros chiens, qui n'avaient pas l'air tendre, arrivaient à l'instant et priaient poliment, à leur manière, Monsieur Tam-Kik d'entrer chez eux. Quand je dis poliment, ça veut dire en lui chatouillant un peu les jambes.

— *Goustadik, goustadik* (doucement), mes petits agneaux, leur dit Tam, de sa voix la plus douce, ne vous mettez pas en colère ; tenez, voici deux belles galettes de blé noir que je vous donnerai si vous laissez mes pauvres *flûtes* tranquilles.

Vous voyez que le vagabond n'était pas si bête, au contraire ; et bientôt c'eût été un plaisir de voir Tam et les deux dogues entrer, bras dessus bras dessous, dans le manoir du Rounfl.

— *Orch !* fit celui-ci en se réveillant à cette vue, voilà qui est singulier ; ici, Butor, ici, Ragear, mes valets maudits, que je vous corrige pour avoir donné la patte à un chrétien.

Le vieux Rounfl, gros comme une tonne, était assis dans une salle sombre et enfumée, creusée dans les rochers au flanc de la montagne, il était si gros qu'il ne pouvait remuer.

Vite Butor, avant que le bâton fatal fût retombé (car l'ogre avait à la main un bâton ferré, long de deux aunes), vite Butor lança deux mots dans l'oreille d'âne du Rounfl, qui s'apaisa sur-le-champ.

— C'est bon, c'est bon, dit-il, on verra ça ; en attendant, troussez-moi ce poulet-là, il tiendra bien sur la broche avec l'autre.

Foi de Dieu ! Tammik n'avait guère le temps de se gratter l'oreille. Par bonheur, il avait la langue pendue comme un avocat de Quimper, et il se mit à travailler avec, tout de suite.

— Ah ! Monsieur l'ogre, qu'il s'écria, Monseigneur le baron de Tronjoli, vous auriez grand tort de faire du mal à Tam-Kik ; votre meilleur ami, venu ici tout exprès de l'Angleterre.

— Je n'aime pas les Anglais, moi ; ainsi, mes dogues...

— Faites excuse, Monseigneur, je ne suis pas un Anglais, je n'en ai pas l'air, que je pense, mais c'est par amour pour Votre Majesté que je suis allé dans ce pays des cuisiniers pour apprendre à faire la cuisine à la nouvelle mode.

— *Orch ! orch !* ça me donne appétit, mais je suis diablement pressé.

— Patience, Monseigneur, n'y aura rien de perdu, laissez-moi faire ; où est la volaille ?

— Montrez-lui la broche et la volaille, et si dans cinq minutes...

— Suffit, Monseigneur, on sera prêt. A l'ouvrage !

Et en disant cela, Tam retournait ses manches et suivait Ragear à la cuisine. Oh ! Jésus-Maria ! qu'est-ce qu'il vit dans un coin de la cuisine !... La cuisine était assez grande ; il y avait des billots faits avec des chênes tout entiers, des couperets énormes, des poêles à frire larges comme des meules de moulin, un tourne-broche dont les roues avaient l'air d'un moulin à farine, des broches, des broches longues comme le pied de la grande bannière de Clohars ! Ça faisait frémir, quand on pense qu'il y avait à côté des morceaux de *kik* et d'os qui ne sentaient ni le veau, ni le bœuf, ni le mouton.

Le fameux Jalm Thurio était dans le fond de la cheminée, près du feu, non pas pour se chauffer à l'aise, n'allez pas croire, mais bien garrotté, troussé comme un poulet, tout prêt à être embroché et grillé comme saint Laurent.

Tammik, quoiqu'il n'eût guère de cheveux sur la tête, les sentit pourtant se dresser de peur, surtout quand il entendit Ragear lui dire :

— Fais que ça soit cuit dans cinq minutes, et à point.

Cinq minutes pour cuire un homme !... Ah ! il y avait un fier feu dans la cheminée, qu'on en rissolait à dix pas.

— Faut que ça soit bien cuit dans cinq minutes, répéta le monstre, en saisissant la broche d'une patte et Thurio de l'autre.

— Heuh ! diable rouge ! murmura Tam hors de lui.

Tout à coup il sentit un frétillement dans sa poche, et entendit une petite voix qui disait :

— Ouvre vite, ouvre-moi vite la cage...

Brrr, voilà la mouche bleue en route. D'abord elle va droit à Ragear, qui cherchait le bon bout pour embrocher Jalm, et lui enfonce son dard dans les deux yeux. Ragear, fou de douleur et de colère, laisse tomber la broche et pousse des hurlements terribles ; Butor arrive à ce vacarme, et la guêpe, allant à sa rencontre, lui fait subir le même traitement qu'à son compagnon. Restait le Rounfl, dont la fureur ne connaissait plus de bornes.

— Ici, ici, tas de brigands, que je vous éreinte à coups de gaffe... Dire qu'ils me font attendre mon souper et qu'ils sont à se battre au lieu de faire leur besogne. Ah ! les monstres, comme je vais les dauber ! Et ce gueux de cuisinier ; failli Anglais, va, c'est moi qui vais te démolir ; oui, je vais t'avaler tout cru, pour t'apprendre à troubler mon ménage.

C'était comique de voir se démener un Rounfl si gros, si pesant qu'il ne pouvait quitter son fauteuil.

— *Rounflec'h*, ogre méchant, attends un peu, mon chéri, tu seras servi tout à l'heure ; on va te chauffer un bouillon nouveau. Gros glouton ! hurle tant que tu voudras, appelle tes dogues, peine perdue, mon vieux ; tes dogues enragés sont déjà rendus si loin dans la forêt que l'on n'entend plus d'ici leurs hurlements. A ton tour, affreux baron du diable !

Alors, la mouche bleue fait entendre son *vron vron* dans la salle, et va taquiner l'ogre, en le piquant sur son nez dégoûtant. Il avait l'air d'un moulin à vent avec ses grands bras qu'il agitait furieusement pour abattre la guêpe ; mais la guêpe volait plus vite que ses bras ; et quand elle eut bien tourmenté ce fils du diable, elle lui creva les yeux en un instant. Le Rounfl, à bout de forces et de respiration, se mit à souffler comme un tonnerre ; il se leva en trébuchant de son fauteuil, fit deux ou trois tours sur lui-même et tomba enfin la tête la première sur les roches, où il demeura comme un bœuf assommé.

Tammik délivra Thurio de sa triste position. Thurio, il est vrai, était un peu roussi ; mais Tam lui frotta la figure et la tête – car tous ses cheveux étaient grillés – avec un morceau de suif ou de lard, et il ne s'en trouva pas plus mal.

— Ça sent l'ogre mort par là, dit Tammik à son compagnon ; il est temps de filer d'ici ; qu'en pensez-vous ?

— Ma foi, je n'en pense rien, répondit Thurio, qui avait son idée, et ne songeait même pas à remercier son sauveur.

— Comme vous voudrez, l'ami, bonsoir, bonsoir.

Pauvre Tam ! il allait oublier sa mouche bleue, tant il

était affairé ; mais la mouche ne l'oubliait pas, car elle vint aussitôt bourdonner à ses oreilles, et rentra d'elle-même dans la petite cage.

Tammik reprit possession de son trésor et sortit de la maison du Rounfl sans causer davantage.

Dès qu'il fut parti, Thurio se mit en quête d'un autre trésor, car il savait par la lecture des histoires de ce temps-là que les ogres ont toujours dans leur cave deux ou trois tonnes remplies d'or. Finalement et pour son malheur, faut croire qu'il en fit une bonne provision, ou qu'il avait les poches gonflées et la démarche pesante en sortant du manoir. Etait-ce l'or ou le *gwin-ar-dan* (vin de feu) ? Les deux peut-être.

Allons voir un peu, avant de finir, ce que devint notre Tammik, avec sa mouche. Lassé de vagabonder, le camarade demanda une place de valet dans une bonne ferme du voisinage. Le fermier de *Kerlostik*, avant de le gager, regarda un peu de travers les pauvres jambes et le triste équipage du garçon ; mais celui-ci, piqué et enhardi par sa mouche, ayant dit qu'il ferait à lui seul plus d'ouvrage que trois fainéants de Bannalek, le maître consentit à le prendre à l'essai, avec trois écus par an, de la soupe de pain de seigle tous les jours, de la bouillie de mil et des crêpes une fois par semaine. C'était une belle condition, assurément ; aussi, Tam n'eut garde de refuser. Le voilà donc valet de charrue. Le troisième jour, le maître ayant été à la foire la veille, par un temps brûlant, en avait rapporté sa bourse vide et un bon *coup de soleil* par-dessus le marché. Tammik proposa à la vieille *moitié de ménage* d'aller au champ tout seul avec les bœufs et la charrue. La vieille accepta, faute de mieux, espérant au surplus trouver tout de suite une bonne raison pour fourrer à la porte ce failli gras, qui mangeait autant que deux. Mais sur les midi, quand elle alla au champ porter au valet sa soupe de pain noir, dont elle avait eu soin, la digne créature, de ne remplir l'écuelle qu'à moitié, quand elle vit la grande pièce toute labourée, elle resta stupéfaite. Tammik avala sa soupe sans rien dire, et, avant le soir, il laboura un second champ, avec l'aide de sa mouche qui aiguillonnait les bœufs et leur donnait un cœur infatigable.

Dame, on ne trouvait plus à la ferme les jambes de Tammik aussi maigres, et la ménagère permettait à l'aînée de la maison de lui porter son dîner au champ ; on le régalait joliment, allez, et la fille ne s'en revenait pas sans regarder par-dessus la haie. Finalement, ça continua si bien, si bien pour Tammik, que la *pen-bérez* baissa les yeux devant lui, et le laissa prendre son petit doigt et attacher une *épinglette* à sa *piécette* en revenant du pardon.

Voilà donc la fin de mon histoire : on fit une belle noce, à laquelle je ne fus pas invité, parce que mon père n'était pas encore né. Tam-Kik devint *Tam-Pinvidik* (le riche). Maharit sa femme fut la meilleure ménagère de la paroisse, ils eurent beaucoup de petits garçons et de petites filles, et puis en route, les amis !...

J'avais oublié de vous dire que l'avant-veille de ses noces, monsieur Tam-Kik, tout habillé de neuf, était parti pour Lothéa, afin de chercher le bonhomme Job, et le ramener à Kerlostik. Mais voilà qu'en passant sur la lisière d'un petit bois, il vit un rassemblement de monde autour d'un homme étendu sur l'herbe ; il s'approcha pour regarder et reconnut Jalm Thurio, que des voleurs avaient tué, pour voler son or apparemment. Vous voyez qu'une bourse trop lourde nuit à celui qui la porte, vu qu'il ne peut se sauver aisément des larrons, surtout quand au poids de la bourse se joint le poids d'une mauvaise conscience. Voilà pour lui. Tammik s'éloigna bien vite en faisant le signe de la croix et continua son chemin. Hélas ! à Lothéa, plus de bonhomme : parti pour le paradis ! Le bon fils pleura tout le long du chemin en revenant, et je puis jurer qu'il n'entra dans aucun cabaret, ce qui n'est pourtant pas défendu, je pense, aux gens qui ont le gousset garni et qui savent boire sans se soûler.

A la fin des fins, je vous dirai que la mouche s'était

envolée le jour des fiançailles. Que lui restait-il à faire ? n'avait-elle pas achevé le bonheur de Tam, en lui procurant une belle condition, et une bonne femme, ce qui est diablement rare ? Voilà pour Tam-Kik. Il y en a aussi qui disent que la mouche était un ange du paradis donné à Tam-Kik par le vieux mendiant, lequel était un grand saint venu sur la terre pour éprouver ceux qu'il rencontrerait ; d'autres ajoutent même que tous les hommes de cœur ont une *mouche* pareille dans la poitrine. Moi je vous laisse penser ce que vous voudrez, et je m'en vas.

Le bassin d'or

Un vieux faucheur, assis auprès de nous sur le gazon de la prairie, nous disait un soir, tout en battant le fer de sa faux :

— O vous qui hochez la tête, ou qui avez l'air de rire quand un ancien raconte devant vous les merveilles du temps passé, allez, donc, en revenant de dire vos prières à Rumengol, allez, par un beau clair de lune, dans la forêt du Kranou ; allez plus loin que les ruines de l'Ermitage ; approchez-vous sans bruit des pierres et des dolmens qui sont là couchés sous les ronces ; écoutez au milieu du silence du soir... Vous ne verrez venir ni le ramier bleu, ni le dragon aux trois têtes, ni le nain noir qui gardait le bassin d'or ; mais vous verrez passer les ombres des aventuriers morts dans ces lieux, les ombres des soldats francs tombés sous les coups de Lez-Breiz et de son page ; vous entendrez leurs gémissements et leurs soupirs.

Je me hâtai d'ajouter, en voyant le sourire de l'incrédulité monter aux lèvres de mes jeunes amis :

— Qui oserait douter de vos discours et rire des choses terribles que vous savez et que vous allez nous conter, n'est-ce pas ?

Rassuré par mon air sérieux, le vieux faucheur prit la parole :

Il est bon de vous dire qu'autrefois, il y a mille ans et plus, tous les jeunes *paotred* qui avaient du foin dans leurs galoches[1] s'arrêtaient, en revenant de Rumengol, au village de Quimerch. Ils ne manquaient pas d'entrer

1. Expression qui désigne les paysans aisés.

chez Yvon *ar pinvidik* (le riche) et, connaissant très bien son avarice, ils lui offraient poliment du *butun mad* (bon tabac) pour avoir le temps de voir sa fille, la bonne et charmante Bellah, en lui faisant les doux yeux. Yvon fumait tranquillement une pipée, puis il prenait le joli garçon par la main et lui disait :

— *Kénavézo* (au revoir), l'ami ; garde tes yeux bleus et les soupirs de ton cœur : Bellah est la fiancée du *Billig Aour* (du Bassin d'Or), elle est promise à celui qui lui apportera en dot le beau bassin qui change en or le cuivre et le fer ; il se trouve au château de Kerivaro[1], dans la forêt du Kranou. Tiens, voilà le chemin...

A ces mots Yvon plantait là le camarade et refermait promptement sa porte. Souvent le pauvre innocent allait errer dans la forêt, s'y égarer et mourir ; d'autres plus finauds partaient pour consulter les sorciers, chercher un *louzou* ou autre chose, mais aucun ne revenait. Bellah soupirait tristement et commençait à avoir peur de rester fille.

Un soir cependant, un jeune paysan, orphelin, sans bien ni rente, mais d'une figure d'ange et d'une piété de saint, passa devant la maison de Bellah, se rendant à Rumengol en pèlerinage. La *pennhérez* (héritière) pensive, à la petite fenêtre, regardait les nuages passer et les oiseaux voler dans le ciel. Le petit voyageur accablé de fatigue s'assit sur la pierre devant la porte, souhaita le bonsoir à la paysanne et lui demanda des nouvelles de toute la maisonnée. Yvon était absent. Les jeunes gens causèrent sans témoins... Que se dirent-ils ? Nous n'en savons rien ; toujours est-il que Lanik (c'était le nom du petit pèlerin) s'éloigna joyeux de la maison, en regardant une bague qu'il n'avait pas avant d'avoir causé avec Bellah. Il se rendit à Rumengol, fit bien dévotement ses prières, trempa son anneau dans le bénitier et s'en revint à la nuit close. Il se dirigea vers la forêt du Kranou, s'étendit sur la fougère et attendit le petit jour. A son

1. *Ker-ivaro*, village de la mort.

réveil, quel fut son étonnement de voir, perché sur une branche, à deux pas de lui, un beau ramier bleu qui roucoulait en le regardant. Lanik admira le bel oiseau pendant quelques minutes, puis il se leva et prit le premier sentier qui s'offrit à ses regards ; mais le ramier alla se placer encore sur un buisson voisin, en battant des ailes avec tant de force que le paysan s'arrêta tout surpris. Changeant alors de direction, le ramier voltigea doucement devant lui et Lanik le suivit instinctivement. Il s'amusait à tailler avec son couteau une branche de houx et en faisait une petite croix blanche. Bientôt il aperçut à travers les arbres les hautes tourelles et le colombier d'un manoir.

— C'est sans doute Kerivaro, se dit tout bas Lanik, et il fit le signe de la croix en pensant à Bellah qui devait prier pour lui.

Alors, il ne put voir sans trembler que les murs avaient cent pieds de haut, et que les portes, brillant au soleil, paraissaient doublées d'argent et de fer ; de plus, il vit au-dessus du grand portail un *korrigan dû* (nain noir) qui avait un œil sur le milieu du front et un œil derrière la tête, si bien que quand un œil dormait l'autre veillait ; et ce vilain moricaud, tout *tortik* (tordu, bossu), tenait une longue lance à la main. Mais comme Lanik était à deux cents pas du château, il continua de marcher sans crainte. Tout à coup, la lance du nain s'abaissa de son côté et s'allongea tellement que c'en était fait de notre imprudent, s'il n'eût tendu en avant son bras armé de la petite croix blanche. Frappé de surprise et d'effroi, le pauvre enfant regarda le ramier bleu qui, perché sur un buisson, l'observait et semblait dire par les battements de ses ailes : voilà un pauvre *génaouek* (nigaud).

Pour lors [1] il se rappela que le recteur, en chaire, avait dit que la patience et la vertu triomphent de tous les

1. Alors, pour lors, *neuzé, en amzér-zé*. Il faut pardonner la répétition de ces mots dans nos récits. Le conteur breton s'en sert à chaque phrase.

obstacles et des pièges du démon ; il se mit à genoux pour dire un *Pater,* et ensuite il s'assit sur ses sabots pour réfléchir. Le pigeon bleu commença sous le feuillage ses tendres roucoulements. Lanik ne trouva rien de mieux que d'imiter son compagnon emplumé et chanta plusieurs cantiques bretons ; le ramier roucoulait plus fort ; le petit paysan, en souvenir de Bellah, entonna l'air de la Cornouaille :

Ann hini gouz e va dous,
Ann hini iaouank a zo koant.
(La vieille est ma douce,
La jeune est jolie...)

Alors le korrigan, qui sans doute aimait la gavotte, se mit à danser et à se trémousser sur le rempart. Le chanteur riait tout bas dans son cœur de la danse de ce vilain être – car c'est fort drôle, un nain bossu qui danse sur un mur – mais, à la troisième gavotte, la lance du monstre lui échappa des mains et roula sur la terre ; de peur qu'il ne s'en aperçût, Lanik continua le bal par un *jabadao,* si bien qu'épuisé de fatigue, le korrigan tomba sur le mur tout de son long en soufflant comme un *pémoc'h* (porc). Lanik chanta encore quelques airs plus doux, puis une complainte bien triste, dont les accents endormirent le bossu, qui poussa bientôt des ronflements effroyables. Le chanteur s'avança alors vers le manoir ; mais comment ouvrir une porte aussi solide ?

Le sommeil du nain était tellement agité qu'il avait l'air de vouloir danser encore ; à force de se tourner et retourner, il roula sur le mur et tomba au pied du rempart. Le petit paysan vit avec frayeur s'ouvrir un de ses yeux. Il se dit que le salut de tant de chrétiens, que ce monstre avait tués, lui commandait d'agir sans peur, et saisissant la lance du korrigan, il le cloua contre la terre. Ce ne fut pas sans regret, pour le sûr, car notre garçon était humain et n'aimait ni à dénicher les nids, ni à martyriser les bêtes, comme tant de méchants enfants.

Quand le nain fut bien mort, Lanik saisit le trousseau

de clefs qui pendait à sa ceinture, choisit la plus grosse, et ouvrit le portail : il vit une cour immense, et au milieu un dragon attaché par une chaîne dont les anneaux s'allongeaient de manière à lui permettre d'atteindre aux coins les plus reculés de la cour. Au surplus, le dragon lançait du feu par ses trois têtes. La place était couverte des ossements d'une foule d'hommes venus là pour le bassin d'or et dévorés par le dragon et par le korrigan. Le jeune garçon avait bien pour se défendre la lance du nain mort, mais, outre qu'elle ne s'allongeait plus dans ses mains, il n'aurait jamais eu ni la force ni le courage de soutenir un pareil combat. Il fit une prière mentale, et se repentit d'avoir commis un meurtre inutile. Il se prit même à pleurer et fouilla sa poche pour y prendre son mouchoir : au lieu de ce *pillot*, il y trouva une galette de blé noir qu'il avait oublié de manger la veille à son souper, tant les affaires l'occupaient déjà. Comme il n'avait pas encore faim, il cassa en deux morceaux sa galette et en jeta la moitié au dragon qui la dévora subitement avec des grognements de satisfaction. Pour un pauvre innocent de Cornouaillais, ne sachant guère que manger des mûres ou des guignes, et *hâner* ses prières, vous allez voir que Lanik n'était pas trop bête : il se dit que puisque le dragon avait gloutonné la première moitié de sa galette avec tant de plaisir, il avalerait la seconde sans y regarder davantage. Là-dessus il sortit de la cour, arracha du bout de la lance un fer pointu et tranchant des deux côtés, enveloppa ce fer dans le morceau de galette, après avoir tracé par-dessus un signe de croix avec sa bague, et rentra dans la cour ; puis, montrant au dragon alléché le morceau friand qu'il avait préparé, il se rapprocha un peu, et lui dit : *Dragounik-kez* (Cher petit dragon).

Le monstre à trois têtes ouvrit sa gueule du milieu, de peur de manquer une aussi belle proie, que Lanik y lança vivement et qui fut engloutie d'un seul trait ; mais au bout de trois secondes, les yeux de ce *lontek* (glouton) s'allumèrent ; des flots d'écume, de feu et de sang sortirent avec des sifflements affreux de ses trois têtes ; le paysan effrayé s'enfuit et referma le portail pour ne pas être témoin de cette hideuse agonie. Le vacarme dura longtemps dans la cour de Kerivaro, car le monstre avait la vie dure ; le ciel était couvert d'oiseaux de proie attirés par l'odeur de ce carnage inusité ; à la fin, les hurlements diminuèrent, s'affaiblirent et tout rentra dans le silence. Ce ne fut qu'après trois quarts d'heure au moins que notre *faézer* (vainqueur) osa s'aventurer dans la cour ; il fit un long circuit dans l'enceinte remplie d'une fumée épaisse afin d'éviter le dragon qui brûlait encore, pareil aux ruines d'un incendie mal éteint. Il arriva enfin à la porte du manoir, où, après avoir soulevé un loquet d'or garni de clous du même métal, il entra dans un vestibule spacieux et magnifique ; au milieu, sur un meuble charmant, d'un bois dont le nom est inconnu, se trouvait le *billig aour* (le bassin d'or) !... Lanik se saisit à la hâte de ce talisman précieux, et jetant les yeux dans la pièce voisine, il vit des choses si belles, des richesses si merveilleuses, qu'il allait y porter ses pas ; lorsque du dehors les roucoulements plaintifs du ramier parvinrent à ses oreilles ; il s'arrêta sur le seuil, détourna ses regards éblouis, hésita peut-être une minute, le pauvre enfant, et s'élança hors du château sans regarder derrière lui. Revenu dans la forêt, il se jeta à genoux en pleurant de joie, puis ayant fait une courte prière il releva la tête, et regarda de tous côtés : ô merveille ! les hautes murailles de Kerivaro avaient disparu, il n'y avait plus qu'un tas de cendres fumantes à la place où le dragon avait brûlé.

Pour en finir, car il est temps d'aller se coucher, mes amis, Lanik retrouva son pigeon bleu, qui vint l'aider à sortir de la forêt. Alors le ramier se changea, dit-on, en une belle dame, en une sainte. Elle lui apprit qu'elle était venue du paradis pour le protéger, parce qu'il était pieux, et pour chasser le démon qui régnait à Kerivaro, depuis le crime d'un ancien seigneur ; finalement la dame disparut dans un nuage bleu. L'heureux paysan rapporta le bassin d'or au vieil Yvon, et ne tarda pas à épouser sa fille. Il y eut même de fort belles noces qui durèrent trois jours, et auxquelles assista celui qui a composé cette histoire. Il y eut des sonneurs, du lard, du cidre et de tout... Mais, hélas ! Yvon eut beau jeter chaque jour des pièces de toutes sortes dans le bassin, jamais elles ne changèrent de nature, tellement que, trompé dans ses calculs d'avarice, il mourut de dépit et de chagrin.

Cependant, le bassin d'or n'en fut pas moins le prix de la piété de Lanik, et le bonheur qu'il lui procura, en lui faisant épouser Bellah, valait à ses yeux mille fois plus que des métaux précieux.

— Sans doute, ajouta quelqu'un, mais je crois que quelques pièces d'or n'auraient pas fait de mal au ménage de Bellah.

— Pardonnez-moi, reprit le faucheur ; il resta au bon Lanik un bassin toujours plein d'or : c'était son cœur, rempli de vertu et d'amour du travail ; exemple précieux que, mieux que la fortune, les pères doivent léguer à leurs enfants.

Les aventures du seigneur Tête-de-Corbeau

1

J'ai déjà publié, dans mes *Veillées de l'Armor,* une nouvelle sur le vieux manoir de Bouvan, où s'écoula mon enfance, où mon cœur s'émut si souvent aux récits de la veillée ; c'est qu'il y avait alors dans la métairie de la cour un vieux fermier, le père Jolu, bon et naïf Disréveller, quelquefois triste, souvent jovial, qui racontait de belles histoires sur le château de ses anciens maîtres et seigneurs. Que l'on nous pardonne ce culte du berceau, qualité première du caractère breton, dont il fait la force : c'est lui qui nous porte à retracer, dans nos récits et nos légendes, l'histoire de gens simples et de lieux ignorés.

Les barons de Bouvan ont du reste occupé jadis un rang recommandable : leurs armes se voient encore sur les vitraux de presque toutes les églises du canton de Sizun[1] ; et si celui dont il est question, dans la légende que je vais écrire, n'est pas toujours *bien traité* par mon conteur, c'est par exception, et je lui en laisse la responsabilité.

Un soir donc, on se réunit à la ferme, autour de la grande cheminée dont le large linteau en bois de chêne noirci par la fumée était couvert des images de tous les saints du Paradis et autres enluminures plus ou moins détériorées. Sur le foyer bien chaud flambait en pétillant une *brassée* de lande au frémissement du *pod-ar-zouben*[2], frémissement si doux à l'oreille du laboureur

1. Ces armes sont de *gueules à la croix dentée d'argent.*
2. *Pod ar-zouben,* pot à soupe en marmite.

fatigué, quand la pluie et le vent ébranlent le toit de chaume de la vieille maison. Alors, en fumant et en causant tour à tour, le père Jolu nous raconta sa légende.

— Vous avez bien souvent entendu monsieur votre grand-père parler du dernier baron de Bouvan, *eunn din eskop, é-gwirionez*[1] ; pourtant il avait l'air un peu original, comme on dit ; jamais le brave homme ne se retournait pour regarder en arrière, lorsqu'il passait sur la *levée* en se rendant à la chapelle. Je m'en vais vous dire pourquoi : c'était par suite d'une vieille croyance de famille...

A cet instant solennel, chacun remua sur son banc, les uns pour se rapprocher un peu, les autres pour s'asseoir plus commodément, tous agités par l'intérêt que promettait l'histoire. Le conteur, satisfait, jeta les yeux *sur son monde*, et reprit :

2

— *Sélaouit mûd bugalé*[2]. Bien longtemps avant que l'on eût planté le grand bois de chênes, il y avait au château de Bouvan un vieux seigneur qui oubliait, en vérité, la réputation de charité de ses ancêtres. Le baron que l'on surnommait *Bouvan-Skarz* (l'avare) ou *Skarz* tout court, était très dur à l'égard des pauvres gens. Heureusement pour les malheureux que sa fille Margaït mettait tout en usage pour les secourir. On dit que la pauvre *penn-herez* (héritière), qui avait plus de fortune que de beauté, et plus de piété encore, avait toujours refusé de se marier, parce qu'elle savait bien que les seigneurs du

1. *Eunn din eskop :* un digne évêque. *E-gwirionez :* en vérité, c'était le mot du père Jolu.

2. *Sélaouit mûd bugalé :* Ecoutez bien, enfants.

voisinage qui venaient au château précédés d'un *baz-valan* [1] la recherchaient pour ses écus et non pour sa chétive personne ; et puis que seraient devenus ses pauvres du bon Dieu, si elle avait pris un époux, un maître, qui l'eût emmenée au loin du pays, ou du moins l'eût obligée de mettre à sa toilette tout l'argent qu'elle destinait aux misérables ?

Enfin, un beau jour, elle fut demandée par le sire *Grall Pennek*, que l'on avait surnommé *Pen-ar-vran* (Tête-de-Corbeau), à cause de sa laideur. C'était un riche seigneur dont les terres joignaient les domaines de la baronnie de Bouvan ; mais, en vérité, il était si méchant, si laid, si mal habillé, toujours jurant, toujours ivre ou en colère. Ajoutez à cela que, le jour de sa visite au manoir, il se querella dans la cour avec son *baz-valan*, grand vaurien de la paroisse, qui était aussi malpropre que son maître. Le sire prétendit que le coquin marchait de travers ; l'autre répondit que la piquette de Pen-ar-vran ne valait pas le diable ; qu'il le savait bien, puisqu'il en avait bu trois chopines avant de venir ; qu'au surplus, il n'aimait pas *les raisons*, et, pour mieux assurer ses paroles, il envoya son bâton de genêt dans l'œil du gentilhomme, qui se mit à hurler terriblement.

Là-dessus, Skarz arriva tout effrayé de ce tapage, disant qu'il n'y avait rien à gagner dans les disputes, et que si le bâton, au lieu d'aller dans l'œil de Tête-de-Corbeau, avait manqué son but, il eût certainement cassé une vitre du manoir, ce qui, en vérité, eût été bien plus fâcheux. Il menaça donc le *baz-valan* de sa colère, et ajouta que s'il ne partait à l'instant, il allait lâcher le gros *Polidor*, qui se chargerait de la besogne. Le coquin, voyant la tournure de cette affaire, prit ses jambes à son cou, ses sabots dans les mains et partit au galop.

---

1. *Baz valan :* bâton de genêt. Celui qui veut obtenir la main d'une jeune paysanne se présente à la métairie, précédé d'un homme chaussé d'un bas rouge et d'un bas violet, et portant à la main une baguette de genêt : c'est pourquoi ce demandeur de mariage prend le nom de *baz-valan*.

Inutile, en vérité, de dire que Skarz accueillit fort bien la demande de son voisin au sujet de sa fille, et il en fut si ravi qu'il consentit à lui donner *eunn tammik amann fresk*[1] pour frotter son œil qui était déjà tout noir. Le baron voulut que sa fille vînt elle-même agréer les propositions de Pen-ar-vran, mais au bruit de la querelle, Margaït s'était enfuie, et l'on ne put la trouver au manoir. N'importe, l'affaire fut conclue et bâclée sans elle. Tête-de-Corbeau s'en retourna chez lui avec son œil *poché*, et dès que la *dimézel*[2] fut rentrée, Skarz la fit mander sur-le-champ.

— Ma fille, lui dit-il, je vous ai trouvé un mari, un fameux mari, qui me convient sous tous les rapports : ses terres touchent mon grand bois, et finalement c'est un bon diable, en vérité. Pour lors, dans trois semaines, nous ferons la noce... Ah ! ah ! ah !...

Le baron fit une grimace de contentement et un demi-tour pour s'en aller ; mais sa fille l'arrêta respectueusement :

— Pardon, mon père, mais vous oubliez de me dire le nom de celui...

— Ah ! oui, son nom et ses prénoms ; *boh !* cela n'y fait rien ; que vous importe, ma fille, ses terres me touchent, et s'il n'est pas le plus beau, il est du moins le plus riche du pays, et ça suffit, je pense.

— Alors c'est le seigneur de Pen-ar-vran qui m'a demandée ; je ne puis l'épouser, car c'est un impie.

— Ta, ta, ta, puisque je te dis qu'il est fort riche, et que ses terres me touchent, cela doit te suffire, Gaït.

— Oh ! pardon, mon père, reprit la *dimézel* en pleurant, pardonnez-moi, mais jamais je n'épouserai cet homme.

Puis elle alla dans sa chambre prier madame la Vierge de la prendre en pitié.

---

1. *Eunn tammik :* un petit morceau ; *amann fresk :* de beurre frais.

2. *Dimézel :* demoiselle.

Le baron, furieux de cette résistance, songea d'abord à punir la rebelle ; mais il se dit que son compère Riou le sorcier, qui demeurait à la garenne, sur le chemin du bourg, trouverait bien dans sa bosse quelque bon tour pour le tirer de là ; et, comme le soir venait, il prit son *pen-baz* [1], une pièce de six réales [2] et un écu de bel argent, et s'en fut à la garenne trouver son compère. Plus d'une fois en chemin, pour dire la vérité, il hésitait en regardant son argent, et sentait son *galoun* (son cœur) malade a l'idée de perdre une aussi belle pièce ; mais il se souvint que son valet lui avait rapporté que Riou volait du bois mort dans ses taillis ; il prit donc le parti de faire pincer le bossu à la première occasion, et de lui faire *cracher* la pièce qu'il lui donnerait tout à l'heure.

Skarz fut bientôt rendu à la garenne. Le sorcier fumait tranquillement une pipée, auprès d'un feu de bois sec, qui avait bien l'air, pensa le baron, de venir des taillis de Bouvan ; mais il se contenta de soupirer ; et le bossu, en écoutant ce gros soupir, songea dans sa bosse que si l'avare se trouvait dans l'embarras, c'était le cas de jouer serré et de lui faire payer cher son conseil ou sa recette à malice. Pourtant ils se souhaitèrent poliment le bonsoir.

— Voulez-vous fumer une pipée de *butum mâd* [3], maître ? dit ensuite le bossu, en approchant au baron un siège vermoulu.

— *Trugarez, Riou* [4], soupira le baron, le tabac est trop cher pour les pauvres gens.

— Boh ! reprit le sorcier, faut user des biens du bon Dieu, quand y a moyen ; et puis ça chasse l'humeur noire, ça donne des idées, de bonnes idées, ça sauve de tout, quoi, une pipée et une chopine avec... Mais Riou n'a plus de *sistr* (cidre) et ses idées s'en vont. — Elles s'en iront tout à fait si ça continue, pour sûr.

1. *Pen-baz :* bâton à tête, ou gros bâton.
2. *Houèc'h réal :* six réales ou trente sous.
3. *Butum mâd :* tabac bon, de bonne qualité.
4. *Trugarez, Riou :* merci, Riou.

Le baron trembla que Riou ne perdît ses idées ce soir-là ; il se hâta donc d'ajouter :

— Pour de la piquette et de la bonne, je t'en donnerai une barrique, mon petit Riou, si tu me donnes un avis qui en vaille la peine.

— Peut-être, dit le finaud, en rallumant sa pipe, mais j'ai le gosier sec, et je ne puis causer sans boire un coup. On dit que la veuve Perrik, du cabaret à côté, vend du bon *sistr* ; par malheur, je n'ai pas un *blank* dans ma poche[1], pas un liard, en vérité ; autant vaut que j'aille me coucher dans le *pailler*.

— Holà, holà ! Riou, s'écria pour lors le baron en laissant tomber sur la table sa pièce de six réales, qui rendit un son métallique fort agréable ; holà ! la veuve Perrik, ajouta le vieux drille, en passant la tête à la lucarne, apportez ici deux chopines, Riou a la colique, faut le soigner, le pauvre cher homme.

Bientôt le cidre fut versé, les pipes rallumées, et la conversation fort bien engagée, si bien que le seigneur et le sorcier avaient l'air de deux têtes dans le même bonnet.

— Ainsi, continua Riou d'un air narquois, la jolie *dimézel* ne veut pas de notre aimable *Tête-de-Corbeau*, un si bon enfant !

— Hélas ! non, mon pauvre ami.

— Tenez, cher baron, c'est pas plus malin que d'avaler ça ; et parlant ainsi, le sorcier finissait sa chopine et jetait sur l'autre encore pleine un regard de convoitise. – C'est bon, en vérité, reprit-il, mais c'est trop vite avalé ; tout de même.

Le baron comptait bien, je pense, goûter le cidre de la veuve Perrik ; cependant, comme il avait remarqué l'air sournois du bossu, il se hâta de pousser la seconde chopine devant lui. Les yeux de notre ivrogne s'éclaircirent de satisfaction, puis il reprit l'entretien avec un grognement qui témoignait de son plaisir.

1. *Blank :* en Vannes et Cornouaille, un sou ; *gwennek* en Léon.

— Que diable est-ce que je disais donc tout à l'heure, *barounik-kez*[1] ?... Ah ! je disais que la chose était aisée. Oui, Bouvan, fort aisée. Tenez, venez ici, près de moi ; ... plus près encore.

L'avare, qui ne comprenait pas, et qui se méfiait un peu de son malin compère, dont le cidre semblait avoir allumé la gaieté, l'avare n'approchait que bien lentement ; et le sorcier riait de toutes ses forces de la peur de son vieux patron.

— Ah ! ah ! ah ! le brave Bouvan, s'écria-t-il, Bouvan-Skarz, viens dans mes bras, je te trouve amusant ; approche, approche, cher baron de mon cœur, ou bien j'envoie les noces au diable.

Le seigneur se résigna à ces mots et vint se poster à deux pas du farceur.

— A la bonne heure, dit le sorcier en relevant avec sa main rude ses cheveux rouges, qui restèrent plantés tout droits sur sa tête ; à présent, arrache-moi bien délicatement trois cheveux des plus droits ; les plus gros sont les meilleurs, entends-tu ?

Faut dire qu'ils ressemblaient à des crins hérissés sur le dos d'un animal en colère. Le baron arracha les trois cheveux rouges[2] aussi délicatement que possible.

— C'est bien, continua le sorcier, qui fit une grimace au troisième, du moins c'est assez bien, car tu as la main diablement lourde, mon vieux ; n'importe, lorsque l'aimable Pennek viendra au manoir, tu lanceras sur lui mes trois cheveux, l'un après l'autre, en soufflant dessus, comme ceci : *foup, foup*. Avec le premier cheveu tu le rendras beau ; avec le second, tu l'habilleras comme un prince ; avec le troisième tu le dégriseras et de plus, tu le rendras doux comme un mouton. Ainsi réformé, Tête-

1. *Barounik-kez :* cher petit baron (langage affectueux).
2. *Tri bleô ru :* trois cheveux rouges. Ces cheveux des sorciers ont *une vertu* qui surpasse celle des meilleurs *louzou* (herbes cabalistiques).

de-Corbeau sera un mari comme il faut, et ne pourra manquer de plaire à ta fille, qu'en dis-tu ?

— Hum ! hum ! c'est bien, sans doute ; pourtant si elle ne consentait pas, dit l'avare avec un geste pour reprendre sa pièce de six réales, qui brillait sur la table.

— Halte là ! cria le bossu, si tu as le malheur de toucher à cet argent, mes cheveux n'auront plus de vertu. Je t'en ai donné trois : un à crédit, pour la piquette que tu m'as promise, un autre pour le *failli* cidre de la veuve Perrik, et le dernier, le meilleur de tous, pour la pièce de trente sous. Est-il possible que ta fille refuse un si bon parti, avec un homme remis tout à neuf ?

— Sans doute, sans doute, mon compère, mais enfin si elle allait refuser, car elle a une tête.

— *Kea gant ann diaoul*[1], murmura le bossu impatienté ; cependant il se ravisa au même instant, et reprit : Alors, je sais encore un moyen de la forcer à obéir. Mais c'est difficile, c'est coûteux, très coûteux ; c'est mon meilleur secret que tu me demandes ; or, je t'en ai donné pour ton argent, ainsi donc, bonsoir.

Effrayé de la tournure que prenait l'affaire, le baron se tâta le gousset, et faut croire qu'il se décida à faire un grand sacrifice, car il s'écria d'un air consterné :

— *Goustadik, goustadik, Rioukez*[2], com... combien ton secret ? Aie pitié d'un pauvre homme, pour l'amour de Dieu !

— Ma foi, pour un ami, dit le rusé bossu, c'est... c'est un écu de bel argent, et je me ruine, foi de sorcier.

Le baron soupira piteusement, et attira sa pièce en tremblant ; enfin, après un combat mental, qui dura cinq grandes minutes, l'écu brilla sur la table à son tour.

— Est-il bon au moins ? fit le sorcier en le soupesant, il n'en a pas l'air !... Au surplus, s'il est faux, mon secret ne vaudra rien. Pour lors tu vas jurer, Skarz, jurer sur ton salut, tu m'entends, d'abord que la pièce est bonne ;

---

1. *Kea gant ann diaoul :* va avec le diable.
2. *Goustadik, Rioukez :* doucement, cher Riou.

ensuite que chaque jour, pendant les sept minutes qui suivent l'angélus, jamais tu ne te retourneras pour regarder en arrière, quand même le diable serait à tes trousses – ce qui pourrait bien t'arriver –, et cela sous peine de ton salut éternel et de mort subite pour la personne que tu verrais derrière toi. A ce moyen, la vertu de mes cheveux rouges est certaine ; et puis voilà un *Louzou* [1] que tu mettras demain sous l'oreiller de Margaït... Est-ce juré ?

Oui, c'est bien juré, car voici minuit qui sonne dans la tour de Kômana... ; juré, car une chouette noire est là sur le pignon poussant des cris lugubres dans les ténèbres. Malheur à toi, baron impie ! Entends-tu sur la lande passer des *Teuz* et des *Korrils*, qui ricanent en fuyant à tire-d'aile, pour aller en Enfer porter la nouvelle de ce pacte sacrilège !

3

A quelque temps de là, Pen-ar-vran revint au manoir de Bouvan, accompagné d'un mendiant, chaussé d'un bas rouge et d'un bas violet ; il portait à la main le *baz-valan* d'usage et chantait, d'une voix enrouée, l'air des nouveaux mariés :

— *Eur goulmik em boa...* [2]

Le vieux Skarz, dès qu'il les eut aperçus dans la grande avenue, s'empressa d'aller au-devant d'eux ; par malheur Pennek était encore aux trois quarts ivre, et répondait à son *baz-valan* en chantant :

1. *Louzou, Teuz, Korrils* : Herbes, Nains, Danseurs.
2. *Eur goulmik em boa* : J'avais une petite colombe...

— *Jantonn Bouzac'h, mezr é hoc'h* [1].

Le baron le trouva tellement laid, avec ses yeux louches, dont l'un n'était pas encore guéri du coup de bâton *attrapé* quinze jours avant, qu'il ne songea d'abord en vérité qu'à faire disparaître cette laideur, afin de présenter à sa fille un beau seigneur qu'elle accepterait ne le reconnaissant pas du tout ; et dans ce louable dessein, suivant les instructions du sorcier, il décocha son premier poil.

Tête-de-Corbeau devint tout à coup rose et frais comme un garçon de quinze ans : c'était merveille (*burzud*). Mais, *allass !* le maudit crin alla se loger dans l'œil gauche du sire, qui se mit à larmoyer sur-le-champ ; et plus le pauvre Pennek frottait son œil, avec son poing, plus il devenait rouge et pleurard. Skarz éprouva d'abord à cette vue un accès de fou rire, mais bientôt, impatienté de voir son futur gendre pleurer comme un grand veau pour si peu de chose, il sacrifia, dans l'espoir de sécher tant de larmes, le second cheveu du bossu.

Que faire du troisième ?... Notre homme n'avait ni guêtres ni bas dans ses galoches. Il est vrai que, vu la saison, on pouvait bien s'en passer. De plus, son habit n'avait qu'une manche, et ses *bragow* [2] étaient percés, oh ! si bien percés que... *feiz a zoué* [3]...

Ici le conteur se gratta la tête, fort embarrassé de continuer.

Le troisième et dernier poil rouge fut donc lancé pour donner de la toilette à Tête-de-Corbeau ; et cette toilette, se disait le baron, devant encore servir à son futur gendre le jour de ses noces, ce serait autant d'économisé sur les frais. Effectivement, voilà Pen-ar-vran beau comme un prince, avec des guêtres de cuir ciré, des boucles d'argent, à la mode des *gwall-c'hrons* du Léon [4],

1. Jeannette Bouzar, vous êtes soûle. (Vieille chanson.)
2. *Bragow :* larges braies, ou pantalons flottants, serrées au-dessous du genou.
3. *Feiz a zoué :* Foi de Dieu, ou ma foi.
4. *Gwall-c'hrons :* très-fiers, c'est-à-dire les richards.

des *bragow* violets tout neufs, et un habit de drap fin ; il avait l'air, en vérité, d'un marchand de fil de Landivisiau, un jour de fête ; sans compter une perruque neuve et un chapeau à trois cornes par-dessus. *Va Doué !* qu'il était beau, *kaer bras !* Mais, *allass !* le malheureux ne tenait plus sur ses jambes, et il ne restait rien pour le dégriser ; et puis tout cela l'avait tellement secoué qu'il *donnait de la bande* à chaque pas, comme la vieille charrue à Matelinn qui n'a de roues que d'un côté ; si bien qu'en passant auprès de la mare aux canards, le pied lui manqua, et qu'il tomba dans le bourbier tout de son long.

— Ah ! le voilà bien arrangé !... Le baron se mit à jeter les hauts cris, en déplorant la perte d'un aussi beau costume, sans songer que son futur gendre buvait une telle *lampée* d'eau bourbeuse que bientôt, au lieu de *bragow*, il lui faudrait un manteau de sapin, et au lieu de noces, un enterrement. Le *baz-valan* se tordait de rire ; heureusement qu'un mendiant qui passait par là, attiré par les cris, voyant un homme se débattre dans la mare, le prit par les jambes et le hala sur l'herbe ; de sorte que Penar-vran en fut quitte pour la peur, et pour avoir goûté un liquide dont il n'abusait jamais ; mais vous concevez bien qu'après ce *plongeon* il n'était plus présentable pour un fiancé ; il fallut donc battre en retraite au plus vite et regagner le logis ; et voilà les noces plus loin que jamais.

4

Trois semaines après, un jour que le baron se promenait tristement sur la levée en songeant à son argent perdu, aux cheveux du sorcier si mal employés, et aux moyens de renouer l'affaire, *l'angélus* sonna au bourg de Kômana. Il est bon de vous dire que, malgré tout ce train-là, le baron, quoiqu'il fût un avare endurci, conservait encore au fond de l'âme un petit brin de religion, et qu'il avait pris la bonne résolution d'observer le serment étrange que le bossu lui avait imposé ; car vous savez que si l'on ne doit jamais faire de serments à la légère, il faut prendre garde de violer ceux que l'on a faits.

Pour lors, comme l'*angélus* tintait encore, un valet du manoir vint appeler le baron, lui disant de venir au plus vite, parce que le sire de Pen-ar-vran le demandait sur-le-champ ; il ajoutait que le sire avait la tête chaude, selon son habitude, et qu'il menaçait de tout briser, si le baron ne venait à l'instant, vu qu'ils avaient un compte à régler ensemble pour l'affaire du *plongeon ;* mais Skarz ne répondait pas, il comptait les sillons de son champ, et mesurait la récolte prochaine. Ne pouvant rien obtenir de lui, le méchant valet, qui connaissait le faible de son maître, imagina de lui jouer un tour et se mit à crier à tue-tête :

— Holà, hé ! holà ! holà ! les voilà qui s'échappent, ils ont brisé le coffre-fort et emportent tout l'or et tout l'argent !

A ces mots l'avare n'y put résister ; il oublia tout, serment et punition ; il se retourna, regarda tout autour de lui et voulut s'élancer vers le manoir. Il ne vit pas de voleurs, mais, sur la levée, à quelques pas, il aperçut Margaït, sa chère fille, accourant seule pour échapper à Pen-ar-vran qui était venu exprès, à cette heure, pour l'enlever, d'après les conseils du perfide bossu. *Allass !* il n'eut que le temps de voir la *dimézel* ; elle lui fit un signe de la main, un signal d'adieu éternel, et disparut au milieu de la brume, parmi les saules qui bordaient l'étang voisin. Le baron surpris appela sa fille qu'il aimait à sa manière, le pauvre homme ; mais comme il ne supposait pas encore qu'elle ne dût plus revenir, il courut au plus pressé et tomba dans la cour du manoir au moment où son ami Pennek, faisant un vacarme épouvantable, se battait avec Riou qu'il accusait de perfidie. Le coquin venait d'arriver là, d'abord pour réclamer sa barrique de piquette, ensuite pour soutirer quelques gros sous du gousset de Tête-de-Corbeau. Là-dessus querelle, puis bataille, et ce ne fut pas sans peine que Skarz parvint à séparer ces deux endiablés ; finalement il réussit à les mettre dehors chacun de son côté ; mais avant de partir le méchant bossu jeta un *sort*[1] sur son adversaire.

— Il était temps, en vérité, mes amis, de punir les coupables. Mauvaise vie ne peut pas durer.

Faut croire aussi que Pen-ar-vran, l'ivrogne, était destiné à mourir en buvant un grand coup, car, ce soir-là, il s'attarda à boire dans le cabaret de la veuve Perrik, tellement que lorsqu'il voulut reprendre le chemin de son logis, il vit les étoiles danser sur le ciel assombri, et qu'en passant sur la chaussée du moulin, il tourna trop court apparemment et tomba dans l'eau tout près des *vannes* où le *miliner*[2] le trouva, le lendemain matin, noir et bleu comme une prune trop mûre.

Cependant, lorsqu'il en eut fini avec les querelleurs, le baron se mit à la recherche de sa fille ; se souvenant alors de son serment violé, il fouillait avec grande frayeur tous les coins et toutes les broussailles qui entouraient l'étang, appelant sa chère Margaït par les noms les plus tendres, et lui disant, pour l'engager à venir, qu'il avait chassé le vilain *Corbeau* et qu'elle ne l'épouserait pas. Peines inutiles, rien ne répondait à ses cris, rien, que le coassement des *ranêd* (grenouilles), ou le bruit des petits poissons qui sautillaient, comme d'habitude, à la surface de l'eau. Le pauvre homme passa toute la nuit à chercher, à crier, à courir, à attendre...

Depuis ce temps le baron, corrigé par le chagrin, et peut-être aussi par la mauvaise fin de Pen-ar-vran, devint, en mémoire de sa fille, le meilleur des chrétiens, et le soutien des pauvres que Margaït avait aimés ; toute sa vie, il ne cessa, chaque soir, d'errer autour de l'étang

1. Sort, *droug-avet*. Mauvais vent ou maléfice.
2. *Vannes :* Portes d'écluses des moulins. *Miliner :* mounier.

où il la croyait ensevelie ; il se trompait, en vérité, car les anges l'avaient conduite au Ciel. On dit aussi que, jusqu'à la fin de ses jours, jamais on ne le vit se retourner ni porter ses regards en arrière ; et vous savez, ajouta le père Jolu, que cette coutume a toujours subsisté depuis chez les barons de Bouvan.

— Voilà une fameuse histoire ! s'écria un jeune *paotr*[1] émerveillé, c'est ça qui est bien tourné, père Jolu ! mais je voudrais bien savoir ce que devint le coquin de Riou, avec sa bosse ?

— Ah ! ah ! tu veux tout savoir, Loïk, répondit le fermier en riant : la bosse du sorcier ne dura pas longtemps, parce qu'il la remplissait trop souvent de cidre. On m'a dit qu'il était mort *koenvet* (enflé), après une *batterie* qui eut lieu à la foire d'*Ar Merzer*[2].

— *Va Doué !* que c'est bien fait ! ajouta le jeune paysan, satisfait de ce dénouement.

Il y avait aussi à la ferme, ce soir-là, un valet des environs, un peu ivrogne, qui, ayant passé deux ou trois ans à Morlaix, se donnait des airs de savant ou d'esprit fort. Voulant alors montrer que tout cela le touchait peu, par esprit d'opposition, comme le font souvent les plus ignorants, il ajouta :

— Ma foi, c'est pas *guère malin*, une histoire comme ça. Qu'est-ce que ça signifie après tout ? Faut qu'on me le dise alors.

— Tu ne sais pas ce que cela signifie, Michel, repartit le fermier sans s'émouvoir, je vais te l'apprendre : cela veut dire, en vérité, que coquin mal finit, et que l'ivrogne finit toujours par un *coup de trop* qui l'étouffe. Cela veut dire aussi : A tout péché miséricorde. Fais comme le baron Skarz, mon pauvre Michel, amende-toi, ne jure

1. *Paotr :* jeune garçon.

2. *Ar Merzer :* La Martyre, bourg où se tient un pardon célèbre. Ce lieu fut d'abord nommé *Merzer Salaun* en mémoire du meurtre du roi Salomon.

plus, ne bois plus ; tu pourras encore faire un bon chrétien, et bien finir ce que tu as mal commencé.

— *Mâd, mâd*[1] reprit le jeune *paotr*, c'est bien dit. Profite du conseil, Michel, *eur fallakr*[2] ; fais donc volontairement ce que Skarz, le baron, a fait de force ; mets de l'eau dans ton vin, comme dit souvent *mam-goz*[3] ; c'est ça, pour sûr, que le père Jolu a voulu te dire.

— En vérité, en vérité, soupira le bonhomme.

1. *Mâd, mâd :* bon, bon. Terme d'approbation.
2. *Eur fallakr :* le faquin, faiseur d'embarras.
3. *Mam-goz :* vieille mère, ou grand-mère.

Le géant Hok-Bras

1

Du temps que la rade de Brest n'était qu'un petit ruisseau où la mer montait à peine dans les grandes marées, il y avait entre Daoulas et Landerneau un géant, un géant comme on n'en a jamais vu.

— Il était grand comme la tour du Kreisker, peut-être ?

— Allez.

— Comme le Ménez-Hom ?

— Allez encore.

— Haut comme les nuages apparemment ?

— Allez toujours. Quand vous iriez jusqu'à la calotte du ciel, mon ami, vous n'y seriez pas tout à fait.

— Mais alors où ce malheureux pouvait-il se loger ?

— Ah ! voilà l'affaire ! Messire Hok-Bras avait la faculté de s'allonger à volonté. Voici d'où lui venait cette faculté précieuse.

Il est bon de vous dire que maître Hok-Bras était naturellement assez grand ; à trois ans il avait déjà plus de six pieds, et comme il n'était pas encore baptisé, son père le mena chez une tante qu'il avait à Huelgoat, et la pria d'être la marraine de ce petit garçon. Hok-Bras marchait déjà comme un homme, et la marraine n'eut pas besoin de le porter sur les fonts baptismaux, ce qui eût été fatigant, en vérité.

Hok-Bras fut gentil. Il alla tout seul et ne pleura pas du tout, si ce n'est quand on lui mit du sel dans la bouche : il toussa si fort, si fort, que le bedeau qui se trouvait en face fut jeté contre un pilier, où il se fit une jolie bosse à la tête, ce qui dérida l'enfant et le fit rire, mais rire ! Ah ! c'était le recteur qui ne riait pas en voyant tomber tous les vitraux des fenêtres de son église ! Enfin Hok-Bras était chrétien et ne viendrait pas rire à l'église tous les jours.

Après le dîner de baptême, qui fut très bon à ce qu'on dit, Hok-Bras s'en fut jouer dans le bois, auprès de l'endroit qu'on appelle le *Trou du Diable*, et, sans doute afin d'empêcher le diable de sortir par là (ce qui eût été un grand service pour l'humanité, s'il avait réussi), il se mit à rouler tout autour les plus gros rochers de la colline ; et l'on sait qu'il n'en manque pas dans ce beau vallon.

Pendant que le bambin travaillait ainsi, au grand ébahissement des autres, sa marraine vint le regarder faire et se dit :

« Voilà un filleul qui me fera honneur. »

Et, en disant cela, elle jouait avec sa belle bague de diamant. Tout à coup, la bague lui échappa et roula au fond du gouffre, qui n'était pas encore couvert et où l'eau tombait avec un bruit affreux.

La marraine se mit à pleurer.

— Qu'avez-vous, marraine ? lui dit Hok-Bras. Votre bague ? Ne pleurez pas, nous allons voir. Si j'étais seulement aussi grand que ce trou est profond, je vous la rapporterais dans cinq minutes.

Or, il est bon de dire que la jolie marraine était une fée. Elle sécha ses beaux yeux et promit à Hok-Bras d'exaucer sa demande s'il trouvait la bague. Hok descendit dans le trou et s'enfonça dans l'eau ; mais bientôt il en eut jusqu'au cou.

— Marraine, dit-il, l'eau est trop profonde et moi je suis trop court.

— Eh bien ! allonge-toi, dit la fée.

En effet, Hok se laissa couler, couler toujours, toujours, car c'était un puits de l'enfer, et sa tête restait toujours au-dessus de l'eau. Enfin, ses pieds touchèrent le fond du gouffre.

— Marraine, dit-il, je sens une grosse anguille sous mes pieds.

— Apporte-la, dit la fée, c'est elle qui a avalé ma bague, et remonte de suite.

Crac ! On vit tout à coup Hok sortir du gouffre noir comme un arbre énorme, et il montait toujours, toujours.

— Marraine, dit une voix qui venait des nuages, ne m'arrêterez-vous pas ?

— Tu n'as qu'à dire *assez*, mon garçon, et ta croissance s'arrêtera.

— Assez !... hurla Hok d'une voix de tonnerre.

Et à l'instant on le vit se raccourcir et puis se mettre à genoux pour embrasser sa jolie tante et lui passer sa bague au doigt.

Par malheur pour nous, Hok, dans sa joie, oublia de boucher le trou du Diable. On ne le sait que trop en ce monde, hélas ! Hok s'en retourna chez son père, qui, le voyant déjà grandi de trois pieds depuis le jour de son baptême, pensa qu'un tel garçon serait fort coûteux à nourrir à ne rien faire. Oui, Hok ne voulait rien faire, si ce n'est courir les aventures, se battre et se marier le plus tôt possible.

Se marier à cet âge ! Y pensez-vous ?

En effet, en quittant Huelgoat, notre jeune géant avait d'abord eu l'idée d'emporter sa petite tante sous son bras ; mais la fée, qui était sage (chose rare en vérité), lui avait fait comprendre que ce n'était pas convenable à son âge et qu'elle ne voulait être sa femme que quand il aurait accompli au moins trois prouesses, ce qui lui serait facile, vu qu'elle lui avait donné le secret de s'allonger à volonté.

La découverte de la bague pouvait compter pour une prouesse ; restait deux. Et voilà ce qui tourmentait notre grand garçon, déjà rempli d'ambition.

Hok, dans son impatience, ne faisait guère que courir par monts et par vaux ; dans ses moments perdus (et c'était l'ordinaire) il s'amusait, au lieu d'aller travailler comme un bon journalier, à faire des tas de terre et de cailloux, à la manière des enfants. Si bien qu'un jour que la besogne lui plaisait, il acheva de construire la montagne d'Arhez, depuis Saint-Cadou jusqu'à Berrien. Il y planta même le Mont-Saint-Michel, d'où il apercevait les bois d'Huelgoat, pour lesquels il soupirait au souvenir de sa fiancée.

Enfin, quand il eut fini sa montagne, il se trouva un peu désœuvré et s'en alla flâner jusqu'à Landerneau ; car si sa jolie tante lui avait permis de soupirer, elle lui avait, par prudence, défendu de venir à Huelgoat.

Voilà qu'en regardant tantôt les boutiques, tantôt les nuages, Hok-Bras rencontra M. le bailli avec son écharpe.

— Tiens, dit le bailli, voilà un gaillard qui a l'air de vouloir attraper la lune avec les dents.

— Moi, je veux bien tout de suite, répondit le personnage, en saluant le bailli comme un peuplier que le vent balance.

— Attends au moins qu'elle soit levée, imbécile, et puis je te donnerai dix écus pour acheter un habit neuf si tu peux ce soir attraper la lune de Landerneau.

— Tope là, fit le jeune géant, en ébranlant l'équilibre de M. le bailli.

Et le soir, sur la place de Saint-Houardon, la foule, le sénéchal et les juges en tête se réunirent pour voir l'affaire. Jugez de la stupéfaction de ces braves gens. Dès que la lune fut au-dessus du placis, Hok se mit au milieu et s'écria :

— Hok, allonge-toi !

Crac ! Aussitôt on vit sa tête monter, monter, monter et parfois se perdre dans les nuages qui passaient sur le ciel. Puis la lune s'obscurcit. On entendit un coup de tonnerre qui disait *assez !* et peu à peu on vit la lune descendre rapidement. Quand elle fut arrivée sous les nuages, on put voir que c'était Hok-Bras qui la tenait par le bord entre ses dents. Hok-Bras, qui se trouvait tout auprès du clocher de Saint-Houardon, déposa délicatement l'astre des nuits sur le bout de la girouette, demanda ses dix écus et s'en alla très content.

Et de deux ! sans compter la montagne.

2

Depuis ce temps, on dit que Landerneau a conservé sa tante, la lune et son immortelle clarté, connue dans le monde entier.

Vous voyez que c'est une qualité assez précieuse de pouvoir devenir plus grand que les autres ; et je suis sûr que s'il se trouvait encore une fée comme celle-là sur la terre, elle aurait beaucoup de pratiques. Il y a dans ce monde tant de gens qui ont la faiblesse de vouloir toujours être plus grands que les autres...

Vous pensez bien que notre petit géant – qui n'avait guère que douze à quinze pieds dans ses jours ordinaires – avait attrapé un peu chaud dans son voyage à la lune, et il regrettait fort en passant par Loperhet que la mer ne fût pas sous ses pieds pour s'y désaltérer et se baigner à l'aise.

A cette époque, comme vous savez, la rade de Brest n'existait pas encore.

« Tiens, se dit Hok-Bras, si je creusais ici un petit étang, voisin de ma maison, cela serait bien commode pour se baigner tous les matins, et peut-être que cela ferait plaisir à ma tante. Allons ! »

Il déracina quelques chênes, prit une taille et une force proportionnées à la besogne, s'empara de deux ou trois vieux chalands sur la rivière de Landerneau afin de s'en servir comme d'écuelle, et se mit à l'ouvrage.

Le premier jour, il creusa un grand bassin depuis Daoulas jusqu'à Lanvéoc.

Le second jour, il creusa de Lanvéoc à Roscanvel, et le troisième jour, comme il était pressé d'achever la besogne par une prouesse digne de sa fiancée, *crac !* il donna un grand coup de pied dans la butte qui fermait le goulet, et bientôt il eut le plaisir de sentir l'eau de mer lui chatouiller agréablement les mollets à une jolie hauteur, car à ce moment-là il mesurait, dit-on, plus de mille pieds du talon à la nuque.

Mais le vent soufflait un peu fort de l'ouest ; les vagues se précipitaient avec la violence que vous pouvez supposer par l'ouverture du nouveau goulet. Si bien qu'un vaisseau à trois ponts (vous comprenez, un vaisseau à trois ponts avant le Déluge), qui passait toutes voiles dehors du cap Saint-Mathieu, se trouva entraîné par le courant et entra vent arrière dans la rade, qui se remplissait à vue d'œil. Et de trois !

La rade de Brest était née pour la gloire de la Bretagne. Mais pour le malheur de son père, il arriva que Hok-Bras s'étant mis à genoux pour boire un coup et goûter l'eau de sa nouvelle fontaine, le vaisseau à trois ponts s'engouffra, avec ses voiles, ses mâts et ses canons, dans le gosier de notre géant, où il demeura à moitié chemin arrêté par les vergues du grand mât. Aïe ! Hok-Bras se sentit aux trois quarts étranglé.

Impossible de crier *assez ! assez !* pour revenir à sa taille naturelle ; et d'ailleurs, s'il se fût rapetissé, le vaisseau lui aurait rompu la poitrine.

Le voilà donc, courant, courant comme un possédé, arpentant plaines, monts et vallées, avec quatre-vingts canons dans la gorge...

Enfin il se calma un peu et se dit tout naturellement :

« Ma tante me tirera de ce mauvais pas. »

Et il se mit à courir dans la direction de la montagne d'Arhez, qu'il avait vue naître et qui allait devenir son tombeau. Oui, en ce temps-là, comme toujours, l'ambition perdit les hommes ; à force de se grandir, ils tombent de plus haut et ne peuvent plus se relever, chargés qu'ils sont du poids trop lourd de leur convoitise insatiable.

Hok-Bras s'assit donc un moment pour se reposer sur le Mont-Saint-Michel, car son vaisseau à trois ponts le gênait pour faire une longue route. Puis, quand il fut reposé, au lieu de faire le tour du marais, il voulut le traverser afin d'aller plus vite.

Par malheur, il comptait sans le poids de ses quatre-vingts canons. En effet, il n'avait pas fait quatre enjambées au milieu des molières du grand marécage qu'il se sentit enfoncer, enfoncer, au point de ne pouvoir plus en retirer les jambes. Puis, dans ses efforts épouvantables, son corps immense, entraîné par le poids des quatre-vingts canons, alla s'abattre sur la montagne.

Il y eut, dit-on, un tremblement de terre, et à Huelgoat la fée en fut épouvantée.

Hok-Bras s'était brisé la tête en tombant sur les roches qu'il avait amoncelées lui-même. Sa marraine, folle de douleur, accourut près de lui et essaya en vain de le rappeler à la vie ; mais n'y pouvant réussir, elle se retira à Saint-Herbot, où son ombre revient errer au bord des torrents.

Maintenant, il serait trop long de rapporter tout ce que l'on dit du cadavre de Hok-Bras.

On prétend que, voyant venir le Déluge et ne trouvant pas de poutres assez fortes pour construire l'arche, Noé, qui avait entendu parler du colosse breton, vint à la montagne d'Arhez, scia la barbe du géant défunt et en fit les membrures du navire suprême.

Noé voulut aussi, par curiosité ou pour lester son arche, emporter quelques dents de Hok-Bras, et pour chacune il fallut trois vigoureux matelots.

On raconte bien d'autres choses du gigantesque constructeur de nos montagnes. Mais ici se termine ce récit authentique, récit qui sans doute vous a démontré que les Bretons ne sont pas des petits garçons !

Le testament du recteur

Il y avait jadis au bourg de Baden un vieux recteur, qui *durait trop* apparemment, au gré de ses héritiers. C'étaient trois cousins à la mode de Bretagne : Gurh, l'aîné et le plus avare des trois, venait deux fois l'an de Pont-Scorff, où il demeurait, à Baden pour juger par lui-même de l'état du recteur. Vous pensez bien que le bonhomme ne voyait pas avec plaisir son avide cousin fouiller dans tous les coins du presbytère et faire d'avance l'inventaire de son pauvre mobilier. Scoull, le second cousin, ne valait guère mieux ; si bien que le recteur, devinant à qui son âme aurait affaire après sa mort pour obtenir des prières, et trompé d'ailleurs par quelques marques d'amitié que lui témoignait Hervis, le plus jeune de ses héritiers, résolut de donner tout son bien à celui-ci, qui demeurait à l'Armor-Baden. Il fit donc son testament de la sorte, et le confia à Hervis, en le priant d'employer la moitié de son petit héritage tant à faire chanter des messes pour le repos de son âme qu'au soulagement des pauvres de la paroisse. Le cousin promit, et le vieux prêtre mourut peu de temps après.

Gurh et Scoull arrivèrent bien vite au presbytère ; mais l'autre, armé du testament qui était en bonne forme, ne se gêna point pour les mettre à la porte. Il y eut bataille, à ce qu'on assure, entre les trois coquins ; Hervis y perdit même un œil, mais il garda tout le bien du recteur, et pour compenser l'œil qu'il n'avait plus, il jugea à propos de supprimer les messes qu'il avait promises et les aumônes qu'il devait aux pauvres.

Un soir que Jeanne, la fille d'Hervis, ramenait au village ses bestiaux qu'elle avait gardés tout le jour sur les landes de Lokmikel, tout à coup elle vit un prêtre se lever derrière un grand menhir, s'avancer entre elle et son troupeau et lui faire rebrousser chemin. Alors cet étrange *pâtour,* dont la longue soutane noire flottait au vent, conduisit les bêtes à la mer où elles se mirent à la nage, et marcha sur les lames à leur suite.

L'enfant revint seule et tout effrayée à la maison. Elle raconta en tremblant son aventure à son père, qui sortit furieux de chez lui, et courut, toute la nuit, sur les landes où il ne put retrouver ni bœufs ni vaches ni chèvres. Le jour suivant Hervis le borgne apprit qu'il y avait dans l'île de Gawr'inis des bestiaux dont on ne connaissait pas l'*appartenance* ; il se rendit aussitôt sur les lieux, et après avoir rassemblé son troupeau (car c'était effectivement le sien, c'est-à-dire celui qu'il tenait du défunt recteur), il l'embarqua dans une grande chaloupe et le ramena sain et sauf à l'Armor-Baden. Là, il enferma les animaux dans l'écurie, en se promettant bien de ne pas les perdre de vue, de toute l'année pour le moins.

Peine inutile, car le lendemain matin l'étable était vide... Le troupeau avait disparu, et bientôt un pêcheur, qui revenait de la côte, dit à Hervis qu'il avait vu la veille, *sur le tard,* passer le long de la grève une file de vaches et de grands bœufs conduits par un berger tout habillé de noir.

Le borgne but une chopine de *vin de feu* pour s'étourdir, puis supposant que ses bêtes étaient encore à Gawr'inis, quoique le temps fût mauvais et la mer grosse, il voulut partir à l'instant. Or, comme il approchait du rivage, des marins lui dirent que les vagues rejetaient à la côte les corps de plusieurs animaux. Hervis descendit au bord de la mer et reconnut avec rage et terreur ses vaches, ses chèvres et ses bœufs tous noyés. Il aurait dû se souvenir alors du testament du recteur de Baden et de ce qu'il lui avait promis ; malheureusement il n'en fut rien. Il se dit, au contraire, qu'avec l'argent des messes et le montant des aumônes il pourrait acheter quatre bœufs et autant de vaches *laitières* à la première foire de Vannes.

En attendant il mit ses écus dans un vieux pot de terre, et par une nuit bien sombre il enterra son trésor dans le courtil au pied d'un pommier. Mais le mauvais chrétien n'eut pas le temps de réaliser les rêves de son avarice, car il mourut tout d'un coup à quelques jours de là dans un accès de colère et d'ivresse.

Il y a des marins de la *petite-mer* qui assurent que l'on voit quelquefois, entre l'Ile-aux-Moines et Locmariaquer, un berger en soutane noire conduisant un troupeau nombreux sur la mer. C'est, disent-ils, le vieux recteur de Baden, dont l'âme est en peine faute de messes et de prières. D'autres, encore plus crédules, ont vu, la nuit, à ce qu'ils prétendent, dans le courtil d'Hervis à l'Armor, un trépassé creusant la terre pour découvrir le trésor caché.

BRETAGNE

Anatole Le Braz

L'histoire du forgeron

Fanch ar Floc'h était forgeron à Ploumilliau. Comme c'était un artisan modèle, il avait toujours plus de travail qu'il n'en pouvait exécuter. C'est ainsi qu'une certaine veille de Noël, il dit à sa femme après le souper :

— Il faudra que tu ailles seule à la messe de minuit avec les enfants : moi, je ne serai jamais prêt à t'accompagner ; j'ai encore une paire de roues à ferrer, que j'ai promis de livrer demain matin, sans faute, et, lorsque j'aurai fini, c'est, ma foi, de mon lit que j'aurai surtout besoin.

A quoi sa femme répondit :

— Tâche au moins que la cloche de l'Elévation ne te trouve pas encore travaillant.

— Oh ! fit-il, à ce moment-là, j'aurai déjà la tête sur l'oreiller.

Et, sur ce, il retourna à son enclume, tandis que sa femme apprêtait les enfants et se préparait elle-même pour se rendre au bourg, éloigné de près d'une lieue, afin d'y entendre la messe. Le temps était clair et piquant, avec un peu de givre. Quand la troupe s'ébranla, Fanch lui souhaita bien du plaisir.

— Nous prierons pour toi, dit la femme, mais souviens-toi, de ton côté, de ne pas dépasser l'heure sainte.

— Non, non. Tu peux être tranquille.

Il se mit à battre le fer avec ardeur, tout en sifflotant une chanson, comme c'était son habitude, quand il voulait se donner du cœur à l'ouvrage. Le temps s'use vite, lorsqu'on besogne ferme. Fanch ar Floc'h ne le sentit pas s'écouler. Puis, il faut croire que le bruit de son marteau sur l'enclume l'empêcha d'entendre la sonnerie lointaine des carillons de Noël, quoiqu'il eût ouvert tout exprès une des lucarnes de la forge. En tout cas, l'heure de l'Elévation était passée, qu'il travaillait encore. Tout à coup, la porte grinça sur ses gonds.

Etonné, Fanch ar Floc'h demeura le marteau suspendu, et regarda qui entrait.

— Salut ! dit une voix stridente.

— Salut ! répondit Fanch.

Et il dévisagea le visiteur, mais sans réussir à distinguer ses traits que les larges bords rabattus d'un chapeau de feutre rejetaient dans l'ombre.

C'était un homme de haute taille, le dos un peu voûté, habillé à la mode ancienne, avec une veste à longues basques et des braies nouées au-dessus du genou. Il reprit, après un court silence :

— J'ai vu de la lumière chez vous, et je suis entré, car j'ai le plus pressant besoin de vos services.

— Sapristi ! dit Fanch, vous tombez mal car j'ai encore à finir de ferrer cette roue, et je ne veux pas, en bon chrétien, que la cloche de l'Elévation me surprenne au travail.

— Oh ! fit l'homme, avec un ricanement étrange, il y a plus d'un quart d'heure que la cloche de l'Elévation a tinté.

— Ce n'est pas Dieu possible ! s'écria le forgeron en laissant tomber son marteau.

— Si fait ! repartit l'inconnu. Ainsi, que vous travailliez un peu plus, ou un peu moins !... D'autant que ce n'est pas ce que j'ai à vous demander qui vous retardera beaucoup ; il ne s'agit que d'un clou à river.

En parlant de la sorte, il exhiba une large faux, dont il avait jusqu'alors caché le fer derrière ses épaules, ne laissant apercevoir que le manche, que Fanch ar Floc'h avait, au premier aspect, pris pour un bâton.

— Voyez, continua-t-il, elle branle un peu : vous aurez vite fait de la consolider.

— Mon Dieu, oui ! Si ce n'est que cela, répondit Fanch, je veux bien.

L'homme s'exprimait, d'ailleurs, d'une voix impérieuse qui ne souffrait point de refus. Il posa lui-même le fer de la faux sur l'enclume.

— Eh ! mais il est emmanché à rebours, votre outil ! observa le forgeron. Le tranchant est en dehors ! Quel est le maladroit qui a fait ce bel ouvrage ?

— Ne vous inquiétez pas de cela, dit sévèrement l'homme. Il y a faux et faux. Laissez celle-ci comme elle est et contentez-vous de la bien fixer.

— A votre gré, marmonna Fanch ar Floc'h, à qui le ton du personnage ne plaisait qu'à demi.

Et, en un tour de main, il eut rivé un autre clou à la place de celui qui manquait.

— Maintenant, je vais vous payer, dit l'homme.

— Oh ! ça ne vaut pas qu'on en parle.

— Si ! tout travail mérite salaire. Je ne vous donnerai pas d'argent, Fanch ar Floc'h, mais, ce qui a plus de prix que l'argent et que l'or : un bon avertissement. Allez vous coucher, pensez à votre fin, et, lorsque votre femme rentrera, commandez-lui de retourner au bourg vous chercher un prêtre. Le travail que vous venez de faire pour moi est le dernier que vous ferez de votre vie. *Kénavô !* (Au revoir.)

L'homme à la faux disparut. Déjà Fanch ar Floc'h sentait ses jambes se dérober sous lui : il n'eut que la force de gagner son lit, où sa femme le trouva suant les angoisses de la mort.

— Retourne, lui dit-il, me chercher un prêtre.

Au chant du coq, il rendit l'âme, pour avoir forgé la faux de l'Ankou [1].

1. La mort.

La mort invitée à un repas

Ceci se passait au temps où les riches n'étaient pas trop fiers et savaient user de leur richesse pour donner quelquefois un peu de bonheur au pauvre monde.

En vérité, ceci est passé depuis bien longtemps.

Laou ar Braz était le plus grand propriétaire paysan qui fût à Pleyber-Christ. Quand on tuait chez lui soit un cochon, soit une vache, c'était toujours un samedi. Le lendemain, dimanche, Laou venait au bourg, à la messe matinale. La messe terminée, le secrétaire de mairie faisait son prône, du haut des marches du cimetière, lisait aux gens assemblés sur la place les nouvelles lois, ou publiait, au nom du notaire, les ventes qui devaient avoir lieu dans la semaine.

— A mon tour ! criait Laou, lorsque le secrétaire de mairie en avait fini avec ses paperasses.

Et, comme on dit, il « montait sur la croix ».

— Ça ! disait-il, le plus gros cochon de Kéresper vient de mourir d'un coup de couteau. Je vous invite à la fête du boudin (*ar gwadigennou*). Grands et petits, jeunes et vieux, bourgeois et journaliers, venez tous ! La maison est vaste : et, à défaut de la maison, il y a la grange ; et, à défaut de la grange, il y a l'aire à battre.

Vous pensez si, quand paraissait Laou ar Braz sur la croix, il y avait foule pour l'entendre ! C'était à qui ramasserait les paroles de sa bouche. On assiégeait les marches du calvaire.

Donc, c'était un dimanche, à l'issue de la messe, Laou lançait à l'*alligrapp* (à l'attrape qui pourra) son annuelle invitation :

— Venez tous ! répétait-il, venez tous !

A voir les têtes massées autour de lui, on eût dit un vrai tas de pommes, de grosses pommes rouges, tant la joie éclatait sur les visages.

— N'oubliez pas, c'est pour mardi prochain ! insistait Laou.

Et tout le monde faisait écho :

— Pour mardi prochain !

Les morts étaient là, sous terre. On piétinait leurs tombes. Mais, en ce moment-ci, qui donc s'en souciait ?

Comme la foule commençait à se disperser, une petite voix grêle, une petite voix cassée interpella Laou ar Braz.

— *Mé iellou ivé ?* (Irai-je aussi, moi ?)

— Damné sois-je ! s'écria Laou, puisque je vous invite tous, c'est qu'il n'y aura personne de trop.

La joyeuse perspective d'un grand repas à Kéresper fit que beaucoup de gens se soûlèrent ce dimanche-là, que pas mal d'autres se soûlèrent encore le lundi, pour mieux fêter, le lendemain, la mort du « prince ».

Dès le mardi matin, ce fut une interminable procession dans la direction de Kéresper. Les plus aisés suivaient la route en chars à bancs ; les mendiants s'acheminaient par les sentiers de traverse, sur leurs béquilles.

Chacun était déjà attablé devant une assiette pleine, lorsqu'un invité tardif se présenta. Il avait l'air d'un misérable. Sa souquenille de vieille toile, tout en loques, était collée à sa peau et sentait le pourri.

Laour ar Braz vint au-devant de lui et lui fit faire une place.

L'homme s'assit, mais ne toucha que du bout des dents aux mets qu'on lui servait. Il s'obstinait à garder la tête baissée, et malgré les efforts de ses voisins pour entrer en conversation avec lui, il ne desserra pas les lèvres, de tout le repas. Personne ne le connaissait. Des « anciens » lui trouvaient la mine de quelqu'un qu'ils avaient connu jadis mais qui était mort, voici beau temps.

Le repas prit fin. Les femmes sortirent pour jacasser

entre elles, les hommes pour allumer une « pipée ». Tout le monde était en joie.

Laou se posta à la porte de la grange où avait eu lieu le festin, afin de recevoir le *trugaré*, le « merci » de chacun. Force gens bredouillaient et titubaient. Laou se frottait les mains. Il aimait qu'on s'en allât de chez lui plein jusqu'à la gorge.

– Bien ! dit-il, il y aura, ce soir, dans les douves des chemins aux abords de Kéresper, des pissées aussi grosses que des ruisseaux.

Il était enchanté de lui, de ses cuisinières, de ses tonneaux de cidre et de ses convives.

Soudain, il s'aperçut qu'il y avait encore quelqu'un à table. C'était l'homme à la souquenille de vieille toile.

— Ne te presse pas, dit Laou en s'approchant de lui. Tu étais le dernier arrivé ; il est juste que tu sois le dernier parti... Mais, ajouta-t-il, tu risques de t'endormir devant une assiette et un verre vides.

L'homme avait, en effet, retourné son assiette et son verre.

En entendant la parole de Laou, il leva lentement la tête. Et Laou vit que cette tête était une tête de mort.

L'homme se mit sur pied, secoua ses haillons qui s'éparpillèrent à terre, et Laou vit qu'à chaque haillon était attaché un lambeau de chair pourrie. L'odeur qui s'en exhalait et aussi la peur le prirent à la gorge.

Laou retint son haleine pour n'aspirer point cette pourriture, et demanda au squelette :

— Qui es-tu et que veux-tu de moi ?

Le squelette, dont les os se voyaient maintenant à nu comme les branches d'un arbre dépouillé de ses feuilles, s'avança jusqu'à Laou, et, lui posant sur l'épaule une main décharnée, lui dit :

— *Trugaré,* Laou ! Quand je t'ai demandé, au cimetière, si je pouvais venir aussi, tu m'as répondu qu'il n'y avait personne de trop. Tu t'avises un peu trop tard de t'informer qui je suis. C'est moi qu'on nomme l'Ankou. Comme tu as été gentil pour moi, en m'invitant au même titre que les autres, j'ai voulu te donner à mon tour une preuve d'amitié, en te prévenant qu'il ne te reste pas plus de huit jours pour mettre tes affaires en règle. Dans huit jours, je repasserai par ici en voiture, et, que tu sois prêt ou non, j'ai mission de t'emmener. Donc, à mardi prochain ! Le repas que je te ferai servir ne vaudra peut-être pas le tien, mais la compagnie sera encore plus nombreuse.

A ces mots, l'Ankou disparut.

Laou ar Braz passa la semaine à faire le partage de ses biens entre ses enfants ; le dimanche, à l'issue de la messe, il se confessa ; le lundi, il se fit apporter la communion par le recteur de Pleyer-Christ et ses deux acolytes ; le mardi soir, il mourut.

Sa largesse lui avait valu de faire une bonne mort.

Ainsi soit-il pour chacun de nous !

L'histoire du maréchal-ferrant

Il était une fois un maréchal-ferrant qui s'appelait Fanchi et qui avait sa forge au bourg de Caouennek. Il cultivait de plus quelques arpents de terre attenant à sa forge, et il trouvait moyen de nourrir deux ou trois vaches. Il aurait dû être à l'aise dans ses affaires, car il travaillait avec courage. Malheureusement, sa femme était un puits de dépenses. L'argent que Fanchi lui remettait, il ne le revoyait plus, sans qu'il pût savoir à quoi il avait été employé. Il ne se doutait pas, l'excellent homme, que Marie Bénec'h, sa triste moitié, tandis qu'il peinait à l'enclume, passait son temps à commérer d'auberge en auberge, et à payer du *micamo*, c'est-à-dire du café « salé avec de l'eau-de-vie », à toutes les Jeannettes du voisinage.

Fanchi avait un apprenti, nommé Louiz, qui était dans sa maison depuis nombre d'années et en qui il avait grande confiance.

Un soir, il dit à l'apprenti :

— Sois de bonne heure sur pied demain matin. Marie Bénec'h prétend que sa bourse est vide. Nous irons à La Roche-Derrien vendre la vache rousse. C'est la « foire du chaume » (*foar ar zoul*), nous en trouverons peut-être un bon prix.

La vache rousse fut, en effet, bien vendue. Trois cents écus sonnants, sans compter les arrhes.

Comme Louiz et Fanchi s'en revenaient vers Caouennek, l'apprenti dit au maître :

— A votre place, je ne donnerais pas cet argent à Marie Bénec'h, en une seule fois. Je le ramasserais dans un tiroir et je ne m'en séparerais qu'au fur et à mesure des besoins du ménage.

— C'est une heureuse idée, répondit Fanchi, qui n'avait jamais pensé à cela.

Rentré chez lui, il mit les trois cents écus, rangés en plusieurs piles, dans une grosse armoire de chêne dont il fourra la clef sous son traversin.

Mais son manège n'avait pas échappé à l'œil de Marie Bénec'h. Dès qu'elle entendit ronfler son mari, que cette journée de foire avait harassé, elle se leva discrètement, déroba la clef, courut à l'armoire, et fit rafle de l'argent.

Qui fut bien attrapé le lendemain ? Ce fut Fanchi, le forgeron. Ses soupçons se portèrent aveuglément sur son apprenti.

— Louiz, s'écria-t-il, pâle de colère, j'ai suivi ton conseil. Voilà ce qui m'en revient. Rends-moi mes trois cents écus.

— Je ne les ai pas pris.

— Tu nies ? Soit. Tu vas de ce pas m'accompagner à Saint-Yves-de-la-Vérité !

— Je suis prêt à vous accompagner partout où il vous plaira.

Ils se mirent en route.

Quand ils furent arrivés à la porte de l'oratoire, le maréchal prononça les paroles consacrées. Le saint inclina la tête par trois fois, pour montrer qu'il avait compris et aussi pour déclarer qu'il allait *faire justice*.

Fanchi regagna Caouennek, soulagé. Quant à Louiz, qui avait été allègre au départ, il ne le fut pas moins au retour.

A l'entrée du bourg, Fanchi lui dit :

— Tu penses bien que d'ici longtemps nous ne travaillerons plus ensemble.

— A votre gré, maître, répondit Louiz. J'estime cependant qu'avant peu vous aurez reconnu que ce n'est pas moi le coupable.

Ils se séparèrent...

Marie Bénec'h guettait son mari du seuil de la forge.

— Où as-tu été ? lui demanda-t-elle.

— A Saint-Yves-de-la-Vérité.

— Quoi faire ?

— Vouer à la mort, dans un délai de douze mois, la personne qui m'a volé mes trois cents écus.

— Ah ! malheureux ! malheureux ! s'écria Marie Bénec'h, qui déjà avait au cou la couleur de la mort, si du moins tu m'avais prévenue ! Tes trois cents écus n'ont pas été volés. C'est moi qui les ai pris, cette nuit, pendant que tu dormais. Retournons vite défaire ce que tu as fait.

— Il est trop tard, femme. Par trois fois le saint a incliné la tête.

A partir de ce jour, Marie Bénec'h ne fit en effet que languir, et, les douze mois écoulés, elle mourut.

La porte ouverte

Ceci se passait à Lescadou, dans le vieux manoir de ce nom, sur les confins de Penvénan et de Plouguiel.

On y veillait le maître de maison, un certain Le Grand, mort dans la journée. La veillée comprenait d'abord les domestiques ; hommes et femmes, puis quelques voisins et voisines qui étaient venus s'offrir, selon l'usage.

L'agonie de Le Grand avait été accompagnée de singulières choses. Pendant qu'il mourait, la chienne s'était mise à se démener dans sa niche, en poussant d'effroyables hurlements. Quand on alla à elle, pour l'apaiser, on la trouva en proie aux flammes, la chair à demi rôtie, et puant une odeur d'enfer.

Elle expira comme son maître rendait le dernier soupir. On vit en cela une étrange coïncidence.

A peine l'homme et l'animal furent-ils trépassés, qu'il s'éleva un orage extraordinaire. Un meulon de paille qui était dans la cour fut transporté par la violence de la bourrasque à près de deux cents mètres plus loin, dans une prairie. Un vieil if se fendit de la cime aux racines.

Les gens qui veillaient devisèrent entre eux, longuement, de toutes ces choses.

On savait trop bien que Le Grand n'avait pas vécu exempt de reproche. Il avait toujours eu la réputation d'être dur pour les siens, impitoyable envers le pauvre monde.

Tout à coup, veilleurs et veilleuses se turent.

La porte venait de s'ouvrir, toute grande. On s'attendait à voir paraître quelqu'un... Mais il n'entra que du vent.

— Va vite fermer cette porte ! dit une femme à l'un des domestiques.

L'homme se leva, ferma l'huis et revint prendre sa place au foyer. Mais il ne s'était pas rassis sur son escabelle, que la porte était de nouveau toute grande ouverte.

— Quel maladroit ! s'écria-t-on. On voit bien qu'il n'a jamais été à Paris.

— Je vous jure que je l'avais fermée, dit l'homme.

Et il alla la fermer encore, en ayant soin, cette fois, de la pousser avec force, pour la bien assujettir dans son cadre.

— Là ! maintenant, si elle se rouvre, vous ne direz pas que c'est ma faute, grogna-t-il, en regagnant l'âtre.

— Ou tu n'es qu'une ganache, ou cette porte est ensorcelée ! fit un autre domestique ; vois, elle est plus ouverte que jamais.

— Va donc la fermer à ton tour. Pour moi, j'y renonce.

— Oh ! j'en viendrai à bout, quand *le diable* y serait !

Cet autre domestique était un gars solidement râblé, avec des bras de lutteur. Il empoigna le battant, le fit rouler sur ses gonds, furieusement, et s'y arc-bouta des deux épaules.

— Je parie, dit-il, que tous les vents du monde ne l'entrebâilleront plus !

Il n'avait pas fini de parler, que la porte lui frappait dans le dos et l'envoyait s'aplatir sur le sol, à deux pas.

Il se ramassa, tout meurtri, jurant et sacrant :

— Mille malédictions rouges ! Qui est-ce qui se permet d'ouvrir cette porte ?

On entendit un long ricanement, et une voix qui disait :

— Ne te vantais-tu pas de la fermer, quand le *diable* y serait ?

L'homme fut effrayé, mais il voulut faire le brave :

— Je me demande qui est celui qui se permet d'ouvrir cette porte, répéta-t-il.

— Moi ! répondit la voix, d'un ton si sec, si dur, si courroucé, que l'homme n'insista plus, et pour cause.

Il lui semblait qu'une haleine de feu lui léchait la figure. Son épouvante était d'autant plus forte qu'il ne voyait personne.

Il vint, tout pâle, se perdre dans le groupe des veilleurs et des veilleuses, qui, eux aussi, tremblaient la fièvre froide, la fièvre de la peur. L'horloge de la maison tinta lentement l'heure de minuit.

Et, quand le douzième coup eut sonné, les chandelles qui brûlaient auprès du lit du mort s'éteignirent comme d'elles-mêmes.

Il ne se trouva pas un dans l'assistance pour oser les rallumer ; en sorte que le cadavre demeura dans une obscurité profonde. On entendait par instants claquer les draps au vent de la porte ouverte, comme si c'eussent été les toiles d'une lessive étendue en plein air sur l'herbe des prés.

De minuit jusqu'à l'aube, les gens qui veillaient n'échangèrent pas une parole. Et plus une prière ne fut récitée. On se tenait rencognés les uns contre les autres, éclairés seulement par la braise du foyer et par la fumeuse lueur du *lutic*, de la chandelle de résine. On tâchait, avec les mains, de se boucher les oreilles et les yeux, et l'on attendait le jour avec impatience.

La fille au linceul

C'était aux environs de Morlaix, dans un endroit dont je ne sais le nom. Il y avait là une auberge tenue par un homme et sa femme. Comme domestique, ils n'avaient qu'une jeune servante, fille de joyeuse humeur, prompte à rire et à se moquer.

Un soir, deux jeunes hommes de la contrée vinrent s'attabler à l'auberge. Ils invitèrent à boire avec eux l'hôtelier, sa femme et la servante.

On causa d'abord, comme entre gens de connaissance, puis quelqu'un proposa une partie de cartes, qui fut acceptée.

Quand on joue, le temps passe vite.

Les deux jeunes gens furent désagréablement surpris d'entendre tout à coup sonner onze heures. Ils avaient bien une lieue de chemin à faire pour rentrer chez eux, et mauvaise route.

— Sapristi ! dit l'un d'eux, nous allons nous trouver dehors à une heure peu chrétienne... Qu'en penses-tu, Jacques ?

— Oui, Fanch, répondit l'autre, il n'est pas bon de battre les sentiers, à pareille heure. Pour ma part, je ne suis pas rassuré du tout.

— Eh bien ! intervint l'aubergiste, pourquoi ne restez-vous pas coucher ?

La servante de se récrier aussitôt. Elle se souciait probablement d'avoir encore à dresser un lit, avant de gagner le sien.

— Je voudrais bien voir pareille chose ! dit-elle, sur un ton de moquerie acerbe. Comment ! vous êtes à deux, vous êtes l'un et l'autre à la fleur de l'âge, vous avez la mine prospère, le poing robuste, et vous n'osez voyager de nuit !... En vérité, vous avez eu, jusqu'à ce jour, la réputation d'être les plus fiers du pays à la lutte, mais je vois bien maintenant que vous n'en avez que la réputation.

— A la lutte, repartit Jacques, on se mesure avec des vivants. Ceux-là, je ne les crains pas.

— C'est donc des morts que vous avez peur ? Vous nous la baillez belle ! Soyez tranquilles ! Les morts sont bien où ils sont. Ce n'est pas eux qui viendront vous chercher chicane.

— Cela s'est vu plus d'une fois, dit Fanch.

— Oui, dans les histoires de commères !

— Ne parlez pas ainsi, Katic, prononça la cabaretière, que l'incrédulité de sa servante scandalisait. Vous nous porteriez malheur.

— Moi, reprit la jeune fille, grâce à Dieu, je n'ai pas de ces peurs stupides. Je marcherais dans un cimetière avec autant d'assurance que sur un grand chemin, et à toute heure de nuit aussi bien que de jour.

Les deux jeunes hommes s'exclamèrent d'une commune voix :

— Cela se dit, mais quand il s'agit de le faire !...

— Tout de suite, si vous voulez ! riposta Katic, dont l'amour-propre fut piqué. Tenez, le cimetière n'est pas loin, puisqu'il n'y a que la route à traverser. Gageons que je fais trois fois le tour de l'église, en chantant et sans presser le pas.

— Malheureuse ! dit la cabaretière, vous voulez donc tenter l'Ankou ?

— Non, je veux simplement montrer à ces deux imbéciles que moi, qui ne suis qu'une femme, j'ai plus de « tempérament » qu'eux.

— Nous tenons le pari, répondirent Jacques et Fanch, peu flattés de se voir traiter ainsi d'imbéciles. Nous tenons le pari, quoi qu'il advienne.

— Suivez-moi donc, tous. Vous resterez sur les

marches de l'échalier du cimetière. De là, vous jugerez, et il n'y aura pas de tricherie possible.

— Pour moi, je ne sortirai point, dit la cabaretière. Ce que vous allez faire est contre la loi de Dieu.

Son mari, lui, accompagna les deux jeunes hommes. Tous trois grimpèrent les marches de l'échalier qui menait au cimetière, et ils demeurèrent là, en dehors, tandis que Katic, la servante, franchissait l'échalier et s'acheminait vers l'église par l'allée de sable, entre les tombes.

Dans la nuit claire, la lune montait.

Arrivée près de l'église, Katic se mit à en faire le tour, en marchant du pas des gens dans une procession. On entendait sa voix, pure et fraîche comme une eau de source, qui chantait le joli cantique :

Ni ho salud, Rouanès ann Elé...
(Nous vous saluons, Reine des Anges.)

Elle fit ainsi le tour de l'église une première fois, puis une seconde.

L'aubergiste dit aux jeunes hommes :

— Elle a désormais gagné son pari. Allons boire une chopine, en attendant qu'elle revienne.

Ils rentrèrent à l'auberge.

Katic cependant commençait le troisième tour. Comme elle passait devant le porche, elle vit la porte de front large ouverte. Elle glissa un coup d'œil dans l'intérieur de l'église. Le catafalque était au milieu de la nef, ainsi qu'aux jours d'enterrement ou de messe funèbre, et, sur le catafalque, un linceul était étendu. A l'entour, les cierges brûlaient, dans les grands chandeliers d'argent.

Katic pensa aussitôt :

— Jacques et Fanch, dépités, ont imaginé de me faire peur. Ils ont allumé les cierges et jeté un drap blanc sur le catafalque.

La voilà de prendre le drap, d'achever son tour, et de revenir à l'auberge.

— Tenez, dit-elle, je vous rapporte votre drap. Je ne suis pas aussi facile à épouvanter qu'un moineau.

L'aubergiste et les deux jeunes hommes se regardèrent entre eux, persuadés que Katic avait perdu la tête.

— Oh ! ne faites pas les étonnés, reprit-elle. C'est vous qui avez jeté ce drap sur le catafalque et c'est vous qui avez allumé les cierges. On ne m'attrape pas avec de la glu.

— Katic, dit l'aubergiste, non seulement nous n'avons pas été à l'église, mais nous ne sommes même pas entrés au cimetière.

— Vous verrez que ceci tournera mal ! fit, de son lit, la maîtresse de la maison, qui était allée se coucher. Couchez-vous près de moi, Katic, et demain, si vous m'en croyez, vous vous rendrez au confessionnal.

L'aubergiste emmena les deux jeunes hommes dans sa chambre ; Katic partagea le lit de sa maîtresse.

Elles ne dormirent ni l'une ni l'autre. Chaque fois que Katic essayait de tirer les draps à elle, des mains invisibles la découvraient. Elle commençait à regretter son équipée. Elle attendait le jour avec impatience. Dès qu'il parut, elle se leva et courut à l'église. Le recteur était dans la sacristie, en train de revêtir son aube pour la première messe.

— Monsieur le recteur, supplia-t-elle, veuillez me confesser sur-le-champ.

Le prêtre la fit agenouiller dans la sacristie même. Elle lui confia, sans omettre aucun détail, tous les événements de la nuit.

— A quelle heure, ma fille, demanda-t-il, avez-vous remarqué que le porche était ouvert ?

— Il pouvait être minuit ou proche.

— Trouvez-vous donc au même lieu, ce soir, à minuit. Vous rapporterez le linceul, et vous aurez soin de vous munir d'une aiguille et d'une pelote de gros fil. Vous étendrez le linceul sur le catafalque...

— Je n'oserai jamais, Monsieur le recteur.

— Il le faut, ma fille. Vous verrez un mort s'allonger sur le linceul...

— Oh !

— Vous l'y envelopperez aussitôt et vous l'y coudrez.

— Je n'oserai jamais, Monsieur le recteur. J'aime mieux mourir...

— Ne dites pas cela, Katic. Si vous mouriez maintenant, vous seriez damnée. Il ne fallait pas oser hier, vous n'auriez pas à oser aujourd'hui. D'ailleurs, prenez courage, vous ne serez pas seule, je vous assisterai.

— Merci, Monsieur le recteur !

— Vous tâcherez de coudre très vite, très vite. Quand il ne vous restera plus que trois ou quatre coutures à faire, vous direz assez haut, pour que je vous entende : « J'ai fini ! » N'oubliez pas cette recommandation, c'est essentiel.

— Je vous obéirai de point en point, Monsieur le recteur.

Un peu avant minuit, Katic était dans l'église. Comme la veille, le catafalque occupait le milieu de la nef, et, dans les grands chandeliers d'argent, les cierges se consumaient.

— Mon Dieu ! mon Dieu ! murmura la pauvre fille, donnez-moi force et courage.

Elle déplia le drap qu'elle rapportait et le disposa proprement sur le catafalque.

Alors, seulement, elle s'aperçut que ce drap était vieux, qu'il sentait le moisi et que les vers serpentaient en guise de fils dans la trame.

Il ne fut pas plus tôt déployé que Katic vit venir un cadavre à demi pourri. Elle le vit se hisser jusqu'à la plate-forme du catafalque et se coucher dans le linceul.

Katic, de relever les coins de la toile, et de coudre, de coudre.

Le recteur était là, enfermé dans son confessionnal, qui attendait.

Il demandait de temps en temps :

— Approchez-vous de la fin, Katic ?

— Pas encore, répondit-elle.

Tout à coup, elle s'écria :

— J'ai fini !

— Dieu vous fasse paix ! prononça le prêtre.

Et il s'esquiva de l'église.

Sur le seuil, il se retourna et dit :

— Maintenant c'est à vous et au mort de vous expliquer seule à seul.

Il est dans l'ordre que le jour se lève, même sur les pires choses. Lorsque, le lendemain matin, le bedeau vint sonner l'angélus, il trouva le catafalque au milieu de la nef, quoiqu'il fût certain de l'avoir rangé la veille, dans un des bas-côtés. A l'entour gisaient les membres en lambeaux d'un pauvre jeune corps. Les dalles étaient maculées de sang. Il en avait jailli des éclaboussures jusque sur les chapiteaux des piliers.

Le bedeau courut au presbytère. Il conta au recteur ce qu'il venait de voir.

— Dieu soit loué ! dit le prêtre. Allez annoncer à ses patrons que Katic est morte, mais en même temps affirmez-leur de ma part qu'elle est sauvée.

Le pendu

C'étaient deux jeunes hommes. L'un s'appelait Kadô Vraz, l'autre Fulupik Ann Dû. Tous deux étaient de la même paroisse, s'étaient assis, au catéchisme, sur le même banc, avaient fait ensemble leurs premières Pâques, et, depuis lors, ils étaient restés les meilleurs amis du monde. Lorsqu'aux pardons on voyait paraître l'un d'eux, les jeunes filles se poussaient du coude et chuchotaient en riant :

— Parions que l'autre n'est pas loin !

Il eût fallu marcher longtemps avant de trouver une amitié plus parfaite que la leur.

Ils s'étaient juré que le premier d'entre eux qui se marierait prendrait l'autre pour « garçon de noce ».

— Damné sois-je, avait dit chacun d'eux, si je ne suis pas de parole.

Le temps vint qu'ils tombèrent amoureux, et le malheur voulut que ce fût de la même héritière. Leur amitié toutefois n'en souffrit point dans les débuts. Ils firent leur cour loyalement à la belle Marguerite Omnès, ne médisant jamais l'un de l'autre, fréquentant même de compagnie chez Omnès le vieux et se portant des santés réciproques avec les pleines écuellées de cidre que Margaïdik leur versait.

— Choisis de nous celui qui te plaira le plus, disaient-ils à la jeune fille. Tu feras un heureux, sans faire un mauvais jaloux.

Marguerite ne laissait pas que d'être fort embarrassée, en dépit de toutes ces belles assurances.

Elle dut pourtant se décider.

Un jour que Kadô Vraz vint seul, elle le fit asseoir à la

table de la cuisine, et, s'installant en face de lui, elle lui dit :

— Kadô, j'ai pour vous une grande estime et une franche amitié. Vous serez toujours le bienvenu dans ma maison ; mais, ne vous en déplaise, nous ne serons jamais mari et femme.

— Ah ! répondit-il un peu interloqué, c'est donc de Fulupik que vous avez fait choix... Je ne vous en veux pas, ni à lui non plus !

Il tâchait de faire bonne contenance, s'efforçait de dissimuler son émotion, mais le coup était inattendu et le frappait en plein cœur.

Après quelques paroles banales, il partit, en vacillant comme un homme ivre, bien qu'il eût à peine porté les lèvres au verre que Marguerite lui avait rempli. Quand il fut sorti de la cour des Omnès et qu'il se trouva seul avec son infortune dans le chemin creux qui menait à sa demeure, il se mit à sangloter comme un enfant à qui l'on a fait mal. Il se dit : « A quoi bon vivre, désormais ? » Et il résolut de mourir. Auparavant toutefois, il voulut serrer la main de Fulupik Ann Dû et être le premier à lui annoncer son bonheur.

Au lieu de continuer vers Kerbérennès, qui était sa maison familiale, il prit donc un sentier à gauche pour aller à Kervas, où habitait Fulupik. La vieille Ann Dû épluchait des pommes de terre pour le repas du soir. Elle fut étonnée de la mine si pâle, si douloureuse de Kadô Vraz.

— Qu'as-tu ? lui demanda-t-elle. Tu es blanc comme un linge.

— C'est que vous me voyez à la brume de nuit, gentille marraine. Je suis venu m'informer de ce que Fulupik compte faire demain dimanche.

— En vérité, je ne saurais te le dire. Imagine-toi que Fulupik tient à cette heure un nouveau-né sur les fonts baptismaux !

— Bah !

— Oui. C'est encore cette fille Nanès qui est accouchée

d'un enfant bâtard. On est allé frapper à trois portes pour trouver un parrain. En désespoir de cause, on s'est adressé à Fulupik, qui a accepté. J'étais d'avis qu'il refusât comme les trois autres, mais c'est un entêté qui ne veut rien entendre. J'ai eu beau lui objecter qu'auprès des mauvaises langues il risquait de passer pour le père de l'enfant, il s'est tout de même habillé et il est parti au bourg. Il jurait même en partant qu'il ferait sonner les cloches.

La vieille n'avait pas fini de parler qu'une sonnerie joyeuse retentissait au loin.

— Quand je vous le disais !... s'écria Môn Ann Dû, en prêtant l'oreille.

Elle reprit :

— Mon fils est un écervelé. Tu devrais le morigéner, Kadô. Tu es plus sérieux que lui, toi. Je tremble souvent que son étourderie ne lui porte malheur.

— Soyez tranquille, répondit Kadô Vraz ; je vous affirme, au contraire, qu'il a dû naître sous une bonne étoile.

Et, souhaitant le bonsoir, il tourna les talons. Sur le seuil, il fit halte, un instant.

— Bonne marraine, dit-il, priez donc Fulupik de me venir joindre demain, dès l'aube, au carrefour de la Lande-Haute.

La Lande-Haute est un dos de colline, semé d'herbe maigre et planté de quelques ajoncs, où paissent des vaches de pauvres. Deux chemins, deux sentiers plutôt s'y croisent au pied d'un calvaire. C'est à ce calvaire que se rendit Kadô Vraz. Il avait d'abord été chez lui prendre un licol, sous prétexte de ramener des champs la jument grise. Il attacha ce licol à l'une des branches de la croix et se pendit.

Quand, à l'aube du lendemain, Fulupik se trouva au rendez-vous, ce fut pour voir le corps de son ami se balancer entre terre et ciel.

En ce temps-là, pour rien au monde on ne se fût permis de toucher à un homme qui s'était volontairement donné la mort.

Fulupik Ann Dû, fort marri, descendit dans la plaine raconter le malheur qui était arrivé. Lorsqu'il dit la chose chez les Omnès, Marguerite se mit à pleurer abondamment.

— Ah ! s'écria le jeune homme, c'est lui que vous aimiez !

— Tu fais erreur, camarade, répondit Omnès le vieux, qui fumait sa pipe dans l'âtre. Margaïdik, dans l'après-midi d'hier, a annoncé à Kadô Vraz que, quelque amitié qu'elle eût pour lui, c'était toi qu'elle épouserait.

Ce fut un grand baume pour le cœur de Fulupik Ann Dû.

Séance tenante, le jour des noces fut fixé. Par exemple, il fut convenu qu'on ne danserait pas, et qu'il y aurait simplement un repas à l'auberge, à cause de la triste mort de Kadô Vraz.

La semaine d'après, le fiancé se mit en route, accompagné d'un autre jeune homme, pour faire la « tournée d'invitations ». Comme ils passaient au pied de la Lande-Haute, le soir, Fulupik se frappa le front tout à coup.

— J'ai juré à Kadô Vraz que je n'aurais pas à mon mariage d'autre garçon d'honneur que lui. Il faut que je l'invite. C'est une formalité superflue, je le sais. Du moins aurai-je tenu mon serment. Il y va de mon salut dans l'autre monde.

Et il se mit à gravir la pente.

Le cadavre, déjà très endommagé, du pendu oscillait toujours au bout de la corde. A l'approche de Fulupik, des nuées de corbeaux s'envolèrent.

— Kadô, dit-il, je me marie mercredi matin. Je t'avais juré de te prendre pour garçon d'honneur. Je viens t'inviter, afin que tu saches que je suis fidèle à ma parole. Ton couvert sera mis, à l'auberge du *Soleil levant*.

Cela dit, Fulupik rejoignit son compagnon qui l'attendait à quelque distance, et les corbeaux, un moment effarouchés, achevèrent de dépecer en paix les restes mortels de Kadô Vraz. Fulupik eût encore volontiers invité son filleul, mais le pauvre petit être était mort dans l'intervalle...

Le jour de la noce arriva. Le nouveau marié, tout à son bonheur, n'avait d'yeux que pour sa jeune femme, qui, sous sa coiffe de fine dentelle, était, il faut l'avouer, la plus jolie fille qu'on pût voir. Certes, Fulupik ne pensait plus à Kadô. Au reste, n'avait-il pas mis sa conscience en règle de ce côté-là ? Donc, la fête allait bon train. Les mets étaient succulents. Le cidre dans les verres avait une belle couleur d'or jaune. Les invités commençaient à bavarder bruyamment. Déjà on portait les santés et Fulupik s'apprêtait à répondre à ses hôtes, quand tout à coup, en face de lui, il vit se lever un bras de squelette, tandis qu'une voix sinistre ricanait :

— A mon meilleur ami !

Horreur ! A la place qui lui avait été réservée, le fantôme de Kadô Vraz était assis.

Le marié devint pâle. Son verre lui tomba des mains et se brisa sur la nappe en mille morceaux.

Margaïdik, la jeune épousée, était, elle aussi, plus blanche que cire.

Un silence pénible se fit dans toute la salle.

L'aubergiste, surpris de voir qu'on ne mangeait ni ne buvait plus, bougonna d'un ton mécontent :

— Libre à vous ! Mais les choses sont préparées. Ce qui n'aura pas été consommé sera payé tout de même.

Personne ne répondit mot.

Seul, Kadô Vraz, s'étant levé, dit en s'adressant à Fulupik Ann Dû :

— D'où vient que je parais être de trop ici ? Ne m'as-tu pas invité ? Ne suis-je pas ton garçon d'honneur ?

Et, comme Fulupik gardait le silence, le nez dans son assiette :

— Je n'ai rien à faire avec ceux qui sont ici, continua le mort. Je ne veux pas gâter leur plaisir plus longtemps. Je m'en vais. Mais toi, Fulupik, j'ai le droit de te demander raison. Je te donne de nouveau rendez-vous à la

Lande-Haute, pour cette nuit, à la douzième heure. Sois exact. Si tu manques, je ne te manquerai pas !

La seconde d'après, le squelette avait disparu.

Son départ soulagea l'assistance, mais la noce finit tout de même tristement. Les invités se retirèrent au plus vite. Fulupik resta seul avec sa jeune femme. Il ne s'en réjouit nullement ; comme on dit, il avait des puces dans les bras.

— Gaïdik, prononça-t-il, tu as entendu l'ombre de Kadô Vraz. Que me conseilles-tu de faire ?

Elle pencha la tête et répondit, après réflexion :

— C'est un vilain moment à passer. Mais mieux vaut savoir tout de suite à quoi s'en tenir. Va au rendez-vous, Fulupik, et que Dieu te conduise !

Le marié embrassa longuement sa « femme neuve », et, comme l'heure était avancée, s'en alla, dans la claire nuit. Il faisait lune blanche. Fulupik Ann Dû marchait, le cœur navré, l'âme pleine d'un pressentiment sinistre. Il pensait : « C'est pour la dernière fois que je parcours ce chemin. Avant qu'il soit longtemps, Marguerite Omnès se remariera, veuve et vierge. » Il s'abandonnait de la sorte à de pénibles songeries, lorsque, arrivé au pied de la Lande-Haute, il se trouva nez à nez avec un cavalier vêtu de blanc.

— Bonsoir, Fulupik ! dit le cavalier.

— A vous de même, repartit le jeune homme, quoique je ne vous connaisse pas aussi bien que je suis connu de vous.

— Ne vous étonnez pas si je sais votre nom. Je pourrais vous dire encore où vous allez.

— Décidément, c'est que sur toutes choses vous en savez plus long que moi. Car je vais je ne sais où.

— Vous allez, en tout cas, au rendez-vous que vous a donné Kadô Vraz. Montez en croupe. Ma bête est solide. Elle portera sans peine double faix. Et au rendez-vous où vous allez, il vaut mieux être à deux que seul.

Tout ceci paraissait bien étrange à Fulupik Ann Dû. Mais il avait la tête si perdue ! Et puis, le cavalier parlait d'une voix si tendre ! Il se laissa persuader, sauta sur le cheval, et, pour s'y maintenir, saisit l'inconnu à bras le corps. En un clin d'œil, ils furent au sommet de la colline. Devant eux la potence se découpait en noir sur le ciel couleur d'argent, et le cadavre du pendu, qui n'était plus qu'un squelette, se balançait au vent léger de la nuit.

— Descends maintenant, dit à Fulupik le cavalier tout de blanc vêtu. Va sans peur au squelette de Kadô Vraz, et touche-lui le pied droit avec ta main droite, en lui disant : « Kadô, tu m'as appelé, je suis venu. Parle, s'il te plaît. Que veux-tu de moi ? »

Fulupik fit ce qui lui venait d'être commandé, et proféra les paroles sacramentelles.

Le squelette de Kadô Vraz se mit aussitôt à gigoter avec un bruit d'ossements qui s'entrechoquent, et une voix sépulcrale hurla :

— Je donne ma malédiction à celui qui t'a *enseigné*. Si tu ne l'avais trouvé sur ta route, je serais à cette heure sur le sentier du Paradis, et tu aurais pris ma place à ce gibet !

Fulupik s'en retourna sain et sauf vers le cavalier, et lui rapporta l'imprécation de Kadô Vraz.

— C'est bien, répondit l'homme blanc. Remonte à cheval.

Ils dévalèrent la pente au galop.

— C'est ici que je t'ai rencontré, reprit l'inconnu, ici je te laisse. Va rejoindre ton épousée. Vis avec elle en bonne intelligence, et ne refuse jamais ton aide aux pauvres gens qui recourront à toi. Je suis l'enfant que tu as tenu sur les fonts baptismaux. Tu vois qu'avec un bâtard le bon Dieu peut faire un ange. Tu me rendis un grand service en consentant à être mon parrain, au refus de trois personnes. Je viens de te rendre un service égal. Nous sommes quittes. Au revoir, dans les gloires célestes.

L'histoire de Marie-Job Kerguénou

Marie-Job Kerguénou était commissionnaire à l'Ile-Grande, en breton Enès-Veur, sur la côte trégorroise. Une fois la semaine, le jeudi, elle se rendait à Lannion, pour le marché, dans une charrette à demi « déclinquée », attelée d'un pauvre bidet. Quant au harnais, plus misérable encore que la bête, il était, comme on dit, tout sur ficelles. C'était miracle que la vieille et son équipage ne fussent pas restés vingt fois en détresse dans la route de grève, coupée de fondrières vaseuses et cernée de roches, qui, aux heures de mer basse, met l'île en communication avec le continent. D'autant que Marie-Job était toujours de nuit à franchir ce passage, partant le matin bien avant l'aube et ne rentrant guère qu'avec la lune, quand il y en avait. C'était miracle, pareillement, qu'elle n'eût jamais fait de mauvaise rencontre, car, enfin, ce ne sont pas les rôdeurs qui manquent dans ces parages de Pleurneur et de Trébeurden, et les marchandises, dont la carriole de la commissionnaire rapportait habituellement sa charge, étaient pour tenter des gens peu scrupuleux qui ne se livrent à la quête des épaves de mer que parce qu'ils n'ont pas mieux à glaner.

On lui demandait quelquefois :

— Vous n'avez pas peur aussi, Marie-Job, à voyager de la sorte, notamment, toute seule par les chemins ?

A quoi elle répondait :

— Ce sont les autres, au contraire, qui ont peur de moi. Ils croient, ce bruit que fait ma charrette, que c'est celle de l'Ankou.

Et c'est vrai que, dans l'obscurité, on pouvait, ma foi, s'y méprendre, tant l'essieu grinçait, tant les ferrailles cliquetaient et tant le cheval lui-même avait l'air d'une bête de l'autre monde. Puis, s'il faut tout dire, il y avait une raison encore et que la vieille Marie-Job n'avouait pas : c'est qu'elle était réputée, dans le pays, pour être un peu sorcière. Elle savait des « secrets », et les chenapans, même les plus audacieux, préféraient se tenir respectueusement à distance plutôt que de s'exposer à ses maléfices.

Une nuit pourtant, il lui arriva une aventure, que voici.

C'était en hiver, sur la fin de décembre. Depuis le commencement de la semaine, il gelait à faire éclater les pierres des tombeaux. Bien qu'habituée aux pires intempéries, Marie-Job avait déclaré que, si le froid était aussi vif, elle ne se rendrait sûrement pas au marché de Lannion, non pas tant par ménagement pour sa propre personne que par amitié pour Mogis, son cheval, qui était, comme elle disait, toute sa famille. Mais voilà que, le mercredi soir, à l'heure de l'Angélus, elle vit entrer chez elle sa meilleure pratique [1], Glauda Goff, la marchande de tabac.

— Est-ce vrai, le bruit qui court, Marie-Job, que vous ne comptez pas aller demain au marché ?

— Quoi donc ! Glauda Goff, aurais-je la conscience d'une chrétienne si je mettais Mogis dehors par un temps comme celui-ci, où les goélands eux-mêmes n'osent pas montrer leur bec ?

— Je vous le demande, ce nonobstant, pour l'amour de moi. Vous savez si je vous ai toujours donné à gagner, Marie-Job... De grâce, ne me refusez point. Ma provision de tabac-carotte touche à sa fin. Si je ne l'ai pas renouvelée pour dimanche, que répondrai-je aux carriers, quand ils viendront tous, à l'issue de la basse messe, acheter de quoi chiquer pour la semaine ?

Il faut vous dire que l'Enès-Veur est l'île des carriers : ils sont là, pour le moins, au nombre de trois ou quatre cents qui travaillent la roche pour en faire de la pierre de taille, et ce ne sont pas des gaillards commodes tous

1. Cliente.

les jours, comme vous pensez, surtout qu'il y a parmi eux autant de Normands que de Bretons. Sûrement, Glauda Goff ne se tourmentait pas sans raison, car ils étaient gens à mettre sa boutique à sac s'il advenait que son débit, le seul de l'île, ne leur fournît pas ce dont ils avaient besoin. Marie-Job Kerguénou comprenait bien cela. C'était elle qui, chaque jeudi, avait mission d'aller quérir le tabac aux bureaux de la Régie ; et, en vérité, ça la chagrinait fort d'être cause que, le dimanche suivant, sa commère recevrait des reproches et peut-être des duretés. Mais, d'autre part, il y avait Mogis, le pauvre cher Mogis !... Puis elle avait comme un pressentiment que, pour elle-même, ce serait une mauvaise chose de partir. Une voix lui conseillait en dedans : « Ne change point ta résolution : tu avais décidé de rester, reste ! »

L'autre cependant suppliait toujours. Alors, Marie-Job, qui était brusque dans ses manières, mais qui avait le cœur le plus sensible, finit par lui répondre :

— C'est bien, vous aurez votre tabac.

Et elle se dirigea incontinent vers la crèche pour faire la toilette de Mogis, comme à la veille de chaque voyage.

Le lendemain, à l'heure de la marée basse, elle quittait l'île, dans son équipage coutumier, ses mitaines rousses aux mains et sa cape de grosse bure sur les épaules, criant : « hue ! » à Mogis, dont la bise piquait les oreilles, comme si elle les eût criblées d'aiguilles. Ni la vieille femme ni son vieux cheval ne se sentaient en train. Ils arrivèrent cependant à Lannion sans encombre. Dans l'auberge où Marie-Job faisait sa descente et qui était à l'enseigne de l'*Ancre d'Argent*, sur le quai planté, l'hôtesse, quand elle la vit reparaître, après ses commissions terminées, lui dit :

— Jésus ! Maria ! Vous ne songez pas à repartir, au moins ! Savez-vous que vous serez changée en glace avant d'atteindre l'Ile-Grande ?...

Et elle insista pour la retenir à coucher. Mais la vieille fut inflexible.

— Comme je suis venue je m'en retournerai. Donnez-moi seulement une tasse de café bien chaud et un petit verre de *gloria*.

Tout de même, on voyait bien qu'elle n'avait pas sa mine des bons jours. Au moment de prendre congé de l'hôtesse de l'*Ancre d'Argent*, elle lui dit d'un ton triste :

— J'ai idée que le retour sera dur. Il y a dans mon oreille gauche quelque chose qui sonne un mauvais son...

Mais cela ne l'empêcha pas de fouetter Mogis et de se remettre en route, sous le soir hâtif de décembre, qui tombait, après avoir fait un signe de croix, en vraie chrétienne qui sait qu'il faut toujours avoir Dieu de son côté. Jusque passé Pleumeur, tout alla bien, sauf que le froid devenait de plus en plus vif et que Marie-Job, sur son siège, parmi les paquets dont sa carriole était pleine, sentait son corps et son esprit s'engourdir. Pour essayer de se tenir éveillée, elle tira son chapelet et, tout en conduisant d'une main, commença de l'égrener de l'autre. Pour être plus sûre de résister au sommeil, elle récita tout haut les dizains. Mais le bruit même de sa voix acheva de la bercer comme une chanson, de sorte que, malgré ses efforts, elle finit, sinon par s'endormir, du moins par perdre conscience. Brusquement, à travers sa torpeur, elle eut le sentiment qu'il se passait quelque chose d'insolite. Elle se frotta les yeux, rappela sa pensée et constata que la voiture était arrêtée.

— Eh bien ! Mogis ? grommela-t-elle.

Mogis secoua ses oreilles poilues, mais ne bougea point.

Elle le toucha du fouet. Il ne bougea pas davantage. Alors elle le frappa avec le manche. Il bomba son échine sous les coups et demeura inébranlable. On voyait ses flancs haleter comme un soufflet de forge et deux fumées blanchâtres s'échapper de ses naseaux dans la nuit glacée, car il était pleine nuit à cette heure et les étoiles brillaient toutes bleues en firmament.

— Voici du nouveau, songea Marie-Job Kerguénou.

Mogis, depuis dix-sept ans bientôt qu'ils faisaient ménage ensemble, comme elle disait, s'était constamment montré un animal exemplaire, ne voulant que ce que voulait sa maîtresse. Qu'est-ce donc qui le prenait ainsi, ce soir, à l'improviste, quand il avait autant de raisons de se hâter vers le chaud de sa crèche qu'elle, Marie-Job, vers le chaud de son lit ? Elle se décida, non sans maugréer, à descendre de son banc, pour le savoir. Elle s'attendait à trouver quelque obstacle, peut-être quelque ivrogne couché en travers de la chaussée. Mais elle eut beau regarder, fouiller l'ombre en avant d'elle (ils étaient à l'endroit où le chemin dévale vers Trovern, pour s'engager ensuite dans la grève), elle n'aperçut rien d'extraordinaire. La route fuyait déserte entre les talus qui, seuls, projetaient sur elle, çà et là, l'ombre de leurs chênes ébranchés.

— Allons, Mogis ! dit la vieille, en manière d'encouragement.

Et elle saisit le cheval par la bride. Le cheval renifla bruyamment, secoua la tête, et s'arc-bouta sur ses pieds de devant, refusant de faire un pas.

Alors, Marie-Job comprit qu'il devait y avoir quelque empêchement surnaturel. Je vous ai dit qu'elle était un peu sorcière. Une autre à sa place eût été saisie de frayeur. Mais elle, qui savait les gestes qu'il faut faire et les paroles qu'il faut prononcer selon les circonstances, elle dessina une croix sur la route avec son fouet, en disant :

— Par cette croix que je trace avec mon gagne-pain, j'ordonne à la chose ou à la personne qui est ici, et que je ne vois point, de déclarer si elle y est de la part de Dieu ou de la part du diable.

Elle n'eut pas plus tôt dit, qu'une voix lui répondit du fond de la douve :

— C'est ce que je porte qui empêche votre cheval de passer.

Elle marcha bravement, son fouet au cou, vers l'endroit d'où venait la voix. Et elle vit un petit homme très vieux, très vieux, qui se tenait accroupi dans l'herbe, comme rompu de fatigue. Il avait l'air si las, si triste, si misérable, qu'elle en eut pitié.

— A quoi donc songez-vous, mon ancien, de rester assis là, par une nuit pareille, au risque de périr ?

— J'attends, fit-il, qu'une âme compatissante m'aide à me relever.

— Qui que vous soyez, corps ou esprit, chrétien ou païen, il ne sera pas dit que l'assistance de Marie-Job Kerguénou vous aura manqué, murmura l'excellente femme en se penchant vers le malheureux.

Avec son secours, il parvint à se remettre sur ses jambes, mais son dos restait plié comme sous un invisible fardeau. Marie-Job lui demanda :

— Où donc est ce que vous portez et qui a la vertu d'effrayer les animaux ?

Le petit vieux répondit sur un ton plaintif :

— Vos yeux ne peuvent le voir, mais les naseaux de votre cheval l'ont flairé. Les animaux en savent souvent plus long que les hommes. Le vôtre ne continuera son chemin désormais que lorsqu'il ne me sentira plus ni devant, ni derrière lui, sur la route.

— Vous ne voulez cependant pas que je reste ici jusqu'à *vitam aeternam*. J'ai besoin de rentrer à l'Ile-Grande. Puisque je vous ai rendu service, à votre tour conseillez-moi : que faut-il que je fasse encore ?

— Je n'ai le droit de rien demander : c'est à vous d'offrir.

Pour la première fois de sa vie peut-être, Marie-Job Kerguénou la commissionnaire demeura un instant embarrassée.

« Ni devant, ni derrière lui, sur la route », songeait-elle. Quel moyen trouver ?...

Brusquement elle s'écria :

— Une fois dans ma voiture, vous ne serez plus sur la route. Montez !

— Dieu vous bénisse ! dit le vieux petit homme. Vous avez deviné.

Et il se traîna tout courbé vers la charrette où il eut mille peines à se hisser, quoique Marie-Job le poussât des deux mains. Quand il se laissa tomber sur l'unique siège, on eût dit que l'essieu fléchissait et il y eut un choc sourd, comme un bruit de planches heurtées. La bonne femme s'installa tant bien que mal auprès de cet étrange compagnon et Mogis, tout de suite, prit le trot avec une ardeur qui n'était guère dans ses habitudes, même quand il commençait à respirer l'odeur de l'étable.

— Alors, c'est aussi l'Ile-Grande qui est le but de votre voyage ? interrogea Marie-Job, au bout de quelques instants, histoire de rompre le silence.

— Oui, dit brièvement le vieux, qui ne semblait pas causeur et demeurait recroquevillé en deux, sans doute sous le poids de ce fardeau mystérieux qu'on ne voyait pas.

— Je n'ai pas souvenir de vous y avoir jamais rencontré.

— Oh ! non, vous étiez trop jeune quand j'en suis parti.

— Et vous arrivez de loin, à ce qu'il paraît ?

— De très loin.

Marie-Job n'osa le questionner davantage. D'ailleurs, on entrait dans la grève, où il y avait à faire attention, à cause des fondrières de vase et des roches de pierre noire éparses le long de la mauvaise piste qui tenait lieu de chemin. La commissionnaire ne fut pas sans remarquer, à ce propos, que les roues de la charrette enfonçaient dans le sable plus que de coutume.

— Sapristi, marmonna-t-elle entre ses dents, il faut que nous soyons terriblement chargés !...

Et, comme elle avait pris très peu de commissions en ville, comme, d'autre part, le vieux petit homme, tout rabougri, ne devait guère peser plus qu'un garçonnet, force était de supposer que c'était ce qu'il disait porter qui pesait si lourd. Et cela ne laissait pas de donner beaucoup à réfléchir à la bonne femme, peut-être aussi à Mogis lui-même, qui, malgré son entrain, commençait à faiblir et butait presque à chaque pas.

Lorsqu'il atteignit enfin la terre d'Enès-Veur, il n'avait plus un poil de sec.

Là, vous savez, il y a deux embranchements, l'un tournant à gauche vers l'église paroissiale de Saint-Sauveur, l'autre filant tout droit sur le bourg, où Marie-Job Kerguénou avait sa « demeurance ». Mogis ayant fait halte de son propre mouvement, sans doute afin de reprendre haleine, elle en profita pour dire à son muet compagnon dont elle était plus que pressée de se séparer :

— Nous voici à l'île, mon ancien : Dieu vous conduise en votre route !

— Soit, gémit le vieux petit homme.

Et il essaya de se lever, mais ce fut pour retomber aussi vite sur le siège, sinon de tout son poids, du moins de tout le poids de la chose inconnue. Et, de nouveau, l'essieu ploya ; de nouveau le bruit de planches heurtées se fit entendre.

— Jamais je ne pourrai, soupira-t-il avec un accent si douloureux que Marie-Job en fut remuée jusqu'aux entrailles.

— Allons, dit-elle, quoique je ne comprenne rien à vos manières et quelque hâte que j'aie d'être chez moi, s'il y a encore quelque chose en quoi je puisse vous servir, parlez.

— Eh bien ! répondit-il, menez-moi jusqu'au cimetière de Saint-Sauveur.

Au cimetière ! A pareille heure !... Marie-Job fut sur le point de répliquer qu'avec tout son bon vouloir elle ne pouvait pas faire cela pour lui, mais Mogis ne lui en laissa pas le temps. Comme s'il eût entendu la phrase du vieux petit homme, il s'engagea sur la gauche, dans le chemin de Saint-Sauveur. Marie-Job ne savait plus que penser. Quand ils arrivèrent auprès de l'enclos des morts, la grille, contrairement à l'usage, était ouverte. L'étrange pèlerin eut un cri de satisfaction.

— Vous voyez que je suis attendu, dit-il. Ce n'est, en vérité, pas trop tôt.

Et, retrouvant une vigueur qu'on ne lui eût jamais soupçonnée, il sauta presque légèrement à terre.

— Tant mieux donc, dit Marie-Job en s'apprêtant à prendre congé.

Mais elle n'était pas au terme de son aventure, car à peine eut-elle ajouté, comme il convient : « Au revoir jusqu'à une autre fois », que le vieux petit homme repartit :

— Non pas, s'il vous plaît !... Puisque vous m'avez accompagné en ce lieu, vous n'êtes plus libre de vous en aller avant que j'aie parachevé ma tâche, sinon, le poids que je porte, c'est vous qui l'aurez à l'avenir sur vos épaules... Je vous le conseille dans votre intérêt et parce que vous avez été compatissante à mon égard : descendez et suivez-moi.

Marie-Job Kerguénou, je l'ai dit, n'était pas une personne facile à intimider, mais, au ton avec lequel le vieux petit homme prononça ces paroles, elle sentit que ce qu'il y avait de plus raisonnable à faire, c'était d'obéir. Elle mit donc pied à terre, après avoir abandonné les guides sur la croupe de Mogis.

— Voici, reprit l'autre : j'ai besoin de savoir où est enterré le dernier mort de la famille des Pasquiou.

— N'est-ce que cela ? répondit-elle. J'étais du convoi. Venez.

Elle de s'orienter parmi les tombes dont les dalles de pierre grise pressaient côte à côte, assez nettement visibles sous la clarté des étoiles. Et, quand elle eut trouvé celle qu'il cherchait :

— Tenez ! La croix est toute neuve. Il doit y avoir dessus le nom de Jeanne-Yvonne Pasquiou, femme Squérent... Moi, mes parents oublièrent de me faire apprendre à lire.

— Et moi, il y a longtemps que je l'ai désappris, riposta le vieux petit homme. Mais nous allons bien voir si vous ne faites pas erreur.

Ce disant, il se prosterna, la tête en avant, au pied de la tombe. Et alors se passa une chose effrayante, une chose incroyable... La pierre se souleva, tourna sur un de ses bords comme le couvercle d'un coffre, et Marie-Job Kerguénou sentit sur son visage le souffle froid de la mort, tandis que sous terre retentissait un son mat, comme le bruit d'un cercueil heurtant le fond de la fosse. Elle murmura, blême d'épouvante :

— *Douè da bardon' an Anaon !* (Dieu pardonne aux défunts !)

— Vous avez d'un seul coup délivré deux âmes, dit près d'elle la voix de son compagnon.

Il était debout, maintenant, et tout transformé. Le vieux petit homme avait redressé sa taille et apparaissait subitement grandi. La commissionnaire put enfin voir à plein son visage... Le nez manquait ; la place des yeux était vide.

— N'ayez point de peur, Marie-Job Kerguénou, dit-il. Je suis Mathias Carvennec dont vous avez sans doute entendu parler, jadis, par votre père, car nous fûmes camarades de jeunesse. Il vint, avec les autres gars de l'île, jusqu'au haut de la côte où vous m'avez rencontré, nous faire la conduite, à Patrice Pasquiou et à moi, quand nous fûmes pris pour le service par le sort. C'était au temps de Napoléon le Vieux. Nous fûmes envoyés à la guerre l'un et l'autre, dans le même régiment. Patrice fut frappé d'une balle, à mes côtés ; le soir, à l'ambulance, il me dit : « Je vais mourir ; voici tout mon argent ; tâche qu'on m'enterre dans un endroit facile à reconnaître, de telle sorte, si tu survis, que tu puisses ramener mes os à l'Ile-Grande et les faire déposer auprès des reliques de mes pères, dans la terre de mon pays. » Il me laissait une somme considérable, au moins deux cents écus. Je payai pour qu'on le mît dans une fosse à part, mais, plusieurs mois après, quand on nous dit que la guerre était finie et que nous allions être congédiés, ma joie fut si vive que je négligeai la recommandation de Patrice Pasquiou : malgré mon serment, je rentrai sans lui. Comme mes parents, dans l'intervalle, avaient quitté l'Ile-Grande, pour prendre une ferme à Loquémau, c'est là que je vins les rejoindre. Là aussi je me mariai, là je fis souche d'enfants, là enfin je mourus, il y a quinze ans. Mais je ne fus pas plus tôt dans ma tombe qu'il me fallut me lever. Tant que je n'aurais pas acquitté ma dette envers mon ami, je n'aurais pas droit au repos. J'ai dû aller chercher Pasquiou : voici quinze ans que je marche, ne voyageant que du coucher du soleil au chant du coq et faisant à reculons, les nuits paires, la moitié, plus la moitié de la moitié du chemin que j'avais gagné les nuits impaires. Le cercueil de Patrice Pasquiou, sur mes épaules, pesait le poids de l'arbre entier qui en avait fourni les planches. C'est lui que vous avez entendu, par instants, rendre ce son de bois qu'on heurte. Sans votre bénignité et celle de votre cheval, j'en aurais encore eu pour plus d'une année avant d'arriver à la fin de ma pénitence. Maintenant, mon temps est accompli (*ma amzer zo peurachu*). Dieu vous récompensera sous peu, Marie-Job Kerguénou. Rentrez chez vous en paix, et, demain, mettez toutes vos affaires en ordre. Car ce voyage sera le dernier que vous aurez fait, vous et votre Mogis. A bientôt, dans les Joies (*ebars er Joaïo*) !

A peine eut-il achevé ces mots que la commissionnaire se trouva seule, parmi les tombes. Le mort avait disparu. A l'horloge de l'église, minuit sonnait. La pauvre femme se sentit toute transie ; elle s'empressa de remonter dans sa carriole et atteignit enfin à sa maison. Le lendemain, quand Glauda Goff vint prendre livraison de son tabac, elle trouva Marie-Job au lit :

— Vous êtes donc malade ? lui demanda-t-elle avec intérêt.

— Dites que je touche à ma passion, lui répondit Marie-Job Kerguénou. C'est à cause de vous ; mais j'ai assez vécu, je ne regrette rien. Ayez seulement l'obligeance de m'envoyer un prêtre.

Elle mourut le jour même, Dieu lui pardonne ! Et, après qu'on l'eût mise en terre, il fallut également planter « Mogis » ; il était complètement froid, quand on alla voir dans sa crèche.

Les deux vieux arbres

Ceci se passait à Plougaznou, il n'y a pas encore très longtemps.

Il y avait là, dans une pauvre petite ferme, un brave homme et sa femme qui, n'ayant pas le moyen de battre leur blé à la machine, le battaient au fléau. Du lever du soleil à son coucher, ils besognaient de concert, l'homme conduisant le branle et la femme réglant son pas sur le sien.

Vous pensez si, la journée close, ils retrouvaient leur lit avec plaisir, bien que le matelas en fût de paille de seigle et les draps de grosse toile de chanvre. C'est à peine s'ils prenaient le temps de souper de quelques patates et de réciter une courte prière : l'instant d'après, ils étaient allongés côte à côte et ronflaient à qui mieux mieux.

Le dernier soir pourtant, quand ils furent *gwastel*, comme on dit, l'homme parla ainsi à sa femme :

— Radegonda, chez les riches, quand l'août est fini, il y a fricot, le soir, pour les batteurs. Moi, si vous me donniez le fricot dont j'ai envie, vous me feriez des crêpes, de bonnes crêpes de blé noir comme vous savez les faire, Radegonda.

La femme, qui tombait de fatigue, s'écria :

— Des crêpes, mon pauvre homme ! Vous n'y songez pas. D'abord, j'ai les bras coupés. J'ai besogné autant que vous, n'est-il pas vrai ? Et, comme je n'ai pas votre force, je n'en puis plus. Où voulez-vous que je trouve le courage de me remettre à chauffer la poêle, à délayer la farine et à étendre la pâte ? Et puis, lors même que j'aurais ce courage, je serais encore bien empêchée de contenter votre envie, car il n'y a plus une pincée de farine dans la huche. Ne savez-vous pas que, depuis plus d'une semaine que nous vaquons à la récolte, vous n'êtes pas descendu chez le meunier ?

— Oh ! si ce n'est que la farine, je m'en charge.

— Quoi ? vous iriez jusqu'au moulin ?... Après avoir déjà tant sué, tant trimé ?... Votre ventre est donc un bien dur maître, Hervé Mingam ?

Hervé Mingam répondit, suppliant :

— Voyons, Radegonda !... Pour une fois ?...

Alors, elle, attendrie :

— Je suis trop sotte de faire ainsi vos vingt-quatre volontés... Enfin, soit !... Allez et tâchez d'être vite de retour, si vous ne voulez pas que je m'endorme ici, dans l'intervalle, tout habillée.

Elle n'avait pas fini sa phrase que l'homme était dehors, dévalant à grandes enjambées vers le moulin. Tant qu'il vit clair dans sa route, il courut plus qu'il ne marcha, mais, à un endroit où le chemin semblait s'enfoncer en terre, entre deux hauts talus surplombants, force lui fut de ralentir. Bientôt même, il n'avança plus qu'à tâtons, parce qu'il avait sur lui, outre l'ombre des talus, celle des très vieux arbres dont ils étaient plantés. Il allait donc avec précaution assujettissant chacun de ses pas. Or, dans le silence qui était profond, et quoique l'air demeurât immobile, comme il arrive généralement par les chaudes soirées d'août, voici qu'il entendit, au-dessus de sa tête, le feuillage commencer à bruire d'une manière bizarre et tout inattendue.

— Tiens ! c'est, ma foi, une chose assez particulière, pensa-t-il.

Il leva les yeux et, malgré l'obscurité, reconnut, à la blancheur argentée de l'écorce, que les arbres dont les ramures bruissaient de la sorte étaient deux hêtres d'aspect vénérable qui se faisaient vis-à-vis d'un talus à l'autre et mêlaient leurs branches comme pour s'embrasser. Ce qu'il y avait de plus étrange, c'est que leur murmure, très léger, ressemblait à un chuchotement de voix humaines. Hervé Mingam suspendit son pas et prêta l'oreille. Plus de doute, les deux hêtres causaient entre eux. Notre homme, pour les écouter, oublia moulin, farine et crêpes.

Le premier des deux arbres, celui de droite, disait :

— Je crois que tu as froid, Maharit. Tu trembles de tous tes membres.

Et le second arbre, celui de gauche, répondait, en grelottant :

— Oui, Jelvestr, je suis glacée, glacée, en vérité, jusqu'aux moelles. Toutes les fois que la nuit tombe, c'est ainsi ; la fraîcheur me pénètre au point que c'est comme une nouvelle mort... Heureusement que, ce soir, on fait des crêpes chez notre fils ; il y aura bon feu et, sitôt que sa femme et lui seront couchés, nous pourrons, à notre tour, aller nous chauffer à la braise.

Alors, le premier arbre :

— Je t'accompagnerai, pour ne pas te laisser aller seule, Maharit. Mais, si tu m'avais obéi, de ton vivant, tu ne serais pas dans la nécessité d'attendre que l'on fasse des crêpes chez notre fils pour sentir un peu de chaleur. Combien de fois ne t'ai-je pas demandé d'être plus charitable aux pauvres ! Sous prétexte que tu possédais peu, tu ne voulais rien donner. Et maintenant tu en es punie. Parce que tu as eu le cœur froid, tu accomplis une pénitence glacée. Et moi, parce que j'ai été trop faible envers ton péché, je suis puni avec toi. Mais, du moins, je ne souffre pas ce que tu souffres. Les pauvres que tu refusais, je les dédommageais de mon mieux à ton insu. Par exemple, je leur donnais, en carême, des morceaux de beurre enveloppés dans des feuilles de choux ; aux Gras, des morceaux de lard enveloppés dans des bouts de papier : et, depuis, ce papier et ces feuilles de choux me font un vêtement qui me tient chaud.

— Hélas ! soupirait le second arbre, avec un tel accent de tristesse qu'on eût dit qu'il rendait l'âme...

Hervé Mingam n'en écouta pas davantage. Au risque de se casser vingt fois la tête, en trébuchant aux pierres du chemin creux, il dégringola tout d'un trait la pente jusqu'au gué du moulin de Trohir. Au retour, il prit un trajet deux fois plus long, pour ne point passer sous les vieux arbres.

— Ma foi, lui dit sa femme, j'ai cru que vous ne rentreriez plus.

Et, remarquant son air hagard :

— Qu'est-ce que vous avez donc ? Vous avez la mine toute pâle.

— Il y a que je suis à bout de forces. J'ai les membres rompus. Après la rude journée, cette course était vraiment de trop.

— Quand je vous le disais !... Enfin, consolez-vous. Puisque vous avez apporté de la farine, vous allez avoir des crêpes.

— Oui, murmura-t-il, plus que jamais il faut que vous en fassiez.

Pensant qu'il voulait signifier par là que l'attente avait encore accru son envie, Radegonda se mit en devoir de le servir diligemment. D'ordinaire, douze crêpes n'étaient pas pour lui faire peur : mais, cette fois, dès la troisième, il se déclara rassasié.

— J'ai, décidément, plus besoin de dormir que de manger, prononça-t-il.

— Oh ! bien ! si j'avais su, je n'aurais pas fait tant de feu, dit sa femme.

Elle se disposait à écarter les tisons, après avoir enlevé la poêle, mais il l'arrêta.

— Laisse brûler ce qui brûle et couchons-nous.

Il attendit qu'elle fût déshabillée et, pendant qu'elle lui tournait le dos pour monter au lit, il jeta une nouvelle brassée de copeaux dans la flamme. Radegonda ne fut pas plus tôt allongée qu'elle s'endormit. Mais lui resta les yeux ouverts, l'oreille aux aguets. Par les volets ajourés du lit clos placé juste en face de la fenêtre, on pouvait voir le courtil et la campagne au loin, car il y avait clair de lune. La nuit était silencieuse, sans une haleine de vent, comme généralement au cœur de l'été.

Dix heures, onze heures sonnèrent. Rien ne venait. L'homme commençait à douter... Mais, la demie de onze heures approchant, il entendit un léger bruit, comme de branches qui traînent et de feuilles qui frémissent ; puis, peu à peu, le bruit grandit, devint une rumeur pareille à celle des bois agités par la brise, et l'homme aperçut distinctement les grandes ombres mouvantes des deux hêtres qui s'avançaient vers la maison. Ils marchaient aussi près que possible l'un de l'autre, sur le même rang : on eût dit que la terre les portait. On voyait, à la lumière de la lune, briller leurs troncs argentés sous leurs feuillages immenses. Ils traversèrent enfin le courtil.

— Frou... ou... ou !... Frou... ou... ou !... gémissaient leurs vastes ramures.

L'homme, sous ses draps, claquait des dents. Jamais il ne se fût imaginé que deux arbres pussent ainsi, à eux seuls, faire tout le murmure d'une forêt. Leur bruit, maintenant, était autour de lui, au-dessus de lui, partout.

— Ils vont renverser la maison, se disait-il.

Il entendait le frôlement des grosses branches contre les murs et sur le chaume du toit. Par trois fois, les deux hêtres firent le tour du logis, sans doute cherchant la porte. Brusquement, elle s'ouvrit. L'homme se cacha la tête dans les mains pour ne point voir ce qui allait suivre. Mais, au bout de trois ou quatre minutes, ne percevant aucun remue-ménage, il s'enhardit à regarder par les trous des volets. Et voici ce qu'il vit : son père et sa mère étaient assis sur les escabelles de bois, de chaque côté du foyer, non plus sous leur forme d'arbres, mais tels qu'ils étaient de leur vivant. Et ils devisaient entre eux, à voix basse. La vieille avait relevé sa jupe de futaine rousse pour se chauffer le devant des jambes, et le vieux lui demandait :

— Sens-tu un peu la chaleur ?

— Oui, répondait-elle. Notre fils a eu la précaution de jeter dans le feu une nouvelle brassée de copeaux.

L'homme, alors, réveilla doucement sa femme.

— Regardez.

— Quoi ? Où ?

– Là, dans le foyer, ces deux vieux. Ne les reconnaissez-vous pas ?

— Vous rêvez ou vous avez la mauvaise fièvre, mon pauvre mari. Il n'y a, dans le foyer, que le feu qui braisille.

— Mettez donc votre pied sur le mien, Radegonda, vous verrez comme moi.

Elle mit son pied sur le sien et vit, en effet, les deux vieux.

— Dieu pardonne aux défunts !... Mais c'est votre père et votre mère ! balbutia-t-elle en joignant ses mains, de stupeur et d'épouvante.

Il répondit :

— De grâce, ne dites et ne faites rien qui puisse les troubler.

— Que nous veulent-ils ?

— Je vous expliquerai la chose, quand ils seront partis.

Dans l'âtre, le vieux disait à la vieille :

— Etes-vous assez réchauffée, Maharit ? Voici bientôt notre heure.

Et la vieille disait au vieux :

— Oui, je n'ai plus si froid, Jelvestr. Mais il me tarde bien que ma dure pénitence soit finie.

Sur ce, l'horloge tinta le premier coup de minuit. Les deux vieillards se levèrent, disparurent. Et alors, la grande rumeur de feuillage recommença le long de la maison :

— Frou... ou... ou !... Frou... ou... ou !...

Puis le bruit s'éloigna, à mesure que s'éloignait aussi l'ombre des deux arbres sous la lune. Dans son lit, Radegonda frissonnait, ne comprenant rien à toutes ces choses extraordinaires dont elle était témoin. Quand la nuit fut redevenue déserte et silencieuse, l'homme raconta ce qui lui était arrivé dans le chemin creux et comment il avait surpris le secret des deux morts.

— C'est bien, dit Radegonda. Demain, je donnerai une tourte d'oing pour les pauvres gens de la paroisse qui n'ont même pas le peu que nous avons, et nous commanderons deux messes à l'église.

Ainsi firent-ils et, depuis lors, les deux hêtres ne parlèrent plus.

Celle qui lavait de nuit

Fanta Lezoualc'h, de Saint-Trémeur, pour gagner quelques sous, se louait à la journée dans les fermes des environs. Aussi ne pouvait-elle vaquer à son propre ménage que le soir. Or, un soir, elle se dit en rentrant : « C'est aujourd'hui samedi, demain dimanche. Il faut que j'aille laver la chemise de mon homme et celles de mes deux enfants. Elles auront le temps de sécher d'ici à l'heure de la grand-messe, car la nuit promet d'être belle. »

Il faisait, en effet, un magnifique clair de lune.

Fanta prit donc le paquet de linge et s'en alla laver à la rivière.

Et la voilà de savonner, et de frotter, et de taper, à tour de bras. Le bruit de son battoir retentissait au loin, dans le silence de la nuit, multiplié par tous les échos :

Plic ! Plac ! Ploc !

Elle était tout à sa besogne. Quel que fût l'ouvrage, elle y allait ainsi hardiment, des deux mains. C'est sans doute pourquoi elle n'entendit pas arriver une autre lavandière.

Celle-ci était une femme mince, svelte comme une biche, et qui portait sur la tête un énorme faix de linge aussi allégrement que si c'eût été un ballot de plume.

— Fanta Lezoualc'h, dit-elle, tu as le jour pour toi ; tu ne devrais pas prendre ma place, la nuit.

Fanta, qui se croyait seule, sursauta de frayeur, et ne sut d'abord que répondre. Elle finit enfin par balbutier :

— Je ne tiens pas à cette place plus qu'à une autre. Je vais vous la céder, si cela peut vous faire plaisir.

— Non, repartit la nouvelle venue, c'est par badinage

que j'ai parlé de la sorte. Je ne te veux aucun mal, bien au contraire. La preuve en est que je suis toute disposée à t'aider si tu y consens.

Fanta Lezoualc'h, que ces paroles avaient rassurée, répondit à la *Maouès-noz*, à la « femme de nuit » :

— Ma foi, ce n'est pas de refus. Seulement je ne voudrais pas abuser de vous, car votre paquet semble plus gros que le mien.

— Oh ! moi, rien ne me presse.

Et la femme de nuit de jeter là son faix de linge, et toutes deux de frotter, de savonner et de taper avec entrain.

Tout en besognant, elles causèrent.

— Vous avez dure vie, Fanta Lezoualc'h ?

— Vous pouvez le dire. En ce moment, surtout. Depuis l'Angélus du matin jusqu'à la nuit close, aux champs. Et cela doit durer ainsi jusqu'à la fin de l'août. Tenez, il n'est pas loin de dix heures, et je n'ai pas encore soupé.

— Oh ! bien, Fanta Lezoualc'h, dit l'*étrangère*, retournez donc chez vous, et mangez en paix. Vous n'en serez pas à la troisième bouchée que je vous aurai rapporté votre linge, blanchi comme il faut.

— Vous êtes vraiment une bonne âme, répondit Fanta.

Et elle courut d'une traite jusqu'à la maison.

— Déjà ! s'écria son mari, en la voyant entrer, tu vas vite en besogne !

— Oui, grâce à une aimable rencontre que j'ai faite.

Elle se mit à raconter son aventure.

Son homme l'écoutait, allongé dans son lit, où il achevait de fumer sa pipe. Dès les premières paroles de Fanta, son visage devint tout soucieux.

— Ho ! Ho ! dit-il quand elle eut fini, c'est là ce que tu appelles une aimable rencontre. Dieu te préserve d'en faire souvent de semblables ! Tu n'as donc pas réfléchi qui était cette femme ?

— Tout d'abord, j'ai eu un peu peur, mais je me suis promptement rassurée.

— Malheureuse ! tu as accepté l'aide d'une *Maouès-noz* !

— Jésus, mon Dieu ! J'en avais eu idée... Que faire, maintenant ? Car elle va venir me rapporter le linge.

— Achevez de souper, répondit l'homme, puis rangez soigneusement tous les ustensiles qui sont sur l'âtre. Suspendez surtout le trépied à sa place. Vous balaierez ensuite la maison, de façon que l'aire en soit nette ; vous mettrez le balai dans un coin, la tête en bas. Cela fait, lavez-vous les pieds, jetez l'eau sur les marches du seuil, et couchez-vous. Mais soyez preste.

Fanta Lezoualc'h obéit en hâte. Elle suivit de point en point les recommandations de son mari. Le trépied fut assujetti à son clou, le sol de la maison nettoyé jusque sous les meubles, le balai renversé, le manche en l'air, l'eau qui avait servi à laver les pieds de Fanta répandue sur les marches du seuil.

— Voilà ! dit Fanta, en sautant sur le « bank-tossel », et en se fourrant au lit, sans même prendre le temps de se déshabiller tout à fait.

Juste à ce moment, la « femme de nuit » cognait à la porte.

— Fanta Lezoualc'h, ouvrez ! C'est moi qui vous rapporte votre linge.

Fanta et son mari se tinrent bien cois.

Une seconde, une troisième fois, la femme de nuit répéta sa « demande d'ouverture ».

Même silence à l'intérieur du logis.

Alors on entendit au-dehors s'élever un grand vent. C'était la colère de la *Maouès-noz*.

— Puisque chrétien ne m'ouvre, hurla une voix furieuse, trépied, viens m'ouvrir !

— Je ne puis, je suis suspendu à mon clou, répondit le trépied.

— Viens alors, toi, balai !

— Je ne puis, on m'a mis la tête en bas.

— Viens alors, toi, eau des pieds !

— Hélas ! regarde-moi, je ne suis plus que quelques éclaboussures sur les marches du seuil.

Le grand vent tomba aussitôt. Fanta Lezoualc'h entendit la voix furieuse qui s'éloignait en grommelant :

— La « mauvaise pièce » ! Elle peut se féliciter d'avoir trouvé plus savant qu'elle pour lui faire la leçon.

La princesse rouge

Vous connaissez l'île du Château, à l'entrée de Port-Blanc ? Il y a plus de morts dans cette île qu'il n'y a de galets de Bruk à Buguélès. Ceci est l'histoire d'une morte qui fut *conjurée* en ce lieu, voici bien longtemps. De son vivant, elle était princesse. Vous trouverez même des gens qui vous diront qu'elle avait nom Ahès et que c'était la propre fille de Grallon, le roi d'Is. Peut-être est-ce vrai ; peut-être est-ce faux.

Toujours est-il que, même conjurée, elle avait pouvoir, tous les sept ans, sur sept lieues de terre ou de mer à la ronde.

Je vais vous conter comme elle fut dépouillée de ce pouvoir.

Mais sachez d'abord que son pouvoir était funeste. Il s'annonçait par une grande brume rouge qui s'élevait de la mer. De là sans doute le nom de la « Dame rouge », que les pêcheurs avaient donné à la princesse. Venait ensuite un vent furieux qui dissipait la grande brume et bouleversait les flots jusque dans leurs profondeurs. Ces jours-là, les barques les plus audacieuses n'osaient se risquer au large. Même calfeutré chez soi, à l'intérieur des maisons, on tremblait la fièvre d'épouvante. Comme des mèches de cheveux arrachées, des touffes de chaume s'envolaient des toits. C'était un terrible vent ! Il s'engouffrait par le tuyau des cheminées, comme une voix de géant en colère. On ne comprenait pas très bien ce qu'il disait, mais il avait certainement des mots très rudes, pareils à ceux d'un homme qui gronde. Pour exorciser la princesse, cause de tout ce vacarme, on avait fait célébrer plus d'une messe noire à Notre-Dame de Port-Blanc, par les prêtres réputés les plus habiles. Peine perdue. Tous les sept ans, c'était même bruit sauvage, même fureur déchaînée. On avait fini par en conclure qu'il n'y avait, ni de la part des hommes, ni de la part de Dieu, aucun moyen de *tranquilliser* la princesse et de la rendre inoffensive.

Sur ces entrefaites, une pauvresse de la côte gagna un soir l'île du Château, à l'intention d'y pêcher des *ormeaux* (haliotides), à la basse marée de nuit.

Elle dut attendre quelque temps que les roches fussent découvertes.

N'ayant rien de mieux à faire, elle se mit à égrener son chapelet, car c'était une femme dévote et qu'à cause de cela on avait surnommée dans le pays *Fantès-ar-Pedennou* (Françoise-les-Prières).

Elle en était au troisième dizain, quand tout à coup, s'étant retournée par hasard, elle vit, à la place de l'énorme rocher qui domine l'îlot, une chapelle haute et grande comme une église de canton, et dont les vitraux étaient splendidement éclairés.

Elle se leva, laissant là ses engins, et courut à la porte de la miraculeuse chapelle.

Sur les vantaux était tracée, en caractères d'or, flamboyante, une inscription bretonne. Or, Fantès savait lire le breton :

L'inscription disait :

— Si, par le trou de la serrure, tu peux regarder sans être vu, il te sera donné de faire un grand bien à toi et à tes proches.

La femme hésita d'abord, puis :

— Ma foi ! pensa-t-elle, regardons toujours !

Et elle appliqua un de ses yeux au trou de la serrure.

Elle vit la princesse, qui lui tournait le dos, s'acheminer vers l'autel dressé dans le chœur au milieu d'une gloire d'or.

Elle voulut soulever le loquet de la porte, mais il était rivé. Alors, elle se mit à faire le tour de la chapelle, en dehors. Elle arriva ainsi à une deuxième porte sur laquelle il était écrit :

— Si tu veux entrer, va cueillir à trois pas d'ici, dans le buisson, deux brins d'herbe blanche que tu disposeras en croix dans le creux de ta main droite.

Elle fit ce qui était recommandé, revint à la chapelle et lut sur une troisième porte :

— Entre maintenant. Tous les trésors qui sont ici t'appartiennent. De plus, il ne dépend que de toi de conjurer la princesse et de l'empêcher désormais de nuire.

Fantès entra.

La princesse, debout sur les marches de l'autel, se détourna au bruit que firent en sonnant sur les dalles les sabots de la pauvresse.

— Que me veux-tu ? s'écria-t-elle d'un ton courroucé.

— T'empêcher de nuire, si tel est mon pouvoir, répondit Fantès avec calme.

— Du moment que tu es ici, c'est que ta volonté est plus forte que la mienne. Je suis en ta possession. Relègue-moi aussi loin qu'il te plaira. Où tu me diras d'aller, j'irai. Voici les clefs de l'étang que j'ai fait construire en pierres de taille. Toutes mes victimes sont là. Je te les abandonne. Je t'abandonne aussi mes trésors. Tâche d'en faire bon usage.

Ce disant, elle tendit à Fantès-ar-Pedennou un trousseau de clefs étincelantes.

La pauvresse s'essuya les mains dans son tablier à plusieurs reprises avant d'oser toucher à ces clefs merveilleuses. Elle les prit cependant et fit avec elles le signe de la croix.

— Où m'enjoins-tu de me rendre ? demanda la princesse.

— Plus loin que la terre et plus loin que la mer ! dit Fantès.

La princesse aussitôt s'évanouit dans l'air. Depuis, on n'a jamais entendu parler d'elle. En même temps s'écroulèrent sans bruit et sans laisser de traces les murailles de la chapelle étrange.

Fantès-ar-Pedennou se trouva devant un étang construit et pavé en pierres de taille. L'eau y était claire, lumineuse. Çà et là des cadavres flottaient, la face tournée vers le ciel. Parmi les plus rapprochés du bord, Fantès reconnut deux hommes du pays qui avaient été noyés, un jour de tempête, l'année d'auparavant, sans qu'on sût au juste dans quels parages.

Une vanne d'acier fermait l'étang. Avec une des clefs, la pauvresse ouvrit cette vanne. L'eau se précipita écumante vers la mer. Les noyés se levèrent comme ressuscités, et Fantès les vit s'éloigner en chantant des cantiques, par le chemin des flots, où ils marchaient paisiblement, comme autrefois Jésus.

Quand toute l'eau se fut écoulée, le fond de l'étang apparut à Fantès couvert de pièces d'or. Elle en ramassa autant qu'elle en put porter et revint à sa maison.

Le lendemain, dès la première heure, elle courut à confesse.

— Que ferai-je de tout cet or ? demanda-t-elle au prêtre, après lui avoir conté son aventure.

— Vous ferez dire des messes pour les âmes qui en ont besoin, répondit le confesseur, et vous distribuerez l'aumône aux vivants.

Jean l'Or

Il était une fois un homme qui n'avait au cœur d'autre passion que celle de la richesse. Aussi l'avait-on surnommé Jean l'Or. Il était laboureur de son métier, et travaillait jour et nuit à seule fin d'avoir, dans un temps à venir, son armoire pleine d'écus de six francs. Mais il avait beau peiner et suer, ce temps-là ne venait pas vite. La basse Bretagne, comme vous savez, nourrit son monde, mais ne l'enrichit pas. Jean l'Or se résolut à quitter une si pauvre terre. Il avait entendu parler de contrées merveilleuses où il suffisait, disait-on, de gratter le sol avec les ongles pour mettre à nu de véritables rochers d'or. Seulement, ces contrées-là étaient situées de l'autre côté du pays du bon Dieu, dans le domaine du diable. Jean l'Or avait été baptisé, comme vous et moi ; il se souciait assez peu de tomber entre les griffes de Satan. Mais sa passion pour l'argent le tenait si fort, qu'il se mit tout de même en route.

« Aussi bien, se disait-il, il n'est pas prouvé que ces rochers d'or soient la propriété du diable. Les gens qui l'ont prétendu voulaient sans doute décourager les benêts d'y aller voir, afin de garder le magot pour eux seuls. Quand le bon Dieu a partagé le monde entre Satan et lui, il n'a certes pas été assez sot pour faire la part si belle à son mortel ennemi. »

Vous voyez que Jean l'Or jugeait Dieu à son aune.

Il concluait :

« Allons, en tout cas, faire un tour de ce côté. Je verrai du moins de quoi il retourne. S'il y a danger, il sera toujours temps de rebrousser chemin. »

Et le voilà de faire lieue sur lieue, tant et si bien qu'il

arriva à la ligne qui sépare le domaine de Dieu de celui du diable.

Il s'agenouilla en deçà de la ligne et se mit à gratter la terre.

Mais il ne réussit qu'à s'ensanglanter les ongles contre une pierre aussi dure et d'aussi peu de valeur que celle qui faisait le fond de son champ, en basse Bretagne.

— Ma foi, maugréa-t-il, il ne sera pas dit que j'aurai tant cheminé pour rien. Il faut que je sache si vraiment le diable est plus riche que le bon Dieu. Je regarderai et je ne toucherai pas.

Il franchit la ligne, s'agenouilla encore, et recommença à gratter. Ici, la terre était molle comme du sable. A peine y eut-il plongé les mains qu'il en retira un caillou de la grosseur d'un œuf, un caillou en or pur, en bel or blond tout flambant neuf.

Puis, ce fut un second caillou, de la grosseur d'un galet de cordonnier.

Puis, un troisième, aussi large qu'une meule de moulin.

Celui-ci, Jean l'Or n'essaya même pas de le soulever ; encore moins ce qu'il mit ensuite à découvert et qui formait encore un dallage d'or.

— Que c'est donc beau ! s'écria-t-il, à mesure qu'il déblayait toutes ces merveilles. Et comme je serais riche, si je pouvais seulement emporter le dixième de ce que je vois !

Il se souvint qu'il s'était juré de ne toucher à rien.

— Bah ! se dit-il, vaincu par la cupidité, je vais mettre celui-ci dans la poche et l'autre sous mon aisselle. Cela ne tirera pas à conséquence. Le diable ne s'en apercevra point.

Il mit dans sa poche le caillou qui était de la grosseur d'un œuf, et sous son aisselle celui qui était de la grosseur d'un galet de cordonnier.

Déjà il déguerpissait au plus vite, comme bien vous pensez, lorsque Pôlie se dressa devant lui.

Il faut vous dire que Satan faisait justement, ce jour-là, sa tournée sur ses terres. Il avait vu venir Jean l'Or et avait guetté ses moindres gestes, embusqué derrière un buisson.

— Ho ! ho ! camarade, ricana-t-il, on ne s'en va pas ainsi sans souhaiter le bonsoir aux gens qu'on vient de voler.

Jean l'Or aurait bien voulu être ailleurs. Mais il ne pouvait plus songer à fuir. Satan lui avait appliqué la main sur l'épaule et cette main était terriblement brûlante et lourde, comme si elle eût été de fer rougi ! Jean l'Or cria, se débattit, supplia. Mais le diable a la poigne solide et le cœur cuirassé.

— Pas tant de façons ! il faut me suivre.

Satan siffla son cheval qui passait à quelque distance de là, l'enfourcha, jeta Jean l'Or en travers sur la croupe, comme un simple sac de charbon, et *hue ! dia !*

Jean l'Or demandait d'une voix dolente :

— Qu'allez-vous faire de moi, Monsieur le diable ?

Et le diable répondait :

— Ta chair sera rôtie pour le dîner de mes gens, et tes os, calcinés, serviront de pâture à mes chevaux.

Le pauvre Jean l'Or n'en menait pas large.

On arriva en enfer.

Dès le seuil, un démon se précipita au-devant de Satan et lui dit :

— Maître, le valet d'écurie a été dévoré par les bêtes.

— Malédiction ! s'écria le diable, d'un ton si effrayant que les damnés qui se trouvaient non loin de là, dans une mare de poix bouillante, se mirent à faire des bonds de carpe, en poussant des hurlements de détresse.

Mais la colère du diable tomba brusquement.

Il venait d'apercevoir Jean l'Or qui s'était laissé glisser à terre et qui gémissait, accroupi, la tête dans les mains.

— Lève-toi, grand nigaud, lui dit-il, et approche !

Jean l'Or obéit en rechignant.

— Ecoute, continua Satan, les choses tournent bien pour toi. Jusqu'à nouvel ordre, ta chair ne sera pas rôtie, et tes os ne seront pas calcinés. Mais tu penses bien que je ne vais pas te garder ici à ne rien faire. Voici quelle sera ta besogne. J'ai trois chevaux dans mon écurie, y compris celui que je montais tout à l'heure. Tu en auras le soin. Tous les matins, tu les étrilleras, tu les laveras, tu les brosseras et tu leur donneras des os calcinés en guise de fourrage. Tâche seulement que le travail soit bien fait : sinon, tu sais ce qui t'attend.

Jean l'Or n'était pas précisément flatté de devenir le valet d'écurie du diable. Mais il n'avait pas le choix, et mieux valait encore soigner les chevaux que de leur être jeté en pâture.

Tout alla bien pendant une quinzaine de jours. Jean l'Or ne ménageait pas sa peine et s'efforçait de contenter son terrible maître.

Mais, le soir venu lorsqu'il était étendu dans son lit, à l'un des angles de l'écurie, il restait longtemps, avant de s'endormir, à déplorer son sort et à regretter sa basse Bretagne. Comme il se repentait maintenant de sa maudite cupidité !

Une nuit qu'il se tournait et retournait ainsi sur sa couchette de paille, il sentit une haleine chaude sur sa figure ; c'était un des chevaux qui s'était détaché et qui tendait son mufle vers Jean l'Or.

— Que me veut cette bête de malheur ? pensa-t-il, car c'était justement la monture sur laquelle il avait été transporté dans ce lieu de damnation.

Il allait lui donner du fouet, quand la bête lui parla en ces termes :

— Ne fais pas de bruit, afin de ne pas réveiller les autres chevaux. C'est dans ton intérêt que je viens te trouver. Dis-moi, Jean l'Or, est-ce que tu te plais en ce pays ?

— Foi de Dieu, non !

— En ce cas, nous sommes tous deux du même avis. Comme toi, je voudrais retourner en terre bénite, car, comme toi, je suis chrétienne.

— Mais comment nous en aller d'ici ?

— C'est mon affaire. Je te préviendrai, quand le

moment sera venu. En attendant, donne-moi chaque jour double ration, non plus d'os calcinés, mais de foin et d'avoine. Il faut que je prenne des forces, car le voyage sera long.

A partir de ce soir-là, Jean l'Or eut pour la bête des attentions particulières.

Plusieurs semaines s'écoulèrent sans rien amener de nouveau.

Mais, un matin, la bête dit à Jean l'Or :

— Le moment est venu. J'ai vu tout à l'heure Satan qui allait se promener à pied. Selle-moi donc solidement, enfourche-moi, et partons. Tu emporteras pour tout bagage le baquet dans lequel tu vas nous puiser de l'eau, ainsi que l'étrille et la brosse.

Les voilà en route pour la terre bénite.

Le cheval galopait, galopait. Il galopa tout le jour. Le soir arriva. Le cheval tourna la tête et dit à Jean l'Or :

— C'est l'heure où le diable rentre chez lui. Il sait maintenant notre fuite. Regarde derrière toi. N'aperçois-tu rien ?

— Non, fit Jean l'Or.

Et la bête et l'homme d'aller toujours.

La nuit se leva, claire. Le cheval dit encore :

— Regarde derrière toi. N'aperçois-tu rien ?

— Si, répondit Jean l'Or ; cette fois, je vois venir le diable, et il marche bon train.

— Jette donc le baquet, dit la bête.

A peine le baquet eut-il touché le sol qu'il en jaillit un torrent ; le torrent devint un fleuve, et le fleuve un étang immense.

Le diable a peur de l'eau. Au lieu de traverser l'étang, il se mit à en faire le tour. C'était du temps gagné pour nos fugitifs.

Au bout d'une heure ou deux, le cheval redemanda :

— Jean l'Or, n'aperçois-tu rien ?

— Si, répondit Jean l'Or, le diable a tourné l'étang.

— Jette donc la brosse, dit la bête.

A peine la brosse eut-elle touché terre que chacun des

poils devint un arbre gigantesque, en sorte que le diable se trouva pris dans une forêt inextricable. Avant qu'il fût parvenu à s'en dépêtrer, Jean l'Or et sa monture l'avaient distancé de beaucoup.

Au bout d'une heure ou deux, le cheval, pour la troisième fois, interpella son cavalier :

— N'aperçois-tu rien ?

— Si, je vois le diable qui sort du bois. Il se hâte, il se hâte.

— Jette donc l'étrille.

L'étrille était à peine jetée qu'à la place où elle venait de tomber s'élevait une montagne énorme, vingt fois plus haute que Ménez-Mikêl. Et elle était encore plus large que haute. Le diable préféra la gravir que d'en faire le tour.

Pendant ce temps, le cheval volait aussi vite que le vent. Déjà l'on pouvait voir la terre bénite verdoyer au loin, avec ses champs, ses prairies et ses landes.

— Jean l'Or ! Jean l'Or ! interrogea la bête, tout haletante, est-ce que le diable nous suit toujours ?

— Il descend la pente de la montagne, répondit Jean l'Or.

— En ce cas, demande à Dieu qu'il nous vienne en aide : il ne nous reste plus d'autre moyen de salut.

Satan était, en effet, à leurs trousses. Il était presque sur eux quand le cheval fit un dernier bond, un bond désespéré. Ses deux pieds de devant retombèrent sur la terre bénite juste au moment où le diable l'empoignait par la queue. Tout ce que celui-ci put remporter chez lui, ce fut une touffe de crins. Le cheval, qui avait repris forme humaine, dit à Jean l'Or :

— Nous allons nous séparer ici. Moi, je vais de ce pas au purgatoire ; toi, retourne en basse Bretagne, et ne pèche plus.

Jean l'Or s'en retourna en basse Bretagne, content d'avoir ramené une âme de l'enfer, plus content d'en être sorti lui-même, et bien résolu d'ailleurs à faire tout son possible pour n'y plus revenir, ni de son vivant, ni après sa mort.

BRETAGNE

François-Marie Luzel

Petit-Louis, fils d'un charbonnier et filleul du roi de France

Setu aman eur gaoz ha na eûs enhi gaou
Nemet eur gir pe daou.
Voici un conte dans lequel il n'y a de mensonge
Qu'un mot ou deux.

Le fils d'un roi de France s'égara un jour, en chassant dans une forêt. Et il était fort embarrassé, car la nuit était venue. Après avoir longtemps marché, au hasard, il vit enfin une lumière, au loin. Il se dirigea vers cette lumière et arriva près de la hutte d'un charbonnier. Il y entra et aperçut au fond un vieillard, assis tout seul près du feu. Celui-ci eut peur, en voyant entrer dans sa pauvre hutte un seigneur si bien mis.

— N'ayez pas peur, mon brave homme, lui dit le prince, car je ne vous veux pas de mal ; je me suis égaré, en chassant dans la forêt. La nuit m'a surpris, et si vous vouliez me donner l'hospitalité jusqu'au matin, vous me feriez plaisir.

— Oui, sûrement, monseigneur, mais vous serez fort mal ici : ma femme est dans son lit, près d'accoucher, et je n'ai ni nourriture ni lit à vous offrir, à moins que vous ne vouliez manger de notre pain d'orge et coucher sur le grenier.

— Que cela ne vous tourmente pas, je me contenterai de ce qu'il y aura.

La femme du charbonnier accoucha dans la nuit, et elle donna le jour à un gros garçon. C'était leur neuvième enfant. Au matin, quand le prince descendit de dessus le grenier, couvert de brins de paille et de toiles d'araignées, il demanda à voir la mère, et il la trouva couchée sur de la paille, au bas de la hutte.

— Ah ! mon Dieu, ma pauvre femme, s'écria-t-il, cela fait pitié de vous voir en cet état !

Et il donna de l'argent au charbonnier, pour aller acheter du pain blanc, de la viande, du vin et tout ce dont on avait un besoin pressant ; et pendant ce temps, il resta, seul, près de la femme.

— Je serai le parrain de votre enfant, lui dit-il ; avez-vous une marraine ?

— Non, sûrement, monseigneur ; c'est notre neuvième enfant, et, comme nous sommes pauvres, nous avons bien de la peine à trouver des parrains et des marraines pour nos enfants.

— Je vous trouverai aussi une marraine, et le baptême aura lieu dans trois jours.

Le vieux charbonnier revint, chargé de provisions. Il conduisit alors son hôte hors du bois, le remit sur la bonne route, et, avant de se séparer, le prince lui donna tout l'argent qu'il avait sur soi.

Trois jours après eut lieu le baptême, et jamais on n'avait vu pareille fête, au petit bourg du charbonnier. La marquise de Rozambo fut la marraine. L'enfant fut nommé Louis. Le parrain et la marraine distribuèrent de l'argent à profusion aux mendiants du pays, qui se trouvèrent tous là, et ils n'oublièrent pas le père de leur filleul, vous pouvez bien le penser. Le prince recommanda au charbonnier d'envoyer son fils à l'école, quand il serait en âge d'y aller, et il lui remit une lettre que son filleul devait lui rapporter lui-même, dans son palais, quand il pourrait la lire. Puis ils partirent.

Le vieux charbonnier et sa femme étaient riches, à présent, et ils firent bâtir une belle maison, au milieu de la forêt, en face de leur pauvre hutte, qu'ils conservèrent, pourtant, en souvenir de leur temps de misère.

L'enfant venait à merveille. On l'envoya à l'école, quand il eut l'âge d'y aller, et il apprenait tout ce qu'il voulait. Bientôt il put lire la lettre laissée à son père par son parrain, et il vit alors que celui-ci était le roi de France lui-même et qu'il lui disait d'aller le voir, dans son palais. Son père lui acheta un beau cheval, pour aller à Paris, et lui recommanda, avant de se mettre en route, de ne voyager ni avec un bossu, ni avec un boiteux, ni avec un *Cacous*[1]. Il partit, content et joyeux. Mais, il n'était pas loin encore quand il rencontra un bossu.

— Où vas-tu ainsi, Petit-Louis, filleul du fils du roi de France ? lui demanda le bossu. (On l'avait surnommé Petit-Louis, à cause de sa petite taille.)

— Je vais voir mon parrain.

— Je veux aller avec toi aussi.

— Non, non ! ne me suis pas !

— Si, si ! j'irai avec toi.

Et le bossu sauta lestement sur la croupe du cheval. Comme Petit-Louis ne pouvait se débarrasser de lui, il retourna à la maison, et conta l'aventure à son père.

Deux jours après, il se remit en route, et il rencontra un boiteux.

— Où vas-tu ainsi, Petit-Louis, filleul du fils du roi de France ? lui demanda le boiteux.

— Voir mon parrain.

— Je veux aller avec toi aussi.

— Non, certainement, tu ne viendras pas.

Et il mit son cheval au galop : mais, il avait beau faire, le boiteux était toujours à la tête du cheval. Ne pouvant s'en débarrasser, Petit-Louis retourna encore à la maison.

— Comment, tu reviens encore ? lui dit son père, en le voyant arriver. Eh ! bien, puisqu'il en est ainsi, tu resteras, à présent, à la maison.

---

1. Les *Cacous* ou *Caqueux* étaient des espèces de parias, d'individus hors de la société et qui exerçaient ordinairement, en Bretagne, le métier de cordiers. On les confond assez souvent avec les lépreux, bien que je les croie tout différents, au moins à l'origine. Le mot breton qui signifie lépreux est *laour* et la lèpre se dit : *al laournès*, ou encore *lorgnès*.

Petit-Louis alla trouver sa mère, en pleurant. Celle-ci joignit ses prières à celles de son fils et le vieux charbonnier consentit à le laisser partir, une troisième fois ; mais, cette fois, il ne lui donna pas un beau cheval, comme précédemment, mais bien son vieux cheval de charbonnier, une vieille rosse qui avait plus de vingt ans.

— C'est égal, pensa Petit-Louis, nous irons quelque part, car, cette fois, je suis bien décidé à ne pas revenir sur mes pas. Allons, ma pauvre bête, dit-il au vieux cheval, en montant dessus, porte-moi à la cour du roi de France, mon parrain.

Et il partit. Vers le soir, comme il longeait un grand bois, il remarqua sur un arbre une plume qui brillait comme le soleil. Il s'arrêta, tout étonné, pour la contempler.

— Qu'est-ce que cela peut être, cette plume-là ? se disait-il en lui-même. C'est, sans doute, une plume de la queue du paon de la Princesse aux cheveux d'or, qui demeure dans un palais d'argent, et dont j'ai si souvent entendu parler ; il faut que j'essaie de l'avoir.

— Laissez cette plume-là, mon maître, et poursuivez votre chemin ! lui dit tranquillement son cheval.

— Une chose si belle, une merveille comme celle-là ! je serais, en vérité, bien sot de la laisser.

Et il descendit de son cheval, monta sur l'arbre et prit la plume merveilleuse. Il la mit à son chapeau et poursuivit sa route, content et fier de sa conquête. Il arriva, un instant après, près d'une fontaine, au bord de la route.

— Voilà, se dit-il, une fontaine dont l'eau doit être bien bonne : il faut que je descende pour y boire, car j'ai soif.

Comme il se penchait sur l'eau pour boire à même, un Cacous vint tout doucement, par-derrière, le poussa violemment et le fit tomber dans le bassin ; puis, il prit la lettre du parrain, dans sa poche, courut au cheval et partit, au grand galop.

— Allons ! il faut convenir que je n'ai pas de chance !

se disait Petit-Louis, quand il fut parvenu à sortir de la fontaine. Me voir enlever ma lettre et mon cheval par cette vilaine bête ! Et que ferai-je, à présent ? Pour retourner à la maison, il n'y faut pas songer. Heureusement encore que ma belle plume m'est restée ! Eh ! bien, ma foi, je continuerai ma route, à pied, et, tôt ou tard, je finirai bien par arriver.

Pendant que Petit-Louis voyageait péniblement, mais plein de courage, le Cacous était arrivé à Paris. Il alla tout droit au palais, et demanda à voir le fils du roi.

— On n'entre pas ici de cette façon, jeune homme, lui répondit le portier du palais ; dites-moi d'abord qui vous êtes ?

— Qui je suis ? Petit-Louis, le filleul du fils du roi ! répondit-il avec fierté, et d'un ton assez insolent : Dites à mon parrain que je suis ici, ajouta-t-il.

On fit savoir au prince qu'un homme qui prétendait être son filleul demandait à le voir.

— Introduisez-le, tout de suite, dit le prince.

Le Cacous fut introduit, et il présenta sa lettre.

— Oui, dit le prince, je reconnais cette lettre : mais, mon pauvre filleul, quelle tenue, et quelle mine tu as ! Quoi qu'il en soit, tu es toujours mon filleul et tu es le bienvenu.

Le prince donna l'ordre à ses valets de le peigner, de le laver et de l'habiller convenablement. Si vous aviez vu comme ce petit monstre était fier et vaniteux, alors, en se promenant par le palais et les jardins !

Environ quinze jours après, Petit-Louis arriva aussi à Paris. Il alla demander condition au palais du roi. Un valet d'écurie avait été renvoyé la veille, et il fut pris pour le remplacer. Ce fut avec une grande joie qu'il retrouva son vieux cheval, dans les écuries du palais.

— Te voilà donc, mon pauvre vieux cheval ? lui dit-il, en l'embrassant.

— Oui, mon bon maître ; mais, hélas ! que de peines et de travaux vous attendent ici ! Et tout cela parce que vous m'avez désobéi, en cueillant sur l'arbre de la forêt une plume de la queue du paon de la Princesse aux cheveux d'or, qui demeure dans son palais d'argent. Cette plume-là sera pour vous une source de maux et de tourments. Mais, je vous aiderai de mon mieux, et si vous m'obéissez, si vous faites bien exactement tout ce que je vous dirai, nous nous tirerons encore d'affaire et nous triompherons du maudit Cacous.

Le Cacous avait reconnu Petit-Louis, à son arrivée, et depuis, il était soucieux et rêvait aux moyens de se débarrasser de lui. Petit-Louis faisait un excellent valet d'écurie et, depuis son arrivée, les chevaux étaient mieux soignés et avaient bien meilleure mine. Le roi le remarqua et lui en témoigna sa satisfaction. Il avait toujours sa plume merveilleuse et, toutes les nuits, il s'en servait pour éclairer son écurie, pendant qu'il s'occupait de ses chevaux. Une nuit, le Cacous remarqua une lumière éclatante dans l'écurie, et il alla aussitôt trouver le roi et lui dit :

— Sire, votre nouveau valet d'écurie ne manquera pas d'incendier votre palais ; toutes les nuits, il illumine son écurie, comme une salle de festin, et je crois que vous feriez bien de le renvoyer, le plus tôt possible.

— Le renvoyer ! lui, le meilleur valet d'écurie que j'aie jamais eu ! Non certainement, je ne le renverrai pas. Et puis, je veux vérifier par moi-même si ce que vous dites est bien exact.

— Vous n'avez qu'à regarder par la fenêtre, tenez, et vous verrez si ce que je dis n'est pas parfaitement vrai.

Le roi s'approcha de la fenêtre, et s'écria aussitôt :

— Dieu, la belle lumière ! ceci ne me paraît pas naturel, et je veux aller voir moi-même.

Et il descendit dans la cour et s'approcha tout doucement de la porte de l'écurie. Mais, Petit-Louis, qui avait entendu quelque bruit, serra, vite, sa plume merveilleuse, et l'obscurité se fit aussitôt.

— N'importe, se dit le roi, demain soir, je prendrai

bien mes précautions et je le surprendrai, car il faut que je sache d'où provient une lumière si brillante.

Le lendemain soir, le roi était, attentif, à sa fenêtre, et dès qu'il remarqua de la lumière dans l'écurie, il descendit, traversa la cour tout doucement et, d'un coup de pied, il ouvrit la porte de l'écurie, qui du reste n'était pas bien close. Petit-Louis, surpris, n'eut pas le temps de cacher sa plume.

— Qu'est-ce que cette plume merveilleuse ? lui demanda le roi.

— Sire... pardon, sire...

— Dis-moi, vite, ce que c'est que cette plume ?

— Sire... c'est une plume de la queue du paon de la Princesse aux cheveux d'or, qui demeure dans son château d'argent.

— C'est bien ; il y a assez longtemps que je désire posséder cette plume-là.

Et il l'emporta, et, toutes les nuits, il s'en servait ensuite pour éclairer son palais et ses jardins.

Petit-Louis regrettait beaucoup sa plume. Son cheval lui dit :

— Hélas ! à présent vont commencer nos travaux et nos peines.

Quelques jours après, le Cacous dit à son parrain (car son parrain était roi à présent, son père étant mort) :

— Si vous saviez, mon parrain, de quoi s'est vanté Petit-Louis ?

— De quoi donc s'est-il vanté ?

— Il a dit qu'il était capable de vous amener dans votre palais la Princesse aux cheveux d'or, qui demeure dans son château d'argent.

— Il a dit cela ?

— Il l'a dit, je vous l'affirme.

— Bien ! bien ! dis-lui de venir me trouver, sur-le-champ.

Et Petit-Louis reçut l'ordre de se rendre devant le roi. Il y alla, tout tremblant, et n'augurant rien de bon.

— Comment, valet, lui dit le roi, tu t'es vanté d'être

capable de m'amener ici, dans mon palais, la Princesse aux cheveux d'or, qui demeure dans son château d'argent ?

— Jamais, mon roi, je n'ai dit un mot de cela !

— Tu l'as dit, et il faut que tu le fasses !

— Et comment voulez-vous, sire...

— Tais-toi ! et fais ce que tu as dit, ou il n'y a que la mort pour toi !

— Laissez-moi, au moins, une nuit pour réfléchir et songer aux moyens de mener à bonne fin une telle entreprise.

— Oui ; mais, il faudra partir demain matin.

Petit-Louis rejoignit son cheval, bien triste, et lui raconta tout.

— Quand je vous disais de ne pas toucher à cette plume ! lui dit le cheval. Mais, ce que nous avons à faire, à présent, c'est d'unir nos efforts pour nous tirer de là, de notre mieux. Ecoutez-moi donc, et faites exactement comme je vais vous dire. Allez trouver le roi et dites-lui qu'il vous faut trois mulets chargés de pain, trois chargés de viande et trois autres chargés de gruau, et enfin moi, pour vous porter. Plus tard, je vous dirai quel usage vous devez faire de toutes ces provisions.

Petit-Louis retourna auprès du roi, qui lui fit donner tout ce dont il disait avoir besoin.

Il se mit alors en route, monté sur son vieux cheval et suivi des neuf mulets chargés des provisions que vous savez. Ils arrivèrent, sans tarder, dans un bois, où ils furent entourés de toutes sortes de bêtes fauves, lions, sangliers, loups, renards et autres, qui paraissaient affamés et montraient les dents de façon peu rassurante.

— Eventrez, vite, les sacs remplis de viande, dit le cheval à Petit-Louis, et jetez-en, à discrétion, à tous ces animaux-là !

Et Petit-Louis d'éventrer les sacs aussitôt, et de jeter de la viande autour de lui. Et lions, sangliers, loups et renards de se précipiter dessus, et de jouer des dents !

Quand ils furent repus, un énorme lion s'avança vers Petit-Louis, et lui parla de la sorte :

— Mille grâces, Petit-Louis, filleul du roi de France ! tu nous as sauvés, car nous allions tous mourir de faim. Je suis le roi de tous les animaux à quatre pattes, et si jamais tu as besoin de moi ou des miens, appelle-nous, et nous arriverons.

— Merci bien, dit Petit-Louis, ce n'est pas de refus.

Et il poursuivit sa route. Il arriva bientôt au bord d'un grand étang, tout couvert d'oies. Les oies, en les voyant, lui et son cheval, sortirent de l'eau et coururent après eux, en faisant : waï ! waï ! waï ! !

— Jette, vite, du pain autour de toi ! dit le cheval à Petit-Louis.

Et le voilà de jeter du pain, à droite, à gauche, de tous côtés. Et les oies de manger avec avidité ! Quand elles furent repues, la plus grande du troupeau s'avança vers Petit-Louis et lui parla ainsi :

— Notre bénédiction soit avec toi, Petit-Louis, filleul du roi de France ! Je suis la reine des oies, et si jamais tu as besoin de moi, ou des miens, appelle, et nous arriverons.

Puis les oies s'en retournèrent à leur étang.

— Allons ! se disait Petit-Louis à lui-même, si les hommes sont contre moi, les chers animaux du bon Dieu sont de mon côté, et cela me console.

Et ils continuèrent leur route. Comme ils traversaient un grand bois, ils se virent tout à coup enveloppés par une armée de fourmis grandes comme des lièvres, et quelques-unes comme des moutons. Il y en avait en si grand nombre, que le cheval ne pouvait plus avancer.

— Eventre, vite, les sacs remplis de gruau, et jettes-en autour de toi ! dit-il, en voyant cela.

Petit-Louis éventra les sacs et répandit le gruau par terre. Et les fourmis de se précipiter dessus, et de se régaler ! Quand elles furent repues, la plus grande s'avança vers Petit-Louis, et parla ainsi :

— Notre bénédiction soit avec toi, Petit-Louis, filleul

du roi de France ! Nous mourions toutes de faim, ici, et tu nous as sauvées. Je suis la reine des fourmis : si jamais tu as besoin de moi ou des miens, appelle, et nous arriverons !

Et elles s'en allèrent ensuite.

Petit-Louis continua sa route, un peu rassuré par ce qu'il voyait et entendait. Il arriva alors sur le rivage de la mer.

— A présent, lui dit son vieux cheval, nous allons nous séparer, pour quelque temps. Tu trouveras sur la grève une petite barque. Monte dessus, sans crainte, et elle te conduira dans l'île où se trouve la Princesse aux cheveux d'or, dans son château d'argent. Mais avant de t'embarquer, tu verras sur le sable un petit poisson, hors de l'eau et près de mourir. Prends avec soin ce petit poisson dans ta main, et remets-le dans l'eau ; plus tard, tu auras besoin de lui. Va, à présent, et me laisse ici ; au retour, tu me retrouveras.

Petit-Louis embrassa son vieux cheval, et marcha vers la mer. En arrivant sur la grève, il vit aussitôt le petit poisson. Il avait la bouche ouverte, et c'est à peine s'il remuait encore un peu la queue. Il le prit avec précaution dans sa main et le remit dans l'eau. Alors le petit poisson sortit sa tête, et parla ainsi :

— Ma bénédiction soit avec toi, Petit-Louis, filleul du roi de France ! Je suis le roi des poissons, et si jamais tu as besoin de moi ou des miens, appelle-moi et j'arriverai.

Puis il replongea dans l'eau et disparut.

Petit-Louis trouva facilement, sur le rivage, la barque dont lui avait parlé son cheval. Il monta dessus, et la barque partit aussitôt, d'elle-même, et le conduisit à une île, assez loin du rivage. Il débarqua, s'avança dans l'île et ne tarda pas à voir un château comme il n'en avait jamais vu encore. Il était tout d'argent massif, et quand le soleil donnait dessus, nul ne pouvait le regarder sans être ébloui. La porte de la cour était grande ouverte, et il entra. Voyant une autre porte ouverte, il entra encore, et se trouva dans une vaste cuisine, où tout brillait et resplendissait.

— Bonjour à vous, Princesse, dit-il à une belle fille qu'il vit là.

— Je ne suis pas la Princesse, lui dit celle-ci, je ne suis que sa cuisinière.

— Elle a, alors, une bien belle cuisinière ! reprit Petit-Louis.

Ce qui flatta la jeune fille.

Apercevant alors une des femmes de chambre de la Princesse, plus belle encore que la cuisinière, il s'avança vers elle, et lui dit :

— Bonjour à vous, Princesse admirable !

— Je ne suis pas la Princesse, lui répondit encore celle-ci, je ne suis que sa femme de chambre.

— Dieu, quelle merveille est donc votre maîtresse !

On le conduisit jusqu'à la chambre de la princesse.

— Bonjour à toi, Petit-Louis, filleul du roi de France ! lui dit celle-ci, en le voyant : tu viens ici dans le dessein de m'emmener, je le sais. Cela, mon pauvre garçon, n'est pas chose facile. Mais, soupons toujours, puis, nous verrons.

Et Petit-Louis s'assit à la table de la Princesse : mais, il ne mangea guère ; il demeurait en extase devant elle, tant elle était belle !

— Faisons une partie de cartes, dit la Princesse, quand elle eut fini de souper.

Et ils se mirent à jouer aux cartes. Petit-Louis perdait à tout coup. Une envie de dormir insurmontable lui vint tout à coup et il demanda la permission de se retirer dans sa chambre.

— Comment oses-tu parler de dormir ? lui dit la Princesse. Ce n'est pas en dormant que tu viendras à bout de me tirer d'ici ! Viens avec moi, que je te fasse voir le travail que tu as à exécuter, cette nuit, pour commencer.

Et elle le conduisit dans un pré, où il y avait trois étangs. Un d'eux était rempli d'eau, le second était plein de vase noire, et le troisième était vide. Elle lui dit :

— Voici trois étangs, dont le premier est rempli d'eau, le second est rempli de vase noire, et le troisième est vide. Il faut qu'avant le jour tu aies desséché le premier, transporté toute l'eau et tous les poissons qui s'y trouvent dans le troisième, et enlevé toute la vase du second, et tout cela, il faudra le faire avec cette coquille de patelle *(brinic)* [1].

Et elle lui donna une petite coquille et ajouta :

— Tu dormiras ensuite, si tu en trouves le temps.

Puis, elle s'en alla.

Voilà notre pauvre Petit-Louis fort embarrassé, vous pouvez bien le croire !

— Que faire, mon Dieu ? se disait-il ; et qui pourrait exécuter un pareil travail ? Et il se mit à pleurer.

— Peut-être, pensa-t-il tout à coup, que la reine des oies avec tous les siens... elle m'avait recommandé de l'appeler, si jamais je me trouvais avoir besoin d'elle ; il faut que je l'appelle, pour voir.

Par les eaux ou par l'air,
Reine des oies, venez m'aider !

Et tôt après qu'il eût prononcé ces paroles, il entendit un grand bruit d'ailes au-dessus de sa tête. Il leva les yeux, et vit la reine des oies qui arrivait à son appel, accompagnée de toute une armée de ses sujets.

— Qu'y a-t-il pour votre service, Petit-Louis, filleul du roi de France ? demanda-t-elle, en descendant auprès de lui.

Et Petit-Louis lui expliqua le travail que lui avait donné à faire la Princesse, pour le lendemain matin.

— Si ce n'est que cela, lui dit la reine des oies, soyez sans inquiétude, ce sera terminé avant le jour.

Alors, elle expliqua à ses oies ce qu'il y avait à faire ; et les voilà toutes au travail, avec une ardeur sans pareille, transportant l'eau et les poissons du premier étang dans le troisième, et enlevant la vase qui se trouvait dans le

1. Ou bernique.

second. Avant le jour, tout était terminé. Petit-Louis les remercia, et elles s'envolèrent aussitôt.

Quand vint la Princesse, au lever du soleil, elle fut bien étonnée, je vous prie de le croire.

— C'est parfait ! dit-elle ; allons déjeuner, à présent, car tu dois avoir bon appétit.

Et ils retournèrent au château et déjeunèrent ensemble.

Après déjeuner, ils passèrent la journée à se promener, dans les bois et dans les jardins du château. Puis, le soir venu, ils soupèrent encore ensemble et firent leur partie de cartes, comme la veille. Comme la veille aussi, l'envie de dormir s'empara de Petit-Louis et il demanda la permission de se retirer dans sa chambre.

— Tout le travail n'est pas encore fait, il s'en faut, lui dit la Princesse. Viens, que je te montre ta tâche de cette nuit.

Et elle le conduisit dans le grenier du château, où il y avait un énorme tas de blé de trois grains, froment, avoine et orge.

— Il te faudra, pour demain matin, au lever du soleil, séparer ces grains, mettre chaque espèce dans un tas à part, de telle sorte qu'il ne se trouve dans aucun des trois tas un seul grain d'une nature différente.

Ayant dit cela, la Princesse se retira, et Petit-Louis, resté seul, était, pour le moins, aussi embarrassé que la veille.

— Quel travail ! se disait-il ; qui pourrait jamais s'en tirer ? Et qui appeler à mon secours, cette fois ? La reine des fourmis ! Il faut que je l'appelle ; elle aussi m'a promis son secours, au besoin.

O bonne reine des fourmis,
Venez à mon aide, je vous prie !

Aussitôt les fourmis envahirent le grenier, en si grand nombre, qu'une épingle n'eût pu trouver de place où tomber sans en toucher une.

— Qu'y a-t-il pour votre service, Petit-Louis, filleul du roi de France ? demanda la reine.

Et Petit-Louis lui expliqua ce que demandait la Princesse.

— Soyez sans inquiétude, lui répondit-elle, ce sera fait à temps, et bien fait.

Aussitôt toutes les fourmis se mirent à l'ouvrage. Elles firent trois tas, un de chaque sorte de grain, et, avant le jour, tout était terminé et parfait.

Quand la Princesse vint, au lever du soleil :

— L'ouvrage est-il terminé ? demanda-t-elle.

— Oui, Princesse, répondit Petit-Louis.

— Et bien fait ?

— Examinez, Princesse.

Et elle prit une poignée de grains de chaque tas, et l'examina de près. Elle n'y trouva rien à redire. Grand était son étonnement.

— Parfait ! dit-elle ; allons déjeuner, à présent.

Et ils déjeunèrent, puis passèrent encore la journée à se promener ensemble, jusqu'à l'heure du souper. Après souper, comme ils faisaient leur partie de cartes, Petit-Louis fut encore pris de sommeil.

— Il y a encore de l'ouvrage à faire ici, lui dit la Princesse ; viens, que je te montre la tâche de cette nuit.

Ils passèrent par la cuisine : Petit-Louis y prit un quartier de veau, qu'il vit sur la table, et le cacha sous son manteau. La Princesse l'enferma dans la cage d'un lion, qui n'avait rien mangé depuis huit jours, mit la clef dans sa poche, puis elle s'en alla, en disant :

— Demain matin, je viendrai savoir de tes nouvelles !

Petit-Louis ne perdit pas la tête. Il jeta son quartier de veau au lion, qui se précipita dessus, et, pendant que l'animal affamé le dévorait, il eut le temps de dire :

Roi des lions, à mon secours !
Je suis perdu, si tu n'accours !

Et le roi des lions arriva aussitôt et défendit au lion en

cage de faire aucun mal à Petit-Louis. Avant de partir, il dit encore à celui-ci :

— A présent, vous direz à la Princesse qu'il faut qu'elle vous accompagne à la cour du roi de France. Elle essaiera de vous retenir dans son château, vous disant que tout ce qui s'y trouve vous appartient, que vous n'aurez plus rien à faire que vous promener, vous divertir et vivre comme un prince ; mais, fermez l'oreille à ces douces paroles, et emmenez-la.

Et le roi des lions s'en alla, alors.

Le lendemain matin, au lever du soleil, quand la Princesse vint, elle fut bien étonnée de retrouver Petit-Louis en vie, et de le voir jouer avec le lion, dans sa cage, comme avec un chien.

— Quel homme est-ce donc ? pensa-t-elle ; puis, s'adressant à Petit-Louis : Allons déjeuner ! lui dit-elle.

— Non, Princesse ; nous allons partir, à présent, pour la cour du roi de France, puisque j'ai accompli tous les travaux que vous m'avez imposés.

— Bah ! reste ici avec moi ; nous ne saurions être mieux nulle part que dans mon château d'argent. Nous nous marierons, et nous vivrons heureux ici, où rien ne nous manquera.

— Non, non ! j'ai accompli les travaux qu'il vous a plu d'exiger de moi ; à présent, tenez votre parole, et partons, sur-le-champ.

— Eh ! bien, puisqu'il le faut, laisse-moi au moins le temps de fermer les portes de mon château et d'emporter mes clefs.

Et elle ferma les portes de son château, en mit les clefs dans sa poche, puis ils se dirigèrent vers le rivage de la mer. La barque qui avait amené Petit-Louis l'y attendait. Ils y entrèrent, la barque partit d'elle-même, et, en peu de temps, ils furent rendus sur le rivage opposé. La Princesse, à l'insu de Petit-Louis, avait, pendant le trajet, jeté les clefs de son château dans la mer.

Quand ils prirent terre, le vieux cheval de Petit-Louis les attendait.

— Mettez la princesse en selle, dit le cheval à son maître, et vous, mettez-vous sur ma croupe, derrière elle, pour qu'elle ne puisse vous échapper.

Ainsi il fut fait, et ils partirent.

Quand le roi, qui était déjà vieux, vit combien la Princesse aux cheveux d'or était belle, il en devint éperdument amoureux et prétendit l'épouser, sur-le-champ.

— Tout doucement ! lui dit la Princesse ; il faut qu'auparavant vous me fassiez transporter ici mon château d'argent, car je ne veux pas habiter le vôtre.

Voilà le vieux roi bien embarrassé ! Comment s'y prendre pour transporter ainsi tout d'une pièce le château de la princesse ?

— Bah ! mon parrain, dit le Cacous, pourquoi vous inquiéter de la sorte ? Celui qui vous a amené la princesse vous apportera aussi son château, sans doute.

Le roi fit appeler encore Petit-Louis, et lui dit que, sous peine de la mort, il lui fallait apporter le château d'argent de la princesse.

— Et comment, sire, pouvez-vous me demander une chose si déraisonnable ?

— Ah ! il n'y a pas à dire, il te faudra le faire, sous peine de mort !

— Allons ! j'essaierai, puisqu'il n'y a pas moyen de vous faire entendre raison.

Petit-Louis revint vers son cheval, triste et soucieux, et lui fit part de l'ordre insensé du roi.

— Nous ne sommes pas encore au bout de nos peines ! dit le cheval. Retourne auprès du roi, et dis-lui qu'avant de te mettre en route, il faut qu'il te fournisse deux bâtiments, l'un chargé de pain et de viande, et l'autre vide, pour recevoir le château.

On fournit à Petit-Louis les deux bâtiments et les provisions qu'il demandait, et il partit.

Quand il débarqua dans l'île où était le château d'argent, il vit sur le rivage deux lions qui se battaient, cherchant à se dévorer réciproquement, car ils mouraient de faim. Petit-Louis leur jeta de la viande, à discrétion, et, quand ils furent rassasiés, ils lui dirent :

— Merci, Petit-Louis, filleul du roi de France ; nous allions nous entre-dévorer, si tu n'étais venu à notre secours. Mais, si jamais tu as besoin de nous, appelle et nous arriverons aussitôt.

— Ma foi ! mes pauvres bêtes, j'ai assez besoin de vous, dès à présent. Le roi de France m'a envoyé ici avec ordre de lui transporter devant son palais le château d'argent de la Princesse aux cheveux d'or. Or, comment pourrai-je jamais le faire, si vous ne me venez en aide ?

— Si ce n'est que cela, sois tranquille, ce sera bientôt fait !

Et les deux lions coururent au château, comme deux enragés, le déracinèrent du rocher sur lequel il était bâti, et le transportèrent, tout d'une pièce, sur le bateau.

Petit-Louis les remercia, et partit aussitôt, emportant le château d'or.

Quelque temps après, le vieux roi de France, en s'éveillant, un matin, fut bien étonné de voir comme le temps paraissait beau et clair. Il alla à sa fenêtre :

— Holà ! s'écria-t-il aussitôt, Petit-Louis est arrivé avec le château d'argent de la Princesse aux cheveux d'or !

Et il courut avertir la Princesse.

— Votre château est arrivé, Princesse ! lui cria-t-il. Dieu, qu'il est beau, quand le soleil donne dessus ! A présent, nous allons nous marier, n'est-ce pas ?

Et il dansait, il sautait, le vieux roi, et ne se possédait pas de joie.

— Doucement, lui dit la Princesse, qui ne paraissait pas si contente ; le château est arrivé, c'est bien ; mais, les clefs ! je n'en ai pas les clefs, et ni moi, ni vous, ni personne au monde ne pourra jamais y entrer, jusqu'à ce qu'on m'ait retrouvé mes clefs !

— Mais, où donc sont-elles, ces clefs ? demanda le roi.

— Hélas ! pendant la traversée, elles me sont échappées des mains et sont tombées dans la mer, et je crains bien qu'on ne les retrouve jamais !

Et voilà le pauvre roi désolé, à cette nouvelle, au milieu de sa plus grande joie !

— Comment retrouver ces maudites clefs ? s'écriait-il, avec désespoir.

— Pour moi, dit le Cacous, je ne vois qu'un homme au monde en qui l'on puisse avoir quelque espoir ; c'est celui à qui vous devez déjà d'avoir ici la Princesse et son château.

— C'est vrai, répondit le roi ; dites-lui de venir me parler, vite !

On avertit Petit-Louis, et le voilà encore devant le roi.

— Je te dois déjà, mon garçon, d'avoir ici la Princesse aux cheveux d'or et son château d'argent ; mais, les clefs ? les clefs du château manquent, et il faut les avoir pour y entrer.

— Et où sont-elles, sire ? demanda Petit-Louis.

— Pendant la traversée, la Princesse les a laissées tomber dans la mer, et il faut que tu me les retrouves.

— Comment pouvez-vous, sire, exiger d'un homme une chose semblable ? retrouver des clefs, au fond de la mer ! Songez-y donc !...

— Il n'y a pas à dire ; il faut que tu me les retrouves, ou il n'y a que la mort pour toi !

Petit-Louis revint vers son cheval, plus triste que jamais, et lui raconta ce que le roi demandait encore.

— Cette fois, il me faudra aller avec toi, lui dit le cheval. Mais, retourne auprès du roi et dis-lui qu'il te faut, avant de te mettre en route, ma charge d'or et d'argent. Tout le long de la route, tu distribueras cet argent et cet or aux mendiants et aux malheureux que tu rencontreras. Quand tu arriveras sur le rivage de la mer, tu appelleras le petit poisson à qui tu as déjà sauvé la vie. C'est celui-là qui te secourra, cette fois.

Petit-Louis retourna auprès du roi, qui lui accorda facilement sa demande et, le lendemain matin, il se remit en route, avec son vieux cheval. Ils se dirigèrent du côté de la mer.

Arrivé sur le rivage, Petit-Louis s'avança au bord de l'eau et dit :

Roi des poissons de mer, accours,
Viens, vite, vite, à mon secours !

Aussitôt le petit poisson sortit sa tête de l'eau et dit :

— Qu'y a-t-il pour votre service, Petit-Louis, filleul du roi de France.

— La Princesse aux cheveux d'or a laissé les clefs de son château d'argent tomber au fond de la mer, et le roi de France m'envoie les lui chercher, et il faut que je les lui rapporte, sous peine de la mort !

— C'est bien ; soyez sans inquiétude, car si les clefs sont quelque part dans mon royaume, elles seront retrouvées, sans retard.

Le petit poisson, qui était le roi de tous les poissons de la mer, replongea alors sous l'eau, se rendit à son palais, et là, il appela tous les poissons, du plus grand au plus petit, chacun par son nom, et leur demanda, à mesure qu'ils se présentaient, s'ils n'avaient pas vu, quelque part, les clefs du château de la Princesse aux cheveux d'or. Tous avaient répondu à l'appel, et aucun n'avait vu les clefs. Il n'y avait que la vieille qui ne s'était pas présentée.

— Où est encore restée la vieille ? dit le roi ; elle est toujours en retard.

Enfin, elle arriva aussi, la tête passée dans un anneau et traînant un trousseau de clefs après elle.

— Arrivez donc, la vieille ! où étiez-vous encore restée ? lui demanda le roi.

— J'accourais de mon mieux, ayant entendu prononcer mon nom, quand je remarquai au fond de la mer les belles choses que voici et je crus vous faire plaisir, mon roi, en vous les apportant. Voyez ce que c'est, je vous prie.

— Les clefs du château de la Princesse aux cheveux

d'or ! s'écria le roi, dès qu'il les eut examinées ; c'est justement ce que je cherche !

Et il les prit et les porta aussitôt à Petit-Louis, qui attendait sur le rivage, non sans quelque inquiétude.

Petit-Louis remercia vivement le roi des poissons, puis son vieux cheval et lui reprirent la route de Paris.

Voilà donc les clefs retrouvées et rendues à la Princesse. Celle-ci ouvrit alors la porte de son château. Dieu, les belles choses qu'il y avait là !

— Pour à présent, Princesse, dit le roi, vous ne pouvez plus reculer, et nous allons nous marier.

— C'est vrai, répondit-elle ; vous avez accompli tous mes désirs, tous mes souhaits ; à présent, nous nous marierons, quand vous voudrez. Et pourtant, j'aurais encore une petite chose à vous demander, auparavant ; mais, ce n'est rien, ce ne sera qu'un jeu pour celui qui a pu m'amener ici, m'apporter mon château et retrouver mes clefs au fond de la mer.

— Que désirez-vous encore, Princesse ? lui demanda le roi.

— Moi, sire, je n'ai que dix-huit ans, et vous, vous en avez plus de soixante : ne trouvez-vous pas que cela ne gâterait rien à l'affaire, si vous étiez un peu moins vieux ? Vous avez, sans doute, entendu parler de l'eau de vie et de l'eau de mort, avec lesquelles on peut se rajeunir ? Si nous avions deux fioles de ces eaux merveilleuses, on vous ferait revenir à l'âge de vingt ans, et alors, nous aurions du plaisir à vivre ensemble.

— Cela est bien vrai, répondit le roi ; il faut que nous ayons de l'eau de mort et de l'eau de vie ; mais, comment se les procurer ?

Le Cacous, qui se trouvait aussi quelque part par là, dit aussitôt :

— Mais, mon parrain, celui qui a amené ici la Princesse et qui lui a apporté ensuite son château et fait retrouver ses clefs, au fond de la mer, vous procurera ces eaux merveilleuses, sans peine, je n'en doute pas.

— C'est vrai, répondit le roi ; dites-lui de venir me parler.

Si bien que le pauvre Petit-Louis, qui se croyait au bout de ses peines, après les clefs retrouvées, reçut encore l'ordre d'apporter au roi deux fioles de l'eau de mort et de l'eau de vie, sous peine de mort.

— Il n'y aura donc pas de fin ? se disait-il ; pour le coup, c'en est fait de moi ! Comment pouvoir jamais réussir dans une pareille entreprise ? Il faut que ce vieux roi ait complètement perdu la tête !

Et il alla raconter la chose à son cheval, plus triste et plus soucieux que jamais.

— Jusqu'à présent, nous nous sommes bien tirés d'affaire, lui dit le cheval. Cette fois-ci, je ne réponds de rien ; c'est notre dernière épreuve, mais, je crains bien que nous y succombions. Retourne vers le roi, et demande-lui encore ma charge d'argent et d'or, car je t'accompagnerai, dans ce voyage, et, sur ton chemin, tu feras l'aumône à tous les pauvres que tu rencontreras. Tu prendras aussi deux fioles, pour mettre l'eau de mort et l'eau de vie. Notre voyage sera long, bien long.

Petit-Louis obtint du roi l'argent et l'or qu'il lui fallait, et il se remit en route, avec son vieux cheval.

Après avoir longtemps battu les routes, ils arrivèrent dans une grande forêt, à environ trois lieues des deux fontaines merveilleuses.

— A présent, dit le cheval à son compagnon, il te faudra me tuer...

— Dieu, que dites-vous là ? vous tuer ! je n'en aurai jamais le courage !

— Fais-le, puisque je te le dis. Quand je serai mort, tu m'ouvriras le ventre et tu te cacheras parmi mes entrailles encore chaudes. Un corbeau descendra alors sur mon corps, et un autre corbeau, qui sera dans l'arbre, au-dessus, lui demandera : – Est-ce frais ? – Frais vivant ! répondra le premier corbeau ; et alors, l'autre descendra aussi. Prends-les, tous les deux, si tu peux, ou du moins, un des deux, car autrement, nous sommes perdus. Si tu réussis à prendre les deux corbeaux, tu attacheras une fiole à chaque pied de l'un d'eux, puis, tu l'enverras te les remplir, aux fontaines de l'eau de mort et de l'eau de vie ; tu retiendras l'autre, jusqu'au retour du premier. Quand on t'aura apporté les deux sortes d'eau, tu verseras sur mon corps quatre gouttes de l'eau de vie, et aussitôt je me relèverai, plein de vie, sain et sauf, jeune et plus vigoureux que jamais. Obéis de tout point, et nous retournerons encore à la maison.

Petit-Louis tua donc son cheval, puis il se cacha parmi ses entrailles encore chaudes. Tôt après, un corbeau descendit sur le cheval.

— Est-ce frais ? lui demanda un autre corbeau, sur la branche d'un arbre, au-dessus.

— Frais vivant ! répondit le premier corbeau[1].

Et alors, celui qui était dans l'arbre descendit aussi sur le cheval mort.

Aussitôt Petit-Louis sortit vivement sa main, et prit un des deux corbeaux. L'autre, voyant son compagnon captif, se mit à crier :

— Rends-moi ma femme ! rends-moi ma femme !

— Oui, répondit Petit-Louis, si tu m'apportes deux fioles pleines l'une de l'eau de mort et l'autre de l'eau de vie.

— Oui, je le ferai.

— Viens ici, alors, que je t'attache mes deux fioles aux pieds.

Et le corbeau qui était en liberté (c'était le mâle) se laissa attacher les deux fioles aux pieds, puis il se mit encore à crier :

— Rends-moi, à présent, ma femme ! rends-moi, à présent, ma femme !

— Je ne la lâcherai que lorsque je tiendrai les deux fioles pleines.

Le corbeau mâle partit, alors. Il retourna au bout de trois jours. Mais hélas ! il n'avait pas d'eau ; ses deux

1. *Fresk eo ? – Fresk beo !*

fioles étaient vides. Et dans quel triste état il était, le pauvre animal ! Ses plumes étaient toutes brûlées, et il était à moitié mort !

— Tu n'apportes pas d'eau ? lui demanda Petit-Louis !

— Hélas ! non, je n'ai pas pu. Deux serpents à sept têtes gardent les deux fontaines, et ils vomissent du feu par toutes leurs gueules et brûlent tout ce qui s'approche à la distance d'une lieue à la ronde. Voyez en quel triste état ils m'ont mis !

Et en effet, c'était pitié de le voir.

Alors, Petit-Louis envoya la femelle, avec les deux fioles attachées à ses pieds. Celle-ci fut plus heureuse, et elle revint sans mal et rapportant les deux fioles pleines. Pour éprouver la vertu des eaux, Petit-Louis versa deux gouttes de l'eau de mort sur le pauvre corbeau qui avait été si maltraité, et il expira aussitôt. Puis, il versa sur lui deux autres gouttes de l'eau de vie, et il ressuscita, avec toutes ses plumes et aussi bien portant que jamais.

— C'est bien ! dit-il, et il rendit la liberté aux deux corbeaux.

Puis, il s'occupa de ressusciter son cheval. Il versa sur son corps quatre gouttes de l'eau de vie ; et aussitôt l'animal se releva, plein de vie et de santé, et se mit à hennir. Il avait perdu l'usage de la parole.

Petit-Louis et son cheval reprirent la route de Paris, contents et heureux, car ils emportaient de l'eau de mort et de l'eau de vie, et ils savaient que leurs peines et leurs travaux étaient enfin terminés. Ils avaient été sept ans à faire leur voyage.

Quand le vieux roi les vit arriver avec les eaux merveilleuses, il se mit à danser et à sauter, comme un jeune homme, malgré son âge. Il demanda à être rajeuni, sur-le-champ, pour se marier avec la Princesse aux cheveux d'or.

La Princesse versa sur lui quatre gouttes de l'eau de mort, et aussitôt il cessa de vivre.

— Emportez cette charogne, et jetez-la à pourrir dans les fossés du château ! cria-t-elle, alors.

Et l'on fit comme elle avait ordonné.

Le Cacous, voyant cela, déguerpit, comme si le diable avait été à ses trousses. Il était temps !

Petit-Louis se maria avec la Princesse aux cheveux d'or ; et il y eut alors des festins, des jeux, des danses et des chants, pendant un mois entier. Le vieux charbonnier et sa femme, qui vivaient encore, furent aussi de la noce. La mère de ma trisaïeule, qui leur était un peu parente, fut aussi invitée ; et c'est ainsi que le souvenir de tout cela s'est conservé dans ma famille et que j'ai pu vous conter toutes ces choses comme elles se sont passées, sans mentir en rien, peut-être un mot ou deux seulement.

Le pêcheur qui vendit son âme au diable

Il y avait autrefois, au Dourduff, près de Morlaix, un pêcheur nommé Kaour Gorvan, qui avait une femme et trois enfants en bas âge. Ses enfants se nommaient l'aîné, Robart, le second, Fanch, et le troisième, le plus jeune, Mabik, ainsi appelé parce que c'était l'enfant chéri de son père.

Ils vivaient assez misérablement, car, soit maladresse ou mauvaise chance, ou toute autre cause, le pauvre homme rentrait souvent sans avoir rien pris, ou si peu que c'était à peine assez pour nourrir sa famille, et très maigrement encore. Quant à aller au marché aux poissons, il ne fallait pas y songer ; de telle sorte qu'il n'y avait presque jamais le sou à la maison. La femme, voyant rentrer les autres pêcheurs avec leurs barques pleines, se dépitait et malmenait souvent son mari, l'appelant maladroit, paresseux, imbécile, et le reste. Le pauvre homme en était bien malheureux et redoutait tous les jours le moment de paraître devant elle.

Un jour qu'il était en mer, comme à l'ordinaire, le soleil allait se coucher et il n'avait encore rien pris. Il déplorait son sort et n'osait rentrer. Tout à coup, il entendit un grand bruit, et, levant la tête, il vit venir, du côté du soleil couchant, un cavalier tout habillé de rouge et monté sur un beau cheval noir, faisant jaillir le feu de ses quatre pieds et de ses narines et qui marchait sur la mer comme sur une route bien solide. Cela l'étonna fort ; il n'avait jamais vu pareille chose. Le cavalier vint droit à la barque et parla ainsi au pêcheur :

— Eh ! bien, compère, la pêche est-elle bonne ?

— Non, sûrement, monseigneur.

— Et vous craignez d'être grondé par votre femme, en rentrant, n'est-ce pas ?

— Hélas ! il n'y a plus un morceau de pain à la maison ; le boulanger refuse de nous en donner à crédit, et je ne sais comment nous ferons pour souper, ce soir.

— Je puis te tirer d'embarras ; si tu veux m'obéir, il ne te manquera rien à toi et à ta famille, non seulement ce soir, mais pendant sept années de suite.

— Je suis prêt à vous obéir, monseigneur ; quelles sont vos conditions ?

— Donne-toi à moi, dans sept ans d'ici, et tu prendras du poisson autant que tu voudras, et nul autre pêcheur de tout le pays de Léon n'en pourra prendre un seul, pendant tout ce temps-là, de sorte que tu deviendras facilement riche.

— Jésus, mon Dieu ! que dites-vous là ? Vous êtes donc le Malin-Esprit ? Non, jamais je ne ferai cela.

— A ton aise ; mais, je te préviens, alors, qu'aujourd'hui et demain et tous les autres jours de ta vie, il n'y aura pas de poissons pour toi dans la mer, et que tu seras battu par ta femme, et que vous finirez par mourir tous de faim !

Le pauvre homme réfléchit, se gratta le côté de la tête, puis il dit :

— Eh ! bien, j'accepte le marché !

Le cavalier lui présenta alors un parchemin en lui disant :

— Signe ceci avec ton sang.

— Je ne sais pas écrire, dit Kaour.

— Une seule goutte de ton sang sur le parchemin suffira.

Et avec la pointe de son couteau, le pêcheur se piqua le bras et laissa tomber une goutte de sang sur le parchemin.

— C'est bien ; dans sept ans, jour pour jour, trouve-toi sur ce rocher que voilà, et je viendrai t'y prendre ; et n'y manque pas, car en quelque lieu que tu sois, une fois les sept ans expirés, je saurai bien te trouver, et malheur à toi, s'il me faut aller te chercher ! Maintenant, tu peux jeter tes filets à l'eau, quand tu voudras.

Le cavalier partit alors, au grand galop, emportant le parchemin.

Kaour Gorvan, impatient de vérifier ses promesses, jeta ses filets à l'eau, et les en retira chargés à se rompre. Il les jeta une seconde, une troisième fois, et toujours il amenait en abondance les plus beaux poissons. Sa barque en fut vite pleine, et il retourna à la maison, tout joyeux, ce qui ne lui était pas arrivé depuis bien longtemps, et ne songeant plus au sombre pacte qu'il venait de signer. Il sifflait et chantait, en se dirigeant vers sa pauvre cabane, située sur le rivage, et sa femme et ses enfants, en l'entendant, vinrent à sa rencontre, en se disant :

— Il faut que le père ait fait une bonne pêche, aujourd'hui !

— Allons, femme, allons, enfants, à l'ouvrage ! aidez-moi à décharger le bateau, vous voyez qu'il est plein à couler ! cria Kaour, en abordant.

Et la femme et les enfants sautèrent dans le bateau, en poussant des cris de joie.

— Voyez mère, comme il y en a ! et comme ils sont beaux ! s'écriaient les enfants.

Ce soir-là, on soupa bien dans la cabane du pêcheur, et il n'y eut ni plaintes, ni larmes, contre l'habitude.

Le lendemain matin, Kaour Gorvan partit en mer de bonne heure, pendant que sa femme et ses enfants allaient en ville, pour vendre le poisson de la veille. Ceux-ci s'en revinrent, le soir, les poches lourdes de gros sous et apportant du pain blanc, un peu de viande et une bouteille de vin, toutes choses qu'on n'avait vues depuis longtemps dans leur cabane. Kaour arriva aussi avec son bateau, encore rempli à couler bas, comme la veille.

Tous les matins, à présent, le vieux pêcheur allait en mer avec son fils aîné, et la femme et les deux autres enfants allaient vendre le poisson, à Morlaix ; et tous les soirs, ils rentraient, les uns avec le bateau plein de poissons, et les autres avec leurs poches pleines d'argent. De cette façon, Kaour se trouva être à l'aise, et même riche, en peu de temps. Et ce qui paraissait extraordinaire à tout le monde, c'est que les autres pêcheurs du pays ne prenaient plus rien. L'on en causait partout, et l'on croyait communément que Kaour avait quelque secret magique pour attirer le poisson dans ses filets et les éloigner de ceux des autres. Quelques-uns disaient même qu'il fallait qu'il eût vendu son âme au diable, pour avoir tant de chance. Enfin, il n'y avait pas de supposition qu'on ne fît.

Les trois fils, qui avaient alors de douze à quinze ans, furent envoyés à l'école, avec les enfants des bourgeois et des riches marchands de Morlaix. Un jour, l'aîné, voulant jouer à la toupie avec d'autres écoliers, fut repoussé par eux, et, comme il en demandait la raison, on lui répondit :

— Nous ne voulons pas jouer avec toi, parce que tu n'es que le fils d'un pêcheur ; et si ton père est riche, c'est qu'il a vendu son âme au diable, pour avoir de l'argent.

Les trois frères furent bien étonnés de cette réponse, et, le soir, en arrivant à la maison, Robart dit à son père :

— Vous ne savez pas ce que m'a dit un camarade de l'école, mon père ?

— Que t'a-t-il dit, mon fils ?

— Il m'a dit comme ça, que si vous êtes riche, c'est que vous avez vendu votre âme au diable, pour avoir de l'argent. N'est-ce pas ce n'est pas vrai cela, mon père ?

— Non, mes enfants, ce n'est pas vrai, répondit le vieux pêcheur.

Mais cette question parut le troubler, et il en devint triste et rêveur. Les deux aînés ne s'en inquiétèrent pas davantage ; mais le plus jeune devint aussi pensif, à partir de ce moment. A quelques jours de là, il dit à son père :

— Je vous ai entendu dire quelquefois, mon père, que vous avez un frère ermite.

— Oui, mon fils ; il habite dans la forêt du Crannou, où il est occupé nuit et jour à prier Dieu.

— Je voudrais bien connaître mon oncle l'ermite, mon père, et, si vous le permettez, j'irai le voir.

— Qu'irais-tu faire là, mon fils ? Mon frère, d'ailleurs, ne pourrait te recevoir convenablement. Tu n'as pas idée, à ce que je vois, de ce que c'est qu'un ermite. C'est un homme retiré du monde, qui passe toute sa vie à prier et à se mortifier, qui n'a pour toute nourriture que des racines d'herbes et quelques fruits sauvages, à l'automne, et qui couche sur la terre nue, avec une pierre pour oreiller. Vois, si ce genre de vie te conviendrait, car mon frère ne pourrait guère te traiter mieux que lui-même.

— Tout cela ne m'effraye pas, mon père, et je vous supplie de me permettre d'aller voir mon oncle, à son ermitage.

Le père ne put résister aux instances de son fils, et Mabik partit, un beau matin, pour la forêt du Crannou. Arrivé dans le bois, il le parcourut en tous sens et découvrit enfin une hutte construite avec des branches d'arbres, contre le tronc d'un vieux chêne. Sur le seuil était agenouillé un vieillard à longue barbe blanche, les mains jointes et les yeux tournés vers le ciel. L'enfant, à cette vue, s'arrêta, frappé d'admiration, et, comme le vieillard ne paraissait pas le voir, il s'agenouilla comme lui et pria aussi. La prière de l'ermite fut longue. Quand il se releva, Mabik s'avança vers lui, son bonnet à la main, et lui dit :

— Bonjour, mon oncle l'ermite.

— Bonjour, mon enfant ; mais suis-je bien ton oncle ?

— Oui : n'avez-vous pas, à Morlaix, un frère pêcheur nommé Kaour Gorvan ?

— C'est vrai, mon enfant, j'ai à Morlaix un frère pêcheur nommé Kaour Gorvan.

— Je suis son plus jeune fils, et je lui ai demandé la permission de venir vous faire visite.

L'ermite l'embrassa, en pleurant de joie, puis il lui demanda :

— Comment se porte mon frère Kaour ? Est-il heureux et aimé de Dieu ?

— Mon père se porte assez bien, mais, depuis quelque temps, il paraît avoir beaucoup de chagrin. Je ne sais pas bien quelle en est la cause, mais je suis venu, mon oncle, vous prier de me garder auprès de vous quelque temps, pour m'instruire dans l'art de soulager les afflictions du corps et celles de l'âme, afin de pouvoir consoler mon pauvre père.

— Hélas ! mon pauvre enfant, la vie que je mène ici n'est pas faite pour toi. Jette un regard dans ma hutte et vois comme elle diffère des habitations ordinaires des hommes, même les plus pauvres.

— Mon père m'a déjà prévenu à ce sujet et n'a pu me retenir. Prier constamment, n'avoir pour toute nourriture que des racines d'herbes et quelques fruits sauvages, coucher sur la terre nue, tout cela ne m'effraye pas, mon oncle.

— Puisqu'il en est ainsi, mon enfant, tu peux rester.

Mabik resta donc auprès de son oncle l'ermite. Celuici, quand ils se promenaient ensemble, dans le bois, lui apprenait les vertus secrètes des herbes et des plantes, ainsi que maintes oraisons propres à guérir les maladies du corps et les infirmités morales. Quand le vieillard restait trop longtemps en prière, l'enfant s'amusait à aiguiser sur un galet qui était à la porte de l'ermitage un vieux couteau tout rouillé qu'il avait trouvé sur la route, en venant à la forêt.

Mais retournons un peu chez Kaour Gorvan, et voyons ce qui s'y passait, pendant ce temps.

Le terme fatal approchait, le jour où devaient s'accomplir les sept ans, et le vieux pêcheur devenait de jour en jour plus triste, et finit par tomber malade. Mais, sa maladie était d'un genre tout particulier. Il criait et se démenait, dans son lit, comme un véritable possédé. Ses cris et ses hurlements troublaient et effrayaient tout le voisinage. On avait fait venir tour à tour tous les médecins de la ville, puis ceux de Brest et de la ville d'Is, et aucun d'eux ne connaissait rien à sa maladie.

Un jour, le vieillard appela auprès de lui son fils aîné, Robart, et lui dit :

— Mon fils, vous pouvez mettre un terme à un mal qui est terrible, comme vous le voyez ; seriez-vous disposé à faire ce qu'il faut pour cela ?

— Oui, mon père, je suis prêt à faire tout ce qu'il me sera possible, pour vous soulager.

— C'est le devoir d'un bon fils : prenez connaissance de ce qui est là-dessus.

Et il lui donna le parchemin fatal signé de son sang.

Robart le lut, avec effroi, et le vieillard lui demanda encore :

— Voulez-vous faire ce voyage pour moi, mon fils ?

— Mon père, répondit Robart, je suis prêt à donner ma vie pour vous, mais non mon âme.

Kaour Gorvan poussa un profond soupir et dit :

— Descendez et dites à votre frère Fanch de venir auprès de moi.

Fanch monta à la chambre de son père, lut le parchemin et fit la même réponse que son frère.

— Au moins, lui dit le vieillard, ne refuseras-tu pas d'aller trouver Mabik, qui est auprès de son oncle l'ermite, dans la forêt du Crannou, pour lui dire de venir me voir. Peut-être celui-là m'apportera-t-il quelque soulagement ?

— Oui, mon père, je ferai volontiers ce voyage pour vous, et je pars à l'instant.

Fanch prit deux chevaux dans l'écurie de son père, et partit aussitôt à la recherche de son oncle l'ermite et de son plus jeune frère.

Un jour que Mabik aiguisait son vieux couteau, selon son habitude, sur le galet qui était à la porte de l'ermitage, il fut étonné de voir venir vers lui un cavalier, avec deux chevaux, dont il montait l'un. Quand le cavalier ne fut plus qu'à quelques pas de la hutte, il reconnut son frère Fanch. Il s'avança vers lui, et dit :

— Est-ce toi, mon frère Fanch ?

— Oui, mon frère Mabik, c'est bien moi.

— Qu'est-ce qui t'amène ici, mon frère ? Comment est notre père ?

— Hélas ! bien mal, mon frère.

Et Fanch lui conta tout.

— Te sens-tu le courage de faire ce voyage pour notre pauvre père, Mabik ?

— Oui, frère, je ferai volontiers ce voyage pour notre pauvre père, si notre oncle l'ermite consent à m'y accompagner.

— Où est notre oncle l'ermite ?

— Il prie, en ce moment, dans sa hutte ; il faut attendre qu'il ait fini.

Quand l'ermite eut fini de prier, ses deux neveux allèrent à lui, et Mabik lui présenta Fanch et lui fit connaître le sujet de son voyage ; il ajouta :

— Je suis prêt à faire ce que me demande mon père, si vous consentez à m'accompagner, mon oncle ?

Le vieillard, en apprenant la terrible nouvelle, poussa un profond soupir, leva les yeux et les mains au ciel, avec douleur, puis il dit :

— J'ai besoin de consulter le ciel, avant de prendre une détermination, dans une si grave affaire ; demain matin, je vous donnerai ma réponse.

L'ermite passa toute la nuit en prières et à consulter ses livres, et, le lendemain matin, il dit à Mabik :

— Oui, mon enfant, je ferai avec toi ce redoutable voyage, et, si tu veux m'obéir de tout point, avec l'aide de Dieu, j'ai bon espoir que nous réussirons à sauver ton pauvre père ; mais, partons immédiatement, car il n'y a pas de temps à perdre.

L'ermite monta sur un des deux chevaux et prit Mabik en croupe derrière lui. Fanch était seul sur l'autre cheval.

Comme ils cheminaient ainsi, à travers la forêt, le vieillard demanda à Fanch :

— Regarde autour de toi, mon fils ; ne vois-tu rien d'extraordinaire ?

— Non, sûrement, mon oncle, répondit Fanch.

— C'est qu'alors tu ne marches pas dans la même voie que nous. Et toi, Mabik, ne vois-tu rien d'extraordinaire ? Regarde bien autour de toi.

— Je vois bien quelque chose, mon oncle, qui ne me paraît pas ordinaire.

— Que vois-tu, mon enfant ?

— Au milieu d'un buisson de coudrier, je vois une branche qui, différemment des autres, est dénudée de son écorce et s'élève, blanche et droite, comme un cierge.

— Tu es dans la bonne voie, mon enfant. Ton couteau coupe-t-il bien ?

— Je le crois, car je l'ai assez aiguisé pour cela.

— Eh ! bien, descends de cheval et va me couper cette branche ; mais, il faut la couper d'un seul coup et net.

Mabik descendit de cheval, se dirigea vers le buisson et coupa facilement la branche désignée, d'un seul coup de couteau ; puis il la présenta à l'ermite.

— C'est bien, mon enfant, lui dit celui-ci ; maintenant, coupe encore cette baguette en deux parties égales et conserve-les sous ton bras, car nous en aurons besoin, plus tard.

Mabik fit ce que lui demandait son oncle, puis ils continuèrent leur route.

Quand ils furent à environ une demi-lieue de Morlaix, l'ermite demanda encore à Fanch, qui marchait devant :

— N'entends-tu rien d'extraordinaire, mon enfant ?

— Non sûrement, mon oncle.

— C'est qu'alors tu ne marches pas dans la même voie que nous. Et toi, Mabik, n'entends-tu rien d'extraordinaire ?

— Si, mon oncle, répondit-il, d'un air triste.

— Qu'entends-tu, mon enfant ?

— J'entends les cris de mon père, sur son lit de douleur.

— Pressons le pas, pour lui porter quelque soulagement.

Ils mirent alors leurs chevaux au galop, et ne tardèrent pas à arriver au Dourduff.

L'ermite dit à son frère, en arrivant près de son lit :

— Hélas ! mon pauvre frère, dans quel état je vous trouve, et dans quelle société !

La chambre était toute pleine de diables hideux, qui tourmentaient le vieux pêcheur.

— Qu'on m'apporte, vite, un baquet d'eau et tout ce qu'il y a d'eau bénite dans la maison.

On apporta un baquet plein d'eau. L'ermite y versa une bouteille d'eau bénite, puis, prenant un balai, il le plongea dans le baquet et en aspergea toute la chambre. On entendit alors des cris étouffés et comme des bruits d'ailes, dans la cheminée : c'étaient les diables qui se sauvaient par là.

Aussitôt, le malade se trouva soulagé, et il cessa de gémir et de crier.

Le lendemain, au coucher du soleil, finissaient les sept ans, et, aux termes du pacte fatal, Kaour Gorvan devait se trouver au rendez-vous assigné, pour se livrer au diable. Cette pensée l'effrayait et le rendait malade. L'ermite le rassura et lui dit que, grâce à ses prières et au dévouement de son fils Mabik, il était encore possible d'éviter un si grand malheur. Le saint homme donna alors ses instructions à Mabik et lui dit :

— Tu te rendras, seul, sur une barque, jusqu'au rocher désigné. Tu emporteras les deux baguettes de coudrier que tu as coupées dans la forêt du Crannou, ainsi qu'une pierre à feu (silex), de l'amadou et un briquet. Arrivé au rocher, tu en feras trois fois le tour, sur ta barque, en traçant trois cercles sur sa base, avec une de tes baguettes. A chaque tour, il s'y produira une marche dans la pierre. Alors, tu monteras au sommet du rocher, tu t'y assoiras et, prenant le silex, l'amadou et le briquet, tu tireras du feu et en approcheras tes deux baguettes, qui s'allumeront aussitôt, comme deux cierges. Tu les poseras debout sur le rocher, une de chaque côté de toi, puis tu attendras tranquillement. Bientôt après, tu entendras un grand bruit, et tu verras arriver du côté du couchant un cavalier tout habillé de rouge et monté sur un beau cheval noir, qui marchera sur l'eau comme sur la route la plus solide. Le cavalier s'approchera de toi et t'invitera à descendre et à monter en croupe derrière lui. Tu lui répondras que, s'il veut t'avoir, il vienne te prendre. Il descendra de son cheval, et voudra gravir le rocher. Mais, dès qu'il aura mis le pied sur la première marche, il poussera un cri terrible et il remontera sur son cheval et partira au grand galop. Un instant après arrivera un autre cavalier, avec deux chevaux. Il te priera aussi de descendre du rocher et de monter sur le beau cheval qu'il aura amené exprès pour toi. Tu lui diras, comme au premier, de venir te prendre. Il montera jusqu'à la seconde marche. Mais, il ressentira aussi une telle douleur que, renonçant à monter plus haut, il s'en retournera, comme le premier. Enfin, viendra un beau carrosse, attelé de deux chevaux superbes. Le cocher te priera, le plus poliment du monde, de descendre et d'entrer dans ce carrosse que t'envoie son maître. Tu lui répondras, comme aux deux autres, que tu es prêt à le suivre, mais qu'il faut qu'il vienne te prendre sur ton rocher. Il montera jusqu'à la troisième marche ; mais, ne pouvant aller plus loin, il s'en retournera aussi avec son carrosse, en poussant des cris épouvantables. Alors, tu seras sauvé. Tu pourras descendre de ton rocher. Tu me retrouveras sur le rivage, où je resterai en prière, jusqu'à ton retour. Fais exactement tout ce que je viens de te dire, aie confiance en Dieu, qui sera avec toi, et tu délivreras ainsi ton père de la damnation éternelle.

Mabik prit de l'eau bénite et se signa, comme doit le faire tout bon chrétien en se mettant en voyage, puis il se dirigea vers le rivage de la mer, accompagné de son oncle l'ermite qui, dans le trajet, lui faisait répéter ses recommandations, pour qu'il n'oubliât rien. Ils s'embrassèrent, avant de se quitter, puis le jeune homme (il avait à présent 17 ans) monta sur la barque et se dirigea vers le fatal rocher, pendant que le vieillard, à genoux sur la grève, priait, les mains jointes, les yeux tournés vers le ciel, immobile comme une statue de pierre.

Mabik arrive au rocher ; il en fait trois fois le tour, en traçant trois cercles à sa base, avec une de ses baguettes, et les trois marches s'y dessinent aussitôt. Il monte ensuite sur le sommet, allume ses deux baguettes, les place debout sur la pierre, une de chaque côté de lui, comme deux cierges, puis il attend, avec confiance, en voyant que tout se passait, jusqu'alors, comme lui avait prédit le vieil ermite.

Bientôt, il entend le bruit des pieds d'un cheval lancé au grand galop, et il voit venir à lui, du côté du couchant, un cavalier tout rouge et qui paraissait être au milieu des flammes, peut-être par l'effet du soleil couchant. Le cheval s'arrête au pied du rocher et le cavalier, ayant examiné Mabik, lui dit :

— Il me semble que tu n'es pas celui que je croyais trouver là ?

— Je suis venu à la place de mon père, si cela vous est égal ?

— Après tout, le père ou le fils, peu m'importe, et une âme en vaut une autre. Allons, descends, vite, de là ; viens ici, en croupe, et partons, car on t'attend là-bas.

— Je vous appartiens, je le reconnais, mais vous viendrez bien me prendre ici, si vous tenez à m'avoir.

Le diable, qui se doutait qu'on voulait lui jouer quelque tour, en voyant les trois marches dans le rocher et surtout les deux cierges allumés, ne se souciait pas de descendre de son cheval et, le prenant sur un autre ton :

— Il y a là-bas une grande fête, festin magnifique, musique, danses, le tout en ton honneur, et mon maître t'attend avec impatience ; hâte-toi donc de venir ici, et partons vite.

— Je suis vraiment touché de tout ce que vous me dites, mais, je vous le répète, si vous tenez à m'avoir à votre fête, vous viendrez bien me chercher jusqu'ici.

Le cavalier rouge, impatienté, sauta sur la première marche, poussa un cri de douleur, et ne pouvant aller plus loin, il remonta à cheval et partit, en faisant un vacarme de diable. Pour abréger, il en fut de même pour le second diable, à cheval comme le premier, et le troisième avec son beau carrosse attelé de deux chevaux superbes (c'était, dit-on, le diable boiteux, le plus malin de tous les diables), n'eut pas plus de succès que les deux autres. Il alla jusqu'à la troisième marche ; mais, ne pouvant monter plus haut, il s'en retourna aussi, furieux et tempêtant.

Dès lors, Mabik était sauvé. Il descendit du haut du rocher, posa ses deux baguettes de coudrier sur l'avant du bateau, en guise de cierges, pour l'éclairer (car la nuit était venue), et se dirigea tout joyeux vers le rivage, où l'attendaient l'ermite, son père, sa mère et ses deux frères. Comme il allait ainsi tranquillement, poussé par une bonne brise et exempt désormais de tout souci, le géant Pharaüs, qui passait au-dessus de lui, dans un nuage, l'aperçut.

– Quel beau garçon ! s'écria-t-il.

Et, s'abaissant jusqu'au jeune homme, il l'enleva et l'emporta à son château, situé dans une île, au milieu de la Mer Rouge.

Cependant, le bateau aborda au rivage. Quand on vit que Mabik n'y était pas, son père, sa mère et ses frères se mirent à pleurer et à pousser des cris de détresse.

— Ne vous désolez pas tant, leur dit l'ermite, car je puis vous assurer que le diable ne le tient pas ; je sais où il est, et je retourne à mon ermitage, pour prier Dieu, afin qu'il se tire heureusement des épreuves qui l'attendent.

Et le vieillard prit son bâton et se remit en marche vers la forêt du Crannou.

En arrivant au château de Pharaüs, Mabik fut émerveillé de tout ce qu'il y vit. Il soupa avec le géant, qui ne lui parut pas un méchant géant, de sorte qu'il s'enhardit et lui demanda :

— Qu'aurai-je à faire ici, tous les jours ?

— Soupons d'abord, lui répondit Pharaüs, puis nous irons nous coucher, et demain matin, je te dirai cela. Mais, sois tranquille à ce sujet, ton travail ne sera pas bien pénible.

Le lendemain matin, comme ils déjeunaient ensemble, Mabik demanda encore au géant :

— Qu'aurai-je à faire ici, maître ?

— Rien. Tu n'auras qu'à te promener, boire, manger, dormir à ton gré. Rien ne te manquera dans ce château ; il te suffira de former un désir, quel qu'il puisse être, pour qu'il soit aussitôt accompli. Seulement, je te recommande de ne toucher ni aux statues de marbre, ni aux animaux de pierre que tu verras en grand nombre dans la cour du château, ni à une ânesse qui est dans l'avenue, autrement, tu serais toi-même changé, à l'instant, en statue de marbre ou en âne de pierre, et cela pour l'éternité. C'est la seule défense que j'aie à te faire. Promène-toi partout, dans le château, dans les jardins et dans le bois, jusqu'à la mer ; tu verras partout des choses merveilleuses. Je vais m'absenter, pour un long voyage que j'ai à faire, et tu resteras seul, pendant un an et un jour.

— C'est bien long, un an et un jour, pour être toujours seul !

— Tu trouveras ici tant de belles choses et de merveilles de toutes sortes, que le temps ne te paraîtra pas long : mais, je te le répète, ne touche à aucune des choses que je t'ai désignées, autrement, j'arriverai à l'instant, quelque éloigné que je sois d'ici, et alors, malheur à toi !

Le géant fit signe à un nuage, qui descendit aussitôt dans la cour du château ; il monta dessus et partit.

Mabik, resté seul, regarda les statues de marbre et les animaux de pierre dont Pharaüs lui avait parlé. Il y en avait un très grand nombre, dans des niches, autour du château et autour de la cour. Il voulut commencer par vérifier si ce que le géant lui avait dit relativement aux désirs qu'il formerait n'était pas pour se moquer de lui. Il souhaita avoir du lard, des saucisses, du boudin, du bon cidre et du café. Et tout cela lui fut servi sur-le-champ, par des mains invisibles.

– C'est bien, se dit-il, je crois que je ne m'ennuierai pas vite, si cela continue ainsi.

Quand il eut mangé et bu à discrétion, il alla se promener dans l'avenue de grands chênes qui était devant le château. Il poussa jusqu'au bout de l'avenue et y vit une ânesse maigre, décharnée, couverte de boue desséchée, comme si elle avait été roulée dans une mare. Devant elle était un fagot d'épines, en guise de foin. Il s'approcha, et ne put s'empêcher de dire :

– Pauvre bête ! A peine si tu peux te tenir sur tes jambes ! Quelle faute si grande as-tu donc commise, pour être traitée de la sorte ?

Et, oubliant la recommandation du géant, il se mit à la caresser et à la débarrasser de la boue qui la souillait. Il remarqua que ses deux oreilles se touchaient par les extrémités, et, en regardant de plus près, il vit qu'elles étaient traversées par une grosse épingle. Il retira l'épingle, et aussitôt l'ânesse devint une belle princesse, qui lui dit :

– Malheureux, qu'as-tu fait ? As-tu donc oublié si vite la recommandation du géant Pharaüs ? Il va arriver, dans un moment, et tu seras changé en bête, comme moi, ou en chien de pierre, ou en statue de marbre. Cependant, comme c'est la première fois que tu lui désobéis, et qu'il t'aime beaucoup, peut-être te pardonnera-t-il. Mets-moi vite l'épingle dans les oreilles, comme devant, puis cours te mettre à genoux sur le seuil de la cour, et quand le géant arrivera, demande-lui pardon, pleure, supplie et promets de ne plus lui désobéir. Je suis fille du roi d'Ecosse, et j'ai été enlevée, comme toi, par Pharaüs et changée en ânesse, pour lui avoir désobéi. S'il te pardonne, peut-être parviendrons-nous à sortir d'ici, et alors, je t'emmènerai en Ecosse, à la cour de mon père, et nous serons mariés ensemble. Mais replace, vite, l'épingle dans mes oreilles, car le géant arrive. Ne vois-tu pas ce nuage noir qui s'avance vers nous ? Il est là-dedans.

Mabik remit l'épingle dans les oreilles de la princesse, qui redevint aussitôt ânesse, puis il courut au château et s'agenouilla sur le seuil de la porte de la cour. Pharaüs descendit, au même moment, de son nuage.

— Pardon, maître, j'ai manqué ! dit le jeune homme, en tendant vers lui ses mains suppliantes.

— Oui, tu as manqué, et tu sais ce qui t'attend.

— Pardon, mon bon maître, pour la première fois ! je ne vous désobéirai plus jamais !

— Je n'ai pas l'habitude de pardonner, quand on me désobéit ; mais, comme tu es un joli garçon, et que tu me plais, je te pardonne, pour cette fois.

— Merci, maître, merci !

— Tu as interrompu mon voyage, mais j'y retourne, à l'instant.

— Pour combien de temps, maître ! Revenez le plus vite possible.

— Pour six mois.

— C'est bien long, six mois ! Donnez-moi au moins quelqu'un, homme ou femme, ou même un animal, pour me tenir société, pendant votre absence, car autrement je mourrai d'ennui, ici, ou ne pourrai observer vos recommandations.

— Je le veux bien. Tu trouveras, à l'extrémité de l'avenue de chênes, une ânesse maigre et décharnée et dont les oreilles sont traversées par une épingle, qui les réunit par les pointes. Tu retireras cette épingle, et aussitôt l'ânesse deviendra une belle princesse. C'est la fille du roi d'Ecosse, qui a été punie ainsi de sa désobéissance. Tu pourras te promener et converser avec elle, à loisir, mais, sans jamais la toucher, même du bout des doigts, autrement, j'arriverai à l'instant, et alors, plus de pardon pour toi ; vous seriez changés tous les deux en deux chiens de pierre, un de chaque côté de la porte de la cour.

Le géant remonta alors sur son nuage, et partit. Mabik, de son côté, courut à l'ânesse. Il retira l'épingle de ses oreilles, et la belle princesse reparut, et lui dit :

– Cela va bien ! Cherchons, à présent, les moyens de fuir d'ici, et ne perdons pas de temps. Allons au cabinet de Pharaüs, pour consulter ses livres de magie ; peut-être y trouverons-nous, quelque part, où réside sa vie, car c'est un corps sans âme, et sa vie ne réside pas dans son corps.

Et les voilà de courir au cabinet du géant, et de feuilleter avec ardeur les gros et les petits livres qui s'y trouvaient en grand nombre. Ils y voyaient des choses et apprenaient des secrets qui les faisaient trembler d'effroi et pâlir d'horreur. Mais ils ne trouvaient pas le livre qui renfermait le secret de la vie de Pharaüs. Après plusieurs jours de recherches vaines, ils finirent pas découvrir un petit livre rouge, sous un tas d'autres livres. C'était celui-là !

– Nous sommes sauvés ! s'écrièrent-ils aussitôt.

Ils apprirent, dans ce petit livre, que la vie du géant résidait dans un vieil arbre de buis qui était dans le jardin du château. Pour le tuer, il fallait abattre cet arbre et en couper la principale racine, d'un seul coup de cognée, sans écorcher ni froisser trop rudement aucune des autres racines plus petites, sans quoi Pharaüs arriverait aussitôt, et tout serait perdu.

— C'est bien, se dirent-ils. La chose est difficile ; mais nous avons six mois, moins quelques jours, pour dégager les racines de l'arbre de la terre qui les recouvre, et il faut espérer que cela nous suffira : ne perdons pas de temps, toutefois.

Et ils se rendirent au jardin et reconnurent facilement l'arbre désigné dans le petit livre rouge. C'était un buis magnifique. Ses branches couvraient près d'un arpent de terre. Pelles et pioches ! souhaita Mabik ; et deux pelles et deux pioches furent rendues sur-le-champ auprès d'eux. Ils se mirent alors au travail, avec ardeur. Ils commencèrent par ouvrir une tranchée profonde autour de l'arbre, assez loin du tronc, pour ne point rencontrer de racines courantes. Quand ils eurent pratiqué cette tranchée, ils se rendirent, suivant les instructions du petit livre rouge, à un grand étang, qui était au bas du jardin, et dont les bords étaient parsemés de plumes d'oies et de cygnes. Ils en rapportèrent, tous les deux, leur charge de ces plumes, et, avec elles, ils se mirent à défaire la terre peu à peu, en avançant lentement vers le tronc de l'arbre, et en évitant d'écorcher les petites racines. Travail long et ennuyeux, mais leur vie en dépendait.

La veille du jour où finissaient les six mois, et où le géant devait revenir, le travail était terminé, et, après avoir enlevé toute la terre qui recouvrait les racines, ils en découvrirent une bien plus grosse que les autres et qui plongeait en terre profondément et en droite ligne, sous le tronc. C'était là la maîtresse racine où résidait la vie de Pharaüs. – Une bonne cognée, bien aiguisée ! souhaita Mabik. Et la cognée arriva sur-le-champ. Otant, alors, sa veste, et retroussant les manches de sa chemise jusqu'aux coudes, Mabik réunit toutes ses forces et déchargea un coup vigoureux sur la racine. Il la trancha net, et l'arbre tomba, avec fracas.

Au même moment, on entendit un bruit épouvantable dans l'air. Un grand nuage noir rasa le château, en renversa une aile et alla tomber dans la mer, en faisant bouillonner l'eau. C'était le géant qui tombait dans le gouffre, pour ne plus en ressortir. Il était mort ! Alors, les statues de marbre, qui étaient autour du château, descendirent de leurs piédestaux et devinrent autant de princes, de princesses, de ducs, de barons, qui vinrent remercier Mabik et la princesse d'Ecosse ; puis ils partirent, dans toutes les directions. De même des animaux de pierre qui étaient dans la cour, et des oies et des cygnes qui étaient sur l'étang. C'étaient autant de personnages enchantés.

La princesse d'Ecosse, qui avait étudié les livres de magie du géant, dit alors à Mabik :

– Ne perdons pas de temps, et partons tout de suite pour votre pays, afin de sauver votre père et votre mère, que le roi de Brest a condamnés à mourir sur l'échafaud, demain matin, parce qu'ils sont accusés de vous avoir vendu au diable.

Et ils s'élevèrent tous les deux en l'air, en se tenant par la taille, et arrivèrent, vite, par ce chemin, à Morlaix.

Il était temps ! l'échafaud était dressé sur la grande place et le père et la mère de Mabik montaient déjà à l'échelle, quand nos deux voyageurs descendirent du ciel, au milieu de la foule ébahie.

— Arrêtez ! cria aussitôt la princesse, en s'adressant au bourreau et aux juges, arrêtez, vous allez faire mourir deux innocents : voici leur fils, que le diable ne tient pas encore, et qui sera bientôt mon mari.

Les deux vieillards furent remis en liberté et ils se jetèrent dans les bras de leur fils, en pleurant de joie. Tous les spectateurs en étaient émus.

— Allons, à présent, en Ecosse, à la cour de mon père, pour nous marier, dit alors la princesse à Mabik : votre père, votre mère et vos frères viendront aussi avec nous.

Et ils montèrent tous dans un beau carrosse, qui s'éleva en l'air et se dirigea vers l'Ecosse, au grand étonnement des habitants de Morlaix.

Mabik et la princesse furent mariés ensemble, et il y eut, à cette occasion, des festins et des fêtes magnifiques, pendant un mois entier.

Le vieil ermite, averti par un ange que Mabik était de retour dans son pays, sain et sauf, cessa, alors seulement, de prier, et mourut de joie à cette nouvelle. Son âme alla tout droit au paradis. Puissions-nous y aller tous la rejoindre, un jour !

Les finesses de Bilz

1

Na eûs mar na marteze
Hen eûs tri droad ann trebé.
Il n'y a ni si ni peut-être,
Un trépied a (toujours) trois pieds.

Il faut que chacun de nous, en venant au monde, ait sa destinée bien arrêtée, et qu'elle doive s'accomplir, quoi qu'il fasse pour essayer de s'y soustraire. La destinée de Bilz était d'être voleur. Ecoutez son histoire ; elle est curieuse et amusante.

Il y avait autrefois une pauvre femme restée veuve avec un fils. Ils habitaient à Penn-an-Menez, dans la commune de Plouaret, une misérable hutte construite au bord du chemin avec des branchages d'arbres, des fougères sèches et des mottes de terre, et que l'on appelait pour cette raison le *château des mille mottes*. Ils vivaient d'aumônes, de la charité des bonnes âmes, et tous les jours, ils allaient ensemble mendier de porte en porte, dans les manoirs et les fermes de Plouaret et de Plounévez-Moëdec.

Le jeune garçon, qui se nommait Bilz, était éveillé et intelligent. Il arrivait souvent que, dans ses tournées, il dérobait des pommes et des poires, dans les courtils et les vergers, prenait les œufs dans les nids de poules et mettait lestement dans ses poches quelques crêpes de sarrasin, quand les ménagères n'avaient pas l'œil sur lui. Sa mère l'en gourmandait bien ; mais c'était peine perdue. Il disait que ses mains seules étaient coupables, qu'il ne pouvait pas les retenir et qu'elles travaillaient toutes seules.

Cependant, on se plaignait de tous les côtés à la bonne femme, et, comme Bilz avait déjà douze ans ou davantage, on lui disait :

– Vous voulez donc que votre fils mendie toute sa vie, Marc'harit ? Il y a assez de fainéants de cette sorte qui courent le pays. Faites-lui apprendre un métier, et qu'il travaille pour gagner son pain, comme tout le monde.

C'était partout de semblables reproches, et la pauvre Marc'harit rentrait avec son bissac plus léger de jour en jour. Si bien qu'elle dit un jour à son fils :

— Il n'y a pas à dire, il faut que tu te décides à travailler, pour gagner ton pain ; il faut apprendre un métier. Que veux-tu être, laboureur, charpentier, maçon, tailleur ?...

— Je sais un meilleur métier que tout cela, ma mère, et c'est celui-là que je veux prendre.

— Lequel donc, mon fils ?

— Voleur, ma mère.

La pauvre Marc'harit, à cette réponse, joignit ses deux mains, leva les yeux vers le ciel et s'écria :

— Jésus, mon Dieu, est-il possible ?

— Je ne connais pas de meilleur métier au monde, ma mère, et c'est celui que je choisis. D'ailleurs, vous avez un frère qui est grand voleur, vous le savez bien, et je veux aller apprendre le métier avec lui.

— Bienheureux seigneur saint Gily, et vous tous les vieux saints du pays, s'écria la vieille, vous ne permettrez pas que mon fils soit voleur de profession !

— Eh ! bien, ma mère, reprit Bilz, puisque vous avez tant de confiance en saint Gily, et qu'il ne se passe guère de jour que vous n'alliez lui rendre visite, dans sa chapelle, allez le consulter sur le métier que je dois prendre, et je ferai comme il dira. Mais, pour vous le rendre favorable, je pense que vous feriez bien de lui porter une couple au moins de bonnes crêpes aux œufs.

La vieille approuva le conseil de son fils. Elle alluma du feu, mit la poêle à crêpes dessus, prépara sa pâte et fit deux crêpes aux œufs qui avaient une apparence si appétissante, que l'eau en venait à la bouche de Bilz.

Elle les enveloppa dans un linge blanc et se dirigea ensuite vers la chapelle de saint Gily, par le chemin ordinaire. Mais à peine fut-elle sortie que Bilz, qui devait rester l'attendre à la maison, prit sa course à travers champs et arriva à la chapelle bien avant sa mère. Il se cacha derrière la statue du saint, dans sa niche. Quand la vieille Marc'harit arriva aussi, à son tour, elle s'agenouilla devant l'image du saint patron de son quartier, pour qui elle avait une dévotion toute particulière, et déposa une de ses crêpes à ses pieds. Elle pria quelque temps, les yeux baissés respectueusement ; puis elle les leva d'un air suppliant sur la statue et remarqua que la crêpe avait disparu. C'était Bilz qui l'avait prise, et il en avait frotté la bouche du saint, de sorte qu'elle était toute luisante de graisse.

— C'est bien, se dit la vieille, en voyant cela, le saint a mangé la crêpe et l'a sans doute trouvée bonne ; je vais lui adresser ma demande, à présent : Bienheureux saint Gily, vous me connaissez bien et vous savez que nul autre, dans le pays, ne vous est plus dévot que moi ; dites-moi, je vous prie, quel métier doit prendre mon fils Bilz ?

— Voleur ! cria Bilz, à haute voix, de derrière la statue.

— Jésus mon Dieu ! s'écria la vieille avec douleur... Mais, j'ai sans doute mal entendu.

Et elle reprit :

– Bienheureux monseigneur saint Gily, je vous prie de vouloir bien me dire quel métier doit prendre mon fils Bilz !

— Voleur ! voleur ! cria encore Bilz, plus fort.

La pauvre femme, toute désolée, les larmes aux yeux, déposa sa seconde crêpe aux pieds du saint, et dit :

– Tenez, bienheureux monseigneur saint Gily, voici encore une bonne crêpe aux œufs, que j'ai faite exprès pour vous, et j'y ai mis tout mon savoir-faire ; acceptez-la et donnez-moi une meilleure réponse, je vous prie.

Et elle marmotta encore une prière, les yeux baissés à terre. Bilz prit la seconde crêpe et la mangea comme la première. Marc'harit, levant des yeux suppliants et remplis de larmes vers le saint, lui demanda de nouveau :

— Bienheureux monseigneur saint Gily, vous qui êtes aujourd'hui dans le paradis, en la présence de Dieu et dans la société de tous les vieux saints de la Basse-Bretagne, ayez pitié d'une pauvre vieille femme qui met toute sa confiance en vous et vient vous demander conseil. Dites-moi, je vous prie, quel métier doit prendre mon fils Bilz ?

— Voleur ! voleur ! ! voleur ! ! ! répondit encore une voix éclatante, toujours celle de Bilz.

La pauvre vieille tomba comme foudroyée, la face contre terre, et pleura à chaudes larmes. Puis, se résignant, elle se dit :

– Puisque c'est la volonté de monseigneur saint Gily, c'est aussi, sans doute, celle de Dieu.

Et elle s'en revint à la maison, lentement et toute rêveuse. Quand elle y arriva, Bilz y était déjà, depuis longtemps, et il lui demanda :

— Eh ! bien, ma mère, que vous a dit le saint ?

— Le saint a mangé mes crêpes ; mais à toutes mes demandes il a toujours répondu : voleur ! voleur !...

— Quand je vous le disais, ma mère, qu'il n'y a pas de meilleur métier au monde ! Vous voyez bien que le saint lui-même est de mon avis.

2

Il fut donc décidé que Bilz irait apprendre le métier de voleur avec son oncle, et le lendemain, Marc'harit alla le lui conduire à la forêt de *Coat-an-noz*, où il se tenait ordinairement. L'oncle promit de donner des leçons à son neveu, et Marc'harit retourna seule à sa pauvre hutte de Penn-an-Menez. Bilz lui promit pourtant qu'il ne la laisserait manquer de rien et qu'elle aurait de ses nouvelles, sans tarder.

Pour son coup d'essai, son oncle le chargea de dérober un bœuf gras de l'étable d'un seigneur des environs. Bilz s'en tira à merveille et amena le bœuf à son oncle, dans un champ de genêts, où il attendait. C'était la nuit. L'animal fut aussitôt tué, écorché et dépecé.

— Tiens, dit l'oncle à Bilz, voilà ta part.

Et il lui donna la peau.

— Comment ! je n'aurai que la peau ? dit Bilz, lorsque c'est moi qui ai eu toute la peine et couru le danger ?

— Il me semble, répondit l'oncle, que tu devrais être satisfait, puisque je veux bien t'apprendre encore le métier.

— Donnez-moi au moins un peu de viande, pour ma mère.

— Eh ! bien, voilà les poumons ; porte-les-lui et reviens, vite.

Bilz n'était pas content. Il prit la peau du bœuf avec les poumons, les chargea sur son dos, pour les porter à sa mère, et tout en allant, il maugréait et méditait une vengeance. En suivant le sentier qui traversait la genêtaie, l'idée lui vint de nouer deux à deux des branches de genêt prises des deux côtés, de manière à former des obstacles, des barrages qui feraient trébucher son oncle, quand il voudrait passer. Cela fait, il monta sur le talus qui entourait le champ, suspendit sa peau de bœuf à une branche d'arbre et se mit ensuite à la battre avec un bâton, en criant de toutes ses forces : au voleur ! au voleur !... L'oncle, en entendant ce vacarme, crut que tous les valets du château étaient à ses trousses. Il chargea un quartier de bœuf sur ses épaules, cacha le reste parmi les genêts et se mit en train de décamper. Mais, dès qu'il s'engagea dans le sentier, il trébucha et culbuta ; il se releva, mais, quelques pas plus loin, il tomba encore, sous son faix, si bien qu'il dut renoncer à rien emporter, pour se mettre lui-même en sûreté. Bilz battait toujours la peau, à tour de bras, et criait : au voleur ! Enfin, quand il jugea que son oncle était déjà loin, il descendit de dessus le talus et porta à sa mère le quartier de bœuf abandonné par lui sur le sentier, après avoir caché le reste, qu'il vint prendre plus tard.

— Jésus ! mon fils, ne crains-tu pas d'être pendu ? s'écria la vieille Marc'harit, à la vue des provisions que lui apportait Bilz.

— Soyez tranquille, ma mère, répondit celui-ci, car bien fin sera celui qui me pendra.

3

Bilz, se jugeant capable de *travailler* désormais seul, et pour son propre compte, ne retourna pas auprès de son oncle de la forêt de Coat-an-Noz. Il accomplit heureusement, dans le pays, quelques exploits dont il partagea les profits avec sa mère, qui vivait à présent à l'aise et commençait à croire que son fils n'avait pas tort, quand il lui disait qu'il n'y avait pas de meilleur métier que celui de voleur, à la condition pourtant d'être adroit et avisé.

Mais, bientôt, des plaintes arrivèrent de tous côtés contre lui, la maréchaussée le surveillait de près et le contrariait dans l'exercice de sa profession, si bien qu'il crut prudent de s'éloigner et d'aller exercer ailleurs. Il se dirigea vers Morlaix. Comme il cheminait tranquillement et seul sur la grand-route, il rencontra, entre le Ponthou et Plouigneau, un cavalier de bonne apparence qui lui demanda :

— Où allez-vous ainsi, mon brave homme ?

— Chercher condition, lui répondit Bilz.

— Que savez-vous donc faire ? Quel est votre métier ?

Bilz le regarda en face, et voyant que l'homme ne sentait pas la maréchaussée, il répondit avec assurance :

— Je suis voleur de mon état.

— Ah ! vraiment ? reprit l'autre ; je suis le chef de la bande qui travaille dans ces parages, et si tu veux te joindre à nous, tu n'auras pas lieu de le regretter, car nous faisons de bonnes affaires, par ici.

Bilz accepta, sans hésiter, et le chef des brigands le conduisit dans un vieux château, au milieu d'un grand bois. Il fut étonné de la grande quantité de butin et de richesses de toute sorte qu'il vit là. Le chef le présenta à ses hommes et l'on passa toute la nuit à boire, à chanter et à se raconter des exploits et des tours de finesse, tous plus forts les uns que les autres.

Le lendemain, pour éprouver l'adresse et la science du nouveau compagnon, le chef lui dit :

– Il y a, non loin d'ici, un riche fermier qui doit se rendre aujourd'hui à Morlaix, pour payer sa Saint-Michel à son seigneur. Il aura sur lui une bourse de cinq cents écus. Tu iras le guetter au bord de la route, et tu m'apporteras cette bourse. D'après la manière dont tu mèneras cette affaire, qui n'est pas difficile, nous verrons quel compte nous devrons faire sur toi. Voilà un bon pistolet. Maintenant, le reste te regarde.

— C'est bien, répondit Bilz.

Et il prit le pistolet et alla se poster derrière un buisson, au bord de la route. Il vit, sans tarder, venir le fermier, monté sur un bon bidet. Il s'élança de sa cachette, comme un chat qui guette une souris, saisit la bride du cheval et, présentant le pistolet au cavalier, à bout portant, il lui cria :

– La bourse ou la vie !

Le pauvre homme, à demi mort de frayeur, lui dit :

– Au nom de Dieu, mon brave homme, laissez-moi poursuivre mon chemin, sans me faire de mal ; j'ai femme et enfants et je ne suis pas riche. Cet argent que je porte à mon seigneur est toute ma fortune, et si vous me l'enlevez, je suis ruiné, à tout jamais.

— La bourse ou la vie ! répéta Bilz, pour toute réponse.

— Eh ! bien, prenez mon argent et laissez-moi la vie.

Et le paysan donna sa bourse à Bilz. Celui-ci, qui avait bon cœur, quoique voleur, la prit et la vida dans son chapeau. Il mit la bourse dans sa poche et rendit l'argent au fermier, en lui disant :

— Prenez cet argent, puis partez, vite, et estimez-vous heureux d'avoir eu affaire à moi.

Le fermier ne revenait pas de son étonnement. Il mit pourtant son argent dans ses poches et déguerpit, sans qu'on eût besoin de le lui dire deux fois.

Bilz, de son côté, retourna au vieux château, dans le bois.

— Eh ! bien, lui demanda le chef des brigands, en le voyant revenir, comment as-tu mené cette affaire ?

— A merveille, maître.

— Tu as la bourse du paysan ?

— Assurément ; la voici.

Et il tira la bourse de sa poche.

— Mais, et l'argent ? demanda le chef, en la voyant vide.

— L'argent ?... je l'ai remis au fermier. Vous m'aviez dit qu'il fallait demander la bourse ou la vie ; j'ai préféré la bourse, et je vous l'apporte. Vous ne m'aviez pas parlé de l'argent.

— Imbécile !... s'écria le chef, en frappant un coup de poing sur la table, où il était occupé à boire avec les siens.

— La belle recrue que nous avons faite là ! dit un brigand.

— Que ferons-nous de lui ? demanda un autre.

— Lui brûler la cervelle, pour qu'il ne nous trahisse pas, dit un troisième.

— Si nous en faisions notre cuisinier, pour voir, car notre cuisinier actuel ne vaut pas le diable, dit un autre.

— Ah ! pour cela, dit Bilz, qui n'était rien moins que rassuré sur son sort, vous trouveriez difficilement un meilleur cuisinier que moi. J'ai servi en cette qualité chez le curé de ma paroisse, et il ne se contentait pas de bouillie et de patates pour ses repas, celui-là.

Il fut donc décidé que l'on essaierait les talents de Bilz, comme cuisinier.

Le soir même, la bande partit pour une expédition importante, qui devait durer plusieurs jours, et Bilz resta seul au château. Il le visita et l'examina minutieusement, des caves au grenier, et partout il trouvait du butin provenant de pillages. A force de fouiller jusqu'aux moindres recoins, il finit par découvrir le trésor du chef. Il fut ébloui, à la vue de tant de richesses, or, argent, diamants et bijoux de toute sorte, et presque tous de grande valeur. Il conçut aussitôt le projet d'en emporter le plus qu'il pourrait, et de retourner avec chez sa mère. Un vieux cheval tout fourbu était resté seul à l'écurie. Il remplit un sac d'or et d'argent, le mit sur le cheval et partit, après avoir mis le feu au château.

4

Quand il arriva chez sa mère, la bonne femme était à genoux sur la pierre du foyer, soufflant péniblement sur quelques charbons presque éteints et essayant d'allumer un peu de feu, afin de cuire quelques pommes de terre pour son dîner. Elle avait le dos tourné vers la porte de la hutte, de sorte que Bilz entra sans qu'elle l'aperçût. Il vida à terre, derrière elle, son sac rempli d'or et d'argent. La vieille se détourna vivement, à ce bruit et, éblouie par la vue d'un pareil trésor, elle crut que c'était le diable qui venait la tenter, et voulut s'enfuir. Mais Bilz la retint et la rassura. La pauvre Marc'harit ne revenait pas de son étonnement et s'extasiait à la vue de ce tas d'or et d'argent.

— Où as-tu pris cela, mon fils ? dit-elle enfin ; prends garde, ou tu finiras par être pendu.

— Ne vous préoccupez pas, ma mère, d'où vient ce trésor ; nous le tenons, et c'est là l'important ; et quant à ce qui est d'être pendu, je vous l'ai déjà dit, bien fin sera celui qui me fera pendre. En attendant, serrons tout cela dans ce vieux bahut de chêne, et faisons bonne chère et menons joyeuse vie, puisque nous en avons les moyens, à présent.

Ils entassèrent l'or et l'argent dans le vieux bahut placé près du foyer ; puis Bilz prit une poignée d'or et alla acheter des provisions, à Lannion. Il acheta du pain blanc, de la viande, du lard, du vin et chargea le tout sur son cheval, celui qu'il avait enlevé du château des brigands. Ce fut fêtes et festins, tous les jours, alors, au château des mille mottes. Marc'harit faisait des emplettes, tous les mercredis, aux marchés et aux foires du Vieux-Marché, comme les fermières riches du pays. Elle avait renouvelé toute sa garde-robe, et n'allait plus mendier, de porte en porte. Tout cela faisait jaser et l'on était généralement d'accord qu'elle avait dû trouver un trésor, ou qu'elle avait quelque commerce avec des sorcières, peut-être même avec le diable. Un chat noir qu'elle possédait et affectionnait d'une manière toute particulière était aussi soupçonné de lui fournir de l'argent, à discrétion.

D'autres, plus sensés, attribuaient tout ce changement à la présence de Bilz. Plusieurs bœufs et chevaux venaient d'être volés au seigneur du château de Kerouez, en Loguivy-Plougras, et la rumeur publique soupçonnait Bilz de n'être pas étranger à ces larcins. Le seigneur du Kerouez, qui n'était pas des plus fins, et qui prétendait néanmoins avoir tout l'esprit du monde, dit un jour devant ses domestiques :

— On parle beaucoup, depuis quelque temps, des

tours et des finesses de Bilz ; je veux savoir au juste à quoi m'en tenir sur ce point et demain, sans plus tarder, je veux aller chez lui et lui porter un défi. Nous verrons bien lequel de nous deux sera le plus fin.

Bilz eut vent, de quelque manière, des projets du châtelain du Kerouez, et il se prépara à soutenir la lutte avec lui, sans grande inquiétude sur le résultat, car il connaissait bien son homme. Il dit donc à sa mère :

— Aujourd'hui, le seigneur du Kerouez viendra ici me demander...

— Jésus, mon fils, tu es perdu, si le seigneur du Kerouez est contre toi ! interrompit la vieille.

— Ne craignez rien, ma mère, et écoutez bien ce que je vais vous dire, reprit Bilz. Le seigneur du Kerouez viendra donc me demander, aujourd'hui même. Je me cacherai dans cette vieille barrique défoncée que voilà, au bas de la maison, et quand il me demandera, vous lui direz que je suis absent et que vous ne savez pas où je suis allé. Du fond de ma barrique, j'entendrai tout ce qu'il dira. Ayez toujours les yeux tournés de ce côté et, quoi qu'il puisse vous dire ou vous demander, si vous voyez mon doigt au trou de la bonde, dites toujours oui et ne craignez rien.

La vieille promit de faire ce que lui dit son fils.

5

Le seigneur arriva, dans l'après-midi. Bilz était dans sa barrique. Le seigneur demanda à la vieille :

— Votre fils Bilz est de retour à la maison, m'a-t-on dit ?

— Oui sûrement, mon bon seigneur, il est de retour à la maison, depuis quelque temps.

— On s'en aperçoit bien, et il doit savoir des nouvelles des bœufs et des chevaux que j'ai perdus ?

— Je ne l'ai jamais entendu en parler, mon seigneur. Mais, pour sûr, ce n'est pas lui qui se permettrait jamais de rien prendre qui vous appartînt, sans votre permission.

— C'est bon, c'est bon, la vieille ; mais, que votre fils prenne bien garde à lui, ou je le ferai pendre.

— C'est bien ce que je lui dis, tous les jours, mon bon seigneur ; mais, voyez-vous, il est si fin et si rusé, qu'il me répond toujours d'être tranquille à ce sujet.

— Eh ! bien, ma bonne femme, puisque votre fils est si malin et si adroit, moi aussi je ne suis pas un sot, et je veux le lui prouver. Dites-lui donc que si, dans les vingt-quatre heures, il n'a pas volé et enlevé ma haquenée blanche de mon écurie, je le ferai pendre au plus haut chêne de l'avenue de mon château.

La vieille regarda la barrique ; le doigt de Bilz était dans le trou de la bonde, et elle répondit :

— C'est bien, mon bon seigneur, je le lui dirai, et il vous volera sûrement votre haquenée blanche, car il est bien malin, le gars.

— C'est ce que nous verrons, répondit le seigneur.

Et il partit là-dessus.

De retour à son château du Kerouez, il raconta à ses gens que Bilz devait, dans les vingt-quatre heures, enlever sa haquenée blanche de son écurie, sous peine d'être pendu haut et court, et il leur recommanda de bien veiller.

Deux valets d'écurie dirent que Bilz, quelque malin qu'il pût être, n'enlèverait rien du tout de l'écurie, et qu'ils en répondaient sur leur tête.

Les deux valets résolurent de passer la nuit sur pied, et après souper, ils se rendirent à l'écurie, avec un pot de cidre, et des cartes à jouer, afin de ne pas s'endormir. C'était la veille du Mardi gras ; il y avait festin de boudins, cette nuit-là, dans une ferme voisine, où leurs bonnes amies devaient se trouver, et cette pensée leur trottait par la tête. Vers les dix heures, quand ils eurent vidé leur pot de cidre, l'un d'eux dit à l'autre :

— Il me semble qu'il n'est pas nécessaire que nous restions ici tous les deux, pendant toute la nuit ; Bilz ne viendra sans doute pas ; et puis, quand bien même il viendrait, un seul de nous suffirait bien pour l'empêcher de rien enlever.

— C'est aussi mon avis, répondit l'autre.

— Eh ! bien, reprit le premier, nous irons l'un après l'autre à la ferme, pour manger des boudins et danser avec nos bonnes amies, car l'on dansera et j'entends même le biniou.

On tira à la courte paille, pour savoir qui irait le premier. Le sort désigna le premier valet, nommé Iann-Vraz.

— Ne reste pas trop longtemps, lui dit l'autre.

— Dans une heure, une heure et demie au plus tard, je serai de retour.

La nuit était sombre. Bilz était à la porte de l'écurie, guettant une occasion favorable, et il avait tout entendu. Au bout d'une heure environ, il ouvrit la porte et se précipita dans l'écurie, en criant :

– Quel froid de loup il fait !

Il avait laissé la porte ouverte et le vent éteignit la lumière.

— Comment ! te voilà déjà de retour ? dit le second valet, croyant parler à son camarade.

— Ma foi, oui ; ma douce jolie Monic n'était pas là-bas, et après avoir mangé quelques boudins (ils sont excellents), comme rien ne m'y retenait, je suis revenu en toute hâte, pour que tu puisses y aller toi-même. Pars donc, vite, car ta douce y est et elle t'attend.

Dès qu'il fut hors de l'écurie, Bilz s'empressa de détacher la haquenée blanche du seigneur, celui de tous ses chevaux qu'il aimait le plus et que madame la marquise montait, pour aller à la grand-messe, au bourg de Loguivy. Puis, il mit à sa place une broie à broyer le lin, plaça une selle dessus, et partit alors, en emmenant la haquenée blanche.

Quand le second valet arriva à la ferme et qu'il vit son camarade qui était toujours là, mangeant, buvant et chantant gaiement, il fut bien étonné !

— Pourquoi es-tu venu avant mon retour ? lui demanda Iann-Vraz.

— Comment !... Mais, n'es-tu pas venu toi-même me dire de partir ?

— Moi !... Je n'ai pas bougé d'ici, imbécile !

— Mais, alors, qui donc a pris ma place là-bas ?

— Hélas ! ce ne peut être que Bilz lui-même ; nous sommes joués ! Partons, vite !

— Attends que je boive au moins un peu de cidre.

Et il vida coup sur coup trois ou quatre chopines de cidre, autant de verres d'eau-de-vie, puis ils partirent, ivres morts tous les deux. Ils allèrent à travers champs, trébuchant et roulant à tout moment dans les douves. Enfin, ils arrivèrent, malgré tout, et ne trouvèrent personne dans l'écurie. Ils se dirigèrent à tâtons, dans l'obscurité, vers la place où était attachée la haquenée blanche du seigneur. Iann-Vraz, posant la main sur la selle placée sur la broie à broyer le lin, s'écria :

— Tout va bien, la haquenée est encore ici !

— Eh ! bien, montons dessus tous les deux, dit son camarade, et, de cette façon, Bilz ne pourra pas l'enlever, sans que nous nous en apercevions.

Et les deux valets montèrent sur la broie sellée, et crurent être sur la haquenée blanche. Comme ils avaient bu abondamment, ils s'endormirent bientôt.

Le lendemain, le seigneur se leva de bonne heure et courut à son écurie, pour s'assurer si Bilz avait enlevé sa haquenée. Il ne faisait pas encore bien clair.

— Eh ! bien, cria-t-il en entrant, Bilz est-il venu ?

Les deux valets, éveillés en sursaut, répondirent :

— Non ! non ! monseigneur, Bilz n'a pas osé s'approcher.

— A la bonne heure ! Alors, la haquenée est toujours là ?

— Certainement, monseigneur.

— Mais, où donc est-elle ? Je ne la vois pas.

— Nous sommes sur son dos, monseigneur, afin de la mieux garder.

Le seigneur s'approcha et, voyant ses deux valets sur la broie à broyer le lin et sa haquenée absente, il comprit que le tour était joué. Furieux, il saisit un fouet et en cingla de conséquence les deux imbéciles. Puis il monta à cheval, et courut chez la mère de Bilz.

Bilz avait prévu la visite, et il avait dit à sa mère, le matin, en se levant :

– Le seigneur du Kerouez viendra encore, aujourd'hui, et il sera en colère, parce que je lui ai enlevé sa haquenée blanche, qu'il aime tant. Je me cacherai dans la barrique, comme l'autre fois, et quoi qu'il demande, si vous voyez mon doigt au trou de la bonde, dites hardiment oui.

— C'est bien, répondit la vieille ; mais prends garde, mon pauvre fils, ou tu finiras pour sûr par te faire pendre.

— Soyez donc tranquille à ce sujet, ma mère, car, comme je vous l'ai déjà dit, bien fin sera celui qui me pendra, et ce ne sera certainement pas le seigneur du Kerouez.

Le seigneur arriva, comme l'avait dit Bilz. Il entra brusquement et l'air mécontent.

— Bilz est-il à la maison ? demanda-t-il à la vieille.

— Non vraiment, mon bon seigneur ; il est sorti, ce matin, de bonne heure, et ne m'a pas dit où il allait.

— Le mauvais drôle ! Malheur à lui, si je le trouve !

— Jésus mon Dieu ! mon bon seigneur, que vous a-t-il donc fait, le mauvais garnement ?

— Il a volé, la nuit dernière, ma haquenée blanche de mon écurie.

— Voyez donc le mauvais sujet ! si vous saviez, mon bon seigneur, le mal que j'ai eu à élever cet enfant-là, et comme j'ai prié le bon Dieu et le bienheureux saint Gily de faire de lui un bon chrétien et un honnête homme !

— Eh ! bien, la mère, vous avez joliment perdu votre temps, car c'est le plus méchant polisson de tout le pays ; si je mets la main sur lui, je le ferai pendre devant la porte de mon château.

— Ah ! mon bon seigneur, qu'une mère est malheureuse d'avoir un tel enfant ! Mais, ayez pitié de moi et ne soyez pas tant en colère contre lui tout de même. Je vous assure qu'il a bon cœur, après tout, et qu'il ne vous veut pas de mal.

— C'est bon, c'est bon. Dites-lui que je lui pardonne, à la condition qu'il vole, avant demain matin, un pâté de lièvre que l'on doit faire cuire, cette nuit, dans le four du château.

La bonne femme regarda la barrique. Le doigt de Bilz était dans le trou de la bonde, et elle répondit :

— Je le lui dirai, mon bon seigneur, et soyez sûr qu'il le fera, puisque vous le lui demandez.

— C'est ce que nous verrons bien, répondit le seigneur.

Et il partit.

Dès qu'il fut hors de la maison, Bilz sortit aussi de sa barrique et, prenant un panier, il se rendit au Vieux-Marché et acheta deux bouteilles d'eau-de-vie et des liqueurs, se munit d'un chien de chasse et d'un lapin et retourna avec tout cela à Penn-an-Menez. Puis, vers le soir, il alla rôder autour du château et, quand il en trouva l'occasion, il pénétra dans le fournil, y déposa son panier de liqueurs et sortit ensuite.

Vers les huit ou neuf heures, on mit le pâté au four, et deux valets armés de bâtons et de fusils furent chargés de monter la garde dans le fournil. Il faisait un beau clair de lune. Bilz se tenait caché derrière une haie, ayant avec lui son chien de chasse et son lapin. Les valets commencèrent bientôt à parler haut et à chanter, ce qui indiquait qu'ils avaient visité le contenu du panier. Quand Bilz jugea le moment favorable, il lâcha le lapin. Et le chien de courir après, en aboyant, et lui de crier :

– Au lièvre ! au lièvre !...

Les deux hommes, qui étaient des chasseurs passionnés, sortirent précipitamment et poursuivirent le lapin, sans songer au pâté.

Bilz, qui guettait ce moment, entra aussitôt dans le fournil, ouvrit le four, enleva le pâté et déposa à sa place, dans la terrine, un autre pâté de sa façon et qui ne sentait pas la rose.

Quand les deux valets, fatigués de poursuivre le lapin, revinrent au fournil, ils burent d'abord un coup, puis ils songèrent à s'assurer si Bilz n'était pas venu, pendant leur absence. Mais, voyant la bouche du four bien close, avec la pierre qui la fermait garnie d'argile sur les bords, pour empêcher l'air de pénétrer (car Bilz avait tout remis en l'état où il se trouvait auparavant), ils se dirent :

– Nous avons de la chance que Bilz n'ait pas profité de notre absence, pour enlever le pâté ; à présent, il peut venir, quand il voudra, c'est trop tard.

Et ils burent encore un coup.

Le lendemain matin, le seigneur et sa dame vinrent ensemble au fournil, pour avoir des nouvelles du pâté.

— Eh ! bien, dirent-ils aux valets, Bilz n'est pas venu ?

— Non certainement, monseigneur, et il a bien fait, car nous l'eussions reçu comme il le méritait.

— C'est bien. Alors, le pâté est dans le four ?

— Oui, il est dans le four.

— Voyons-le, car il doit être assez cuit.

Et l'on ouvrit le four. Il y avait bien un pâté, mais non de lièvre, dans la terrine.

— Mon pâté était beaucoup plus grand que cela, dit la dame, en le voyant.

— Il aura diminué, en cuisant, comme toujours, madame, dirent les valets ; c'est l'effet de la chaleur.

La dame y porta la main, et ses doigts y pénétrèrent aussi facilement que dans du beurre frais.

— Il n'est pas cuit, dit-elle. Puis, ayant porté un doigt

à sa bouche, elle fit une horrible grimace et se mit à cracher, en criant : *Kaoc'h ! kaoc'h !...* [1]

— Ah ! ce gredin de Bilz m'a encore joué ! s'écria le seigneur, en jurant ; mais, je me vengerai !...

Il courut, de bon matin, chez la vieille Marc'harit.

— Où est ce pendard de Bilz ? s'écria-t-il, en entrant dans la chaumière, furieux.

— Il n'est pas à la maison, mon bon seigneur ; il est parti, aussitôt le soleil levé, sans me dire où il allait, ni quand il reviendra. Est-ce qu'il vous aurait encore joué quelque mauvais tour, mon bon seigneur ?

Bilz était encore dans la barrique, et prêtait l'oreille.

— Ce gibier de potence, cet imbécile s'imagine sans doute être plus fin que moi ; mais je lui prouverai qu'il n'est qu'un sot, et il verra bientôt à qui il a affaire !

— Bien sûr, mon bon seigneur, qu'il se trompe, s'il croit être plus fin que vous ; mais, c'est jeune encore, voyez-vous, et plein de présomption ; daignez l'excuser, mon bon seigneur, car il a bon cœur, après tout, et ne vous veut pas de mal.

— C'est bien, c'est bien, Marc'harit ; je l'excuserai, pour cette fois encore, mais, à la condition qu'il enlève, cette nuit même, les draps du lit où je serai couché avec ma femme.

La vieille regarda la barrique. Le doigt de Bilz était au trou de bonde, et elle répondit :

— Il le fera, mon bon seigneur, soyez-en assuré, puisque vous le désirez.

Le seigneur partit là-dessus.

Le soir venu, il disposa autour du château ses valets et tous ses gens, armés de bâtons et de fourches de fer, afin d'empêcher Bilz d'approcher. Puis, on détacha les chiens de garde. Mais Bilz s'était déjà glissé dans le jardin, sur lequel donnaient les fenêtres de la chambre à coucher du seigneur, et il s'y tenait blotti parmi les buissons de groseilliers et les hautes herbes. Il avait avec lui

1. De la merde ! De la merde !

un homme de paille fixé au bout d'une longue perche et accoutré du pantalon, de la veste et du chapeau qu'il portait ordinairement. Vers les dix heures, il vit de la lumière dans la chambre du seigneur et il se dit :

– Les voilà qui vont se coucher.

Quand il jugea qu'ils devaient être au lit, il sortit de sa cachette et éleva l'homme de paille à la hauteur de la fenêtre. La dame l'aperçut et cria :

— Voilà Bilz ! voilà Bilz !...

— Où donc ? demanda le seigneur, en sautant du lit et en saisissant ses pistolets, qu'il avait posés tout chargés sur la table de nuit.

Bilz avait retiré son homme de paille.

— Il vient de regarder par la fenêtre, répondit la dame, mais il s'est retiré, quand il vous a vu prendre vos pistolets.

Le seigneur se cacha derrière un fauteuil, un pistolet dans chaque main, et attendit. Bilz éleva de nouveau son homme de paille contre la fenêtre et la dame cria encore :

– Le voilà ! le voilà ! Tirez dessus !...

Le seigneur fit feu de ses deux pistolets, et Bilz laissa tomber à terre son homme de paille, en poussant un cri, comme s'il eût été atteint mortellement.

— Je l'ai atteint ! il doit être mort ! s'écria le seigneur.

Et il sortit précipitamment, pour s'en assurer, n'ayant que sa chemise et son pantalon, quoiqu'il fît bien froid.

— A moi ! à moi, les gars ! Je l'ai tué ! criait-il.

Et il se mit, avec ses valets, à la recherche du cadavre de Bilz.

Cependant Bilz, profitant du désordre et de l'émotion, s'était glissé dans le château, dont la porte était restée ouverte. Il monta, vite, l'escalier, pénétra dans la chambre à coucher du seigneur, où sa dame était restée seule au lit, sans lumière, et dit, en contrefaisant la voix du maître :

— Le voilà enfin pris, ce polisson de Bilz !

— Est-ce qu'il est mort ? demanda la dame.

— Non, il n'est pas mort, mais il est blessé grièvement. Demain, nous le ferons pendre à l'arbre le plus élevé de l'avenue. Mais, comme il fait froid ! hou ! hou ! hou !...

— Couchez-vous, vite, pour vous réchauffer.

Et Bilz se mit au lit avec la dame.

— Dieu ! comme vous êtes glacé !... s'écria celle-ci ; vous attraperez un rhume, pour sûr.

— Oui, il gèle dur, dehors.

Et il se démenait et tirait les draps à soi, les roulant autour de son corps, si bien que la dame lui dit :

— Vous tirez tous les draps à vous, et me mettez à découvert !

— J'ai si froid, ma pauvre femme ! Je suis gelé !

Et il tirait toujours les draps à soi, tant et si bien que, les ayant roulés autour de son corps, il sauta hors du lit, ainsi emmailloté.

— Où allez-vous donc ? lui demanda la femme, inquiète.

— Je vais fermer la porte d'en bas, que j'ai laissée ouverte : ne sentez-vous pas comme le vent glacé arrive ici ?

Et Bilz prit ses vêtements et partit, en emportant les draps de lit.

Un moment après arriva aussi le seigneur.

— Le mauvais garnement ! le fils de pute ! Il m'a encore échappé ! Mais, n'importe, il n'a pas tenu sa parole, et je le ferai pendre.

— De qui parlez-vous donc ainsi ! lui demanda sa femme, étonnée.

— Eh ! de qui voulez-vous que ce soit, sinon de ce démon de Bilz ?

— Mais, ne m'avez-vous pas dit, il n'y a qu'un moment, que vous l'aviez pris et que vous le feriez pendre, demain ?

— Moi ?... Quand donc cela ?

— Tout à l'heure, quand vous êtes venu vous coucher et que vous aviez si froid.

— Quand je suis venu me coucher et que j'avais si froid !... Je ne comprends rien à ce que vous dites. Je ne suis pas rentré, depuis que je suis sorti à la recherche de Bilz.

— Voyons, couchez-vous, vite, car, en vérité, vous ne savez pas ce que vous dites. La preuve que vous êtes rentré et que vous vous êtes recouché, c'est que vous avez emporté les draps du lit ; qu'en avez-vous fait ?

— Les draps du lit ! Comment ! les draps de notre lit ont été enlevés ?... Ah ! malédiction ! Ce démon de Bilz m'a encore joué ! Il a enlevé les draps du lit où nous étions couchés ensemble, et de plus il a couché avec vous, et peut-être même !...

Et il frappait des pieds et s'arrachait les cheveux, de rage.

— Mais, je cours à l'instant chez lui, et je jure que je ne reviendrai pas avant de l'avoir transpercé de mon épée et d'avoir envoyé son âme dans l'enfer, où elle devrait être depuis longtemps.

Et il se fit seller un cheval et partit aussitôt, accompagné de quatre valets.

Bilz ne s'attendait à la visite du seigneur du Kerouez que vers le soir. Aussi, était-il couché et dormait même tranquillement, quand il arriva avec ses gens. Ils brisèrent la porte, se précipitèrent sur lui, le garrottèrent et le mirent dans un sac, qu'ils avaient apporté. Puis, ils le chargèrent sur un de leurs chevaux, en travers, comme un sac de blé, et l'emmenèrent au château du Kerouez.

6

Le lendemain matin, on délibéra sur le genre de mort que l'on choisirait, pour en finir avec le pauvre Bilz. Le seigneur voulait le faire pendre à un des chênes de son avenue, et l'y laisser manger aux corbeaux, comme il le lui avait souvent promis. Mais la dame dit qu'elle aimait à se promener avec sa fille dans cette avenue et que, comme le drôle sentirait mauvais, quand il pourrirait, elle serait forcée de renoncer à sa promenade ordinaire, ce qui lui serait fort désagréable. On convint donc qu'il serait jeté en sac dans l'étang du château, pour y être noyé.

Le pauvre Bilz, dans son sac, fut donc chargé de nouveau sur un cheval, et l'on se dirigeait avec lui vers l'étang, qui se trouvait à quelque distance, le seigneur, sa femme et leur fille suivant et se promettant beaucoup de plaisir, lorsque midi sonna. C'était l'heure du dîner, au château.

— Voilà midi, l'heure du dîner ! dit le seigneur. Retournons dîner, au château, nous aurons ensuite plus de plaisir à voir noyer Bilz.

— Vous avez raison, ma foi ! dit la dame, allons dîner, d'abord.

Et Bilz fut descendu de dessus le cheval et déposé, toujours dans son sac, contre un talus, au bord du grand chemin. Puis, nos gens allèrent dîner.

Cependant, le pauvre Bilz se livrait à de tristes réflexions, dans son sac. Hélas ! toutes ses finesses se trouvaient en défaut, pour le moment. Il se réjouissait néanmoins d'être laissé seul, et ne désespérait pas de se tirer encore de là.

Bientôt il entendit du bruit, sur la route. C'était un marchand, conduisant plusieurs chevaux chargés de marchandises. Une idée lumineuse lui vint. Il se mit à crier de toutes ses forces :

– Non, je ne la prendrai pas ! non, je ne la prendrai pas !...

Le marchand, arrivé près du sac, s'arrêta, étonné de ce qu'il voyait et entendait, et il demanda :

— Que signifie ceci ? Qui êtes-vous ? Que faites-vous

là, dans ce sac, et qu'est-ce que vous ne voulez pas prendre ?

— Ah ! mon brave homme, vous voyez ici quelqu'un de bien malheureux. Je me nomme Bilz, et l'on m'a mis dans ce sac et je dois être jeté à l'eau, pour être noyé, parce que je ne veux pas épouser la fille du seigneur du château voisin, qui est pourtant bien jolie et bien riche ; mais, elle a déjà eu un enfant ; et puis, j'aime une autre jeune fille du pays.

— Ah ! vraiment, elle est jolie et riche, dites-vous ?

— Oh ! mais jolie comme un ange du ciel, et riche, si riche, qu'il n'y a pas une héritière à dix lieues à la ronde qui en approche. Son père a dans sa cave trois barriques d'argent ; je les ai vues.

— Ah ! vraiment ?... Eh ! bien, mais, je la prendrais bien volontiers, moi.

— Rien n'est plus facile : mettez-vous dans le sac, à ma place, et quand on viendra tout à l'heure pour vous noyer, criez bien fort : – Je la prendrai ! je la prendrai ! et tout s'arrangera pour le mieux.

— C'est entendu, répondit le marchand, et je vous laisse même mes chevaux avec leur charge.

Alors, le marchand crédule dénoua le sac, et Bilz en sortit lestement et lui céda la place. Il noua les cordons sur lui, lui souhaita beaucoup de chance et de bonheur avec sa femme, puis il prit la route de Lannion, en faisant claquer son fouet et chassant devant lui les chevaux du marchand, maintenant les siens.

Tôt après, le seigneur du Kerouez, sa femme, sa fille et tous les gens du château revinrent, pour assister à la noyade de Bilz, et se promettant beaucoup de plaisir. Le marchand, en les entendant venir, se mit à crier :

– Je veux bien la prendre !... Je veux bien la prendre !...

— Qu'est-ce qu'il dit ? prendre quoi ? lui demanda le seigneur.

— Votre fille, monseigneur.

— Comment, manant ? s'écria le seigneur, furieux ; tu oses encore m'insulter à ce point, dans la situation où te voilà ! Je t'aurais pardonné, peut-être, car j'ai bon cœur ; mais, à présent, ton affaire est claire.

Et se tournant vers ses gens :

— Allons, qu'on le jette immédiatement à l'eau.

Le marchand, alarmé de la tournure que prenait l'affaire, criait dans son sac :

— Il y a erreur ! J'ai été trompé et je ne suis pas celui que vous croyez. De grâce, ouvrez le sac, et vous le verrez bien.

Mais, on ne l'écouta pas ; on le jeta à l'eau, et, comme il coula tout de suite au fond, la dame dit :

— Je croyais que ç'aurait été plus amusant que cela ; il a été noyé trop vite.

Nos gens retournèrent alors au château, croyant bien être délivrés à tout jamais de Bilz. Mais, ils n'en avaient pas fini encore avec lui, comme vous allez le voir.

7

A quelques jours de là, le seigneur du Kerouez, sa femme et sa fille allèrent à une grande foire, à Lannion. Comme ils visitaient les belles boutiques qui se trouvaient là, ils restèrent tout à coup saisis d'étonnement et bouche béante, en voyant Bilz à la tête d'une des plus belles et des plus riches de ces boutiques.

— Bilz !... s'écria le seigneur tout ébahi.

Bilz s'avança vers eux, souriant, et, avec toute la politesse dont il était capable.

— Ah ! Monseigneur, dit-il, que je suis donc heureux de vous revoir, et votre dame, et votre demoiselle également, pour vous remercier de tout le bien que vous m'avez fait !

— Comment cela ? demanda le seigneur, de plus en plus étonné.

— Mais, vous ne savez donc pas ? C'est vous qui êtes l'auteur de ma fortune ; tout ce que vous voyez ici, c'est à vous que je le dois. Et pour commencer de vous en témoigner ma reconnaissance, acceptez, je vous prie, un couvert d'argent pour chacun de vous.

Et Bilz lui donna trois beaux couverts d'argent, un pour lui, un pour sa femme et un troisième pour sa fille. Le seigneur accepta avec plaisir, et il invita Bilz à venir souper avec lui, le soir même, à son hôtel.

Bilz s'excusa d'abord, disant que c'était trop d'honneur et qu'il ne lui convenait pas de s'asseoir à la même table qu'un si noble seigneur. Mais, sur de nouvelles instances, il finit par accepter.

A l'heure convenue, il se rendit à l'hôtel du Kerouez, car le seigneur avait son hôtel à la ville, et soupa en la société du seigneur et de sa famille. Il trouva le vin bon et but abondamment, de sorte qu'à la fin du repas, il était fort gai, et il amusa la société par le récit de ses aventures et de ses finesses.

— Raconte-nous donc aussi, lui dit le seigneur, comment tu es parvenu à te tirer de l'étang du château et à devenir, en si peu de temps, un riche marchand d'orfèvrerie ?

— Bien volontiers, monseigneur, car je me rappellerai toujours avec plaisir cette aventure, qui est l'origine de ma fortune. Eh ! bien, sachez donc que lorsque vos gens me jetèrent dans l'étang, enfermé dans le sac où vous aviez eu la bonté de me faire mettre, je coulai tout doucement jusqu'au fond. Alors, vint une sirène, qui est un être moitié femme et moitié poisson, comme vous le savez, qui délia les cordons du sac et m'en fit sortir. Mes yeux furent éblouis des belles et merveilleuses choses que je vis dans le palais de cette dame sirène, car j'étais tombé au beau milieu de son palais. Elle me dit de prendre et d'emporter tout ce qui me plairait, dans son royaume. J'en pris la charge de trois chevaux et m'en revins avec ; et c'est tout cela que vous avez vu dans ma boutique, à la foire. Mais, mon bon et gracieux seigneur, vous avez dû remarquer que tout est en argent, et rien en or. Si vos hommes m'avaient jeté un peu plus loin, dans l'étang, je serais tombé dans le palais d'une autre sirène, où tout est en or ; et un peu plus loin encore habite une troisième sirène chez qui tout est pierres précieuses, perles et diamants. Quel malheur que je ne sois pas allé tomber dans le palais de cette dernière ! Mais, j'aurais tort de me plaindre, car, après tout, mon lot est encore assez beau.

Le seigneur, sa femme et sa fille étaient émerveillés de ce qu'ils entendaient.

— Ainsi donc, Bilz, demanda la dame, si l'on vous avait jeté plus loin, dans l'étang, au lieu des objets en argent que vous possédez, vous en auriez rapporté d'autres, en or ou en pierres précieuses ?

— Bien certainement, madame, répondit Bilz.

— Mais, dit le seigneur, si j'y allais moi-même, penses-tu que ce serait la même chose pour moi ?

— Absolument, monseigneur, et je pense même que, comme propriétaire de l'étang, ces dames sirènes, qui sont très aimables, vous recevraient encore mieux que moi.

— Eh ! bien, Bilz, mon bon ami, je suis décidé à tenter l'aventure ; mais, je veux que tu sois là, pour m'indiquer juste l'endroit où il faut sauter pour trouver les diamants. Nous partirons demain matin.

— Je vous ai tant de reconnaissance, monseigneur, que je ne puis rien vous refuser. Pourtant, laissez-moi trois jours encore pour finir la foire, après quoi, je vous promets d'aller tout droit au château du Kerouez.

Le seigneur partit dès le lendemain matin, avec sa femme et sa fille, et, en arrivant au Kerouez, il n'eut rien de plus pressé que de placer tous ses gens autour de l'étang, armés de bâtons et de fusils, et avec ordre de ne laisser approcher personne, tant il craignait que quelque autre allât avant lui faire visite à la sirène aux diamants.

Bilz arriva, le quatrième jour. Le seigneur était impatient de faire le saut. Aussi, dès le lendemain matin, se rendit-il à l'étang, accompagné de Bilz, de sa femme et de sa fille.

— Eh ! bien, mon bon ami, dit-il à Bilz, indique-moi bien au juste l'endroit où sont les diamants.

— Tenez, monseigneur, voyez-vous là-bas cette feuille de chêne jaunie qui descend sur l'eau ?

— Oui, je la vois parfaitement.

— Eh ! bien ! c'est là-dessous, juste, que se trouve le palais de la sirène aux diamants.

Et le seigneur prit son élan et sauta, sans hésiter, à l'endroit indiqué. Il disparut aussitôt ; pourtant, il élevait la main au-dessus de l'eau et faisait des signes de détresse, pour appeler au secours.

— Il me fait signe de l'aller rejoindre, dit sa femme, en voyant cela.

Et elle sauta aussi dans l'eau et disparut. Sa fille se disposait à en faire autant, lorsque Bilz l'arrêta et lui dit :

— Holà ! assez de noyades comme cela ! Je ne veux pas vous laisser aller rejoindre ces deux vieux imbéciles, jeune et jolie comme vous l'êtes. Vous n'avez plus ni père ni mère ; il vous faut un mari, pour vous protéger et administrer vos biens ; faites de moi le seigneur du Kerouez, et vous pourrez vous vanter de n'avoir pas un sot pour mari, comme vous êtes fort exposée à en avoir un, si vous me repoussez.

Bilz était beau garçon, et la demoiselle ne dit pas non. Leurs noces furent donc célébrées, sans retard.

La châtelaine du *château aux mille mottes*, la vieille mère de Bilz, fut si heureuse de voir son fils faire un si bon parti, et devenir seigneur du Kerouez, qu'elle but un doigt de vin de trop, et, oubliant son âge, elle dansa, comme le jour de ses propres noces.

Il y eut, pendant huit jours pleins, des festins continuels et des danses et des jeux de toute sorte. Tout le pays y fut convié, les pauvres comme les riches. O les franches lippées ! Il n'y manquait ni bouillie, ni patates, ni choux, ni panais. On voyait des lièvres écorchés et rôtis courir de tous côtés, avec du poivre et du sel dans les oreilles, de la moutarde dans le derrière, à la queue des morceaux de papier sur lesquels était écrit : Attrape qui pourra ! Ils avaient sur le dos des couteaux et des fourchettes en croix, libre à chacun de couper le morceau de son choix, s'il le pouvait. Moi, j'étais par là aussi, quelque part. Je vis passer près de moi un de ces lièvres, et je courus après lui. Mais, j'avais des sabots aux pieds, et je tombai sur le nez. Tonnerre de Brest ! m'écriai-je, comme ces lièvres rôtis sont des bêtes qui courent vite ! Je ne veux plus courir après. Je vais au château, pour voir si je trouverai autre chose qui ne coure pas.

Quand j'entrai dans la cuisine : – C'est donc vous, Guillaume Garandel ? me dit la cuisinière. – Oui, sûrement, belle cuisinière, répondis-je (elle était pourtant bien laide !) – Venez ici, tourner la broche, et vous aurez aussi quelque chose, tantôt. La soif me prit, auprès du feu. Le maître cuisinier sortit un moment. Je me mis aussitôt à boire du vin avec une écuelle. Me voilà ivre mort, auprès du feu, et de crier : – Comment ! un homme comme moi, est-ce bien ici qu'il devrait être, à tourner la broche ? Ma place est à table, à côté de la nouvelle mariée... Et j'envoyai la broche au diable, d'un coup de pied. Le maître cuisinier rentra juste sur le coup ; il se précipita sur moi et, d'un coup de pied dans le derrière, il me lança jusqu'ici, pour vous raconter cette histoire.

Et voilà l'histoire des *Finesses de Bilz*.

Les Morgans de l'île d'Ouessant

Il y avait autrefois (il y a bien longtemps, bien longtemps de cela, peut-être du temps où saint Pol vint du pays d'Hibernie dans notre île), il y avait donc à Ouessant une belle jeune fille de seize à dix-sept ans, qui s'appelait Mona Kerbili. Elle était si jolie que tous ceux qui la voyaient en étaient frappés d'admiration et disaient à sa mère :

— Vous avez là une bien belle fille, Jeanne ! Elle est jolie comme une Morganès, et jamais on n'a vu sa pareille, dans l'île ; c'est à faire croire qu'elle a pour père un Morgan.

— Ne dites pas cela, répondait la bonne femme, car Dieu sait que son père est bien Fanch Kerbili, mon marin, tout comme je suis sa mère.

Le père de Mona était pêcheur et passait presque tout son temps en mer ; sa mère cultivait un petit coin de terre qu'elle possédait contre son habitation, ou filait du lin, quand le temps était mauvais. Mona allait avec les jeunes filles de son âge, à la grève, chercher des *brinics* (coquilles de patèle), des moules, des palourdes, des *bigornos* et autres coquillages, qui étaient la nourriture ordinaire de la famille. Il faut croire que les Morgans, qui étaient alors très nombreux dans l'île, l'avaient remarquée et furent, eux aussi, frappés de sa beauté.

Un jour qu'elle était, comme d'habitude, à la grève, avec ses compagnes, elles parlaient de leurs amoureux ; chacune vantait l'adresse du sien à prendre le poisson et à gouverner et diriger sa barque, parmi les nombreux écueils dont l'île est entourée.

— Tu as tort, Mona, dit Marc'harit ar Fur à la fille

de Fanch Kerbili, de rebuter, comme tu le fais, Ervoan Kerdudal ; c'est un beau gars, il ne boit pas, ne se querelle jamais avec ses camarades, et nul mieux que lui ne sait diriger sa barque dans les passes difficiles de la Vieille-Jument et de la pointe du Stiff.

— Moi, répondit Mona avec dédain, car à force de s'entendre dire qu'elle était jolie, elle était devenue vaniteuse et fière, je ne prendrai jamais un pêcheur pour mari. Je suis aussi jolie qu'une Morganès, et je ne me marierai qu'avec un prince, ou pour le moins le fils d'un grand seigneur, riche et puissant, ou encore avec un Morgan.

Il paraît qu'un vieux Morgan, qui se cachait par là, derrière un rocher ou sous les goémons, l'entendit, et, se jetant sur elle, il l'emporta au fond de l'eau. Ses compagnes coururent raconter l'aventure à sa mère. Jeanne Kerbili était à filer, sur le pas de sa porte ; elle jeta sa quenouille et son fuseau et courut au rivage. Elle appela sa fille à haute voix et entra même dans l'eau, aussi loin qu'elle put aller, à l'endroit où Mona avait disparu. Mais ce fut en vain, et aucune voix ne répondit à ses larmes et à ses cris de désespoir.

Le bruit de la disparition de Mona se répandit promptement dans l'île, et nul n'en fut bien surpris. « Mona, disait-on, était la fille d'un Morgan, et c'est son père qui l'aura enlevée. »

Son ravisseur était le roi des Morgans de ces parages, et il avait emmené la jeune Ouessantine dans son palais, qui était une merveille dont n'approchait rien de ce qu'il y a de plus beau sur la terre, en fait d'habitations royales.

Le vieux Morgan avait un fils, le plus beau des enfants des Morgans, et il devint amoureux de Mona et demanda à son père de la lui laisser épouser. Mais le roi, qui, lui aussi, avait les mêmes intentions à l'égard de la jeune fille, répondit qu'il ne consentirait jamais à lui laisser prendre pour femme une fille des hommes de la terre. Il ne manquait pas de belles Morganezed dans son royaume, qui seraient heureuses de l'avoir pour époux, et il ne lui refuserait pas son consentement, quand il aurait fait son choix.

Voilà le jeune Morgan au désespoir. Il répondit à son père qu'il ne se marierait jamais, s'il ne lui était pas permis d'épouser celle qu'il aimait, Mona, la fille de la terre.

Le vieux Morgan, le voyant dépérir de tristesse et de chagrin, le força de se marier à une Morganès, fille d'un des grands de sa cour et qui était renommée pour sa beauté. Le jour des noces fut fixé, et l'on invita beaucoup de monde. Les fiancés se mirent en route pour l'église, suivis d'un magnifique et nombreux cortège ; car il paraît que ces hommes de mer ont aussi leur religion et leurs églises, sous l'eau, tout comme nous autres, sur la terre, bien qu'ils ne soient pas chrétiens. Ils ont même des évêques, assure-t-on, et Goulven Penduff, un vieux marin de notre île, qui a navigué sur toutes les mers du monde, m'a affirmé en avoir vu plus d'un.

La pauvre Mona reçut ordre du vieux Morgan de rester à la maison, pour préparer le repas de noces. Mais on ne lui donna pas ce qu'il fallait pour cela, rien absolument que des pots et des marmites vides, qui étaient de grandes coquilles marines, et on dit encore que si tout n'était pas prêt et si elle ne servait pas un excellent repas, quand la noce reviendrait de l'église, elle serait mise à mort aussitôt. Jugez de son embarras et de sa douleur, la pauvre fille ! Le fiancé lui-même n'était ni moins embarrassé ni moins désolé.

Comme le cortège était en marche vers l'église, il s'écria soudain :

— J'ai oublié l'anneau de ma fiancée !

— Dites où il est, et je le ferai prendre, lui dit son père.

— Non, non, j'y vais moi-même, car nul autre que moi ne saurait le retrouver, là où je l'ai mis. J'y cours et je reviens dans un instant.

Et il partit, sans permettre à personne de l'accompagner. Il se rendit tout droit à la cuisine, où la pauvre Mona pleurait et se désespérait.

— Consolez-vous, lui dit-il, votre repas sera prêt et cuit à point ; ayez seulement confiance en moi.

Et s'approchant du foyer, il dit : « Bon feu au foyer ! » Et le feu s'alluma et flamba aussitôt.

Puis, touchant successivement de la main les marmites, les casseroles, les broches et les plats, il disait : « De la chair de saumon dans cette marmite, de la sole aux huîtres dans cette autre, du canard à la broche par ici, des maquereaux frits par là, et des vins et liqueurs choisis et des meilleurs, dans ces pots... » Et les marmites, les casseroles, les plats et les pots s'emplissaient par enchantement de mets et de liqueurs, dès qu'il les touchait seulement de la main. Mona ne pouvait surmonter son étonnement de voir le repas prêt, en un clin d'œil, et sans qu'elle y eût mis la main.

Le jeune Morgan rejoignit alors, en toute hâte, le cortège, et l'on se rendit à l'église. La cérémonie fut célébrée par un évêque de mer. Puis on revint au palais. Le vieux Morgan se rendit directement à la cuisine, et s'adressant à Mona :

— Nous voici de retour ; tout est-il prêt ?

— Tout est prêt, répondit Mona, tranquillement.

Etonné de cette réponse, il découvrit les marmites et les casseroles, examina les plats et les pots et dit, d'un air mécontent :

— Vous avez été aidée ; mais je ne vous tiens pas pour quitte.

On se mit à table ; on mangea et on but abondamment, puis les chants et les danses continuèrent, toute la nuit.

Vers minuit, les nouveaux mariés se retirèrent dans leur chambre nuptiale, magnifiquement ornée, et le vieux Morgan dit à Mona de les y accompagner et d'y rester, tenant à la main un cierge allumé. Quand le cierge serait consumé jusqu'à sa main, elle devait être mise à mort.

La pauvre Mona dut obéir. Le vieux Morgan se tenait

dans une chambre contiguë, et, de temps en temps, il demandait :

— Le cierge est-il consumé jusqu'à votre main ?

— Pas encore, répondait Mona.

Il répéta la question plusieurs fois. Enfin, lorsque le cierge fut presque entièrement consumé, le nouveau marié dit à sa jeune épouse :

— Prenez, pour un moment, le cierge des mains de Mona, et tenez-le, pendant qu'elle nous allumera du feu.

La jeune Morganès, qui ignorait les intentions de son beau-père, prit le cierge.

Le vieux Morgan répéta au même moment sa question :

— Le cierge est-il consumé jusqu'à votre main ?

— Répondez oui, dit le jeune Morgan.

— Oui, dit la Morganès.

Et aussitôt le vieux Morgan entra dans la chambre, se jeta sur celle qui tenait le cierge, sans la regarder, et lui abattit la tête, d'un coup de sabre ; puis il s'en alla.

Aussitôt le lever du soleil, le nouveau marié se rendit auprès de son père et lui dit :

— Je viens vous demander la permission de me marier, mon père.

— La permission de te marier ? Ne t'es-tu donc pas marié, hier ?

— Oui, mais ma femme est morte, mon père.

— Ta femme est morte !... Tu l'as donc tuée, malheureux ?

— Non, mon père, c'est vous-même qui l'avez tuée.

— Moi, j'ai tué ta femme ?...

— Oui, mon père : hier soir, n'avez-vous pas abattu d'un coup de sabre la tête de celle qui tenait un cierge allumé, près de mon lit ?

— Oui, la fille de la terre ?...

— Non, mon père, c'était la jeune Morganès que je venais d'épouser pour vous obéir, et je suis déjà veuf. Si vous ne me croyez pas, il vous est facile de vous en assurer par vous-même, son corps est encore dans ma chambre.

Le vieux Morgan courut à la chambre nuptiale, et connut son erreur. Sa colère en fut grande.

— Qui veux-tu donc avoir pour femme ? demanda-t-il à son fils, quand il fut un peu apaisé.

— La fille de la terre, mon père.

Il ne répondit pas et s'en alla. Cependant, quelques jours après, comprenant sans doute combien il était déraisonnable de se poser en rival de son fils auprès de la jeune fille, il lui accorda son consentement, et le mariage fut célébré avec pompe et solennité.

Le jeune Morgan était rempli d'attentions et de prévenances pour sa femme. Il la nourrissait de petits poissons délicats, qu'il prenait lui-même, lui confectionnait des ornements de perles fines et recherchait pour elle de jolis coquillages nacrés, dorés, et les plantes et les fleurs marines les plus belles et les plus rares. Malgré tout cela, Mona voulait revenir sur la terre, auprès de son père et de sa mère, dans leur petite chaumière au bord de la mer.

Son mari ne voulait pas la laisser partir, car il craignait qu'elle ne revînt pas. Elle tomba alors dans une grande tristesse, et ne faisait que pleurer, nuit et jour. Le jeune Morgan lui dit un jour :

— Souris-moi un peu, ma douce, et je te conduirai jusqu'à la maison de ton père.

Mona sourit, et le Morgan, qui était aussi magicien, dit :

— *Pontrail*, élève-toi.

Et aussitôt un beau pont de cristal parut, pour aller du fond de la mer jusqu'à la terre.

Quand le vieux Morgan vit cela, sentant que son fils en savait aussi long que lui, en fait de magie, il dit :

— Je veux aller aussi avec vous.

Ils s'engagèrent tous les trois sur le pont, Mona devant, son mari après elle et le vieux Morgan à quelques pas derrière eux.

Dès que les deux premiers eurent mis pied à terre, le jeune Morgan dit :

— *Pontrail,* abaisse-toi.

Et le pont redescendit au fond de la mer, entraînant avec lui le vieux Morgan.

Le mari de Mona, ne pouvant l'accompagner jusqu'à la maison de ses parents, la laissa aller seule en lui faisant ces recommandations :

— Reviens au coucher du soleil ; tu me retrouveras ici, t'attendant ; mais ne te laisse embrasser, ni même prendre la main, par aucun homme.

Mona promit, et courut vers la maison de son père. C'était l'heure du dîner, et toute la petite famille se trouvait réunie.

— Bonjour, père et mère ; bonjour, frères et sœurs ! dit-elle, en entrant précipitamment dans la chaumière.

Les bonnes gens la regardaient, ébahis, et personne ne la reconnaissait. Elle était si belle, si grande et si parée ! Cela lui fit de la peine, et les larmes lui vinrent aux yeux. Puis, elle se mit à faire le tour de la maison, touchant chaque objet de la main, en disant :

— Voici le galet de mer sur lequel je m'asseyais, au foyer ; voici le petit lit où je couchais ; voici l'écuelle de bois où je mangeais ma soupe ; là, derrière la porte, je vois le balai de genêt avec lequel je balayais la maison, et ici, le pichet avec lequel j'allais puiser de l'eau, à la fontaine.

En entendant tout cela, ses parents finirent par la reconnaître et l'embrassèrent, en pleurant de joie, et les voilà tous heureux de se retrouver ensemble.

Son mari avait bien recommandé à Mona de ne se laisser embrasser par aucun homme et, à partir de ce moment, elle perdit complètement le souvenir de son mariage et de son séjour chez les Morgans. Elle resta chez ses parents, et bientôt les amoureux ne lui manquèrent point. Mais elle ne les écoutait guère et ne désirait pas se marier.

La famille avait, comme tous les habitants de l'île,

un petit coin de terre, où l'on mettait des pommes de terre, quelques légumes, un peu d'orge, et cela suffisait pour les faire vivre, avec la contribution journalière prélevée sur la mer, poissons et coquillages. Il y avait devant la maison une aire à battre le grain, avec une meule de paille d'orge. Souvent, quand Mona était dans son lit, la nuit, à travers le mugissement du vent et le bruit sourd des vagues battant les rochers du rivage, il lui avait semblé entendre des gémissements et des plaintes, à la porte de l'habitation ; mais, persuadée que c'étaient les pauvres âmes des naufragés, qui demandaient des prières aux vivants oublieux, elle récitait quelques *De Profundis* à leur intention, plaignait les matelots qui étaient en mer, puis elle s'endormait tranquillement.

Mais, une nuit, elle entendit distinctement ces paroles prononcées par une voix plaintive à fendre l'âme :

— O Mona, avez-vous donc oublié si vite votre époux le Morgan, qui vous aime tant et qui vous a sauvée de la mort ? Vous m'aviez pourtant promis de revenir, sans tarder ; et vous me faites attendre si longtemps, et vous me rendez si malheureux ! Ah ! Mona, Mona, ayez pitié de moi, et revenez, bien vite !

Alors, Mona se rappela tout. Elle se leva, sortit et trouva son mari le Morgan, qui se plaignait et se lamentait de la sorte, près de la porte. Elle se jeta dans ses bras... et depuis, on ne l'a pas revue.

J'ai encore recueilli, dans l'île d'Ouessant, en mars 1873, les traditions et renseignements suivants sur les Morganed *et* Morganezed ; *c'est du reste la seule localité où j'en aie trouvé trace, dans la tradition populaire :*

Les *Morganed* et *Morganezed*[1], me dit Marie Tual, de qui je tiens le conte du *Morgan et de la fille de la terre,*

1. *Morganed* est le pluriel masculin de *Morgan* ; *Morganezed* est le pluriel féminin de *Morganès*, en français *Morgane*.

étaient autrefois très communs, dans notre île ; aujourd'hui, on les voit encore quelquefois, mais rarement ; on les a trop souvent trompés. On les remarquait, surtout au clair de la lune, jouant et folâtrant sur le sable fin et les goémons du rivage et peignant leurs cheveux blonds avec des peignes d'or et d'ivoire. Le jour, ils faisaient sécher au soleil, sur de beaux linceuls blancs, des trésors de toute sorte : or, perles fines, pierres précieuses et de riches tissus de soie. On jouissait de leur vue, tout le temps qu'on restait sans battre les paupières, mais, au premier battement, tout disparaissait, comme par enchantement, *Morganed* et trésors. Les *Morganed* et *Morganezed* sont de petits hommes et de petites femmes, aux joues roses, aux cheveux blonds et bouclés, aux grands yeux bleus et brillants ; ils sont gentils comme des anges. Malheureusement, ils n'ont pas reçu le baptême, et, pour cette raison, ils ne peuvent aller au ciel, ce qui est bien dommage, tant ils sont gentils et ont l'air bons !

J'ai entendu dire que la Sainte Vierge étant un jour seule à la maison et ayant besoin de s'absenter un moment, pour aller puiser de l'eau, se trouvait fort embarrassée, car elle ne voulait pas laisser seul son enfant nouveau-né, qui dormait dans son berceau.

— Comment faire ? La fontaine est un peu loin et je ne puis laisser mon enfant seul, se disait-elle, assez haut.

En ce moment, elle entendit une voix claire et fraîche comme une voix d'enfant, qui dit :

— Je vous le garderai bien, moi, si vous voulez me le confier.

Elle se détourna et vit, au seuil de la porte, un petit homme souriant et si gentil qu'elle resta quelque temps à le considérer, saisie d'étonnement et d'admiration. Elle n'hésita pas à lui confier la garde de son enfant, et alla puiser de l'eau à la fontaine.

A son retour, pour récompenser le fidèle gardien, elle lui dit de faire une demande, et elle la lui accorderait.

— *Génet ha Morgéned*, c'est-à-dire : de la beauté et des petits Morgans, répondit le petit homme.

Ce qui lui fut accordé, et c'est pourquoi les Morgans sont si jolis et étaient si nombreux, au temps jadis. Mais il aurait mieux fait de demander le baptême, car alors lui et les siens seraient allés au ciel avec les anges, auxquels ils ressemblent si bien.

Ce contact de la Sainte Vierge avec les Morgans me parut curieux.

Marie Tual me dit encore, au sujet des Morgans :

Deux jeunes filles de notre île, cherchant un jour des coquillages, au bord de la mer, aperçurent une Morganès qui séchait ses trésors au soleil, étalés sur deux belles nappes blanches. Les deux curieuses, se baissant et se glissant tout doucement derrière les rochers, arrivèrent jusqu'à elle, sans en être aperçues. La Morganès, surprise et voyant que les jeunes filles étaient gentilles et paraissaient être douces et sages, au lieu de se jeter à l'eau, en emportant ses trésors, replia ses deux nappes sur toutes les belles choses qui étaient dessus et leur en donna à chacune une, en leur recommandant de ne regarder ce qu'il y avait dedans que lorsqu'elles seraient rendues à la maison, devant leurs parents.

Voilà nos deux jeunes Ouessantines de courir vers leurs demeures, portant leur précieux fardeau sur l'épaule. Mais l'une d'elles, impatiente de contempler et de toucher de ses mains les diamants et les belles parures qu'elle croyait tenir pour tout de bon, ne put résister à la tentation. Elle déposa sa nappe sur le gazon, quand elle fut à quelque distance de sa compagne, qui allait dans une autre direction, la déplia avec émotion, le cœur tout palpitant et... n'y trouva que du crottin de cheval. Elle en pleura de chagrin et de dépit !

L'autre alla jusqu'à la maison, tout d'une traite, et ce ne fut que sous les yeux de son père et de sa mère, dans leur pauvre chaumière, qu'elle ouvrit sa nappe. Leurs yeux furent éblouis à la vue des trésors qu'elle contenait : pierres précieuses, perles fines et de l'or, et de riches tissus !... La famille devint riche, tout d'un coup ; elle bâtit une belle maison, acheta des terres et on prétend qu'il existe encore, parmi les descendants, qui habitent toujours l'île, des restes du trésor de la Morganès, quoiqu'il y ait bien longtemps de cela.

Ma conteuse, Marie Tual, paraissait croire, en effet, qu'il existait réellement, dans une famille d'Ouessant, des bijoux et des tissus provenant des Morgans. « Dans cette maison, ajoutait-elle, rien ne manque ; ils sont riches ; quand ils vont à la pêche, leur bateau revient toujours chargé de poisson, et ils n'ont jamais perdu un des leurs à la mer, ce qu'on ne peut dire d'aucune autre famille de l'île. »

CHAMPAGNE, LORRAINE

Albert Meyrac

La rose de Pimperlé

Il y avait une fois un roi qui possédait un grand royaume et des richesses peut-être plus grandes encore que son royaume. La reine, sa femme, était morte lui laissant trois fils qu'il aimait autant l'un que l'autre. Dire, en effet, lequel des trois il chérissait le plus eût été, vraiment, chose impossible, si bien que cet amour le mettait parfois dans un singulier embarras surtout lorsqu'il pensait : « Je me fais déjà vieux et il me faut songer à mon successeur, mais qui, de mes trois fils, aura mon royaume ? Les aimant tous également, il me serait bien difficile d'avantager l'un au détriment de l'autre. Que faire ? » Puis, il réfléchissait, réfléchissait, et, un beau jour, à force d'avoir réfléchi, il trouva. Ayant alors réuni ses trois fils autour de lui, il leur dit :

— Je me fais déjà vieux et il me faut songer à mon successeur, mais, vous aimant tous trois d'un égal amour, à qui laisserai-je mon royaume, si ce n'est, en bonne justice, au plus fort, au plus courageux et au plus intelligent ? Or j'ai cherché et voici ce que j'ai trouvé. J'ai entendu parler d'une rose merveilleuse, d'une rose unique au monde, la rose de Pimperlé : allez à sa recherche et celui de vous qui me la rapportera sera roi après moi.

Les trois frères se mirent donc en route, chacun de son côté et marchant droit devant soi.

Le premier, traversant une forêt, rencontra une vieille femme qui essayait de charger sur son dos un fagot de bois mort. Mais elle n'y pouvait réussir tant elle était âgée et sans force.

— Où vas-tu, beau garçon ? lui demanda-t-elle. Es-tu donc si pressé ?

— Qu'est-ce que ça te f..., vieille g..., lui répondit-il brutalement ; laisse-moi passer mon chemin.

— Bon ! bon ! je vois que tu cours après la rose de Pimperlé, mais quoi que tu marches, marcherais-tu toute ta vie, quoi que tu fasses, remuerais-tu ciel et terre, tu ne la trouveras jamais.

Passe ensuite dans la même forêt le deuxième fils du roi qui trouve la même vieille essayant encore de charger son fagot.

— Où vas-tu, beau garçon ? Ne veux-tu pas m'aider à mettre mon fagot sur mon dos ?

— Plus souvent que j'aiderais une vieille sorcière comme toi ! Laisse-moi passer, je suis pressé.

— Bon ! bon ! je vois bien que tu cours après la rose de Pimperlé, mais quoi que tu marches, marcherais-tu toute ta vie, quoi que tu fasses, remuerais-tu ciel et terre, tu ne la trouveras jamais.

Passe enfin le troisième fils du roi, et toujours la vieille essayait de charger son fagot.

— Où vas-tu, beau garçon ? Ne veux-tu pas m'aider à mettre mon fagot sur mon dos ?

— Volontiers, la mère, et même je ferai mieux, je vous porterai votre fagot jusque chez vous, car m'est avis que si vous l'aviez sur les épaules, vous resteriez en route.

— Merci bien, mon beau garçon, merci bien de ta complaisance, mais tu me parais bien pressé, où donc vas-tu ?

— Mes deux frères et moi, nous cherchons la rose de Pimperlé, car celui qui la trouvera doit être roi à la place du père qui se fait déjà vieux. Hélas ! où se cache-t-elle, cette fameuse rose, et la trouverai-je jamais ?

— Tu la trouveras, c'est moi qui te le dis. Tu me crois une vieille femme ; or, sache que je suis une fée ayant pris ce déguisement pour éprouver ton cœur et celui de tes frères. Toi seul m'as répondu poliment, toi seul tu es bon, aussi vais-je te récompenser. La rose de Pimperlé n'est pas au bout du monde, comme tu pourrais le croire, elle est tout proche de toi. Va dans ce bois que tu vois là-bas, tu y verras un paquet de broussailles et, bien cachées, tout au milieu, une rose verte, une rose rouge et une rose blanche. Prends la rose blanche, c'est la rose de Pimperlé.

Le troisième fils fit comme le lui avait dit la fée. Il alla dans le bois, fouilla dans la broussaille, y trouva la rose de Pimperlé et la cueillit. Mais justement, comme il revenait au château de son père, tenant dans sa main la rose de Pimperlé, il se rencontra sur la route avec ses deux frères et leur conta son heureuse aventure. Il n'avait pas plutôt dit le dernier mot que ses deux frères se jetèrent sur lui, le tuèrent, le cachèrent dans une grande fosse, prirent la rose et rentrèrent au château du roi leur père.

— Père, lui dirent-ils, voici la rose de Pimperlé que nous avons trouvée ensemble tous les deux.

Qui fut encore toujours bien embarrassé ? Ce fut le roi. Il n'avait qu'une parole, mais lequel de ses deux fils choisir pour successeur, puisque ensemble et en même temps ils avaient trouvé la rose ? Et le troisième, celui qu'au fond il aimait le plus, il le reconnaissait à cette heure, qui ne revenait pas !

Or, il arriva qu'environ dix années après, un petit berger, faisant paître ses moutons dans le bois, trouva un os long, mince, bien desséché et bien blanc. Il le ramassa, le perça de trous et en fit une flûte. Mais quelle ne fut sa surprise, lorsque ayant soufflé dans cette flûte, au lieu d'un air, il en sortit ces paroles :

Siffle, siffle, berger,
Mes frères m'ont tué
Dans la forêt d'Avé
Pour la rose de Pimperlé.

Et chaque fois que le berger soufflait dans sa flûte, chaque fois la flûte chantait les mêmes paroles.

Mais un jour que le roi chassait dans le bois, il se trouva face à face avec le berger.

— Tu as une jolie flûte, berger, veux-tu m'en laisser jouer un air ?

— Volontiers, roi, si toutefois vous êtes assez habile pour en tirer autre chose que des mots.

Le roi prit la flûte et souffla, mais il fut tout au moins aussi surpris que le berger, lorsqu'au lieu d'un air il entendit la flûte qui chantait :

Sifflez, sifflez, mon père,
Mes frères m'ont mis sous terre
Après m'avoir tué
Dans la forêt d'Avé
Pour la rose de Pimperlé.

— Oh ! oh ! que signifie cela ? s'écria le roi. Vite ! vite ! qu'on coure me chercher mes deux fils.

Et lorsqu'ils furent arrivés, il leur tendit la flûte.

— Voulez-vous m'en jouer un air ? cela me délassera.

Sans méfiance ils soufflèrent dans la flûte, mais, au lieu d'un air, la flûte chanta :

Siffle, siffle, barbare,
C'est toi qui m'as tué
Dans la forêt d'Avé
Pour la rose de Pimperlé.

Confus, ne pouvant plus s'en tirer par un mensonge, force fut donc aux deux frères d'avouer leur crime. Le roi, tout aussitôt, les condamna à être brûlés vifs, et, tant que dura le supplice, il fit jouer de cette même flûte par le berger. Mais, cette fois, ce ne furent plus des paroles qui en sortirent, mais bien, comme en signe de réjouissance, les plus beaux airs qu'il fût possible d'entendre.

Le roi vécut ensuite jusqu'à un âge très avancé et, mourant très vieux, fort vieux, il laissa son trône à son premier ministre.

La fleur d'or

Il y a de cela plus de cent ans qu'à Villy, une nuit d'hiver, Gilles Prugnon, enragé fumeur, rentrait des champs, sa pipe à la main, mais ne pouvant l'allumer parce qu'il avait perdu son briquet.

Il traversait mélancoliquement le Pré de la Forteresse – où s'élevait autrefois un château féodal, rasé par le duc de Bourgogne après le siège de Villy, en 1443 – lorsqu'il aperçut à terre, et luisant dans l'obscurité, des tisons enflammés.

— Oh ! oh ! se dit-il, cela tombe bien et les bergers ont eu une heureuse idée de faire du feu ; je vais donc enfin allumer ma pipe.

Il se baissa pour ramasser une braise, puis en même temps qu'il allongeait la main, il recevait un coup sec sur les doigts. Instinctivement, il retira la main, mais trop préoccupé d'avoir du feu, trop impatient de fumer, il l'allongea une deuxième fois : encore un coup plus sec que le premier. Et chaque fois qu'il allongeait la main, il recevait un nouveau coup.

— Voilà, fit-il, qui est vraiment singulier ; il y a donc ici des sorciers invisibles qui se chauffent ?

Et, regardant attentivement à sa droite et à sa gauche, il vit, semblant garder le feu, deux lions, la patte en l'air et prêts à lui décocher un nouveau coup de griffe s'il tentait encore de prendre du feu.

Gilles Prugnon s'enfuit épouvanté.

Le lendemain, il revint au Pré de la Forteresse, à l'endroit même où lui était arrivée cette singulière aventure : plus de charbons incandescents, plus de lions veillant, mais, à la place, une belle fleur jaune dont les pétales étaient autant de pièces d'or. Vite, il voulut s'en emparer. Il tendit la main et reçut, comme la veille, un coup sec sur les doigts ; mais cette fois, les lions étaient invisibles.

Encore plus épouvanté, Gilles Prugnon s'enfuit.

Cependant, il revint encore au Pré de la Forteresse. Cette fois, il ne vit pas la fleur d'or et ne sut même plus reconnaître où elle avait poussé.

Car il faut vous dire que, dans ce pré, Jehel, seigneur de Villy, avant de mourir, cacha jadis tous ses trésors dont il confia la garde à deux lions, et que cette fleur jaune est une fleur d'or engendrée par toutes ces richesses enfouies sous terre.

Cette fleur d'or, raconte la légende, et ces deux lions ne se montrent qu'une fois tous les cent ans. Et cependant la centième année a déjà passé sans que personne ait vu et la fleur et les lions. D'ailleurs, à quoi bon, puisque les lions font si bonne garde qu'on ne pourrait s'emparer du trésor et que le lendemain on ne peut plus retrouver la place où, dans le pré, a poussé cette belle marguerite jaune.

Les trois souhaits

Il y avait une fois un paysan si pauvre qu'il eût été difficile d'en trouver un plus pauvre sous toute la calotte des cieux. Il habitait une misérable cabane dans les bois et était toujours à la veille de mourir de faim, lui et toute sa famille. Un jour qu'il errait plus triste que d'habitude, il rencontra sur son chemin un vieillard à barbe blanche, à cheveux blancs, presque tout aussi cassé, presque tout aussi minable que lui. Il l'arrêta :

— Eh ! l'ami, tu as dû passer comme moi à côté de la fortune ! Je ne peux t'offrir même un morceau de pain, puisque je n'en ai pas, mais ce soir, si tu ne sais où coucher, viens frapper à ma porte ; il ne sera jamais dit que j'aurai laissé à la belle étoile plus mendiant que moi.

— Soit ! j'accepte ; mais où vas-tu ? Où te trouver quand la nuit sera venue ?

— Je vais ramasser quelques branches sèches pour que ma femme et mes enfants ne meurent pas de froid, et je rentre après dans ma cabane qui est là-bas, en plein bois.

— Eh bien ! reviens tout de suite chez toi et souhaite trois choses : ce que tu auras souhaité te sera accordé.

Puis le vieillard à barbe blanche, à cheveux blancs continua sa route, laissant le paysan assez embarrassé :

— Se serait-il moqué de moi ? pensait-il. Après tout, rentrons. Je ne risque pas grand-chose. Je n'aurai tout au plus que la peine de ressortir pour revenir aux branches.

Il rebroussa donc chemin. Sa femme l'attendait sur le pas de la porte. Le voyant revenir les mains vides :

— Ah ! te voilà, traînard ? Et les fagots ! Tu veux donc que nous mourions de froid cette nuit ?

— Paix ! paix ! ma femme : j'ai rencontré en route un vieillard tout cassé, tout miné, à barbe blanche, à cheveux blancs, qui m'a dit : « Souhaite trois choses, et ce que tu auras souhaité te sera accordé. »

— Tu es fou, mon pauvre homme : la misère t'a fait perdre la tête ; mais enfin, voyons, que vas-tu demander ?

— D'abord le paradis pour moi, pour toi et pour les enfants.

— Imbécile ! le paradis maintenant ! Nous aurons bien le temps d'y songer ! Le joli souhait, vraiment, quand on meurt de faim.

Le paysan haussa les épaules et reprit :

— Je veux, maintenant, une belle table garnie de pain, de vin, de viande, pour que nous puissions manger et encore manger tout notre content.

A peine avait-il parlé qu'une table se dressa tout d'un bloc. Elle était chargée de bouteilles pleines d'excellents vins, de pains tout chauds, de plats en si grand nombre qu'ils étaient serrés les uns contre les autres. Les pauvres diables, qui jeûnaient depuis vingt-quatre heures, burent et mangèrent comme jamais ils n'avaient bu et mangé de leur vie, puis, le repas terminé, le paysan, frappant d'aise sur son ventre bien rebondi, s'écria :

— Et, maintenant, au troisième souhait ! Je désire que la chambre d'à côté se remplisse de pièces d'or, du plancher au plafond.

Il voulut tout aussitôt ouvrir la porte pour voir si ses vœux avaient été exaucés ; mais il eut beau la pousser, appeler à son aide et sa femme et ses enfants, il n'y put parvenir, car elle s'ouvrait en dedans, et la chambre était, du plancher au plafond, pleine de pièces d'or. Il fallut la défoncer, l'abattre à grands coups de hache ; et les pièces d'or, roulant les unes sur les autres, montaient jusqu'aux genoux, jusqu'au ventre, jusqu'aux épaules du paysan et de sa famille. Pensez que de leur vie ils n'en avaient jamais tant vu. Ils n'auraient même pu s'imaginer qu'on en pût voir autant à la fois. Mais, revenus de leur surprise et de leur joie, ils songèrent à compter toutes ces richesses.

— Nous ne pouvons « passer » les pièces d'or une à une, dit le père, nous n'aurions peut-être pas fini de toute notre vie ; nous allons les mesurer au boisseau, comme des grains de blé.

Alors il dit à son fils :

— Cours vite chez ta tante et prie-la de nous prêter son boisseau, au moins jusqu'à demain.

L'enfant ne fit qu'un saut chez sa tante, qui était bien la femme la plus avaricieuse de tout le pays.

— Tu viens encore mendier un morceau de pain ? lui cria-t-elle toute méfiante, le voyant arriver de loin ; je n'en ai pas, tu peux repartir chez toi !

— Il s'agit bien de pain ! riposta l'enfant : si vous en voulez, c'est nous qui vous en donnerons tous les jours jusqu'à votre mort, et même de la viande avec ! Nous sommes riches maintenant, riches à remuer notre argent à la pelle, riches à mesurer notre argent au boisseau.

— Vas-tu te moquer de moi, méchant galopin ?

Elle allait lui allonger une maîtresse gifle, lorsqu'elle s'avisa de penser, fort à point, que si par aventure l'enfant avait dit vrai, son intérêt était, à tout hasard, de prêter le boisseau. C'est donc ce qu'elle fit en rechignant car, nous l'avons dit, elle était fort avaricieuse ; mais elle eut soin de le bien suiffer en dedans.

— Ce sera le diable, grommela-t-elle, si au moins une pièce d'or ne reste pas collée : alors j'aviserai.

Or c'est précisément ce qui arriva. Le lendemain, en effet, lorsque l'enfant revint rendre le boisseau, elle aperçut, collée au fond, une belle pièce d'or.

— Mon homme ! mon homme ! s'écria-t-elle, voilà ton frère devenu si riche qu'il compte l'or à la mesure. Va donc vite lui demander d'où lui vient cette fortune. A-t-il tué quelqu'un ? Et s'il a hérité d'un parent que nous ne connaissions pas, il est bien juste que nous en ayons notre part, puisque c'était aussi notre parent.

Il ne se le fit pas répéter deux fois, et, vite, vite courut chez son frère, qui, ne jalousant personne, lui raconta de point en point son aventure et comment il avait eu toute sa chambre pleine de pièces d'or, du plancher au plafond. Il revint tout de suite dire à sa femme ce qui s'était passé.

— Eh bien ! alors, reprit-elle quand il eut achevé, rien de plus simple : mets tes habits les plus vieux, les plus déchirés, et va, clopin-clopant, sur la grand-route. Tu ne manqueras pas de rencontrer ce fameux vieillard à la barbe blanche, tu lui demanderas l'aumône et s'il te dit, comme au frère, de revenir chez toi et de faire trois souhaits, ne manque pas d'arriver aussitôt.

Il partit donc, et à peine avait-il fait quelques pas qu'il rencontra le vieillard.

— Il est inutile que tu mendies, lui dit tout de suite l'inconnu, je sais ce que tu veux et je te l'accorde, car il est juste que tu sois traité comme ton frère. Rentre donc chez toi et demande trois choses, elles te seront accordées.

Tout joyeux, il ne fit qu'un saut chez lui.

— Eh bien ?

— Eh bien ! je l'ai vu. Je n'ai qu'à souhaiter trois choses et elles me seront accordées. Mais, ne nous pressons pas, prenons notre temps, il ne s'agit pas de souhaiter à la légère. Et d'abord, femme, laisse-moi me chauffer un brin ; dehors il fait un froid !...

Il s'assit et mit les pieds sur les chenets qui étaient brûlants.

— Peste soit des chenets ! s'écria-t-il, retirant vivement ses pieds, je voudrais les savoir tordus.

Au même instant, les chenets se tordirent comme une vrille.

— Misérable, hurla la femme, encore un souhait pareil et nous serons dans de jolis draps !

— Tu en parles à ton aise ! Tu ne t'es pas brûlée

comme moi ! Je voudrais bien savoir ce que tu aurais fait si tu les avais eus à tes oreilles ?

Et, aussitôt, les chenets sautèrent et allèrent s'attacher aux oreilles de la femme, qui poussa des cris horribles, car ils étaient brûlants.

— Vois-tu, ma pauvre femme, fit l'homme mélancoliquement, nous n'avons plus à cette heure qu'une chose à souhaiter, c'est que les chenets reviennent à leur place dans la cheminée.

Il n'avait pas plus tôt dit, que les chenets vinrent d'eux-mêmes se remettre à leur place ; et c'est ainsi qu'ayant épuisé leurs trois souhaits, l'homme et la femme furent punis de leur avarice et de leur supercherie.

L'histoire de Grilhon

Il y avait une fois un homme qui s'appelait Grilhon. Il était plus pauvre que Job et mangeait à peine une fois toutes les vingt-quatre heures. Mais, par contre, il entendait dire chaque jour que bien des gens avaient sur leurs tables des plats à profusion, tous plus appétissants les uns que les autres, sans compter les vins exquis dont ils les arrosaient. Dans ses rêves, Grilhon, qui voyait successivement défiler des rangées de poulardes dorées à point et de larges tranches de bœuf, des bouteilles pansues remplies jusqu'à la gueule d'un chaud bourgogne ou d'un fin bordeaux, songeait tout haut : « Quand donc pourrai-je faire au moins trois bons repas ! Il me semble qu'après, peu m'importerait de mourir ! »

Et, sans cesse hanté par cette idée de faire, au moins, trois bons repas, il pensa que s'il se donnait pour sorcier et parcourait le pays offrant de prédire l'avenir et de deviner les choses les plus secrètes, il finirait, une fois ou l'autre, par trouver un imbécile qui mettrait à contribution sa prétendue science.

— Je lui dirai : « Il me faut trois jours pour connaître ce que vous désirez savoir et, surtout, il faut que je mange à ma faim les meilleurs plats et que je boive à ma soif les meilleurs vins. » Alors, au bout des trois jours, quand j'aurai bien mangé et bien bu, adviendra que pourra !

Bon ! il se mit donc en route, et après avoir marché longtemps, longtemps, il arriva le soir devant un château où demeurait une dame riche, très riche, qui, justement, avait perdu le matin même un diamant d'une valeur inappréciable.

— N'est-ce que cela ? dit Grilhon à la dame : je m'engage à vous faire retrouver votre diamant, mais à une condition...

— Et laquelle ?

— C'est qu'il me faut faire trois repas, mangeant et buvant ce qu'il y aura de meilleur au château, et, le troisième repas achevé, je vous dirai aussitôt et sûrement où se trouve le diamant que vous avez perdu.

Donc, marché conclu, et on sert à notre Grilhon un souper comme jamais on n'en servit au plus grand roi de la terre. Un domestique avait assez d'ouvrage à lui passer les plats et à lui verser les rasades. Il mangea et but deux grandes heures sans discontinuer et, n'en pouvant plus, tant il s'était gavé, il s'endormit sur sa chaise en disant :

— Enfin, en voilà déjà un d'attrapé !

Le lendemain soir, repas encore plus somptueux que la veille, et il fut servi par un autre domestique qui ne semblait pas avoir assez de bras pour lui tendre les plats et les bouteilles. Il mangea et but tout son soûl, puis, ne pouvant avaler une bouchée ou boire une gorgée de plus, il s'endormit encore sur sa chaise en disant :

— Allons ! en voilà déjà deux d'attrapés !

Pour aller au bref, le troisième repas, non moins abondant, non moins succulent que les deux autres, lui fut donné comme c'était convenu ; mais il remarqua, sans toutefois y attacher grande importance, qu'il était servi par un domestique qui n'était ni celui d'hier ni celui d'avant-hier. Or, comme les autres fois, ayant mangé jusqu'à plus faim et bu jusqu'à plus soif, il se laissa aller sur sa chaise en disant :

— Eh bien ! tu les as donc attrapés tous les trois !

Au même moment, la porte de la salle où il mangeait s'ouvrit, et les deux domestiques qui l'avaient servi l'avant-veille et la veille entrèrent subitement et se jetèrent à ses genoux avec leur troisième camarade et lui dirent, les mains jointes :

— Seigneur sorcier, nous vous en prions, ne nous

perdez pas ! Eh bien ! oui, nous trois avons volé le diamant, et certes vous êtes un grand devin puisque, nous voyant l'un après l'autre, vous n'avez pas manqué de dire chaque fois : En voilà un d'attrapé !

Comme bien vous pensez, grande fut la stupéfaction de Grilhon qui, en disant : En voilà un d'attrapé ! n'avait entendu parler que des dîners. Mais, comprenant tout le parti qu'il pouvait tirer de cette aventure inespérée :

— Parbleu, oui, leur dit-il, je savais que vous aviez, tous trois, volé le diamant, et demain je vous aurais certainement dénoncés ; mais puisque vous avouez, puisque vous faites appel à mon bon cœur, vous ne m'aurez pas prié en vain. Apportez-moi donc ce diamant et, en même temps, apportez-moi aussi un dindon que vous prendrez dans la basse-cour, un dindon qu'il soit possible de distinguer facilement des autres, puis laissez-moi faire et ne vous inquiétez de rien.

Heureux d'en être quittes à si bon compte, alors qu'ils se voyaient déjà pendus à la plus haute potence du château, nos trois voleurs coururent chercher le diamant et l'apportèrent à Grilhon avec un dindon que sa queue panachée de plumes vertes et blanches rendait reconnaissable entre tous. Grilhon prit le diamant, le fit avaler au dindon et dit ensuite :

— Reportez le dindon dans la basse-cour et dites à la dame du château qu'elle vienne tout de suite.

Cinq minutes après, la dame arrivait :

— Madame, lui dit Grilhon, il y a trois jours, n'avez-vous pas traversé la basse-cour ?

— En effet !

— Eh bien, Madame, en traversant cette basse-cour, vous avez laissé tomber votre diamant et un dindon l'a avalé.

— Ce n'est pas possible ! Mais, ce dindon, le reconnaîtriez-vous ?

— Oh ! rien de plus facile, suivez-moi.

Ils descendirent tous dans la basse-cour, la dame

suivant Grilhon, et les trois domestiques suivant la dame. Une fois arrivés, Grilhon dit :

— Gens du château, faites défiler devant moi tous les dindons !

Alors commença le défilé des dindons, et ils étaient innombrables. Il y en avait de gros et de petits, de gras et de maigres, de noirs et de toutes les couleurs ; mais, quand passa le dindon à la queue panachée de plumes blanches et vertes, Grilhon, prenant un air inspiré, le frappa d'une petite baguette de coudrier en disant :

— Le voici ! ouvrez-lui le ventre et vous y trouverez le diamant.

Le dindon fut aussitôt éventré et, tout naturellement, comme l'avait prédit Grilhon, le diamant fut retrouvé. La dame ne se tenait pas de joie.

— Vous êtes un grand sorcier, Grilhon, lui dit-elle ; restez au château tant que vous voudrez, faites-y bombance à votre faim, et, lorsque vous aurez idée de partir, je vous donnerai, par surcroît, une grosse, grosse somme d'argent.

Or, Grilhon, qui ne se le fit pas répéter deux fois, festoyait depuis huit jours au château du matin au soir et du soir au matin, quand, revenant de voyage, arriva le mari de la dame. Elle lui conta point par point tout ce qui s'était passé, ne se lassant pas de faire l'éloge de Grilhon, le plus fameux sorcier qu'il fût possible de trouver, affirmait-elle.

— Ça, c'est à prouver, répondit le mari moins crédule ; voilà bientôt quinze jours qu'il fait bombance à nos dépens parce qu'une fois par hasard il a rencontré juste ; mais, moi, je vais le mettre à l'épreuve. Si vraiment il est aussi sorcier que tu le dis, je lui donnerai la grosse somme d'argent que tu lui as promise, et même davantage. Mais s'il s'est moqué de nous, il sera pendu haut et court.

Et, prenant un grillon qui, justement, grimpait le long de la cheminée, et le cachant entre deux assiettes, il ajouta :

— Qu'on aille me chercher ce fameux sorcier.

Qui fut bien inquiet ? Qui arriva plutôt mort que vif ? Ce fut notre devin.

— Eh bien ! lui demanda le mari de la dame, toi qui te vantes d'être si grand sorcier, peux-tu seulement me dire ce qu'il y a de caché entre ces deux assiettes ?

— Hélas ! hélas ! fit-il, la mine toute piteuse et toute déconfite, te voilà pris, mon pauvre Grilhon !

— Par ma foi, s'écria le mari incrédule, ma femme avait raison, et tu es vraiment le plus grand sorcier des temps passés, présents et à venir : reçois donc ce qui t'a été promis.

Et lui ayant donné une grosse bourse toute pleine d'or, il congédia notre Grilhon, qui, n'en revenant pas encore d'avoir si merveilleusement réussi dans son audacieuse entreprise, n'eut plus envie de continuer son dangereux métier de sorcier ; d'autant plus que sa bourse lui permit de mener joyeuse vie jusqu'à la fin de ses jours.

Le rusé braconnier

Il y avait une fois, à Williers, dans les Ardennes, un braconnier qui, s'étant mis à l'affût, tua un sanglier gros, gros, comme il n'en avait jamais vu et pesant, au moins, quatre cents livres, si bien que, malgré tous ses efforts, il ne sut le faire bouger d'une semelle. Mais, comme il n'était pas homme à s'embarrasser pour si peu, voici ce qu'il imagina :

En ce temps-là – et, paraît-il, les choses depuis n'ont pas changé –, les femmes étaient très bavardes et, plus que toutes les autres, la femme de notre braconnier. C'est sur ce défaut qu'il comptait. Rentrant donc chez lui, il alla, sans même dire le bonjour habituel, s'asseoir tout triste au coin du feu. Il avait la mine toute déconfite et poussait des « hélas ! » à fendre l'âme.

— Eh quoi donc, mon homme, lui demanda enfin sa femme, serais-tu malade ?

— Hélas ! non, femme, mais c'est pis que cela !

— Ah ! mon Dieu, mon Dieu ! Que t'est-il donc arrivé ?

— Je ne peux pas le dire, c'est un secret !

— Oh ! si ce n'est qu'un secret, tu peux bien me le confier, tu sais combien je suis discrète ; sois sûr que je le garderai pour moi seule.

— En ce cas !... Aussi bien un mari ne doit rien avoir de caché pour sa femme. Tu sais, le voisin ?...

— Oui ! Et après ?

— Et après ? Eh bien ! je l'ai tué.

— Malheureux ! malheureux ! n'en parle à personne, au moins, les gendarmes viendraient te prendre. Heureusement qu'on ne t'a pas vu et que je suis seule à connaître ton secret. Tiens, couche-toi, dors, passe une bonne nuit, et demain tout sera oublié.

— Que le bon Dieu t'entende, femme, dit le braconnier qui se couche aussitôt et même, quelques minutes après, fait semblant de dormir.

Or c'est ce moment qu'attendait la femme. Elle sortit de la maison, le plus doucement qu'elle put, et courut chez sa voisine.

— Hélas ! hélas ! voisine, quel malheur ! Mon mari vient de tuer un homme ; mais au moins ne le dites à personne, c'est un secret que je vous confie comme à ma meilleure amie, car si cela se savait, nous aurions vite les gendarmes chez nous.

— Y pensez-vous, voisine, que j'irais tambouriner dans le village une chose si grave ! Rentrez et ne soufflez mot à qui que ce soit de cette affaire ; vous le savez, les gens sont si bavards qu'on ne sait à qui se fier.

Mais, comme bien vous le pensez, la nouvelle s'était répandue dans tout Williers, ni plus ni moins qu'une traînée de poudre, et les gendarmes, alors, d'arriver chez le braconnier.

Toc ! toc !

— Qui est là ?

— Nous, les gendarmes !

— Entrez, gendarmes !

Ils entrent et vont droit au braconnier dans son lit.

— C'est donc vous qui avez tué votre voisin ?

— Hélas ! oui, c'est moi, gendarmes, et vous pouvez m'arrêter. Ah ! quel malheur !

— Mais où avez-vous laissé le cadavre ?

— Là-bas, là-bas, tout au fond du bois.

— Eh bien ! levez-vous et venez avec nous.

— Me lever ! Comment pourrais-je marcher ? Je suis tellement ému que mes jambes tremblent sous moi et que je ne saurais mettre un pied devant l'autre.

— Oh ! si ce n'est que cela, nous allons prendre une voiture.

Donc, on attelle et, une demi-heure après, gendarmes et braconnier partaient pour le bois. Ils arrivent.

— Où est-il, le cadavre ? demandent les gendarmes.

— Voyez-vous, répond le braconnier, ce gros tas de feuilles sèches ? Eh bien ! c'est là : je l'avais bien caché, pensant que jamais je n'aurais été pris.

Le plus lestement qu'ils peuvent les gendarmes sautent de la voiture et courent au tas de feuilles sèches que leur avait indiqué le braconnier. Mais que découvrent-ils ? Un énorme sanglier.

— C'est bien là l'homme que j'ai tué, dit alors en riant de tout son cœur le rusé braconnier, et, ne pouvant le porter moi-même, j'ai pensé que vous viendriez le chercher avec moi en voiture.

Et les bons gendarmes, à leur tour, d'éclater de rire. N'était-ce pas d'ailleurs ce qu'ils avaient de mieux à faire ? Puis tous, ils revinrent à Williers, voiturant en triomphe le sanglier, au grand ébahissement de tous les badauds, qui s'attendaient à voir ramener un cadavre, et l'assassin les menottes aux mains.

Moitié-Poulet

Il y avait une fois une moitié de poulet en train de picorer sur un fumier. Elle trouva une bourse remplie de pièces d'or. Or, au même moment passa le roi qui, n'ayant plus d'argent, dit à Moitié-Poulet :

— Veux-tu me prêter ta bourse ?

— Je veux bien, répondit Moitié-Poulet, mais à condition que tu me paies les intérêts.

Le roi donc prit la bourse, mais Moitié-Poulet attendit longtemps sans jamais rien voir venir. Moitié-Poulet se dit un beau matin :

— Je vais moi-même réclamer ce qui m'est dû.

Il se mit donc en route, et, chemin faisant, il rencontra son ami le loup.

— Où vas-tu, Moitié-Poulet ?

— Je vais chez le roi. Cent écus me doit.

— Veux-tu me prendre avec toi ?

— Volontiers, loup ; monte dans mon cou.

Or, voilà que, plus loin, ils rencontrèrent le renard.

— Où vas-tu, Moitié-Poulet ?

— Je vais chez le roi. Cent écus me doit.

— Veux-tu me prendre avec toi ?

— Volontiers, renard ; monte dans mon cou à côté de l'ami loup.

Mais, au moment d'arriver, ils furent arrêtés par la rivière :

— Où vas-tu, Moitié-Poulet ?

— Je vais chez le roi. Cent écus me doit.

— Veux-tu me prendre avec toi ?

— Je n'ai plus de place, rivière.

— Oh ! je me ferai toute petite, toute petite.

— Monte donc dans mon cou et case-toi comme tu pourras entre l'ami renard et l'ami loup.

Ils arrivèrent ainsi au palais du roi.

— Toc ! toc ! à la porte.

— Qui est là ?

— C'est moi, Moitié-Poulet, qui viens réclamer mon argent et mes intérêts.

Le roi le fit entrer ; mais, au lieu de le bien recevoir et de lui compter l'argent qu'il lui devait, et aussi les intérêts, il l'envoya au poulailler.

— Ah ! c'est comme ça que tu me traites ! dit Moitié-Poulet furieux. Renard ! sors de mon cou.

Le renard sortit du cou de Moitié-Poulet et mangea toutes les poules du poulailler.

Le roi envoya alors Moitié-Poulet à la bergerie.

— Ah ! c'est comme ça que tu me traites ! Loup ! sors de mon cou.

Le loup sortit du cou de Moitié-Poulet et étrangla tous les moutons de la bergerie.

Ce que voyant, le roi prit Moitié-Poulet et le jeta dans le four où il avait fait allumer un grand feu.

— Ah ! c'est comme ça que tu me traites ! Rivière ! sors de mon cou.

Et la rivière, étant sortie du cou de Moitié-Poulet, engloutit en un rien de temps le palais du roi dont, aujourd'hui, il ne reste plus la moindre petite pierre.

Poulette et Coco

Il y avait une fois un coq qui s'appelait Coco. Sa femme était la plus jolie poulette qui fût au monde. Ils s'aimaient si tendrement, faisaient si bon ménage, qu'on les citait dans toutes les basses-cours comme de véritables modèles d'époux assortis. Mais, hélas ! y a-t-il rien, sous le soleil, qui puisse se vanter de durer éternellement ? Aussi, ce bonheur sans égal prit-il fin, un jour néfaste, par la mort de la pauvre petite poulette.

Vous peindre le désespoir de Coco dans cette douloureuse circonstance ne donnerait qu'une idée bien incomplète de ce qu'il était en réalité. Ce jour-là, lorsqu'il ne put enfin douter du malheur qui le frappait, il sortit de son poulailler, la crête basse en signe de deuil, pleurant et poussant des cocoricos si lamentables qu'ils eussent attendri le roc le plus dur.

— Ah ! gémissait-il.

Ah ! Poulette est morte !
Coco s'en pleure.

Or, comme il s'était perché sur le plus haut des chariots que le fermier avait remisés dans la basse-cour, ce fut ce chariot qui, le premier, entendit la plainte de Coco et, comme il avait le cœur sensible et compatissant, il voulut partager l'immense douleur qui arrachait ces lamentations à son ami. Il lui demanda donc le sujet de son infortune.

— Ah ! gémit le coq,

Ah ! Poulette est morte !
Coco s'en pleure.

— Et le char s'en recule... continua le chariot qui, en effet, roula à reculons.

Un fumier, un énorme fumier put seul l'arrêter et, le voyant si contristé, lui en demanda la raison.

— Eh ! mais, beau char, lui dit-il, pourquoi donc êtes-vous si affligé ?

— Ah ! gémit le char,

Ah ! Poulette est morte !
Coco s'en pleure,
Le char s'en recule.

— Et le fumier s'en fume... continua le fumier, car, paraît-il, les fumiers n'ont pas d'autre manière de faire voir combien ils sont chagrins.

Or, une haie qui verdoyait au fond de la basse-cour, le voyant si contristé, lui en demanda la raison.

— Pourquoi, beau fumier, êtes-vous donc si affligé ?

— Ah ! gémit le fumier,

Ah ! Poulette est morte !
Coco s'en pleure,
Le char s'en recule,
Fumier s'en fume.

— Et la haie s'en découpe... continua la haie qui, tout à coup, laissa voir un loup qui s'abritait derrière ses branches et ses feuillages.

— Eh ! mais, belle haie, lui demanda-t-il, pourquoi donc vous découpez-vous ainsi ? Pourquoi donc êtes-vous si affligée ?

— Ah ! gémit la haie,

Ah ! Poulette est morte !
Coco s'en pleure,
Le char s'en recule,
Fumier s'en fume,
La haie s'en découpe.

— Et le loup s'en gambade... continua le loup, prenant sa *campousse* dans la direction de la fontaine.

— Eh ! mais, beau loup, lui demanda la fontaine, qui te cause une si grande peur ? Qu'as-tu donc à courir si vite ?

— Ah ! gémit le loup,

Ah ! Poulette est morte !
Coco s'en pleure,
Le char s'en recule,
Fumier s'en fume,
La haie s'en découpe,
Le loup s'en gambade.

— Et la fontaine *s'éclit*... continua la fontaine.

Or, la montagne qui, depuis que le monde était monde, se mirait dans les eaux de cette fontaine, ne voyant plus qu'un fond de cailloux couvert d'une fange épaisse, demanda :

— Eh ! mais, belle fontaine, pourquoi donc t'éclis-tu ainsi ? Que t'est-il arrivé et quel est ton grand chagrin ?

— Ah ! gémit la fontaine,

Ah ! Poulette est morte !
Coco s'en pleure,
Le char s'en recule,
Fumier s'en fume,
La haie s'en découpe,
Le loup s'en gambade,
La fontaine s'éclit.

— Et la montagne s'affaisse... continua la montagne d'une voix de tonnerre.

Or une grande forêt couronnait la montagne. Sentant la terre lui manquer sous les pieds, elle pensa qu'un feu souterrain en avait miné la base et demanda à la montagne :

— Eh ! mais, belle montagne, pourquoi donc t'affaisses-tu ainsi ?

— Ah ! gémit la montagne,

Ah ! Poulette est morte !
Coco s'en pleure,

Le char s'en recule,
Fumier s'en fume,
La haie s'en découpe,
Le loup s'en gambade,
La fontaine s'éclit,
La montagne s'affaisse.

— Et la forêt s'enfonce... continua lamentablement la forêt.

Et l'on ne sait trop où se serait arrêtée cette immense manifestation de douleur causée par la mort de Poulette, si un génie bienfaisant, prenant en pitié le grand chagrin de Coco et craignant que la nature entière, bouleversée, ne s'effondrât dans un effroyable cataclysme, n'avait ressuscité Poulette pour la rendre à son cher Coco.

Ils vécurent ensuite de longues années, heureux et contents, et eurent beaucoup de jolies petites poulettes noires et blanches.

NIVERNAIS

Achille Millien

Les sept brouettées de cierges

Une femme disait un jour en confession :

— Mon père, je m'accuse d'avoir trompé mon mari.

— Et l'avez-vous trompé plus d'une fois, ma fille ?

— Oui, mon père.

— Combien de fois ?

La femme réfléchit quelques instants, puis :

— Je ne pourrais vous le dire en ce moment, j'ai besoin d'y penser.

— Eh bien ! pensez-y cette nuit et, demain matin, vous apporterez à l'église autant de cierges que vous avez commis de fois l'action dont vous vous accusez.

Le lendemain, à l'heure où le curé montait à l'autel pour dire la messe, la femme arriva à la porte de l'église. Elle poussait devant elle une brouette chargée de cierges et, à chaque tour que la roue faisait, cette roue mal graissée criait, criait... si bien que le curé, impatienté d'entendre ce bruit, retourne la tête vers la porte en disant : chut ! chut !

— Il n'y a pas de chut ! chut ! qui tienne, répondit la femme ; j'ai encore à amener sept brouettées comme celle-ci !

Le malin Morvandiau

Un jour, un fermier morvandiau, nommé Gaspard, s'en va chez son propriétaire pour lui payer son demi-terme.

Il sonne. La servante vient lui ouvrir.

— Le « Monsieur[1] » est-il à la maison ? demande Gaspard.

— Oui, il déjeune avec trois de ses amis qu'il a invités.

— Bon, dites-lui que je suis là avec l'argent du terme.

La servante va prévenir son maître.

— Gaspard est venu pour vous payer son fermage.

— Bon, dis-lui de monter, lui répond aussitôt le propriétaire.

Et, se tournant vers ses invités :

— C'est un bon paysan morvandiau, pas très malin. Vous allez voir comme je vais me moquer de lui sans qu'il s'en aperçoive. Vous pourrez rire à votre aise quand il sera parti.

Gaspard monte. La servante le fait entrer dans la salle à manger.

— Bonjour, monsieur !

— Bonjour, Gaspard !

— Je viens vous payer.

— Bien, assieds-toi un instant près de la cheminée. Tu viens de loin. Cela te reposera.

Gaspard s'assied, regarde les autres qui mangent. Le propriétaire a un clignement d'œil du côté de ses amis, puis se tourne vers le fermier.

— Eh bien, Gaspard, qu'y a-t-il de neuf à la ferme ?

---

1. Prononcer : le « Mon-sieur ».

— Une chose bien curieuse, monsieur, notre vache a eu cinq petits veaux.

— Cinq petits veaux, Gaspard, ce n'est pas possible ! Et la vache n'a que quatre tétines ! Que fait le cinquième quand les quatre autres tètent ?

— Il fait comme moi, monsieur, il regarde !

— Mettez un couvert pour Gaspard, dit le propriétaire qui a compris.

On met le couvert du fermier, et il s'attable. On apporte un plat de poissons.

Le maître sert lui-même Gaspard et met dans son assiette les plus petits poissons. Le fermier les prend, un à un, les porte à son oreille, écoute, les repose en hochant la tête.

— Pourquoi portes-tu ces poissons à ton oreille ?

— C'est que je leur demande des nouvelles de mon oncle qui s'est noyé, il y a trois ans. Mais ils me répondent qu'ils sont trop jeunes et n'étaient pas encore nés.

— Tu voudrais consulter les gros ? Tiens, prends cette carpe !

On sert, ensuite, un beau jambon du Morvan.

— Gaspard, en veux-tu un morceau ?

— Volontiers, monsieur !

Le propriétaire lui en sert une mince tranche. Gaspard l'avale en une bouchée, sort son couteau de sa poche, se coupe un bon morceau de jambon, le mange, s'en coupe un autre, le mange, et va recommencer.

— Ecoute, Gaspard, je ne voudrais pas t'empêcher de manger, mais tu ne sais donc pas que trop manger de jambon rend muet ?

— Justement, j'ai une femme trop bavarde. Je vais emporter le reste pour le lui faire manger. *(I va emporter le reste pour li fée mîzer.)*

— Emporte. Mais je ne voudrais pas te retarder ! Passe dans mon cabinet, je vais te donner tout de suite ta quittance.

Et, dès que Gaspard et son propriétaire sont sortis, les invités se mettent à rire comme le leur avait annoncé leur hôte, mais ce n'est pas de Gaspard !

Papa Grand-Nez

Il y avait, une fois, deux rois qui, étant voisins et jaloux l'un de l'autre, s'étaient déclaré la guerre. Plusieurs combats avaient déjà donné le désavantage à l'un des deux parce qu'il ne pouvait pas diriger à son gré son armée, gêné dans ses manœuvres par les replis d'une large rivière sans pont. Pour observer les mouvements de l'ennemi, un de ses officiers monta un jour au faîte d'un chêne qui dominait une grande forêt. Comme il dirigeait ses regards de tous les côtés, il aperçut assez près de lui une troupe d'enfants qui jouaient autour d'un feu allumé dans une clairière, et presque aussitôt, il vit venir de leur côté un homme qui avait un nez long, long à n'en plus finir.

— Ah ! crièrent les enfants en interrompant leurs jeux, voici Papa Grand-Nez.

Et ils accoururent tous à sa rencontre.

— Bonjour, mes enfants.

— Quelles nouvelles apportez-vous, Papa Grand-Nez ?

— Ah ! mes enfants, je sais bien quelque chose.

— Dites, Papa Grand-Nez, dites.

— Je vais le dire, mais n'en parlez pas. Il y a deux rois qui se font la guerre. L'un des deux sera toujours battu parce qu'il ne peut pas traverser la rivière, faute de pont... Et pourtant, dans cette forêt-ci, pas bien loin de nous, se trouve l'Arbre rouge. On n'aurait qu'à en couper une branche et à la poser sur l'eau de la rivière pour voir un beau pont se former immédiatement... Mais il ne faut pas le dire.

Cric, crac !
Qui qu'en parlera
Pierre deviendra.

L'officier en avait assez entendu. Il descendit de son observatoire et se mit à la recherche de l'Arbre rouge qu'il découvrit non sans peine. Il en coupa une branche, l'emporta et alla trouver le roi.

— Sire, je me charge de jeter, la nuit prochaine, un pont sur la rivière. Que votre armée soit prête à passer !... Ne m'en demandez pas davantage.

— Si tu fais ce que tu dis, répondit le roi, tu auras bonne récompense.

L'officier n'eut qu'à poser la branche sur l'eau du fleuve. Elle s'élargit, s'allongea en forme de pont ; l'armée passa, surprit les ennemis, remporta sa première victoire. Mais les autres ne se tinrent point pour battus et reprirent l'avantage en peu de jours.

L'officier eut l'idée de retourner à son chêne. Dès qu'il se fut hissé à la plus haute branche, il regarda du côté de la clairière et vit les enfants assemblés autour du feu ; presque aussitôt arriva l'homme au grand nez.

— Voici Papa Grand-Nez, s'écrièrent les enfants. Bonjour, bonjour, Papa Grand-Nez !

— Bonjour, mes enfants.

— Que nous apprendrez-vous, Papa Grand-Nez ?

— Ah ! je sais bien quelque chose...

— Dites vite, Papa Grand-Nez !

— Je vais le dire, mais n'en parlez pas. Le roi a trouvé le moyen de jeter un pont sur la rivière, mais son armée sera battue quand même... Et pourtant, dans cette forêt, pas bien loin d'ici, se trouve l'Arbre creux. Une petite partie de la poussière qu'il renferme dans le creux, si on la jetait aux yeux des ennemis, suffirait pour les aveugler et les étouffer. Mais il ne faut pas le dire.

Cric, crac !
Qui qu'en parlera
Pierre deviendra.

L'officier, bien content de connaître un tel secret, quitta son chêne et s'empressa de rechercher l'Arbre creux. Il finit par le trouver et remplit ses poches de la poudre qu'il contenait. Puis il s'en vint parler au roi.

— Sire, ne craignez pas d'attaquer l'ennemi. Livrez bataille dès demain. Seulement, mettez-moi au premier rang, ayez le vent pour vous, et je réponds de la journée.

— Qu'il soit fait comme tu le désires, dit le roi. Si tu réussis, tu auras bonne récompense.

Le lendemain, le combat s'engagea. A mesure que l'officier jetait au vent la poussière de l'Arbre creux, il se formait de gros nuages de fumée qui asphyxiaient les soldats ennemis. Beaucoup tombaient comme foudroyés, les autres prenaient la fuite, serrés de près par l'officier et ses hommes. Il n'en resta pas un sur mille, si bien que leur roi se vit obligé de capituler. On signa donc la paix.

L'officier, qui était le héros de la journée, fut mandé par le roi qui le complimenta beaucoup :

— Je t'ai promis bonne récompense, lui dit-il. Je ne saurais mieux faire que de te donner ma fille en mariage.

Belle comme le jour, cette fille du roi !... et l'officier était déjà amoureux d'elle. En attendant l'époque fixée pour la noce, il passait tout son temps au palais, en promenades, en divertissements avec sa fiancée. Elle lui dit une fois :

— Comment donc avez-vous fait pour jeter un pont sur la rivière et quelle est cette poudre que vous avez si bien employée dans la bataille ?

— Ah ! princesse, je vais tout vous dire. Pour observer l'ennemi, j'étais monté sur le plus grand arbre de la forêt, quand mes regards tombèrent sur un feu qui flambait dans une clairière voisine ; autour du feu jouait une troupe d'enfants. Un moment après, je vis venir à eux un homme ayant un long nez et j'entendis leur conversation...

— Et que disaient-ils ?

— Ceci, princesse...

Et l'officier révéla les secrets qu'il avait appris. Mais à peine eut-il terminé son récit qu'il se trouva changé en pierre. La princesse épouvantée appela au secours ; tous les gens du palais accoururent et, entre autres, un oncle de l'officier.

— Ah ! s'écria-t-il, qu'est-il arrivé à mon neveu ?

La princesse raconta ce qu'elle venait d'entendre et de voir : aussitôt, elle aussi se trouva transformée en statue de pierre.

La désolation fut grande à la cour. Le roi ordonna de placer les deux victimes dans l'église, de chaque côté du maître-autel, et tout le royaume prit le deuil.

Cependant, l'oncle de l'officier ne cessait de penser à l'étrange récit de la princesse ; il était possédé du désir de voir ce mystérieux Grand-Nez. N'y tenant plus, il s'en alla dans la forêt, arriva au pied du plus haut chêne, grimpa de branche en branche et reconnut que la princesse n'avait dit que la vérité, car le feu brillait dans la clairière, les enfants jouaient alentour, et l'homme au long nez ne tarda pas à se présenter.

— Bonjour, Papa Grand-Nez ! criaient les enfants.

— Bonjour, mes enfants.

— Quelles nouvelles aujourd'hui, Papa Grand-Nez ?

— Je sais quelque chose, mes enfants.

— Dites-le-nous, dites-le-nous.

— Je vais le dire, mais ne le répétez pas. Quand je vous parlais du roi qui ne pouvait pas jeter un pont sur la rivière ni remporter la victoire, un de ses officiers était monté sur un arbre près d'ici. Il entendait mes paroles. Il en a profité pour jeter un pont et battre l'ennemi au moyen de la poudre de l'Arbre creux. Le roi, pour le récompenser, lui a promis sa fille en mariage. Mais il n'a pas su garder mes secrets, il a tout révélé à la princesse et il a été changé en pierre. La princesse, ayant répété ses paroles, a été traitée de même. Tout le royaume est en deuil... Et pourtant, au milieu de la forêt, il existe une source sur laquelle est posée une glace. Il n'y a qu'à soulever la glace, prendre un peu d'eau de la source et la verser sur les deux fiancés de pierre pour qu'ils reprennent leur vie habituelle. Mais il ne faut pas le dire.

Cric, crac !
Qui qu'en parlera
Pierre deviendra.

L'oncle de l'officier ne resta pas longtemps sur l'arbre. Il se hâta de se mettre à la recherche de la source qu'il ne découvrit qu'au bout de plusieurs heures. Avant la fin de la journée, il entrait à l'église, muni de l'eau précieuse et pressé d'en faire l'expérience. A peine en eut-il versé quelques gouttes sur son neveu, que l'officier lui sauta au cou en le remerciant, ce que fit également la princesse un moment après.

La joie fut universelle et on reprit les préparatifs de la noce.

Le roi avait plusieurs fois interrogé l'oncle de l'officier sur le moyen qu'il avait employé avec tant de succès pour rendre la vie à sa fille ; mais l'autre se refusait à faire une révélation qui avait de si terribles conséquences. Cependant, questionné tous les jours, il sentait que le secret allait lui échapper.

— Si je retournais au grand chêne, pensait-il, j'entrerais peut-être en possession de quelque autre confidence que je pourrais utiliser à mon profit.

Le voilà donc, un jour, grimpant encore sur son arbre et jetant les yeux du côté de la clairière. Juste à ce moment, les enfants réunis autour du feu saluaient la venue de l'homme au grand nez.

— Bonjour, Papa Grand-Nez !

— Bonjour, mes enfants.

— Qu'y a-t-il de nouveau ?

— Je sais bien quelque chose, mes enfants. Je vais vous le dire, mais n'en parlez pas. Vous savez que l'officier et la fille du roi avaient été changés en pierre. Un oncle de l'officier, caché sur un arbre, a entendu ce que je vous ai dit à ce sujet et il en a profité pour aller prendre de l'eau à la source, si bien que son neveu et la princesse sont aujourd'hui en chair et en os comme auparavant. Mais l'oncle, pressé de dire comment il s'y est pris, ne peut plus garder le secret ; il va le laisser échapper et sera changé en pierre... Et pourtant, sur le bord de la rivière, je connais un Oranger. Il n'aurait qu'à y cueillir une orange, à la manger, à faire ensuite un trou dans le tronc et à y murmurer tout bas ce qu'il m'a entendu dire. Ses paroles suivraient le tronc, descendraient par les racines et se perdraient dans la rivière. Il pourrait alors les répéter tout haut sans crainte d'être changé en pierre. Mais il ne faut pas le dire.

Cric, crac !
Qui qu'en parlera
Pierre deviendra.

L'oncle écoutait de toutes ses oreilles : rien de plus pressé que de courir vers la rivière. Il trouva l'Oranger et suivit exactement les indications du Grand-Nez. Après quoi, il vint au palais et informa impunément le roi de ce qui s'était passé. La noce se fit la semaine suivante. S'il fallait vous raconter toutes les réjouissances qui eurent lieu à cette occasion, il y en aurait aussi long que d'ici à demain. Ce que je peux vous dire, c'est que les mariés furent heureux et que la paix et l'abondance régnèrent longtemps dans le pays.

Le jardin du diable

Les amis, ce que je vais vous dire ne date pas d'hier. Il y avait un prince qui possédait un château magnifique, mais inhabitable. Que s'y passait-il entre le coucher et le lever du soleil ? Personne ne le savait, car aucun de ceux qui y entraient le soir n'en sortait le matin. Comme le prince promettait sa fille unique, belle comme le jour, à celui qui coucherait une nuit dans ce château, plusieurs jeunes gens avaient tenté l'aventure, mais tous y étaient restés. Un militaire s'en allant en congé vint à passer par le pays. Il entendit parler du fameux château, il se présenta devant le prince, qui était un homme grand et fort avec le regard dur et la barbe très épaisse :

— Prince, vous avez promis votre fille en mariage à celui qui passerait une nuit dans votre château ?

— Oui.

— J'ai l'intention de m'y installer ce soir pour la nuit prochaine.

— Tu n'as donc pas peur ?

— Je ne sais pas ce que c'est que la peur. Donnez-moi votre consentement et demain, je vous dirai ce qui rend votre château inhabitable.

— J'y consens, mais d'abord approche... regarde dans ma barbe... j'y ai un petit poil blanc ; il faut me l'arracher... approche.

Le soldat, sans hésiter, porta la main à la barbe touffue du prince. Au moment où toute son attention se fixait sur ce poil blanc, le prince s'écria brusquement : hap !

Il pensait que l'autre aurait un sursaut de surprise et

reculerait peut-être, il n'en fut rien ; au contraire le soldat décocha au prince un maître soufflet.

— Ne bougez pas, lui dit-il, si vous voulez que j'arrache ce poil.

— Je vois que tu n'as pas peur. Tu es l'homme qu'il me faut. Demande ce qui t'est nécessaire pour cette nuit ; n'importe quoi, tu l'auras.

— Prince, faites-moi donner de quoi dîner, quelques bouteilles de vin, un jeu de cartes, une cheville et un maillet. Je n'ai pas besoin d'autre chose.

Le prince ordonna de conduire le soldat au château et d'y porter ce qu'il demandait. Lui s'installa dans la cuisine devant une large cheminée aux montants de bois, alluma un bon feu, pratiqua un petit trou rond dans un des jambages de la cheminée, puis approcha du foyer la table sur laquelle on avait posé son couvert. Il commençait à manger, quand il vit tomber une jambe par le tuyau de la cheminée :

— Que faire d'une jambe ? dit-il. Hé ! là-haut ! envoyez-en une autre.

Il fut servi à souhait. Une autre jambe tomba comme la première, puis les bras et le reste.

— Je m'ennuyais d'être seul ; j'aurai au moins un compagnon pour la nuit.

Des divers fragments rassemblés, il s'était formé un petit homme noir et poilu qui lui dit :

— Que viens-tu faire ici ?

— Cela ne te regarde pas.

— Je vais te traiter comme les autres.

— Allons, un peu de patience ! Causons tranquillement. Voici à boire et à manger, veux-tu souper avec moi ?

— Je veux d'abord savoir pourquoi tu viens chez moi, reprit le diable – car c'était lui-même !

— Je ne viens pas pour te chercher querelle. Laisse-moi souper en paix. Si tu ne veux pas manger, nous ferons une partie de cartes. Aimes-tu le jeu ?

— Oui.

— Moi aussi. Jouons.

Le diable s'assit et la partie s'engagea. Le diable trichait ouvertement, pour exciter la colère du soldat et provoquer une dispute.

— Tu ne cesses pas de tricher, joue tout seul, dit le militaire en jetant les cartes...

« Tiens, je vais t'apprendre un autre jeu, bien simple d'ailleurs et où tu ne pourras pas tricher. Regarde ce trou dans la cheminée : le premier de nous deux qui y mettra le doigt disposera de l'autre à son gré. »

— Accepté ! dit le diable, et vite il approcha le doigt de la cavité.

— Arrête ! un peu de patience, tu veux encore tricher. Je donnerai le signal. Au commandement de trois, nous partirons. Attention ! Un... deux... trois !

Le diable avait déjà le doigt dans le trou de la cheminée.

— Tu as perdu !

— Pas encore...

Et promptement le soldat prit la cheville ; d'un coup de maillet il l'enfonça dans le trou où le doigt du diable s'aplatit comme une feuille de papier. Il hurlait de douleur :

— Délivre-moi, criait-il ; je ferai ta fortune.

— Tu m'as demandé ce que je suis venu faire ici. A ton tour de me répondre : Qu'est-ce qui t'amène dans ce château ?

— Délivre-moi, je te le dirai.

— Dis-le d'abord.

— Non.

— Tu ne veux pas ?... Pan ! pan ! – et le maillet tomba sur la cheville à coups redoublés.

— Assez ! arrête ! je vais tout dire... Sous l'escalier, dans un caveau, il se trouve trois tonneaux d'or et d'argent que je viens visiter toutes les nuits. Prends-les et laisse-moi partir.

— Pas avant que tu ne promettes par serment de ne plus revenir ici.

— Je te le jure : je t'abandonne tout, trésor et château. Seulement je me réserve le petit jardin qui se trouve derrière cette porte.

— Garde le jardin. Il est bien entendu que ni toi, ni les tiens, vous ne remettrez les pieds dans le château ?

— Oui, mais délivre-moi !

— Voilà... maintenant file comme tu es venu, par la cheminée.

D'un bond, le diable se trouva sous la cheminée. Il était furieux :

— Tu as gagné la première partie, prends garde à la seconde, dit-il en disparaissant. Je te reprendrai.

Le soldat, sans s'émouvoir de la menace, alla s'étendre sur un lit et dormit d'un somme jusqu'au jour.

Cependant on s'apitoyait chez le prince sur le sort du pauvre jeune homme ; mais les domestiques le virent entrer gaillardement dans la cour. On l'introduisit bien vite chez le prince qui n'en pouvait croire ses yeux.

— Prince, vous m'avez fait une promesse, je viens vous la rappeler.

— Sois tranquille, je la tiendrai. Raconte-moi ce qui s'est passé.

Le soldat fit le récit de son aventure. On trouva le trésor au lieu indiqué et le prince, convaincu de la bonne foi du soldat, le fiança le jour même à sa fille. Le lendemain sans plus attendre, on célébra le mariage et les deux jeunes gens passèrent leur nuit de noces dans le château, sans y être inquiétés. La princesse aimait beaucoup son mari ; ils étaient parfaitement heureux.

Le soldat n'avait point parlé du petit jardin que le diable s'était réservé et dont la porte restait close.

Sa femme lui dit un jour :

— Mon ami, à quoi sert cette porte ? Elle est toujours fermée ; je suis curieuse de voir où elle mène.

— Garde-toi bien de l'ouvrir. Le terrain dont elle nous sépare ne nous appartient pas et nous n'avons rien à y voir.

Mais sa curiosité était excitée et plusieurs fois elle revint sur le même sujet.

— Sais-tu que j'ai eu un songe la nuit dernière ? dit-elle un matin. Derrière cette porte, je voyais un jardin si beau, si beau, que je ne peux pas te le décrire. Je n'aurai de repos qu'après avoir ouvert cette porte, car je brûle de savoir si elle nous cache un pareil jardin.

Le soldat se trouva fort embarrassé. Il réfléchit, cherchant un stratagème :

— Allons ! dit-il, je consens à ouvrir, puisque tu y tiens tant.

La clef grinça dans la serrure, la porte s'ouvrit et le jardin apparut à la princesse tel qu'elle l'avait rêvé : des arbres en argent, des feuilles en or, des fleurs en diamants ! Le diable se promenait dans la grande allée au milieu de compagnons richement parés. Dès qu'il aperçut les deux intrus, il courut à eux :

— Ah ! ah ! cette fois, tu ne m'échapperas pas. A moi la seconde partie !... Vous êtes chez moi, vous m'appartenez.

— Attends un peu.

Et creusant un trou en terre :

— Tiens, nous allons d'abord jouer à qui mettra le premier son doigt dans le trou... approche.

— Je devine ton intention, cria le diable ; tu veux me reprendre encore le doigt... Non, non garde tout plutôt, le jardin et le château. J'aime mieux m'en aller.

Et il courait à toutes jambes, suivi de ses acolytes, pendant que l'autre riait à se tenir les côtes.

Dès lors, il eut avec sa femme la libre possession du jardin.

S'ils vivent encore, depuis si longtemps, ils doivent être bien vieux !

L'ogre de la Forêt-Noire

Il y avait une fois un jeune homme revenant d'un pèlerinage qui avait duré sept ans. Il rapportait six cents francs en bourse. A l'auberge où il buvait un coup, en se reposant, il trouva un voyageur comme lui, qui lui proposa une partie de cartes.

— J'accepte, répondit-il, fixez l'enjeu.

— Cent francs !

— Soit. Et il gagna.

— Vous me devez une revanche, dit l'autre.

— Je vous la donne.

Cette fois, le jeune homme perdit ; on avait doublé l'enjeu. On le redoubla pour une troisième partie, qu'il perdit encore.

Comme il s'obstina à continuer et que la chance ne lui revint pas, il eut bientôt vidé sa bourse.

— J'ai encore quelque chose à perdre, dit-il, dans un accès de fol entêtement ; je joue ma personne contre la vôtre.

— Jouons ! répondit l'adversaire qui, ayant rapidement gagné, reprit d'un ton sec : Maintenant que tu m'appartiens, tu n'as pas de temps à perdre pour te rendre dans mon château à la Forêt-Noire. Le chemin est long, tu en as pour un an et un jour, et je t'engage à partir sans retard, ou autrement...

— Et de quel côté me diriger ?

— Voici une lettre qui te servira. J'ai trois frères. Tu arriveras chez le premier, il t'indiquera la route. N'oublie pas de présenter cette lettre, car mes frères sont des ogres comme moi et tu serais mangé.

Le pauvre garçon n'était pas rassuré par de telles

paroles. Il partit le jour même et, après une longue marche dans un pays désert, il arriva au logis d'un des trois frères.

— Toc-toc !

L'ogre vint ouvrir la porte, et bien vite le jeune homme lui tendit la lettre.

— Ah ! ah ! c'est de mon frère que je n'ai pas vu depuis neuf cents ans. Que voulez-vous ?

— Que vous m'indiquiez le chemin qui mène chez lui.

— Je ne le connais pas, mais attendez.

Cet ogre était le roi des grenouilles. Il appela tout son peuple. En un clin d'œil, il arriva des milliers de grenouilles, de toutes les tailles.

— Connaissez-vous, leur demanda-t-il, le chemin de la Forêt-Noire ?

— Non, répondirent-elles, nous ne nous éloignons guère et nous ne connaissons que ce pays-ci.

— Eh bien ! dit l'ogre au jeune homme, allez plus loin. Vous trouverez mon frère, le roi des petits oiseaux, qui vous renseignera peut-être.

Le garçon repartit, marcha longtemps encore et finit par arriver chez le second frère.

— Toc-toc !

— Qui est là, et que voulez-vous ?

— Je voudrais, dit le jeune homme en présentant la lettre, savoir le chemin de la Forêt-Noire.

— Ah ! c'est mon frère qui vous envoie : je ne l'ai pas vu depuis neuf cents ans.

Il rassembla ses petits oiseaux, grappetots, reuches, bouvreuils, merles, perdrix, etc. Tous déclarèrent que leur vol n'allait pas jusqu'à la Forêt-Noire, et pas un n'en connaissait le chemin.

— Continuez votre route, dit l'ogre, jusque chez un autre de mes frères. Je crois que c'est lui qui pourra vous satisfaire.

Il fallut donc marcher, marcher encore pour atteindre le logis de ce troisième frère.

Enfin, l'y voici :

— Toc-toc !

La porte s'ouvrit :

— Que demandez-vous ?

— Voici une lettre de votre frère.

— Ah ! il y a neuf cents ans que je ne l'ai vu.

— Pouvez-vous m'indiquer le chemin de son château ?

Cet ogre était le roi des gros oiseaux. Il réunit ses aigles, ses vautours, ses bondrées : aucun ne connaissait la Forêt-Noire. Mais il manquait à l'appel un aigle, un vieil aigle qui voyageait beaucoup. L'ogre proposa de l'attendre. Il arriva une heure après.

— D'où viens-tu donc, si en retard ?

— De bien loin. Je me trouvais près de la fontaine de la Forêt-Noire, et j'ai voulu m'y baigner.

— Eh bien ! tu vas y retourner avec ce jeune homme. Prends-le sur ton dos et porte-le jusque-là.

L'aigle obéit. Voici le garçon fendant les airs. Tout à coup, l'aigle ayant faim descendit rapidement vers un troupeau qui paissait, fondit sur un mouton, le mangea en un clin d'œil, puis repartit, pour ne s'arrêter qu'au bord de la fontaine de la Forêt-Noire, où il déposa son fardeau.

A ce moment, trois jeunes filles sortaient de la fontaine où elles venaient de se baigner. Elles se rhabillèrent, mais l'une des trois perdit son mouchoir. Le garçon le trouva et s'approcha d'elles :

— N'auriez-vous pas perdu ce mouchoir ?

— Il est à moi, répondit la plus jeune. Je vous remercie.

— Est-ce bien dans cette maison, là-bas, que demeure le maître de la Forêt-Noire ?

— Oui, c'est notre père. Si vous avez affaire à lui, tenez-vous sur vos gardes, car c'est un ogre.

Et laissant ses deux sœurs marcher devant, elle ajouta :

— Vous allez frapper à la porte. Il viendra l'ouvrir, sortira et vous dira par trois fois : « Entrez. » Vous répondrez : « Passez le premier, à vous l'honneur. » Dans la chambre, il vous offrira une chaise ; ne vous asseyez pas, elle vous brûlerait. Il vous montrera ses glaces, ses tableaux ; ne tournez pas la tête pour les regarder. Dites-lui simplement ce que vous avez à lui dire.

Ils arrivaient à la porte du logis.

Le jeune homme remercia et frappa à l'huis. Aussitôt, l'ogre parut :

— Ah ! c'est toi. Fort bien ! Entre.

— Non, passez d'abord, à vous l'honneur.

— Entre donc.

— Non, non, après vous.

— Je te dis d'entrer.

— Je ne veux pas, entrez le premier.

L'ogre entra :

— Assieds-toi.

— Non, je ne suis pas las.

— Vois-tu ces glaces, ces tableaux ? Regarde par ici... et par là, tourne-toi.

— Non, je ne peux pas me tourner, j'ai le torlicou. Donnez-moi plutôt de l'ouvrage.

— Voici tes outils, une scie, une cognée, une chèvre. Il faut que demain, avant le coucher du soleil, tu aies abattu et exploité ma forêt de trois cents arpents, sinon, tu seras mangé.

La cognée et la scie étaient en bois, la chèvre était en fer.

Le jeune homme, dès le point du jour, s'en alla bien tourmenté ; n'essayant pas même de se servir de pareils outils, il se coucha sur l'herbe. Quand fut venue l'heure du déjeuner :

— Laquelle de vous, dit l'ogre à ses filles, va porter à manger à l'ouvrier ?

— Pas moi, dirent l'aînée et la cadette.

— J'irai, reprit la plus jeune, enchantée de revoir le jeune homme dont elle avait grande pitié.

Elle le trouva rêveur et dolent :

— Vous ne travaillez donc pas ?

— A quoi bon ? Votre père m'a commandé de couper cette forêt avec ces outils-là, avant la fin du jour. Autant vaut qu'il me mange aujourd'hui que demain !

— Ne vous désolez pas. Je reviendrai à l'heure du goûter. Restez couché, si vous le voulez, mais ne vous endormez pas avant mon retour.

Elle revint à midi, apportant le goûter.

— Mangez, puis vous pourrez dormir une heure.

Il goûta, puis s'endormit.

Pendant son sommeil, la fille de l'ogre se mit à dire :

— Par la vertu de ma baguette, que la forêt soit abattue, exploitée ce soir, comme mon père le demande !

Puis, elle s'éloigna.

A son réveil, le jeune homme fut bien étonné de voir tous les arbres coupés, ébranchés, équarris, mis en cordes, etc.

Il attendit la fin du jour et s'en alla trouver l'ogre.

— Maître, mon ouvrage est fait. Que m'ordonnez-vous pour demain ?

— Tu es bien malin, toi ! Puisque mon bois est exploité, je veux que, demain, avant soleil couché, tu l'aies défriché d'un bout à l'autre. Prends ces outils et tâche de t'en bien servir ; sinon, tu seras mangé.

C'était, avec la même cognée, une pioche en bois.

Plus désolé que jamais, le pauvre garçon, en arrivant sur le terrain à la pique du jour, brisa ses outils dans un accès de désespoir et, jetant le manche après la cognée, se coucha comme il l'avait fait la veille.

A l'heure du déjeuner :

— Qui portera aujourd'hui, dit l'ogre, le déjeuner à l'ouvrier ?

La plus jeune des filles s'en défendit d'abord, pour détourner tout soupçon :

— J'y suis allée hier ; à une autre maintenant !

— Puisque tu t'en défends, tu iras encore.

Elle partit toute joyeuse et arriva près du jeune homme qui ne l'était guère.

— Pourquoi ne travaillez-vous pas ?

— Travailler ? Défricher le terrain avec des outils de bois avant ce soir ? J'aime mieux être mangé tout de suite.

— Rassurez-vous ; je vous aiderai. Je reviendrai à midi avec le goûter. Ne vous endormez pas jusque-là, mais ayez confiance.

A midi, elle le décida à manger et à dormir. Et alors :

— Par la vertu de ma baguette, que tout ce bois soit défriché avant ce soir, comme mon père le demande !

Quand le jeune homme se réveilla, elle était partie, mais tout le terrain avait été fouillé, de distance en distance, les racines des arbres s'entassaient sur le sol parfaitement nivelé.

Le soir venu, l'ogre vit arriver son ouvrier :

— Maître, ma besogne est achevée. Qu'y a-t-il à faire pour demain ?

— Tu es donc aussi malin que moi ?... Il y a trois cents ans que ma femme a laissé tomber son anneau dans la mer. Je veux qu'avant demain soir tu me le rapportes, ou tu seras mangé.

Le jeune homme eut envie de s'écrier : « Mangez-moi tout de suite ! » Il passa une très mauvaise nuit et se dirigea à l'aube vers le bord de la mer où il se coucha, dans l'accablement le plus complet.

— Qui portera les vivres à l'ouvrier ? demanda l'ogre à ses filles.

— Cette fois, c'est à votre tour, dit la plus jeune à ses sœurs. Je ne veux plus y aller.

— Tu ne veux plus ? Pour t'apprendre à être moins impérieuse, tu iras encore.

C'était bien ce qu'elle désirait. Elle s'achemina aussitôt vers le rivage où le jeune homme se désespérait.

— Vous n'avez donc rien à faire ?

— Oh ! peu de chose : je n'ai qu'à retirer de l'eau un anneau qui y est tombé il y a trois cents ans !

— Ne perdez pas courage. Attendez, sans dormir, que je revienne avec votre goûter et je vous tirerai peut-être d'embarras.

A midi, elle était de retour. Lorsqu'il eut mangé :

— Coupez-moi en menus morceaux, lui dit-elle ; mettez-moi dans ce sac et jetez-moi dans la mer. Surtout ne vous endormez pas, mais tenez-vous prêt à me retirer dès que je vous aurai appelé trois fois. Vous rapprocherez alors les morceaux de mon corps les uns des autres.

— Je ne peux consentir à vous faire du mal...

— Il le faut ; du reste vous me reverrez telle que je suis et je n'en souffrirai pas... Seulement hâtez-vous de me retirer de l'eau à mon troisième appel ; si vous tardiez, il y resterait quelque partie de mon corps.

Le jeune homme finit par consentir. Il la coupa en petits morceaux qu'il mit dans le sac et jeta dans la mer. Malheureusement il s'endormit et ne l'entendit pas :

— Je me noie !... je me noie !... je me noie !... tends-moi la main !

Un quatrième appel le réveilla : il se précipita, mais il était déjà trop tard ; car ayant retiré du sac, puis rapproché les os de la fille, il vit qu'il manquait un petit doigt de pied. Elle avait trouvé l'anneau, qu'elle lui laissa en retournant chez son père.

Au soleil couché, le jeune homme arriva chez l'ogre :

— Maître, voici votre anneau.

— Décidément tu es plus malin que moi. Pour te récompenser, je te donnerai une de mes filles en mariage. Demain, je les mettrai toutes trois dans un sac et, les yeux bandés, tu feras ton choix.

Il avait bien peur de ne pas mettre la main sur la plus jeune, mais elle trouva le moyen de le voir et lui dit :

— Tu sais qu'il me manque un petit doigt de pied. Tu me reconnaîtras à cette marque.

C'est ainsi que, le lendemain, il put choisir celle qu'il aimait.

— Elle est à toi, dit l'ogre ; vous vous marierez aujourd'hui.

On fit donc la noce. Mais l'ogre avait décidé, de concert avec sa femme qui était encore pire que lui, de tuer sa fille ainsi que son gendre. Il plaça au-dessus de leur lit un grand couperet ; il suffisait de tirer un cordon pour le faire tomber et leur trancher la tête.

Le soir, en entrant dans la chambre, la fille dit à son mari :

— Voici un piège... et nous n'avons plus qu'à nous sauver bien vite. Descends dans l'écurie ; selle la mule qui fait au pas sept lieues.

Il y alla, mais la mule ne voulait pas se lever, elle semblait vieille et éreintée ; il prit un beau cheval à côté d'elle et le sella. Sa femme vint le rejoindre :

— Ah ! tu t'es trompé, c'est la mule qu'il fallait prendre, le cheval ne fait que quatre lieues au pas... Tant pis ! partons vite.

Au milieu de la nuit, l'ogre tira la ficelle qui soutenait le couperet, puis il alla voir le résultat de sa ruse. Bien surpris de trouver le lit vide, il courut vers sa femme :

— Les mariés sont partis !

— Selle ta mule et poursuis-les.

Eux cependant s'enfuyaient au galop.

— Ne vois-tu rien venir ? demandait la fille.

— Je vois un cavalier qui vient vite comme le vent.

— C'est mon père !... Par la vertu de ma baguette, que notre cheval se change en église, toi en autel, moi en prêtre !

Le prêtre était à l'autel quand l'ogre arriva.

— N'avez-vous pas vu passer un jeune homme et une jeune fille ?

— *Dominus vobiscum !* répondit le curé.

— Entendez ce que je vous demande : avez-vous vu passer un jeune homme et une jeune fille ?

— *Et cum spiritu tuo*.

L'ogre tourna bride et revint vers sa femme.

— Les as-tu trouvés ?

— Non, je n'ai vu qu'un curé à l'autel dans une église.

— Retourne vite : le curé, c'est elle ; l'autel, c'est lui...

— Ne vois-tu rien venir ? demandait la fille.

— Si, je vois un cavalier vite comme le vent.

— C'est mon père. Par la vertu de ma baguette, que le cheval soit un étang, toi une barque, moi un pêcheur !

L'ogre arrivait :

— Hé ! pêcheur, avez-vous vu passer un jeune homme et une jeune fille à cheval ?

— Je prends plus de petits poissons que de gros.

— Ce n'est pas ce que je te demande.

— En voulez-vous, gros ou petits ?

— Imbécile de sourd !

Il retourna chez lui.

— Les as-tu pris ? dit sa femme.

— Non, je n'ai trouvé qu'un pêcheur dans une barque sur un étang.

— Mais la barque et le pêcheur, c'étaient eux ! J'y vais moi-même... tu ne fais rien de bon.

Elle partit.

— Vois-tu quelque chose ? demandait la fille.

— Je vois un cavalier qui vient, vite comme un éclair.

— C'est ma mère ; nous sommes cette fois en grand danger. Par la vertu de ma baguette, que le cheval devienne un champ de blé, toi la paille, moi le grain !

L'ogresse était déjà arrivée :

— Que je devienne souris, dit-elle, pour manger le grain !

— Et moi, chat ! cria la jeune fille en se précipitant sur la souris qu'elle dévora.

Les mariés étaient sauvés. Ils continuèrent tranquillement leur chemin et s'établirent dans une ville, où ils arrivèrent quelques jours plus tard.

La jeune femme avait donné un anneau à son mari, en lui disant :

— Garde-le avec soin ; si tu venais à le perdre, tu perdrais la mémoire de tout ce qui s'est passé entre nous ; tu m'oublierais au point de ne plus me reconnaître.

— Sois tranquille, l'anneau ne me quittera jamais.

Ils vivaient donc ainsi, parfaitement heureux. Un soir, une cousine du mari lui dit en riant :

— Le bel anneau que vous avez ! et que vous seriez aimable de m'en faire cadeau !

— Ma cousine, demandez-moi ce que vous voudrez et je vous le donnerai, mais pas l'anneau.

— C'est l'anneau que je voudrais.

— Impossible de m'en défaire. Il m'arriverait malheur.

— Voulez-vous au moins que je l'essaie ?

— Bien volontiers – et il le lui tendit.

Aussitôt il perdit la mémoire du passé ; sa femme devint pour lui une étrangère qui dut quitter sa maison et se loger dans une rue voisine. A partir de ce jour, il commença une vie de plaisir, en compagnie de deux débauchés des environs. Ils ne tardèrent pas à remarquer la belle jeune femme qui semblait affecter de les regarder toutes les fois qu'ils passaient sous ses fenêtres et ils décidèrent d'essayer d'obtenir ses faveurs. Ils jouèrent aux cartes à qui se rendrait le premier chez elle.

Celui qui fut désigné s'y présenta donc comme chez une femme galante, reçut bon accueil, soupa et s'installa pour la nuit. Au moment où elle venait d'éteindre la chandelle pour se coucher, elle lui dit :

— J'ai oublié de tirer un seau d'eau ; tirez-en, je vous prie.

Il tira un seau, puis un autre et un troisième ; toute la nuit, il tira de l'eau sans pouvoir s'en empêcher. A l'*Angelus*, il rentra chez lui bien mécontent.

Le soir venu, ce fut le tour d'un autre : celui-là passa la nuit à balayer la maison, jusqu'à l'*Angelus* du matin. Pas plus que le précédent il ne souffla mot de sa mésaventure.

Le troisième soir, c'est le mari qui se présenta chez sa femme, sans la reconnaître. Elle essaya de lui remettre en mémoire son séjour chez l'ogre avec les divers incidents, mais ce fut inutile. Alors elle prit un anneau à son doigt :

— Mettez cet anneau à votre doigt, dit-elle, et posez votre pied gauche sur le mien.

Il obéit et aussitôt il la reconnut. Il se jeta à son cou en lui demandant pardon. A partir de ce jour, rien ne troubla plus leur tranquillité.

PROVENCE

Frédéric Mistral

Jean de la Vache

1

L'an du gros hiver, que le Rhône se figea et que le froid tua tout, les pauvres gens souffrirent fort. Jean de la Vache et sa mère qui demeuraient en bastide n'avaient plus rien pour manger ni pour eux ni pour leur vache ; et la vieille dit à son fils :

« Jean, il te faudra aller vendre la vache.

— Mère, j'irai... Et combien en demanderai-je ?

— Oh ! vois-tu, ne la laisse pas à moins de cent écus. Quoiqu'elle soit un peu maigre, c'est encore une bonne bête ; elle vaut bien ce prix. »

Jean de la Vache partit donc de son mas, chassant la vache devant lui et s'en alla chercher fortune : Marche... tu marcheras !

2

Comme il passait près des frères mineurs, dont le couvent était sur le chemin, il se trouva que l'abbé de ces religieux se promenait devant la porte en lisant son bréviaire.

« Père, lui cria Jean, ne voudriez-vous pas acheter une vache ? Je vous la donne pour cent écus...

— Une vache ! Une vache ! répondit le prieur (qui

était un gros farceur), tu veux dire sans doute une chèvre ?... Cent écus une chèvre ! C'est un peu cher !

— Que parlez-vous de chèvre, et puis de chèvre ? dit Jean ; vous ne voyez pas que c'est une vache ?

— Ça, une vache ? lui répliqua le moine en sortant sa tabatière, mais je crois que tu veux rire. Pour une chèvre, certes, c'est une belle chèvre, mais jamais de la vie tu ne la feras passer pour vache.

— Ah ! elle est forte, cria Jean, celle-là est forte ! Mais, sacré nom d'été, me prenez-vous donc pour un imbécile ? Combien voulez-vous parier que c'est une vache ?

— Je te parierai, dit le prieur, ce que tu voudras... Et, tiens, nous n'irons pas plus loin : nous allons faire juger la chose par les frères du couvent : s'ils affirment que c'est une vache, je te la paie cent écus, mais s'ils disent que c'est une chèvre, comme c'est la vérité, tu perds la chèvre et l'argent.

— Soit ! dit Jean. Pétard de nom de mille, il faut voir si je suis idiot ou si je le deviens : je tiens le pari. »

Cela dit, ils entrent au couvent, poussant la vache devant eux.

3

Le père prieur, sans faire semblant de rien, donne le mot à ses confrères et, quand les moines sont rassemblés, il leur parle ainsi :

« Frères, voici un homme qui nous veut vendre cette bête ; seulement nous ne sommes pas d'accord sur la nature de l'objet ; il prétend que c'est une vache, et moi je maintiens que c'est une chèvre.

— Ho ! est-il possible ? firent les moines en éclatant de rire. Regardez les cornes et les mamelles : pour une chèvre, certes, c'est une belle chèvre... Mais jamais personne ne dira que c'est une vache.

— Eh ! bien, dit le prieur, tu entends, collègue ? Les frères te condamnent, tu as perdu le pari... Frères, enfermez la chèvre.

— J'ai perdu, dit Jean. Sacré tonnerre de pas Dieu, de milliards de noms de coquinas de diable ! J'ai perdu ma belle vache !... Eh ! bien, maintenant je suis joli ! Aïe ! quelle réprimande va me faire la vieille ; et elle n'aura pas tort !... »

4

Et le pauvre Jean de la Vache, sot comme un panier troué, à son mas s'en retourna sans vache et sans argent.

« Ces flibustiers, ces brigands de moines, que le tonnerre les crève, dit-il à sa mère ; m'ont-ils pas fait jouer ainsi et puis ainsi, et ne m'ont-ils pas volé ma vache ! »

Et, de fil en couture, en trépignant et jurant, il lui raconta l'aventure.

« Va, va ! console-toi, mon pauvre Jean, dit la vieille : ils ne l'emporteront pas en paradis, nous leur rendrons pain pour fouace, et chiffon pour aiguilles... Ecoute-moi bien ; sais-tu ce qu'il faut faire ! Il te faut habiller en dame, écoute-moi bien ; mettre sous ta robe un gourdin d'yeuse, écoute-moi bien ; aller demander, ce soir, l'hospitalité au père prieur, écoute-moi bien ; et puis lui ficher une raclée tant qu'il en pourra supporter, jusqu'à ce qu'il crache les cent écus.

— Il suffit, ma mère. »

5

Jean de la Vache s'habille en dame, cache sous sa robe une trique de quatre pans ; ensuite, balin-balant, au soleil couchant, il se présente à la porte de l'abbaye des frères mineurs.

Le père abbé se promenait, comme il en avait coutume, en lisant son bréviaire :

« Bien le bonsoir, père ! lui dit Jean de la Vache. Je suis une pauvre dame qui vais en pèlerinage au grand Saint-Jacques-de-Galice, et je suis lasse, je suis lasse, voyez-vous, à n'en pouvoir plus ! Si vous pouviez, au nom de Dieu, me donner l'hospitalité, vous feriez, je vous assure, une charité méritoire.

— Oh ! volontiers, madame, lui répondit le prieur. Entrez, entrez, vous dis-je ; nous sommes ici pour donner asile aux braves gens qui sont dans la peine. »

Et voilà Jean de la Vache enfermé dans le couvent. Ça va bien !

Quand les moines eurent soupé et que fut dit l'office, tout le monde alla se coucher ; et ma foi, dans la nuit, quand les frères dormaient, Jean de la Vache se lève doucement, entre dans la chambre du révérend père abbé et, lui tombant dessus, lui met le bâillon, sort sa trique d'yeuse et – nous y voici ! – zou, sur les côtes !

« Donne-moi mes cent écus, disait-il en frappant, je suis Jean de la Vache ! Mes cent écus, mes cent écus, gros capucin de Dieu ! ou je te romps la caboche... »

Le père – vous pensez –, réveillé par cette raclée, lui fit signe, au clair de la lune, d'aller ouvrir un tiroir. Jean de la Vache attrapa ses sous ; puis, la trique en l'air, il se fit reconduire à la porte du couvent et décampa.

6

« Eh bien ! l'ancienne, cria-t-il à sa mère quand il fut de retour, il les a crachés, les cent écus ! Quelle rossée, mon pauvre ami ! On peut l'envelopper d'une peau de mouton ! Je lui ai flanqué une raclée que, s'il n'en est pas content, il ne sera pas raisonnable !... Cela lui apprendra, ma belle, à se moquer du pauvre monde.

— Mon fils, ce n'est pas tout, dit alors la mère (qui était une vieille coquine) : cette nuit il t'y faut retourner. Habille-toi en charlatan de place, écoute-moi bien ; porte encore le gourdin sous ton manteau ; tu leur offriras, aux moines, écoute-moi bien, de l'onguent pour guérir les plaies ; ils te feront entrer ; et quand tu seras seul dans la chambre du prieur, rosse-le de nouveau, jusqu'à ce qu'il t'ait rendu la vache.

— Ma mère, il suffit », répondit Jeannet.

7

Jean de la Vache, sans perdre de temps, s'habille en marchand d'orviétan ; et, au jour tombant, va passer devant la porte des frères mineurs :

« Qui veut de l'onguent, du bon onguent pour souder les plaies ? De l'onguent, de l'onguent ! »

Le portier du couvent ouvre vite la porte, et lui vient discrètement :

« Que vendez-vous, brave homme ?

— Frère, je suis marchand d'onguent : je vends du

baume pour charmer les mauvais maux. J'ai de la pommade pour les cors aux pieds ; j'ai de l'huile rouge pour les coupures, de la graisse de marmotte contre les douleurs, et surtout de l'onguent pour guérir les meurtrissures : un baume souverain, oh ! quel baume ! La main de Dieu !

— Tiens, dit le portier, loué soit Dieu ! cela tombe bien : nous avons notre père abbé qui, en se dépêchant pour venir à l'office, a roulé dans les escaliers... Comme il est un peu lourd, il s'est tout abîmé. Nous ne savons comment il a fait, son corps n'est qu'une plaie... Si vous pouviez le soulager – il est là-haut qui ne fait qu'un cri –, vous feriez là une belle cure !

— Si je puis le soulager, dites-vous ? une simple chute ?... Je vous en réponds, frère ! Menez-moi à lui tout de suite. »

On mène Jean de la Vache à la chambre du prieur.

« Seulement je vous fais observer, dit-il aux moines qui le menaient, que mon onguent est un peu cuisant... Si, par hasard, quand j'aurai oint le père, vous l'entendez hurler, restez tranquille, cela prouvera que le baume fait effet. »

8

Et cela dit, Jean s'enferma dans la chambre du malade :

« Eh bien, père, lui dit-il, nous sommes donc un peu souffrant.

— Ah ! mon fils, je suis abîmé ! En me hâtant ce matin, pour aller chanter matines, n'ai-je point dégringolé dans la visette ?

— Bon ! vous pouviez vous tuer... Allons, enlevez un

peu votre vêtement, dit Jean de la Vache, montrez-moi ces meurtrissures et je vous les oindrai. »

Le pauvre prieur, hélas ! quitte donc sa robe, et tourne le dos vers Jean de la Vache. Celui-ci saisit de nouveau son gourdin de quatre pans et lui allonge une volée, mes amis, comme s'il avait frappé sur un âne gris.

« Rends-moi ma vache, monstre ! ou sinon je te fais passer le goût du pain : je suis Jean de la Vache !

— Aïe, de ma peau ! aïe, de mon échine ! Frères, au secours ! criait le père abbé, on m'écorche, on m'assomme !

— Allons, bon, disaient les moines là-bas dans le cloître, il paraît que le baume fait effet : demain, le révérend sera tout ragaillardi.

— Ma vache ! faisait Jean, gros capucin de Dieu, me la rends-tu, ma belle vache ?

— Miséricorde ! Je te la rendrai : laisse-moi, au nom de Dieu, dit le pauvre abbé. Je te la rendrai, je te la rendrai ! »

Jean de la Vache frappa moins fort ; le révérend père prieur ouvrit la petite porte et cria aux moines :

« Rendez-lui, rendez-lui sa vache, frères, et laissez-le partir, car cet homme est un démon et nous détruirait tous. »

9

Jean de la Vache reprit donc sa vache ; et à l'étable la ramena :

« Mère, voici la vache !

— Très bien, dit la vieille. Va, tu es un bon petit gars, mais, seulement, ce n'est pas tout... Maintenant sais-tu ce qu'il y a ? Il te faut faire au plus tôt une femme de paille, la pendre à la poutre du plafond, là-bas, au fond de la cuisine, et puis, un peu plus tard, je te dirai ce qui te reste à faire.

— Il suffit, ma mère ! Le mannequin sera bientôt fait. »

10

A l'abbaye des frères mineurs, on tirait, cependant, des plans.

« C'est égal, disait le prieur, cela se peut dire de l'"onguent-que-tu-mérites" ! mais c'est pourtant abominable que ce Jean de la Vache nous fasse "péter" nos cent écus... Frères, voici ce que j'ai imaginé : il faut charger de légumes les deux mulets du couvent et les lui envoyer porter par notre jardinier en lui disant : "Jean de la Vache, voici ce que vous mande le père abbé, des frères mineurs. Ce qui est passé est bien passé ; rendez-lui ses cent écus et recevez de sa part, en signe d'amitié, cette charge de légumes." »

Aussitôt fait que dit : le jardinier charge les mulets et part avec son petit garçon pour chercher Jean de la Vache. Ils arrivèrent à son mas à la tombée de la nuit.

11

« Bonsoir, bel homme, dit le jardinier, n'est-ce pas vous qui êtes Jean de la Vache ?

— Si, si, répondit Jean. Qu'y a-t-il pour votre service ?

— Il y a que le père abbé du couvent des frères mineurs m'a dit de vous apporter cette charge de légumes.

— Ah ! le brave homme, dit Jean, tant mieux ! Déchargez, enfermez vos mulets à l'écurie et puis vous viendrez souper avec moi. »

Dès qu'ils ont déchargé et établé les mulets, le jardinier avec son petit entrent à la cuisine et s'assoient pour souper. Tout d'un coup, le petit dit à son père :

« Voyez, voyez, mon père ! Il y a une femme pendue à la poutre !

— C'est vrai, cria le père. Grande Sainte Vierge ! mais qu'est-ce cela, Jean de la Vache ?

— Ho, répondit Jean, ne faites pas attention : c'est ma bohémienne de mère que j'ai pendue ce matin : toujours elle pissait au lit... A la fin, puis, c'est assommant. »

Le pauvre jardinier acheva de souper avec la frousse. Du diable s'il songea à parler des cent écus !

« Un mauvais sujet pareil, pensait-il à part lui, qui a pendu sa mère pour avoir pissé au lit, est capable de tout ! Où sommes-nous logés, Seigneur ! »

12

Baste, après souper, Jean de la Vache les mena au lit, et quand il fut sorti, le jardinier dit à son enfant :

« Ah ! pauvre petit capon ! Aie grand soin au moins cette nuit de ne pas pisser au lit ! Puisque le gueusard a pendu sa mère pour cela, que ne ferait-il pas de nous ?

— Mon père, soyez tranquille : certes, je m'aviserai. »

Et, ayant dit leurs heures, ils se couchent et s'endorment. Mais le coquin de Jean qui les guettait, pas plus tôt les entend-il ronfler qu'il ouvre la porte bien doucement, leur verse dans le lit une cruche d'eau tiède, et, passe... je t'ai vu !...

Quand notre jardinier, le pauvre ! se réveille et se sent mouillé :

« Ah ! sacré petit bâtard, fait-il à son garçon, nous sommes perdus ! Je te l'avais bien recommandé, pourtant ! galopin ; et tu as encore pissé au lit !... Nous sommes perdus, nous sommes perdus !... Notre plus court est de sauter par la fenêtre. »

13

Heureusement que la fenêtre n'était pas haute. Les deux pauvres malheureux, tout épouvantés, s'en coururent au couvent, abandonnant les mulets et la charge de légumes.

C'est ainsi que Jean de la Vache, dit-on, eut sa vache, avec cent beaux écus et, en plus, deux jolis mulets.

Le gros poisson

Un Martegau venait tous les jours à Marseille pour les affaires qu'il avait ; et tous les soirs, quand il était de retour aux Martigues, ses voisins venaient :

— Eh bien ! Genèsi, qu'y a-t-il de neuf à Marseille ?

Et le bon Genèsi racontait, de fil en aiguille, tout ce qui était arrivé de neuf dans la capitale du Midi.

Un jour surtout, le bon Genèsi n'ayant rien à dire de neuf à ses finauds compatriotes, et s'attendant cependant, comme toujours, à la question ordinaire, il se dit en lui-même : « Oh ! pour cette fois, il faut que je leur en fasse une, à ces farceurs, une, ma foi de Dieu, qui éclate. »

Voilà qui va bien.

Il arrive sur le tard aux Martigues et du plus loin qu'ils le voient :

— Eh bien ! Genèsi, qu'y a-t-il de neuf à Marseille ? lui crient les Martegaux.

— Ah ! mes pauvres, fait Genèsi, je vous en vais dire une aujourd'hui qui peut compter pour deux. Ah ! mes bons, vé, si je ne l'avais vu, l'ase me quille, si je l'aurais cru.

Et tout d'un temps, comme si le trompetteur avait passé par la ville, tous, femmes et hommes, enfants et vieillards, viennent autour de lui et le conteur entame le plan qu'il avait tiré :

— Vous saurez, dit-il, Martegaux, que ce matin est arrivé en rade de Marseille un poisson, mais un poisson si gros, si gaillard et si long, que sa tête est amarrée dans le port et que la queue va toucher le château d'If. Oh ! croyez-le ou ne le croyez pas, ce poisson prodigieux s'est embarrassé la tête entre le fort Saint-Jean et le fort Saint-Nicolas, et tout Marseille est monté en haut de Notre-Dame-de-la-Garde pour voir comment les pêcheurs feront pour le retirer de là.

Les Martegaux, pécaïre ! avalèrent ça comme miel et, ni que vaut ni que coûte[1] : « Allons ! zou ! partons ! » Et sans songer qu'il allait être nuit, femme, homme, fille, vieux, enfant, tout part pour Marseille comme s'ils allaient à la noce.

Genèsi, lui, le fin tireur de bourdes, était sur une hauteur pour les voir passer, et se crevait de rire... Pas moins, en voyant que tout le monde partait (sauf les malades) :

— Oh ! tron de nom d'un laire ! se dit-il, tout ébaubi, voilà tous les Martegaux qui filent ; faut que ce soit vrai.

Là-dessus, il noue les cordons de ses souliers et se met à courir de toutes ses forces pour rattraper les autres, et marche avec eux pour Marseille.

1. Sans se demander ce que vaut le récit.

Jarjaye au paradis

Jarjaye, un portefaix de Tarascon, vient à mourir et, les yeux fermés, tombe dans l'autre monde. Et de rouler et de rouler ! L'éternité est vaste, noire comme la poix, démesurée, lugubre à donner le frisson. Jarjaye ne sait où gagner, il est dans l'incertitude, il claque des dents et bat l'espace. Mais à force d'errer il aperçoit au loin une petite lumière, là-bas au loin, bien loin... Il s'y dirige ; c'était la porte du bon Dieu.

Jarjaye frappe : pan ! pan ! à la porte.

— Qui est là ? crie saint Pierre.

— C'est moi.

— Qui, toi ?

— Jarjaye.

— Jarjaye de Tarascon ?

— C'est ça, lui-même.

— Mais, garnement, lui fait saint Pierre, comment astu le front de vouloir entrer au paradis, toi qui jamais depuis vingt ans n'as récité tes prières ; toi qui, lorsqu'on te disait : « Jarjaye, viens à la messe », répondais : « Je ne vais qu'à celle de l'après-midi » ; toi qui, par moquerie, appelais le tonnerre « le tombeau des escargots » ; toi qui mangeais gras, le vendredi quand tu pouvais, le samedi quand tu en avais, en disant : « Qu'il en vienne ! c'est la chair qui fait la chair ; ce qui entre dans le corps ne peut faire mal à l'âme » ; toi qui, quand sonnait l'angélus, au lieu de te signer comme doit faire un bon chrétien : « Allons, disais-tu, un porc est pendu à la cloche ! » ; toi qui, aux avis de ton père : « Jarjaye, Dieu te punira ! » ripostais de coutume : « Le bon Dieu, qui l'a vu ? Une fois mort, on est bien mort ! » ; toi enfin qui blasphémais et reniais chrême et baptême, se peut-il que tu oses te présenter ici, abandonné de Dieu ?

Le pauvre Jarjaye répliqua :

— Je ne dis pas le contraire, je suis un pécheur. Mais qui savait qu'après la mort il y eût tant de mystères ! Enfin, oui, j'ai failli, et la piquette est tirée ; s'il faut la boire, on la boira. Mais au moins, grand saint Pierre, laissez-moi voir un peu mon oncle, pour lui conter ce qui se passe à Tarascon.

— Quel oncle ?

— Mon oncle Matéry, qui était pénitent blanc.

— Ton oncle Matéry ? Il a pour cent ans de purgatoire.

— Malédiction ! pour cent ans ! et qu'avait-il fait ?

— Tu te rappelles qu'il portait la croix aux processions. Un jour des mauvais plaisants se donnèrent le mot, et l'un d'eux se met à dire : « Voyez Matéry qui porte la croix ! » Un peu plus loin, un autre répète : « Voyez Matéry qui porte la croix ! » Un autre finalement lui fait comme ceci : « Voyez, voyez Matéry, qu'est-ce qu'il porte ? » Matéry impatienté répliqua, paraît-il : « Un viédaze comme toi. » Et il eut un coup de sang et mourut sur sa colère.

— Alors, faites-moi voir ma tante Dorothée, qui était tant, tant dévote.

— Fi ! elle doit être au diable, je ne la connais pas...

— Que celle-là soit au diable, cela ne m'étonne guère, car pour la dévotion si elle fut outrée, pour la méchanceté c'était une vraie vipère... Figurez-vous que...

— Jarjaye, je n'ai pas loisir ; il me faut aller ouvrir à un pauvre balayeur que son âne vient d'envoyer au paradis d'un coup de pied.

— O grand saint Pierre, puisque vous avez tant fait et que la vue ne coûte rien, laissez-moi voir un peu le paradis, qu'on dit si beau !

— Oui, parbleu ! tout de suite, vilain huguenot que tu es !

— Allons, saint Pierre, souvenez-vous que par là-bas

mon père, qui est pêcheur, porte votre bannière aux processions, et les pieds nus...

— Soit, dit le saint, pour ton père, je te l'accorde : mais vois, canaille, c'est entendu, tu n'y mettras que le bout du nez.

— Ça suffit.

Donc le céleste portier entrebâille sans bruit la porte et dit à Jarjaye : « Tiens, regarde. »

Mais celui-ci, tournant soudainement le dos, entre à reculons dans le paradis.

— Que fais-tu ? lui demande saint Pierre.

— La grande clarté m'offusque, répond le Tarasconnais ; il me faut entrer par le dos ; mais, selon votre parole, lorsque j'y aurai mis le nez, soyez tranquille, je n'irai pas plus loin.

— Allons, pensa le bienheureux, j'ai mis le pied dans la musette !

Et le Tarasconnais est dans le paradis.

— Oh ! dit-il, comme on est bien ! comme c'est beau ! quelle musique !

Au bout d'un certain moment, le porte-clefs lui fait :

— Quand tu auras assez bayé, voyons, tu sortiras, parce que je n'ai pas le temps de te donner la réplique...

— Ne vous gênez pas, dit Jarjaye, si vous avez quelque chose à faire, allez à vos occupations... Moi je sortirai, quand je sortirai... Je ne suis pas pressé du tout.

— Mais tels ne sont pas nos accords.

— Mon Dieu ! saint homme, vous voilà bien ému ! Ce serait différent s'il n'y avait point de large ; mais, grâce à Dieu, la place ne manque pas.

— Et moi je te prie de sortir, car si le bon Dieu passait...

— Ho ! puis, arrangez-vous comme vous voudrez. J'ai toujours ouï dire : qui se trouve bien, qu'il se bouge pas. Je suis ici, j'y reste.

Saint Pierre hochait la tête, frappait du pied. Il va trouver saint Yves.

— Yves, lui fait-il, toi qui es avocat, tu vas me donner un conseil.

— Deux, s'il t'en faut, répond saint Yves.

— Sais-tu que je suis bien campé ? Je me trouve dans tel cas, comme ceci, comme cela... Maintenant que dois-je faire ?

— Il te faut, lui dit saint Yves, prendre un bon avoué et citer par huissier ledit Jarjaye par-devant Dieu.

Ils cherchent un bon avoué ; mais d'avoué en paradis, jamais personne n'en avait vu. Ils demandent un huissier. Encore moins ! Saint Pierre ne savait plus de quel bois faire flèche.

Vient à passer saint Luc :

— Pierre, tu es bien sourcilleux ! Notre Seigneur t'aurait-il fait quelque nouvelle semonce ?

— Oh ! mon cher, ne m'en parle pas ! Il m'arrive un embarras, vois-tu, de tous les diables. Un certain nommé Jarjaye est entré par ruse dans le paradis et je ne sais plus comment le mettre dehors.

— Et d'où est-il, ce Jarjaye ?

— De Tarascon.

— Un Tarasconnais ? dit saint Luc. Oh ! mon Dieu, que tu es bon ! Pour le faire sortir, rien, rien de plus facile... Moi, étant, comme tu sais, l'ami des bœufs, le patron des toucheurs, je fréquente la Camargue, Arles, Beaucaire, Nîmes, Tarascon, et je connais ce peuple : je sais où il lui démange et comment il faut le prendre... Tiens, tu vas voir.

A ce moment voletait par là une volée d'anges bouffis.

— Petits ! leur fait saint Luc, psitt, psitt !

Les angelots descendent.

— Allez en cachette hors du paradis ; et quand vous serez devant la porte, vous passerez en courant et en criant : « Les bœufs, les bœufs ! »

Sitôt les angelots sortent du paradis et comme ils sont devant la porte, ils s'élancent en criant : « Les bœufs, les bœufs ! Oh tiens ! oh tiens ! la pique ! »

Jarjaye, bon Dieu de Dieu ! se retourne ahuri.

— Trou de l'air ! quoi ! ici on fait courir les bœufs ? En avant ! s'écrie-t-il.

Et il s'élance vers la porte comme un tourbillon et, pauvre imbécile, sort du paradis.

Saint Pierre vivement pousse la porte et ferme à clef, puis mettant la tête au guichet :

— Eh bien ! Jarjaye, lui dit-il goguenard, comment te trouves-tu à cette heure ?

— Oh ! n'importe, riposte Jarjaye. Si ç'avait été les bœufs, je ne regretterais pas ma part de paradis.

Cela disant, il plonge, la tête la première, dans l'abîme.

La Grenouille de Narbonne

1

Le camarade Pignolet, compagnon menuisier – surnommé la « Fleur de Grasse » –, par une après-midi du mois de juin, revenait tout joyeux de faire son Tour de France. La chaleur était assommante et, sa canne garnie de rubans à la main, avec son affûtage (ciseaux, rabots, maillet), plié derrière le dos dans son tablier de toile, Pignolet gravissait le grand chemin de Grasse, d'où il était parti depuis quelque trois ou quatre ans.

Il venait, selon l'usage des Compagnons du Devoir, de monter à la Sainte-Baume pour voir et saluer le tombeau de maître Jacques, père des Compagnons. Ensuite, après avoir inscrit sur une roche son surnom compagnonnique, il était descendu jusqu'à Saint-Maximin, pour prendre ses *couleurs* chez maître Fabre, le maréchal qui sacre les Enfants du Devoir. Et, fier comme un César, le mouchoir sur la nuque, le chapeau égayé d'un flot de faveurs multicolores et, pendus à ses oreilles, deux petits compas d'argent, il tendait vaillamment la guêtre dans un tourbillon de poussière. Il en était tout blanc.

Quelle chaleur ! De temps en temps, il regardait aux figuiers s'il n'y avait pas de figues ; mais elles n'étaient pas mûres, et les lézards bayaient dans les herbes havies ; et les cigales folles, sur les oliviers poudreux, sur les buissons et les yeuses, au soleil qui dardait, chantaient rageusement.

— Nom de nom, quelle chaleur ! disait sans cesse Pignolet.

Ayant, depuis des heures, vidé sa gourde d'eau-de-vie, il pantelait de soif et sa chemise était trempée.

— Mais en avant ! disait-il. Bientôt, nous serons à Grasse. Oh ! sacré nom de sort ! Quel bonheur, quelle joie d'embrasser père et mère et de boire à la cruche l'eau des fontaines de Grasse, et de conter mon Tour de France, et d'embrasser Mïon sur ses joues fraîches, et de nous marier, vienne la Madeleine, et ne plus quitter la maison ! En marche, Pignolet ! Plus qu'une petite traite !

Enfin, le voilà au portail de Grasse et, dans quatre enjambées, à l'atelier de son père.

2

— Mon gars, ô mon beau gars, cria le vieux Pignol en quittant son établi, sois le bien arrivé ! Marguerite, le petit ! Cours, va tirer du vin ; mets la poêle, la nappe... Oh ! la bénédiction ! Comment te portes-tu ?

— Pas trop mal, grâce à Dieu ! Et vous autres, par ici, père, êtes-vous tous gaillards ?

— Eh ! comme de pauvres vieux... Mais s'est-il donc fait grand !

Et tout le monde l'embrasse, père, mère, voisins, et les amis, et les fillettes. On lui décharge son paquet, et les enfants manient les beaux rubans de son chapeau et de sa longue canne. La vieille Marguerite, les yeux larmoyants, allume vivement le feu avec une poignée de copeaux ; et, pendant qu'elle enfarine quelques morceaux de merluche pour régaler le garçon, maître Pignol, le père, s'assied à table avec Pignolet, et de trinquer : « A la santé ! » Et l'on commence à mouiller l'anche.

— Par exemple, faisait le vieux maître Pignol en frappant avec son verre, toi, dans moins de quatre ans, tu as achevé ton Tour de France et te voilà déjà, à ce que tu m'assures, passé et reçu Compagnon du Devoir ! Comme tout change, cependant ! De mon temps, il fallait sept ans, oui, sept belles années, pour gagner les *couleurs*... Il est vrai, mon enfant, que là, dans la boutique, je t'avais assez dégauchi et que, pour un apprenti, tu ne poussais pas déjà, tu ne poussais pas trop mal le rabot et la varlope... Mais, enfin, l'essentiel est que tu saches ton métier et que, je le crois du moins, tu aies vu et appris tout ce que doit connaître un luron qui est fils de maître.

— Oh ! père ! pour cela, répondit le jeune homme, voyez, sans me vanter, je ne crois pas que personne, dans la menuiserie, me passe la plume par le bec.

— Eh bien ! dit le vieux, voyons, raconte-moi un peu, tandis que la morue chante et cuit dans la poêle, ce que tu remarquas de beau, tout en courant le pays.

3

— D'abord, père, vous savez qu'en partant d'ici, de Grasse, je filai sur Toulon, où j'entrai à l'arsenal. Pas besoin de relever tout ce qui est là-dedans : vous l'avez vu comme moi.

— Passe, oui, c'est connu.

— En partant de Toulon, j'allai m'embaucher à Marseille, fort belle et grande ville, avantageuse pour l'ouvrier, où les *coteries* ou camarades me firent observer, père, un *cheval marin* qui sert d'enseigne à une auberge.

— C'est bien.

— De là, ma foi, je remontai sur Aix, où j'admirai les sculptures du portail de Saint-Sauveur.

— Nous avons vu tout cela.

— Puis, de là, nous gagnâmes Arles, et nous vîmes la voûte de la commune d'Arles.

— Si bien appareillée qu'on ne peut pas comprendre comment ça tient en l'air.

— D'Arles, père, nous tirâmes sur le bourg de Saint-Gilles, et là, nous vîmes la fameuse *Vis*...

— Oui, oui, une merveille pour le *trait* et pour la *taille*. Ce qui fait voir, mon fils, qu'autrefois, tout de même, aussi bien qu'aujourd'hui, il y eut de bons ouvriers.

— Puis, nous nous dirigeâmes de Saint-Gilles à Montpellier, et là, on nous montra la célèbre *Coquille*...

— Oui, qui est dans le Vignole, et que le livre appelle la « trompe de Montpellier ».

— C'est cela... Et, après, nous marchâmes sur Narbonne.

— C'est là que je t'attendais.

— Quoi donc, père ? A Narbonne, j'ai vu les Trois-Nourrices, et puis l'archevêché, ainsi que les boiseries de l'église Saint-Paul.

— Et puis ?

— Mon père, la chanson n'en dit pas davantage :

« Carcassonne et Narbonne – sont deux villes fort bonnes – pour aller à Béziers ; – Pézenas est gentille, – mais les plus jolies filles – n'en sont à Montpellier. »

— Alors, bousilleur, tu n'as pas vu la Grenouille ?

— Mais quelle grenouille ?

— La Grenouille qui est au fond du bénitier de l'église Saint-Paul. Ah ! je ne m'étonne plus que tu aies sitôt fait, bambin, ton Tour de France ! La Grenouille de Narbonne ! le chef-d'œuvre des chefs-d'œuvre, que l'on vient voir de tous les diables. Et ce saute-ruisseau ! criait le vieux Pignol en s'animant de plus en plus, ce méchant gâte-bois qui se donne pour compagnon n'a pas vu seulement la Grenouille de Narbonne ! Oh ! mais, qu'un fils de maître ait fait baisser la tête, dans la maison, à son père, mignon, ça ne sera pas dit ! Mange, bois, va dormir, et, dès demain matin, si tu veux qu'on soit *coterie*, tu regagneras Narbonne pour voir la Grenouille.

4

Le pauvre Pignolet, qui savait que son père ne démordait pas aisément et qu'il ne plaisantait pas, mangea, but, alla au lit, et le lendemain, à l'aube, sans répliquer davantage, après avoir muni de vivres son bissac, il repartit pour Narbonne.

Avec ses pieds meurtris et enflés par la marche, avec la chaleur, la soif, par voies et par chemins, va donc mon Pignolet !

Aussitôt arrivé, au bout de sept ou huit jours, dans la ville de Narbonne – d'où selon le proverbe, « ne vient ni bon vent ni bonne personne » –, Pignolet, qui, cette fois, ne chantait pas, je vous l'assure, sans prendre le temps même de manger un morceau ou boire un coup au cabaret, s'achemine de suite vers l'église Saint-Paul et, droit au bénitier, s'en vient voir la Grenouille.

Dans la vasque de marbre, en effet, sous l'eau claire, une grenouille rayée de roux, tellement bien sculptée qu'on l'aurait dite vivante, regardait accroupie, avec ses deux yeux d'or et son museau narquois, le pauvre Pignolet, venu de Grasse pour la voir.

— Ah ! petite vilaine, s'écria tout à coup, farouche, le menuisier. Ah ! c'est toi qui m'as fait faire, par ce soleil ardent, deux cents lieues de chemin ! Va, tu te souviendras de Pignolet de Grasse !

Et voilà le sacripant qui, de son baluchon, tire son maillet, son ciseau, et pan ! d'un coup, à la grenouille il fait sauter une patte. On dit que l'eau bénite, comme teinte de sang, devint rouge soudain, et la vasque du bénitier, depuis lors, est restée rougeâtre.

Les secrets des bestes

Un jeune bûcheron s'en allait une fois couper du bois dans la forêt, lorsqu'il entendit, à distance, un formidable bris de gaulis et de branches produit, aurait-on dit, par quelque fauve énorme qui se serait ouvert une voie dans les fourrés.

Le gars, tout effrayé, se mussa dans un arbre creux qui se trouvait à proximité, sur le bord d'une mare, et apparurent, tout d'un coup, sortant du bois l'un après l'autre, un lion, un léopard et un monstrueux reptile appelé cocadrille. Or, cette mare était l'endroit où, paraît-il, journellement ces animaux venaient boire et, après boire, ils parlaient entre eux, se confiant ce qu'ils savaient sur les secrets de la Nature.

Le lion dit :

— Si à Madrid ils avaient une source limpide, inépuisable comme celle-ci, n'est-ce pas ? ils ne pâtiraient pas de soif, comme ils le font cette année, par l'extraordinaire sécheresse qui règne. Et pourtant, s'ils savaient ! sur la Plaza Mayor il y a une grosse pierre qui en occupe le milieu : ils n'auraient qu'à la soulever et une source merveilleuse en jaillirait, suffisante pour désaltérer tout Madrid et la Castille avec !

— Ah parbleu ! s'ils savaient ! dit le léopard, et la reine d'Espagne, qui est au lit depuis neuf ans, qui mange, boit comme une personne en plein état de santé, et qui pourtant languit et se meurt de consomption, au point qu'elle en est blanche comme si elle n'avait plus une goutte de sang rouge ! On n'aurait cependant qu'à regarder sous son lit et, en soulevant un carreau, on aurait vite vu la cause, la cause épouvantable de son dépérissement.

Le cocadrille à son tour dit :

— Et l'infante, cette belle et infortunée princesse dont l'estomac tout débiffé ne peut plus supporter la moindre alimentation, au point qu'on ne la sustente qu'avec du bouillon de grenouilles, croyez-vous qu'elle ne serait pas bientôt ravigotée, si elle buvait de temps en temps quelque peu de cet élixir usité au Pérou sous le nom de Coca et dont j'ai pu me rendre compte, lors d'un voyage que je fis autrefois en Amérique ?

Et, ces confidences faites, les trois bêtes regagnèrent la profondeur du bois. Mais notre bûcheron, qui n'était pas sot, rentra aussitôt chez lui, prit son bissac de voyage et se dirigea vers l'Espagne. Arrivé à Madrid, il alla se promener sur la Plaza Mayor et se mêla aux groupes qui en causant prenaient le frais sous les arcades de la place. Précisément ces pauvres gens étaient en train de geindre sur la disette d'eau qui affligeait le pays.

Le bûcheron leur dit alors :

— Eh bien ! que l'on me donne cent mille réaux d'argent et moi, seigneurs, je me fais fort de faire sourdre là, au milieu de cette place, une fontaine d'eau qui inondera Madrid.

Tout de suite, le gars est conduit au palais royal où, en présence du roi, il renouvelle son propos.

— Tu auras cent mille réaux, lui dit le roi d'Espagne, si tu fais ce que tu as dit. Mais prends bien garde, si tu mens, tu recevras cent coups de fouet.

— C'est entendu, dit le bûcheron. Sire, si vous voulez de l'eau, faites donc enlever la pierre qui est plantée au milieu de la place.

Le roi fait soulever le bloc, et voilà qu'une source d'une puissance fabuleuse jaillit à l'instant du sol, si abondante et vive que les ruisseaux des rues en sont à l'instant inondés. Toute la cité est en liesse.

Le peuple boit à même, à pleine écuelle et des deux

mains ; et le roi, enchanté, fait compter au bûcheron les cent mille réaux promis et puis ajoute avec un soupir :

— Si tu pouvais, mon brave, ragaillardir si aisément ma royale et chère épouse qui se chême dans son lit !

— Sire, répondit le gars, rien ne m'est plus facile, s'il plaît à Votre Majesté de me bailler en récompense le titre de grand d'Espagne.

— Tu l'auras, dit le roi : Vite, viens sauver la reine.

On monte à la chambre royale. Le bûcheron regarde sous le lit de la reine et dit :

— Enlevez-moi cette brique entrebâillée.

On enlève la brique et, horreur ! accroupi dessous, apparaît un crapaud énorme. C'était lui qui, invisible, aspirait le sang de la reine.

D'un coup de hallebarde on perce le vampire et, à vue d'œil, en quelques jours, la reine revient à la vie ; et le gars est fait grand d'Espagne.

Alors le roi lui dit encore :

— Ami, tu es vraiment un homme extraordinaire ! Mais tu mettrais le comble à ma félicité, si tu savais quelque remède pour restaurer l'estomac de notre pauvre et chère infante, qui ne peut plus rien supporter, sinon le bouillon de grenouilles.

— Sire, je sais fort bien, dit le gars, ce qu'il faut pour guérir aussi l'infante... Seulement c'est d'un très grand prix.

— Demande, dit le roi, le prix que tu désires et, ma parole, tu l'auras.

— Eh bien ! fit le bûcheron, je veux, si je la guéris, épouser votre fille.

— Guéris ma fille, et je te l'accorde... Vite, que faut-il faire ?

— Sire, envoyez au Pérou l'une de vos caravelles. Qu'on s'y procure un élixir appelé « Vin de Coca », et vous m'en direz des nouvelles.

Sitôt dit, sitôt fait. On va quérir au Pérou la précieuse liqueur. La jeune princesse en boit ; elle la trouve exquise ; l'appétit lui revient et, peu de temps après, ma foi, se porte comme un charme.

Très volontiers, achève le conte, elle donna sa main à l'heureux bûcheron, qui, une fois marié, raconta comment il avait surpris « les secrets des bestes », et, en mémoire de la Coca, le saurien amphibie qui en avait appris l'usage fut appelé Cocadrille (du mot péruvien *coca* et du vieux français *driller*, qui signifie « se bien porter »), d'où par corruption, plus tard, nous avons fait « crocodile ».

Le lièvre du pont du Gard

Le pont du Gard, avec son triple rang d'arcades qui chevauchent, là-haut, les uns sur les autres, est un des plus beaux ouvrages qu'il y ait dans le monde. Et pourtant, on dit que le diable le bâtit dans une nuit.

Voici l'histoire :

Il y a qui sait combien de temps, la rivière de Gardon, qui est une des plus traîtresses et rapides qu'il y ait, ne se passait qu'à gué. Les riverains décidèrent un jour d'y bâtir un pont. Mais le maître maçon qui s'était chargé de l'entreprise n'en pouvait point venir à bout. Aussitôt qu'il avait jeté ses arcades sur le fleuve, venait une gardonnade[1], et patatras ! le pont était par terre. Un soir sur tous les autres, que morne et tout seul il regardait de la rive son travail effondré par la rage du Gardon, il cria désespéré :

« Cela fait trois fois que je recommence, maudite soit ma vie ! Il y aurait de quoi se donner au diable !... »

Et aussitôt, pan ! le diable en sa présence parut...

« Si tu veux, lui dit Satan, moi je te bâtirai ton pont, et, je te réponds que, tant que le monde sera monde, jamais Gardon ne l'emportera…

— Je veux bien, dit le maçon. Et combien me feras-tu payer ?

— Oh ! peu de chose : le premier qui passera sur le pont sera pour moi.

— Soit », dit l'homme.

Et le diable tout aussitôt, à griffes et à cornes, arracha

1. Inondation du Gardon.

à la montagne des blocs de roche prodigieux et bâtit un colosse de pont comme on n'en avait jamais vu.

Cependant le maçon était allé chez sa femme pour lui conter le pacte qu'il avait fait avec Satanas :

« Le pont, dit-il, sera fini demain à la prime aube. Mais ce n'est pas le tout. Il faut qu'un pauvre malheureux se damne pour les autres... Qui voudra être celui-là ?

— Eh ! badaud, lui vint dire sa femme, tout à l'heure une chienne a chassé un levraut tout vivant. Prends ce levraut et, demain à pointe d'aube, lâche-le sur le pont.

— Tu as raison », répliqua l'homme.

Et il prend le levraut, retourne à l'endroit où le diable venait de bâtir son œuvre et, comme l'angélus oscillait pour sonner, il lance la bête sur le pont. Le diable, qui était à l'affût à l'autre bout, reçoit vivement le lièvre dans son sac... Mais, en voyant que c'était un lièvre, il le saisit avec fureur et l'emplâtre contre le pont ; et, comme l'angélus sonnait à ce moment, le mauvais esprit, en jetant mille imprécations, s'engloutit au fond d'un gouffre.

Le lièvre, depuis, se voit encore contre le pont.

Et voilà pourquoi l'on dit que les femmes ont trompé le diable.

Les sorciers

Au temps des sorciers (car on ne peut nier qu'autrefois, il y en eût ; tellement qu'on les brûlait, et qu'on dit encore à quelqu'un qui prédit l'avenir : « Avise-toi qu'on ne te brûle ! » et qu'on dit aussi à quelqu'un de suspect : « Tu sens le chiffon roussi », c'est-à-dire, le fagot), au temps des sorciers, les gens qui s'adonnaient à leurs pratiques malignes, ceux qui avaient lu le livre d'Agrippa, ou qui, avec une poule blanche, avaient appelé le diable au carrefour des quatre chemins, les jeteurs de sort, exorcistes et magiciennes, s'assemblaient, dit-on, au coup de minuit, dans les lieux déserts, incultes, loin de partout ; et on nommait lieux hantés les endroits sauvages où les sorciers faisaient des leurs.

A Gadagne, par exemple, ces noires assemblées se tenaient sur le haut plateau de Camp-Cabel.

A Châteauneuf-du-Pape, c'était dans les Combes-Masques.

A Tarascon, dans l'îlot des Matagots.

A Marseille, dans le cul-de-sac de la Tasse d'argent.

Vers le Lubéron, dans la Valmasque, etc.

En Avignon, les sorciers s'assemblaient sur la roche de Dom, où encore on voit le trou des Sorcières ; mais elle était, la roche, en ce temps-là, escarpée et nue ; et il y avait seulement quelques moulins à vent qui gesticulaient des bras et grinçaient au ronflement du *vent-terral*.

On dit qu'un soir un bossu d'Avignon – nommé Fresquette – s'aventura seul, là-haut, sur la roche, après le couvre-feu (ou le *chasse-ribauds*, comme on disait alors). Son confesseur lui avait donné pour pénitence d'aller dire là-haut sept *pater* et sept *ave*, pour quelque gros péché que, sans doute, il avait commis.

C'était une nuit de lune, et le mistral soufflait. Mais, pourtant, paraît-il, il ne faisait pas froid, car Fresquette, le bossu, quand il eut fait sa pénitence, se tapit et s'oublia dans une conque de rocher, pour écouter le chant de la chouette.

Il allait même s'endormir quand Jacquemart frappa le premier coup de minuit.

Fresquette, aussitôt, se leva pour descendre. Mais qui ne vous a dit, qu'au clair de la lune, il voit alors passer des ombres et remuer diverses formes qui, en tapinois, en se traînant ou en rampant, grimpaient sur la roche, de tous côtés ? Pensez un peu quel émoi ! Le cœur de notre bossu se tourna comme une jonchée... Vivement il se rencogna dans sa cachette, et retint son souffle en prêtant l'oreille.

Peu à peu les ombres s'approchèrent, un tumulte de voix s'entendit, des paroles obscènes et des imprécations passèrent avec le vent, et Fresquette comprit qu'il se trouvait en plein sabbat...

Il y avait des hommes, des femmes (quasi toutes vieilles), avec quelques enfants... et puis, plus loin, dans l'obscurité, des sortes de fantômes, des gens de forme étrange, qu'il était impossible de distinguer.

Or, à mesure qu'ils arrivaient, sorcières et sorciers se saluaient :

« Bonsoir, cousin chat !

— Bonsoir, cousin chien !

— Bonne nuit, compère loup !

— Comment allez-vous, dame limace ?

— Et vous, maître lézard, vous ne vous maintenez pas mal ?

— Pas mal, pas mal, commère Jeanne !

— Les escargots font bien les cornes ?

— Et le persil est-il vigoureux ?

— Jean Cauchemar, donnez un peu la main...

— Alors, dame Pédauque, vous faites encore pet-sur-feuille[1] ?

— Dis, beau libertin, c'est toi qui me touches, maintenant ?

— Hue ! vieille poêle à frire, le diable t'emporte !... » etc.

Maître Fresquette peu à peu se rassura, et, à force d'écouter, de *chauvir* des oreilles et d'épier, il reconnut là force gens d'Avignon qu'il n'aurait jamais cru s'être donnés au diable... Baste, un laid personnage qui n'était ni homme ni bête, dit la messe noire... Puis, il fit l'arbre droit, et, tous les sorciers et sorcières le vinrent, l'un après l'autre, baiser sous la queue... Ensuite il passa de gros nuages devant la lune blanche ; on entendit des éclats de rire et des chut-chut... Enfin, quand, des nuages, la lune sortit, notre bossu vit les sorciers qui, tous, se tenant la main et frétillants, dansaient le branle, en mesurant leurs pas sur ce verset qu'ils chantaient ensemble :

Lundi, mardi, – et mercredi, trois !
Lundi, mardi, – et mercredi, trois !

Ma foi, le bossu, ensorcelé et fasciné par une telle farandole, ne put plus y tenir, et, dans l'obscurité, vint à quatre pattes se mêler à la foule, et, dansant et trépignant, il chanta comme les autres :

Lundi, mardi, – et mercredi, trois !

Mais comme il ne savait guère ce qui se faisait, ni se disait, il ajouta de lui-même :

Jeudi, vendredi, – et samedi, six !

1. *Pet sur fueio* : terme de sorcellerie, formule dont on croyait que les sorcières se servaient pour aller au sabbat parce qu'on prétendait qu'elles s'y rendaient par le tuyau de la cheminée, en enfourchant un balai de ramée. (N.D.A.)

« Oh ! le brave bossu ! crièrent tous les sorciers, qui vient nous apprendre le second couplet !

Lundi, mardi, – et mercredi, trois !
Jeudi, vendredi, – et samedi, six !

— Oh ! le brave bossu ! si nous lui ôtions sa bosse ?... Zou ! ôtons-lui sa bosse !... »

Pan ! ils lui ôtent sa bosse et se la font sauter comme une balle de jeu de paume, d'un à l'autre : bosse d'ici, bosse de là... Et de rire, les sorciers !...

Quand ils eurent bien ri, ils emplâtrèrent la bosse contre le rocher, et le Noir-tout-noir (vous savez qui je veux dire) versa d'une boisson dans une tasse d'argent ; et tous, à leur tour, burent à la tasse ; pour finir, il fit la paie ; de l'or et de l'argent à tous : tiens, en voilà !...

Puis, dans la Barthelasse, là-bas, un coq chanta. Et les sorciers, rapidement, qui d'ici, qui de là, s'évanouirent dans l'ombre formidable du palais des Papes.

Quand, le lendemain, Fresquette parut sans sa bosse, et fier comme Artaban, dans les rues d'Avignon, ce fut une chose prodigieuse. On le venait voir par miracle, on lui tâtait le dos, on le regardait en béant, on le couvait des yeux et tous les bossus étaient dans l'admiration.

Mais, Fresquette, le finaud, se gardait bien de dire où sa bosse avait passé ; il riait, faisait le muet ou bredouillait.

Pour recouvert que soit le feu, il faut pourtant que la fumée sorte : à force de virer et de tourner, d'un biais, de l'autre, il y eut un autre bossu, nommé Frestel, qui fit parler Fresquette. Et celui-ci lui conta tout.

Ah ! il y en eut assez ! A la première nuit de lune, voici notre Frestel qui grimpe sur la roche de Dom et se va blottir dans le trou des Sorcières, à l'affût du sabbat.

Justement il tomba bien : au coup de minuit, le vacarme des sorciers commença de nouveau son train :

« Bonsoir, cousin chat !

— Bonsoir, cousin loup !

— Bonne nuit, commère Jeanne ! »

Avec les autres sorcelleries et diableries accoutumées.

Puis, on forma le branle ; le bossu s'y joignit, et on chanta en chœur :

Lundi, mardi, – et mercredi, trois !
Jeudi, vendredi, – et samedi, six !

— Et *dimanche sept* ! ajouta Frestel, croyant bien dire.

— Qui a parlé du *dimanche* ? crièrent tous les sorciers, en rompant le branle.

— C'est le bossu ! c'est le bossu ! Ce mauvais bossu ! Ce sacré bossu ! Zou ! Tombons sur la bosse ! »

A coups de pied, à coups de poing, on vous lui flanqua une raclée, tant qu'il en put porter.

« Et si nous lui collions la bosse de Fresquette ?...

— Zou ! la bosse de Fresquette ! »

Ils décollent la bosse qui était contre le rocher, et, pan ! ils la lui emplâtrent sur la poitrine :

« Bosse devant, bosse derrière ! »

Et les sorciers de rire !

Grande joie encore eut-il de sauver sa peau. Avec sa double bosse, longtemps, dans Avignon, ce malheureux fut en risée.

Qui, du pauvre Frestel n'a pas entendu parler ?

A la longue pourtant, il se désensorcela, en faisant bouillir des aiguilles ; car les aiguilles (nous disait mère-grand), quand l'eau commence à bouillir, piquent la chair de ceux qui nous ont jeté un sort. Quoi qu'il en soit, cette histoire fait voir que grand-mère avait bien raison quand elle nous disait :

« En ce monde, il n'en va jamais bien pour l'un qu'il n'en aille mal pour l'autre. »

Le Drac

1

Oh ! l'attraction du liquide élément,
quand jaillit dans les veines le sang neuf !
de l'eau qui rit et gazouille enjouée
parmi les galets, avec les ablettes
qui en sautant prennent les demoiselles
et les moustiques des touffes d'herbe verte !
de l'eau jolie et cruelle et perfide,
qui charme et qui fascine l'innocence
en lui faisant reluire les frissons
de son miroir ! – « Petits », à la veillée,
parlait ainsi, de fois à autre, la mère
à ses enfants, à l'Anglore, « petits !
vers les bleus de l'eau calme
ou les abîmes qui tourbillonnent noirs,
de vous guéer jamais gardez-vous bien !
Je l'ai toujours entendu dire : sous le Rhône
(aïe ! beaux mignons, si vous y perdiez pied !),
en des profondeurs qui sont inconnues,
fréquente, depuis que le monde est monde,
un farfadet nommé le Drac. Superbe
et svelte ainsi qu'une lamproie, il se tortille
dans l'entonnoir des tourbillons où, blanc,
il vous transperce de ses deux yeux glauques.
Ses cheveux longs, verdâtres, floches comme de l'algue,
lui flottent sur la tête au mouvement de l'onde.
Il a les doigts, dit-on, et les orteils
palmés, comme un flamant de la Camargue,
et deux nageoires derrière le dos,

transparentes comme deux dentelles bleues.
Les yeux à moitié clos, nu comme un ver,
il en est qui l'ont vu, au fond d'un gouffre,
nonchalamment couché au soleil sur le sable,
humant comme un lézard la réverbération,
avec la tête renversée sur le coude.
Errant sous l'eau avec la lune,
d'autres l'ont entrevu, dans les flaques tranquilles,
qui à la dérobée tirait les fleurs d'iris
ou de nénuphar. Mais, puis le plus fort,
enfants, écoutez...

2

On raconte qu'un jour,
au quai de Beaucaire, une jeune femme
lavait au Rhône sa lessive.
Et, en battant son linge, tout à coup
elle aperçut dans le courant de la rivière
le Drac, frais et gaillard comme un nouvel époux,
qui à travers le clair lui faisait signe.
« Viens donc ! lui murmurait une voix douce,
« viens, je te montrerai, ô belle fille,
« le palais cristallin où je demeure,
« avec le lit d'argent où je me gîte,
« et les rideaux d'azur qui le recouvrent.
« Viens donc que je te montre les richesses
« qui se sont entassées sous la vague,
« depuis que les marchands y font naufrage,
« et que j'amoncelle en mes souterrains.
« Viens ! j'ai un nouveau-né qui n'est encore qu'une larve,
« et qui, pour se nourrir dans la sapience,

« n'attend que ton lait, ô belle mortelle ! »
La jeune lavandière, somnolente,
laissa tomber de sa main écumeuse
son battoir, et voilà : pour aller le chercher
troussant sa jupe vitement à mi-jambe,
puis au genou, puis jusques à mi-cuisse,
bref, elle perdit pied. Le cours du fleuve
l'enveloppa de son flot violent,
l'entortilla, pantelante, aveuglée,
et l'entraîna aux abîmes farouches
qui tourbillonnent par là-bas sous terre.
On eut beau la chercher avec la gaffe,
introuvable elle fut – et bien perdue.
Des jours, des ans passèrent. A Beaucaire,
personne, hélas ! ne pensait plus à elle,
lorsqu'un matin, au bout de sept années,
on la vit qui rentrait, toute tranquille,
dans sa maison, son paquet sur la tête,
comme si du lavoir, à l'habitude,
elle s'en retournait : seulement un peu pâle.
Tous ses gens aussitôt la reconnurent
et chacun s'écria : « Mais d'où sors-tu ? »
Elle, se passant la main sur le front,
répondit : « Voyez, cela me semble un songe...
« Mais qu'il vous plaise de le croire ou non,
« je sors du Rhône. En lavant ma lessive
« mon battoir est tombé et, pour l'avoir,
« dans un bas-fond terrible j'ai glissé...
« Et je me sentais embrassée sous l'eau
« par un fantôme, un spectre, qui m'a prise
« ainsi qu'un jeune homme qui ferait un rapt...
« Le cœur m'avait failli et, revenue à moi,
« dans une grotte vaste et pleine de fraîcheur
« et éclairée d'une lueur aqueuse,
« avec le Drac je me suis vue, seulette.
« D'une jeune fille à demi noyée
« il avait eu un fils – et de son petit Drac,
« moi, pour nourrice, il m'a gardée sept ans. »

3

L'Anglore, le lendemain de ces contes
qui s'évanouissaient aux rayons du soleil,
n'y pensait plus et, dans les délaissées
du Malatra, vive comme un perdreau,
courait, son crible en main, se mettre à l'œuvre.
C'était au fort de l'été : sur les ormes,
les peupliers et les trembles blanchâtres
de ces bords solitaires, les cigales chantaient...
Mais elle ne craignait rien, car, au reflet
du grand soleil qui frappe sur l'arène,
elle voyait bien mieux, disait-elle, briller
les paillettes. Ce qui autrement lui pesait,
c'était, les nuits, quand dans l'étroite hutte
il fallait coucher, toute la marmaille,
à terre, éparse, sur un amas de feuilles.
Or, une de ces nuits de chaleur lourde
où l'on étouffe sous les tuiles,
elle s'était levée en chemise à la lune
pour aller prendre un peu le frais dehors.
La lune dans son plein la regardait,
toute mince, descendre vers la rive
et les pieds nus, dans le profond silence
de la nature immense et endormie,
laissant ouïr le ronflement du Rhône.
Les vers luisants éclairaient parmi l'herbe ;
les rossignols perdus au lointain
se répondaient, amoureux, dans les *aubes* ;
et le clapotis de l'onde coureuse
s'entendait rire. A terre la petite
laissa d'un coup tomber sa chemisette

et dans le Rhône, ardente et tressaillie,
lentement elle entra, penchée, croisant les mains
sur le frémissement de ses deux seins de vierge.
Au premier frisson, avec un soupir
elle fit halte un moment, hésitante,
et de côté et d'autre tourna, tout émue,
les yeux autour d'elle dans l'obscurité
où elle croyait toujours qu'entre les arbres
quelqu'un, dévêtue, l'épiât de loin.
Puis peu à peu, dans l'eau moelleuse du courant
elle allait encore, vivement éclairée
par les rayons de la lune baisant
sa nuque fine, sa jeune chair d'ambre,
ses bras potelés, ses reins bien râblés,
et ses petits seins harmonieux, fermes,
qui se blottissaient comme deux tourterelles
dans la diffusion de sa chevelure.
Le moindre bruit – soit un poisson qui fit
un ricochet sur l'eau pour saisir une mouche,
le gargouillis d'un tourbillon qui ingurgite,
le cri aigu d'une chauve-souris,
une feuille battue par l'aile d'un insecte –,
lui tournait le cœur comme une jonchée.

4

Et de descendre. Mais jusqu'à la ceinture,
et puis plus haut, tout aise de se sentir vêtue
par le manteau fastueux du torrent,
elle ne pensa plus qu'au bonheur de son être
mêlé, confondu avec le grand Rhône.
Le sable sous ses pieds était si doux !
Une impression moite, une fraîcheur tiède

l'enveloppait d'un charme halitueux.
A fleur de peau, à fleur de carnation,
mignardement les ondes tournoyantes
lui faisaient des baisers, des chatouillis,
en murmurant de suaves paroles
qui lui donnaient des spasmes de plaisir...
Quand tout à coup, dans l'eau mobile
et transparente au clair de lune,
là-bas au fond, étendu sur la mousse
d'un lit d'émeraude, que va-t-elle voir ?
un beau jouvenceau qui lui souriait.
Roulé comme un dieu, blanc comme l'ivoire,
il ondulait dans l'onde et sa main effilée
tenait une fleur, fleur de « jonc fleuri »,
qu'il présentait à la fillette nue.
Et de ses lèvres tremblantes et pâles
sortaient des mots d'amour mystérieux,
dans l'eau se perdant incompréhensibles.
Avec ses yeux félins, fascinateurs,
il la faisait venir, craintive, stupéfaite,
et haletante de désir, à l'endroit
où crient merci le corps et l'âme.
Ensorcelée par l'émoi dans le fleuve
et par une plaisance étrange,
elle était là, pauvrette, comme celui qui songe
et auquel, effaré par quelque peur confuse,
s'il veut courir, cela est impossible.
Et sitôt qu'elle ouvrait les yeux vers le lutin
qui, entouré de sa lueur laiteuse,
semblait l'attendre en ses bras souples,
un frissonnement d'amour spontané
la jetait en langueur sous la voûte du ciel
et la faisait doucement défaillir.

5

De l'amour naissant ô bonheur suprême !
O paradis de l'âme à foi naïve !
A un moment où le branle du fleuve
la soulevait et palpait tout entière,
à la renverse, les cheveux flottants
et les yeux clos par la crainte de voir
saillir sur l'eau les pointes de sa gorge,
soudain, comme l'éclair, elle se sent,
autour des hanches, une approche, un délice
qui l'a frôlée d'une fraîche caresse.
Aïe ! elle se dresse d'un sursaut,
d'un tour de main rejette ses cheveux ruisselants
et voit, fuyant dans la masse liquide,
une ombre vague, serpentine et blanche,
qui disparaît. C'était le Drac. Instruite
de ses façons d'agir, l'Anglore, elle,
le reconnut fort bien, ayant à son giron
trouvé à l'instant une ombelle rose
de jonc fleuri. Pourtant, malgré son trouble,
elle prit, tout heureuse et pleine de son rêve,
la fleur qui nageait et retourna au lit.
Mais à âme qui vive, ce qu'elle avait cru voir,
elle se garda bien, mignonne, de le dire,
jalouse vraiment, autant qu'une chatte,
de sa vision trop tôt évanouie.
Ah ! que de fois la jeune fille, cet été,
dans ses langueurs de nuitée chaude,
aux lunaisons si claires de septembre,
revint au délicieux appât de sa rencontre !
Mais elle remarqua une chose : à la « mouille »
chaque fois qu'en entrant elle s'était signée,
ainsi qu'étant petite elle faisait toujours,

au cours fougueux de l'eau mystérieuse
en vain livrait-elle son corps virginal :
dans ces nuits-là, le beau génie du Rhône
à la baignade – pauvre petite, attends,
attends toujours ! – lui faussait compagnie.

BRETAGNE

Adolphe Orain

Cœur de pigeon

1

Lorsque le père Jacques perdit sa bonne femme, il resta avec deux fils, que son travail de simple journalier ne suffisait pas à nourrir. Comme ceux-ci étaient en âge de courir le pays, il leur dit : « Mes enfants, je vous donne à chacun un bissac, c'est tout ce que je peux faire pour vous, allez avec cela chercher votre pain. »

Les deux frères s'en allèrent, de porte en porte, implorer la charité. Comme c'était presque toujours à l'aîné qu'on faisait l'aumône, ce dernier, qui désirait garder tout pour lui, se fâcha un jour et dit à son frère : « Va de ton côté et moi du mien. »

Le plus jeune, du nom de Jean, s'éloigna tout attristé, cheminant lentement à travers les sentiers des bois dans lesquels il s'attarda à manger des cormes ou des alizes. Le soir venu, s'étant égaré et ne sachant où coucher, il eut l'idée d'imiter le petit Poucet et de grimper dans un arbre pour tâcher de découvrir un gîte. Bien lui en prit, car il aperçut une lumière et se dirigea de ce côté.

Un château s'offrit bientôt à sa vue. Il frappa timidement à la porte de ce logis pour demander à passer la nuit. Une belle dame vint lui ouvrir, et, en examinant le petit voyageur, son cœur s'attendrit. « Entre, mon enfant, s'écria-t-elle, viens réparer tes forces. » Elle lui fit servir un pigeon rôti, et, lorsqu'il eut bien mangé, elle lui dit d'aller prendre du repos.

Le lendemain matin, Jean, en se réveillant, sentit quelque chose de dur sous son oreiller. Il regarda ce que c'était et découvrit un sac renfermant cinquante écus.

« Cet argent n'est point à moi, pensa-t-il, je ne dois pas y toucher. »

Afin de ne pas abuser de l'hospitalité de la bonne dame, il s'habilla promptement et voulut lui faire ses adieux ; mais apprenant qu'elle n'était pas levée, il pria les serviteurs de la remercier en son nom et, son bissac sur le dos, reprit la clef des champs.

La servante, en allant faire le lit et la chambre du voyageur, découvrit l'argent et le porta à sa maîtresse, en lui demandant ce que cela signifiait, et si elle voulait mettre son honnêteté à l'épreuve.

« Rassure-toi, répondit la dame, tu n'es pas en cause, il s'agit de l'enfant qui vient de partir et qu'il faut ramener au plus vite, car je veux l'adopter pour mon fils. »

Tous les domestiques se lancèrent à la poursuite du jeune garçon, qu'ils ne tardèrent pas à rattraper. « Retournez au château, lui dirent-ils, vous avez plu à notre maîtresse qui veut vous garder près d'elle. » L'enfant fut enchanté et revint sur ses pas.

La dame l'accueillit avec toutes sortes d'amitiés et lui dit :

— Tu n'as pas pris l'argent qui se trouvait ce matin sous ton oreiller et qui, cependant, t'appartient.

— Comment cela ? Je ne possède pas une obole.

— Tu possèdes cinquante écus, et tous les matins tu en auras autant. Le cœur de pigeon, que tu as mangé hier soir et que tu ne pourras jamais digérer, procure chaque nuit cinquante écus à la personne qui l'a avalé. Mais d'ailleurs, ajouta-t-elle, tant que tu seras ici, tu n'auras pas besoin d'argent. Tu trouveras tout ce qu'il te faut, et je vais donner des ordres pour que de savants professeurs viennent te donner des leçons.

Au bout de quelques années, l'ancien *cherchou-de-pain* ne se reconnaissait plus lui-même. Au lieu du vagabond déguenillé c'était maintenant un beau jeune homme instruit, distingué et habile à tous les exercices d'adresse. Il est bon d'ajouter que, comme il était intelligent et travailleur, ses maîtres n'avaient pas eu beaucoup de peine à en faire un jeune homme accompli.

Sa bienfaitrice – qui n'était autre qu'une fée – l'aimait comme son fils et s'efforçait de lui rendre la vie aussi douce que possible.

Le nouvel étudiant s'en allait souvent à la ville voisine habitée par le roi, et un jour qu'il se promenait sur les places publiques il entendit publier, à son de trompe, et au nom du souverain, que celui qui réussirait à faire rire la princesse sa fille, atteinte d'une maladie que le rire seul, au dire des médecins, pouvait guérir, obtiendrait sa main.

De retour à la maison, il raconta ce qu'il avait entendu publier, et la fée lui répondit :

— Il ne tient qu'à toi d'épouser la princesse et dès demain, si tu le veux, je te mettrai à même de la faire rire.

— Qu'inventez-vous pour cela ?

— Tu le verras demain, si tu es toujours décidé à tenter l'aventure.

Le lendemain, après le déjeuner, la fée lui demanda s'il avait réfléchi à sa proposition.

— Oui, dit-il, et j'attends ce que vous allez me donner pour faire rire la malade.

— Va dans la cour où tu trouveras une voiture qui marche seule, ce qu'on n'a pas encore vu. Monte dedans, va te promener à la ville, et, si la princesse te voit, je t'assure qu'elle rira de bon cœur.

Notre curieux alla examiner la voiture qui avait aux quatre coins un moulin à vent destiné à faire tourner chaque roue. Des meuniers coiffés de bonnets de coton apparaissaient de temps en temps aux fenêtres des moulins, et tiraient la langue aux gens stupéfaits de voir fonctionner une pareille machine.

Jean monta dans le véhicule, qui se dirigea aussitôt vers la ville, escorté de tous les curieux qui l'avaient rencontré. Ceux-ci riaient tellement, en voyant les meuniers tirer la langue aux passants, qu'ils attirèrent la princesse aux fenêtres du palais.

Elle aussi, en voyant cette étrange chose, partit d'un franc éclat de rire. Le roi, tout joyeux, se dirigea vers le char qui avait le privilège de désopiler la rate des gens, et lorsqu'il eut fait la connaissance du protégé de la fée il voulut le présenter à sa fille.

Le jeune homme sut se montrer tel qu'il était : instruit, distingué, et conquit promptement le cœur de la princesse.

Il revint souvent au palais où il était attendu avec impatience et où les noces ne tardèrent pas à avoir lieu.

2

Après quelques jours de mariage, la princesse s'aperçut que son mari trouvait chaque matin, sous son oreiller, cinquante écus, et elle en conçut une vive jalousie.

Comme elle avait une fée pour marraine elle alla lui conter ses chagrins.

— Tu es une sotte, lui dit la fée, l'argent de ton mari est à toi comme à lui puisqu'il ne te refuse rien, et qu'il est même le premier à t'offrir tout ce que tu peux désirer.

— C'est égal, ça m'humilie, et je voudrais que ce fût moi qui trouve tous les matins cinquante écus sous mon oreiller.

— Tu n'es pas raisonnable, et tu pourras bien un jour te repentir de ta jalousie.

— Tant pis ! je veux que ce soit moi et non lui qui apporte l'argent dans le ménage.

— Alors il faut pour cela, mon enfant, lui faire rendre le cœur d'un pigeon qu'il a dans l'estomac et d'où lui vient sa fortune. Je vais te donner un vomitif que tu lui administreras sans qu'il s'en aperçoive ; et lorsqu'il aura rejeté le cœur de pigeon, tu devras l'avaler.

La princesse emporta le médicament, et dès le lendemain le fit prendre à son époux qui, après avoir été très malade, sans en connaître la cause, vomit le cœur de pigeon que sa moitié avala prestement.

A partir de ce jour, ce fut la femme qui eut, chaque matin, cinquante écus sous son oreiller.

Le nouvel époux trouva la chose étrange et s'en alla à son tour la raconter à sa bienfaitrice, qui devina la jalousie de la jeune femme, mais n'en dit rien au mari.

— Ne t'inquiète pas de cela, dit-elle, j'ai à t'offrir un objet qui te dédommagera au centuple de ce que tu as perdu. C'est un chapeau qui s'appelle le *chapeau des désirs*, parce qu'il procure à celui qui le porte tout ce qu'il peut imaginer.

Le jeune marié rentra au palais couvert de son précieux chapeau.

Sa femme s'aperçut bien vite que son mari possédait un nouveau don qui lui permettait d'obtenir à l'instant tout ce qu'il désirait. Elle l'interrogea de toutes les façons sans pouvoir se renseigner. Furieuse, indignée, elle retourna chez sa marraine pour lui conter ses nouveaux chagrins.

Cette fois, la fée se fâcha presque et la menaça d'un grand malheur. Mais l'enfant gâtée pleura tellement que la vieille en eut pitié, et lui apprit que son mari possédait le *chapeau des désirs*.

— Comment m'y prendre pour le lui dérober ?

— Tu le veux ? Eh bien ! advienne que pourra, et écoute-moi :

« Quand il fera très chaud, emmène ton époux dans une forêt éloignée, et, lorsqu'il voudra se reposer, mets sa tête sur tes genoux, de façon à pouvoir lui glisser dans les cheveux ce peigne magique. Il s'endormira aussitôt. Comme son sommeil sera long, tu pourras lui dérober son chapeau et rentrer chez toi pour le mettre en lieu sûr. »

Dès le lendemain, il fit une chaleur accablante, la princesse manifesta le désir d'aller chercher la fraîcheur sous les ombrages des grands arbres.

On fit atteler deux superbes chevaux à une calèche, et la jeune femme donna l'ordre au cocher de les conduire dans l'endroit le plus désert d'une forêt qu'elle lui désigna.

Ils se promenèrent longtemps et lorsque le prince, accablé de fatigue, demanda à se reposer sur la mousse, au bord d'un ruisseau, son épouse prit place à ses côtés, et tout doucement l'attira sur ses genoux.

Jean ne tarda pas à s'endormir au murmure de l'eau, aussitôt sa femme lui glissa le peigne magique dans les cheveux. Puis prendre le chapeau, courir à la voiture, donner l'ordre au cocher de rentrer au palais, fut pour elle l'affaire d'un instant.

Pendant ce temps, le pauvre abandonné dormait profondément et ne s'éveilla que le soir du deuxième jour, au moment où la lune apparaissait à l'horizon.

Son premier soin fut de chercher son chapeau, qu'il ne trouva pas, puis d'appeler la princesse qui était partie. Se voyant seul et mourant de faim, il regarda autour de lui s'il ne découvrirait pas quelques plantes capables de calmer ses douleurs. Il vit des asphodèles dont il arracha les racines ; mais il n'en eut pas plutôt mangé qu'il fut métamorphosé en âne.

3

Il y avait sept ans que le pauvre aliboron errait au hasard lorsqu'il entra dans la cour du château de son ancienne bienfaitrice.

La fée, en voyant cet animal pénétrer dans sa demeure

comme s'il la connaissait, eut le pressentiment du malheur arrivé à son fils adoptif. De sa baguette, elle toucha l'âne qui redevint le beau jeune homme d'autrefois.

Bien que le mari de la princesse ne fût pas méchant, un désir de vengeance lui vint au cœur. Aussi, un jour qu'il traversait la forêt dans laquelle il s'était endormi, il remplit ses poches de racines d'asphodèles, et continua sa promenade vers la ville.

Dirigeant ses pas vers le palais, il apprit que sa femme donnait un grand dîner, et qu'elle était dans ses appartements à faire sa toilette. Il se rendit près d'elle, la reconnut à peine tant elle avait engraissé et vieilli. Elle, au contraire, s'extasia sur sa bonne mine et lui demanda d'où il venait.

— J'arrive, dit-il, d'un pays où l'on trouve une plante qui conserve la jeunesse et rend la beauté quand on l'a perdue.

— Oh ! vous eussiez bien dû nous en apporter, s'écria la femme de chambre présente à l'entrevue, et qui avait toujours été la mauvaise conseillère de la princesse.

— Je ne vous ai point oubliées, et la preuve c'est que voici les racines de la plante en question.

Toutes les deux voulurent en manger et furent aussitôt changées en ânes. Le prince les fit conduire dans les écuries du palais et alla prendre place à la table du festin.

Comme l'on s'étonnait de la disparition de sa femme, il raconta la transformation qu'il avait subie, et la punition qu'il venait d'infliger.

Le dîner terminé il envoya chercher un meunier auquel il dit : « Voici deux ânes que tu conserveras pendant sept ans, ne les ménage pas, fais-les travailler, fouaille-les s'ils sont paresseux, et fais en sorte de me les rendre dociles et soumis. »

Au bout de sept années, on lui ramena les deux vieux ânes étiques qui, au moyen de la baguette de la fée, reprirent leur première forme et devinrent deux personnes bien sages et corrigées de leurs défauts.

Le rouet enchanté

1

Il existait au temps jadis une pauvre femme, vieille et infirme, qui habitait une masure délabrée. Cette malheureuse avait la réputation d'être sorcière, et était, à cause de cela, abandonnée de tout le monde. Ceux qui croyaient qu'elle leur avait jeté des sorts ne passaient jamais devant sa porte sans lui dire des injures ou des méchancetés. Les autres la fuyaient.

Des histoires absurdes étaient débitées sur son compte :

Les uns l'avaient vue, le samedi soir, se rendre au sabbat, à cheval sur un balai.

D'autres l'avaient entendue, la nuit, battre son linge au bord du *doué*[1].

Le père Bouilleau s'était donné une entorse à la jambe, parce qu'il avait refusé d'occuper la sorcière pendant la moisson.

La mère Guenoche avait eu la fièvre parce que la sorcière avait marmotté des paroles incompréhensibles en passant devant sa maison.

L'infortunée bonne femme serait certainement morte de faim et de besoin, si une jeune ouvrière n'avait eu pitié d'elle. Marie n'était cependant pas riche, et n'avait, pour vivre, que le produit de son travail de couturière ; mais elle avait bon cœur, et était indignée de la conduite de ses voisins envers la pauvre vieille.

Le propriétaire de la masure habitée par la chouette

1. Sorte de mare servant de lavoir dans les villages.

– comme l'appelaient encore les villageois –, ennuyé de loger celle-ci gratis, la mit un jour à la porte.

La malheureuse, étendue comme Job sur un fumier, gémissait de sa misère et priait tous les saints du paradis de lui venir en aide.

Marie, informée de la triste situation de sa protégée, accourut à son secours. Elle la releva, l'aida à marcher, la conduisit dans sa propre demeure.

L'ouvrière offrit son lit à la sorcière, se réservant seulement une mauvaise paillasse qu'elle jeta dans un coin, disant qu'à son âge c'était suffisant et qu'on dormait bien partout.

Non seulement elle logea la vieille, mais elle l'entretint du mieux qu'elle put.

Des mois s'écoulèrent ainsi, et l'état de la bonne femme ne fit qu'empirer. Bientôt l'hiver vint, les dépenses augmentèrent car il fallait du feu, de la lumière, et les ressources de l'ouvrière allaient s'amoindrissant.

Les personnes qui lui donnaient du travail, contrariées de voir qu'elle avait recueilli la mendiante, se vengèrent en l'empêchant de gagner sa vie.

La pauvre enfant fut obligée de vendre, pour deux écus, une petite croix qui lui venait de sa mère et à laquelle elle tenait beaucoup. Cet argent lui servit à acheter des remèdes pour la malade.

Une autre fois elle vendit son linge et ses hardes, parce qu'il n'y avait plus de pain à la maison, et ne conserva qu'une simple petite robe d'indienne, bien insuffisante pour la préserver du froid.

La vieille la remerciait avec effusion et lui répétait sans cesse : « Courage, courage, fille vaillante, un jour viendra où tu auras jupon et corset, ainsi que de la laine pour te faire des chausses. »

Une nuit que Marie ne dormait pas, tourmentée par la crainte de ne plus pouvoir suffire aux besoins de son petit ménage, elle entendit la voix affaiblie de la malade l'appeler près d'elle. Elle courut au chevet de la vieille qui, rassemblant toutes ses forces, lui dit :

« Ma chère enfant, je sens que je vais mourir, mais avant de te quitter je veux te faire une confidence, et te récompenser de l'attachement que tu m'as toujours témoigné. Ecoute-moi bien : j'aurais pu être riche si j'avais voulu ; mais j'ai préféré endurer la misère afin de racheter mes vieux péchés.

« Il n'en est pas de même pour toi, ta conscience est pure et tu n'as rien à te faire pardonner.

« Je sais aussi que tu aimes le fils du meunier ton voisin et que tu en es aimée. Seulement le père de ce jeune homme, riche et avare, ne consentira jamais à votre mariage parce que tu ne possèdes rien. Or, je veux te léguer un trésor qui te fera avant peu, sois-en certaine, la plus riche héritière de la contrée. »

Marie se mit à pleurer, croyant que la moribonde avait le délire et ne savait plus ce qu'elle disait.

La malade ne vit pas les larmes de la jeune fille et continua :

« Lorsque je ne serai plus, tu t'en iras dans la grotte du rocher d'Uzel. Là se trouve l'objet qui doit faire ton bonheur.

« Il faudra t'armer de courage, car il y a loin d'ici cette grotte, et l'entrée en est difficile. Tu auras bien des obstacles à vaincre ; mais avec de la persévérance tu parviendras à surmonter toutes les difficultés. »

La voix de la mourante allait s'affaiblissant. Bientôt il ne lui fut plus possible de parler. Sa main chercha celle de Marie pour la porter à ses lèvres. De grosses larmes roulèrent le long de ses joues creuses. Ses yeux déjà ternes et morts s'élevèrent une dernière fois vers le ciel. Elle sembla marmotter une prière, puis son âme s'envola dans un soupir.

La pauvre vieille avait cessé de vivre.

L'ouvrière pleura la bonne femme comme elle avait pleuré sa mère, morte depuis longtemps. Elle lui rendit les derniers devoirs, lui ferma les yeux et l'ensevelit elle-même.

2

Au printemps suivant, Marie se souvint des dernières paroles de la morte. Souvent elle y songea, et enfin résolut de se rendre à la grotte d'Uzel, non pour y chercher la fortune qui ne la tentait guère, mais pour se conformer au désir de sa vieille amie.

Ce ne fut pas sans une certaine appréhension qu'elle se décida à entreprendre ce voyage, à aller seule vers cet endroit désert qui était un lieu d'effroi, à plus de sept lieues à la ronde.

On racontait sur cette grotte des récits effrayants. Les paysans ne passaient jamais devant sans se signer et, quand ils le pouvaient, faisaient de longs détours pour l'éviter.

Enfin, s'armant de courage, un matin, Marie se mit en route. Il n'y avait point de sentier tracé, elle s'égara plusieurs fois et n'arriva que dans l'après-midi près du rocher d'Uzel.

Son courage fut bien près de l'abandonner en voyant une campagne aride et sauvage, où croissaient des ronces et des épines qui l'empêchaient d'avancer. Les orties recouvraient la grotte entière qui semblait ainsi vouloir se dérober à tous les regards.

La jeune fille, presque effrayée, alla s'asseoir au pied d'un arbre où, sous les rayons d'un premier soleil d'avril, elle ne tarda pas à s'endormir.

Elle vit, en rêve, la vieille femme sur son lit de mort qui lui dit encore :

« Je te lègue un trésor qui m'appartient et qui te fera la plus riche héritière du village. Tu épouseras Louis, ton beau voisin qui t'aime. » Puis la dormeuse se trouva au milieu d'un atelier rempli d'ouvrières. Elle se vit, elle-même, vêtue d'une toilette simple mais presque élégante, distribuant la besogne, indiquant comment s'y prendre pour aller plus vite et mieux faire, recevant les clients, rédigeant les notes, comptant l'argent, etc. L'image de Louis lui apparut également. Il la conduisait à l'église et tous les habitants du hameau les complimentaient et les admiraient.

Au bout de quelques heures elle se réveilla. Se rappelant alors son rêve, elle murmura : « C'est la bonne vieille qui, du haut du ciel, veille sur moi et m'invite à accomplir ses dernières volontés. »

Surmontant ses terreurs, elle se dirigea vers la grotte et, une branche d'arbre à la main, frappa, de toutes ses forces, les ronces et les orties pour se frayer un passage.

Elle entra résolument dans une espèce de souterrain. Peu à peu, ses yeux s'habituant à l'obscurité, elle aperçut une autre ouverture conduisant à une seconde pièce éclairée par quelques rayons de soleil qui filtraient à travers les fissures du rocher.

Marie hésitait à entrer, lorsqu'elle s'arrêta, surprise, en entendant un chant, d'une douceur ineffable, qui la rassura complètement et lui donna le courage d'avancer.

D'abord elle ne vit rien. Puis ayant fait le tour de la grotte, elle constata qu'elle était vide. Un vieux rouet seul, oublié dans un coin, paraissait avoir été abandonné à cause, sans doute, de son mauvais état.

L'ouvrière s'en approcha et remarqua qu'il était tout *mirodé*[1], et qu'il avait dû être, autrefois, un objet de valeur. A sa forme ancienne, elle supposa qu'il avait plus de cent ans d'existence.

Elle fureta dans tous les coins afin de découvrir le chanteur qui l'avait charmée ; mais ses recherches furent vaines, et cependant il était impossible de fuir, puisqu'il n'y avait pas d'autre issue.

---

1. Sculpté.

Marie, découragée, s'apprêtait à retourner sur ses pas, quand elle s'entendit appeler par son nom.

Les paroles semblaient sortir du rouet. La jeune fille regarda de son mieux et découvrit, juché sur la poignée du rouet, un petit nain si petit, si petit qu'il était à peine visible. Il fit tout à coup tourner la roue de l'instrument avec une adresse étonnante, et se mit à filer de la laine qui, passant par ses doigts agiles, devint plus fine que les fils de la Vierge que l'on voit sur les landes, après les premières gelées d'octobre.

Le nain, tout en travaillant, recommença sa chanson. Voici ce qu'il disait :

« Viens voir mon travail, Marie, et dis-moi si tu es contente.

« Si tu crois qu'on peut mieux faire, je tâcherai de te satisfaire, car je suis ton ouvrier.

« Le rouet et moi nous t'appartenons. Nous travaillerons jour et nuit, jusqu'à ce que tu sois riche, mariée et heureuse. J'en ai pris l'engagement envers la pauvre vieille qui a rendu son âme à Dieu et les lutins ne trahissent jamais leurs promesses. »

La jeune fille, émerveillée du travail du nain et de la rapidité avec laquelle les fuseaux se succédaient, lui demanda ce qu'elle devait faire.

— Rien, répondit-il ; me permettre seulement de t'accompagner et d'envoyer le rouet chez toi.

— Je veux bien que tu m'accompagnes, joli chanteur et ouvrier sans égal ; mais ce n'est pas toi qui es capable d'emporter le rouet, il est trop lourd pour ta petite taille.

— Rassure-toi ; je peux devenir aussi grand qu'un chêne et aussi fort qu'un lion quand cela est nécessaire. Je puis encore – et cela est un de mes plus beaux dons – me rendre invisible aux yeux des gens.

Et sans plus tarder, le nain, devenant grand comme un homme, chargea le rouet sur ses épaules et invita la jeune fille à le suivre.

Il la conduisit, par un chemin de lui seul connu, à travers des prairies remplies de fleurs, le long de petits ruisselets gazouillant sur les galets. Les sentiers qu'ils parcouraient étaient tapissés de mousse que Marie foulait de ses pieds, sans se fatiguer et sans s'apercevoir de la longueur du chemin. D'ailleurs, le lutin, qui marchait le premier pour indiquer la route, chantait la chanson suivante que la fillette écoutait avec intérêt :

Mon père a fait faire
Un p'tit bois taillis, (bis)
Tous les oiseaux du monde,
Y vont faire leurs nids.
Donn' ton cœur mignonne,
Ton, ton, ton, petit ton,
Donn' ton cœur mignonne,
Ton petit cœur joli.

Tous les oiseaux du monde
Y vont faire leurs nids, (bis)
La caill', la tourterelle,
La jolie perderix.
Donn' ton cœur, etc.

La caill', la tourterelle,
La jolie perderix, (bis)
Et le rossignolet,
Qui chante jour et nuit.
Donn' ton cœur, etc.

Et le rossignolet
Qui chante jour et nuit, (bis)
Il chante pour les gars
Qui n'ont point d'bonn'z'amies.
Donn' ton cœur, etc.

Il chante pour les gars
Qui n'ont point d'bonn'z'amies ; (bis)
Il ne chant' point pour moi,

Car j'en ai un' jolie !
Donn' ton cœur, etc.

Il ne chant' point pour moi
Car j'en ai un' jolie ! (bis)
Elle est dans la Hollande,
Les Hollandais l'ont pris'.
Donn' ton cœur, etc.

Elle est dans la Hollande,
Les Hollandais l'ont pris' (bis)
Que donnerais-tu gars,
A qui irait la cri ? [1]
Donn' ton cœur, etc.

Que donnerais-tu gars.
A qui irait la cri ? (bis)
Je donn'rais ben tout Rennes,
Paris et Saint-Denis.
Donn' ton cœur, etc.

Je donn'rais ben tout Rennes,
Paris et Saint-Denis ; (bis)
Et la claire fontaine,
Qui coule jour et nuit.
Donn' ton cœur, etc.

Et la claire fontaine
Qui coule jour et nuit, (bis)
Par la force qu'elle a,
Fait moudre trois moulins.
Donn' ton cœur, etc.

Par la force qu'elle a,
Fait moudre trois moulins, (bis)
Y'en a un qui moud l'orge,

1. Chercher.

Et l'autr' le poivre fin.
Donn' ton cœur, etc.

Y'en a un qui moud l'orge,
Et l'autr' le poivre fin. (bis)
Le troisième la cannelle,
Pour un vieux médecin.
Donn' ton cœur, etc.

Le troisième la cannelle
Pour un vieux médecin, (bis)
Qui la donne à ces filles
Qui n'ont pas le cœur sain.
Donn' ton cœur, mignonne,
Ton, ton, ton, petit ton,
Donn' ton cœur, mignonne
Je garderai le mien.

3

Lorsque le rouet fut monté et placé dans la chambre de Marie, le lutin lui dit :

« Chère enfant, ce rouet est le trésor promis par ta vieille amie. Tu n'auras qu'à changer la quenouille de laine, et aussitôt elle sera convertie en écheveaux dont tu trouveras facilement le placement.

« Quant à moi, ajouta-t-il, je vais redevenir invisible, néanmoins, je ne te quitterai pas, et je veillerai sans cesse à ton bonheur. »

L'ouvrière eut un véritable chagrin de voir disparaître le bon petit nain ; mais elle comprit qu'il avait sans doute ses raisons pour agir de la sorte et, ne voulant pas être indiscrète, elle se contenta de le remercier de tout ce qu'il voulait bien faire pour elle.

Le rouet ne s'arrêta ni jour ni nuit. La laine n'était pas plus tôt sur la quenouille qu'elle était immédiatement changée en écheveaux que les acheteurs se disputaient. Chaque jour ils en offraient un prix plus élevé.

L'aisance revint promptement dans le ménage de la fillette. Elle racheta la croix de sa mère, du linge, des hardes, des meubles et refit son nid plus chaud qu'il n'était avant l'arrivée de la sorcière.

Ses voisins s'étonnèrent du bien-être de Marie et en cherchèrent la cause.

Les plus curieux imaginèrent un prétexte pour s'introduire chez la jeune fille, et l'un d'eux, plus malin que les autres, découvrit qu'elle avait un rouet qui tournait tout seul.

Le bruit s'en répandit promptement. On crut à un sortilège, et la pauvre enfant fut en butte, à son tour, à la jalousie et à la méchanceté des gens du village.

Les plus osés l'insultèrent, mais furent terriblement punis : ils furent paralysés, les uns de la langue pour avoir dit des injures, les autres du bras pour avoir menacé. Malgré tout ce que put faire Marie près du lutin pour leur rendre la santé, car son bon cœur leur avait pardonné, ils restèrent ainsi un an et un jour.

Cette leçon leur profita. A partir de ce moment, les plus exaspérés se calmèrent et personne n'osa plus rien dire.

Comme l'ouvrière était bonne avec tout le monde, compatissante avec les affligés, généreuse avec les pauvres, on supposa bien qu'elle n'avait pas vendu son âme au diable, et l'on finit, sinon par l'aimer, du moins par l'accueillir convenablement partout.

D'ailleurs avec les années elle était devenue riche et son rêve s'était réalisé. Elle avait créé un atelier important, de nombreuses ouvrières travaillaient autour d'elle. La maison qu'elle occupait lui appartenait, ainsi que plusieurs pièces de terre autour du hameau.

Tous les pères de famille l'enviaient pour leurs fils, et le père du beau meunier lui-même y songeait depuis longtemps.

Or, un matin, le vieillard s'en alla demander la main de Marie pour son gars. Il fit valoir sa fortune, les qualités de son fils Louis, et n'eut pas trop de peine à décider la jeune fille à devenir sa bru. Louis était, d'ailleurs, un honnête garçon que Marie aimait de toute son âme.

Les fiançailles eurent lieu et la noce les suivit de près.

Le matin de cet heureux jour, de nombreux invités se réunirent chez la mariée. Les violons partirent en tête et tous les couples défilèrent les uns après les autres. Les filles avaient des tabliers rouges qui faisaient aboyer les chiens sur les portes. Les oies et les canards eux-mêmes cessaient de barboter pour regarder passer la noce.

Les jeunes époux furent très heureux. Ils eurent de nombreux enfants que le petit nain continua d'enrichir, car il ne cessa de tourner son rouet qu'à la mort de Marie qui vécut jusqu'à quatre-vingt-quinze ans.

Les aventures d'une morte

Lorsqu'on prend le chemin de fer de Fougères à Saint-Brice, on ne tarde pas à apercevoir, sur un riant coteau qui domine la vallée du Nançon, le petit bourg de Lécousse.

Son clocher pointu ressemble de loin, quand les cloches se font entendre, à un long bonnet de laine planté sur le chef branlant d'un vieillard.

C'est au bourg de Lécousse que résidait, au commencement du siècle dernier, un curé qui, de temps à autre, du haut de la chaire, disait à ses ouailles :

« Au jour du jugement dernier, lorsque le bon Dieu s'écriera : Curé de Lécousse, où es-tu ?... Je me *cuterai* comme Adam après sa faute dans le Paradis terrestre, et je ne répondrai pas.

« Il criera plus haut : Curé de Lécousse, où es-tu ?... Je me *cuterai* encore plus avant et ne dirai rien.

« Mais le bon Dieu qui sait tout, qui entend tout, s'avancera vers moi et me dira d'un air menaçant : Curé de Lécousse, qu'as-tu fait de tes paroissiens ?... Alors je serai bien obligé de répondre, et je lui dirai : Mon Dieu ! pardonnez-moi ; mais bêtes vous me les avez donnés, et bêtes je vous les rends. »

C'est à ce même curé qu'est arrivée l'aventure suivante, si l'on en croit un petit couturier de Lécousse auquel nous devons ce récit.

Un paysan, du nom de Pierre Marchand, dont la demeure était isolée des autres habitations du bourg, s'aperçut qu'on venait, la nuit, dérober les légumes de son courtil.

N'étant pas très brave, le bonhomme n'osa pas s'embusquer dans les ténèbres pour appréhender le voleur au collet. Il imagina un autre moyen :

« Si je lui envoyais, pensa-t-il, quelques grains de plomb dans les jambes, je pourrais l'empêcher de courir et m'assurer s'il est du pays. »

Sa femme, Jeanne Martin, qui n'avait pas grande confiance dans son adresse, lui dit :

— Prends garde de mal ajuster et de faire un malheur.

— Non, non, répondit-il, et fier de son idée, il s'en alla un soir se coucher sur la paille de son hangar, son fusil près de lui, espérant bien que le voleur ne lui échapperait pas.

En effet, à peine venait-il de s'étendre sur la paille, qu'il entendit du bruit. Il se leva doucement, remué par la peur, vit une masse sombre se glisser sous une haie et se diriger vers le carré de choux. Il prit son fusil, crut bien ajuster dans les jambes et fit feu. Un cri affreux se fit entendre.

Jeanne, non encore couchée et qui était occupée à cuire de la galette, accourut bien vite, une lanterne à la main. O ciel ! le mari et la femme trouvèrent une pauvre vieille étendue par terre, ne donnant plus signe de vie.

Tous les deux restèrent, un instant, muets de terreur, en reconnaissant une de leurs voisines. « Que faire ? que devenir ? » s'écrièrent-ils. La situation était grave, en effet. Pierre Marchand, les larmes aux yeux, se voyait déjà entre deux gendarmes à la prison de Fougères.

Jeanne fut la première à se remettre de son émotion. « Les femmes sont toujours plus rouées que les hommes », ajouta le couturier.

— Personne ne nous a vus ni entendus, dit-elle ; mettons la vieille dans un sac, et allons la déposer à la porte de M. le curé.

Pierre, plus mort que vif, alla chercher un sac, mit la bonne femme dedans, chargea le tout sur son dos et s'en alla, suivi de Jeanne, vers la demeure du prêtre.

Arrivés au presbytère, ils placèrent le corps de la bonne femme, déjà raide, debout et appuyé sur la porte. Puis Jeanne appela d'une voix affaiblie : « M. le recteur ? M. le recteur ? Je voudrais me confesser avant de mourir. Je meurs... Je meurs ! »

Le brave homme de curé se leva précipitamment, mit sa soutane de travers et vint ouvrir la porte, une chandelle à la main.

Les cris plaintifs avaient cessé, et les époux Marchand s'étaient sauvés.

Le cadavre de la vieille s'abattit sur le prêtre et éteignit sa lumière. Il appela sa servante, son domestique, et tous les trois réunis constatèrent, à leur tour, que la bonne femme était morte.

L'infortuné curé se lamentait de n'avoir pu secourir cette femme, peut-être en état de péché mortel. Il se trouvait aussi malheureux que Pierre Marchand et répétait comme lui : « Que faire ? que devenir ? »

Sa servante lui dit :

— Rassurez-vous, monsieur le recteur, Jean votre domestique va mettre la vieille dans un sac et la porter au gué de Marvaise. On supposera qu'elle s'est *nayée*.

— Faites ce que vous voudrez, répondit le curé atterré.

Jean venait de quitter le bourg, lorsqu'il fut rejoint par un individu portant, comme lui, un sac sur le dos.

Après avoir cheminé ensemble quelques instants, le garçon du curé vit bien que son compagnon ne le connaissait pas, et seulement alors il osa lui demander ce qu'il avait dans son sac.

L'autre, qui supposa qu'à pareille heure il ne pouvait avoir affaire qu'à un voleur de son espèce, avoua, en riant, qu'il avait été à même de dérober un cochon tout entier, tué et *habillé* ; mais, le croyant trop lourd, il s'était contenté d'en prendre la moitié.

— Je le regrette maintenant, ajouta-t-il, car me voilà à deux pas de ma demeure.

— Moi, répondit Jean, j'ai été plus gourmand que toi. J'en ai un tout entier sur le dos, que j'échangerais volontiers contre la moitié, car je suis encore à plus de deux lieues de chez moi, et je n'en puis plus.

— Si cela te va, ce n'est pas de refus, il est sain au moins ?

— Comme un gardon.

Et nos deux voyageurs échangèrent leurs fardeaux. Ils se donnèrent ensuite une poignée de main et se séparèrent.

Jean prit un sentier détourné, et rentra promptement au presbytère où il raconta ce qui lui était arrivé, à la grande joie du recteur et de la servante.

Le voleur, en rentrant chez lui, jeta son sac par terre en disant : « *V'là ti* un cochon *qué* lourd. » Puis il s'approcha du foyer en racontant à sa femme ses aventures de la nuit.

— Tu dois avoir faim, notre homme ; veux-tu une grillade de lard frais ?

— Volontiers, répondit-il.

Et sa femme s'en alla déficeler le sac.

Qu'on juge de leur stupéfaction en voyant le cadavre !

— Oh ! tout de même, marmotta le voleur, j'ai été joué comme un imbécile que je suis.

— Tout cela est bel et bon, répondit sa femme ; mais le plus pressé est de nous débarrasser de cette vieille. Attache-la solidement sur le cheval aveugle que tu as amené hier ici, et qui n'a pas été vu de nos voisins. C'est aujourd'hui la foire de Fougères, et, en mettant la bête sur la route, elle va suivre instinctivement les premiers chevaux qui vont passer. Dépêchons-nous, car voici le jour.

Ils placèrent la vieille, à califourchon, sur la haridelle,

la ficelèrent solidement, lui ramenèrent son capuchon sur le nez, et conduisirent le cheval sur la route.

Des paysans, avec des charrettes et des bestiaux, ne tardèrent pas à arriver de toutes parts, et comme le jour commençait seulement à poindre, ils ne firent attention ni à la vieille ni à son cheval.

La bête aveugle suivit les autres animaux et arriva sur la place d'armes à Fougères.

Un marchand de faïence venait de s'y installer, lorsqu'il vit le cheval de la vieille arriver en droite ligne sur sa marchandise étalée par terre. Il cria de toutes ses forces : « Hé, hé ! la vieille, tirez sur la bride ! tirez sur la bride ! » mais la bonne femme ne bougea pas.

Le cheval avança brisant sous ses pieds soupières et assiettes.

Le marchand furieux s'empara d'un bâton et frappa, de toutes ses forces, la bête et la vieille. Celle-ci tomba par terre, et la foule, ameutée autour d'elle, s'aperçut qu'elle était morte. Les gendarmes accoururent et s'emparèrent du marchand qu'ils conduisirent en prison.

Un médecin fut aussitôt appelé, et déclara que la bonne femme avait été tuée d'un coup de fusil en pleine poitrine, et n'était certainement pas morte des coups de bâton qu'elle avait reçus.

Sur cette déclaration, on rendit la liberté au marchand, et on lui donna le cheval aveugle pour l'indemniser de ses pots cassés.

La justice eut beau faire, elle ne découvrit pas le coupable. Ce ne fut qu'à son lit de mort, que Pierre Marchand raconta ce qui lui était arrivé et mit ainsi en repos la conscience du curé de Lécousse.

Les quarante voleurs

1

Il fut un temps où la forêt de Rennes était peuplée de brigands. Les voyageurs obligés de la traverser, pour se rendre à Fougères ou en Normandie, étaient armés jusqu'aux dents et, malgré cela, plus d'un y laissa ses os.

Au mois d'août, à l'époque des moissons, les paysans y vont la nuit, au clair de lune, afin d'éviter les gardes, pour couper des branches de bouleaux qui leur servent à faire des balais.

Or un soir, qu'un habitant de Saint-Sulpice s'était aventuré dans les plus épais buissons, pour prendre le bois dont il avait besoin, il entendit le bruit d'une troupe de cavaliers. Jean Cheminet – c'était son nom – n'eut que le temps de grimper dans un chêne pour ne pas être aperçu.

Sa frayeur fut grande quand il vit quarante gaillards, le fusil sur l'épaule, le poignard à la ceinture, qui s'arrêtèrent juste sous l'arbre où il se trouvait. Ils descendirent de cheval, et l'un d'eux, qui semblait être le chef, frappa de la crosse de son fusil un rocher, en disant :

« *Je suis le lièvre blanc,*
« *Ouvre-lui sans crainte.* »

Le rocher se déplaça, comme mû par un ressort, et une ouverture apparut, qui permit aux brigands d'y entrer, et de déposer, dans un souterrain, le produit de leur vol qui semblait être considérable.

Ils ressortirent presque immédiatement, et enfourchèrent de nouveau leurs chevaux qu'ils avaient eu la précaution d'attacher aux arbres.

De son observatoire le paysan, ayant remarqué des valises pleines d'or, se rappela que, la veille, la diligence transportant des fonds de l'Etat, de Fougères à Rennes, avait été arrêtée et pillée. Il se dit : « Si je pouvais m'emparer de cet argent, ma fortune serait faite. Ma foi, tant pis, qui ne risque rien n'a rien. »

Il descendit du chêne et se dirigea vers le rocher qu'il frappa de son *sarciau*, sorte de couperet qu'il avait à la main pour abattre les bouleaux, et répéta ce qu'il avait entendu dire :

« *Je suis le lièvre blanc,*
« *Ouvre-lui sans crainte.* »

La pierre tourna sur elle-même, et il se précipita sur les sacs d'argent qu'il cacha sous les bruyères et les ronces. Il alla ensuite chercher son cheval pour emporter l'argent deux fois volé.

Le lendemain, il dit à sa femme :

— Va chez mon frère, le prier de te prêter un boisseau.

La femme y alla, et ne rencontra que sa belle-sœur qui lui demanda :

— Que ton homme veut-il faire d'un boisseau ?

— Je n'en sais rien, il ne me l'a pas dit ; mais il a un air mystérieux qui ne lui est pas habituel.

— Ah ! je saurai bien, moi, ce qu'il veut mesurer. Et elle appliqua, dessous le boisseau, de la poix de cordonnier qu'on appelle de la *gemme* à Saint-Sulpice-la-Forêt.

En effet, quand on lui rapporta le boisseau, deux louis d'or y étaient restés collés.

— Tu plains quelquefois ton frère de sa misère, dit la belle-sœur de Jean Cheminet, à son mari, eh bien ! sais-tu ce qu'il voulait faire de notre boisseau ? C'était pour mesurer de l'or, et elle montra les deux louis qu'elle avait trouvés.

L'homme étonné se rendit chez son frère, et, à force de questions, parvint à savoir la vérité.

Sans rien dire à personne, il alla à son tour dans la

forêt, frappa le rocher, prononça les paroles magiques, et pénétra dans le souterrain.

Mais les brigands s'étaient aperçus du vol, et l'homme ne fut pas plus tôt entré chez eux, qu'ils s'emparèrent de lui et le fendirent en deux, d'un coup de sabre. Les deux parties du corps furent attachées à des branches d'arbres, de chaque côté du rocher, pour effrayer ceux qui auraient eu la velléité de leur rendre visite.

2

La famille du malheureux pendu le chercha longtemps, sans découvrir ce qu'il était devenu.

Jean Cheminet se dit un jour : « Bien que mon frère soit riche, n'aurait-il pas eu l'idée de dérober aux voleurs une part de leur fortune ? »

Il attacha deux paniers aux flancs de son cheval, comme il avait l'habitude de le faire quand il allait chercher du bois mort en forêt, et se dirigea vers la demeure des brigands.

Un frisson d'horreur le secoua, de la tête aux pieds, en apercevant les deux morceaux du cadavre de son frère qui se balançaient aux branches des arbres. Il les décrocha, les mit dans ses paniers, qu'il recouvrit de bois mort, et rentra chez lui.

Le lendemain, il se déguisa en bûcheron et alla chez un savetier du bourg, auquel il tint ce langage :

— Veux-tu gagner trois pistoles ?

— Je ne demande pas mieux.

— Voici mes conditions : Je vais te bander la vue et t'emmener quelque part, où tu auras le corps d'un homme à recoudre, avant qu'on l'enterre. Acceptes-tu ?

— Je suis prêt à vous suivre.

Le faux bûcheron banda les yeux du savetier, et le conduisit chez lui où il lui montra le cadavre qu'il devait coudre.

L'ouvrier fit consciencieusement son travail, et reçut le salaire promis. Il eut de nouveau la vue bandée, et fut reconduit à son domicile.

3

A quelque temps de là, l'un des voleurs se rendit chez le cordonnier pour faire recoudre des guêtres, et lui demanda s'il était capable de faire ce travail convenablement.

— J'en ai fait un, l'autre jour, plus difficile que cela.

— Quel travail délicat as-tu donc fait ?

— J'ai recousu un mort qui avait été coupé en deux.

— Pourrais-tu me conduire chez la personne qui t'a fait faire cet ouvrage ?

— Non, attendu qu'on m'y a conduit avec un bandeau sur les yeux.

— Est-ce ici même, dans le bourg de Saint-Sulpice ?

— Oui.

— Combien as-tu mis de minutes pour y aller ?

— Dix, tout au plus.

— Voici une pistole que je te donne, et viens avec moi tâcher de trouver cette maison.

Ils parcoururent ensemble le bourg et, tout à coup, le savetier s'arrêta en disant :

— Ce doit-être ici, car je me souviens qu'il y avait trois marches à monter pour entrer dans la maison.

— C'est bien, répondit le voleur, et il marqua d'une croix rouge la porte aux trois marches qui était, en effet, celle de l'ancien chercheur de bois.

Ce dernier, devenu riche, avait pris à son service une servante extrêmement rusée. Aussi, dès qu'elle vit la croix rouge sur la porte elle supposa bien que ce signe n'avait pas été fait sans intention, et elle s'empressa de marquer de la même manière les trois autres maisons de la rue.

La nuit suivante, les brigands vinrent pour assaillir la maison à la croix, et furent fort étonnés d'en trouver quatre ayant une croix.

La servante, qui faisait le guet, entendit le chef dire à ses compagnons : « Nous sommes joués, et peut-être attendus. Décampons, je me vengerai d'une autre façon. »

4

La semaine suivante, un marchand se présenta, le soir, chez Jean Cheminet, pour lui offrir de l'huile. Il en avait un certain nombre de barriques dans une charrette.

La domestique fit entrer ce marchand qui lui dit qu'il était pressé, parce que la nuit venait et qu'il n'avait pas trouvé de gîte pour lui et son attelage.

— Restez ici, répondit la fille, mon maître ne demandera pas mieux que de vous loger. Mettez vos barriques dans la cour, et votre cheval avec le nôtre.

La fenêtre de la chambre qu'occupait la servante donnait justement sur la cour, ce qui lui permit d'observer une chose assez singulière : à part le fût, dans lequel se trouvait l'huile que le voyageur avait vendue, les autres tonneaux avaient tous, à l'orifice, une pierre qui, de temps en temps, bougeait, comme pour permettre à l'air de s'introduire dans les barriques.

La fille descendit dans la cour, frappa contre les

tonneaux, pour voir s'ils étaient pleins et, de chacun d'eux, une voix lui dit : « Est-il temps ? »

Elle rentra, fit bouillir de l'huile, et la versa dans les fûts qu'elle eut soin de fermer promptement pour étouffer les cris des malheureux qui, tous, succombèrent à leurs brûlures.

Au milieu de la nuit, le chef se leva, ouvrit sa fenêtre et appela ses amis ; n'entendant aucune réponse, il comprit que son stratagème avait été découvert, et qu'il n'avait qu'à se sauver, ce qu'il fit en jurant encore une fois de se venger.

La servante raconta à son maître ce qu'elle avait surpris et ce qu'elle avait fait. Il la félicita et tous les deux enterrèrent les cadavres des brigands aux pieds des arbres de leur courtil.

5

Plusieurs mois s'écoulèrent, et, lorsque tout semblait oublié, un homme vint demeurer dans une maison qu'il avait louée, près de celle de Jean Cheminet. Il semblait aimable, bon vivant, et fit des avances à son voisin qui, un jour, l'invita à dîner.

Lorsqu'ils furent à table, la servante remarqua les canons d'un pistolet qui sortaient de dessous l'habit de l'invité. Elle l'examina avec attention et reconnut le chef des brigands.

Elle se montra de plus en plus aimable avec l'étranger. A la fin du dîner, elle fit des tours de cartes, et dit qu'elle savait manier un fleuret parce que son père, ancien soldat et vieux garde de la forêt, s'était amusé à lui donner des leçons d'armes. Elle décrocha une épée pendue à la muraille, s'escrima contre le mur. Tout à coup elle se détourna et enfonça son épée dans la poitrine du brigand.

— Malheureuse, qu'as-tu fait ? s'écria son maître.

— Je vous ai délivré de votre plus cruel ennemi. Enlevez-lui son habit, et voyez dans quelle intention il s'était introduit chez vous et avait capté votre confiance.

Jean Cheminet reconnut, en effet, le chef des brigands de la forêt et remercia sa servante de lui avoir encore une fois sauvé la vie.

Les trois bossus

Louise Malœuvre n'avait que quatre ans quand son père mourut en voulant porter secours à un *gas*, en danger de se noyer dans l'étang du village.

La veuve du pauvre homme ne se consola point d'un pareil malheur, et suivit de près le défunt dans la tombe.

Louise resta donc orpheline dès sa plus tendre enfance, n'ayant pour parents et soutiens que deux vieilles tantes, avares, acariâtres, presque méchantes et qui passaient dans le pays pour être tant soit peu sorcières.

Ursule et Gertrude, tels étaient leurs noms, vivaient séparément dans un isolement complet.

Chacune d'elles possédait, d'héritage, un lopin de champ et l'exploitait à sa façon. Ursule, l'aînée, avait une vache qu'elle conduisait et gardait dans son champ d'un bout de l'année à l'autre, et qui lui fournissait du lait et du beurre dont elle tirait profit.

Gertrude, elle, cultivait des pommes de terre, qui atteignaient la grosseur d'une citrouille sans qu'on sût jamais comment elle s'y prenait, ce qui rendait jaloux tous les jardiniers de la paroisse.

Les deux sœurs vivaient donc à l'aise, ce qui ne les empêchait pas de regretter amèrement d'avoir à leur charge la pauvre orpheline. Et encore c'était à qui ne l'aurait pas.

Les autorités du pays furent souvent obligées d'intervenir pour les contraindre à la prendre chez elles et à la garder, chacune au moins huit jours durant.

Chez l'une, elle ne mangeait que de la galette et du lait, chez l'autre que des débris de pommes de terre gâtées.

Malgré cette nourriture la fille ne dépérissait point. Elle devint même, en peu de temps, plus fraîche et plus jolie qu'une pomme de *coquereu*.

A peine eut-elle atteint sa seizième année, qu'on vit, un beau matin, un superbe équipage s'arrêter à la porte de la maison de la tante Ursule, au grand ébahissement des passants.

Les voisins s'attirèrent aux portes et aux fenêtres, en se demandant ce que signifiait cette visite matinale.

La boutique du père Migaud, le maréchal-ferrant, située en face de la masure de la tante Ursule, fut bientôt envahie par la foule, avide de voir ce que pouvait contenir cette voiture dorée jusqu'aux moyeux.

Un petit bossu, en culotte courte, avec des bas de soie bien tirés, des souliers à boucles d'argent, un frac noir et un chapeau à plumes, en descendit prestement et entra chez la bonne femme.

« Tiens ! le bossu du Harda, s'écria-t-on de tous côtés, qui vient rendre visite à la sorcière. Il veut faire enlever sa bosse, disait l'un ; il veut s'en faire mettre une pardevant, disait l'autre. »

C'était, en effet, M. du Harda, le plus riche seigneur du pays, qui, séduit par la beauté de Louise, venait demander sa main.

Tante Ursule, très intriguée et très honorée de sa visite, le reçut avec force révérences, l'invita à s'asseoir, et lui offrit de son meilleur beurre sur une galette chaude sortant de dessus la pierre.

Il est vrai que pour se faire bien venir, le petit bossu avait glissé adroitement quelques pièces blanches dans la main crochue de la sorcière.

Lorsque la vieille entendit le seigneur lui demander sa nièce, elle resta tout interdite, la bouche ouverte, n'osant en croire ses oreilles.

Comment ! M. du Harda, qui possédait à lui seul presque toute la paroisse, voulait épouser une orpheline, sans sou ni maille, c'était vraiment à supposer qu'il n'avait plus sa raison.

Cependant comme c'était un moyen de se débarrasser de Louise, elle revint vite de son étonnement et s'empressa de renouveler ses prévenances envers M. du Harda, l'assurant que sa nièce serait fière d'une pareille demande et qu'il n'avait aucun refus à redouter.

— Je saurais bien, du reste, ajouta la vieille en remuant la tête d'un air colère, mettre la fille à la raison, si elle s'avisait d'être d'un avis contraire au mien. Je chasserais plutôt de chez moi une pareille ingrate !

« Refuser le seigneur du Harda ! Oh ! par exemple ce serait trop fort !... »

Et la vieille s'enflamma tant et si bien que le bossu fut obligé de déployer son éloquence pour la calmer.

Puis elle raconta tous les sacrifices qu'elle s'était imposés pour élever l'enfant.

A l'entendre sa sœur était une mauvaise pièce, une sans cœur, une *avaricieuse* qui, sans elle, aurait laissé la fillette mourir de faim.

Elle sut même faire venir à propos quelques larmes qui lui valurent de nouveaux écus.

Louise, qui était partie au point du jour pour conduire la vache dans la pâture, fut bien étonnée à son retour de voir une belle voiture devant la porte de la tante Ursule, et du monde dans la rue comme un jour de foire.

Un pressentiment lui vint à l'esprit, et son cœur se serra à l'idée qu'elle était peut-être bien pour quelque chose dans cette visite ; mais elle était loin de se douter qu'il fût question de son mariage. Néanmoins elle entra.

Le petit bossu, en l'apercevant, s'avança à sa rencontre et la salua cérémonieusement à plusieurs reprises.

La tante Ursule, au contraire, se précipita comme un ouragan sur elle, la serra dans ses bras, ce qu'elle n'avait jamais fait, et lui dit d'un air attendri :

— Ma fille, bénis Dieu du bonheur qui t'attend. Le seigneur du Harda vient te demander en mariage !

En entendant ces paroles, la pauvre enfant se laissa tomber sur un escabeau, plus morte que vive, et fondit en larmes.

Le bossu sembla peu rassuré ; mais la tante Ursule qui s'en aperçut s'écria :

— Seigneur du Harda, ce sont des larmes de joie ! Les jeunesses, voyez-vous, c'est sensible, puis l'émotion, les nerfs, tout cela, n'y faut pas faire attention.

Elle reprit en se tournant d'un air pincé vers sa nièce :

— Ne craignez rien, je saurai la mettre à la raison si la chose est nécessaire.

— Je ne veux pas, répondit le bossu, imposer ma volonté à Louise, et je ne l'épouserai que de son libre consentement.

— Jésus pauvre ! reprit la vieille, refuser un parti pareil ! Faudrait être innocente pour le moins.

Mais Louise pleurait toujours, au grand désespoir de la tante qui craignait de voir manquer le mariage.

Le bossu s'en alla promettant de revenir le lendemain pour connaître la réponse de la belle Louise, à laquelle il offrit des parures, et des objets de toilette d'un grand prix.

La vieille fut presque jalouse des cadeaux faits à sa nièce ; mais elle s'en consola en songeant que le seigneur du Harda ne pourrait se dispenser de lui en offrir à l'occasion du mariage. Seulement, pour se venger, elle apostropha la pauvre enfant sur la façon dont elle avait accueilli l'amoureux, et la menaça de sa colère si elle ne consentait pas à cette union.

Elles restèrent ensemble tout le jour. Louise fut-elle l'objet de mauvais traitements de la part de sa tante ? Fut-elle séduite par les cadeaux du vieillard ? Toujours est-il que, le lendemain, elle tendit la main à l'affreux petit homme qui comptait plus de soixante hivers.

Il est vrai de dire qu'il lui offrit une bague ornée de diamants, en déposant un baiser sur les doigts en fuseau de la jeune fille.

La noce se fit presque sans délai. Elle ressembla plus à un enterrement qu'à une fête : les témoins et quelques parents seuls y assistèrent.

Aussitôt la messe terminée, le bossu fit monter la

mariée dans sa voiture, tira sa courte révérence aux assistants indignés du procédé, puis il donna des ordres au cocher dont les chevaux partirent au galop.

Le seigneur emmena Louise au fond de ses terres, et la déroba à tous les regards.

Dire que la jeune épouse fut malheureuse en mariage serait une exagération, car son mari satisfit tous ses désirs, tous ses caprices ; il lui fit venir, de Paris, les robes à la mode, les plus belles parures, les plus beaux atours. Dire cependant qu'elle fut heureuse ne serait pas non plus la vérité, car le bossu, jaloux comme un tigre, lui ravit la liberté : il lui déclara qu'elle ne sortirait jamais des limites de ses propriétés, et qu'elle ne recevrait aucune visite.

Louise en conçut un vif chagrin, car à quoi servent les atours et les parures si l'on ne peut les faire voir ?

Il lui fallut cependant, bon gré, mal gré, en prendre son parti et les années s'écoulèrent sans que son mari et maître songeât à revenir sur sa décision.

Elle finit enfin par s'en consoler en contant ses peines à une jeune fille de son âge, qui lui servait de femme de chambre et lui tenait lieu de société. Cette dernière, joyeuse, folâtre, espiègle, parvenait à dérider sa maîtresse et à lui faire partager sa gaieté et son entrain.

Par un soir d'automne, alors que la châtelaine du Harda était à sa fenêtre, pensive et ennuyée, regardant les feuilles mortes tomber des arbres, elle fut tout à coup distraite de sa rêverie par une douce musique exécutée sous sa fenêtre.

Les instruments préludèrent d'abord, puis une voix chanta le premier couplet d'une chanson que Louise avait entendue autrefois :

Quand j'ai mon p'tit habit vert,
Je plais à toutes les filles,
Ce n'est pas comm'l'autre hiver
Que j'étais en guenilles !

Marion la petite servante, qui était accourue près de sa maîtresse, applaudit de toutes ses forces.

Les deux femmes se penchèrent à la fenêtre pour voir quels étaient les musiciens qui leur donnaient une sérénade. Leur étonnement fut grand lorsqu'elles aperçurent deux petits bossus ressemblant trait pour trait au seigneur du Harda.

Marion dit à sa maîtresse :

— Si nous les faisions monter pour nous divertir.

— Y songes-tu, folle ! répondit Louise, et si mon mari l'apprenait.

— Ah ! bah ! il vient de sortir à l'instant pour aller consulter un homme de loi au sujet de son différend avec le voisin. Il ne reviendra pas de sitôt.

— Si je savais cela, je t'enverrais volontiers les chercher pour qu'ils nous fassent danser.

— J'y cours, et la servante descendit au galop.

Un instant après, les bossus étaient dans la chambre, mangeant à belles dents un repas qu'on leur avait servi, pendant que les deux femmes se paraient de leurs plus belles toilettes.

Lorsque les petits bossus furent rassasiés, ils devinrent gais comme des *épinoches* et s'empressèrent d'accorder leurs guitares pour faire danser ces dames.

Le bal était à peine commencé quand des pas se firent entendre dans l'escalier.

« Grand Dieu ! s'écria Louise, c'est mon mari. Que va-t-il dire ? que faire ? que devenir ? »

La servante, qui ne perdait pas facilement la tête, avisa, près de la cheminée, un grand coffre à bois qui, par bonheur, était vide. Elle l'ouvrit aussitôt et engagea les musiciens à s'y cacher s'ils ne voulaient encourir la colère du seigneur.

Les pauvres diables effrayés s'y précipitèrent et le couvercle se referma sur eux.

Au même instant la porte s'ouvrit, et le seigneur du Harda entra.

Surpris de voir sa femme et la servante parées comme pour une fête, il leur en fit la remarque.

— Ma foi, répondit Louise, avec plus d'aplomb qu'elle n'en avait d'habitude, je croyais avoir le droit de porter les robes que vous m'offrez ; mais puisqu'il en est autrement, vous voudrez bien, désormais, vous abstenir de me faire des cadeaux qui ne doivent pas voir le jour.

— Nous nous amusions cependant bien innocemment, ajouta Marion d'un air hypocrite. Nous dansions, Madame et moi.

— Ne vous fâchez pas, répondit le bossu, en s'adressant à Louise, mon intention n'est pas de gronder, et je vous prie même de continuer la danse commencée.

Voyant qu'elles semblaient attendre son départ, il reprit : « Ma présence vous intimide, je m'en aperçois, aussi je vous laisse pour retourner à mes affaires. »

Il prit, dans un bahut, de vieux parchemins qu'il mit sous son bras et partit.

Lorsqu'il eut disparu au bout de l'avenue, faisant face au château, Marion courut ouvrir le coffre.

Hélas ! il était trop tard, les malheureux musiciens étaient morts asphyxiés !

Cette aventure bouleversa les danseuses qui se regardèrent désespérées, en se demandant ce qu'elles allaient faire des cadavres.

Après réflexion, Marion proposa de charger le vieux Jacques, le casseur de bois, de les faire disparaître.

— Comment lui expliquer la chose ?

— Je me charge de tout, répondit la servante. Le pauvre homme a depuis longtemps sa femme malade qui lui coûte les yeux de la tête, et pour deux écus j'obtiendrai de lui ce que je voudrai.

— Mais encore, comment t'y prendras-tu ? car enfin la mort de deux hommes paraîtra bien extraordinaire.

— J'ai mon idée, maîtresse, et vous verrez qu'elle réussira.

— Alors dépêche-toi, pour que nous soyons débarrassées de ces pauvres diables lorsque M. du Harda rentrera.

Marion s'en alla trouver le casseur de bois et lui dit :

— Un malheur est arrivé au manoir. Un vagabond, venu hier soir demander l'hospitalité pour une nuit, a été trouvé mort ce matin.

— Il aura sans doute trop mangé, répondit Jacques.

— Nous l'avons pensé. Seulement comme Madame l'a reçu en l'absence du maître, elle m'envoie vous offrir deux écus pour enlever le corps immédiatement.

— Deux écus ! Elle est bien honnête, la châtelaine. Je prends vite un sac pour mettre le mort que j'irai jeter à la rivière, car ces sortes de gens n'ont point reçu le baptême et ne sauraient être enterrés avec des chrétiens.

— Eh bien ! dit Marion, en route et dépêchons-nous.

Tous les deux se dirigèrent vers le château.

Marion avait eu soin de descendre l'un des bossus que Jacques mit aussitôt dans son sac.

— Je vous paierai, dit Marion, lorsque la besogne sera faite.

— A votre aise, répondit Jacques.

Marion se mit à la fenêtre pour le voir revenir.

Comme la rivière n'était pas éloignée du manoir, le casseur de bois ne fut pas long à faire le voyage. Aussitôt que la servante l'aperçut, elle s'empressa de descendre le second bossu.

— C'est comme cela que vous faites les commissions ! s'écria-t-elle en apostrophant le vieillard. Voilà près de dix minutes que cet affreux bossu est revenu en courant. Il vient de tomber par terre, raide comme un piquet.

— Il est donc possédé du démon, répondit le bonhomme ; mais soyez tranquille, cette fois-ci vous ne le reverrez pas. Je vais le laisser dans le sac que je remplirai de cailloux.

Marion, enchantée de la réussite de son idée, offrit un verre d'eau-de-vie au pauvre vieux :

— C'est pour vous donner du cœur, ajouta-t-elle. Quant à votre salaire, en voici toujours la moitié ; je ne vous remettrai le surplus qu'à votre retour, si vous nous débarrassez complètement de ce maudit bossu.

— Comptez-y, ma fille. Et il emporta le second cadavre, sans se douter de la ruse dont il était dupe.

Arrivé au bord de la rivière, il remplit le sac de grosses pierres, le lia solidement et le jeta dans un endroit profond. Puis il revint au manoir chercher sa récompense en passant, toutefois, chez lui pour y prendre sa hache, afin d'aller fendre du bois dans une ferme voisine.

Comme il approchait du château, il aperçut dans l'avenue un petit bossu, avec des papiers sous le bras, qui sautillait sous les arbres comme une pie qui va aux noces.

« Comment ! encore le bossu ! Oh ! cette fois, engeance maudite, je te fends la tête en deux. »

Il courut après M. du Harda (car c'était lui) et, malgré tout ce que put lui dire ce dernier en se sauvant à toutes jambes, croyant avoir affaire à un fou, le bonhomme ne l'écoutait point et répétait sans cesse : « Une fois passe ; mais deux, c'est trop ! »

Hélas ! il l'atteignit, et lui assena un si rude coup de son outil, qu'il lui fendit la tête jusqu'aux épaules. Après cela, il le chargea sur son dos et le porta dans la rivière.

De retour pour la troisième fois, il raconta, en riant aux deux femmes ce qui venait de lui arriver avec l'endiablé petit bossu, qu'il avait rencontré, avec ses papiers sous le bras, dans l'avenue du manoir.

Louise et Marion, à ce récit, devinrent pâles comme des mortes et s'affaissèrent sur leurs sièges.

Le bonhomme, qui venait de recevoir son dernier écu, ne s'aperçut de rien, trop pressé qu'il était de boire le nouveau verre d'eau-de-vie qui lui avait été versé. Il partit bientôt, fier de lui, laissant la châtelaine et sa servante dans un grand embarras.

Les jours et les mois s'écoulèrent sans qu'on entendît parler du seigneur du Harda. Louise fit rechercher son mari aux quatre coins du pays en affichant un deuil sévère et un chagrin profond.

Après quelques années de veuvage, Louise, plus jolie que jamais, fit de fréquents voyages dans les villes environnantes. Elle se relâcha même dans la sévérité de sa toilette, et bientôt épousa un beau jeune homme qui s'empressa de la produire dans le monde, au lieu de la cacher au fond d'un manoir.

La fée aux trois dents

C'était en hiver, la neige tombait au-dehors à gros flocons, un bûcheron et sa femme, enfermés dans une hutte, au milieu de la forêt de Brocéliande, devisaient de leurs affaires au coin du feu, près duquel était le berceau d'un nouveau-né.

Un coup sec, frappé à leur porte, les fit se lever tous les deux pour aller voir qui pouvait bien, par un pareil temps, parcourir les bois. Ils virent une pauvre malheureuse, couverte de haillons, appuyée sur un bâton, et qui tremblait de tous ses membres.

Elle demanda un abri contre le froid, et un peu de pain pour calmer sa faim.

La femme du bûcheron la fit asseoir devant l'âtre, alla à la huche prendre une galette de blé noir qu'elle brisa dans une écuelle pleine de lait, puis l'offrit à la voyageuse.

Une fois réconfortée, celle-ci s'approcha du berceau, regarda l'enfant, et tout à coup, laissant tomber à ses pieds le manteau déguenillé qui la couvrait, elle apparut, aux yeux des paysans éblouis, resplendissante de beauté, avec des vêtements d'une richesse merveilleuse.

— Je suis la reine des fées de la forêt de Brocéliande, leur dit-elle, en se redressant, et puisque vous m'avez accueillie avec tant de bonté et de générosité, me croyant une malheureuse dans le besoin, je veux laisser à votre enfant un souvenir qui lui sera utile dans plusieurs circonstances de sa vie. Voici une noix qui renferme trois dents de lait de la fée Viviane, ma mère. Quand votre fils touchera l'une d'elles, en formulant un désir, son souhait sera aussitôt réalisé. Chacune de ces dents ne pourra servir qu'une fois : mais, néanmoins, il devra les conserver précieusement, car autrement les fées, jalouses de mon cadeau, pourraient lui nuire d'une façon terrible.

La cabane se remplit d'une clarté subite et la fée disparut.

La femme du bûcheron enfila les trois dents à un cordon solide qu'elle passa au cou de son enfant.

Celui-ci grandit en force et en sagesse. Il étonnait tout le monde par la vivacité de son esprit, son bon sens et sa vigueur prodigieuse.

Quand il eut atteint l'âge de vingt ans, sa mère lui révéla l'origine des trois dents, le pouvoir qui y était attaché et le danger qu'il y aurait à s'en séparer.

Ce jeune homme, qui s'appelait Merlin, résolut de courir le monde, et de faire fortune avec le talisman qu'il possédait.

Il partit donc, et après avoir voyagé quelque temps, il arriva un soir, exténué de fatigue, à la porte d'une ferme où il demanda l'hospitalité.

Le fermier l'invita à entrer, lui fit partager son frugal repas ; mais l'informa qu'en raison de sa nombreuse famille, il ne pouvait le coucher que dans le foin du grenier.

Tout en causant, le voyageur aperçut, dans le lointain, un château qui semblait abandonné.

— A qui appartient ce manoir que l'on voit là-bas sur le coteau ? demanda-t-il.

— C'est, répondit l'hôte, l'ancienne demeure des seigneurs du pays. Depuis plus de cent ans, ce château est inhabité, et presque toutes les nuits on y entend des choses effrayantes : froissements de papiers, bruits d'armures, argent remué à la pelle, portes s'ouvrant et se refermant avec fracas, plaintes et jurons.

— Eh bien ! dit Merlin, voilà mon gîte tout trouvé pour cette nuit.

— Gardez-vous-en bien, s'écria la fermière, ceux qui,

avant vous, ont eu l'audace d'y entrer, ont été trouvés morts le lendemain.

— Peu m'importe, je ne crains rien, et je vais m'y rendre.

Malgré les supplications des bonnes gens, il prit congé d'eux et se dirigea vers le château abandonné.

Il y pénétra, choisit la plus belle chambre, s'assura qu'il avait bien son collier au cou, se coucha et s'endormit promptement par suite de la fatigue qu'il avait éprouvée dans la journée.

A minuit, il fut réveillé par le bruit des portes s'ouvrant et se refermant. Bientôt il vit entrer dans sa chambre deux chevaliers armés de pied en cap, l'un tenant un rouleau de papiers à la main, l'autre une sacoche.

Ils prirent place à une table, et celui qui avait les papiers invita l'autre à lui payer la solde de la rançon qu'il lui devait.

— Hélas ! j'ai eu beau faire, répondit celui-ci, je ne puis encore, cette fois, vous remettre la somme que vous exigez.

— Voyons, comptez ce que vous avez d'argent, pendant que je vais revoir mes notes, et faire votre compte.

Le pauvre débiteur, tout en gémissant, délia son sac et se mit à aligner sur la table des piles d'écus.

Au bout de quelque temps, Merlin, qui avait tout entendu, s'écria, en mettant un doigt sur l'une des dents pendues à son cou :

— Finissez et disparaissez pour ne plus jamais revenir !

Les deux chevaliers, se voyant surpris, veulent s'élancer sur l'importun ; mais une force invisible les paralyse, le plancher s'ouvre sous leurs pieds, et ils disparaissent pour toujours dans les entrailles de la terre.

Merlin se lève, s'avance vers la table, aperçoit les pièces d'or et les papiers. Il parcourt ceux-ci, d'un œil avide, et apprend qu'il a eu affaire à deux spectres, morts depuis un siècle.

De leur vivant, ces personnages étaient seigneurs de deux châteaux voisins et se livraient à la sorcellerie. Ils aimaient la même jeune fille et pour elle se déclarèrent la guerre. Après des luttes incessantes, le propriétaire du château de Pontus fit prisonnier son voisin de Comper, l'enferma dans l'une des oubliettes de son château, et lui dit qu'il ne lui rendrait la liberté que contre une rançon, fixée à un chiffre tellement énorme, qu'il devenait impossible au pauvre prisonnier de recouvrer sa liberté.

Comme sorciers, ils jouissaient d'un privilège qui leur permettait de revenir, après leur mort, sur la terre, pour traiter leur question de rançon.

Merlin remplit ses poches d'or, cacha le surplus dans l'une des caves du château, et continua sa route.

Ayant appris, par la lecture d'un manuscrit du seigneur de Pontus, que ce dernier avait, jadis, au moyen d'un sortilège, privé d'eau toutes les terres du pays de Mauron, faisant partie du domaine de son ennemi, Merlin y alla et proposa aux habitants de leur rendre leurs terres aussi fertiles qu'autrefois, et les sources aussi abondantes que celles qui alimentaient les fontaines de leurs aïeux. Il demanda, pour cela, une somme d'argent, relativement peu importante.

L'offre fut acceptée avec empressement.

Il se rendit près d'un arbre désigné dans le manuscrit, et qui, à lui seul, absorbait par ses racines les eaux de la pluie et des neiges.

Il toucha la seconde dent de la fée en exprimant le vœu de voir disparaître cet arbre.

Aussitôt le tonnerre gronda, des craquements terribles se firent entendre, la foudre tomba sur l'arbre, qui s'abîma sur le sol. L'eau jaillit en abondance du trou qu'occupaient les racines, et ne tarda pas à remplir les étangs desséchés du château de Comper, ainsi que les ruisseaux leur servant de déversoir.

Les habitants, ravis, supplièrent le voyageur de rester

parmi eux ; mais il n'y consentit pas, et continua sa route.

Merlin alla dans le pays de Vannes, où il apprit que le roi était en guerre, depuis de longues années, avec les Francs, qui avaient envahi une grande partie de son royaume.

Ne sachant plus que faire, l'infortuné roi avait promis d'accorder la main de la princesse, sa fille, au guerrier capable de chasser l'armée ennemie.

Merlin sollicita une entrevue du roi. L'ayant obtenue, il promit au souverain de lui donner, dans quelques jours, le moyen de se débarrasser de ses adversaires.

Il toucha la troisième dent en demandant à devenir invisible et à être transporté dans la tente du général franc.

Là, il put examiner, sans être vu, les plans de batailles, entendre les projets des principaux chefs et se renseigner sur tout ce qu'il voulait savoir. Il retourna ensuite près du roi, le priant de lui confier le commandement de ses soldats.

Huit jours plus tard, Merlin rentrait à Vannes victorieux, et déposait aux pieds du roi les richesses qu'il avait prises à l'ennemi.

Le monarque breton s'empressa de reconnaître l'immense service qui venait de lui être rendu, et fier d'avoir pour gendre un aussi brave capitaine, il décida que le mariage de Merlin avec la princesse sa fille aurait lieu sans retard.

Le futur déposa, dans la corbeille de sa fiancée, un bijou enrichi de diamants et enchâssant les trois dents qui avaient été la source de ses succès et de sa fortune.

Le mariage eut lieu, et le bonheur des jeunes époux aurait été parfait sans un vol dont les conséquences leur furent des plus funestes.

Une nuit, des brigands s'emparèrent des bijoux de la jeune mariée, en pénétrant dans le palais du roi.

Presque immédiatement ce palais fut détruit par un incendie, plus tard la grêle ravagea les récoltes et, enfin, une épidémie fit mourir un nombre considérable d'habitants.

Merlin se rappela ce que la fée avait prédit, s'il ne conservait pas les trois dents, et il songea au moyen de rentrer en leur possession.

Après avoir mûrement réfléchi, il revêtit des habits de moine quêteur et s'en alla, chargé d'une escarcelle bondée de victuailles et d'argent, chercher à se faire arrêter par les voleurs.

Il y réussit, et la première chose qui frappa ses yeux, dans la caverne où il avait été conduit, fut le bijou tant regretté qui pendait au cou de la fille du chef des brigands.

Comment faire pour le ravoir ? Il s'ingénia à rendre tous les services possibles à la jeune fille, qui, peu habituée à de pareilles attentions, y fut sensible.

Le prisonnier, jeune, joli garçon, distingué, exprima devant cette enfant des sentiments de délicatesse qu'elle n'avait jamais entendus de la bouche des misérables au milieu desquels elle vivait. Elle s'éprit d'une véritable affection pour Merlin et lui offrit sa liberté. Il refusa, prétextant qu'il aurait trop de peine à se séparer d'elle.

A partir de ce moment, les portes de la caverne restèrent ouvertes au prisonnier.

Un jour que les deux jeunes gens étaient seuls, et que le bijou aux trois dents se trouvait sur une table, Merlin s'en empara et s'enfuit sans écouter les prières, les supplications, les cris et même les injures de la fille du brigand.

Il rapporta à la princesse, sa femme, le précieux talisman qui ne tarda pas à faire renaître la joie et l'opulence à la cour du roi de Vannes.

La faux du diable

Au temps jadis, les bonnes gens de Hédé coupaient leur foin avec des ciseaux de tailleur, aussi n'avançaient-ils guère en besogne.

Le diable seul, qui venait de temps en temps par là chercher de grosses pierres pour la construction du Mont Saint-Michel, possédait un instrument qui coupait le foin d'une prairie dans un rien de temps. Mais il ne s'en servait que la nuit et refusait de le prêter.

Son outil tenait du prodige ! Il abattait le foin en andains, c'est-à-dire en lignes, ce qui permettait, aussitôt qu'il était sec, d'en faire des *mulons*.

Satan promit un jour à un mauvais sujet de ses amis de lui couper son foin la nuit suivante. Saint Michel en fut informé et alla piquer des dents de herse, qui sont en fer comme vous savez, dans la *prée* du particulier. Puis il se cacha dans le creux d'un vieux chêne en attendant la nuit. Le corps tout entier disparaissait dans l'arbre et la tête seule émergeait au milieu du feuillage.

Vers minuit, il entendit siffler derrière une haie et vit le diable se diriger vers la prairie.

Arrivé à l'échalier, Satan s'arrêta, se mit à frapper avec un marteau sur le tranchant de son outil, qu'il emmancha ensuite au bout d'un grand bâton. Puis il l'aiguisa tout debout et, enfin, d'un geste régulier des bras, le fit manœuvrer au milieu du foin qui *cheït* tout autour de lui.

Lorsque l'instrument rencontra la première dent de herse, il s'ébrécha. Satan se mit à jurer comme un beau diable et continua son travail. A la seconde dent l'outil se brisa et le diable dit : « Bon, *v'la* ma faux cassée ; il va falloir la porter à la forge. » Et il s'en alla, toujours en jurant, vers le bourg de Dingé.

Le lendemain, saint Michel se rendit chez le maréchal et lui demanda si on lui avait apporté un outil à réparer.

— Oui, répondit le maréchal, et un outil comme je n'en ai jamais vu.

— Eh bien ! tu m'en fabriqueras un semblable, et je t'expliquerai ce qu'on peut en faire.

— Bien volontiers.

Saint Michel ne fit point comme le diable, il prêta sa faux, et apprit à tout le monde à s'en servir. Voilà comment l'usage de cet instrument est devenu familier.

En voyant des faux dans toutes les mains, Satan comprit que son secret avait été découvert, et il supposa tout de suite que saint Michel l'avait épié. Furieux, exaspéré, il alla lui proposer un duel.

— J'accepte, répondit l'Archange, mais à une condition, c'est que ce sera dans un four.

— Où tu voudras.

Et tous les deux s'en allèrent vers le prochain village.

Chemin faisant, saint Michel trouva une petite mailloche en bois qui sert aux bonnes femmes à écraser le chanvre et le lin avant de le *brayer*. Il la mit sous son bras et continua sa route.

Arrivé près du four, le diable prit par un bout le *frigon*, ou perche à enfourner le pain, et se glissa dans le four. Saint Michel l'y suivit, et, pendant que son compagnon tirait sur sa perche, beaucoup trop longue pour pouvoir entrer dans le four, il lui *maillochait* la tête à tour de bras.

— Grâce ! grâce ! s'écria Satan, ou tu vas me tuer.

— Je veux bien te faire grâce, mais à la condition que tu vas quitter le pays et que tu n'y reviendras plus.

Le marché fut conclu et, depuis cette époque, on n'a jamais revu le diable dans le canton de Hédé.

Payel ou le lutin Maître-Jean

A Bourg-des-Comptes, où il est appelé *Payel, Maître-Jean* est accusé d'avoir tué un homme. Cette accusation nous étonne, car c'est le seul crime qu'on lui reproche. Voici d'ailleurs ce qu'on nous a raconté :

A mi-côte du chemin étroit et tortueux qui descend de Bourg-des-Comptes au gracieux village de La Courbe, situé sur le bord de la Vilaine, on rencontre une sorte de carrefour appelé dans le pays : *Les Trois Barrières*. Cet endroit, au premier abord, n'a rien de mystérieux. Les trois barrières n'inspirent pas la moindre défiance : l'une est à gauche et les deux autres à droite de la route.

Le jour, les moins braves y vont sans crainte, mais la nuit, quand les troncs des vieux chênes prennent des aspects fantastiques, quand on entend le gémissement du vent dans les sapins du *bois des Rondins*, ou le bruit lugubre de la rivière, tombant d'un bief dans l'autre, par-dessus la chaussée, les plus braves ont peur.

Les filles du bourg ou du village ne passent qu'en tremblant, et les *gars* pressent le pas, sifflent un air de noce ou entonnent une chanson de conscrit pour se donner du cœur, c'est que les trois barrières, voyez-vous, n'ont pas bonne renommée, tant s'en faut !

— Pourquoi ? – Ah ! pourquoi ? Parce que c'est l'endroit choisi par *Payel* pour jouer des tours au pauvre monde.

Si vous voyez, vers minuit, sur un talus ou dans un creux de fossé, une bête blanche, chien ou chat (on n'est pas bien sûr), qui vous regarde fixement avec des yeux de feu qui vous font froid dans le dos, méfiez-vous, c'est Payel. On ignore qui il est, et d'où il vient. Les uns pensent que c'est le diable qui prend cette forme pour tourmenter les gens (ça se pourrait *ben,* le gars n'est point *gauche* et il en est *ben* capable). Les autres croient que c'est une espèce de mauvais génie, d'esprit malfaisant, une manière de sorcier.

Un homme du village de La Courbe, qui était venu travailler à Bourg-des-Comptes, retournait chez lui, sa journée faite, quand par malheur, il rencontra Payel aux trois barrières. Le *failli chien* se jeta sur lui, l'étrangla et l'emporta.

Le lendemain on vit des traces de lutte, et un chat gris pendu à un pommier. Quant au pauvre homme, on n'en entendit plus jamais parler. D'autres assurent qu'on retrouva, auprès d'une des barrières, son chapeau et ses sabots.

Ces choses-là ne sont point faites pour vous rassurer. Heureusement que Payel n'est pas toujours aussi méchant. Il peut arriver même qu'il vous laisse aller tranquillement en se contentant de vous regarder d'une façon inquiétante à travers les feuilles. Mais plus souvent il commence par vous faire quelques niches. Il vous fait buter contre un caillou, ou vous jette votre chapeau à terre, et vous tire les cheveux quand vous passez sous une branche. Oh ! ne vous rebiffez pas ! Oh ! ne vous mettez pas en colère contre lui ; n'essayez même pas de l'intimider par des gestes ou des menaces ; ne l'insultez pas et, surtout, n'allez pas l'appeler *Payel,* ou malheur à vous. Il se jettera dans vos jambes, vous fera tomber, vous cognera contre les arbres, vous entortillera dans les ronces et vous choquera la tête contre les pierres du chemin.

Il n'y a qu'un moyen de lui plaire ; mais il y en a un. Le croirait-on ? Il est sensible à la flatterie. Si jamais vous le rencontrez sur votre chemin, une nuit que vous vous serez attardé, ne vous *émeillez*[1] pas, ne faites pas le Monsieur, tirez-lui *ben* joliment *vot'bounet* ou *vot'cha-*

1. Effrayez.

piau, et dites-lui, poliment, de votre plus douce voix : « Bonjour Jeannette. Oh ! que tu es gentille ! viens ma belle Jeannette. » Cela lui suffit, il ne vous en demande pas davantage. Appelez-le Jeannette et il est heureux. Quand vous lui aurez donné ce nom qu'il aime, vous pourrez errer sans crainte, et rester par les chemins à toute heure de jour et de nuit.

Aujourd'hui les jeunes gens se font gloire de ne plus croire ce que disent les vieux, mais combien y en a-t-il, à La Courbe, gars et filles, de ceux qui font les braves à midi, et rient de tout ce qu'on voit dans les ténèbres, qui ne passeraient pas, à minuit, aux *trois barrières*, sans trembler comme des feuilles de peuplier.

CORSE

Frédéric Ortoli

Les trois oranges

La reine d'un grand pays venait de mourir, laissant une fille plus belle que le jour et qui s'appelait Marie.

Le roi porta le deuil de sa femme pendant un an, car il l'avait beaucoup aimée ; mais enfin il se remaria et bientôt il eut encore une fille.

Quand celle-ci fut grande, on la trouva très laide, si laide que la nouvelle reine, jalouse de Marie, dit un jour au roi :

« Marie, votre fille, vous a déshonoré ; on l'a vue avec un officier de la cour, et la pudeur seule m'empêche de vous dire tout ce que l'on raconte de cette aventure. »

A ces mots le roi entra dans une grande colère.

« Chassez-la bien vite de ce palais ; si je la retrouve ce soir, je la ferai jeter dans la plus affreuse de mes prisons, où elle mourra. »

Toute joyeuse, la reine courut faire exécuter les ordres du roi, et Marie, malgré son innocence et ses pleurs, fut obligée de partir.

Elle voyagea longtemps, pendant plus de dix jours et de dix nuits. Enfin elle arriva près d'un grand jardin où se trouvaient toutes sortes de fruits.

A l'entrée de ce jardin, Marie vit un oranger qui ne portait que trois oranges.

Elle les cueillit, car elle avait faim ; mais le premier fruit était à peine ouvert qu'il en sortit à l'instant une gentille petite personne, qui grandit tout à coup et demanda à boire.

Comme elle était près d'une fontaine, Marie lui donna de l'eau ; malheureusement, la jeune fille était si altérée que la fontaine fut bien vite à sec.

« N'as-tu pas d'autre eau à me donner ?

— Non, répondit Marie.

— Alors, adieu ; mais avant de m'en aller, je veux te donner un conseil : n'ouvre les deux oranges qui te restent que lorsque tu auras suffisamment d'eau pour désaltérer les personnes qui s'y trouvent. »

Après ces paroles, la jeune fille disparut.

Continuant son voyage, Marie arriva près d'un lac.

« Ici, je puis ouvrir une orange », se dit-elle.

Une autre jeune fille, plus belle encore que la première, en sortit aussitôt.

« A boire ! à boire !

— Bois ce lac, si tu peux. »

La demoiselle se mit à boire, et le lac fut desséché en quelques instants.

« A boire ! à boire ! reprit-elle ; n'as-tu pas d'autre eau à me donner ?

— Non.

— Alors, adieu. »

Marie, qui aurait bien voulu garder une aussi belle compagne, commençait à se désoler.

« Je n'aurai jamais assez d'eau pour la troisième, pensait-elle ; où pourrais-je trouver plus d'eau que dans un lac ? »

Quelque temps après elle arriva sur les bords d'un grand fleuve, si large, si large qu'on aurait dit une mer.

« Enfin, je puis ouvrir la troisième orange. »

Oh ! la belle femme qui en sortit !

Elle était toute couverte de diamants et portait une robe couleur de ciel.

« A boire, à boire ! je meurs de soif.

— Voici un fleuve, désaltère-toi. »

La belle femme se mit à boire, à boire, à boire, mais elle ne put dessécher le fleuve.

« Tu m'as vaincue, Marie ; que veux-tu pour cela ? je suis fée et pourrai satisfaire à tous tes caprices.

— Je ne désire qu'une chose, c'est que vous restiez toujours avec moi.

— Tu seras satisfaite, ma bonne enfant. »

Et Marie et sa compagne arrivèrent à un château.

« Voici notre demeure, dit la fée ; tu n'auras qu'à commander et à l'instant tu seras obéie. »

Dès ce moment Marie fut très heureuse ; la bonne fée, qui ne la quittait jamais, allait même au-devant de ses désirs, et il n'était objet si rare qu'elle ne donnât aussitôt à sa protégée.

Or, un matin, Marie se mit à la fenêtre, et comme le temps était beau, elle se prit à chanter.

En ce moment le fils du roi, qui était à la chasse, l'entendit ; il s'approcha et la trouva si belle qu'il en devint éperdument amoureux.

Aussitôt il alla frapper à la porte du château et demanda la jeune fille en mariage.

« Je vous l'accorde », lui dit la bonne fée.

Et tous les trois arrivèrent bientôt à la cour.

« Mon père, ma bonne mère, voici l'épouse que je me suis choisie.

— Comment ? et n'as-tu pas promis d'épouser la princesse Carniolina ? »

Cette princesse Carniolina était justement la fille de la méchante reine qui avait calomnié Marie afin de s'en débarrasser.

« Vous savez, reprit le prince, que Carniolina est laide et méchante ; ne me forcez donc pas à vous désobéir. »

Voyant qu'ils ne pourraient pas empêcher ce mariage, le roi et la reine donnèrent leur consentement.

Toute la ville fut invitée aux noces qui durèrent une semaine entière.

Pendant ce temps, les cloches du royaume sonnèrent à toute volée.

Lorsque la princesse Carniolina et sa mère eurent appris que le fils du roi avait épousé Marie, elles entrèrent dans une grande colère ; mais, ne pouvant rien changer, elles se laissèrent aller à un profond désespoir.

On entendait toujours la pauvre Carniolina, qui ne cessait de dire : oïmé, oïmé ! [1]

Un mois après, cette princesse mourut de jalousie, et sa mère ne tarda pas à la suivre.

Quant à Marie et au fils du roi, ils vécurent longtemps heureux.

La bonne fée ne les quitta jamais et, à la naissance de chacun de leurs enfants, elle combla les petits princes de toutes sortes de dons.

1. Cette expression signifie à la fois : hélas ! hélas ! et malheureuse que je suis ! C'est la marque du plus profond désespoir.

Les trois pommes de Mariucella

Après avoir bien cherché par le monde, un homme s'était marié avec une si jolie femme, que jamais on n'en avait vu de pareille.

Neuf mois après il en eut une petite fille, appelée Mariucella, qui était tout le portrait de sa mère.

Une fois que l'enfant n'eut plus besoin d'être allaitée, sa mère disparut et jamais on ne sut ce qu'elle était devenue.

Son mari la chercha de tous côtés, mais inutilement.

Ne voulant pourtant pas rester veuf, celui-ci se remaria avec une femme laide comme le péché mortel, mais très riche, et bientôt il en eut une autre fille, que les paysans appelèrent Dinticona [1].

Lorsqu'elle fut grande, sa mère lui donna toutes sortes de belles choses : de riches habits qui changeaient de couleur comme le ciel, et de magnifiques boucles d'oreilles, formées de deux beaux diamants.

Mais cela ne servait qu'à faire ressortir davantage la laideur extrême de Dinticona.

Mariucella, au contraire, quoique mal vêtue, était encore la plus jolie fille du royaume. Sa marâtre en était jalouse ; aussi l'envoyait-elle garder les vaches et lui donnait-elle du poil de chèvre à filer.

Plus heureuse, Dinticona avait du beau lin tout fin.

Un jour, la méchante femme dit à Mariucella :

« Tiens, voilà du poil. Si ce soir il n'est pas filé, tu seras battue comme plâtre et envoyée coucher sans manger. »

Mariucella s'en alla ; voyant qu'elle ne pourrait jamais

---

1. Qui a de laides et grosses dents.

réussir à terminer sa tâche, elle se prit à pleurer. Enfin, elle se mit à l'ouvrage ; mais, à midi, elle n'en avait pas fait la centième partie. Elle se désespéra et recommença à pleurer de plus belle, tant et tellement qu'une vache qui était là, s'approcha en ruminant et lui dit :

« Calme-toi, Mariucella, je suis ta mère ; ne pleure plus ; comme je suis fée, je filerai tout ton poil. Mais que tu es sale, ma bonne enfant ! viens que je te lave à la fontaine. »

Et la vache, prenant sa fille par la main, peigna avec un grand soin ses beaux cheveux d'or et lui lava les mains et le visage ; puis, ayant filé le mauvais poil, elle embrassa son enfant en lui disant :

« Ne raconte à personne ce que je viens de faire, autrement tu serais battue et l'on me tuerait.

— Ma bonne mère, je ne dirai rien. »

Lorsque Mariucella arriva à la maison, sa marâtre fut bien étonnée en voyant tout le poil filé ; et comme la jeune fille était encore plus belle que jamais, le lendemain elle reçut deux fois plus d'ouvrage, de manière à ne pas lui laisser le temps d'aller se laver à la fontaine.

Mais le soir tout était en ordre ; la vache avait encore filé le poil qu'on avait donné à la pauvre petite.

Cette rapidité de travail étonna beaucoup la marâtre.

« Il y a quelque chose là-dessous », se dit-elle.

Et, un matin, elle suivit Mariucella afin de voir comment elle s'y prenait pour filer tant de poil.

Comme d'habitude, la vache fit l'ouvrage. La méchante femme s'en aperçut et, toute joyeuse d'avoir découvert le secret de la pauvre petite, elle s'en retourna à la maison.

Mais la vache aussi avait aperçu la marâtre. Se mettant à pleurer, la pauvre fée dit à sa fille :

« Mon enfant, demain tu n'auras plus ta mère ; mais écoute bien ce que je vais te dire.

« Lorsque tu laveras mes tripes, tu y trouveras trois pommes.

« Tu mangeras la première, tu jetteras la seconde sur

le toit de la maison et tu mettras la troisième dans le jardin.

« Comme Dinticona sera jalouse de te voir manger une pomme, elle viendra te demander ce que tu fais ; tu diras que tu manges de la bouse de vache. »

Mariucella fut bien triste en entendant ce que lui disait sa mère ; elle fut pourtant obligée de partir et, lorsqu'elle arriva à la maison, sa marâtre lui demanda :

« Eh bien ! as-tu fini ton ouvrage ?

— Oui.

— Ce n'est pas toi qui as filé, n'est-ce pas ? J'ai bien vu, méchante paresseuse, celle qui travaillait pour toi ; mais je la tuerai. »

En effet, le lendemain on tua la mère de Mariucella, et celle-ci fut envoyée laver les tripes.

En route la pauvre enfant se mit à chanter, mais si tristement, que le fils du roi, qui passait, la voyant si belle et entendant d'aussi douces chansons, en devint éperdument amoureux.

« Veux-tu venir avec moi ? dit le prince.

— Demandez-moi à mon père, si vous me voulez.

— Dans quelques jours j'enverrai des ambassadeurs pour te chercher ; en attendant, adieu. »

Et le fils du roi s'en retourna dans sa ville.

Mariucella arriva à la fontaine, où elle lava les tripes. Ainsi que sa mère le lui avait dit, elle trouva trois pommes.

Elle en prit une et la mangea.

Dinticona, qui l'avait suivie, courut aussitôt lui demander :

« Que manges-tu là ?

— De la bouse... ; en veux-tu ?

— Oui. »

Mariucella en prit et en remplit la bouche de Dinticona, qui s'enfuit en pleurant.

La marâtre fut fort irritée de ce qu'on avait fait à sa fille ; aussi Mariucella fut-elle battue d'importance quand elle revint de la fontaine.

Cependant la jeune fille fit ce que sa mère lui avait dit : elle jeta une pomme sur le toit, et aussitôt il en sortit un beau coq aux grandes ailes ; l'autre pomme donna naissance à un magnifique pommier qui se couvrit immédiatement de fruits exquis. Mais, chose curieuse, l'arbre se changeait immédiatement en ronce lorsqu'une autre personne que Mariucella venait à s'en approcher.

Quelque temps après, on entendit sur la route des pas de chevaux et des roulements de voitures ; c'étaient les ambassadeurs du prince qui venaient chercher Mariucella.

En apprenant cette nouvelle, la méchante femme cacha la jeune fille dans un tonneau et habilla richement sa Dinticona.

« Pan ! pan !

— Que voulez-vous ?

— Nous venons chercher votre fille Mariucella, celle que le fils du roi veut épouser.

— C'est bien ; attendez un peu qu'elle finisse de s'habiller. »

Dinticona fut bientôt prête, et les ambassadeurs, quoique étonnés du mauvais goût de leur maître, firent monter la laide fille à cheval, tout en souriant entre eux.

Mais aussitôt on entendit sur le toit :

« Couquiacou, couquiacou ! Mariucella est dans le tonneau et Dinticona sur le beau cheval.

— Tais-toi, méchant coq, tais-toi.

— Couquiacou ! Mariucella est dans le tonneau et Dinticona sur le beau cheval.

— En voilà un coq qui ment ! Tais-toi donc, mais tais-toi donc, répéta la marâtre.

— Couquiacou ! Mariucella est dans le tonneau et Dinticona sur le beau cheval.

— Que dit ce coq ? demandèrent les ambassadeurs.

— Ne faites pas attention, il est fou, répondit la mère de Dinticona.

— Couquiacou, couquiacou ! Mariucella est dans le tonneau et Dinticona sur le beau cheval.

— Ce coq a l'air de dire la vérité », pensèrent les ambassadeurs.

Et aussitôt ils coururent à la cave, où ils défoncèrent tous les tonneaux.

Dans l'un d'eux ils y trouvèrent Mariucella, plus belle que jamais, habillée qu'elle était, on ne sait comment, d'une robe de soie bleue, toute garnie de fils d'or.

A cette vue, les ambassadeurs restèrent saisis d'admiration.

« C'est bien celle-ci qui est la fiancée de notre maître », se dirent-ils.

Et, furieux d'avoir été trompés, ils jetèrent Dinticona sur un tas de bois qui se trouvait là.

Mariucella arriva bientôt à la cour, où elle éclipsa toutes les femmes qui s'y trouvaient ; mais elle était si bonne, qu'aucune n'en fut jalouse.

Le fils du roi l'épousa le jour après, et toute la ville fut invitée aux noces, qui, comme chacun sait, durèrent plus de trente jours.

Le trésor des sept voleurs

Un homme était mort laissant deux fils ; l'aîné, Francesco, était très riche, l'autre, Stevanu, ne possédait absolument rien.

Or celui-ci se dit un jour :

« Si j'allais faire fortune ? Quoi qu'il puisse m'arriver, je ne serai pas beaucoup plus malheureux qu'en ce moment. »

Le voilà donc parti.

Après avoir voyagé toute la journée, il rencontra une grande forêt où il pénétra pour passer la nuit. Il y était à peine depuis un instant, qu'il entendit de tous côtés des hurlements de loups et de lions.

Effrayé, Stevanu monta bien vite sur un arbre où, je vous assure, il se tint tranquille.

Bientôt après, un bruit de voix arriva jusqu'à lui. C'étaient sept voleurs qui causaient au pied d'un arbre, à côté de celui où il était.

Une grotte se trouvait à quelques pas et Stevanu entendit distinctement :

« Serchia, ouvre-toi. »

Une porte s'ouvrit, et les voleurs, après avoir pénétré dans la caverne, dirent aussitôt :

« Serchia, ferme-toi. »

Le lendemain matin, les brigands s'en allèrent.

Lorsqu'ils furent bien loin, le pauvre chercheur de fortune, qui était encore perché sur son arbre, descendit doucement ; à son tour, il dit en touchant la porte de la grotte :

« Serchia, ouvre-toi. »

La porte obéit à ce commandement, et il put pénétrer dans le repaire des sept voleurs.

Quelles richesses il vit, le pauvre Stevanu, dans cette grotte qui n'était éclairée que par les fentes des rochers ! Là étaient des sacs de sequins, des colliers et des bracelets enrichis de gros diamants, des tas de rubis et d'émeraudes ensevelis au milieu d'escarboucles, de topazes et de saphirs.

Jamais, jamais des yeux humains n'avaient été plus éblouis que ceux de Stevanu. Il resta là, contemplant toutes ces richesses pendant plus d'une heure ; tout à coup il se réveilla comme d'un long rêve.

« Si les voleurs allaient revenir ? »

Et vite, il remplit un sac de pièces d'or et de pierres précieuses, puis il partit sans oublier de commander à la porte :

« Serchia, ferme-toi. »

Arrivé chez lui, Stevanu dit à sa femme :

« Sois désormais contente, sois joyeuse, car nous sommes riches, vois ce que j'apporte. »

Et aussitôt, il ouvrit son sac où les sequins resplendissaient à côté d'une foule de pierres précieuses.

« Sainte Vierge ! Et tout cela est à nous ? demanda la femme.

— Oui, tout cela est à nous. Cet or, ces rubis, ces topazes, ces diamants nous appartiennent.

— Quel bonheur ! nous pourrons manger tant que nous voudrons, car jamais on ne pourra compter nos richesses.

— Femme, va chez mon frère et demande-lui son boisseau afin que nous puissions mesurer tout cela. Mais surtout ne lui dis pas pourquoi nous le lui empruntons. »

La femme de Stevanu partit.

« Pan ! pan !

— Qui est là ?

— C'est moi, ouvrez. »

La porte s'ouvrit et Francesco demanda :

« Que voulez-vous ?

— Je voudrais votre boisseau.

— Mon boisseau ? et pourquoi faire ?

— Nous devons mesurer un peu de blé.

— Tenez, le voici. »

Une fois seul, Francesco se dit : « Cela n'est pas clair, mon frère n'a jamais eu de blé à mesurer. Heureusement que j'ai mis au fond du boisseau un peu de poix ; de cette manière, je saurai à quoi il a servi. »

Ne se doutant de rien, Stevanu mesura ses pièces d'or et en trouva sept boisseaux tout pleins, sans compter trois boisseaux de pierres précieuses.

On rapporta ensuite la mesure à Francesco, qui aperçut collé à la poix un beau sequin tout neuf.

« Ah ! ah ! se dit-il, mon frère a de l'or, et en quantité à ce que je vois, il faut que je sache d'où tout cela lui vient.

— Pan ! pan ! fit-il bientôt à la porte de Stevanu.

— Qui est là ?

— Ouvre, c'est moi.

— Que veux-tu ?

— Dis-moi donc, qu'as-tu mesuré avec mon boisseau ?

— Rien, un peu de blé.

— Ce n'est pas vrai, tu n'as pas besoin de mentir, car j'ai trouvé un sequin.

— Je te jure que j'ai mesuré du blé.

— Si tu ne me dis tout de suite où tu as pris l'or que tu as, je te fais arrêter à l'instant. »

A cette menace, Stevanu raconta tout à son frère. Ils décidèrent ensuite de retourner tous les deux à la caverne.

Le fourbe Francesco n'attendit pourtant pas ; le soir venu, il prit deux mulets et partit s'emparer tout seul du trésor des sept voleurs.

De peur d'être surpris, il cacha ses deux bêtes derrière un rocher et lui-même monta sur un arbre.

Les voleurs arrivèrent quelque temps après, puis ils s'en allèrent.

Francesco descendit alors de son arbre, et, comme il avait entendu dire : « Serchia, ouvre-toi », il répéta les mêmes paroles, et la porte s'ouvrit.

On peut se figurer sa joie à la vue de tant de richesses. Aussi, pour ne pas perdre de temps, il chargea bien vite de sequins ses deux mulets, et, malheureux de ne pouvoir tout emporter, il remplit même ses poches de pierres précieuses.

Mais, lorsqu'il voulut s'en retourner, il ne se souvint plus de ce que les voleurs avaient dit pour fermer la porte.

Il eut beau répéter :

« Porte, ferme-toi ; huis, ferme-toi ; je t'en prie, belle porte, ferme-toi », la porte était sourde, et n'obéissait en aucune façon.

Pendant ce temps les brigands arrivèrent, et, trouvant Francesco, en un clin d'œil ils le mirent en pièces. Tête, jambes, bras, tout fut jeté dans un coin de la grotte.

« En voilà un qui ne nous volera plus », dit un voleur, puis on s'occupa du dîner.

Le lendemain, Stevanu alla pour trouver son frère ; mais quelle ne fut pas sa surprise lorsqu'il apprit que Francesco était parti depuis longtemps et n'était pas encore revenu.

« Sans doute il lui est arrivé malheur », pensa Stevanu, et il courut à sa recherche.

Arrivé à la grotte, celui-ci se cacha comme d'habitude ; une fois les voleurs sortis, il entra dans la caverne sans aucune difficulté, grâce aux mots magiques :

« Serchia, ouvre-toi. »

Il chercha de tous côtés, et finit par trouver les restes informes de son malheureux frère.

Il les recueillit comme il put, les mit dans un sac et s'en retourna au village.

Mais comment expliquer la disparition de Francesco ? Que diraient les paysans s'ils le voyaient ainsi mutilé ?

Stevanu crut enfin avoir trouvé.

Le soir, après l'*Ave Maria,* il alla trouver un cordonnier.

« Vingt écus si dans deux heures tu m'as fait un sac de ce cuir.

— Et pour quoi faire, grand Dieu ?

— Chut ! acceptes-tu ?

— Comment voulez-vous que je refuse... mais ?

— Silence ! c'est un secret que nul ne doit connaître. »

Le sac fait, les restes du pauvre Francesco furent mis dedans et ensevelis dans le jardin pendant qu'il faisait encore nuit. Le lendemain matin, Stevanu fit courir le bruit que son frère était malade, puis mal, puis enfin qu'il était mort.

Personne n'ayant pu approcher du lit du moribond, nul ne se douta de la ruse.

On enterra ainsi en grande pompe une magnifique bière pleine de cailloux, et pendant qu'on allait au cimetière, les cloches sonnaient le glas des morts :

Don, don, don ; don, don, don.

A leur retour, les brigands ne trouvèrent plus Francesco.

« Par le diable et ses cornes ! dit le chef, il y a quelqu'un qui connaît notre secret. Si cela dure, nous serons volés à notre tour, ce qu'il ne faut pas. Dispersons-nous dans tous les pays, et tâchons de connaître celui qui nous a volés.

— Bien dit », répétèrent les brigands, et ils se mirent en marche.

A force de voyager, un des voleurs arriva chez le cordonnier.

« Eh bien ! il n'y a rien de neuf dans le pays ?

— Non, que je sache, et pourquoi ?

— C'est parce que je donnerais une bourse pleine d'or à celui qui me dirait quel est l'homme qui, dans ce village, s'est trouvé tout à coup enrichi.

— Il n'y a personne... Ah ! si ; Stevanu, à qui j'ai bien souvent donné un morceau de pain, est fort bien en ce moment. Il a des serviteurs et des servantes, et j'ai entendu dire qu'il a acheté le grand clos d'oliviers, vous savez, celui qui est près de l'église.

— Tu ne sais pas autre chose ?

— Non.

— Alors tu n'auras pas ma bourse. »

Et le voleur courut trouver ses compagnons pour leur raconter ce qu'il venait d'apprendre.

« Sans doute c'est ce Stevanu qui nous a volés ; si nous pouvions entrer dans sa maison et nous venger ?

— Cela est très simple. Faisons-nous passer pour *balaninchi* [1]. Nos premières mules seront chargées d'huile, et les autres porteront six d'entre nous cachés dans des outres. Le chef nous conduira, et, lorsque nous serons dans la maison, nous tuerons tout.

— Cela est bien raisonné. »

Le lendemain, on fit ainsi qu'on avait décidé la veille. Le chef des brigands, bien déguisé, s'en allait criant dans les villages :

« *I balaninchi ! I balaninchi ! Chi piglia oliu ?* » *(Les Balagnais ! Les Balagnais ! Qui veut de l'huile ?)*

Après avoir marché bien longtemps, les brigands arrivèrent à la maison de Stevanu au commencement de la nuit.

« *I balaninchi ! I balaninchi ! Chi da alloghiu ? (Les Balagnais ! Les Balagnais ! Qui leur donne hospitalité ?)*

— Entre ici, mon brave, ma maison est toujours ouverte au voyageur. »

Et le chef entra.

Le maître de la maison aida même à décharger ses mulets ; mais, en faisant cette besogne, un soupçon lui vint à l'esprit ; les outres étaient bien dures pour être remplies d'huile. Si c'étaient des voleurs ? Il fit pourtant semblant de ne s'apercevoir de rien, et mit les outres près du foyer.

1. Habitants de la « Balagne, » le pays de la Corse où l'olivier est cultivé avec le plus de succès.

Quelque temps après :

« Eh bien ! votre huile est-elle bonne ?

— Toujours la même, excellente en toute saison.

— Demain matin, je vous en achèterai *una Somma* [1]. En attendant, mangeons, et, lorsque vous serez fatigué, vous irez vous coucher. »

Lorsque le chef des brigands fut allé dans la chambre qu'on lui avait désignée, Stevanu appela ses servantes et leur dit :

« Chauffez bien vite un grand chaudron d'huile ; mais surtout dépêchez-vous et ne faites aucun bruit. »

Comme il régnait un grand silence, les brigands qui étaient dans les outres, croyant tout le monde endormi, s'apprêtèrent à sortir.

Mais à peine le premier avait-il déchiré la sienne d'un coup de couteau et mis la tête dehors, qu'il reçut sur le visage une grande quantité d'huile bouillante.

Jugez de ses cris.

Les autres voleurs auraient bien voulu ne pas être dans les outres en ce moment-là, mais, à leur tour, ils furent inondés d'huile bouillante et périrent comme le premier brigand.

Aux cris de ses compagnons, le chef des voleurs comprit bien vite qu'ils n'étaient pas à la fête. Se sentant découvert, il tâcha de s'enfuir ; heureusement, lui aussi fut pris, livré à la justice et condamné à la peine de mort.

Un vendredi on lui mit une chemise de poix, et tout le monde, de mon temps, a pu voir brûler sur la place publique ce terrible brigand.

---

1. Une charge.

U Bastelicacciu

Un homme de Bastelica possédait une femme et un moulin.

Le moulin ne lui rapportait rien, et la femme (on n'en trouve pas souvent de celles-là) lui donnait toujours raison.

Un jour, le meunier dit :

« Je veux vendre ce moulin ; il nous donne à peine à manger, tandis que si nous possédions une vache, nous aurions du lait pour nous nourrir et un veau tous les ans pour nous donner de l'argent.

— Tu as raison, répondit la femme, vendons le moulin. »

Le meunier le donna pour six cents francs ; avec cet argent, il s'en alla acheter une vache à la foire voisine qui, tout justement, se tenait à cette époque.

Il revenait à la maison et commençait déjà à être bien fatigué, lorsqu'il pensa :

« Je suis bien bête d'avoir acheté une vache. Elle peut me donner un coup de cornes et m'éventrer ; un cheval ferait bien mieux mon affaire. Au moins, je pourrais monter dessus et voyager sans me fatiguer et sans rien dépenser, puisqu'un peu d'herbe sèche lui suffit. »

Au même instant un homme passait avec son cheval.

« Veux-tu changer ton cheval contre ma vache ?

— Parfaitement. »

Voilà le meunier monté à cheval.

« La bête n'est pas de première valeur, se dit-il, mais je n'ai pas encore trop à me plaindre. »

Après quelques heures, il se prit à réfléchir :

« Je ne puis pourtant pas être toujours à cheval. A quoi

me servira cette monture, une fois que je ne voyagerai plus ? Décidément, une chèvre me serait beaucoup plus utile. Elle me donnera du lait tous les matins et tous les soirs, des chevreaux de temps en temps ; et puis, il faut si peu de chose pour la contenter : quelques ronces qu'elle rencontrera au bord du chemin, et voilà tout. »

Comme un berger passait par là, le meunier lui cria :

« Veux-tu me donner une chèvre contre mon cheval ?

— Je le veux bien.

— Tu me laisseras choisir ?

— Tu prendras celle que tu voudras. »

Le Bastelicacciu prit la plus grasse et continua sa route.

« Que diable, se dit-il bientôt, que diable puis-je faire d'une chèvre ? Elles sont si capricieuses, qu'un beau jour elle va se casser le cou en tombant de quelque rocher. Franchement, je crois bien que si je la vendais je ne ferais pas un trop vilain marché. »

Un homme passa.

« Veux-tu acheter ma chèvre ?

— Avec plaisir.

— Combien m'en donnes-tu ?

— Vingt francs.

— C'est fait. »

Et l'ancien meunier se remit en marche.

« Comment, pensa-t-il après avoir voyagé quelque temps, j'ai vendu mon moulin pour vingt francs ? je ferais bien mieux d'acheter une poule avec ses poussins. Oui, c'est cela, j'aurai de beaux œufs frais tous les jours, et, quelquefois, je pourrai me régaler d'un poulet. »

En disant cela, il arrivait à une ferme.

« Hé ! la fermière ! combien me vendez-vous une poule avec tous ses poussins ?

— Vingt francs, monsieur.

— Quel bonheur ! j'ai juste le prix. »

Et le meunier donna tout ce qu'il avait.

Il lui fut bien difficile, en chemin, de conduire un tas de petits poussins.

« Que le diable les enlève ! ces méchants poussins et leur mère se moquent de moi. Mais, attendez un peu, je saurai bien me débarrasser de vous. »

Arrivé à une hôtellerie, le pauvre bonhomme proposa au maître de les lui vendre.

« Volontiers, dit celui-ci ; mais comme il ne passe pas beaucoup de monde de ce côté, et que je n'ai pas d'argent, je vous donnerai en échange un beau sac de pommes de terre.

— Va pour le sac ! au moins celui-là ne s'enfuira pas. »

Ayant mis le sac sur son dos, le meunier continua sa route.

Il faut croire que les pommes de terre étaient lourdes à porter, car le malheureux, accablé sous le poids, entra bientôt dans une grande colère ; puis, furieux, jurant et sacrant, il jeta le tout dans une rivière qui coulait par là.

Le Bastelicacciu arriva enfin à sa maison.

« Et la vache, où est-elle ? lui demanda sa femme.

— Ma foi, je l'ai changée pour un beau cheval.

— Où l'as-tu donc mis ?

— Comme le cheval ne nous aurait pas toujours été d'une grande utilité, j'ai ensuite préféré une chèvre, belle et grasse, qui nous donnerait beaucoup de lait.

— Et qu'en as-tu donc fait ? je ne la vois pas.

— Je l'ai vendue, car un beau jour elle se serait cassé le cou.

— Tu as eu bien raison ; mais où as-tu mis l'argent ?

— Belle question ! n'aimes-tu pas les œufs frais ? J'ai acheté pour toi une poule avec tous ses poussins.

— Comment, tu as pu les conduire jusqu'ici ?

— Ah ! non, je n'y ai pu réussir ; aussi j'ai changé le tout pour un sac de belles pommes de terre.

— Tu les as donc mises à la cave ?

— Femme, je te croyais plus intelligente. Ne sais-tu pas que les pommes de terre sont lourdes ? J'étais écrasé sous le poids ; à peine si j'ai eu la force de les jeter dans une rivière.

— Ma foi, tu as bien fait. Certainement tu aurais attrapé une courbature. »

Et meunier et meunière s'en allèrent coucher sans dîner.

« Je vous souhaite à tous, jeunes enfants, de posséder plus tard un pareil trésor de femme mais que Dieu vous garde, jeunes filles, d'épouser un Bastelicacciu ! »

Bastelicacciu et son âne

Un habitant de Bastelica cheminait une nuit avec son âne chargé de fromages.

Le ciel, couvert de nuages, était balayé de temps en temps par un vent violent qui venait de s'élever.

On arriva à une petite rivière que le paysan et l'âne devaient passer à gué, lorsque l'animal, ayant soif, se mit à boire.

En ce moment un nuage couvrit la lune, et tout se trouva dans la plus profonde obscurité.

« Tiens, la vilaine bête qui boit la lune, se dit le paysan, et il tomba à bras raccourcis sur le pauvre baudet. Veux-tu la rendre ? Allons, dépêchons-nous. Comment, tu te fais prier ? Tu veux donc laisser toute la terre dans l'obscurité ? Eh bien ! attends. »

Et les coups de bâton plurent comme grêle sur le dos du récalcitrant.

Bientôt, le vent ayant chassé le nuage, la lune put briller dans tout son éclat.

« Je savais bien que tu finirais par la rendre ; il n'y a que les coups de bâton pour les têtus comme toi. »

La lune disparut de nouveau.

« Encore ! tu veux donc me faire casser le cou par ces chemins ? Eh bien ! je t'assure que je ne te céderai pas ; je t'empêcherai de la boire.

— Pan ! pan ! pan ! »

Et le Bastelicacciu cassa presque la tête de son âne.

« Allons, rends-là bien vite ; je ne t'attendrai pas davantage. Mais dépêche-toi donc. Pan ! pan ! »

Le pauvre animal tomba mort aux pieds de son maître intelligent.

La lune reparut en ce moment.

« C'est bien heureux ; je crois que si je ne l'avais pas tué, jamais il ne l'aurait rendue. Le monde aurait été dans un bel état, ma foi, s'il avait toujours cédé aux premiers imbéciles venus. »

Et, tout heureux et tout fier de son exploit, le Bastelicacciu se chargea des fromages qui étaient dans les *bertuli* [1] et s'achemina gaiement vers son village.

1. On appelle *bertuli*, en Corse, deux sacs de toile réunis, de manière à pouvoir être mis chacun d'un côté de l'animal. Les « bertuli » servent le plus souvent à transporter des fromages et des olives.

Les boucles du curé

Il y avait un jour un curé très savant et très riche, mais qui n'aimait pas beaucoup dénouer les cordons de sa bourse.

A part cela, c'était le meilleur homme du monde ; il visitait les malades et aurait fait dix lieues pour leur porter le saint viatique.

Or, ce curé possédait deux belles boucles d'argent qui servaient d'ornement à ses souliers.

Il y tenait beaucoup à ses belles boucles d'argent, mais qu'est-ce que cela faisait à Scambaronu [1] ?

Celui-ci résolut de s'en emparer et même de se faire donner l'absolution.

Un matin donc, Scambaronu, tout bouleversé et les cheveux en désordre, vint frapper à la porte du presbytère.

Comme il était encore de bonne heure, la servante cria :

« Qui est là ?

— C'est moi, moi Joseph Scambaronu ; je voudrais parler à l'instant à monsieur le curé.

— Venez plus tard, il est encore au lit. »

Mais cela ne lui convenait pas ; aussi se mit-il à faire un bruit épouvantable à la porte.

Ce tapage réveilla le curé, qui dit à la servante de le faire entrer.

---

1. Littéralement, en Corse, ce nom signifie mauvais soulier. Aussi, appelle-t-on souvent ainsi les misérables qui n'ont que de fort mauvaises chaussures et sont obligés, par conséquent, de vivre comme ils peuvent.

« Eh bien ! mon ami, qui donc vous a réveillé si matin ?

— Ah ! monsieur le curé, quel rêve affreux j'ai eu cette nuit. Un ange m'est apparu et, l'épée flamboyante, m'a annoncé que si ce matin je ne me confessais pas de tous mes péchés, je n'aurais pas dix jours à vivre. En même temps, j'ai été transporté aux enfers, où j'ai vu tous les supplices que souffrent les damnés.

— Ceci est un avertissement du ciel, mon ami, tes péchés ont comblé la mesure et il est temps que tu te repentes.

— Dieu, qui voit en ce moment mon âme, sait, monsieur le curé, si mes intentions sont bonnes ; aussi, laissez-moi me jeter à genoux, afin que je puisse commencer ma confession. »

La paire de souliers aux belles boucles d'argent était aux pieds du lit.

Scambaronu s'en approcha, puis il commença ainsi :

« Je m'accuse de n'avoir pas été à la messe tous les dimanches ; au lieu d'aller labourer mon champ, j'ai mieux aimé boire une bonne bouteille, et cela lorsque mes enfants avaient besoin de pain.

— Ceci est très grave ; il faut tâcher de te défaire de cette mauvaise habitude.

— J'arrive maintenant à un péché qui me tourmente beaucoup ; j'ai volé une paire de boucles d'argent. »

Et en même temps Scambaronu s'emparait de celles du curé et les mettait dans sa poche.

« Comment, vous avez volé ? je n'aurais point cru cela de vous ; il faudra rendre ces boucles à leur propriétaire. »

Scambaronu se frappa la poitrine, puis il continua :

« Lorsque je perds au jeu, je fais toujours de grands jurons ; hier encore, j'ai battu ma femme qui me faisait des reproches sur ma conduite.

— Ah ! cela est mal, mais continuez.

— Dites-moi, monsieur le curé, voulez-vous prendre ces boucles que j'ai volées ?

— Moi ? non, je n'en veux pas.

— Je me mets souvent en colère, et alors je ne sais plus ce que je fais ; j'ai tenu de méchants propos sur notre bonne et sainte Vierge ; j'ai médit d'une belle voisine...

« Mais, dites-moi, monsieur le curé, si le maître des boucles ne les veut pas, que dois-je en faire ?

— S'il ne les veut pas, tu peux les garder. »

Le rusé Scambaronu continua ainsi longtemps à raconter tous ses péchés.

Quand il eut fini, il demanda l'absolution, puis se retira l'air contrit et comme transfiguré par les bonnes paroles et les encouragements au bien que ne manqua pas de lui prodiguer son confesseur.

Mais qui est-ce qui fut le plus surpris lorsque le curé se leva de son lit ?

Assurément, ce n'est pas Scambaronu.

Harpalionu

Un âne se mit un jour en tête d'aller faire fortune.

Le voilà rompant son licol et courant, courant dans la prairie. L'herbe était haute et savoureuse et les chardons n'y manquaient pas.

Heureux de cette bonne chance, le baudet se mit à braire tant et si fort et si joyeusement, qu'un lion qui, par hasard, se trouvait par là, vint voir de quoi il s'agissait.

A la vue de l'âne, il resta étonné. Jamais dans ses courses, il n'avait vu un pareil animal.

Après quelques instants, il s'approcha pourtant du baudet et lui demanda :

« Comment t'appelle-t-on ?

— Harpalionu.

— Harpalionu ?

— Oui.

— Tu es donc si fort pour oser te dire au-dessus des lions ?

— Dans le monde entier, il n'est pas d'être qu'on puisse me comparer.

— Eh bien ! puisque tu as une force aussi prodigieuse, je vais te proposer un marché.

— Et quoi ?

— C'est de faire un traité afin de nous liguer contre tous les autres animaux.

— Je veux bien », dit l'âne.

Et les voilà partis tous les deux à travers champs.

Or, il arriva qu'il fallut traverser une rivière.

D'un saut, le lion atteignit la rive opposée. L'âne, au

contraire, se mit à nager si maladroitement, qu'il risqua mille fois de se noyer.

Enfin, il réussit à la passer.

« Comment, dit le lion, étonné de tant de maladresse, tu ne sais donc pas nager ?

— Moi ! Je nage mieux qu'un poisson.

— Et alors, pourquoi es-tu resté si longtemps à traverser ce ruisseau ?

— Ah ! c'est qu'avec ma queue, j'avais pris un énorme poisson, si gros, si gros, que son poids me faisait m'enfoncer. J'ai été obligé de le laisser pour venir te trouver. »

Le lion se contenta de la réponse, et, de nouveau, les deux animaux se mirent en route.

Une muraille se présenta bientôt.

Le lion la franchit d'un bond.

Le malheureux baudet ne put faire une aussi grande diligence.

Il leva d'abord ses pattes de devant, puis, par un suprême effort, il réussit à monter sur le mur. Mais alors, il ne put plus ni avancer ni reculer.

« Eh bien ! que fais-tu donc là ? cria le lion.

— Ne vois-tu pas que je me pèse ? Je veux voir si la partie de devant est aussi lourde que celle de derrière. »

Enfin, après bien des efforts, Harpalionu franchit le mur.

Une fois par terre, le lion dit à son compagnon :

« Je crois que tu me trompes, car à ce que je vois, tu n'as aucune force.

— Tu crois ? Eh bien ! parions à celui qui le premier jettera cette muraille par terre. »

Aussitôt le lion se met à donner de grands coups de pattes dans le mur. Mais il ne faisait que se blesser sans aboutir à rien.

Au bout de quelques instants, il s'arrêta.

« Moi, je ne puis le démolir. Voyons si tu seras plus heureux. »

L'âne se mit alors à ruer de telle sorte, qu'en peu d'instants le mur fut à bas.

« Eh bien ! que dis-tu de cela ? te crois-tu encore plus fort que moi ?

— Jusqu'à présent, dit le lion, je me croyais le plus fort des animaux, mais je vois que je me trompais ; tu l'es beaucoup plus que moi.

— Et encore, reprit Harpalionu, tu ne sais pas de quoi je suis capable.

— Qu'as-tu donc de si extraordinaire ?

— Je mange des épines.

— Des épines ?

— Oui.

— Je serais bien curieux de voir cela.

— Tiens, vois-tu celles qui se balancent là.

— Oui.

— Je vais les manger. »

Et Harpalionu se mit à tondre de beaux chardons tels qu'on n'en a jamais vu de pareils.

Emerveillé de tout cela, le lion dit à son ami :

« Vraiment tu es un animal extraordinaire, aussi je vais te faire nommer le roi des lions.

— Je veux bien », dit l'âne.

Une réunion de tous les lions de la contrée eut lieu le lendemain, et Harpalionu fut reconnu comme roi.

Dans cette nouvelle position, notre baudet vécut fort heureux pendant de longues années, d'autant plus qu'il ne disputait jamais à ses sujets les animaux qu'ils avaient tués.

Enfin, les maladies qui ne respectent jamais la vieillesse assaillirent Harpalionu, de sorte qu'un beau matin, tous les lions le trouvèrent mort.

Ils l'enterrèrent en grande pompe, et, pendant longtemps, les plaines et les forêts retentirent de leurs terribles hurlements de douleur.

La vengeance des âmes en peine[1]

Rinaldo, le fier chasseur, avait séduit Disulina et l'avait abandonnée. La jeune fille s'était tuée.

Or, un soir, Rinaldo alla à la chasse ; il se posta derrière une pierre et attendit le gibier.

Bientôt il vit apparaître une forme blanche qui s'avançait lentement vers l'endroit où il se trouvait caché.

« Que diable cela peut-il être ? » se dit le chasseur.

Et, épaulant son fusil, il tira sur ce je ne sais quoi qui avançait toujours.

Le fantôme, car c'en était un, continua sa marche.

Rinaldo tira encore, mais sans plus de succès.

Le chasseur eut peur.

« Qui es-tu ? que me veux-tu ? Qui que tu sois, réponds.

— Je suis, infâme, celle que tu as déshonorée.

— Disulina ? Ah ! Dieu !

— Maudit, ne prononce pas le nom de Dieu, car en m'abandonnant tu l'as renié et lui t'a rejeté pour jamais. »

Au même instant parut un autre fantôme, puis un autre et puis encore un autre.

Tous s'approchèrent de Rinaldo le chasseur.

« Que me voulez-vous, que me voulez-vous, spectres hideux, qui me remplissez d'épouvante ? Maria ! Lucia ! Francesca !

— Oui, c'est nous, misérable ; ah ! tu as cru que nous t'aurions oublié parce que tu ne te souvenais plus de nous autres ?

---

1. La vindetta di l'animi in pena.

— Pitié, pitié !

— Lâche ! te souviens-tu des pleurs que tu nous a fait verser ? Nous aussi nous te demandions pitié quand tu brisais nos cœurs ; mais tu as été sans merci. »

Le fier chasseur tremblait de tous ses membres.

« Oui, ce sont elles, ce sont bien elles. »

Disulina prit alors la parole.

« Mes sœurs, quel supplice devons-nous infliger à celui qui nous a fait subir mille affronts, à celui qui nous a tuées mille fois après nous avoir déshonorées ? »

Maria dit :

« J'étais seule avec ma mère. Cet homme est venu et m'a séduite par des paroles fausses comme son cœur. Je l'ai suivi et ma mère en est morte de douleur.

« Je demande que cette nuit soit sa dernière nuit. »

Lucia parla à son tour.

Elle portait un pauvre petit enfant dans ses bras, et cet enfant était mort.

« Cet homme m'avait demandée en mariage. Nos fiançailles étaient déjà faites lorsqu'un soir il m'enivra de ses paroles d'amour.

« Je tombai dans ses bras.

« Depuis ce jour, je ne l'ai plus revu. Il avait été faire d'autres victimes.

« De désespoir je me suis tuée avec mon pauvre petit enfant. »

Et Lucia jeta un sanglot déchirant.

« A quoi le condamnes-tu ? demandèrent les autres délaissées.

— A mort. »

Puis Francesca s'avança.

« J'étais belle, mais pauvre. Un jour cet homme entra chez moi et m'offrit de l'or. Je le repoussai avec indignation... Mais j'avais faim.

« Je souffris plusieurs semaines, plusieurs mois. Chaque soir, cet homme venait pour m'acheter mon honneur.

« Un jour, la faim fut la plus forte et je cédai. Mais la

honte me tuait : de douleur je me précipitai du haut de ma fenêtre sur le pavé de la route.

— Que demandes-tu, que demandes-tu pour son châtiment ?

— Je demande sa mort.

— Et toi, Disulina, qu'as-tu à lui reprocher ?

— Mon histoire est trop terrible ; vous-même vous me maudiriez ; mais, moi aussi, je demande la mort de cet homme. »

Après ces mots, Rinaldo, le fier chasseur, se vit entouré par les spectres, et les voilà qui marchent, qui l'entraînent, qui courent à travers forêts, monts et précipices, jusqu'à ce qu'ils soient arrivés à la maison de Maria.

Tout était triste et désolé.

« Te souviens-tu, Rinaldo, te souviens-tu du jour où tu es venu me perdre ? Voilà le banc où tu m'as tant de fois parlé d'amour et où tant de fois tu m'as menti.

— Oui, dit Rinaldo, je m'en souviens. »

Les spectres lui arrachèrent la barbe, le frappèrent au visage et, toujours courant, courant, courant, ils arrivèrent à la maison de Lucia.

Tout paraissait en fête. Un festin splendide, éclairé par quantité de lampes, était servi sur la table.

« Rinaldo, Rinaldo, tandis que mon père et ma mère t'attendaient, pourquoi me jurais-tu une fidélité éternelle, et pourquoi, après le festin, m'as-tu quittée, sachant que tu m'avais déshonorée ?

— Réponds, réponds », dirent tous les spectres.

Mais Rinaldo baissa la tête et ne répondit pas.

Là encore il fut frappé au visage et à la tête, tellement et tellement qu'il ne pouvait plus se tenir debout.

« Allons, avance, tu n'es pas encore à la fin de ta route. »

Et les voilà courant à travers les vallées, les montagnes ; passant les fleuves et les rivières.

Ils arrivent enfin à une pauvre maison.

C'était là que vivait Francesca.

Celle-ci dit à Rinaldo :

« Infâme ! pourquoi as-tu profité de ma faim pour m'enlever l'honneur ? »

Et Francesca lui cracha au visage et, avec ses compagnes, elle le jeta par la fenêtre d'où jadis elle s'était précipitée.

Mais Rinaldo n'était pas mort.

Les spectres l'entraînèrent de nouveau, marchant comme le vent, à travers maquis et forêts.

Les vêtements du pauvre chasseur sont en lambeaux, ses mains et son visage sont couverts de sang.

Et les spectres courent, courent toujours.

« Assez, pitié, pitié ! » gémissait le malheureux.

Mais les fantômes des jeunes filles répondaient :

« Marche ! marche ! sans pitié pour celui qui n'en a pas eu pour nous. »

On arriva enfin sur la place d'une église. C'était celle du village où Rinaldo était né.

Là, en face d'un grand orme dépouillé de ses feuilles, spectres et chasseur se mirent à tourner en rond sans cesse, sans relâche.

« Grâce, grâce ! » murmure le pauvre Rinaldo.

Mais on ne l'entend point.

La ronde infernale continue, continue toujours, toujours.

« Plus vite ; allons, le jour commence à poindre. »

Et Rinaldo ne marche plus, il tournoie sans toucher une seule fois par terre.

Enfin il tombe mort.

Maria, Lucia, Francesca et Disulina disparaissent aussitôt.

Chacune s'en va dans son tombeau, laissant le cadavre du fier chasseur étendu sur la place.

Mais chut !... écoutez... c'est le coq qui chante.

Amis, que Dieu vous garde des fantômes.

La fée du Rizzanese

Il y a déjà longtemps vivait une fée au-dessous de Tolone. Cette fée, plus belle que le jour, avait sa grotte dans le Rizzanese. Bien des fois on l'avait vue sortir le matin pour laver son linge, et le bruit courait que celui qui parviendrait à la saisir par les cheveux deviendrait son époux.

Or, un jour, la fée voulut faire sa lessive.

Elle sortit du fleuve et lava toute la matinée ; puis elle tendit son linge au soleil et alla se reposer sur une pierre.

Un des Poli vint à passer par là, et, ayant aperçu la fée, il se dit :

« Si je pouvais réussir à la prendre par les cheveux, quel bonheur ce serait pour moi ! »

Il se dirigea donc doucement, bien doucement, du côté de la fée. Tout à coup, la prenant par ses cheveux blonds comme l'or, il s'écria :

« Enfin, te voilà prise, tu es à moi !

— Laisse-moi, ah ! laisse-moi, je t'en supplie.

— Non, tu seras ma femme.

— Si tu veux renoncer à moi, je te donnerai tous les trésors que tu pourras imaginer, je te ferai roi.

— Non, il faut que tu sois ma femme.

— Tu as su me vaincre, je serai donc ta compagne, mais souviens-toi bien de ceci : Ne cherche jamais à voir mon épaule nue, sinon je disparaîtrai à l'instant. »

Poli emmena la fée à Olmiccia et célébra son mariage par de grandes fêtes.

Depuis ce moment, la fée devint triste ; elle ne mangea plus, et jamais on ne la vit sourire.

Elle ne sortait presque jamais. Si elle traversait le village, c'était la tête baissée et comme honteuse.

La fée, pourtant, avait eu trois garçons et trois filles qu'elle-même avait allaités, et qu'elle aimait de tout son cœur.

Or, une nuit, Poli demanda à son épouse :

« Oh ! dis-moi, dis-moi, pourquoi ne veux-tu jamais ôter ta chemise ? Pourquoi m'empêches-tu de regarder cette épaule qui doit être si belle ?

— Garde-t'en bien, autrement je serais morte pour toi. »

Cette nouvelle défense alluma plus que jamais la curiosité du mari.

« Qu'est-ce que son épaule peut avoir de particulier ? Rien. Je crois qu'elle se venge un peu de ce que je l'ai épousée par force. »

Et le lendemain matin, quand sa femme était encore endormie, Poli découvrit l'épaule de la fée.

Un sanglot déchirant se fit entendre, et la malheureuse, les yeux pleins de larmes, parla ainsi à son époux :

« Tu as voulu voir mon épaule, eh bien ! regarde-là, mais ce sera pour ton malheur. Vois ce trou qui s'y trouve ; il est plein d'ossements : c'est le squelette de notre amour que tu viens de tuer à l'instant. Malheureux que tu es, malheureuse que je suis, pourquoi ne m'as-tu pas écoutée ?

— Ah ! pardonne-moi, pardonne-moi.

— Dans quelques instants, je disparaîtrai ; nous avons six enfants, dis-moi que désires-tu conserver, les garçons ou les filles ?

— Je préfère les garçons.

— Prends-les donc ; mais sache que jamais, tant que ta race existera, il n'y aura plus de trois chefs dans ta famille. »

La fée disparut à ces mots. Poli en fut désespéré. Il retourna bien des fois, le matin et le soir, à la grotte du Rizzanese, jamais il ne vit ni sa femme ni ses filles.

Suivant les prédictions de la fée, depuis ce temps, il n'y eut jamais plus de trois chefs dans la famille des Poli. Quant à la fée et à ses enfants, ils ont sans doute passé le détroit, pour se retirer en Sardaigne.

POITOU

Léon Pineau

La Cendrouse

Il y avait une fois des gens riches, des seigneurs, et qui avaient trois filles. Il y en avait deux qui étaient fières, fières ! Et puis, la troisième, bonnes gens, était méprisée, elle ne s'émouvait pas (ne s'amusait pas) comme les autres, et elle restait toujours une partie dans le coin du feu, et on l'avait baptisée « la Cendrouse ». Quand les deux aînées allaient se promener, elles demandaient à la Cendrouse :

— Allons, Cendrouse, tu ne veux pas venir avec nous autres te promener ?

— Ah non ! Je ne veux pas y aller de fait (bien sûr) !

— Ah, Cendrouse ! Tu ne seras toujours qu'une Cendrouse, va ! Toujours gratter les cendres ! Toujours rester dans le coin du feu !

Le papa s'en va à une foire, bien loin. Il demande à ses filles :

— Allons, mes filles ! Que voulez-vous que je vous apporte ?

Voilà l'aînée qui dit :

— Ah ! Papa ! Vous m'apporterez une belle robe, ce que vous pourrez trouver de plus beau, d'une telle couleur.

Et l'autre de même.

— Eh bien ! Et toi Cendrouse, qu'est-ce que je t'apporterai ?

— Ah ! Papa ! Une noisette, si vous voulez !

— Ah ! frugale (gourmande) ! Tu aimes bien mieux avoir quelque chose pour manger que d'avoir une belle robe, pas vrai, toi ? Ah ! Que tu as de malheur ! Ah ! pauvre Cendrouse !

Voilà que le papa leur apporte bien ce qu'elles lui avaient demandé. Il apporte deux jolies robes à ses deux filles, qui étaient fières, tout à fait ce qu'il y avait de plus beau ; et il apporta une noisette pour la Cendrouse.

Le dimanche vint. Voilà les deux filles qui s'habillent dans leurs beaux habits en disant à la Cendrouse :

— Tu ne veux pas venir, toi, à la messe, hein ? Ah ! Cendrouse !

Et elles partirent à la messe.

Voilà bien vite ma Cendrouse qui ouvre sa noisette. Elle trouva une belle voiture, bien attelée, deux fameux chevaux, un cocher, et des habits là qui étaient quatre fois plus beaux que ceux de ses sœurs. Et la voilà bien vite qui s'habille, qui monte dans sa voiture, et elle arrive encore aussi tôt à la messe que ses sœurs. Et, quand ils virent arriver cette voiture, tout le monde était occupé de regarder.

— A qui qu'ol est cette voiture ? A qui qu'ol est cette voiture ?

Ah !

Elle entre à la messe.

Quand la messe fut finie, elle monte dans sa voiture, et « touche, cocher ! ». Ah ! elle fut tantôt (bien vite) rendue ! Et personne ne pouvait s'imaginer qui était cette belle demoiselle.

Quand ses sœurs furent rendues, elles dirent à la Cendrouse, qui était dans le coin de son feu :

— Ah ! ma pauvre Cendrouse ! Si tu étais venue à la messe, tu aurais vu la plus belle demoiselle, que personne la connaît, que personne en a vu une plus belle dans le monde ! Un cocher, deux chevaux, ah !

— Oh ! Qu'elle soit tant belle qu'elle voudra, elle n'est pas plus belle que moi !

— Hein ! Cendrouse, qu'est-ce que tu dis là ? Elle n'est pas plus belle que toi ? Ah, mon Dieu ! Qu'est-ce que tu dis là ?

Allons, l'autre dimanche vint. Il fallut encore aller à la messe.

— Allons ! qu'elles dirent encore à la Cendrouse avant de partir, allons, Cendrouse ! Tu ne veux pas venir à la messe, aneu (aujourd'hui), voir cette demoiselle ? Elle y sera peut-être encore. Une si jolie voiture !

— Ah ! je ne veux pas y aller, non ! qu'elle dit.

— Ah ! Tu aimes mieux gratter tes cendres, pardié !

Et d'abord qu'elles furent parties, elle ouvre sa noisette et s'habille. Elle monte en voiture ; elle fut encore si tôt rendue comme ses sœurs.

Et revoilà encore tout le monde à regarder, et à dire :

— Qui qu'a peut être ? Qui qu'a peut être ? Une si jolie voiture, si jolie et que personne la connaît !

Quand la messe fut dite, elle sort et elle monte dans sa voiture. En montant dans sa voiture, elle laissa tomber une de ses pantoufles. Et précisément, c'est le fils du roi qui la ramassa, sans que personne s'en aperçût. Et le voilà, après, qui dit :

— Ah ! voilà une jolie pantoufle ! Celle-là, à qui elle ira, qu'elle chaussera bien, ça sera ma femme ! Je l'épouserai.

Ah, mon Dieu ! Si vous aviez vu toutes ces princesses, toutes sortes d'espèces de demoiselles, à se rendre là et essayer la pantoufle, et essayer ! La pantoufle ne chaussait point aucun pied, rien du tout, elle n'allait pas à aucune.

— Ah, Cendrouse ! Quand elles furent rendues. Elle y était bien encore, cette belle demoiselle. Va, si t'avais (tu étais) venu(e), tu l'aurais vue ; va, je t'assure que c'est une belle demoiselle !

— Qu'elle soit tant belle qu'elle voudra ! Elle n'est pas plus belle que moi.

Allons, ce fut remis au dimanche d'après pour essayer encore cette pantoufle. Toutes les princesses de tous pays, elles venaient pour essayer cette pantoufle. Et la Cendrouse s'y rend aussi tout chapetit (doucement), point montée dans sa voiture, cette fois, toute Cendrouse, pardié !

Voilà toutes les princesses après avoir essayé cette

pantoufle, elle n'allait point à aucun pied. Ma Cendrouse s'approche, essaie cette pantoufle, enfin, elle était comme moulée à son pied ! Elle lui allait ! Et puis, comme il avait dit que celle-là à qui elle irait, ça serait son épouse, les voilà toutes à se regarder, ces princesses et le tout :

— Ah, mon Dieu ! Le fils du roi se mariera avec la Cendrouse ! Le fils du roi se mariera avec la Cendrouse !

Voilà ma Cendrouse qui ouvre sa noisette, et elle présenta cette belle voiture ! Elle s'habilla, qu'il n'y avait point de princesse si belle comme elle était, bien sûr ! Et puis, elle monta dans sa voiture avec le fils du roi, et les voilà partis ! Ainsi la Cendrouse était beaucoup plus belle que ses sœurs, après !

Les pommes d'or

Il y avait une fois un roi qui avait un très joli jardin. Il avait des pommiers d'or magnifiques. Toutes les nuits ses pommes d'or étaient volées. Il avait trois enfants. Il dit à ses enfants :

— Mes enfants, il faut *veiller* (surveiller) le voleur qui vole nos pommes.

— Ah ! que dit l'aîné, mon papa, je vais y coucher.

Quand se vint la nuit, la peur le prend, et il tourne rentrer bien vite. Le papa lui demande s'il avait aperçu le voleur qui volait les pommes. Il lui dit que non, que la peur l'avait pris, et qu'il s'était sauvé.

— Ah ! que dit le cadet, t'es bien craintif, va ! Je m'en vas y coucher à mon tour.

Voilà qu'il y couche. Quand se vint à peu près à la même heure, la peur le prend encore plus fort que son frère et il tourne rentrer au galop. Ah ! le matin, quand il raconta encore ça à son père :

— Ah ! mes enfants ! Faut que vous soyez bien malhardis !

— Allons ! que dit le plus jeune, papa, je vais y rester, moi, à mon tour.

Voilà le plus jeune qui y reste, et il y reste bien toute la nuit. Il aperçoit un gros lion qui sort de sous une grosse pierre aussi lourde comme une meule de moulin, et va se charger de pommes. Il retourna rentrer là où il avait sorti, rabat la pierre, et il ne s'y connaissait absolument rien.

Voilà, le matin, que le papa lui demande :

— Et toi, mon fils, as-tu vu le voleur ?

— Oh oui, papa ! je l'ai vu ! Bien sûr que je l'ai vu ! C'est un gros lion qui vient voler nos pommes.

Et voilà qu'il fait voir l'endroit là où il avait sorti et rentré. Ils aperçurent cette grosse pierre ; et il a fallu la lever. Ils avaient aperçu dessous un puits, qu'ils ne pouvaient pas savoir là où que ça allait.

Voilà que dit le roi :

— Il faut avoir des cordes assez longues et attacher un grand seau, et on descendra là où il ira.

Ils attachent une sonnette en haut du câble : quand la sonnette sonnait, il fallait les remonter.

— Ah ! que dit l'aîné, je m'en vais y descendre, moi, papa !

Voilà qu'il se met dans le seau pour descendre. Quand il fut bien bas, bien bas, la peur le prend. Bien vite, il fait sonner la sonnette pour le remonter. Quand il fut monté :

— Qu'est-ce que tu as vu, mon fils, donc pour t'avoir fait tant de peur ?

— Je n'ai rien vu, papa ; mais la peur m'a pris, je n'ai pas pu aller plus loin.

— Allons ! que dit le cadet, je m'en vais y descendre à mon tour.

Voilà qu'il descend peut-être bien cinquante mètres plus bas que son frère ; la peur le prend et il fait sonner la sonnette, bien vite pour le remonter.

— Ah ! mon Dieu ! que dit le papa, voyons ! Qu'est-ce que tu as vu donc, toi aussi ?

Il répond :

— Papa, moi, j'ai eu tant de peur, que je n'ai pu aller plus loin.

— Allons ! que dit le petit, il faut bien que je me hasarde à mon tour, donc, moi aussi !

Voilà le plus jeune qui se met en train de descendre, et il descend, il descend, jusqu'au bout. Il se trouve à tomber dans l'autre monde. Quand il fut là, il était bien *épave* (surpris) de voir personne. Il fit rencontre d'une vieille bonne femme.

— Ah ! qu'elle dit, mon ami, comment que vous êtes là ?

— Ah ! ma bonne femme, c'est que nous avons des pommes d'or dans notre jardin, et toutes les nuits nos pommes d'or sont volées, et puis, nous avons voulu savoir qui volait nos pommes et nous avons descendu jusqu'ici par le passage qui menait le voleur.

— Ah, mon bon ami ! Vous êtes bien exposé ! Vous êtes en grand danger. Vous voyez ces trois châteaux ?

Elle lui fit voir trois beaux châteaux, un château de fer-blanc, un autre d'argent et le château d'or, là où que les pommes d'or allaient tout le temps.

— C'est trois lions qu'habitent les trois châteaux ; c'est impossible que vous vous en tiriez. Ah ! vous serez mangé !

Il était très bien armé. Qu'il dit :

— Ma bonne femme, faut bien se hasarder, puisqu'on est là.

Mais cette bonne femme lui donne un petit pot de graisse.

— Tenez, qu'elle dit, mon ami ! Vous voilà un petit pot, et chaque fois que vous serez blessé, vous vous graisserez de cette graisse.

Voilà qu'il attaque le château de fer-blanc, le premier. Aussitôt que le lion l'a vu arriver, le voilà à se hérisser contre lui, à *donner des bramées* (à rugir) ; mais le jeune homme ne perd pas la carte. Chaque fois qu'il arrivait pour sauter sur lui, il lui coupait les jambes, il lui coupait le corps, il en vit bien vite le bout. Il tua le lion. Il se trouve maître du château. Il entre dans le château, visite le château. Voilà qu'il y avait là une belle demoiselle, la plus gentille demoiselle qu'il fût possible de voir.

— Ah, mon cher garçon ! qu'elle dit, ces vilaines bêtes m'avaient volée, et puis fallait que je reste là. C'est bien malheureux, j'ai mes deux sœurs qui sont dans les deux autres châteaux, et comment faire pour les avoir ?

— Mademoiselle, faut bien tâcher !

Voilà qu'il attaque le château d'argent. Voilà aussitôt

que le lion le vit, *joliment* (beaucoup) plus méchant que l'autre, il saute dessus le garçon, lui coupe un bras. Bien vite, l'autre se frotte de la graisse ; il était guéri tout de suite. Le voilà à se défendre généreusement ; ça fait qu'il coupe l'autre lion en deux. Le voilà qui se trouve maître de deux châteaux. Il entre dedans ; il trouve cette demoiselle qui était encore bien plus belle que l'autre.

— Ah ! mon cher ami ! nous autres que n'avons été volées par ces trois mauvaises bêtes ! Il y a encore notre sœur qui est au château d'or ; mais c'est impossible que vous l'attaquiez.

— Ah ! qu'il dit, pourtant faut bien, puisqu'on est risqué.

Le voilà, si tôt que ce mauvais lion le vit que c'était comme un enragé. Il saute sur le jeune homme ; du premier coup le coupe en deux. Voilà bien vite qu'il se roule les deux morceaux l'un contre l'autre, se frotte de sa graisse, et on n'y connaissait plus rien. Les voilà à recommencer. Le lion lui coupe une jambe. Bien vite il se frotte de sa graisse et il se trouve guéri. Voilà le lion qui lui porte encore un mauvais coup, il lui coupe un bras. Bien vite il se frotte de sa graisse, et puis il était guéri. Voilà le lion qui commençait à avoir jeté ses forces ; le jeune homme reprend les siennes, et tape sur le lion ; il arrive à lui couper le cou. Voilà qu'il les avait tués tous trois ; qu'il était maître des trois châteaux. Il entre pour visiter le château. L'autre demoiselle, qui était tout habillée en or, qui était quatre fois plus belle que les autres encore, elle saute au cou du jeune homme.

— Ah ! vous nous sauvez toutes trois ! Quel bonheur que nous avons eu !

Ils se sont rassemblés tous les quatre, les trois demoiselles et le jeune homme, et ils sont restés quelques jours dans les châteaux. Ils avaient visité tout ce qui y était ; ils avaient pris l'or et l'argent, tout ce qu'ils avaient pu emporter. Et les voilà partis pour retourner au pays. Ils étaient arrivés au puits là où qu'il était descendu. Voilà qu'il sonne la sonnette. Il devait être *bas* (profond), oui, ce puits ! Les frères, qui attendaient toujours là-haut, ont bien vite descendu le seau ; et il a fait monter la demoiselle du château de fer-blanc. Quand elle a été montée, ils ont vu cette belle demoiselle qui montait ; elle leur a raconté qu'elles avaient été volées par trois lions, et elle a fait descendre le seau bien vite. Il a fait remonter celle du château d'argent. Quand celle-là a été montée, une fois plus belle que l'autre, ah ! ces messieurs s'étonnaient de voir deux si belles demoiselles ! Ah ! ils étaient contents, ils étaient contents ! Ils renvoyèrent encore le seau. Voilà qu'il fit monter celle du château d'or. Et puis, en même temps, elles montaient tout l'or et l'argent qu'elles pouvaient faire monter avec elles. Voilà, quand elle arrive, de voir cette demoiselle habillée tout en or, tout en or, jamais, jamais on n'avait vu rien de si beau ! Voilà qu'ils renvoient encore le seau pour faire monter le jeune homme. Quand il était en route pour monter, ses coquins de frères coupent la corde et le font *cheur* (tomber) dans l'autre monde. Ah ! bonnes gens ! il était là ! Il n'avait plus de secours pour monter. Et voilà que ces coquins avaient déjà fait leur choix des demoiselles. Celle-là du château d'or était pour l'aîné ; celle-là du château d'argent, pour le cadet, et celle-là du château de fer-blanc pour un cousin. Et voilà que le malheureux se promenait dans l'autre monde. Il rencontra encore la bonne femme. Qu'elle lui dit :

— Mon ami, eh bien ! Vous avez été vainqueur ?

— Ah oui ! qu'il dit, j'ai sauvé les demoiselles, et je les ai fait monter dans notre pays ; et puis moi, quand j'ai voulu monter, ils ont coupé la corde, et me voilà là !

— Allons, eh bien ! qu'elle dit, vous ne savez pas, vous voilà une *bête* (il s'agit du grand oiseau Rock). Vous allez prendre des animaux, des moutons, des chapons, des poulets, tout ce que vous pourrez, et puis vous monterez sur ses *reins* (son dos). Elle vous montera chez vous ; et à toutes les fois qu'elle dira : « Couac ! » vous lui jetterez un animal.

Voilà qu'il en fait une provision de trois cents : il

monte sur les reins de la bête. La voilà qui monte le tout. Toutes les fois qu'elle disait : « Couac ! » il lui jetait une bête. Elle monta, monta, bien haut ; elle avait mangé toutes ses bêtes, et il ne se trouvait pas en avoir assez : elle fit « Couac ! ». Point de bête, et les voilà redescendus en bas.

Voilà qu'il en prend soixante-dix de *mais* (plus), trois cents soixante-dix. Allons ! A toutes les fois qu'elle disait : « Couac ! », il lui jetait une bête, jusqu'en haut. A la dernière de ses bêtes, il arrivait sur le bord ; il n'avait plus de bêtes à lui donner ; en étant sur le bord, il sauta comme ça *à la grave* (en grimpant) et ça fait qu'il finit de monter. La bête le laissa *au pendillot* (suspendu).

Voilà aussitôt qu'il fut monté, il entre au château de son père. Ces demoiselles, sitôt qu'elles l'aperçurent, les voilà à taper dans leurs mains, à sauter, à danser !

— Le voilà, notre bon ami ! qui nous a sauvé la vie. Le voilà ! Le voilà ! Le voilà, bien rendu !

Eh bien, lui, d'un meilleur caractère que ses frères, il fait marier celle-là du château d'argent avec l'aîné, celle-là du château de fer-blanc avec le cadet, et lui, comme bien entendu, se maria avec celle du château d'or.

Et moi, très charmé d'avoir pris connaissance de ça, ils me donnèrent une bonne pièce, me firent boire un bon coup, et je me suis rendu.

L'abbé Sans-Soins

C'était un abbé qui était très riche, et il dépensait son avoir tout en noces et en festins. Deux fois par semaine, il invitait ses métayers et ses voisins à faire bombance ; et il y avait des cornemuseux : tout pour les divertir. Cela a été porté aux oreilles du roi, qui n'en fut point content.

Le roi vint avec son escorte. C'était justement un jour de noces. Sitôt arrivé, l'abbé dit aux soldats :

— Passez, passez tous à la table !... Hé bien ! Et toi ? Tu n'y vas pas, toi aussi ? qu'il dit au roi.

— A qui parlez-vous donc ?

— Hé ! mais à vous. Passez donc à table !

— Apprenez que je suis votre roi !

— Ah ! sire ! ah !...

Voilà l'abbé bien penaud, bien ennuyé.

Le roi lui dit :

— Vous allez venir chez moi, un tel jour, et je vous demanderai quatre questions ; si vous n'y répondez pas, vous êtes un homme mort !

— Hé bien, sire, qu'est-ce que vous me demanderez donc ?

— Vous me direz où se trouve le milieu de la terre ; combien la lune pèse ; et ensuite combien je vaux.

Vous pensez si ça le mettait en peine.

— Et puis je vous demanderai ce que je pense, et vous me le direz.

Voilà un abbé bien embarrassé. Plus de noces, bien entendu. Et tout le monde était désolé : monsieur l'abbé ne fait plus de noces !

Il avait un moulin sur un petit ruisseau qui n'avait pas beaucoup d'eau, mais enfin, c'était tout de même un bon moulin ; un jour qu'il se promenait par là, le meunier vint qui lui dit :

— Mais, monsieur l'abbé, qu'avez-vous donc à être si triste depuis quelque temps, vous qu'étiez si gai autrefois ?

— Ah ! mon pauvre meunier, il y a bien moyen, je suis un homme perdu !

— Comment, monsieur l'abbé ?

— Eh oui ! C'était le roi, l'autre jour qui est venu à la noce !

— Ah !

— Et il m'a dit d'aller chez lui, un tel jour, et qu'il me demanderait quatre questions : si je n'y réponds pas, je suis un homme mort !

— Ah ! monsieur l'abbé, faut pas tant se désoler, allez ! Quel jour devez-vous aller chez le roi ?

— Un tel jour !

— Hé bien ! Si vous voulez, j'irai à votre place.

— Oh ! non, mon pauvre meunier, tu serais perdu ! Je ne veux pas.

— Ne craignez donc rien seulement ! Vous me donnerez vos habits, je m'habillerai dedans, et j'irai chez le roi, moi, je répondrai bien à ses questions, laissez-moi faire !

— Allons ! Eh bien, vas-y, si tu veux !

Et le meunier va chez le roi à sa place. Le roi avait invité tous les princes et les princesses, les seigneurs, pour faire un repas, là, au Louvre. Le meunier arrive, habillé en abbé ; tout de suite un valet mène son mulet à l'écurie ; un autre l'introduit devant le roi.

— Ah ! bonjour, monsieur l'abbé !

— Bonjour, Sire le Roi !

Allons ! Ils se sont fait bien des compliments. Et puis, ils se sont tous mis à table. Et quand le repas a été fini :

— Hé bien ! que dit le roi, tu vas me dire à présent où se trouve le milieu de la terre !

— Je veux bien, Sire ! Mais pour ça, il faut que vous me prêtiez votre épée.

Le roi lui donna son épée.

Et le voilà qui parcourt la salle dans un sens et dans l'autre, et qui prend des mesures ; enfin, il va planter l'épée du roi dans un coin.

— Ah ! qu'il dit, Sire ! Je m'étonne qu'étant si près du milieu de la terre, vous ne l'ayez pas mis au milieu de votre salle, au lieu de l'avoir laissé là dans ce coin !

— Ah ! ça n'est pas possible ! Ce n'est pas là le milieu de la terre !

— Eh ! si vous ne me croyez pas, faites-le mesurer par d'autres, vous verrez !

Allons, voilà le roi bien pris et tout le monde à s'étonner, à dire que M. l'abbé avait raison.

— C'est pas tout ça, maintenant il faut que tu me dises combien pèse la lune !

— La lune a quatre quartiers ; ils pèsent vingt-cinq livres la pièce ; ça fait un cent tout juste.

— Oh ! tu te moques de moi ! La lune pèse plus que ça !

— Si vous ne me croyez pas, faites-la peser par un autre !

Les voilà encore tous à s'étonner, pardié ! et à dire qu'effectivement l'abbé avait raison.

— Hé bien ! que dit le roi, tu vas me dire maintenant combien je vaux.

Cette fois, il croyait bien l'embarrasser.

Qu'il dit :

— Sire, Notre-Seigneur a été vendu pour trente deniers, et il valait bien mieux que vous, n'est-ce pas ?

— Oui, oui, Notre Seigneur valait bien mieux que moi !

— Oui, oui, qu'ils disaient tous, Notre-Seigneur valait bien mieux que notre Sire le Roi !

— Hé bien ! Je crois qu'en vous mettant à vingt-huit deniers, c'est tout ce que je puis faire !

Le roi n'était point content, mais a bien fallu en passer par là.

— Maintenant, qu'il dit, il faut que tu me dises ce que je pense !

— Je veux bien ; mais il faut qu'on donne l'avoine à mon cheval, car je veux partir.

— Hé bien ! Qu'est-ce donc que je pense ?

— Vous pensez de parler à M. l'abbé Sans-Soins ; mais vous vous trompez, Sire, vous ne parlez qu'à son meunier.

Et bien vite, le voilà qui sort dans la cour, monte sur son cheval et se sauve, au grand galop.

L'abbé Sans-Soins était à la croisée, qui regardait. Quand il l'aperçut :

— Ah ! mon pauvre meunier ! Tu t'en es donc sauvé ? Ah ! merci ! Tu m'as sauvé la vie ! Merci ! Va ! Fais marcher ton moulin comme tu voudras ; je ne te demanderai jamais rien, jamais un sou. Ah ! merci, merci !

Et les noces ont recommencé.

Le maréchal

C'était une bonne femme qui avait un petit garçon, bien entêté, méchant, vicé. Elle attendait à lui faire faire sa première communion pour l'envoyer chez les autres.

Un jour, il trouva cinq sous. Et puis après, il rencontra dans son chemin un pauvre qui lui demanda la charité ; et puis il lui donna ses cinq sous :

— Tiens ! qu'il dit, je les ai trouvés, je ne veux pas les garder ; te les voilà.

— Hé bien ! qu'il dit, mon garçon, tout ce que tu demanderas, tu l'auras.

Il entendait une voix à côté de lui qui lui disait :

— Demande donc le Paradis ! Demande donc le Paradis !

— Ah ! je me fous autant du Paradis que du Parasol !

Il dit :

— Je ne demande que trois choses. Je demande à avoir un fusil, tout ce que je tirerai, je veux le tuer. Et je veux avoir un violon, quand je violonerai, je veux que tout le monde danse. Et, à toutes les fois que je ferai hem ! je veux que ma mère pète.

Et puis, voilà que le curé dit à la femme :

— Il aime bien la chasse, à ce qu'il paraît, votre fils ?

— Oui, monsieur le curé.

— Hé bien, vous lui direz que j'irai chasser demain avec lui.

Ils ont fait une longue tournée ; ils n'ont rien trouvé, rien, rien ; pas pu tirer un coup de fusil.

En se rendant, ils ont rencontré un merle dans une broussée d'épines, qui chantait. Le curé lui dit :

— Dis donc, petit, toi qui tires bien, tue-m'le !

— Monsieur, qu'il dit, si vous voulez aller le chercher, je garantis de le tuer.

— Oh ! j'irai bien le chercher, qu'il dit.

L'enfant tire un coup de fusil au merle et le tue ; et le curé a été le chercher.

Quand il a été au milieu de la broussée d'épines, voilà que l'enfant prend son violon, se met à violoner, et le curé se met à danser, au milieu de la broussée d'épines :

— Lâche, lâche, petit, lâche ; je n'irai plus chasser avec toi, tu es un câlin !

Ils se sont rendus à la maison, et le curé a raconté ça à la bonne femme ; qu'il dit :

— Ma chère femme, votre enfant est possédé du démon.

Voilà que le lendemain, c'était le dimanche, la mère s'en va à la messe pour pardonner les péchés de son fils. Le fils qui suivait par-derrière, qui faisait sans cesse hem ! hem ! Et la mère proutt ! proutt ! Cette pauvre femme a eu honte et s'en est retournée ; et l'enfant qui riait sous sa calotte, lui, par-derrière !

Voilà que l'enfant s'est rendu ; prit son paquet et se mit en route, se mit garçon maréchal. Et, en apprenant son métier, il s'est marié dans son tour, n'ayant aucune avance. Il a été obligé de faire un emprunt de dix mille francs. L'emprunt, c'est le diable qui lui a prêté ça ; il lui a prêté pour dix ans.

Au bout des dix ans, le diable est venu chercher son argent.

C'était une fée qui était la marraine du maréchal, elle lui dit :

— Mon fils, tu sais que tu es à bout de tes dix ans ; le démon va venir chercher son argent ; voici une petite baguette ; tu n'auras qu'à dire : « Par la vertu de ma petite baguette, *lappe* (attrape) ! » Et tu feras lapper tout ce que tu voudras. Et puis, tu mettras dans ta boutique un beau fauteuil.

Le diable arrive et lui dit :

— Hé bien ! dis donc, nous sommes à bout, hein, aujourd'hui ; il me faut mes dix mille francs ou toi.

— Ah ! je n'ai rien, que dit l'autre.

— Hé bien, je vais t'emmener.

— Ah ! je veux bien.

Le maréchal s'en va chez lui, en disant au diable :

— Tu veux bien que je dise adieu à ma femme et à mes enfants ?

— Oui, oui, qu'il dit, va vite !

En attendant, le diable s'assied sur le fauteuil.

Le maréchal retourne bien vite qui dit :

— Par la vertu de ma petite baguette, lappe !

Et voilà qu'il appelle sa femme et ses enfants :

— Arrivez ! qu'il dit ; il est pris ; que nous l'assassinions ce grand diable !

Tout le monde tapait dessus à grands tours de bras.

Quand le diable s'est vu payer comme ça, il dit :

— Lâche-moi, je t'en donne encore pour dix autres années !

Quand son gendre et son fils l'ont vu arriver, ils ne le reconnaissaient plus, tellement il était défiguré.

— Tu n'y iras plus, lui dit l'enfant ; j'irai à mon tour, moi, et je me charge de l'apporter ; laisse venir les dix ans !

Au bout des dix autres années, c'est le fils diable qui a été chercher ces dix mille francs ; qu'il dit :

— Je ne ferai pas comme toi, mon père ; je ne m'assiérai pas sur le fauteuil.

Le fils du diable s'est accoté contre l'enclume.

— C'est aujourd'hui, qu'il dit, que nous en finissons, hein ? Il faut régler d'une manière ou d'une autre.

— Hé, que dit le maréchal, je n'ai rien, je n'ai point d'argent à te donner ; je vais m'en aller avec toi ; mais tu veux bien me permettre d'aller dire adieu à ma femme et à mes pauvres enfants !

— Oui, oui, va vite !

Le maréchal retourne avec sa petite baguette ; le fils diable était appuyé contre l'enclume.

— Par la vertu de ma petite baguette, qu'il dit, lappe ! Le voilà encore pris !

Voilà qu'il avait de grands enfants. Il les appelle, et tout le monde de cogner dessus à grands tours de bras.

— Ah ! qu'il dit, lâche-moi ! Va, qu'il dit, pour moi, je t'en fais cadeau.

Quand le père diable et le beau-frère ont vu revenir le fils diable, ils ne le reconnaissaient plus :

— Ce n'est pas lui, bien sûr !

— Mais si, c'est lui !

— Pas possible.

— Hé bien ! que dit le gendre, ce sera mon tour dans dix ans ; et moi je ne m'assiérai, ni ne m'accoterai, je marcherai tout le temps.

Au bout des dix autres années, le gendre est venu chercher l'argent.

— Hé bien, maréchal ! C'est-il aujourd'hui que nous y sommes ?

— Oui, oui, oui, qu'il dit, je suis toujours là, moi.

— Tu sais, qu'il dit, tu as massacré mon beau-père et mon beau-frère ; mais moi je ne serai pas si bête qu'eux. Allons, dépêche-toi de m'apporter de l'argent ou je t'emmène !

— Hé ! qu'il dit, tu veux bien que je dise adieu à ma femme et à mes pauvres enfants ? Enfin, qu'il dit, maintenant il n'y a qu'un petit arbre dans mon jardin qui a du fruit, tu veux bien que j'en mange une dernière fois.

— Attends, attends, je veux aller avec toi, tu y resterais peut-être bien !

Il n'a pas voulu le laisser monter, c'est lui-même, le gendre du diable, qui est monté dans l'arbre.

— Par la vertu de ma petite baguette, que dit le maréchal, lappe ! Tu es pris comme les autres.

Le maréchal retourne bien vite à sa fournaise et fait chauffer des baguettes de fer.

— Attends que je te paie tes intérêts !

Et les voilà tous et zag ! et zag ! dans les fesses.

— Ah ! lâche-moi, qu'il dit, maréchal. Pour moi, je te

fais cadeau de tout. Je crois que tu le garderas longtemps à présent.

Au bout de quelque temps le maréchal est mort, et on a mis avec lui sa massue dans sa tombe ; et quand il a été à la porte du Paradis, saint Pierre a dit :

— Tu t'es moqué du Paradis comme du Parasol, va-t'en là-bas à cette porte rouge, c'est là ta place !

Quand le diable a vu venir le maréchal :

— Fermez la porte, qu'il dit, le voilà qui vient nous chercher à présent ; il nous finirait !

Et le maréchal passe maintenant sa vie dans le corridor.

Louis Bernard

C'était dans l'ancien temps, où il n'y avait point guère de soldats, sans doute, Louis Bernard était seul de frère et il avait été très longtemps à l'armée, très longtemps sans revenir, la guerre ne finissait pas. Son père et aussi sa mère vinrent à mourir ; et lui ne reconnaissait plus même son pays. Jamais il n'avait reçu de lettre de ses parents. Enfin, quand il a été délivré des guerres, il dit : « Faut ben tout de même que je tâche de me rendre du côté de chez moi ! » Et il revient, en suivant sa guise, en passant d'un endroit dans l'autre, à peu près dans ses cantons. Il arrive dans un bourg, à l'auberge, et il demande si on ne connaissait pas des Bernard.

— Ah, mon bon ami, des Bernard ! Ils sont tous morts ! Il n'y en a plus qu'un qui reste dans un tel endroit, et qu'on appelle Louis Bernard, et il n'a point d'enfant.

— Hé bien ! qu'il dit, je voudrais bien le voir !

Il arrive chez lui et il frappe au marteau de sa porte : c'est Louis Bernard lui-même qui lui ouvre la porte.

— C'est-i vous qui êtes Louis Bernard ?

Qu'il dit :

— Oui, monsieur !

Qu'il dit :

— Vous êtes mon parrain !

— Ah ! qu'il dit, est-ce vrai, mon enfant ?

Et il le reconnut.

— Ah ben ! qu'il dit, tu vas être mon héritier ! Je n'ai plus d'enfants ; ton père et ta mère sont morts. Et comment as-tu fait pour venir me trouver ?

— Ah ! qu'il dit, mon parrain, j'étais bien en peine !

Et il dit :

— Hé bien ! Tu vas rester avec nous. Tu seras comme mon enfant.

— Ah ! je veux ben, mon parrain.

Et il a resté quelque temps. Il s'ennuyait.

— Allons, eh bien ! qu'il dit, mon fils, qu'as-tu donc pour t'ennuyer ? Tu ne manques de rien !

— Eh ! qu'il dit, mon parrain, voyez-vous, moi, je suis tenté de commercer, de faire un peu de commerce !

— Et quel commerce veux-tu faire ?

— Mon parrain, je voudrais me mettre marchand de cochons.

— Hé bien, qu'il dit, je vais te donner de l'argent ! A quelle foire veux-tu aller ?

— Je vais aller à la foire de Bernendouille.

— Hé ben, qu'il dit, vas-y !

Il amène une touche de cochons, de jolis nôrins. Et il leur donnait à manger des pommes de terre, du grain, enfin de tout. Son parrain lui dit :

— Mon enfant, tu vas me ruiner. Tes cochons nous font trop de dépenses ; à présent, il n'y a pas moyen de gagner dessus.

— Hé ben, qu'il dit, mon parrain, on va les vendre.

— Où veux-tu les mener ?

— Je vas les mener à la foire de Vache-t'en-fuie.

— Ah ben oui, mais pour aller à cette foire, c'est un mauvais chemin ; il faut que tu tranches la forêt et il y a une bande de brigands dedans, ils te voleront ou bien ils ne pourront pas.

Effectivement, quand il a été au milieu de la forêt, il a trouvé deux individus là, deux barbes rouges, deux cheveux rouges, deux mauvais gars. Ils lui dirent :

— Où allez-vous ? Où menez-vous vos cochons ?

Il dit :

— Monsieur, je les mène à la foire de Vache-t'en-fuie.

— Hé bien, qu'ils dirent, nous les achèterons bien, nous ; il faut les mener au logis. (Il y avait une espèce de fort là) ; notre capitaine les achètera.

— Hé bien, je veux bien, que dit Louis Bernard.

Et, étant rendu là, c'était comme nuit, on a mis les cochons à l'écurie, le capitaine l'a fait souper avec lui et l'a fait coucher, en lui disant :

— Je ne vous baillerai point d'argent aujourd'hui, mais je vous l'enverrai par mes domestiques. D'ici sept à huit jours vous aurez votre argent.

Et cet argent ne vint point. Son parrain lui dit :

— Tu n'auras rien, mon fils, ils t'ont volé.

— Mon parrain, il ne faut jamais se désoler.

Et Louis Bernard étant gentil homme, se fait bien raser, se fait coiffer par un coiffeur en jolie demoiselle. Il prend un petit panier sous son bras et le voilà parti par son même chemin. Il arrive chez le capitaine, encore à la nuit tombante, faisant semblant d'être écarté. Et il demanda l'hospitalité ; on lui dit :

— Ah, mademoiselle, ah ! il y a très moyen de coucher ; vous pouvez être tranquille ! Vous serez bien couchée.

Le capitaine, la voyant si bien arrangée, l'a fait monter dans sa chambre. Il dit :

— Vous allez souper avec moi !

Et puis voilà, il lui a proposé de coucher avec lui parce qu'il croyait ben que c'était une demoiselle.

Louis Bernard a dit :

— Oui, mais il faut bien barrer votre porte, bien la fermer, pour n'entendre pas de bruit et que les domestiques ne viennent pas nous déranger.

Quand ils ont été pour se coucher, il dit :

— Vous croyez que c'est une demoiselle, eh ben non ! C'est le marchand de cochons ! Vous ne m'avez pas payé ; il faut que vous me payiez !

Comme il lui disait qu'il ne le paierait pas, Louis Bernard prend un bâton et bat le capitaine à plate couture ; il le ruine, le massacre, le met tout en sang. Le capitaine donnait des braillées (poussait des cris) !

Les domestiques l'entendaient bien, mais ils croyaient que c'était qu'il forçait la demoiselle.

— C'est pas cinq cents francs, que dit Louis Bernard, qu'il me faut maintenant, c'est dix mille.

Enfin, il laissa le capitaine dans son lit, tout saignant, tout en compote.

— Et si je ne reçois pas mon argent d'ici dix jours, vous aurez affaire à moi !

Les dix jours expirés, pas d'argent. Son parrain lui dit :

— Tu vois bien, mon enfant, ce qui en est.

— Ah ! qu'il dit, ne nous désolons pas !

Louis Bernard s'habille en vieille, tout à fait en vieille, vieille, vieille ; prend un panier sous son bras, un mauvais panier, et s'en va dans cette forêt, auprès d'une espèce de vieux mur. Tout d'un coup, il aperçoit deux gars qui venaient, il se met à ramasser des herbes, toutes sortes de plantes, qu'elle mettait dans son panier. Ils lui dirent :

— Mais, ma bonne vieille, que faites-vous là ?

— Ah ! monsieur, je ramasse des herbes pour guérir les coupures, les morsures ; et si on avait été battu, que ce serait emporté, c'est pour faire guérir.

— Ah ! vous feriez bien de venir guérir notre capitaine, donc, qui est tout en compote.

— Ah ! qu'il dit, hé bien, je vais y aller ; je le ferai bien guérir.

Il s'en va avec eux. Ils content ça au capitaine.

— Hé bien ! Faites-la monter la bonne femme ici !

Il lui dit :

— Hé bien ! Qu'est-ce qu'il faut faire ?

— Ah ! mon capitaine, je vous ferai bien guérir ; j'en ai bien guéri d'autres ; mais il faut que vos domestiques aillent chercher de la mousse, en un tel endroit, pour vous faire un lit ; vous serez bien mieux que sur votre lit de plume.

Les domestiques prirent chacun un sac et s'en allèrent chercher de la mousse.

Quand ils ont été partis, Louis Bernard dit au capitaine :

— Tiens ! qu'il dit, tu vois bien que je ne suis pas une bonne vieille femme ; je suis le marchand de cochons. Il faut que tu me paies tout de suite.

Ah ! le capitaine se mit à brailler, à appeler, mais il n'y avait personne pour l'entendre.

— Allons ! Et ce n'est plus dix mille francs qu'il me faut ; c'est la charge de deux mulets, et si tu ne me l'envoies pas d'ici cinq jours, je te finis.

— Hé bien ! qu'il dit, ne me faites pas d'autre mal, vous aurez votre argent d'ici cinq jours.

Louis Bernard s'en retourne, après l'avoir bien battu, bien entendu.

Son parrain lui dit :

— Hé bien, l'as-tu apporté aujourd'hui ?

— Oh ! qu'il dit, je ne l'ai pas apporté ; mais nous l'aurons d'ici cinq jours.

— Bah ! Il fera comme l'autre fois.

Les cinq jours expiraient. Sur la soirée, Louis Bernard regardait par la croisée ; il vit mes deux gars qui amenaient deux mulets ; c'étaient les deux barbes rouges.

— Ah ! qu'il dit, mon parrain, les voilà !

Et, tout de suite, il va ouvrir la porte de la cour ; ils ont fait rentrer les deux mulets. Comme c'était nuit, Louis Bernard leur dit, après avoir déchargé l'argent :

— Vous ne pouvez point vous en retourner ce soir ; il faut mettre vos mulets à l'écurie, vous souperez avec nous autres, et puis vous coucherez.

Et on avait fait un bonhomme de paille – c'était une grande cheminée, comme il y en avait autrefois – et on avait pendu ce bonhomme dans la cheminée. Et puis eux étaient dans le coin du feu à se chauffer. En se chauffant, il y en a un qui regarde en l'air.

— Hé ! qu'il dit, pourquoi donc qu'on a mis ce gaillard-là dans la cheminée ?

— Ah ! dit le domestique, c'est qu'il a chié au lit.

Faites attention, vous autres, de n'y chier pas, parce qu'on vous pendrait la même chose.

Et ils se sont couchés. Louis Bernard, quand ils ont été endormis, leur a coulé de la vieille bouillie, toute noire, sous les fesses. Le lendemain matin, Louis Bernard se lève :

— Hé bien, qu'il dit, mes gars, avez-vous été bien sages, cette nuit ?

— Oh ! monsieur Bernard, nous n'avons point chié au lit.

— Ah ! qu'il dit, vieux salaud t'en as plein tes fesses ! Et toi aussi ! Allons, allons ! Arrachez-vous de là et vite !

Voilà mes gars qui veulent prendre leurs pantalons ; Louis Bernard appelle le domestique qui arrive avec un fouet, et fouette et fouette. Les autres sortent, en chemise, dans la cour ; les barrières étaient fermées ; pas moyen de sortir ; et toujours Louis Bernard et son domestique les couraient à coups de fouet. Enfin, il y en a un, à force de saboter (secouer) la barrière, qui a cassé une latte ; il est passé par là, l'autre aussi ; mais, en passant, ils se sont à moitié emporté la peau, ils en ont laissé des lanières !

Et puis, ils se sont en allés voir leur capitaine, et ils étaient tous aussi bien rangés les uns comme les autres.

PROVENCE

Joseph Roumanille

Les perdreaux

Ceci se passait dans notre bel Avignon, du temps que Berthe filait. – Elle filait de la soie, elle dévide maintenant de l'étoupe ! Heureux temps où l'on n'avait pas, comme aujourd'hui, la fureur de faire fortune rapidement, où les gens se contentaient de ce qu'ils avaient sans envier ce qui ne leur appartenait pas ; où l'on faisait bouillir son pot à petit feu, où l'on vivait pour travailler et l'on travaillait pour vivre. Et puis, quand cela les prenait, ils riaient aux éclats, de leur bon gros rire, car, en ce monde, il y a toujours assez et trop de temps pour pleurer !

Un jour donc, sur les deux heures de l'après-midi, au café Saint-Didier, où, l'après-dîner et le soir, en toute saison et quelque temps qu'il fît, se réunissaient, pour nouer une partie de cinq-cent ou de trois-sept, autour d'une bouteille de clairette, quelques riches et gros bonnets du voisinage et les courtiers engraissés et enrichis par le commerce de la soie, un jour entra le célèbre Maître Alary – nous en reparlerons –, lequel en contait ou en ourdissait toujours quelqu'une. Il plaisanta toute sa vie, et acheva de rire juste au moment où, ne pouvant respirer, il expira.

— Oh ! pour le coup !... fameux ! dit-il en entrant, le sourire aux lèvres.

— Contez-nous vite ça tout chaud, demandent les habitués.

— Dépêchons-nous, car nous n'avons pas de temps à perdre, si nous ne voulons pas rater notre coup. Je viens de voir là-bas chez l'ami Duvernet, marchand de chaussures, un Gravesonais, Jean Fifre, un peu niais (nous nous connaissons : sa femme a nourri notre cadet). Il est en train d'essayer une paire de gros souliers ; il marchande à n'en plus finir ; il veut que, par-dessus le marché, l'on y change les courroies, et que l'on plante encore quelques clous par-ci, par-là. Eh bien ! mes amis, il s'agit de lui faire accroire, quand il emportera ses savates, qu'il emporte, non point des savates, mais... une superbe paire de perdreaux !

— Oh !... oh ! Maître Alary, celle-ci est trop grosse et ne passera pas ! Comment diable voulez-vous... ?

— Je veux que vous, monsieur Faure, vous partiez le premier comme pour sortir de la ville, du côté de la porte Saint-Michel. Toi, Alexis, tu vas suivre M. Faure, à vingt pas de distance environ. Vous, monsieur Lafont, vous irez à la suite d'Alexis, même intervalle, et toi, Agricol, sur les pas de M. Lafont. Tous quatre, vous cheminerez lentement, en gardant respectivement vos distances, le long de la rue par où notre Jeannot doit nécessairement passer pour se rendre à Graveson.

— Mais, bel homme ! dit-on à Maître Alary, vous nous prenez pour des têtes d'aulx, que vous nous aligniez comme ça à la file...

— Minute ! attendez. Lorsque vous rencontrerez notre Gravesonais, ses souliers à la main ou pendus à l'épaule, l'un devant, l'autre derrière, vous le reconnaîtrez sans peine : il est habillé de cadis d'Aix, couleur de la bête ; un gros nez camard, sous un long bonnet d'estame qui lui tombe quasiment jusqu'au bas des reins ; une ceinture cramoisie largement déployée sur le ventre...

— Et puis ?...

— Et puis, chacun à votre tour, après l'un l'autre, quand vous le rencontrerez, vous guignerez ses souliers, vous ferez semblant de croire qu'il porte une paire de perdreaux, et lui demanderez s'il veut les vendre. Rien de plus que ça.

En entendit-on, dans le café Saint-Didier, des éclats de rire et des bravos, quand on vit clair dans le plan de Maître Alary, et qu'on devina tout ce qu'il y aurait de burlesque dans les actes de l'extravagante comédie qui allait se jouer !

— Allons, leste ! mes amis, ajouta Maître Alary, chacun à son poste. Assujettissez ferme vos filets : il y aurait grande malchance si, à nous tous, nous ne prenions pas le poisson. Moi, je vous attends ici : le Jeannot me connaît trop...

— Soit ! et en avant ! nous le pêcherons.

Et M. Faure, Alexis, MM. Lafont et Agricol exécutèrent incontinent et de point en point les recommandations de Maître Alary. Ils s'éparpillèrent bien vite, prêts à jouer leur rôle.

Or, lorsque Duvernet eut changé les cordons et planté ces quelques clous, Jean Fifre paya, et, ses souliers à la main attachés l'un à l'autre avec un bout de ligneul :

— Si vous m'avez bien servi, dit-il, je reviendrai.

Et il partit pour Graveson.

C'est Agricol qui, le premier, attaqua notre Gravesonais, et, comme on dit, prit le taureau par les cornes.

— Hé ! l'homme à la ceinture, lui cria-t-il, montrant les souliers d'une main et deux doigts de l'autre fourrés dans le gousset, vous avez là une jolie paire de perdreaux. Si vous vouliez me les vendre... Combien en voulez-vous ?

— Vous dites, monsieur ?...

— Je vous demande si vous ne me vendriez pas vos perdreaux.

— Quels perdreaux ?

— Vos perdreaux, parbleu !

— Laissez-moi donc tranquille. Vous me prenez pour un autre. Je n'ai pas le temps de vous amuser : la femme m'attend.

— Allons ! réplique Agricol, je vois que vous ne voulez

pas les vendre. Si vous ne voulez pas les vendre, gardez-les. Autant d'économisé...

En voilà un, *pecaire !* pensa notre Fifre, à qui *un cercle* a dû craquer (une araignée au plafond) !

Et il passe son chemin.

Il n'avait pas fait vingt pas que M. Lafont l'arrêta :

— Ah ! quant à ceux-ci, point n'est besoin, pour voir s'ils sont bien maillés, de leur voir le bout de l'aile ! Prenez soin du chien ou de la chienne qui vous les a levés. Si vous étiez raisonnable, je vous les achèterais tout de même.

Jean Fifre ouvre de grands yeux, et reste là, bouche béante, épaté, raide comme un pieu.

— Combien en voulez-vous ? Je vous les paierai volontiers quarante sous la pièce.

— Ah ! oui, vraiment ! fait le Gravesonais, on vous cédera pour quatre francs ce qui en coûte dix !

— Pour de beaux perdreaux, ce sont de beaux perdreaux ! Mais pourtant...

— Ah ! ça, mais... s'écrie Jeannot qui enrage, savez-vous, monsieur, que tout ça finit par m'ennuyer ? Allez au diable, vous et vos perdreaux ! Si vous aimez les perdreaux, monsieur, allez à la chasse, et ne vous moquez pas ainsi du pauvre monde !

— Calmez votre sang, brave homme ! lui dit alors M. Lafont avec son flegme *bagasse*, rien de plus dangereux qu'un coup de sang. Encore que j'aime ce gibier, je m'en passerai : faute de perdreaux, l'on se contente de merles.

— Vous me cassez la tête, vous !... et...

— Pardon, si je vous interromps. Je ne songeais pas que c'est demain vendredi... Ils n'iront pas jusqu'à dimanche, vos perdreaux.

— Ah ! nous y voici encore ?... Mais, sacré pétard de tous les diables ! hurla Jean Fifre (et il criait si fort que tout le monde se mit sur sa porte), vous êtes donc aveugle ou en train de le devenir ? Vous ne voyez donc pas que ce sont des souliers ? des souliers de gros cuir ? tout flambant neufs, blonds comme un fil d'or ? Tenez, imbécile, voyez-les, palpez-les. Un, deux !... Voici les cordons, voilà les clous ! Vous me faites perdre la boule avec vos perdreaux, finalement !

— Oh ! puisque vous le prenez sur ce ton, et avec l'humeur plaisante, et prétendez me faire prendre ce gibier-là pour des savates de cuir, je ne suis plus en âge de jouer avec vous comme un jeune chien ! Je croyais que vous vouliez les vendre. Vous pouvez les garder. Le diable m'emporte si je les regrette ! Ils fleurent la peste, vos perdreaux ! Notre chat leur ferait la moue... Vous m'en feriez cadeau que je n'en voudrais pas !

Là-dessus, menaçant de la tête, marmonnant, marmonnant et sacrant, Jean Fifre file son chemin ; il double le pas, puis il s'arrête soudain et, la tête basse et l'index sur le front, il fait travailler son esprit... Et puis, il élève ses souliers à la hauteur de son nez, les tourne et les retourne, et les abaisse et les relève... Que vous dirai-je ? Il regarde sans doute si, par grand hasard, il ne leur pousserait point des plumes de perdreau.

Il était très pensif, et il passait la main sur son front pour en essuyer la sueur.

Il essuyait donc sa sueur avec son bonnet, car sa main était trempée, lorsque Alexis :

— Holà ! l'homme, excusez... Y a-t-il longtemps que vous les avez tués ?

— Apprenez que je n'ai tué personne, monsieur !

— Oh ! le fin souper ! le festin exquis, et quel régal ce me serait, en tête à tête, eux et moi ! avec des choux tout autour, ou du riz à peine crevé dans le jus ! Il me semble que je les savoure !

Jean Fifre n'y voit plus. Il lui passe un brouillard sur les yeux, la tête lui tourne, il ne peut se tenir debout sur ses jambes ; son menton tremble, ses dents claquent, il a une fièvre de cheval.

— Je ne dis point ça pour vous faire de la peine, ajoute Alexis. Eh ! vous me regardez de travers, là, comme si j'avais mangé votre soupe ! Je ne veux pas vous les voler, vos perdreaux !... Voyons, voulez-vous les garder ou me les vendrez-vous ?

— Que le *tron de l'air* vous écrase, vous !

— Oh ! gardez-les ! et si vous avez peur que le chat vous les mange, frottez-les avec une gousse d'ail !

Déconcerté, détraqué, ne sachant plus s'il dort ou s'il rêve tout éveillé, le pauvre Fifre voit ses souliers s'emplumer peu à peu ; puis il croit apercevoir des plumes de perdreau tourbillonner dans l'air et folâtrer avec la brise... Et il se remémore alors tout ce que lui contait sa mère-grand au sujet des farces diaboliques que sorciers et sorcières jouaient dans le vieux temps aux chrétiens.

Enfin, il touchait à la porte Saint-Michel quand il rencontra M. Faure.

— Hop ! l'homme ! interpella M. Faure d'un ton sévère et brutal, et faisant la moue, l'homme ! je voudrais bien savoir où vous avez tué ces perdreaux.

— Je n'ai rien tué, je le répète, répondit Jean Fifre, pâle, blanc comme un linge. Mon brave monsieur, je les ai achetés chez M. Duvernet, qui demeure là-bas...

— M. Duvernet ne vend pas de perdreaux : il vend des chaussures... Si ces perdreaux ont été pris à la course, ou *engrenaillés* en terre libre, je n'ai rien à dire, et vous pouvez aller vous coucher tranquillement chez vous. Mais si vous les avez tués ou pris, ainsi qu'il est apparent, sur un terrain où la chasse est sévèrement interdite, vous êtes en faute. C'est à moi que vous aurez affaire. Je ne vous dis que ça !

— Mon brave monsieur, reprend le Gravesonais, qu'un procès-verbal terrifie, je suis innocent comme un enfant qui tète ! et vous me dites là des choses auxquelles je ne vois goutte, car elles sont noires comme poix.

— Eh bien ! attendez : je vais quérir quelqu'un qui vous les éclaircira.

Et M. Faure se mit à courir.

Effrayé, ahuri, Jean Fifre vit tout à coup poindre les cornes d'un chapeau de gendarme, et s'affaissa demimort. Il se releva bientôt, tourna tête sur queue, et doubla le pas pour arriver plus vite.

Tout bouleversé et suant à grosses gouttes, il arriva bientôt chez M. Duvernet.

— Monsieur, lui cria-t-il, ça n'est pas un tour à faire. Le marché est rompu. Vous me prenez donc pour un c... ornichon ? Eh ! si je voulais des perdreaux, croyez-vous que je viendrais chez un marchand de savates ? et pour les payer dix francs la paire, juif que vous êtes !

M. Duvernet, que Maître Alary avait mis au courant de tout, étouffait pour retenir son rire.

— Vous êtes un *trompe-qui-peut*, comme tous les habitants des villes... Tenez, voilà vos perdreaux, et rendez-moi mes sous.

Et Jean Fifre lança les souliers dans la boutique...

On lui rendit son argent, et il partit, rouge... comme un coquelicot !

Les arrhes

— Oh ! brigand ! ah ! coquin de tron-de-l'air !

— Que t'arrive-t-il, Sang-chaud ? Tu fais feu des dents !...

— Tu ne veux pas que ça chauffe, Sang-froid ! J'en suis pour mes cinq francs. Entends-tu ?

— Mon ami, si tu les as bus, ce n'est point grand malheur.

— Si je les avais bus, je ne les regretterais pas. Mais... c'est comme si j'avais jeté mon bel écu blanc dans la mer. Entends-tu ?

— Conte-moi ça, Sang-chaud.

— J'ai mon dernier-né en nourrice, à Laudun, car ma femme n'a pu le nourrir. Entends bien. On m'a fait dire, hier, que le nourrisson était malade de vermine et de la dent de l'œil, et qu'il fallait aller le voir. Entends bien. Je n'ai rien dormi de toute la nuit, et j'ai été matinal. Dès que j'ai été sur pied, j'ai couru chez M. Chabert, loueur de chevaux et de voitures, et je lui ai dit : « Monsieur Chabert, louez-moi vite un cheval : il faut que j'aille à Laudun, où j'ai mon dernier-né en nourrice, car ma femme n'a pu le nourrir. On m'a fait dire qu'il est malade de vermine et de la dent de l'œil. Entendez bien. » Nous avons été d'accord, la main dans la main, et l'on a exigé de moi cinq beaux francs d'arrhes.

— Eh bien, après ?

— Après, Sang-froid, voici... Oh ! brigand ! ah ! coquin de tron-de-l'air !... Nourrice et nourrisson viennent d'arriver chez nous. Le malade se porte comme trois, il tète comme quatre, et mes cinq francs sont f...lambés. Entends bien !

— Sang-chaud ?

— Sang-froid !

— Tu es une bête. Ça t'inquiète ?... Si tu me donnes ta parole que nous les mangerons ensemble, tes cinq francs seront bientôt dans ta poche.

— Je le promets.

— Viens avec moi à l'écurie. Seulement, tu ne souffleras mot et me laisseras faire.

— J'entends bien, dit Sang-chaud.

Et Sang-chaud et Sang-froid furent vite dans l'étable de M. Chabert.

— Jean, dit Sang-froid au valet d'écurie, où donc est ce cheval ? Amène-le-nous : nous voulons le voir.

— Il mange l'avoine, répondit Jean. Je vais vous l'amener. Une solide bête, messieurs, et brave ! Vous la conduiriez avec un fil de laine.

— Je ne dis pas le contraire, dit Sang-froid.

— Entends-tu ? dit Sang-chaud...

Et le valet Jean amena le cheval.

Sang-froid fait alors le tour de l'animal, l'examine du haut en bas, et de la tête à la queue, et sous les quatre fers, et lui regarde l'œil, et lui tâte les oreilles. Puis, il élargit la main, et le mesure... un... deux... trois... quatre... cinq... six... depuis la tête jusqu'à l'extrémité de la croupe.

— Eh ! si vous vouliez l'acheter, vous ne seriez pas plus méticuleux, dit Jean, écarquillant les yeux, et ne comprenant pas le pourquoi de ce mesurage...

Et Sang-froid de remesurer... Pensif, la tête penchée et son menton dans la main, il calculait, calculait...

— Eh ! que calculez-vous donc là ? finit par lui dire le valet d'écurie impatienté. On dirait que vous arpentez une terre !

— Je calcule, lui répond Sang-froid, je calcule... Indubitablement ce cheval sera trop court...

— Trop court ? s'écria Jean.

— Oui, court et très court !... Mesurons plus exactement, dit Sang-froid.

Et d'élargir de nouveau la main, et de mesurer encore à partir de la tête.

— De là jusque-là, dit-il, il y aura place pour la petite fille. De là jusque-là, pour ma femme. De là jusque-là, pour moi. De là jusque-là, pour Catherine... en nous gênant un tantinet.

Il en était à la queue de la bête, quand :

— Et le sac de pommes de terre, fit-il, où le mettrons-nous ? Je vous l'ai bien dit que ce cheval serait trop court !

— Ta ! ta ! ta ! dit le valet d'écurie, vous croyez que nous louons pareils chevaux, nous, pour qu'on nous les éreinte ?

— Le cheval est loué, monsieur ! bel et bien loué, lui répond Sang-froid : vous avez les arrhes. Tout court soit-il, ça ira tout de même. Nous en serons quittes pour nous gêner un brin, et... pour laisser le sac de pommes de terre.

— Que le diable vous emporte ! cria Jean. Si je ne me contenais, je vous casserais la gueule.

Et Jean jette par terre les cinq francs d'arrhes, et *hi !* reconduit le cheval à l'écurie.

Sang-froid ne voulait pas accepter les arrhes, mais Sang-chaud les ramassa vite... Vous entendez ?

J'ignore s'ils mangèrent les cent sous : ce que je sais bien, c'est qu'ils en burent une bonne portion. En effet, à la tombée de la nuit, on les rencontra brandillants comme des sonnailles. Voire on dit qu'il leur eût été difficile, eussent-ils été cordonniers, *de faire li simello* !

La chèvre

Quand ils se furent plu, Tonin et Gothon s'épousèrent. Il se trouva que Gothon était une bonne âme et Tonin un braillard brutal. Si la soupe était fade, ah ! pauvre Gothon ! Et quelles tripotées, s'il y avait un peu trop de sel ! Tonin tapait dessus... comme un maréchal-ferrant.

La pauvrette lui disait :

— Tonin, tu n'es vraiment pas raisonnable ! Toujours le pied ou la main en l'air !... C'est un martyre !... Est-ce une vie, ça ? Tu me feras devenir chèvre [1].

Plaintes inutiles ! Gothon était malheureuse comme les pierres du chemin. Où chercher un refuge ? Elle s'en alla, *pecaire*, trouver M. le curé. Où voulez-vous qu'elle allât ? Quand elle eut exposé son cas de fil en aiguille :

— Gothon, lui dit le curé, je te trouve bien à plaindre, certes ! et je ne voudrais pas être à ta place... Il ne faut pourtant pas perdre patience ni jeter le manche après la cognée... Voyons, que dis-tu à ton grand brutal d'homme, quand il te *secoue les mites* de cette façon ?

— Que voulez-vous que je lui dise, mon bon monsieur le curé ? Qu'il n'est pas raisonnable et qu'il me fera devenir chèvre... Ah ! vous qui en savez tant et qui avez les bras si longs, si vous trouviez un remède qui guérît mon Tonin, vous me rendriez un fier service !

L'homme de Dieu, tout soucieux, se grattait le front et, comme les aulx en terre, il travaillait de la tête.

— Gothon, dit-il tout à coup, je tiens le remède, et je le crois bon.

---

1. En provençal, proverbe : « *Faire veni cabro*, Il vous ferait sortir des gonds. » (F. Mistral, *Dictionnaire provençal-français*.)

— Dieu vous entende, monsieur le curé, et y mette sa sainte main !

— Voici ce que c'est, Gothon : retourne à ton logis ; sois toujours une brave femme, et prends patience...

— Ça vous est bon à dire ! mais si vous étiez à ma place...

— Notre-Seigneur a bien plus souffert !... La première fois que ton mari te battra, deviens chèvre !

— Comment !... deviens chèvre ?

— Oui. Rien n'est plus aisé, mon enfant. Comment font-elles, les chèvres ? Elles font : *Bé ! bé !*... Ne sais-tu pas faire bé, Gothon ?

— Si... Bé !... bé !

— C'est ça même : bé !... bé !... Et sois chèvre jusqu'à ce que je te dise de ne plus l'être. Entends-tu ?

— Ah ! si ce n'est que ça, soyez tranquille, monsieur le curé... je deviendrai chèvre... Grand merci !... et adieu !

Et Gothon retourna au logis.

Quand, le soir, rentra son hérisson d'homme :

— Eh bien ! souillon, dit-il, la soupe est-elle trempée ?

— Bé ! répondit Gothon.

— Tu dis ?

— Bé !

— Comment ? bé !... bé de quoi ?... Oh ! la masque !... Tout à l'heure je te secoue !

— Béé !

— L'impertinente !... Ah ! je vais te faire dire bé, moi... attends !

Et pif ! et paf ! Pif sur les joues ! paf sur l'échine ! Il la désarticula, le monstre !

— Or çà, comment trouves-tu le bouillon, guenille ?

— Bé ! bé ! répond la martyrisée.

— Peut-être ne l'ai-je pas suffisamment salé ?

— Bé ! bééé ! gémit toujours Gothon, très scrupuleuse à suivre les prescriptions du curé... Bé ! bé ! bééé !

Tonin alors se dit : « Est-ce que, par hasard ?... Bah ! ce n'est pas possible ! »

— Gothon ?

— Bé !

— Si nous allions nous coucher ?...

— Bé ! béééé !

« Sapristi !... Serait-elle devenue chèvre ?... Elle est devenue chèvre ! Ah ! miséricorde du bon Dieu !... Ah ! *pecaire*... elle me l'avait bien dit !... »

— Gothon ?

— Bééé !

Ils se couchèrent sans souper. Gothon riait sous cape ; Tonin avait la fièvre et ne put fermer l'œil. Entre-temps, pour voir si son malheur était bien réel :

— Ma belle, ma chérie ! disait-il à Gothon.

Et Gothon, toujours et de plus en plus enchevrée, répondait :

— Bé ! bé ! béé !

Avoir pris femme, un beau jour, et se trouver en puissance de chèvre ! Vous concevez que Tonin en fut tout penaud et tout désorienté... Et, dans son lit, il se démenait, et pleurait, et se mordait les poings et s'arrachait les cheveux ! « Ah ! mon Dieu ! aïe ! aïe ! aïe ! se disait-il, quel sort est le mien ! Et qui me la désenchèvrera ? Cela n'est rien encore : bé, bé !... ce sera bien autre malheur quand elle ira à quatre pattes par les chemins, qu'il lui faudra faire de l'herbe ou l'attacher dans le pré, qu'il lui poussera des cornes et qu'elle m'encornera ! Qu'en diront les gens, mon beau Jésus ! »

— Gothon ?...

— Bééé !

Dès qu'il fit jour, Tonin fut sur pied et courut chez le bon curé pour lui conter son cas, et le prier, à mains jointes, d'exorciser sa pauvre femme.

— Mais... que t'arrive-t-il, Tonin ? lui dit le prêtre... Te voilà bien matinal !... Tu as l'air d'un déterré !

— Il m'arrive un gros malheur ! Je suis perdu ! Je me noierai !... Ma pauvre femme !

— Qu'y a-t-il ?... faut-il aller l'administrer ?

— Ce ne serait rien...

— Ce ne serait rien !... Mais, voyons, Tonin ! ta femme ?...

— Elle est devenue chèvre !

— Devenue chèvre !... Oh ! oh !...

— Et je me suis dit que, peut-être, vous pourriez me la désenchevrer. C'est pitié de l'entendre bêler nuit et jour : Bé ! bé ! béé !

— Malheureux !... Je vois ce que c'est : tu l'as battue !

— Ah ! que trop, pour mon malheur !

— Tu n'as pas honte, Tonin ? Quels sont les hommes qui commettent ce gros péché mortel de battre leur femme ? Tu ne veux pas, après ça, que Dieu te punisse et se mette en frais d'un miracle ?

— Je ne le ferai plus, monsieur le curé... Je vous en demande pardon !

— Désenchevrer une femme, ce n'est point petite affaire, Tonin !... Pourtant, j'essaierai. Dieu seul est grand et bon, et prête son aide à qui l'aime et plie sous sa loi. Si tu veux que ta Gothon (quel dommage ! une si brave femme !), que ta Gothon, de chèvre qu'elle est – dis ton *mea culpa*, gueusard ! – redevienne femme, jure-moi que, jamais de ta vie et de tes jours, tu ne la battras plus.

— Je le jure, *la main dans l'enfer tout ouvert !*

— Si tu la battais encore, brutal, ce serait bien fini, crois-en ma parole... Et cette fois, je t'en préviens, elle en aurait pour la vie... Allons, va-t'en vite, va, et dépêche-moi ta chèvre.

Tonin, un peu tranquillisé, courut vers sa chèvre et lui dit :

— Gothon ?

— Bé !

— Bon ! bon ! tu feras bé, bêtasse, quand tu seras

chez M. le curé. Vas-y vite, il t'attend. M'entends-tu ? M'entends-tu ?

— Bééé !

La chèvre mit dare-dare une coiffe propre et son tablier des dimanches, jeta sur son miroir un petit coup d'œil, et partit.

Elle fut d'un saut au presbytère.

— Ma fille, lui dit l'homme de Dieu, il est excellent, le remède ! Tout va bien : ton homme est guéri, il ne te battra plus, et je te désenchèvre. Cours vite chez Tonin et baise-le sur les deux joues. Sois honnête, travaille les jours ouvriers, et viens au prône le dimanche.

Et Gothon s'envola dans les bras de Tonin, et elle lui dit :

— Mon bel homme, il en sait long, M. le curé !

— Ah ! ma chère, fit Tonin en l'embrassant, s'il ne t'avait pas vite désenchevrée, j'étais dans le cas de devenir bouc !

Le curé de Cucugnan

L'abbé Martin était curé... de Cucugnan.

Bon comme le pain, franc comme l'or, il aimait paternellement ses Cucugnanais ; pour lui, son Cucugnan aurait été le paradis sur terre, si les Cucugnanais lui avaient donné un peu plus de satisfaction. Mais hélas ! les araignées filaient dans son confessionnal, et, le beau jour de Pâques, les hosties restaient au fond de son saint-ciboire. Le bon prêtre en avait le cœur meurtri, et toujours il demandait à Dieu la grâce de ne pas mourir avant d'avoir ramené au bercail son troupeau dispersé.

Or, vous allez voir que Dieu l'entendit.

Un dimanche, après l'Evangile, M. Martin monta en chaire.

Mes frères, dit-il, vous me croirez si vous voulez : l'autre nuit, je me suis trouvé, moi misérable pécheur, à la porte du paradis.

Je frappai : Saint Pierre m'ouvrit.

— Tiens ! c'est vous, mon brave monsieur Martin ? me fit-il ; quel bon vent... ? et qu'y a-t-il pour votre service ?

— Beau saint Pierre, vous qui tenez le grand livre et la clé, pourriez-vous me dire, si je ne suis pas trop curieux, combien vous avez de Cucugnanais en paradis ?

— Je n'ai rien à vous refuser, monsieur Martin ! Asseyez-vous, nous allons voir la chose ensemble.

Et saint Pierre prit son gros livre, l'ouvrit, mit ses bésicles :

— Voyons un peu : Cucugnan, disons-nous. Cu... Cu...

Cucugnan. Nous y sommes. Cucugnan... Mon brave monsieur Martin, la page est toute blanche. Pas une âme... Pas plus de Cucugnanais que d'arêtes dans une dinde.

— Comment ! Personne de Cucugnan ici ? personne ? Ce n'est pas possible ! Regardez mieux...

— Personne, saint homme ! Regardez vous-même, si vous croyez que je plaisante.

Moi, *pecaire !* je frappais des pieds, et, les mains jointes, je criais miséricorde. Alors, saint Pierre :

— Croyez-moi, monsieur Martin, il ne faut pas ainsi vous mettre le cœur à l'envers, car vous pourriez en avoir quelque mauvais coup de sang. Ce n'est pas votre faute, après tout. Vos Cucugnanais, voyez-vous, doivent faire à coup sûr leur petite quarantaine en purgatoire.

— Ah ! par charité, grand saint Pierre, faites que je puisse au moins les voir et les consoler !

— Volontiers, mon ami !... Tenez, chaussez vite ces sandales, car les chemins ne sont pas beaux de reste... Voilà qui est bien... Maintenant, cheminez, cheminez droit devant vous. Voyez-vous là-bas, au fond, en tournant ? Vous trouverez une porte d'argent toute constellée de croix noires... à main droite. Vous frapperez, on vous ouvrira... Adessias ! Tenez-vous sain et gaillardet.

Et je cheminai... je cheminai ! Quelle battue ! J'ai la chair de poule, rien que d'y songer. Un petit sentier plein de ronces, d'escarboucles qui luisaient et de serpents qui sifflaient, m'amena jusqu'à la porte d'argent.

— Pan ! pan !

— Qui frappe ? me fait une voix rauque et dolente.

— Le curé de Cucugnan.

— De... ?

— De Cucugnan.

— Ah !... Entrez.

J'entrai. Un grand bel ange, avec des ailes sombres comme la nuit, avec une robe resplendissante comme le jour, avec une clé de diamant pendue à sa ceinture, écrivait, cra-cra, dans un grand livre plus gros que celui de saint Pierre...

— Finalement, que voulez-vous et que demandez-vous ? dit l'ange.

— Bel ange de Dieu, je veux savoir – je suis bien curieux peut-être – si vous avez ici les Cucugnanais.

— Les... ?

— Les Cucugnanais, les gens de Cucugnan, que c'est moi qui suis leur prieur.

— Ah ! l'abbé Martin, n'est-ce pas ?

— Pour vous servir, monsieur l'ange.

— Vous dites donc Cucugnan...

Et l'ange ouvre et feuillette son grand livre, mouillant son doigt de salive pour que le feuillet glisse mieux...

— Cucugnan ! dit-il en poussant un long soupir... Monsieur Martin, nous n'avons en purgatoire personne de Cucugnan.

— Jésus ! Marie ! Joseph ! personne de Cucugnan en purgatoire ! O Dieu ! ô grand Dieu ! où sont-ils donc ?

— Eh ! saint homme, ils sont en paradis ! Où diantre voulez-vous qu'ils soient ?

— Mais j'en viens, du paradis...

— Vous en venez !... Eh bien ?

— Eh bien ! ils n'y sont pas ! ... Ah ! bonne Mère des anges !...

— Que voulez-vous, monsieur le curé ? s'ils ne sont ni en paradis ni en purgatoire, il n'y a pas de milieu, ils sont...

— Sainte Croix ! Jésus, fils de David ! ai ! ai ! ai ! est-il possible ?... Serait-ce un mensonge du grand saint Pierre ?... Pourtant je n'ai pas entendu chanter le coq !... Ai ! pauvres nous ! comment irai-je en paradis, si mes Cucugnanais n'y sont pas ?

— Ecoutez, mon pauvre monsieur Martin ! puisque vous voulez, coûte que coûte, être sûr de tout ceci et voir de vos yeux de quoi il retourne, prenez ce sentier, filez en courant, si vous savez courir... Vous trouverez, à gauche, un grand portail. Là, vous vous renseignerez sur tout. Dieu vous le donne !

Et l'ange ferma la porte.

C'était un long sentier tout pavé de braise rouge. Je chancelais comme si j'avais bu ; à chaque pas, je trébuchais ; j'étais tout en eau, chaque poil de mon corps avait sa goutte de sueur, et je haletais de soif... Mais, ma foi ! grâce aux sandales que le bon saint Pierre m'avait prêtées, je ne me brûlai pas les pieds.

Quand j'eus fait assez de faux pas clopin-clopant, je vis à ma main gauche une porte... non, un portail, un énorme portail tout bâillant, comme la gueule d'un grand four... Oh ! mes enfants, quel spectacle !... Là on ne demande pas mon nom ; là, point de registre. Par fournées et à pleine porte, on entre là, mes frères, comme le dimanche vous entrez au cabaret.

Je suais à grosses gouttes, et pourtant j'étais transi, j'avais le frisson. Mes cheveux se dressaient. Je sentais le brûlé, la chair rôtie, quelque chose comme l'odeur qui se répand dans notre Cucugnan, quand Eloy, le maréchal, brûle pour la ferrer la botte d'un vieil âne ! Je perdais haleine dans cet air puant et embrasé ; j'entendais une clameur horrible, des gémissements, des hurlements et des jurements.

— Eh bien ! entres-tu ou n'entres-tu pas, toi ? me fait, en me piquant de sa fourche, un démon cornu.

— Moi ?... Je n'entre pas : je suis un ami de Dieu !

— Tu es un ami de Dieu !... Eh ! b... de teigneux ! que viens-tu faire ici ?...

— Je viens... ah ! ne m'en parlez pas, que je ne puis plus me tenir sur mes jambes. Je viens... je viens de loin... humblement vous demander... si... si, par coup de hasard... vous n'auriez pas ici... quelqu'un... quelqu'un de Cucugnan !...

— Ah ! feu de Dieu ! tu fais la bête, toi, comme si tu ne savais pas que tout Cucugnan est ici ! Tiens, laid corbeau, regarde, et tu verras comme nous les arrangeons ici, tes fameux Cucugnanais !...

Et je vis, au milieu d'un épouvantable tourbillon de flammes :

Le long Coq-Galine, – vous l'avez tous connu, mes frères, – Coq-Galine, qui se grisait si souvent, et si souvent secouait les puces à sa pauvre Clairon.

Je vis Catarinet... cette petite gueuse... avec son nez en l'air... qui couchait toute seule à la grange... Il vous en souvient, mes drôles ?... Mais passons ! j'en ai trop dit.

Je vis Pascal Doigt-de-Poix, qui faisait son huile avec les olives de M. Julien.

Je vis Babet la glaneuse, qui, en glanant, pour avoir plus vite noué sa gerbe, puisait à poignées aux gerbiers.

Je vis maître Crapàsi, qui huilait si bien la roue de sa brouette.

Et Dauphine, qui vendait au prix du lait l'eau de son puits.

Et le Tortillard, qui, lorsqu'il me rencontrait portant le bon Dieu, filait son chemin, la barrette sur la tête et la pipe au bec... et fier comme Artaban... comme s'il avait rencontré un chien !

Et Coulau avec sa Zette, et Jacques et Pierre et Toni...

Emu, blême de peur, l'auditoire gémit, en voyant, dans l'enfer tout ouvert, qui son père et qui sa mère, qui sa grand et qui sa sœur...

— Vous sentez bien, mes frères, reprit le bon abbé Martin, vous sentez bien que ceci ne peut pas durer. J'ai charge d'âmes, et je veux, je veux vous sauver de l'abîme où vous êtes en train de rouler tête première. Demain je me mets à l'ouvrage, pas plus tard que demain. Et l'ouvrage ne manquera pas ! Voici comment, je m'y prendrai : pour que tout se fasse bien, il faut tout faire avec ordre. Nous irons rang par rang, comme à Jonquières quand on danse.

Demain, lundi, je confesserai les vieux et les vieilles. Cela n'est rien.

Mardi, les enfants. J'aurai bientôt fait.

Mercredi, les garçons et les filles. Cela pourra être long.

Jeudi, les hommes. Nous couperons court.

Vendredi, les femmes. Je dirai : Pas d'histoires !

Samedi, le meunier !... Ce n'est pas trop d'un jour pour lui tout seul...

Et, si dimanche nous avons fini, nous serons bien heureux !

Voyez-vous, mes enfants, quand le blé est mûr, il faut le couper ; quand le vin est tiré, il faut le boire. Voilà assez de linge sale : il s'agit de le laver, et de le bien laver.

C'est la grâce que je vous souhaite. Amen.

Ce qui fut dit fut fait. On coula la lessive.

Depuis ce dimanche mémorable, le parfum des vertus de Cucugnan se respire à dix lieues à l'entour.

Et le bon pasteur M. Martin, heureux et plein d'allégresse, a rêvé l'autre nuit que, suivi de tout son troupeau, il gravissait en resplendissante procession, au milieu des cierges allumés, d'un nuage d'encens qui embaumait, et des enfants de chœur qui chantaient *Te Deum*, le chemin étoilé de la Cité de Dieu.

Et voilà l'histoire du curé de Cucugnan, telle que m'a ordonné de vous la dire ce grand gueusard de Roumanille, qui la tenait lui-même d'un autre bon compagnon.

Le médecin de Cucugnan

L'autre soir, il fut question du curé ; voici maintenant le médecin.

C'était un médecin qui en savait long, car il avait beaucoup appris, et cependant, à Cucugnan, où il s'était établi depuis deux ans, on n'avait pas confiance en lui. Que voulez-vous, en le rencontrant, toujours un livre à la main, les Cucugnanais se disaient : « Il ne sait rien de rien, notre médecin ; il lit, il lit sans cesse. S'il étudie, c'est pour apprendre ; s'il a besoin d'apprendre, c'est qu'il ne sait pas ; s'il ne sait pas, c'est un ignorant. »

Ils ne pouvaient pas sortir de là, et... ils n'avaient pas confiance en lui.

Un médecin sans malades est une lampe sans huile. Il faut pourtant gagner sa misérable vie, et notre pauvre diable ne gagnait pas l'eau qu'il buvait.

Il était temps, certes, que cela eût un terme !

Un jour, pour en finir, il fit dire dans tout Cucugnan que son savoir était si grand, si puissant, si souverain qu'il se faisait fort non seulement de guérir un malade – ce qui est un jeu d'enfant – mais de ressusciter un mort, ce qui peut s'appeler un vrai miracle de Dieu ! « Oui, oui, un mort, disait-il, et un mort enterré !... Et je le ressusciterai quand on voudra, en plein jour, en plein cimetière, devant tout le monde ! »

Ah ! le nombre de ceux qui le crurent ne fut pas grand ! Les incrédules se disaient néanmoins : « Que risquons-nous à le mettre à l'épreuve ? Il faut le voir à l'œuvre : à l'œuvre on connaît l'ouvrier. Il peut réussir : c'est un homme qui a tant lu ! et il se fait tant de belles découvertes à l'heure d'aujourd'hui ! Et puis, s'il opère le miracle, nous battrons des mains ; s'il le manque, nous lui ferons la huée. Qu'il en ressuscite un, et nous verrons par là s'il a tété un bon lait. »

Baste ! il fut convenu que le dimanche d'après, à midi sonnant, M. le médecin, en plein cimetière de Cucugnan, ressusciterait un mort ; deux, s'il fallait ; il y eut même des femmes qui dirent neuf ou dix !

Donc, bien avant l'heure dite, ce dimanche, le cimetière de Cucugnan fut plein comme l'église à la messe, le beau jour de Pâques. Le second coup de midi n'avait pas sonné, que M. le médecin, fidèle à sa promesse, arriva, tout de noir habillé. Il eut assez de peine et dut jouer des coudes pour se frayer un passage jusqu'à la croix et se hisser sur le piédestal.

Là, il salua, cracha, se moucha, et :

— Mes amis, dit-il, je vous ai promis de ressusciter un mort. Je tiendrai parole. J'en lève la main. Voyons, du silence ! Il ne m'est pas plus difficile, je vous l'assure, de rappeler à la vie Jacques ou Jean, que Nanon ou Babet, que Claude ou Simon. Voulez-vous que je vous ressuscite... Simon ? Comment l'appeliez-vous ?... Simon Cabanier... qui est mort d'une mauvaise pleurésie, voilà bientôt un an ?

— Pardon, monsieur le médecin, lui dit Catherine, veuve du pauvre Simon. C'était assurément un brave homme ! Il me rendit bien heureuse, et je le pleurerai tant que Dieu me conservera les yeux de la tête ! Mais ne le ressuscitez pas ; car, voyez-vous, vienne la fin du mois, je quitterai le deuil, mes parents voulant que je me remarie avec le grand Pascal. D'aujourd'hui en huit, on publie les bans, premier et dernier. J'ai déjà reçu les cadeaux.

— Ah ! que vous faites bien de me le dire, Catherine !... Eh bien ! alors, si je ressuscitais Nanon Carotte, qu'on enterra le beau jour de la Chandeleur !

— Gardez-vous-en bien, monsieur le médecin, cria

Jacques Lamèle. Nanon était ma femme. Nous sommes restés dix ans ensemble : dix ans de purgatoire, tout Cucugnan le sait. Que Nanon reste où elle est, pour son repos et pour le mien. Un vrai poivre, monsieur ! Têtue comme un âne, et fainéante, et querelleuse, et souillon, et déguenillée ! Avec ça, les mains percées, et une langue ! une langue de vipère, monsieur, qui aurait fait battre la Sainte Vierge et saint Joseph ! Et... et je ne dis pas tout !

— Mais cependant, mes amis...

— Pardon, si je vous coupe, monsieur le médecin ! Femme morte, chapeau neuf. Comme Nanon m'a laissé trois mioches, qui, assurément, ne ressemblent pas à leur père, et comme, vous le comprenez, je les avais sur les bras, je me suis remarié. Il est donc fort inutile...

— Ça va bien. Je comprends. Il est clair que ce serait vraiment un martyre atroce si tu avais deux femmes dans ta maison ! Il y en a assez d'une, et de reste ! Eh bien ! alors, je ressusciterai... car finalement, bonnes gens, il faut bien que j'en ressuscite un... Tenez, le brave Maître Pierre.

— Maître Pierre du Mas-Vieux ? lui dit Félix Bonne-Poigne.

— Lui-même.

— Ah ! mon pauvre père !... Que Dieu lui donne le repos, monsieur le médecin !... un saint homme, certes ! Ne le ressuscitez pas, que s'il revenait à la vie, il trouverait pas mal d'embrouillement dans nos affaires ! et il en aurait le cœur navré, lui qui, le pauvre ! aimait tant à nous voir d'accord. Nous nous sommes partagé, après force disputes, force coups, un gros procès, et non sans nous être arraché les cheveux, quelques lopins de terre à peine. Nous sommes six, quatre garçons et deux filles. Nous avons tous beaucoup d'enfants ; chacun tire à soi et tourne l'eau à son moulin, et, allez ! il n'y a personne qui soit dru dans la famille.

— Il ne sera donc pas possible ?...

— Pardon ! Si vous le ressuscitiez, il nous faudrait

faire, entre tous, une pension au pauvre vieux. Rien de plus juste. Mais les années sont si mauvaises, monsieur le médecin ! Vous le savez, les vers à soie ne font que des chiques – quand ils font quelque chose –, les vignes ont la maladie, les blés ne rendent rien, les olives ont le ver, il ne pleut pas, les garances sont en donation...

— Eh bien ! soit. Nous laisserons dormir Maître Pierre. Mais comme je ne suis pas venu ici pour enfiler des perles, et vous tous pour me regarder faire, je réveillerai... Qui voulez-vous donc que je vous réveille ?...

— Gothon ! réveillez-moi ma Gothon ! s'écria à ce moment une brave femme, en pleurant comme une Madeleine.

— Non, non, monsieur le docteur, ne la réveillez pas ! dit une jeune fille. Oh ! non... Belle vierge, que tu as bien fait de mourir ! Avant de mourir, elle m'a dit tout. Et puis nous lui mîmes sa belle robe blanche et des fleurs sur la tête !... On aurait dit une mariée. En terre sainte laissez-la, car son amoureux vient de s'enlever avec une autre !

— Pauvre... pauvre Gothon !... Tenez, tout cela commence à m'ennuyer. Je vais, pour en finir, réveiller le Gringalet, qui avala sa langue en mangeant de la morue, il y a un mois environ.

— Je ne veux pas, moi ! Je ne veux pas, cria Louiset Coquelicot, les deux bras en l'air. Il m'avait vendu sa vigne et son mas à fonds perdus. J'ai payé pendant dix ans, et plus que la valeur, en beaux écus blancs et sans jamais retenir un sou. Il me faudrait, de nouveau, lui porter sa pension ! Ça ne serait pas juste, monsieur le médecin !

— Vous m'en direz tant !... Eh bien ! soit. Voyons, j'en sais un qui mourut ne laissant ni femme ni enfants, ni frère ni sœur, mais le souvenir, l'exemple de toutes les vertus, et ses quatre sous à votre hôpital : votre bon curé, qui vous aimait tant, que vous avez tant pleuré, et qui, par amour pour vous, fit, il vous en souvient, un si rude voyage dans l'autre monde, cherchant, pauvre pèlerin !

dans tous les coins et recoins, ses Cucugnanais, et les retrouvant tous, sans en excepter un (ah ! quel malheur !), dans l'enfer grand ouvert ! Si nous le ressuscitions ?

— Ah ! non ! non ! crièrent, l'une d'ici, l'autre de là, quelques dévotes du gros grain. Non ! non, monsieur le médecin !...

— D'autant plus, ajouta Misé Rousseline, mère de la congrégation, d'autant plus qu'il était vieux, le pauvre homme ! et sourd comme un pot : bien tant que, lorsque je me confessais, si je lui parlais figue, il me répondait raisin. Laissez-le dans la gloire de Dieu, car, au demeurant, nous avons, à cette heure, un curé qui est jeune et qui a bon air ; il est brave comme un sou, et il chante comme les orgues, prêche comme un séraphin et mène sa barque à souhait.

— Que vous dirai-je ?... Puisqu'il en est ainsi, tournons d'un autre côté. Je vois, là, tout près, une petite croix de bois : on dirait que l'herbe fleurie et les petits escargots blancs ont voulu en cacher la triste couleur noire, tant les petits escargots s'y sont collés nombreux, tant l'herbe a grandi drue et fleurie tout à l'entour ! C'est la tombe d'un enfant à la mamelle : il avait dix mois lorsqu'il mourut, l'inscription le dit. Ce serait péché, bien sûr, de le ressusciter : il est si heureux d'être mort, d'être sorti d'un monde où l'on entend... ce que vous me dites, mes pauvres amis ! Si cependant vous voulez que je le revienne, tout de même je le reviendrai.

— Monsieur le docteur, dit alors une pauvre vieille en pleurant, ce petit mort est à nous, hélas ! et je suis sa mère-grand. Ma fille ne l'avait pas encore sevré ; il mettait ses dents de lait, lorsque, *pecaire*, il mourut. Ah ! si vous aviez vu comme il était beau, notre petiot ! Dieu nous l'a pris : eh bien ! sa volonté soit faite ! Nous en avons un autre qui tète. Dieu fait bien ce qu'il fait : ce qu'il prend d'une main, il le rend de l'autre. Nous ne pourrions pas en allaiter deux, et nous sommes trop pauvres pour en mettre un en nourrice.

Alors, le médecin :

— Assez pour aujourd'hui, et même trop ! dit-il. Puisque vous ne voulez pas que je fasse maintenant le miracle, j'essaierai de le faire un autre jour, non en ressuscitant un trépassé – car, vous le voyez, vous me rendez la chose impossible –, mais en venant en aide aux vivants tombés en danger de mort. Adieu.

Et il s'esquiva.

Qui ne vous a pas dit que, depuis ce dimanche mémorable, notre médecin fit miracle dans Cucugnan ? Il ne ressuscita pas les morts, mais il sauva la vie à plus d'un malade. Les Cucugnanais eurent pleine confiance en lui : « Car enfin, disaient-ils, s'il ne tint pas sa promesse au cimetière, ce n'est pas à lui, soyons justes, qu'il faut en faire remonter la cause. »

Et tout est bien qui finit bien.

Le joueur

Nous disions donc, comme bien vous savez, que saint Pierre et son divin Maître, quand il leur plaît, dévalent du paradis en terre, pour voir comment vont les choses en ce pauvre monde.

La dernière fois qu'ils dévalèrent, quand ils eurent vu que tout allait à peu près à l'accoutumée, et qu'il s'en allait nuit, ils demandèrent la retirée à un brave fustier (charpentier), qui leur fit manger un morceau et boire un coup, et tant de bon cœur que le divin Maître lui dit :

— La paix de Dieu soit toujours avec vous, brave homme ! Pour grand merci de votre assistance, je veux vous accorder de faire trois souhaits. Vous les ferez de votre mieux – ça vous regarde – et moi je les accomplirai. Ce que je promets, je le tiens, et ce que j'ordonne se fait.

Saint Pierre alors s'approcha du fustier, et lui dit à l'oreille :

— Demande ton salut !

Et le fustier de répondre :

— Mon ami, je sais ce que j'ai à faire. Je demanderai ce que bon me paraîtra.

Et avec ça, il dit à Notre-Seigneur :

— Toujours jouer, jamais gagner !... Voyez, Maître, accordez-moi, si vous pouvez, de toujours gagner, quand je jouerai aux cartes.

— Je te l'accorde. Et d'un. A l'autre.

Saint Pierre s'approche encore du fustier, et se penchant à son oreille :

— Malheureux ! fit-il encore, demande ton salut !

— Laissez-moi la paix, vous. Est-ce que ça vous regarde ? lui répond le fustier. Je sais mieux que vous ce qui me convient. Je veux demander ce qui m'agrée. Vous êtes une scie !

Et puis, à Notre-Seigneur :

— Maître, accordez-moi, si vous pouvez, que qui s'assoira sur mon plot, il s'empeige, et ne puisse plus se dépeiger sans ma permission. Je sais pourquoi...

— Je te l'accorde, dit Notre-Seigneur. Et de deux. Maintenant... au dernier.

Saint Pierre s'approche encore du fustier, et à son oreille :

— Misérable ! tu n'en as plus qu'un ! Ton salut ! demande-lui vite ton salut !

— Tu finiras par me faire monter à l'échelle, vieux ronchonneur ! lui répond le fustier. Te l'ai-je assez dit !

— Maître, divin Maître ! cria saint Pierre, les mains jointes, vous le voyez : cet homme est une bête brute ! Vous qui êtes autant bon que grand, accordez-lui son salut. Je vous le demande pour lui.

— Pierre, répond le Maître, ça ne te regarde pas. Tais-toi ! et toi, parle, que je t'écoute.

Et alors le fustier :

— Avez-vous vu, à main droite, en entrant dans la boutique, le figuier qui ombrage mon puits ? Ils me volent toujours mes figues... Eh ben ! Maître, ô vous qui êtes autant bon que grand, je vous demande en grâce que, qui sur mon figuier montera, n'en puisse plus descendre sans ma permission.

— Accordé. Et de trois. Et voilà tout.

Deux grosses larmes perlèrent sur les joues de saint Pierre et se perdirent dans sa barbe blanche.

— Maintenant, nous n'avons plus rien à faire ici, dit le Seigneur...

Et les deux pèlerins du ciel resplendirent soudain, et se dissipèrent comme une fumée.

Ravi de ses trois souhaits, le fustier voulut vite savoir

si c'était bien vrai, ce que le Maître lui avait dit : « Ce que j'ordonne se fait. »

Adoncques, il commença par aller jouer. Effectivement, il gagna honnêtement, gagna tant, que de pauvre il devint riche, riche à ne plus savoir que faire de son argent et de son or. Et, ce qui est extraordinaire, il ne fut pas avare ; et – ce qui est aussi fort singulier – fustier il était et fustier il resta.

Comme, dans le fond, il était brave homme, tout joueur qu'il était, il rendait service tant qu'il pouvait et faisait des heureux tant qu'il voulait. Tout pauvre venant lui faisait joie. Et comme, quand il n'y en avait plus, il y en avait encore, il avait la main trouée. Et quand il dissipait ainsi ses trésors, il riait, et goguenardait plus que pas un.

Et avec ça, pas moins, un jour vint la Mort, fagotant ses os dans un grand linceul blanc, car il faisait frisquet.

— Oh ! que je suis lasse ! dit-elle en arrivant.

Et elle s'assit sur le plot du fustier.

— Allons ! qu'elle dit, fais ton acte de contrition et ton paquet, car c'est ton heure, et je viens te quérir.

— Tu es bien pressée, la Camarde ! lui répond le charpentier, qui charpentait, tranquille comme Baptiste. Si tu es lasse, repose-toi.

— J'ai force ouvrage : faut que je parte.

Et la Mort veut se lever, et pour se lever, fait effort, mais pas mèche : elle est empeigée sur le plot, et se dépeiger ne peut. Elle tape du pied, et, si elle en avait, elle s'arracherait la bourre... De plus en plus se perforce-t-elle. Peine perdue !

— Eh ben ! maintenant, que faire ? dit-elle au fustier en grommelant. Et mon ouvrage ? J'ai tant d'ouvrage !

— Je t'ai domptée et je suis ton maître, dit le fustier... Si je n'étais pas bon enfant, ô laide Mort, tu passerais là belle vie !... Si, pas moins, tu veux, je te délivrerai, à condition...

— A condition ?...

— Que tu me laisses la paix cent ans, pour le moins. Veux-tu ?

— Nenni ! Tu m'en demandes trop !

— Ah ! quoi ? nenni ?... Eh ben ! si ça te plaît, restes-y ! Qui est bien, qu'il y reste.

Et le fustier riait... et goguenardait comme pas un.

A la parfin, la Mort lâcha, et ils tombèrent d'accord à cinquante ans.

Dépeigée, la Mort se leva, et ronchonnant, fusa comme un éclair, pour aller faire son ouvrage.

Et le bon charpentier d'aller au levage de ses charpentes, satisfait de son premier souhait, de sa pache avec l'Edentée et du voir-venir, et il laissa courir l'eau. Et de temps en temps le jeu lui profitait.

Quand vous êtes heureux, que rien ne vous manque et que vous ne languissez pas, cinquante ans sont tôt passés. Voilà que revient la Mort, fagotant ses os dans un grand linceul blanc.

— Ah ! hisse ! qu'elle lui fait. Cette fois, c'est tout de bon, et c'est l'heure !

— Te voilà encore, vieille Marque-mal ! dit le fustier. Qui te demande ? Ce n'est pas encore l'heure : manque d'une petite demi-heure (si mon coucou va bien).

Et la Mort, toujours en avance, attendant l'heure, admirait le grand figuier du fustier.

— Les belles figues ! qu'elle dit. Elles font le miel, et vous tirent aux yeux.

— A ton service, si tu en veux.

La Mort a toujours faim : elle monta donc sur le figuier. Ah ! qu'elle en avala !

La petite demi-heure prit fin, et la vieille Marque-mal, comme un affreux oiseau de rapine sur la branche, d'en haut cria au fustier :

— Eh ben ! cet acte de contrition est-il fini, oui ou non ?

— Tu peux dévaler : je suis prêt, répond le fustier.

Et la Mort veut dévaler, mais elle est clavelée sur le

figuier et ne peut se déclaveler. En vain elle s'éreinte en efforts.

Et le fustier de rire, et de goguenarder comme pas un.

— J'ai été, je suis et serai ton maître, fait-il. Si, pas moins, tu veux, je te délivrerai, car je suis pitoyable. Je te déclavellerai, mais à condition...

— A condition ?...

— Que tu me laisses tranquille pour le moins cent cinquante ans. Veux-tu ?

La Mort et le fustier disputèrent assez, mais enfin tombèrent d'accord à cent ans. D'ici là, se dit le fustier, il en passera de l'eau au Rhône ! D'ailleurs, mes jambes tremblotent, et je sens que je me fais un tantinet vieillot.

La Mort dévala, et prit la poudre d'escampette, mordant ses doigts.

Les cent ans passèrent. La Mort arriva, trouva le fustier eccléné comme un vieux tonneau, bavant, branlant le chef et tout replié sur lui-même. Elle le saisit pendant qu'il sommeillait, le chargea sur son échine et l'emporta dans l'autre monde.

Quand ils sont devant la porte du paradis, elle décharge son fardeau sur le seuil et frappe. La porte s'ouvre.

— Tiens, Pierre, lui dit la Mort, en voici un qui a bien gagné votre paradis : il a vécu deux cents ans !

— Quel est ce tant patient ? dit le porte-clefs.

— Le brave fustier, répond celui-ci, qui, vous en souvient-il ? vous a donné la retirée, un jour que vous étiez tant las !

— Ah ! c'est toi, têtu ! toi qui, lorsque je te disais une fois, deux fois de demander ton salut, m'appelas vieux ronchonneur ? Tu n'as pas voulu ton salut, et tu veux à cette heure entrer dans le paradis ? Eh ben ! mon homme, va-t'en au diable !

— Pas moins, saint vénérable, j'ai fait du bien tant que j'ai pu et des heureux tant que j'ai voulu. J'ai été fidèle à ma pauvre femme tant qu'elle a été en vie, et mêmement après sa mort...

— Ils n'entrent pas ici, ceux qui paillardent avec la Dame de pique ! Nenni, tu n'entreras pas. Qui t'a apporté, qu'il te remporte.

Et la Mort, en riant, le charge encore sur son échine. Et vogue la galère !

Quand elle fut devant la porte du purgatoire, elle déchargea son faix sur le seuil et heurta.

— Qui est là ? dit une voix d'enrhumé.

Et la Mort de répondre :

— Ouvrez, c'est moi. Je suis la Mort ! Je vous apporte un pauvre fustier qui m'a donné grand souci. Il a vécu deux cents ans ! Une tant longue vie est presque un purgatoire ; mais comme il était joueur un tantinet...

— Les joueurs sont les enfants du diable, cria la voix. Qu'il aille au diable, le joueur !

Et la Mort, éclatant de rire, apporte et pose son faix sur le seuil de l'enfer.

Quand Cifer reconnut le fustier :

— Holà ! est-ce toi ? lui fit-il. Je me languissais de te voir. Eh ben ! maintenant nous y voilà ! On va faire ton lit, et va, tu y seras à l'aise !

Alors, pitoyable, la Mort lui dit :

— Pas moins, faut pas trop souffler les gaviots. Il fut grand joueur, mais il faut, puis, être juste. Qui diable ne jouerait pas, s'il gagnait toujours ? D'ailleurs, il a été fidèle à sa femme tant qu'elle a été en vie...

— Et mêmement après sa mort. Je sais ça ! répliqua Cifer en sacrant et en faisant ronfler les *r* ! Mais, grand coquin de... sort ! il est mien, bien à moi ! Je l'ai, le tiens et le garde.

— Joueur ! fit le fustier, tremblant comme le roseau des étangs, c'est vrai ! Il y a longtemps de ça, je l'étais. Bien que je gagnasse toujours, je gagnais toujours honnêtement. Eh !... que voulez-vous ?...

Alors Cifer, le coupant :

— Toujours gagner ? dit-il. Et sans faire tort ? Ça ?... ça ne s'est jamais vu et ne se verra jamais...

— Excusez, fit le fustier. Si vous ne l'avez jamais vu, je vous le ferai voir, moi. Avez-vous des cartes ici ?

Et Cifer, qui, pour damner tant d'âmes, inventa les cartes ; Cifer, qui a toujours entretenu, irrité, envenimé la diabolique passion du jeu, qui d'un joueur fait un larron, Cifer haussa les épaules :

— Pauvre innocent ! fit-il... tu ne veux pas que nous ayons des cartes ! C'est ici qu'il s'en est fait et que s'en conserve le moule... Eh bien ! tiens, allons ! jouons. Tu en apprendras que tu n'as jamais sues. Que jouons-nous ?

— Ici, balbutia le fustier, je n'ai plus rien... rien que ma pauvre âme, hélas ! Je vous la joue... si ça peut vous faire plaisir.

Un démon, noir comme la poêle, apporte soudain un jeu de cartes, et le baille respectueusement au Roi des enfers. Les joueurs s'assoient, mêlent les cartes. Le fustier a la donne. Cifer coupe. A la première.

Et ils entament la partie.

La Mort les apinchait en ricanant, au milieu d'un vol de diables qui, le cœur battant, ouvrant des yeux enflammés, retenant leur flat, faisaient cercle autour des joueurs. Cifer et le fustier se serraient de près. Il y en avait pour tous deux...

Qui gagna ? – Le fustier !

Les diables, épouvantés, s'encafournèrent dans le gouffre embrasé. Et Cifer, en se levant :

— Cré nom de nom ! qu'il hurla... Mais qu'as-tu donc fait, prédestiné que tu es ! pour être ainsi l'ami de Dieu ?... Passe ton chemin, ô juste, et que jamais je ne te revoie !

Et la Mort ne riait plus ; et le temps de virer l'œil, elle emporta le fustier sur ses épaules à la porte du paradis, le déposa plan-plan sur le seuil, fit son bonsoir, et, rapide comme l'éclair, dévala sur terre, où, depuis quelque temps, personne ne trépassait plus. Et elle reprit tranquillement son ouvrage… Elle ne l'a plus quitté depuis.

Le fustier attendit quelque temps encore après que la Mort l'eut posé. Il avait beau heurter et prier : Pierre ne voulait entendre à rien.

Mais Jésus, à la parfin, ouït le dolent qui priait ; et comme il écoute toujours qui le prie, Notre-Seigneur et Sauveur dit à Pierre :

— Pierre, mon ami, apaise-toi. Il fut joueur, j'en conviens, mais il a été fidèle à sa femme tant qu'elle fut en vie, et mêmement après sa mort ; il a fait des charités tant qu'il a pu… et il m'a prié. Adoncques, que devant lui s'ouvre toute grande la porte d'or du paradis, et que, par ma grâce et ma miséricorde, il entre dans l'éternelle gloire de Dieu.

Saint Pierre finit par s'apaiser, et ouvrit. Le fustier entra, éblouissant comme un soleil. Et le grand saint Joseph, patron des fustiers, vint au-devant du fustier charitable, pour lui souhaiter à jamais bonnes fêtes et lui faire une embrassée.

BERRY

George Sand

Les demoiselles

Les *demoiselles* du Berry nous paraissent cousines des *milloraines* de Normandie, que l'auteur de *La Normandie merveilleuse* décrit comme des êtres d'une taille gigantesque. Elles se tiennent immobiles, et leur forme, trop peu distincte, ne laisse reconnaître ni leurs membres ni leur visage. Lorsqu'on s'approche, elles prennent la fuite par une succession de bonds irréguliers très rapides.

Les *demoiselles* ou *filles blanches* sont de tous les pays. Je ne les crois pas d'origine gauloise, mais plutôt française du Moyen Age. Quoi qu'il en soit, je rapporterai une des légendes les plus complètes que j'aie pu recueillir sur leur compte.

Un gentilhomme du Berry, nommé Jean de la Selle, vivait, au siècle dernier, dans son castel situé au fond des bois de Villemort. Le pays, triste et sauvage, s'égaye un peu à la lisière des forêts, là où le terrain sec, plat et planté de chênes s'abaisse vers des prairies que noient une suite de petits étangs assez mal entretenus aujourd'hui.

Déjà, au temps dont nous parlons, les eaux séjournaient dans les prés de M. de la Selle, le bon gentilhomme n'ayant pas grand bien pour faire assainir ses terres. Il en avait une assez grande étendue, mais de chétive qualité et de petit rapport.

Néanmoins, il vivait content, grâce à ses goûts modestes et à un caractère sage et enjoué. Ses voisins le recherchaient pour sa bonne humeur, son grand sens et sa patience à la chasse. Les paysans de son domaine et des environs le tenaient pour un homme d'une bonté extraordinaire et d'une rare délicatesse. On disait de lui que, plutôt que de faire tort d'un fétu à un voisin, quel qu'il fût, il se laisserait prendre sa chemise sur le corps et son cheval entre les jambes.

Or, il advint qu'un soir M. de la Selle, ayant été à la foire de la Berthenoux pour vendre une paire de bœufs, revenait par la lisière du bois, escorté de son métayer, le grand Luneau, qui était un homme fin et entendu, et portant, sur la croupe maigre de sa jument grise, la somme de six cents livres en grands écus plats à l'effigie de Louis XIV. C'était le prix des bestiaux vendus.

En bon seigneur de campagne qu'il était, M. de la Selle avait dîné sous la ramée, et, comme il n'aimait point à boire seul, il avait fait asseoir devant lui le grand Luneau et lui avait versé le vin du cru sans s'épargner lui-même, afin de le mettre à l'aise en lui donnant l'exemple. Si bien que le vin, la chaleur et la fatigue de la journée, et, par-dessus tout cela, le trot cadencé de la grise, avaient endormi M. de la Selle, et qu'il arriva chez lui sans trop savoir le temps qu'il avait marché ni le chemin qu'il avait suivi. C'était l'affaire de Luneau de le conduire, et Luneau l'avait bien conduit, car ils arrivaient sains et saufs ; leurs chevaux n'avaient pas un poil mouillé. Ivre, M. de la Selle ne l'était point. De sa vie, on ne l'avait vu hors de sens. Aussi, dès qu'il se fut débotté, il dit à son valet de porter sa valise dans sa chambre, puis il s'entretint fort raisonnablement avec le grand Luneau, lui donna le bonsoir et s'alla coucher sans chercher son lit. Mais, le lendemain, lorsqu'il ouvrit sa valise pour y prendre son argent, il n'y trouva que de gros cailloux, et, après de vaines recherches, force lui fut de constater qu'il avait été volé.

Le grand Luneau, appelé et consulté, jura *sur son chrême et son baptême* qu'il avait vu l'argent bien compté dans la valise, laquelle il avait chargée et attachée lui-même sur la croupe de la jument. Il jura aussi sur *sa foi et sa loi* qu'il n'avait pas quitté son maître *de l'épaisseur d'un cheval*, tant qu'ils avaient suivi la grand-route. Mais il confessa qu'une fois entré dans le bois, il s'était senti un peu lourd, et qu'il avait bien pu dormir sur sa bête environ l'espace d'un quart d'heure. Il s'était vu tout d'un coup auprès de la *Gâgne-aux-Demoiselles*, et, depuis ce moment, il n'avait plus dormi et n'avait pas rencontré figure de chrétien.

— Allons, dit M. de la Selle, quelque voleur se sera moqué de nous. C'est ma faute encore plus que la tienne, mon pauvre Luneau, et le plus sage est de ne point nous en vanter. Le dommage n'est que pour moi, puisque tu ne partages point dans la vente du bétail. J'en saurai prendre mon parti, encore que la chose me gêne un peu. Cela m'apprendra à ne plus m'endormir à cheval.

Luneau voulut en vain porter ses soupçons sur quelques braconniers besogneux de l'endroit.

— Non pas, non pas, répondit le brave hobereau ; je ne veux accuser personne. Tous les gens du voisinage sont d'honnêtes gens. N'en parlons plus. J'ai ce que je mérite.

— Mais peut-être bien que vous m'en voulez un peu, notre maître...

— Pour avoir dormi ? Non, mon ami ; si je t'eusse confié la valise, je suis sûr que tu te serais tenu éveillé. Je ne m'en prends qu'à moi, et, ma foi, je ne compte pas m'en punir par trop de chagrin. C'est assez d'avoir perdu l'argent, sauvons la bonne humeur et l'appétit !

— Si vous m'en croyez, pourtant, notre maître, vous feriez fouiller la *Gâgne-aux-Demoiselles*.

— La *Gâgne-aux-Demoiselles* est une fosse herbue qui a bien un demi-quart de lieue de long ; ce ne serait pas une petite affaire de remuer toute cette vase, et, d'ailleurs, qu'y trouverait-on ? Mon voleur n'aura pas été si sot que d'y semer mes écus !

— Vous direz ce que vous voudrez, notre maître, mais le voleur n'est peut-être pas fait comme vous pensez !

— Ah ! ah ! mon grand Luneau ! toi aussi, tu crois que

les *demoiselles* sont des esprits malins qui se plaisent à jouer de mauvais tours ?

— Je n'en sais rien, notre maître, mais je sais bien qu'étant là un matin, *devant jour*, avec mon père, nous les vîmes comme je vous vois ; mêmement que, rentrant à la maison bien *épeurés*, nous n'avions plus ni chapeaux ni bonnets sur nos têtes, ni chaussures à nos pieds, ni couteaux dans nos poches. Elles sont malignes, allez ! elles ont l'air de se sauver, mais, sans vous toucher, elles vous font perdre tout ce qu'elles peuvent et en profitent, car on ne le retrouve jamais. Si j'étais de vous, je ferais assécher tout ce marécage. Votre pré en vaudrait mieux et les *demoiselles* auraient bientôt délogé ; car il est à la connaissance de tout homme de bon sens qu'elles n'aiment point le sec et qu'elles s'envolent de mare en mare et d'étang en étang, à mesure qu'on leur ôte le brouillard dont elles se nourrissent.

— Mon ami Luneau, répondit M. de la Selle, dessécher le marécage serait, à coup sûr, une bonne affaire pour le pré. Mais, outre qu'il y faudrait les six cents livres que j'ai perdues, j'y regarderais encore à deux fois avant de déloger les *demoiselles*. Ce n'est pas que j'y croie précisément, ne les ayant jamais vues, non plus qu'aucun autre farfadet de même étoffe ; mais mon père y croyait un peu, et ma grand-mère y croyait tout à fait. Quand on en parlait, mon père disait : « Laissez les *demoiselles* tranquilles ; elles n'ont jamais fait de mal à moi ni à personne » ; et ma grand-mère disait : « Ne tourmentez et ne conjurez jamais les *demoiselles* ; leur présence est un bien dans une terre, et leur protection est un porte-bonheur dans une famille. »

— Pas moins, reprit le grand Luneau en hochant la tête, elles ne vous ont point garé des voleurs !

Environ dix ans après cette aventure, M. de la Selle revenait de la même foire de la Berthenoux, rapportant sur la même jument grise, devenue bien vieille, mais trottant encore sans broncher, une somme équivalente à celle qui lui avait été si singulièrement dérobée. Cette fois, il était seul, le grand Luneau étant mort depuis quelques mois ; et notre gentilhomme ne dormait pas à cheval, ayant abjuré et définitivement perdu cette fâcheuse habitude.

Lorsqu'il fut à la lisière du bois, le long de la *Gâgne-aux-Demoiselles*, qui est située au bas d'un talus assez élevé et tout couvert de buissons, de vieux arbres et de grandes herbes sauvages, M. de la Selle fut pris de tristesse en se rappelant son pauvre métayer, qui lui faisait bien faute, quoique son fils Jacques, grand et mince comme lui, comme lui fin et avisé, parût faire son possible pour le remplacer. Mais on ne remplace pas les vieux amis, et M. de la Selle se faisait vieux lui-même. Il eut des idées noires ; mais sa bonne conscience les eut bientôt dissipées, et il se mit à siffler un air de chasse, en se disant que, de sa vie et de sa mort, il en serait ce que Dieu voudrait.

Comme il était à peu près au milieu de la longueur du marécage, il fut surpris de voir une forme blanche, que jusque-là il avait prise pour un flocon de ces vapeurs dont se couvrent les eaux dormantes, changer de place, puis bondir et s'envoler en se déchirant à travers les branches. Une seconde forme plus solide sortit des joncs et suivit la première en s'allongeant comme une toile flottante ; puis, une troisième, puis une autre et encore une autre ; et, à mesure qu'elles passaient devant M. de la Selle, elles devenaient si visiblement des personnages énormes, vêtus de longues jupes, pâles, avec des cheveux blanchâtres traînant plutôt que voltigeant derrière elles, qu'il ne put s'ôter de l'esprit que c'étaient là les fantômes dont on lui avait parlé dans son enfance. Alors, oubliant que sa grand-mère lui avait recommandé, s'il les rencontrait jamais, de faire comme s'il ne les voyait pas, il se mit à les saluer, en homme bien appris qu'il était. Il les salua toutes, et, quand ce vint à la septième, qui était la plus grande et la plus apparente, il ne put s'empêcher de lui dire :

— Demoiselle, je suis votre serviteur.

Il n'eut pas plutôt lâché cette parole, que la grande demoiselle se trouva en croupe derrière lui, l'enlaçant de deux bras froids comme l'aube, et que la vieille grise, épouvantée, prit le galop, emportant M. de la Selle à travers le marécage.

Bien que fort surpris, le bon gentilhomme ne perdit point la tête.

« Par l'âme de mon père, pensa-t-il, je n'ai jamais fait de mal, et nul esprit ne peut m'en faire. »

Il soutint sa monture et la força de se dépêtrer de la boue où elle se débattait, tandis que la *grand'demoiselle* paraissait essayer de la retenir et de l'envaser.

M. de la Selle avait des pistolets dans ses fontes, et l'idée lui vint de s'en servir ; mais, jugeant qu'il avait affaire à un être surnaturel, et se rappelant d'ailleurs que ses parents lui avaient recommandé de ne point offenser les *demoiselles de l'eau*, il se contenta de dire avec douceur à celle-ci :

— Vraiment, belle dame, vous devriez me laisser passer mon chemin, car je n'ai point traversé le vôtre pour vous contrarier, et, si je vous ai saluée, c'est par politesse et non par dérision. Si vous souhaitez des prières ou des messes, faites connaître votre désir, et, foi de gentilhomme, vous en aurez !

Alors, M. de la Selle entendit au-dessus de sa tête une voix étrange qui disait :

— Fais dire trois messes pour l'âme du grand Luneau, et va en paix !

Aussitôt, la figure du fantôme s'évanouit, la grise redevint docile, et M. de la Selle rentra chez lui sans obstacle.

Il pensa alors qu'il avait eu une vision ; il n'en commanda pas moins les trois messes. Mais quelle fut sa surprise lorsqu'en ouvrant sa valise il y trouva, outre l'argent qu'il avait reçu à la foire, les six cents livres tournois en écus plats, à l'effigie du feu roi !

On voulut bien dire que le grand Luneau, repentant à l'heure de la mort, avait chargé son fils Jacques de cette restitution, et que celui-ci, pour ne pas entacher la mémoire de son père, en avait chargé les *demoiselles*... M. de la Selle ne permit jamais un mot contre la probité du défunt, et, quand on parlait de ces choses sans respect en sa présence, il avait coutume de dire :

— L'homme ne peut pas tout expliquer... Peut-être vaut-il mieux pour lui être sans reproche que sans croyance.

Le moine des Etangs-Brisses

Jeanne et Pierre s'étaient attardés, un dimanche, le long des Etangs-Brisses. C'est un endroit qui n'est pas gai, surtout le soir. Quand on a passé les bois, on arrive sur un grand plateau tout nu, où il n'y a que joncs et sable et de grandes flaques d'eau qui se rejoignent à la saison des pluies et font comme un lac dont le fond paraît tout noir.

Au temps passé, un méchant moine, pris de vin, y fut noyé avec son âne, pour avoir voulu suivre une petite chaussée bien étroite que l'eau couvrait. L'âne n'avait point fait de mal : jamais plus on ne l'entendit braire ; mais le moine libertin fut condamné à sentir les affres de la mort et les angoisses de sa dernière heure tant qu'il y aurait une goutte d'eau dans les Etangs-Brisses. Or, bien que la culture empiète chaque année sur les bords de ces petits lacs, ils ne font point mine de tarir ; donc, le supplice du moine dure encore et durera Dieu sait combien !

Jeanne connaissait bien la mauvaise renommée des étangs ; mais Pierre n'y voulait pas croire et s'en moquait. Il l'empêchait d'ailleurs d'y songer, lui disant toutes sortes de choses que Jeanne trouvait belles et agréables à entendre. Ils étaient fiancés et revenaient de la ville, où ils avaient choisi leur *livrée* de noce, c'est-à-dire habits neufs, rubans et dentelles pour le grand jour. Ils marchaient ensemble, se tenant par le petit doigt, comme c'est la coutume des accordés, lorsqu'ils se trouvèrent sur la chaussée, les pieds pris dans la vase. La veille, un gros orage avait enflé l'étang, qui débordait un peu.

— Tu me mènes mal, dit Jeanne à son amoureux ; m'est avis que ce n'est point là le bon passage.

— Attends que je m'y reconnaisse, lui répondit Pierre. De vrai, le soleil est couché, et les roseaux sont tout noirs, tous pareils les uns aux autres. Reste un peu là, je m'en irai voir si on peut en sortir.

Jeanne était lasse ; elle s'assit dans les roseaux et regarda le ciel rouge tout *pigelé*, c'est-à-dire tout marbré de jaune et de brun, et son esprit se tourna à la tristesse, sans qu'elle eût pu dire pourquoi.

« Si c'était tout à fait nuit, pensa-t-elle, je ne voudrais point me trouver seule en ce mauvais endroit, où dans les temps le moine s'est péri. Pourvu que Pierre ne marche pas à faux dans ces herbes folles ! »

Elle le suivit des yeux tant qu'elle put le voir et puis elle ne le vit plus du tout et commença de trembler de tout son pauvre corps.

Tout à coup, elle vit voler une grande bande de canards sauvages qui venait de son côté, en menant du bruit ; et, se levant sur la pointe des pieds, elle vit Pierre qui revenait, s'amusant à jeter des cailloux dans l'eau pour faire lever d'autres bandes d'oiseaux dont l'étang se remplissait, à mesure que la nuit descendait du haut du ciel.

Quand Pierre fut à côté d'elle, il lui dit :

— Nous sommes dans le vrai chemin, et, sauf un peu de bourbe, nous passerons bien. Laisse-moi souffler une minute, car j'ai marché vite, et, d'ailleurs, l'endroit n'est pas trop vilain pour se reposer.

— Si tu le trouves joli, c'est une drôle d'idée, mon Pierre ; moi, je m'y déplais et le temps m'y a duré. Repose-toi vite, car j'en veux sortir avant la grand-nuit.

Quand Pierre se fut assis dans les roseaux à côté de Jeanne, il lui dit :

— Mon Dieu ! Jeanne, le temps m'a bien duré aussi en marchant, car il me semble que je ne t'ai point embrassée depuis deux ans.

— *Diseu' de riens !* reprit-elle, tu m'as embrassée il n'y a pas deux quarts d'heure.

— Eh bien, ma mie, où est le mal ?

— Je ne dis point qu'il y en ait, puisque nous nous marions.

— Or donc, laisse-moi t'embrasser encore une petite fois ou sept.

Jeanne se laissa embrasser une fois, disant que c'était assez. Elle n'y entendait point malice, mais elle savait que, s'il est permis aux accordés de campagne de s'embrasser en marchant, devant les passants, il n'est point convenable ni honnête de se dire des amitiés en cachette du monde, et de s'arrêter dans les endroits où personne ne passe.

Pierre, qui était un garçon bien comme il faut, c'est-à-dire sachant se comporter en tout de la vraie manière, était content de voir Jeanne le tenir à distance, et il ne faisait le jeu d'outrepasser un peu son droit que pour avoir plaisir de recevoir d'elle une bonne tape de temps en temps ; ce qui est, comme chacun sait, une grande marque de confiance et d'amitié.

Et, quand ils se furent ainsi honnêtement chamaillés un petit moment, ils se mirent à causer de l'avenir, ce qui est encore une grande réjouissance entre gens qui doivent passer leur vie ensemble. Et les voilà comptant et recomptant leurs petits apports, se bâtissant une maison neuve et se plantant un joli petit jardin, comme qui dirait dans la tête, car les pauvres enfants ne possédaient pas gros, et il leur fallait bien travailler seulement pour entretenir ce qu'ils avaient.

Mais voilà qu'une voix que Pierre n'entendait pas se mit à parler avec Jeanne comme si c'était celle de Pierre, tandis qu'une voix se mettait à parler avec Pierre comme si c'était celle de Jeanne, et pourtant ce ne l'était point et Jeanne ne l'entendait mie. Et ainsi, ils crurent se dire des choses qu'ils ne disaient point et se trouvèrent en mauvais accord sans savoir d'où cela leur venait. Jeanne reprochait à Pierre d'être un paresseux et d'aimer le cabaret ; Pierre reprochait à Jeanne d'être coquette et d'aimer trop la braverie. Si bien que tous deux se mirent à pleurer et à bouder, ne se voulant plus rien dire.

Mais une chose étonnante, c'est qu'en ne se disant plus rien, et en ne se voyant point remuer des lèvres, ils entendirent, tous deux à la fois, une voix très sourde qui parlait en manière de grenouille ou de cane sauvage, et qui disait les plus méchantes paroles du monde.

— Que faites-vous là, enfants, à vous bouder, au lieu de mettre à profit la nuit et la solitude ? Vous attendez sottement la fin de la semaine pour vous aimer librement ? Voilà une belle fadaise que le mariage ! Ne savez-vous pas que le mariage, c'est la peine, la misère, les querelles, le souci des enfants et les jours sans pain ? Allons, allons, innocents que vous êtes ! Dès le lendemain du mariage, vous pleurerez, si vous ne vous battez point ! Vous voyez bien que déjà, en voulant parler d'avenir et d'économie, vous n'avez pas pu vous entendre ! La vie est sotte et misérable, ne vous y trompez pas ; il n'y a de bon que l'oubli du devoir et le plaisir sans contrainte. Aimez-vous à présent, car, si vous ne profitez de l'heure qui se présente, vous ne la retrouverez plus et ne connaîtrez de votre union que les coups et les injures, des fleurs de la jeunesse que les piquerons et la folle graine.

Jeanne et Pierre avaient bien peur. Ils se tenaient la main et se serraient l'un contre l'autre sans oser respirer. Jeanne n'entendait rien de ce que lui disait la méchante voix. Les paroles passaient dans son oreille comme une messe du diable dite au rebours du bon sens ; mais Pierre, qui en savait plus long, écoutait, malgré sa peur, et comprenait quasiment tout.

— La voix est laide, dit-il, j'en tombe d'accord ; mais les mots ne sont point bêtes, et si tu m'en croyais, Jeanne, tu l'écouterais aussi.

— Que les paroles soient bêtes ou belles, je ne m'en soucie pas, répondit-elle. Elles me font peur, encore que je n'y comprenne goutte ; c'est quelqu'un qui se moque de nous parce que nous voilà tout seuls arrêtés en un lieu qui ne convient pas. Allons-nous-en vitement, mon Pierre ! Cette personne-là, vivante ou morte, ne nous veut que du mal.

— Non, Jeanne, elle nous veut du bien, car elle plaint le sort qui nous attend, et, si tu voulais bien comprendre ce qu'elle dit...

Là-dessus, Pierre, se sentant poussé du diable, voulut retenir Jeanne qui voulait s'en aller, et le mauvais esprit se crut pour un moment le plus fort.

Mais il n'est pas donné à ces mauvaises engeances de faire aux bons chrétiens tout le mal qu'elles souhaitent. Le moine libertin, voyant que Pierre trébuchait dans sa conscience, fut trop pressé de lui prendre son âme. Il se mit à chanter dans sa voix de marais, disant :

— Venez, venez, mes beaux enfants ! Il n'est pas besoin ici de cierges ni de témoins. S'il vous faut quelqu'un pour vous marier, je sais dire les vraies paroles qu'il faut. Mettez-vous à genoux devant moi et vous aurez la bénédiction de Belzébuth !

Disant cela, voilà le moine qui fait sortir de l'eau sa grosse tête couverte d'un capuchon vaseux.

— Sauvons-nous ! dit Jeanne, voilà une grosse loutre qui veut sauter après nous.

— Non pas, dit Pierre, je la virerai bien de mon bâton.

Mais, comme il se penchait sur l'eau pour regarder, il vit les yeux de feu du moine et puis sa barbe toute remplie de sangsues et de grenouilles, et puis son corps tout pourri, et puis ses jambes desséchées, et puis ses deux grands bras, tout ruisselants de mousse et de fange, qu'il déploya comme deux ailes sur la tête des deux amoureux, pour les consacrer à Satan.

Mais Pierre, encore qu'il ne fût pas des plus poltrons, eut une si fière peur de voir le moine grandir, grandir, comme s'il eût voulu toucher les nuées, qu'il se sauva, criant comme un essieu, courant comme un lièvre et tirant après lui la pauvre Jeanne, plus morte que vive, mais qui pourtant ne se fit point prier pour passer la chaussée, les pieds mouillés et les cheveux au vent.

Et si bien coururent, qu'ils arrivèrent au logis de leurs parents sans avoir une seule fois tourné la tête et sans avoir pris le temps de se dire un mot. Ils se marièrent dévotement huit jours après, sans avoir écouté les conseils du méchant moine, qui fut, dit-on, si penaud d'avoir manqué son coup de filet, qu'il resta longtemps sans oser reparaître et tenter de nouveau la pêche aux âmes chrétiennes.

La croyance au moine bourru, qui s'en va, menaçant et plaintif, frapper aux portes des maisons durant la nuit, et qui ne se retire, aux approches du jour, qu'en poussant des hurlements horribles, était proverbiale autrefois. Elle s'est maintenue longtemps dans presque toutes les provinces de France. On a beaucoup de légendes sur les moines débauchés et même sur les curés qui ont manqué leur vœu. Il était peu de presbytères qui ne fussent hantés par ces âmes en peine, il y a une vingtaine d'années, et peu d'églises de campagne où n'ait été surprise cette fameuse messe expiatoire que le prêtre défunt vient essayer de dire à l'aube du jour et qu'il ne peut jamais achever, s'il ne trouve un vivant de bonne volonté qui ait le courage de lui répondre *amen*.

Les flambettes

Les flambeaux, ou *flambettes*, ou *flamboires*, que l'on appelle aussi les feux fous, sont ces météores bleuâtres que tout le monde a rencontrés la nuit ou vus danser sur la surface immobile des eaux dormantes. On dit que ces météores sont inertes par eux-mêmes, mais la moindre brise les agite, et ils prennent une apparence de mouvement qui amuse ou inquiète l'imagination, selon qu'elle est disposée à la tristesse ou à la poésie.

Pour les paysans, ce sont des âmes en peine qui leur demandent des prières, ou de méchantes âmes qui les entraînent dans une course désespérée et les mènent, après mille détours insidieux, au plus profond de l'étang ou de la rivière. Comme le lupeux et le follet, on les entend rire toujours plus distinctement à mesure qu'elles s'emparent de leur proie et la voient s'approcher du dénouement funeste et inévitable.

Les croyances varient beaucoup sur la nature et l'intention plus ou moins mauvaise des flambettes. Il en est qui se contentent de vous égarer, et qui, pour en venir à leurs fins, ne se gênent nullement pour prendre diverses apparences.

On raconte qu'un berger, qui avait appris à se les rendre favorables, les faisait venir et partir à son gré. Tout allait bien pour lui, sous leur protection. Ses bêtes profitaient, et, quant à lui, il n'était jamais malade, dormait et mangeait bien, été comme hiver. Cependant, on le vit tout à coup devenir maigre, jaune et mélancolique. Consulté sur la cause de son ennui, il raconta ce qui suit.

Une nuit qu'il était couché dans sa cabane roulante,

auprès de son parc, il fut éveillé par une grande clarté et par de grands coups frappés sur le toit de son habitacle.

— Qu'est-ce que c'est donc ? fit-il, très surpris que ses chiens ne l'eussent pas averti.

Mais, avant qu'il fût venu à bout de se lever, car il se sentait lourd et comme étouffé, il vit devant lui une femme si petite, si petite, et si menue, et si vieille, qu'il en eut peur, car aucune femme vivante ne pouvait avoir une pareille taille et un pareil âge. Elle n'était habillée que de ses longs cheveux blancs qui la cachaient *tout entièrement* et ne laissaient passer que sa petite tête ridée et ses petits pieds desséchés.

— Çà, mon garçon, fit-elle, viens avec moi, l'heure est venue.

— Quelle heure donc qui est venue ? dit le berger tout déconfit.

— L'heure de nous marier, reprit-elle ; ne m'as-tu pas promis le mariage ?

— Oh ! oh ! je ne crois pas ! d'autant plus que je ne vous connais point et vous vois pour la première fois de ma vie.

— Tu as menti, beau berger ! tu m'as vue sous une forme lumineuse. Ne reconnais-tu pas la mère des flambettes de la prairie ? et ne m'as-tu pas juré, en échange des grands services que je t'ai rendus, de faire la première chose dont je te viendrais requérir ?

— Oui, c'est vrai, mère Flambette ; je ne suis pas un homme à reprendre ma parole, mais j'ai juré cela à condition que ce ne serait aucune chose contraire à ma foi de chrétien et aux intérêts de mon âme.

— Eh bien, donc ! est-ce que je te viens enjôler comme une coureuse de nuit ? Est-ce que je ne viens pas chez toi décemment revêtue de ma belle chevelure d'argent fin, et parée comme une fiancée ? C'est à la messe de la nuit que je te veux conduire, et rien n'est si salutaire pour l'âme d'un vivant que le mariage avec une belle morte comme je suis. Allons, viens-tu ? Je n'ai pas de temps à perdre en paroles.

Et elle fit mine d'emmener le berger hors de son parc. Mais il recula, effrayé, disant :

— Nenni, ma bonne dame, c'est trop d'honneur pour un pauvre homme comme moi, et d'ailleurs, j'ai fait vœu à saint Ludre, mon patron, d'être garçon le restant de mes jours.

Le nom du saint, mêlé au refus du berger, mit la vieille en fureur. Elle se prit à sauter en grondant comme une tempête, et à faire tourbillonner sa chevelure, qui, en s'écartant, laissa voir son corps noir et velu.

Le pauvre Ludre (c'était le nom du berger) recula d'horreur en voyant que c'était le corps d'une chèvre, avec la tête, les pieds et les mains d'une femme caduque.

— Retourne au diable, la laide sorcière ! s'écria-t-il ; je te renie et je te conjure au nom du...

Il allait faire le signe de la croix, mais il s'arrêta, jugeant que c'était inutile, car au seul geste de sa main, la diablesse avait disparu, et il ne restait plus d'elle qu'une petite flamme bleue qui voltigeait en dehors du parc.

— C'est bien, dit le berger, faites le flambeau tant qu'il vous plaira, cela m'est fort égal, je me moque de vos clartés et singeries.

Là-dessus, il voulut se recoucher ; mais voilà que ses chiens, qui jusque-là étaient restés comme charmés, se prirent à venir sur lui en grondant et en montrant les dents, comme s'ils le voulaient dévorer, ce qui le mit fort en colère contre eux, et, prenant son bâton ferré, il les battit comme ils le méritaient pour leur mauvaise garde et leur méchante humeur.

Les chiens se couchèrent à ses pieds en tremblant et en pleurant. On eût dit qu'ils avaient regret de ce que le mauvais esprit les avait forcés de faire. Ludre, les voyant apaisés et soumis, se mettait en devoir de se rendormir, lorsqu'il les vit se relever comme des bêtes furieuses et se jeter sur son troupeau. Il y avait là deux cents ouailles qui se prirent de peur et de vertige, sautèrent comme des diables par-dessus la clôture du parc et s'enfuirent à travers champs, courant comme si elles eussent été changées en biches, tandis que les chiens, tournés à la rage comme des loups, les poursuivaient en leur mordant les jambes et leur arrachant la laine, qui s'envolait en nuées blanches sur les buissons.

Le berger, bien en peine, ne prit pas le temps de remettre ses souliers et sa veste, qu'il avait posés à cause de la grande chaleur. Il se mit à courir après son troupeau, jurant après ses chiens qui ne l'écoutaient point et couraient de plus belle, hurlant comme des chiens courants qui ont levé le lièvre, et chassant devant eux le troupeau effarouché.

Et tant coururent, ouailles, chiens et berger, que le pauvre Ludre fit au moins douze lieues autour de *la mare aux flambettes*, sans pouvoir rattraper son troupeau ni arrêter ses chiens, qu'il eût tués de bon cœur s'il eût pu les atteindre.

Enfin, le jour venant à poindre, il fut bien étonné de voir que les ouailles qu'il croyait poursuivre n'étaient autre chose que des petites femmes blanches, longues et menues, qui filaient comme le vent et qui ne semblaient point se fatiguer plus que ne se fatigue le vent lui-même. Quant à ses chiens, il les vit *mués en deux grosses coares* (corbeaux), qui volaient de branche en branche en croassant.

Assuré alors qu'il était tombé dans un sabbat, il s'en retourna tout éreinté et tout triste à son parc, où il fut bien étonné de retrouver son troupeau dormant sous la garde de ses chiens, lesquels vinrent au-devant de lui pour le caresser.

Il se jeta alors sur son lit et dormit comme une pierre. Mais, le lendemain, au soleil levé, il compta ses bêtes à laine et en trouva une de moins qu'il eut beau chercher.

Le soir, un bûcheron, qui travaillait autour de la mare aux flambettes, lui apporta, sur son âne, la pauvre brebis noyée, en lui demandant comment il gardait ses bêtes, et en lui conseillant de ne pas dormir si dur s'il voulait garder sa bonne renommée de berger et la confiance de ses maîtres.

Le pauvre Ludre eut bien souci d'une affaire à quoi il ne comprenait rien, et qui, par malheur pour lui, recommença d'une autre manière la nuit suivante.

Cette fois, il rêva qu'une vieille chèvre, à grandes cornes d'argent, parlait à ses ouailles et qu'elles la suivaient en galopant et sautant comme des cabris autour de la grand-mare. Il s'imagina que ses chiens étaient mués en bergers, et lui-même en un bouc que ces bergers battaient et forçaient à courir.

Comme la veille, il s'arrêta à la piquée du jour, reconnut les flambettes blanches qui l'avaient déjà abusé, revint, trouva tout tranquille dans son parc, dormit tombant de fatigue, puis se leva tard, compta ses bêtes et en trouva encore une de moins.

Cette fois, il courut à la mare et trouva la bête en train de se noyer. Il la retira de l'eau, mais c'était trop tard et elle n'était plus bonne qu'à écorcher.

Ce méchant métier durait depuis huit jours. Il manquait huit bêtes au troupeau, et Ludre, soit qu'il courût en rêve comme un somnambule, soit qu'il rêvât, dans la fièvre, qu'il avait les jambes en mouvement et l'esprit en peine, se sentait si las et si malade qu'il en pensait mourir.

— Mon pauvre camarade, lui dit un vieux berger très savant, à qui il contait ses peines, il te faut épouser la vieille ou renoncer à ton état. Je connais cette bique à cheveux d'argent pour l'avoir vue lutiner un de nos anciens, qu'elle a fait mourir de fièvre et de chagrin. Voilà pourquoi je n'ai jamais voulu frayer avec les flambettes, encore qu'elles m'aient fait bien des avances, et que je les aie vues danser en belles jeunes filles autour de mon parc.

— Et ne sauriez-vous me donner un charme pour m'en débarrasser ? dit Ludre, tout accablé.

— J'ai ouï dire, répondit le vieux, que celui qui pourrait couper la barbe à cette maudite chèvre la gouvernerait à son gré ; mais on y risque gros, à ce qu'il paraît, car si on lui en laisse seulement un poil, elle reprend sa force et vous tord le cou.

— Ma foi, j'y tenterai tout de même, reprit Ludre, car autant vaut y périr que de m'en aller en *languition* comme j'y suis.

La nuit suivante, il vit la vieille en figure de flambette s'approcher de sa cabane, et il lui dit :

— Viens çà, la belle des belles, et marions-nous vitement.

Quelle fut la noce, on ne l'a jamais su ; mais, sur le minuit, la sorcière étant bien endormie, Ludre prit les ciseaux à tondre les moutons et, d'un seul coup, lui trancha si bien la barbe, qu'elle avait le menton tout à nu, et il fut content de voir que ce menton était rose et blanc comme celui d'une jeune fille. Alors, l'idée lui vint de tondre ainsi toute sa *chèvre épousée,* pensant qu'elle perdrait peut-être toute sa laideur et sa malice avec sa toison.

Comme elle dormait toujours ou faisait semblant, il n'eut pas grand-peine à faire cette tondaille. Mais, quand ce fut fini, il s'aperçut qu'il avait tondu sa houlette et qu'il se trouvait seul, couché avec ce bâton de cormier.

Il se leva bien inquiet de ce que pouvait signifier cette nouvelle diablerie, et son premier soin fut de recompter ses bêtes, qui se trouvèrent au nombre de deux cents, comme si aucune ne se fût jamais noyée.

Alors, il se dépêcha de brûler tout le poil de la chèvre et de remercier le bon saint Ludre, qui ne permit plus aux flambettes de le tourmenter.

Les lubins ou lupins

Il ne faut pas trop regarder les grands murs blancs au crépuscule, encore moins au clair de la lune. On pourrait y voir *la hure*. En Normandie et dans plusieurs autres provinces, la hure se promène le long des treilles, on ne sait guère à quelle intention, si ce n'est pour empêcher les enfants d'aller voler le raisin. Elle serait donc au nombre de ces esprits gardiens qui descendent en droite ligne, ainsi que les autres fadets domestiques, des lares vénérés de l'Antiquité.

Quoi qu'il en soit, la hure est fort vilaine et il y aurait de quoi mourir de peur si on s'obstinait à étudier son profil reflété sur les murailles. Les Grecs et les Romains avaient l'imagination riante ; ils peuplaient de charmantes divinités les arbres, les eaux et les prairies. Le Moyen Age a assombri toutes ces bénignes apparitions. Le catholicisme, ne pouvant extirper la croyance, s'est hâté de les enlaidir et d'en faire des démons et des bêtes, pour détourner les hommes du culte des représentants de la matière.

Cependant, il n'a pas réussi à les rendre tous haïssables et pernicieux, et bon nombre des esprits de la nuit sont demeurés inoffensifs. C'est bien assez qu'ils aient consenti à revêtir des formes bizarres et repoussantes qui les empêchent de séduire les humains.

Les lubins sont de cette famille. Esprits chagrins, rêveurs et stupides, ils passent leur vie à causer dans une langue inconnue, le long des murs des cimetières. En certains endroits, on les accuse de s'introduire dans le champ du repos et d'y ronger les ossements. Dans ce dernier cas, ils appartiennent à la race des lycanthropes et des garous, et doivent être appelés *lupins*. Mais, chez les lupins, les mœurs s'adoucissent avec le nom. Ils ne font aucun mal et prennent la fuite au moindre bruit[1].

Cependant, il ne vaudrait rien de s'aboucher avec eux. Ils ont un certain mystère à l'endroit de Robert le Diable ou de tout autre Robert dont on n'a pu saisir la légende, et ce mystère a peut-être pour châtiment l'humiliation d'une figure horrible et l'angoisse du perpétuel tourment de la peur.

Sont-ils les descendants des fameux *frères lubins* et *loups-garous* de Rabelais ? Qui sera assez épris de ces recherches étymologiques pour aller le leur demander ?

Je ne sais si c'est aux lupins que le petit tailleur bossu de Saint-Bault eut affaire. On le croirait, d'après certaines circonstances de son histoire. La voici telle que j'ai pu la recueillir :

La Bretagne n'a pas le monopole des petits tailleurs bossus. Dans nos campagnes et partout, je crois, tout individu contrefait et jugé impropre au travail de la terre est pourvu d'un autre métier, et peut dire, en se redressant de son mieux, que celui qui n'a pas la force de pousser la bêche a, en compensation, l'adresse de pousser l'aiguille.

Un soir que notre bossu passait le long du mur du cimetière, il y vit une bande d'esprits en forme de laides bêtes qui ressemblaient à des chiens noirs ou à des loups, et que, pour faciliter notre récit, nous appellerons lupins, bien qu'ils ne nous aient été désignés sous aucun nom particulier.

Soit que ces esprits-bêtes fussent d'une race plus hardie que les lubins et lupins ordinaires, soit que le tailleur fût si laid, si laid, qu'il ne leur fit pas l'effet d'un chrétien, ils ne bougèrent pas tout le temps qu'il passa devant eux. Ils se contentèrent de le regarder avec leurs yeux, qui

1. En certaines localités, le *lubin* est un très bon diable qui protège les laboureurs.

brillaient comme du *sang de feu*, et d'ouvrir leurs vilaines gueules, qui avaient si mauvaise haleine que le tailleur en fut empesté.

Pourtant, comme il avait grand-peur, ne les ayant aperçus que lorsqu'il était au milieu de la file, et qu'il avait autant de chemin à faire pour reculer que pour avancer, il n'osa point risquer de les offenser en se bouchant le nez ; il passa en faisant le gros dos, encore plus qu'il n'en avait l'habitude.

Ce dos courbé plut aux lupins, qui s'imaginèrent que c'était une manière de les saluer, et, comme ils n'ont pas l'habitude de voir les gens si honnêtes avec eux, ils en furent fiers et se mirent à tirer tous la langue et à remuer la queue comme des chiens ; ce qui est apparemment aussi pour eux un signe de contentement et de fierté.

Le tailleur essaya de raconter son aventure ; mais tous ses voisins se moquèrent de lui, disant qu'il pouvait bien rencontrer le diable en personne et le faire fuir, vu qu'il était encore le plus vilain des deux.

Comme notre bossu allait en journée à une métairie qui était à trois bonnes portées de fusil du village, et qu'il avait à revenir par le chemin qui longe le cimetière, il se sentit envie de coucher où il était. Mais le métayer lui dit en ricanant :

— Non pas, non pas ! tu es un compère trop à craindre pour les femmes d'une maison, et je ne dormirais pas tranquille, te sachant si près de mes filles. Si tu as peur pour t'en aller, un de mes gars te fera la conduite. Bois un coup en attendant, car, quand ton aiguille s'arrête, ta langue trotte d'une façon divertissante et l'on a du plaisir à écouter ta *babille*.

En effet, le bossu était beau diseur et plaisant. Le vin du métayer était bon, et notre homme s'oublia jusqu'à dix heures du soir en si bonne compagnie. Lorsqu'il fallut s'en aller, il ne se trouva personne pour le conduire, tous les gars dormaient debout et, quant à lui, il se sentait si bien réconforté par la boisson, qu'il ne craignit plus de se mettre seul en route.

Il arriva sans peur jusqu'au grand mur, se persuadant qu'il avait rêvé ce qu'il avait vu la veille, et regardant de tous ses yeux, avec la confiance que, éclaircis par le vin, ils ne verraient plus rien que l'ombre des arbres, jetée sur le mur blanc par la lune et agitée par l'air de la nuit.

Mais il vit les lupins dressés debout contre le mur, absolument comme la veille.

« Allons ! se dit le pauvre bossu, ils y sont encore ! Tant pis et courage ! S'ils ne me font pas plus mal qu'hier, je n'en mourrai pas. »

Et il se mit à siffler une chanson, pensant que ces bêtes, ravies de l'entendre, se mettraient encore en frais de politesse avec lui, en tirant la langue et remuant la queue.

Mais ce sifflement, loin de les charmer, parut les inquiéter beaucoup, car l'un d'eux se détacha de la muraille, se mit à quatre pattes et, le suivant, encore qu'il marchât vite, le flaira à l'endroit où les chiens ont coutume de se flairer les uns les autres, pour savoir s'ils doivent être ennemis ou compagnons.

Puis vint un second qui en fit autant, et un troisième, et un autre, et tous les uns après les autres ; si bien que, ayant dépassé le mur, le tailleur avait toutes ces bêtes à ses braies, et, ne sachant point si elles le voulaient manger ou fêter, il sentait ses jambes flageoler sous lui, et *devenir molles comme des pattes de cousin*.

On pense bien qu'il n'avait plus envie de siffler ni chanter.

Cependant, il avançait toujours, ayant ouï dire que ces bêtes ne quittaient pas la longueur du mur où elles avaient coutume de faire la veillée, et il n'avait plus qu'environ cinq ou six pas à franchir, quand elles se mirent toutes devant lui, debout, grondant, puant la rage, et montrant des crocs jaunes à faire lever le cœur.

— Messieurs, messieurs, laissez-moi passer, dit le pauvre tailleur en détresse. Je ne vous veux point de mal, ne m'en faites donc point.

Mais les lupins grognaient de plus belle, et même

rugissaient comme des lions. Il semblait que la voix humaine les eût mis en grand émoi et en mauvaise colère.

Tout à coup, le tailleur eut une idée :

— Messieurs, fit-il, ne me mangez point ! Je suis maigre et vilain, comme vous voyez ! Si vous m'épargnez, je jure de vous apporter ici, demain, un mouton gras dont vous vous lécherez les babines.

Aussitôt les lupins se remirent sur leurs quatre pattes sans mot dire, et le tailleur passa, toujours courant, sans regarder derrière lui.

Il se jeta au lit, tout transi de peur, et eut la fièvre huit jours durant sans pouvoir sortir du lit, battant la campagne, et toujours s'imaginant voir des loups ou des chiens enragés après lui, si bien qu'on fit venir un soir M. le curé, pour tâcher de le tranquilliser.

Mais, quand le curé l'eut confessé de sa peine et bien grondé d'avoir été si lâche que de promettre un bon mouton à ces sales diables, on entendit autour de la maison du tailleur des hurlements abominables, et tout le village put voir sur les murs de cette maison, non pas le corps des lupins – ils n'eussent osé venir si près d'un lieu où était le curé de la paroisse –, mais leur ombre si bien dessinée, que les cheveux en dressaient sur la tête et que le sang en était glacé dans le cœur. On eût dit que cela passait en nuages sur la lune, et on les voyait remuer, sauter, gratter la terre et se mordiller les uns les autres, en figures aussi nettes qu'une image peinte, sur le pignon du tailleur, voire sur les maisons voisines.

Et cela revint tous les soirs durant toute la semaine, de quoi tout le monde, et mêmement M. le curé, fut très effrayé.

Pourtant le bossu, qui n'était pas bête, voyant qu'il y avait là de la diablerie et que les exorcismes de M. le curé ne pouvaient rien contre des apparences qui n'avaient point de corps, résolut d'attirer les lupins en personne au moyen d'un piège, et, dès qu'il fut en état de se lever, il se fit prêter un beau mouton gras qu'il attacha, le soir, devant sa porte. Puis, ayant prévenu le curé de se tenir là tout près avec son goupillon, et tous les voisins de se cacher sous le buisson de son jardin, avec leurs fusils bien chargés de balles bénites, il commença de faire bêler le mouton en lui montrant de la feuille verte, placée trop loin de lui pour qu'il y pût toucher.

Alors, les lupins, entendant cela, ne purent se tenir de quitter leur mur et de venir, à petits pas de loup, jusqu'en vue de la maison, où ils furent si bien reçus, qu'ils se sauvèrent tous, sauf une vieille femelle qui reçut une balle dans le cœur et tomba par terre en criant d'une voix humaine :

— La lune est morte ! la lune est morte !

On ne sut jamais ce qu'elle avait voulu dire, sinon qu'elle avait une lune blanche au front, et que, dans la bande, elle portait peut-être le nom de *la lune*. On lui coupa la tête et les pattes, qui ont été vues longtemps clouées sur la porte du cimetière de Saint-Bault, et où jamais les lupins n'ont osé reparaître depuis.

La grand-bête

Sous les noms de *bigorne*, de *chien blanc*, de *bête havette*, de *vache au diable*, de *piterne*, de *taranne*, etc., un animal fabuleux se promène, de temps immémorial, dans les campagnes, et pénètre même dans les habitations, on ne sait plus dans quel dessein, tant on lui fait bonne guerre pour le repousser, dès que sa présence est signalée dans une localité.

Dans nos provinces du Centre, ce que l'on raconte de la *grand'bête* s'accorde particulièrement avec ce qui est dit de la *taranne* dans les provinces du Nord. C'est le plus souvent une chienne de la taille d'une génisse. Les enfants et les femmes, qui ont l'imagination vive, lui ont bien vu des cornes, des yeux de feu, et l'assemblage hétérogène des formes de divers animaux ; mais les gens calmes et clairvoyants ont décidé, en dernier ressort, que c'était une *levrette*, et tant de ces personnes sages l'ont vue, qu'il faut bien adopter cette version comme la plus accréditée.

De toutes les antiques superstitions, celle-ci est la moins effacée. La *grand'bête* a fait sa dernière apparition dans nos environs, il n'y a pas plus de cinq ou six ans, et il n'est pas prouvé qu'elle soit décidée à ne plus reparaître.

Dans mon enfance, j'allais souvent, pour me promener, les soirs d'été, à une métairie appartenant à ma grand-mère et située dans les terres, à une demi-lieue de chez nous. Cette métairie a été longtemps le théâtre de grands *sorcelages* et des apparitions les mieux conditionnées. Je n'oublierai jamais une soirée où l'orage nous avait retenus, mon frère et moi, jusqu'à la *grand-nuit*, c'est-à-dire entre neuf et dix heures du soir. J'avais une dizaine d'années, mon frère avait quinze ans et faisait le brave. Quant à moi, je le confesse, j'avais grand-peur ; la bête avait paru la veille, disait-on, autour de la ferme, et *manquablement*, c'est-à-dire infailliblement, elle allait reparaître dès que le jour aurait pris fin.

Je crois toujours voir les apprêts du combat : les hommes s'armant de fourches de fer et de bâtons ; le métayer prenant au manteau de la cheminée et chargeant de balles bénites son long fusil à un seul canon ; sa vieille mère faisant ranger les enfants au fond de la chambre, entre les deux grands lits de serge jaune, et se mettant elle-même en prière avec ses brus et ses servantes, devant une image coloriée qui représentait je ne sais plus quel général de l'Empire, que l'on prenait là pour un *bon saint*, les colporteurs de cette époque vendant n'importe quoi, comme figures de dévotion, aux paysans.

Et puis on ferma les portes et fenêtres et *on accota les battants* ; et, comme les petits enfants criaient, on les gourmanda et on les menaça de les mettre dehors s'ils ne se taisaient. Il fallait écouter l'approche de la bête. Les chiens qu'on laissait dehors ne manqueraient pas de hurler et les bœufs de *bremer* (de mugir) dans l'étable. En fait, les chiens aboyaient et se démenaient déjà à la vue de tous ces préparatifs. Les animaux comprennent très bien les sentiments intérieurs qui agitent une famille ; les voix effrayées, les physionomies troublées semblent leur révéler la cause du mouvement insolite qui se fait dans la maison.

Les gens de la ferme prétendaient que les animaux se rappelaient très bien, d'une année à l'autre, l'apparition des années précédentes et qu'ils avaient la révélation instinctive du mal que la bête pouvait leur faire. Aussi ne se jetaient-ils jamais sur elle, et refusaient-ils de la poursuivre. De son côté, il était sans exemple qu'elle les eût mordus. Mais son souffle ou son influence les faisait périr, et jamais elle n'avait visité la métairie sans qu'il se déclarât, à la suite, une mortalité de bestiaux.

Il semblait donc que les personnes fussent à l'abri de tout danger, car la bête n'attaque pas et fuit à la moindre hostilité. Mais tout ce qui se présente avec un caractère surnaturel ébranle l'imagination des paysans et des enfants, plus que le danger palpable et réel. Certes, l'attaque d'une bande de loups affamés nous eût moins épouvantés que l'éventualité de la visite de ce fantôme.

Pourtant, j'eus comme un regret et une déception quand, au lieu de la bête, arriva notre précepteur, qui, s'inquiétant pour mon frère et moi, de la nuit et de l'orage, venait nous chercher, sans autres armes qu'un parapluie. Il se moqua beaucoup de la bête blanche et des préparatifs du combat. Il nous emmena en riant, et nous n'eûmes plus, hélas ! ni peur ni espoir de voir cette fameuse bête, à laquelle nous avions cru pendant une heure.

J'ai à mon service un bon et honnête paysan, de trente-cinq ans environ, c'est-à-dire né sur le déclin de ces croyances dans le pays. Sincère, robuste et courageux, il a été laboureur dans cette métairie de l'Aunière, hantée, de temps immémorial, par tous les diables des légendes rustiques. Je lui demande s'il y a jamais vu quelque chose d'extraordinaire. Il commence par dire que non. Mais, comme il ne sait pas mentir, je vois bien qu'il craint d'être raillé et qu'il lui en coûte de répondre. J'insiste sans affectation, et, peu à peu, il me raconte ce qui va suivre.

— J'ai vu, dit-il, bien des choses dont je n'ai pas été *épeuré*, mais que personne ne peut m'ôter de la mémoire. J'avais une vingtaine d'années quand je fus en moisson pour la première fois à l'Aunière. Nous étions dix-huit à moissonner, et nous soupions dehors, devant, à la porte du logis, à cause de la *grand-chaud*. Après souper, nous nous en allions coucher à la paille, quand un de nous s'en retourna au-devant de la maison, pour chercher son couteau qu'il avait perdu. Il s'en revint, toujours criant, et, étant tous sortis de la grange, tous les dix-huit, et moi comme les autres, avons vu *la levrette* couchée tout au long sur la table où nous avions soupé.

Sitôt qu'elle nous vit, elle fit un saut de plus de vingt pieds en l'air et se sauva à travers champs. Et nous de la galoper et de la voir courir et sauter tout le long des buissons, où elle disparut tout d'un coup, et où personne ne trouva ni elle ni marque de son corps. Les chiens ne voulurent jamais nous suivre ni seulement flairer du côté. Ils ne firent que trembler et hurler dans la cour.

A présent, ajoute-t-il, si vous me demandez comment la bête était faite, je vous dirai que je ne l'ai vue qu'à la brume et qu'elle m'a paru toute blanche. Vous dire que c'était une levrette, je ne saurais ; mais ça ressemblait à une levrette plus qu'à toute autre bête que j'aie jamais vue, et, pour la grandeur, ça paraissait long, long, avec des jambes fines qui sautaient comme jamais je n'aurais cru qu'une bête pût sauter.

Ce qu'il y a de bien sûr, c'est que le fermier de l'Aunière, le gros Martinet, perdit tant de bestiaux, cette année-là, qu'il se mit dans l'idée de devenir médecin, afin de les guérir lui-même et de conjurer les sorts qu'on lui faisait, par d'autres sorts plus savants, et il s'en fut consulter le *grand médecin* qu'on appelle le sabotier du Bourg-Dieu, à plus de huit lieues d'ici.

Quand il parla au sabotier pour la première fois, celui-ci lui dit :

— Vous me venez quérir pour un bœuf malade qui s'appelle Chauvet, et vous avez, en votre étable, quatre paires de bœufs de travail dont je vas vous dire tous les noms, tous les âges, toutes les couleurs.

Qui fut bien étonné ? Ce fut Martinet, qui s'entendit raconter et nommer tout ce qu'il avait de bestiaux, encore que jamais le grand sabotier ne fût venu au pays de chez nous.

— Allez-vous-en à votre logis, qu'il lui dit, vous trouverez le bœuf Chauvet debout et sauvé. Mais, par malheur, son camarade Racinieux, que vous avez laissé en bonne santé, sera crevé quand vous rentrerez à la maison.

— Et ne pouvez-vous l'empêcher ? dit Martinet.

— Non, il est trop tard. La mauvaise bête aura passé chez vous ?

— C'est la vérité : ne pouvez-vous m'enseigner le moyen de purger mon bestiau de *sa mauvaise air* ?

— Voire ! fit le sorcier ; mais il faudra que j'aille chez vous.

Ils vinrent à cheval, tous les deux, et comme, dans ce temps-là, j'étais valet à la maison, j'entendis Martinet dire en arrivant :

— Vous avez donc *encavé* Racinieux, à ce matin ?

— Par malheur, oui, notre maître, que je lui dis ; comment donc que vous savez ça ?

— Et Chauvet mange de bon appétit, à cette heure ?

C'était la vérité, tout comme le sabotier l'avait *connaissu*. Le bœuf malade était guéri ; son camarade qui, au départ du maître, ne se sentait de rien, était crevé et encavé.

Alors, Martinet, voyant le grand talent du sabotier, le retint à la maison huit jours durant, et apprit de lui le *sorcelage*. Ils ne se couchaient point de toute la nuit et s'en allaient dans les champs et sur les chemins, et on entendait des voix qu'on ne connaissait point et un sabbat abominable.

Et le sabotier nous mena tous de jour dans le pâtural des bœufs et nous fit voir la chose qui leur donnait des maladies. C'était un crapaud que celui que l'on avait vu en levrette blanche avait arrangé avec des charmes et des empoisonnements sous une motte de gazon. Et, quand les bœufs passaient à côté, ils commençaient de souffler et de maigrir.

Alors, Martinet devint grand savant, comme chacun sait. Il eut les plus beaux élèves du pays et fut appelé comme médecin dans tout le canton. C'est comme ça et non autrement qu'il a pu vous payer sa ferme et se retirer du grand dommage où les *mauvaises choses l'avaient mis*.

Seulement, Martinet eut des ennuis de sa femme, qui ne voulait point qu'il se donnât au sorcelage et qui faisait mauvaise mine au grand sabotier. Un jour, il quitta la maison en disant à Martinet :

— Si l'affaire que nous avons ensemble tourne bien, je vous le ferai assavoir demain matin, de manière que vous comprendrez, vous tout seul.

Et, de vrai, le lendemain matin, comme nous étions tous à manger la soupe, il se fit un *grand air de vent*, qui donna une bouffée dont la maison trembla, et un coq noir entra dans la chambre et se jeta dans le feu, où il fut tout brûlé en un instant.

La femme du logis voulait sauver le coq ; mais Martinet la retint par le bras en lui disant :

— N'y touche pas !

Et elle en resta tout épeurée.

De même qu'une autre fois, comme le sabotier était là, et qu'elle venait de tirer ses vaches, son lait devint tout noir et on fut obligé de le jeter. Dont elle pleura, maudissant le sabotier. Mais son mari lui dit :

— Rends-toi à lui, et une autre fois, offre-lui de ton lait, de ton fromage et de tout ce qui est ici.

Ce qu'elle fit par la suite avec grande crainte et honnêteté.

Voilà comment la *grand'bête* a été chassée de la métairie, et aussi l'*homme sans tête*, qui se promenait à côté sur le vieux chemin de Verneuil, et la *Chasse à Bôdet*, qui passait si souvent au-dessus de la maison. Seulement, Martinet a eu bien des peines dans son corps pour soumettre toutes ces mauvaises choses. Il a été souvent battu par les follets, et ils lui ont enlevé de la tête et fait perdre plus de dix chapeaux ou bonnets. Et enfin, il a eu le mal d'yeux bien souvent, à cause de la boule de feu qui se mettait devant lui en voyage sur le cou de sa jument.

BRETAGNE

Paul Sébillot

Le cordon enchanté

Il était une fois un jeune garçon qui n'avait plus ni père ni mère, et il allait à la pêche pour gagner sa vie. Un jour qu'il était fatigué, il s'endormit parmi les rochers où il fut surpris par la nuit. Auprès de lui passa un homme qui portait un bateau sous son bras ; il réveilla le petit pêcheur et lui dit :

— Que fais-tu là ?

— Je me suis endormi parce que j'étais lassé, et la nuit m'a surpris.

— Tes parents vont être inquiets de toi.

— Je n'ai plus de parents, répondit le petit garçon.

— Veux-tu venir avec moi, tu pêcheras dans mon bateau ?

— Oui, volontiers, répondit-il, j'ai toujours eu envie de naviguer.

L'homme lui frotta les yeux avec une pommade, et depuis ce temps il voyait aussi clair la nuit que le jour ; le petit garçon, tout en suivant le pêcheur, lui disait :

— Vous portez donc votre bateau sous votre bras ?

— Oui, mais sois sans crainte, quand je veux, il est assez grand pour nous deux.

L'homme mit son bateau à la mer, et les voilà partis pour la pêche ; ils prirent du poisson en quantité, et il était beau tout ce qu'on pouvait dire. Quand la pêche fut finie, l'homme prit son bateau sur son dos, et dit au petit garçon :

— Suis-moi ; si tu veux rester avec moi, tu seras bien ; j'aurai soin de toi, et tu pourras sortir et te promener quand tu voudras.

Ils se mirent à marcher sur la grève et bientôt ils

arrivèrent à l'entrée d'une houle[1] ; mais lorsque l'enfant vit qu'il fallait y pénétrer, il dit :

— Vous voulez me mener avec les fées, je ne veux pas aller vivre avec elles.

— Tu n'auras pas de mal, répondit le pêcheur ; viens et n'aie pas peur.

Le petit garçon se fit un peu prier, mais le pêcheur le rassura, et ils entrèrent dans la houle où se trouvait une famille de fées. Il y fut bien reçu, bien soigné et bien nourri. Il allait à la pêche dans le bateau de celui qui l'avait amené, et la nuit il sortait avec les gens de la houle pour aller chercher des bœufs, des moutons, des fruits, du cidre ou du bois. Ils apportaient tout cela à la grotte et personne ne les voyait.

Le petit garçon resta sept ans dans la houle, et il croyait n'y avoir demeuré que sept mois. Au bout de ce temps, il lui prit envie de quitter les fées.

— Je voudrais bien m'en aller, maître, dit-il un jour à son patron.

— Reste avec nous ; avec les hommes tu ne seras pas aussi bien.

— C'est égal, je veux naviguer.

— Puisque tu as envie de nous quitter, je ne veux pas te retenir, j'ai promis de te laisser aller quand tu voudrais. Pour te récompenser du temps que tu as passé ici, voici un petit cordon que je te donne. Je vais le mettre autour de ton corps ; mais tu auras bien soin que personne ne le voie, car il perdrait aussitôt son pouvoir. Tout ce que tu demanderas par la vertu de ce petit cordon te sera accordé : tu iras sur mer et sous mer, sur terre et sous terre autant que tu voudras, et toutes les fois que tu désireras quelque chose, tu n'auras qu'à le demander.

Le petit garçon remercia son patron, et quitta la houle.

1. Grotte dans les falaises.

Le voilà parti pour chercher un embarquement. Il trouva un capitaine et s'engagea avec lui comme mousse ; mais quand il fut à bord, il ne voulait faire qu'à sa tête, et le capitaine, le second et les matelots le battaient à qui mieux mieux.

Le navire sur lequel il était appartenait à des pirates ; ils rencontrèrent en pleine mer un vaisseau chargé de bijoux, d'or et de marchandises riches ; ils l'attaquèrent, mirent l'équipage à mort et s'emparèrent de toutes les richesses qu'il avait à bord. Un jour que le capitaine avait battu le mousse plus fort qu'à l'ordinaire, celui-ci s'écria :

— Ah ! si je peux être à terre je vous dénoncerai !

— Il faut nous défaire de ce garçon-là, dit le capitaine, il nous vendrait et nous ferait couper le cou.

— Oui, oui, disaient les uns, il faut le tuer.

— Non, répondaient les autres, il faut le jeter à la mer.

Dans les équipages, il y en a toujours quelques-uns qui valent mieux que les autres ; un des matelots, qui avait pitié du mousse, dit :

— Voilà un grand tonneau que vous voulez jeter à la mer ; mettez l'enfant dedans avec un peu d'eau et des vivres, et rebouchez ensuite le tonneau. L'enfant mourra, mais du moins il aura eu le temps de se revoir.

Ils mirent l'enfant dans le tonneau avec un peu d'eau et de biscuit et le jetèrent à la mer.

Quand le mousse fut dans son tonneau qui flottait sur les vagues, il se dit : « S'il passe quelque navire, il me sauvera peut-être, ou bien la mer peut me jeter sur quelque rivage ; je vais tâcher de prolonger ma vie le plus que je pourrai. »

Chaque jour il ne mangeait qu'un peu de biscuit, et il le trempait seulement dans l'eau pour faire durer davantage ses provisions. Il y avait déjà plusieurs jours qu'il était dans le tonneau, et comme il ne pouvait ni se changer ni se laver, les poux commençaient à le piquer. En se grattant, il se prit la main dans son cordon :

« Ah ! se dit-il, moi qui n'avais pas pensé à mon cordon ! Il faut que je voie si vraiment il a du pouvoir. Je vais lui demander de diriger ma route vers le port où va le navire où j'étais, afin que je puisse faire pendre ces méchantes gens. Mais, pensa-t-il, il faut que je sois invisible et ma maison aussi jusqu'à l'arrivée dans le port, car s'ils me voyaient ils me tueraient cette fois. »

Aussitôt qu'il eut formé ce désir, voilà le vent qui pousse le tonneau dans le sillage du navire. Les provisions du mousse étaient presque à leur fin, il dit :

— Par la vertu de mon petit cordon, qu'il me soit apporté une bouteille de bon vin et du pain frais.

A l'instant, voilà le pain frais et le vin arrivés ; le mousse était bien joyeux. Il fit un bon repas, et toutes les fois qu'il avait envie de quelque chose, il n'avait qu'à le demander.

Au bout de deux ou trois jours, il se trouva en vue du port où allait son navire, et comme à ce moment son tonneau surnageait, il entendait les matelots qui se disaient :

— Est-ce que ce n'est pas là le fût où nous avons jeté le mousse ?

— Si, si, je le reconnais.

— Il faut tâcher de le rattraper ; car si le maudit mousse est encore dedans, il nous dénoncera.

Ils mirent une embarcation à la mer ; mais le petit garçon dit aussitôt :

— Par le vertu de mon petit cordon, que je sois jeté au plein à la minute.

Une grosse vague vint prendre le tonneau, et le posa à sec sur le rivage auprès de la ville. Les gens qui se promenaient disaient :

— Voilà un tonneau que la mer vient d'apporter, il est sans doute vide.

— Non, non, criait le mousse ; il y a quelqu'un dedans, prenez garde de me faire du mal.

On alla chercher les autorités de la ville, et quand le tonneau fut défoncé, ils en firent sortir le petit garçon et lui demandèrent qui l'avait mis là, et il le leur raconta :

— Vous voyez bien ce grand navire qui vient d'entrer ? c'est un pirate. Le capitaine et les matelots m'ont mis dans ce tonneau parce qu'ils avaient peur que je ne dise qu'ils ont assassiné l'équipage d'un vaisseau et pillé les bijoux, l'or et les riches marchandises qu'il contenait.

On alla fouiller le navire, et comme on y trouva les marchandises volées, les hommes qui étaient à bord furent condamnés à mort par la justice.

Dans la ville tout le monde criait au miracle, et on ne s'entretenait que de l'aventure du petit mousse. Le roi en entendit parler. Il avait deux filles ; mais des fées qui demeuraient sous son Louvre les avaient enlevées, et personne ne pouvait les délivrer. Il se dit : « Si ce petit garçon pouvait arriver jusqu'à mes filles ! Aucun navire n'a pu en approcher à cause des bêtes féroces. Il faut qu'il vienne me parler. »

On fut chercher le mousse, et le roi lui dit :

— J'ai deux filles qui ont été enlevées par des fées qui voulaient se venger de moi. Elles étaient venues demeurer sous mon Louvre, et elles faisaient de la musique et des danses qui empêchaient tout le monde de dormir. J'ai détruit leur habitation, et je les ai chassées. Mais elles sont venues prendre mes filles et, après les avoir emmorphosées[1] en singes, les ont emmenées dans un château sur une île à l'embouchure d'un fleuve. Elles sont gardées par les bêtes les plus féroces du monde ; aucun navire n'a pu en approcher, tous ceux qui ont tenté l'aventure ont été détruits et les équipages dévorés. Ne pourrais-tu les délivrer ?

1. Métamorphosées.

— Quelle récompense me donnerez-vous ? demanda le mousse.

— Tu épouseras celle des deux que tu choisiras ; il y en a une qui se nomme la Fleur Sans Pareille, parce qu'elle est la plus belle, et l'autre, qui est moins jolie que sa sœur, s'appelle Bonté Sans Egale, parce qu'elle est bonne comme le bon pain. Je te donnerai de plus mon royaume.

— Sire, répondit le mousse, je ne garantis pas de parvenir à délivrer vos filles ; mais j'essaierai. Faites-moi faire un tonneau, le plus grand que vous pourrez, avec des douves de corne transparente aux deux bouts, afin que mon tonneau soit éclairé ; il faudra qu'il y ait sur le dessus un panneau qui ferme bien juste.

Le roi fit venir les meilleurs tonneliers de la ville, et il y en eut plus de cent qui proposèrent des plans pour le tonneau. On choisit celui qui convenait le mieux, et quand il fut terminé, le roi fit venir le mousse et lui dit :

— Regarde-le bien, est-il fait à ton goût ?

— Oui, répondit-il.

— Tu vas choisir parmi mes sujets un homme pour aller avec toi.

— Non, je ne veux personne ; si je peux délivrer les princesses, j'aurai tout seul la récompense.

Il fit mettre, dans le tonneau, de l'eau, du vin, des vivres, et tout ce qu'il fallait, puis il s'y embarqua et le fit pousser à la mer. Tous les gens de la ville étaient sur le quai pour le voir partir. Dès qu'il sentit que son tonneau flottait, il dit :

— Par la vertu de mon petit cordon, que mon tonneau se dirige vers le château où les deux princesses sont emmorphosées.

Il fit passer par la bonde une petite voile : aussitôt le tonneau se mit à marcher comme le vent, et en un clin d'œil les gens de la ville le perdirent de vue. Au bout de quelques jours, il dit :

— Par la vertu de mon petit cordon, si je suis bientôt

auprès du château, que mon tonneau fasse route sous l'eau.

Le cordon lui répondit :

— Tu as encore vingt-quatre heures à naviguer.

— Eh bien ! que le tonneau aille sous l'eau ; car les bêtes féroces sentent de loin, et si elles avaient connaissance de moi, je parviendrais plus difficilement à aborder.

Quand le tonneau fut arrivé au pied du château, il s'arrêta, et le mousse dit :

— Par le vertu de mon petit cordon, qu'il se forme un passage par où je puisse m'introduire dans l'appartement où sont les deux princesses.

Il entendait à travers l'eau les bêtes qui hurlaient et sifflaient à faire trembler. Voilà les murs qui s'ouvrirent et le tonneau s'arrêta sous la chambre où étaient les deux princesses. Le mousse ouvrit son panneau, et entra dans la chambre où il vit deux singes : c'étaient les deux princesses ; mais même sous cette forme, il y en avait une qui était plus jolie que l'autre, c'était la Fleur Sans Pareille.

— Qui vous a amené ici ? dit-elle ; depuis que nous sommes enfermées, personne n'a encore pu parvenir jusqu'à nous. Vous allez être mangé : les bêtes sifflent et hurlent depuis quelques jours, elles vous sentent.

— Mais, répondit-il, si je suis mangé, vous le serez aussi.

— Non, elles n'ont pas le droit de nous faire du mal.

Bonté Sans Egale ne disait rien, mais elle regardait ; elle dit au mousse :

— Allez-vous m'enlever, moi aussi ?

— Oui, répondit-il, et vous serez délivrée la première, Bonté Sans Egale.

Il la mit dans le tonneau, puis il fit entrer sa sœur, et pour ravitailler un peu sa petite soute, il prit les provisions des princesses. Il ferma ensuite son écoutille et ordonna à son tonneau de repartir par sous la mer.

Au bout de quelques jours, quand il fut bien loin et que les bêtes ne pouvaient plus le sentir, il dit :

— Par la vertu de mon petit cordon, si je ne suis plus à la portée des mauvaises bêtes, que le tonneau revienne flotter sur la mer.

Aussitôt le tonneau revint sur l'eau ; il mit sa petite voile et dit :

— Conduis-moi au pied du Louvre du roi.

Ils faisaient bonne chère dans le tonneau où rien ne manquait.

Depuis le départ du mousse, le roi avait mis des guetteurs pour signaler le retour du tonneau ; dès qu'ils l'aperçurent, ils prévinrent le roi, mais ils ne savaient pas s'il amenait les princesses. On tira des coups de canon, et quand le mousse approcha, il passa par la bonde un drapeau sur lequel il avait écrit en grosses lettres : « *J'ai les deux princesses.* »

Alors dans toute la ville, il y eut des réjouissances, et on tira le canon.

Quand le tonneau aborda, les deux princesses en sortirent, le roi ne se sentait pas de joie de les revoir ; mais il était bien contrarié de les voir sous la forme de singes. Le mousse lui dit :

— Si vous voulez, je puis les démorphoser[1].

— Ah ! s'écria le roi, fais-le vite, puisque tu le peux.

Alors il dit :

— Par la vertu de mon petit cordon, que les deux princesses soit démorphosées.

Aussitôt elles cessèrent d'être singes, et redevinrent belles comme deux jours.

Le roi dit au mousse :

— Je n'ai qu'une parole ; puisque tu as délivré mes filles, je te donne mon royaume, et celle des deux princesses que tu choisiras.

— Sire, répondit le mousse, je les ai gagnées toutes les deux, je les épouserai toutes les deux.

---

1. Démétamorphoser, rendre à leur première forme.

— Je n'ai rien à te refuser, répondit le roi.

Il invita tous ses parents, et tous ses officiers, et ils firent une noce comme jamais on n'en a vu. Ils vécurent heureux depuis, et s'ils ne sont pas morts, je pense qu'ils vivent encore.

Les petites coudées

Il était une fois un roi et une reine qui avaient deux filles : l'une se nommait Aurore et l'autre Crépuscule. Aurore, qui était la plus jolie, avait toutes les préférences de ses parents et ils l'aimaient bien mieux que sa sœur.

Quand les deux princesses furent grandes et en âge de se marier, le roi et la reine donnèrent un bal magnifique où furent invités tous les princes et les seigneurs des environs. Au commencement de la soirée tous les jeunes gens demandaient à danser avec Aurore parce qu'elle était la plus belle ; comme elle n'était point aimable, ils ne dansaient qu'une fois avec elle ; mais ils ne pouvaient se lasser de la société de Crépuscule, qui avait tant de grâce et d'esprit qu'à la fin du bal chacun s'empressait autour d'elle, et la belle Aurore restait presque seule.

Le roi fut fâché de cette préférence, et il résolut de se débarrasser cette nuit même de Crépuscule, afin que ses galants fussent obligés de courtiser Aurore. A la fin du bal, il la fit venir et lui dit :

— Ma fille, vous allez partir à l'instant pour aller voir votre marraine la fée.

— Mais, mon père, répondit-elle, il est nuit noire, je vais avoir peur toute seule par les chemins, et je suis lassée. Permettez-moi d'attendre à demain.

— Non, dit le roi, il faut que vous partiez tout de suite ; je vais vous donner pour la route un panier de provisions, et un de mes écuyers vous escortera.

Crépuscule monta à cheval, et l'écuyer l'accompagna.

Quand ils eurent fait un bon bout de chemin, Crépuscule, qui était fatiguée d'avoir dansé, dit à son conducteur :

— Je voudrais bien dormir un peu, car je n'en puis plus.

Elle descendit de cheval, et comme ils étaient dans une forêt, l'écuyer ramassa de la mousse pour faire un lit à la princesse, et il mit sous sa tête le panier aux provisions pour lui servir d'oreiller.

Quand elle fut bien endormie, l'écuyer, auquel le roi avait ordonné d'égarer sa fille, monta à cheval et s'enfuit au galop.

En se réveillant, Crépuscule fut bien surprise de se trouver seule au milieu de la forêt ; elle appela son conducteur, mais il était bien loin et ne pouvait entendre ses cris. Pendant toute la journée elle essaya de retrouver sa route, mais le soir arriva avant qu'elle fût parvenue à sortir de la forêt. Quand elle avait faim, elle mangeait les provisions de son panier, et à la tombée de la nuit, elle monta dans un arbre pour voir si elle n'apercevrait pas quelque lumière ; mais elle ne vit rien, et, de peur des bêtes féroces, elle resta dans l'arbre jusqu'au jour.

Le lendemain elle marcha encore pour essayer de sortir de la forêt, mais elle ne put en trouver le bout ; au soir elle monta de nouveau dans un arbre pour tâcher de découvrir au loin quelque lumière ; mais elle n'en vit point, et, plus désolée encore que la veille, elle passa la nuit sur l'arbre.

En s'éveillant le matin, elle aperçut tout au loin quelque chose qui brillait ; elle prit son panier et se mit en route ; plus elle approchait, plus cela devenait brillant ; cela paraissait comme un feu d'artifice de toutes couleurs et si éclatant qu'elle avait peine à le regarder.

Elle finit par arriver auprès d'un beau château en cristal ; elle resta émerveillée à le considérer et elle s'écria :

— Ah ! le beau château !

Elle frappa à la porte ; mais personne ne vint lui ouvrir ; elle frappa une seconde fois et ne vit rien ; mais la troisième fois elle entendit un petit bruit et de petites voix qui parlaient comme une musique.

A travers la porte de cristal, elle vit venir douze petites coudées – c'étaient de mignonnes petites personnes qui n'étaient pas plus hautes que le coude. Six petites coudées soulevèrent la clenche et six autres tirèrent la porte en dedans pour l'ouvrir.

— Laissez-moi entrer dans votre château, leur dit Crépuscule ; je suis la fille d'un roi, et je me suis égarée dans la forêt.

— Entrez, répondirent les petites coudées, et venez demander à notre maîtresse la permission de rester chez elle.

Elles lui firent traverser une longue suite d'appartements, et l'amenèrent devant leur maîtresse ; c'était une belle chatte blanche qui lui dit :

— Je veux bien vous recevoir dans mon château, mais à la condition que vous ne chercherez pas à en sortir et que jamais vous ne me désobéirez.

— Je le promets, répondit Crépuscule.

La chatte blanche, qui pensait que la princesse devait avoir faim, donna l'ordre de servir un repas, et les petites coudées allèrent chercher tout ce qu'il fallait pour manger : il y en avait quatre qui soutenaient un plat sur leurs épaules, trois qui portaient une bouteille de vin, et deux qui apportaient un verre. Et auprès de la chatte blanche, il y avait beaucoup d'autres petites coudées qui attendaient ses ordres.

Crépuscule se mit à table, et quand elle eut mangé tout à son aise, la chatte blanche lui demanda si elle se trouvait bien.

— Ah ! oui, madame, répondit-elle.

— Eh bien, tous les jours vous serez servie ainsi ; maintenant, je vais vous montrer mon jardin.

Elle la conduisit dans un vaste enclos où se trouvaient

les arbres les plus beaux qu'on pût voir et des fleurs de toute espèce.

— Vous voyez, dit la chatte blanche, que mon jardin est grand ; vous pourrez vous promener partout à votre guise et y cueillir des fleurs et des fruits ; seulement je vous défends d'approcher de la pièce d'eau qu'on voit là-bas. Si vous me désobéissiez, je le saurais, et vous ne tarderiez pas à vous en repentir.

Crépuscule assura qu'elle s'en garderait bien, et tous les jours elle se promenait dans le jardin.

Parfois pourtant elle ne pouvait s'empêcher de regarder du côté de la pièce d'eau, et la pensée même que c'était un endroit interdit lui donnait envie d'y aller ; mais elle n'osait.

Un jour que la chatte blanche était en voyage, Crépuscule descendit au jardin suivant sa coutume, et en s'y promenant, elle se trouva, sans trop y avoir pensé, à peu de distance de la pièce d'eau.

— Ah ! se dit-elle, je vais la voir aujourd'hui puisque j'en suis si près ; il n'y a ici que les petites coudées qui sont occupées dans le château, et la chatte blanche n'en saura rien.

Elle s'approcha de la pièce d'eau, et dès qu'elle fut sur le bord elle vit des feuilles de nénuphar qui remuaient ; un serpent vert sortit de l'eau et vint se mettre à côté d'elle.

Elle eut peur et se recula ; mais le serpent lui dit d'une voix douce :

— Belle princesse, avez-vous peur de moi ? Soyez sans crainte, je ne vous ferai point de mal. Je vous en prie, ne vous en allez pas et restez à me parler : il y a si longtemps que je n'ai pu causer avec personne !

Crépuscule fut rassurée par ces paroles : elle resta, et même longtemps, à parler avec le serpent. Elle s'aperçut enfin qu'il était temps de partir, et elle lui dit :

— Adieu, serpent vert, il faut que je rentre ; je ne suis que trop restée avec vous.

Le serpent la supplia de revenir une autre fois, et quand elle eut disparu, il se replongea dans son étang.

Au moment où Crépuscule rentrait au château de cristal, la chatte blanche se montra devant elle.

— D'où venez-vous, mademoiselle ? lui demanda-t-elle.

— De me promener dans le jardin, répondit Crépuscule.

— Oui, dit la chatte blanche, vous venez du jardin ; mais, malgré ma défense, vous êtes allée sur le bord de la pièce d'eau. Pour votre punition on va vous plonger dans un bain de lait bouillant.

Aussitôt les petites coudées accoururent ; en un clin d'œil elles déshabillèrent la pauvre Crépuscule, et la mirent dans un bain de lait bouillant qui la cuisit bien fort ; mais elles ne l'y laissèrent pas longtemps, et quand elle en fut retirée, elles la soignèrent de leur mieux et elle ne tarda pas à être guérie.

Crépuscule avait de nouveau promis à la chatte blanche de ne plus retourner à l'étang ; mais malgré elle, elle pensait souvent au serpent vert ; un jour que la chatte blanche n'était pas au château, elle ne put résister à l'envie de le revoir, et elle alla sur le bord de la pièce d'eau. Elle vit le serpent vert qui était étendu sur l'herbe ; il avait bien maigri, et il lui dit d'une voix dolente :

— Belle princesse, je croyais que vous m'aviez abandonné, et j'en avais bien du chagrin.

— Non, répondit Crépuscule, je pensais souvent à vous, mais j'ai été si punie de vous avoir vu que je n'osais revenir.

Elle s'oublia encore à causer avec le serpent, et quand elle rentra au château, la chatte blanche se présenta devant elle, et lui dit d'une voix irritée :

— Vous m'avez encore désobéi, malgré vos promesses ; cette fois-ci vous allez être plongée dans de l'huile bouillante.

Les petites coudées déshabillèrent Crépuscule et la mirent jusqu'au cou dans un bain d'huile bouillante, puis elles la portèrent dans sa chambre et la soignèrent de leur mieux.

Cette fois elle fut longtemps à se guérir : un jour qu'elle était seule, elle entendit un frôlement, et elle vit paraître devant elle le serpent vert, plus maigre encore que d'habitude.

— Je suis bien malade, lui dit-il, mais si vous vouliez m'épouser, je guérirais.

Crépuscule aimait bien le serpent vert, mais elle ne pouvait se décider à le prendre pour mari.

Tous les jours il venait la voir et lui demandait si elle consentait à l'épouser ; mais tous les jours elle refusait.

Il finit par ne plus venir, car il était trop malade pour se traîner jusqu'au château. Alors Crépuscule, qui était guérie, se décida à retourner au bord de la pièce d'eau, malgré les menaces que la chatte blanche lui avait faites. Elle vit son pauvre serpent vert qui était mourant et pouvait à peine remuer ; elle eut tant de pitié de le trouver en cet état qu'elle lui dit :

— Je vous épouserai quand vous voudrez, si cela peut vous guérir.

Aussitôt le serpent vert cessa d'être malade ; Crépuscule revint au château, tremblant d'être punie ; mais quand la chatte blanche la vit, elle ne lui adressa pas même un reproche.

La chatte blanche ordonna aux petites coudées de tout préparer pour la noce. Il y en avait des centaines, hommes et femmes, dans le château de cristal, et elles s'y employèrent de leur mieux.

On invita beaucoup de monde, des rois et des reines et parmi eux les parents de Crépuscule et la belle Aurore. Le jour du mariage Crépuscule avait une robe couleur de la voûte du ciel et une couronne d'étoiles que le serpent lui avait donnée. Elle se mit en route dans ce beau costume pour se rendre à la chapelle, et le serpent vert rampait à côté d'elle. Tous les invités disaient :

— Quel dommage qu'une aussi belle princesse ait un serpent pour mari !

Cependant, on entra à la chapelle, et l'évêque qui devait bénir le mariage demanda au serpent s'il consentait à épouser la princesse ; il s'empressa de dire oui. L'évêque demanda ensuite à Crépuscule si elle voulait prendre le serpent vert pour son légitime époux.

— Oui, répondit-elle.

Dès qu'elle eut prononcé cette parole, au lieu du serpent qui était à ses côtés, se montra le plus beau prince que l'on pût voir : les petites coudées qui assistaient au mariage reprirent aussitôt leur taille naturelle, et la chatte blanche devint une belle princesse.

Elle avait été métamorphosée en même temps que les petites coudées qui étaient des seigneurs et des dames, et le serpent vert était un roi puissant qu'une fée avait condamné à rester sous cette forme jusqu'à ce qu'il eût trouvé une jeune fille qui voulût bien se marier avec lui.

Il y eut de grandes réjouissances au château de cristal, des repas superbes et un bal où chacun se divertit et dansa de son mieux.

La belle Aurore trouva un mari parmi les princes qui avaient été métamorphosés en petites coudées ; tout le monde fut content, et Crépuscule et son mari n'eurent que du bonheur jusqu'à la fin de leurs jours.

Jean des Merveilles

Il était une fois un petit garçon qui n'avait plus ni père ni mère, rien que sa vieille grand-mère. Elle n'était pas bien riche, mais elle l'éleva tout de même de son mieux. Elle l'envoya à l'école quand il fut en âge d'y aller ; il y apprenait tout ce qu'il voulait, car il avait bonne volonté ; c'était le modèle de la classe, et il écrivait aussi bien que son maître.

Un jour qu'il y avait une assemblée dans un bourg des environs, sa grand-mère lui dit d'y aller se divertir avec les autres, et elle lui donna des pièces de deux sous pour acheter ce qui lui plairait.

Il se mit en route avec ses camarades ; à un moment où il s'était un peu éloigné des autres, ils virent sur le bord du chemin une pauvre vieille bonne femme qui était assise sur la banquette et avait l'air d'une chercheuse de pain ; mais, au lieu d'avoir pitié d'elle, les petits garçons se mirent à l'appeler sorcière et à lui jeter de la boue, si bien que la vieille ne savait où se fourrer.

En accourant pour rejoindre les autres, Jean vit ce qu'ils faisaient.

— N'avez-vous pas honte, s'écria-t-il, de jeter de la boue à une personne qui ne vous dit rien ? Laissez-la tranquille, ou vous aurez affaire à moi.

Il aida la vieille à se relever et lui dit :

— Ils vous ont fait mal, pauvre vieille grand-mère ?

— Oui, répondit-elle ; toi, tu es meilleur qu'eux, tu seras récompensé et eux punis.

Le voilà qui continue sa route avec les autres ; en arrivant à l'assemblée, ils rencontrèrent une marchande de fruits et ils lui achetèrent des noix qu'ils se mirent à manger. Jean en ouvrit une avec son couteau, et quand il eut tiré ce qu'il y avait dans la coque, il la jeta.

— Que fais-tu ? dit la marchande ; tu jettes ta coque de noix ?

— Oui, répondit-il ; j'ai mangé ce qu'il y avait dedans et elle n'est plus bonne à rien.

— Ramasse-la, dit la marchande, tu pourras lui commander ce que tu voudras, quand même ce serait d'être invisible.

Jean mit la coque de noix dans sa poche, et il continua à se promener dans l'assemblée avec ses camarades. Ils s'amusèrent de leur mieux ; mais pour s'en revenir chez eux, il fallait traverser une rivière ; pendant qu'ils étaient à se divertir, elle avait débordé et était devenue comme un lac. Ils s'arrêtèrent sur le bord, bien embarrassés comment la traverser.

Jean pensa tout à coup à sa coque de noix.

— Il faut, se dit-il, que je sache si la marchande s'est moquée de moi : Coque de noix, deviens un beau navire, et envoie un canot pour nous passer tous.

Aussitôt il vit un navire ; un canot prit à son bord Jean et ses compagnons, et ils passèrent rapidement de l'autre côté du lac.

— Coque de noix, dit Jean, reviens à ton état naturel.

Il la ramassa dans sa poche, et quand il fut rentré à la maison, il raconta à sa grand-mère qu'il avait une coque de noix qui prenait toutes les formes qu'on voulait.

— Ah ! mon pauvre petit gars, lui dit la vieille qui était un peu avare ; si cela est vrai, commande-lui de se changer en un coffre plein d'or.

— Coquille de noix, commanda Jean, deviens un coffre rempli d'or.

Aussitôt, au lieu de la coque de noix, il y eut dans la cabane un coffre rempli d'or ; la grand-mère en souleva le couvercle et vit qu'il était plein de louis tout neufs ; elle en prit un dans sa main ; mais elle ne put parvenir à en tirer un second ; les pièces d'or semblaient collées l'une à l'autre, et elle mouilla sa chemise sans pouvoir en ramener une seule, ce dont elle était bien marrie. Jean prit aussi une pièce qu'il mit dans sa poche ; mais il ne put en tirer une seconde.

La nuit venue, ils se couchèrent ; mais la bonne femme ne put fermer l'œil ; à chaque instant elle croyait entendre des voleurs qui venaient pour enlever le coffre. Le lendemain, elle dit à Jean des Merveilles :

— Je vais t'acheter un pistolet ; tu veilleras cette nuit, et moi je dormirai un peu.

La nuit venue, Jean se mit à monter la garde ; mais sa grand-mère à peine endormie se réveilla en sursaut et s'écria :

— As-tu tué le voleur ?

— Non, grand-mère ; il n'est venu personne.

— Ah ! dit-elle, j'avais pourtant cru en entendre un rouler par terre.

Tous les jours ils prenaient chacun une pièce d'or ; mais ils ne pouvaient en avoir une seconde.

Cependant Jean des Merveilles entendit parler de la fille du roi qui avait été enlevée et transportée dans une île de la mer ; le roi promettait de la donner en mariage à celui qui réussirait à la délivrer ; beaucoup de navires étaient partis pour tenter l'aventure, mais aucun n'était revenu.

Jean dit à sa grand-mère :

— Je voudrais bien aller délivrer la fille du roi ; je pense que je pourrai le faire à l'aide de ma coque de noix, et cela nous vaudrait mieux que ce coffre plein d'or où nous ne pouvons prendre qu'une pièce à la fois.

La grand-mère y consentit, et Jean dit :

— Coffre d'or, redeviens coque de noix.

Cela s'accomplit à la minute ; Jean ramassa la coque dans sa poche, et quand il arriva sur le bord de la mer, il la mit à l'eau et dit :

— Coque de noix, deviens un beau navire bien mâté,

bien gréé, avec deux batteries, et des canonniers et des gabiers qui m'obéissent à la parole.

Aussitôt il vit un beau navire avec deux rangées de canons, qui masquait ses voiles comme pour attendre quelqu'un, et près du rivage, il y avait une baleinière toute dorée. Jean s'y embarqua, et aussitôt les hommes qui la montaient se mirent à nager aussi bien que les meilleurs canotiers de la flotte. Quand il arriva à bord du navire, l'équipage était rangé sur la lisse pour le recevoir : aucun des hommes ne parlait ; mais ils lui obéissaient à la minute.

Il leur ordonna de conduire le vaisseau où la princesse était prisonnière ; aussitôt le navire déploya ses voiles et se mit en route, avant, tribord et bâbord, et il marchait comme le vent. Ils furent trois jours sans voir aucune terre ; le quatrième, ils aperçurent une île à perte de vue, et ils mirent le cap dessus. Comme Jean des Merveilles en approchait, il vit un navire, deux navires, trois navires ; il en compta jusqu'à quinze qui étaient auprès de l'île ; l'un d'eux s'avança vers lui. Il commanda la manœuvre à ses hommes ; mais, comme son navire n'avait pas hissé son pavillon, le corsaire qui venait à sa rencontre tira deux coups à blanc, puis un troisième à boulet.

— Ah ! commanda Jean des Merveilles, chargez la moitié des canons avec des boulets et l'autre moitié avec de la mitraille, et puis feu partout.

Mais ses hommes ne bougeaient pas, et il était si en colère que, de rage, il se serait bien roulé par terre. Le corsaire arriva et ses hommes sautèrent à l'abordage ; mais les matelots de Jean les laissaient monter à bord sans même essayer de leur résister.

Quand il vit cela, il songea à son pouvoir et dit :

— Coque de noix, deviens un petit navire où il y ait seulement place pour moi, et tire-moi de ce mauvais pas.

Aussitôt il se trouva dans une petite chaloupe, et les matelots qui étaient à bord se noyèrent ; au même instant le chef des corsaires, qui était l'ennemi de la fée qui avait donné la coque de noix à Jean des Merveilles, fut changé en un gros chat noir qui lui dit :

— Tu as cent ans à être prince, et moi cent ans à rester chat.

Jean des Merveilles aborda à l'île : il délivra la princesse, et ordonna à son petit bateau de se changer en un beau navire. Il monta à bord avec la princesse, et fit un heureux voyage ; quand il arriva à Paris, le roi fut bien content de le voir et il lui donna sa fille en mariage.

Il y eut à cette occasion des noces si copieuses que le lendemain sur toutes les routes on voyait des invités égaillés sur les *mètres* (tas) de pierres et ronflant comme des bienheureux.

La chèvre blanche

Il était une fois un capitaine dont la femme mourut en donnant le jour à une petite fille qui fut nommée Euphrosine et eut une fée pour marraine. Le capitaine eut bien du chagrin à la mort de sa femme, et comme il était souvent en mer, il mit sa petite fille à la nourrice. Mais quand elle fut devenue un peu grande, il trouva qu'elle n'était pas bien soignée par ceux chez qui il l'avait placée, et il se remaria pour que son enfant eût une seconde mère.

Peu de temps après son mariage, il se rembarqua pour un voyage qui devait durer trois ans, et il recommanda à sa femme d'avoir bien soin de sa petite Euphrosine. Elle lui promit tout ce qu'il voulut, mais c'était une méchante personne qui n'aimait qu'une petite fille nommée Césarine qu'elle avait eue d'un premier mariage. Césarine était laide, au lieu qu'Euphrosine avait une figure jolie et gracieuse, et elle avait à une oreille une petite marque rouge comme une fraise que ses cheveux recouvraient.

La belle-mère d'Euphrosine ne lui donnait à manger que de mauvaises pommes de terre et des croûtes de pain moisi, car elle aurait bien voulu voir mourir l'enfant de son mari, pour que sa fille à elle eût tout l'héritage. Elle l'envoyait aux champs garder quatre moutons blancs, et elle lui donnait tous les jours une grosse quenouille à filer ; quand elle n'avait pas rempli sa tâche, elle la battait et l'envoyait coucher sans souper. Mais la marraine d'Euphrosine, qui savait que sa belle-mère voulait la faire mourir de faim, venait chaque jour lui apporter à manger : aussi, au lieu de dépérir, elle devenait gentille et fraîche, et il semblait que plus sa belle-mère lui faisait de misère, plus elle devenait jolie.

— Comment cela se fait-il ? disait la méchante belle-mère ; je ne donne rien à manger à Euphrosine, et elle est bien plus jolie que ma fille que je soigne si bien.

— Ah ! maman, répondait Césarine, c'est le bon Dieu qui vous punit ; si vous donniez à ma sœur un peu plus de quoi se nourrir, peut-être que je deviendrais moins laide.

— Il y a quelqu'un, dit la mère, qui lui apporte à manger ; demain, tu iras voir qui c'est, et moi j'irai après-demain.

La petite Césarine alla se cacher auprès du champ où sa sœur gardait ses moutons ; elle savait que sa sœur avait été nommée par une fée, mais elle ne vit point sa marraine ; Euphrosine mangea un bon morceau de pain beurré, et Césarine la vit, mais elle n'était point méchante, et elle ne dit rien à sa mère.

— Qu'as-tu vu ? lui demanda celle-ci quand elle rentra.

— Rien.

— Je parie, dit la belle-mère, que ce soir quand elle va rentrer elle ne voudra pas souper.

Lorsque Euphrosine revint à la maison, sa belle-mère lui donna un morceau de pain moisi, mais la petite fille répondit qu'elle n'avait pas faim et elle ne le toucha pas.

La belle-mère se dit :

— J'irai à mon tour demain, et je saurai tout.

Le lendemain, la méchante femme se rendit aux champs presque sur les talons d'Euphrosine, et elle se cacha derrière une haie pour l'épier. Elle ne vit point la fée, mais elle vit la petite fille qui mangeait et qui semblait avoir quelque chose de gros dans son tablier. Elle sortit aussitôt de sa cachette, et dit brusquement à Euphrosine :

— Qu'est-ce que tu as dans ton tablier ?

La petite le déplia, et au lieu de pain il contenait des fleurs.

— Où les as-tu prises ? demanda la belle-mère.

— Je les ai cueillies dans les champs, répondit-elle toute tremblante.

La méchante femme s'en alla à la maison, furieuse de n'avoir rien su.

La fée venait tous les jours voir sa filleule, elle lui emportait sa quenouille et le soir la lui rapportait toute filée ; un jour, elle vint la voir et lui dit :

— Je vais m'absenter pour un long voyage et je ne reviendrai pas de sitôt ; voici une baguette et une bague qui te donneront tout ce que tu désireras ; mais prends bien garde que ta belle-mère ne te les enlève, car elle te veut du mal et ne désire que ta mort.

Euphrosine, après le départ de sa marraine, ne manquait de rien grâce à sa baguette et à sa bague ; elle grandissait et embellissait tous les jours ; les galants s'empressaient autour d'elle et ne daignaient même pas regarder Césarine qui enlaidissait à vue d'œil. La méchante belle-mère était furieuse.

Euphrosine tomba malade, et sa belle-mère écrivit à son père que sa fille était bien mal. Le capitaine lui répondit de soigner de son mieux sa petite fille, car s'il venait à la perdre, il ne s'en consolerait jamais.

Mais la méchante belle-mère fit courir le bruit qu'Euphrosine était morte, et elle l'écrivit à son mari. Elle fit faire une châsse qu'elle remplit de terre et de cailloux, et on l'enterra dans le cimetière : tout le monde croyait Euphrosine trépassée, et Césarine n'osait rien dire parce qu'elle avait peur de sa mère.

La belle-mère alla trouver une méchante vieille fée qui était l'ennemie de la marraine d'Euphrosine, et elle la pria de l'emmorphoser[1] ; mais elle lui répondit que tant qu'elle posséderait sa baguette et sa bague, elle n'aurait aucun pouvoir sur elle, et elle lui dit où elles étaient

1. Métamorphoser.

cachées. La méchante femme s'en empara, et la vieille fée vint pour emmorphoser Euphrosine ; mais elle dit à sa belle-mère qu'elle avait à l'oreille une marque qui lui était venue en naissant et que sa marraine avait touchée et que jamais elle ne pourrait la faire disparaître.

— En quelle bête voulez-vous qu'elle soit emmorphosée ? demanda la fée.

– En chèvre noire, répondit la belle-mère.

Mais la fée eut beau jouer de sa baguette, elle ne put y réussir.

— Je ne peux, dit-elle, l'emmorphoser en chèvre noire : elle est trop pure, et cela est hors de mon pouvoir ; je l'emmorphoserai en chèvre blanche ou en chèvre verte, à votre choix.

— Qu'elle soit en chèvre blanche, répondit la belle-mère.

La fée changea Euphrosine en une petite chèvre blanche, la plus jolie qu'on pût voir, et elle avait à l'oreille la marque que sa marraine avait touchée. Sa belle-mère la conduisit ensuite dans les ruines d'un vieux château, à trois lieues de chez elle, et elle l'y abandonna : la petite chèvre blanche broutait pour se nourrir l'herbe qui poussait parmi les ruines.

Quand le capitaine revint de voyage, il fut bien chagrin de ne plus voir sa petite fille qui était le portrait de sa défunte femme ; il cessa de naviguer en se disant qu'il était assez riche maintenant puisqu'il n'avait plus qu'un enfant. Mais, comme il s'ennuyait à terre, il allait à la chasse pour se distraire ; sa femme voulut l'en détourner, craignant qu'un jour il n'allât du côté des vieilles ruines qui servaient de refuge à beaucoup d'oiseaux ; mais elle eut beau faire, il se mit à chasser.

Un jour, il alla aux ruines, et vit la petite chèvre blanche qui broutait dans les anciens jardins du château où l'herbe poussait comme dans un champ.

— Ah ! s'écria-t-il, la jolie petite chèvre !

Elle le reconnut, et elle vint à lui ; elle lui léchait les mains en le regardant et en disant « Bée, Bée », d'une voix si douce que le capitaine en était tout ému. Il la caressait en disant :

— Ah ! comme elle est jolie ! elle a les yeux comme ma pauvre Euphrosine, et porte comme elle une petite marque à l'oreille.

Il voulait la faire sortir du château et l'emmener avec lui ; mais elle ne pouvait quitter les ruines. Il s'éloigna bien marri, et quand il fut de retour à la maison, il ne fit que parler d'elle, et il promit à Césarine de l'emmener pour la voir.

— Ah ! s'écria-t-il, c'est moi qui ai vu une jolie petite chèvre blanche ! jamais je n'ai vu une chèvre avoir de si beaux yeux ; elle les a comme ceux d'une personne, comme ceux de ma petite Euphrosine, et même elle a comme elle une marque à l'oreille. Si je pouvais l'amener ici, je serais bien content. Mais nous irons demain aux ruines ; peut-être qu'elle y sera encore.

Césarine, qui savait que sa sœur avait été emmorphosée, aurait bien voulu ne pas aller aux ruines ; mais le capitaine insista pour l'y emmener, et elle y fut avec lui. Aussitôt que la petite chèvre la vit, elle accourut en frétillant de la queue ; elle disait : « Bée », d'une voix douce, en se frottant contre Césarine, car elle l'aimait bien. Césarine, qui n'était point méchante, ne pouvait s'empêcher de pleurer ; car elle savait que c'était sa sœur.

— Qu'est-ce que tu as donc à pleurer, Césarine ? lui demandait le capitaine.

— Ah ! répondait-elle, je voudrais l'emmener à la maison, et j'en aurais bien soin.

Mais la chèvre ne pouvait quitter les ruines du château.

— Vous ne l'avez pas amenée avec vous ? dit la méchante femme quand ils rentrèrent.

— Non, répondit le capitaine ; si tu savais comme elle est jolie ; il faudra que demain tu viennes la voir.

Quand son beau-père fut sorti, Césarine s'écria :

— Ah ! je ne retournerai jamais au château ; si tu savais, ma mère, comme elle est mignonne ! comme elle me caressait et comme elle venait me lécher les doigts !

— Si ton père venait à découvrir qui elle est, disait la méchante belle-mère, nous serions perdues ; il nous tuerait toutes les deux ; ne lui en parle jamais.

— Non, ma mère, répondit Césarine.

Le lendemain, le capitaine dit :

— Il faut retourner aux ruines ; nous porterons un panier de provisions pour la chèvre, et elle consentira peut-être à nous suivre.

Les voilà partis tous les trois ; mais dès que la chèvre blanche aperçut sa belle-mère, au lieu de bêler comme à l'ordinaire, elle s'enfuit, et alla se cacher.

— C'est bien singulier, dit le capitaine, que cette chèvre qui nous a fait tant de caresses les autres jours ne veuille plus nous voir aujourd'hui !

Il alla tout seul dans les ruines, et la petite chèvre venait le caresser en bêlant ; mais dès qu'elle voyait sa belle-mère, elle devenait triste et courait se cacher.

— Il faut, dit-il à sa femme, que tu aies fait quelque chose à cette petite chèvre.

— Moi ! répartit la méchante belle-mère, c'est la première fois que je la vois, et jamais je n'étais venue à ce vieux château.

Ce jour-là encore, ils ne purent l'emmener.

Le capitaine fut malade et obligé de se coucher, de sorte qu'il resta huit jours sans retourner à la chasse auprès du château ; dès qu'il put se lever, il y alla et regarda s'il voyait la petite chèvre blanche, mais il ne l'aperçut pas et se dit :

— La pauvre petite ! sans doute quelqu'un l'aura tuée.

Il la chercha et finit par la trouver, à moitié morte, cachée sous un buisson. Elle était aussi tombée malade du chagrin qu'elle avait de ne plus voir son père.

— Ah ! te voilà, lui dit-il, ma pauvre petite chèvre, je croyais que l'on t'avait tuée.

— Bée, répondit-elle d'une voix plaintive.

Il lui donna à manger du pain qu'il avait dans sa gibecière, il lui fit boire un peu de vin, et elle se trouva mieux.

Quelques jours après, il se mit en route pour aller la voir, et en approchant des ruines, il rencontra, mais sans la reconnaître, la marraine de sa fille.

— Allez-vous à la chasse, beau chasseur ? lui demanda-t-elle.

— Oui, répondit le capitaine, et vous ?

— Je n'y vais pas, je suis venue au-devant de vous.

— Je vais, dit le capitaine, pour voir une jolie petite chèvre qui est dans les ruines du château : elle vous appartient peut-être ?

— Non, répondit la fée ; elle est à vous : est-ce que vous ne l'avez pas reconnue à la petite marque qu'elle porte à l'oreille ?

Le capitaine songea aussitôt à sa fille qu'il croyait morte, et il tomba sans connaissance, car il pensa que c'était peut-être elle qui avait été emmorphosée. La fée le secourut, et, quand il eut repris connaissance, elle lui raconta ce qui s'était passé.

— Est-ce que vous ne l'avez pas reconnue ? dit-elle.

— Si, repartit le capitaine, j'ai bien des fois dit qu'elle avait les yeux comme ma pauvre petite Euphrosine et qu'elle portait comme elle une marque à l'oreille.

— Avant de partir pour un long voyage, dit la fée, je lui avais donné une bague et une baguette pour la préserver des méchancetés de sa belle-mère ; car je savais qu'elle voulait l'emmorphoser ; elle lui a enlevé la bague et la baguette, et ensuite elle l'a fait passer pour morte.

— Oui, j'ai reçu cette nouvelle, et j'en ai eu bien du chagrin.

— Elle est emmorphosée en chèvre blanche, mais je ne puis détruire son enchantement que je n'aie la baguette et la bague ; je vous indiquerai où elles se trouvent.

Il entra dans les ruines du château pour voir la petite chèvre. Dès qu'elle l'aperçut venir avec sa marraine, elle courut à eux en bêlant ; et en disant : « Bée » ; elle se frottait contre eux, frétillait de la queue et ne savait quelles caresses leur faire. Son père pleurait, sa marraine pleurait, et elle pleurait aussi, la petite chèvre blanche.

— Maintenant, dit le capitaine à la fée, indiquez-moi où est la baguette.

— Votre femme a fait pratiquer au-dessous de son armoire une petite coulisse, c'est là que la bague et la baguette sont cachées ; quand vous les aurez, revenez ici, je vous y attendrai.

Il embrassa la petite chèvre et lui dit :

— A demain, ma petite chèvre blanche, tu n'as plus qu'une nuit à passer dehors ; si je trouve la baguette et la bague, tu seras démorphosée[1] ; si je ne peux les trouver, je viendrai vivre avec toi parmi ces ruines.

— La baguette et la bague sont encore dans l'armoire, dit la fée ; mais hâtez-vous, car la méchante fée qui a emmorphosé Euphrosine va avertir votre femme de ce qui se passe.

Le capitaine courut au village le plus près, et y loua un cheval pour arriver plus vite ; en entrant dans sa maison, il vit sa femme et un menuisier qui étaient à défaire la cachette de la bague et de la baguette, car la mauvaise fée l'avait avertie ; mais il se glissa sans bruit derrière elle, lui arracha la bague et la baguette, et sans attendre au lendemain, il remonta à cheval et se dirigea bride abattue vers les ruines.

Il y trouva la fée qui l'attendait ; et il lui donna ce qu'il avait pris à sa femme. La fée posa par terre devant la petite chèvre la bague et la baguette, et lui dit :

— Voilà les objets que je t'avais donnés pour te mettre

1. Ta métamorphose cessera.

à l'abri des méchancetés de ta belle-mère ; touche-les avec le pied.

La petite chèvre mit un pied sur la bague et l'autre sur la baguette ; aussitôt elle fut démorphosée, et, de chèvre blanche, elle devint une belle jeune fille.

— Me voici, mon père, lui dit-elle en l'embrassant.

— Ah ! Euphrosine, s'écria-t-il, comme je suis heureux de te retrouver !

Elle embrassa aussi sa marraine la fée, puis elle retourna à la maison de son père ; en y arrivant, elle sauta au cou de Césarine qui fut très aise de la revoir, car elle aimait bien sa sœur, et ne lui avait jamais fait de mal ; mais la méchante belle-mère était allée se cacher.

— Où est ta mère, Césarine ? demanda le capitaine.

— Ah ! papa, répondit-elle, je ne vous dirai pas où elle est, car vous voulez tuer maman.

Le capitaine chercha partout, sans pouvoir trouver sa femme ; mais il pensa à faire parler la baguette, et la baguette dit que la méchante s'était cachée dans la cheminée.

Le capitaine fit monter un ramoneur sur le haut de la maison pour boucher la cheminée ; il mit vingt-cinq fagots dans le foyer, et brûla sa méchante femme.

Quand elle fut rôtie, il resta à demeurer avec ses deux filles ; ils vécurent heureux tous les trois, et s'ils ne sont pas morts, je pense qu'ils vivent encore.

Le château suspendu dans les airs

Il était une fois un pêcheur qui ne possédait pour tout bien qu'une petite cabane au bord de la mer, son bateau et ses filets. Il avait un fils qui allait avec lui à la pêche, et c'était un garçon de si bonne mine que, lorsqu'il passait, tout le monde se détournait pour le regarder. Il avait aussi trois filles presque du même âge et toutes les trois jolies.

Le pêcheur, qui était âgé, mourut ; son fils devint le chef de la famille, et tous les jours il allait à la pêche dans son bateau, afin de gagner de quoi donner à manger à toute sa maisonnée.

Un jour qu'il sortait de chez lui pour aller à la grève, il vit devant sa porte trois seigneurs qui lui demandèrent la permission d'entrer dans sa cabane pour s'y reposer quelques instants, car ils venaient de loin et étaient fatigués. Il y consentit très volontiers et il les reçut de son mieux. Ils s'assirent dans la cabane et ils furent si frappés de la beauté des sœurs qu'ils en devinrent tous les trois amoureux. Quelques jours après ils se marièrent avec elles, et après la noce les trois seigneurs, qui étaient le roi des Poissons, le roi des Oiseaux et le roi des Rats et des Souris, voulurent emmener avec eux leurs épousées. Avant de quitter leur beau-frère, ils lui firent chacun un présent : deux lui donnèrent de pesantes bourses pleines d'or, mais le cadeau du troisième était une vieille tabatière que le pêcheur mit dans la poche de sa vareuse, sans même avoir envie de l'ouvrir, car il pensait que son beau-frère avait voulu se moquer de lui.

Le pêcheur s'ennuya fort après le départ de ses sœurs, et comme il avait la bourse bien garnie, il quitta sa cabane, s'habilla comme un bourgeois cossu, et alla à Paris. Pendant deux ans il y mena joyeuse vie, car il ne manquait de rien, ayant de l'argent plein ses poches ; mais il finit par voir la fin de ses écus, et quand il n'eut plus rien que des dettes, ses amis lui tournèrent le dos, et il fut mis à la porte de sa maison. Il se souvint alors de son village où il avait une petite cabane, et il résolut d'y retourner pour recommencer à mener son métier de pêcheur. Mais quand il arriva à la petite anse où il avait laissé son bateau, il ne le vit plus, car Mistrau[1] l'avait enlevé, et il ne retrouva que son grappin et des bouts d'amarres à moitié pourris. Il entra dans sa cabane qui avait aussi bien souffert du vent et de l'hiver, et il se mit à fouiller dans les poches de son cirage pour voir s'il n'y découvrirait pas quelque pièce de cent sous ; mais il eut beau retourner les poches, il n'y avait pas même une pauvre pièce de deux sous : il n'y restait plus que la vieille tabatière que son beau-frère lui avait donnée. Il se mit à la regarder et fut sur le point de la jeter dans un coin, mais il pensa qu'elle contenait peut-être du tabac, et il l'ouvrit pour voir. Dès qu'il eut touché au couvercle, il entendit une petite voix qui disait :

— Maître, qu'y a-t-il pour votre service ?

— Ce qu'il y a pour mon service ? murmura le pêcheur bien ébahi d'ouïr parler sans voir personne, il y a beaucoup de choses ; pour le moment, je voudrais bien une table avec un bon dîner dessus.

Aussitôt se dressa devant lui une table couverte de pain et de viandes ; il y avait aussi des bouteilles de vin, et même le café et l'eau-de-vie n'étaient pas oubliés. Le pêcheur qui avait jeûné depuis quelques jours mangea de bon appétit, puis quand il n'eut plus faim, il rouvrit sa tabatière et lui ordonna de le transporter dans la chambre où dormait la fille du roi. Aussitôt il s'éleva doucement au-dessus des nuages, comme s'il était porté sur les ailes des vents ; bientôt il fut déposé sur un lit

1. Vent du nord.

bien souple, et il vit à côté de lui une princesse belle comme un jour et qui dormait si tranquillement qu'on entendait à peine son souffle. Le pêcheur resta en extase à la regarder, et au matin il rouvrit sa tabatière pour retourner à sa cabane avant le réveil de la princesse. Pendant trois jours, il se fit servir de bons repas, et pendant trois nuits il resta à regarder la fille du roi qui dormait ; plus il la regardait, plus elle lui plaisait ; mais il ne voulait point la réveiller, de peur de l'effrayer et de lui faire de la peine.

Cependant le père de la princesse fit publier à son de trompe dans tout son royaume et dans les pays voisins, que sa fille était en âge d'être mariée, et qu'il la donnerait à celui qui lui amènerait la plus grande quantité de grains ; car la récolte avait été mauvaise et ses sujets étaient menacés de la famine. De tous côtés on voyait sur les routes des chargements de grains, et des navires dont la cale était remplie de blé. Le jeune pêcheur fut content d'apprendre la promesse du roi ; car il pensait que, grâce à sa tabatière, il pourrait peut-être devenir le mari de la princesse qui lui plaisait tant. Il ouvrit sa tabatière et lui demanda des charrettes chargées de blé avec de vigoureux attelages et des charretiers pour les conduire, et tout cela en si grand nombre que personne ne pût en amener autant. Aussitôt, à perte de vue, les routes furent couvertes de chariots et le pêcheur les amena au roi, qui trouva qu'à lui seul il apportait plus de grains que tous les autres ensemble. Il fut déclaré vainqueur, et huit jours après il épousa la princesse qui n'en fut point marrie, parce qu'il était joli garçon.

Le lendemain de ses noces, il ouvrit sa tabatière, et lui demanda un beau château qui serait suspendu au ciel par quatre chaînes d'or au-dessus du palais de son beau-père. Aussitôt il vit dans le ciel un château suspendu par des chaînes d'or : il était si beau que jamais on n'avait vu son pareil, et il brillait comme s'il avait été tout en or. Quand le roi vit ce bel édifice qui reluisait au soleil, il demanda à son gendre ce que cela pouvait être.

— Sire, répondit le pêcheur, c'est mon château que mes ouvriers invisibles ont bâti cette nuit au bas de votre jardin. Si vous voulez venir le visiter vous verrez que rien n'y manque.

Le roi embrassa son gendre, car il était ravi de lui voir un aussi beau château, et, quand il l'eut visité de la cave au grenier, il lui proposa de faire une partie de chasse, et ils se mirent en route tous les deux.

Cependant un des anciens amoureux de la princesse entra au château suspendu par des chaînes d'or pour le visiter, et il aperçut dans un coin une vieille tabatière tout usée. Bien étonné de la voir en ce lieu, il voulut l'ouvrir pour savoir ce qu'il y avait dedans : aussitôt il entendit une petite voix qui disait :

— Maître, qu'y a-t-il pour votre service ?

— Ce qu'il y a pour mon service ? répondit le seigneur ; je veux que le château soit transporté à plus de quatre cent cinquante lieues d'ici.

A l'instant, il sentit le château remuer ; et il le vit passer au-dessus des grandes forêts et des vastes mers qu'il traversait en un clin d'œil. Enfin, il le vit s'arrêter au milieu d'un pays où, aussi loin que l'œil pouvait porter, on n'apercevait âme qui vive.

En revenant de la chasse avec son beau-père, le jeune pêcheur arriva sur un tertre d'où il pensait qu'il apercevrait son château ; mais il fut bien surpris de ne plus le voir. Il tâta ses poches et vit qu'il avait oublié sa tabatière. Le roi, voyant que le château avait disparu, entra dans une grande colère, et il jura sa parole de roi que, si avant deux mois son gendre ne lui ramenait pas la princesse, il le ferait écarteler par quatre chevaux.

Le pêcheur était bien triste ; mais il pensa que ses beaux-frères pourraient lui aider, et il se mit en route pour aller les voir. Il commença par aller trouver le roi des Poissons ; en entrant au palais, il embrassa sa sœur qui était heureuse comme une princesse qu'elle était, et, ayant raconté son malheur à son beau-frère, il lui demanda s'il n'avait pas entendu parler d'un château suspendu au ciel par quatre chaînes d'or.

— Non, répondit le roi des Poissons, je n'en ai point eu connaissance ; mais attends, je pense que dans un instant je pourrai te dire où il est.

Il plongea dans la mer, et il assembla tous ses sujets, depuis la baleine jusqu'à la puce de mer, et il leur demanda s'ils n'avaient point vu un château suspendu par quatre chaînes d'or ; mais ils déclarèrent tous que c'était la première fois qu'ils en entendaient parler. Comme le roi finissait de les interroger, il vit arriver un vieux marsouin qui avait essuyé bien des coups de feu, et bien des tempêtes :

— Et toi, marsouin, lui demanda le roi, n'as-tu pas vu le château suspendu en l'air par quatre chaînes d'or ?

— Non, répondit-il, je ne l'ai pas vu ; mais comme je me jouais sur les vagues, j'ai rencontré un aigle qui m'a parlé d'un château suspendu par quatre chaînes d'or ; un mariage doit y être célébré dans huit jours, et on y amène tant de viandes pour les invités que l'aigle m'a dit que jamais il n'avait mangé autant.

Le roi des Poissons remercia le vieux marsouin, puis il sortit de la mer et vint raconter à son beau-frère ce qu'il avait appris.

Le pêcheur le remercia, puis il partit aussitôt pour aller voir son autre beau-frère, le roi des Oiseaux. En arrivant à son palais, il embrassa sa sœur, et ayant raconté ses aventures au roi des Oiseaux, il lui demanda s'il n'avait pas ouï parler d'un château suspendu au ciel par quatre chaînes d'or. Le roi assembla ses sujets, et leur demanda s'ils avaient vu le château ; l'aigle répondit :

— Oui, je l'ai vu ; il brille comme de l'or, et un mariage doit y être célébré dans huit jours ; ce sera une belle noce, car dès maintenant il y a tant de viandes de toutes sortes qu'hier j'ai pu en manger tant que j'ai voulu.

— Pourrais-tu, demanda le roi, transporter un homme jusque-là ?

— Oui, répondit l'aigle ; mais auparavant il faut que je mange beaucoup, car la route sera longue.

Pendant toute la nuit on servit des viandes à l'aigle, et il s'en reput jusqu'au jour. Le matin venu, il prit sur son dos le jeune pêcheur, et s'envola pour aller au château suspendu par des chaînes d'or.

Pendant plusieurs heures, l'aigle vola sur une grande mer, si grande qu'on n'y voyait ni terre ni île, rien que le ciel et l'eau ; mais comme ses forces faiblissaient, il déposa le pêcheur sur un rocher que la marée venait de laisser à découvert, puis il partit à tire-d'aile pour le château des quatre chaînes d'or, afin de s'emplir de nouveau le ventre de viandes, et de pouvoir reprendre l'homme sur son dos.

Le pêcheur resta seul sur le rocher, et le temps lui sembla long, car l'aigle ne revenait point et il savait que la marée haute recouvrait le rocher. Cependant la mer montait, montait, et le pêcheur avait beau regarder de tous ses yeux, il ne voyait point revenir l'aigle. Il se mit debout sur la pointe la plus élevée du rocher ; bientôt l'eau vint l'y trouver, elle baigna ses pieds, puis son genou, elle atteignit sa taille, puis ses épaules, et il ne voyait rien venir. Au moment où la vague lui arrivait jusqu'au menton, l'aigle parut ; et l'ayant pris sur son dos, il le déposa dans la cour du château où les noces devaient être célébrées le lendemain.

La femme du pêcheur était à sa fenêtre : elle reconnut son mari et fut bien heureuse de le voir, car elle l'aimait bien, et c'était contre son gré qu'elle l'avait quitté. Elle trouva moyen de lui parler secrètement et lui dit :

— Le seigneur qui m'a enlevée ne quitte jamais la tabatière magique, et tous les soirs en se couchant, il la met sous son oreiller, de sorte qu'il est malaisé de la prendre sans l'éveiller. Il faut que l'aigle aille trouver le mari de ta troisième sœur qui commande aux rats et aux souris, afin qu'il ordonne à quelques-uns de ses sujets de venir ici. Quand le seigneur ronflera, une petite souris ira lui fourrer la queue dans sa bouche entrouverte ; alors il toussera, et pendant qu'il sera sur son séant, tu pourras rentrer en possession de la tabatière.

L'aigle se hâta d'aller au pays des rats et des souris, et il ne tarda pas à revenir, apportant sur son dos une petite souris qui avait la mine fine comme tout, et un gros rat à longue queue. La nuit suivante, dès que le seigneur, qui avant de se coucher avait placé sous son oreiller la tabatière magique, se mit à ronfler, la petite souris lui fourra sa queue dans la bouche ; mais elle n'était pas assez longue et, sans se réveiller, l'homme la lui serra si fort qu'elle crut qu'il la lui avait écourtée ; elle se mit à *cuiter*, et il desserra les dents : aussitôt elle courut raconter à la femme du pêcheur qu'elle n'avait pu réussir parce que sa queue était trop courte. Alors la dame ordonna au gros rat d'essayer à son tour ; il prit si bien ses mesures qu'il fourra sa queue jusque dans la gorge du seigneur. Celui-ci s'éveilla en sursaut, à moitié étranglé, et il se mit sur son séant, toussant et crachant comme s'il était prêt à rendre l'âme.

Pendant ce temps, le pêcheur qui était caché auprès du lit, avait passé la main sous l'oreiller et s'était saisi de la tabatière. Il l'ouvrit aussitôt et entendit une petite voix qui lui disait :

— Maître, qu'y a-t-il pour votre service ?

— Je voudrais, répondit le pêcheur, que mon château soit de nouveau transporté dans le jardin de mon beau-père, à la place où il se trouvait avant que ce scélérat m'eût enlevé ma tabatière.

A l'instant il sentit que le château était soulevé et transporté dans les airs ; il le vit passer au-dessus des vastes mers et des grandes forêts qu'il traversait en un clin d'œil, et bientôt il fut posé immobile dans le jardin du roi, en face de son palais.

Le roi, qui s'éveillait en ce moment, se mit à la fenêtre

et revoyant le château suspendu par quatre chaînes d'or entre le ciel et la terre, il se frotta les yeux, croyant qu'il avait la berlue ; mais il vit venir son gendre et sa fille qui l'embrassèrent et lui racontèrent ce qui était arrivé.

Il en fut bien joyeux, et pour punir celui qui s'était emparé de la tabatière magique, il le fit écarteler par quatre chevaux. Il y eut de grandes réjouissances pour célébrer le retour de la princesse, et le pêcheur vécut heureux avec elle ; mais il avait soin, de peur d'un nouvel accident, de porter toujours avec lui la tabatière enchantée.

Jean le Laid

Il y avait une fois un homme veuf qui avait trois filles. Il devait à tout le monde et ne savait comment s'y prendre pour payer ses dettes. Il finit par se vendre au diable, qui lui donna de l'argent à la condition que, s'il ne pouvait le rendre à l'époque fixée, le diable l'emporterait.

Quand approcha le moment de l'échéance, l'homme n'avait pas de quoi payer, et il ne se souciait point de s'en aller en enfer. Il se confessa au recteur, auquel il conta tout.

Le prêtre lui dit :

— Il faut que vous rendiez au diable l'argent qu'il vous a fourni, car sans cela il vous emporterait. Je connais un homme qui pourra vous prêter la somme dont vous avez besoin : c'est Jean le Laid. Allez le trouver de ma part.

Le bonhomme s'en fut chez Jean le Laid, qui consentit à lui avancer trois mille francs avec lesquels il paya le diable.

Jean le Laid vint chez le bonhomme, et ayant vu ses trois filles, qui étaient jolies, avenantes et bien élevées, il lui prit envie d'en épouser une. Depuis longtemps il cherchait à se marier ; mais une fée l'avait maudit, et il était si laid que, rien qu'à le regarder, on éprouvait de la répugnance ; aussi, bien qu'il fût riche, il ne trouvait point de femme.

Il dit au bonhomme :

— Il faut que vous me rendiez mes trois mille francs ou que vous me donniez une de vos filles en mariage.

Le bonhomme fit part à ses filles de la proposition de Jean le Laid, en leur disant que si l'une d'elles ne consentait pas à se marier avec lui, leur père serait obligé de se revendre au diable. Mais elles le trouvaient si laid qu'elles répondirent toutes les trois :

— Vendez-vous au diable si vous voulez ; mais nous refusons de prendre un si vilain mari.

Cependant l'aînée, qui s'appelait Eulalie, finit par dire qu'elle épouserait Jean le Laid pour empêcher son père d'être emporté par le diable.

Elle se maria, et son mari l'emmena dans sa maison, qui était fort belle et où elle ne manquait de rien.

Huit jours après la noce, elle se promenait dans son jardin, quand une de ses amies qui passait sur la route s'arrêta à lui causer et lui dit :

— Ah ! te voilà, ma pauvre Eulalie ! Comment as-tu pu épouser Jean le Laid, qui est si vilain qu'il en fait *donger*[1] ?

— Je ne l'aime point, répondit Eulalie ; il est bien laid, et si je me suis mariée avec lui, c'est pour empêcher mon père de se revendre au diable.

Son mari, qui s'était caché tout près de là et qui écoutait ce qu'elle disait, la tua au milieu de la nuit.

Le lendemain, il alla chez son beau-père et lui annonça que sa fille était trépassée.

— Comment ! dit le bonhomme en pleurant, ma fille est morte ?

— Oui, répondit-il ; je l'ai tuée parce qu'elle ne m'aimait point. Et il faut que vous me donniez une autre de vos filles ou que vous me rendiez mon argent.

Quand le bonhomme parla à ses filles de se marier avec Jean le Laid, elles jetèrent les hauts cris, et elles déclarèrent qu'elles aimaient mieux voir leur père se revendre au diable que de faire comme leur sœur.

Alors le bonhomme appela le diable, qui arriva aussitôt. Quand les filles le virent, elles eurent si grand peur, si grand peur, que la seconde, qui se nommait Amélie,

1. Répugnance, du breton *donger*.

s'écria qu'elle voulait bien prendre Jean le Laid pour mari.

Après les noces, Amélie alla demeurer dans la maison de son mari.

Un jour qu'elle se promenait aussi dans le jardin, elle vit passer son amie, qui lui dit :

— Comment ! tu as épousé Jean le Laid qui a tué ta sœur et qui est si vilain ?

— Ah ! répondit-elle, je me suis mariée avec lui parce que mon père lui doit de l'argent ; mais je ne l'aime point.

Jean le Laid entendit encore cela, et au milieu de la nuit il tua sa femme.

Après ce nouveau meurtre, il n'osa retourner chez son beau-père, et il resta trois jours sans avoir le courage d'aller lui annoncer la mort de sa seconde fille.

Il s'y décida enfin et dit au bonhomme qu'il voulait ses trois mille francs ou la troisième fille en mariage.

Le bonhomme s'écria qu'il n'y consentirait jamais, et qu'il aimait mieux se revendre au diable que de perdre le seul enfant qui lui restât.

Mais la fille, qui se nommait Louise, et qui était douce et bonne, dit à son père qu'elle consentait à épouser Jean le Laid. La noce eut lieu, et la nouvelle mariée alla demeurer avec son mari.

Elle se promenait souvent dans son jardin, et, un jour qu'elle y était, elle vit encore passer son amie, qui lui dit :

— Est-il possible que tu aies consenti à épouser Jean le Laid, qui est horrible à regarder et qui a tué tes deux sœurs ?

— Ah ! répondit Louise, si je l'ai pris pour mon mari, c'est que je l'aimais.

A peine eut-elle dit ces mots que Jean le Laid, qui était encore à écouter, se montra devant elle ; il était changé du tout au tout, et il était devenu aussi charmant qu'il était vilain auparavant, car la fée qui l'avait maudit l'avait condamné à rester laid et horrible à voir jusqu'à ce qu'il eût trouvé une femme qui l'aimât, malgré sa laideur.

Alors Louise fut bien contente ; elle fit venir son père, et elle devint princesse. Ils firent de grandes réjouissances ; depuis ils vécurent heureux, et ils ne pensèrent plus aux deux filles qui étaient mortes.

Saint Antoine portier du paradis

Au temps jadis, le bon Dieu, mécontent de saint Pierre, lui ôta les clés du paradis et le mit pour quelques mois en pénitence. Il investit saint Antoine des fonctions de portier ; mais il exigea que le saint se séparât de son petit cochon.

Saint Antoine alla prendre son poste en grommelant, et il était de fort mauvaise humeur, car il n'avait jamais été nulle part sans être accompagné de son fidèle pourceau. Aussi, il recevait fort mal les gens qui se présentaient pour entrer au paradis, leur fermait la porte au nez et les repoussait avec de dures paroles.

Un vieux recteur qui venait de mourir se présenta, croyant être sûr d'entrer.

— Qui êtes-vous ? demanda saint Antoine d'un ton bourru.

— Recteur de Chantepie.

— On n'entre pas.

— Comment ! la porte du paradis serait fermée pour un vieux serviteur comme moi ?

— On n'entre pas, et plus de réplique, cria saint Antoine.

Le vieux curé s'assit fort mécontent sur une borne qui était à l'entrée du paradis, songeant au passe-droit qui lui était fait.

Il vit venir une religieuse qui frappa aussi à la porte.

— Qui est là ? dit saint Antoine d'une voix rude.

— Une sœur de charité.

— On n'entre pas.

— Je suis une sœur de charité, répéta-t-elle, croyant que le portier avait mal entendu.

— On n'entre pas.

La sœur vint s'asseoir sur la borne qui était de l'autre côté de la porte, en face de celle où était le vieux recteur, et se mit à pleurer ; puis, comme deux personnes assises à une porte en attendant qu'elle s'ouvre sont portées à causer, ils se racontèrent leurs mésaventures, tout en cherchant le moyen d'entrer au séjour des élus.

Pendant qu'ils étaient à deviser, voici qu'ils entendent un bruit de cheval au galop et de ferraille, et un cavalier s'arrête à la porte, qu'il heurte violemment avec le pommeau de son épée.

— Qui est là ? demande saint Antoine d'une voix douce, car il avait peur.

— Artilleur ! crie une grosse voix.

— Entrez, dit saint Antoine qui ouvre la porte à deux battants.

Et l'artilleur entre à cheval dans le paradis, en faisant jaillir des étincelles sous les pieds de sa monture.

Cependant le recteur, qui avait tout vu et tout entendu, dit à la religieuse :

— Ma sœur, vous désirez vivement entrer en paradis ?

— Oui, certes, monsieur le recteur.

— Eh bien ! voici ce qu'il faut faire : mettez-vous à quatre pattes ; je vais monter sur votre dos ; vous soufflerez et vous direz : brum ! quand je vous éperonnerai, et par ce moyen nous pénétrerons au séjour des élus.

La bonne sœur se met à quatre pattes ; le recteur monte dessus, faisant du bruit, criant, frappant du pied et éperonnant la sœur avec ses talons, et il heurte avec violence la porte du paradis.

— Qui est là ? demande saint Antoine.

— Artilleur, mille bombes ! s'écrie le curé.

— Entrez, dit saint Antoine.

Le curé, toujours à cheval sur la nonne, pénétra dans le paradis en faisant un bruit à rendre sourd, et saint Antoine murmurait :

— Est-ce qu'il va en arriver un escadron ?

Les boutons d'or

Il y avait une fois une bonne femme dont le mari était cantonnier. Un jour qu'il travaillait sur la grande route, il trouva une valise qui était pleine d'or. Il revint au logis, et dit à sa femme :

— C'est moi qui ai trouvé un joli sac de cuir avec de beaux boutons dedans ! J'aurai pour longtemps avec quoi boutonner mes culottes.

— Fais-moi-les voir, dit la femme.

Elle ouvrit la valise, et comme elle était moins simple que son homme, dès qu'elle eut vu ce qu'elle contenait :

— Va te coucher, dit-elle ; tu es malade.

— Mais non.

— Si, je le vois bien ; il n'y a qu'à regarder ta figure.

Quand son homme fut couché, elle l'endormit en lui faisant respirer des herbes fortes, mit deux œufs dans son lit, puis baratta du lait.

Le soir, le cantonnier voulut se lever ; mais elle borda soigneusement ses couvertures et le fit rester au lit, en disant toujours qu'il avait la mine malade.

Le lendemain matin, quand il s'éveilla, il dit :

— Je retourne à ma journée ; je suis bien guéri aujourd'hui.

En se levant, il trouva dans son lit les deux œufs que la fine commère y avait placés la veille.

— Ah ! s'écria-t-il, tu avais raison de dire que j'étais malade : j'ai pondu deux œufs, et les voilà.

Le cantonnier alla à la croisée et vit la cour de la maison toute blanche : sa femme y avait jeté le lait qu'elle avait baratté.

— Qu'y a-t-il de blanc devant la maison ?

— Ah ! répondit-elle, pendant que tu étais couché, il a plu du *lait-ribot*.

Le bonhomme reprit ses outils et retourna travailler sur la route. A peine y était-il arrivé, qu'un monsieur l'aborda et lui dit :

— N'avez-vous rien trouvé hier sur cette route, mon ami ?

— Si, monsieur ; j'ai trouvé un petit sac en cuir, rempli de boutons jaunes.

— Faites-le-moi voir, s'il vous plaît.

— Venez avec moi ; il est à la maison.

Quand il fut arrivé chez lui avec le monsieur, il dit à sa femme :

— Montre-moi le petit sac de cuir que je t'ai apporté hier.

— Tu ne m'as rien apporté.

— Si, je t'ai donné un petit sac en cuir.

— Un petit sac en cuir ? Quel jour donc ?

— Tu ne te rappelles plus ? C'est le jour où j'ai pondu deux œufs, et où il a tombé du lait-ribot.

— Vous voyez bien qu'il est fou, dit la bonne femme.

Le monsieur crut que le cantonnier avait adioté [1], et la bonne femme a eu la bourse.

1. Perdu la tête.

Le colimaçon et le renard

Le Renard rencontra un jour le Colimaçon :

— Tire-toi de mon chemin, lui dit-il ; je fais plus de route en un quart d'heure que toi en une année.

— Peut-être, répondit le Colimaçon ; prenons un rendez-vous, et nous verrons qui de nous deux arrivera le plus vite au but.

Ils convinrent de se retrouver le lendemain à la même place, à la tête d'un sillon, et de voir lequel serait le plus vite rendu au bout.

— Pauvre petite bête, disait le Renard, tu seras bientôt lassée !

Mais le Colimaçon alla chercher un de ses compères et lui dit :

— Va te mettre à l'un des bouts du sillon, et moi à l'autre ; quand tu verras le Renard près d'atteindre le but, tu crieras : « A bout, Renard », et nous le ferons crever.

Voilà le Renard arrivé :

— Y sommes-nous ? demanda-t-il.

— Oui, répondit le Colimaçon.

Et le Renard de courir. L'autre Colimaçon, qui était au bout du sillon, lui cria quand il fut près d'arriver :

— A bout, Renard.

— Recommençons, dit le Renard, qui se mit à courir si vite que la queue lui traînait sur le sillon ; à l'autre bout, il rencontra encore l'autre Colimaçon, qui lui cria : « A bout, Renard », et tous deux s'y prirent si bien qu'ils le firent crever.

La houle de la Corbière

Au temps où les grands-pères des plus âgés de la paroisse n'étaient pas encore en culottes, Agnès Depais demeurait avec son mari dans une maison isolée, sur la route de la pointe de la Corbière, et c'était celle qui était la plus voisine de la Houle aux fées dont l'entrée se voit de la mer. Souvent, pendant le silence de la nuit, elle entendait le bruit d'un rouet à filer de la laine, et le son assourdi semblait venir de sous la pierre de son foyer. D'autres fois, un coq chantait sous la terre, un enfant pleurait, ou il semblait à Agnès ouïr le pilon d'une baratte qui battait le lait pour faire du beurre. Mais ni elle ni son mari n'avaient peur de ces bruits souterrains, car ils pensaient que les fées de la Houle de la Corbière étaient cause de tout cela ; elles passaient pour n'être point méchantes, et personne n'avait jamais eu rien à leur reprocher.

Une nuit, un pêcheur de l'Isle vint chercher le mari d'Agnès pour aller pêcher le lançon dans la grève de la Mare. Pendant que son homme s'habillait, Agnès, qui était couchée, dit au pêcheur :

— Sais-tu quelle heure il est ?

— Non, répondit-il, je ne sais pas au juste.

A peine avait-il prononcé ces mots qu'une voix sortit de dessous terre et cria :

— Il est deux heures après minuit.

Loin de s'effrayer, les gens qui étaient là se mirent à rire, parce qu'ils avaient l'habitude d'entendre du bruit sous la pierre du foyer. Ils pensèrent que c'étaient les fées qui avaient répondu, et ils dirent à haute voix : « Merci ! »

A quelque temps de là, l'enfant d'Agnès tomba malade, si malade qu'il semblait prêt à trépasser, et sa mère se désolait, ne sachant que faire pour le secourir.

— Ah ! mon Dieu, s'écriait-elle en pleurant, mon pauvre petit gars va mourir !

Elle entendit un bruit sourd qui venait de la cheminée, comme si quelqu'un heurtait par en dessous les pierres du foyer, et en même temps une voix disait :

— Ton enfant a le croup ; lève-toi, et viens ici ; je vais te donner quelque chose pour le guérir.

Cette fois Agnès eut peur, et son premier mouvement fut de se blottir sous ses couvertures ; mais elle pensa à son enfant qui souffrait, et elle reprit courage. Elle sauta à bas de son lit, et ayant allumé une chandelle, elle vit remuer une des pierres du foyer, qui se leva lentement. Elle aida à la soulever, et quand la pierre ne toucha plus la terre que par un côté, une main passa par le trou béant, et elle présenta à Agnès une petite bouteille.

— Frotte ton enfant à la gorge et à la poitrine avec cette liqueur, dit une voix qui venait de dessous terre, et conserve soigneusement cette bouteille.

La pierre du foyer retomba et, à la voir, on n'aurait pas cru qu'elle eût jamais été bougée de place. Agnès se hâta de frotter son petit gars, qui aussitôt cessa de se plaindre, et ne tarda pas à être guéri. Elle était si contente qu'elle ne put s'empêcher de tout raconter à ses voisines : la nouvelle se répandit d'oreille en oreille jusque dans les villages, et Agnès, qui était obligeante, prêtait la bouteille à ceux qui avaient des enfants malades, et ils revenaient rapidement à la santé.

Longtemps après cela, la colique prit le mari d'Agnès, et il se tordait, tant la douleur était violente. Agnès alla chez sa voisine chercher la bouteille, qui contenait encore un reste de liqueur ; mais la voisine la laissa tomber, et elle se brisa en mille pièces. La pauvre femme revint chez elle bien désolée, car son mari allait de mal en pis et semblait prêt à trépasser. Elle s'assit près du foyer, et tout en pleurant elle disait :

— Main bienfaisante, qui avez donné la bouteille qui a guéri mon petit gars et tant d'autres personnes, est-ce que vous allez laisser mon homme mourir ?

Elle ne reçut aucune réponse ; alors elle souleva avec un outil la pierre qui se levait, et elle cria au bord du trou en demandant du secours. A la fin, la fée allongea la main et lui donna une bouteille en disant :

— Prends bien garde, Agnès ; voici la dernière bouteille que je puis te donner ; fais bien attention à ne la prêter à personne, et n'en parle à âme qui vive.

Dès qu'Agnès eut frotté son mari avec la liqueur, il se trouva guéri, et cette fois elle ramassa soigneusement la bouteille dans son armoire.

A quelque temps de là, Agnès entendit la nuit un chant qui sortait de sous terre ; il était si doux et si mélodieux que rien qu'à l'écouter elle tombait en extase ; il y avait bien trois ou quatre voix qui chantaient à l'unisson, et elle alla chercher sa voisine pour l'entendre. La nuit suivante, un violon joua plusieurs airs.

Tous ces prodiges donnaient à penser à Agnès, qui se disait :

« A quelque jour, ils monteront tous ici, et arriveront dans ma maison par le trou du foyer. »

Toutefois elle reprenait de l'assurance en songeant que les habitants de la Houle ne lui avaient jamais fait que du bien. Et elle pensait à sa vache et à ses deux moutons qu'on lui avait volés pendant qu'ils paissaient dans les champs.

« Il faudra, se disait-elle, qu'à la première occasion je demande aux fées qui me les a dérobés ; sûrement elles me le diront bien si elles veulent. »

Une autre nuit, elle entendit une voix qui disait :

— Commère, as-tu du feu ?

— Oui, répondit Agnès ; à votre service.

Et voilà la pierre du foyer qui se soulève ; Agnès prit un tison allumé et l'approcha du trou : à sa lueur, elle vit une belle main de femme qui s'en empara, et à chacun de ses doigts il y avait des anneaux brillants.

— Ah ! madame, dit Agnès, si vous vouliez me dire où je pourrais retrouver ma vache et mes moutons, je vous serais bien obligée, moi qui n'ai rien à donner à mes pauvres enfants.

— Tiens, répondit la fée, voici une petite boîte qui contient un onguent fait avec des cornes de vache et de mouton ; graisse les cordes qui attachaient tes bestiaux, et tu auras une vache et des moutons.

La pierre retomba, et le lendemain, dès qu'il fut jour, la bonne femme alla frotter la *nâche* qui lui avait servi à attacher la vache volée, et aussitôt elle vit une vache superbe ; elle frotta le *tiers* qui servait à mener ses deux moutons à la pâture, et elle eut deux moutons plus beaux que ceux qu'elle avait perdus.

Agnès était bien contente ; toutefois elle regrettait de ne pas avoir demandé du pain. Elle y pensait à chaque instant et disait :

— Comment ferais-je bien pour prier la fée de me donner du pain pour moi et ma famille, du pain des fées qui ne diminue pas ?

Une nuit qu'il ne restait pas une miette de pain à la maison, l'enfant d'Agnès eut faim, et pleurait pour en avoir un morceau ; elle entendit du bruit sous terre, et mit un marteau dans la main de son petit gars, en lui disant :

— Frappe fort sur la pierre du foyer, et demande du pain à la bonne dame qui nous a déjà fait tant de bien.

Elle parlait haut, pensant que sa voix serait entendue. Le petit garçon prit le marteau et frappa de toute sa force sur la pierre, en disant d'une voix câline :

— Bonne dame, donnez-moi du pain ; j'ai faim.

Ils entendirent cogner : pan ! pan ! sous la pierre qui se leva, et une main déposa sur le foyer un tourteau de pain, pendant qu'une voix disait :

— Tiens, mon petit, voilà de quoi manger toute ta vie, si tu sais conserver mon présent et n'en donner à personne qu'à tes parents.

Le tourteau de pain ne diminuait point, et, malgré

qu'on en coupât, il restait toujours frais et entier, et cela dura plus de dix ans. Mais un soir que le mari d'Agnès était en ribote, il amena avec lui un de ses amis ; il tira du buffet la tourte des fées et en coupa un morceau pour son camarade. Mais aussitôt le pain des fées disparut, et quoique Agnès et ses enfants aient supplié maintes fois les dames de la Houle de leur donner un autre pain, elles sont restées sourdes à leurs prières.

La coquette et le diable

Il y avait une fois à Erquy, il y a bien longtemps de cela, une fille qui s'appelait Adèle Hourdin. Comme elle était pauvre, elle ne pouvait avoir de beaux habits comme les jeunes filles de son âge, et elle était humiliée de ses cotillons tout rapiécés, de ses coiffes de gros fil roux et de ses sabots usés.

Un jour, plus dépitée que de coutume, elle s'écria :

— Je ne peux aller à aucune assemblée, parce que je n'ai pas d'habits ; je me donnerais bien au diable pour en avoir d'aussi beaux que les autres !

Adèle, qui demeurait seule dans une petite maison, avait oublié son souhait : quelques jours après, elle vit arriver chez elle, à la nuit close, un beau monsieur qui lui demanda si elle était à son aise et si elle avait quelque chose à désirer. Elle, qui n'était point des plus fines, lui raconta toutes ses affaires et lui dit qu'elle était humiliée de n'avoir que de vilains habits.

— Je vais, lui dit le monsieur, vous donner de l'argent, et rien ne vous manquera ; j'y mets pour seule condition que vous vous engagerez par écrit à être à moi dans trois ans, si vous ne pouvez me rendre ce que je vous aurai prêté.

Elle, qui pensait que le monsieur entendait qu'au bout de trois ans il l'aurait épousée, consentit très volontiers à l'engagement.

Rien ne manquait chez elle : elle avait à souhait des bêches pour travailler son jardin, des tonneaux de cidre, des pièces de toile, de beaux cotillons de rayé. Quand elle désirait quelque chose, il lui suffisait de le demander au monsieur, qui venait tous les soirs chez elle, lorsque la nuit était close.

Ses voisines, qui l'avaient connue si pauvre, s'étonnaient de voir que tout d'un coup elle était dans l'abondance, et elles se demandaient comment elle avait bien pu s'y prendre pour cela.

L'une d'elles vint un jour la voir et lui dit :

— Prête-nous des outils, Adèle.

— Non, dit-elle, je ne peux.

— Est-ce qu'ils ne sont pas à toi ?

— Si, ils sont à moi ; mais je ne peux les prêter.

— Qui te les a donnés ?

— Ecoute, je vais te conter cela à toi ; mais il ne faut rien en dire à personne. J'ai un galant qui est un bel homme et qui me donne tout ce que je veux.

Elle lui montra son armoire qui était bien garnie et un coffre où il y avait du vin de toutes les couleurs.

— Mais, lui dit sa voisine, on ne le voit point, ton monsieur.

— C'est, répondit-elle, qu'il ne vient que la nuit.

La voisine avait promis le secret ; mais la langue lui démangeait de raconter ce qu'elle avait entendu et vu, et en peu d'instants tout le village en fut informé. Les gars dirent qu'ils iraient le soir chez la Hourdine, et à la brune ils entrèrent chez elle ; mais ils n'y restèrent pas longtemps. Ils entendaient dans le grenier un tapage si fort qu'il semblait que la maison allait tomber par terre. Ils eurent peur et se hâtèrent de retourner chez eux.

Le lendemain, ils racontèrent leur aventure à d'autres garçons qui se moquèrent d'eux et leur dirent :

— Vous êtes de bons *diots*, vous autres ; vous avez eu peur d'un chat qui jouait dans le grenier. Il nous faut inviter la Hourdine à venir avec nous dimanche prochain, à l'assemblée de Saint-Sébastien, et le soir nous irons tous ensemble la ramener chez elle.

Ils la conduisirent à l'assemblée, lui achetèrent des amandes et lui payèrent du cidre et du café, puis ils vinrent au soir dans sa maison.

— Donne-nous un petit coup de vin à boire, Adèle, nous qui t'avons promenée et défrayée toute la journée.

— Mon galant m'a bien défendu d'en donner à personne ; mais vous avez été si gentils pour moi que je vais aller vous en chercher une bouteille.

A peine l'eut-elle atteinte, que la porte de l'escalier qui menait au grenier s'ouvrit, et le monsieur descendait les marches. Avec le doigt, il montrait la porte aux garçons sans rien leur dire, mais avec des yeux si terribles qu'ils se hâtèrent de sortir.

Quand ils furent au milieu de l'aire, ils entendirent Adèle qui jetait des cris comme si on la tuait. Ils pensèrent que le monsieur n'était autre que le diable, et ils allèrent chercher le recteur d'Erquy. Mais celui-ci ne voulut pas aller tout seul combattre le démon, et il recommanda aux garçons de dire à la fille de venir lui parler le lendemain.

— Que me voulez-vous, monsieur le recteur ? dit-elle quand elle fut arrivée.

— Qu'est-ce que le galant que vous avez ?

— Je n'en sais rien et ne le lui ai pas demandé, répondit Adèle. C'est un homme qui est venu me voir. Il me donne tout ce que je veux, et il m'a dit qu'il me prendrait au bout de trois ans.

— Vous avez fait un engagement avec lui ?

— Oui, et il arrive tous les soirs par le grenier.

— Ah ! il vient par le grenier ?

— Oui, il n'entre jamais par la porte qui donne sur l'aire.

— Qu'est-ce qu'il fait avec vous tous les jours ?

— Il se couche avec moi ; mais cela ne me plaît guère, car il a des griffes pointues, et il m'égratigne.

— Malheureuse ! s'écria le recteur, vous vous êtes donnée au diable !

— Ah ! non, monsieur le recteur.

— Si ; vous avez dit un jour que vous vous donneriez bien au diable pour avoir de beaux habits ; il vous a prise au mot, et vous êtes perdue. Comment ferai-je pour vous tirer de ses griffes ?

— Ah ! s'écria-t-elle, je n'irai pas coucher chez moi ce soir.

— Si, il faut y aller, car il ne viendrait pas ici. Ce ne sera pas encore aujourd'hui que je vous délivrerai ; mais ayez soin de regarder comment ses pieds sont faits.

— Je n'y ai jamais pris garde ; mais je sais bien qu'il a aux mains des griffes pointues.

Quand la Hourdine vit son galant arriver le soir, elle ne manqua pas d'aller lui regarder les pieds ; elle les toucha même de ses doigts et vit qu'ils étaient difformes.

Le monsieur lui dit :

— C'est Lechien – ainsi se nommait le recteur – qui t'a ordonné de me regarder les pieds ?

Et il se mit à la battre, et lui jura que si elle laissait encore quelqu'un venir dans sa maison, ce serait pour elle un malheur.

La Hourdine alla dès le matin raconter tout au recteur, et, le soir arrivé, il vint à la maison de la fille avec deux autres prêtres, et passa son étole au cou du diable ; mais celui-ci mit en pièces toutes les étoles de la paroisse et battit les deux prêtres. Il ne restait plus qu'une étole : c'était celle d'un jeune vicaire qui était un petit saint homme ; le diable ne put la déchirer, et la fille fut délivrée ; mais le diable, en s'en allant, emporta plus de la moitié de la maison. Depuis ce temps on a essayé de la rebâtir ; mais les pierres ne tenaient pas l'une sur l'autre.

Le recteur dit à la Hourdine, quand elle fut délivrée :

— Tâche de ne pas recommencer : si tu te donnais au diable une seconde fois, tu resterais entre ses griffes, car cela donne trop de mal aux prêtres de chasser le démon.

GUYENNE

Claude Seignolle

Jean de l'Ours

Il était une fois un bûcheron et une bûcheronne qui habitaient à la lisière d'une grande forêt remplie de coups de cognée et qui résonnait comme des cailloux dans un foudre vide.

Un jour, la bûcheronne pénétra dans la grande forêt pour faire un fagot de brindilles de bois. Elle marcha et ramassa longtemps de quoi ramener du bon feu pour son mari et sa misérable hutte.

Mais, à force de marcher et de marcher, on fait du chemin et il arriva à la bûcheronne de s'écarter de la bonne route.

A la nuit tombante, n'ayant pu la retrouver, elle se désespérait lorsqu'elle rencontra un gros ours brun qui lui dit de le suivre dans sa caverne (en ce temps-là, les bêtes parlaient). La bûcheronne accepta avec confiance, mais, une fois arrivés, l'ours la prit pour femme.

Tous les jours, il partait pour chercher nourriture et, en partant, il n'oubliait jamais de fermer la caverne avec une énorme roche.

Et la bûcheronne était bien malheureuse de rester toujours enfermée. Au bout de quelque temps, elle s'aperçut qu'elle allait avoir un enfant et ce lui fut un soulagement de penser que peut-être cet enfant l'aiderait à sortir.

Les mois passèrent. Un matin, elle mit au monde un gros garçon qui eut tout de suite beaucoup de force. A trois mois, il remuait déjà la roche qui les tenait prisonniers. A six mois, il arriva à la faire tomber. Alors ils s'échappèrent tous les deux et retrouvèrent le bûcheron qui les accueillit avec grande joie.

On avait donné à l'enfant le nom de Jean de l'Ours, parce qu'il était couvert de poils comme l'ours, son père.

On le mit à l'école, mais, quand le maître voulait lui faire une remontrance, il l'attrapait au col et le jetait par la fenêtre, si bien que cet homme dit au bûcheron et à la bûcheronne qu'il ne pouvait garder un tel sauvage et que Jean de l'Ours était assez fort pour apprendre un métier.

Sa mère avait un parent forgeron de son état, elle le mit en apprentissage chez lui. Mais la première fois qu'on lui donna une barre de fer à travailler, il éclata l'enclume d'un seul coup de marteau.

Le forgeron eut peur de cet apprenti si fort et, pour s'en débarrasser, il lui proposa de partir faire son tour de France. Il fallut lui forger une canne de fer pesant cinq cents kilos. Lorsqu'il la prit entre ses mains, il la fit tournoyer en l'air comme un simple jonc.

— Je fais bien de le faire partir, se dit le forgeron en le voyant s'amuser avec la lourde canne de fer ; si je ne l'avais fait, il m'aurait ruiné en moins d'une semaine.

Un matin, il se mit en route.

Marche que je te marche, à force de marcher, on fait du chemin.

Traversant un bois, il vit un homme qui essayait de tordre un chêne énorme.

— Que fais-tu là, l'ami ? lui demanda Jean de l'Ours.

L'homme lui répondit qu'il voulait simplement arracher ce roseau pour attacher un fagot.

— Tu n'as pas froid aux yeux, lui dit Jean de l'Ours, et si tu veux venir avec moi faire ton tour de France nous pourrons être tranquilles. Ton nom sera Tord-Chêne.

Puis ils partirent tous les deux.

Marche que je te marche, à force de marcher, on fait du chemin.

A un détour du chemin, ils virent un homme qui jouait avec une roue de moulin.

— Que fais-tu là, l'ami ? lui demanda Jean de l'Ours.

L'homme lui répondit qu'avec ce caillou, il jouait au palet.

— Tu n'as pas froid aux yeux, lui dit Jean de l'Ours, et si tu veux venir avec nous faire ton tour de France, nous pourrons être tranquilles. Ton nom sera Pelle-de-Moulin.

Puis ils repartirent tous les trois.

Marche que je te marche, à force de marcher, on fait du chemin.

Bientôt ils trouvèrent sur le bord de la route un homme qui faisait tous ses efforts pour soulever une montagne et la porter plus loin.

— Que fais-tu là, l'ami ? lui demanda Jean de l'Ours.

L'homme lui répondit qu'il essayait d'enlever cette pierre qui l'empêchait de voir la ville qui se trouvait derrière.

— Tu n'as pas froid aux yeux, lui dit Jean de l'Ours. Si tu veux nous suivre, je crois qu'à nous quatre, nous ferons quelque chose de bien. Ton nom sera Porte-Montagne.

Puis ils partirent tous les quatre.

Marche que je te marche, à force de marcher, on fait du chemin.

La nuit venue, ils marchaient encore. Mais, comme ils ne connaissaient pas le pays, ils se perdirent. Longtemps ils cherchèrent le bon chemin. Enfin, ils aperçurent des lumières au loin. Ils s'y dirigèrent et se trouvèrent en face d'un magnifique château éclairé comme par le soleil. Les portes étaient grandes ouvertes. Ils entrèrent.

Les cuisines dégageaient des fumées odorantes et sur les fourneaux cuisaient des mets appétissants.

Dans la somptueuse salle à manger, ruisselante de richesses, quatre couverts d'or étaient mis.

Après avoir trouvé dans le château quatre chambres à coucher toutes préparées, les quatre amis décidèrent de se mettre à table.

Mange que je te mange, à force de manger, on se rassasie.

Après avoir bien bu et bien mangé, ils allèrent se coucher.

Le lendemain matin, Jean de l'Ours dit à ses compagnons :

— Puisque nous sommes les seuls maîtres de ce château, nous allons y loger pour quelque temps. Et pour commencer, toi, Tord-Chêne, tu vas faire la soupe, tandis que nous irons à la chasse. Une fois que le déjeuner sera prêt, tu sonneras la cloche.

Puis ils s'en furent dans la forêt.

Tord-Chêne se mit à cuisiner.

Alors qu'il était bien occupé à faire la soupe, voilà qu'arrive une vieille femme, vieille, vieille, qui lui dit :

— Voulez-vous me laisser réchauffer, mon bon monsieur ?

— Approche-toi, vieille, assieds-toi là, dit Tord-Chêne sans méfiance.

Et il continua à s'affairer autour de son fourneau. Mais, au moment où il se baissait pour goûter la soupe afin de se rendre compte si elle était assez salée, la vieille se leva rapidement et lui donna une correction qui le laissa sur le carreau... Si bien qu'il lui fut impossible de sonner la cloche.

Jean de l'Ours, voyant arriver l'heure du déjeuner et ayant grand faim, dit à ses compagnons :

— Amis, nous allons rentrer, il doit se passer quelque chose.

Ils trouvèrent Tord-Chêne accroupi auprès du fourneau. Il leur dit avoir été pris d'une forte colique qui l'avait empêché d'aller jusqu'à la cloche.

— Va te coucher, dit Jean de l'Ours, demain ce sera au tour de Pelle-de-Moulin.

Le lendemain, Pelle-de-Moulin se mit à cuisiner pendant que les autres étaient partis chasser.

Alors qu'il était bien occupé à faire la soupe, voilà qu'arrive une vieille femme, vieille, vieille, qui lui dit :

— Voulez-vous me laisser réchauffer, mon bon monsieur ?

— Approche-toi, vieille, assieds-toi là, dit Pelle-de-Moulin sans méfiance.

Et il continua à s'affairer autour du fourneau. Mais, au moment où il se baissait pour goûter la soupe afin de se rendre compte si elle était assez poivrée, la vieille se leva rapidement et lui donna une correction qui le laissa sur le carreau... Si bien qu'il lui fut impossible de sonner la cloche.

Jean de l'Ours, voyant arriver l'heure du déjeuner et ayant grand faim, dit à ses compagnons :

— Amis, nous allons rentrer, il doit y avoir du nouveau au château.

Ils trouvèrent Pelle-de-Moulin accroupi au pied de son fourneau. Il leur dit avoir eu des crampes d'estomac qui l'avaient empêché de faire un mouvement.

— Va te coucher, dit Jean de l'Ours, demain ce sera au tour de Porte-Montagne.

Le lendemain, Porte-Montagne se mit à cuisiner pendant que les autres battaient la forêt en quête de gibier.

Alors arriva la vieille femme, vieille, vieille, qui lui dit :

— Voulez-vous me laisser réchauffer, mon bon monsieur ?

— Approche-toi, vieille, assieds-toi là, dit Porte-Montagne sans méfiance.

Et il continua à s'affairer autour du fourneau. Mais, au moment où il se baissait pour goûter la soupe afin de se rendre compte si elle était assez aillée, la vieille se leva rapidement et lui donna une correction qui le laissa sur le carreau... Si bien qu'il lui fut impossible de sonner la cloche.

Jean de l'Ours, voyant arriver l'heure du déjeuner et ayant grand faim, dit à ses compagnons :

— Amis, nous allons rentrer, j'ai peur d'un nouveau malheur.

Ils trouvèrent Porte-Montagne accroupi devant son fourneau. Il leur dit avoir un fort mal de tête qui l'avait empêché d'aller sonner la cloche.

— Va te coucher, dit Jean de l'Ours, demain ce sera à

mon tour. Je me promets que rien ne m'empêchera de vous sonner à l'heure du déjeuner.

Le lendemain, Jean de l'Ours se mit à cuisiner pendant que ses compagnons chassaient.

Alors qu'il était bien occupé à faire la soupe, voilà qu'arrive une vieille femme, vieille, vieille, qui lui dit :

— Voulez-vous me laisser réchauffer, mon bon monsieur ?

— Approche-toi, vieille, assieds-toi là, dit Jean de l'Ours, avec méfiance.

Et il continua à s'affairer autour du fourneau. Mais, au moment où il se baissait pour goûter la soupe afin de se rendre compte si elle n'était pas cramée, la vieille se leva rapidement et... se trouva en face de Jean de l'Ours qui s'était retourné d'un coup. Il la saisit et lui dit :

— Ah ! c'est toi, vieille, qui empêches chaque jour mes amis de faire leur travail. Voilà ta punition.

Et il la jeta au fond d'un puits qui se trouvait dans la cour.

A l'heure du déjeuner, il sonna la cloche, à toute volée.

— Comment a-t-il pu faire ? se dirent les autres. Il est vraiment plus fort que nous.

Quand ils furent arrivés, Jean de l'Ours leur dit :

— J'ai puni celle qui vous donnait du mal, nous allons déjeuner, et après nous descendrons dans le puits pour la chercher.

Le repas terminé, ils allèrent au puits. Il fut décidé que ce serait Tord-Chêne qui descendrait le premier attaché par la chaîne et, au cas où il serait empêché d'aller jusqu'au fond, il sonnerait la cloche – que l'on avait décrochée – pour se faire remonter.

Dès qu'il fut dans la nuit du puits, Tord-Chêne eut peur et sonna la cloche. Les autres le remontèrent.

— Qu'as-tu, Tord-Chêne ? dit Jean de l'Ours.

— J'ai été incommodé par de mauvaises odeurs, dit Tord-Chêne.

Ce fut au tour de Pelle-de-Moulin.

Dès qu'il fut dans la nuit du puits, il eut peur, mais,

avant de sonner la cloche, il descendit un peu plus bas que Tord-Chêne. Les autres le remontèrent.

— Qu'as-tu, Pelle-de-Moulin ? dit Jean de l'Ours.

— J'ai eu le vertige, dit Pelle-de-Moulin.

Ce fut au tour de Porte-Montagne.

Dès qu'il fut dans la nuit du puits, il prit peur, mais, avant de sonner la cloche, il descendit un peu plus bas que Pelle-de-Moulin. Les autres le remontèrent.

— Qu'as-tu, Porte-Montagne ? dit Jean de l'Ours.

— J'ai cru voir le fond, dit Porte-Montagne.

Ce fut au tour de Jean de l'Ours.

Dès qu'il fut dans la nuit du puits, il se laissa descendre, descendre... et arriva au sol ferme. La vieille était accroupie. Il lui dit :

— Vieille, je viens te chercher pour que nous réglions ton compte.

— Oh ! mon bon monsieur, dit-elle, si vous ne me faites pas de mal je vous ferai connaître un trésor qu'aucun roi ne peut posséder.

— Dis toujours.

— Voilà... il y a par ici une jeune princesse qui est gardée par quatre grands lions ; ils dorment quinze secondes par jour. Si vous pouvez l'enlever pendant ce temps elle sera à vous.

Jean de l'Ours tenta l'aventure et, après avoir longtemps marché, il se trouva devant les quatre grands lions. Comme il arrivait, ceux-ci s'endormirent. Jean de l'Ours enleva la princesse, la porta au puits, l'attacha à la chaîne et sonna la cloche pour que les autres la sortent de là.

Cela fait, il dit à la vieille :

— Vieille, c'est à ton tour.

— Oh ! mon bon monsieur, dit-elle, si vous ne me faites pas de mal, je vous ferai connaître une seconde princesse plus belle que la première.

— Dis toujours.

— Voilà... elle est gardée par quatre grands tigres qui

ne dorment que dix secondes par jour. Si vous pouvez l'enlever pendant ce temps elle est à vous.

Jean de l'Ours tenta l'aventure et, après avoir longtemps marché, il se trouva devant les quatre grands tigres. Comme il arrivait, ceux-ci s'endormirent. Jean de l'Ours enleva la princesse, la porta au puits, l'attacha à la chaîne et sonna la cloche pour que les autres fassent leur travail.

Cela fait, il dit à la vieille :

— Il faut que tu m'en enseignes encore une autre.

— Voilà... mais elle est gardée par quatre grands serpents qui dorment cinq secondes parce qu'elle est plus belle que les deux autres.

Jean de l'Ours tenta l'aventure et ramena la princesse, l'attacha, sonna la cloche.

Cela fait, il dit à la vieille :

— Maintenant, il faut que tu m'en enseignes une autre pour moi.

— Voilà... c'est la plus belle de toutes, mais elle est gardée par quatre grands dragons qui ne dorment que trois secondes.

Jean de l'Ours enleva la princesse, l'attacha, sonna la cloche.

Cela fait, il attendit que la chaîne redescende. Mais les autres ne la renvoyèrent pas.

Jean de l'Ours entra dans une violente colère.

— Vieille, dit-il, apprends-moi le moyen de remonter au jour et tu auras la vie sauve.

— Je connais bien ce moyen, dit-elle, mais il te coûtera cher. Le Roc qui est un oiseau très fort te montera là-haut. Mais il est très gourmand et chaque fois qu'il fera « croc », il faudra que tu lui mettes dans le bec un gros quartier de bœuf ou un mouton entier.

Jean de l'Ours acheta cent bœufs et autant de moutons, puis monta sur le Roc avec la vieille et son troupeau. Le grand oiseau s'envola aussitôt. Et aussitôt il fallut lui donner un mouton entier à manger. Une minute après, ce fut un gros quartier de bœuf, puis après, un mouton entier. Ainsi de suite, ainsi de suite, le jour se fit dans le puits. Arrivé à quelques mètres de la margelle, l'oiseau lâcha son dernier « croc » mais Jean de l'Ours n'avait plus rien à lui donner.

Alors, il se coupa la jambe et la mit dans le bec du Roc. Ils étaient sauvés, mais Jean de l'Ours n'avait plus qu'une jambe.

— Tu es un bon petit, lui dit la vieille, et je veux faire encore quelque chose pour toi.

Elle passa une pommade sur le moignon de Jean de l'Ours et la jambe repoussa en un clin d'œil.

Du château lui parvinrent des cris et des chants. On aurait dit une grande fête. Ils entrèrent et trouvèrent les trois compagnons en train de ripailler et qui, croyant s'être débarrassés de Jean de l'Ours, avaient pris pour compagnes les trois premières princesses et se faisaient servir par la quatrième.

Jean de l'Ours entra dans une violente colère.

— Ah ! leur dit-il, vous avez voulu vous passer de moi. Eh bien, je serai le seul maître ici. Puisque le puits vous a fait peur à tous trois je vais vous y jeter.

Après avoir envoyé ses trois compagnons au fond du puits, il épousa la plus belle princesse, celle qui faisait la servante. Des trois autres princesses, il en fit ses domestiques.

J'ai assisté à la grande fête du mariage, puis je suis partie.

Les trois filles

Il était une fois trois sœurs qui vivaient misérablement. Elles allaient chercher le bois dans la forêt du roi. Un jour qu'elles s'y trouvaient peinant, elles entendirent la chasse du monarque.

La plus vieille dit à ses autres sœurs :

— Entendez le roi qui chasse. Moi, je voudrais bien être mariée avec son boulanger qui me ferait manger du meilleur pain.

— Moi, dit la seconde, je voudrais bien être mariée avec son cuisinier qui me ferait manger des meilleures soupes.

— Moi, dit la plus jeune, je voudrais bien être mariée avec le roi lui-même qui me ferait de beaux enfants.

Pendant qu'elles parlaient comme ça, tout haut, le roi les entendit. Il les fit appeler et demanda à la première :

— Qu'avez-vous dit à telle heure, hier dans mon bois ?

— Moi, mon cher roi, je suis été impolie, et j'ai dit que je voudrais bien être mariée avec votre boulanger qui me ferait manger du meilleur pain.

— Bon, demain à midi, votre souhait sera exaucé.

Le roi fit appeler la seconde sœur et attaqua :

— Qu'avez-vous dit à telle heure, hier dans mon bois ?

— Moi, monsieur le roi, dit-elle fièrement, j'ai dit que je voudrais être mariée avec votre cuisinier qui me ferait manger des meilleures soupes.

— Bon, après-demain à midi vous serez ce que vous désirez être.

Le roi fit appeler la troisième sœur et lui demanda gentiment :

— Qu'avez-vous dit à telle heure, hier, près de moi ?

— Moi, seigneur le roi, j'ai été insolente, dit-elle rouge de honte, j'ai dit que je voudrais être mariée avec le roi lui-même qui me ferait de beaux enfants.

— Bon, restez, vous jouirez du bonheur que vous désirez, dans trois jours, vous serez avec moi.

Ce qui fut fait comme promis.

Mais c'était le temps où il y avait des guerres comme il y en a toujours eu avant et comme il y en aura toujours après. Le roi partit pour tuer les autres rois.

Quelque temps après, sa femme eut un beau petit prince. Ses sœurs, déjà jalouses de son rang, écrivirent la nouvelle au roi en lui disant qu'on n'avait jamais vu un garçon si laid qu'il était avec une figure-de-chat.

Le roi leur répondit avec tristesse :

— Faites ce que vous voudrez de l'enfant, mais soignez bien la mère.

Alors, les sœurs le mirent dans une boîte et le laissèrent partir au fil de la rivière.

Un meunier qui regardait passer l'eau vit venir cette boîte vers lui et il découvrit avec stupéfaction ce bel enfant inconnu. Rentré chez lui, il le lava et le peigna. Et voilà qu'il tomba des louis d'or de ses cheveux !

Lorsque le roi revint, il demanda ce qu'on avait fait de l'enfant.

— Il est parti tout seul... On ne l'a pas retrouvé.

La reine était bien triste parce qu'elle croyait ses sœurs.

Deux ans après il y eut une nouvelle guerre qui était sans doute la même que toujours et pas encore finie comme toutes les guerres d'avant et d'après. Le roi partit avec ses troupes pour tuer les autres troupes.

Quelque temps après, sa femme eut un nouveau et aussi beau petit prince. Ses sœurs écrivirent au roi que la malchance s'attardait dans le château puisque la reine avait mis au monde un petit monstre avec une figure-de-chien.

Le roi répondit :

— Faites ce que vous voudrez de l'enfant, mais soignez bien la mère.

Alors les sœurs le mirent comme l'autre dans une boîte et le laissèrent partir au fil de la rivière.

Le même meunier gagna encore un petit inconnu aussi beau que le premier et qui, lui aussi, faisait de l'or par les cheveux.

Lorsque le roi revint, il trouva la reine bien triste et ses belles-sœurs aussi hypocrites.

Il resta encore deux ans au château et ce fut encore la guerre, la guerre toujours. Il y avait toujours des rois et des troupes à tuer, comme il y en avait eu avant et qu'il y en aura après.

A quelque temps de là, sa femme eut une jolie princesse. Malades de jalousie, les deux méchantes tantes écrivirent au roi que jamais on n'avait vu pareille laideur, qu'elle ressemblait à une branche-de-bois.

Le roi répondit :

— Maintenant faites ce que vous voudrez de l'enfant et aussi de la mère.

Elles mirent la princesse dans une boîte et la jetèrent à la rivière d'où le meunier fortuné la tira, s'enrichissant encore plus puisque cette belle petite inconnue faisait pleuvoir de l'or chaque fois qu'on lui frôlait les cheveux.

Quant à la malheureuse reine, ses sœurs la firent porter loin dans la forêt et jeter dans un étang de vase où les bêtes les plus sauvages du pays venaient boire.

Lorsque le roi revint, il ne trouva pas la reine ni l'enfant et se laissa consoler par ses méchantes belles-sœurs.

Mais elles avaient beau être gentilles avec lui, rien n'effaçait sa tristesse de ses trois enfants et de sa femme qu'on lui avait dit être partis tout seuls et qu'on n'avait jamais pu retrouver.

Pendant ce temps, les années passèrent et, avec la richesse acquise, le meunier se fit de moins en moins accueillant envers les trois orphelins qui donnaient de moins en moins d'or par tête. Aussi, le jour où il ne leur tomba plus que des cheveux, jugea-t-il qu'il était temps de s'en débarrasser avant que, trop grands, ils ne réclament leur part d'héritage.

Il les chassa du grand moulin-château qu'il s'était fait construire.

Sur la route où ils ne savaient où aller, ils rencontrèrent une vieille femme qui leur dit :

— On vous attend au château du roi mais, pour être heureux, il faut que vous trouviez le merle-blanc, l'eau-jaune et le bois-qui-chante, lesquels vous aideront à retrouver votre mère perdue.

Alors le plus grand des trois donna à son frère et à sa sœur le chapelet qu'il avait autour du cou.

— Moi, je vais partir chercher les trois choses que dit la vieille. S'il m'arrive malheur, les quatre paters s'assembleront et vous pourrez dire que je suis mort.

Et il partit.

Arrivé à une maisonnette devant laquelle était assis un vieil homme patient, il demanda s'il savait où se trouvaient le merle-blanc, l'eau-jaune et le bois-qui-chante.

Le vieux lui dit :

— Je le sais, moi, mais il faut que tu me rases les poils des joues avant que je te le dise.

Une fois rasé, le vieux lui indiqua un petit sentier qui partait entre les herbes.

— C'est au bout de ce chemin, mais fais garde de te retourner avant d'y arriver parce que tu tomberais en pierre noire.

Le garçon n'hésita pas à s'enfoncer entre les herbes. Seulement, pour regarder une dernière fois le vieux, il se retourna et fut changé en grosse pierre noire.

Et, entre les mains de la sœur, les quatre paters s'assemblèrent.

Le second frère partit à son tour après avoir laissé son couteau à sa sœur dernière.

— Moi, s'il m'arrive malheur, la lame saignera et tu pourras dire que je suis mort.

Il suivit la même route que son frère, trouva le vieil homme, le rasa, prit le sentier entre les herbes et... entre les mains de sa sœur, la lame du couteau saigna à lui en mettre plein le devant de sa robe.

Alors la sœur dernière prit la même route que ses deux frères et arriva sanglotante devant la maisonnette au vieil homme.

— Toi, lui dit-il avant qu'elle n'ouvre la bouche, tu viens chercher le bois-qui-chante, l'eau-jaune et le merle-blanc... Rase-moi donc d'abord et va ramasser ce bout de bois qui traîne là-bas de l'autre côté de mon jardin ; prends aussi un peu de l'eau de ma rigole et suis ce merle-blanc. Là où il se posera tu verseras de l'eau et tu taperas avec le bout de bois.

La sœur fit comme le vieux disait. L'oiseau blanc alla se poser sur une des nombreuses pierres qui se trouvaient au bord du sentier entre les herbes. Elle l'arrosa et la tapa. La pierre se changea en frère aîné. Une autre pierre en frère second, et, continuant à suivre l'oiseau, la sœur arrosa et délivra de nombreux garçons et filles. Mais ne quittons pas notre histoire et restons avec les trois enfants perdus par la faute des deux mauvaises sœurs de leur mère.

Ils allèrent au château du roi qui fut troublé tant la fille lui ressemblait et ses deux frères ressemblaient à la reine.

Le roi décida d'adopter ces inconnus qui semblaient être de la famille et fit un grand banquet de demi-joie.

Alors les tantes décidèrent qu'il fallait tuer à jamais ces trois-là qui risquaient de leur reprendre leur puissance.

Mais, à la fin du repas, le merle-blanc vint se poser sur l'épaule du roi et lui dit :

— Figure-de-chat à ta gauche, Figure-de-chien à ta droite et Branche-de-bois devant toi, est-ce que tu te rappelles qui t'a écrit ça ?

Le roi se souvint tout de suite et regarda ses belles-sœurs avec soupçon.

Le merle-blanc continua :

— Figure-de-chat, c'est ton fils premier ; Figure-de-chien ton fils second, et Branche-de-bois ta fille dernière... Ta femme, tu la trouveras dans la forêt sur le bord de l'étang de vase où personne ne va parce que c'est l'endroit où les bêtes les plus sauvages du pays vont boire.

On trouva la reine. On la lava pour la faire propre comme avant.

On fit un énorme bûcher. On y jeta les deux méchantes sœurs et tout redevint propre pour toujours.

Moi, je marchai sur la queue d'une petite souris qui tira un trait sur cette histoire.

Le briquet magique

Il était une fois un soldat qui s'en revenait, le sac vide, passer une permission dans son pays. Sur son chemin, il rencontra une vieille femme qui l'interpella :

— Oh ! soldat, veux-tu me rendre un grand service ?

— Vieille, si c'est possible, je le ferai.

— Voilà, dit-elle, en lui montrant un gros chêne, regarde cet arbre : il est creux. Voudrais-tu y descendre pour moi ? Je suis bien trop âgée pour le faire.

— Si ce n'est que ça, je vais bien le faire. Mais laisse-moi te dire que je ne vois pas encore à quoi ça pourra t'être utile.

— Tu vas me comprendre... Au fond de cet arbre il y a un grand trou très profond qui conduit à un palais dans lequel se trouvent trois grandes salles éclairées chacune par trois cents lanternes. Tiens, tu prendras ceci...

Et elle lui donna le tablier à carreaux qu'elle portait.

— Qui es-tu donc ? dit le soldat étonné, en prenant le tablier.

— Un peu sorcière, un peu fée, mais ça n'a aucune importance. Ecoute ce que tu feras ensuite... Dans la première des trois salles éclairées par trois cents lanternes, il y a un chien qui a des yeux grands comme des soucoupes. Tu l'attraperas par les oreilles, tu le mettras sur le tablier, tu ouvriras la boîte sur laquelle il est assis et tu prendras l'or qui se trouve dedans que tu mettras dans ton sac... Dans la seconde des trois grandes salles éclairées par trois cents lanternes, il y a un chien dont les yeux sont grands comme des roues de brouette ; tu feras comme pour le premier et dans la boîte tu trouveras encore de l'or que tu jetteras dans ton sac... Dans la troisième des trois grandes salles éclairées par trois cents lanternes, tu trouveras un autre chien dont les yeux semblent être de grosses tours ; tu feras comme pour les deux autres et, dans la boîte, tu trouveras encore de l'or que tu mettras dans ton sac... C'est à ce moment que je te demanderai d'avoir de la mémoire pour ne pas oublier de me rapporter le briquet que ma grand-mère a omis de reprendre la dernière fois qu'elle y est descendue. Te sens-tu assez fort pour faire tout ça ?

— Vieille, pour qui me prends-tu ? Je suis soldat et je n'ai pas peur de tes trois chiens. J'y vais tout de suite.

Et il entra dans le tronc creux.

— Attends, dit la vieille, il faut que je t'attache avec une corde, sans cela tu te romprais les os.

Il descendit longtemps, longtemps. Enfin, il sentit la terre ferme sous ses pieds. Il vit devant lui une grande porte ; il la poussa et aussitôt il fut ébloui par la lumière des trois cents lanternes.

D'abord, il n'aperçut rien mais, lorsqu'il eut mis le pied sur le carrelage de la grande salle, il entendit un grognement hargneux et bientôt apparut le chien aux yeux grands comme des soucoupes.

Le soldat le prit par les oreilles et le mit dans le tablier. Le chien aux yeux grands comme des soucoupes disparut comme par enchantement. Non loin de là était la boîte sur laquelle il se trouvait assis à l'arrivée du soldat. Celui-ci ouvrit la boîte. Comme l'avait dit la vieille d'en haut elle était pleine d'or. Il emplit le tiers de son sac. Cela fait, il se dirigea vers la seconde salle.

D'abord, il n'aperçut rien mais, lorsqu'il eut mis le pied sur le carrelage de la salle, il entendit un grognement féroce et bientôt apparut le chien aux yeux grands comme des roues de brouette.

Le soldat le prit par les oreilles et le mit dans le tablier. Le chien aux yeux grands comme des roues de brouette disparut comme par enchantement. Non loin de là était la boîte sur laquelle il se trouvait assis à l'arrivée du soldat. Celui-ci ouvrit la boîte. Comme l'avait dit la vieille d'en-haut, elle était pleine d'or. Il emplit un autre tiers de son sac. Cela fait, il se dirigea vers la troisième salle.

Là, il fut ébloui par la lumière des trois cents lanternes qui étaient bien plus grosses que celles des salles précédentes.

D'abord, il n'aperçut rien mais, lorsqu'il eut mis le pied sur le carrelage de la salle, il entendit un grognement terrible et bientôt apparut le chien aux yeux qui semblaient être des tours.

Le soldat le prit par les oreilles et le mit dans le tablier. Le chien aux yeux qui semblaient être des tours disparut comme par enchantement. Non loin de là se trouvait la boîte. Comme l'avait dit la vieille d'en haut, elle était pleine d'or. Il emplit le troisième tiers de son sac qui fut plein jusqu'au bord. Cela fait, il chercha le briquet.

Il ne tarda pas à le trouver traînant par terre. Il le ramassa et retourna au pied du trou par lequel il était descendu.

— Oh ! vieille Carabosse ! Remonte-moi...

— As-tu mon briquet ?

— Oui.

Elle le tira avec la corde hors du trou.

Lorsqu'il fut arrivé, la vieille se précipita sur lui pour avoir le briquet. Mais le soldat n'avait pas l'intention de le lui donner ; il comprenait que cet objet possédait quelque pouvoir.

La vieille le menaça :

— Donne-moi mon bien, sinon...

Pour toute réponse, le soldat tira son épée et lui trancha la tête, puis il poussa le corps dans un fossé.

Il partit et marcha longtemps. Enfin, il arriva dans une grande ville. Il choisit la meilleure auberge et vécut largement avec l'or dont son sac était plein.

Un jour il apprit que, dans la ville, il y avait un palais où habitait le roi du pays et que ce roi avait une fille, très jolie et très bonne, qu'il tyrannisait en la maintenant prisonnière dans sa chambre.

Sans l'avoir vue, le soldat en tomba amoureux et se

sentit un violent désir de la voir. « Comment faire ? » se dit-il le soir dans son lit ; et pour aider son cerveau à chercher il roula une cigarette qu'il alluma avec le briquet de la vieille fée. Le premier coup n'alluma pas la mèche, le second non plus mais le troisième lui fit l'effet d'un coup de tonnerre.

Devant lui apparut le chien qui avait les yeux gros comme des soucoupes. Il portait la fille du roi, endormie. Puis, le chien et la princesse disparurent comme ils étaient apparus.

Cette fois, le soldat avait vu la princesse et se dit qu'il avait raison d'en être éperdument amoureux. Le lendemain soir, pris d'un violent désir de la revoir, il roula une cigarette qui devait aider son cerveau à trouver le moyen. Il frotta le briquet. Le premier coup n'alluma pas la mèche, le second non plus, mais le troisième lui fit l'effet de la foudre éclatant.

Devant lui apparut le chien qui avait les yeux grands comme des roues de brouette. Il portait la fille du roi, endormie. Puis le chien et la princesse disparurent comme ils étaient apparus.

Mais le manège des chiens, les deux nuits précédentes, n'était pas passé inaperçu au château. Le roi fit monter la garde par un domestique devant la chambre de la princesse.

Pendant ce temps, dans son auberge, le soldat décidait d'épouser la princesse. Il roula une cigarette qui devait aider son cerveau à en trouver le moyen. Il frotta le briquet. Le premier coup n'alluma pas la mèche, le second non plus, mais le troisième lui fit l'effet de la terre s'entrouvant.

Devant lui apparut le chien qui avait des yeux qui semblaient être des tours. Il portait la fille du roi endormie. Puis le chien et la princesse disparurent comme ils étaient apparus.

Mais, un peu avant tout cela, en voyant le chien qui emportait la princesse, le domestique chargé de la garder avait ameuté les gens du château. Les plus courageux suivirent l'animal et arrivèrent ainsi à l'auberge et à la chambre du soldat.

Ils le ramenèrent devant le roi, entravé et bâillonné.

— Soldat, dit le roi, toutes les nuits tu fais enlever ma fille par tes chiens... Pour te punir, tu seras jeté en prison et, demain au petit jour, tu seras fusillé.

Le soldat fut jeté en prison dans un cachot sombre, éclairé par une maigre lucarne pleine de barreaux gros comme le bras.

Il se lamentait non parce qu'on allait le fusiller mais parce qu'il avait perdu son briquet magique dans la chambre d'auberge.

A un moment, il entendit une voix qui l'appelait et il distingua le visage d'un enfant, contre les barreaux du soupirail. La voix disait :

— Soldat, n'aie pas peur si on te tue !

Alors le soldat lui dit :

— Petit, veux-tu me rendre un grand service avant que je parte là-haut ?

— Oh ! oui, soldat.

— Bon, tu vas aller à l'auberge où j'étais. Dans ma chambre, tu trouveras un briquet. Porte-le-moi et fais vite. Dans mon sac, tu trouveras de l'or ; je te le donne, mais rapporte-moi le briquet...

Dix minutes après, l'enfant était de retour avec le briquet que le soldat mit dans sa poche.

Au petit jour, tout le peuple attendait sur la grand-place pour assister à l'exécution du soldat. Il y avait là aussi le roi et même la reine. Et tout le monde parlait en riant comme si c'était jour de foire.

On mit le soldat contre un mur et ceux qui devaient le fusiller emplirent de poudre leur fusil.

A ce moment, le soldat parla :

— Roi, laisse-moi fumer une cigarette avant de partir là-haut.

— Ah ! non, j'ai trop hâte de te voir mourir et partir en bas.

La reine dit au roi :

— Roi, tu peux le laisser faire, quelques minutes n'ont pas de valeur.

— Reine, puisque c'est ton désir, je le permets... Tu peux fumer, dit-il au soldat.

Le soldat prit son temps pour rouler le tabac dans le papier. Personne ne s'aperçut qu'il souriait un peu trop pour un homme qui allait mourir. Enfin, sa cigarette une fois roulée, il sortit son briquet et le battit. Le premier coup de pouce n'alluma pas la mèche, le second non plus mais le troisième lui fit l'effet de la fin du monde.

Devant lui apparurent les trois chiens. Il y avait celui aux yeux comme des soucoupes, celui aux yeux comme des roues de brouette et celui aux yeux comme des tours. Au milieu d'eux était la princesse se réveillant.

Le soldat sentit son cœur se fondre. Il se précipita et la prit dans ses bras. Le roi donna à ses hommes l'ordre de tirer.

Alors on vit ceci : les trois chiens se mirent à hurler et, ouvrant grande leur gueule, se précipitèrent sur le roi, la reine, les soldats et la foule.

En les voyant arriver, le roi mourut de peur. La moitié du peuple fut égorgé.

Quant à la reine, elle put se cacher derrière un arbre et fut, de ce fait, épargnée. Lorsque les chiens eurent disparu, elle voulut séparer sa fille du soldat mais elle ne le put. Il fallut leur faire noce.

Les pauvres gens trop envieux

Il y avait une fois des pauvres gens bien malheureux qui vivaient dans une cabane recouverte de genêts et perdue au milieu des bois. Ils étaient trois, le père, la mère et un petit garçon.

Cette année-là, ils n'avaient jamais été aussi pauvres. Le pain, déjà très rare ailleurs, leur manquait complètement et ils mouraient de faim, ne se nourrissant que de racines de fougères, ce qui est bien mauvais.

Un jour, la mère dit à son petit :

— Va-t'en voir si tu peux trouver quelques morceaux de pain ; à toi on te donnera peut-être.

Le petit garçon partit aussitôt.

En chemin il rencontra une vieille dame qui l'arrêta et lui dit :

— Où vas-tu, mon petit bonhomme ?

— Maman m'a dit d'aller voir si je trouvais quelques morceaux de pain car nous n'avons plus rien à manger. Nous ne vivons que de racines de fougères.

Alors la vieille dame lui dit :

— Reviens chez toi, tu trouveras la moitié d'une tourte de pain.

Rentré chez ses parents, il les trouva mangeant des tranches coupées à une moitié de tourte qui était sur la table.

Le petit garçon leur dit qu'il avait rencontré une vieille et que c'était elle qui avait envoyé le pain.

Le lendemain, n'ayant plus rien pour faire sa soupe, la maman dit à son petit :

— Va-t'en voir si tu trouves encore cette vieille dame

et dis-lui que maintenant nous avons bien du pain mais que nous n'avons pas de lard pour faire la soupe.

Le petit garçon partit aussitôt.

En chemin il rencontra la vieille dame :

— Où vas-tu, mon petit bonhomme ? lui dit-elle.

— Maman m'envoie vous dire que maintenant nous avons bien du pain mais que nous n'avons pas de lard pour faire la soupe.

La vieille dame lui dit :

— Reviens chez toi, tu trouveras une pièce de lard suspendue au fond de la cheminée.

Rentré chez ses parents, il trouva sa mère faisant la soupe avec des morceaux d'une pièce de lard qui pendait au fond de la cheminée.

Le surlendemain, la maman dit à son petit :

— Va-t'en voir si tu trouves encore cette vieille dame et demande-lui qui elle est pour pouvoir exaucer nos désirs.

Le petit garçon partit aussitôt.

En chemin il rencontra la vieille dame :

— Où vas-tu, mon petit bonhomme ?

— Maman m'envoie vous demander qui vous êtes pour avoir le pouvoir d'exaucer nos désirs.

— Mon petit, je suis la fée, ta marraine.

Revenu chez ses parents, le petit garçon dit, tout heureux :

— C'est la fée, ma marraine.

— Comment est-elle, cette fée ? lui dit sa mère.

— Elle a de grandes dents, longues comme le doigt ; de grandes oreilles comme celles d'un âne ; de gros yeux comme ceux d'un bœuf et de longs cheveux blancs traînant par terre.

Les parents avaient écouté leur fils avec stupéfaction mais cela ne les effraya pas. Le lendemain, la mère dit :

— Petit, tu vas aller trouver ta marraine. Tu lui diras que nous avons bien du pain et du lard pour faire la soupe mais que nous n'avons rien à boire.

En chemin il rencontra sa marraine :

— Où vas-tu, mon petit bonhomme ?

— Marraine, je viens voir si vous pouvez nous donner à boire.

Rentré chez ses parents, il les vit buvant du vin à grandes pintes.

Le lendemain, la mère envoya son fils demander une maison.

Le surlendemain, ce fut de linge qu'elle eut besoin.

Après ce furent des meubles.

Ensuite de l'argent.

Puis une écurie avec des chevaux sellés.

Enfin un château.

Et la marraine donnait, donnait sans se faire prier.

Grisée par la réussite, la mère dit encore une fois à son fils :

— Va-t'en demander à ta marraine de couronner Roi ton père, Reine ta mère et petit Prince son filleul.

En chemin il rencontra sa marraine.

— Où vas-tu, mon petit bonhomme ?

— Marraine, je viens voir si vous pouvez faire Roi mon père, Reine ma mère et petit Prince votre filleul.

— Rentre chez toi et tu verras.

Rentré au château de ses parents, le petit garçon vit un hibou, c'était son père. Une chouette, c'était sa mère. Alors il se regarda. Il était petit crapaud.

Niaï

Il y avait une fois une pauvre fermière bien vieille et infirme. Elle avait deux fils qui un jour décidèrent de se partager son bien.

L'un était intelligent ; il prit les bœufs.

L'autre était un peu sot ; on l'appelait Niaï[1] ; il prit sa mère en charge.

Lorsque la pauvre femme mourut, Niaï fut bien en peine car il n'avait pas d'argent pour la faire enterrer et son frère ne voulait entendre parler de rien.

Alors, il lui vint une idée. Il chargea la morte sur son dos et la porta dans le confessionnal, l'assit bien et alla chercher le curé.

— Monsieur Curé, dit-il, je vous ai amené ma mère qui est infirme, il vous faut la confesser.

— Pourquoi es-tu venu ? Je serais allé chez toi...

Niaï répondit :

— C'est pour vous éviter de la peine que je vous l'ai amenée à l'église.

Le curé lui dit :

— Va-t'en, je vais m'occuper de ta mère.

Niaï alla se cacher au fond de l'église.

En arrivant au confessionnal, le curé secoua la pauvre vieille en lui disant :

— Allons, ma bonne, il faut vous confesser.

La pauvre vieille ne répondit pas.

Il la secoua à nouveau. Elle tomba par terre.

Alors Niaï sortit de sa cachette et se mit à crier :

---

1. L'imbécile.

— Au secours, au secours ! Monsieur le Curé a tué ma mère.

— Tais-toi, tais-toi ! lui dit le curé affolé, je te donnerai une bourse si tu ne parles de ça à personne.

Le voilà parti avec sa bourse, laissant au curé le soin d'enterrer sa mère.

Il rentra chez lui en se disant : « Il faut que je me venge de mon frère qui a pris les bœufs et m'a laissé notre mère infirme. »

En passant devant chez son frère, il entra et lui dit :

— Tu m'as laissé notre mère, elle est morte, je l'ai dépouillée, j'ai vendu sa peau, regarde la bourse que le tanneur m'a donnée. Pour avoir des peaux de bœufs il en donnera sûrement le triple.

Lorsque Niaï fut parti, le frère dit à sa femme :

— Nous allons tuer nos bœufs, nous les dépouillerons et porterons les peaux au tanneur ; ça remplira une grosse bourse.

Ils firent comme décidé et le frère porta les peaux de ses bêtes au tanneur.

— Tanneur, voici des peaux de bœufs. Combien m'en donnes-tu ?

— J'en ai déjà bien trop et ça n'a pas grande valeur.

Et il ne lui donna presque rien.

Le frère rentra chez lui en colère. Il dit à sa femme :

— Il faut que je me venge en noyant Niaï.

Un jour, il rencontra Niaï sur le bord de la rivière, le jeta dans l'eau et s'enfuit.

Le pauvre sot ne se noya pas et put sortir de l'eau. Cela fait, il courut chez un berger et lui dit :

— Prête-moi tes moutons, je vais faire un tour à mon frère qui a voulu me noyer.

Il passa devant chez son frère avec le troupeau de moutons. Il entra et lui dit :

— Tu m'as jeté à la rivière ! Tu croyais m'y noyer. Regarde le troupeau que j'ai trouvé au fond de l'eau.

Lorsque Niaï fut parti, le frère dit à sa femme :

— Il faut que j'y aille aussi. Si je peux ramener un troupeau de moutons, nous serons riches !

Il alla se jeter à l'eau et se noya.

Le petit sot et son merle

Il y avait une fois un petit garçon qui, en sortant de la messe du dimanche matin, avait fait je ne sais quelle coquinerie à une vieille bigote.

— Mais, petit sot, s'exclama cette dernière, tu as perdu la raison ?

Aussi s'en revint-il chez lui, consterné et inquiet, croyant avoir perdu la raison.

Comme tous les dimanches matin, sa mère faisait les lits à fond.

Prenant son courage à deux mains, le petit sot lui dit :

— Maman, j'ai perdu la raison.

— Qu'est-ce que tu racontes là ?

— Une vieille m'a dit que j'avais perdu la raison.

— Ah ! si ce n'est que ça, tu n'as rien à craindre.

— Si je l'ai perdue je voudrais bien que tu m'en donnes une nouvelle.

— Je n'ai pas le temps, tu vois bien que j'ai beaucoup trop de travail.

Cependant, à force de demander, la mère finit par lui donner satisfaction. Elle attrapa une puce qui courait dans les draps et la mit dans un parpail, une boîte si vous préférez.

— Tiens, voilà ta raison, dit-elle, et à présent laisse-moi la paix.

Le petit sot ne se le fit pas dire deux fois. Il partit dans les bois et là s'assit sur un tas de sable. Curieux comme pas un, il voulut regarder sa raison. Mais à peine eut-il levé le couvercle que, d'un saut, la puce s'échappa...

Le pauvre gouyat (garçon) chercha partout autour de lui pour retrouver sa raison perdue deux fois en une demi-journée. Il remua le sable pendant des heures mais ne trouva rien de rien.

Sur le soir, un chasseur passa et lui demanda ce qu'il cherchait avec tant d'ardeur.

Lorsqu'il sut que c'était sa raison, l'homme fut bien perplexe et ne s'attarda pas car il craignait de perdre trop de temps en voulant chercher quelque chose qu'il ne connaissait pas.

La nuit étant proche, le petit sot abandonna ses recherches et continua son chemin. Il rencontra un cheval mort sur lequel un merle allait et venait en picotant la chair. Le sot le prit et le mit dans son parpail, tout heureux d'avoir remplacé sa raison perdue.

Et il marcha. Marche, marche...

Il fit bientôt nuit noire et il se perdait à chaque pas. Enfin, il aperçut une lumière. Il s'y dirigea. C'était une maison de bûcheron. Il frappa :

— Pan, pan, pan.

— Entrez...

Il entra. Dans la maison, il n'y avait que la femme, l'homme n'était pas encore revenu de son chantier.

— Pourriez-vous me coucher, demanda-t-il, j'ai peur tout seul au milieu des bois, je crains de perdre encore la raison.

La femme le conduisit au grenier et lui montra un tas de paille pour passer la nuit. En partant elle ferma la porte avec le verrou.

Le petit sot s'allongea sur la paille. Il y en avait si peu qu'il s'aperçut qu'en dessous le plancher joignait mal. Comme il était curieux, il regarda et put suivre tout ce qui se passait dans la salle de la maison.

Quelqu'un entra, il reconnut le curé du village. La femme du bûcheron l'embrassa et le fit asseoir devant la table. Ensuite, elle sortit du buffet un beau poulet rôti. Puis, du placard, une miche de pain de cinq livres, enfin sur l'étagère, elle tira de derrière des pots vides une bouteille de bon vin vieux.

Le curé s'apprêtait à manger lorsque des pas se firent entendre sur le chemin.

— Mon Dieu, c'est mon mari, dit la femme en remettant précipitamment le poulet dans le buffet, la miche de pain dans le placard et la bouteille de vin sur l'étagère derrière les pots vides.

Ensuite, elle poussa le curé sous le lit.

Le bûcheron entra et posa sa lourde cognée dans un coin de la cheminée.

— J'ai bougrement faim, dit-il en se mettant devant la table vide.

— Hélas ! mon homme, répondit la femme, tu sais bien que nous sommes pauvres et que nous n'avons rien à manger.

— Malheur, dit le bûcheron, je l'avais oublié.

Il y eut un court silence pendant lequel on entendit le bruit que faisaient les mâchoires du petit sot grelottant de froid dans le grenier.

— Qui fait ce bruit ? demanda le bûcheron.

— Ah ! ce doit être le gamin que j'ai mis à coucher au grenier, il se disait perdu.

Le bûcheron se fâcha.

— Mais il ne faut pas le laisser là-haut, il fait trop froid. Va le chercher pour qu'il puisse se chauffer devant le feu.

Le petit sot fut bien heureux de pouvoir se chauffer, il se mit devant le feu et resta sans bouger en tenant son parpail. Le bûcheron s'en aperçut et lui demanda ce qu'il y avait dedans de si précieux pour qu'il le tienne avec tant de précautions.

— C'est mon devignaire (devineur), répondit le petit sot en arrachant une plume à son merle.

— Pio ! fit l'oiseau.

— Que dit-il ? demanda le bûcheron.

— Ma foi, il dit qu'il y a un poulet rôti dans le buffet.

Le bûcheron ouvrit le buffet et, stupéfait, en retira le poulet rôti.

La femme sentit sauter son cœur.

Le bûcheron et le petit sot s'assirent à table et mangèrent de bon appétit.

A ce moment, le sot eut besoin de pain, il arracha une autre plume au merle.

— Pio !

Le bûcheron s'arrêta de manger et demanda :

— Que dit-il ?

— Ma foi, il dit qu'il y a une miche de cinq livres dans le placard !

Le bûcheron ouvrit le placard et, de plus en plus stupéfait, en retira la miche de pain.

La femme s'était retournée pour ne pas montrer son visage devenu tout rouge.

Le bûcheron et le petit sot finirent le poulet et mangèrent la miche de bon appétit.

Cela fait, le sot eut soif ; il arracha une troisième plume à son merle.

— Pio !

— Que dit-il ?

— Ma foi, il dit que nous devons avoir bien soif, il paraît qu'il y a une bouteille de bon vin vieux derrière les pots de l'étagère.

Le bûcheron passa la main derrière les vieux pots et, tout à fait stupéfait, en retira la bouteille.

La femme s'était laissée tomber sur un banc.

Le bûcheron but la moitié de la bouteille et le petit sot finit le reste. Cela fait, ils s'essuyèrent la bouche d'un revers de main et se laissèrent aller sur leur chaise, le ventre bien rempli.

Le petit sot se sentait si heureux qu'il eut besoin de rire. Il arracha une quatrième plume à son merle.

— Pio !

— Que dit-il ?

— Ma foi, à l'en croire, il paraît que monsieur le curé se trouve sous votre lit.

A ce moment, le curé sortit de sa cachette et s'enfuit comme un voleur.

Le bûcheron se mit à béer de stupeur.

La femme n'en menait pas large, mais son homme ne demanda aucune explication, il ne pensait plus qu'à acquérir un oiseau aussi merveilleux.

— Je t'achète ton devineur, dit-il au petit sot.

— Combien ?

— Dix écus.

— Non ! ce n'est pas assez.

— Vingt, c'est tout ce que je possède.

— Vendu ! N'oubliez pas de lui donner à manger trois fois par jour. Au revoir.

Et il partit.

La femme du bûcheron, voyant son mari se ruiner pour acheter un oiseau comme les autres mais ne voulant pas lui avouer qu'elle le trompait, préféra partir aussi. Elle rejoignit le curé qui la prit comme servante.

Quant au bûcheron, il arracha chaque jour des plumes au merle mais l'oiseau ne savait que répondre : « Pio ! »

Un beau jour, il n'eut plus de plumes ; alors l'homme le tua et le mangea.

La chèvre et le loup

Il était une fois une chèvre qui voulut monter sur un arbre couvert de lierre. Elle monta si haut qu'elle tomba, se cassa une patte et se fit bien mal à la tête.

Clopin-clopant elle rentra chez elle où étaient restées ses trois petites chevrettes.

Mais, elle avait si mal qu'elle décida d'aller chez le médecin pour se faire recoller l'os. Avant de partir, elle mit en garde ses chevrettes contre le loup, leur faisant promettre de n'ouvrir qui si elle disait :

« Je viens de faire arranger ma jambe, ma tête est pliée, petites filles ouvrez-moi. »

Et elle s'en alla voir le médecin.

Mais le loup avait tout entendu. Il arriva et dit, à la porte, d'une voix faussement douce :

— Je viens de faire arranger ma jambe, ma tête est pliée, petites filles ouvrez-moi.

L'une des chevrettes dit :

— Il faut ouvrir, c'est notre mère.

— Non, dirent les deux autres, ce n'est pas sa voix.

Mais la première soutenait que c'était bien leur mère et, malgré ses sœurs, ouvrit la porte.

« Ouf » : le loup l'avala.

Les deux autres se cachèrent, l'une sous le lit, l'autre dans le sabot. Et le loup se mit à les chercher, mais il ne les trouva pas. Enfin, il partit, à regret, car le goût de la chevrette l'avait mis en appétit. Les deux survivantes sortirent de leur cachette et fermèrent vite la porte.

Peu de temps après, la chèvre revint.

— Je viens de faire arranger ma jambe, ma tête est pliée, petites filles ouvrez-moi.

— C'est la voix de notre mère, dit l'une.

— Il faut ouvrir, dit l'autre.

La chèvre entra et, n'apercevant pas sa troisième chevrette, demanda :

— Où est votre sœur ?

— Le loup est venu et il l'a mangée. Elle croyait que c'était toi et nous lui disions que c'était le loup. Elle n'a pas voulu nous croire.

La mère fut bien triste et jura de se venger du loup.

Un jour qu'elle était allée brouter assez loin dans les bois, elle rencontra le loup. Il faisait très froid et la vilaine bête tremblait sous son poil rude.

— Loup, où vas-tu ?

— Je me promène, chèvre...

— Veux-tu faire affaire avec moi ?

— Si tu veux !

— Aujourd'hui qu'il fait froid nous allons ramasser du bois et nous ferons un beau et bon feu pour nous réchauffer.

Ils ramassèrent brindilles et branches et en firent un gros tas. Lorsqu'ils eurent fini, la chèvre dit :

— Je n'ai pas froid pour le moment, toi non plus certainement, puisque l'effort nous a donné chaud. Si tu veux, nous allons en profiter pour dormir un peu ; quand nous nous réveillerons, nous serons bien heureux de faire du feu.

Le loup accepta et, bientôt, ronfla.

Mais la chèvre ne dormait pas. Sans bruit, elle attacha un morceau de chanvre au bout de la queue du loup et fit à nouveau semblant de dormir.

Peu après, le loup se réveilla et cria :

— Eh ! Chèvre, tu as fini de dormir ?

Elle feignit de se réveiller.

— Allons, pressa le loup, j'ai froid, viens vite, nous allons faire le feu.

Ils eurent tôt fait de l'allumer et une haute flamme sortit des brindilles et des branches.

— Il fait bon, dit la chèvre, mais nous ne devrions pas

rester immobiles, c'est mauvais de se laisser cuire toujours du même côté.

— Que faut-il faire ?

— Veux-tu que nous jouions à celui qui sautera le mieux par-dessus le bûcher ?

— Je veux bien.

— Alors, saute le premier, tu es meilleur sauteur que moi.

Le loup fut flatté que la chèvre lui fasse compliment. Il prit son élan et sauta ; mais il n'était plus leste – à vrai dire, il ne l'avait jamais été – et il retomba au beau milieu des flammes. Le feu se mit dans ses poils et au bout de sa queue de chanvre. Il poussa un hurlement formidable qui sema la terreur loin à la ronde, puis il s'enfuit, le feu au derrière.

La chèvre sauta de joie et cria :

— Margilo ! Margilo ! Ma petite, tu l'as mangée. Eh bien ! que le feu te mange à ton tour.

La chèvre était vengée, mais hélas, en courant, le loup mit le feu à une grande partie du pays et de nombreux paysans furent ruinés.

Picard, le vieux chien

Picard était un vieux chien qui avait perdu toutes ses dents en vieillissant et ne pouvait plus mordre.

Un jour, sa maîtresse et son maître assis sur le seuil de la porte parlaient de toutes sortes de choses. Et Picard les écoutait en sommeillant.

A un moment, le maître dit à sa femme :

— Je vais tuer le vieux Picard qui ne nous sert plus à rien.

Mais la femme ne voulut pas. Elle aimait Picard et avait pitié de sa vieillesse.

— Il nous a rendu service pendant quelques années, dit-elle, nous pouvons encore le nourrir, il ne mange que les restes de nos repas.

Le maître reprit :

— Si les voleurs viennent, il ne pourra pas aboyer, ni mordre.

En apprenant cela, Picard fut peiné et il pensa à son grand ami, le loup du voisinage. Vers le soir il courut au bois et se plaignit amèrement.

— Ne te tourmente plus, cousin, dit le loup. Je t'aiderai. N'aie pas peur. Demain matin ton maître et sa femme iront faner et ils emporteront sûrement leur enfant pour qu'il ne s'ennuie pas tout seul à la maison. Ils le poseront sur une meule, à l'ombre, et tu te coucheras près de lui, comme pour le garder. C'est alors que j'entrerai en scène... Je sortirai du bois et je prendrai l'enfant ; toi, tu bondiras pour faire voir que tu veux le sauver et tu le rapporteras à ses parents. Ils croiront que tu l'as sauvé et ils ne te tueront pas... Au contraire, tu seras gâté jusqu'à la fin de tes jours.

Cette proposition plut au chien et il fut fait comme ils avaient convenu.

Le père poussa des cris lorsqu'il vit le loup emporter l'enfant et, quand le vieux Picard le lui rapporta, il caressa le bon chien en disant :

— Ne crains rien, nous te garderons tant que tu vivras, tu seras gâté et tu passeras de bonnes journées.

Le maître dit ensuite à sa femme :

— Maintenant, rentre à la maison et prépare une bonne bouillie pour que le bon chien Picard puisse avaler sans mâcher et donne-lui aussi mon oreiller pour se coucher.

De ce jour, le bon Picard eut une vie douce et meilleure. Peu de temps après, le loup lui rendit visite. Il fut ravi d'apprendre que tout avait si bien réussi.

— Mais, cousin, dit le loup, j'espère que, en revanche, tu fermeras les yeux si, à l'occasion, je suis tenté par un des moutons gras du patron... Les temps sont durs pour moi et je n'ai rien à manger.

Le soir, au crépuscule, le loup se glissa dans la bergerie pour manger un des moutons gras du paysan. Mais, celui-ci, averti par Picard reconnaissant, l'attendait et lui peigna vigoureusement le dos avec sa fourche. Si bien que le loup cria, fort en colère :

— Tu me paieras ça, faux chien...

Et, déçu, il s'enfuit dans le bois, se jurant qu'il ne rendrait plus de services pour être si mal récompensé.

Le diable dupé par le cordonnier

Il y avait une fois un jeune cordonnier qui fréquentait une belle jeune fille. Mais il ignorait qu'elle et sa mère étaient sorcières.

Il allait chaque soir chez elles et tous trois bavardaient au coin du feu.

Un jour, la jeune fille lui dit :

— Demain soir, tu ne viendras pas parce que nous sommes obligées de nous absenter.

Le lendemain matin, le cordonnier rencontra le voisin de son amoureuse.

— Tu vas chez ta belle ce soir ? lui demanda-t-il.

— Non, car elles m'ont dit qu'elles seraient obligées de s'absenter.

Le voisin éclata de rire et dit :

— Vas-y quand même, si elles te disent quelque chose, tu leur diras que tu n'y as plus pensé et tu feras semblant de t'endormir.

Le cordonnier suivit son conseil. Il trouva sa belle qui parut bien gênée par sa visite.

— Mais tu savais bien que je t'avais dit de ne pas venir ce soir.

— Oh ! je n'y avais plus pensé.

Il se mit au coin du feu, assis sur une chaise, et fit semblant de s'endormir.

« Faouou ou... faou ou ou... », faisait-il pour qu'elle le crût en plein sommeil.

La fille le réveilla et lui demanda :

— Qu'as-tu ?

— J'ai sommeil, je suis bien fatigué, laisse-moi dormir.

Et il fit semblant de se rendormir.

« Faou ou ou... faou ou ou... » faisait-il.

Au bout d'un moment, elle vérifia s'il dormait bien. Il ronflait si fort que sa mère lui dit :

— Il dort, nous pouvons partir au bal du diable.

Elles allèrent chercher un pot tout en haut du buffet et, s'étant frotté les mains et les jambes avec le produit qu'il y avait dedans, elles dirent bien fort :

— Pieds sur feuille, passe par la cheminée.

Elles remirent le pot en place et s'envolèrent par la cheminée pour aller au bal du diable.

Mais le cordonnier avait tout vu et tout entendu.

A son tour, il alla chercher le pot qui était en haut du buffet, se frotta les mains et les jambes avec le produit qu'il y avait dedans, puis il dit bien fort :

— Pieds sous feuille, passe par la cheminée.

Il remit le pot en place et s'envola par la cheminée pour aller au bal du diable.

Mais voilà qu'aussitôt quitté la cheminée il se sentit transporté au ras du sol à une grande vitesse et il commença à passer au beau milieu des haies, des bois et des ronces. Il eut beau crier, rien n'y fit. Il arriva au bal des sorcières dans un piètre état. Alors il comprit que les deux femmes avaient dit :

« Pied sur feuille » pour éviter les ronces.

Le sabbat était au comble de la folie. On dansait avec de grands gestes sur une musique endiablée et chaque fois qu'on finissait une danse il fallait embrasser le cul du diable.

Vint le tour du cordonnier qui avait bien été obligé de danser, mais au lieu d'embrasser il planta son alène dans le derrière du diable.

Furieux, le diable se mit à hurler :

— Qu'es aquel noubel bengut qu'a lou mouré ta pountzut ! (Quel est ce nouveau-venu qui a le nez si pointu !)

Le diable cherche épouse

Un soir d'hiver, les deux jeunes filles d'une ferme isolée allaient à Saint-Amand, le village voisin, pour participer à une veillée où de nombreux jeunes gens étaient également conviés.

Elles suivaient le sentier caillouteux et passaient à côté d'une roche lorsque, tout à coup, elles furent interpellées par un homme qui se cachait là.

— Où allez-vous donc ainsi, jolies filles ? leur demanda-t-il d'une voix fort engageante.

— Nous nous rendons à Saint-Amand, travailler, chanter et danser à une veillée.

— Voulez-vous m'emmener avec vous ? dit-il en s'approchant d'elles.

Au clair de lune, elles distinguèrent un jeune homme, beau, grand et si bien habillé qu'il ne pouvait s'agir que du fils de quelque seigneur de la région, en quête de polissonneries.

Devant le charme de l'inconnu, les jeunes filles acceptèrent et ne furent nullement surprises, une fois bras dessus-dessous avec lui, de se trouver rendus tous trois en moins de temps qu'il ne faut pour le dire.

La veillée battait son plein. Jeunes et vieux coupaient à longueur la paille de seigle afin de préparer la *paillote* pour plus tard. A ce travail, le bel inconnu, que toutes les filles se disputaient, fit l'admiration générale. Il allait si vite, qu'on fut obligé de le tenir à l'écart afin que chacun eût un rien de besogne.

Certes, on travaillait mais, également, on riait. A minuit, on réveillonna et les vieux allèrent se coucher tandis que la jeunesse s'arrachait l'inconnu qui dansait à n'y pas croire.

Soudain, les parents qui étaient au lit le virent se diriger vers le fond du couloir sombre qui séparait leur chambre de la salle et, au spectacle qu'ils eurent, ils se frottèrent les yeux de stupeur. Le beau garçon qui avait dû s'étrangler en chantant venait là pour tousser à sa guise ; seulement, à chaque quinte, de longues flammes sortaient de sa bouche et une odeur de soufre se répandait autour de lui.

Sans se faire remarquer, les vieux se levèrent et, sautant par la fenêtre, allèrent prévenir le curé. Celui-ci vint aussitôt, pénétra brusquement dans la salle et immobilisa le diable d'une aspersion d'eau bénite qui le fit rugir de douleur.

Sommé de déguerpir, il exigea qu'on le ramenât à la roche où les jeunes filles l'avaient trouvé. Tout le monde l'y conduisit en cortège et, arrivé là, il sauta dessus d'un seul bond :

— Vous m'avez eu, reconnut-il, je cherchais épouse, maintenant je dois partir... alors dites-moi comment vous voulez que je fasse... en eau ? en vent ? ou en feu ?

Sagement, le curé choisit de le voir partir en vent.

— Attention, cria-t-il à ses ouailles, couchez-vous...

Son conseil fut bon. Le diable, en tournant comme une toupie, amena un vent de tempête si violent que, de nos jours, la roche tremble encore.

BRETAGNE

Émile Souvestre

Peronnik l'idiot[1]

Vous n'êtes pas sans avoir rencontré de ces pauvres innocents que le prêtre a baptisés avec l'huile de lièvre[2] et qui ne savent que s'arrêter devant les portes pour demander leur pain. On dirait des veaux qui ont perdu le chemin de leur étable. Ils regardent de tous côtés avec de grands yeux et la bouche ouverte, comme s'ils cherchaient quelque chose ; mais ce qu'ils cherchent n'est pas assez commun dans le pays pour qu'on le trouve sur les grands chemins, car c'est de l'esprit.

Peronnik était un de ces pauvres idiots qui ont pour père et mère la charité des chrétiens. Il allait devant lui sans savoir où ; quand il avait soif, il buvait aux fontaines ; quand il avait faim, il demandait aux femmes qu'il voyait sur leur seuil les croûtes de rebut ; quand il avait sommeil, il cherchait une meule de paille et y creusait son lit, comme un lézard.

Du reste, Peronnik n'était pas mal vêtu pour son état. Il avait une culotte de toile à laquelle il ne manquait que le fond, un gilet garni d'une manche et la moitié d'un

1. Il ne faut pas que ce mot d'idiot fasse illusion ; l'idiot des contes populaires est la personnification de la faiblesse rusée l'emportant sur la force ; il est toujours plus ou moins de la famille du berger de l'avocat Patelin. L'idiotisme joue, dans les traditions des peuples chrétiens, le même rôle que jouait la laideur physique dans celles des peuples de l'antiquité. Ceux-ci prenaient pour accomplir les faits extraordinaires le bossu Esope, ceux-là prendront Peronnik ou tout autre garçon simple d'esprit, afin que le contraste entre le héros et l'action soit plus frappant et le résultat plus inattendu.

2. *Badezet gad eol gad* ; c'est une expression consacrée en Bretagne lorsque l'on veut parler d'une tête faible.

bonnet qui avait été neuf. Aussi, quand Peronnik avait mangé, il chantait de tout son cœur, et il remerciait Dieu, soir et matin, de lui avoir fait tant de présents sans y être obligé. Quant à savoir un métier, Peronnik n'en avait jamais appris ; mais il était habile en beaucoup de choses. Il faisait autant de repas qu'on voulait, il dormait plus longtemps que personne, et il imitait avec sa langue le chant des alouettes. Il y en a maintenant plus d'un dans le pays qui n'en pourrait pas faire autant.

A l'époque dont je vous parle (c'est-à-dire il y a mille ans et plus) le *Pays du blé blanc* n'était pas tout à fait comme vous le voyez aujourd'hui. Depuis ce temps-là bien des gentilshommes ont mangé leur héritage et changé leurs futaies en sabots ; aussi, la forêt de Paimpont s'étendait-elle sur plus de vingt paroisses. Il y en a même qui disent qu'elle passait la rivière et allait rejoindre Elven.

Quoi qu'il en soit, Peronnik arriva un jour à une ferme bâtie sur la lisière du bois, et, comme il y avait déjà longtemps que la cloche du *Benedicite* sonnait dans son estomac, il s'approcha pour demander à manger.

La fermière était justement à genoux sur le seuil de la porte et se préparait à nettoyer la bassine à bouillie avec sa pierre à fusil[1] ; mais quand elle entendit la voix de l'idiot qui demandait à manger au nom du vrai Dieu, elle s'arrêta et lui tendit le chaudron.

— Tiens, dit-elle, mon pauvre Jean le Veau[2], mange le gratin et dis un *Pater* pour nos pourceaux qui ne peuvent pas engraisser.

Peronnik s'assit à terre, mit la bassine entre ses jambes, et se mit à gratter avec ses ongles ; mais il ne

1. Sur les côtes, on enlève le gratin attaché aux parois des bassines à bouillie avec une coquille de moule ; dans l'intérieur, on se sert, pour le même usage, d'un caillou coupant, qui est le plus souvent une pierre à fusil.

2. *Iann ar lue*, imbécile.

réussissait à trouver que bien peu de choses, car toutes les cuillers de la maison avaient déjà passé par là. Cependant il se lécha les doigts, en faisant entendre un grognement de satisfaction, comme s'il n'eût jamais mangé rien de meilleur.

— C'est de la farine de mil, dit-il à demi-voix, de la farine de mil détrempée avec du lait de vache noire [1] par la meilleure faiseuse de tout le bas pays.

La fermière, qui s'en allait, se retourna flattée.

— Pauvre innocent, dit-elle, il en reste bien peu ; mais j'ajouterai un morceau de pain de méteil [2].

Elle apporta au jeune garçon l'entamure d'une miche qui arrivait du four ; Peronnik y mordit comme un loup dans une cuisse d'agneau et s'écria qu'il devait avoir été pétri par le boulanger de monseigneur l'évêque de Vannes ! La paysanne enorgueillie répondit que c'était bien autre chose quand on le mangeait avec du beurre nouvellement baratté, et, pour le prouver, elle en apporta dans la petite écuelle couverte. Après en avoir goûté, l'idiot déclara que c'était du *beurre vivant* [3], que celui de la *semaine blanche* ne le valait pas [4], et, afin de mieux appuyer ses éloges, il étendit sur son entamure tout ce qui se trouvait dans la sébile. Mais le contentement empêcha la fermière de s'en apercevoir, et elle ajouta encore à ce qu'elle avait déjà donné un morceau de lard qui restait de la soupe du dimanche.

Peronnik vantait toujours plus chaque morceau et avalait tout, comme si c'eût été de l'eau de source, car il n'avait point fait, depuis bien longtemps, un pareil repas. La fermière allait et venait, tout en le regardant

1. Le lait de vache noire passe, en Bretagne, pour le plus sain et le plus délicat.

2. *Mistilhon*, mélange de seigle et de froment.

3. *Aman fresk-beo.*

4. Les Bretons attribuent au beurre de la semaine blanche et des Rogations une délicatesse particulière et même des propriétés médicales, à cause de l'excellence des herbages de cette époque.

manger, et ajoutait, par-ci par-là, quelques bribes qu'il recevait en faisant le signe de la croix.

Pendant qu'il était ainsi occupé à prendre des forces, voilà qu'un cavalier armé parut à la porte de la maison, et s'adressa à la femme pour lui demander le chemin du château de Kerglas.

— Jésus mon Dieu ! monsieur le gentilhomme, est-ce là que vous allez ? s'écria la fermière.

— Oui, répondit l'homme de guerre, et je suis venu pour cela d'un pays si éloigné qu'il a fallu marcher trois mois, nuit et jour, pour arriver jusqu'ici.

— Et que venez-vous chercher à Kerglas ? reprit la Bretonne.

— Je viens chercher le bassin d'or et la lance de diamant.

— Ce sont donc deux choses d'un grand prix ? demanda Peronnik.

— D'un plus grand prix que toutes les couronnes de la terre, répondit l'étranger, car outre que le bassin d'or produit, à l'instant, les mets et les richesses que l'on désire, il suffit d'y boire pour être guéri de tous ses maux, et les morts eux-mêmes ressuscitent en le touchant de leurs lèvres. Quant à la lance de diamant, elle tue et brise tout ce qu'elle touche.

— Et à qui appartiennent cette lance de diamant et ce bassin d'or ? reprit Peronnik émerveillé.

— A un magicien que l'on appelle Rogéar, et qui habite le château de Kerglas, répondit la fermière ; on le voit tous les jours passer, à la lisière du bois, monté sur sa jument noire que suit un poulain de treize mois ; mais nul n'oserait l'attaquer, car il tient dans sa main la lance sans merci.

— Oui, reprit l'étranger, mais l'ordre de Dieu lui défend de s'en servir au château de Kerglas. Dès qu'il y arrive, la lance et le bassin sont déposés au fond d'un souterrain obscur qu'aucune clef ne peut ouvrir ; aussi est-ce là que je veux aller attaquer le magicien.

— Hélas ! vous ne pourrez réussir, mon maître, reprit

la paysanne ; plus de cent autres gentilshommes ont essayé l'aventure, avant vous, sans qu'aucun ait reparu.

— Je le sais, bonne femme, répliqua le cavalier ; mais ils n'avaient pas reçu, comme moi, les instructions de l'ermite de Blavet.

— Et que vous a dit l'ermite ? demanda Peronnik.

— Il m'a averti de tout ce que j'aurai à faire, reprit l'étranger ; d'abord il faudra que je traverse le bois trompeur où toutes espèces d'enchantements seront employés pour m'effrayer et me faire perdre ma route. La plupart de ceux qui m'ont précédé s'y sont égarés et y ont péri de froid, de fatigue ou de faim.

— Et si vous le passez ? dit l'idiot.

— Si je le passe, continua le gentilhomme, je rencontrerai un korrigan armé d'un aiguillon de feu qui réduit en cendres tout ce qu'il touche. Ce korrigan veille près d'un pommier auquel il faudra que je prenne une pomme.

— Et ensuite ? ajouta Peronnik.

— Ensuite, je trouverai la fleur qui rit, gardée par un lion dont la crinière est formée de vipères, et il faudra que je cueille la fleur ; après quoi j'aurai à passer le lac des dragons, à combattre l'homme noir armé d'une boule de fer qui atteint toujours le but et revient d'elle-même à son maître ; j'entrerai enfin dans le vallon des plaisirs, où je verrai tout ce qui peut tenter un chrétien et le retenir, et j'arriverai à une rivière qui n'a qu'un seul gué. Là se trouvera une dame vêtue de noir que je prendrai en croupe et qui me dira ce que je dois faire.

La fermière essaya de prouver à l'étranger qu'il ne pourrait jamais supporter toutes ces épreuves ; mais celui-ci répondit que ce n'était point là une affaire à être jugée par les femmes, et, après s'être fait indiquer l'entrée de la forêt, il mit son cheval au galop et disparut parmi les arbres.

La fermière poussa un gros soupir, en déclarant que c'était un mort de plus que le Christ allait avoir à juger ;

elle donna quelques croûtes à Peronnik et l'engagea à continuer son chemin.

Celui-ci allait suivre son conseil lorsque le maître de la ferme arriva des champs. Il venait justement de renvoyer l'enfant qui gardait les vaches à l'entrée du bois, et il cherchait, dans son esprit, comment il pourrait le remplacer.

La vue de l'idiot fut pour lui un trait de lumière ; il pensa qu'il avait trouvé ce qui lui manquait, et, après quelques questions, il demanda brusquement à Peronnik s'il voulait rester à la ferme pour surveiller le bétail. Peronnik eût préféré avoir à se surveiller tout seul, car personne n'avait plus de courage que lui pour ne rien faire ; mais il sentait encore sur ses lèvres le goût du lard, du beurre frais, du pain de méteil et du gratin de mil ; aussi se laissa-t-il tenter et accepta-t-il la proposition du fermier.

Celui-ci le conduisit sur-le-champ au bord de la forêt ; il compta tout haut les vaches (sans oublier les génisses), lui coupa une baguette de coudrier pour qu'il pût les conduire, et l'avertit de les ramener au soleil couchant.

Voilà donc Peronnik devenu curé de bestiaux, devant les empêcher de mal faire, et courant de la noire à la rousse et de la rousse à la blanche pour les retenir où il fallait.

Or, pendant qu'il courait ainsi de côté et d'autre, il entendit tout à coup des pas de chevaux, et il aperçut, dans une des allées du bois, le géant Rogéar assis sur sa jument, suivi du poulain de treize mois. Il portait au cou le bassin d'or et à la main la lance de diamant qui brillait comme une flamme. Peronnik effrayé se cacha derrière un buisson ; le géant passa près de lui, puis continua sa route. Lorsqu'il eut disparu, l'idiot sortit de sa cachette et regarda le côté par lequel il était parti, mais sans pouvoir reconnaître le chemin qu'il avait suivi.

Cependant des cavaliers armés arrivaient sans cesse pour chercher le château de Kerglas et on n'en voyait aucun revenir. Le géant, au contraire, faisait tous les jours sa promenade. L'idiot, qui avait fini par s'enhardir, ne se cachait plus lorsqu'il passait, et le regardait, de loin, avec des yeux d'envie, car le désir de posséder le bassin d'or et la lance de diamant grandissait chaque jour dans son cœur. Mais il en était de cela comme d'une bonne femme, c'était une chose plus facile à souhaiter qu'à obtenir.

Un soir que Peronnik était seul dans la pâture, comme d'habitude, voilà qu'un homme à barbe blanche s'arrêta à la lisière de la forêt. L'idiot crut que c'était encore quelque étranger qui venait pour tenter les aventures, et il lui demanda s'il ne cherchait pas la route de Kerglas.

— Je ne la cherche pas, car je la connais, répondit l'inconnu.

— Vous y êtes allé et le magicien ne vous a pas tué ! s'écria l'idiot.

— Parce qu'il n'avait rien à craindre de moi, répliqua le vieillard à barbe blanche ; on me nomme le sorcier Bryak et je suis le frère aîné de Rogéar. Quand je veux l'aller visiter je viens ici, et, comme malgré ma puissance je ne pourrais traverser le bois enchanté sans m'égarer, j'appelle le poulain noir pour me conduire.

A ces mots, il traça trois cercles avec son doigt sur la poussière, répéta tout bas des paroles que le démon apprend aux sorciers, puis il s'écria :

Poulain libre des pieds, poulain libre des dents,
Poulain, je suis ici, viens vite, je t'attends.

Le petit cheval parut aussitôt. Bryak lui mit un licou, une entrave, monta sur son dos et le laissa rentrer dans la forêt.

Peronnik ne dit rien à personne de cette aventure ; mais il comprenait maintenant que la première chose pour se rendre à Kerglas était de monter le poulain qui connaissait la route. Malheureusement il ne savait ni tracer les trois cercles, ni prononcer les paroles magiques nécessaires pour faire entendre l'appel :

Poulain libre des pieds, poulain libre des dents,
Poulain, je suis ici, viens vite, je t'attends.

Il fallait donc trouver une autre manière de s'en rendre maître, et, une fois qu'il serait pris, le moyen de cueillir la pomme, de saisir la fleur qui rit, d'échapper à la boule de l'homme noir, et de traverser le vallon des plaisirs.

Peronnik y songea longtemps, et il lui sembla enfin qu'il pourrait réussir. Ceux qui sont forts vont chercher le danger avec leur force, et, le plus souvent, ils y périssent ; mais les faibles prennent les choses de côté. Ne pouvant espérer de combattre le géant, l'idiot résolut d'avoir recours à la ruse. Quant aux difficultés, il ne s'en effraya pas ; il savait que les nèfles sont dures comme cailloux quand on les cueille, et qu'avec un peu de paille et beaucoup de patience elles finissent, pourtant, par mollir [1].

Il fit donc tous ses préparatifs pour l'heure où le géant devait paraître à l'entrée du bois. Il arrangea d'abord un licou et une entrave de chanvre noir, un lacet à prendre les bécasses, dont il trempa les crins dans l'eau bénite, une poche de toile qu'il remplit de glu et de plumes d'alouette, un chapelet, un sifflet de sureau et un morceau de croûte frotté de lard rance. Cela fait, il émietta le pain de son déjeuner le long de la route que suivaient Rogéar, sa jument et son poulain de treize mois.

Tous trois parurent à l'heure ordinaire et traversèrent la pâture, comme ils le faisaient tous les jours : mais le poulain, qui marchait la tête basse et flairant la terre, sentit les miettes de pain et s'arrêta pour les manger, de sorte qu'il se trouva bientôt seul et hors de vue du géant. Alors Peronnik s'approcha doucement ; il lui jeta son licou, attacha deux de ses pieds avec l'entrave, sauta sur

---

1. C'est un proverbe breton :
Gad colo hac amser
E veura ar mesper.

son dos et le laissa aller à sa fantaisie, car il était bien sûr que le poulain, qui connaissait le chemin, le conduirait au château de Kerglas.

Le jeune cheval prit effectivement, sans hésiter, une des routes les plus sauvages, marchant aussi vite que le lui permettait l'entrave.

Peronnik tremblait comme une feuille, car tous les enchantements de la forêt se réunissaient pour l'effrayer. Tantôt il lui semblait qu'un gouffre sans fond s'ouvrait devant sa monture, tantôt les arbres paraissaient s'enflammer et il se trouvait au milieu d'un incendie ; souvent, au moment de passer un ruisseau, le ruisseau devenait torrent et menaçait de l'emporter ; d'autres fois, quand il suivait un sentier, au pied de la colline, d'immenses rochers avaient l'air de se détacher et de rouler vers lui pour l'écraser. L'idiot avait beau se dire que c'étaient des tromperies du magicien, il sentait sa moelle se refroidir de peur. Enfin il se décida à enfoncer son bonnet sur ses yeux pour ne rien voir et à laisser le poulain l'emporter.

Tous deux arrivèrent ainsi dans une plaine où cessaient les enchantements. Alors Peronnik releva son bonnet et regarda autour de lui.

C'était un lieu aride et plus triste qu'un cimetière. De loin en loin, on voyait les squelettes des gentilshommes qui étaient venus pour chercher le château de Kerglas. Ils étaient là, étendus à côté de leurs chevaux, et des loups gris achevaient de ronger leurs os.

Enfin l'idiot rencontra une prairie ombragée tout entière par un seul pommier si chargé de fruits que les branches pendaient jusqu'à terre. Devant l'arbre était le korrigan tenant à la main l'épée de feu qui réduisait en cendres tout ce qu'elle touchait.

A la vue de Peronnik, il jeta un cri semblable à celui de la corneille de mer et leva son épée ; mais, sans paraître s'étonner, le jeune garçon ôta son bonnet avec politesse.

— Ne vous dérangez pas, mon petit prince, dit-il ; je

veux seulement passer pour me rendre à Kerglas, où le seigneur Rogéar m'a donné rendez-vous.

— A toi, répondit le nain, et qui es-tu donc ?

— Je suis le nouveau serviteur de notre maître, reprit l'idiot ; vous savez bien, celui qu'il attend !

— Je ne sais rien, répliqua le nain, et tu m'as tout l'air d'un affronteur.

— Faites excuse, interrompit Perronik, ce n'est pas mon métier ; je suis seulement preneur et dresseur d'oiseaux. Mais, pour Dieu ! ne me retardez pas, car M. le magicien compte sur moi, et même il m'a prêté son poulain, comme vous voyez, pour que j'arrive plus tôt au château.

Le korrigan remarqua en effet, alors, que Peronnik montait le jeune cheval du magicien, et il commença à penser qu'il lui disait vrai. L'idiot avait d'ailleurs l'air si innocent qu'on ne pouvait le croire capable d'inventer une histoire. Cependant il parut encore douter et il lui demanda quel besoin le magicien avait d'un oiseleur.

— Un grand besoin, à ce qu'il paraît, répliqua Peronnik, car, selon son dire, tout ce qui graine et tout ce qui mûrit dans le jardin de Kerglas est à l'instant dévoré par les oiseaux.

— Et comment feras-tu pour les empêcher ? demanda le nain.

Peronnik montra le petit piège qu'il avait fabriqué et dit qu'aucun oiseau n'y pouvait échapper.

— C'est ce dont je veux m'assurer, reprit le korrigan. Mon pommier est aussi ravagé par les merles et par les grives ; tends ton piège, et, si tu peux les prendre, je te laisserai passer.

Peronnik y consentit ; il attacha son poulain à un arbre, s'approcha du tronc du pommier, y fixa un des bouts du piège, puis il appela le korrigan pour tenir l'autre bout, tandis qu'il préparait les brochettes. Celui-ci fit ce que l'idiot demandait ; alors Peronnik tira subitement le nœud coulant, et le nain se trouva lui-même pris comme un oiseau.

Il poussa un cri de rage et voulut se dégager ; mais le lacet, qui avait été trempé dans l'eau bénite, résista à tous ses efforts. L'idiot eut le temps de courir à l'arbre, d'y cueillir une pomme et de remonter sur le poulain, qui continua sa route.

Ils sortirent ainsi de la plaine, et se trouvèrent en face d'un bosquet composé des plus belles plantes. Il y avait là des roses de toutes couleurs, des genêts d'Espagne, des chèvrefeuilles rouges, et par-dessus le tout s'élevait une fleur mystérieuse qui riait ; mais un lion à crinière de vipères courait autour du bosquet, en roulant les yeux et faisant grincer ses dents comme deux meules de moulin nouvellement repiquées.

Peronnik s'arrêta et salua de nouveau, car il savait que devant les puissants un bonnet est moins utile sur la tête qu'à la main. Il souhaita toutes sortes de prospérités au lion ainsi qu'à sa famille, et lui demanda s'il était bien sur la route qui conduisait à Kerglas.

— Et que vas-tu faire à Kerglas ? cria l'animal féroce d'un air terrible.

— Sauf votre respect, répondit timidement l'idiot, je suis au service d'une dame qui est l'amie du seigneur Rogéar, et qui lui envoie, en présent, de quoi faire un pâté d'alouettes.

— Des alouettes, répéta le lion, qui passa la langue sur ses moustaches, voilà bien un siècle que je n'en ai mangé. En apportes-tu beaucoup ?

— Tout ce que peut tenir ce sac, monseigneur, répondit Peronnik, en montrant la poche de toile qu'il avait remplie de plumes et de glu.

Et, pour faire croire ce qu'il disait, il se mit à contrefaire le gazouillement des alouettes.

Ce chant augmenta l'appétit du lion.

— Voyons, reprit-il, en s'approchant, montre-moi tes oiseaux ; je veux savoir s'ils sont assez gros pour être servis à notre maître.

— Je ne demanderais pas mieux, répondit l'idiot ; mais si je les tire du sac, j'ai peur qu'ils ne s'envolent.

— Entrouvre-le seulement pour que j'y regarde, répliqua la bête féroce.

C'était justement ce que Peronnik espérait ; il présenta la poche de toile au lion, qui y fourra la tête pour saisir les alouettes, et se trouva pris dans les plumes et dans la glu. L'idiot serra vite le cordon du sac autour de son cou, fit le signe de la croix sur le nœud pour le rendre indestructible ; puis, courant à la fleur qui riait, il la cueillit et repartit de toute la vitesse de son poulain.

Mais il ne tarda pas à rencontrer le lac des dragons, qu'il fallait traverser à la nage, et à peine y fut-il entré que ceux-ci accoururent de toutes parts pour le dévorer.

Cette fois, Peronnik ne s'amusa pas à leur tirer son bonnet ; mais il se mit à leur jeter les grains de son chapelet comme on jette du blé noir aux canards, et, à chaque grain avalé, un des dragons se retournait sur le dos et mourait, si bien que l'idiot put gagner l'autre rive sans aucun mal.

Restait à traverser le vallon gardé par l'homme noir. Peronnik l'aperçut bientôt à l'entrée, enchaîné au rocher par le pied et tenant à la main une boule de fer, qui, après avoir frappé le but, lui revenait d'elle-même. Il avait autour de la tête six yeux qui veillaient habituellement les uns après les autres ; mais, dans ce moment, il les tenait tous six ouverts. Peronnik, sachant que, s'il était aperçu, la boule de fer l'atteindrait avant qu'il eût pu parler, prit le parti de se glisser le long du taillis. Il arriva ainsi, en se cachant derrière les buissons, à quelques pas de l'homme noir. Celui-ci venait de s'asseoir, et deux de ses yeux s'étaient fermés pour se reposer. Peronnik, jugeant qu'il avait sommeil, se mit à chanter à demi-voix le commencement de la grand-messe. L'homme noir parut d'abord étonné, il redressa la tête ; puis, comme le chant agissait sur lui, il ferma un troisième œil. Peronnik entonna alors le *Kyrie eleison* sur le ton des prêtres qui sont possédés par le *diable assoupissant*[1]. L'homme noir ferma son quatrième œil et la moitié du cinquième. Peronnik commença les vêpres ; mais, avant qu'il fût arrivé au *Magnificat*, l'homme noir était endormi.

Alors, le jeune garçon prit le poulain à la bride pour le faire marcher doucement par les endroits couverts de mousses, et, passant près du gardien, il entra dans la vallée des plaisirs.

C'était ici l'endroit le plus difficile, car il ne s'agissait plus d'éviter un danger, mais de fuir une tentation. Peronnik appela tous les saints de la Bretagne à son aide.

Le vallon qu'il traversait était semblable à un jardin rempli de fruits, de fleurs et de fontaines, mais les fontaines étaient de vins et de liqueurs délicieuses, les fleurs chantaient avec des voix aussi douces que les chérubins du paradis, et les fruits venaient s'offrir d'eux-mêmes. Puis, à chaque détour d'allée, Peronnik voyait de grandes tables servies comme pour des rois ; il sentait la bonne odeur des pâtisseries qu'on tirait du four, il voyait des valets qui semblaient l'attendre ; tandis que, plus loin, de belles jeunes filles, qui sortaient du bain et qui dansaient sur l'herbe, l'appelaient par son nom et l'invitaient à conduire le bal.

L'idiot avait beau faire le signe de la croix, il ralentissait insensiblement le pas du poulain ; il levait le nez au vent pour mieux sentir la fumée des plats et pour mieux voir les baigneuses ; il allait peut-être s'arrêter et c'en était fait de lui, si le souvenir du bassin d'or et de la lance de diamant n'eût, tout à coup, traversé son esprit ; il se mit aussitôt à siffler dans son sifflet de sureau pour ne pas entendre les douces voix, à manger son pain frotté de lard rance pour ne pas sentir l'odeur des plats,

1. Les Bretons croient à un diable particulier qui fait dormir à l'église et qu'ils appellent *ar c'houskezik*, du verbe *kouska*, qui signifie dormir.

et à regarder les oreilles de son cheval pour ne pas voir les danseuses.

De cette manière, il arriva au bout du jardin sans malheur, et il aperçut enfin le château de Kerglas.

Mais il en était encore séparé par la rivière dont on lui avait parlé et qui n'avait qu'un seul gué. Heureusement que le poulain le connaissait et entra dans l'eau au bon endroit.

Peronnik regarda alors autour de lui s'il ne verrait pas la dame qu'il devait conduire au château, et il l'aperçut assise sur un rocher ; elle était vêtue de satin noir et sa figure était jaune comme celle d'une Mauresque.

L'idiot tira encore son bonnet et lui demanda si elle ne voulait point traverser la rivière.

— Je t'attendais pour cela, répondit la dame ; approche que je puisse m'asseoir derrière toi.

Peronnik s'approcha, la prit en croupe et commença à passer le gué. Il était à peu près au milieu du passage quand la dame lui dit :

— Sais-tu qui je suis, pauvre innocent ?

— Faites excuse, répondit Peronnik, mais, à vos habits, je vois bien que vous êtes une personne noble et puissante.

— Pour noble, je dois l'être, reprit la dame, car mon origine date du premier péché ; et pour puissante, je le suis, car toutes les nations cèdent devant moi.

— Et quel est donc votre nom, s'il vous plaît, madame ? demanda Peronnik.

— On m'appelle la Peste, répliqua la femme jaune.

L'idiot fit un bond sur son cheval et voulut se jeter dans la rivière, mais la Peste lui dit :

— Reste en repos, pauvre innocent, tu n'as rien à craindre de moi, et je puis au contraire te servir.

— Est-ce bien possible que vous ayez cette bonté, madame la Peste ? dit Peronnik, en tirant cette fois son bonnet pour ne plus le remettre ; au fait, je me rappelle maintenant que c'est à vous de m'apprendre comment je pourrai me débarrasser du magicien Rogéar.

— Il faut que le magicien meure ? dit la dame jaune.

— Je ne demanderais pas mieux, répliqua Peronnik, mais il est immortel.

— Ecoute, et tâche de comprendre, reprit la Peste. Le pommier gardé par le korrigan est une bouture de l'arbre du bien et du mal, planté dans le paradis terrestre par Dieu lui-même. Son fruit, comme celui qui fut mangé par Adam et Eve, rend les immortels susceptibles de mourir. Tâche donc que le magicien goûte à la pomme, et je n'aurai ensuite qu'à le toucher pour qu'il cesse de vivre.

— Je tâcherai, dit Peronnik ; mais si je réussis, comment pourrai-je avoir le bassin d'or et la lance de diamant, puisqu'ils sont cachés dans un souterrain obscur qu'aucune clef forgée ne peut ouvrir ?

— La fleur qui rit ouvre toutes les portes, répondit la Peste, et elle éclaire toutes les nuits.

Comme elle achevait ces mots, ils arrivèrent à l'autre bord et l'idiot s'avança vers le château.

Il y avait dans l'entrée un grand auvent pareil au dais sous lequel marche monseigneur l'évêque de Vannes à la procession du Saint-Sacrement. Le géant s'y tenait à l'abri du soleil, les jambes croisées l'une sur l'autre, comme un propriétaire qui a rentré ses grains, et fumant une corne à tabac d'or vierge. En apercevant le poulain sur lequel se trouvaient Peronnik et la dame vêtue de satin noir, il releva la tête et dit, d'une voix qui retentissait comme le tonnerre :

— Par Belzébuth, notre maître ! c'est mon poulain de treize mois que monte cet idiot !

— Lui-même, ô le plus grand des magiciens, répondit Peronnik.

— Et comment as-tu fait pour t'en emparer ? reprit Rogéar.

— J'ai répété ce que m'avait appris votre frère Bryak, répliqua l'idiot. En arrivant sur la lisière de la forêt, j'ai dit :

Poulain libre des pieds, poulain libre des dents,
Poulain, je suis ici, viens vite, je t'attends ;

et le petit cheval est aussitôt venu.

— Tu connais donc mon frère ? reprit le géant.

— Comme on connaît son maître, répondit le garçon.

— Et pourquoi t'envoie-t-il ici ?

— Pour vous porter en présent deux raretés qu'il vient de recevoir du pays des Mauresques : la pomme de joie que voici, et la femme de soumission que vous voyez. Si vous mangez la première, vous aurez toujours le cœur aussi content qu'un pauvre homme qui trouverait une bourse de cent écus dans son sabot ; et si vous prenez la seconde à votre service, vous n'aurez plus rien à désirer dans le monde.

— Alors, donne la pomme et fais descendre la Mauresque, répondit Rogéar.

L'idiot obéit ; mais dès que le géant eut mordu dans le fruit, la dame jaune le toucha et il tomba à terre comme un bœuf qu'on abat.

Peronnik entra aussitôt dans le palais, tenant la fleur qui rit à la main. Il traversa successivement plus de cinquante salles et arriva enfin devant le souterrain à porte d'argent. Celle-ci s'ouvrit d'elle-même devant la fleur qui éclaira l'idiot et lui permit d'arriver jusqu'au bassin d'or et jusqu'à la lance de diamant.

Mais à peine les eut-il saisis que la terre trembla sous ses pieds ; un éclat terrible se fit entendre, le palais disparut, et Peronnik se retrouva au milieu de la forêt, muni des deux talismans, avec lesquels il s'achemina vers la cour du roi de Bretagne. Il eut seulement soin, en passant à Vannes, d'acheter le plus riche costume qu'il pût trouver et le plus beau cheval qui fût à vendre dans l'évêché du *blé blanc*.

Or, quand il arriva à Nantes, cette ville était assiégée par les Français, qui avaient tellement ravagé la campagne tout autour qu'il n'y restait plus que des arbres qu'une chèvre pouvait brouter. De plus, la famine était dans la ville, et les soldats qui ne mouraient point de leurs blessures mouraient faute de pain. Aussi, le jour même où Peronnik arriva, un trompette publia-t-il dans tous les carrefours que le roi de Bretagne promettait d'adopter pour héritier celui qui pourrait délivrer la ville et chasser les Français du pays.

En entendant cette promesse, l'idiot dit au trompette :

— Ne crie pas davantage, et mène-moi au roi, car je suis capable de faire ce qu'il demande.

— Toi, dit le trompette (qui le voyait si jeune et si petit), passe ton chemin, beau chardonneret [1], le roi n'a pas le temps de prendre des petits oiseaux dans les toits de chaume [2].

Pour toute réponse, Peronnik effleura le soldat de sa lance, et, à l'instant même, il tomba mort, au grand effroi de la foule qui regardait et qui voulut fuir ; mais l'idiot s'écria :

— Vous venez de voir ce que je puis faire contre mes ennemis ; sachez maintenant ce que je puis faire pour mes amis.

Et, ayant approché le bassin magique des lèvres du mort, celui-ci revint aussitôt à la vie.

Le roi, qui fut instruit de cette merveille, donna à Peronnik le commandement des soldats qui lui restaient ; et, comme avec sa lance de diamant l'idiot tuait des milliers de Français, tandis qu'avec le bassin d'or il ressuscitait tous les Bretons qui avaient été tués, il se débarrassa de l'armée ennemie en quelques jours et s'empara de tout ce qu'il y avait dans leurs camps.

Il proposa ensuite de faire la conquête de pays voisins tels que l'Anjou, le Poitou et la Normandie, ce qui ne lui coûta que bien peu de peine ; enfin, quand il eut tout soumis au roi, il déclara qu'il voulait partir pour délivrer

1. *Koanta pabaour*, moquerie habituelle aux Bretons.
2. Expression proverbiale pour dire qu'on n'a pas de temps à perdre.

la Terre Sainte et il s'embarqua à Nantes, sur de grands navires, avec la première noblesse du pays.

Arrivé en Palestine, il détruisit toutes les armées qu'on envoya contre lui, força l'empereur des Sarrasins à se faire baptiser, et épousa sa fille, dont il eut cent enfants, à chacun desquels il donna un royaume. Il y en a même qui disent que lui et ses fils vivent encore, grâce au bassin d'or, et qu'ils règnent dans ce pays ; mais d'autres assurent que le frère de Rogéar, le magicien Bryak, a réussi à reprendre les deux talismans, et que ceux qui les désirent n'ont qu'à les chercher.

Comorre

Bien longtemps avant la révolution, on dit que Vannes était une ville encore plus belle et plus grande, et qu'à la place de M. le préfet, il y avait un roi qui était maître de tout ! Ceux qui m'ont raconté les choses que je vais vous redire ne m'ont pas appris son nom ; mais il paraît que c'était un homme craignant Dieu et dont on n'avait jamais mal parlé dans le pays.

Il était veuf depuis longtemps et vivait heureux avec sa fille, qui passait pour la plus belle créature du monde entier. On l'appelait Triphyna. Ceux qui l'ont connue ont assuré qu'elle était arrivée jusqu'à l'âge où l'on met les gens dans leurs biens [1] sans avoir commis un seul péché mortel ! Aussi le roi son père eût-il mieux aimé perdre ses chevaux, ses châteaux et toutes ses fermes, que de voir Triphyna mécontente de vivre.

Cependant, il arriva qu'un jour des ambassadeurs de Cornouaille se firent annoncer. Ils venaient de la part de Comorre, prince puissant de ce temps-là, qui régnait sur le pays du blé noir comme le père de Triphyna régnait sur le pays du blé blanc [2]. Après avoir offert en présent à ce dernier du miel, du fil et une douzaine de petits pourceaux, ils lui déclarèrent que leur maître était venu à la dernière foire de Vannes, déguisé en soldat, qu'il avait vu la jeune princesse, et qu'il en était tombé si

---

1. Majorité. Les Bretons désignent une personne majeure par cette expression : *den a dra* ou *lekësal en e dra*, c'est-à-dire *l'homme de sa chose* ou *mis en possession de sa chose*.

2. Le nom breton de Vannes, *Gwen-ed*, signifie mot à mot *blé blanc*.

terriblement amoureux[1], qu'il la voulait en mariage, quoi qu'il pût lui en coûter !

Cette demande jeta le roi et Triphyna dans un grand chagrin ; car le comte Comorre était un géant qui passait pour le plus méchant homme que Dieu eût créé depuis Caïn. Tout jeune, il s'était habitué à trouver son plaisir dans le mal, et, telle était sa malice que, lorsqu'il sortait du château, sa mère elle-même courait tirer la corde du beffroi pour avertir les gens du pays de se garder. Plus tard, quand il fut devenu le seul maître, sa cruauté n'avait fait que grandir. On racontait qu'un matin, en partant, il avait essayé son fusil sur un enfant qui allait conduire un poulain à la friche et qu'il l'avait tué ! D'autres fois, lorsqu'il revenait de la chasse sans avoir rien pris, il découplait ses chiens contre les pauvres gens attardés dans la campagne, et les faisait déchirer comme si c'eût été des bêtes fauves. Mais le plus horrible, c'est qu'il avait eu successivement quatre femmes qui étaient mortes tout d'un coup et sans avoir reçu les derniers sacrements ; si bien qu'on le soupçonnait de les avoir tuées avec le couteau, le feu, l'eau ou le poison !

Le roi de Vannes répondit donc aux ambassadeurs que sa fille était trop jeune et de trop faible santé pour changer de condition ; mais les Kernewodds répliquèrent brusquement, comme c'est leur coutume, que le comte Comorre ne croirait point à ces excuses, et qu'ils avaient ordre, s'ils ne ramenaient point la jeune princesse, de déclarer la guerre au roi de Vannes. Celui-ci répondit qu'ils étaient les maîtres. Alors, le plus vieux des envoyés alluma une poignée de paille qu'il jeta au vent, en disant que la colère de Comorre passerait ainsi sur le pays du blé blanc ; après quoi il partit avec les autres.

Le père de Triphyna, qui était un homme de courage, ne s'épouvanta pas pour une pareille menace, et il réunit tous les soldats qu'il put trouver, afin de défendre sa terre. Mais peu de jours après, il sut que le comte de

1. *Caret terrupl*, expression usuelle pour aimer éperdument.

Cornouaille conduisait contre Vannes une puissante armée. Il l'aperçut bientôt en effet qui s'avançait avec des trompettes et des canons. Il se mit alors à la tête de ses gens, et la bataille ne pouvait tarder quand saint Veltas[1] alla trouver Triphyna qui priait dans son oratoire.

Le saint portait le manteau qui lui avait servi de navire pour traverser la mer, et le bourdon qu'il y avait attaché en guise de mât afin de *cueillir* le vent. Une auréole de feu voltigeait autour de son front. Il annonça à la jeune princesse que ceux de Vannes et de Cornouaille étaient au moment de s'entre-tuer, et lui demanda si elle ne voulait point empêcher la mort de tant de chrétiens en consentant à devenir la femme du comte Comorre.

— Hélas ! c'est donc la mort de ma joie et de mon repos que Dieu demande ? s'écria la jeune fille en pleurant. Pourquoi ne suis-je pas une mendiante ! Je me marierais du moins au mendiant que j'aurais choisi ! Ah ! si c'est la volonté du maître de la terre que j'épouse ce géant qui me fait peur, dites pour moi, saint homme, l'office des trépassés ; car le comte me tuera comme il a fait de ses autres femmes.

Mais saint Veltas lui dit :

— Ne craignez rien, Triphyna. Voici une bague d'argent aussi blanche que le lait, et qui vous servira d'avertissement ; car, si Comorre projetait quelque chose à votre détriment, elle deviendrait aussi noire que l'aile du corbeau. Ayez donc courage, et sauvez les Bretons de la mort.

La jeune princesse, rassurée par le présent de cet anneau, consentit à ce que demandait Veltas.

Le saint retourna sans retard vers les deux armées pour annoncer à leurs chefs cette bonne nouvelle. Le roi de Vannes ne se souciait guère de consentir au mariage, malgré la résolution de sa fille ; mais Comorre lui fit tant de promesses, qu'il l'accepta enfin pour gendre.

Les noces furent célébrées avec des réjouissances telles

1. Nom breton de saint Gildas.

qu'on n'en a jamais vu depuis dans les deux évêchés. Le premier jour, on nourrit six mille invités, et, le lendemain, on reçut autant de pauvres, que les nouveaux mariés servirent à table, la serviette sur le bras, malgré leur haut rang ! Ensuite il y eut des danses pour lesquelles on avait appelé tous les sonneurs de la basse Bretagne, et des luttes où ceux de Brévelay mirent à terre les Kernewodds.

Enfin, quand les marmites furent vides et les barriques sur la lie, chacun s'en retourna dans ses terres, et Comorre emmena avec lui la jeune mariée, comme un épervier qui emporte un pauvre bruant !

Pendant les premiers mois cependant, son amour pour Triphyna le rendit plus doux qu'on ne devait l'attendre de sa nature. Les prisons du château restèrent vides et les fourches de justice sans pâture pour les oiseaux. Les gens du comte se disaient tout bas :

— Qu'a donc le seigneur, qu'il n'aime plus les larmes ni le sang !

Mais ceux qui le connaissaient mieux attendaient sans rien dire. Triphyna elle-même, malgré la bonté du comte pour elle, ne pouvait se rassurer ni prendre aucune joie. Tous les jours elle descendait à la chapelle du château, et là, elle priait sur les tombes des quatre femmes dont Comorre s'était fait veuf, en demandant à Dieu de la préserver de rude mort [1].

Il y eut vers ce temps-là une grande assemblée de princes bretons à Rennes, et Comorre fut obligé de s'y rendre. Il donna à Triphyna toutes les clefs du château, même celles de la cave ; il lui dit de se distraire à sa fantaisie, et partit avec une grande suite.

Il ne revint qu'au bout de cinq mois, et arriva grandement pressé de revoir Triphyna dont il avait eu souci pendant toute son absence. Aussi ne prit-il point le temps de la faire prévenir de son retour, et se présenta-t-il dans sa chambre au moment où elle taillait un petit bonnet de nouveau-né garni de dentelles d'argent.

1. *Maro rust*, mort violente, en breton.

En voyant le bonnet, Comorre pâlit et demanda quel devait être son usage. La comtesse, qui croyait lui mettre une grande joie au cœur, déclara qu'avant deux mois ils auraient un enfant ; mais à cette nouvelle le seigneur de Cornouaille recula, hors de lui, et après avoir regardé Triphyna d'un air terrible, il sortit brusquement sans rien dire.

La princesse eût pu croire que c'était un caprice, comme le comte en avait quelquefois, si elle ne se fût aperçue, en baissant les yeux, que sa bague d'argent était devenue noire ! Elle poussa un cri d'épouvante, car elle se rappelait les paroles de saint Veltas et elle comprit qu'un grand danger la menaçait.

Mais elle ne pouvait deviner pourquoi, ni trouver le moyen d'y échapper. La pauvre femme demeura tout le reste du jour et une partie de la nuit à chercher d'où venait la colère du comte ; enfin, comme son angoisse augmentait, elle descendit à la chapelle pour prier.

Mais voilà qu'après avoir fini son chapelet, et lorsqu'elle se levait pour partir, minuit sonna à l'horloge ! Au même instant, elle vit les quatre tombes des quatre femmes de Comorre s'ouvrir lentement, et celles-ci en sortir couvertes de leurs draps mortuaires !

Triphyna, à demi morte, voulut fuir, mais les fantômes s'écrièrent :

— Prends garde, pauvre perdue, Comorre t'attend pour te tuer !

— Moi ! dit la comtesse, et que lui ai-je fait pour qu'il veuille ma mort ?

— Tu l'as averti que dans deux mois tu serais nourrice, et il sait, grâce à l'esprit du mal, que son premier enfant le tuera. Voilà pourquoi il nous a ôté la vie, quand il a appris de nous ce qu'il vient d'apprendre de toi !

— Seigneur ! se peut-il que je sois tombée dans des mains si cruelles ? s'écria Triphyna en pleurant ; s'il en est ainsi, quel espoir me reste-t-il, et que puis-je faire ?

— Va retrouver ton père au pays du blé blanc, répondirent les fantômes.

— Comment fuir ? reprit la comtesse ; le chien géant de Comorre garde la cour.

— Donne-lui ce poison qui m'a tuée, dit la première morte.

— Et par quel moyen descendre au bas de la haute muraille ? demanda la jeune femme.

— Sers-toi de cette corde qui m'a étranglée, répondit la seconde morte.

— Mais qui me dirigera dans la nuit ? reprit la princesse.

— Cette flamme qui m'a brûlée, répliqua la troisième morte.

— Et comment faire un si long chemin ? dit encore Triphyna.

— Prends ce bâton qui a brisé mon front, acheva la dernière morte.

La femme de Comorre prit le bâton, la flamme, la corde, le poison ; elle fit taire le chien, elle descendit la haute muraille, elle vit clair dans la nuit, et elle prit la route de Vannes où demeurait son père.

Comorre, qui ne la trouva pas le lendemain en se réveillant, envoya son page dans toutes les chambres pour la chercher ; mais le page revint dire que Triphyna n'était plus au château.

Alors le comte monta à la tour du milieu[1], et regarda aux quatre vents.

Du côté de la demi-nuit[2], il vit un corbeau qui croassait ; du côté du lever du soleil, une hirondelle qui volait ; du côté du milieu du jour, un goéland qui planait ; et du côté du jour couchant, une tourterelle qui fuyait.

Il s'écria aussitôt que Triphyna était dans cette direction, et, ayant fait seller son cheval, il se mit à sa poursuite.

---

1. *An tour-creis,* nom donné au donjon à cause de sa position dans l'ensemble des constructions.

2. *Hanter-noss,* le nord. Mot à mot : *moitié nuit* ou *minuit,* c'est-à-dire *ce qui est opposé à midi.*

La pauvre femme était encore sur la lisière du bois qui entourait le château du comte ; mais elle fut avertie de l'approche de celui-ci en voyant la bague noircir. Alors elle se jeta dans les landes et arriva à la cabane d'un gardien de moutons où il n'y avait qu'une vieille pie suspendue dans sa cage.

La pauvre affligée demeura là tout le jour, se plaignant et priant ; enfin, la nuit venue, elle reprit sa route par les sentiers qui côtoyaient les lins et les blés.

Comorre, qui avait suivi le grand chemin, ne put la rencontrer ; et après avoir marché deux jours, il s'en revint sur ses pas jusqu'à la lande. Mais là, par malheur, il entra dans la cabane du berger, et entendit la pie qui essayait à imiter les plaintes qu'elle avait entendues, en répétant :

— Pauvre Triphyna ! pauvre Triphyna !

Comorre sut ainsi que la comtesse avait passé dans cet endroit ; il appela son chien fauve, lui dit de chercher les pistes et se mit à le suivre.

Pendant ce temps, Triphyna, poussée par la peur, avait toujours marché et était arrivée près de Vannes. Mais là, elle sentit qu'elle ne pouvait aller plus loin ; elle entra dans un bois, se coucha sur l'herbe, et mit au monde un enfant merveilleusement beau, qui fut appelé plus tard saint Trever.

Comme elle le tenait dans ses bras, pleurant moitié de bonheur, moitié de tristesse, elle aperçut un faucon, qui portait un collier d'or. Il était perché sur un arbre voisin, et elle reconnut le faucon de son père, le roi du pays où vient le blé blanc. Elle appela bien vite, par son nom, l'oiseau qui descendit sur ses genoux, et elle lui présenta la bague d'avertissement donnée par saint Veltas, en lui disant :

— Faucon, vole vers mon père et porte-lui cet anneau ; quand il le verra, il comprendra que je cours quelque grand danger ; il ordonnera à ses soldats de monter à cheval et tu les conduiras ici pour me sauver.

L'oiseau comprit, saisit la bague et s'envola comme un éclair du côté de Vannes.

Mais, presque au même instant, Comorre paraissait sur la route avec son chien fauve, qui suivait toujours la piste de Triphyna ; et, comme celle-ci n'avait plus la bague pour l'avertir, elle ne sut rien qu'en reconnaissant la voix du tyran qui encourageait le chien. La pauvre innocente sentit le froid parcourir ses os. Elle n'eut que le temps d'envelopper le nouveau-né dans son manteau, pour le cacher au creux d'un arbre, et Comorre parut sur son cheval barbu à l'entrée de la clairière.

En voyant Triphyna, il poussa un cri pareil à celui des bêtes fauves, s'élança vers la malheureuse qui était tombée à genoux ; et, d'un seul coup de son couteau à tuer[1], il lui détacha la tête des épaules.

Croyant s'être ainsi débarrassé de la mère et de l'enfant, il siffla son chien et repartit pour la Cornouaille.

Mais le faucon était arrivé à la cour du roi de Vannes, qui dînait avec saint Veltas ; il vola vers la table et laissa tomber l'anneau d'argent dans la coupe de son maître. Celui-ci ne l'eut pas plus tôt reconnu, qu'il s'écria :

— *Goa*[2] ! il est arrivé quelque malheur à ma fille, puisque le faucon me rapporte sa bague ! Qu'on sangle vite les chevaux, et que Veltas nous accompagne ; car j'ai peur que nous n'ayons bientôt besoin de son secours.

Les serviteurs obéirent promptement et le roi partit avec le saint et une troupe nombreuse.

Ils allaient tous au galop de leurs chevaux, suivant le vol du faucon, qui les conduisit à la clairière où ils trouvèrent Triphyna morte et son enfant vivant.

Le roi se jeta à bas de son cheval, en poussant des cris à faire pleurer les chênes ; mais saint Veltas lui imposa silence.

— Taisez-vous, dit-il, et priez Dieu avec moi ; il peut encore tout réparer.

A ces mots, il se mit à genoux avec tous ceux qui se

1. *Contel-las, couteau à tuer,* dont est venu le mot français *coutelas*.

2. Exclamation de douleur qui n'a pas d'équivalent en français.

trouvaient présents, et, après avoir adressé au ciel une prière fervente, il dit au cadavre :

— Lève-toi !

Le cadavre obéit.

— Prends ta tête et ton enfant, ajouta le saint, et suis-nous au château de Comorre.

La morte fit ce qui lui était ordonné.

Alors, la troupe épouvantée remonta à cheval et fit force d'éperons vers la Cornouaille. Mais, quelque rapide que fût sa course, la femme décapitée se trouvait toujours en avant, tenant son fils sur le bras gauche, et sur le bras droit, sa tête pâle.

Ils arrivèrent tous ainsi devant le château du meurtrier.

Comorre, qui les avait vus venir, fit relever le pont. Saint Veltas s'approcha des fossés avec la morte, et s'écria à haute voix :

— Comte de Cornouaille, je te ramène ta femme telle que ta méchanceté l'a faite et ton enfant tel que Dieu te l'a donné. Veux-tu les recevoir sous ton toit ?

Comorre garda le silence. Saint Veltas répéta les mêmes paroles une seconde fois, puis une troisième, et, comme aucune voix ne répondait, il prit le nouveau-né sur le bras de la morte et le posa à terre.

Alors on vit une merveille qui prouvait la toute-puissance de Dieu, car l'enfant marcha seul, librement, jusqu'au bord du fossé, y prit une poignée de sable, et, la lançant contre le château, s'écria :

— La Trinité fait justice !

Au même instant, les tours s'ébranlèrent avec un grand fracas, les murs s'entrouvrirent, et le château entier s'affaissa sur lui-même, ensevelissant le comte de Cornouaille et tous ceux qui avaient aidé à ses crimes.

Saint Veltas replaça ensuite la tête de Triphyna sur ses épaules, lui imposa les mains, et la sainte femme revint à la vie au grand contentement du roi de Vannes et de tous ceux qui étaient présents.

Jean Rouge-Gorge

Dans un temps où les chênes qui ont servi à construire le plus vieux vaisseau de Brest n'étaient point encore des glands, il y avait sur la paroisse de Guirek une pauvre veuve appelée Ninorc'h-Madek. Elle était née d'un père de race noble et de grande fortune. A sa mort, il avait laissé un manoir avec une ferme, un moulin et un four ; douze chevaux et deux fois plus de bœufs, douze vaches et dix fois plus de moutons ; encore ne comptons-nous pas le blé et le lin.

Mais les frères de Ninorc'h, la voyant veuve, l'exclurent du partage. Perrik, qui était l'aîné, garda le manoir, la ferme et les chevaux ; Fanche, le second, prit le moulin et les vaches ; le troisième, nommé Riwal, eut les bœufs, le four et les moutons ; de sorte qu'il ne resta à Ninorc'h qu'une crèche sans porte, bâtie sur la lande, et où l'on envoyait autrefois les bêtes malades.

Cependant, comme elle allait y porter son mobilier de veuve, Fanche eut l'air d'avoir pitié et lui dit :

— Je veux me conduire avec vous comme un frère et un chrétien. Il y a là une vache noire qui n'a jamais pu profiter et qui donne à peine assez de lait pour nourrir un enfant nouveau-né ; vous pouvez l'emmener, et *l'Epine blanche* la gardera sur la lande.

L'Epine blanche [1] était la fille de la veuve ; une enfant qui courait vers ses onze ans, mais si pâle de visage, qu'on lui avait donné ce petit nom d'une fleur des buissons.

---

1. *Spern gwenn*. Ce nom a été conservé en Bretagne comme nom de famille.

Ninorc'h s'en alla donc avec sa petite fille pâle, qui traînait par une vieille corde la vache maigre, et elle les envoya toutes deux sur la lande.

L'Epine blanche restait là tout le jour, pour surveiller la *vache noire* qui avait grand-peine à trouver un peu d'herbe entre les cailloux. Elle passait son temps à faire de petites croix avec les fleurs de genêts[1], ou à répéter tout haut ses prières à la Vierge.

Un jour qu'elle chantait l'*Ave maris Stella*, comme elle l'avait entendu à l'église de Guirek, elle vit, tout à coup, un petit oiseau qui vint se poser sur une des croix de fleurs qu'elle avait plantées dans la terre, et qui se mit à gazouiller, en remuant la tête et en la regardant, comme s'il lui eût parlé. La petite fille surprise s'approcha doucement et prêta l'oreille, mais sans pouvoir distinguer ce que disait l'oiseau. Il avait beau gazouiller plus fort, agiter ses ailes, voltiger devant *l'Epine blanche*, elle ne comprenait rien à tous ses mouvements. Cependant, elle trouvait tant de plaisir à le voir et à l'écouter, qu'elle laissa la nuit venir sans penser à autre chose. Enfin l'oiseau s'envola, et lorsqu'elle leva la tête pour voir où il allait, elle aperçut des étoiles dans le ciel.

Elle courut alors bien vite chercher *la Noire*, mais elle ne la trouva plus sur la lande. Elle cria de toutes ses forces, elle frappa les touffes de genêts avec sa baguette, elle descendit dans les trous où l'eau de la pluie formait de petits étangs ; tout fut inutile. Enfin, elle entendit la voix de sa mère qui l'appelait, comme s'il était arrivé quelque grand malheur. Elle courut vers elle, toute saisie, et, à l'entrée du champ, dans le chemin qui conduisait au logis, elle trouva la veuve près de *la Noire*, que les loups venus des taillis du Trieux avaient mangée : il ne restait plus de la bête que les cornes et les os !

---

1. Tous les pâtres de Bretagne font de ces croix avec des branches d'ajonc, aux épines desquelles ils fixent des fleurs de genêts et des marguerites ; il n'est pas rare de voir sur les fossés de longues rangées de ces croix fleuries.

A cette vue, *l'Epine blanche* sentit son sang tourner. Elle se jeta à genoux, en pleurant, car il y avait trop longtemps qu'elle gardait *la Noire* pour ne pas l'aimer, et elle répétait :

— Vierge Marie ! pourquoi ne m'avez-vous pas montré le loup ! J'aurais fait le signe de la croix avec ma baguette pour le forcer à fuir ; j'aurais répété ce qu'on apprend aux petits bergers qui gardent les troupeaux dans la montagne.

Va-t'en par saint Hervé, si tu es loup des champs,
Va-t'en par le vrai Dieu, si tu es Satan [1].

La veuve, qui vit la douleur de la petite fille, chercha à la consoler (car c'était une vraie sainte) ; elle lui dit :

— Il ne faut pas pleurer *la Noire* comme vous le feriez pour un de vos pareils, ma pauvre innocente ; si les loups et les mauvais chrétiens sont contre nous, monsei-

---

1. *Mar vezez Guilhou, ra'zy pell, en han Doué,*
Mar vezez satann, ra'zy pell drè sant Hervé.

Cette formule d'exorciste a été évidemment inspirée par une circonstance de la vie de saint Hervé. Ce saint ayant été chargé par son oncle Wiphroëdus de garder sa maison pendant que ledit Wiphroëdus faisait un voyage, chargea un serviteur de conduire l'âne de son oncle au pré. « Mais le loup l'y ayant rencontré, à son avantage le dévora. Le garçon voyant cela, et n'y pouvant remédier, se prit à crier et forliner le loup. Saint Hervé, qui lors était en prières dans l'oratoire, entendant ce cry, sort dehors, et, informé comme tout s'était passé, rentre dedans, redouble sa prière, priant Dieu de ne permettre à son occasion ce dommage arrivé à son bon oncle et hoste. Comme il priait ainsi, voilà venu le loup à grand erre. Ce que voyant le serviteur, criait au saint qu'il fermast la porte de la chapelle sur soy ; mais le saint Iny repondit : Non, non, il ne vient pas pour mal faire, mais pour amender le tort qu'il nous a fait ; amenez-le et vous en servez comme vous faisiez de l'asne. Ce qu'il fist ; et estait chose admirable de voir ce loup vivre en mesme estable avec les moutons, sans leur mal faire, traîner la charruë, porter les faix et faire tout autre service comme une bête domestique. »
On trouve dans la vie de saint Malo un miracle du même genre. Ce saint obligea un loup, qui avait dévoré son âne, à remplacer ce dernier.

gneur le bon Dieu sera pour nous. Aidez-moi donc à charger mon fagot de bruyères, et retournons à la maison.

L'Epine blanche fit ce que sa mère lui ordonnait ; mais, à chaque pas, elle poussait de gros soupirs et les larmes tombaient une à une, sur ses joues.

— Pauvre *Noire*, pensait-elle, pauvre *Noire* qui était si facile à conduire, qui mangeait de tout et qui commençait à engraisser !...

Elle n'eut point le cœur de souper et elle se réveilla bien des fois dans la nuit, croyant entendre *la Noire* meugler à la porte. Enfin, le lendemain, elle se leva avant le jour, et courut à la lande, pieds nus et sans autre habit que sa jupe.

Comme elle entrait sur la bruyère, elle aperçut le petit oiseau qui était encore perché sur la croix de fleurs de genêts qu'elle avait plantée là et qui chantait, en ayant l'air de l'appeler. Malheureusement il lui était aussi impossible de le comprendre que la veille, et elle allait partir de dépit, lorsqu'elle crut voir un louis briller à terre. Elle voulut le retourner avec le pied, mais c'était l'herbe d'or, et à peine l'eut-elle touchée, qu'elle entendit distinctement la langue du petit oiseau[1] qui lui disait dans son gazouillement :

— *Blanche épine*, je te veux du bien ; *Blanche épine*, écoute-moi.

---

1. La croyance à l'herbe d'or que l'on doit cueillir, selon l'opinion populaire, *pieds nus, en chemise, sans la couper avec le fer et lorsqu'on est en état de grâces*, vient évidemment des druides. L'herbe d'or n'est autre que le selage des anciens, que l'on croit être la camphorate, plante appartenant à la quatorzième classe des végétaux (didynamie) ; les selages, au dire de Pline (lib. XIV), se récoltaient, en effet, nu-pieds, en robe blanche, à jeun, sans le secours de la faucille, et en plaçant la main droite sous le bras gauche. On le recueillait dans une toile qui servait seulement pour cette fois. Les Bretons croient que l'herbe d'or brille de loin aux yeux de ceux qui sont dans les conditions exigées pour l'apercevoir, et que s'ils la touchent du pied, ils entendent à l'instant la langue de tous les animaux et peuvent leur répondre.

— Qui es-tu ? demanda *Blanche épine*, étonnée elle-même de pouvoir comprendre les êtres non baptisés.

— Je suis *Jean Rouge-gorge*, répondit l'oiseau ; c'est moi qui ai suivi le Christ au Calvaire et qui ai brisé une épine à la couronne qui lui déchirait le front[1]. En récompense de ce service, Dieu le père m'a accordé de vivre jusqu'au jour du jugement et d'enrichir une pauvre fille tous les ans. Cette année c'est toi que j'ai choisie.

— Est-ce vrai, *Jean Rouge-gorge* ? s'écria *Blanche épine*, toute joyeuse ; je pourrai donc avoir une croix d'argent au cou, et tu me donneras de quoi porter des sabots ?

— Tu auras une croix d'or et tu porteras des souliers de soie, comme une demoiselle noble, répliqua *Jean Rouge-gorge*.

— Et que faut-il faire pour cela, mon cher petit cœur ?

— Il faut me suivre où je te mènerai.

Blanche épine répondit qu'elle ne demandait pas mieux, et elle se mit à courir, conduite par *Jean Rouge-gorge*.

Il lui fit traverser des landes, puis des taillis, puis des champs de seigle, et il arriva enfin sur la dune, vis-à-vis des *sept îles*.

Là, il s'arrêta et il dit à la petite fille :

— Ne vois-tu rien sur le sable, là-bas, devant toi ?

— Oui, bien, répondit *Blanche épine ;* je vois de grands sabots de hêtre qui n'ont pas été rougis au feu et un bâton de houx qui n'a pas été coupé à la faucille.

— Mets les sabots et prends le bâton.

— C'est fait.

— Maintenant, tu vas marcher sur la mer jusqu'à la première île et tu en feras le tour, d'ici que tu ne trouves un rocher sur lequel pousse du jonc couleur de mer.

— Après ?

— Tu cueilleras le jonc, tu en feras un lien.

1. La tradition relative au rouge-gorge, *qui brisa une épine de la couronne du Christ*, est répandue dans toute la Cornouaille.

— C'est comme fait.

— Tu frapperas ensuite le rocher avec ton bâton de houx, il en sortira une vache que tu attacheras avec la corde de jonc et que tu ramèneras à ta mère pour la consoler d'avoir perdu *la Noire*.

Blanche épine exécuta tout ce qui lui avait été dit par *Jean Rouge-gorge* ; elle marcha sur la mer, elle fit le lien de jonc, elle frappa le rocher, et il en sortit une vache qui avait l'œil aussi doux que celui d'un chien de chasse et la peau lisse comme une taupe de prairie. Ses mamelles couvertes d'un duvet blanc pendaient jusqu'à terre. *Blanche épine* la conduisit à la maison de la veuve, qui fut encore plus joyeuse qu'elle n'avait été triste.

Mais ce fut bien autre chose lorsqu'elle voulut traire *Mor-Vyoc'h*[1] (c'était le nom que *Jean Rouge-gorge* avait donné à la bête) ; le lait coulait sous ses doigts sans s'arrêter, comme l'eau d'une source.

Ninorc'h remplit d'abord toutes les terrines de terre de Quimper, puis toutes les barattes de bois ; mais le lait ne s'arrêtait pas.

— Que la mère de Dieu nous sauve ! s'écria la veuve, il faut que cette bête ait bu de l'eau de Languengar[2].

Et, de fait, rien ne pouvait tarir le lait de *Mor-Vyoc'h* ; elle eût fourni de quoi nourrir tous les petits enfants de Cornouaille.

On ne parla bientôt, dans le pays, que de la vache de la veuve, et l'on arriva, de tous côtés, pour la voir. Le curé de Peros-Guirek vint comme les autres afin de savoir si ce n'était pas un piège du mauvais esprit ; mais,

---

1. *Mor-Vyoc'h* signifie vache de mer ; de *mor*, mer, et *ayoc'h*, vache.

2. Les paysans bretons croient que la fontaine de Languengar a la propriété de donner du lait aux nourrices ; aussi les jeunes mères s'y rendent-elles le jour du Pardon, et boivent-elles l'eau de la fontaine consacrée. La tradition rapporte qu'un homme en voulut boire par raillerie, et qu'il se trouva, à l'instant même, dans l'état d'une femme « qui nourrit depuis trois mois ». Il fallut un grand nombre de messes et de prières pour le délivrer de son lait.

après avoir mis l'étole sur la tête de *Mor-Vyoc'h*, il déclara que l'on n'avait rien à craindre d'elle.

Les plus riches fermiers proposèrent donc à Ninorc'h de lui acheter sa vache, et chacun renchérissait sur l'autre. Enfin Perrik arriva à son tour et lui dit :

— Si vous êtes une chrétienne, vous n'oublierez point que je suis votre frère et vous me donnerez la préférence sur tous les autres. Laissez-moi emmener *Mor-Vyoc'h*, et je vous fournirai, en échange, autant de mes vaches qu'il faut de tailleurs pour faire un homme [1].

La veuve répondit :

— *Mor-Vyoc'h* ne vaut pas seulement neuf vaches ; mais elle vaut autant que toutes celles qui paissent dans les friches du haut et du bas pays. Avec elle, je pourrai fournir tous les marchés de l'évêché de Tréguier et de l'évêché de Cornouaille, depuis Dinan jusqu'à Carhaix.

— Eh bien, reprit Perrik, donnez-la-moi, ma sœur, et je vous abandonnerai la ferme de notre père où vous êtes née, avec tous les champs, les charrues et les chevaux.

Ninorc'h accepta cette proposition. On la conduisit à la ferme, et, après qu'elle eut enlevé une motte de terre dans les champs, bu de l'eau du puits, fait du feu au foyer et coupé une touffe de crins à la queue des chevaux pour prouver qu'elle était devenue la maîtresse de toutes ces choses, elle donna *Mor-Vyoc'h* à Perrik qui l'emmena dans une maison qu'il avait bien loin de là, du côté de Menez-Brée.

Blanche épine pleura beaucoup quand elle la vit partir, et resta triste tout le jour ; cependant, quand la nuit fut venue, elle rentra à l'étable pour voir s'il ne manquait rien, et, tout en garnissant les râteliers, elle répétait :

— Hélas ! pourquoi *Mor-Vyoc'h* n'est-elle pas là ? Quand pourrai-je revoir *Mor-Vyoc'h* ?

Elle n'avait pas fini, qu'elle entendit derrière elle un

1. Nous avons expliqué, dans les *Derniers Bretons*, d'où venait le mépris des paysans bretons pour les tailleurs. Selon nos paysans, il faut neuf tailleurs pour faire un homme.

meuglement ; et, comme, en marchant sur l'herbe d'or, elle avait appris la langue de tous les animaux, elle comprit que ce meuglement disait :

— Me voici revenue, maîtresse !

Elle se détourna tout étonnée et reconnut *Mor-Vyoc'h*.

— Jésus ! est-ce bien vous ? s'écria la petite fille ; et qui vous a donc ramenée ?

— Je ne pouvais pas appartenir à votre oncle Perrik, dit *Mor-Vyoc'h* ; car ma nature m'empêche de rester avec ceux qui sont en état de péché mortel. Aussi je suis revenue pour être à vous comme autrefois.

— Alors il faudra que ma mère rende la ferme, les champs et les troupeaux ?

— Non, car tout cela lui avait été pris injustement par son frère.

— Mais il viendra vous chercher ici, et il vous reconnaîtra.

— Allez d'abord cueillir trois feuilles de l'herbe de la croix[1], et je vous dirai ce qu'il faut faire.

Blanche épine revint bien vite avec les trois feuilles.

— Maintenant, dit *Mor-Vyoc'h,* promenez les feuilles depuis mes cornes jusqu'à ma queue, et dites trois fois tout bas : « Saint Ronan d'Hybernie ! saint Ronan d'Hybernie ! saint Ronan d'Hybernie ! »

Blanche épine le fit ; et, au troisième appel, la vache était devenue un beau cheval.

La petite fille demeura émerveillée.

— Maintenant, lui dit la bête, votre oncle Perrik ne pourra me reconnaître, car je ne m'appellerai plus *Mor-Vyoc'h*, mais bien *Marc'h-Mor*[2].

En apprenant ce qui s'était passé, la veuve fut grandement réjouie, et dès le lendemain, elle voulut essayer son cheval pour envoyer du blé à Tréguier. Mais, jugez de son admiration, quand elle vit que le dos de *Marc'h-Mor* s'allongeait à mesure qu'on le chargeait, si bien qu'il

1. *Lousawen ar grôaz* : c'est la verveine.
2. *Marc'h-Mor* signifie, mot à mot, cheval de mer.

pouvait porter seul autant de sacs que tous les chevaux de la paroisse.

Le bruit s'en répandit dans les environs. Fanche averti vint à la ferme, et, après avoir vu *Marc'h-Mor,* il pria sa sœur de le lui vendre ; mais elle le refusa jusqu'à ce qu'il eût proposé de donner, en retour, ses vaches et son moulin avec tous les porcs qu'il y engraissait.

Le marché ainsi conclu, Ninorc'h alla prendre possession de son nouveau bien, comme elle l'avait fait de la ferme, et Fanche emmena *Marc'h-Mor*.

Mais, le soir, celui-ci était encore de retour auprès de *Blanche épine* qui alla cueillir, comme la veille, trois feuilles de l'herbe de la croix, les promena des oreilles à la queue du cheval en répétant trois fois : « Saint Ronan d'Hybernie ! » Et le cheval se changea à l'instant en mouton, couvert de laines aussi longues que du chanvre, aussi rouges que de l'écarlate et aussi fines que du lin peigné. *Marc'h-Mor* était devenu *Mor-Vawd*[1].

La veuve vint pour admirer ce nouveau miracle, et, en le voyant, elle dit à *Blanche épine* :

— Allez chercher les grands ciseaux du berger, car ce cher animal ne peut porter sa toison.

Mais lorsqu'elle voulut tondre *Mor-Vawd,* elle s'aperçut que sa laine poussait à mesure qu'on la coupait, si bien qu'il valait seul tous les troupeaux de l'Arhèz.

Riwal, qui arriva par hasard dans ce moment, fut témoin de la chose, et il donna aussitôt son four, ses landes et tous ses moutons pour avoir *Mor-Vawd*.

Mais, au moment où il passait sur la grève avec celui-ci, le mouton se jeta dans la mer, gagna à la nage la plus petite des *sept îles,* où les rochers s'ouvrirent pour le laisser entrer, puis se refermèrent.

Blanche épine eut beau l'attendre à la ferme, il ne revint ni ce soir-là ni le lendemain.

La petite fille courut à la lande et y trouva *Jean Rougegorge,* qui lui dit :

1. *Mor-Vawd* est composé de *mor,* mer, et de *vawd,* veau.

— Je t'attendais, ma petite maîtresse. *Mor-Vawd* est parti et ne reviendra plus. Tes oncles ont été punis selon leur faute ; toi, tu es devenue une héritière assez riche pour porter une croix d'or et des souliers de soie, ainsi que je te l'avais promis : je n'ai plus rien à faire ici, et je vais m'envoler bien loin. Souviens-toi toujours seulement que tu as été pauvre, et que c'est un petit oiseau du bon Dieu qui t'a rendue riche.

Blanche épine fit bâtir, par reconnaissance, une chapelle sur la lande, là où *Jean Rouge-gorge* lui avait parlé la première fois. Et les vieux hommes qui ont appris cette histoire à nos pères se rappelaient encore y avoir allumé des cierges quand ils étaient tout petits.

La souris de terre et le corbeau gris

Dans les temps anciens, il y avait à Ergué, en Cornouaille, une jeune fille nommée Tinah, qui passait pour la plus belle des six évêchés[1] ; rien qu'à la regarder, les jeunes gens languissaient d'amour ; depuis Ergué jusqu'à Landévennec, on n'entendait chanter, dans tous les moulins, près de tous les fours et à tous les lavoirs, que les *sônes* composés pour Tinah. Les *bazvalens* du pays usaient leurs souliers de bois sur la route qui conduisait à Rosmadd (c'était l'endroit où demeurait Tinah avec son père et son grand-père). La jeune *pennérèz* les renvoyait toujours avec une bonne parole, mais sans promesse ; car elle portait plus haut ses espérances.

Enfin, il vint de Quimper un jeune kloarek de famille noble qui, dès le premier coup d'œil, fut ébloui de la beauté de Tinah. Il voulut pourtant résister en pensant à Dieu ; mais celui qui commence à aimer ressemble à ceux qui commencent à se noyer ; l'amour monte comme l'eau et finit par lui dépasser la tête[2]. Alann fut donc obligé de céder, et il résolut de quitter ses études pour ne plus songer qu'à la belle fille de Rosmadd.

Celle-ci recevait le jeune homme comme elle eût reçu le recteur, lui servant, à chaque visite, du pain blanc et du *vin de feu*, jusqu'à ce qu'il lui eût demandé à être son mari.

Elle accepta avec joie, car elle avait grand désir d'être une dame et de porter des jupes de soie, comme elle en

1. Cornouaille, Léon, Tréguier, Dol, Rennes, Nantes.

2. Cette image ne fait que traduire l'expression bretonne aimer éperdument, *karet dreist penn*, mot à mot, *aimer par-dessus la tête.*

avait vu aux châtelaines de Kimerc'h. Alann lui donna donc une bague, et elle promit de n'aimer que lui maintenant et toujours.

Mais pendant qu'ils ne pensaient tous deux qu'à leur amour, allant les dimanches au Pardon et revenant, le soir, des veillées, en se tenant par le doigt du cœur [1], voilà qu'un homme du pays de Vannes arriva à Quimper avec deux chevaux richement équipés, pour annoncer à Alann que son frère aîné voulait le voir avant de mourir.

Le kloarek, forcé de partir, promit à Tinah de revenir dans trois mois avec le même cœur, et celle-ci jura, de son côté, qu'il la retrouverait telle qu'il l'avait laissée. Tous deux allèrent entendre ensemble la messe, et firent bénir un cierge qu'ils partagèrent, puis le jeune homme partit pour rejoindre sa famille qui demeurait entre Loudéac et Montfort.

Tinah commença par pleurer ; mais elle cessa bientôt, de peur d'avoir les yeux malades ; et, comme elle gardait le cœur triste, elle se mit à chanter pour se distraire, de sorte que sa tristesse devint, peu à peu, de la joie.

Les jeunes gens que la présence d'Alann avait fait partir recommencèrent, après son départ, à fréquenter Rosmadd. La *pennérèz* les recevait comme autrefois avec des airs d'amitié. Elle faisait à l'un tenir sa jument, quand elle la montait pour se rendre au marché ; elle recevait du second une baguette de noisetier à écorce sculptée, et laissait le troisième prendre dans sa pochette gauche les noix qu'elle avait reçues du fils du fournier. De cette manière, tous étaient contents sans qu'aucun fût heureux, car le plus favorisé était toujours celui dont Tinah avait besoin pour le moment, et, une fois le service obtenu, elle le laissait là en l'appelant tout bas *Jean le Veau* [2].

Cependant le kloarek n'avait encore donné aucune

1. *Bis ar galon* ; nom donné par les Bretons au quatrième doigt, sans doute parce qu'on y place la bague d'alliance.

2. *Iann ar luë* ; imbécile.

nouvelle, et la jeune fille commençait à trouver que trois mois étaient bien longs, lorsque vint la fête de juin.

C'était encore le temps des anciens usages : tous les jeunes gens et toutes les jeunes filles, non mariés, depuis seize ans jusqu'à trente, se réunissaient ce jour-là sur une lande, près d'une *ville de korrigans*[1], pour danser librement loin des yeux de leurs parents. Les jeunes filles portaient à leurs justins du lin en fleur, et les jeunes garçons, à leurs chapeaux, des épis verts. Au moment d'entrer en danse, chaque amoureux prenait son amoureuse par la main, il la conduisait au grand dolmen, tous deux y déposaient fleurs et épis, et ils étaient sûrs de les retrouver aussi frais à l'heure du départ s'ils avaient été fidèles.

Tinah vint avec les autres, portant à son doigt l'anneau de promesse, et sur son cœur, le bouquet de fleurs de lin ; mais, comme tous s'avançaient deux à deux vers la table de pierre, voilà qu'elle aperçut près d'elle un jeune étranger habillé de velours et qui lui tendait la main.

— Pardon, monsieur le gentilhomme, dit-elle étonnée, je ne vous avais pas vu et j'ignore ce que vous demandez.

— Je demande, répondit l'étranger, à déposer un épi vert près du bouquet de la *pennérèz*.

Tinah éclata de rire.

— Par la vertu[2] ! s'écria-t-elle, celui-ci ignore sans doute que je suis la fiancée d'Alann ; le gentilhomme a dû entendre dire aux vieillards qu'il y avait trois choses impossibles même à Dieu : aplanir Baspars, arracher les rocs de Berrien et déraciner les fougères de Pougé ; mais il y en a encore une quatrième, qui est justement celle qu'il demande.

L'étranger n'ajouta rien dans le moment, sinon pour offrir à Tinah d'être son danseur ; mais, après le premier

1. Nom donné par les Bretons aux pierres druidiques, à cause des korrigans ou nains qui les habitent.

2. *Vertuz !* exclamation bretonne.

branle, comme il vit qu'elle prenait plaisir à ses cajoleries, il lui dit :

— Si la *pennérèz* ne veut pas d'un épi vert près de son bouquet, je puis mettre, sur le dolmen, un épi d'argent, car mon père m'a laissé en héritage assez de terres pour occuper trois charrues et trois attelages.

— Alann aussi est riche et il ne me refusera rien, répondit Tinah.

Lorsqu'ils eurent encore dansé un peu de temps, l'étranger reprit :

— Outre les champs que mon père m'a laissés, j'ai, de l'héritage de ma mère, deux forêts où j'occupe toujours douze charbonniers et autant de cordonniers en bois [1] ; au lieu d'un épi d'argent, je pourrai mettre sur la table de pierre un épi d'or.

— Je ne vous écoute pas, répondit Tinah troublée ; c'est ainsi que le serpent parlait à notre première mère.

Tous deux firent encore un tour de dansé, et le gentilhomme reprit :

— Je n'ai parlé à la *pennérèz* que de la terre labourée et des forêts ; mais j'ai encore reçu de mon oncle des prairies où l'on met au vert tous les ans cent génisses et autant de poulains. Aussi, à l'épi d'argent et à l'épi d'or, puis-je ajouter un épi de diamants.

Cette fois Tinah répondit :

— Taisez-vous, car vos paroles perdraient mon âme.

Mais l'étranger continua à parler tout bas de ce qu'il voulait donner à sa plus aimée. Elle devait avoir une robe faite par Dieu lui-même, un palais tel qu'aucun être vivant n'en pouvait habiter et où elle serait l'égale des plus grandes reines.

Tinah ne put résister à de telles promesses. Elle donna au gentilhomme son bouquet, son anneau et jusqu'à la moitié du cierge bénit dont Alann avait l'autre part.

---

1. *Botawér prénn*. C'est ainsi que les Bretons désignent les sabotiers.

Puis, comme la nuit était venue, elle se laissa conduire loin de la lande, vers la demeure qu'il lui avait promise.

Mais, à mesure qu'ils avançaient, le ciel devenait moins clair ; à chaque détour du chemin, on voyait mourir une étoile, si bien que tout finit par devenir noir autour d'eux. Ils entendaient seulement, dans l'ombre, un chant triste, et Tinah crut reconnaître l'oiseau de la mort !

Alors elle eut peur, et elle dit à son conducteur :

— Voilà longtemps que nous marchons, et je ne vois encore devant nous qu'un échalier de pierre qui ressemble à ceux des cimetières.

— C'est la cour d'entrée de ma demeure, répondit le gentilhomme.

Tinah passa l'échalier, puis s'arrêta de nouveau et reprit :

— Je vois une croix comme celles que l'on élève sur les routes pour marquer la place des meurtres.

— C'est la girouette de mon toit, répondit l'étranger.

Tinah passa plus loin et s'arrêta une troisième fois.

— On dirait qu'il y a là, sous nos pieds, une carrière abandonnée pareille à celle où l'on jette les chevaux abattus et les chiens tués.

— C'est la porte de notre logis, répliqua son compagnon.

Et il l'entraîna avec lui sur la pente rapide de la ravine, en l'enlevant dans ses bras.

Mais, à peine eut-elle attcint le fond, que la lune éclaira, et, à la place du gentilhomme vêtu de velours, elle ne vit plus qu'un squelette enveloppé d'un linceul en lambeaux.

Elle tomba à genoux et cria :

— Grâce !

Alors le mort lui dit :

— Ne criez pas, car je suis Alann, votre fiancé. Comme je revenais pour vous épouser, des soldats m'ont pendu avec la corde que vous me voyez encore autour du cou, puis ils m'ont jeté dans ce gouffre. Je pourrissais là sur la terre, quand Jésus-Christ a eu pitié de moi. Il m'a prêté la forme d'un homme pour éprouver votre foi, et vous avez oublié le kloarek pour un inconnu. Voici donc ce que celui-ci vous a promis : une robe de terre et de gazon faite par Dieu lui-même ; un palais tel qu'aucun vivant n'en habite et le sort réservé aux plus grandes reines. Donnez votre main, ma fiancée, et couchez-vous près de moi, car voici l'heure à laquelle je rentre dans la mort.

A ces mots, le squelette attacha la corde au cou de la jeune fille par un nœud que les hommes ne pouvaient défaire ; il s'étendit sur la terre humide, la tête repliée, et il demeura sans mouvement.

Tinah passa toute la nuit à genoux, presque folle de peur. Elle répétait toujours : « Vierge Marie ! Vierge Marie ! Vierge Marie ! » sans pouvoir faire une plus longue prière ; mais la mère de Dieu ne connaissait point sa voix et ne l'entendit pas, dans son paradis.

Cependant, vers le matin, Tinah crut voir quelque chose remuer à ses pieds et aperçut une souris de terre[1] qui s'était arrêtée devant elle pour la regarder. Presque au même instant, un point noir parut au-dessus de la ravine, un bruit d'ailes retentit et un grand corbeau gris vint se percher, à quelques pas, sur un houx desséché.

Le corbeau et la souris de terre étaient un magicien et une magicienne qui se rendaient là pour manger les morts. Ils se saluèrent tous deux, dans la langue du pays où pousse le blé blanc[2].

— Par le *vieux Guillaume* ! vous voilà de bonne heure ici, ma commère, dit le corbeau ; il me semble que vous êtes déjà occupée de choisir ce que vous mangerez de cette jeune fille.

— Ne sais-tu pas, répondit la souris de terre, d'un ton de mauvaise humeur, que le *serpent-huant*[3] n'a pu nous permettre de toucher à la chair vivante.

---

1. *Logoden mors* ; nom donné par les Bretons au mulot.
2. *Gwened* (Gwen-ed) ; nom breton du pays de Vannes.
3. *Aëzr-haourd* ; autre nom du diable.

— Eh bien ! nous attendrons que ce petit cœur soit de la chair morte, répondit le corbeau.

— Oui, reprit la souris de terre, et je garde pour ma part ses joues.

— Moi, ses lèvres fraîches, ajouta le corbeau gris.

— Je rongerai ses grands yeux.

— Et moi, je becqueterai ses oreilles mignonnes.

Tinah sentait le sang de ses veines devenir froid en les écoutant. Cependant elle eut la force de dire :

— Je suis bien jeune et bien petite pour vous nourrir tous deux, hélas ! mes chers maîtres ; et vous auriez plus de profit à me sauver.

— Te sauver ! répétèrent le magicien et la magicienne ; comment le pourrions-nous ?

— Vous le pourriez, reprit la jeune fille ; il suffit pour cela que la souris de terre ronge la corde qui me tient liée et que le corbeau m'emporte, sur ses ailes, hors de la ravine.

— Et que nous donneras-tu si nous faisons cela ? demandèrent les deux rongeurs de morts.

— Je vous donnerai, répondit la jeune fille, deux vaches avec leurs veaux.

Le magicien et la magicienne se mirent à rire.

— J'ajouterai du lin et du blé.

Ils rirent plus fort.

— Enfin, s'il le faut, je donnerai un couvert d'argent.

— Non ! s'écria brusquement la souris de terre ; je n'ai besoin ni d'argenterie, ni de provisions, ni de bétail ; mais je veux que tu me donnes deux ailes pour voler.

— Et moi, continua le corbeau, que tu me donnes quatre pieds pour mieux marcher.

— Et si tu ne peux les fournir demain, ajoutèrent-ils ensemble, tu nous abandonneras ton âme.

Tinah trouva les conditions bien dures ; mais elle accepta tout plutôt que de rester dans le fond du gouffre, attachée au squelette. Le magicien et la magicienne lui firent prêter serment sur la croix d'or qu'elle portait au cou, et, dès qu'elle eut juré, la souris de terre se mit à ronger la corde jusqu'à ce qu'elle l'eût coupée ; le corbeau s'approcha ensuite, prit la *pennérèz* sur ses ailes et la transporta, d'une seule volée, jusqu'à la ferme de son père. Il l'y déposa sous un pommier en fleur, en l'avertissant que le lendemain sa commère et lui reviendraient à la même place pour qu'elle eût à remplir sa promesse.

Tinah courut aussi vite que ses forces le lui permettaient, et se mit à frapper à la porte qui donnait sur l'aire, en appelant ceux de la maison. Le vieux grand-père, que l'âge empêchait de dormir, reconnut sa voix et vint ouvrir ; mais, à la vue de la belle fille si pâle et si souillée de boue, il commença à crier qu'il était arrivé un malheur, et tous les gens de la maison accoururent. Tinah, qui tremblait comme une feuille de peuplier noir[1], se mit à raconter ce qui lui était arrivé, et tous furent grandement épouvantés. Mais le vieux père, qui avait vu soixante-dix batteries depuis le jour où on lui avait confié l'aiguillon[2], dit à Tinah qu'il fallait consulter le recteur.

Lui-même la conduisit, après la messe du matin, chez M. Pouldu, à qui il apporta trois poignées de lin et une poule pondeuse. La jeune fille raconta tout, en confession, au vieux prêtre, qui lui dit :

— Vous avez juré sur la croix, aucun pouvoir humain ne peut vous relever de votre promesse, et vous devez la remplir.

— Jésus, mon Dieu ! faudra-t-il donc perdre mon âme ! s'écria Tinah, en pleurant.

— Ecoutez-moi, reprit le recteur, et faites ce que je vais vous commander.

La *pennérèz* promit de ne rien oublier.

— Vous allez prendre d'abord un couteau qui n'aura jamais touché ce qui est chair ou ce qui en sort ; vous irez le long des haies, en écoutant le vent souffler dans

1. *Elo du*, c'est ainsi que les Bretons désignent le tremble.

2. On ne confie l'aiguillon qui sert à conduire les bœufs qu'aux jeunes garçons qui ont atteint leur douzième année.

les herbes ; quand vous en entendrez une qui bruit comme un grelot, coupez la tête et la tige, car ce sera l'herbe du sommeil ; vous en arrangerez une petite litière sous le pommier fleuri et vous reviendrez m'avertir.

Tinah fit comme on lui avait ordonné ; elle alla le long des haies, elle entendit l'herbe tinter sous le vent, elle la coupa avec un couteau neuf et en fit une litière sous le pommier ; puis elle vint avertir M. Pouldu, qui la renvoya au lieu convenu après lui avoir appris ce qu'elle devait faire.

Tinah demeura là jusqu'au soir, priant la Vierge Marie et les meilleurs saints. Enfin, quand la nuit fut noire, elle entendit la voix de la souris de terre qui l'appelait.

— Mes ailes sont-elles prêtes ? demandait-elle d'un ton moqueur.

— Pas encore, répondit Tinah ; mais elles vont arriver bientôt.

— Dépêche, dépêche ! reprit la magicienne, car j'ai affaire ailleurs ; il faut que je sois demain à Guiclan pour jeter un sort sur les vaches du seigneur de la paroisse.

— Reposez-vous seulement un instant, madame, répondit la *pennérèz*, et vous serez satisfaite.

La souris de terre, qui était bien aise qu'on la traitât comme la femme d'un procureur ou d'un capitaine de navire, s'approcha du pommier et se coucha sur la litière que Tinah avait préparée. Mais l'herbe du sommeil produisit son effet, et, au bout d'un instant, elle s'endormit.

Il y avait tout au plus quelques minutes qu'elle ronflait, quand le corbeau gris parut à son tour.

— Eh bien ! ma mignonne, demanda-t-il à Tinah, où sont les quatre pieds que je viens chercher.

— Hélas ! je n'ai pu les trouver ni pour or ni pour argent, répliqua la jeune fille.

— J'en étais bien sûr, reprit le magicien en riant ; alors, ma belle, il me revient la moitié de votre petite âme, et je veux l'avoir tout à l'heure.

— Encore un peu de répit, cher sorcier ! s'écria Tinah ; j'espère toujours que vous aurez pitié d'une pauvre fille sans malice et qui vous apporte de quoi faire la collation.

— Comment cela ? demanda le corbeau gris.

— J'avais attrapé un rat dans un piège, et je l'ai apporté pour vous l'offrir, continua la *pennérèz,* en montrant la souris de terre endormie à ses pieds.

Le corbeau regarda celle-ci du coin de l'œil.

— C'est un morceau friand et que j'accepte, dit-il ; mais à condition de ne point renoncer pour cela à mes droits.

— Faites donc selon votre bon plaisir, répliqua Tinah.

Le corbeau n'en attendit pas davantage ; il fondit sur la souris de terre et l'avala d'une seule bouchée.

Mais celle-ci, en se réveillant, se mit à crier et à se démener si fort, que ses quatre pattes percèrent l'estomac de l'oiseau glouton et parurent au-dehors !

Aussitôt le recteur, qui avait tout vu, se montra avec le surplis, l'étole, le bonnet pointu, le goupillon, et il s'écria :

— Loin d'ici ! race née de l'œuf du coq[1] ! Cette jeune fille ne vous appartient plus, car elle a rempli sa promesse. Toi, souris de terre, tu as désormais deux ailes, puisque tu fais partie du corbeau gris ; et toi, corbeau gris, tu as quatre pattes, puisque celles de la souris sortent de la boule de ton cœur[2]. Allez donc ainsi, et restez tels que vous avez voulu être jusqu'au jour du jugement.

Et il leva trois fois son goupillon, dont il aspergea le corbeau-souris qui s'envola avec un double cri.

C'est depuis ce temps, et en souvenir de cette histoire, que l'on a allongé d'une rime, dans le pays, le vieux

1. On croit en Bretagne que certains œufs, recouverts seulement d'une pellicule, sont pondus par les coqs et proviennent du démon comme tout ce qui sort de l'ordre naturel. Ces œufs sont, dit-on, couvés par des couleuvres et produisent des monstres. *Race née de l'œuf du coq* est donc une injure qui exprime l'origine diabolique de l'être auquel on l'adresse.

2. *Boull e galon* ; ce mot se prend pour poitrine et pour estomac ; cependant celui-ci s'appelle aussi *ar c'hoff bian,* le petit ventre.

souhait de nouvel an, et qu'au lieu de dire seulement comme autrefois :

Bonne année à vous, garçon,
Point de souris dans la maison

on ajoute :

Ni corbeau gris sur le pignon [1].

Mais les jeunes gens ont oublié les traditions, et la plupart ne pourraient vous dire cette origine.

Quant à Tinah, si vous voulez savoir ce qu'elle devint, voici le bruit du passé. Le lendemain du jour où M. Pouldu avait délivré son âme, elle alla trouver l'abbesse d'un couvent du voisinage pour lui demander à prendre le voile, et, un an après, elle prononçait ses vœux, à la grande édification du pays.

Le père et le grand-père, qui n'avaient point d'autres héritiers, donnèrent au couvent tant de lin, que les nonnes purent filer au rouet pendant deux années sans en acheter de nouveau, et assez de grain pour les nourrir toutes pendant le même temps, malgré ce qu'elles donnaient aux pauvres.

1. Bloaved vad did-te ta vaut (pautr.)
Ha tyéguez di logod
Ha piguonn gwen di Brand-aud.

Les korils de Plaudren[1]

Il y avait autrefois dans le pays du *blé blanc* et dans celui de la *pointe de terre*[2] une race de nains ou *korrigans* partagée en quatre peuplades qui habitaient les bois, les landes, les vaux et les métairies. Ceux qui habitaient les bois s'appelaient *kornikaneds,* parce qu'ils chantaient dans de petites cornes qu'ils portaient suspendues à leurs ceintures ; ceux qui habitaient les landes s'appelaient *korils,* parce qu'ils passaient toutes les nuits à danser des rondes au clair de lune, et ceux qui habitaient les vaux s'appelaient *poulpikans,* c'est-à-dire qui ont leurs terriers dans les lieux bas[3]. Quant aux *teuz,* c'étaient de petits hommes noirs qui se tenaient dans les prés et les blés mûrs ; mais, comme les autres korrigans les accusèrent d'être les amis des chrétiens, ils furent obligés de s'enfuir dans le Léonais où il en reste encore peut-être quelques-uns.

Au temps dont je parle, il n'y avait donc plus déjà, par ici, que des kornikaneds, des poulpikans et des korils ; mais ils étaient en si grand nombre, que, la nuit venue,

1. Cette tradition est répandue dans la Cornouaille comme dans l'évêché de Vannes.

2. *Kern-é* ; mot à mot, *c'est la corne,* c'est-à-dire la *pointe* de la terre. Ce nom, donné à la Cornouaille, exprime sa position à l'extrémité de l'Europe, et l'on n'a fait que le traduire en latin lorsqu'on a appelé ce pays *Cornu Gallia*.

3. *Korni-kaneds* ; nom composé de *korn,* corne, et de *kana,* chanter ; *kouril* ou *koril,* du mot *korol,* danse ; *poul-pikans,* de *poul,* lieu bas, mare, et de *pika,* fouiller ; *teuz* ou *deuz,* de *du,* noir. (Voir à la fin du conte ce que nous disons de cette race de nains.)

bien peu de gens osaient s'aventurer près de leur palais de pierre.

Il y avait surtout en Plaudren, auprès du petit bourg de Locqueltas, une lande appelée *Motenn-Dervenn* (ou, comme diraient les Galots, la *terre du chêne*), dans laquelle se trouvait un grand village de korils que l'on peut voir encore aujourd'hui. Les méchants nains y venaient danser toutes les nuits, et celui qui osait alors traverser la lande était sûr d'être entraîné dans leur ronde et forcé de tourner avec eux jusqu'au premier chant du coq ; aussi ne se hasardait-on pas à y aller.

Cependant, un soir, Bénéad Guilcher, qui revenait avec sa femme d'un champ où il avait mené la charrue tout le jour pour le compte d'un fermier de Cadoudal, prit par la lande hantée afin de raccourcir le chemin. Il était de bonne heure, et il espérait que les korrigans n'auraient point encore commencé leur danse ; mais, arrivé au milieu du *Mottenn-Dervenn*, il les aperçut éparpillés autour des grandes pierres, comme des oiseaux sur un champ de blé. Il allait retourner en arrière, lorsque les cornes des nains des bois et les cris d'appel des nains des vallées retentirent derrière lui. Bénéad sentit ses jambes trembler, et dit à sa femme :

— Sainte Anne ! nous sommes perdus ; car voici les kornikaneds et les poulpikans qui viennent rejoindre les korils pour mener le bal toute la nuit. Ils nous forceront à danser jusqu'au jour, et mon pauvre cœur n'y pourra tenir.

De fait, les troupes de korrigans arrivaient de tous côtés, entourant Guilcher et sa femme comme les mouches de l'août entourent une goutte de miel ; mais ils s'écartèrent en apercevant la petite fourche à nettoyer la charrue que Bénéad tenait à la main, et ils se mirent à chanter tous ensemble :

Laissons-le, laissons-la,
Fourche de charrue il a ;

Laissons-la, laissons-le,
La fourchette est avec eux [1].

Guilcher comprit alors que le bâton qu'il tenait à la main était une défense magique contre les korrigans, et il passa au milieu d'eux avec sa *moitié de ménage* sans avoir rien à souffrir.

Ce fut un avertissement pour le pays. A partir de ce jour, tout le monde sortit le soir avec la petite fourche, et l'on put traverser sans crainte les bruyères et les vaux.

Mais Bénéad ne trouva pas que ce fût assez d'avoir rendu ce service aux Bretons ; c'était un homme d'esprit curieux et subtil, et d'aussi joyeuse humeur qu'aucun bossu des quatre évêchés bretonnants. Car je ne vous ai point encore dit que Bénéad portait une bosse de naissance placée juste entre les deux épaules, et dont il eût bien voulu se défaire au prix coûtant. Du reste, on le regardait comme un bon *mercenaire*, gagnant sa journée en conscience, et, aussi, comme un vrai chrétien.

Un soir, ne pouvant plus résister à son désir, il prit sa petite fourche, après s'être recommandé à sainte Anne, et s'en alla vers le *Mottenn-Dervenn*.

Du plus loin que les korils le virent, ils accoururent en criant :

— C'est Bénéad Guilcher !

— Oui, mes petits hommes, c'est moi, répondit le bossu jovial : je viens vous faire une visite de voisinage.

— Sois le bienvenu, répliquèrent les korils. Veux-tu danser avec nous ?

— Faites excuse, braves gens, reprit Guilcher, mais vous avez l'haleine trop longue pour un pauvre infirme.

— Nous nous arrêterons quand tu le voudras, crièrent les korils.

— Me le promettez-vous ? dit Bénéad, qui n'eût pas

1. Lez-hi, lez-hon,
Bac'h an arér zo gant hon ;
Lez-bon, lez-hi,
Bac'h arer zo gant hi.

été fâché d'essayer la ronde, par curiosité, pour pouvoir en parler.

— Nous te le promettons, répondirent les nains.

— Sur la croix du Sauveur ?

— Sur la croix du Sauveur.

Le bossu, persuadé qu'un pareil serment le mettait à l'abri de tout malheur, prit place dans la chaîne, et les korils commencèrent la ronde en répétant leur chant accoutumé :

Lundi, mardi, mercredi,
Lundi, mardi, mercredi [1].

Au bout de quelques instants, Guilcher s'arrêta.

— Sauf le respect que je vous dois, mes gentilshommes, dit-il aux nains, votre chanson et votre danse me paraissent peu variées ; vous vous arrêtez trop tôt dans la semaine, et, sans être un rimeur habile, je crois que je puis allonger le refrain.

— Voyons ! voyons ! répétèrent les nains.

Alors le bossu reprit :

Lundi, mardi, mercredi,
Jeudi, vendredi, samedi.

Une grande rumeur s'éleva parmi les korils.

— *Stard ! Stard* [2] ! crièrent-ils, en entourant Guilcher ; tu es un chanteur d'esprit et un beau danseur : répète, répète !

Le bossu répéta :

Lundi, mardi, mercredi,
Jeudi, vendredi, samedi ;

tandis que les korils tournaient avec une joie folle. Enfin

---

1. C'est le chant des korrigans : *di-lun, di-meurs, di-merc'her*. La suite du récit apprend pourquoi ils ne dépassaient pas ces trois jours de la semaine.

2. Cri d'encouragement des Bretons ; ils disent aussi dans le même sens, *hardi !* mais l'origine celtique de ce dernier mot nous paraît douteuse.

ils s'arrêtèrent, et, se pressant autour de Guilcher, ils dirent tous à la fois :

— Que veux-tu ? que désires-tu ? richesse ou beauté ? Fais un souhait, et nous te donnerons ce que tu auras voulu.

— Parlez-vous sérieusement ? demanda le journalier.

— Que nous soyons condamnés à ramasser grain à grain tout le mil de l'évêché, si nous te trompons, répondirent-ils.

— Eh bien, reprit Guilcher, puisque vous voulez me faire un cadeau et que vous m'en laissez le choix, je ne vous demande qu'une chose, c'est d'enlever ce que j'ai là, entre les deux épaules, et de me rendre aussi droit que le bâton de la bannière de Locqueltas.

— Bien, bien, répliquèrent les korils, sois tranquille ; viens ici !...

Et, saisissant Guilcher, ils le firent pirouetter dans l'air, ils le lancèrent de l'un à l'autre, comme une pelote de laine, jusqu'à ce qu'il eût achevé le tour du cercle. Alors il retomba sur ses pieds, étourdi, étouffé, mais sans bosse ! Bénéad était rajeuni, agrandi, embelli ! A moins d'être sa mère, c'était à ne plus le reconnaître.

Vous devinez quel étonnement quand il reparut à Locqueltas ! On ne pouvait croire que ce fût Guilcher ; sa femme elle-même ne savait trop si elle devait le recevoir. Pour se faire reconnaître il fallut que l'ancien bossu lui dît, au juste, combien elle avait de coiffes dans sa *crédence*[1] et quelle était la couleur de ses bas. Enfin, quand on fut assuré que c'était bien lui, chacun voulut savoir comment avait pu se faire un pareil changement ; mais Bénéad pensa que s'il l'avouait, on le regarderait comme le compère des korrigans, et que toutes les fois qu'il y aurait un bœuf égaré ou une chèvre disparue, on s'en prendrait à lui pour les retrouver. Aussi répondit-il à ceux qui l'interrogeaient que tout s'était fait à son insu pendant qu'il dormait sur la lande. Les mal tournés le

1. *Credanz* ; armoire dans le breton de Vannes.

crurent et allèrent, tous les jours, se coucher dans les bruyères, avec l'espoir de se réveiller plus droits ; mais d'autres comprirent qu'il y avait un secret dont Guilcher ne voulait rien dire.

Parmi ceux-ci se trouvait un tailleur aux cheveux rouges et aux yeux de travers, que l'on appelait Perr Balibouzik, parce qu'il bredouillait en parlant. Ce n'était point, comme sont d'habitude ses pareils, un compagnon rimeur aussi gai sur son établi que le rouge-gorge sur sa branche et sentant les crêpes de froment d'aussi loin que le chien sent le gibier. Balibouzik ne riait pas, ne chantait jamais et ne se nourrissait que de pain d'orge, dans lequel on voyait les pailles. C'était un avare, et, de plus, un mauvais chrétien qui prêtait son argent à de si gros intérêts, qu'il ruinait tous les pauvres journaliers du pays. Guilcher lui devait cinq écus depuis longtemps, sans pouvoir les rendre ; Perr alla le trouver et les lui demanda de nouveau. L'ancien bossu s'excusa, en promettant de s'acquitter après les foins ; mais Balibouzik déclara qu'il ne lui accorderait un délai qu'à la condition de savoir qui l'avait rajeuni et redressé. Ainsi forcé de tout avouer, Guilcher raconta sa visite aux korils ; il dit quels mots il avait ajoutés à leur refrain et comment on lui avait donné à choisir entre deux souhaits.

Perr se fit répéter plusieurs fois tous les détails, puis s'en alla, en avertissant son débiteur qu'il lui laissait huit jours pour trouver les cinq écus.

Mais ce qu'il venait d'apprendre avait éveillé toute sa rage d'avarice. Il résolut, dès le soir même, de se rendre au *Mottenn-Dervenn*, de se mêler à la danse des korrigans, et d'obtenir aussi le choix entre les deux souhaits proposés à Guilcher : richesse ou beauté.

Dès que la lune fut levée, voilà donc Balibouzik le louche qui s'achemine vers la lande, sa petite fourche à la main. Les korils l'aperçoivent, accourent à sa rencontre et lui demandent s'il veut danser. Perr y consent, après avoir fait ses conditions comme Bénéad, et il entre dans la ronde des petits hommes noirs qui se mettent à répéter le refrain agrandi par Guilcher :

Lundi, mardi, mercredi,
Jeudi, vendredi, samedi.

— Attendez ! s'écrie le tailleur saisi d'une inspiration subite ; moi aussi je veux ajouter quelque chose à votre chanson.

— Ajoute, ajoute, répondirent les korils.

Et tous reprirent ensemble :

Lundi, mardi, mercredi,
Jeudi, vendredi, samedi.

Ils s'arrêtèrent, et Balibouzik ajouta seul en bégayant :

Et di... di... di... dimanche aussi.

Les nains poussèrent une longue clameur.

— Après ! crièrent-ils tous à la fois.

Di... dimanche aussi,

répéta le tailleur.

— Mais après... après.

— *Di... dimanche.*

— Après, après, après !

— *Di... dimanche aussi !*

Le cercle des korils se rompit ; tous couraient, comme furieux de ne pouvoir se faire comprendre. Le pauvre bègue, épouvanté, demeura la bouche ouverte, sans pouvoir rien dire. Enfin les flots de petites têtes noires s'apaisèrent un peu ; ils entourèrent Balibouzik, et mille voix crièrent en même temps :

— Fais un souhait ! fais un souhait !

Perr reprit courage.

— Un sou... sou... hait, répéta-t-il ; Guilcher a choi... si entre richesse et beauté.

— Oui ; Guilcher a choisi beauté et laissé richesse.

— Eh bien, moi, je choisis ce que Guil... Guilcher a laissé.

— Bien, bien ! crièrent les korils ; viens ici, tailleur.

Perr enchanté s'approcha ; ils l'enlevèrent comme ils avaient enlevé Bénéad, le firent rebondir de main en main jusqu'au bout de la chaîne, et quand il retomba sur ses pieds, il avait entre les deux épaules ce que Guilcher avait laissé, c'est-à-dire une bosse !

Le tailleur ne s'appelait plus Balibouzik tout court ; c'était maintenant Tortik-Balibouzik.

Le pauvre déformé revint à Locqueltas, honteux comme un chien qui a eu la queue coupée. Dès qu'on apprit ce qui lui était arrivé, il n'y eut personne qui ne voulût le voir. Toutes les commères venaient, avec un vieux sabot dans la main, sous prétexte de demander du feu, et chacune criait : « Jésus ! » en voyant son dos devenu aussi rond que la margelle d'un puits. Perr enrageait sous sa bosse et jurait tout bas qu'il se vengerait de Guilcher ; car lui seul était cause du malheur ; c'était le favori des korrigans et il leur avait, sans doute, demandé de faire cet affront à son créancier.

Aussi, les huit jours promis une fois écoulés, Tortik-Balibouzik annonça à Bénéad que s'il ne pouvait lui payer ces cinq écus, il allait avertir les hommes de justice de faire tout vendre chez lui. Bénéad eut beau le prier, le nouveau bossu ne voulut rien écouter et annonça que, dès le lendemain, il mettrait en foire[1] ses meubles, ses outils et son pourceau.

La femme de Guilcher jeta les hauts cris, en répétant qu'ils étaient déshonorés dans la paroisse, qu'il ne leur restait plus qu'à prendre le bissac et le bâton blanc pour aller mendier aux portes ; que c'était bien la peine, à Bénéad, d'être devenu un homme droit et de belle prestance pour se laisser mettre la ceinture de paille[2], et

---

1. Expression bretonne pour désigner la vente chez un débiteur : *Ober foar var arrebeury*.

2. Expression bretonne, venant de ce qu'autrefois les insolvables étaient promenés autour de la paroisse avec une ceinture de paille. La paille avait, du reste, une signification symbolique conservée même de nos jours. (Voyez la *Saisie Brandon*.)

mille autres choses sans raison, comme en disent les femmes affligées... et celles qui ne le sont pas.

A toutes ces plaintes, Guilcher ne répondait rien, sinon qu'il fallait s'en remettre à la volonté de Dieu et de la Vierge ; mais son cœur était humilié jusqu'au fond. Il se reprochait maintenant de n'avoir point préféré richesse à beauté, quand on lui avait laissé le choix, et il eût voulu pouvoir reprendre sa bosse bien garnie d'écus d'or ou même d'argent. Après avoir cherché en vain un moyen de sortir d'embarras, il se décida donc à retourner au *Mottenn-Dervenn*.

Les korils le reçurent avec des clameurs de joie, comme la première fois, et lui firent place dans leur ronde. Quoique Bénéad n'eût guère le cœur au plaisir, il ne voulut point attrister la danse et il se mit à sauter de toutes ses forces. Les nains ravis couraient comme les feuilles mortes que le vent fait tourbillonner en hiver. Tout en courant, ils répétaient le premier vers de leur chanson, leur compagnon répondait par le second, ils reprenaient le troisième, et, comme c'était le dernier, Guilcher était obligé de terminer l'air sans paroles, ce qui au bout de quelque temps, lui parut ennuyeux.

— Si j'osais dire mon avis, mes petits seigneurs, dit-il aux korrigans, votre chanson me fait le même effet que le chien du boucher : elle marche sur trois jambes.

— C'est la vérité ! c'est la vérité ! crièrent toutes les voix.

— Je crois, reprit Bénéad, qu'elle aurait meilleure façon si on lui ajoutait un quatrième pied.

— Ajoute, ajoute ! répétèrent les nains.

Et tous reprirent d'une voix perçante :

Lundi, mardi, mercredi,
Jeudi, vendredi, samedi,
Avec le dimanche aussi...

Il y eut un court silence ; les nains attendaient ce que Guilcher allait dire.

Et voilà la semaine finie !

acheva-t-il gaiement.

Mille cris qui ne formaient qu'un cri s'élevèrent de tous les côtés de la lande. En un instant, tout fut couvert de korrigans qui accouraient ; il en sortait des touffes d'herbes, des bouquets de genêts, des fentes de rochers ; on eût dit une ruche de petits hommes noirs ; tous ils gambadaient parmi les bruyères en criant :

Guilcherik, notre cher sauveur,
A rempli l'arrêt du Seigneur[1].

— Sur mon salut, que veut dire ceci ? s'écria Bénéad étonné.

— Cela veut dire, répliquèrent les korrigans, que Dieu nous avait condamnés à rester parmi les hommes et à danser toutes les nuits, sur les landes, jusqu'à ce qu'un chrétien eût complété notre refrain ; tu l'avais déjà allongé et nous espérions que le tailleur envoyé par toi le finirait ; mais il s'est arrêté au moment de l'achever, et c'est pourquoi nous l'avons puni. Tu viens heureusement de faire ce qu'il n'avait point fait ; notre temps d'épreuve est fini et nous retournons dans notre royaume qui s'étend sous la terre, plus bas que la mer et les rivières.

— S'il en est ainsi, dit Guilcher, et que vous m'ayez cette obligation, ne partez point sans tirer de peine un ami.

— Que te faut-il ?

— De quoi payer Balibouzik aujourd'hui et le fournier[2] toujours.

— Prends nos sacs, prends nos sacs ! s'écrièrent les korrigans.

---

1. Guilcherik, ar mignonn'dy.
Neuz achiv arrest ar mæstri.

2. Ce sont les fourniers qui, dans les villages bretons, exercent la profession de boulangers.

Et ils jetèrent aux pieds de Bénéad les petites poches de toile rousse qu'ils portaient en bandoulière.

Celui-ci en ramassa autant qu'il en put porter et s'encourut tout joyeux à la maison.

— Allumez la résine, cria-t-il à sa femme, en entrant, et fermez la claie, afin qu'aucun voisin ne puisse nous voir, car j'apporte de quoi acheter trois paroisses avec leurs juges et leurs recteurs.

En même temps, il déposa sur la table tous les petits sacs et se mit à les ouvrir. Mais, hélas ! il avait calculé le prix du beurre avant d'avoir acheté la vache[1] ! Les sacs ne renfermaient que du sable, des feuilles mortes, des crins et une paire de ciseaux.

A cette vue, il poussa un si grand cri, que sa femme, qui était allée fermer la porte, revint sur ses pas en demandant ce qu'il y avait. Bénéad lui raconta sa promenade au *Mottenn-Dervenn*, et tout ce qui s'y était passé.

— Que sainte Anne nous assiste ! s'écria la femme effrayée, les korrigans se sont joués de vous.

— Hélas ! je le vois bien maintenant, répondit Guilcher.

— Et vous avez osé, malheureux que vous êtes ! toucher à ces sacs qui ont appartenu à des maudits ?

— Je croyais y trouver quelque chose de meilleur, répondit piteusement Bénéad.

— Il ne vient rien de valeur de qui ne vaut rien, répliqua la vieille femme ; ce que vous apportez là va jeter un mauvais sort sur la maison. Jésus ! pourvu qu'il me reste de l'eau bénite.

Elle courut à son lit, décrocha du mur un petit bénitier de faïence et y trempa une branche de buis ; mais à peine la rosée de Dieu eut-elle touché les sacs, que les crins se changèrent en colliers de perles, les feuilles mortes en pièces d'or et le sable en diamants !

1. Trompuz a zo compodi an amonenn,
Pe ar buoh no zo kuet chaos perneinn.
(Dialecte de Vannes.)

L'enchantement était détruit et les richesses que les korrigans avaient voulu cacher aux chrétiens étaient forcées de reprendre leur véritable apparence !

Guilcher rendit à Balibouzik ses cinq écus ; il donna à chaque pauvre de la paroisse un boisseau de blé avec six aunes de toile, et paya au recteur cinquante messes à dix blancs[1] ; puis il partit avec sa femme pour Josselin, où ils achetèrent une maison et où ils eurent des enfants qui aujourd'hui sont devenus des gentilshommes.

1. *Blaxk* ; c'est le nom que l'on donne, dans le pays de Vannes, au sou parisis ou sou marqué (valant quinze deniers tournois).

Les pierres de Plouhinec

Plouhinec est un pauvre bourg au-delà d'Hennebon, vers la mer. On ne voit tout autour que des landes ou de petits bois de sapins, et jamais la paroisse n'a eu assez d'herbe pour élever un bœuf de boucherie, ni assez de son pour engraisser un descendant des Rohans [1].

Mais si les gens du pays manquent de blé et de bestiaux, ils ont plus de cailloux qu'il n'en faudrait pour rebâtir Lorient, et l'on trouve au-delà du bourg une grande bruyère dans laquelle les korrigans ont planté deux rangées de longues pierres qu'on pourrait prendre pour une avenue si elles conduisaient quelque part.

C'était près de là, vers le bord de la rivière d'Intel, que demeurait autrefois un homme appelé Marzinne : il était riche pour le canton, c'est-à-dire qu'il pouvait faire saler un petit porc tous les ans, manger du pain noir à discrétion et acheter une paire de sabots le *dimanche du laurier* [2].

Aussi passait-il pour fier dans le pays et avait-il refusé sa sœur Rozenn à beaucoup de jeunes garçons qui vivaient de leur sueur de chaque jour.

Parmi eux se trouvait Bernèz, brave travailleur et digne chrétien ; mais qui n'avait apporté pour légitime, en venant dans le monde, que la bonne volonté. Bernèz avait connu Rozenn toute petite, quand il était arrivé de Ponscorff-Bidré pour travailler dans la paroisse, et elle

---

1. En Bretagne, on appelle les porcs *mab-rohan*, fils de Rohan ; nous ignorons l'origine de ce nom.

2. Le dimanche de Pâques (*sul et lauré*), ainsi appelé parce que, ce jour-là, on distribue, à l'église, du laurier bénit.

l'avait souvent poursuivi avec la chanson que les enfants répètent à ceux de son pays :

Ponscorff-Bidré,
Chair de chèvre, Béé[1] *!*

Cela leur avait fait faire connaissance et, petit à petit, à mesure que Rozenn grandissait, l'attachement de Bernèz avait également grandi, si bien qu'un jour il s'était trouvé amoureux comme les Anglais sont damnés, je veux dire sans rémission.

Vous comprenez que le refus de Marzinne fut pour lui un grand crève-cœur ; cependant il ne perdit pas courage, car Rozenn continuait à le bien recevoir et à lui chanter, en riant, le refrain composé pour ceux de Ponscorff.

Or, on était arrivé à la nuit de Noël, et comme l'orage avait empêché de se rendre à l'office, tous les gens de la ferme se trouvaient réunis et, avec eux, plusieurs garçons du voisinage, parmi lesquels était Bernèz. Le maître de la maison, qui voulait montrer son grand cœur, avait fait préparer un souper de boudins et de bouillie de froment au miel ; aussi tous les yeux étaient tournés vers le foyer, sauf ceux de Bernèz qui regardait sa chère Rozennik.

Mais voilà qu'au moment où les bancs étaient près de la table et les cuillers de bois plantées en rond dans la bassine, un vieil homme poussa brusquement la porte et souhaita bon appétit à tout le monde.

C'était un mendiant de Pluvigner qui n'entrait jamais dans les églises, et dont les honnêtes gens avaient peur. On l'accusait de jeter des sorts sur les bestiaux, de faire noircir le blé dans l'épi et de vendre aux lutteurs les herbes magiques. Il y en avait même qui le soupçonnaient de devenir gobelinn[2] à volonté.

---

1. Ce quolibet, répété par les enfants aux habitants de Ponscorff-Bidré, ou bas Ponscorff, vient de ce qu'ils élèvent un grand nombre de chèvres, ce qui a fait supposer qu'ils en mangeaient beaucoup.

2. Le *gobelinn* n'est autre chose que le *loup-garou*, connu chez les Normands sous le nom de *varou*.

Cependant, comme il portait l'habit des pauvres, le fermier lui permit de s'approcher du foyer ; il lui fit même donner un escabeau à trois pieds et une portion d'invité.

Quand le sorcier eut fini de manger, il demanda à se coucher, et Bernèz alla lui ouvrir l'étable où il n'y avait qu'un vieil âne pelé et un bœuf maigre. Le mendiant se coucha entre eux pour avoir chaud, en appuyant sa tête sur un sac de lande pilée.

Mais, comme il allait tomber dans le sommeil, minuit sonna. Le vieil âne secoua alors ses longues oreilles et se tourna vers le bœuf maigre.

— Eh bien, mon cousin, comment cela va-t-il depuis la Noël dernière que je ne vous ai parlé ? demanda-t-il d'un ton amical.

Au lieu de répondre, l'animal cornu jeta un regard de côté au mendiant.

— C'était bien la peine que la Trinité nous accordât la parole à la nuit de Noël, dit-il d'un ton bourru, et qu'elle nous récompensât ainsi de ce que nos ancêtres avaient assisté à la naissance de Jésus, si nous devions avoir pour auditeur un vaurien comme ce mendiant.

— Vous êtes bien fier, monsieur de Ker-Meuglant, reprit l'âne avec gaieté ; j'aurais plutôt droit de me plaindre, moi dont le chef de famille porta autrefois le Christ à Jérusalem, comme le prouve la croix qui nous a été imprimée depuis entre les deux épaules ; mais je sais me contenter de ce que les trois personnes veulent bien m'accorder. Ne voyez-vous point, d'ailleurs, que le sorcier est endormi ?

— Tous ses sortilèges n'ont pu encore l'enrichir, reprit le bœuf, et il se damne pour bien peu. Le diable ne l'a même pas averti de la bonne chance qu'il y aura ici près, dans quelques jours.

— Quelle bonne chance ? demanda l'âne.

— Comment, reprit le bœuf, ne savez-vous donc pas que, tous les cent ans, les pierres de la bruyère de Plouhinec vont boire à la rivière d'Intel et que, pendant ce temps, les trésors qu'elles cachent restent à découvert ?

— Ah ! je me rappelle maintenant, interrompit l'âne ; mais les pierres reviennent si vite à leur place qu'il est impossible de les éviter et qu'elles vous écrasent si vous n'avez point, pour vous en préserver, une branche de l'herbe de la croix entourée de trèfles à cinq feuilles.

— Et encore, ajouta le bœuf, les trésors que vous avez emportés tombent-ils en poussière si vous ne donnez en retour une âme baptisée ; il faut la mort d'un chrétien pour que le démon vous laisse jouir en repos des richesses de Plouhinec.

Le mendiant avait écouté toute cette conversation sans oser respirer.

« Ah ! chers animaux, mes petits cœurs, pensait-il en lui-même ; vous venez de me faire plus riche que tous les bourgeois de Vannes et de Lorient ; soyez tranquilles, le sorcier de Pluvigner ne se damnera pas désormais pour rien. »

Il s'endormit ensuite, et le lendemain, au point du jour, il était dans la campagne cherchant l'herbe de la croix et le trèfle à cinq feuilles.

Il lui fallut chercher longtemps et s'enfoncer dans le pays, là où l'air est plus chaud et où les plantes restent toujours vertes. Enfin, la veille du jour de l'an, il reparut à Plouhinec avec la figure d'une belette qui a trouvé le chemin du colombier.

Comme il passait sur la lande, il aperçut Bernèz occupé à frapper avec un marteau pointu contre la plus haute des pierres.

— Que Dieu me sauve, s'écria le sorcier en riant ; avez-vous envie de vous creuser une maison dans ce gros pilier ?

— Non, dit Bernèz tranquillement ; mais comme je suis sans ouvrage pour le moment, j'ai pensé que si je traçais une croix sur une des pierres maudites, je ferais une chose agréable à Dieu, qui me le revaudra tôt ou tard.

— Vous avez donc quelque chose à lui demander ? fit observer le vieil homme.

— Tous les chrétiens ont à lui demander le salut de leur âme, répliqua le jeune gars.

— Et n'avez-vous point aussi quelque chose à lui dire de Rozenn ? ajouta, plus bas, le mendiant.

Bernèz le regarda.

— Ah ! vous savez cela, reprit-il ; après tout, il n'y a ni honte ni péché, et si je recherche la jeune fille, c'est pour la conduire devant le curé. Malheureusement Marzinne veut un beau-frère qui puisse compter plus de réales que je ne possède de blancs marqués.

— Et si je te faisais avoir plus de louis d'or que Marzinne ne possède de réales ? dit le sorcier à demi-voix.

— Vous ! s'écria Bernèz.

— Moi !

— Que me demanderiez-vous pour cela ?

— Rien qu'un souvenir dans tes prières.

— Ainsi, il n'y aurait pas besoin de compromettre mon salut ?

— Il n'y aurait besoin que de courage.

— Alors, dites-moi ce qu'il faut faire ! s'écria Bernèz, en laissant tomber son marteau ; quand on devrait s'exposer à trente morts, je suis prêt, car j'ai moins de goût à vivre qu'à me marier.

Quand le mendiant vit qu'il était si bien disposé, il lui raconta comment, la nuit prochaine, les trésors de la lande seraient tous à découvert, mais sans lui apprendre en même temps le moyen d'éviter les pierres au moment de leur retour. Le jeune garçon crut qu'il ne fallait que de la hardiesse et de la promptitude, aussi dit-il :

— Vrai comme il y a trois personnes en Dieu, je profiterai de l'occasion, vieil homme, et j'aurai toujours une pinte de mon sang à votre service, pour l'avertissement que vous venez de me donner. Laissez-moi seulement finir la croix que j'ai commencé à creuser sur cette pierre ; quand il sera temps, j'irai vous rejoindre près du petit bois de sapins.

Bernèz tint parole et arriva au lieu convenu une heure avant minuit. Il trouva le mendiant qui portait un bissac de chaque main et un autre suspendu au cou.

— Allons, dit-il au jeune homme, asseyez-vous là et pensez à ce que vous ferez quand vous aurez à discrétion l'argent, l'or et les pierreries.

Le jeune homme s'assit à terre et répondit :

— Quand j'aurai l'argent à discrétion, je donnerai à ma douce Rozennik tout ce qu'elle souhaite et tout ce qu'elle a souhaité, depuis la toile jusqu'à la soie, depuis le pain jusqu'aux oranges.

— Et quand vous aurez l'or à volonté ? ajouta le sorcier.

— Quand j'aurai l'or à volonté, reprit le garçon, je ferai riches tous les parents de Rozennik et tous les amis de ses parents jusqu'aux dernières limites de la paroisse.

— Et quand vous aurez enfin les pierreries à foison ? acheva le vieil homme.

— Alors, s'écria Bernèz, je ferai tous les hommes de la terre riches et heureux et je leur dirai que c'est Rozennik qui l'a voulu.

Pendant qu'ils causaient ainsi, l'heure passait et minuit arriva.

A l'instant même, il se fit un grand bruit sur la lande et l'on vit, à la clarté des étoiles, toutes les grandes pierres quitter leur place et s'élancer vers la rivière d'Intel. Elles descendaient le long du coteau en froissant la terre et en se heurtant comme une troupe de géants qui auraient trop bu ; elles passèrent ainsi pêle-mêle à côté des deux hommes, et disparurent dans la nuit.

Alors le mendiant se précipita vers la bruyère suivi de Bernèz et, aux places où s'élevaient un peu auparavant les grandes pierres, ils aperçurent des puits remplis d'or, d'argent et de pierreries qui montaient jusqu'au bord.

Bernèz poussa un cri d'admiration et fit le signe de la croix ; mais le sorcier se mit aussitôt à remplir ses bissacs, en prêtant l'oreille du côté de la rivière.

Il finissait de charger le troisième, tandis que le jeune

homme remplissait les poches de sa veste de toile, lorsqu'un murmure sourd comme celui d'un orage qui arrive se fit entendre au loin.

Les pierres avaient fini de boire et revenaient prendre leur place.

Elles s'élançaient, penchées en avant, comme des coureurs et brisaient tout devant elles. Quand le jeune homme les aperçut, il se redressa en s'écriant :

— Ah ! Vierge Marie, nous sommes perdus !

— Non pas moi, dit le sorcier, qui prit à la main l'herbe de la croix et le trèfle à cinq feuilles, car j'ai ici mon salut ; mais il me fallait qu'un chrétien perdît la vie pour m'assurer ces richesses, et ton mauvais ange t'a mis sur mon chemin : renonce donc à Rozenn et pense à mourir.

Pendant qu'il parlait ainsi, l'armée de pierres était arrivée ; mais il présenta son bouquet magique et elle s'écarta à droite et à gauche pour se précipiter vers Bernèz !

Celui-ci, comprenant que tout était fini, se laissa tomber à genoux et allait fermer les yeux lorsque la grande pierre qui accourait en tête s'arrêta tout à coup et, fermant le passage, se plaça devant lui, comme une barrière pour le protéger.

Bernèz, étonné, releva la tête, et reconnut la pierre sur laquelle il avait gravé la croix ! C'était désormais une pierre baptisée, qui ne pouvait nuire à un chrétien.

Elle resta immobile devant le jeune homme jusqu'à ce que toutes ses sœurs eussent repris leur place ; alors, elle s'élança comme un oiseau de mer pour reprendre aussi la sienne, et rencontra sur son chemin le mendiant que les trois bissacs chargés d'or retardaient.

En la voyant venir, celui-ci voulut présenter ses plantes magiques ; mais la pierre devenue chrétienne n'était plus soumise aux enchantements du démon, et elle passa brusquement, en écrasant le sorcier comme un insecte.

Bernèz eut, outre ce qu'il avait recueilli lui-même, les trois bissacs du mendiant, et devint ainsi assez riche pour épouser Rozenn et pour élever autant d'enfants que le *laouennanik* [1] a de petits dans sa couvée.

1. Nom breton du roitelet ; il signifie mot à mot *petit joyeux*.

La groac'h de l'île du Lok

Tous ceux qui connaissent *la terre de l'église* (Lanillis) savent que c'est une des plus belles paroisses de l'évêché de Léon. Là, il y a toujours eu, outre les fourrages et les blés, des vergers qui donnent des pommes plus douces que le miel de Sizun, et des pruniers dont toutes les fleurs deviennent des fruits. Pour ce qui est des jeunes filles à marier, elles sont toutes sages et ménagères, à ce que disent leurs parents !...

Dans les temps anciens, alors que les miracles étaient aussi communs dans la Basse-Bretagne que le sont aujourd'hui les baptêmes et les enterrements, il y avait à Lanillis un jeune homme qui s'appelait Houarn Pogamm et une jeune fille nommée Bellah Postik. Tous deux étaient cousins à la mode du pays, et leurs mères, quand ils étaient tout petits, les avaient élevés dans le même berceau, comme on le fait des enfants que l'on destine à être un jour mari et femme, avec la permission de Dieu. Aussi avaient-ils grandi en s'aimant de tout leur cœur. Mais leurs parents étaient morts l'un après l'autre, et les deux orphelins, qui n'avaient pas d'héritage, furent obligés de se mettre en service chez le même maître.

Ils auraient pu se trouver heureux ; mais les amoureux ressemblent à la mer qui se plaint toujours.

— Si nous avions seulement de quoi acheter une petite vache et un pourceau maigre, disait Houarn, je louerais à notre maître un morceau de terre, le curé nous marierait et nous irions demeurer ensemble.

— Oui, répondait Bellah, avec un gros soupir ; mais nous vivons dans des temps si durs ! Les vaches et les porcs ont encore renchéri à la dernière foire de

Ploudalmézeau ; pour sûr, Dieu ne s'occupe plus comment le monde va.

— J'ai peur qu'il ne faille attendre longtemps ! reprenait le jeune garçon, car ce n'est jamais moi qui finis les bouteilles, quand je bois à l'auberge avec des amis.

— Bien longtemps, répliqua la jeune fille, car je n'ai pu réussir à entendre le coucou chanter.

Ces plaintes recommencèrent tous les jours, jusqu'à ce qu'Houarn eût enfin perdu patience. Il vint trouver un matin Bellah qui vannait du blé dans l'aire, et lui annonça qu'il voulait partir pour chercher fortune.

La jeune fille fut bien affligée à cette nouvelle, et fit tout ce qu'elle put pour le retenir ; mais Houarn, qui était un garçon résolu, ne voulut rien écouter.

— Les oiseaux, dit-il, vont devant eux, jusqu'à ce qu'ils aient rencontré un champ de grain, et les abeilles jusqu'à ce qu'elles trouvent des fleurs pour faire leur miel ; un homme ne peut avoir moins de raison que des bêtes volantes. Moi aussi, je veux chercher partout ce qui me manque, c'est-à-dire le prix d'une vache et d'un pourceau maigre. Si vous m'aimez, Bellah, vous ne vous opposerez pas davantage à un projet qui doit hâter notre mariage.

La jeune fille comprit qu'elle devait céder, et quoique le cœur lui tournât, elle dit à Houarn :

— Partez, à la garde de Dieu, puisqu'il le faut ; mais, avant, je veux partager avec vous ce qu'il y a de meilleur dans l'héritage de mes parents.

Alors elle conduisit le jeune garçon à son armoire et en tira une clochette, un couteau et un bâton.

— Ces trois reliques, dit-elle, ne sont jamais sorties de la famille. Voici d'abord la clochette de saint Kolédok ; elle a un son qui se fait entendre, quelle que soit la distance, et qui avertit nos amis des périls que nous courons. Le couteau a appartenu à saint Corentin, et tout ce qu'il touche échappe aux enchantements des magiciens ou du démon. Enfin, le bâton est celui que portait saint Vouga, il vous conduit où vous voulez aller. Je vous donne le couteau pour vous défendre des maléfices, la clochette pour me faire connaître vos dangers, et je garde le bâton pour vous rejoindre si vous avez besoin de moi.

Houarn remercia sa promise, il pleura un peu avec elle, comme il le faut toujours quand on se sépare, puis il s'en alla vers les montagnes.

Mais c'était alors comme aujourd'hui ; et, dans tous les villages où il passait, Houarn était poursuivi par des mendiants qui, parce que ses braies étaient entières, le prenaient pour un seigneur.

« Par ma foi, pensa-t-il, ceci est un pays où je vois plus d'occasions de dépenser que de faire fortune : allons plus loin. »

Il continua donc, en descendant, jusqu'à la côte, et arriva à Pont-Aven, qui est une jolie ville bâtie sur une rivière bordée de peupliers.

Là, comme il était assis à la porte de l'auberge, il entendit deux saulniers qui causaient en chargeant leurs mules et parlaient de la *Groac'h de l'île du Lok*. Houarn demanda ce que c'était ; ils lui répondirent que l'on donnait ce nom à une fée qui habitait le lac de la plus grande des Glénans, et que l'on disait aussi riche, à elle seule, que tous les rois réunis. Bien des gens étaient allés déjà dans l'île pour s'emparer de ses trésors, mais aucun n'était revenu.

Houarn eut, tout de suite, la pensée de s'y rendre à son tour afin de tenter l'aventure. Les muletiers firent leurs efforts pour l'en détourner. Ils ameutèrent même tout le peuple autour de lui en criant que des chrétiens ne pouvaient laisser ainsi un homme courir à sa perte, et on voulut retenir de force le jeune garçon. Il remercia de l'intérêt qu'on lui montrait et se déclara prêt à abandonner son projet si l'on voulait seulement faire une quête dont le produit lui permettrait d'acheter une petite vache et un pourceau maigre ; mais, à cette proposition, les muletiers et tous les autres se retirèrent, en répétant que c'était un entêté et qu'il n'y avait aucun moyen de le retenir.

Houarn se rendit donc au bord de la mer, chez un batelier, qui le conduisit à l'île du Lok.

Il trouva sans peine l'étang placé au milieu de cette île, et qui est entouré de gazons marins à fleurs roses. Comme il en faisait le tour, il aperçut, vers une des extrémités, à l'ombre d'une touffe de genêts, un canot couleur de mer qui flottait sur les eaux dormantes. Ce canot avait la forme d'un cygne endormi, la tête sous son aile.

Houarn, qui n'avait jamais rien vu de pareil, s'approcha avec curiosité et entra dans la barque pour mieux la voir ; mais, à peine y eut-il mis le pied que le cygne eut l'air de s'éveiller ; sa tête sortit de dessous ses plumes, ses larges pattes s'étendirent sur l'eau et il s'éloigna brusquement du rivage.

Le jeune homme poussa une exclamation d'effroi ; mais le cygne avança plus vite, plus vite, vers le milieu de l'étang. Houarn voulut se jeter à la nage ; alors l'oiseau enfonça son bec dans les eaux et plongea, en l'entraînant avec lui.

Le Léonard, qui ne pouvait crier sans boire la mauvaise eau de l'étang, fut forcé de se taire et parvint ainsi à la demeure de la Groac'h.

C'était un palais de coquillage qui surpassait tout ce que l'on pouvait imaginer. On y arrivait par un escalier de cristal fait de telle manière que, lorsqu'on y posait le pied, chaque marche chantait comme un oiseau des bois ! Tout autour, on voyait d'immenses jardins où grandissaient des forêts de plantes marines et des pelouses d'algues vertes toutes parsemées de diamants au lieu de fleurs.

La Groac'h était couchée dans la première salle, sur un lit d'or. Elle était habillée d'une toile vert de mer, fine et souple comme une vague ; ses cheveux noirs, entremêlés de corail, tombaient jusqu'à ses pieds, et son visage blanc et rose ressemblait, pour l'éclat, à l'intérieur d'un coquillage.

Houarn s'arrêta, tout ébloui de voir une créature si

belle ; mais la Groac'h se leva, en souriant, et s'avança vers lui.

Sa démarche était si souple qu'on eût dit des flots blancs qui courent sur la mer. Elle salua le jeune Léonard.

— Soyez le bienvenu, dit-elle, en lui faisant signe d'entrer ; il y a toujours place ici pour les étrangers et pour les beaux garçons.

Le jeune homme rassuré entra.

— Qui êtes-vous, d'où venez-vous et que cherchez-vous ? ajouta la Groac'h.

— On m'appelle Houarn, répondit le Léonard. Je viens de Lanillis, et je cherche de quoi acheter une petite vache et un pourceau maigre.

— Eh bien, venez, Houarn, reprit la fée, et ne vous inquiétez plus de rien, car vous aurez tout ce qui pourra vous réjouir.

Elle l'avait fait entrer dans une seconde salle tapissée de perles, où elle lui servit de huit espèces de vins, dans huit gobelets d'argent sculptés. Houarn but d'abord des huit vins, puis il les trouva si bons qu'il en rebut huit fois de chacun et, à chaque coup, il trouvait la Groac'h plus belle.

Celle-ci l'encourageait en lui disant qu'il ne devait point avoir peur de la ruiner, puisque l'étang de l'île du Lok communiquait avec la mer, et que toutes les richesses qu'engloutissaient les naufrages y étaient apportées par un courant magique.

— Sur mon salut, dit Houarn, que le vin avait rendu gai, je ne m'étonne plus si les gens de la côte parlent mal de vous ; les personnes si riches ont toujours des jaloux ; quant à moi, je ne demanderais que la moitié de votre fortune.

— Vous l'aurez si vous voulez, Houarn, dit la fée.

— Comment cela ? demanda-t-il.

— Je suis veuve de mon mari le *korandon*, reprit-elle, et, si vous me trouvez à votre gré, je deviendrai votre femme.

Le Léonard fut tout saisi de ce qu'il entendait. Lui, se marier à la Groac'h qui lui semblait si belle, dont le palais était si riche et qui avait de huit espèces de vins qu'elle laissait boire à discrétion !... Il avait, à la vérité, promis à Bellah de l'épouser ; mais les hommes oublient facilement ces espèces de promesses ; ils sont, pour cela, comme les femmes.

Il répondit donc poliment à la fée qu'elle n'était pas faite pour qu'on la refusât, et qu'il y avait joie et honneur à devenir son mari.

La Groac'h s'écria alors qu'elle voulait préparer, sur-le-champ, le repas de la *velladen*. Elle dressa une table qu'elle couvrit de tout ce que le Léonard connaissait de meilleur (outre beaucoup de choses qu'il ne connaissait pas) ; puis elle alla à un petit vivier qui était au fond du jardin, et elle se mit à appeler :

— Eh ! le procureur ! eh ! le meunier ! eh ! le tailleur ! eh ! le chantre !

Et, à chaque cri, on voyait accourir un poisson qu'elle mettait dans un filet d'acier.

Lorsque le filet fut rempli, elle passa dans une pièce voisine et jeta tous les poissons dans une poêle d'or.

Mais il sembla à Houarn qu'au milieu des pétillements de la friture, de petites voix chuchotaient.

— Qui est-ce donc qui chuchote sous la poêle d'or, Groac'h ? demanda-t-il.

— C'est le bois qui pétille, dit-elle, en attisant le feu.

Un instant après, les petites voix recommencèrent à murmurer.

— Qui est-ce donc qui murmure, Groac'h ? demanda le jeune homme.

— C'est la friture qui fond, répondit-elle, en faisant sauter les poissons.

Bientôt les petites voix crièrent plus fort.

— Qui est-ce donc qui crie, Groac'h ? reprit Houarn.

— C'est le grillon du foyer, répliqua la fée, en chantant si haut que le Léonard n'entendit plus rien.

Mais ce qui venait de se passer lui avait donné à réfléchir et, comme il commençait à avoir peur, il commença à sentir des remords.

« Jésus Marie ! se dit-il, est-ce bien possible que j'aie oublié si vite Bellah pour une Groac'h, qui doit être fille du démon ? Avec cette femme-là je n'oserai même pas faire mes prières du soir, et je suis sûr d'aller en enfer comme un langueyeur de porcs. »

Pendant qu'il se parlait ainsi, la fée avait apporté la friture, et elle le pressa de dîner, en lui disant qu'elle allait chercher pour lui douze nouvelles espèces de vins.

Houarn tira son couteau, tout en soupirant, et voulut commencer à manger ; mais, à peine la lame qui détruisait les enchantements eut-elle touché au plat d'or que tous les poissons se redressèrent et redevinrent de petits hommes, portant chacun le costume de son état. Il y avait un procureur en rabats, un tailleur en bas violets, un meunier couleur de farine, un chantre en surplis, et tous criaient à la fois, en nageant dans la friture :

— Houarn ! sauve-nous, si tu veux toi-même être sauvé.

— Sainte Vierge ! quels sont ces petits hommes qui chantent dans le beurre fondu ? s'écria le Léonard stupéfait.

— Nous sommes des chrétiens comme toi, répondirent-ils ; nous étions aussi venus à l'île du Lok pour chercher fortune, nous avons consenti à épouser la Groac'h, et le lendemain du mariage, elle a fait de nous ce qu'elle avait fait de nos prédécesseurs qui sont dans le grand vivier.

— Quoi ! s'écria Houarn, une femme qui paraît si jeune est déjà la veuve de tous ces poissons !

— Et tu seras bientôt dans le même état, exposé aussi à être frit et mangé par les nouveaux venus.

Houarn fit un saut, comme s'il se fût déjà senti dans la poêle d'or, et courut vers la porte, ne songeant qu'à s'échapper avant le retour de la Groac'h ; mais celle-ci, qui venait d'entrer, avait tout entendu. Elle jeta son filet d'acier sur le Léonard qui se transforma aussitôt en grenouille, et alla le porter dans le vivier, où se trouvaient déjà ses autres maris.

Dans ce moment, la clochette qu'Houarn portait à son cou tinta d'elle-même, et Bellah l'entendit à Lanillis, où elle était occupée à écrémer le lait de la veille.

Ce fut pour elle comme un coup dans le cœur. Elle jeta un cri en disant :

— Houarn est en danger !

Et sans attendre autre chose, sans demander conseil à personne, elle courut mettre ses habits de grand-messe, ses souliers, sa croix d'argent, et sortit de la ferme avec son bâton magique.

Arrivée au carrefour, elle planta celui-ci dans la terre en murmurant :

De saint Vouga rappelle-toi !
Bâton de pommier, conduis-moi
Sur le sol, dans les airs, sur l'eau,
Partout où passer il me faut !

Le bâton se changea aussitôt en un bidet rouge de Saint-Thégonec, peigné, sellé, bridé, avec un ruban sur chaque oreille et un plumet bleu au front.

Bellah le monta sans balancer. Il partit d'abord au pas, puis au trot, puis au galop, et il allait si vite, que les fossés, les arbres, les maisons, les clochers passaient devant les yeux de la jeune fille comme les bras d'un dévidoir. Mais elle ne se plaignait pas, sachant que chaque pas l'approchait de son cher Houarn ; elle excitait, au contraire, le bidet, en répétant :

— Le cheval va moins vite que l'hirondelle, l'hirondelle va moins vite que le vent, le vent va moins vite que l'éclair ; mais toi, mon bidet, si tu m'aimes, il faut aller plus vite qu'eux tous ; car j'ai une part de mon cœur qui souffre, la meilleure moitié de mon cœur qui est en danger.

Le bidet l'entendait et courait comme une paille qu'emporte le tourbillon, si bien qu'il arriva enfin dans l'Arhez, au pied du rocher que l'on appelle le *Saut du cerf*.

Mais là il s'arrêta, car jamais cheval ni jument n'avait gravi ce rocher. Bellah, qui comprit pourquoi il restait immobile, recommença à dire :

De saint Vouga rappelle-toi !
Bidet de Léon, conduis-moi
Sur le sol, dans les airs, sur l'eau,
Partout où passer il me faut !

Dès qu'elle eut achevé, des ailes sortirent des flancs de sa monture, qui devint un grand oiseau, et qui l'emporta au sommet du rocher.

Ce sommet était occupé par un nid fait de terre de potier et garni de mousse desséchée sur lequel se tenait accroupi un petit korandon, tout noir et tout ridé, qui se mit à crier quand il vit Bellah :

— Voici la jolie fille qui vient pour me sauver.

— Te sauver ! dit Bellah, qui es-tu donc, mon petit homme ?

— Je suis Jeannik, le mari de la Groac'h de l'île du Lok ; c'est elle qui m'a envoyé ici.

— Mais que fais-tu dans ce nid ?

— Je couve six œufs de pierre, et je n'aurai ma liberté que lorsqu'ils seront éclos.

Bellah ne put s'empêcher de rire.

— Pauvre cher petit coq, dit-elle, et comment pourrais-je te délivrer ?

— En délivrant Houarn, qui est au pouvoir de la Groac'h.

— Ah ! dis-moi ce qu'il faut pour cela ? s'écria l'orpheline. Et, quand je devrais faire à genoux le tour des quatre évêchés, je commencerais tout de suite.

— Eh bien donc, il faut deux choses, dit le korandon : d'abord te présenter à la Groac'h comme un jeune homme ; puis lui enlever le filet d'acier qu'elle porte à la ceinture et l'y enfermer jusqu'au jugement.

— Et où trouverais-je un habit de garçon à ma taille, korandon mon chéri ?

— Tu vas le savoir, ma jolie fille.

A ces mots, le petit nain arracha quatre de ses cheveux roux, il les souffla au vent, en marmottant quelque chose tout bas, et les quatre cheveux devinrent quatre tailleurs dont le premier tenait un chou, le second des ciseaux, le troisième une aiguille, et le dernier un fer.

Tous quatre s'assirent autour du nid, les jambes en forme d'X, et se mirent à préparer un costume complet pour Bellah.

Avec la première feuille de chou, ils firent un bel habit piqué sur toutes les coutures ; une autre feuille servit au gilet ; mais il en fallut deux pour les grandes culottes à la mode de Léon. Enfin le cœur du chou fut taillé en chapeau, et le tronc servit à faire des souliers.

Quand Bellah eut revêtu ce costume, on eût dit un gentilhomme habillé de velours vert doublé de satin blanc.

Elle remercia le korandon, qui lui donna encore quelques instructions ; puis son grand oiseau la transporta, tout d'une volée, à l'île du Lok. Là, elle lui ordonna de redevenir bâton de pommier, et entra dans la barque en forme de cygne, qui la conduisit au palais de la Groac'h.

A la vue du jeune Léonard, vêtu de velours, la fée parut ravie.

« Par Satan mon cousin, se dit-elle, voici le plus beau garçon qui soit jamais venu me voir, et je crois que je l'aimerai jusqu'à trois fois trois jours. »

Elle se mit donc à faire de grandes amitiés à Bellah, en l'appelant mon mignon ou mon petit cœur. Elle lui servit à goûter, et la jeune fille trouva sur la table le couteau de saint Corentin, qui avait été laissé par Houarn. Elle le prit pour s'en servir à l'occasion, puis elle suivit la Groac'h dans le jardin.

Celle-ci lui montra les pelouses fleuries de diamants,

les jets d'eau parfumés de lavande, et surtout le vivier où nageaient les poissons de mille couleurs.

Bellah parut si enchantée de ces derniers, qu'elle s'assit au bord de la pièce d'eau afin de mieux les regarder.

La Groac'h profita de son ravissement pour lui demander si elle ne serait pas bien aise de rester toujours en sa compagnie. Bellah répondit qu'elle ne demanderait pas mieux.

— Ainsi tu consentirais à m'épouser sur-le-champ ? demanda la fée.

— Oui, répondit Bellah, à la condition que je puisse pêcher un de ces beaux poissons avec le filet d'acier que vous avez à la ceinture.

La Groac'h, qui ne soupçonnait rien, prit cela pour un caprice de jeune garçon, elle donna le filet, et dit en souriant :

— Voyons, beau pêcheur, ce que tu prendras.

— Je prendrai le diable ! cria Bellah, en jetant le filet ouvert sur la tête de la Groac'h, au nom du Sauveur des hommes, sorcière maudite, deviens de corps ce que tu es de cœur !

La Groac'h ne put que jeter un cri qui se termina par un murmure étouffé, car le vœu de la jeune fille était accompli ; la belle fée des eaux n'était plus que la hideuse reine des champignons.

Bellah ferma vivement le filet et courut le jeter dans un puits, sur lequel elle posa une pierre scellée du signe de la croix, afin qu'elle ne pût se soulever qu'avec celle des tombeaux, au jour du jugement.

Elle revint ensuite bien vite vers le vivier ; mais tous les poissons en étaient déjà sortis et s'avançaient à sa rencontre, comme une procession de moines bariolés, en criant de leurs petites voix enrouées :

— Voici notre seigneur et maître, celui qui nous a délivrés du filet d'acier et de la poêle d'or.

— Et ce sera aussi celui qui vous rendra votre forme de chrétiens, dit Bellah, en tirant le couteau de saint Corentin.

Mais comme elle allait toucher le premier poisson, elle aperçut, tout près d'elle, une grenouille verte qui portait au cou la clochette magique et sanglotait à genoux, ses deux petites pattes posées sur son petit cœur. Bellah sentit comme un coup intérieur, et elle s'écria :

— Est-ce toi, est-ce toi, mon petit Houarn, roi de ma joie et de mon souci ?

— C'est moi ! répondit le petit garçon engrenouillé.

Bellah le toucha aussitôt de la lame qu'elle tenait, il reprit sa forme, et tous deux s'embrassèrent, en pleurant d'un œil pour le passé et en riant de l'autre pour le présent.

Elle fit ensuite de même pour les poissons, qui redevinrent ce qu'ils avaient été.

Comme elle achevait, on vit arriver le petit korandon du Rocher du cerf, traîné dans son nid, comme dans un char, par six grosses mouches de chêne qui étaient écloses des six œufs de pierre.

— Me voici, la jolie fille ! cria-t-il à Bellah ; le charme qui me retenait là-bas est rompu, et je viens vous remercier, car d'une poule vous avez fait un homme.

Il conduisit ensuite les deux amants aux bahuts de la Groac'h, qui étaient remplis de pierres précieuses, en leur disant d'y prendre à volonté.

Tous deux chargèrent leurs poches, leurs ceintures, leurs chapeaux et jusqu'à leurs larges braies de Léon ; enfin, quand ils eurent pris tout ce qu'ils pouvaient porter, Bellah ordonna à son bâton de devenir une voiture ailée assez grande pour les conduire à Lanillis avec tous ceux qu'elle avait délivrés.

Là, ses bans furent publiés, et Houarn l'épousa, comme il le désirait depuis longtemps. Seulement, au lieu d'acheter une petite vache et un pourceau maigre, il acheta toutes les terres de la paroisse, et il y établit, comme fermiers, les gens qu'il avait emmenés de l'île du Lok.

LANGUEDOC

Gustave Thérond

L'âne blanc

Au félibre majoral, A. Arnavielle

Au temps des Seigneurs, le château de Vivieures, si haut perché sur la crête du pic d'Orthons, n'était pas, comme aujourd'hui, simplement un nid sauvage d'orfraies, de hiboux, de grands-ducs et de chats-huants, mais bien l'arrogante demeure d'une autre espèce d'oiseaux de proie, plus rapaces, plus carnassiers encore, les féroces barons de la Roquette.

Vers l'an mille, le seigneur de Vivieures était Bernard le Batailleur.

Ce Bernard le Batailleur tenait enfermée dans la tour orientale de son manoir, avec une vieille servante pour toute compagnie, la jeune Alix de Tréviers. Il avait naguère massacré le père, la mère, les frères et les sœurs de la malheureuse jeune fille, et rasé son château sans laisser seulement une pierre sur l'autre.

Et s'il avait épargné Alix, alors enfant de neuf ou dix ans, c'était parce que les hommes d'armes, émerveillés par sa gentillesse, avaient tous imploré sa grâce.

Depuis lors, la jeune fille, bien qu'elle fût sans cesse triste, dolente et languissante – pauvre oiselet en cage ! – avait tellement grandi en grâce et en beauté, qu'elle avait mérité le surnom d'Alix la Belle.

Vous saurez de plus qu'à Fombetou, village de la baronnie au-dessous de Vivieures, il y avait un jouvenceau d'une vingtaine d'années, au teint frais, aux manières nobles, joli comme les amours.

Son nom était Raimbaud, et sa charge consistait à garder les troupeaux du seigneur. On prétendait que Bernard avait fait aussi périr tous les membres de sa famille.

Un beau jour, en gardant ses moutons tout près du château, vers l'orient, Raimbaud avait aperçu la jeune prisonnière qui se promenait mélancoliquement sur la plate-forme de sa tourelle. Et de la voir si belle, il en avait été ébloui. Tellement que, depuis, chaque fois que le baron était parti pour la guerre, lui, avait mené paître son troupeau au même endroit. Et là, afin de lui ensoleiller sa solitude, afin de lui endormir sa tristesse, tantôt, sur le hautbois, il jouait à la jeune fille des airs qui calmaient son ennui, tantôt, un peu plus hardi, il lui chantait des chansons qu'il composait lui-même, et qui disaient de si douces choses.

Alix, lorsque Raimbaud chantait, venait toujours sur la tourelle pour l'entendre, tant ses chants lui ravissaient l'âme. Et peu de temps suffit pour que le jouvenceau devînt passionnément épris de la jouvencelle et pour que la jouvencelle, à son tour, fût loin de vouloir jeter des pierres au jouvenceau.

Or donc c'était la nuit de Noël. Le seigneur, ses estafiers et ses soudards avaient ouï la messe dans la chapelle du manoir. Puis, afin de se livrer au copieux réveillon, ils s'étaient installés dans la salle d'armes, devant des tables abondamment pourvues de viandes et de vins. Et ils faisaient un beau sabbat, car Bernard avait dit au commencement du festin : « Amis, buvons, mangeons : c'est bombance aujourd'hui. Mais il y aura encore plus franches ripailles et plus grandes beuveries, le jour – et c'est bientôt – où je me marierai avec Alix la Belle. »

Alix, elle, la pauvre mignonne, aussitôt sortie de la messe, était allée s'enfermer seulette dans sa tour. Mais, au lieu de se mettre au lit, elle s'était placée près de son étroite fenêtre pour écouter le noël de Raimbaud.

Car Raimbaud, en dépit du froid glacial, était venu lui chanter son amour. Et sa voix, dans la nuit de lune pâle et froide, montait amoureuse, pure et claire :

Noël ! Noël ! Grande nouvelle !
Les anges chantent : Gloria !
Les Trois Mages suivent l'étoile
Qui les conduit à Bethléem.

Les Trois Mages suivent l'étoile
Qui les conduit à Bethléem.
Pour moi c'est une joie nouvelle
Quand je puis venir près de vous.

Juste à ce moment un son de cor retentit.

Un vieillard à barbe de neige, enveloppé dans une blanche houppelande et monté sur un âne tout blanc, venait de s'arrêter devant la grande porte. Il avait pris le cor suspendu au poteau, selon l'usage du temps, et en avait sonné pour faire assavoir aux gens du château que quelqu'un attendait au-dehors.

— Qui va là ? cria bientôt un soldat de garde.

— Je suis un malheureux vieillard : je chemine depuis ce matin et je suis brisé de fatigue. Pourriez-vous pas nous donner l'hospitalité à moi et à mon âne, pour l'amour de Dieu ?

Mais le seigneur, consulté, fit répondre :

— Qu'il s'en aille au diable ! Et sur-le-champ !... sinon lâchez les chiens à ses trousses.

Le pauvre vieux s'en retourna. Il rencontra Raimbaud qui, au son du cor, avait interrompu son noël, prêté l'oreille et entendu le dialogue :

— Venez avec moi, brave homme : je vous ferai coucher.

Et Raimbaud conduisit le vieillard dans la chaude

bergerie où, en un coin, était son lit de paille. Dès qu'ils furent entrés :

— Dites-moi, jeune homme : n'est-ce pas vous qui chantiez tout à l'heure un si beau noël ?

— Si fait.

— Et pour qui le chantiez-vous, si je ne suis pas indiscret ?

Comme tous les amoureux, qui ne savent rien cacher, Raimbaud dit son amour pour Alix la Belle.

— Puisqu'il en est ainsi, jeune homme, je ne veux pas que pour moi vous cessiez votre chant. Montez sur mon âne et retournez au château. Si, par hasard, quelqu'un voulait vous faire du mal, criez simplement : « *Arri !* Noël. »

Quand Raimbaud fut revenu sous la tourelle orientale, l'aube avait point, blanche, blanche. Et le jouvenceau chanta dans un élan d'amour :

Noël ! Noël ! Grande nouvelle
Les anges chantent Gloria !
Les Trois Mages suivent l'étoile
Qui les conduit à Bethléem...
Oh ! que je voudrais m'en aller
Avec vous vers l'Aube nouvelle !

Soudain, le seigneur et ses hommes d'armes, suivis d'une meute de chiens, débouchèrent par la grande porte.

— Tayaut ! tayaut !... kest ! kest... A mort ! à mort.

Et ils se baissaient, ramassant des pierres afin de le lapider. Mais Raimbaud cria simplement :

— *Arri !* Noël.

Et voilà qu'ils demeurèrent tous fichés au sol, stupéfaits, épouvantés, les yeux démesurément ouverts, car l'âne blanc venait de s'élever dans les airs, tout doucement. Il eut bientôt atteint la plate-forme sur laquelle Alix, au bruit, était éperdument accourue. Raimbaud prit alors la jeune fille dans ses bras, l'assit devant lui, et l'âne de nouveau s'envola, emportant les jeunes gens à travers la plaine céleste, vers le levant qui rutilait. Dès qu'il atteignit le gigantesque rocher qui semble s'être détaché du pic Saint-Loup, l'âne blanc se posa sur son sommet. Et soudain apparut sur ce rocher bleu une sorte de navire fantastique qui paraissait voguer vers une mer de sang. Mais quand, le soleil surgit, on vit que le navire n'était rien moins qu'un très grand et puissant manoir. Et ses tours étaient si hautes, si hautes, que les ombres qu'elles projetaient, semblables à des tentacules, venaient jusqu'à Vivieures comme pour dire : « Tu m'appartiendras. »

En effet, les seigneurs de Montferrand rangèrent sous leurs lois les seigneurs de Vivieures.

Et voilà comment fut élevé ce grand château sur un rocher si abrupt, car prétendre que des hommes auraient pu l'y bâtir, autant vaudrait dire qu'un âne pourrait chanter matines.

Le mariage de la princesse

A Marguerite

— Mère-Grand, Mère-Grand : contez-nous une sornette, s'il vous plaît ?... Si vous saviez combien nous avons été sages, aujourd'hui !...

— Bien sages, bien sages ?

— Comme des images, Grand-mère.

— Très bien, mes enfants. Or donc, prêtez-moi vos ouïes.

1

Il était une fois – il y a de cela mille et mille ans et plus –, il était un roi de Pampélibournes qu'on appelait le roi René. Son royaume n'était pas un immense royaume ; sa puissance ne faisait pas crier : miracle ; et pour palais il n'avait simplement qu'une ferme. Je crois que, de ce roi, les livres ne parlent guère.

Et pourtant il possédait un trésor. Et son trésor était chose si belle, si merveilleuse, que beaucoup d'autres princes, des plus riches et des plus puissants, auraient donné pour l'avoir leurs palais, leurs royaumes, leurs tas d'argent, leurs monceaux d'or.

Et ce trésor c'était sa fille, rien de plus. Mais quelle

jolie enfant, quelle superbe jouvencelle, quelle souveraine beauté que la princesse Doucinelle !

Elle avait tout pour elle. On dit que son front candide et pur l'emportait en clarté sur les matins de printemps, alors que l'aube vient de poindre ; que ses yeux étaient deux mers infinies où le firmament tout entier se noyait ; ses joues, deux roses fraîches écloses qu'apâlissait la rosée matinale ; sa bouche, deux gouttes de rubis perlant d'une grenade mi-ouverte. Et il paraît même que lorsqu'elle se jouait dans les champs, leste comme un jeune chevreau, il n'était point rare qu'on la prît pour quelque apparition divine, tellement le reflet de ses cheveux d'or l'auréolait de rais de gloire.

Donc la princesse avait seize ans. Et déjà dame Renommée, la babillarde Renommée qui se mêle de toutes choses et ne sait rien tenir caché, en vaguant par sentiers, chemins et carrefours, avait chanté et publié que, de Jouvence et de Beauté, c'était Doucinelle la reine.

Si bien que dans Pampélibournes il arrivait tous les jours, par grandes bandes, en nombreuses troupes, des galants, et des galants, et des galants. Il en venait de tout pays, de tout âge, de toute tournure, de toute condition : des riches laboureurs, des marchands cousus d'or, des seigneurs, des princes, des rois, des guerriers. Jusqu'à des troubadours qui n'avaient, pour tout bagage, que leurs violes et leurs chansons.

Et tous, dès qu'ils voyaient Doucinelle, demeuraient émerveillés, fascinés, ravis. Ils se sentaient soudain éperdument amoureux. Et ils criaient, dans leurs transports, qu'ils voulaient la princesse, qu'ils la voulaient et qu'ils la voulaient. Et ils ne s'en iraient point, ajoutaient-ils, qu'elle ne fût à l'un d'eux.

D'aucuns, pour gagner la faveur du roi, se mirent à le combler de caresses et de flatteries ; d'autres, plus habiles encore, se hâtèrent de lui offrir présents beaux et plus beaux. Les riches laboureurs envoyèrent quérir des charretées de vin, des charretées de blé, des charretées de fruits de toutes sortes. Les marchands cousus d'or firent venir des contrées lointaines de belles robes de velours, de magnifiques manteaux de soie, d'éblouissants tapis d'orfroi. Les princes et les rois levèrent de nouvelles dîmes dans tous leurs Etats, afin de mener de superbes équipages avec chars somptueux et coursiers de grand prix. Les troubadours, minces sires et pauvres hères, chantèrent en des vers qu'ils disaient immortels la gloire et les vertus du roi, la grâce et la splendeur divine de la princesse. Et les guerriers grondèrent que, si René ne leur donnait bientôt sa fille, ils mettraient à feu et à sang les quatre coins de son royaume.

2

Le plus embarrassé, c'était le roi René. Il faut bien avouer qu'il y avait de quoi. Car, choisir parmi tant de galants celui qui, répondant au gré de la princesse, serait aussi le plus riche et le plus puissant, devenait malaisé plus que de chanter vêpres. Si l'un avait ci, l'autre avait ça ; tel manquait d'une chose, et tel manquait du reste. Le roi, vous dis-je, se noyait dans l'indécision. Semblait-il un beau jour décidé ?... c'était là feu de paille : le lendemain, il ne savait plus de quel pied partir. Ce qui surtout le tourmentait, c'était la grand-peur qu'il avait de voir les galants éconduits s'irriter et, de dépit, lui chercher toutes sortes de mauvaises querelles à seule fin de lui faire une guerre terrible.

Il n'était pas sans inquiétude, le pauvre roi René !

Heureusement, il lui revint en mémoire qu'un jour, le jour même du baptême de Doucinelle, la fée Ermelinde lui avait dit :

— Si vous êtes jamais en souci au sujet de la princesse, n'oubliez pas que ce n'est pas pour rien que je suis sa marraine.

Et le roi René estima qu'il n'avait rien de mieux à faire que d'aller consulter la fée.

Dès le lendemain, aux premières lueurs de l'aube, il sella lui-même son cheval, l'enfourcha aussitôt et, sans sonner la moindre cloche, il se mit à chevaucher promptement vers Montserrat, où se trouvait le palais d'Ermelinde.

Il fut rendu d'assez bon matin. Il prit la fée au saut du lit. Ils déjeunèrent incontinent et, pendant le repas, le roi exposa son cas et l'embarras qui était le sien.

— Que dois-je faire ? conclut-il.

— Ce que vous devez faire ? répartit Ermelinde ; voulez-vous que je vous le dise ?

— Je suis venu pour cela.

— Eh bien ! alors, écoutez-moi.

Et ce que dit la fée devait être excellent puisqu'une couple d'heures après son arrivée le roi s'en retournait guilleret, radieux. Il avait l'air d'un homme à qui l'on vient de tirer une fâcheuse épine. Il paraissait plus content qu'un rat qui eût pu dérober trois noix.

3

Touroutoutou ! Taratata !
Faisons savoir à qui voudra
Avoir la princesse, qu'il vienne
De dimanche en huit au Grand-Pré,
Devant tout le peuple assemblé :
Qui plus belle œuvre accomplira,
Pour lui Doucinelle sera...
Touroutoutou ! Taratata !

Voilà ce que soir et matin, et trois jours de suite, les hérauts publièrent.

Pensez donc s'il y en eut du mouvement, du remue-ménage, du bouleversement dans tout Pampélibournes !... On n'avait jamais vu rien de tel. Les galants étaient sur les dents, courant par ci, se précipitant par là, s'agitant sans cesse, afin de s'équiper et de se préparer pour bien montrer, au jour dit, leur meilleur savoir-faire. Les gens vivaient en continuelle effervescence : au four, à la fontaine, aux cabarets, dans les rues et dans les demeures, tout le long du jour, petites et grandes langues ne se donnaient aucun répit. Si bien qu'à la fin, tous, au comble de l'impatience, se consumaient d'une unique fièvre : voir se lever enfin le grand jour du tournoi.

Et, finalement, ce jour se leva.

Ah ! mes enfants, qu'il y en avait du monde, et du monde, de grand matin, dans les alentours du Grand-Pré. C'était un vrai prodige. Les chemins regorgeaient de tous les côtés : on eût dit que toutes les fourmilières de la terre s'étaient donné rendez-vous là, tant ces chemins paraissaient noirs. Il y avait tout Pampérigouste, tout Pampélibournette, tout Chipetout, tout Cherchetrouve, et les gens de Vatenvoir, et les gens du diable, et d'autres de plus loin encore.

Quant aux galants, s'ils n'étaient pas plus de deux cents, munis d'outils de toute sorte, qu'on me fasse sauter la tête.

Sur le coup de neuf heures, au sortir de la grand-messe, qui avait été, ce dimanche-là, avancée et prestement chantée, le roi, la princesse et leur cour se rendirent au Pré. Ce qu'elle était jolie la princesse dans sa robe toute blanche et sous sa couronne de fleurs !... Dès qu'elle parut, tout bruit cessa et chacun la contempla avec ravissement. Et plus d'un, parmi les galants que l'angoisse étreignait, ne put étouffer un sanglot, hélas ! en pensant qu'il faudrait tout à l'heure dire : « Plus n'est d'espoir. »

4

« Touroutoutou ! Taratata ! » Les trompettes sonnèrent et les joutes s'ouvrirent.

Et voici que d'emmi les galants issit un gars robuste et musculeux, râblé comme un jeune taureau et pas trop vilain de figure, bien que sa peau fût un peu noire et ses cheveux embroussaillés. Il portait, sur l'épaule gauche, une enclume de plusieurs couples de quintaux, et, sur l'épaule droite, un énorme marteau ainsi qu'une grosse barre de fer. Des hommes, à face noircie, traînant deux charrettes chargées l'une de houille et l'autre d'un grand soufflet de forge qui la remplissait toute, suivaient le gars robuste et musculeux.

Le bruit se répandit très vite dans la foule que c'était là Ferragut, le fils aîné du roi de Forges-Grandes. Et nul n'ignorait qu'à Forges-Grandes il y avait du charbon autant qu'il y a de l'eau dans la mer, plus de fer qu'il n'est de rochers sur les Causses, et tout un peuple de forgerons et d'ajusteurs, travaillant nuit et jour, et sans relâche, à des ferreries gigantesques.

Les hommes à face noircie eurent bientôt creusé un trou. Ils le comblèrent avec du charbon qu'ils allumèrent et zou ! souffle que soufflera ! ils en firent un grand brasier. Cependant que la barre de fer chauffait, Ferragut assit solidement son enclume. Puis, quand la barre fut d'un blanc éblouissant, il la saisit avec ses tenailles, de la main gauche, la posa sur l'enclume et, de la main droite, à grands coups de marteau – pin-pan-pan ! pin-pan-pan ! – martelle que martellera ! Les étincelles rejaillissaient, des éclats de fer volaient, le bruit était assourdissant et le marteau allait sans cesse, tombe-lève, tombe-lève, sans que jamais le bras du marteleur fût las. Et quand le marteleur cessa de marteler, la barre de fer n'était plus une barre de fer, mais bien une épée, longue de plus de dix pieds et étincelante comme de l'argent.

Et ce ne fut pas tout. Après avoir trempé son épée dans de l'eau bien froide, Ferragut, l'empoignant à deux mains, en assena sur l'enclume un coup retentissant. Et l'enclume fut partagée en deux tronçons. Et ces tronçons sautèrent à plus de quatre pas, deçà, delà, cependant que l'épée s'enfonçait dans le sol jusqu'à la garde.

— Grands dieux ! comme c'est bien travaillé ! cria la foule au comble de l'étonnement.

Et d'emmi les galants, un grand nombre se retirèrent, car ils ne se sentaient point capables de faire un plus bel ouvrage.

5

Celui qui vint ensuite était un petit blond, aux cheveux frisés, aux joues fraîches et fleuries, à l'air alerte et joyeux, la tournure gracieuse et l'allure lente d'un écureuil. On l'appelait Fortunet. Son père, le roi de Beaux-Terroirs, avait tant de terres et tant de biens qu'on en perdait le compte : grandes vignes avec des ceps vigoureux donnant chacun leur panerée de raisins ; olivettes où des oliviers, gros comme des chênes, ployaient tous les ans sous leurs fruits ; blés dont on ne voyait jamais le bout ; prairies si étendues qu'il fallait plus d'un jour pour en faire le tour ; bois touffus et herbeux où les bêtes à laine paissaient par cents et par milliers.

Le jouvenceau menait une grande charrette attelée de deux couples de bœufs ; son valet conduisait une charrue que tiraient six superbes chevaux ; et derrière suivaient toute une troupe de campagnardes. Ils s'approchèrent tous d'un champ de blé, tout près de là, un blé mûr d'environ deux séterées. Et Fortunet alors, s'armant d'une faux qu'il prit sur sa charrette, se précipita dans le champ, et, zig ! de droite, et, zag ! de gauche, au grand trot – le temps de dire un *pater*, à peine –, et le blé fut fauché. Les lieuses, une centaine pour le moins et point manchottes, avaient dû ne point muser pour lier toutes les gerbes en si peu de temps. Et tout de suite, dans moins d'un « ah !... », ces gerbes furent chargées sur la charrette, assujetties solidement au moyen d'un double câble et du garrot, puis, en avant ! faites tirer !... les bœufs, le valet et les paysannes se dirigèrent vers une aire voisine.

Mais déjà Fortunet avait empoigné le mancheron de la charrue, fouetté ses chevaux, et, zou ! ventre à terre dans le champ si prestement fauché. I ! dia ! huhau ! i !... Durant un petit quart d'heure on n'entendit que ces cris-là. Et l'on ne vit qu'un vertigineux va-et-vient de l'attelage qui semblait aiguillonné par quelque farfadet invisible. Mais enfin, tout fumants, les chevaux s'arrêtèrent. On put constater alors que le champ était entièrement labouré, labouré à miracle, avec des sillons droits comme des I, et pas une seule motte de terre plus haute que les autres.

Cela avait été si vivement, si rapidement fait que beaucoup de gens se demandèrent s'ils n'avaient pas eu la berlue, ou si quelque habile magicien ne venait pas de fasciner leurs yeux. Ils entrèrent dans le champ, ils piétinèrent les sillons, ils examinèrent la charrue, ils firent avancer les chevaux. Et quand ils se furent bien assurés qu'il n'y avait pas eu de pratiques diaboliques, ils s'écrièrent :

— On ne pourra jamais mieux faire.

D'emmi les galants, encore, plus des trois quarts abandonnèrent la partie.

6

Et pourtant, la troisième fois, ce ne fut pas un seul, mais bien deux qui s'avancèrent ensemble jusqu'au milieu du Grand-Pré. Deux beaux hommes, par exemple, fièrement dressés sur deux superbes destriers. Ils avaient revêtu leurs plus lourdes armures : heaumes, cuissards et cuirasses d'acier, avec l'écu d'argent. Et ils portaient de longs épieux, des épées et des haches d'armes qui faisaient venir la chair de poule.

C'étaient les deux plus terribles guerriers de ce temps et tout le monde avait, peu ou prou, ouï narrer de leurs exploits. Celui-ci, aux cheveux roux, le farouche Artaban, le fléau des Hongrois, avait un jour, à lui seul, fait un horrible carnage de vingt chevaliers ennemis qui l'avaient défié. Celui-là, à la chevelure noire, le fameux Balthazar, avait déjà mis à mort des milliers de Maugrabins ; et, dans les courses de taureaux, il saisissait la bête la plus forte et la plus furieuse par les cornes et il la faisait pirouetter dans l'arène comme un enfant ferait tourner une toupie.

Ils s'adressèrent un salut. Puis ils prirent du champ et soudain se ruèrent l'un contre l'autre. Et le heurt de leurs épieux sur leurs écus fut si rude que, dès ce premier choc, les chevaux tombèrent sur leurs genoux et les épieux volèrent en éclats. Ils empoignèrent alors leurs haches d'armes : à toi !... à moi !... ils s'en portèrent des coups terribles. Quelle lutte épouvantable ! Et quand ils eurent ébréché leurs haches, ils brandirent leurs épées. Et comme leurs chevaux, fourbus, fléchissaient à tous coups, vite ! ils mirent pied à terre et continuèrent leur dur combat avec une fureur croissante. Hardi ! Artaban, hardi ! Balthazar : les épées sont brisées ? – à vos poignards ; les poignards sont tordus ? – au corps à corps, au pugilat, à la lutte ! à la lutte ! Il faut que l'un des deux périsse ou demande merci.

Il y avait assez longtemps que le combat durait ainsi, âpre et sauvage. Les écus étaient en pièces, les casques arrachés et fracassés, les cuirasses en lambeaux. Les combattants haletants, ensanglantés, couverts de poussière, ressemblaient à des monstres horribles. Et l'on ne pouvait prévoir encore lequel des deux l'emporterait. Mais voilà qu'Artaban, ayant trop violemment lancé à son adversaire un tronçon de bouclier qui lui démantibula l'épaule, glissa en avant et s'abattit de tout son long. Balthazar fondit sur lui, saisit une énorme pierre et lui broya la tête.

Quel spectacle ! mes enfants. Des femmes s'évanouirent, des enfants crièrent au secours et des hommes, blêmes, les dents serrées, faisaient mine de vouloir achever aussi Balthazar qui se soutenait à peine. Et quand on vit le vainqueur, un œil crevé, un bras à demi arraché, tout ruisselant de sang et traînant la jambe, s'approcher de la princesse, un cri d'horreur jaillit de toutes les poitrines.

De galants, il n'en resta plus que deux.

7

Le premier des deux qui s'approcha de la Cour pour montrer son savoir-faire, était joli, joli à miracle, et tout jeune, presque un enfant.

C'est à peine si un léger duvet soyeux estompait sa lèvre et ses joues. De longues boucles de cheveux blonds, flottant sur ses épaules, encadraient un visage si fin, si blanc, si délicieux, qu'on ne se lassait pas de le contempler. Et le jeune homme avait de plus l'air gracieux, la démarche aisée, la tournure gentille. Mais, hélas ! il ne devait point remuer les louis à la pelle ! Il portait un chapeau démodé et fané, un habit qu'il n'avait pas délustré lui-même, sans doute, et des souliers bâillant du talon.

Qui était-ce ? D'où venait-il ? Quel était son nom ? – Nul ne le savait. Il tenait à la main une espèce de boîte longue qui intrigua fort tout le monde. « Que peut-elle bien contenir ? » se demandait-on. Mais lorsque les gens virent tirer de cette boîte un violon, tout simplement, ils s'entre-regardèrent, goguenards, et quelques plaisantins crièrent même à très haute voix :

— Il va faire danser des singes.

Le jouvenceau ne s'émut point. Dédaignant brocards et quolibets, il accorda son violon, l'appuya sur sa poitrine et puis, superbement planté devant le roi et la princesse, sans se laisser en rien distraire, il fit aller son archet. Et de l'instrument, douce, suave, mélodieuse, une musique s'éleva qui pénétrait dans les âmes pour les emplir de joie, de délice et d'extase. Ah ! personne ne riait plus, par exemple ! Jusqu'aux oiseaux qui s'arrêtèrent de chanter et le vent de souffler. Les gens, ravis, tendaient l'oreille et retenaient leur respiration. Et sans doute, dans le silence, on eût ouï voler un papillon, si les papillons eux aussi ne se fussent posés pour écouter la divine harmonie.

Puis le jeune homme chanta. Il chanta son amour pour Doucinelle. Et il disait dans sa chanson que le meilleur, l'unique savoir-faire de l'époux de la princesse devait être tout simplement de l'adorer, de la contempler, de la chanter.

Et sa chanson était si brûlante que tous les jouvenceaux, venus là avec leurs mies, tombèrent soudain aux genoux d'icelles pour couvrir leurs mains de baisers ; les mariés de longue date, qui, plus d'une fois, peut-être, avaient eu noise et chamaillis, s'embrassèrent comme des amoureux de vingt ans ; et les petits vieux avec les petites vieilles, se regardant du coin de l'œil, mi-souriant et mi-pleurant, se murmurèrent : « T'en souvient-il ?... »

Aussi quand le chanteur, ayant achevé son chant, vint s'incliner devant la princesse et déposer le violon à ses pieds, des applaudissements frénétiques éclatèrent-ils de toutes parts.

8

Ce fut enfin le tour du dernier galant. Si le précédent avait été le plus joli et le plus jeune, celui-ci, par exemple, était bien le plus laid et le plus vieux. Il était revêtu d'une espèce de long manteau qui lui tombait jusqu'aux talons. On ne voyait là-dessus qu'une tête. Et quelle tête hideuse, mon Dieu ! Une face marquée de petite vérole, un nez gros comme un oignon, et des yeux dont l'un tirait à *dia* et l'autre à *huhau* !...

Lourdement, tout de guingois, il s'avança à la tête d'une douzaine de serviteurs, revêtus de manteaux semblables au sien. Ces serviteurs conduisaient un char recouvert d'une grande bâche dont les bords balayaient le sol. Et ce char était traîné par huit chevaux qu'une ample couverture cachait presque entièrement. Qu'était-ce donc que ces accoutrements carnavalesques ?...

Le galant s'approcha du roi et lui dit quelque chose que les gens n'entendirent point. Le roi fit un signe et, soudain, les trompettes sonnèrent et le héraut cria :

Braves gens, allons ! il faudra,
Moitié de ci, moitié de là,
Vous ranger sur de longues lignes,
Afin qu'au milieu librement
Puisse aller le char du galant.

Or donc quand chacun y sera,
Tôt Cousudor commencera.

Vite la foule se rangea comme il venait d'être dit : les notables, tout près du roi, la populasse et la racaille à l'autre bout. Et tous étaient dans une fiévreuse impatience de savoir ce qui allait advenir.

Le galant et sa suite avaient gagné le haut du Grand-Pré. Quand il vit tout le monde placé ainsi qu'il l'avait demandé, Cousudor, zac ! jeta son manteau aux orties. Les serviteurs l'imitèrent. Puis, dans un tour de main, la grande bâche fut enlevée et l'ample couverture aussi.

Alors apparut ce qu'on n'a jamais plus vu ni ne verra plus jamais. Le char était un char d'ivoire aux roues d'argent ; les chevaux portaient des harnais de satin étoilés d'or ; les vêtements du maître, ainsi que ceux des serviteurs, étaient tissus de soie pailletée, avec collets de perles fines et ceintures de diamants.

Les serviteurs grimpèrent sur le char, Cousudor prit place sur le siège, et, en avant ! – clic ! clac ! – au trot : les chevaux coururent vers le roi. On eût dit un soleil étincelant qui avançait. Et ce soleil, outre ses rayons lumineux, dardait des pièces d'argent, des écus d'or, des pendeloques, des bagues, des anneaux, des bracelets, des colliers, des chaînes, et des parures, et des bijoux, et des joyaux que les serviteurs jetaient sans cesse, deci, delà, à pleines poignées.

Quelle confusion ! quel désordre ! mes amis. Ah ! vous les auriez vus, les gens, se bousculer, se tirailler, se débattre : à toi ! à moi ! à qui ramassera le plus !... Mais comme tous, qui plus, qui moins, eurent leur part de la provende, une immense acclamation retentit bientôt :

— Vive ! vive Cousudor !...

Arrivé devant le roi, Cousudor descendit de son siège. Ses serviteurs le suivirent. Chacun d'eux portait un grand sac sur l'épaule. Ils vidèrent ces sacs aux pieds de la princesse. Et il en sortit des améthystes, des calcédoines, des saphirs, et des rubis, et des émeraudes, comme jamais homme vivant n'en a tant vu. Le roi, transporté, s'écria : « C'est vous qui serez mon gendre ! » Et la princesse, folle de joie, sauta passionnément au cou de son galant, cependant que, vers les nues, montait la clameur de plus en plus retentissante :

— Il nous faut Cousudor ! Nous voulons Cousudor ! Vive, vive Cousudor !...

Le coq chanta,
Et la sornette finit là.

— Mais alors, Mère-Grand, demandai-je naïvement, qui eut Doucinelle ?

— Eh ! grand bêta : Cousudor, pardi !

— Oh ! non, se récria Lisette, ce n'est pas possible ce que vous venez de dire, Grand-mère. Comment ? Vous voulez qu'une princesse aussi belle que la princesse Doucinelle eût épousé ce gros lourdaud de ... jamais de la vie vous ne me le ferez accroire.

— Chut ! chut ! fillette, allons dormir, il se fait tard. Ne vois-tu pas que c'est un conte ?...

Une visite en enfer

A l'ami F. Doumergue

A la Bordigue, autrefois, il y avait un curé et un médecin qu'on voyait très souvent ensemble. Et cependant c'était entre eux un chamaillis continuel. Ou bien si, par hasard, ils cessaient de se chamailler, on pouvait être sûr qu'alors l'un contait à l'autre quelque mirifique aventure, en attendant que celui-ci, son tour venu, débitât des sornettes plus mirifiques encore. Sur ce chapitre, ils faisaient à qui gasconnera le plus.

Or donc, un vendredi soir, M. Silhol (c'était là le nom du curé) entrait chez M. Daniel (c'était le nom du médecin) pour passer la veillée. Il trouva le compère béatement attablé, tête à tête avec un superbe chapon. Et l'homme n'avait pas l'air de bouder l'animal.

Très surpris, estomaqué, notre curé se signa premièrement ; puis levant les mains au ciel :

— Seigneur ! Grand Dieu ! Miséricorde !... un vendredi manger de la viande !... Mais l'enfer, malheureux ! l'enfer qui vous attend !...

— Il ne m'attend pas moi, Monsieur le Curé ; soyez sans crainte.

— Comment ! soyez sans crainte !... *Vendredi chair ne mangeras...*

— *Ni samedi mêmement*. Nous savons cela. Mais vous conviendrez bien cependant que, pour aller dans l'enfer, il faudrait tout d'abord qu'il y eût de la place. Et pour moi il n'y a point de place.

— Pour vous il n'y a point de place ?...

— Nenni, qu'il n'y en a point... Oh ! voyons, Monsieur le Curé, ne faites pas le saint Thomas : si je vous le dis c'est que j'en suis sûr. Et j'en suis sûr, puisque j'y étais aujourd'hui : j'ai vu la chose comme je vous vois.

— Allons ! allons !... ce ne sont pas là matières à bouffonneries. Et toutes ces fariboles ne vous tireront pas des griffes de Satan.

— Je ne badine pas, Monsieur le Curé. Je suis allé en enfer aujourd'hui même, aussi vrai que j'ai cinq doigts à chaque main.

— Ah ! vous ne voulez pas en avoir le démenti ?... Eh bien ! voyons : contez un peu comment vont les choses par là-bas ? Et attention que cela cadre comme il faut !

— Je vais vous narrer l'affaire, sur-le-champ. Et, si je vous dis le plus petit mensonge, qu'on me coupe la tête !... Vous m'excuserez de ne pas interrompre mon repas : c'est que, voyez-vous, je suis plus affamé qu'un loup, tellement le voyage m'a creusé l'estomac. Et puis, ça ne m'empêchera pas de jouer de la langue.

Donc, coupons court. On entre dans l'enfer par un grand portail, ouvert nuit et jour. Et l'on se trouve tout de suite dans une espèce de couloir, long, long comme tout aujourd'hui, et noir, noir... comment dirai-je ?... comme vous, Monsieur le Curé.

Mais, trêve de badineries. On y voit clair là-dedans à peu près comme dans un four. Je trébuchais par ci, je me cognais par là ; je tombai tout de mon long peut-être plus de dix fois. A la fin des fins, pas moins, je parvins à distinguer trois portes : une de chaque côté et la troisième tout au fond.

Moi, pauvre innocent, comme un âne chargé de bois, j'allai tout de go frapper à l'une d'elles, au petit bonheur. C'était à la porte de gauche.

— Oh ! canaille de bâtard de sort !... encore, on viendra nous assassiner les oreilles ?... fit un monstre de laideur qui sortit impétueusement, ainsi qu'un chien hargneux, le museau aussi riant que les portes d'une prison... Qui êtes-vous ?

— Je suis M. Daniel, de la Bordigue.

— Et pourquoi n'y restez-vous pas à votre sale Bordigue, tonnerre de nom d'un boiteux ?... Allons ! pour voir, que venez-vous faire ici ?

— Je voulais vous demander, mon bon monsieur, si, des fois, vous n'auriez pas une place pour moi...

— Ah ! ça, mais, dites donc : vous n'auriez pas un air de deux airs, par hasard ?... Je vous casserais plutôt la gueule... Nom de nom d'un pétard ! ne le savez-vous pas que nous sommes ici encaqués comme des harengs ?... On se tue à le leur dire à ces espèces de cruches, et puis ils vous regardent ahuris, ouvrant une bouche qui semble vouloir avaler deux bottes de paille !... Allez vous faire enfourcher plus loin, s'il vous plaît, ou sinon gare de mes côtes !...

Peste ! pensai-je, comme il claque votre fouet, camarade !... Mais je gardai cette réflexion pour moi. Quand les gens sont si affables, le mieux est de les laisser à leur enseigne. Je restai donc bouche cousue et, sans plus lanterner, j'allai frapper à l'autre porte, celle de droite.

— Qu'est-ce que c'est que tout ce vacarme ?... fit un autre joli-cœur qui montra un visage gracieux comme celui de ma belle-mère... Vous manque-t-il quelque chose ?...

— Non, monsieur. Je suis M. Daniel, de la Bordigue, et je voudrais savoir si vous n'auriez pas une place pour moi.

— Encore un autre ?... Quand je vous dis qu'il faudra prendre un bon gourdin ?... Ça fait peut-être plus de cent, aujourd'hui... Mais, sacré mille noms d'un fou... tre ! – car vous me feriez mal parler –, vous ne savez donc pas lire, espèce d'âne ?... Qu'y a-t-il là-dessus ?...

Il me fit voir, en effet, au-dessus de la porte, – du diable si j'y aurais pris garde ! – une manière de pancarte pas trop limpide, qui portait en écriteau :

« COMPLETIBUS »

— Faites excuse, monsieur, lui dis-je, je suis un peu

de Courteson quant à la vue, et pour ce qui est du latin... je suis de Saint-Jean-les-Bourriques : je n'ai jamais su que *rapiamus*.

— Allez-vous-en au diable, et pas tant de sornettes !

Pardieu ! je ne demandais pas mieux que d'aller au diable ; mais, saperlipopette ! où donc se trouvait-il ?... Voyez-vous, j'étais bien indécis : heurterai-je, ne heurterai-je pas à la porte du fond ?...

Cependant je me tins ce discours : « Tu y es, tu y es : passes-y jusqu'au bout sous les fourches caudines !... Tu as déjà essuyé deux affronts, un de plus ça ne peut pas tuer un homme, et tu en auras au moins le cœur net. »

Tout de même, si je vous disais que je ne tremblais pas un peu, je mentirais effrontément. Mon cœur battait la générale.

— Qui va là ?... demanda une voix qui me parut moins rude que les deux précédentes.

En effet, celui qui ouvrit cette fois, sans être un astre à la vérité, n'avait pas le museau rébarbatif des deux cerbères déjà vus.

— Je suis M. Daniel, de la Bordigue, recommençai-je.

— Ah ! vraiment ?... et que venez-vous faire par ici ?

— Une misère, mon bon monsieur, une misère : savoir, tout simplement, si vous n'auriez pas une place pour moi.

— Mon Dieu ! taisez-vous donc !... c'est plein comme un œuf chez nous. Nous sommes les uns sur les autres.

— Mais... enfin... ne serait-ce qu'un petit coin ?

— Je vous répète qu'on ne trouverait pas à caser un goujon... Et tenez ! vous croiriez peut-être que je vous badine : je m'en vais vous le faire voir.

Il m'ouvrit aussitôt la porte, toute grande. Moi, j'entrai bravement. Pouah !... l'infecte puanteur !... Je faillis m'évanouir ! Et du monde ?... C'était bondé.

Si bien que nous eûmes beau fureter de ci, refureter de là, nous ne trouvâmes rien, rien, rien. Si, cependant. A la fin des fins, j'allai découvrir, dans une encoignure, un mauvais petit banc, étroit comme je ne sais quoi. S'il était assez large pour qu'on pût asseoir dessus le bout d'une fesse, c'est bien, saprelotte ! le plus qu'on en puisse dire !

— Et là ?... demandai-je. Au besoin, je me contenterais de ceci.

— Ah ! fichtre, non. Faut-il que je sois étourdi ?... J'aurais dû vous prévenir... Nous n'avons tout juste que ce bout de banc, et il nous est impossible de vous le donner.

— Diantre ! que c'est désespérant !... Et pourquoi ne pouvez-vous me le donner, si je ne suis pas trop curieux ?

— Mais,... parce que c'est la place qu'on garde pour le curé de la Bordigue...

Le pendu qui rit

En ce temps-là, au lieu de couper le cou aux larrons, assassins et autres honnêtes gens, on le leur serrait solidement, au contraire, avec une bonne cravate de chanvre. A cet effet, il y avait des gibets, de ci, de là, un peu partout dans notre beau pays de France, le plus souvent à l'orée des bois. Et l'on dit que le gibet du bois de Valeine, à trois ou quatre lieues de Montpellier, n'était pas celui qui recevait le moins de pratiques.

Voilà donc qu'un beau jour, deux jeunes pastoureaux, Privat et Berthomieu, nouvellement descendus de leurs Cévennes en Bas-Languedoc, gardaient leurs brebis à Valeine. Ce n'était pas la première fois qu'ils voyaient une potence, mais jamais, au grand jamais, ils n'en avaient trouvé nulle part aucune d'aussi bien agencée que celle qu'ils admiraient là. Aussi, plantés devant le gibet, ils émettaient des réflexions et des suppositions à langue que veux-tu.

— Tiens ! vois-tu : on s'y prend de cette façon pour les pendre.

— Tais-toi donc, tu n'y es pas : c'est comme ceci qu'on s'y prend.

Et patati, et patata, et gni, et gna, ainsi que femmes au lavoir.

Pendant ce temps, des brebis entraient dans un champ de jeune blé, et je vous laisse à penser si la pauvre herbe était tondue.

Ce fut Privat qui le premier s'en aperçut.

— Oh ! monstre de sort ! cria-t-il ; vois mes brebis. Eh bien ! je suis joli, moi, maintenant ! Qui sait ce qu'on me fera payer ! Au diable tes potences et toutes tes potences !

Il se précipita vers le champ pour en chasser ses bêtes.

Demeuré tout seul, Berthomieu voulut en avoir le cœur net. Il grimpa sur une potence, saisit une corde qui balançait, se la passa autour du cou, tourna, retourna, et... le pied lui manqua. Si bien qu'il fut pendu. Et pendu pour tout de bon.

Quand Privat revint, jurant comme un huguenot, il aperçut son compagnon qui se trémoussait, et se tordait, et tirait la langue, et montrait les dents.

— Ah ! brigand de brigand ! ça te fait rire, toi ?... lui cria-t-il. Tu paieras comme moi, camarade : il y en avait autant des tiennes que des miennes !...

Et, jurant de plus en plus fort, il vous le planta là.

Le pendu qui ne rit pas

Quelque temps après, au même gibet de Valeine, il arriva une autre aventure que je veux vous conter pour finir.

On avait condamné à la potence le mauvais gas Jean Rapine, un maître-larron de ce temps-là. De bon matin, de grand matin, le pauvre sire, le bourreau et les aides de ce dernier, étaient partis de Montpellier. Quand ils arrivèrent à Valeine ce n'était pas encore le lever du soleil. Or, à soleil levant seulement devait se faire la pendaison. De plus, nos bourreaux s'avisèrent qu'ils n'avaient pas *tué le ver* et que, l'air du matin, le chemin, et patatan et patatin, avaient creusé leurs estomacs : « Si nous allions d'abord déjeuner ? dit l'un d'eux. – Nous ne ferions pas plus mal », ajouta un autre.

Si bien qu'ils attachèrent Jean Rapine au pied du gibet, solidement garrotté, et qu'ils se dirigèrent vers la Baraque. C'était le nom d'une auberge, à deux portées de fusil de là. L'on y faisait, d'habitude, de bonnes et franches ripailles.

A peine, du dernier d'entre eux, le dos disparaissait-il dans l'auberge, qu'auprès du gibet vint à passer Toine le Gros-Butor, jeune *gavach* de qui ce n'était point la faute si les grenouilles n'ont pas de queue. Ce n'était pas pour des prunes, d'ailleurs, qu'on l'avait surnommé Gros-Butor.

— Morguienne !... que faites-vous là, Monsieur !

— Ha ! ha !... jeune homme, je gagne trois francs par heure.

— Oh ! que, Monsieur, vous badinez ?...

— Non pas, mon ami. Le maître de céans est un fameux médecin qui veut savoir combien de temps un homme peut demeurer attaché. Il prend tous ceux qui se présentent. Moi, j'ai déjà gagné cent écus. Le métier est bon, comme vous voyez. On finit cependant par en avoir assez.

— Bigre de bigre !... Et moi qui cherche de l'ouvrage !... Dites, Monsieur, croyez-vous qu'il voudrait de moi, votre maître ?

— Certainement, puisque je vais le quitter.

— Oh ! bigre... Ne lui parleriez-vous pas un peu pour moi, dites, Monsieur ?

— Mais volontiers, mon garçon... Mieux que ça. Je vous abandonne ma place, sur-le-champ, si vous voulez. Vous n'avez qu'à délier les cordes...

Tant il y a que Toine délia les cordes, que Jean Rapine ficela notre Butor très sommairement et puis s'enfuit, sans sonner la cloche d'alarme, comme bien vous pensez.

La cuisine de la Baraque ne devait pas être mauvaise : les bourreaux déjeunèrent durant deux longues heures. Quand ils revinrent au gibet, le Gros-Butor vous leur cria :

— Hé ! Messieurs, voilà deux heures que je suis là ! Vous me donnerez les deux écus que j'ai gagnés ? Sinon, je ne reste pas davantage.

Les bourreaux s'entre-regardèrent, interloqués.

— Dieu me damne ! ça n'est pas notre homme ? Eh bien ! nous voilà dans de beaux draps !...

— Bah ! fit le chef, qu'on pende celui-là ou qu'on en pende un autre, suffit qu'il y en ait un de pendu. Personne n'y connaîtra rien. Allons ! preste, à l'ouvrage.

Il s'approcha du Gros-Butor :

— Vous allez toucher votre argent, lui dit-il. Laissez

vos sabots dans un coin et montez avec moi, à l'échelle. Nous vous règlerons.

— On n'égarera pas mes sabots, au moins, mon bon Monsieur ?

— Non, non ; n'ayez nulle crainte.

Toine grimpa sur l'échelle. On lui passa la corde au cou. C'était l'usage, lui dit-on. Et puis, soudain, zac ! il se trouva lancé dans le vide.

Heureusement, il avait plu. La corde était à demi pourrie. Elle rompit. Toine, pour si gros-butor qu'il fût, se précipita sur ses sabots, les prit, les mit en un clin d'œil, et se recommanda sur-le-champ à Notre-Dame-de-Prends-tes-Jambes. Quand il fut assez loin, il s'arrêta :

— Mauvais sujets !... voleurs ! cria-t-il tant qu'il put... Je vais les prendre les gendarmes. Vous les cracherez ces deux écus !... Monstres ! Vauriens ! Assassins !... Si la corde n'eût point cassé, ils m'étranglaient !...

Minute ! L'affaire ne finit pas là.

Une couple de mois plus tard, M. de Montpellier, prenait le bon air, un dimanche, dans les environs de la ville, près du Plan des Quatre-Seigneurs. Il allait, sans penser à mal, raide comme s'il fût venu de faire ses Pâques, lorsque, tout à coup, à un carrefour, un garçon fortement râblé se dressa devant lui. Et notre *gavach* – car c'était un *gavach* –, vous le dévisageait curieusement, obstinément.

— N'êtes-vous pas, lui dit-il, le bourreau de Montpellier ?

— Non.

— Sais pas !... Vous vous ressemblez beaucoup tous les deux.

— Je vous dis que ce n'est pas moi.

— Oh ! bien, bigre de bigre ! que vous le soyez ou que vous ne le soyez pas, il faut que je vous donne une bonne *bourrelée* !...

Et il posa ses sabots ; et il en prit un dans chaque

main ; et il vous tomba sur le casaquin de mon bourreau ; et il vous lui secoua les puces ; et il vous lui en administra une maîtresse raclée tout en criant :

— Vous me les paierez ces deux écus, vous me les paierez !...

Heureusement pour le battu, des gens se montrèrent, pas bien loin, ce qui fit enfuir maître Toine. Sans cela il l'eût étendu sur le chemin.

Tout de même, dit-on, M. de Montpellier garda de cette aventure un cuisant souvenir, plus de quatre matins.

Le mal au nez

Pour l'ami J.-H. Galibert

S'il est des gens qui naissent coiffés, il n'en manque pas aussi à qui, le jour de leur naissance, quelque maudite sorcière semble avoir dit : – Toi, tu ne feras point florès.

De ces derniers était Batistou. Vous ne le connaissez pas, Batistou ? Il avait la tête de son père : une caboche comme un tonnelet ; sa mère l'avait pourvu d'amples oreilles : de quoi faire crever d'envie tous les ânes du bois de Valeine ; ses yeux n'avaient jamais pu aller *de coterie :* l'un regardait Paris, l'autre voulait voir Rome ; à neuf ou dix ans, la variole l'avait criblé comme une poêle à châtaignes ; et voilà qu'en prenant sa vingt-cinquième année, il lui poussa sur le nez une espèce de bouton, d'abord ni chair ni poisson, mais qui, par la suite, enfla, enfla sans mesure : si bien que vous eussiez dit du pauvre diable qu'il avait, emmi le visage, une figue, une aubergine, tout ce que vous voudrez, plutôt qu'un nez. Cela, par exemple, mettait le comble à sa laideur.

Un malheur ne vient jamais seul. Babeau, une *gavache* point jolie, à la vérité, mais fraîche, et forte, et la poitrine rebondie, Babeau qui jusqu'alors avait trouvé Batistou suffisamment à son gré, Babeau ne voulait plus le connaître ni en figure ni en peinture.

Le grand nigaud parlait déjà d'aller se noyer.

— Va ! va ! lui dit Babarot, son camarade fidèle, ne fais pas l'âne ! De te noyer ça n'y fera ni chaud ni froid : il sera toujours temps. Mieux vaudrait aller à

Montpellier voir un de ces messieurs de la Faculté. Ils viennent à bout de la gale, du mal noir, de patati et de patata, et tu ne voudrais pas qu'ils pussent guérir un mal au nez de rien du tout ?...

Si bien, que Batistou renaquit à l'espoir. Et ils convinrent d'aller tous les deux au Clapas [1].

Ils partirent dès le lendemain, bien que ce fût un vendredi. Aussitôt hors de la gare, aux premiers pas dans la rue Maguelone, Babarot dit :

— M. Coupetout, dont on vante tant le savoir, habite par ici... Ah ! tiens, voilà sa maison. Monte, pour voir ce qu'il te dira. Je t'attends au café, en face.

Batistou monta. Par hasard il n'y avait pas, ce jour-là, trop grande affluence de monde. Aussi n'attendit-il guère plus d'une demi-heure avant d'être introduit. Et dès qu'il fut introduit, il montra sa belle figue et expliqua comment le mal était venu.

— Sapristi ! dit le médecin, il était temps que l'on vous vît, camarade. Mais, malheureux ! ce mal-là aurait pu vous ronger toute la face !... Enfin, il n'est point encore trop tard pour l'arrêter : seulement, vous savez ? il n'y a pas à dire mon bel ami, il faut le couper. Un mauvais moment est vite passé quand on n'en doit plus parler. Allons ! je vais préparer les instruments.

Tout cela fut dit en français. Or du français Batistou n'en a jamais oublié mie : il dut, sans doute, comprendre *dia* pour *huo*, toujours est-il qu'il se sauva sur-le-champ, sans dire seulement : bête, es-tu là ?

— Ah ! parlons-en de ton Coupetout ! cria-t-il à Babarot qui l'attendait. Une fameuse bourrique !... N'avez-vous pas des nez à lui présenter pour qu'il vous les coupe ?... Le diable l'emporte !

---

1. Nom populaire de Montpellier.

De là, ils allèrent chez M. Racletout, qui habite au bas de l'Esplanade. Batistou entra encore tout seul chez le docteur, et, à peine avait-il entrouvert la bouche, que celui-ci l'arrêta.

— Vous badinez ?... Qu'il faille le couper ?... Si quelqu'un vous a dit cela, ce ne peut être qu'un cordonnier... Tenez ! vous voyez cette petite fiole ? Elle n'a l'air de rien et, cependant, ce qu'elle contient vaut son pesant d'or. Prenez-la, versez deux gouttes du liquide sur votre nez, matin et soir, et quinze jours de suite. Puis revenez me voir. D'un tour de main je veux vous l'arracher sans que vous y preniez garde.

— Plaît-il ? Monsieur.

— Une quinzaine, et même douze jours suffiront, au besoin.

— Et vous croyez qu'on pourra l'arracher ?

— Par exemple !... Je voudrais bien voir qu'il ne se laissât pas arracher !...

— Tonnerre de sort ! vous pouvez la garder votre sale drogue. Je ne veux pas qu'on l'arrache, entendez-vous ?... J'aimerais mieux aller me jeter dans le Lez, avec une grosse pierre au cou... Bonsoir !

Si Babarot ne l'eût point arrêté au passage, sûrement il courrait encore.

— Ecoute, lui représenta Babarot, nous y sommes, nous y sommes ! On ne s'accommode pas toujours du premier coup. Il nous reste encore le fameux Droguetout. Qui sait s'il ne leur fera pas la pige à tous ?...

Monsieur Droguetout, lui, parla ainsi :

— Il n'est besoin ni de le couper ni de l'arracher. Prenez tout simplement l'onguent que je vais vous donner, passez-vous-en sur le nez, avant de vous coucher, durant quatre ou cinq jours, six tout au plus. Et soyez tranquille : il tombera tout seul.

— Vous dites ?...

— Et je veux perdre mon nom s'il en reste une miette.

— Tonnerre de tonnerre ! vous n'êtes qu'un âne, voulez-vous que je vous le dise !... Le diable vous crève, vous et tous vos confrères, espèces de savetiers, bons uniquement pour croquer les sous du pauvre monde !... Allez vous faire tondre, bourrique !...

Et il partit comme un éclair sans que personne pût le retenir, d'aucune manière.

Eh bien ! voyez un peu ce que c'est quand le Destin veut vous sourire ? En courant comme un chien enragé, Batistou heurta du pied contre une grosse pierre, s'étendit de tout son long et s'aplatit le museau sur une borne. On l'emporta à l'hôpital, évanoui, la tête ensanglantée. Il y demeura pour le moins un mois, et lorsqu'il en sortit, tout à fait guéri, son mal au nez eut disparu comme par miracle. Aussi vrai que je vous le dis.

La conclusion, c'est que Babeau l'a voulu de nouveau, qu'ils se sont mariés, et que je ne sais pas s'ils auront beaucoup d'enfants.

Les chiens au paradis

Au saute-rochers Mathieu Carles

Voilà que quand il eut rendu son âme « *dans les bras de son chien* », comme dit la chanson, saint Roch, toujours suivi du fidèle animal, s'en vint frapper à la porte du Paradis.

Saint Pierre ouvrit immédiatement. A son confrère il fit toutes sortes de grâces ; mais – les portiers n'aiment pas les chiens – à l'égard du compagnon, bernique ! pas moyen de lui faire entendre raison.

— Voyons, voyons, disait son maître, je ne puis abandonner ce pauvre serviteur dehors : ce serait un cas de conscience. Et puis, sans son chien, saint Roch ne serait plus saint Roch, que diable ! C'est comme si l'on parlait d'un saint Pierre sans clefs !...

— Ta ! ta ! ta ! tout ça c'est des mots. Le Paradis n'est point fait pour les bêtes.

— Oui-da ?... c'est vous qui le dites !... Avec ça que saint Marc n'a pas ici son lion, saint Jean son agnelet, Antoine son pourceau, et que sais-je donc, moi !... Mon chien vaut tout ce bétail-là.

— Pas tant de phrases, je vous dis : les chiens, je ne peux pas les souffrir.

— Peut-être un coq vous plairait-il davantage ?...

— Comment ?... auriez-vous le front de vous moquer de moi, par hasard ?... Il n'entrera pas, dût-on me saigner !...

— Il entrera, dussé-je y perdre mon nom !...

Si le grabuge eut duré un moment – querelle, toi !

querelle, moi ! –, par ma foi, d'une parole à l'autre, l'affaire aurait pris une mauvaise tournure. Heureusement Notre Seigneur vint à passer. Il écouta les dires de chacun et, finalement, c'est à saint Roch qu'il donna raison. De sorte que celui-ci, tête haute, et son chien, la queue en l'air, firent une entrée sensationnelle et triomphale, cependant que saint Pierre allongeait un nez de deux pieds.

Tout se sait. Bientôt il ne fut bruit partout que de la dispute survenue entre les deux saints. Sur terre on en raisonna et même on en déraisonna. Chez les chiens surtout, il y eut une effervescence indescriptible. A tel point qu'ils s'assemblèrent, et que, les uns après les autres ou simultanément le plus souvent, ils émirent tous leur petite motion.

— Oui ! Saint Pierre a manqué le coche !

— Conspuons-le d'importance !

— Allons lui faire charivari !

— Il n'y a rien comme une bombe de dynamite...

Et patati, et patata.

A la fin des fins cependant, un gros dogue, une forte tête, profitant d'un moment où le vacarme faiblissait, se jucha sur une borne, déplia un grand papier, toussa, renifla, cracha et cria :

— *Citoiliens*, il ne s'agit point de lanterner. Ecoutez ce que je propose : « Tous les chiens de la chienté, réunis en Assemblée générale, votent des remerciements enthousiastes au grand saint Roch, qui a si bien défendu leurs droits. Ils décident, en outre, de lui envoyer cinq délégués, chargés de lui offrir une médaille commémorative, achetée par souscription publique. »

— Ah ! bien, voilà qui est parlé !... Bravo ! bravo ! bravissimo ! Vive saint Roch !

L'exaltation une fois tombée, la proposition fut adoptée par trois aboiements successifs et les délégués désignés : le dogue, comme de juste, un chien de montagne, un chasseur, un gros vagabond et le danois d'un cabaretier. Après quoi, chacun mit la main à la poche, et les sous s'empilèrent pour l'achat de la médaille.

Lorsque tout fut prêt, environ huit jours plus tard, endimanchés comme des amandiers en fleur, nos délégués enfilèrent le chemin du Paradis. Les voici devant la porte.

— Holà ? interroge saint Pierre, qui va là ?

— Nous sommes, dit le dogue qui faisait langue au nom de tous, nous sommes une députation de chiens. Nous voudrions entrer tout simplement pour remettre à saint Roch une médaille qui lui est offerte.

— Ah !... on lui envoie des médailles ?... Attendez, je viens vous ouvrir.

Mais à part soi, il murmura : « Voici ma revanche qui arrive. S'ils entrent, je veux bien qu'on me coupe la tête ! »

— Pouah !... pouah !... fit-il dès que la porte fut entrouverte : qu'est-ce donc que cette charogne ?... Ce ne serait pas vous, par hasard, qui pueriez, Messieurs des Chiens ?

Ceux-ci, plantés comme des cigares, s'entre-regardèrent, bouche bée.

— Ah ! tonnerre, vous empoisonnez plus qu'un rat mort !... Bouai !... Allez donc vous laver, collègues. Ce n'est pas dans cet état qu'on se présente ici !...

Confus et blêmes, sous l'affront, les chiens allèrent se nettoyer du mieux qu'ils purent ; mais, va te faire fiche ! quand ils revinrent, saint Pierre, se bouchant le nez, cria comme un aveugle :

— Bon Dieu !... bêh !... la puanteur !

Et, ma foi ! en se flairant l'un l'autre, les chiens furent bien forcés de convenir que, des antipodes des museaux, émanait un parfum pas des plus catholiques. Ils s'en retournèrent, oreilles basses et queues sous jambes.

Ah ! qui dira le grand crève-cœur lorsque, devant tous les chiens qui attendaient anxieusement, le dogue dut narrer le désastre de sa mission. Cependant personne n'osa dire mot, tant tous se sentaient en état d'identique péché.

Ils demeuraient là, changés en bûches, quand un loubet reprit l'antienne :

— Et tonnerre ! se désoler, ça ne fait pas tourner fuseaux !... Il me semble, à mon humble avis, que nous ferions mieux de chercher quelque remède pour guérir le mal dont nous souffrons.

— C'est vrai !... il a raison : parlez !... parlez !

— J'ai pour maîtresse une mijaurée sucrée de qui les dents se carient de plus en plus. Le matin, elle tue les mouches à vingt pas à la ronde. Le soir, au contraire, dès qu'il l'embrasse son galant lui soupire : « Votre bouche est, mignonne, un bouton de jasmin. »

— Par exemple !... Et comment peut-elle donc faire ?...

— Saints niguedouilles !... elle se parfume.

— Té ! vé !... nous n'y avions pas songé !... oh ! de ce malin !...

Immédiatement chacun voulut faire essai du remède. Ils s'emplâtrèrent de parfums toutes les parties malades. Cela produisit un effet inespéré. Et l'opinion unanime fut celle-ci : « Saint Pierre ne pourra plus faire le rechigné : étant donné qu'on n'emploiera que de l'encens, il croira sûrement être à la procession. »

Pas plus tard que le lendemain, nos flambarts d'ambassadeurs, à qui l'on avait adjoint, par manière de remerciement, le chien de la mijaurée sucrée, s'acheminèrent vers le Paradis, oints d'encens autant qu'il le fallait.

Par malheur pour eux, saint Pierre était prévenu. Et

comme c'est un rancunier tenace, il ne voulut pas qu'on pût dire : « Les chiens sont entrés au Paradis. » Il prit donc ses mesures en conséquence.

Tant il y a que, tout cheminant – dran-dran –, nos chiens, arrivant à un carrefour, se trouvèrent nez à nez avec une gente chiennette, éveillée comme pas une, attifée comme une mariée, jolie comme un soleil levant, l'œil vif, le nez au vent et l'allure amoureuse d'une chatte en février.

— Oh ! la, la !... la faraude petite ! dit le loubet.

— Seigneur !... Et où allez-vous ainsi seulette, gentil perdreau ? demanda le chien de chasse.

— N'ayez nulle crainte, mademoiselle, je suis là pour vous protéger ! gronda le chien de montagne.

— Venez donc, s'il vous plaît, chez nous, proposa le cabaretier ; vous prendrez une goutte de quelque chose.

— Votre amour, déclama le dogue, ô ma jolie, sera l'étoile de ma vie !

— Dis, insinua le vagabond, veux-tu ?... je sais une cachette !...

— Plaît-il ?... Mes beaux Messieurs, vous êtes bien honnêtes, répondit la petite chienne en faisant la chattemite, en minaudant, en mignardant, frétillant des fesses, patati, patata... Seulement, savez-vous ?... l'on m'attend.

— Nous allons avec vous, aboyèrent-ils en chœur, comme un seul homme.

Et, zou ! empressés, alléchés, palpitants, affolés, murmurant des fadeurs, des promesses, des caresses, l'accostant, la flairant, la cajolant, se frottant d'elle enfin, tous la suivirent.

Or, ils avaient affaire à une rusée commère qui, dûment stylée, les mena tout droit en enfer. Et Satan, heureux de faire pièce à saint Roch, les enferma de maîtresse façon.

L'amour est une perdition.

Depuis ce jour, les chiens de la Terre attendent continuellement le retour de leurs messagers. Et voilà pourquoi, dès qu'un chien en rencontre un autre qui lui est étranger, il va s'assurer sur-le-champ si ce dernier, des fois, ne fleurerait pas comme encens.

PAYS BASQUE

Wentworth Webster

Les trois frères, le maître cruel et le Tartaro

Comme beaucoup dans le monde, une mère vivait avec ses trois fils. Ils n'étaient pas riches, mais ils vivaient de leur travail. Le fils aîné dit un jour à sa mère :

« Il vaudrait mieux pour nous tous que je parte me mettre en service. »

La mère n'aimait pas cette idée, mais à la fin elle le laissa partir. Il s'en alla loin, loin, très loin, arriva à une maison et demanda s'ils avaient besoin d'un domestique. On lui dit que oui et ils firent leurs conditions.

Le maître devait donner un salaire très élevé (100 000 francs) mais en échange le domestique devait faire tout ce que le maître lui demanderait, et, s'il ne s'exécutait pas, le maître pourrait lui arracher la peau du dos à la fin de l'année et le renvoyer sans salaire.

Le domestique lui dit :

« C'est bien ! Je suis fort et je travaillerai. »

Le lendemain, le maître lui donna beaucoup d'ouvrage, mais il s'en acquitta aisément. Les derniers mois de l'année le maître exigeait de lui toujours davantage et, un jour, l'envoya au champ semer quatorze boisseaux de froment avant la fin de la journée. Le garçon s'en alla tristement et prit avec lui une paire de bœufs. Il ne rentra à la maison que très tard dans la soirée. Le maître lui dit :

« As-tu terminé ton ouvrage ? »

Il lui répondit que non.

« Te rappelles-tu les conditions que nous avions faites ? Je dois t'arracher la peau du dos, ce sera là ton salaire. »

Il lui arracha la peau, comme il l'avait dit, et le

renvoya chez lui sans rien. Sa mère était en grande peine de voir son fils rentrer à la maison si maigre et mal portant et sans aucun argent.

Il raconta ce qui s'était passé et le second frère voulut partir de suite, en disant qu'il était fort et qu'il ferait plus d'ouvrage. La mère n'aimait pas cette idée, mais elle dut le laisser partir.

Il se rendit à la même maison que son frère et fit les mêmes conditions avec le maître. Il en était à la fin de son année de travail quand son maître l'envoya semer quatorze boisseaux de froment. Il partit le matin de bonne heure, avec deux paires de bœufs, mais la nuit tomba avant qu'il n'ait tout semé. Le maître fut bien content en voyant cela. Il lui arracha, à lui aussi, la peau du dos et le renvoya chez lui sans aucun argent. Jugez le chagrin de cette pauvre mère en voyant ses deux fils rentrer de cette façon.

Le dernier fils voulut partir tout de suite. Il assura sa mère qu'il reviendrait avec l'argent et la peau de son dos. Il alla chez le même monsieur, qui lui promit aussi qu'il lui donnerait un salaire élevé, à condition qu'il fasse tout ce qu'on lui dirait de faire, autrement on lui arracherait la peau du dos et il serait renvoyé sans argent, à la fin de l'année.

Il le fit travailler bien dur pendant dix mois et puis souhaita l'éprouver. Il l'envoya au champ et lui ordonna de semer quatorze boisseaux de froment avant la nuit. Le jeune homme accepta.

Il prit deux paires de bœufs et s'en alla au champ. Il laboura un sillon tout autour du champ et y jeta ses quatorze boisseaux de froment. Il fit alors un autre sillon, pour tout recouvrir, et il rentra à la maison avant la nuit. Le maître était étonné. Il lui demanda s'il avait tout semé.

« Oui, tout est en terre, vous pouvez en être assuré. »

Le maître n'était pas content, il avait des craintes.

Le lendemain, il l'envoya au champ avec un troupeau de seize têtes de bétail et lui dit :

« Tu dois faire entrer tout ce bétail dans le champ sans ouvrir la barrière ou casser la clôture. »

Notre jeune homme s'en alla en emportant une hache, une pioche et une fourche. Quand il arriva au champ il tua les vaches, une à une. Il les coupa à la hache et les jeta avec la fourche dans le champ.

Il rentra à la maison à la tombée de la nuit et dit à son maître que tout le bétail était dans le champ comme il le lui avait demandé. Le maître n'était pas content, mais il ne dit rien.

Le lendemain il lui demanda d'aller à la forêt et d'en ramener une charretée de bois, mais en exigeant que tous les morceaux soient vraiment bien droits sur toute la longueur. Notre garçon s'en alla couper, dans une châtaigneraie, tous les jeunes châtaigniers que son maître venait de planter et qui étaient bien beaux, puis il rentra à la maison. Quand le maître vit cela, il n'était pas content et lui dit :

« Demain tu repartiras avec les bœufs et tu rapporteras une charretée de bois tordu, très tordu et si tu en ramènes seulement un droit, ce sera tant pis pour toi. »

Le garçon s'en alla et arracha une belle vigne. Puis après avoir chargé sa charrette, il rentra à la maison. Quand le maître vit cela, il ne put rien dire mais il ne savait plus que penser.

Il l'envoya dans une forêt. Un Tartaro vivait là et il mangeait tous les gens et tous les animaux qui passaient par là. Le maître lui avait donné dix cochons et aussi de la nourriture pour dix jours, en lui disant que les cochons engraisseraient mieux là-bas, parce qu'il y avait beaucoup de glands, et qu'il devrait rentrer au bout de dix jours.

Notre jeune homme s'en alla et il marcha, longtemps, longtemps. Il rencontra une vieille femme, qui lui dit :

« Où allez-vous, mon garçon ?

— Dans telle forêt, pour engraisser ces cochons. »

La femme lui dit :

« Si vous n'êtes pas idiot, vous n'irez pas là-bas. L'horrible Tartaro vous mangera. »

Cette femme portait une corbeille de noix sur sa tête et il lui dit :

« Si vous me donnez deux de ces noix, je vaincrai le Tartaro. »

Elle les lui donna volontiers et il marcha encore longtemps, longtemps. Il rencontra une autre vieille femme, qui pelotonnait du fil. Elle lui dit :

« Où allez-vous, mon garçon ?

— Dans telle forêt.

— N'y allez pas. Il y a là un horrible Tartaro, qui à coup sûr vous mangera, vous et vos cochons.

— Je dois y aller tout de même et je triompherai de lui, si vous me donnez deux de vos pelotons de fil. »

Elle les lui donna volontiers et il continua son chemin. Il croisa un forgeron qui, lui aussi, lui demanda où il allait. Il répondit :

« Dans telle forêt, pour engraisser mes cochons.

— Vous feriez mieux de rebrousser chemin. Il y a là un abominable Tartaro, qui vous mangera à coup sûr.

— Si vous me donnez une broche, je le vaincrai.

— Je vous la donne, volontiers. »

Et il la lui donna de bon cœur.

Notre jeune homme continua son chemin et arriva à la forêt du Tartaro. Il coupa la queue de tous ses cochons et les cacha en lieu sûr. Le Tartaro apparut et lui dit :

« Comment es-tu venu jusqu'ici ? Je vais te manger. »

Le garçon lui dit :

« Mange un cochon si tu veux, mais ne me touche pas. »

Il prit ses deux noix et les frotta l'une contre l'autre.

« J'ai ici deux balles et si l'une d'elles te touche, tu es mort. »

Le Tartaro prit peur et se retira en silence. Puis après avoir mangé un cochon, il revint vers lui et lui dit :

« Nous devrions faire un pari : qui des deux fera le plus grand tas de bois ? »

Le Tartaro se mit à couper du bois sans répit. Notre jeune homme le laissa seul et quand il eut achevé son terrible tas de bois, il commença à attacher les arbres avec ses pelotons de fil et dit au Tartaro :

« Toi, cela ; mais moi, tout ceci. » Et il continua à attacher tous les arbres ensemble. Le Tartaro abandonna, en se disant qu'il avait affaire à plus habile que lui. Comme il atteignait la fin des dix jours, il fit un grand feu pour la nuit et y fit rougir sa broche. Tandis que le Tartaro dormait, il enfonça la broche dans son unique œil. Après avoir pris ses queues de cochons, il s'en alla de la forêt sans aucun cochon puisque le Tartaro lui en avait mangé un chaque jour. Près de la maison de son maître il y avait un « puits des Fées[1] ». Notre garçon y jeta, du mieux qu'il put, les queues de tous ses cochons, sauf une. Il alla en courant voir son maître et lui dit que tous les cochons rentraient à la maison très joyeux et qu'ils avaient eu si chaud en se hâtant de rentrer, qu'ils étaient tous allés se mettre dans la boue. « J'ai voulu en sortir un en le tirant, mais seule la queue m'est venue, la voilà. »

Il alla donc avec le maître jusqu'au marais, mais le maître n'avait pas envie d'entrer dedans pour les tirer de là. Il regagna tristement la maison avec son domestique, ne sachant plus que penser. Là, le maître lui compta ses 100 000 francs et le domestique s'en retourna fièrement chez les siens. Ils vécurent très heureux et leur maître resta avec 100 000 francs de moins. Cela lui servit d'en avoir beaucoup.

---

1. Littéralement, « marais de la Basa-andere ». Les « puits des Fées » sont courants en France, particulièrement dans les Landes et en Gironde.

Le Tartaro et Petit Perroquet

Comme beaucoup dans le monde, il y avait une mère et son fils. Ils étaient très misérables. Un jour le fils dit à sa mère qu'il devait s'en aller voir s'il pouvait faire quelque chose. Il s'en alla loin, loin, très loin. Il traversa beaucoup de pays et continua son chemin. Il arriva dans une grande ville et demanda aux habitants s'ils avaient entendu parler d'une place pour un domestique. On lui dit que la maison du roi en cherchait justement un. Là on lui dit qu'il s'agissait d'un emploi de jardinier. Il leur dit qu'il ne savait pas se servir d'une pioche, mais que c'était égal, qu'il apprendrait avec les autres. Il était joli garçon. Il sut bientôt son métier et tout le monde l'appréciait.

Ce roi avait une fille et elle avait remarqué Petit Perroquet, parce qu'il était gentil avec tout le monde. Dans cette ville il y avait un prince qui faisait la cour à cette jeune princesse et il fut pris de jalousie envers Petit Perroquet.

Un jour ce prince alla trouver le roi et lui dit :

« Vous ne savez pas ce que dit Petit Perroquet ? Il dit qu'il pourrait ramener ici le cheval du Tartaro. »

Le roi envoya chercher Petit Perroquet et lui dit :

« Il paraît que tu as dit que tu pourrais ramener le cheval du Tartaro jusqu'ici ?

— Je n'ai certainement pas dit cela.

— Oui, oui, dit le roi, tu l'as dit.

— Si vous voulez me donner tout ce que je vous demanderai, j'essaierai. »

Il lui demanda beaucoup d'argent et s'en alla au loin. Il voyagea longtemps, longtemps, longtemps et dut traverser une grande rivière. Il discuta avec le batelier et lui paya le passage. Il lui dit qu'il aurait peut-être une lourde charge pour le retour mais qu'il serait bien payé.

Il passa de l'autre côté, mais il devait faire un grand chemin dans la forêt, car le Tartaro vivait dans un coin de la montagne. Enfin il arriva et frappa à la porte. Une très vieille femme vint à lui et lui dit :

« Allez-vous-en d'ici au plus vite, mon fils sent l'odeur d'un chrétien à une lieue à la ronde.

— Qu'il me mange ici ou ailleurs, cela m'est bien égal. »

Mais il alla tout de même dehors et se cacha sous un grand tas de fougères. Il y avait un moment qu'il était là, quand il entendit un souffle et un grincement de dents qui ressemblaient au tonnerre. Il tremblait de tous ses membres mais ne bougea pas de là où il était. Le Tartaro entra chez lui et demanda à sa mère s'il n'y avait pas quelque chrétien ou autre caché par là.

« Non, non, dit-elle. Mais dépêche-toi de manger, ton dîner est prêt.

— Non, non ! Je dois manger ce chrétien d'abord. »

Il alla à la chasse au chrétien, cherchant, cherchant dans tous les coins. Il alla jusqu'au tas de fougères et en retira plusieurs feuilles en les mettant de côté, mais notre Petit Perroquet était tout à fait, tout à fait au fond. Le Tartaro était sur le point de le découvrir quand il se sentit fatigué et il rentra à l'intérieur où il se mit à manger et à boire grandement. Notre Petit Perroquet rampa hors de ses fougères et s'enfuit vers l'écurie. Le cheval avait une grande cloche autour du cou mais Petit Perroquet la remplit de fougères (cette cloche était aussi grande que la grosse cloche de l'église de Saint-Jean-de-Luz). Il monta sur le dos du cheval, rejoignit bien vite le batelier qui vint à sa rencontre. A eux deux, ils mirent le cheval dans le bateau comme ils purent et traversèrent la rivière. Petit Perroquet donna au passeur une belle récompense. Sitôt qu'il fut sur l'autre rive, le Tartaro apparut en lui criant de lui rendre son cheval et qu'en échange il lui donnerait tout ce qu'il voudrait. Il répondit que non et s'enfuit au grand galop. Quand il fut arrivé à proximité du palais du roi, il enleva les fougères de la cloche et tout le monde sortit aux portes et aux fenêtres. Tout le monde était bien étonné de voir revenir Petit Perroquet.

Le roi était fou de joie. Il ne savait que dire, mais il l'aimait encore plus qu'autrefois et la princesse aussi. L'autre prince n'était pas content et il se mit à comploter autre chose. Il alla trouver le roi et lui dit :

« Savez-vous que Petit Perroquet dit qu'il pourrait rapporter le diamant du Tartaro ? »

Le roi envoya chercher Petit Perroquet et lui dit :

« Il paraît que tu as dit que tu pourrais rapporter le diamant du Tartaro ?

— Je n'ai pas dit pareille chose assurément.

— Oui, oui, tu l'as dit.

— Non, non ! Je ne l'ai pas dit, mais j'essaierai, si vous me donnez tout ce que je demanderai. »

Et il lui demanda beaucoup d'argent.

Il partit retrouver le batelier, le paya bien et s'enfonça très profondément dans la forêt, jusqu'à ce qu'il arrive à la maison du Tartaro. La vieille femme lui dit de s'en aller loin de là et il se cacha à nouveau sous les fougères. Il resta là silencieusement jusqu'à ce que le Tartaro rentre à la maison, de la même manière que la première fois. Le Tartaro retourna presque toutes les fougères et le laissa à peine couvert. Il resta là tranquillement pendant tout le temps que le Tartaro prenait son grand dîner et quand il estima qu'il avait fini et qu'il était endormi, il sortit en rampant très, très doucement. Le Tartaro mettait toujours son diamant sous son oreiller, il le lui prit sans le réveiller et s'enfuit en courant à s'en rompre les pieds. Le batelier était là et le fit traverser. Il le paya bien en retour. Le Tartaro apparut encore de l'autre côté de la rive. Il l'appela en lui disant de lui rendre son diamant et qu'en échange il lui donnerait tout ce qu'il voudrait. Il répondit que non et continua son chemin jusqu'à la maison du roi.

Quand il fut arrivé là-bas, le roi ne savait que faire. Tout le monde le fêtait et l'entourait et tout le monde l'aimait de plus en plus. La princesse aussi. Le méchant prince ne savait plus que penser. Il était dévoré de jalousie. Il manigança autre chose et dit au roi :

« Petit Perroquet dit qu'il peut ramener le Tartaro lui-même. »

Le roi envoya chercher Petit Perroquet et lui dit :

« Il paraît que tu as dit que tu pourrais ramener le Tartaro lui-même, jusqu'ici.

— Non, non, non, je n'ai rien dit de tout ça, mais si vous me donnez tout ce que je demande, j'essaierai. Vous devez faire faire une voiture en fer, d'environ une demi-aune d'épaisseur, trois chevaux pour la tirer et beaucoup d'argent. Quand tout cela sera prêt, je partirai. »

Il demanda aussi : une barrique de miel, une autre remplie de plumes et deux cornes, puis il prit la route.

Quand il arriva au batelier, ce ne fut pas chose facile que de rentrer cette voiture dans le bateau. Quand il fut de l'autre côté, il se mit d'abord dans la barrique de miel, puis dans la barrique de plumes, il s'attacha les cornes sur la tête et s'installa sur la voiture comme cocher. Il alla ensuite à la maison du Tartaro qui se trouvait justement chez lui. Petit Perroquet frappa à la porte. Le Tartaro vint lui-même lui ouvrir et demanda :

« Qui es-tu, toi ?

— Moi ! Je suis le plus vieux des diables de l'enfer. »

Il ouvrit la porte du chariot et dit :

« Entre là-dedans. »

Le Tartaro entra dans le chariot et Petit Perroquet, très heureux, reprit la route et arriva au batelier. Il passa comme il put avec la voiture et les chevaux. Il paya le passeur grandement et arriva au palais du roi. Ils furent tous terrifiés en voyant qu'il leur avait ramené le Tartaro. On essaya de le tuer à coups de canon mais il les renvoyait comme s'il agissait de simples pelotes. Ils ne pouvaient le tuer de cette manière, aussi ils l'achevèrent avec d'autres armes.

Comme Petit Perroquet l'avait bien gagnée, on lui donna la princesse en mariage. Il fit venir sa mère à la cour et comme ils avaient bien vécu, ils moururent bien.

Le Tartaro reconnaissant et le Herensuge

Comme nous sommes beaucoup dans le monde, nous avons été ou comme nous serons, il y avait un roi, sa femme et leurs trois fils. Un jour le roi partit à la chasse et attrapa un Tartaro. Il le ramena à la maison, l'emprisonna dans une écurie et fit proclamer, à son de trompette, que tous ceux de sa cour devraient se réunir le lendemain au palais, qu'il donnerait un grand dîner et qu'après il leur montrerait un animal tel qu'on n'en avait jamais vu.

Le lendemain, les deux fils du roi jouaient à la pelote contre (le mur de) l'écurie où le Tartaro était enfermé, quand la pelote entra dans l'écurie. Un des garçons alla demander au Tartaro :

« Renvoyez-moi ma pelote, je vous prie.

— D'accord, répondit-il, si tu me délivres.

— Oui, oui », dit le garçon et le Tartaro lui lança la pelote.

Un instant après, la pelote alla se perdre encore chez le Tartaro. Il la redemanda et le Tartaro lui dit :

« Si tu me délivres, je te la donnerai. »

Le garçon dit : « Oui, oui », prit sa pelote et s'en alla.

Pour la troisième fois la pelote leur échappa, mais le Tartaro ne voulut plus la donner avant qu'on l'ait libéré. Le garçon dit qu'il n'avait pas la clef. Le Tartaro lui dit :

« Va trouver ta mère et dis-lui de regarder dans ton oreille droite, car tu as quelque chose qui t'y fait mal. Ta mère aura la clef dans sa poche gauche, prends-la. »

Le garçon y alla et fit comme le Tartaro lui avait dit. Il prit la clef de la poche de sa mère et alla délivrer le Tartaro. Comme il le laissait partir, il lui dit :

« Que vais-je faire de la clef maintenant ? Je suis perdu. »

Le Tartaro lui dit :

« Retourne voir ta mère, dis-lui que tu as mal à l'oreille gauche et demande-lui de la regarder, alors tu glisseras la clef dans sa poche. »

Le Tartaro lui dit aussi qu'il aurait bien vite besoin de lui, qu'il n'avait qu'à l'appeler quand il voudrait et qu'il serait à tout jamais à son service.

Il remit la clef à sa place et tout le monde arriva pour dîner. Quand ils eurent bien mangé, le roi les invita à aller voir cette chose curieuse. Il les emmena tous avec lui. Quand il arriva à l'écurie, le roi la trouva vide. Jugez de sa colère et de sa honte. Il s'écria :

« Je voudrais manger le cœur, à moitié cuit et sans sel, de celui qui a laissé ma bête s'échapper ! »

Quelque temps après, les deux frères se disputaient en présence de leur mère et l'un dit à l'autre :

« J'irai raconter à notre père l'affaire du Tartaro. »

Quand la mère entendit cela, elle eut peur pour son fils et lui dit :

« Prends autant d'argent que tu voudras. »

Et elle lui donna la fleur de lys. « Par ce signe, tu seras reconnu partout comme fils de roi. »

Petit Yorge s'en alla donc loin, loin, très loin. Il dépensa et gaspilla tout son argent et ne savait plus que faire. Alors il se souvint du Tartaro et l'appela aussitôt. Celui-ci vint et Petit Yorge lui confia tous ses malheurs : qu'il n'avait plus le sou et qu'il ne savait que devenir. Le Tartaro lui dit :

« Après avoir marché encore quelque temps, tu arriveras à une ville. Là habite le roi. Tu iras chez lui et on te prendra comme jardinier. Tu arracheras tout ce qu'il y a dans le jardin et le lendemain tout sera plus beau qu'auparavant. Trois belles fleurs viendront à éclore, tu les porteras aux trois filles du roi et tu donneras la plus belle à la plus jeune des filles. »

Il se mit donc en route, comme le Tartaro lui avait dit,

et alla demander si l'on avait besoin d'un jardinier. « Oui, bien sûr, lui répondit-on, nous en avons grand besoin. » Il s'en alla au jardin et se mit à arracher les beaux choux et aussi les beaux poireaux. La plus jeune des filles du roi le vit et elle raconta tout à son père. Son père lui dit :

« Laissons-le, nous verrons ensuite ce qu'il fera. » Et, en effet, le lendemain il vit des choux et des poireaux tels qu'il n'en avait jamais vu auparavant. Petit Yorge porta une fleur à chacune des demoiselles. L'aînée dit :

« J'ai une fleur que le jardinier m'a apportée et qui n'a pas sa pareille. »

Et la seconde fille dit qu'elle aussi en avait une et qu'on n'en avait jamais vu d'aussi belle. Et la plus jeune dit que la sienne était encore plus belle que les leurs et les autres furent obligées d'en convenir. La plus jeune des demoiselles trouvait le jardinier très à son goût. Elle lui apportait tous les jours son repas. Au bout d'un certain temps elle lui dit :

« Vous devriez vous marier avec moi. »

Le jeune homme lui dit :

« Cela n'est pas possible. Le roi ne voudra pas d'un tel mariage. »

Alors, la jeune fille lui dit :

« Oui, en vérité, ce n'est pas la peine. Dans huit jours je serai mangée par le serpent. »

Pendant huit jours elle continua à lui apporter son repas. Un soir elle lui dit qu'elle le lui apportait pour la dernière fois. Le jeune homme lui dit que non, qu'elle le lui apporterait encore, que quelqu'un l'aiderait.

Le lendemain, Petit Yorge sortit à huit heures pour appeler le Tartaro. Il lui raconta ce qui se passait. Le Tartaro lui donna un beau cheval, un bel habillement et une épée et lui dit d'aller à tel endroit, d'ouvrir avec son épée la porte de la voiture et de couper deux des têtes du serpent. Petit Yorge se rendit au dit endroit. Il trouva la jeune demoiselle dans la voiture. Il lui demanda d'ouvrir la porte. La demoiselle lui répondit qu'elle ne pouvait l'ouvrir, qu'il y avait sept portes et qu'il ferait mieux de partir car c'était bien assez qu'une personne soit mangée.

Petit Yorge ouvrit les portes avec son épée et s'assit à côté de la demoiselle. Il lui dit qu'il était blessé à l'oreille et lui demanda de regarder dedans, pendant ce temps il découpa, sans qu'elle s'en aperçoive, sept morceaux des sept robes qu'elle portait. Au même moment le serpent arriva et lui dit :

« Au lieu d'un, j'en aurai trois à manger. »

Petit Yorge sauta sur son cheval et dit :

« Tu n'en toucheras pas un, tu n'auras aucun de nous ».

Et ils commencèrent à se battre. De son épée il coupa une première tête et le cheval en coupa une autre avec son pied, et le serpent demanda quartier jusqu'au lendemain. Petit Yorge prit congé de la jeune dame. La demoiselle était pleine de joie et voulait le ramener chez elle. Il lui répondit qu'il ne le pouvait, qu'il avait fait vœu d'aller à Rome. Il lui dit cependant : « Demain mon frère viendra et il fera, lui aussi, quelque chose. » La jeune dame rentra chez elle et Petit Yorge à son jardin. A midi elle vint le rejoindre avec le repas et Petit Yorge lui dit :

« Vous voyez que tout s'est passé comme je vous l'avais dit, il ne vous a pas mangée.

— Non, mais demain il me mangera. Comment pourrait-il en être autrement ?

— Non, non ! Demain aussi vous m'apporterez mon repas. Quelqu'un vous portera secours. »

Le lendemain Petit Yorge sortit à huit heures pour appeler le Tartaro, qui lui donna un nouveau cheval, un habillement différent et une belle épée. A dix heures il arriva à l'endroit où était la demoiselle. Il lui demanda d'ouvrir la porte, mais la jeune dame lui répondit qu'elle ne pouvait en aucune façon ouvrir quatorze portes, qu'il ferait mieux de passer son chemin car c'était bien assez qu'un ne soit mangé et qu'elle avait de la peine de le voir là. Mais aussitôt qu'il les eut touchées avec son épée, les quatorze portes s'ouvrirent. Il s'assit à côté de la jeune dame et lui demanda de regarder derrière son oreille ce qui lui faisait mal. Pendant ce temps il coupa un morceau des quatorze robes que portait la jeune dame.

Sitôt qu'il eut fait cela, le serpent arriva, disant d'un air joyeux :

« Je n'en mangerai pas qu'un, j'en mangerai trois.

— Pas même un seul ! » répondit Petit Yorge.

Il sauta sur son cheval et engagea le combat avec le serpent. Le serpent faisait de terribles sauts. Petit Yorge sortit vainqueur, après une longue lutte. De son épée il coupa une des têtes et le cheval une autre, avec son pied. Le serpent demanda quartier jusqu'au lendemain. Petit Yorge le lui accorda et le serpent s'en alla.

La demoiselle voulait amener le jeune homme chez elle, pour le présenter à son père, mais il ne voulut en aucune façon. Il lui dit qu'il devait aller à Rome et qu'il devait partir le jour même, qu'il en avait fait le vœu, mais que demain il enverrait son cousin qui est très hardi et n'a peur de rien.

La demoiselle s'en retourna chez son père et Petit Yorge à son jardin. Le père de la jeune dame était en joie mais ne comprenait rien à tout cela. La jeune dame apporta encore le repas au jardinier, qui lui dit :

« Vous voyez, vous êtes encore revenue aujourd'hui, comme je vous l'avais dit. Demain vous viendrez encore, de la même façon.

— Je le voudrais bien. »

Le lendemain Petit Yorge sortit à huit heures pour appeler le Tartaro. Il lui dit qu'il restait encore trois têtes au serpent et que pour les couper il avait encore besoin de toute son aide. Le Tartaro lui dit :

« Sois tranquille, sois tranquille, tu le vaincras. »

Il lui donna un nouvel habit, plus beau que les autres, un cheval encore plus fougueux, un chien terrible, une épée et un flacon d'eau de senteur, puis il lui dit :

« Le serpent s'écriera : “Ah ! si j'avais une étincelle entre ma queue et ma tête, comme je te brûlerais toi, ta dame, ton cheval et ton chien." Et toi, tu lui diras alors : "Moi, si je pouvais sentir de l'eau de senteur, je te couperais une tête, le cheval une autre et le chien encore une autre." Tu donneras ce flacon à la demoiselle, qui le cachera en son sein, et, au moment où tu diras ces paroles, elle devra t'en jeter à la figure, ainsi qu'au cheval et au chien. »

Il se mit donc en route sans crainte, parce que le Tartaro lui avait redonné confiance. Il arriva donc à la voiture. La demoiselle lui dit :

« Où allez-vous ? Le serpent sera ici d'un instant à l'autre. C'est assez qu'il me mange. »

Il lui répondit : « Ouvrez la porte. »

Elle lui dit que c'était impossible, qu'il y avait vingt et une portes. Le jeune homme les toucha de son épée et elles s'ouvrirent d'elles-mêmes. Il dit alors en lui donnant le flacon :

« Quand le serpent dira : "Si j'avais une étincelle entre ma queue et ma tête, je vous brûlerais", je lui dirai : "Si j'avais une goutte d'eau de senteur sous le nez", vous prendrez alors le flacon et me le jetterez à l'instant. »

Il lui demanda alors de regarder son oreille, et, tandis qu'elle l'examinait, il coupa un morceau des vingt et une robes qu'elle portait. Au même moment le serpent arriva, en disant avec joie :

« Au lieu d'un, j'en aurai quatre à manger. »

Le jeune homme lui répondit :

« Et tu ne toucheras aucun de nous, je te l'assure. »

Il sauta sur son fougueux cheval et ils luttèrent avec plus d'acharnement que jamais. Le cheval sautait aussi haut que le toit des maisons et le serpent, dans sa fureur, s'écria :

« Si j'avais une étincelle de feu entre ma queue et ma tête, je vous ferais brûler toi, ta femme, ce cheval et ce terrible chien. »

Le jeune homme répondit :

« Moi, si j'avais de l'eau de senteur sous le nez, je te

couperais une de tes têtes, le cheval une autre et le chien encore une autre. »

Comme il achevait de dire cela, la jeune dame se leva d'un bond, ouvrit le flacon et jeta avec beaucoup d'adresse l'eau là où il fallait. Le jeune homme coupa une tête avec son épée, son cheval une autre et son chien encore une autre. C'est ainsi qu'ils vinrent à bout du serpent. Le jeune homme emporta les sept langues avec lui et laissa là les têtes. Jugez la joie de la jeune dame ! Elle voulait, disait-elle, aller tout de suite chez son père avec son sauveur, que son père voudrait sûrement le remercier lui aussi, puisqu'il lui devait la vie de sa fille. Mais le jeune homme lui répondit que cela lui était absolument impossible car il devait rejoindre son cousin à Rome, qu'ils en avaient fait le vœu mais qu'à leur retour ils iraient tous les trois à la maison de son père.

La jeune dame avait de la peine, toutefois elle rentra sans perdre de temps raconter à son père ce qui s'était passé. Celui-ci fut ravi d'apprendre que le serpent était tout à fait détruit et il proclama dans tout le pays que celui qui avait tué le serpent devait se présenter à lui avec les preuves de sa victoire. La jeune dame porta encore son dîner au jardinier. Il lui dit :

« J'avais donc raison, quand je disais que vous ne seriez pas mangée ? Quelque chose a, donc, tué le serpent ? »

Elle lui raconta ce qui s'était passé.

Mais, voilà que quelques jours après apparaît un noir charbonnier prétendant avoir tué le serpent et venir chercher sa récompense. Lorsque la jeune dame vit le charbonnier, elle s'écria aussitôt que ce ne pouvait sûrement pas être lui, qu'il s'agissait d'un beau gentilhomme à cheval et non une peste d'homme comme lui. Le charbonnier montra les têtes du serpent et le roi dit que, en vérité, ce doit être cet homme, et il ordonna à sa fille de l'épouser. La jeune dame dit qu'elle refusait de l'épouser, son père essaya de la forcer (en disant) qu'il n'y avait aucun autre prétendant que lui. Mais, comme il voyait que sa fille n'y consentait pas, afin de gagner du temps, le roi fit proclamer dans tout le pays que celui qui avait tué le serpent devrait être en mesure de relever un autre défi et qu'un jour fixé, tous les jeunes hommes du pays devraient se rassembler, qu'on accrocherait à une cloche une bague en diamant et que celui qui, passant au-dessous à cheval, réussirait à enfiler son épée à travers la bague, aurait la main de sa fille.

De jeunes hommes arrivèrent de toutes parts. Notre Petit Yorge alla voir le Tartaro, lui raconta ce qui se passait et qu'il avait une fois encore besoin de lui. Le Tartaro lui donna un magnifique cheval, un habit superbe et une fine épée. Ainsi équipé, Petit Yorge rejoignit les autres et se prépara. La demoiselle le reconnut tout de suite et le dit à son père. Il eut la bonne fortune d'attraper la bague avec la pointe de son épée, mais il ne s'arrêta pas et poursuivit son chemin en galopant aussi vite qu'il le pouvait. Le roi et sa fille étaient au balcon, observant tous ces gentilshommes. Ils virent qu'il ne s'arrêtait pas. La jeune dame dit à son père :

« Papa, appelez-le ! »

Son père lui répondit d'un ton courroucé :

« S'il s'enfuit c'est sans doute qu'il ne veut pas de toi. » Et il jeta sa lance dans la direction du jeune homme et le toucha à la jambe mais il continua à s'enfuir. Vous imaginez alors la peine qu'éprouvait la demoiselle.

Le lendemain, elle porta le dîner au jardinier. Elle vit que sa jambe était enveloppée d'un bandage et lui demanda ce qu'il avait.

La demoiselle commençait à se douter de quelque chose et alla trouver son père pour lui raconter que le jardinier avait la jambe bandée et qu'il devait lui demander pourquoi car celui-ci avait répondu que ce n'était rien.

Le roi ne voulait pas y aller et dit à sa fille qu'elle n'avait rien à faire avec le jardinier, mais pour plaire à sa fille, il dit qu'il irait lui rendre visite. Il y alla donc et lui demanda : « Qu'avez-vous ? » Il lui répondit qu'un prunellier lui était tombé dessus. Le roi se fâcha et dit qu'il n'y avait jamais eu aucun prunellier dans son jardin et donc qu'il lui mentait.

La fille du roi dit à son père :

« Demandez-lui de nous montrer sa blessure. »

Il la leur montra et ils furent ébahis de voir que la lance était encore dans la plaie. Le roi ne savait que penser de tout cela, le jardinier l'avait trompé mais il devait lui donner sa fille. Mais Petit Yorge, découvrant sa poitrine, montra la fleur de lys qu'il portait. Le roi ne savait plus que dire, mais sa fille lui dit :

« C'est lui mon sauveur et je n'épouserai personne d'autre que lui. »

Petit Yorge demanda au roi de faire venir cinq couturières, les meilleures de la ville, et cinq bouchers. Le roi les fit venir.

Petit Yorge demanda aux couturières si elles avaient jamais cousu des robes neuves auxquelles manquait un morceau et quand les couturières lui répondirent que non, il décompta les morceaux et les donna aux couturières en leur demandant si c'était comme ça qu'elles avaient donné les robes à la princesse.

— Certainement pas, répondirent-elles.

Il se tourna alors vers les bouchers et leur demanda s'ils avaient jamais tué des animaux sans langue. Ils répondirent que non. Il leur dit alors d'aller regarder dans les têtes du serpent et ils virent qu'il n'y avait pas de langues, alors il montra les langues qui étaient en sa possession.

Au vu de tout cela, le roi n'avait plus rien à redire et lui donna sa fille. Petit Yorge lui dit qu'il devait convier son père aux noces, mais en lui disant que c'était de la part du père de la demoiselle et qu'on devrait lui servir comme repas un cœur de mouton à moitié cuit et sans sel. On fit de grandes fêtes et l'on plaça le cœur devant le père de Petit Yorge. On le laissa le découper lui-même, ce qui le froissa beaucoup. Alors son fils lui dit :

« Je m'y attendais. »

Et il ajouta : « Ah ! mon pauvre père, avez-vous oublié que vous vous étiez promis de manger le cœur à moitié cuit et sans sel de celui qui avait laissé le Tartaro s'échapper ? Ceci n'est pas mon cœur, mais celui d'un mouton. J'ai fait cela afin de vous rappeler ce que vous aviez dit et me faire reconnaître à vous. »

Ils s'embrassèrent, puis ils se dirent l'un à l'autre tout ce qui leur était arrivé et Petit Yorge raconta tous les services que le Tartaro lui avait rendus. Le père s'en retourna content chez lui et Petit Yorge vécut très heureux chez le roi avec sa jeune demoiselle et ils ne manquèrent jamais de rien car ils avaient toujours le Tartaro à leur service.

Mahistruba, le capitaine de navire

Comme beaucoup dans le monde, il y avait un capitaine de navire. Il avait eu dans sa vie beaucoup de pertes et de mécomptes, aussi il ne voyageait plus. Tous les jours il descendait passer le temps au bord de la mer, et tous les jours il y rencontrait un gros serpent et tous les jours il lui disait :

— Dieu t'a donné la vie à toi aussi, vis donc.

Ce capitaine vivait de ce que sa femme et sa fille gagnaient en cousant. Un jour le serpent lui dit :

— Va-t'en trouver tel constructeur et commande-lui un navire de tant de tonneaux, demandes-en le prix et offre le double de ce qu'on te demandera [1].

Il fit comme le serpent lui avait dit et le lendemain il vint sur le rivage et dit au serpent qu'il avait fait comme il lui avait dit. Alors le serpent lui ordonna d'aller chercher douze matelots, tous hommes de grande force, et de leur donner un salaire double de celui qu'ils demanderaient. Il fit comme on lui avait dit de faire et revint trouver le serpent pour lui dire qu'il avait ses douze hommes. Le serpent lui donna alors tout l'argent nécessaire pour payer le navire et le constructeur fut bien étonné de voir qu'une si forte somme d'argent lui était payée à l'avance par cet homme misérable, toutefois il se hâta de terminer son ouvrage aussi vite que possible.

Le serpent ordonna encore au capitaine de faire pratiquer à fond de cale une large place vide, d'y mettre une grande caisse et de la descendre lui-même. Il la porta et

1. Le doublement du prix est censé permettre d'obtenir une chose deux fois plus vite.

le serpent y entra. Le navire fut vite prêt, il chargea la caisse dans le navire et ils partirent.

Le capitaine allait tous les jours voir le serpent, mais les matelots ne savaient pas ce qu'il allait faire dans la cale, ni ce qu'il y avait dans la caisse. Le navire avait déjà fait un bout de chemin, mais personne ne savait où on allait. Un jour le serpent dit au capitaine qu'il allait y avoir une terrible tempête, que le ciel et la terre se confondraient. Il lui dit aussi qu'à minuit un grand oiseau noir passerait au-dessus du navire, qu'il fallait le tuer et il lui dit d'aller demander à ses matelots s'il y avait parmi eux quelque chasseur.

Le capitaine demanda à ses hommes s'il y avait parmi eux un bon chasseur.

— Oui, répondit l'un d'eux, je puis tuer une hirondelle au vol.

— Tant mieux ! tant mieux ! cela te servira, dit le capitaine.

Il descendit dire au serpent qu'il y avait un chasseur capable de tuer une hirondelle au vol. Et au même instant le ciel devint noir comme la nuit, la terre et le ciel se confondirent et tous tremblaient de frayeur. Le serpent donna au capitaine une bonne boisson pour le chasseur et on l'attacha au mât. A minuit on entendit un cri perçant : c'était l'oiseau qui passait au-dessus du navire et notre chasseur eut la bonne fortune de le tuer. Au même instant la mer devint calme. Le capitaine alla dire au serpent que l'oiseau avait été tué.

— Je le sais, lui répondit le serpent.

Après avoir fait un bout de chemin sans aucun incident, le serpent dit un jour :

— Ne sommes-nous pas près de tel port ?

— Oui, répondit le capitaine, il est en vue.

— Très bien, alors, nous y allons.

Et il lui demanda de nouveau d'aller demander à ses matelots s'il y avait parmi eux un bon coureur. Le capitaine y alla et demanda à ses marins s'il y avait parmi eux un bon coureur et l'un d'eux répondit :

— Moi, je suis capable d'attraper un lièvre qui court.

— Tant mieux, tant mieux, cela te servira, dit le capitaine.

Et il alla dire au serpent qu'il y avait un de ses matelots qui pouvait attraper un lièvre qui court.

— Vous descendrez le coureur au port, dit le serpent et vous lui direz d'aller au sommet d'une petite montagne, là se trouve une petite maison, où demeure une vieille, vieille femme. Il y a là un aiguisoir, une pierre à feu et un briquet à amadou, il faudra qu'il rapporte à bord ces trois objets, mais un par un, en prenant chacun d'eux un jour différent.

Notre coureur débarqua et il alla à cette maison. Il vit la vieille femme aux yeux rouges filer sur le seuil de sa porte. Il lui demanda un peu d'eau en lui disant qu'il avait fait une longue route sans en trouver et qu'elle serait bien bonne de lui en donner une petite goutte. La vieille répondit que non, mais il la supplia encore en lui disant qu'il ne connaissait pas les chemins du pays et qu'il ne savait où aller. La vieille femme gardait les yeux fixés sur la cheminée, et elle lui dit :

— Bon, je vais vous en donner un peu, alors.

Pendant qu'elle allait à la cruche, notre coureur prit l'aiguisoir de la cheminée et se mit à courir à toutes jambes, aussi vite que l'éclair, mais la vieille femme était sur ses talons. Juste au moment où il allait sauter dans le navire, la vieille l'atteignit, lui arracha un morceau de son paletot et avec lui un bout de la peau du dos. Le capitaine alla trouver le serpent et lui dit :

— Nous avons l'aiguisoir, mais notre homme a la peau du dos déchirée.

Le serpent lui donna un remède et une bonne boisson et lui dit que l'homme serait guéri pour le lendemain, mais qu'il faudrait encore y retourner.

L'homme répondit :

— Non, non, que le diable emporte cette vieille s'il le veut, mais je n'y retournerai plus.

Mais le lendemain comme il était guéri après avoir

repris de la bonne boisson, il descendit à terre. Il s'habilla d'une chemise sans manches, de vieux pantalons déchirés et arriva chez la vieille femme. Il lui dit que son navire avait échoué sur le rivage, qu'il errait depuis quarante-huit heures et il la pria de le laisser allumer sa pipe au foyer.

— Non, répondit-elle.

— Ayez pitié de moi, je suis si malheureux, ce n'est qu'une bien petite faveur que je vous demande.

— Non, non, j'ai été trompée hier.

— Tout le monde n'est pas trompeur, répondit le marin, n'ayez pas peur.

La vieille femme se leva pour aller au feu et pendant qu'elle se penchait pour prendre un tison[1], il s'empara de la pierre à feu et s'échappa en courant à s'en rompre les pieds. La vieille femme courait aussi vite que notre coureur, mais elle ne l'attrapa qu'au moment où il sautait dans le navire. Elle lui déchira sa chemise et la peau du dos et celle du cou avec et il tomba dans le navire.

Le capitaine alla tout de suite dire au serpent :

— Nous avons la pierre à feu.

— Je le sais, répondit-il.

Il lui donna le remède et la bonne boisson, pour que l'homme soit guéri pour le lendemain, et qu'il puisse y retourner. Mais le matelot dit que non et qu'il ne voulait plus revoir cette vieille aux yeux rouges. On lui dit qu'il leur manquait encore le briquet à amadou. Le lendemain on lui donna encore la bonne boisson. Cela lui donna du courage et le désir d'y retourner.

Il s'habilla comme s'il avait fait naufrage et descendit à terre à moitié nu. Il arriva chez la vieille femme et lui demanda un peu de pain, parce qu'il n'avait pas mangé depuis longtemps et il la pria d'avoir pitié de lui, parce qu'il ne savait où aller.

La vieille femme lui dit :

---

1. Le morceau de braise, ou tison provenant du feu de bois, se trouve en général presque au niveau du sol dans la maison basque.

— Va-t'en où tu veux, de chez moi tu n'auras rien et personne ne rentrera ici. Tous les jours j'ai des ennemis.

— Mais qu'avez-vous à craindre d'un pauvre homme qui ne demande qu'un peu de pain et qui partira tout de suite après ?

A la fin, la vieille se leva pour aller à son buffet et notre homme lui prit son petit briquet à amadou. La vieille se précipita après lui, désirant de tout son cœur l'attraper, mais notre homme avait de l'avance. Elle l'attrapa juste au moment où il sautait dans le navire. La vieille femme le saisit par la peau du cou et la lui déchira jusqu'à la plante des pieds. Notre coureur tomba et l'on ne savait s'il était mort ou vivant et la vieille cria :

— Je renonce à lui et à tous ceux qui sont dans ce navire.

Le capitaine alla trouver le serpent et lui dit :

— Nous avons le briquet à amadou, mais notre coureur est en grand danger. Je ne sais s'il survivra, il n'a plus un morceau de peau du cou jusqu'à la plante des pieds.

— Consolez-vous, consolez-vous, il sera guéri pour demain matin, voici le remède et la bonne boisson. Maintenant, vous êtes sauvés. Remontez sur le pont et faites tirer sept salves de canon.

Le capitaine monta sur le pont, fit tirer les sept salves, puis il vint dire au serpent :

— Nous avons tiré les sept salves.

— Faites-en tirer douze de plus, mais n'ayez pas peur, la police va venir, on vous passera les menottes et l'on vous conduira en prison et vous demanderez comme faveur de ne pas être exécutés avant que le navire n'ait été visité, afin de prouver qu'il ne contient rien qui mérite pareil châtiment.

Le capitaine monta sur le pont et tira douze salves ; aussitôt les magistrats et la police arrivèrent à bord ; on passa les menottes aux hommes, aux matelots et au capitaine et ils les mirent en prison. Les matelots n'étaient pas contents, mais le capitaine leur dit :

— Bientôt vous serez délivrés.

Le lendemain le capitaine demanda à aller parler au roi. On le conduisit devant le roi, qui lui dit :

— Vous êtes condamnés à être pendus.

— Comment, répondit le capitaine, vous allez nous pendre pour avoir tiré quelques coups de canon ?

— Oui, oui, car pendant sept ans nous n'avons pas entendu le son du canon dans cette ville. Je suis en deuil, ainsi que mon peuple. J'avais un fils unique et je l'ai perdu. Je ne puis l'oublier.

Le capitaine répondit :

— Je ne savais ni cette nouvelle ni cet ordre et je vous prie de ne pas nous tuer avant d'avoir été voir s'il y a dans notre navire quelque chose qui puisse nous faire condamner à juste titre.

Le roi se mit en route avec ses courtisans, ses soldats et ses juges, enfin avec tout le monde ! Lorsqu'il fut monté sur le pont, quelle surprise ! Il y trouva son fils bien-aimé, qui lui raconta comment il avait été enchanté par une vieille femme, qu'il était resté sept ans sous la forme d'un serpent. Tous les jours, raconta-t-il, le capitaine venait se promener sur le rivage et chaque jour il lui laissait la vie en lui disant : « Le bon Dieu t'a fait toi aussi. » Alors ayant vu le bon cœur du capitaine, j'avais pensé qu'il m'épargnerait et c'est à lui que je dois la vie.

Il alla ensuite à la cour. Les hommes furent libérés de prison et l'on donna au capitaine beaucoup d'argent pour doter ses deux filles et le navire pour lui. Aux matelots, on donna à boire et à manger tant qu'ils voulaient pendant tout le temps qu'ils restèrent en ville et à leur départ, on leur remit de quoi vivre à l'aise pour le restant de leurs jours. Le roi et son fils vécurent heureux et comme ils avaient bien vécu, ils moururent bien aussi.

Peau-d'Ane

Comme beaucoup dans le monde, il y avait un roi et une reine. Un jour une jeune fille qui souhaitait se placer se présenta à eux. Ils lui demandèrent son nom et elle leur dit « Fidèle ». Le roi lui demanda : « Etes-vous comme votre nom ? » et elle répondit que oui.

Elle resta là sept ans. Son maître lui avait donné toutes les clefs, même celle du trésor. Un jour, quand le roi et la reine étaient de sortie, Fidèle alla à la fontaine et elle vit sept voleurs sortir de la maison. Jugez dans quel état était cette pauvre fille ! Elle courut droit au trésor et vit que plus de la moitié du trésor manquait. Elle ne savait pas ce qu'elle allait devenir, elle en était toute tremblante. Quand le roi et la reine rentrèrent à la maison, elle leur raconta ce qui s'était passé, mais ils ne voulurent pas la croire et on la jeta en prison. Elle resta là une année. Elle continuait à dire qu'elle n'était pas fautive, mais ils ne voulaient pas la croire. Le roi la condamna à mort et l'envoya à la forêt avec quatre hommes pour la tuer, en leur disant de lui rapporter son cœur.

Ils partirent, mais ces hommes se disaient que c'était bien dommage de tuer cette jeune fille, car elle était très jolie et elle leur avait dit qu'elle était innocente de ce vol et ils lui dirent :

« Si vous promettez de ne plus jamais revenir sur ces terres, nous vous laisserons la vie sauve. »

Elle leur promit qu'on ne la reverrait plus dans les parages. Les hommes virent un âne et ils lui dirent qu'ils porteraient son cœur au roi. La jeune fille leur dit :

« Ecorchez cet âne, je vous prie, et, afin que personne

ne puisse me reconnaître, je garderai toujours cette peau sur moi. »

Les hommes (firent ainsi) et repartirent chez le roi tandis que la jeune fille alla chercher quelque abri. A la tombée de la nuit elle trouva une belle maison. Elle demanda s'ils voulaient quelqu'un pour garder les oies. On lui dit que oui. On lui confia les oies et on lui dit qu'elle devait aller tous les jours avec elles à tel champ. Elle partait très tôt le matin et rentrait tard. C'était la maison du roi et la reine mère et son fils vivaient là.

Après quelque temps lui apparut un jour une vieille femme, qui l'appelait :

« Fidèle, tu as assez fait pénitence. Le fils du roi va donner de belles fêtes et tu dois y aller. Ce soir tu demanderas la permission à madame et tu lui diras que tu lui raconteras toutes les nouvelles du bal si elle te laisse y aller un peu. Et, regarde, voici une noisette. Il sortira de là toutes les robes et les choses qu'il te faudra. Tu la casseras en allant à l'endroit de la fête. »

Ce soir-là elle demanda la permission à sa maîtresse d'aller voir la fête que donnait le roi, seulement pour un petit moment, et qu'elle rentrerait directement et lui raconterait tout ce qu'elle aurait vu là-bas. Sa maîtresse lui dit que oui. Et elle sortit donc ce soir-là. En chemin elle cassa la noisette et de là sortit une robe d'argent. Elle la revêtit et y alla et dès qu'elle fut entrée tout le monde la regarda. Le roi était subjugué, il ne la quitta pas des yeux, un instant et ils dansèrent tout le temps ensemble. Il ne prêta aucune attention aux autres demoiselles. Ils apprécièrent bien les rafraîchissements. Quelques amis du roi l'appelèrent et le firent venir et, durant cet intervalle, Fidèle s'échappa et rentra à la maison.

Elle raconta à la reine qu'une jeune fille était venue au bal, qu'elle avait ébloui tout le monde et particulièrement le roi qui ne s'était occupé que d'elle, mais qu'elle s'était échappée.

Quand le fils rentra à la maison, sa mère lui dit :

« Alors votre demoiselle vous a échappé ? Vous ne l'intéressiez pas, sans doute. »

Il dit à sa mère : « Qui vous a dit cela ?

— Peau-d'Ane, elle a voulu aller voir ça. »

Le roi alla trouver Fidèle et lui donna deux coups avec sa pantoufle, en lui disant :

« Si tu retournes encore là-bas je te tuerai sur-le-champ. »

Le lendemain Peau-d'Ane sortit avec ses oies et la vieille femme lui apparut là de nouveau. Elle lui dit qu'elle devait encore aller au bal ce soir – que sa maîtresse lui donnerait la permission. « Voici une noix, tu as là tout ce qu'il te faut pour t'habiller. Le roi te demandera ton nom – Braf-le-mandoufle[1]. »

Le soir elle demanda la permission à sa maîtresse, qui fut étonnée (de sa demande) et lui dit :

« Tu ne sais pas ce qu'a dit le roi, que s'il t'attrape il te tuera sur-le-champ ?

— Je n'ai pas peur. Il ne m'attrapera certainement pas.

— Vas-y, alors. »

Elle partit et sur le chemin elle cassa la noix et de là sortit une robe d'or. Elle entra. Le roi vint avec mille compliments et lui demanda comment elle s'était échappée le soir précédent sans rien lui dire et qu'il avait eu bien du chagrin.

Ils s'amusèrent bien. Le roi n'avait d'yeux que pour elle. Il lui demanda son nom. Elle lui dit : « Braf-le-mandoufle. » Ils se régalèrent bien et quelques amis l'ayant appelé il alla les rejoindre et la jeune dame s'échappa.

Peau-d'Ane s'en alla raconter à la reine que la jeune dame de la veille était revenue, mais plus belle encore – et qu'elle s'était échappée au beau milieu du bal. Elle sortit s'occuper de ses oies. Le roi revint à la maison. Sa mère lui dit :

« Alors elle est venue, la jeune dame que vous aimez ?

1. Frappé avec la pantoufle.

mais elle ne vous aime qu'à moitié, puisqu'elle est partie de cette façon.

— Qui vous a dit cela ?

— Peau-d'Ane. »

Il alla la trouver et lui donna deux coups avec sa pantoufle et lui dit :

« Malheur à toi si tu retournes encore là-bas, je te tuerai sur-le-champ. »

Le lendemain elle alla à ses oies et la vieille femme lui apparut une nouvelle fois et lui dit de demander la permission encore ce soir – qu'elle doit aller à la danse. Elle lui donna une pêche et lui dit qu'elle y trouverait tout ce qu'il fallait pour s'habiller. Elle alla alors demander à sa maîtresse de lui donner sa permission, comme la nuit passée, d'aller au bal. Elle lui dit :

« Oui, oui, je te laisserai y aller. Mais n'as-tu pas peur que le roi t'attrape ? Il a dit qu'il te tuerait si tu allais là-bas.

— Je n'ai pas peur, parce que je suis sûre qu'il ne m'attrapera pas. Hier aussi il m'a cherchée, mais il ne m'a pas trouvée. »

Elle s'en alla donc. Sur le chemin elle ouvrit sa pêche et y trouva une robe toute de diamants et si elle était belle avant, jugez à présent ! Elle brillait comme le soleil. Le roi était dans la joie quand il la vit. Il était en extase. Il ne voulut pas danser, mais ils s'assirent à leur aise dans de beaux fauteuils et avec leurs rafraîchissements devant eux ils passèrent un long moment ensemble. Le roi lui demanda de lui donner sa promesse de mariage. La jeune dame donna sa promesse et le roi ôta sa bague de diamant de son doigt et la lui donna. Ses amis l'appelèrent pour venir vite voir quelque chose de très exceptionnel et il s'en alla, laissant sa dame. Elle profita de cette occasion pour s'échapper. Elle raconta à sa maîtresse tout ce qui s'était passé : comment cette demoiselle était arrivée avec une robe de diamants, que tout le monde était ébloui par sa beauté, qu'ils ne pouvaient pas même la regarder tant elle brillait, que le roi ne savait plus où il était de bonheur, qu'ils s'étaient échangé leurs promesses de mariage et que le roi lui avait donné sa bague de diamant, mais que le meilleur c'était qu'aujourd'hui encore elle lui avait échappé.

Le roi entra à ce moment précis. Sa mère lui dit :

« Elle n'a certainement pas envie de vous. Elle est partie avec votre bague de diamant. Où irez-vous la chercher ? Vous ne savez pas où elle habite. Où demanderez-vous une demoiselle qui a pour nom "Braf-le-mandoufle" ! Elle vous a aussi donné sa promesse de mariage, mais elle ne veut pas de vous puisqu'elle a agi comme cela. »

Notre roi n'a même pas demandé à sa mère qui lui avait dit cela. Il alla directement au lit complètement malade et ainsi Peau-d'Ane ne reçut pas ses deux coups de pied ce soir-là.

La reine avait beaucoup de peine de voir son fils malade comme cela. Elle retournait continuellement dans sa tête qui pouvait bien être cette jeune dame. Elle dit à son fils : « Cette demoiselle pourrait-elle être notre Peau-d'Ane ? Autrement comment aurait-elle pu savoir que vous vous étiez échangé votre promesse et que vous lui aviez aussi donné la bague ? Elle devait être bien près de vous. L'avez-vous vue ? »

Il répondit que non, mais resta plongé dans ses pensées.

Sa mère dit : « Elle a un très joli visage sous sa peau d'âne. »

Et elle dit qu'elle devait la faire venir et qu'il devrait la regarder attentivement, qu'on lui ferait porter par elle du bouillon.

Elle fit venir Peau-d'Ane à la cuisine, lui fit préparer le bouillon pour son fils et Peau-d'Ane mit au milieu du pain la bague que le roi lui avait donnée. La dame la fit bien habiller et elle alla chez le roi. Le roi, après l'avoir vue, était encore plein de doutes. Il but son bouillon, mais quand il mit le pain dans sa bouche il trouva quelque chose (de dur) et fut bien étonné en voyant sa bague. Il n'était plus malade. Il alla en courant chez sa mère pour lui dire sa joie d'avoir retrouvé sa dame. Il voulait se marier tout de suite et tous les rois du voisinage furent invités au banquet, et, pendant qu'ils dînaient, chacun avait quelque histoire à raconter. On demanda aussi à la jeune mariée si elle n'avait pas quelque chose à leur conter. Elle dit que oui, mais qu'elle ne pouvait pas dire ce qu'elle savait, que cela ne plairait pas à toute la tablée. Son mari lui dit de parler franchement, il sortit son épée et dit :

« Quiconque dira un mot sera transpercé de cette épée. »

Elle raconta alors qu'une pauvre fille était domestique à la maison d'un roi, comment elle est restée là sept ans, qu'ils l'aimaient beaucoup et la traitaient avec confiance, allant jusqu'à lui confier les clefs du trésor. Un jour, comme le roi et sa femme étaient sortis, des voleurs s'introduisirent et dérobèrent presque tout le trésor. Le roi ne voulut pas croire que des voleurs étaient venus. Il mit la jeune fille en prison pendant toute une année et à la fin de ce temps l'envoya à la mort, en disant à ses bourreaux de rapporter son cœur. Les bourreaux furent meilleurs que le roi, ils crurent en son innocence, et, après avoir tué un âne, ils portèrent son cœur au roi. « Et la preuve en est, que c'est moi qui était domestique de ce roi. »

Le jeune marié lui dit : « Qui peut bien être ce roi ? Est-ce mon oncle ? »

La dame dit : « Je ne sais pas si c'est votre oncle, mais c'est ce monsieur-là. »

Le jeune marié prit son épée et le tua sur-le-champ, disant à sa femme :

« Vous n'aurez plus à avoir peur de lui. »

Ils vécurent très heureux. Quelque temps après ils eurent deux enfants, un garçon et une fille. Quand l'aîné eut sept ans il mourut, en disant à son père et sa mère qu'il allait au ciel préparer leur place. Au bout d'une semaine l'autre enfant mourut également et elle leur dit qu'elle, aussi, allait au ciel et qu'elle leur préparerait leur place et qu'eux aussi les rejoindraient rapidement.

Et, comme elle l'avait dit, au bout d'un an, tout juste, le monsieur et la dame moururent et ils allèrent tous les deux au ciel.

La Belle et la Bête

Comme il y en a beaucoup dans le monde et comme nous sommes, un roi avait trois filles. Il rapportait toujours de beaux présents à ses deux aînées, mais il ne s'occupait pas du tout de la cadette et pourtant c'était la plus jolie et la plus aimable.

Le roi s'en allait toujours de foire en foire, de fête en fête et de partout il rapportait quelque chose aux deux filles aînées. Un jour qu'il était sur le point de partir pour une fête, il dit à sa plus jeune fille :

« Je ne vous rapporte jamais rien, dites-moi ce que vous désirez et vous l'aurez. »

Elle répondit à son père : « Je ne veux rien.

— Si, si, je veux vous rapporter quelque chose.

— Très bien ! alors, apportez-moi une fleur. »

Le roi partit et il s'occupa à acheter beaucoup de choses : pour l'une un chapeau, pour l'autre une belle pièce d'étoffe pour faire une robe, à l'aînée il acheta encore un châle et il revenait à la maison, lorsqu'en passant devant un beau château, il vit un jardin tout plein de fleurs. Alors il se dit en lui-même :

« Quoi ! je revenais sans rapporter une fleur à ma fille, ici j'en aurai en abondance. »

Il en cueillit quelques-unes, mais dès qu'il eut fait cela, il entendit une voix qui lui disait :

« Qui t'a donné la permission de prendre ces fleurs ? Tu as trois filles, si tu ne m'amènes pas l'une d'elles avant la fin de l'année, tu seras brûlé, en quelque lieu que tu sois, toi et tout ton royaume. »

Le roi revint chez lui : il donna à ses deux filles aînées leurs présents et le bouquet à la plus jeune qui remercia bien son père. Au bout de quelque temps le roi devint triste et sa fille aînée lui demanda :

« Qu'avez-vous ?

— Si l'une de mes filles ne veut pas aller à tel endroit avant la fin de l'année, je serai brûlé.

— Soyez brûlé si vous voulez, lui répondit sa fille aînée, en ce qui me concerne je n'irai pas. Je ne veux pas y aller. Arrangez-vous avec les autres. »

La seconde lui dit aussi :

« Vous semblez bien triste, papa, dites-moi ce que vous avez ? »

Il lui répondit qu'il était obligé d'envoyer l'une de ses filles à tel endroit avant la fin de l'année, car autrement il serait brûlé. Elle lui dit aussi :

« Arrangez-vous comme vous voudrez, mais ne comptez pas sur moi. »

Quelques jours après, la plus jeune des filles lui dit :

« Qu'avez-vous, mon père, pour être si triste ? quelqu'un vous a-t-il fait de la peine ?

— Lorsque j'ai cueilli votre bouquet, une voix m'a dit : « Il faut que j'aie une de vos filles avant que l'année soit pleine », et maintenant je ne sais que faire et elle a ajouté que je serais brûlé si je n'obéissais pas.

— Mon père, lui répondit la fille, ne vous tourmentez plus. Moi, j'irai. »

Et elle monta dans une voiture et se mit en route aussitôt. Elle arriva au château et quand elle y entra, elle entendit de la musique et des sons joyeux de partout, pourtant elle ne voyait personne. Elle trouva son chocolat prêt (le lendemain matin), ainsi que son dîner. Elle alla se coucher et ne vit encore personne. Le lendemain matin une voix lui dit :

« Fermez les yeux, je souhaite poser un moment ma tête sur vos genoux.

— Venez, venez, répondit-elle, je n'ai pas peur. »

Alors apparut un énorme serpent, la jeune demoiselle fit un mouvement sans le vouloir. Un instant après le serpent s'en alla et la jeune dame vécut là très heureuse et rien ne lui manqua. Un jour la voix lui demande si elle ne désirait pas aller chez ses parents.

« Je suis très heureuse ici, répondit-elle, je n'en ai pas envie.

— Oui, si vous le voulez, vous pouvez vous absenter trois jours. »

Le serpent lui donna une bague et lui dit :

« Si elle change de couleur, c'est que je serai malade et si elle se met à saigner, c'est que je serai dans de grands malheurs. »

La jeune dame partit pour la maison de son père. Celui-ci était très content (de la revoir) et ses sœurs lui dirent :

« Tu dois être heureuse là-bas, tu es plus jolie qu'auparavant, avec qui vis-tu ? »

Elle répondit : « Avec un serpent », mais elles ne voulurent pas la croire. Les trois jours passèrent comme un songe et elle oublia son serpent. Le quatrième jour, elle regarda sa bague et elle vit qu'elle avait changé. Elle la frotta avec son doigt et elle se mit à saigner. En voyant cela, elle courut dire à son père qu'elle partait.

Quand elle arriva au château, elle trouva tout bien triste : la musique ne jouait plus et tout était fermé. Elle appela le serpent (son nom était Azor et le sien Fifine), elle se mit à l'appeler et à crier, mais Azor ne se montrait nulle part. Après avoir cherché dans toute la maison, elle ôta ses souliers et descendit au jardin, où elle recommença à l'appeler. Tout en marchant, elle sentit que dans un coin la terre était presque gelée : aussitôt elle fit un grand feu à cet endroit, alors Azor sortit de là et lui dit :

« Vous m'aviez oublié, si vous n'aviez pas allumé ce feu j'étais fini.

— C'est vrai, lui répondit Fifine, je vous avais oublié, mais la bague m'a fait me souvenir de vous.

— Je savais ce qui allait arriver, répondit Azor et c'est pour cela que je vous avais donné la bague. »

En revenant à la maison, elle la trouva comme avant

toute pleine de réjouissances et la musique jouait de tous côtés. Quelques jours après, Azor lui dit :

« Vous devez vous marier avec moi. »

Fifine ne lui donna pas de réponse. Il lui fit trois fois la même demande et toujours elle demeura silencieuse. La maison redevint triste et elle n'avait plus ses repas prêts. Azor lui demanda encore si elle voulait l'épouser. Cette fois elle ne donna pas non plus de réponse et elle resta ainsi plusieurs jours dans l'obscurité, sans rien manger. Au bout de ce temps, elle se dit : « Quoi qu'il m'en coûtera, il faut que je lui dise oui. »

Lorsque le serpent lui demanda de nouveau : « Voulez-vous vous marier avec moi ? » Elle répondit : « Pas avec le serpent, mais avec l'homme. »

Sitôt qu'elle eut dit cela, la musique se fit entendre comme auparavant. Azor lui dit de se rendre à la maison de son père pour faire tous les préparatifs nécessaires, parce qu'ils se marieraient le lendemain. La jeune dame lui obéit. Elle dit à son père que demain elle se marierait avec le serpent et le pria de tout préparer pour la cérémonie. Le roi y consentit, mais il avait du chagrin. Les sœurs de Fifine lui demandèrent avec qui elle allait se marier et elles furent bien étonnées en apprenant que c'était avec un serpent. Fifine revint au château et Azor lui dit :

« Que préférez-vous, que je sois serpent de la maison à l'église, ou (serpent) de l'église à la maison ?

— J'aime mieux, répondit Fifine, que vous soyez serpent de la maison à l'église.

— Et moi aussi », dit Azor.

Une belle voiture vint s'arrêter devant la porte, le serpent y monta et Fifine se plaça à son côté, lorsqu'ils arrivèrent chez le roi, le serpent lui dit :

« Fermez les portes et les rideaux, que personne ne puisse voir.

— Mais, lui répondit Fifine, on vous verra en descendant.

— C'est égal, fermez-les tout de même. »

Elle alla trouver son père qui vint avec toute sa cour pour chercher le serpent. Il ouvrit la porte et qui fut étonné ? Assurément, tout le monde, car au lieu d'un serpent, il y avait là un charmant jeune homme. Tout le monde se rendit à l'église et lorsqu'ils en revinrent, il y eut un grand dîner dans le palais du roi, mais le jeune marié dit à sa femme :

« Aujourd'hui nous ne devons pas du tout faire de fête, car nous avons une grande affaire à la maison, nous reviendrons un autre jour pour la fête. »

Elle alla le dire à son père et ils retournèrent à leur maison. Quand ils y furent, son mari lui apporta une peau de serpent dans un grand panier et lui dit :

« Vous allez faire un grand feu, et, lorsque vous entendrez le premier coup de minuit, vous y jetterez la peau de serpent. Il faudra qu'elle soit consumée et que vous ayez jeté sa cendre par la fenêtre avant que le douzième coup ait cessé de résonner. Si vous ne le faites pas, je suis perdu pour toujours. »

La dame répondit :

« Assurément je ferai tout mon possible pour réussir. »

Avant minuit elle commença à faire du feu, sitôt qu'elle entendit résonner le premier coup, elle jeta (dans le feu) la peau de serpent, elle prit deux broches et se mit à remuer la peau dans le feu, jusqu'au dixième coup. Elle prit alors une pelle et elle finissait de jeter les cendres par la fenêtre au moment où le douzième et dernier coup commença à résonner. Alors une terrible voix cria :

« Je maudis ton habileté et ce que tu viens de faire à l'instant ! »

Au même moment son mari arriva, il ne savait plus où il était de joie. Il embrassa sa femme sans savoir comment lui dire quel bien elle lui avait fait.

« Maintenant, je n'ai plus rien à craindre. Si vous n'aviez pas fait ce que je vous avais dit, j'aurais encore été enchanté pour vingt et une autres années. Maintenant tout est fini et demain nous pourrons retourner tranquillement chez votre père pour la fête de mariage. »

Le lendemain ils y allèrent et ils s'amusèrent beaucoup. Ils retournèrent à leur palais pour y prendre les plus belles choses car ils ne voulaient pas demeurer davantage dans ce coin de montagne, ils chargèrent sur des charrettes leurs meubles les plus précieux et allèrent vivre avec le roi.

La jeune dame eut quatre enfants, deux garçons et deux filles, et comme ses sœurs étaient jalouses d'elle, leur père les chassa du palais. Il donna sa couronne à son gendre qui était aussi un fils de roi. En comme ils avaient bien vécu, ils moururent bien aussi.

Le cordonnier et ses trois filles

Comme beaucoup dans le monde, il y avait un cordonnier qui avait trois filles. Ils étaient très pauvres. Ce qu'il gagnait suffisait à peine à nourrir ses enfants. Il ne savait pas ce qu'il allait devenir. Il traînait tristement, marchant, marchant ; quand il rencontra un monsieur, qui lui demanda où il allait, mélancolique comme ça. Il lui répondit :

« Même si je vous le disais, je n'en serais pas soulagé pour autant.

— Si, si, qui sait ? Dites-le.

— J'ai trois filles et je ne fais pas assez d'ouvrage pour les nourrir. J'ai la misère à la maison.

— Si ce n'est que cela, nous pouvons nous arranger. Vous me donnerez une de vos filles et je vous donnerai tant d'argent. »

Le père avait beaucoup de peine à l'idée de faire un tel marché, mais finalement il s'abaissa à cela. Il lui donna sa fille aînée. Le monsieur l'emmena à son palais, et, après y avoir passé un certain temps, il lui dit qu'il avait un petit voyage à faire – qu'il lui laisserait toutes les clefs, qu'elle pourrait tout voir, mais qu'il y a une clef dont elle ne devait pas se servir – que cela ne lui apporterait que du malheur. Il ferma la porte à clef devant la jeune dame. La jeune fille entra dans toutes les chambres et les trouva très belles et elle était curieuse de voir ce qu'il y avait dans celle qui était défendue. Elle entra et vit des tas de corps morts. Jugez de sa peur ! Elle fut tellement effrayée qu'elle laissa tomber la clef par terre. Elle tremblait à l'idée que son mari n'arrive. Il arriva et lui demanda si elle était entrée dans la chambre défendue. Elle répondit que oui. Il la prit et la mit dans un cachot souterrain, c'est à peine, vraiment à peine s'il lui donnait à manger (pour survivre) et encore c'était de la chair humaine.

Le cordonnier avait fini son argent et il était encore bien mélancolique. Le monsieur le rencontra encore et lui dit :

« Votre autre fille ne se plaît pas toute seule, vous devez me donner une autre de vos filles. Quand elle se plaira bien, je vous la renverrai et je vous donnerai tant d'argent. »

Le père ne voulait pas, mais il était si pauvre que, pour avoir un peu d'argent, il lui donna sa fille. Le monsieur l'emmena à sa maison avec lui, comme l'autre. Après quelques jours il lui dit à elle aussi :

« Je dois faire un petit voyage. Je vous donnerai toutes les clefs de la maison, mais ne touchez pas à telle clef de telle chambre. »

Il ferma la porte d'entrée à clef et s'en alla, après lui avoir laissé la nourriture qu'il lui fallait. La jeune fille entra dans toutes les chambres, et, comme elle était curieuse, elle alla examiner la chambre défendue. Elle fut tellement effrayée à la vue de tous ces corps morts dans la chambre, qu'elle laissa tomber la clef, qui se salit. Notre jeune fille tremblait à l'idée de ce qui allait advenir d'elle quand le maître reviendrait. Il arriva et la première chose qu'il demanda fut :

« Avez-vous été dans cette chambre ? »

Elle lui répondit que oui. Il l'emmena sous terre, comme son autre sœur.

Le cordonnier avait fini son argent et il était bien malheureux, quand le monsieur vint encore à lui et lui dit :

« Je vous donnerai beaucoup d'argent si vous laissez votre fille venir chez moi pendant quelques jours, les trois seront plus heureuses ensemble et je vous renverrai les deux ensemble. »

Le père le crut et lui donna sa troisième fille. Le monsieur lui donna l'argent et il prit cette jeune fille, comme les autres. Au bout de quelques jours il la laissa, en disant qu'il allait faire un petit voyage.

Il lui donna toutes les clefs de la maison, en lui disant :

« Vous pourrez aller dans toutes les salles sauf dans celle-ci », en lui montrant la clef. Il ferma la porte de dehors à clef et s'en alla. Cette jeune fille alla tout droit, tout droit à la chambre défendue, elle l'ouvrit et imaginez son horreur à la vue de tant de gens morts. Elle pensa qu'il la tuerait aussi, et, comme il y avait toutes sortes d'armes dans cette chambre, elle prit un sabre avec elle et le cacha sous sa robe. Elle alla un peu plus loin et vit ses deux sœurs presque mortes de faim et un jeune homme dans le même état. Elle prit soin d'eux du mieux qu'elle le put jusqu'à ce que le monsieur rentre à la maison. Dès son arrivée, il lui demanda :

« Avez-vous été dans cette chambre ? »

Elle répondit que oui, et, en lui rendant les clefs, elle les laissa tomber à terre, exprès et à l'instant où le monsieur se penchait pour les prendre, la jeune dame lui coupa le cou (avec son épée). Oh, comme elle était heureuse ! Elle courut vite délivrer ses sœurs et le jeune homme, lequel était fils de roi. Elle fit venir son père, le cordonnier, et le laissa là avec ses deux filles et la plus jeune fille partit avec son jeune monsieur, après s'être mariée avec lui. S'ils vécurent bien, ils moururent bien aussi.

Le curé joué

Comme il y en a beaucoup dans le monde, il y avait un monsieur et une dame. Le monsieur s'appelait Petarillo, il aimait aller à la chasse. Un jour il attrapa deux levrauts et, ce jour-là, M. le curé vint le voir chez lui. Le mari dit à sa femme : « Si M. le curé revient, tu lâcheras un de ces lièvres comme pour venir me chercher, en lui attachant un billet au cou et moi j'attacherai un autre billet au cou de l'autre lièvre. »

M. le curé vint un jour chez eux et demanda où était le mari. La femme lui dit :

« Je vais l'envoyer chercher par un de ces lièvres avec un billet. Quel que soit l'endroit où il se trouve, il le trouvera, tant il les a bien dressés. »

Et elle laissa s'échapper un des lièvres. Ils commençaient à s'impatienter à l'attendre, quand finalement le mari rentra et sa femme lui dit : « Je t'ai envoyé le lièvre.

— Je l'ai ici », répondit le mari.

Le curé, étonné, le supplia de le lui vendre et lui dit :

« Il faut que vous me vendiez ce lièvre, je vous en prie, vous l'avez si bien dressé. »

Le curé répéta qu'il fallait qu'on le lui vende. Et l'homme lui répondit : « Je ne vous le donnerai pas à moins de cinq cents francs.

— Oh ! Vous me le laisserez bien pour trois cents ?

— Non, non. »

Finalement, il le lui laissa à quatre cents. Le curé dit à sa gouvernante :

« Si quelqu'un venait me chercher, vous enverriez ce lièvre, qui saura me trouver où que je sois. »

Un homme vint au presbytère dire qu'un malade

demandait M. le curé. Elle envoya ce lièvre, persuadée qu'il le trouverait, mais le curé ne parut point. L'homme, fatigué d'attendre, s'en alla. La gouvernante dit au curé qu'elle avait envoyé le lièvre, mais qu'il n'avait plus reparu.

Il alla, en colère, chez le chasseur. Mais Petarillo, voyant arriver le curé en fureur, donna à sa femme une outre à vin et lui dit :

« Mets ceci sous ta blouse et quand M. le curé sera là, je te donnerai de colère un coup de couteau et tu tomberas comme morte, mais quand je jouerai du *chirola*, tu te relèveras comme ressuscitée. »

Le curé arriva très en colère, (ils se disputèrent tous les trois) et l'homme poignarda sa femme, elle tomba à terre, le curé lui dit :

« Savez-vous ce que vous avez fait ?

— Ce n'est rien, répondit-il, je vais tout de suite y remédier. »

Et il prit son *chirola* et se mit à jouer. La femme se releva ressuscitée et le curé lui dit :

« De grâce vendez-moi ce *chirola*. »

Il répondit qu'il ne voulait pas le vendre, parce qu'il était trop précieux.

« Mais vous *devez* me le vendre. Combien en voulez-vous ? Je vous donnerais tout ce que vous demanderez.

— Cinq cents francs. » Et il le lui donna.

La gouvernante du curé se moquait quelquefois de lui, et, en rentrant chez lui, il avait envie de lui faire un peu peur. Lorsque, comme d'ordinaire, elle se mit à se moquer de lui, il la poignarda avec un grand couteau de table. Sa sœur lui dit :

« Vous rendez-vous compte de ce que vous avez fait ? vous avez tué votre gouvernante ! »

Il lui dit : « Non, non ! je peux y remédier » et il commença à jouer du *chirola*, mais il n'y remédia en rien.

Il partit en colère chez le chasseur, le prit, l'attacha et l'emporta dans son sac pour le jeter à la mer. Comme il passait près de l'église, la cloche vint à sonner, il le laissa là pour aller dire la messe. Pendant ce temps, un berger passait par là et demanda à l'homme ce qu'il faisait là. Il lui répondit :

« M. le curé veut me jeter à la mer parce que je ne veux pas me marier avec la fille du roi. »

L'autre lui dit : « Je me mettrai à ta place et te délivrerai et j'irai me marier et toi quand tu m'auras enfermé dans le sac, tu t'en iras avec mon troupeau. »

Quand le curé revint, après avoir dit la messe, il prit le sac et comme il le chargeait sur ses épaules, l'homme lui dit :

« Je veux bien me marier avec la fille du roi !

— Je vais te marier tout à l'heure ! »

Et il le jeta à la mer.

Le bon curé s'en revenait chez lui, quand il aperçut son homme avec un troupeau et lui dit :

« D'où sors-tu ce troupeau ?

— Du fond de la mer ! Il y en a beaucoup comme cela : ne voyez-vous pas cette tête blanche comme elle dépasse de la mer ?

— Oui et moi aussi, je voudrais avoir un troupeau comme ça !

— Alors, approchez du bord. » Le curé s'approcha et notre chasseur le jeta à la mer.

Acheria, le renard

Un jour, un renard avait grand faim. Il ne savait que penser. Il voyait passer tous les jours un berger avec son troupeau et se dit à lui-même qu'il devrait lui voler son lait et son fromage et faire ainsi un vrai festin, mais il lui fallait quelqu'un pour l'aider afin de faire quelque chose. Aussi il alla trouver un loup et lui dit :

« Loup, loup ! nous devrions pouvoir faire un festin avec le lait et le fromage d'un berger que je connais. Toi, tu iras là où broute le troupeau et de loin tu devras hurler : *Uhur, uhur, uhur*. Le berger, après avoir trait ses brebis, les conduit au champ, avec son chien, très tôt le matin et il retourne travailler chez lui où il prépare son fromage. Quand tu te mettras à hurler : *Uhur, uhur,* et que le chien se mettra à aboyer, le berger laissera tout et sortira en courant. Pendant ce temps-là je volerai le lait et nous le partagerons quand tu me rejoindras. »

Le loup était d'accord pour faire un festin et s'en alla. Il fit comme le renard lui avait dit. Le chien se mit à aboyer à l'approche du loup. Et quand l'homme entendit cela, il sortit en laissant tout et notre renard s'en alla voler la faisselle dans laquelle se trouvait le caillé. Que fit-il ensuite, avant l'arrivée du loup ? Il enleva très délicatement la crème et mangea tout le contenu du pot. Après qu'il eut tout mangé, il le remplit de fumier et remit la crème par-dessus et il attendit le loup à l'endroit qu'il lui avait indiqué. Le renard dit au loup, comme c'était lui qui allait faire le partage, que le dessus étant bien meilleur que l'intérieur, celui qui le choisirait n'aurait *que* cela et l'autre aurait tout le reste. « Choisis à présent ce que tu voudras. »

Le loup lui dit :

« Je ne veux pas le dessus ; je préfère ce qui est au fond. »

Le renard prit alors le dessus et donna au pauvre loup la faisselle pleine de fumier. Quand il vit cela, le loup se mit en colère, mais le renard lui dit :

« Ce n'est pas ma faute. Apparemment le berger le fait comme ça. »

Et le renard s'en alla bien repu.

Un autre jour il avait encore grand faim et ne savait que penser. Tous les jours il voyait passer sur la route un garçon avec le dîner de son père. Il dit à un merle :

« Merle, sais-tu ce que nous devrions faire ? Nous devrions faire un bon repas. Un garçon passera par ici à l'instant. Tu iras devant lui et quand le garçon voudra t'attraper, tu t'en iras un peu plus loin, en boitant, et quand tu auras fait cela plusieurs fois, le garçon, pris d'impatience, posera son panier pour t'attraper plus vite. Moi, je prendrai ce panier, et j'irais dans tel endroit et là nous le partagerons et ferons un bon repas. »

Le merle lui dit que oui.

Quand le garçon passa, le merle s'en alla devant le garçon en boitant. Quand le garçon se pencha (pour l'attraper), le merle s'échappa un peu plus loin. A la fin, le garçon s'impatientant, il posa son panier à terre, pour poursuivre plus vite le merle. Le renard, qui était à l'affût pour s'emparer du panier, l'emporta au loin avec lui, pas à l'endroit convenu, mais dans sa tanière, et là il se goinfra, mangeant la part du merle comme la sienne.

Alors il se dit à lui-même :

« Il ne fait pas bon rester ici. Le loup est mon ennemi et le merle, aussi. Quelque chose m'arrivera si je reste ici. Je dois m'en aller de l'autre côté de l'eau. »

Il alla se mettre au bord de l'eau. Il vint à passer un batelier, le renard lui dit :

« Ho ! homme, ho ! Voulez-vous me faire traverser ? Je vous dirai trois vérités. »

L'homme lui dit que oui.

Le renard sauta (dans le bateau) et commença par dire :

« Les gens disent que la méture est aussi bonne que le pain. C'est un mensonge. Le pain est meilleur. Voilà une vérité. »

Quand il fut au milieu du fleuve, il dit :

« On dit aussi : "Quelle belle nuit, il fait clair comme en plein jour !" C'est aussi un mensonge. Le jour est toujours plus clair. Voici la deuxième vérité. »

Et il lui dit la troisième alors qu'ils approchaient de la berge.

« Oh ! homme homme ! vous avez de mauvais pantalons et ils seront bien pires, si vous ne passez pas des gens qui paient plus que moi.

— Ceci est bien vrai », dit l'homme, et le renard sauta à terre.

Alors j'étais là au bord de l'eau et j'appris là ces trois vérités et depuis je ne les ai jamais oubliées.

La reine des Lamina marraine

Comme beaucoup dans le monde, il y avait une fois un monsieur et une dame. Ils étaient chargés d'enfants et très pauvres. La femme ne savait plus que faire. Elle dit qu'elle irait mendier. Elle s'en alla loin, loin, très loin et elle arriva à la ville des Lamina. Après leur avoir raconté combien d'enfants elle avait eus, elles lui firent toutes une généreuse aumône ; elle en était chargée.

La reine des Lamina lui donna en plus vingt livres en or et lui dit :

« Si vous me donnez votre enfant quand vous accoucherez – vous l'élèverez dans votre religion – je vous donnerai beaucoup d'argent, si vous faites cela. »

Elle lui dit qu'on avait déjà décidé de la marraine, mais qu'elle en parlerait à son mari. La reine lui dit de rentrer chez elle et de revenir avec la réponse dans une semaine.

Elle rentra comme elle put chez elle, très fatiguée par la charge qu'elle portait. Son mari fut très étonné de voir qu'elle avait pu en porter autant. Elle lui dit ce qui s'était passé avec la reine des Lamina. Il lui dit :

« Assurément, nous la ferons marraine. »

Et elle revint au bout d'une semaine pour dire à la reine qu'elle l'acceptait pour marraine. Elle lui dit de ne pas lui faire dire quand elle accoucherait, qu'elle le saurait elle-même et qu'elle viendrait tout de suite. Au bout d'une semaine elle accoucha d'une fille. La reine arriva, comme elle l'avait dit, avec une mule chargée d'or. Quand ils revenaient du baptême, la marraine et le nouveau-né s'envolèrent et les parents se consolèrent avec leurs autres enfants, pensant qu'elle serait plus heureuse dans la maison de la reine des Lamina.

La reine l'emmena dans un coin de montagne. C'était là qu'elle avait sa maison. Elle avait déjà une autre filleule, c'était un petit chien, dont le nom était Rose, et elle appela sa nouvelle filleule Bellarose. Elle lui donna, aussi, une vue de diamant au milieu du front. Elle était très belle. Elle grandit dans ce coin de montagne, s'amusant avec ce chien. Elle lui dit un jour :

« La reine n'a-t-elle pas d'autres maisons ? J'en ai assez d'être toujours ici. »

La chienne lui dit : « Oui, elle en a une très jolie à côté de la route du roi et j'en parlerai à ma marraine. »

Et la chienne lui raconta alors comment Bellarose s'ennuyait et (lui demanda) si elle ne voudrait pas changer de maison. Elle lui dit que oui et elles s'en allèrent au loin. Tandis qu'elles étaient là-bas et que Bellarose était sur le balcon, le fils d'un roi passa et il fut étourdi de la beauté de Bellarose et il la pria et la supplia de le regarder encore et (lui demanda) si elle ne voulait pas venir avec lui. Elle lui dit que non, qu'elle devait le dire à sa marraine. Alors le chien dit, en aparté :

« Non, sans moi elle n'ira nulle part. »

Le roi lui dit : « Mais je vous prendrai, vous aussi, volontiers, mais comment faire pour vous avoir ? »

Rose lui dit : « Le soir je donne toujours à ma marraine un verre de bonne liqueur pour qu'elle dorme bien, si par mégarde, au lieu d'un demi-verre, je lui versais un verre plein ; alors comme elle ne pourra pas se lever pour fermer la porte selon son habitude, moi, j'irai prendre la clef pour la fermer. Je ferai semblant et lui rendrai la clef, laissant la porte ouverte et vous l'ouvrirez quand vous viendrez. Elle n'entendra rien, elle sera dans un profond sommeil. »

Le fils du roi dit qu'il viendrait à minuit, avec son char volant.

Quand la nuit vint, Rose donna à sa marraine la bonne boisson dans un verre plein à ras bord. La marraine dit :

« Quoi ! quoi ! enfant !

— Vous dormirez mieux, Marraine.

— Tu as raison. » Et elle but tout.

Mais elle ne pouvait plus se lever pour fermer la porte, tant elle somnolait.

Rose lui dit : « Marraine ! Je fermerai la porte aujourd'hui, restez où vous êtes. »

Elle lui donna la clef et Rose la tourna et la retourna à plusieurs reprises dans le trou de la serrure comme si elle l'avait fermée et, la laissant ouverte, elle donna la clef à sa marraine qui la mit dans sa poche et alla se coucher. Mais Rose et Bellarose n'allèrent pas au lit du tout. A minuit le fils du roi arriva sur son char volant. Rose et Bellarose montèrent dedans et allèrent chez ce jeune homme. Le lendemain Rose dit à Bellarose :

« Tu n'es pas aussi belle qu'hier. » Et en la regardant de plus près : « Je te trouve très laide aujourd'hui. »

Bellarose lui dit : « Ma marraine doit m'avoir enlevé ma vue de diamant. »

Et elle dit à Rose : « Tu dois aller trouver ma marraine et lui demander de me rendre la vue que j'avais avant. »

Rose ne voulait pas y aller – elle avait peur –, mais Bellarose la supplia tellement, qu'elle quitta sa robe en argent et s'en alla. Quand elle arriva à la montagne, elle se mit à crier :

« Marraine ! Marraine ! Donnez à Bellarose sa belle vue comme avant. Je serai fâchée avec vous pour toujours (si vous ne le faites pas) et vous verrez ce qui vous arrivera. »

La marraine lui dit :

« Viens ici, entre, je te donnerai à déjeuner. »

Elle dit : « J'ai peur que vous me battiez.

— Non ! non ! viens vite, allons.

— Vous rendrez à Bellarose sa vue ?

— Oui, oui, elle l'a déjà. »

Alors elle entra. La reine lui lava les pieds et les essuya et la mit sur un coussin de velours et lui donna du chocolat. Et elle lui dit qu'elle savait où se trouvait Bellarose et qu'elle allait se marier et de lui dire de sa part de ne se préoccuper ni de sa toilette, ni de tout ce qu'il lui fallait pour la cérémonie et la noce, qu'elle arriverait au matin.

Rose partit donc. Tandis qu'elle passait par la ville où se trouvait Bellarose, elle entendit deux dames, qui disaient à deux messieurs : « Quel genre de femme va donc prendre notre frère ? Elle n'est sûrement pas comme nous, puisqu'il la tient cachée. Allons la voir. »

La petite chienne leur dit : « Elle ne vous ressemble même pas un peu, espèces d'horribles laiderons que vous êtes. Vous la verrez, oui. »

Quand les jeunes rois entendirent cela, ils voulurent passer la pauvre petite chienne au fil de leurs épées. Quand elle arriva chez Bellarose, elle se cacha et lui raconta tout ce qui s'était passé. Bellarose lui donna à boire une bonne liqueur et elle se remit. Le roi fit publier que celui qui cracherait là où la petite chienne poserait ses pattes serait tué et de bien faire attention.

Quand vint le jour du mariage, la reine arriva. Elle apporta pour le jour des noces une robe de diamant, pour le lendemain, d'or et pour le troisième jour, d'argent. Jugez comme elle était belle avec sa vue de diamant et sa robe de diamant. On ne pouvait la regarder. Sa marraine lui dit de faire venir ses belles-sœurs et de ne pas avoir peur d'elles, qu'elles ne pourraient rivaliser de beauté. Quand elle sortit (de sa chambre) pour le mariage, ses belles-sœurs ne purent la regarder, tant elle brillait. Elles dirent entre elles :

« La petite chienne avait raison quand elle disait que cette dame était belle. »

Et pendant trois jours Bellarose se promena[1], et tout le monde était ébloui par sa beauté. Quand les fêtes pri-

---

1. Dans un mariage pyrénéen la jeune mariée, le jeune marié et les invités du mariage passent presque toute la journée en promenade dans la ville ou le village. La noce dure souvent plusieurs jours et la pauvre jeune mariée fait peine à voir, elle semble quelquefois si fatiguée.

rent fin, la marraine s'en retourna chez elle. Rose refusait de quitter Bellarose. La marraine confia à Bellarose que ses parents étaient de pauvres gens et qu'elle les avait secourus autrefois, mais que ce qu'elle leur avait donné devait d'ores et déjà être épuisé. Bellarose leur donna assez pour vivre tous grandement. Elle eut elle-même quatre enfants, deux garçons et deux filles et s'ils avaient bien vécu, ils moururent bien.

Les auteurs

FÉLIX ARNAUDIN

Né en 1844, à Labouheyre dans les Landes, Félix Arnaudin possède quelques terres et vit du produit de ses métairies. C'est en 1878 qu'il commence à recueillir les contes et chansons populaires des Landes de Gascogne. De ses nombreux collectages ne sont publiés qu'une dizaine de contes de son vivant, en 1887, et un volume de chants, en 1912. Dans les années 1960, le félibre bordelais Adrien Dupuis reprend les centaines de feuillets manuscrits d'Arnaudin qui font l'objet d'une édition en deux tomes sous le titre *Contes populaire de la Grande-Lande* (1966-1967). Félix Arnaudin finit ses jours dans son village natal, en 1921.

JEAN-FRANCOIS BLADÉ

Né à Lectoure, dans le Gers, Jean-François Bladé (1827-1900) se passionne, dès l'enfance, pour les contes et les traditions populaires qu'il entend aux veillées. « Au sortir du collège, j'en savais là-dessus plus long que personne... » écrit-il dans l'introduction des *Contes populaires de Gascogne*. Après ses études de droit, il est nommé juge suppléant au tribunal de Lectoure et consacre ses loisirs à l'étude des contes dans le monde et à la collecte de ceux de sa province. Ces derniers sont publiés dans la *Revue de l'Agenais et des anciennes provinces du Sud-Ouest*, dès 1874, puis dans les trois tomes des *Contes populaires de Gascogne*, en 1886.

VICTOR-ARMAND BRUNET

Membre de la Société des Traditions Populaires en 1888, Victor Brunet fait partie de ces centaines de collecteurs du XIXe siècle, dont la plupart resteront inconnus. Il collecte les contes de la Basse-Normandie, principalement dans le canton de Vire (Calvados) où il demeure. On lui doit plusieurs recueils dont les *Contes populaires du Bocage* (1886), les *Légendes du canton de Vire* et *Les Légendes normandes*.

HENRI CARNOY

Né à Warloy-Baillon (Somme) en 1861, village où il s'éteindra en 1930, Emile Carnoy, dit Henri, participe dès l'âge de 14 ans à plusieurs journaux locaux. A 17 ans, il découvre la revue de folklore *Mélusine*, à laquelle il collabore ainsi qu'à *Romania*. Professeur de français au lycée Montaigne à Paris, il crée un mouvement littéraire et artistique dans le nord de la France, à l'image des félibres du Midi. Fondateur de la *Revue du Nord de la France* (1880) puis du mensuel *Les Enfants du Nord*, il s'emploie à relever les contes et traditions populaires de la Picardie. Carnoy publie quelques romans et des livres de folklore dont *Littérature orale de la Picardie* (1883), *Les Légendes de France* (1885) ou encore le *Dictionnaire bibliographique international des folkloristes, voyageurs et géographes* (1894).

JUSTIN CÉNAC-MONCAUT

Historien, lexicographe, romancier et poète, Justin Cénac-Moncaut (1814-1871) publie plusieurs ouvrages sur l'archéologie et l'histoire des Pyrénées, ainsi qu'un dictionnaire du patois gersois. Il n'appartient pas à la grande famille des collecteurs et les contes qu'il publie, en 1861, dans son livre *Contes populaires de la Gascogne*, bien que traditionnels, sont très arrangés. Jean-François Bladé ne manquera pas de vivement critiquer ce travail dans l'introduction du premier recueil de ses propres contes. Néanmoins, il faut convenir que Cénac-Moncaut l'avait précédé bien avant la grande époque des traditionnistes français.

JEAN-FRANÇOIS CERQUAND

Inspecteur à l'Académie de Pau (qui dépendait de Bordeaux), Jean-François Cerquand (1816 -1888) demande aux instituteurs de Soule et de Basse-Navarre de recueillir (en basque) les contes et traditions populaires de ces deux provinces. Il amasse une documentation importante qui sera publiée de 1874 à 1885 dans le *Bulletin de la Société des Sciences, Lettres et Arts de Pau*. Si Cerquand lui-même déplore que certains enseignants aient apporté quelques « améliorations » en traduisant ces contes, il n'en reste pas moins qu'il obtient un matériau abondant, jamais collecté auparavant, sur lequel il travaillera et qu'il enrichira de notes et de petites études.

HORACE CHAUVET

Publiciste républicain, auteur de plusieurs essais politiques et de livres sur l'histoire du Roussillon, Horace Chauvet s'intéresse également au folklore et à la littérature orale de sa province. En préambule des *Légendes du Roussillon* (1899), il déclare : « Puisqu'on restaure les vieux monuments, pourquoi ne reconstituerait-on pas les pittoresques légendes qui nous sont parvenues à travers les révolutions ? » C'est à ce travail qu'il va s'employer, après s'être adressé aux instituteurs de la Cerdagne, dont assez peu participeront à son projet.

EMMANUEL COSQUIN

Né à Vitry-le-François (Marne), Emmanuel Cosquin (1841-1919) consacre une grande partie de sa vie à l'étude des contes européens et entreprend un travail théorique afin de prouver leur origine indienne, travail qui donnera lieu à de nombreuses publications. En 1866 et 1867, avec l'aide de ses sœurs, il recueille méthodiquement les contes qui se disent à Montiers-sur-Saulx, village du Barrois, dans la Meuse, à quelques kilomètres de la Champagne. Le résultat de cette collecte est publié, de 1877 à 1881, dans la revue *Romania*, chaque conte étant accompagné d'une étude. C'est en 1886 que paraît le recueil *Contes populaires de Lorraine, comparés avec les contes des autres provinces de France et des pays étrangers, et précédés d'un essai sur l'origine et la propagation des contes populaires européens*.

CHARLES DEULIN

Né à Condé-sur-l'Escaut en 1827, Charlemagne Deulin raccourcit son prénom pour éviter les quolibets de ses petits camarades du collège de Valenciennes. Après des études de lettres, il devient secrétaire d'un notaire, répétiteur dans un institut privé parisien, puis chroniqueur et journaliste. Il collabore à plusieurs journaux, dont le *Journal pour tous*, *Le Monde illustré*, *La Nation*, ou encore, la *Revue de France*. Il écrit des chansons, puis des contes, dont il puise les sources dans les recueils de littérature populaire de la bibliothèque de l'Arsenal. En 1868, il publie les *Contes d'un buveur de bière*, suivis des *Contes du roi Cambrinus*, en 1874. Ce n'est qu'après sa mort, en 1877, que paraît son étude intitulée *Les Contes de Ma Mère l'Oye avant Perrault*.

JEAN-FRANÇOIS FLEURY

Né en 1816 à Vasteville, dans la Manche, Jean-François Bonaventure Fleury commence sa carrière comme rédacteur en chef du *Journal de Cherbourg* (1837-1842). En 1852, il s'installe en Russie, à Saint-Pétersbourg, comme professeur de français à l'Université Impériale. C'est là qu'il rédige son ouvrage *Littérature orale de la Basse-Normandie* (qui paraîtra en 1883), ouvrage dans lequel sont rassemblés contes, récits, légendes et chansons recueillis dans le pays de La Hague et le Val-de-Saire. C'est également dans cette ville qu'il finit ses jours, en 1894.

LOUIS LAMBERT

Né à Montpellier, Louis Lambert (1838-1908) est musicien, comme son père et son grand-père, et occupe le pupitre « d'alto-solo et de viole d'amour » dans l'orchestre du Grand Théâtre de Montpellier. Pianiste concertiste, compositeur, il enseigne le piano jusqu'à sa retraite. Dès sa création, en 1869, Lambert participe aux travaux de la Société pour l'étude des langues romanes, laquelle édite la *Revue des langues romanes* où paraîtront, de 1885 à 1899, les chansons et contes languedociens qu'il a collectés. Ces textes sont rassemblés, en 1899, dans le recueil des *Contes populaires du Languedoc*.

ERNEST DU LAURENS DE LA BARRE

Notaire puis juge de paix, Ernest Du Laurens de La Barre (1819-1881) consacre ses loisirs à l'écriture de contes et récits tirés du patrimoine oral breton. Son premier livre, *Veillées d'Armor* (1857), est dédicacé à Villemarqué, l'auteur du *Barzhaz Breizh*. Suivent *Sous le chaume*, six ans plus tard, puis *Les Fantômes bretons* (1879) et les *Nouveaux fantômes bretons* (1881). Lors des congrès de l'association bretonne, il lit ses histoires avec un tel talent que la salle est toujours comble. Même s'il se livre à quelques petits arrangements dans les récits qu'il réécrit, il n'en reste pas moins le premier des petits conteurs de la Basse-Bretagne.

ANATOLE LE BRAZ

Né à Saint-Servais dans les Côtes-d'Armor, Anatole Le Braz (1859-1926) étudie au collège de Saint-Brieuc, avant de préparer une licence de lettres à Paris. Professeur de philosophie, il est nommé, après Etampes, au collège de Quimper. Là, il collabore à plusieurs journaux (*L'Union agricole*, *L'Hermine*) dans lesquels il publie des contes et des récits qui seront ensuite rassemblés dans divers recueils : *Le Sang de la sirène* (1901), *Vieilles histoires du pays breton* (1905), *Contes du soleil et de la brume* (1905)... Ami de Luzel, il mène des enquêtes de folklore auprès des paysans et des marins bretons et recueille un riche matériau qui sera publié dans *La Légende de la mort chez les Bretons armoricains* (1893), *Les Saints bretons d'après la tradition populaire en Cornouaille* (1893-1894) et *Au pays des pardons* (1894). De 1901 à 1924, il est maître de conférences, puis professeur à la faculté de Rennes, chargé de mission en Suisse et aux Etats-Unis. Il meurt à Menton en 1926.

FRANÇOIS-MARIE LUZEL

Né en 1821 à Keramborn (commune de Plouaret), François-Marie Luzel va grandir dans cette partie de la Basse-Bretagne où l'on parlait breton. Professeur sans poste fixe, puis journaliste, il obtient en 1864 une mission du ministère de l'Instruction publique qui va lui permettre de collecter le patrimoine oral de la littérature populaire bretonne. Il amasse de nombreux documents, tout en notant avec rigueur les histoires qu'il entend dans les veillées, aux manoirs de Keramborn, Coat-Tugdual et du Mechonnec, où se relayent chanteurs et conteurs. Il publiera plusieurs recueils, dont les *Contes bretons* (1870), *Veillées bretonnes* (1879), *Légendes chrétiennes* (1882), *Contes populaires de Basse-Bretagne* (1887). Archiviste du Finistère, à partir de 1881, il meurt en 1895.

ALBERT MEYRAC

Albert Meyrac, qui naît en 1848 à Villefranche (Rhône), fait des études de droit. Officier de l'Instruction publique, journaliste, il s'intéresse au folklore et collabore à différentes revues, dont *Le Patriote de l'Ouest*, *La France littéraire*, *Le Petit Ardennais*, ou encore *La Revue des traditions populaires,* fondée par Paul Sébillot. Il publie différents ouvrages, dont une *Histoire de France* en deux volumes, et ses travaux de folklore paraissent sous les titres *Traditions, coutumes, légendes et contes des Ardennes* (1890) et *Contes du pays d'Ardennes* (1892).

ACHILLE MILLIEN

Né à Beaumont-la-Ferrière dans la Nièvre (1838), Achille Millien que son père destinait au métier de notaire, choisit de se tourner vers les lettres après la mort de ce dernier. Vivant avec sa mère sur l'héritage paternel, il entreprend de collecter, dès 1874, les contes et chansons qui ont bercé son enfance. Ayant commencé par son village et ses environs, il élargit peu à peu sa collecte à la province du Nivernais, accompagné de Jean-Grégoire Pénavaire, son ami musicien qui note les mélodies. Entre 1874 et 1895, il relève plus de deux mille chansons, près de mille contes et légendes et de nombreux témoignages sur les traditions populaires locales. Il publie quelques contes dans divers journaux locaux et de sociétés savantes, mais lorsqu'il meurt en 1927, seule une toute petite partie de ses travaux aura été imprimée.

FRÉDÉRIC MISTRAL

Né en 1830 à Maillane, entre Avignon et Saint-Rémy en pays d'Arles, Frédéric Mistral acquiert une solide formation classique et commence, tout jeune, à composer des poèmes en provençal. Tout en poursuivant ses études de droit à Aix, il continue à écrire et participe à la création du Félibrige, en 1854. Ce mouvement littéraire se donne pour objet de faire vivre la langue et la littérature provençales. En 1855, avec la création de l'*Armana Prouvençau* (Almanach provençal), Mistral et les autres conteurs et poètes provençaux ont désormais un lieu de publication. Après *Mireille*, en 1859, popularisée par l'opéra de Gounod, suivront d'autres œuvres, dont *Calendal* (1867), *Les Iles d'or* (1876), *Le Trésor du Félibrige* (1886), *Le Poème du Rhône* (1897), *Les Olivades* (1912), jusqu'à la mort de leur auteur à Maillane, qu'il n'avait pas quitté, en 1914.

ALPHONSE ORAIN

Né à Bain-de-Bretagne, Alphonse Orain (1834-1918) travaille à la préfecture de Rennes en tant que chef de division. Ami de Luzel et de Villemarqué, il parcourt les campagnes du pays Gallo et recueille de nombreux contes, chansons et traditions populaires qu'il rassemblera et publiera dans différents recueils, dont *Le Monde des ténèbres en Ille-et-Vilaine* (1899), *Contes de l'Ille-et-Vilaine* (1901), *Chansons de la Haute-Bretagne* (1902), ou encore, *Contes du pays Gallo* (1904).

FRÉDÉRIC ORTOLI

Jean-Baptiste Frédéric Ortoli voit le jour à Olmiccia-di-Tallano, en Corse, en 1861. Fils d'un poète corse, il vient achever ses études de lettres sur le continent. Encouragé par Gaston Paris, alors membre de l'Institut, il publie *Les Contes populaires de l'île de Corse*, qui constituent le premier travail sérieux sur les traditions populaires de cette province. Cet ouvrage va recevoir un bon accueil et sera suivi de quelques autres, dont *Les Voceri de l'île de Corse* (1887). Ortoli publie également quelques livres pour les enfants (*Les Contes du capitaine*, ou encore, les *Contes de la veillée*).

LÉON PINEAU

Enfant du Poitou, né en 1861, Léon Pineau, enseignant, puis recteur de l'Académie de Poitiers, se passionne pour la littérature orale. Il récolte auprès des anciens de Lussac-les-Châteaux une abondante moisson de contes qu'il publie, tels qu'ils lui sont racontés, dans les *Contes populaires du Poitou,* en 1891. Il faît paraître de nombreux autres ouvrages folkloriques, dont plusieurs études sur les sagas et les contes scandinaves. Il finit ses jours en 1965, à l'âge de 104 ans.

JOSEPH ROUMANILLE

Né en 1818 à Saint-Rémy-de-Provence, Joseph Roumanille écrit ses premiers vers tandis qu'il est pensionnaire au collège de Tarascon. Professeur au pensionnat Dupuy de Nyons, près d'Avignon, il rencontre le jeune Frédéric Mistral avec lequel il se lie d'amitié. Correcteur à l'imprimerie Seguin (Avignon), il publie ses premiers vers, *Les Pâquerettes* (1847), qui seront suivis, en 1851, par *Les Rêveuses*, puis *Les Provençales*. En 1854, il fait partie des fondateurs du Félibrige, ouvre une librairie, lieu de rencontre des poètes avignonnais, et édite l'*Armana Prouvençau* où il publiera la plus grande partie de son œuvre. On lui doit également plusieurs recueils de poèmes ou de textes en prose, notamment *Les Contes provençaux* (1883). Jusqu'à sa mort, en 1891, Roumanille œuvrera pour la renaissance de la littérature provençale.

GEORGE SAND

Née à Paris en 1804, George Sand (pseudonyme d'Amandine, Aurore, Lucile Dupin) passe la plus grande partie de sa vie à Nohant, dans l'Indre, où elle finit ses jours en 1876. Cette province du Berry qu'elle affectionne lui fournira le cadre de ses romans champêtres, comme *La Mare au diable* (1846), *François le Champi* (1847), ou *La Petite Fadette* (1849). Comme d'autres auteurs romantiques, qui célèbrent l'âme collective du peuple, George Sand s'intéresse au folklore, dont les éléments fourmillent dans son œuvre romanesque. Puisant dans la mémoire berrichonne et dans ses souvenirs d'enfance, l'auteur publie en 1858 les *Légendes rustiques*, recueil de superstitions et de légendes paysannes qu'illustrera son fils Maurice. Elle meurt en 1876 en laissant une œuvre romanesque et dramatique particulièrement importante.

PAUL SÉBILLOT

Né à Matignon (Côtes-d'Armor) en 1843, Paul Sébillot fait ses études au collège de Dinan, puis commence à Rennes des études de droit qu'il achèvera à Paris. Il apprend ensuite la peinture, exposant ses tableaux, de 1870 à 1883, dans les Salons parisiens, avant de se consacrer à ce qui deviendra sa passion : l'étude des traditions populaires. En 1877, il fonde la société bretonne-normande *La Pomme*, qu'il présidera. En 1881, il crée, avec Charles Leclerc, associé de Maisonneuve, la collection des « Littératures populaires de toutes les nations », collection à laquelle il donnera plusieurs recueils. C'est au cours du dîner de *Ma Mère L'Oye* de 1885 (repas qui réunissait les traditionnistes) qu'est fondée la Société des traditions populaires dont Paul Sébillot devient secrétaire général, et directeur de la fameuse *Revue des traditions populaires*. Chef de cabinet au ministère des Travaux publics en 1889, il finit ses jours à Paris en 1918. Son œuvre folklorique est particulièrement riche. Outre les recueils sur la Haute-Bretagne (*Traditions, superstitions et légendes de la Haute-Bretagne*, 1880 ; *Contes populaires de la Haute-Bretagne*, 1880 ; *Contes des marins*, 1882...) et l'Auvergne (*Littérature orale de l'Auvergne*, 1898), Paul Sébillot est l'auteur du *Folklore de France*, en 4 volumes (1904-1907).

CLAUDE SEIGNOLLE

Né à Périgueux, en 1917, Claude Seignolle, dont l'œuvre romanesque a marqué la littérature fantastique contemporaine, débute sa carrière en réalisant d'importants travaux sur le folklore français, avec pour maître le grand folkloriste Arnold van Gennep. Après le *Folklore du Hurepoix* (1937) et *En Sologne* (1945), il collecte les *Contes populaires de Guyenne*, province peu explorée, lesquels sont publiés en deux volumes, en 1946. Dans les années 1970, Claude Seignolle va offrir au public la première et la plus importante des anthologies de contes, récits et légendes des provinces de France. Puisant dans les ouvrages bien souvent oubliés des collecteurs, célèbres ou inconnus, il rassemble leurs récits par provinces au sein des 23 volumes de la collection *Contes populaires et légendes de...*, qui sera régulièrement rééditée.

ÉMILE SOUVESTRE

Né à Morlaix en1806, Emile Souvestre étudie le droit à Rennes, avant de s'installer à Paris, en 1830, et de se lancer dans l'écriture théâtrale. Après la mort de son frère, il doit revenir à Rennes où il accepte une place de commis dans une maison d'édition, afin de soutenir sa famille. C'est là qu'il commence à publier plusieurs articles sur l'histoire de la Bretagne dans des revues locales. Il dirige un temps *Le Finistère*, journal de Brest, et revient à Paris pour se consacrer à sa carrière littéraire. Avec *Les Derniers Bretons*, qui trace le tableau de la vie populaire bretonne (1835), puis le *Foyer breton* (1844), Souvestre ouvre la voie aux folkloristes et collecteurs qui lui succéderont. Outre ses recueils de contes, il publie également un grand nombre de romans et de pièces de théâtre, jusqu'à sa mort, en 1853.

GUSTAVE THÉROND

Instituteur, socialiste proche de Jean Jaurès, Gustave Thérond (1866-1941) rejoint les félibres, défenseurs de la culture et de la langue occitanes. En 1894, il est l'un des fondateurs de l'*Armanac Cétori*. Collaborateur de la *Revue des langues romanes*, il y publie les *Contes lengadoucians, dau pioch de Sant-Loup au pioch de Sant-Cla* en 1900 et 1901. Ces contes sont présentés en occitan et accompagnés d'une traduction française. On lui doit également un manuel de grammaire languedocienne et les *Contes du gai pays de Sète* (1939).

WENTWORTH WEBSTER

Né en 1828 à Uxbridge, dans le Middlessex, le révérend Wentworth Webster est nommé diacre en 1854, après des études au collège d'Oxford, puis ordonné prêtre en 1861. Chargé d'exercer son ministère auprès des Anglais résidant en France, il s'établit en 1869 à Saint-Jean-de-Luz avec sa famille, comme chapelain de l'église anglicane. Sa bonne connaissance de la langue basque lui permet de recueillir de nombreux récits dans son canton, principalement de la bouche de deux sœurs, Esteferella et Gagna-Haura Hirigaray. Aidé dans ses recherches par le folklorique basque Julien Vinson, sa collecte sera publiée en 1877, sous le titre *Basque Legends*. Il se retire à Sare, pour des raisons de santé, et poursuit ses enquêtes jusqu'à sa mort, en 1907.

Sources

Félix Arnaudin

Contes populaires recueillis dans la Grande-Lande, le Born, les Petites-Landes et le Marensin, Paris, E. Chevalier, Bordeaux, Vve Moquet, 1887

Jean-François Bladé

Contes populaires de la Gascogne, Paris, Maisonneuve frères et Ch. Leclerc, 1886, 3 volumes

Victor Brunet

Contes populaires de la Basse-Normandie, Paris, E. Chevalier, 1900

Emile-Henri Carnoy

Littérature orale de la Picardie, Paris, Maisonneuve et Cie, 1883

Romania, recueil trimestriel consacré à l'étude des langues et des littératures romanes, Paris, 1879

Justin Cénac-Montcaut

Contes populaires de la Gascogne, Paris, E. Dentu, 1861

Jean-François Cerquand

Légendes et récits populaires du pays Basque, in *Bulletin de la Société des Sciences, Lettres et Arts de Pau*, 1875-1882

Horace Chauvet

Folklore du Roussillon, Perpignan, Imprimerie du Midi, 1943

Légendes du Roussillon, Paris, J. Maisonneuve ; Perpignan, L'Indépendant, 1899

Emmanuel Cosquin
Romania, recueil trimestriel consacré à l'étude des langues et des littératures romanes, Paris, 1877-1881

Charles Deulin
Contes d'un buveur de bière, Librairie internationale Lacroix et Verboeckhoven, Paris, Bruxelles, 1868

Jean Fleury
Littérature orale de la Basse-Normandie (Hague et Val-de-Saire), Paris, Maisonneuve et Cie, 1884

Louis Lambert
Revue des langues romanes, Montpellier, Bureau des publications de la Société pour l'étude des langues romanes 1897-1899
Contes populaires du Languedoc, Coulet, Montpellier, 1899

Ernest Du Laurens de La Barre
Contes et légendes de Basse-Bretagne, Nantes, Société des bibliophiles bretons, 1891
Revue de Bretagne et de Vendée, Nantes, 1860

Anatole Le Braz
La Légende de la mort chez les Bretons armoricains, Paris, H. Champion, 1922-1923, 2 vol.

François-Marie Luzel
Veillées bretonnes : mœurs, chants, contes et récits populaires des Bretons-Armoricains, Imprimerie J. Mauger, Morlaix, 1879
Contes populaires de Basse-Bretagne, Paris, Maisonneuve et Ch. Leclerc, 1882, 3 volumes

Albert Meyrac
Traditions, coutumes, légendes et contes des Ardennes, Charleville, Imprimerie du Petit Ardenais, 1890

Achille Millien
Annuaire des traditions populaires, Paris, Maisonneuve et Ch. Leclerc, 1888
Revue Paris-Centre, 1909
La Tradition, 1893
Revue du Nivernais, 1907-1908

Frédéric Mistral
Prose d'almanach, Paris, Grasset, 1926
Armana prouvençau (Almanach provençal), 1856 et 1864
Secrets des bestes, Paris, H. Floury, 1896
Nouvelle prose d'almanach, Paris, Grasset, 1927
Le Poème du Rhône, Paris, A. Lemerre, 1897

Adolphe Orain
Contes du Pays Gallo, Paris, H. Champion, 1904
Contes de l'Ille-et-Vilaine, Paris, Maisonneuve et Larose, 1901

J. B. Frédéric Ortoli
Les Contes populaires de l'île de Corse, Paris, Maisonneuve et Cie, 1883

Léon Pineau
Contes populaires du Poitou, Paris, Leroux, 1891

Joseph Roumanille
Li conte prouvençau e li cascareleto, Avignoun, J. Roumanille, 1884

George Sand
Légendes rustiques, Paris, A. Morel, 1858

Paul Sébillot
Contes de terre et de mer, Paris, G. Charpentier, 1883

Littérature orale de la Haute-Bretagne, 1881

Claude Seignolle
Contes populaires de Guyenne, Paris, Maisonneuve et Larose, 1946

Emile Souvestre
Le Foyer breton, Paris, W. Coquebert, 1845

Gustave Thérond
Revue des langues romanes, Montpellier, Bureau des publications de la Société pour l'étude des langues romanes ; Paris, G. Pedone-Lauriel, 1900-1901

Wentworth Webster
Basque legends, Londres, Griffith et Farran, 1877

Photocomposition Nord Compo
Villeneuve-d'Ascq (Nord)

Achevé d'imprimer par GGP Media GmbH, Pößneck
en novembre 2006
pour le compte de France Loisirs,
Paris

N° d'éditeur : 47141
Dépôt légal : août 2006

Imprimé en Allemagne